GROSSWÖRTERBUCH

RUSSISCH DEUTSCH

DEUTSCH RUSSISCH

BUCH UND ZEIT
BZ

Buch und Zeit Verlagsgesellschaft mbH · Köln

Übersetzung Deutsch-Russisch: Diplom-Übersetzer Jakov Jordan
Übersetzung Russisch-Deutsch: Ute Obernolte, Elisabeth Rogg
Text Kurzgrammatiken: Dr. Elena Minakova-Boblest
Umschlaggestaltung: Inga Koch
ISBN 978-3-8166-0568-3

Inhaltsverzeichnis

Benutzerhinweise	IV
Abkürzungen	VIII
Russisch-Deutsch	3
Deutsch-Russisch	271
Russisches Alphabet	574
Russische Grammatik	575
Die gebräuchlichsten vollendeten Verben	586
Грамматика немецкого языка	588
Алфавитный список наиболее употребительных сильных и неправильных глаголов	596
Wichtige Abkürzungen	599
Важные сокращения	600

Benutzerhinweise

In diesem aktuellen und völlig neuen Wörterbuch ermöglichen über 150.000 treffende Angaben zu rund 55.000 Stichwörtern sowie Übersetzungen, Anwendungsbeispiele und Redewendungen den schnellen Zugriff auf einen umfassenden Grund- und Fachwortschatz der modernen Hoch- und Umgangssprache im Russischen und Deutschen.

Gliederung der Stichwörter

Homonyme (Wörter, die gleich lauten, aber eine unterschiedliche Herkunft und Bedeutung haben), z. B. *Mark* (Grenzgebiet/Gewebe) werden mit hochgestellten Zahlen gekennzeichnet.

Um einen raschen Zugriff auf das gesuchte Wort zu ermöglichen, steht jedes Stichwort als eigener Eintrag. So stehen zum Beispiel *nachdem* und *nachher* nicht zusammen mit *nach* in einem Abschnitt, sondern als selbstständige Stichwörter.

Bei deutschen und russischen Substantiven, deren feminine Form ohne Wortstammveränderung und durch bloßes Anhängen einer Endung gebildet wird, steht die Endung der femininen Form jeweils in Klammern (z. B. Lehrer(in), учи́тель(ница)). Bei Bildung der Femininform mit Wortstammveränderung (z. B. Bauer/Bäuerin im Deutschen oder князь/княги́ня im Russischen) und bei Bildung der Femininform durch Ersetzen der Maskulinendung (z. B. Zeuge/Zeugin im Deutschen oder америка́нец/америка́нка im Russischen) erhält das feminine Substantiv meist einen eigenen Eintrag.

Bei substantivierten Adjektiven (z. B. Jugendliche(r)) und erstarrten Partizipien (z. B. Geliebte(r)) wird in der Sprachrichtung Deutsch-Russisch ebenfalls sowohl die Maskulin- als auch die Femininform angegeben. Sie werden wie Adjektive dekliniert: ein Jugendlicher, eine Jugendliche; mit einem Geliebten, mit einer Geliebten usw.
In der Sprachrichtung Russisch-Deutsch werden substantivierte Adjektive als eigener Zifferneintrag innerhalb des adjektivischen Stichworts angegeben, sofern die substantivische Form nur eine von mehreren Bedeutungen ist. Es wird lediglich die Maskulinform angegeben. Die Femininform wird regelmäßig gebildet. Maskulin- wie Femininform werden wie Adjektive dekliniert. Substantivierte Adjektive bzw. erstarrte Partizipien, die eine eigenständige Bedeutung, die unabhängig von der adjektivischen Grundform ist, haben (z. B. конди́терская *Konditorei*), werden als eigenes Stichwort aufgeführt. Bezeichnen diese substantivierten Adjektive Personen (z. B. крёстный *Patenonkel,* заключённый *Gefangener*), so wird lediglich die Maskulinform aufgeführt, sofern diese sich auch auf eine weibliche Person beziehen kann. Ist dies nicht der Fall, so erhält die Femininform einen eigenen Stichworteintrag.

In der Sprachrichtung Deutsch-Russisch werden Adjektive – mit Ausnahme von solchen wie erste(r,s), jüngste(r,s) – nur in der männlichen Form angegeben. Jedoch werden deutsche Adjektive wie z. B. ältere(r,s), bei denen neben der männlichen Endung auch die weibliche und sächliche Endung angegeben wird, auch ins Russische mit allen drei Geschlechtern übersetzt, und zwar in der Reihenfolge männlich/weiblich/sächlich. Dabei wird im Russischen die männliche Form des Adjektivs voll ausgeschrieben, während die weibliche und sächliche Form nur als Endungen wiedergegeben werden (z. B. ста́рший, …шая, …шее), weil sich ihr Stamm von der männlichen Form nicht unterscheidet. (Gleiches gilt auch für substantivierte Adjektive und erstarrte Partizipien, die im Russischen oftmals nur eine männliche und weibliche Form aufweisen. Ihre Reihenfolge in der Übersetzung ist dann männlich/weiblich.)
Russische Adverbien, die regelmäßig von einem Adjektiv abgeleitet werden (z. B. прия́тный – прия́тно, хоро́ший – хорошо́), sind nicht als einzelne Einträge aufgeführt, es sei denn, die adverbiale Bedeutung unterscheidet sich von der adjektivischen. Die Bildung der russischen Adverbien kann im Anhang nachgelesen werden.
In der Sprachrichtung Russisch-Deutsch werden Adjektive nur in der männlichen Form

angegeben. Die weibliche Form wird regelmäßig gebildet. Die deutsche Übersetzung der Adjektive ist in der Grundform angegeben, die durch bloßes Anhängen der Genusendung (-er, -e, -es) an das näher zu bezeichnende Substantiv angepasst wird (z. B. дальний *fern, weit – ein weit**er*** Weg).

Alphabetisierung
Die fett gedruckten Stichwörter sind streng alphabetisch geordnet: Getrennt geschriebene und durch Bindestrich getrennte Stichwörter werden dabei behandelt als wären sie zusammengeschrieben.

Die deutschen Buchstaben ä, ö und ü werden wie a, o und u alphabetisiert; ß wird wie ss eingeordnet. Der russische Buchstabe й schließt sich direkt an den Buchstaben и an.

Einige Stichwörter werden durch zusätzliche Informationen in Klammern genauer bestimmt (z. B. Angabe der Endung der Femininform).

Aufbau und Einordnung der Einträge
Innerhalb eines Stichworteintrags wird das fett gedruckte Stichwort nicht wiederholt, sondern durch eine Tilde (~) ersetzt, wie zum Beispiel im Eintrag *Kirsche* bei der Redewendung *Mit ihm ist nicht gut ~n essen.*
In einigen Fällen muss das Stichwort jedoch wiederholt werden, da es in einer Form steht, die eine andere Schreibweise nach sich zieht. Beim Eintrag *Installateur* beispielsweise werden *Wasserinstallateur, Gasinstallateur* und *Strominstallateur* voll ausgeschrieben und nicht zu *Wasser~, Gas~* und *Strom~* verkürzt, da der Großbuchstabe „I" hier kleingeschrieben werden muss. Beim Stichwort *Ton* wird die Pluralform in der sprachlichen Wendung *jdn in den höchsten Tönen loben* ausgeschrieben. Die Tilde bezieht sich nie auf eventuelle Klammerergänzungen im Stichwort.

Innerhalb eines Stichworteintrags sind die einzelnen Übersetzungen nach Wortart und Häufigkeit geordnet. Bedeutungsgleiche (synonyme) Übersetzungen werden durch Kommata voneinander getrennt. Nicht bedeutungsgleiche Übersetzungen werden entsprechend der Häufigkeit ihrer Verwendung durchnummeriert und mit Strichpunkt abgetrennt.

Bei Einträgen, die aus dem bildlichen bzw. umgangssprachlichen Sprachbereich stammen, werden die Abkürzungen (*fig*) bzw. (*fam*) gebraucht. Dabei gilt sowohl für die deutschen Einträge als auch für die russischen Übersetzungen folgende Konvention: Ein nachgestelltes (*fig*) bzw. (*fam*) bezieht sich immer nur auf das vorangehende Wort bzw. auf die vorangehende Wortgruppe, während sich ein vorangestelltes (*fig*) bzw. (*fam*) innerhalb eines Ziffereintrags – falls vorhanden – immer auf die ganze Reihe von Wörtern bzw. Wortgruppen bezieht. Bei Stichworteinträgen mit mehreren Nummerierungen würde ein vorangestelltes (*fig*) bzw. (*fam*) mit dem nächsten Ziffereintrag seine Geltung verlieren.

Beispiel:
Glied *n 1. (Bestandteil)* элемéнт *m* , часть *f; 2. (Körperteil)* конéчность *f; (fig) jdm liegt es bleischwer in den ~ern* у когó-л всё тéло как свинцóм налúто; *der Schrecken ist jdm in die ~er gefahren* когó-л охватúл страх; *3. (Kettenglied)* звенó *n* (цепú); *4. (Mitglied)* член *m*

Unter dem Ziffereintrag 2. wird zuerst die konkrete Bedeutung für *Glied* als Körperteil angeführt, die mit einem Strichpunkt abgeschlossen wird. Dem Strichpunkt folgt die Abkürzung (*fig*), die sich auf alle Einträge bis zum Ziffereintrag 3. bezieht.

In der Sprachrichtung Russisch-Deutsch ist die Aspektform des Verbs im Stichworteintrag zur leichteren Zuordnung durch *impf* bzw. *pf* angegeben. In der Regel wird ein Verb lediglich in der imperfektiven Form aufgeführt, es sei denn, die perfektive Verbform hat eine grundlegend andere Bedeutung als die imperfektive (z. B. сдава́ть экза́мен *eine Prüfung ablegen,* aber: сдать экза́мен *eine Prüfung bestehen*). In solchen Fällen erhält die perfektive Verbform einen eigenen Stichworteintrag.

In der Sprachrichtung Deutsch-Russisch werden russische Verben, die sowohl über einen imperfektiven (*impf*) als auch einen perfektiven Aspekt (*pf*) verfügen, grundsätzlich in der imperfektiven Form ohne die grammatische Kennzeichnung *impf* aufgeführt. So kann das deutsche Verb *lösen* (z. B. *ein Problem ~*) – je nach Betrachtungsweise – entweder mit реша́ть *impf* oder mit реши́ть *pf* übersetzt werden. Im Wörterbuch erscheint nur der imperfektive Aspekt реша́ть ohne Kennzeichnung.

Im Russischen gibt es einige wenige Verben, die zwar beide Aspektformen besitzen, jedoch im Sprachgebrauch meist nur zu einer Aspektform tendieren, da die zweite Entsprechung ungebräuchlich ist und/oder in äußerst seltenen Fällen Anwendung findet, wie zum Beispiel bei dem deutschen Stichwort *verrenken.* Im Russischen steht neben diesem Eintrag der vollendete Aspekt вы́вихнуть *pf.* Ergänzend in Klammern wird zusätzlich auch die Information (von: вывиха́ть *impf*) angegeben. Das heißt also, dass es zwar вывиха́ть als unvollendeten Aspekt gibt, im Sprachgebrauch aber in der Mehrzahl der Fälle die Form des vollendeten Aspekts вы́вихнуть *pf* verwendet wird.

Tritt das russische Verb nur in einem Aspekt auf, erfolgt ebenfalls eine grammatische Angabe (entweder *impf* oder *pf*). Beispielsweise entspricht dem deutschen Verb *fehlen* (im Sinne von *abwesend sein*) das russische Verb отсу́тствовать *impf,* das immer unvollendet ist und daher im Wörterbuch mit *impf* gekennzeichnet wird. Das russische Verb запа́мятовать *pf* für das deutsche Verb *entfallen* (hier: *vergessen*) verhält sich gerade umgekehrt. Es tritt immer im vollendeten Aspekt auf und wird daher mit *pf* markiert.

Zusätzlich gibt es russische Verben, die in Lautung und Schrift zwar absolut identisch sind, gleichzeitig aber sowohl den unvollendeten als auch den vollendeten Aspekt annehmen können. Diese Verben werden mit *impf/pf* gekennzeichnet.

Beispiel:
использовать *impf/pf.*

Die grammatischen Angaben *impf* und *pf* gelten in der Sprachrichtung Deutsch-Russisch immer nur für die direkte Übersetzung eines deutschen verbalen Stichworteintrags mit einem entsprechenden russischen Verb. In Redewendungen, Beispielsätzen, Sprichwörtern etc. werden diese Kennzeichnungsregeln nicht angewendet.
Alle Verben der Bewegung ohne Vorsilbe haben im Russischen den unvollendeten Aspekt. Sie bleiben im Wörterbuch ohne grammatikalische Kennzeichnung und können im Anhang dieses Wörterbuchs nachgelesen werden.

Sind Auslassungszeichen (…) direkt an ein Wort angehängt (z. B. bei Vorsilben), bedeutet dies, dass das Wort als Teil einer Zusammensetzung wiedergegeben wird.

Beispiel:
федеральный *adj* föderal, Bundes…

Neben der Übersetzung föderal sind auch Wortzusammensetzungen mit *Bundes…* möglich (z. B. *Bundesland*).

Angaben zu den Wortarten
Nach dem Stichwort wird die Wortart des fett gedruckten Stichwortes in abgekürzter Form angegeben. Sie ist kursiv gedruckt. Die verwendeten Abkürzungen werden auf Seite VIII

erläutert. Gibt es für ein Stichwort mehrere Bedeutungen mit unterschiedlichen Wortarten, so werden diese durch Strichpunkte voneinander getrennt aufgeführt.

Hat ein Stichwort sowohl eine maskuline als auch eine feminine Form oder werden für ein Wort zwei unterschiedliche Genera gleich häufig verwendet, so stehen die entsprechenden Angaben kursiv hinter dem betreffenden Wort (z. B. Architekt(in) *m/f* архите́ктор *m/f*). In der Sprachrichtung Russisch-Deutsch steht hinter einem Stichwort, das für beide Geschlechter verwendet wird, lediglich das grammatische Geschlecht des Wortes (z. B. профе́ссор *m* Professor(in) *m/f*), so dass die Form eines eventuell hinzuzufügenden Adjektivs eindeutig gewählt werden kann (Она́ – хоро́ший профе́ссор. *Sie ist eine gute Professorin.*).
Bei den Pronomina wird das Genus nicht angegeben, wenn das deutsche Stichwort eindeutig einem Numerus (Singular oder Plural) zugeordnet werden kann, der auch in der russischen Übersetzung unverändert erhalten bleibt. Dabei gilt für die Genusfolge der im Singular stehenden russischen Übersetzungen – falls mehrere Glieder auftauchen – dieselbe Regel wie bei den Adjektiven: männlich/weiblich/sächlich. Kann jedoch der pronominale Stichworteintrag sowohl als Singular wie auch als Plural gedeutet werden (z. B. bei *dein(e): dein* steht für männlich und sächlich, und *deine* steht für weiblich und den Plural), so werden die russischen Entsprechungen markiert und in der Rangfolge männlich/weiblich/sächlich/Plural aufgeführt. Beim Stichworteintrag *dein(e)* steht im Russischen also твой *m*, твоя́ *f*, твоё *n*, твои́ *pl*.
Aus Gründen der Übersichtlichkeit wurden in der Sprachrichtung Russisch-Deutsch die Pronomina nur in ihrer Grundform sowie in den wichtigsten deklinierten Formen aufgenommen. Jede Form erhält hierbei einen eigenen Stichworteintrag, was die Suche nach der gewünschten Form erleichtert.
Im Einzelnen kann die Deklination der russischen Pronomina in der Kurzgrammatik im Anhang nachgelesen werden.
Russische Zahlwörter werden wie Adjektive nur in ihrer männlichen Form angegeben. Die weiblichen und sächlichen Formen sind der Kurzgrammatik im Anhang zu entnehmen.

Alle unregelmäßigen Verben des Deutschen sind mit der Abkürzung *v irr* gekennzeichnet. Die Formen der russischen Verben (Verben der Bewegung, Konjugationsarten, Aspektformen etc.) und die unregelmäßigen Formen der deutschen Verben werden im Anhang aufgeführt. Aufgelistet werden ausschließlich die Formen des Stammverbs. Zum Beispiel kann das mit einer Vorsilbe versehene russische Verb переде́лать beim Stammverb де́лать nachgesehen werden. Die Formen zum deutschen Verb *ausschließen* stehen bei *schließen.*

Abkürzungen
Abkürzungen, die einer Erläuterung oder mehrerer Übersetzungen bedürfen (z. B. CD-ROM), werden als Stichwörter aufgeführt – andere gängige Abkürzungen befinden sich im Anhang auf den Seiten 599–600.

Betonung
Innerhalb eines russischen Wortes fällt die Betonung stets auf einen in einer Silbe enthaltenen Vokal. Als Betonungszeichen wird in diesem Wörterbuch ein Akzent (´) über dem jeweiligen Vokal verwendet.
Wörter mit dem stets betonten Vokal ë sowie einsilbige Wörter haben kein Betonungszeichen.

Redewendungen
Die zahlreichen Wendungen und sprichwörtlichen Redensarten sind dem bedeutungstragenden Wort der Wendung – in der Regel dem Substantiv – zugeordnet.

Anhang
Die Kurzgrammatiken im Anhang ermöglichen es auch Anfängern, den vorhandenen Wortschatz stilsicher anzuwenden. So findet der Benutzer schnell eine Antwort auf jedes grundlegende grammatische Problem.

Abkürzungen

adj	Adjektiv
adv	Adverb
AGR	Landwirtschaft
ANAT	Anatomie
ARCH	Architektur
art	Artikel
ART	Kunst
ASTR	Astronomie
BIO	Biologie
BOT	Botanik
CHEM	Chemie
CINE	Film
ECO	Wirtschaft
etw	etwas
f	weiblich
fam	umgangssprachlich
fig	bildlich
FIN	Finanzwelt
FOTO	Fotografie
GAST	Gastronomie
GEO	Geografie
GEOL	Geologie
GRAMM	Grammatik
HIST	Geschichte
impf	imperfektiv
INFORM	Informatik
interj	Interjektion
interr	interrogativ
irr	unregelmäßig
jdm	jemandem
jdn	jemanden
jds	jemandes
jmd	jemand

JUR	Recht
konj	Konjunktion
LING	Linguistik
LIT	Literatur
m	männlich
MATH	Mathematik
MED	Medizin
MET	Metallurgie
METEO	Meteorologie
MIL	Militär
MIN	Bergbau/Mineralogie
MUS	Musik
n	Neutrum
NAUT	Schifffahrt
num	Zahlwort
pf	perfektiv
PHIL	Philosophie
PHYS	Physik
pl	Plural
POL	Politik
pref	Präfix
prep	Präposition
pron	Pronomen
PSYCH	Psychologie
rel	relativ
REL	Religion
SPORT	Sport
TECH	Technik
TEL	Kommunikationswesen
THEAT	Theater
v	Verb
ZOOL	Zoologie

Russisch – Deutsch

А

а *konj 1. (противительный)* und, aber, dagegen, sondern; *Э́то моя́ кни́га, ~ не твоя́!* Es ist mein Buch, und nicht deins! *Я его́ ждал, ~ он не пришёл.* Ich wartete auf ihn, aber er kam nicht. *2. (присоединительный)* und; *Сейча́с я иду́ в магази́н, ~ пото́м к тебе́.* Ich gehe jetzt einkaufen und danach zu dir.
а и́менно *konj* und zwar, nämlich
а то *konj* sonst, andernfalls
абажу́р *m* Lampenschirm *m*
абба́т *m* REL Abt *m*
аббревиату́ра *f* Abbreviatur *f,* Abkürzung *f*
абза́ц *m* Absatz *m,* Abschnitt *m*
абонеме́нт *m* Abonnement *n; годи́чный ~* THEAT Jahresabonnement *n*
абоне́нт *m* Abonnent *m,* Abonnentin *f*
абоне́нтский *adj* Teilnehmer…; *~ я́щик* Postfach *n*
абориге́н *m* Ureinwohner *m*
або́рт *m* Abort *m,* Fehlgeburt *f,* Abtreibung *f*
абрико́с *m* 1. Aprikose *f; 2. (дерево)* Aprikosenbaum *m*
абсолюти́зм *m* HIST Absolutismus *m*
абсолю́тно *adv* absolut, durchaus, vollkommen
абсолю́тный *adj* absolut, vollkommen, vollständig; *…ное большинство́* absolute Mehrheit
абстра́ктный *adj* abstrakt
абсу́рдность *f* Absurdität *f*
абсу́рдный *adj* absurd
абсце́сс *m* MED Abszess *m*
ава́нс *m* Vorschuss *m,* Anzahlung *f*
авантю́ра *f* Abenteuer *n*
авари́йный *adj* Not…; *~ вы́ход* Notausgang *m;* Fluchtweg *m*
ава́рия *f 1.* Unfall *m,* Verkehrsunfall *m,* Panne *f; 2.* TECH Störung *f,* Betriebsstörung *f; 3. (fig) потерпе́ть …ию* eine Panne haben, Pech haben
а́вгуст *m* August *m*
авиагру́з *m* Luftfracht *f*
авиадиспе́тчер *m* Fluglotse *m*
авиакатастро́фа *f* Flugzeugabsturz *m,* Flugzeugkatastrophe *f*
авиакомпа́ния *f* Fluggesellschaft *f*
авиано́сец *m* Flugzeugträger *m*
авиапо́чта *m* Luftpost *f*
авиацио́нный *adj* Luft…, Flugzeug…
авиа́ция *f 1.* Luftfahrt *f; 2. (воздушный флот)* Luftflotte *f*
Австра́лия *f* GEO Australien *n*
австри́ец *m* Österreicher *m*
австри́йка *f* Österreicherin *f*
А́встрия *f* GEO Österreich *n*
авто́бус *m* Bus *m,* Autobus *m*
автоге́нный *adj* TECH Autogen…
авто́граф *m* Autogramm *n*
автодро́м *m* Rennbahn *f,* Autorennbahn *f*
автокра́тия *f* Alleinherrschaft *f,* Autokratie *f*
автомагистра́ль *f* Fernstraße *f,* Schnellstraße *f*
автома́т *m 1.* Automat *m; игра́льный ~* Spielautomat *m; 2. (телефонный)* Telefonzelle *f; 3. (оружие)* Maschinenpistole *f*
автоматиза́ция *f* TECH Automatisierung *f*
автоматизи́рованный *adj* automatisiert, automatisch
автомати́ческий *adj 1.* automatisch, selbsttätig, Selbst…; *2. (непроизвольный)* automatisch, unbewusst, unwillkürlich
автомаши́на *f* Kraftwagen *m,* Kraftfahrzeug *n*
автомеха́ник *m* Automechaniker *m*
автомобилестрое́ние *n* Kraftfahrzeugindustrie *f,* Kfz-Industrie *f,* Kraftfahrzeugbau *m*
автомобили́ст(ка) *m/f* Kraftfahrer(in) *m/f,* Autofahrer(in) *m/f*
автомоби́ль *m* Auto *n,* Kraftwagen *m*
автомоби́льный *adj* Auto…; *…ная катастро́фа* Autounfall *m*
автомо́йка *f* Autowaschanlage *f*
автоно́мный *adj* autonom
автоотве́тчик *m* Anrufbeantworter *m*
а́втор *m* Autor *m,* Verfasser *m*
авторите́т *m 1.* Autorität *f,* Ansehen *n; име́ть ~* Ansehen genießen; *2. (лицо)* Autorität *f,* Respektsperson *f,* Kompetenz *f*
авторите́тный *adj* maßgeblich, geachtet, kompetent, renommiert
авто́ручка *f* Füller *m; ша́риковая ~* Kugelschreiber *m,* Kuli *m (fam)*
автосто́п *m* Autostopp *m,* Trampen *n*
автостра́да *f* Autobahn *f*
автоши́на *f* Autoreifen *m*
автошко́ла *f* Fahrschule *f*
аге́нтство *n* Agentur *f*

агéнт[1] *m 1.* Agent *m,* Kundschafter *m,* Spion *m; 2. (представитель)* Vertreter *m,* Vermittler *m*
агéнт[2] *m* Agens *n,* Triebkraft *f*
агломерáт *m* Agglomerat *m*
агломерáция *f* Anhäufung *f,* Zusammenballung *f,* Agglomeration *f*
агóния *f* Agonie *f,* Todeskampf *m*
агрáрный *adj* landwirtschaftlich, Agrar..., Boden...; *...ая рефóрма* Bodenreform *f*
агрегáт *m* Aggregat *n*
агресси́вность *f* Aggressivität f
агресси́вный *adj* aggressiv, herausfordernd, offensiv
агрéссия *f 1.* Aggression *f; 2.* MIL Angriff *m*
агрéссор *m* MIL Angreifer *m,* Aggressor *m*
агронóм *m* Landwirt(in) *m/f,* Agronom *m*
агрономи́ческий *adj* landwirtschaftlich, Agrar...
агронóмия *f* AGR Agrarwissenschaft *f*
ад *m* Hölle *f*
адаптáция *f* Anpassung *f,* Adaptierung *f*
адáптер *m* TECH Adapter *m,* Tonabnehmer *m*
адвокáт *m* JUR Anwalt *m,* Rechtsanwalt *m*
адеквáтный *adj* adäquat, entsprechend, übereinstimmend
администрати́вный *adj* administrativ, verwaltungsrechtlich, Verwaltungs..., Ordnungs...; *...ное взыскание* Ordnungsstrafe *f; ...ное нарушéние* Ordnungswidrigkeit *f*
администрáтор *m 1.* Verwalter *m; 2. (в гостинице)* Empfangschef(in) *m/f*
администрáция *f 1.* Administration *f,* Verwaltung *f,* Verwaltungsbehörde *f; 2. (в гостинице)* Rezeption *f*
адмирáл *m* MIL Admiral *m*
адренали́н *m* BIO Adrenalin *n*
áдрес *m* Adresse *f,* Anschrift *f*
áзбука *f 1.* Alphabet *n,* ABC *n; 2. (учебник)* Fibel *f,* Lesebuch *n; 3. (fig)* Grundkenntnisse *pl,* das ABC *n (fam)*
áзбучный *adj 1.* alphabetisch; *2. (fig)* elementar, allbekannt
азиáт(ка) *m/f* Asiat(in) *m/f*
азиáтский *adj* GEO asiatisch
Áзия *f* GEO Asien *n*
Азóрские островá *pl* GEO die Azoren *pl*
азóт *m* CHEM Stickstoff *m*
áист *f* ZOOL Storch *m*
айвá *f* BOT Quitte *f*
áйсберг *m* GEO Eisberg *m*
академи́ческий *adj* akademisch
акадéмия *f* Akademie *f; ~ наýк* Akademie der Wissenschaften
акваланги́ст(ка) *m/f* SPORT Sporttaucher(in) *m/f,* Gerätetaucher(in) *m/f*
акварéль *f 1.* ART Aquarell *n,* Aquarellbild *n; 2. (краска)* Aquarellfarbe *f,* Wasserfarbe *f*
аквáриум *m* Aquarium *n*
акклиматизáция *f* Eingewöhnung *f,* Akklimatisierung *f*
акклиматизи́роваться *v impf/pf* sich eingewöhnen, heimisch werden, sich akklimatisieren
аккóрд *m* MUS Akkord *m*
аккордеóн *m* MUS Akkordeon *n*
аккредити́в *m* ECO Akkreditiv *n*
аккредитовáть *impf/pf* akkreditieren
аккумуля́тор *m* TECH Akku *m,* Batterie *f*
аккурáтный *adj* akkurat, ordentlich, ordnungsliebend
аксессуáр *m* Zubehörteil *n,* Accessoire *n*
аксессуáры *pl* Zubehör *n,* Beiwerk *n*
акт *m 1.* Akt *m,* Aktion *f,* Handlung *f; официáльный ~* Amtshandlung *f; 2.* JUR Urkunde *f,* Akte *f; обвини́тельный ~* Anklageschrift *f; 3. (описание установленных фактов)* Protokoll *n; состáвить ~ о чём-л* ein Protokoll aufnehmen; *4.* ART Akt *m,* Aktgemälde *n,* Aktzeichnung *f; 5. (торжественное собрание)* Feier *f,* Feierlichkeit *f*
актёр *m* Schauspieler *m,* Darsteller *m; ведýщий ~* Hauptdarsteller *m*
актёрский *adj* schauspielerisch, Schauspiel..., Darsteller...
акти́в[1] *m* GRAMM Aktiv *n*
акти́в[2] *m* FIN Aktiva *pl,* Guthaben *n*
активи́ровать *v impf/pf* aktivieren
акти́вность *f* Aktivität *f,* Engagement *n,* Einsatz *m,* Tatkraft *f*
акти́вный *adj* aktiv, engagiert, rege
актри́са *f* Schauspielerin *f,* Darstellerin *f*
актуализи́ровать *v impf/pf* aktualisieren
актуáльность *f* Aktualität *f,* Zeitnähe *f*
актуáльный *adj* aktuell, zeitgemäß
акýла *f* ZOOL Hai *m*
акупунктýра *f* MED Akupunktur *f*
акýстика *f* MUS Akustik *f*
акусти́ческий *adj* akustisch, klangwirksam
акушéрка *f* Hebamme *f,* Geburtshelferin *f*
акушéрство *n* Geburtshilfe *f*
акцéнт *m 1. (ударение)* Betonung *f,* Beto-

nungszeichen *n; 2. (иноязычное произношение)* Akzent *m*
акционéр *m* ECO Aktionär(in) *m/f*, Aktieninhaber(in) *m/f*
áкция *f* FIN Aktie *f*
Албáния *f* GEO Albanien *n*
áлгебра *f* MATH Algebra *f*
Алжи́р *m* GEO Algerien *n*
áлиби *n* Alibi *n*
алимéнты *pl* JUR Alimente *pl*
алкоголи́зм *m* Alkoholismus *m*, Trunksucht *f*
алкогóлик *m* Alkoholiker(in) *m/f*
алкогóль *m* Alkohol *m*
алкогóльный *adj* alkoholisch, Alkohol...
аллегóрия *f* Allegorie *f*, Sinnbild *n*
аллéргик *m* MED Allergiker(in) *m/f*
аллерги́ческий *adj* MED allergisch
аллерги́я *f* MED Allergie *f*
аллéя *f* Allee *f*
аллю́р *m* Allüre *f*
алмáз *m* MIN Diamant *m*
алмáзный *adj* diamanten, Diamant(en)...; *~ рудни́к* Diamantengrube *f*
алтáрь *m* REL Altar *m*
алфави́т *m* Alphabet *n*
áлчность *f* Gier *f*, Habgier *f*, Habsucht *f*
áлчный *adj* gierig, habgierig, habsüchtig
альбóм *m* Album *n*
альпи́йский *adj* alpin, Alpen...
альпини́зм *m* Bergsteigen *n*, Alpinismus *m*
альпини́ст(ка) *m/f* Bergsteiger(in) *m/f*
Áльпы *pl* GEO die Alpen *pl*
альт *m 1.* MUS Altstimme *f; 2.* MUS *(инструмент)* Bratsche *f*
альтернати́ва *f* Alternative *f;* Entweder – Oder *n*
альтернати́вный *adj* alternativ, Alternativ...; *~ вопрóс* Alternativfrage *f*
альянс *m* Allianz *f*, Bündnis *n*
алюми́ний *m* CHEM Aluminium *n*
амбáр *m* AGR Scheune *f*, Speicher *m*
амби́ция *f* Ambition *f*
амбулатóрия *f* MED Ambulanz *f*
амбулатóрный *adj* MED ambulant; *~ больнóй* ambulanter Patient
Амéрика *f* GEO Amerika *n; Ю́жная ~* Südamerika *n; Сéверная ~* Nordamerika *n*
америкáнец *m* Amerikaner *m*
америкáнка *f* Amerikanerin *f*
америкáнский *adj* amerikanisch
ами́нь *m* Amen *n*, amen
аммиáк *m* CHEM Ammoniak *n*
амни́стия *f* JUR Amnestie *f*, Begnadigung *f*, Straferlass *m*
амортизáтор *m* TECH Stoßdämpfer *m*
амортизационный *adj 1.* ECO Amortisations..., Tilgungs...; *2.* TECH Dämpfungs...
амортизáция *f 1.* ECO Amortisation *f*, Abschreibung *f; 2. (изнашивание)* Verschleiß *m; 3.* TECH Dämpfung *f*, Stoßdämpfung *f*
амортизи́ровать *v impf/pf 1.* ECO amortisieren, abschreiben; *2.* TECH dämpfen, abschwächen
амóрфный *adj* formlos, strukturlos, amorph
ампéр *m* TECH Ampere *n*
áмпула *f* MED Ampulle *f*
ампутáция *f* MED Amputation *f*
ампути́ровать *v impf/pf* MED amputieren
амулéт *m* Amulett *n*, Glücksbringer *m*
анáлиз *m 1.* Analyse *f*, Auswertung *f; 2.* MED Probe *f; ~ крóви* Blutbild *n*, Blutprobe *f*
анализи́ровать *v impf* analysieren
аналоги́чный *adj* analog, gleichartig, ähnlich
аналóгия *f* Analogie *f*, Ähnlichkeit *f*
ананáс *m* BOT Ananas *f*
анархи́ст(ка) *m/f* POL Anarchist(in) *m/f*
анархи́я *f* POL Anarchie *f*
анатóмия *f* MED Anatomie *f*
áнгел *m* Engel *m; день ~а* REL Namenstag *m*
áнгел-храни́тель *m* Schutzengel *m*
áнгельский *adj* engelsgleich, engelhaft, Engels...; *...ское терпéние* Engelsgeduld *f*
анги́на *f* MED Angina *f*, Mandelentzündung *f*
англи́йский *adj 1.* englisch; *~ язы́к* Englisch *n; 2. (fig)* Sicherheits... *~ замóк* Sicherheitsschloss *n; ...кая булáвка* Sicherheitsnadel *f*
англичáнин *m* Engländer *m*
англичáнка *f* Engländerin *f*
Áнглия *f* GEO England *n*
анекдóт *m* Anekdote *f*, Witz *m*
анеми́я *f* MED Anämie *f*, Blutarmut *f*
анестезиóлог *m* MED Anästhesist(in) *m/f*, Narkosefacharzt *m*, Narkosefachärztin *f*
анестези́ровать *v impf* MED anästhesieren
анестези́я *f* MED Anästhesie *f*, Betäubung *f; мéстная ~* örtliche Betäubung
ани́с *m* BOT Anis *m*
анкéта *f* Fragebogen *m*; *запóлнить ... ту* einen Fragebogen ausfüllen

аннекси́ровать *v impf/pf* annektieren, einverleiben
аннули́рование *n* Annullierung *f*, Ungültigkeitserklärung *f*
аннули́рованный *adj* JUR nichtig
аннули́ровать *v impf/pf* annulieren, rückgängig machen
анома́лия *f* Anomalie *f*
анома́льный *adj* anomal
анони́мность *f* Anonymität *f*
анони́мный *adj* anonym, namenlos, ungenannt
анте́нна *f 1.* TECH Antenne *f*; *коллекти́вная ~* Gemeinschaftsantenne *f*; *2.* ZOOL Fühler *m*
антибио́тики *pl* MED Antibiotika *pl*
антиква́рный *adj* antiquarisch; *~ магази́н* Antiquitätenhandlung *f*
антипа́тия *f* Abneigung *f*, Antipathie *f*, Widerwille *m*
антисеми́т *m* Antisemit *m*
антитела́ *pl* MED Antikörper *pl*
анти́чность *f* Antike *f*
анти́чный *adj* antik
антреко́т *m* GAST Steak *n*
анчо́ус *m* GAST Anchovis *f*
апати́чность *f* Apathie *f*, Gleichgültigkeit *f*, Lässigkeit *f*
апати́чный *adj* apathisch, teilnahmslos, passiv, gleichgültig
апа́тия *f 1.* Apathie *f*, Teilnahmslosigkeit *f*; *2. (fig)* Gleichgültigkeit *f*
апелля́ция *f 1.* JUR Appellation *f*, Berufung *f*; *2. (обраще́ние)* Appell *m*
апельси́н *m* BOT *1.* Apfelsine *f*, Orange *f*; *2. (де́рево)* Orangenbaum *m*
апельси́новый *adj* Orangen...; *~ сок* GAST Orangensaft *m*
аплоди́ровать *v impf* applaudieren, Beifall klatschen
апоге́й *m (fig)* Höhepunkt *m*
апопле́ксия *f* MED Schlaganfall *m*, Apoplexie *f*
апо́стол *m* REL Apostel *m*, Jünger *m*
апостро́ф *m* Apostroph *m*, Auslassungszeichen *n*
аппара́т *m* Apparat *m*, Gerät *n*; *телефо́нный ~* Telefon *n*
аппарта́мент *m* Appartement *n*
аппендици́т *m* MED Blinddarmentzündung *f*, Appendizitis *f*
аппети́т *m* Appetit *m*; *Прия́тного ~а!* Guten Appetit!; *отсу́тствие ~а* Appetitlosigkeit *f*
аппети́тный *adj* appetitlich, Appetit anregend, lecker *(fam)*
апре́ль *m* April *m*
апте́ка *f* Apotheke *f*
апте́карь *m* Apotheker(in) *m/f*
ара́б(ка) *m/f* Araber(in) *m/f*
ара́бский *adj* arabisch; *...кие ци́фры* arabische Ziffern
Ара́вия *f* GEO Arabien *n*; *Сау́довская ~* Saudi-Arabien *n*
аранжи́ровать *v impf 1.* zusammenstellen; *2.* MUS bearbeiten, arrangieren
аранжиро́вка *f 1.* Zusammenstellung *f*; *2.* MUS Arrangement *n*, Bearbeitung *f*
ара́хис *m* BOT Erdnuss *f*
арби́тр *m 1.* Schiedsrichter(in) *m/f*; *2.* SPORT Kampfrichter(in) *m/f*, Schiedsrichter(in) *m/f*
арбитра́ж *m 1.* Schiedsspruch *m*; *2. (суд)* JUR Schiedsgericht *n*
арбитра́жный *adj* Schieds...
арбу́з *m* BOT Wassermelone *f*
Аргенти́на *f* GEO Argentinien *n*
аргенти́нец *m* Argentinier *m*
аргенти́нка *f* Argentinierin *f*
аргенти́нский *adj* argentinisch
аргуме́нт *m 1.* Argument *n*; *2. (доказа́тельство)* Beweis *m*
аргумента́ция *f 1.* Argumentation *f*; *2.* JUR Beweisführung *f*
аргументи́ровать *v impf 1.* argumentieren; *2. (дока́зывать)* beweisen
аре́на *f* Arena *f*, Schauplatz *m*
аре́нда *f 1.* Pacht *f*; *сдава́ть в ...нду* verpachten; *2. (пла́та)* Pacht *f*, Pachtzins *m*
аренда́тор *m* Pächter(in) *m/f*, Mieter(in) *m/f*
аре́ндный *adj* Pacht..., Miet...; *~ догово́р* Pachtvertrag *m*
арендова́ть *v impf/pf* pachten, mieten; *~ земе́льный уча́сток* ein Grundstück pachten; *~ помеще́ние* einen Raum mieten
арендода́тель(ница) *m/f* Verpächter(in) *m/f*
аре́ст *m 1.* Inhaftierung *f*, Arrest *m*, Verhaftung *f*; *посади́ть под ~* verhaften, inhaftieren; *о́рдер на ~* Haftbefehl *m*; *2. (иму́щества)* Beschlagnahmung *f*; *3.* FIN *~ счёта* Kontensperrung *f*
аресто́вывать *v impf 1.* verhaften, festnehmen; *2.* beschlagnahmen
аристокра́тия *f* Aristokratie *f*, Adel *m*; *фина́нцовая ~* Hochfinanz *f*

арифме́тика *f* MATH Arithmetik *f,* Rechnen *n*
а́рия *f* MUS Arie *f*
а́рка *f* ARCH Bogen *m*
А́рктика *f* GEO die Arktis *f*
аркти́ческий *adj* arktisch, Polar…; ~ *фронт* Polarfront *f*
Арме́ния *f* GEO Armenien *n*
а́рмия *f* MIL Armee *f,* Heer *n*
армяни́н *m* Armenier *m*
армя́нка *f* Armenierin *f*
арома́т *m* Aroma *n,* Wohlgeruch *m*
арома́тный *adj* aromatisch, wohlriechend
арте́рия *f 1.* MED Arterie *f,* Pulsschlagader *f; 2. тра́нспортная* ~ Verkehrsader *f*
арти́кль *m* GRAMM Artikel *m; определённый* ~ bestimmter Artikel *m*
артикули́ровать *v impf* LING artikulieren, deutlich aussprechen
артилле́рия *f* MIL Artillerie *f*
арти́ст(ка) *m/f 1.* Künstler(in) *m/f,* Schauspieler(in) *m/f,* Artist(in) *m/f; 2. (fam)* Könner *m*
артисти́ческий *adj* künstlerisch, kunstvoll
артишо́к *m* BOT Artischocke *f*
а́рфа *f* MUS Harfe *f*
архео́лог *m* Archäologe *m,* Archäologin *f*
археоло́гия *f* Archäologie *f*
архи́в *m* Archiv *n,* Urkundensammlung *f; сдать что-л в* ~ etw zu den Akten legen
архиепи́скоп *m* REL Erzbischof *m*
архите́ктор *m* Architekt(in) *m/f,* Baumeister(in) *m/f*
архитекту́ра *f* Architektur *f,* Baukunst *f*
ас *m* SPORT Ass *n*
асбе́ст *m* MIN Asbest *m*
аспе́кт *m* Aspekt *m,* Ansicht *f,* Hinsicht *f; в ино́м ~е* in anderer Hinsicht
аспири́н *m* MED Aspirin *n*
ассисте́нт(ка) *m/f* Assistent(in) *m/f*
ассортиме́нт *m* Sortiment *n,* Auswahl *f,* Angebot *n;* ~ *това́ров* Warensortiment *n,* Warenpalette *f*
ассоциа́ция *f* Verband *m,* Vereinigung *f*
а́стма *f* MED Asthma *n,* Atemnot *f,* Atembeschwerden *pl*
астма́тик *m* MED Asthmatiker(in) *m/f*
астроло́гия *f* Astrologie *f*
астрона́вт *m* Astronaut(in) *m/f*
астроно́м *m* Astronom(in) *m/f*
астрономи́ческий *adj* astronomisch; *…кие це́ны* völlig überhöhte Preise
астроно́мия *f* Astronomie *f,* Sternenkunde *f*
асфа́льт *m* Asphalt *m*
ата́ка *f 1.* MIL Vorstoß *m,* Sturm *m,* Angriff *m; 2.* SPORT Angriff *m,* Offensive *f; 3. (fig)* Angriff *m,* Attacke *f*
атакова́ть *v impf* angreifen, attackieren, vorstoßen
атеи́зм *m* Atheismus *m*
атеисти́ческий *adj* atheistisch
ателье́ *n 1.* Atelier *n,* Künstlerwerkstatt *f; 2. (швейное)* Modeatelier *n*
атланти́ческий *adj* GEO Atlantik…
а́тлас *m* Atlas *m,* Kartenwerk *n;* ~ *ми́ра* Weltatlas *m*
атле́т *m* Athlet(in) *m/f*
атле́тика *f* Athletik *f; лёгкая* ~ Leichtathletik *f*
атмосфе́ра *f* Atmosphäre *f; делова́я* ~ sachliche Atmosphäre
атмосфе́рный *adj* METEO atmosphärisch, Luft…; *…ные оса́дки* Niederschläge *pl*
атмосфероусто́йчивый *adj* wetterbeständig, wetterfest
а́том *m* PHYS Atom *n; расщепле́ние ~а* Atomspaltung *f*
а́томный *adj* Atom…, atomar; *…ная бо́мба* Atombombe *f; …ная эне́ргия* Atomenergie *f*
аттеста́т *m* Zeugnis *n; шко́льный* ~ Schulzeugnis *n*
аттракцио́н *m 1.* Attraktion *f; 2. (карусель)* Fahrgeschäft *n*
аудиовизуа́льный *adj* audiovisuell
ау́дит *f* Wirtschaftsprüfung *f,* Audit *n*
ауди́тор *m* ECO Buchprüfer *m,* Wirtschaftsprüfer *m,* Auditor *m*
аукцио́н *m* Auktion *f,* Versteigerung *f; покупа́ть что-л на ~е* etw ersteigern
аутоге́нный *adj* autogen; *…нная тренировка* autogenes Training
аутса́йдер *m* Außenseiter(in) *m/f,* Outsider *m*
Афганиста́н *m* GEO Afghanistan *n*
афи́ша *f* Aushang *m,* Plakat *n*
А́фрика *f* GEO Afrika *n; Ю́жная* ~ Südafrika *n*
африка́нец *m* Afrikaner *m*
африка́нка *f* Afrikanerin *f*
африка́нский *adj* afrikanisch
аффе́кт *m* Affekt *m*
ах *interj* ach
ацето́н *m* CHEM Aceton *n*
ацте́к *m* Azteke *m*
аэро́бус *m* TECH Airbus® *m*
аэропо́рт *m* Flughafen *m*

Б

ба́ба *f 1.* Frau *f,* Weib *n; 2. ~-яга́* Baba-Jaga *f,* böse Hexe *f,* böse Zauberin *f; 3. снє́жная ~* Schneemann *m*
ба́бий *adj 1.* weibisch, Weiber...; *2. ...бье ле́то* Altweibersommer *m*
ба́бка *f (fam) 1.* Großmutter *f; 2. (старуха)* altes Mütterchen *n,* alte Frau *f,* Alte *f*
ба́бник *m* Schürzenjäger *m,* Weiberheld *m (fam),* Frauenheld *m*
ба́бочка *f 1.* Schmetterling *m,* Falter *m; 2. (галстук)* Schleife *f,* Fliege *f*
ба́бушка *f* Großmutter *f,* Oma *f (fam)*
бава́рец *m* Bayer *m*
Бава́рия *f GEO* Bayern *n*
бава́рка *f* Bayerin *f*
бава́рский *adj* bayerisch
бага́ж *m* Gepäck *n; ручно́й ~* Handgepäck *n*
бага́жник *m* Kofferraum *m*
бага́жный *adj* Gepäck...
бадья́ *f* Kübel *m,* Zuber *m*
ба́за *f 1.* Basis *f,* Grundlage *f; 2. (учреждение)* Station *f; 3. (склад)* Materiallager *n; 4. MIL* Stützpunkt *m*
база́р *m 1.* Markt *m,* Basar *m; 2. (fam)* Spektakel *n,* Getue *n*
байда́рка *f SPORT* Paddelboot *n,* Kajak *m*
бак *m* Tank *m*
бакте́рия *f* Bakterie *f*
бал *m* Ball *m*
балага́н *m 1.* Schaubude *f,* Jahrmarktsbude *f; 2. (fig)* Rummel *m*
балага́нить *v impf* Possen reißen
бала́нс *m 1.* Gleichgewicht *n,* Balance *f; 2. ECO* Bilanz *f,* Rechnungsabschluss *m; составля́ть ~* bilanzieren
баланси́ровать *v impf 1.* balancieren; *2. (уравновешивать)* ausgleichen; *3. FIN* bilanzieren; *4. TECH* auswuchten
балансиро́вка *f 1.* Balancieren *n; 2. FIN* Ausgleich *m,* Ausgleichen *n*
балери́на *f THEAT* Ballett-Tänzerin *f,* Ballerina *f*
бале́т *m THEAT* Ballett *n*
балетме́йстер *m* Choreograph(in) *m/f*
ба́лка[1] *f TECH* Balken *m,* Trager *m*
ба́лка[2] *f GEO* Schlucht *f,* enges Tal *n*
Балка́ны *pl GEO* der Balkan *m*
балко́н *m 1.* Balkon *m; 2. THEAT* Mittelrang *m,* Balkon *m*
балла́ст *m* Ballast *m*
балла́стный *adj* Ballast...
балли́стика *f* Ballistik *f*
балло́н *m 1.* Ballon *m; 2. TECH га́зовый ~* Gasflasche *f*
баллоти́ровать *v impf 1.* abstimmen, zur Abstimmung bringen; *2. ~ся* kandidieren
баллотиро́вка *f* Abstimmung *f,* geheime Abstimmung *f*
баллотиро́вочный *adj* Wahl..., Abstimmungs...; *~ бюллете́нь* Wahlzettel *m*
бал-маскара́д *m* Maskenball *m*
ба́лованный *adj* verwöhnt, verzogen, verhätschelt, verzärtelt
балова́ть *v impf* verwöhnen, verziehen, verhätscheln, verzärteln
ба́ловень *m 1.* Schoßkind *n,* Muttersöhnchen *n; ~ судьбы́* Glückskind *n; 2. (баловник)* verzogenes Kind *n,* Blag *n*
баловно́й *adj (fam)* ungezogen, wild, ausgelassen
баловство́ *n 1.* Verziehen *n,* Verhätscheln *n; 2. (жаловливость)* Streich *m,* Ungezogenheit *f*
Балти́йское мо́ре *n GEO* Ostsee *f*
бальза́м *m* Balsam *m,* Salbe *f*
балюстра́да *f* Balustrade *f,* Geländer *n,* Brüstung *f*
бамбу́к *m BOT* Bambus *m*
ба́мпер *m* Stoßstange *f*
бана́льность *f* Banalität *f,* Plattitüde *f,* Abgedroschenheit *f*
бана́льный *adj* banal, abgedroschen, fade, platt
бана́н *m 1.* Banane *f; 2. (дерево)* Bananenbaum *m*
ба́нда *f* Bande *f,* Rotte *f,* Horde *f*
банда́ж *m MED* Bandage *f,* Binde *f*
бандеро́ль *f* Päckchen *n,* Drucksache *f*
банди́т *m* Bandit *m,* Gangster *m,* Halunke *m,* Räuber *m*
банк[1] *m FIN* Bank *f,* Bankhaus *n*
банк[2] *m* Spielbank *f; сорва́ть ~* die Bank sprengen
ба́нка *f 1.* Glas *n,* Einmachglas *n,* Büchse *f,* Dose *f; консе́рвная ~* Konservendose *f; 2. MED* Schröpfkopf *m*
банке́т *m* Bankett *n,* Festessen *n,* Festmahl *n*
банки́р *m FIN* Bankier *m*
банки́рский *adj FIN* Bank...
банкно́т *m FIN* Banknote *f,* Geldschein *m*

ба́нковский *adj* Bank…; ~ *биле́т* Banknote *f*
банкро́тство *n* FIN Bankrott *m,* Pleite *f; зло́стное* ~ betrügerischer Bankrott *m*
бант *m* Schleife *f*
ба́ня *f 1.* Dampfbad *n,* Sauna *f; 2. (помещение)* Sauna *f,* Schwitzbad *n; 3. (fam)* Hitze *f,* Affenhitze *f*
бар[1] *m* Bar *f,* Ausschank *m,* Kneipe *f*
бар[2] *m* PHYS Bar *n*
бараба́н *m 1.* MUS Trommel *f; 2.* TECH Trommel *f,* Zylinder *m*
бара́к *m* Baracke *f,* Wohnbaracke *f*
бара́н *m* ZOOL Hammel *m,* Widder *m,* Schafbock *m*
бара́нина *f* Hammelfleisch *n*
бара́нка *f* Kringel *m,* Ringel *m*
барахло́ *n (fam) 1.* Trödel *m,* Plunder *m,* Kram *m,* Ramsch *m (fam); 2. (о человеке)* Abschaum *m*
бара́хтаться *v impf* zappeln, strampeln
бард *m* Liedermacher(in) *m/f*
барда́к *m (fig)* Chaos *n,* Saustall *m (fam)*
ба́ржа *f* NAUT Schleppkahn *m,* Lastkahn *m*
барито́н *m 1.* MUS Bariton *m,* Baritonstimme *f; 2. (певец)* Bariton *m*
баро́кко *n* ART Barock *m,* Barockstil *m*
баро́метр *m* TECH Barometer *n,* Luftdruckmesser *m*
баро́н *m* Baron *m*
барone
барoне́сса *f 1. (жена барона)* Baronin *f; 2. (дочь барона)* Baroness *f*
баррика́да *f* Barrikade *f,* Straßensperre *f*
барс *m* ZOOL Leopard *m*
барсу́к *m 1.* ZOOL Dachs *m; 2. (в сказке)* Meister Grimmbart *m*
барха́ны *pl* GEO Wanderdünen *pl*
ба́рхат *m* Samt *m, ру́бчатый* ~ Kord *m*
бархати́стый *adj* samtig, samtweich, kuschelig *(fam)*
бары́ш *m 1.* Gewinn *m,* Profit *m; огро́мные ~и* Riesengewinne *pl; 2. (выгода)* Vorteil *m*
ба́рышня *f* Fräulein *n, кисе́йная* ~ Zierpuppe *f*
барье́р *m 1.* Barriere *f,* Schranke *f,* Schlagbaum *m; 2.* SPORT Hürde *f; 3.* ECO *торго́вый* ~ Handelssperre *f*
бас *m 1.* MUS Bass *m,* Bass-Stimme *f; 2. (певец)* Bass *m*
баскетбо́л *m* SPORT Basketball *m*
баснoсло́вный *adj* fabelhaft, unglaublich
ба́сня *f 1.* Fabel *f,* Tiergeschichte *f; 2. (вымысел)* Faselei *f,* Lügenmärchen *pl; Не расска́зывай …ни!* Bleib bei der Wahrheit!
бассе́йн *m 1.* Bassin *n,* Becken *n,* Schwimmbecken *n; 2. (помещение)* Schwimmbad *n; откры́тый* ~ Freibad *n*
бастова́ть *v impf* streiken
батаре́я *f 1.* TECH Batterie *f; 2. (отопление)* Heizung *f,* Heizkörper *m,* Radiator *m*
бати́ст *m* Batist *m*
батра́к *m* Tagelöhner *m,* Landarbeiter *m*
баци́лла *f* BIO Bazillus *m*
ба́шенный *adj* Turm…; *…нные часы́* Turmuhr *f*
башмаки́ *pl* Schuhe *pl; быть под …ко́м (fig)* unter dem Pantoffel stehen
ба́шня *f* Turm *m; телевизио́нная* ~ Fernsehturm *m*
баю́кать *v impf* in den Schlaf singen, in den Schlaf wiegen
бди́тельность *f* Wachsamkeit *f*
бди́тельный *adj* wachsam, aufmerksam; *быть …ным* auf der Hut sein
бег *m* SPORT Lauf *m; ~ на дли́нные диста́нции* Langstreckenlauf *m; марафо́нский* ~ Marathonlauf *m*
бега́ *pl* Rennen *n,* Pferderennen *n*
бе́гать *v impf 1.* laufen, rennen, hin- und herlaufen; ~ *на конька́х* Schlittschuh laufen; *2. (избегать)* meiden, ausweichen
бегемо́т *m* ZOOL Nilpferd *n,* Flusspferd *n*
бегле́ц *m* Flüchtling *m,* Ausbrecher *m,* Ausreißer(in) *m/f*
бе́глость *f* Behändigkeit *f; ~ па́льцев* MUS Fingerfertigkeit *f*
бе́глый *adj 1.* flüchtig, entlaufen; *2. (быстрый)* beweglich, fließend, behände; *3. (поверхностный)* flüchtig, oberflächlich
бегово́й *adj* SPORT Renn…; *…ва́я ло́шадь* Rennpferd *n*
бего́м *adv* schnell, im Laufschritt
бего́ния *f* BOT Begonie *f*
бе́гство *n* Flucht *f,* Fliehen *n,* Ausreißen *n*
бегу́н(ья) *m/f* SPORT Läufer(in) *m/f*
беда́ *f* Unglück *n,* Elend *n,* Not *f;* Misere *f; ~ мне с ним.* Ich habe meine liebe Not mit ihm.
бе́дность *f* Armut *f,* Elend *n,* Bedürftigkeit *f; ~ не поро́к!* Armut ist keine Schande!
бе́дный *adj 1.* arm, bedürftig; *2. (fig)* dürftig
бедня́га *m/f (fam)* armer Schlucker *m*
бедро́ *n* ANAT *1.* Schenkel *m,* Oberschenkel *m; 2. (бок)* Hüfte *f*
бе́дственный *adj* elend, miserabel, bedürftig; *…нное положе́ние* Notlage *f*

бе́дствие *n* Not *f,* Unglück *n,* Unheil *n,* Katastrophe *f; сигнал ...вия NAUT* SOS-Signal *n,* SOS *n*
бе́дствовать *v impf* Not leiden, darben
бежа́ть *v impf 1.* rennen, laufen; *~ следом за кем-л/чем-л* jdm hinterherlaufen; *2. (спасаться бегством)* fliehen, entfliehen, entkommen, flüchten; *3. (о времени)* verfliegen, verrinnen; *4. (о часах)* vorgehen; *5. (о воде)* laufen, rinnen
бе́жевый *adj* beige, beigefarben
бе́женец *m* Flüchtling *m*
без *prep 1.* ohne; *~ сомне́ния* zweifelsohne; *~ исключе́ния* ausnahmslos; *2. (в отсутствие кого-л)* in Abwesenheit von jdm; *3. (о времени)* vor; *~ пяти́ мину́т час* fünf Minuten vor eins; *4. и ~ того́* ohnehin
безала́берность *f* Schlampigkeit *f,* Schludrigkeit *f,* Mangel an Ordnung
безала́берный *adj (fam)* schlampig, unordentlich
безалкого́льный *adj* alkoholfrei
безапелляцио́нный *adj* kategorisch
беза́томный *adj* atomwaffenfrei; *...ная зо́на* atomwaffenfreie Zone
безбиле́тный *adj* ohne Fahrschein; *~ пассажи́р* Schwarzfahrer *m,* blinder Passagier *m; ~ зри́тель* Zaungast *m*
безбо́жие *n* Atheismus *m*
безбо́жник *m* Atheist *m*
безбо́жно *adv (fam)* unverschämt, gewissenlos
безбо́жный *adj 1. (fam)* unverschämt, unerhört; *...ная ложь* dreiste/unverschämte Lüge
безболе́зненность *f* Schmerzfreiheit *f* Schmerzlosigkeit *f*
безболе́зненный *adj 1.* schmerzfrei, schmerzlos; *2. (fig)* reibungslos, glatt
безбоя́зненно *adv* furchtlos, ohne Angst
безбра́чие *n 1.* Ehelosigkeit *f; 2. REL* Zölibat *m*
безбре́жный *adj* uferlos, grenzenlos, unendlich
безве́трие *n* Windstille *f,* Flaute *f*
безвку́сие *n 1.* Geschmacklosigkeit *f; 2. ART* Kitsch *m*
безвку́сный *adj* geschmacklos, fade
безвозвра́тный *adj* unwiederbringlich, unwiderruflich
безвозду́шный *adj* luftleer; *...ное простра́нство* luftleerer Raum
безвозме́здно *adv* umsonst, unentgeltlich, frei, gratis
безвозме́здный *adj* kostenlos, unentgeltlich
безво́льный *adj* willenlos, schwach *(fig)*
безвре́дность *f* Unschädlichkeit *f,* Harmlosigkeit *f*
безвре́дный *adj* unschädlich, harmlos
безвы́ходный *adj* ausweglos, aussichtslos, hoffnungslos
безгла́сный *adj* wortlos, schweigsam, stumm
безгра́мотный *adj 1.* ungebildet, unwissend; *2. (неграмотный)* weder lese- noch schreibkundig; *~ челове́к* Analphabet *m; 3. (содержащий много ошибок)* falsch, fehlerhaft, voller Fehler
безграни́чный *adj* grenzenlos, unbegrenzt, maßlos
безда́рность *f 1.* Talentlosigkeit *f,* Mangel an Begabung; *2. (о человеке)* Stümper *m*
безда́рный *adj* unbegabt, unfähig, talentlos, stümperhaft *(fam)*
безде́йственный *adj* untätig, passiv
безделу́шки *pl* Nippes *m*
безде́лье *n 1.* Müßiggang *m,* Muße *f; 2. (пустое занятие)* Zeitvertreib *m*
безде́льник *m* Müßiggänger *m,* Faulenzer *m,* Nichtsnutz *m (fam)*
безде́льничать *v impf (fam)* herumlümmeln, faulenzen
безде́льный *adj* tatenlos, untätig, müßig
безде́тный *adj* kinderlos
безде́ятельность *f* Untätigkeit *f*
безде́ятельный *adj* untätig, tatenlos
бе́здна *f 1.* Abgrund *m,* Kluft *f; 2. (множество)* Unmenge *f,* Unmasse *f; 3. (fam) ~ прему́дрости* ein Ausbund an Weisheit
бездо́мный *adj 1.* obdachlos; *m 2.* Obdachloser *m*
бездо́нный *adj 1.* bodenlos, abgrundtief; *2. (fig)* unergründlich
безду́шный *adj* herzlos, hartherzig
безе́ *n* Baiser *m*
безжа́лостность *f* Unbarmherzigkeit *f,* Hartherzigkeit *f*
безжа́лостный *adj* erbarmungslos, gnadenlos, unbarmherzig, mitleidslos, hartherzig
безжи́зненность *f* Leblosigkeit *f*
безжи́зненный *adj* leblos, ausdruckslos, trübe
беззабо́тность *f* Sorglosigkeit *f*
беззабо́тный *adj* sorglos, unbekümmert, unbeschwert
беззаве́тный *adj* selbstlos

беззако́ние *n JUR* Rechtswidrigkeit *f,* Gesetzlosigkeit *f*
беззако́нный *adj* ungesetzlich, gesetzeswidrig, illegal
беззасте́нчивость *f* Rücksichtslosigkeit *f,* Skrupellosigkeit *f,* Unverschämtheit *f*
беззасте́нчивый *adj* skrupellos, rücksichtslos, unverfroren
беззащи́тность *f* Schutzlosigkeit *f,* Wehrlosigkeit *f*
беззащи́тный *adj* schutzlos, wehrlos, hilflos
беззву́чный *adj* lautlos, klanglos
безли́ственный *adj BOT* laublos, kahl
безли́стный *adj BOT* blattlos, blätterlos
безли́чный *adj GRAMM* unpersönlich
безлю́дный *adj* menschenleer
безме́рный *adj* maßlos, unermesslich
безмо́лвие *n* Stillschweigen *n,* Schweigen *n,* Stille *f*
безмо́лвный *adj* schweigsam, lautlos, still
безмо́лвствовать *v impf* schweigen, Schweigen bewahren, sich in Schweigen hüllen
безмяте́жность *f* Ruhe *f,* Stille *f,* Gemütsruhe *f*
безмяте́жный *adj* ruhig, still; *...ное де́тство* sorglose Kindheit
безнадёжность *f* Hoffnungslosigkeit *f*
безнадёжный *adj* aussichtslos, hoffnungslos
безнали́чный *adj FIN* bargeldlos; *~ расчёт* bargeldloser Zahlungsverkehr
безнра́вственность *f* Unsittlichkeit *f,* Unmoral *f*
безнра́вственный *adj* unmoralisch, unsittlich
безоби́дный *adj* harmlos, ungefährlich; *...ная шу́тка* harmloser Scherz
безо́блачный *adj 1.* wolkenlos, heiter, klar; *2. (fig)* ungetrübt
безобра́зие *n 1.* Missgestalt *f; 2. (беспоря́док)* Unordnung *f; 3. (бесчинство)* Unfug *m; Како́е ~!* Wie abscheulich!
безобра́зник *m* Flegel *m,* ungezogener Bengel *m*
безобра́зный *adj 1.* abstoßend, hässlich; *2. (о поступке)* abscheulich, empörend, gemein
безоговоро́чный *adj* bedingungslos, kompromisslos, unbedingt
безопа́сность *f* Sicherheit *f; в ...сти* in Sicherheit; *о́рганы ...сти* Sicherheitsbehörden *pl; ~ произво́дства* Betriebssicherheit *f; диста́нция ...сти* Sicherheitsabstand *m*
безопа́сный *adj 1.* ungefährlich, gefahrlos; *2. (надёжный)* sicher, geschützt; *3. TECH* Sicherheits...
безостано́вочный *adj* rastlos, pausenlos, unaufhörlich, ohne Rast
безотве́тственный *adj* verantwortungslos, unverantwortlich
безотка́зный *adj 1.* ohne Widerrede; *2. TECH* störungsfrei, einwandfrei
безотра́дность *f* Trübseligkeit *f,* Trostlosigkeit *f*
безотра́дный *adj* trübselig, freudlos, trostlos; *...ные перспекти́вы* trübe Aussichten
безоши́бочный *adj* fehlerlos, fehlerfrei
безрабо́тица *f* Arbeitslosigkeit *f*
безрабо́тный *adj 1.* arbeitslos, erwerbslos; *m 2.* Arbeitsloser *m*
безра́достный *adj* freudlos, trübselig
безразде́льный *adj* ungeteilt, vollständig
безразли́чие *n* Gleichgültigkeit *f,* Indifferenz *f*
безразли́чный *adj* gleichgültig, indifferent
безрассу́дный *adj* unvernünftig, unbesonnen, unbedacht, übereilt, leichtsinnig, Hals über Kopf *(fam)*
безрассу́дство *n* Unbedachtsamkeit *f,* Unvernunft *f*
безрезульта́тный *adj* ergebnislos, ohne Ergebnis
безро́дный *adj 1.* alleinstehend, ohne Verwandte; *2. (без родины)* heimatlos
безрука́вный *adj* ärmellos
безу́держный *adj 1.* rückhaltlos, unaufhaltsam; *2. (неудержимый)* zügellos, hemmungslos, ungestüm
безукори́зненный *adj* tadellos, einwandfrei, makellos; *...нная красота́* vollkommene Schönheit *f*
безу́мие *n 1.* Irrsinn *m,* Wahnsinn *m,* Verrücktheit *f; 2. (безрассудство)* Unvernunft *f,* Unbesonnenheit *f*
безу́мно *adv* unsinnig, wahnsinnig, unbändig
безу́мный *adj 1.* unbesonnen, unvernünftig, sinnlos, töricht; *2. (fam)* unsinnig, wahnsinnig, hirnverbrannt
безупре́чный *adj* tadellos, einwandfrei, makellos, untadelig; *...ная репута́ция* makelloser Ruf *m*
безусло́вно *adv* zweifellos, selbstredend, natürlich

безусло́вный *adj 1.* unbedingt, bedingungslos, völlig, voll, absolut; *2.* unzweifelhaft
безуспе́шный *adj* vergeblich, erfolglos, ergebnislos, wirkungslos
безуте́шный *adj* untröstlich
безуча́стность *f* Teilnahmslosigkeit *f*
безуча́стный *adj* teilnahmslos
безыде́йный *adj* einfallslos, ideenlos
безымя́нный *adj* namenlos, anonym
бели́ть *v impf* weiß tünchen, weißen
бе́лка *f 1.* ZOOL Eichhörnchen *n; верте́ться как ~ в колесе́* sich im Kreise drehen; *2. (мех)* Feh *n*
бело́к *m 1.* BIO Eiweiß *n,* Eiweißstoff *m,* Protein *n; 2. (яичный)* GAST Eiweiß *n*
белокро́вие *n* MED Leukämie *f*
бе́лый *adj* weiß; *~ как снег* schneeweiß; *~ гриб* BOT Steinpilz *m; ...лая Олимпиа́да* SPORT Olympische Winterspiele; *...лые но́чи* weiße Nächte
бельги́ец *m* Belgier *m*
бельги́йка *f* Belgierin *f*
бельги́йский *adj* belgisch
Бе́льгия *f* GEO Belgien *n*
бельё *n* Wäsche *f; посте́льное ~* Bettwäsche *f; ни́жнее ~* Unterwäsche *f*
бензи́н *m* Benzin *n; этили́рованный ~* bleihaltiges Benzin; *неэтили́рованный ~* bleifreies Benzin
бе́рег *m* Ufer *n,* Küste *f; ~ реки́* Flussufer *n*
бережли́вость *f* Sparsamkeit *f,* Wirtschaftlichkeit *f*
бережли́вый *adj 1.* sparsam, wirtschaftlich; *быть ...вым* gut haushalten; *2. (бережный)* behutsam, schonend, sorgsam
бе́режность *f* Behutsamkeit *f,* Vorsicht *f*
бе́режный *adj* behutsam, vorsichtig, schonend, sorgsam
берёза *f* BOT Birke *f*
берёзовый *adj* Birken...; *...вая ро́ща* Birkenhain *m*
бере́менная *adj 1.* schwanger, guter Hoffnung; *быть ...нной на после́днем ме́сяце* hochschwanger sein; *2. (о животных)* trächtig; *f 3.* Schwangere *f*
бере́менность *f* Schwangerschaft *f*
бере́т *m* Baskenmütze *f*
бере́чь *v impf 1.* hüten, bewachen, schützen; *2. (сохранять)* aufbewahren, aufheben; *3. (экономно расходовать)* sparen; *4. (щадить силы)* schonen; *5. ~ся* sich hüten, sich in acht nehmen vor; *Берегі́тесь!* Vorsicht!, Achtung!
берло́га *f 1.* Bärenhöhle *f; 2. (комната)* Bude *f (fam)*
бес *m* Teufel *m,* Dämon *m,* das Böse *n*
бесе́да *f 1.* Unterhaltung *f,* Gespräch *n,* Unterredung *f; 2. (собеседование)* Besprechung *f,* Aussprache *f*
бесе́дка *f* Laube *f,* Gartenlaube *f*
бесе́довать *v impf* sich unterhalten, ein Gespräch führen, plaudern, quatschen *(fam)*, ratschen *(fam)*
беси́ть *v impf 1.* rasend machen, in Rage bringen; *2.* MED *~ся* tollwütig werden, an Tollwut erkranken; *3. (fig) ~ся* vor Wut schäumen, rasen, sich wie ein Berserker aufführen; *4. (резвиться) ~ся* tollen, toben, ausgelassen sein
бескомпроми́ссный *adj* kompromisslos
бесконе́чность *f 1.* Unendlichkeit *f,* Ewigkeit *f,* Endlosigkeit *f; 2.* MATH Infinität *f*
бесконе́чный *adj 1.* unendlich, endlos, ewig; *2. (беспредельный)* unbegrenzt, grenzenlos; *3. (fam)* dauernd, endlos, ewig, ohne Ende; *...ные спо́ры* endlose Streitereien
бескоры́стие *n* Uneigennützigkeit *f,* Selbstlosigkeit *f*
бескоры́стный *adj* selbstlos, uneigennützig
бескра́йний *adj* unendlich, grenzenlos, endlos
бескри́зисный *adj* krisensicher, krisenfest
беснова́тый *adj (fam)* rasend, blindwütig, besessen
беспа́мятность *f* Vergesslichkeit *f,* Gedächtnisschwäche *f*
беспа́мятство *n* Bewusstlosigkeit *f,* Ohnmacht *f*
бесперебо́йный *adj* störungsfrei, reibungslos, ununterbrochen
бесперспекти́вный *adj* aussichtslos, perspektivlos, ohne Perspektive
беспе́чность *f* Leichtsinn *m,* Sorglosigkeit *f*
беспе́чный *adj* leichtsinnig, unbekümmert, sorglos; *быть ...ным* alles auf die leichte Schulter nehmen, sich keine grauen Haare wachsen lassen
беспла́новый *adj* planlos, ohne Plan
беспла́тно *adv* gratis, umsonst, frei, unentgeltlich
беспла́тный *adj* umsonst, gratis, unentgeltlich, frei, kostenlos; *~ биле́т* Freikarte *f*

бесплóдие *n 1.* BIO Unfruchtbarkeit *f,* Sterilität *f; 2. (fig)* Erfolglosigkeit *f*
бесплóдный *adj 1.* BIO unfruchtbar, steril; *2. (fig)* fruchtlos, vergeblich, erfolglos
бесподóбный *adj 1.* ohnegleichen, unvergleichlich, beispiellos; *2. (непревзойдённый)* unübertrefflich, unübertroffen, einzigartig
беспокóить *v impf 1.* stören, belästigen; *2. (тревожить)* beunruhigen, Sorgen machen; *3. ~ся* sich Sorgen machen, unruhig sein
беспокóйный *adj* unruhig, ruhelos, nervös
беспокóйство *n 1.* Unruhe *f,* Aufregung *f,* Nervosität *f,* Sorge *f; 2. (нарушение покоя)* Störung *f*
бесполéзно *adv* nutzlos, zwecklos; *Э́то совершéнно ~.* Das ist völlig zwecklos.
бесполéзность *f* Nutzlosigkeit *f*
бесполéзный *adj* unnütz, nutzlos, zwecklos, vergeblich, müßig
беспóмощность *f* Hilflosigkeit *f,* Ohnmacht *f,* Schwäche *f*
беспóмощный *adj* hilflos, ratlos, schwach, unbeholfen
беспоря́дки *pl* Tumult *m,* Unruhen *pl; вы́звать ~* Unruhe stiften
беспоря́док *m* Unordnung *f,* Missstand *m,* Durcheinander *n*
беспоря́дочный *adj* unordentlich, schlampig *(fam)*, chaotisch
беспóчвенный *adj* grundlos, unbegründet, aus der Luft gegriffen
беспóшлинный *adj* gebührenfrei, zollfrei
беспощáдность *f* Unbarmherzigkeit *f,* Schonungslosigkeit *f,* Gnadenlosigkeit *f*
беспощáдный *adj* erbarmungslos, gnadenlos, schonungslos, unerbittlich, mitleidslos
бесправие *n* Rechtlosigkeit *f*
беспредéльный *adj 1.* grenzenlos, unbegrenzt, unendlich; *2. (fig)* maßlos
беспрекослóвный *adj* unbedingt, unweigerlich
беспреры́вно *adv* pausenlos, ohne Unterlass, ständig
беспреры́вный *adj* ununterbrochen, unaufhörlich, pausenlos, fortwährend, kontinuierlich
беспрестáнный *adj* unaufhörlich, fortwährend, ununterbrochen
беспристрáстность *f* Unbefangenheit *f,* Objektivität *f*
беспристрáстный *adj* unparteiisch, unvoreingenommen, objektiv
беспричи́нный *adj* grundlos, unbegründet
бесприю́тный *adj* obdachlos
беспрóволочный *adj* drahtlos, schnurlos
беспроцéнтный *adj* FIN zinslos
беспу́тный *adj* ausschweifend, exzessiv
бессвя́зный *adj* zusammenhangslos, unzusammenhängend, verworren
бессемéйный *adj* unverheiratet, allein stehend
бессердéчность *f* Herzlosigkeit *f,* Gefühllosigkeit *f*
бессердéчный *adj* herzlos, hartherzig, gefühllos
бесси́лие *n 1.* Kraftlosigkeit *f,* Schwäche *f; половóе ~* MED Impotenz *f; стáрческое ~* Altersschwäche *f; 2. (fig)* Unvermögen *n,* Machtlosigkeit *f*
бесси́льный *adj 1.* kraftlos, schwach; *2. (fig)* machtlos, ohnmächtig, hilflos; *~ гнев* ohnmächtiger Zorn
бесслáвие *n* Schmach *f*
бесслáвный *adj* unrühmlich, schmachvoll, kläglich; *…ная смерть* schmähliches Ende
бесслéдный *adj* spurlos
бессловéсный *adj 1.* stumm, der Sprache nicht mächtig; *2. (fig)* wortkarg, schweigsam
бессмéртие *n* Unsterblichkeit *f*
бессмéртный *adj* unsterblich
бессмы́сленность *f 1.* Sinnlosigkeit *f,* Zwecklosigkeit *f; 2. (неосмысленность)* Stumpfsinnigkeit *f*
бессмы́сленный *adj 1.* sinnlos, unsinnig, zwecklos; *2. (неосмысленный)* stumpfsinnig, blöd *(fam)*
бессóвестность *f 1.* Gewissenlosigkeit *f; 2. (наглость)* Unverschämtheit *f,* Frechheit *f*
бессóвестный *adj 1.* gewissenlos, skrupellos; *2. (наглый)* frech, unverschämt
бессодержáтельность *f* Inhaltslosigkeit *f,* Leere *f*
бессодержáтельный *adj* inhaltslos, nichtssagend, leer; *~ человéк* hohler Kopf
бессознáтельный *adj 1.* besinnungslos, bewusstlos; *2. (безотчётный)* unbewusst
бессóница *f* Schlaflosigkeit *f*
бессóнный *adj* schlaflos
бесспóрный *adj* unanfechtbar, unstrittig, unumstößlich
бессрóчный *adj* unbefristet
бесстрáстный *adj* kaltblütig

бесстра́шный *adj* furchtlos, unerschrocken, kühn
бессты́дный *adj* schamlos, unverschämt
бессты́дство *n* Schamlosigkeit *f*, Unverschämtheit *f*
беста́ктность *f* Taktlosigkeit *f*, Mangel an Zartgefühl
беста́ктный *adj* taktlos, plump
бе́стия *f* Bestie *f*, Biest *n*, Unmensch *m*; *то́нкая ~* listiger Fuchs *m*
бестолко́вый *adj 1.* stumpfsinnig, stupid, schwer von Begriff, begriffsstutzig; *2. (несвя́занный)* wirr, unverständlich
бесфо́рменный *adj* formlos, unklar
бесхара́ктерный *adj* charakterlos
бесхозя́йственность *f* Misswirtschaft *f*
бесхозя́йственный *adj* unpraktisch
бесцве́тность *f* Farblosigkeit *f*, Blässe *f*
бесцве́тный *adj* farblos, blass, fahl
бесце́льный *adj* zwecklos, nutzlos, unnütz; *…ные разгово́ры* unnützes Gerede
бесце́нный *adj* unschätzbar, wertvoll, kostbar
бесцеремо́нный *adj* rücksichtslos, unverfroren, ungeniert, skrupellos; *де́йствовать …нно* kurzen Prozess machen *(fam)*
бесче́стие *n* Schimpf *m*, Schande *f*
бесчи́нствовать *v impf* randalieren, Unfug treiben
бесчи́сленный *adj* zahllos, unzählig
бесчу́вственный *adj 1.* gefühllos, gefühlskalt, abgestumpft, unsensibel; *2. (безжа́лостный)* mitleidslos, hartherzig, erbarmungslos
бесчу́вствие *n 1.* Besinnungslosigkeit *f*, Bewusstlosigkeit *f*; *2. (хо́лодность)* Gefühlskälte *f*, Herzlosigkeit *f*
бесшо́вный *adj TECH* nahtlos
бесшу́мный *adj* geräuschlos, geräuscharm
бето́н *m* Beton *m*
бето́нный *adj* Beton…, aus Beton *m*
бечёвка *f* Schnur *f*, Bindfaden *m*
бе́шенство *n 1. MED* Tollwut *f*; *2. (fig)* Raserei *f*; *коро́вье ~* Rinderwahnsinn *m*; *приходи́ть в ~* in Wut geraten, rot sehen *(fam)*, eine Sauwut kriegen *(fig)*;
бе́шеный *adj 1. MED* tollwütig; *2. (fig)* rasend, vor Wut schäumend; *3. …ные це́ны* horrende Preise
бзик *m (fam)* Schrulle *f*, fixe Idee *f*
библе́йский *adj REL* biblisch, Bibel…
библиогра́фия *f* Bibliografie *f*
библиома́н *m* Büchernarr *m*, Bibliomane *m*
библиоте́ка *f* Bibliothek *f*, Bücherei *f*
библиоте́карь *m* Bibliothekar(in) *m/f*
Би́блия *f REL* die Bibel *f*
бигуди́ *pl* Lockenwickler *pl*
бидо́н *m* Kanne *f*, Blechkanne *f*; *~ для молока́* Milchkanne *f*
бие́ние *n* Schlagen *n*, Schlag *m*; *~ се́рдца ANAT* Herzschlag *m*, Herzklopfen *n*; *~ пу́льса* Pulsschlag *m*
бизнесме́н *m ECO* Geschäftsmann *m*
биле́т *m 1.* Fahrkarte *f*; *2. (на самолёт)* Flugticket *n*; *3. (входно́й)* Eintrittskarte *f*; *~ в теа́тр* Theaterkarte *f*; *4. (чле́нский)* Ausweis *m*; *шко́льный ~* Schülerausweis *m*
биле́тный *adj* Fahrkarten…; *…ная ка́сса* Fahrkartenschalter *m*
биллио́н *m* Milliarde *f*
билья́рд *m* Billard *n*
бино́кль *m* Fernglas *n*; *театра́льный ~* Opernglas *n*
бинт *m* Binde *f*
биога́з *m* Biogas *n*
биогра́фия *f* Biografie *f*
био́лог *m* Biologe *m*
биологи́ческий *adj* biologisch, Biologie…
биоло́гия *f* Biologie *f*
биофи́зика *f* Biophysik *f*
биохи́мия *f* Biochemie *f*
би́ржа *f ECO 1.* Börse *f*; *валю́тная ~* Devisenbörse *f*; *2. ~ труда́* Arbeitsamt *n*
би́рка *f* Anhänger *m*, Kofferanhänger *m*
бирюза́ *f MIN* Türkis *m*
бирюзо́вый *adj* türkisfarben, Türkis…
бис *adv* nochmals, da capo; *выступле́ние на ~* Zugabe *f*
бисексуа́льный *adj* bisexuell
би́сер *m* Perlen *pl*, Glasperlen *pl*; *мета́ть ~ пе́ред сви́ньями (fig)* Perlen vor die Säue werfen *(fig)*
би́серный *adj 1.* perlenartig, Perlen…; *2. (fig)* fein, zierlich
бискви́т *m* Biskuit *m*
бит *m INFORM* Bit *n*
би́тва *f* Schlacht *f*
битко́м наби́тый *adv* überfüllt, brechend voll, zum Bersten voll
бить *v impf 1.* schlagen; *2. (o стру́е)* quellen, sprudeln; *3. часы́ бьют* die Uhr schlägt; *4. SPORT* schießen; *5. (сража́ться) ~ся* kämpfen; *6. (пульси́ровать) ~ся* schlagen, klopfen
бифште́кс *m GAST* Beefsteak *n*
бич *m 1.* Peitsche *f*; *2. (fig)* Plage *f*, Geißel *f*;

война́ – ~ челове́чества Krieg ist die Geißel der Menschheit
бичева́ть *v impf 1.* peitschen, auspeitschen; *2. (fig)* anprangern, an den Pranger stellen
бла́га *pl (ценности)* Güter *pl; материа́льные ~* materielle Güter *pl*
бла́го *konj (fam)* um so mehr als, weil ja, da doch
бла́го *n* Wohl *n,* Heil *n; на ~ ми́ра* für den Frieden
Благове́щение *n* REL Mariä Verkündigung *f*
благовоспи́танность *f* gute Erziehung *f,* gute Manieren *pl*
благовоспи́танный *adj* wohlerzogen
благогове́ние *n* Ehrfurcht *f,* Andacht *f*
благогове́нный *adj* ehrfürchtig, ehrfurchtsvoll, andächtig
благодари́ть *v impf* danken, sich bedanken; *...рю́ Вас!* Ich danke Ihnen!
благода́рность *f* Dank *m,* Dankbarkeit *f*
благода́рный *adj* dankbar, erkenntlich
благодаря́ *prep* dank, durch, infolge
благоде́тель(ница) *m/f* Wohltäter(in) *m/f*
благодея́ние *n* Wohltat *f*
благополу́чие *n 1.* Wohlergehen *n,* Wohlbefinden *n; 2. (благосостояние)* Wohlstand *m*
благополу́чный *adj* günstig, glücklich, glimpflich
благоприя́тный *adj* günstig
благоразу́мие *n* Vernunft *f,* Einsicht *f,* Umsicht *f,* Klugheit *f,* Durchblick *m (fam)*
благоразу́мный *adj* vernünftig, verständig, einsichtig, besonnen
благоро́дный *adj 1.* edel, vornehm *n; 2. ...ные мета́ллы* Edelmetalle *pl*
благоскло́нность *f* Wohlwollen *n,* Gunst *f,* Zuneigung *f*
благоскло́нный *adj* wohlwollend, zugetan, gewogen
благослове́ние *n 1.* REL Segen *m; 2. (одобрение)* Billigung *f*
благослове́нный *adj* gesegnet, segensreich
благословля́ть *v impf 1.* REL segnen, Segen spenden; *2. (одобрять)* billigen, gutheißen
благотвори́тельность *f* Wohltätigkeit *f*
благотво́рный *adj* wohltätig
благоуха́ние *n* Wohlgeruch *m,* Duft *m,* Aroma *n*
благоуха́ть *v impf* duften, gut riechen
благоуха́ющий *adj* duftend, aromatisch, wohlriechend
благочести́вый *adj* REL fromm, strenggläubig
благоче́стие *n* Frömmigkeit *f,* Pietät *f*
блаже́нный *adj 1.* selig, glückselig, verzückt; *2. (глуповатый)* töricht, dumm
блаже́нство *n 1.* Glückseligkeit *f,* Wonne *f,* Wohlbehagen *n; 2.* REL Seligkeit *f*
бланк *m* Formular *n,* Vordruck *m; регистрацио́нный ~* Anmeldeformular *n; чи́стый ~* Blankoformular *n*
блат *m 1. (fam)* Vetternwirtschaft *f,* Vitamin B *n,* Beziehungen *pl; получи́ть что-л по ~у* etw über Beziehungen bekommen
блатно́й язы́к *m* Gaunersprache *f*
блева́ть *v impf (fam)* kotzen
бledне́ть *v impf* erbleichen, erblassen
бле́дность *f* Blässe *f*
бле́дный *adj* blass, bleich
блёклый *adj* fahl, welk, verblasst
блеск *m 1.* Glanz *m,* Blitzen *n,* Funkeln *n; 2. (fig)* Glanz *m,* Pracht *f*
блесна́ *f* Blinker *m,* Köder *m*
блесте́ть *v impf* glänzen, blitzen, strahlen, funkeln
блестя́щий *adj* glänzend, strahlend; *2. (fig)* hervorragend, brillant
блеф *m* Bluff *m*
бле́ять *v impf* blöken, meckern
ближа́йший *adj* nächst, folgend, nächstliegend, nächstmöglich; *в ...шем бу́дущем* in nächster Zukunft
бли́жний *adj* nah, nahe gelegen, benachbart
Бли́жний Восто́к *m* GEO der Nahe Osten
близ *prep* nahe, nahe an, bei, in der Nähe von
бли́зкий *adj 1.* nah, nahegelegen; *в ...кое бу́дущее* in nächster Zukunf; *2. (сходный)* ähnlich, wortgetreu; *3. (об отношениях)* nah, intim; *~ ро́дственник* naher Verwandter
близнецы́ *pl* Zwillinge *pl; однояйцо́вые ~* eineiige Zwillinge
близору́кий *adj* kurzsichtig
близору́кость *f* Kurzsichtigkeit *f*
бли́зость *f 1.* Nähe *f; 2. (об отношениях)* enge Freundschaft *f,* Vertraulichkeit *f; 3. (сходство)* Nähe *f,* Verwandtschaft *f,* Ähnlichkeit *f*
блин *m 1.* GAST Pfannkuchen *m; Пе́рвый ~ ко́мом. (fig)* Aller Anfang ist schwer. *interj 2. ~!* Verdammt!

бли́нчик *m* GAST Pfannkuchen *m*
блиста́тельный *adj* glänzend, strahlend, faszinierend
блиста́ть *v impf* glänzen, brillieren; ~ *отсу́тствием* durch Abwesenheit glänzen
блок *m* Block *m,* Einheit *f*
блока́да *f* Blockade *f,* Sperre *f*
блоки́рованный *adj* gesperrt, blockiert
блокирова́ть *v impf* blockieren, sperren
блокиро́вка *f* Sperre *f,* Verriegelung *f*
блокно́т *m* Notizblock *m,* Notizbuch *n,* Zeichenblock *m*
блоха́ *f* ZOOL Floh *m*
блу́за *f* Arbeitskittel *m,* Kittel *m*
блу́зка *f* Bluse *f,* Hemdbluse *f*
блю́до *n 1.* Schüssel *f,* Schale *f; 2.* GAST Gericht *n,* Gang *m; гото́вое* ~ Fertiggericht *n; холо́дные …да* kalte Küche
блю́дце *n* Untertasse *f*
блюз *m* MUS Blues *m*
боа́ *f 1.* ZOOL Boa *f; 2. (меховой шарф)* Pelzboa *f*
боб *m* BOT Bohne *f*
бобо́вые *pl* BOT Hülsenfrüchte *pl*
бобо́вый *adj* BOT Bohnen..
бобр *m 1.* ZOOL Biber *m; 2. (fig) уби́ть ~а́* etw Wertvolles anschaffen
бог *m* REL Gott *m; Сла́ва ~у!* Gott sei Dank! *Не дай ~!* Gott bewahre! *Ра́ди ~а!* In Gottes Namen!
бога́тства *pl* Schätze *pl; есте́ственные* ~ Bodenschätze *pl,* Naturschätze *pl*
бога́тство *n 1.* Reichtum *m,* Vermögen *n; 2. (роскошь)* Pracht *f,* Üppigkeit *f*
бога́тые *pl* die Reichen *pl*
бога́тый *adj 1.* reich, wohlhabend, vermögend; *2. (роскошный)* reich, herrlich, prachtvoll; *3. (обильный)* reichhaltig, üppig, ergiebig
бо́гач *m* Reicher *m,* Krösus *m*
боге́ма *f 1.* Boheme *f; 2. (беспорядочный быт)* Unordnung *f,* Misswirtschaft *f*
Боге́мия *f* GEO Böhmen *n*
боге́мский *adj* böhmisch
боги́на *f* Göttin *f*
богобоя́зненный *adj* gottesfürchtig, fromm
богома́терь *f* REL Madonna *f,* Muttergottes *f*
богомо́лье *n* REL Wallfahrt *f*
богоро́дица *f* REL Muttergottes *f,* Madonna *f*
богосло́в *m* Theologe *m*
богосло́вие *n* Theologie *f*
богослуже́ние *n* REL Gottesdienst *m,* Messe *f*
бо́дрствовать *v impf* wachen, wach bleiben
бо́дрый *adj* munter, wach; ~ *стари́к* rüstiger Senior
боево́й *adj 1.* Kriegs…, Kampf…; *2. (воинственный)* kämpferisch, kriegerisch, kampftüchtig; *3. (fam)* kampfeslustig, streitbar; *4. (неотложный)* brennend, überaus wichtig
боеприпа́сы *pl* MIL Munition *f*
бое́ц *m (fam)* Soldat *m,* Kämpfer *m*
Бо́же мой! *interj* Um Himmels Willen!
боже́ственный *adj 1.* REL göttlich; *2. (прекрасный)* schön, vollkommen
божество́ *n* REL Gottheit *f*
бо́жий *adj* Gottes…
бой *m 1.* MIL Kampf *m,* Gefecht *n; 2. (fam)* Prügel *pl; бить сме́ртным бо́ем* halbtot schlagen
бо́йкий *adj* flott, lebhaft, gewandt
бо́йкость *f* Gewandtheit *f,* Schlagfertigkeit *f*
бойко́т *m* Boykott *m*
бойкоти́ровать *v impf* boykottieren
бо́йлер *m* Boiler *m*
бо́йня *f 1.* Schlachthof *m; 2. (резня)* Gemetzel *n,* Massaker *n*
бок *m* Seite *f; по ~а́м* von beiden Seiten; *лежа́ть на ~у́* auf der faulen Haut liegen
бока́л *m* Glas *n,* Weinglas *n*
боково́й *adj* seitlich, Seiten…; ~ *вы́ход* Seitenausgang *m,* Nebenausgang *m*
бо́ком *adv* seitwärts
бокс *m* SPORT Boxen *n,* Boxkampf *m*
боксёр *m 1.* SPORT Boxer *m; 2. (порода собак)* Boxer *m*
бокси́ровать *v impf* boxen
Болга́рия *f* GEO Bulgarien *n*
болга́рский *adj* bulgarisch
болево́й *adj* schmerzhaft, Schmerz…; ~ *поро́г* Schmerzgrenze *f*
бо́лее *adv* mehr; ~ *или ме́нее* mehr oder minder
боле́зненность *f 1.* MED Anfälligkeit *f,* schwache Gesundheit *f; 2. (ненормальность)* Krankhaftigkeit *f*
боле́зненный *adj 1.* kränklich, schwächlich, anfällig; *2. (ненормальный, нездоровый)* krankhaft, Krankheits…; *…ные явле́ния* Krankheitserscheinungen *pl; 3. (причиняющий боль)* schmerzhaft, schmerzlich

болéзнь *f* MED Krankheit *f; зарáзная ~* Infektionskrankheit *f; морскáя ~* Seekrankheit *f*
болéльщик *m* SPORT Fan *m,* Anhänger *m*
болéть[1] *v impf 1.* MED krank sein; *~ грúппом* die Grippe haben; *2. (заботиться)* sich sorgen, besorgt sein; *3. (fam)* SPORT Fan sein, die Daumen drücken; *За кем …éешь?* Für wen bist du?
болéть[2] *v impf (об ощущении боли)* schmerzen, weh tun; *Что у вас …лúт?* Wo haben Sie Schmerzen? *сéрдце …лúт* es tut mir in der Seele weh, es schmerzt mich tief
болеутоля́ющий *adj* MED schmerzstillend, schmerzlindernd
боливи́йский *adj* bolivianisch
Боли́вия *f* GEO Bolivien *n*
болóто *n* Sumpf *m,* Moor *n*
болт *m* TECH Bolzen *m,* Schraube *f*
болтáть *v impf 1.* schwatzen, quasseln, plappern, quatschen; *2. ~ся* baumeln, schlottern, lose sein
болтли́вость *f* Geschwätzigkeit *f,* Redewut *f*
болтли́вый *adj* schwatzhaft, geschwätzig
болтóвня *f* Geschwätz *n,* Gerede *n; пустáя ~* leeres Geschwätz *n,* Gelaber *n (fam)*
боль *f* MED Schmerz *m,* Schmerzen *pl; головнáя ~* Kopfschmerzen *pl; ~ в гóрле* Halsschmerzen *pl; испы́тывать ~* Schmerz empfinden, Schmerzen haben
больни́ца *f* Krankenhaus *n; поступлéние в … цу* Einlieferung ins Krankenhaus
бóльно[1] *adv* empfindlich, schmerzhaft; *Мне ~.* Ich habe Schmerzen., Es tut mir weh.
бóльно[2] *adv (очень)* sehr, höchst, schrecklich *(fam)*
больнóй *adj 1.* krank; *2. (fig)* wund, schwach; *~ вопрóс* wunder Punkt; *m 3.* Kranker *m*
бóльше *adv* größer, mehr; *как мóжно ~* möglichst viel
бóльший *adj* größer; *…шая часть* das Meiste, der größere Teil
большинствó *n* Mehrheit *f,* Mehrzahl *f,* die meisten; *в …вé слýчаев* meistens
большóй *adj 1.* groß, Groß…; *~ гóрод* große Stadt; *2. (замечательный)* groß, bedeutend; *~ человéк* bedeutender Mann; *3. (взрослый)* erwachsen, groß
бóмба *f* MIL Bombe *f*
бомбоубéжище *n* MIL Bunker *m,* Luftschutzkeller *m*
бóнус *m* Bonus *m*
бор *m 1.* Forst *m; 2.* CHEM Bor *n; 3. (зубоврачебный)* Bohrer *m*
бордéль *m* Bordell *n*
бормотáть *v impf* murmeln, brummen
бородá *f* Bart *m*
бородáвка *f* Warze *f*
бородáтый *adj* bärtig, mit Bart *m*
бороздá *f 1.* AGR Furche *f; 2.* ANAT *мозговáя ~* Gehirnfurche *f*
борóться *v impf 1.* kämpfen, ringen, bekämpfen; *2. (драться)* sich balgen, raufen
борт *m 1.* Bord *m; прáвый ~* Steuerbord *n; левый ~* Backbord *n; на ~у* an Bord
борьбá *f 1.* Kampf *m,* Bekämpfung *f; ~ с престýпностью* Verbrechensbekämpfung *f; 2.* SPORT Ringen *n,* Ringkampf *m*
босикóм *adv* barfuß
ботáник *m* Botaniker(in) *m/f*
ботáника *f* Botanik *f*
ботани́ческий *adj* botanisch; *~ сад* Botanischer Garten
боти́нки *pl* Schuhe *pl,* Stiefel *pl*
бóчка *f* Fass *n; бездóнная ~* ein Fass ohne Boden
боязли́вость *f* Scheu *f,* Ängstlichkeit *f*
боязли́вый *adj* ängstlich, scheu
боя́знь *f* Furcht *f,* Grauen *n*
боя́ться *v impf* fürchten, sich fürchten, Angst haben; *бою́сь утверждáть* ich bin nicht sicher, ich weiß es nicht genau
брáво! *interj* bravo!
брази́лец *m* Brasilianer *m*
Брази́лия *f* GEO Brasilien *n*
брази́льский *adj* brasilianisch
бразилья́нка *f* Brasilianerin *f*
брак[1] *m* Ausschuss *m,* Ausschussware *f,* Fehler *m,* Schaden *m*
брак[2] *m* Ehe *f; вступи́ть в ~* heiraten; *фикти́вный ~* Scheinehe *f*
бракосочетáние *n* Heirat *f,* Eheschließung *f,* Trauung *f*
брани́ть *v impf 1.* schimpfen, heruntermachen; *2. ~ся* sich streiten, sich zanken; *3. (ругаться) ~* schimpfen, fluchen
брáнный *adj* unflätig, Schimpf…; *нные словá* Schimpfworte *pl*
бранчли́вый *adj* zänkisch, streitsüchtig
брань *f* Zank *m,* Gekeife *n*
браслéт *m* Armband *n*
брасс *m* Brustschwimmen *n; плáвать ~ом* brustschwimmen
брат *m 1.* Bruder *m; 2. двою́родный ~* Kusin *m*

бра́тский *adj* brüderlich, freundschaftlich, verbrüdert, Bruder…; *…кая моги́ла* Massengrab *n*
бра́тство *n 1.* Brüderlichkeit *f; 2. (община)* Bruderschaft *f*
брать *v impf 1.* nehmen, mitnehmen; *2. (купить)* kaufen, nehmen; *3. (забрать откуда-л)* abholen; *4. ~ на себя́* auf sich nehmen, übernehmen, sich verpflichten; *5. ~ нача́ло* entspringen; *6. ~ся за что-л* sich an etw machen
бра́чный *adj 1.* ehelich, Ehe…, Heirats…; *~ догово́р* Ehevertrag *m; ~ афери́ст* Heiratsschwindler *m; 2.* ZOOL Paarungs…
бревно́ *n* Holzstamm *m,* Klotz *m,* Balken *m*
бред *m 1.* MED Delirium *n; алкого́льный ~* Delirium tremens *n; 2. (fig)* Unsinn *m*
брезе́нт *m* Plane *f,* Zeltplane *f*
брезе́нтовый *adj* Planen…; *…вая ку́ртка* Windjacke *f*
бре́мя *n* Last *f,* Bürde *f*
брете́ль *f* Träger *m; без …лей* trägerlos
бреха́ть *v impf (fam) 1.* bellen, kläffen; *2. (лгать)* lügen, quatschen, faseln
брехня́ *f (fam)* dummes Geschwätz *n,* Lügenmärchen *n*
бриз *m* Brise *f*
briза́нтный *adj* brisant, Brisanz…
брике́т *m* Brikett *n*
бриллья́нт *m* Brillant *m*
брита́нец *m* Brite *m*
брита́нка *f* Britin *f*
брита́нский *adj* britisch; *…ские острова́ pl* GEO Britische Inseln *pl*
бри́тва *f* Rasiermesser *n,* Rasierklinge *f; электри́ческая ~* Rasierapparat *m*
бри́тый *adj* rasiert, glattrasiert
брить *v impf* rasieren
бритьё *n* Rasur *f*
бровь *f* Braue *f,* Augenbraue *f; густы́е …ви* buschige Augenbrauen
броди́ть[1] *v impf* herumwandern, schlendern, stromern *(fam)*
броди́ть[2] *v impf (о пиве)* BIO gären
бродя́га *f* Herumtreiber(in) *m/f,* Vagabund *m,* Penner *m*
бродя́чий *adj* wandernd, streunend, Wander…; *~ о́браз жи́зни* Nomadenleben *n*
броже́ние *n 1.* CHEM Gärung *f,* Fermentation *f; 2. (fig)* Unruhen *pl,* Erregung *f; ~ умо́в* Erregung der Gemüter
бро́кер *m* Börsenmakler *m,* Broker *m*
бро́нза *f* MET Bronze *f*
брони́рование *n* Buchen *n,* Reservieren *n*
брони́ровать *v impf* reservieren, buchen
бро́нхи *pl* ANAT Bronchien *pl*
бронхиа́льный *adj* ANAT bronchial, Bronchial…
бронхи́т *m* MED Bronchitis *f*
бро́ня *f* Reservierung *f,* Buchung *f*
броса́ть *v impf 1.* werfen, hinwerfen, schleudern; *2. (покидать)* verlassen, im Stich lassen; *3. (переставать делать)* aufhören aufgeben; *~ кури́ть* das Rauchen aufgeben; *4. ~ся на кого́-л* sich auf jdn stürzen
бро́ский *adj (fam)* auffallend, grell, schreiend
броско́м *adj* mit einem Ruck
бро́совый *adj* schlecht, wertlos; *~ э́кспорт* Dumping *n; …вая цена́* Schleuderpreis *m,* Dumpingpreis *m*
бросо́к *m* Wurf *m*
бро́шенный *adj* verlassen, im Stich gelassen
брошь *f* Brosche *f,* Anstecknadel *f*
брошю́ра *f* Broschüre *f,* Heft *n*
брус *m* Balken *m,* Bohle *f*
брусни́ка *f* BOT Preiselbeere *f*
брусья́ *pl* SPORT Barren *m*
бру́тто *adj* brutto; *вес ~* Bruttogewicht *n*
бры́згать *v impf* spritzen, sprühen, besprengen
бры́зги *pl* Spritzer *pl; ~ дождя́* Regenspritzer *pl*
бры́нза *f* GAST Schafskäse *m*
брюзгли́вость *f* Verdrießlichkeit *f*
брюзгли́вый *adj* mürrisch, brummig, griesgrämig, verdrießlich
брюзжа́ть *v impf* murren, mürrisch sein, meckern, nörgeln
брю́ква *f* BOT Rübe *f,* Steckrübe *f*
брю́ки *pl* Hose *f*
Брюссе́ль *m* Brüssel *n*
брюха́тый *adj (fam)* dickbäuchig, mit dickem Bauch; *Она́ …тая. (fam)* Sie bekommt ein Kind.
брю́хо *n (fam)* Bauch *m,* Ranzen *m (fam),* Wanst *m (fam); наби́ть ~* sich den Bauch voll schlagen
бряца́ние *n* Geklirr *n,* Gerassel *n*
бряца́ть *v impf* klirren, rasseln
бугóр *m* GEO Hügel *m,* Anhöhe *f*
бугоро́к *m* MED Knoten *m*
буди́льник *m* Wecker *m*
буди́ть *v impf* wecken, aufwecken
бу́дка *f 1.* Bude *f,* Hütte *f; соба́чья ~*

Hundehütte *f; 2. телефонная ~* Telefonzelle *f*
бу́дни *pl* Alltag *m; в ~* wochentags, unter der Woche
бу́дто *konj 1.* als, als ob, als wenn; *~ ты сам э́того не зна́ешь.* Als wenn du das nicht selbst wüsstest. *2. (что)* dass; *3. (кажется)* es scheint; *adv 4. (вопросительно)* tatsächlich, wirklich
бу́дущее *n* Zukunft *f; ~ за на́ми!* Die Zukunft gehört uns!
бу́дущий *adj 1.* künftig, zukünftig, nächst; *в …щем году́* im nächsten Jahr; *2.* GRAMM *…щее вре́мя* Futur *n*
бузина́ *f* BOT Holunder *m*
буй *m* Boje *f*
бу́йвол *m* ZOOL Büffel *m*
бу́йный *adj 1.* ungestüm, toll, wild, stürmisch, verwegen; *2. (стремительный)* schnell
бу́ква *f 1.* Buchstabe *m; нача́льная ~* Anfangsbuchstabe *m; 2. (печать)* Letter *f,* Schriftzeichen *n*
буква́льный *adj 1.* buchstäblich, regelrecht, Wort für Wort, wörtlich; *2. (точный)* buchstäblich, tatsächlich
буке́т *m 1.* Strauß *m,* Blumenstrauß *m; 2. (аромат)* Aroma *n*
букле́т *m* Faltblatt *n*
букси́р *m 1.* NAUT Schlepper *m; 2. (канат)* Abschleppseil *n,* Schlepptau *n*
букси́рный *adj* Schlepp…, Zug…
букси́ровать *v impf* abschleppen, schleppen
була́ва *f* Keule *f*
була́вка *f* Nadel *f,* Stecknadel *f*
бу́лочка *f* Brötchen *n,* Semmel *f*
бу́лочная *f* Bäckerei *f*
бу́лочник *m* Bäcker *m*
бу́лочница *f* Bäckerin *f*
бу́лочный *adj* Back…
бульва́р *m* Boulevard *m*
бульва́рный *adj* Boulevard…; *…ная пре́сса* Boulevardpresse *f; ~ рома́н* Schundroman *m*
бульва́ршина *f* Schund *m*
бульдо́г *m* ZOOL Bulldogge *f*
бульдо́зер *m* Bulldozer *m,* Planierraupe *f*
бульо́н *m* GAST Bouillon *f,* Brühe *f; мясно́й ~* Fleischbrühe *f*
бум[1] *m* ECO Boom *m; биржево́й ~* Börsenboom *m*
бум[2] *m* SPORT Schwebebalken *m*
бума́га[1] *f 1.* Papier *n; почто́вая ~* Briefpapier *n; це́нная ~* Wertpapier *n; 2. (канцелярия)* Papier *n,* Schreiben *n,* Schriftstück *n*
бума́га[2] *f (ткань)* Baumwolle *f*
бума́жник *m* Brieftasche *f*
бунт[1] *m* Ballen *m,* Rolle *f*
бунт[2] *m (восстояние)* Revolte *f,* Rebellion *f,* Meuterei *f*
бунта́рский *adj* aufständisch, rebellisch
бунтова́ть *v impf* rebellieren, den Gehorsam verweigern, meutern
бунто́вщик *m* Rebell *m,* Aufrührer *m,* Meuterer *m*
бура́вить *v impf* TECH bohren, drillen
бургоми́стр *m* Bürgermeister(in) *m/f*
буржуа́ *m* Bourgeois *m,* Bürger *m*
буржуази́я *f* Bourgeoisie *f,* Bürgertum *n*
буржуа́зный *adj* bourgeois, bürgerlich, Bürger…
бу́рный *adj 1.* stürmisch, ungestüm, heftig, bewegt; *…ное разви́тие* rasante Entwicklung *f; 2. (о характере)* ungestüm, heftig, leidenschaftlich
бурча́ть *v impf (fam) 1.* murmeln, brummen, grummeln; *2. (в желудке)* knurren; *у меня́ в живо́те…чи́т* mir knurrt der Magen
бу́ря *f* METEO Sturm *m,* Unwetter *n; ~ в стака́не воды́ (fig)* Sturm im Wasserglas *(fig)*
буто́н *m* BOT Knospe *f*
буты́лка *f* Flasche *f*
буфе́т *m 1.* Büfett *n,* Geschirrschrank *m; 2. (закусочная)* Imbiss *m,* Imbissraum *m*
буха́нка *f* Brotlaib *m*
буха́ть *v impf 1. (fam)* knallen, rumsen; *2. (неуместно говорить)* herausplatzen; *3. (пить)* saufen
бухга́лтер *m* ECO Buchhalter(in) *m/f*
бухгалте́рия *f 1.* Buchhaltung *f,* Buchführung *f; 2. (отдел)* Buchhaltung *f,* Buchhaltungsabteilung *f*
бу́хнуть *v impf* quellen, aufquellen
бухо́й *adj (fam)* besoffen
бу́хта *f* Bucht *f*
бу́ча *f (fam)* Lärm *m,* Tumult *m,* Krach *m; подня́ть …чу* Lärm schlagen
бушева́ть *v impf 1.* brausen, toben, tosen, wüten; *2. (fig)* toben, Krach schlagen, Radau machen
буя́нить *v impf* krakeelen, randalieren, Radau machen
бы *adv 1. (в будущем) я пришёл ~, е́сли …* ich würde kommen, wenn …; *2. (в прошлом) я пришёл ~, е́сли …* ich wäre gekommen,

wenn …; *3. (при выражении желания) Пришёл ~ он наконéц!* Käme er doch nur endlich!; *Я хотéл ~ поговорúть с ним.* Ich würde gerne mit ihm sprechen.
бывáло *adv 1.* früher, einst; *2. как ни в чём не ~* als sei nichts gewesen
бывáлый *adj (fam) 1.* erfahren, routiniert, bewandert; *~ человéк* Typ mit Erfahrung; *2. (привычный)* alltäglich; *э́то дéло …лое* das kommt tagtäglich vor
бывать *v impf 1.* vorkommen, geschehen, passieren, sich ereignen; *такóе …áет* so etwas kommt vor; *…áют слýчаи* es gibt Fälle; *2. (происходить)* stattfinden; *заседáния …áют раз в мéсяц* die Sitzungen finden einmal im Monat statt; *3. (быть)* sein, sich befinden; *по вечерáм я …áю дóма* abends bin ich zu Hause; *4. (посещать)* besuchen, verkehren
бы́вший *adj* ehemalig, einstig, Ex…, Alt…
бык *m ZOOL* Stier *m,* Bulle *m; он здорóв как ~ брать* er strotzt vor Gesundheit
былúна *f* Sage *f*
быстротá *f* Schnelligkeit *f,* Geschwindigkeit *f; 2. (fig)* Lebendigkeit; *~ умá* Scharfsinn *m*
бы́стрый *adj* schnell, rasch, hurtig, rapid, prompt, flink, flott, fix
бытовóй *adj 1.* alltäglich, Alltags…; *…вáя тéма* alltägliches Thema; *2. (используемый в домашнем быту)* Haushalts…; *…вы́е прибóры* Haushaltsgeräte *pl*
быть *v impf 1.* sein; *все бы́ли в востóрге* alle waren begeistert; *~ причúной* bewirken; *2. ~ на ты* duzen; *3. (находиться)* sein, sich befinden, sich aufhalten; *~ дóма* zu Hause sein; *4. (иметься)* haben; *у меня́ был брат* ich hatte einen Bruder; *5. (случаться)* geschehen, sich ereignen; *6. (приходить)* kommen; *7. должно ~* wahrscheinlich, allem Anschein nach; *8. может ~* vielleicht, mag sein
бьеф *m вéрхний ~* Oberwasser *n*
бюджéт *m ECO* Haushalt *m,* Budget *n,* Etat *m; 2. POL* Staatshaushalt *m*
бюджéтный *adj* Budget…, Haushalts…
бюллетéнь *m 1.* Bericht *m,* Bekanntmachung *f; официáльный ~* Amtsblatt *n; 2. (периодическое издание)* Bulletin *n,* Ausgabe *f*
бюрó *n 1.* Büro *n,* Amt *n,* Stelle *f; спрáвочное ~* Auskunftsstelle *f; 2. (руководящий орган)* Komitee *n,* Büro *n*
бюрократ́ *m* Bürokrat *m*
бюрократúзм *m* Bürokratismus *m*
бюрократúческий *adj* bürokratisch
бюрокрáтия *f* Bürokratie *f*
бюст *m 1.* Büste *f; 2. (грудь)* Büste *f,* Busen *m*
бюстгáльтер *m* Büstenhalter *m,* BH *m*

В

в(о) *prep 1.* in, an; ~ *шко́ле* in der Schule; *рабо́тать ~ теа́тре* am Theater arbeiten; *2. (при обозначении направления)* nach, in, an *идти́ ~ теа́тр* ins Theater gehen; *пое́хать ~ Москву́* nach Moskau fahren; *3. (при обозначении времени)* um, an; ~ *два часа́* um zwei Uhr; ~ *ма́е* im Mai; ~ *вто́рник* am Dienstag

в си́лу *prep* infolge, kraft; ~ *э́того* infolgedessen

ваго́н *m* Waggon *m*

ваго́н-рестора́н *m* Speisewagen *m*

ва́жность *f 1.* Wichtigkeit *f,* Bedeutung *f; 2. (надменность)* Hochmut *m,* Wichtigtuerei *f*

ва́жный *adj 1.* wichtig, bedeutend, schwerwiegend; *2. (влиятельный)* wichtig, maßgebend, einflussreich; *(fam) …ная ши́шка* ein großes Tier; *3. (надменный)* wichtig, hochmütig, aufgeblasen

ва́за *f* Vase *f*

ва́куум *m PHYS* Vakuum *n*

вакци́на *f MED* Impfstoff *m; перора́льная ~* Schluckimpfung *f*

вакцина́ция *f MED* Impfung *f*

вакцини́ровать *v impf MED* impfen

вал *m 1.* Wall *m; 2. TECH* Welle *f*

вали́ть *v impf 1.* werfen; *2. (опрокидывать)* umstürzen, umstoßen, umwerfen; *3. (деревья)* fällen; *4. ~ся* umfallen

ва́лом *adv* haufenweise, massenweise

вальс *m MUS* Walzer *m*

вальси́ровать *v impf* Walzer tanzen

валю́та *f FIN* Währung *f,* Valuta *f,* Devisen *pl*

валю́тный *adj FIN* Währungs…, Devisen…; *Междунаро́дный ~ фонд POL* Internationaler Währungsfond *m; ~ курс* Devisenkurs *m; ~ ры́нок* Devisenmarkt *m*

вампи́р *m* Vampir *m,* Blutsauger *m*

ванда́л *m* Vandale *m*

вандали́зм *m* Vandalismus *m*

вани́ль *f BOT* Vanille *f*

вани́льный *adj* Vanille…

ва́нна *f 1.* Wanne *f,* Badewanne *f; 2. (купание)* Bad *n; принима́ть …нну* ein Bad nehmen, baden

ва́нная *f* Bad *n,* Badezimmer *n*

ва́рвар *m* Barbar *m*

ва́рварский *adj* barbarisch, grausam, unmenschlich

ва́рварство *n* Barbarei *f,* Grausamkeit *f*

вариа́нт *m* Variante *f*

вари́ть *v impf* kochen, sieden; ~ *пи́во* Bier brauen

варьи́ровать *v impf* variieren, abwechseln

ва́та *f* Watte *f; стекля́нная ~* Glaswolle *f*

Ватика́н *m REL, GEO* Vatikan *m*

ва́тный *adj* Watte…; ~ *тампо́н MED* Wattebausch *m*

ватт *m PHYS* Watt *n*

ва́фля *f GAST* Waffel *f,* Waffeltüte *f*

ва́хта *f (fam)* Wache *f вахтёр…*

вахтёр *m* Pförtner *m,* Wachmann *m*

ваш *pron 1.* euer; *2. (форма вежливости)* Ihr

вблизи́ *adv 1.* in der Nähe; *рассмотре́ть что-л ~* etw aus der Nähe betrachten, etw genauer betrachten; *prep 2.* nahe, unweit, in der Nähe von

вва́ливаться *v impf 1.* fallen, stürzen, hineinfallen; *2. (fam)* hereinplatzen

введе́ние *n 1.* Einführung *f; 2. (вводная часть)* Einleitung *f,* Einführung *f; 3. MED* Injektion *f*

вверх *adv 1.* nach oben, aufwärts, hinauf, empor; *Ру́ки ~!* Hände hoch! *2. ~ по реке́* flussaufwärts

ввиду́ *prep* in Anbetracht, im Hinblick auf, wegen, angesichts; ~ *ва́шего отсу́тствия* durch Ihre Abwesenheit

ввод *m 1.* Einführung *f; ~ в де́йствие* Inbetriebnahme *f; 2. TECH* Anschluss *m; 3. INFORM* Eingabe *f; ~ да́нных* Dateneingabe *f*

вводи́ть *v impf 1.* führen, einführen; *2. (установить)* einführen; ~ *зако́н* ein Gesetz einführen; *3. MED* injizieren; *4 ~ в эксплуата́цию* in Betrieb nehmen

ввоз *m ECO* Einfuhr *f,* Import *m*

ввози́ть *v impf ECO* einführen, importieren

ввёзный *adj ECO* Einfuhr…, Import…; *…ная по́шлина* Einfuhrzoll *m*

вво́сьмеро *adv* achtmal, achtfach; ~ *бо́льше* achtmal soviel

ввысь *adv* in die Höhe, in die Luft, nach oben, empor

вдалеке́ *adv* fern, entfernt, in der Ferne, weit

вдали́ *adv* fern, entfernt, in der Ferne, weit

вдво́е *adv* doppelt, zweimal, zweifach; ~ *бо́льше* doppelt so viel; ~ *ме́ньше* halb so viel; *увели́чивать ~* verdoppeln

вде́лывать *v impf* einsetzen, einfassen
вдова́ *f* Witwe *f*
вдове́ц *m* Witwer *m*
вдо́вий *adj* Witwen...; *...вья пе́нсия* Witwenrente *f*
вдо́воль *adv (fam)* hinreichend, genügend, reichlich, in Hülle und Fülle
вдоль *prep* längs, entlang; ~ *реки́* am Fluss entlang; *adv 2.* der Länge nach
вдохнове́ние *n* Begeisterung *f*, Eingebung *f*, Inspiration *f*
вдохнове́нный *adj* begeisternd, hinreißend; *...нная речь* flammende Rede
вдохновля́ть *v impf* begeistern, inspirieren
вдруг *adv* plötzlich, unerwartet, auf einmal
вду́мчивость *f* Einfühlungsvermögen *n*
вду́мчивый *adj* ernst, gedankenvoll, besinnlich
вду́мываться *v impf* sich in etw hineindenken, sich in etw vertiefen
вдыха́ть *v impf 1.* einatmen; *2. (fig)* einflößen; ~ *му́жество в кого́-л* jdm Mut einflößen
вегетариа́нец *m* Vegetarier *m*
вегетариа́нка *f* Vegetarierin *f*
вегетариа́нский *adj* vegetarisch
вегетати́вный *adj BIO* vegetativ
ве́дение *n JUR* Kompetenz *f*, Zuständigkeit *f*, Befugnis *f*; *э́то не в моём ...нии* das liegt außerhalb meiner Kompetenz
ве́домство *n ECO* Amt *n*, Behörde *f*, Dienststelle *f*; ~ *по вопро́сам труда́* Arbeitsamt *n*
ведро́ *n* Eimer *m*; *му́сорное* ~ Mülleimer *m*
ве́дьма *f* Hexe *f*
ве́жливость *f* Höflichkeit *f*; *фо́рма ...ти* Höflichkeitsform *f*
ве́жливый *adj* höflich, artig
везде́ *adv* überall, allerorts; ~ *и всю́ду* an allen Ecken und Enden, weit und breit
везе́ние *n* Glück *n (fam)*
везти́[1] *v impf 1. (перевози́ть)* fahren, transportieren, bringen; *2. (привози́ть)* fahren, holen
везти́[2] *v impf* Glück haben; *Ей ...зёт.* Sie hat Glück. *...зёт тебе́!* Hast du ein Glück!
век *m* 1. Jahrhundert *n*; *2. (эпо́ха)* Zeit *f*, Zeitalter *n*; *золото́й* ~ *HIST* goldenes Zeitalter *n*
ве́ко *n ANAT* Augenlid *n*
ве́кове́чный *adj* unendlich, immerwährend, ewig
ве́ксель *m FIN* Wechsel *m*
веле́ть *v impf/pf* befehlen, gebieten, veranlassen
велика́н *m* Riese *m*
вели́кий *adj* groß, Groß...; ~ *поэ́т* großer Dichter
Великобрита́ния *f GEO* Großbritannien *n*
велико́ва́тый *adj (fam)* etwas zu groß, etwas zu weit, zu groß geraten
великоду́шный *adj* großherzig, großzügig, großmütig, nobel
великоле́пие *n* Herrlichkeit *f*, Pracht *f*
великоле́пный *adj 1.* großartig, prächtig, exzellent, famos, herrlich; *interj 2. ...пно!* Prima!, Klasse!
вели́чественный *adj* erhaben, majestätisch, imposant
вели́чество *n* Majestät *f*, Hoheit *f*; *ва́ше* ~ Eure Hoheit
вели́чие *n* Größe *f*, Erhabenheit *f*
величина́ *f 1.* Größe *f*; *2. MATH* Größe *f*, Wert *m*; *неизве́стная* ~ Unbekannte *f*; *3. (fig)* Größe *f*
велого́нки *pl SPORT* Radrennen *n*
велодро́м *m* Radrennbahn *f*
велосипе́д *m* Fahrrad *n*, Rad *n*; *ката́ться на ~е* Fahrrad fahren; *трёхколёсный* ~ Dreirad *n*
велосипеди́ст(ка) *m/f SPORT* Radfahrer(in) *m/f*
Ве́на *f GEO* Wien *n*
ве́на *f MED* Vene *f*, Blutader *f*
Ве́нгрия *f GEO* Ungarn *n*
вене́ц *m 1.* Kranz *m*; *2. ASTR* Korona *f*
ве́ник *m* Besen *m*, Birkenrute *f*
вено́к *m* Blumengebinde *n*, Kranz *m*
вентили́ровать *v impf* lüften
ве́нтиль *m TECH* Ventil *n*
вентиля́тор *m TECH* Ventilator *m*, Lüfter *m*
вентиля́ция *f TECH 1.* Lüftung *f*, Ventilation *f*; *2. (устано́вка)* Gebläse *n*
венча́льный *adj* Trauungs...; Hochzeits...; *...ное пла́тье* Hochzeitskleid *n*
венча́ние *n 1.* Trauung *f*; *2. (коронова́ние)* Krönung *f*
венча́ть *v impf 1.* schmücken; *2. (о бракосочета́нии)* trauen; *3. (зака́нчивать)* krönen, abschließen, zu Ende führen; *4. ~ся успе́хом* Erfolg haben, erfolgreich zu Ende gehen
ве́ра *f 1.* Glaube *m*, Zuversicht *f*, Vertrauen *n*; *2. REL* Glaube *m*, Religion *f*
верба́льный *adj LING* verbal

верблю́д *m 1.* ZOOL Kamel *n; 2.* ZOOL Dromedar *n*
вербова́ть *v impf* anwerben
вербо́вка *f* MIL Anwerbung *f*
верёвка *f* Strick *m,* Leine *f,* Bindfaden *m,* Schnur *f*
верёвочка *f* Schnur *f,* Kordel *f*
ве́рить *v impf 1.* jdm/etw glauben, vertrauen; *2. (в кого-л, во что-л)* glauben an, sicher sein
вермише́ль *f* GAST Nudeln *pl,* Fadennudeln *pl*
ве́рность *f 1.* Genauigkeit *f,* Exaktheit *f; ~ перево́да* Richtigkeit der Übersetzung; *2. (преданность)* Treue *f,* Ergebenheit *f*
ве́рный *adj 1.* richtig; *2. (надёжный)* sicher, zuverlässig; *3. (преданный)* treu, ergeben
вероисповéдание *n* REL Glaubensbekenntnis *n,* Konfession *f*
вероисповéдный *adj* konfessionell, Konfessions…
вероло́мный *adj* treulos, wortbrüchig, verräterisch
вероло́мство *n* Verrat *m,* Treulosigkeit *f*
верóятно *adv* vermutlich, voraussichtlich, wahrscheinlich, wohl
верóятность *f 1.* Wahrscheinlichkeit *f; по всéй …сти* höchstwahrscheinlich, aller Wahrscheinlichkeit nach; *2. (правдоподобие)* Glaubwürdigkeit *f*
верóятный *adj 1.* wahrscheinlich, vermutlich, mutmaßlich; *2. (праводподобный)* glaubwürdig
ве́рсия *f* Version *f,* Fassung *f*
ве́ртел *m* Bratspieß *m,* Spieß *m*
вертёп *m* Spelunke *f,* Räuberhöhle *f*
верте́ть *v impf 1.* drehen, herumdrehen; *2. (fig) ~ кем-л* jdn nach seiner Pfeife tanzen lassen; *3. ~ся* sich drehen, kreisen; *4. (находиться где-л)* sich herumtreiben
вертика́ль *f* MATH Senkrechte *f,* Vertikale *f*
вертика́льный *adj* senkrecht, vertikal
вертолёт *m* TECH Hubschrauber *m,* Helikopter *m*
ве́рующий *adj* REL *1.* gläubig; *m 2.* Gläubiger *m*
верфь *f* Werft *f*
верх *m 1.* oberer Teil *m,* Obergeschoss *n; 2. (вершина)* Gipfel *m,* Spitze *f,* Höhepunkt *m*
ве́рхний *adj* oberer, Ober…; *…нее пла́тье* Oberbekleidung *f*
верхово́дить *v impf* anführen, die erste Geige spielen, das Regiment führen *(fig)*
верхогля́д *m* oberflächlicher Mensch *m*
верхогля́дство *n (fam)* Oberflächlichkeit *f*
верши́на *f 1. (горы)* Gipfel *m; 2. (дерева)* BOT Wipfel *m,* Baumkrone *f,* Spitze *f; 3. (fig)* Höhepunkt *m,* Höhe *f; 4.* MATH *~ угла́* Scheitelpunkt *m*
вес *m 1.* Gewicht *n,* Masse *f; уде́льный ~* spezifisches Gewicht *n; 2. (fig)* Ansehen *n,* Einfluss *m*
весели́ть *v impf* belustigen, aufheitern; *2. ~ся* sich amüsieren, sich vergnügen
весёлость *f* Fröhlichkeit *f*
весёлый *adj* fröhlich, froh, freudig
весе́лье *n* Heiterkeit *f,* Freude *f,* Jubel *m*
ве́сить *v impf* wiegen, Gewicht haben
ве́ский *adj* schwerwiegend, gewichtig, gravierend, triftig; *~ до́вод* triftiges Argument
ве́скость *f* Gewicht *n,* Gewichtigkeit *f*
весле́льчак *m* Spaßvogel *m,* lustiger Vogel *m*
весло́ *n* Ruder *n; уда́р …ла́* Ruderschlag *m*
весна́ *f* Frühling *m*
весну́шка *f* Sommersprosse *f*
весну́шчатый *adj (fam)* sommersprossig, mit Sommersprossen
весо́мость *f* Wägbarkeit *f*
весо́мый *adj 1.* wägbar; *2. (значительный)* gewichtig; *~ вклад* gewichtiger Beitrag
вести́ *v impf 1.* führen; *Доро́га ведёт в лес.* Der Weg führt in den Wald. *2. (возглавлять)* anführen; *3. (руководить)* leiten; *4. (иметь следствием)* zu etw führen; *Алкоголи́зм ведёт к вырожде́нию.* Alkoholismus führt zu Degeneration. *5. ~ себя́* sich benehmen
вестибю́ль *m* Vorhalle *f,* Halle *f,* Vestibül *n*
ве́стник *m* Bote *m*
весть *f* Nachricht *f,* Botschaft *f,* Kunde *f; подава́ть о себе́ …сти* von sich hören lassen
весы́ *pl* Waage *f; ча́ша …ов* Waagschale *f*
весь *pron* ganz, gesamt, sämtlich
весьма́ *adv* sehr, überaus, äußerst, höchst
ве́твь *f* BOT Zweig *m,* Ast *m*
ве́тер *m* METEO Wind *m,* Brise *f; се́верный ~* Nordwind *m; си́ла …тра* Windstärke *f*
ветера́н *m* Veteran *m; ~ войны́* Kriegsveteran *m*

ветеринáр *m* Tierarzt *m*
вéтка *f BOT* Zweig *m*
вéтреница *f BOT* Windröschen *n,* Anemone *f*
вéтреность *f* Unbesonnenheit *f,* Leichtfertigkeit *f*
вéтреный *adj 1.* windig, windstark; *2. (о человеке)* leichtsinnig, leichtfertig, flatterhaft
ветровóй *adj* Wind…, Windschutz…; *…вóе стеклó* Windschutzscheibe *f*
ветрáк *m* Windmühle *f*
ветрáнка *f MED* Windpocken *pl*
ветрянóй *adj* Wind…; *борьбá с …ными мéльницами (fig)* Kampf gegen Windmühlen *(fig)*
вéтхий *adj 1.* baufällig, abbruchreif, morsch, abgenutzt; 2. *(о человеке)* gebrechlich, hinfällig
ветчинá *f GAST* Schinken *m*
вéха *f (fig)* Meilenstein *m,* Abschnitt *m*
вéчер *m* Abend *m; ~ом* abends; *Наступáет ~.* Es wird Abend.
вечерúнка *f* Party *f,* Fest *n*
вечéрний *adj* abendlich, Abend…; *~ спектáкль* Abendvorstellung *f*
вéчность *f* Ewigkeit *f; цéлая ~* ewig und drei Tage *(fam)*
вéчный *adj 1.* ewig; *…ная дрýжба* ewige Freundschaft; *2. (fam)* immerwährend, fortwährend
вéшалка *f 1.* Kleiderbügel *m,* Kleiderhaken *m; 2. (fam)* Garderobe *f*
вéшать *v impf 1.* hängen, aufhängen; *2. (казнить)* hängen; *3. ~ся* sich erhängen, sich aufhängen
вещáть *v impf 1. TECH* senden; *2. (fam)* verkünden
вещéственный *adj* materiell; *…нное доказáтельство* Beweisstück *n*
веществó *n* Stoff *m,* Substanz *f; радиоактúвное ~* radioaktive Substanz; *врéдное ~* Schadstoff *m; питáтельное ~* Nährstoff *m*
вéщи *pl 1.* s. *вещь; 2. (fam)* Zeug *n (fam),* Kram *m (fam); 3. (одежда)* Sachen *pl,* Klamotten *(fam); тёплые ~* warme Sachen, warme Kleidung
вещь *f 1.* Ding *n,* Sache *f,* Gegenstand *m; 2. (пакет)* Gepäckstück *n*
вéять *v impf* wehen, flattern
взаúмность *f 1.* Gegenseitigkeit *f,* Beiderseitigkeit *f; 2. (симпатия)* Gegenliebe *f,* gegenseitige Sympathie
взаúмный *adj* gegenseitig, wechselseitig, auf Gegenseitigkeit beruhend
взаимодéйствие *n* Wechselwirkung *f*
взаимодéйствовать *v impf* zusammenwirken
взаимопонимáние *n* Einvernehmen *n,* gegenseitiges Verständnis *n*
взаимосвя́занный *adj* im Zusammenhang miteinander
взаимосвя́зь *f* Wechselbeziehung *f,* Zusammenhang *m*
взаимы́ *adv* auf Pump *(fam); взять ~* ausleihen
взамéн *adv 1.* als Ersatz, als Entgelt; *prep 2.* anstatt, anstelle, im Austausch gegen
взбирáться *v impf* steigen, klettern
взбýчка *f (fam) 1.* Anpfiff *m,* Rüffel *m; задавáть комý-л …чку* jdm den Kopf waschen; *2. (побой)* eine Tracht Prügel *f*
взвáливать *v impf 1.* aufladen, aufpacken; *2. (fig)* aufbürden, abwälzen
взвéшивать *v impf 1.* wiegen, abwiegen; *2. (fig)* abwägen, erwägen
взволнóванный *adj* aufgeregt, erregt, bewegt
взволновáть *v impf* aufregen, erregen, aus der Fassung bringen
взгляд *m 1.* Blick *m; на пéрвый ~* auf den ersten Blick; *2. (мнение)* Meinung *f,* Ansicht *f,* Anschauung *f,* Einstellung *f; на мой ~* meiner Meinung nach
вздор *m (fam)* Unsinn *m,* Quatsch *m,* dummes Zeug *n*
вздох *m* Seufzer *m; испустúть послéдний ~* den Geist aufgeben
вздрáгивать *v impf* zusammenzucken, zusammenfahren
вздремнýть *v pf* einnicken, ein Nickerchen machen
вздýтие *n 1. MED* Schwellung *f,* Blähung *f; 2. (fam) ~ цен* Preistreiberei *f*
вздыхáть *v impf 1.* seufzen; *2. (тосковать)* sich sehnen
взимáние *n ECO, FIN* Erhebung *f,* Einziehung *f; ~ налóгов* Steuererhebung *f*
взимáть *v impf ECO, FIN* erheben, einziehen
взлáмывать *v impf* aufbrechen; *~ замóк* ein Schloss aufbrechen
взлёт *m 1.* Start *m; 2. (fig)* Aufschwung *m*
взлетáть *v impf 1.* fliegen, sich in die Luft erheben; *2. (о самолёте)* starten; *3. ~ на вóздух* in die Luft fliegen, explodieren
взлом *m* Einbruch *m; крáжа со ~ом* Einbruchdiebstahl *m*
взлóмщик *m* Einbrecher *m*

взмах *m* Schwung *m,* Schwingen *n; ~ крыльев* Flügelschlag *m*
взмáхивать *v impf* schwingen, schlagen
взнос *m ECO* Beitrag *m,* Zahlung *f; страховóй ~* Versicherungsbeitrag *m*
взрезáть *v impf* aufschneiden, einschneiden
взрóслый *adj 1.* erwachsen; *m 2.* Erwachsener *m*
взрыв *m 1.* Explosion *f,* Detonation *f,* Knall *m; 2. (взрывание)* Sprengung *f; 3. ~ смéха* Lachsalve *f; 4. ~ аплодисмéнтов* Beifallssturm *m*
взрывáть *v impf 1.* sprengen; *2. ~ся* explodieren, detonieren
взрывнóй *adj* explosiv, Explosions..., Detonations..., Spreng...
взрывчатый *adj* explosiv, Spreng...; *...тое веществó* Sprengstoff *m*
взыскáние *n 1.* Strafe *f; 2. (принудительное взимание)* Zwangseintreibung *f*
взыскáтельный *adj* anspruchsvoll, streng
взыскивать *v impf 1.* verlangen, fordern; *2. (налоги)* einziehen; *3. (наказывать)* bestrafen
взятие *n 1.* Einnahme *f,* Eroberung *f; ~ влáсти* Machtübernahme *f; ~ залóжников* Geiselnahme *f*
взятка *f* Bestechung *f,* Bestechungsgeld *n,* Schmiergeld *n*
вибрациóнный *adj* Vibrations..., Schwingungs...
вибрáция *f* Vibration *f,* Schwingung *f*
вибрировать *v impf* vibrieren, schwingen
вид[1] *m 1.* Aussehen *n,* das Äußere *n,* Miene *f; внéшний ~* Aufmachung *f; 2. (перспектива)* Aussicht *f; 3. (состояние)* Zustand *m; в хорóшем ~е* in gutem Zustand *m; 4. (форма)* Form *f; в ~е таблицы* in Form einer Tabelle; *5. (поле зрения) потерять когó-л из ~ý (fig)* jdn aus den Augen verlieren
вид[2] *m 1. GRAMM* Aspekt *m,* Aktionsart *f; 2. (сорт)* Art *f,* Gattung *f; ~ спóрта* Sportart *f*
видéние *n* Erscheinung *f,* Vision *f,* Gespenst *n*
видение *n* Sicht *f; ~ на расстоянии* weite Sicht
видеокассéта *f* Videokassette *f*
видеомагнитофóн *m* Videorekorder *m*
видеотелефóн *m TEL* Bildtelefon *n*
видеофильм *m* Videofilm *m,* Video *n*
видеть *v impf 1.* sehen; *Рад вас ~!* Schön, Sie zu sehen! *2. (во сне)* träumen; *3. (переживать)* durchmachen, erleben; *Он мнóго ...дел.* Er hat schon viel erlebt. *4. ~ когó-л насквóзь* jdn durchschauen; *5. ~ся* sich treffen, sich besuchen
видимо *adv* offenbar, wie es scheint
видимость *f 1.* Sicht *f,* Sichtbarkeit *f,* Sichtweite *f; 2. (fam)* Schein *m,* Anschein *m; Это тóлько ~!* Das ist doch nur Augenwischerei!
видимый *adj 1.* sichtbar, sichtlich; *2. (fam)* scheinbar, trügerisch
видный *adj 1.* sichtbar, erkennbar, ersichtlich; *2. (значительный)* bedeutend, angesehen, prominent; *3. (о внешности)* stattlich, ansehnlich
виза *f* Sichtvermerk *m,* Visum *n; ~ на въезд* Einreisevisum *n*
визг *m 1.* Gekreische *n; 2. (о собаке)* Gewinsel *n*
визжáть *v impf 1.* kreischen; *2. (о собаке)* jaulen, winseln
визит *m* (offizieller) Besuch *m,* Visite *f; нанести больнóму ~* einen Krankenbesuch machen
викторина *f* Quiz *n,* Frage- und Antwortspiel *n,* Preisausschreiben *n*
вилка *f* Gabel *f*
винá *f 1.* Schuld *f,* Verschulden *n; без ...ны́* schuldlos; *по ...нé* durch Verschulden; *2. (причина)* Ursache *f*
винить *v impf* beschuldigen, bezichtigen
винó *n GAST* Wein *m; крáсное ~* Rotwein *m; бéлое ~* Weißwein *m; шипýчее ~* Schaumwein *m*
винóватый *adj 1.* schuldig, schuldbeladen; *2. (fig)* schuldbewusst; *~ взгляд* schuldbewusster Blick
винóвник *m* Verursacher *m,* Schuldiger *m; глáвный ~* Hauptschuldiger *m*
винóвница *f* Verursacherin *f,* Schuldige *f*
винóвный *adj* schuldig, schuld; *признáть когó-л ...ным JUR* jdn schuldig sprechen
виногрáд *m BOT 1.* Weinrebe *f,* Weinstock *m; 2. (плоды)* Traube *f,* Trauben *pl*
виноградáрь *m* Winzer *m,* Weinbauer *m*
виногрáдник *m* Weinberg *m*
виногрáдный *adj BOT 1.* Reb..., Wein...; *...ная лозá* Weinstock *m,* Weinrebe *f; 2. (плод)* Weintrauben..., Trauben...; *~ сок GAST* Traubensaft *m*
винодéл *m/f* Winzer(in) *m/f*
винт *m TECH* Schraube *f*
винтóвка *f* Gewehr *n*

виолонче́ль *f MUS* Cello *n,* Violoncello *n*
ви́рус *m 1. MED* Virus *n; 2. INFORM компью́терный ~* Computervirus *m*
ви́селица *f 1.* Galgen *m; 2. (негодяй)* Halunke *m,* Galgenvogel *m*
висе́ть *v impf 1.* hängen; *2. (о птице, вертолёте)* schweben; *3. (fam) ~ на телефо́не* an der Strippe hängen
висо́к *m ANAT* Schläfe *f*
висо́чный *adj* Schläfen…
витами́н *m BIO* Vitamin *n; содержа́ние ~а* Vitamingehalt *m*
витамно́зный *adj* vitaminhaltig, vitaminreich
витри́на *f 1.* Schaufenster *n,* Auslage *f; 2. (мебель)* Vitrine *f,* Schaukasten *m*
ви́ть *v impf 1.* winden; *~ верёвку* einen Strick drehen; *2. ~ся* sich winden, sich ranken
вихрь *m 1. METEO* Wirbelwind *m,* Wirbelsturm *m; сне́жный ~* Schneegestöber *n; 2. (fig)* Wirbel *m;* Strudel *m; лете́ть …рем* in Windeseile dahinjagen
вице-президе́нт *m* Vizepräsident *m*
вишнёвый *adj* Kirsch…; *~ сад* Kirschgarten *m*
ви́шня *f BOT 1.* Kirsche *f,* Sauerkirsche *f; 2. (дерево)* Kirschbaum *m*
вклад *m 1. FIN* Einlage *f,* Deposit *n; 2. (fig)* Beitrag *m*
вкла́дывать *v impf 1.* hineinlegen, hineinstellen, hineinsetzen; *2. ECO* deponieren, anlegen, investieren
включа́ть *v impf 1.* einschließen, einreihen, einbeziehen, einbinden; *2. (свет, радио)* einschalten
включа́я *prep* einschließlich, inklusive, mit eingerechnet
включе́ние *n 1.* Einschluss *m,* Einbeziehung *f,* Einfügung *f; 2. TECH* Schaltung *f,* Einschalten *n*
включи́тельно *adv* einschließlich, mit inbegriffen, inklusive
вкось *adv* schief, schräg
вкра́дчивость *f* Schmeichelei *f,* Speichellecken *n (fam)*
вкра́дчивый *adj* einschmeichelnd, schmierig *(fam)*
вкус *m 1.* Geschmack *m,* Neigung *f; 2. (стиль)* Geschmack *m,* Stil *m*
вку́сный *adj* wohlschmeckend, schmackhaft, lecker
вла́га *f* Feuchtigkeit *f,* Nässe *f*
влага́лище *n ANAT* Vagina *f,* Scheide *f*
владе́лец *m* Inhaber *m,* Besitzer *m; ~ тра́нспортного сре́дства* Fahrzeughalter *m*
владе́лица *f* Inhaberin *f,* Besitzerin *f*
владе́ние *n 1.* Besitz *m,* Besitztum *n; 2. (умение)* Beherrschung *f; ~ неме́цким языко́м* Beherrschung der deutschen Sprache
владе́ть *v impf 1.* besitzen; *2. (уметь)* beherrschen, können
вла́жность *f* Feuchtigkeit *f*
вла́жный *adj* feucht
вла́ствовать *v impf* regieren, herrschen
вла́сти *pl 1.* s. *власть; 2. POL* Behörden *pl; ме́стные ~* örtliche Behörden
власти́тель *m* Herrscher *m,* Machthaber *m*
вла́стный *adj 1.* herrschsüchtig, herrisch; *~ хара́ктер* herrische Art; *2. (повелительный)* befehlend, gebieterisch; *~ взгляд* gebieterischer Blick; *3. В э́том я не …стен.* Das steht nicht in meiner Macht.
властолюби́вый *adj* herrschsüchtig, machtgeil *(fam)*
властолю́бие *n* Herrschsucht *f*
власть *f* Macht *f,* Herrschaft *f,* Gewalt *f; исполни́тельная ~ POL* Exekutive *f; госуда́рственная POL* Staatsgewalt *f*
вле́во *adv* links
влечь *v impf 1.* schleppen, ziehen; *2. (привлека́ть)* anziehen, Anziehungskraft besitzen; *3. ~ за собо́й* nach sich ziehen, zur Folge haben
влива́ть *v impf* eingießen
влия́ние *n* Einfluss *m,* Macht *f; ока́зывать ~ на кого́-л* Einfluss auf jdn ausüben
влия́тельный *adj* einflussreich, mächtig, maßgebend
влия́ть *v impf* beeinflussen, auf etw einwirken, Einfluss auf jdn haben
вложе́ние *n 1.* Einlage *f; 2. ECO* Anlage *f,* Geldanlage *f; ~ капита́ла* Investition *f*
влюблённая *f* Verliebte *f*
влюблённость *f* Verliebtheit *f,* Verliebtsein *n*
влюблённый *adj 1.* verliebt, verknallt *(fam),* verschossen *(fam); m 2.* Verliebter *m; …нная па́ра* Liebespaar *n*
влюбля́ть *v impf 1.* jdm den Kopf verdrehen *(fig); 2. ~ся* sich verlieben, sich vergucken *(fam),* sich verknallen *(fam)*
вме́сте *adv 1.* gemeinsam, zusammen, miteinander; *2. (в то же время)* gleichzeitig

вмести́мость *f* Fassungsvermögen *n,* Kapazität *f*
вмести́тельный *adj* geräumig, mit großem Fassungsvermögen
вме́сто *prep* statt, anstatt, anstelle
вмеша́тельство *n 1.* Einmischung *f; 2.* MED Eingriff *m; хирурги́ческое ~* chirurgischer Eingriff
вме́шиваться *v impf* sich einmischen, intervenieren
вмеща́ть *v impf 1.* enthalten, beinhalten; *2. (иметь ёмкость)* fassen, aufnehmen; *3. (класть)* hineinlegen, hineinstellen
вмиг *adv* im Nu, im Handumdrehen, augenblicklich, blitzschnell
вмя́тина *f* Beule *f,* eingedrückte Stelle
внаём *adv 1. отдава́ть ~* vermieten; *2. брать ~* mieten
внача́ле *adv* anfangs, erst, zuerst, zunächst
вне *prep* außer, außerhalb; *~ до́ма* außer Haus; *~ о́череди* außer der Reihe; *~ ко́нкурса* außerhalb des Wettbewerbs; *~ себя́* außer sich
внебра́чный *adj* unehelich
внедре́ние *n* Einführung *f*
внедря́ть *v impf* einführen, übernehmen, praktische Geltung verschaffen
внеза́пный *adj* abrupt, plötzlich, unerwartet, überraschend, von heute auf morgen *(fam)*
вне́шний *adj* äußerer, äußerlich, extern; Außen...; *с ...ней стороны́* von außen; *...няя стена́* Außenwand *f; ...няя поли́тика* Außenpolitik *f*
вне́шность *f* das Äußere *n,* Erscheinung *f*
вниз *adv* abwärts, hinunter, hinab, nach unten; *~ по реке́* stromabwärts
внизу́ *adv* unten
внима́ние *n 1.* Aufmerksamkeit *f, обраща́ть ~ на что-л* etw beachten, sein Augenmerk auf etwas richten; *принима́ть во ~* beachten, in Betracht ziehen; *2. (предупредительность)* Aufmerksamkeit *f,* Beachtung *f; ~!* Achtung!
внима́тельность *f* Aufmerksamkeit *f,* Achtsamkeit *f*
внима́тельный *adj 1.* aufmerksam, wachsam, konzentriert; *2. (любезный)* zuvorkommend, rücksichtsvoll
вновь *adv* erneut, von neuem, wieder
вноси́ть *v impf 1.* hineintragen, hineinbringen; *2.* FIN einzahlen, einbringen, beitragen; *3. (в список)* eintragen
внук *m* Enkel *m,* Enkelkind *n*
вну́тренний *adj 1.* innen, inner, innerlich, intern, Innen...; *~ дво́рик* Innenhof *m; ...няя боле́знь* MED innere Krankheit *f; 2. (внутри государства)* Innen..., Binnen...
вну́тренности *pl* ANAT innere Organe *pl*
внутри́ *adv 1.* darin, drinnen, innen, innerhalb; *prep 2.* innerhalb, in
внутрипарти́йный *adj* POL innerparteilich
внутриполити́ческий *adj* POL innenpolitisch
внутрь *adv 1.* nach innen, hinein; *prep 2.* in, herein, hinein
вну́чка *f* Enkelin *f,* Enkelkind *n*
внуша́ть *v impf 1.* einflößen, einschärfen; *~ страх* Furcht einflößen; *2. (мысли)* eingeben, suggerieren
внуше́ние *n 1.* Suggestion *f; 2. (настояние)* Eingebung *f,* Anraten *n; 3. (выговор)* Ermahnung *f,* Verweis *m*
внуши́тельный *adj* eindrucksvoll, bedeutend, imponierend, imposant
вовлека́ть *v impf 1.* heranziehen, hinzuziehen; *2. (склонять к чему-л)* jdn zu etw verleiten, jdn in etw hineinziehen; *~ в преступле́ние* jdn zu einem Verbrechen verleiten
вовлече́ние *n* Einbeziehung *f,* Involvierung *f*
во́время *adv* rechtzeitig, zur rechten Zeit, gelegen
во́все не(т) *adv* ganz und gar nicht, keineswegs, nicht im Geringsten
во́всю *adv (fam)* aus Leibeskräften, was das Zeug hält
вода́ *f* Wasser *n; питьева́я ~* Trinkwasser *n; пре́сная* Süßwasser *n*
води́тель(ница) *m/f* Fahrer(in) *m/f; ~ авто́буса* Busfahrer(in) *m/f*
води́тельский *adj* Fahr...; *...кие права́* Führerschein *m*
води́ть *v impf 1.* s. *вести́; 2. ~ маши́ну* Auto fahren; *3. (fig) ~ за нос* an der Nase herumführen; *4. ~ся* vorkommen, geben; *В э́том лесу́ ...ится мно́го ди́чи.* In diesem Wald gibt es viel Wild.
во́дка *f* Wodka *m,* Schnaps *m*
водоворо́т *m* Strudel *m,* Wirbel *m; ~ собы́тий* Sog der Ereignisse
водола́з *m 1.* Taucher *m; 2.* ZOOL Neufundländer *m*
водола́зный *adj* Taucher...
водоме́р *m* TECH Wasseruhr *f*

водонепроница́емый *adj* wasserdicht, wasserfest
водопа́д *m* Wasserfall *m*
водопрово́дчик *m* Installateur *m*, Klempner *m (fam)*
водоро́д *m* CHEM Wasserstoff *m*
во́доросль *f* BOT Alge *f*
водосто́йкий *adj* wasserfest
во́ды *pl* Gewässer *pl*; *вну́тренние* ~ Binnengewässer *pl*
военнослу́жащий *m* MIL Militär *m*, Armeeangehöriger *m*
вое́нный *adj 1.* militärisch, Militär…, Kriegs…; *m 2.* Militär *m*
вожделе́ние *n* Begierde *f*, Verlangen *n*
вожде́ние *n 1.* Führen *n*, Leiten *n*; *2. (автомашины)* Fahren *n*, Steuern *n*, Fahrweise *f*
вождь *m* Anführer *m*, Führer *m*
возбуди́тель *m 1.* MED Erreger *m*; ~ *боле́зни* Krankheitserreger *m*; *2.* TECH Erreger *m*
возбужда́ть *v impf 1.* erregen, anregen, reizen; ~ *подозре́ние* Verdacht erregen; *2. (восстанавливать кого-л против чего-л)* aufreizen, aufstacheln, aufwiegeln; *3.* JUR ~ *де́ло* ein Verfahren einleiten
возбужде́ние *n 1.* Reizung *f*, Anregung *f*, Aufwiegelung *f*; *2.* JUR ~ *уголо́вного де́ла* Einleitung eines Strafverfahrens; *3. (состояние)* Erregung *f*, Aufregung *f*, Erregtheit *f*
возбуждённый *adj* aufgeregt, erregt
возведе́ние *n* Errichtung *f*
возвеща́ть *v impf* verkünden
возвра́т *m 1.* Rückkehr *f*, Wiederkehr *f*; ~ *боле́зни* MED Rückfall *m*; *2.* ~ *чего́-то* Rückgabe *f*; *3. (денег)* FIN Rückerstattung *f*, Rückzahlung *f*
возвра́тный *adj 1.*wiederkehrend, Rück…; *2.* MED rückfällig; *3.* GRAMM reflexiv, rückbezüglich; ~ *глаго́л* reflexives Verb
возвраща́ть *v impf 1.* zurückgeben; *2. (деньги)* zurückzahlen, zurückerstatten; *3.* ~*ся* zurückkehren, zurückkommen, umkehren; ~*ся домо́й* nach Hause kommen, heimkommen; ~*ся к рабо́те* die Arbeit wieder aufnehmen
возвраще́ние *n 1.* Rückkehr *f*; ~ *домо́й* Heimkehr *f*; *2. (имущества)* Rückerstattung *f*, Rückgabe *f*
возвыше́ние *f 1.* Eröhung *f*; *2. (fig)* Erhebung *f*
возвы́шенность *f* Anhöhe *f*, Erhebung *f*
возвы́шенный *adj* hoch gelegen, erhaben
возглавля́ть *v impf 1.* an die Spitze treten; *2. (быть во главе)* anführen, leiten, führen
во́зглас *m* Ausruf *m*, Ruf *m*; ~*ы с мест* Zwischenrufe *pl*; ~ *неудово́льствия* Buhruf *m*
воздвига́ть *v impf* errichten, erbauen
возде́йствие *n* Wirkung *f*, Einfluss *m*
возде́йствовать *v impf* wirken, einwirken, beeinflussen
возде́лывание *n* AGR Anbau *m*
возде́лывать *v impf* AGR anbauen, bestellen
воздержа́ние *n 1.* Enthaltsamkeit *f*, Abstinenz *f*, Zurückhaltung *f*; ~ *от голосова́ния* Stimmenthaltung *f*; *2. (умеренность)* Mäßigung *f*, Mäßigkeit *f*
возде́ржанность *f* Enthaltsamkeit *f*
возде́ржанный *adj* enthaltsam, mäßig
возде́рживаться *v impf 1.* sich enthalten, etw entsagen, sich etw verkneifen *(fam)*; *2. (fam)* absagen, ablehnen
во́здух *m* Luft *f*; *на све́жем* ~*е* an der frischen Luft, im Freien
воздухонепроница́емый *adj* luftdicht
воздухопроница́емый *adj* luftdurchlässig
возду́шный *adj 1.* Luft…, Flug…; *…ное сообще́ние* Flugverkehr *m*; *…ная связь* Flugverbindung *f*; ~ *шар* Luftballon *m*; *2. (лёгкий)* luftig, leicht
вози́ть *v impf* s. *везти́*[1]
возлага́ть *v impf 1.* niederlegen; *2. (fig)* auferlegen; ~ *поруче́ние* einen Auftrag erteilen, jdn beauftragen
во́зле *adv 1.* daneben, nebenan; *prep 2.* bei, neben
возлю́бленный *adj 1.* geliebt; *m 2.* Geliebter *m*
возме́здие *n* Vergeltung *f*, Strafe *f*
возмеща́ть *v impf 1.* vergüten, ersetzen, zurückerstatten, entschädigen; *2.* ersetzen, austauschen
возмеще́ние *n* Ersatz *m*, Entschädigung *f*, Wiedergutmachung *f*; ~ *уще́рба* Schadenersatz *m*
возмо́жно *adv 1.* möglich, vielleicht, es kann sein; *е́сли* ~ wenn möglich; *наско́лько* ~ so weit möglich; ~ *меня́ не бу́дет* vielleicht werde ich nicht da sein; *2. (как можно)* möglichst; ~ *скоре́е* so schnell wie nur möglich, möglichst schnell
возмо́жности *pl* Möglichkeiten *pl*, Aussichten *pl*; *страна́ неограни́ченных …тей* das Land der unbegrenzten Möglichkeiten

возмо́жность *f* Möglichkeit *f; име́ть ~* im Stande sein; *упусти́ть ~* eine Gelegenheit versäumen; *по ...ти* nach Möglichkeit, nach Kräften
возмо́жный *adj 1.* möglich, eventuell; *adv 2. ...но* es ist möglich, kann sein; *е́сли ~* wenn möglich
возмути́тельный *adj* empörend
возмуща́ть *v impf 1.* empören, entrüsten, erzürnen
возмуще́ние *n 1.* Empörung *f,* Entrüstung *f; 2.* TECH Unregelmäßigkeit *f,* Störung *f*
возмущённый *adj* empört, entrüstet
вознагражда́ть *v impf* belohnen, entlohnen, entgelten
вознагражде́ние *n 1.* Belohnung *f; поощри́тельное ~* Prämie *f; 2.* ECO *(пла́та за труд)* Bezahlung *f,* Entlohnung *f,* Entgelt *n,* Vergütung *f*
возника́ть *v impf* aufkommen, entstehen, auftauchen
возникнове́ние *n* Entstehung *f*
возня́ *f 1.* Scherereien *pl,* Ärger *m; 2. (шум)* Lärm *m,* Gepolter *n*
возобновле́ние *n 1.* Erneuerung *f,* Auffrischung *f; 2.* JUR *~ де́ла* Wiederaufnahme des Verfahrens
возобновля́ть *v impf* erneuern, wiederaufnehmen; *~ знако́мство* eine Bekanntschaft wieder auffrischen
возража́ть *v impf 1.* erwidern, entgegnen, antworten; *2. (противоречать)* einwenden, Einspruch erheben, Einwendungen haben, widersprechen; *не ...жа́й!* Keine Widerrede!
возраже́ние *n 1.* Widerspruch *m; без ...ий* ohne Widerrede; *2. (довод)* Einwand *m,* Beanstandung *f*
во́зраст *m* Alter *n,* Lebensalter *n; шко́льный ~* Schulalter *n*
возраста́ть *v impf* anwachsen, zunehmen, steigen
возрастно́й *adj* Alters..., altersmäßig; *...но́е явле́ние* Alterserscheinung *f*
возрожда́ть *v impf* wiederherstellen, wiederbeleben, erneuern; *~ к жи́зни* neuen Lebensmut einflößen
возрожде́ние *n 1.* Wiederbelebung *f,* Wiederherstellung *f,* Erneuerung *f,* Wiedergeburt *f; 2.* HIST, ART Renaissance *f*
во́ин *m* Kämpfer *m,* Krieger *m*
во́инский *adj* militärisch, Militär...
воинственность *f* Kampfeslust *f*
воинственный *adj* kriegerisch, kampflustig
воинствующий *adj* streitbar, kämpferisch, militant
вой *m* Geheul *n,* Heulen *n*
во́йлок *m* Filz *m*
война́ *f* Krieg *m; гражда́нская ~* POL Bürgerkrieg *m; мирова́я ~* HIST Weltkrieg *m; а́томная ~* MIL Atomkrieg *m*
войска́ *pl* MIL Heer *n,* Truppen *pl,* Streitkräfte *pl*
вокза́л *m* Bahnhof *m*
вокру́г *adv 1.* ringsum, ringsumher; *prep 2.* herum; *~ го́рода* um die Stadt herum
вол *m* ZOOL Ochse *m*
волейбо́л *m* SPORT Volleyball *m*
во́лей-нево́лей *adv* wohl oder übel, notgedrungen, ob jd will oder nicht
волк *m* ZOOL Wolf *m*
волна́ *f 1.* Welle *f,* Woge *f; 2.* PHYS Welle *f; звукова́я ~* Schallwelle *f; длина́ ...ны́* Wellenlänge *f*
волне́ние *n 1.* Aufregung *f,* Unruhe *f; 2. (на море)* Seegang *m*
волне́ния *pl* Aufregungen *pl,* Tumult *m*
волнова́ть *v impf 1.* aufregen, in Aufregung bringen; *2. (вызывать озабоченность)* beunruhigen, Sorgen bereiten; *3. ~ся* sich Sorgen machen
волну́ющий *adj* aufregend
волоки́та *m (fam)* Bürokratismus *m,* Amtsschimmel *m*
волокно *n* Faser *f; хими́ческое ~* Chemiefaser *f*
во́лос *m* ANAT Haar *n*
волоса́тый *adj* behaart, haarig
волочи́ть *v impf 1.* schleppen, schleifen; *2.* TECH ziehen
волше́бник *m* Zauberer *m*
волше́бница *f* Zauberin *f*
волше́бный *adj 1.* magisch, Zauber..., Wunder...; *...ная па́лочка* Zauberstab *m; 2. (fig)* wunderbar, zauberhaft, phantastisch
волшебство́ *n 1.* Zauberei *f,* Hexerei *f; 2. (fig)* Zauber *m*
волье́р *m 1. (для зверей)* Freigehege *n; 2. (для птиц)* Voliere *f*
вольт *m* PHYS Volt *n*
во́ля *f 1.* Wille *m; име́ть си́лу ...ли* Willenskraft besitzen; *2. (желание)* Wunsch *m,* Wille *m; 3. (свобода)* Freiheit *f; быть на ...ле* frei sein
вон[1] *adv* fort, weg; *Пошёл ~!* Hau ab!
вон[2] *adv (там)* da, dort

вонь *f (fam)* Gestank *m,* übler Geruch *m*
вонять *v impf* stinken, die Luft verpesten *(fam)*
воображáемый *adj* scheinbar, imaginär, eingebildet
воображáла *m/f (fam)* Wichtigtuer *m,* eingebildeter Affe *m*
воображáть *v impf 1.* sich etw vorstellen; *2. (выдумывать)* sich etw einbilden
воображéние *n 1.* Einbildungskraft *f,* Fantasie *f; живóе ~* lebhafte Fantasie; *2. (fam)* Einbildung *f*
вообщé *adv 1.* allgemein, im Allgemeinen, im Großen und Ganzen, generell; *2. (всегда)* überhaupt, für gewöhnlich
воодушевлéние *n* Begeisterung *f,* Enthusiasmus *m,* Tatkraft *f,* Schwung *m*
воодушевлённый *adj* begeistert, mit Begeisterung
воодушевлять *v impf* begeistern, anfeuern, ermutigen
вооружáть *v impf 1.* bewaffnen; *2. (fig)* versehen, ausrüsten, bestücken; *невооружённым глáзом* mit bloßem Auge; *3. (против кого-л)* gegen jdn aufbringen, aufreizen
вооружéние *n 1.* Bewaffnung *f,* Rüstung *f,* Aufrüstung *f; гóнка ...ний* Wettrüsten *n; 2. (материальная часть)* Ausrüstung *f,* Bestückung *f*
во-пéрвых *adv* erstens
вóпли *pl* Geschrei *n,* Gezeter *n,* Gejammer *n*
воплощáть *v impf* verwirklichen; *~ в жизнь* in die Praxis umsetzen, realisieren
воплощéние *n* Verkörperung *f,* Inkarnation *f,* Inbegriff *m*
вопреки *prep* gegen, wider, entgegen, trotz, ungeachtet
вопрóс *m 1.* Frage *f; задáть комý-л ~* jdm eine Frage stellen; *2. (дело)* Frage *f,* Angelegenheit *f,* Sache *f; 3. (проблема)* Frage *f,* Problem *n; ~ не в э́том* das ist nicht der Punkt
вопросительный *adj 1.* fragend, Frage...; *2.* GRAMM interrogativ, Frage...; *~ знак* Fragezeichen *n*
вор(óвка) *m/f* Dieb(in) *m/f; кармáнный ~* Taschendieb *m; на ~е шáпка горит* der Schuldige verrät sich selbst
воркoвáть *v impf 1.* gurren; *2. (fig)* turteln
воробéй *m* ZOOL Spatz *m,* Sperling *m*
воровáть *v impf* stehlen, klauen *(fam),* lange Finger machen *(fam)*
воровскóй *adj* Diebes..., Gauner...
воровствó *n* Diebstahl *m*
вóрон *m* ZOOL Rabe *m*
ворóна *f 1.* ZOOL Krähe *f; 2. (fig) считать ~ы* Löcher in die Luft starren; *3. (fig) быть бéлой ...ной* das schwarze Schaf sein
ворóний *adj* Krähen...
ворóнка *f* Trichter *m*
вóрот *m* Kragen *m*
ворóта *pl 1.* Tor *n,* Pforte *f; 2.* SPORT Tor *n; удáр по ~м* Torschuss *m*
воротник *m* Kragen *m*
воротничóк *m* Kragen *m,* Hemdkragen *m*
ворчáть *v impf 1.* brummen; *2. (о собаке)* knurren; *3. (fig)* meckern, kritisieren
ворчливый *adj* brummig, griesgrämig, mürrisch
восемнáдцатый *adj* achtzehnter
восемнáдцать *num* achtzehn
вóсемь *num* acht
вóсемьдесят *num* achtzig
восемьсóт *num* achthundert
воск *m* Wachs *n; пчелиный ~* Bienenwachs *n*
восклицáние *n* Ausruf *m,* Ruf *m*
восклицáтельный *adj* GRAMM *~ знак* Ausrufezeichen *n*
восклицáть *v impf* ausrufen
воскресéние *n* REL Auferstehung *f*
воскресéнье *n* Sonntag *m*
воспалéние *n* MED Entzündung *f; ~ лёгких* Lungenentzündung *f*
воспаляться *v impf* MED sich entzünden
воспитáние *n 1.* Erziehung *f; 2. физическое ~* Sport *m; 3. (воспитанность)* Höflichkeit *f,* Erziehung *f*
воспитанный *adj* gut erzogen, wohlerzogen, höflich; *Он хорошó ...тан.* Er hat eine gute Kinderstube. *(fig)*
воспитáтель(ница) *m/f* Erzieher(in) *m/f*
воспитáтельный *adj* erzieherisch, Erziehungs...
воспитывать *v impf 1.* erziehen; *2. (выращивать)* großziehen
воспламенéние *n* Entzündung *f,* Entflammung *f*
воспламеняемый *adj* entzündbar, entflammbar
воспламенять *v impf 1.* entzünden; *2. (fig)* entflammen
восполнять *v impf* ergänzen, vervollständigen
воспоминáние *n* Erinnerung *f,* Rückerinnerungen *pl,* Gedenken *n*

воспоминáния *pl* LIT Lebenserinnerungen *pl*, Memoiren *pl*
воспрещáть *v impf* verbieten, untersagen
воспрещéние *n* Verbot *n*
восприимчивый *adj 1.* empfänglich, sensibel; *2.* MED anfällig
воспринимáть *v impf* wahrnehmen, aufnehmen, auffassen
восприя́тие *n* Wahrnehmung *f,* Auffassung *f*
воспроизведéние *n 1.* Wiedergabe *f; длительность …ния зáписи* Spieldauer *f; 2. (репродукция)* Nachbildung *f,* Reproduktion *f*
воспроизводи́ть *v impf* reproduzieren, nachbilden, wiedergeben
воспроизвóдство *n* Reproduktion *f*
воссоединéние *n* Wiedervereinigung *f; ~ Гермáнии* POL die deutsche Wiedervereinigung
восставáть *v impf* sich erheben, sich auflehnen
восстанáвливать *v impf 1.* wiederherstellen, renovieren, wiederaufbauen; *2. (в памяти)* sich etw ins Gedächtnis zurückrufen; *3.* CHEM reduzieren; *4. (fig)* rehabilitieren
восстáние *n* Aufstand *m,* Erhebung *f*
восстановлéние *n 1.* Wiederherstellung *f,* Wiederaufbau *m,* Renovierung *f,* Sanierung *f; 3. (в памяти)* Auffrischung *f; 3.* CHEM Reduktion *f*
востóк *m* GEO Osten *m; Дáльний ~* Fernost *m,* der Ferne Osten *m; Бли́жний ~* Naher Osten *m,* Orient *m; Срéдний ~* Mittlerer Osten *m*
востóрг *m* Begeisterung *f,* Jubel *m,* Euphorie *f; быть в ~е от чегó-л* von etw begeistert sein
востóрженный *adj* begeistert, entzückt; *~ человéк* exaltierter Mensch
Востóчная Еврóпа *f* GEO Osteuropa *n*
восточноевропéйский *adj* osteuropäisch
востóчный *adj 1.* östlich, Ost…; *2. (о культуре)* orientalisch
восхити́тельный *adj* entzückend, reizend, wunderschön
восхищáть *v impf* begeistern, entzücken
восхищéние *n* Bewunderung *f,* Begeisterung *f,* Entzücken *n*
восхищённый *adj* entzückt, hocherfreut
восхóд *m* Aufgang *m; ~ сóлнца* Sonnenaufgang *m*
восходи́ть *v impf 1.* hinaufsteigen, besteigen; *2. (о солнце)* aufgehen
восхождéние *n* Aufstieg *m; ~ нá гору* Bergbesteigung *f*
восьмиугóльный *adj* achteckig
вот *adv* da, hier; *~ и я!* Da bin ich! *~ и́менно!* Genau! *~ тебé!* Da hast du es!
вóтум *m* POL Votum *n; ~ недовéрия* Misstrauensvotum *n*
вошь *f* ZOOL Laus *f; головнáя ~* Kopflaus *f; травянáя* Blattlaus *f*
вощёный *adj* gewachst, Wachs…; *~ пол* gebohnerte Diele
вощи́ть *v impf* wachsen, bohnern
впадáть *v impf* GEO münden
впáдина *f* Mulde *f,* Höhlung *f,* Vertiefung *f*
впервы́е *adv* zum ersten Mal, erstmals
вперёд *adv 1.* vorwärts, voran, voraus, vor; *2. (впредь)* künftig, in Zukunft
впереди́ *adv 1.* vorne, voran; *prep 2.* vor, voraus; *идти́ ~ всех* allen vorangehen, allen voraus sein *(fig)*
вперемéжку *adv (fam)* abwechselnd
вперемéшку *adv (fam)* durcheinander
впечатлéние *n* Eindruck *m; производи́ть ~* imponieren, Eindruck machen
впечатли́тельность *f* Sensibilität *f,* Empfänglichkeit *f*
впечатли́тельный *adj* empfänglich, leicht zu beeindrucken
впечатля́ть *v impf* beeindrucken
впечатля́ющий *adj* eindrucksvoll, wirkungsvoll, ergreifend, packend *(fam)*
вплетáть *v impf* einflechten
вполгóлоса *adv* halblaut
вполнé *adv* völlig, vollkommen
вполови́ну *adv* um die Hälfte, zur Hälfte
впóру *adv 1. (fam)* passend; *Костю́м емý не ~.* Der Anzug passt ihm nicht. *2. (остаётся лишь)* da muss man, es bleibt nur; *~ рассмея́ться.* Da kann man nur lachen.
впослéдствии *adv* nachher, später, in der Folge
впрáвду *adv* wirklich, in der Tat
впрáве *adv* berechtigt; *быть ~* ein Recht auf etw haben, berechtigt sein
вправля́ть *v impf* MED einrenken
впрáво *adv* rechts
впредь *adv* künftig, in Zukunft, von nun an; *~ до* bis zu, bis hin zu, bis auf, bis dahin dass
впрóголодь *adv* hungernd, ärmlich; *жить ~* am Hungertuch nagen
впрóчем *konj* übrigens, im übrigen

впры́скивание *n MED* Einspritzung *f,* Injektion *f*
впуска́ть *v impf* einlassen, hineinlassen, hereinlassen
впусту́ю *adv (fam)* unnütz, vergebens
впу́тывать *v impf (fig)* in etw verwickeln
в-пя́тых *adv* fünftens
враг *m* Feind(in) *m/f,* Gegner(in) *m/f; закля́тый ~* Erzfeind(in) *m/f*
вражда́ *f* Feindschaft *f*
вражде́бность *f* Feindseligkeit *f,* Missgunst *f; ~ к иностра́нцам* Ausländerfeindlichkeit *f*
вражде́бный *adj* feindselig, feindlich, feindlich gesinnt
вра́жеский *adj* feindlich, Feindes…; *…кая страна́* Feindesland *n*
враньё *n (fam)* Geflunker *n,* Schwindelei *f,* Lügen *pl*
врасплóх *adv* unerwartet, überraschend; *заста́ть кого́-л ~* jdn überrumpeln
врата́рь *m SPORT* Torwart *m*
врать *v impf* lügen, flunkern, schwindeln
врач *m MED* Arzt *m,* Ärztin *f; гла́вный ~* Chefarzt *m; де́тский ~* Kinderarzt *m; ле́чащий ~* behandelnder Arzt *m; окружно́й ~* Amtsarzt *m*
враче́бный *adj* ärztlich, Arzt…; *~ осмо́тр* ärztliche Untersuchung *f; ~ обхо́д* Visite *f*
враща́ть *v impf 1.* drehen; *2. ~ся* rotieren, kreisen
враща́ющийся *adj* drehbar, schwenkbar
враще́ние *n* Drehung *f,* Rotation *f,* Kreisen *n*
вред *m* Schaden *m,* Nachteil *m; быть кому́-л во ~* jdm zum Nachteil gereichen
вреди́тель *m 1.* Saboteur *m; 2. AGR* Schädling *m*
вреди́тельский *adj* schädlich, Schädlings…
вреди́ть *v impf* schaden, schädigen, Schaden zufügen
вре́дность *f* Schädlichkeit *f*
вре́дный *adj* schädlich, gefährlich, ungünstig; *…ная привы́чка* schlechte Angewohnheit
вреза́ть *v impf 1.* einfügen, einsetzen; *2. ~ся* eindringen, aufeinander stoßen; *3. (влюбля́ться) ~ся* sich verknallen, sich vergucken
временно́й *adj* zeitlich, temporal, Zeit…
вре́менный *adj 1.* zeitweilig, einstweilig, vorübergehend; *2. (о правительстве, мероприятии)* provisorisch
вре́мя *n 1.* Zeit *f,* Zeitpunkt *m; ме́стное ~* Ortszeit *f; Ско́лько вре́мени?* Wie spät ist es?; *в любо́е ~* jederzeit; *2. (период)* Zeit *f,* Zeitraum *m; свобо́дное ~* Freizeit *f; ~ приёма* Sprechstunde *f; ~ го́да* Jahreszeit *f; 3. во ~* bei, während; *4. в то ~ как* wogegen, während
времяпрепровожде́ние *n* Zeitvertreib *m*
вро́де *prep* ähnlich, in der Art von
врождённый *adj MED* angeboren
врозь *adv* auseinander, getrennt
вру́н(ья) *m/f* Lügner(in) *m/f,* Aufschneider(in) *m/f*
вруча́ть *v impf* aushändigen, überreichen; *~ награ́ду* auszeichnen
вручну́ю *adv* manuell, von Hand
вряд ли *adv* schwerlich, kaum, kaum möglich
вса́дник *m SPORT* Reiter *m*
вса́дница *f SPORT* Reiterin *f*
всё *adv 1.* gesamt; *~ вре́мя* immer, die ganze Zeit; *2. (исключительно)* nur; *3. ~ ещё* immer noch; *konj 4. ~ же* dennoch, immerhin
все *pron* alle
всевозмо́жный *adj* allerlei; *…ные сре́дства* alle möglichen Mittel
всегда́ *adv* immer, stets, jederzeit
Вселе́нная *f* All *n,* Weltall *n,* Universum *n*
всеми́рный *adj* weltweit, global, Welt…; *…ная исто́рия HIST* Weltgeschichte *f*
всео́бщий *adj* allgemein; *…щее избира́тельное пра́во* allgemeines Wahlrecht
всё-таки́ *konj* dennoch, immerhin
вско́льзь *adv* beiläufig, flüchtig, nebenbei
вско́ре *adv* bald
вскрыва́ть *v impf 1.* öffnen; *2. MED* sezieren, obduzieren; *3. (fig)* aufdecken, bloßlegen; *4. ~ся* aufgehen, aufplatzen, aufbrechen
вскры́тие *n 1.* Öffnen *n,* Aufbrechen *n; 2. MED* Sektion *f,* Autopsie *f,* Obduktion *f; 3. (причины)* Aufdeckung *f*
вслед *adv 1.* hinterher, Nach…; *~ за* nach, anschließend an etw; *prep 2.* nach…; *смотре́ть кому́-л ~* jdm nachschauen
вследствие *prep* infolge von etw, etw zufolge, wegen
вслепу́ю *adv* blindlings, aufs Geratewohl, einfach drauflos
вслух *adv* laut, hörbar; *чита́ть кому́-л ~* jdm vorlesen
вслу́шиваться *v impf* aufmerksam zuhören, hinhören

всма́триваться *v impf* genau ansehen, genau betrachten, fixieren
всо́вывать *v impf* hineinstecken, einstecken
вспомина́ть *v impf 1.* sich erinnern, sich entsinnen; *...мнил(а)!* Jetzt erinnere ich mich! *2. (вызвать в памяти прошлое)* an etw zurückdenken, gedenken
вспомога́тельный *adj* behelfsmäßig, Hilfs...; *~ глаго́л* GRAMM Hilfsverb *n*
вспы́льчивость *f* Jähzorn *m*
вспы́льчивый *adj* aufbrausend, heftig, hitzig, jähzornig, impulsiv
вспы́хивать *v impf 1.* aufflammen, auflodern, in Brand geraten; *2. (fig)* entbrennen, auflodern, ausbrechen, aufbrausen
вспы́шка *f 1.* Aufflammen *n; 2. (внезапное выявление)* Ausbruch *m; 3.* FOTO Blitz *m,* Blitzlicht *n*
встава́ть *v impf 1.* aufstehen, sich erheben; *2. (возникать)* entstehen
вставля́ть *v impf* einsetzen, einfügen, einstellen, einlegen
встрево́женный *adj* unruhig, beunruhigt, besorgt, nervös
встре́ча *f 1.* Begegnung *f,* Treffen *n; 2.* SPORT Spiel *n; 3. (празднование)* Feier *f; ~ Нового года* Silvesterfeier *f*
встреча́ть *v impf 1.* treffen, begegnen; *2. (на вокзале и т. п.)* abholen; *3. (праздновать)* begehen, feiern; *~ Но́вый год* Silvester feiern
встре́чный *adj* entgegengesetzt, entgegenkommend, Gegen...; *...ое движе́ние* Gegenverkehr *m*
встро́йка *f* Einbau *m*
вступа́ть *v impf 1.* eintreten, beitreten; *2. (начинать) ~ в перегово́ры* in Verhandlungen treten, *~ в си́лу* in Kraft treten
вступле́ние *n 1.* Eintritt *m,* Antritt *m,* Beitritt *m; ~ в до́лжность* Amtsantritt *m; ~ в си́лу* Inkrafttreten *n; 2.* MUS Auftakt *m,* Vorspiel *n*
всходи́ть *v impf 1.* hinaufsteigen, *2. (о солнце)* aufgehen
всю́ду *adv* überall, allenthalben
вся́кий *adj 1.* jeder, jedweder, jeglicher; *во ...кое вре́мя* jederzeit; *2. (разный)* verschieden, allerlei, allerhand
вся́чина *f* Allerlei *n*; *вся́кая ~* alles Mögliche, allerhand
вта́йне *adv* insgeheim, heimlich, im Stillen
вти́скивать *v impf* hineinstecken, hineinpressen, hineinquetschen
вторже́ние *n 1.* Einbruch *m,* Eindringen *n; 2. (в страну)* Invasion *f*
вто́рить *v impf 1.* wiederhallen; *2. (fig)* wiederholen, nachsprechen; *3.* MUS die zweite Stimme singen
втори́чно *adv* zum zweiten Mal, nochmals, wiederholt
втори́чный *adj 1.* abermalig, wiederholt, nochmalig, erneut; *2. (побочный)* sekundär, Folge...; *...ное явле́ние* MED Folgeerscheinung *f*
вто́рник *m* Dienstag *m*
второ́й *adj* zweiter
второстепе́нный *adj 1.* nebensächlich, Neben...; *2. (посредственный)* zweitrangig, mittelmäßig
в-тре́тьих *adv* drittens
втро́е *adv* dreifach, dreimal
втроём *adv* zu dritt
втыка́ть *v impf* hineinstecken, einstecken
втя́гивание *n* Einbeziehung *f*
втя́гивать *v impf 1.* hineinziehen, heranziehen, einbeziehen; *2. (fig)*jdn verleiten, jdn in etw hineinziehen; *3. ~ся во что-л* sich an etw gewöhnen; *~ся в рабо́ту* sich einarbeiten
вулка́н *m* GEO Vulkan *m; де́йствующий ~* aktiver Vulkan; *жить на ~е* auf einem Pulverfass sitzen
вульга́рный *adj* vulgär, ordinär, gewöhnlich, unfein
вход *m 1.* Eingang *m; 2. (доступ)* Eintritt *m,* Zutritt *m; ~ воспрещён* Eintritt verboten
входи́ть *v impf 1.* eintreten, betreten, hineingehen, hereinkommen; *2. (помещаться)* in etw hineinpassen; *3. (fig) ~ в мо́ду* modern werden; *4. ~ в соста́в* zu etw gehören; 5. INFORM *~ в систе́му* einloggen
входно́й *adj* Eingangs..., Eintritts...
вчера́ *adv* gestern; *~ ве́чером* gestern abend
вчера́шний *adj* gestrig
въезд *m 1.* Einfahrt *f,* Einreise *f; пра́во ~а* Einreiseerlaubnis *f; 2. (часть дороги)* Einfahrt *f,* Auffahrt *f*
въезжа́ть *v impf 1.* fahren, hineinfahren; *2. (в страну)* einreisen; *3. (в квартиру)* einziehen
вы *pron 1.* ihr; *2. (форма вежливости)* Sie
выбива́ть *v impf 1.* ausschlagen, herausbrechen, einschlagen; *2. ~ся из сил* sich abmühen
выбира́ть *v impf 1.* wählen, aussuchen;

2. (голосованием) POL wählen; *3. (отбирать)* aussuchen, auslesen, aussondern
выбоина *f* Schlagloch *n,* Vertiefung *f*
выбор *m* Wahl *f,* Auswahl *f,* Auslese *f; ~ профессии* Berufswahl *f*
выборный *adj* wählbar, gewählt, Wahl…
выборочный *adj* stichprobenweise, stichprobenartig; *…ная проверка* Stichproben *pl*
выборы *pl* POL Wahl *f,* Wahlen *pl; дополнительные ~* Nachwahlen *pl*
выбрасывать *v impf 1.* hinauswerfen; *2. (что-л ненужное)* wegwerfen
выброс *m* Ausstoß *m,* Emission *f,* Auswurf *m; ~ вредных веществ* Schadstoffemission *f*
выбывать *v impf* austreten, ausscheiden, verlassen
выведывать *v impf* ausforschen, auskundschaften
выверять *v impf* ausrichten, justieren, eichen
вывешивать *v impf 1.* aufhängen; *2. (объявление)* aushängen
вывих *m* MED Verrenkung *f,* Ausrenkung *f*
вывихивать *v impf* verrenken, ausrenken, verknacksen *(fam)*
вывод *m 1.* Entfernen *n,* Zurückziehen *n; ~ войск* Truppenabzug *m; 2. (заключение)* Schluss *m,* Schlussfolgerung *f;* Fazit *n; ложный ~* Trugschluss *m; делать ~ы* Konsequenzen ziehen; *3.* TECH Ableitung *f*
выводить *v impf 1.* wegführen, wegbringen; *2.* MIL abziehen; *3.* AGR züchten *~ новый сорт* eine neue Sorte züchten
выводок *m* ZOOL Brut *f*
вывоз *m 1.* Abfuhr *f,* Abtransport *m; 2.* ECO Ausfuhr *f,* Export *m*
вывозить *v impf 1.* hinausfahren, abfahren, abtransportieren; *2.* ECO ausführen, exportieren
вывозной *adj* ECO Export…, Ausfuhr…
выглядеть *v impf* aussehen
выглядывать *v impf* hinaus-, heraussehen, herausschauen
выговор *m 1. (произношение)* Aussprache *f,* Akzent *m; 2. (порицание)* Verweis *m,* Ermahnung *f,* Tadel *m,* Rüge *f*
выгода *f 1.* Vorteil *m,* Nutzen *m; 2.* ECO Gewinn *m,* Profit *m*
выгодность *f* Einträglichkeit *f*
выгодный *adj 1.* vortheilhaft, nützlich; *Тебе это …дно?* Bringt dir das etwas?, Hast du etwas davon? *2. (прибыльный)* Gewinn bringend, einträglich, lohnend
выгон *m* Weide *f*
выгружать *v impf* abladen, ausladen, entladen
выгул *m* Ausgang *m*
выгуливать *v impf* spazieren führen, ausführen
выдавать *v impf 1.* aushändigen, ausgeben, ausstellen; *2. (предавать)* verraten; *3. ~ себя за кого-л* sich für jdn ausgeben
выдавливать *v impf 1.* auspressen, ausdrücken, ausquetschen; *2. ~ слезу* eine Träne herauspressen, Krokodilstränen vergießen *(fig)*
выдача *f 1.* Übergabe *f,* Aushändigung *f,* Ausgabe *f; 2. (документа)* Ausstellung *f,* Ausfertigung *f; 3.* JUR Auslieferung *f*
выдающийся *adj 1.* vorspringend, vorstehend, hervorragend; *2. (о человеке)* hervorragend, herausragend, bedeutend, prominent
выдвигать *v impf 1.* vorschieben, herausschieben, herausziehen; *2. (предложить для обсуждения)* vorbringen, aufstellen; *~ кандидата* einen Kandidaten aufstellen; *~ предложение* einen Vorschlag machen
выдвижение *n* Beförderung auf einen höhren Posten; *~ кандидатов* Nominierung *f*
выдвижной *adj* ausziehbar, ausfahrbar; *~ ящик* Schubfach *n,* Schublade *f*
выдворение *n* POL Ausweisung *f,* Abschiebung *f*
выдворять *v impf* POL ausweisen, abschieben
выделение *n 1.* Ausscheidung *f,* Absonderung *f; 2.* BIO Ausfluss *m,* Absonderung *f,* Auswurf *m; 3.* ECO Zuweisung *f,* Zuteilung *f; ~ средств* Bewilligung von Mitteln
выделка *f 1.* Bearbeitung *f; 2. ~ кожи* Gerbung *f*
выделывать *v impf 1.* bearbeiten; *2. ~ кожу* Leder gerben
выделять *v impf 1.* abtrennen, absondern; *2. (предоставлять в распоряжение)* bereitstellen, zur Verfügung stellen; *3. (средства и внимание)* zuteilen, abfinden, zuweisen; *4. (отмечать)* auszeichnen; *5. (подчёркивать)* unterstreichen, hervorheben, betonen; *6.* CHEM ausscheiden, absondern; *7. (fig) ~ся* auffallen, sich hervortun
выдёргивать *v impf* ausreißen, herausreißen, herausziehen; *~ зуб* MED einen Zahn ziehen
выдерживать *v impf 1.* aushalten, Stand

halten, bestehen, überstehen, ertragen; *2. (о продуктах)* ablagern
вы́держка *f 1.* Beherrschung *f,* Selbstbeherrschung *f,* Ausdauer *f; 2. (хранение)* Lagerung *f,* Ablagerung *f*
вы́дра *f* ZOOL Otter *m*
вы́думка *f 1.* Erfindung *f,* Lüge *f,* Geschichte *f; 2. (идея)* Einfall *m; 3. (изобретательность)* Vorstellungskraft *f,* Fantasie *f*
выду́мывать *v impf* ausdenken, erfinden, austüfteln, ersinnen
выдыха́ть *v impf 1.* ausatmen; *2. (о запахе) ~ся* verfliegen; *3. (уставать) ~ся* erschöpft sein, schlappmachen *(fam)*
вы́езд *m 1.* Abfahrt *f,* Ausreise *f; 2. (место)* Ausfahrt *f*
выезжа́ть *v impf* fortfahren, verreisen, ausziehen, übersiedeln; *~ из страны́* aus einem Land ausreisen
вы́емка *f 1.* JUR Beschlagnahme *f; 2. (углубление)* Aushöhlung *f,* Einschnitt *m*
выжива́ть *v impf 1.* überleben, am Leben bleiben; *2. (fam)* aushalten, ertragen
выжида́ть *v impf* abwarten, abpassen
выжима́ть *v impf 1.* ausdrücken, auspressen, ausquetschen; *2.* SPORT heben, stemmen
выздора́вливать *v impf* gesund werden, genesen; *...ливай!* Gute Besserung!
выздоровле́ние *n* Genesung *f*
вы́зов *m 1.* Aufforderung *f,* Aufruf *m; 2. (официальный)* Vorladung *f; 3. (приглашение)* Einladung *f*
вызыва́ть *v impf 1.* herbeirufen, einladen, herzitieren *(fam)*; *2. (причинять)* hervorrufen, auslösen, erzeugen; *3.* INFORM aufrufen; *~ да́нные* Daten aufrufen
вызыва́ющий *adj* herausfordernd, aufreizend
вы́игрывать *v impf 1.* gewinnen; *~ в лотере́е* im Lotto gewinnen; *2. ~ де́ло* JUR einen Prozess gewinnen; *3. (иметь пользу)* einen Gewinn aus etw ziehen, einen Vorteil von etw haben
вы́игрыш *m 1.* Gewinn *m; гла́вный ~* Hauptgewinn *m; 2. (выгода)* Nutzen *m,* Gewinn *m*
вы́игрышный *adj 1.* Gewinn...; *2. (выигранный)* gewonnen; *3. (выгодный)* vorteilhaft, gewinnbringend, einträglich
выиска́ть *v pf 1.* s. *выи́скивать; 2. (узнать)* herausfinden, ausfindig machen
выи́скивать *v impf* heraussuchen
выка́пывать *v impf 1.* graben, ausgraben; *2. (fig)* hervorholen, ausgraben
выки́дывать *v impf 1.* hinauswerfen, herauswerfen, wegwerfen; *2. (вычёркивать)* ausstreichen
вы́кидыш *m* MED Fehlgeburt *f*
выключа́тель *m* TECH Schalter *m; авари́йный ~* Notschalter *m*
выключа́ть *v impf 1.* ausschalten, abschalten; *2.* ausschließen
выключе́ние *n* TECH Ausschalten *n,* Abschalten *n*
вы́крик *m* Ausruf *m,* Schrei *m*
выкру́чивать *v impf 1.* ausschrauben, herausdrehen; *2. (fig) ~ся* sich herausreden, sich herauswinden
вы́куп *m 1.* Einlösen *n,* Auslösen *n; 2. (плата)* Lösegeld *n*
выкупа́ть *v impf* auslösen, einlösen, loskaufen
выла́мывать *v impf* ausbrechen, herausbrechen
вы́лет *m* Abflug *m,* Start *m*
вылета́ть *v impf* fortfliegen, abfliegen
выле́чивать *v impf* ausheilen, auskurieren
выма́нивать *v impf* herauslocken, herausschinden *(fam)*, abluchsen *(fam)*
вымерза́ть *v impf* gefrieren, erfrieren
вымира́ть *v impf* aussterben
вымога́тель(ница) *m/f* Erpresser(in) *m/f*
вымога́тельский *adj* erpresserisch
вымога́тельство *n* Erpressung *f*
вы́мысел *m* Erfindung *f,* Lügengeschichte *f,* Fabel *f*
вы́мя *n* ZOOL Euter *n*
вына́шивать *v impf 1.* austragen, gebären; *2.* gut durchdenken; *~ пла́ны* Pläne ausbrüten
вынима́ть *v impf* herausnehmen, ausnehmen, entnehmen, entfernen
выноси́ть *v impf 1.* hinaustragen, bringen; *2. (выдерживать)* aushalten, ertragen; *3.* JUR *~ пригово́р* ein Urteil fällen; *4. (fig) не ~ кого́-л* jdn nicht ausstehen können
выно́сливость *f* Ausdauer *f,* Widerstandskraft *f,* Zähigkeit *f*
выно́сливый *adj* widerstandsfähig, zäh, ausdauernd
вынужда́ть *v impf* zwingen, erzwingen, abnötigen
вы́нужденный *adj* gezwungen, notgedrungen, unfreiwillig; *...нная ме́ра* Zwangsmaßnahme *f*

вынюхивать *v impf (fam)* ausschnüffeln, ausspionieren
выпадать *v impf 1.* herausfallen, ausfallen; *2. (об осадках)* fallen; *3. (доставаться)* zufallen, zuteil werden
выпадение *n 1.* Ausfallen *n; ~ волос* Haarausfall *m; 2.* MED Vorfall *m; 3. ~ снега* Schneefall *m*
выпечка *f* GAST *1.* Backen *n; 2. (изделия)* Gebäck *n*
выпивать *v impf 1.* austrinken, trinken; *2. (fam)* sich betrinken
выписка *f* Auszug *m; ~ из счёта* FIN Kontoauszug *m; 2. (из больницы)* Entlassung *f*
выписывать *v impf 1.* herausschreiben; *2. (документ)* ausschreiben; *~ чек* einen Scheck ausstellen; *3. (подпиывсаться на газету и т. п.)* abonnieren, bestellen; *4. (исключать из списка)* abmelden, entlassen
выплата *f* ECO *1.* Zahlung *f,* Auszahlung *f,* Ausschüttung *f; ~ дивидендов* Dividendenausschüttung *f; 2. ~ в рассрочку* Ratenzahlung *f*
выплачивать *v impf 1.* bezahlen, auszahlen; *2.* ECO ausschütten
выплёвывать *v impf* ausspeien, ausspucken
выплёскивать *v impf* ausgießen, vergießen, verschütten
выполнение *n* Ausführung *f,* Ausübung *f,* Erledigung *f,* Verwirklichung *f,* Erfüllung *f*
выполнять *v impf 1.* ausführen, ausüben; *2. (исполнять)* erfüllen, verwirklichen, erledigen, einhalten, befolgen; *~ обещание* ein Versprechen einlösen
выпрямлять *v impf* gerade machen, gerade biegen
выпуклость *f 1.* Wölbung *f; 2. (fig)* Klarheit *f,* Schärfe *f*
выпуклый *adj 1.* gewölbt, bauchig; *2.* PHYS konvex; *3. (fig)* klar, scharf
выпуск *m 1.* Ablass *m,* Ablauf *m,* Ausströmen *n,* Emission *f; 2.* ECO Produktion *f,* Erzeugung *f; 3. (книг)* Herausgabe *f,* Ausgabe *f; специальный ~ газеты* Sonderausgabe *f; 4. (студентов, школьников)* Jahrgang *m*
выпускать *v impf 1.* hinauslassen, herauslassen; *2. (пропускать)* auslassen; *~ что-л из виду* etw außer Acht lassen; *3.* ECO *~ продукцию* herstellen, produzieren, liefern; *4. (издавать)* herausgeben, herausbringen; *5. (освобождать)* freilassen, entlassen
выпускник *m* Absolvent *m,* Schulabgänger *m*
выпускница *m* Absolventin *f,* Schulabgängerin *f*
выпячивать *v impf (fam) 1.* herausstrecken, hervorstrecken; *~ грудь* sich in die Brust werfen; *2. (fig)* hervorheben, besonders betonen; *3. (fig) ~ся* in die Augen stechen
вырабатывать *v impf 1.* produzieren, erzeugen, herstellen; *2. (составлять)* ausarbeiten, erarbeiten, zusammenstellen; *3. (зарабатывать)* verdienen
выравнивание *n* Angleichung *f,* Ausgleich *m; ~ цен* ECO Preisausgleich *m*
выравнивать *v impf* ausgleichen, ausrichten, ebnen, planieren
выражать *v impf 1.* ausdrücken, äußern, aussprechen; *2. (проявлять)* Ausdruck geben, zum Ausdruck bringen; *~ в цифрах* in Ziffern darstellen; *3. ~ся* schimpfen, Schimpfwörter gebrauchen
выражение *n 1.* Äußerung *f; 2. (оборот речи)* Ausdruck *m,* Redensart *f; 3. ~ лица* Gesichtsausdruck *m,* Mimik *f*
выраженный *adj* ausgeprägt; *ярко ~ характер* ein ausgeprägter Charakter
выразительный *adj* ausdrucksvoll, ausdrucksstark, vielsagend, bedeutungsvoll, prägnant
вырастать *v impf 1.* wachsen, aufwachsen, groß werden; *2. (становиться взрослым)* erwachsen werden, groß werden; *3. (увеличиваться)* anwachsen, steigen
выращивать *v impf* BOT züchten, ziehen
вырез *m* Ausschnitt *m; глубокий ~* tiefer Ausschnitt
вырезать *v impf 1.* ausschneiden; *2.* MED operieren; *3. (из дерева)* schnitzen; *4. (убивать)* niedermetzeln; *5. (fam)* niedermachen
вырезка *f 1.* Ausschneiden *n; 2. (из дерева)* Schnitzen *n; 3. (газетная)* Zeitungsausschnitt *m; 4. (сорт мяса)* Lendenstück *n*
вырождение *n 1.* Entartung *f,* Ausartung *f,* Degeneration *f; 2. (упадок)* Verfall *m,* Dekadenz *f*
выручать *v impf 1.* helfen, jdm zu Hilfe kommen; *2. (получать деньги)* verdienen, Gewinn haben
выручка *f 1.* Hilfe *f,* Rettung *f; 2. (от торговли)* ECO Erlös *m,* Ertrag *m; чистая ~* Reinerlös *m*

вырыва́ние *n 1.* Ausreißen *n,* Entwurzeln *n; 2. (выкапывание)* Ausgraben *n,* Ausgrabung *f*
вырыва́ть *v impf 1.* ausreißen, herausreißen; *2. (fig)* entlocken, erzwingen; *~ призна́ние* ein Geständnis erzwingen
выса́живать *v impf 1.* aussetzen; *2. (растения)* pflanzen
выселе́ние *n* Ausweisung *f*
выселя́ть *v impf 1.* umsiedeln, ausweisen, ausquartieren; *2. ~ся* ausziehen
выси́живать *v impf* ausbrüten, aussitzen
выска́зывание *n 1.* Ausdrücken *n,* Äußern *n; 2. (суждение)* Äußerung *f,* Aussage *f,* Mitteilung *f*
выска́зывать *v impf 1.* aussprechen, äußern, aussagen, ausdrücken; *~ предположе́ние* eine Vermutung äußern; 2. *~ ся* seine Meinung sagen
высле́живать *v impf 1.* aufspüren, eine Spur verfolgen; *2. (исподтишка слеживать)* ausspionieren, nachspionieren
выслу́шивать *v impf 1.* anhören, entgegennehmen; *2.* MED abhorchen, abhören
высме́ивать *v impf* auslachen, lächerlich machen, verspotten
высо́вывать *v impf* herausstrecken, hinausstrecken
высо́кий *adj 1.* hoch; *...кая температу́ра* hohe Temperatur; *~ го́лос* hohe/helle Stimme; *2. (о человеке)* groß, hochgewachsen; *3. (возвышенный)* erhaben, hoch
высокого́рный *adj* alpin, Hochgebirgs...; *~ масси́в* GEO Hochgebirge *n*
высокока́чественный *adj* hochwertig, von hoher Qualität, Qualitäts...
высокоме́рие *n* Hochmut *m,* Arroganz *f,* Dünkel *m,* Überheblichkeit *f*
высокоме́рный *adj* hochmütig, arrogant, eingebildet, überheblich
высокопа́рный *adj* hochtrabend, schwülstig, geschwollen, geschraubt
высокопоста́вленный *adj* hochgestellt, hochkarätig
высокора́звитый *adj* hochentwickelt
высота́ *f* Höhe *f*
высо́тный *adj* hoch, Hoch..., Höhen...; *...ое зда́ние* Hochhaus *n*
высо́чество *n* Hoheit *f; Ва́ше ~* Eure Hoheit
вы́ставка *f 1.* Ausstellung *f,* Schau *f,* Messe *f; 2. (в магазине)* Auslage *f,* Schaufenster *n*
выставля́ть *v impf 1.* vorrücken, vorschieben; *2. (для обозрения)* ausstellen, auslegen; *3. (наружу)* hinausstellen
выста́ивать *v impf 1.* stehen; *2. (устаивать)* durchhalten
вы́стрел *m* Schuss *m*
вы́стрелить *v pf* schießen, abfeuern
вы́ступ *m* Vorsprung *m*
выступа́ть *v impf 1.* hervortreten, heraustreten, herausragen; *2. (публично)* auftreten; *~ по ра́дио* im Rundfunk sprechen
выступле́ние *n 1.* Auftreten *n,* Auftritt *m; 2. (речь)* Rede *f,* Ansprache *f*
высу́шивать *v impf* austrocknen, trocknen
высчи́тывать *v impf* ausrechnen, berechnen
вы́сший *adj 1.* höher; *2. (самый высокий)* höchst, oberst, meist; *~ зако́н* oberstes Gesetz; *3. ...шее образова́ние* Hochschulbildung *f*
высыла́ть *v impf 1.* abschicken; *2. (ссылать)* ausweisen
вы́сылка *f 1.* Absendung *f,* Versendung *f; 2. (административная)* Ausweisung *f,* Verbannung *f*
высыпа́ть *v impf 1.* ausschütten, verschütten, ausstreuen; *3. (о толпе)* strömen
высыпа́ться *v impf* ausschlafen
высыха́ть *v impf 1.* trocknen, austrocknen; *2.* BOT verwelken; *3. (fam)* abmagern
выта́лкивать *v impf* hinausstoßen, hinausdrängen
выта́скивать *v impf* herausbringen, herausziehen, hinausschleppen
вытека́ть *v impf 1.* ausfließen, ausströmen, auslaufen; *2. (следовать)* folgen, sich ergeben aus, resultieren
вытесне́ние *n* PHYS Verdrängung *f*
вытесня́ть *v impf* verdrängen, hinausdrängen
вытира́ть *v impf* abwischen, abtrocknen
вытра́вливать *v impf 1.* ausrotten, vertilgen; *2.* CHEM ätzen, beizen
выть *v impf* heulen, jaulen
вытя́гивать *v impf 1.* herausziehen; *2. (fig)* ausdehnen, ausstrecken
вы́хлоп *m* TECH Auspuff *m*
вы́ход *m 1.* Ausgang *m; 2. (книги)* Erscheinen *n; 3. (fig) ~ из затрудне́ния* Ausweg *m; 4.* TECH *~ из стро́я* Störung *f; 5.* ECO Ausbeute *f*
выходи́ть *v impf 1.* hinausgehen, hinaustreten; *2. (из автобуса)* aussteigen; *3. (появляться, о книге)* erscheinen, herauskommen; *4. (fig) ~ из себя́* die Fassung

verlieren; ~ *из соста́ва* ausscheren, austreten; *5. (получаться)* werden, herauskommen; *6.* ~ *за́муж* heiraten; *7.* ~ *в отста́вку* in den Ruhestand treten; *8.* ~ *за преде́лы/ра́мки* die Grenzen überschreiten; *9. (fig)* ~ *сухи́м из воды́* mit heiler Haut davonkommen
вы́ходка *f 1.* Ausfall *m,* Ausschreitung *f; 2. (шутка)* Streich *m,* Unfug *m*
выходно́й *adj 1.* Ausgangs…; *…на́я дверь* Ausgangstür *f; 2. (свободный)* frei, arbeitsfrei, Ruhe…; ~ *день* Ruhetag *m,* Feiertag *m*
выходны́е *pl* Wochenende *n*
выцвета́ть *v impf* ausbleichen, verbleichen
выче́рпывать *v impf* ausschöpfen
вы́чет *m* Abzug *m;* ~ *из зарпла́ты* Lohnabzug *m,* Gehaltsabzug *m; за ~ом* abzüglich, unter Abzug
вычисле́ние *n* Rechnung *f,* Berechnung *f; прове́рочное* ~ *MATH* Gegenrechnung *f*
вычисли́тельный *adj INFORM* computertechnisch, Computer…, Rechen…; ~ *центр* Rechenzentrum *n*
вычисля́ть *v impf* ausrechnen, berechnen, errechnen
вычита́ть *v impf 1.* abziehen, einbehalten; *2. MATH* subtrahieren, abziehen
вы́ше *adv 1.* höher, mehr, über; *де́ти от семи́ лет и* ~ Kinder ab sieben Jahren (und darüber); *2. (выше ростом)* größer; *3. (в тексте)* oben; *смотри́* ~ siehe oben; *prep 4.* über, oberhalb; ~ *коле́на* über dem Knie; *пять гра́дусов* ~ *нуля́* fünf Grad über Null
вышена́званный *adj* oben genannt
вышестоя́щий *adj* höher, übergeordnet
вышива́ть *v impf* sticken
вы́шивка *f* Stickerei *f*
выясне́ние *n* Klärung *f,* Aufklärung *f*
выясня́ть *v impf* klären, aufklären, feststellen
вяза́нье *n* Strickarbeit *f,* Häkelarbeit *f*
вяза́ть *v impf 1.* stricken; *2. (крючком)* häkeln
вя́зкий *adj 1.* zäh, dickflüssig; *2. (липкий)* klebrig; *3. TECH* viskos, dehnbar
вя́зкость *f 1.* Zähflüssigkeit *f; 2. (липкость)* Klebrigkeit *f; 3. TECH* Viskosität *f*
вя́лость *f 1.* Schlaffheit *f; 2. (о человеке)* Trägheit *f,* Lässigkeit *f; 3. MED* Atonie *f*
вя́лый *adj 1.* schlaff, welk, verwelkt; *2. (о человеке)* träge, schlaff
вя́нуть *v impf* welken, verwelken; *У́ши …нут.* Das ist nicht zum Anhören. Das ist zum Davonlaufen.

Г

гáвань *f* Hafen *m; заходи́ть в ~* in den Hafen einlaufen
гáвкать *v impf (fam)* kläffen, bellen
гад *m 1.* ZOOL Reptil *n,* Kriechtier *n; 2. (fam)* Scheusal *n,* ekelhafter Typ *(fam)*
гадáлка *f* Wahrsagerin *f,* Kartenlegerin *f*
гадáние *n 1.* Wahrsagen *n,* Wahrsagerei *f,* Kartenlegen *n; ~ по рукé* Handlesen *n; 2. (догадка)* Mutmaßung *f,* Vermutung *f*
гадáтельный *adj 1.* Wahrsage…; *2. (сомнительный)* zweifelhaft, fragwürdig
гадáть *v impf 1.* wahrsagen; *~ на кáртах* die Karten legen; *2. (предполагать)* vermuten, mutmaßen, raten, Mutmaßungen anstellen
гáдина *f* ZOOL Natter *f*
гáдкий *adj* ekelhaft, hässlich, abscheulich, widerlich, abstoßend
гáдость *f 1.* Müll *m,* Unrat *m; 2. (о поступке)* Gemeinheit *f; 3. (о словах)* Gemeinheit *f,* Zoten *pl*
гадю́ка *f 1.* ZOOL Viper *f,* Otter *f; 2. (fig)* Scheusal *n,* giftige Natter *f (fam)*
газ *m* CHEM Gas *n; инéртный ~* Edelgas; *прирóдный ~* Erdgas *n*
газéль *f* ZOOL Gazelle *f*
газéта *f* Zeitung *f; бульвáрная ~* Boulevardzeitung *f*
газéтный *adj* Zeitungs…; *…ое сообщéние* Pressemeldung *f*
гáзовый *adj* Gas…; *~ баллóн* Gasflasche *f; …вая плитá* Gasherd *m*
газóн *m* BOT Rasen *m*
гáйка *f* TECH Mutter *f*
галáнтность *f* Höflichkeit *f,* höfliches Benehmen *n*
галáнтный *adj* galant, höflich, zuvorkommend, aufmerksam
галдёж *m* Geschrei *n,* Hallo *n*
галерéя *f* Galerie *f; карти́нная ~* Bildergalerie *f*
галлюцинáция *f* Halluzination *f,* Sinnestäuschung *f; зри́тельная ~* optische Täuschung
галогéн *m* CHEM Halogen *n*
галóп *m* Galopp *m*
галопи́ровать *v impf* galoppieren
гáлстук *m* Krawatte *f,* Schlips *m*
гáлька *f* Kiesel *m,* Kieselstein *m*
гам *m* Lärm *m; шум и ~* Heidenlärm *m*
гамáк *m* Hängematte *f*
гáнгстер *m* Gangster *m,* Bandit *m*
гандбóл *m* SPORT Handball *m*
гандболи́ст *m* SPORT Handballspieler *m*
гарáж *m 1.* Garage *f; 2. (для ремонта)* Werkstatt *f*
гаранти́ровать *v impf 1.* sichern, garantieren; *2. (ручаться)* bürgen, haften
гарáнтия *f* Garantie *f,* Gewähr *f,* Sicherheit *f*
гардерóб *m 1.* Kleiderschrank *m; 2. (платье)* Garderobe *f,* Kleidung *f; 3.* THEAT Garderobe *f*
гарди́на *f* Gardine *f,* Vorhang *m*
гармони́ровать *v impf* harmonieren, zusammenpassen, übereinstimmen
гармони́чный *adj 1. (о звуке)* harmonisch, wohlklingend; *2. (fig)* harmonisch
гармóния *1.* Harmonie *f,* Wohlklang *m; 2. (согласованность)* Einklang *m,* Eintracht *f; 3.* MUS Harmonielehre *f,* Harmonik *f*
гарни́р *m* GAST Beilage *f*
гарпу́н *m* Harpune *f; бить ~ом* harpunieren
гаси́ть *v impf 1.* löschen, auslöschen; *2. (выключать) ~ свет* das Licht ausschalten
гáснуть *v impf* erlöschen, verlöschen, ausgehen; *Си́лы …нут.* Die Kräfte versiegen.
гастрóли *pl* THEAT Gastspiel *n,* Tournee *f*
гастроли́ровать *v impf* THEAT gastieren, ein Gastspiel geben
гаши́ш *m* Haschisch *n*
Гватемáла *f* GEO Guatemala *n*
гвозди́ка *f 1.* BOT Nelke *f; 2.* GAST Nelke *f,* Gewürznelke *f*
гвоздь *m 1.* Nagel *m; 2. (fig)* Clou *m; ~ прогрáммы* der Clou des Ganzen
где *pron* wo
гдé-либо *adv* s. *гдé-нибудь*
гдé-нибудь *adv* irgendwo
гдé-то *adv* irgendwo
геккóн *m* ZOOL Gecko *m*
гектáр *m* Hektar *n*
гематóма *f* MED Hämatom *n,* Bluterguss *m*
геморрóй *m* MED Hämorriden *pl*
ген *m* BIO Gen *n*
генерáл *m* MIL General *m*
генерáльный *adj* General…, Haupt…; *…ное кóнсульство* POL Generalkonsulat *n*

генера́тор *m* TECH Generator *m*, Stromerzeuger *m*
генера́торный *adj* Generator...
гене́тик *m* Genetiker *m*
гене́тика *f* Genetik *f*
генети́ческий *adj* BIO genetisch, erblich bedingt
гениа́льный *adj* genial
ге́ний *m* Genie *n*
ге́нный *adj* Gen..; *...нная нау́ка* Genforschung *f*
гео́граф *m* Geograf(in) *m/f*
геогра́фия *f* Erdkunde *f*, Geografie *f*
геоло́гия *f* Geologie *f*
геометри́ческий *adj* geometrisch, Geometrie...
геоме́трия *f* Geometrie *f*
герб *m* Wappen *n*
Герма́ния *f* Deutschland *n*; *Федерати́вная Респу́блика* ~ Bundesrepublik Deutschland *f*
гермети́ческий *adj* hermetisch, luftdicht
гермети́чный *adj* hermetisch, luftdicht, dicht
герои́н *m* Heroin *n*
герои́ня *f* Heldin *f*
герои́ческий *adj* heldenhaft, heroisch, heldenmütig, Helden...
геро́й *m* Held *m*
геро́йский *adj* heroisch, heldenmütig, Helden...; ~ *посту́пок* Heldentat *f*
ге́рцог *m* Herzog *m*
герцоги́ня *m* Herzogin *f*
гетероге́нный *adj* heterogen, ungleichartig
ги́бель *f* 1. Untergang *m*, Niedergang *m*, Verfall *m*, Ruin *m*; *гото́вить кому́-л* ~ jdm einen Strick drehen; 2. *(смерть)* Tod *m*
ги́бельный *adj* unheilvoll, verhängnisvoll
ги́бкий *adj* 1. biegsam, geschmeidig, gelenkig, elastisch; 2. *(fig)* flexibel
ги́бкость *f* 1. Biegsamkeit *f*, Geschmeidigkeit *f*, Elastizität *f*; 2. *(fig)* Flexibilität *f*
ги́бнуть *v impf* 1. umkommen, ums Leben kommen; 2. *(fig)* eingehen, zugrunde gehen, dahinsiechen
гибри́д *m* BOT Hybride *f*
гибридиза́ция *f* BIO Kreuzung *f*
гибри́дный *adj* BIO Hybrid...
гига́нт *m* Riese *m*, Gigant *m*; *заво́д-~ Riesenbetrieb m*
гига́нтский *adj* riesig, gigantisch, riesenhaft, Riesen...
гигие́на *f* Hygiene *f*, Gesundheitspflege *f*
гигиени́чный *adj* hygienisch, Hygiene..., Gesundheits...
гид *m* Fremdenführer(in) *m/f*, Reiseführer(in) *m/f*
гидра́влика *f* TECH Hydraulik *f*
гидра́нт *m* Hydrant *m*
гидрокульту́ра *f* BOT Hydrokultur *f*
ги́льза *f* Hülse *f*
гимирова́ть *v impf* schminken
гимн *m* MUS Hymne *f*
гимна́зия *f* Gymnasium *n*
гимна́ст(ка) *m/f* SPORT Turner(in) *m/f*
гимна́стика *f* SPORT Gymnastik *f*, Turnen *n*; *лече́бная* ~ MED Krankengymnastik *f*
гинеко́лог *m* Frauenarzt *m*, Frauenärztin *f*, Gynäkologe *m*, Gynäkologin *f*
гипно́з *m* Hypnose *f*
гипнотизи́ровать *v impf* 1. hypnotisieren; 2. *(fig)* beeinflussen
гипо́теза *f* Hypothese *f*, wissenschaftliche Annahme *f*; *стро́ить ...зы* Hypothesen aufstellen
гипотети́ческий *adj* hypothetisch
гипс *m* MIN Gips *m*; *наложи́ть ~ на но́гу* das Bein eingipsen
гипсова́ть *v impf* MED gipsen
гирля́нда *f* Girlande *f*; ~ *ла́мпочек* Lichterkette *f*
гита́ра *f* MUS Gitarre *f*, Klampfe *f* *(fam)*
глава́ *f* 1. Kapitel *n*; 2. *(главное лицо)* Haupt *n*, Oberhaupt *n*, Leiter *m*
глава́рь *m* Anführer *m*, Führer *m*, Häuptling *m*
гла́вный *adj* 1. hauptsächlich, Haupt...; 2. *(при обозначении должности)* leitender, Chef...; ~ *инжене́р* leitender Ingenieur, Chefingenieur *m*
глаго́л *m* GRAMM Verb *n*
гла́дить *v impf* 1. streicheln, liebkosen; 2. *(утюжить)* bügeln
гла́дкий *adj* glatt, eben
гла́дкость *f* Glätte *f*, Glattheit *f*
глаз *m* 1. ANAT Auge *n*; 2. *(fig) на* ~ nach Augenmaß; 3. *(fig) с ~у на* ~ unter vier Augen
глазиро́ванный *adj* GAST glasiert, kandiert
глазирова́ть *v impf/pf* GAST glasieren, kandieren
глазу́рь *f* 1. GAST Guss *m*, Zuckerguss *m*; 2. *(на посуде)* Schmelz *m*, Glasur *f*
гла́нды *pl* ANAT Mandeln *pl*; *удали́ть* ~ die Mandeln entfernen

гласи́ть *v impf* lauten, besagen; *зако́н …си́т* das Gesetz lautet
гла́сность *f (fig) 1.* Transparenz *f; 2.* POL Glasnost *f*
гла́сный[1] *adj* öffentlich, offen, transparent
гла́сный[2] *m* LING Vokal *m*
глéтчер *m* GEO Gletscher *m*
гли́на *f* Lehm *m,* Ton *m*
глини́стый *adj* lehmhaltig, tonhaltig, Lehm…, Ton…
глоба́льный *adj* global, Global…
гло́бус *m* Globus *m*
глода́ть *v impf* nagen
глосса́рий *m* Glossar *n,* Wörterverzeichnis *n*
глота́ть *v impf 1.* schlucken; *2. (книгу)* verschlingen; *3. ~ слова́* Worte verschlucken, eine undeutliche Aussprache haben
гло́тка *f 1.* ANAT Rachen *m; 2. (fam)* Kehle *f; во всю …тку* aus vollem Halse
глото́к *m 1.* Schluck *m; ~ воды́* ein Schluck Wasser; *2. (движение)* Schlucken *n*
гло́точный *adj* ANAT Rachen…; *…ные минда́лины* Rachenmandeln *pl*
глубина́ *f* Tiefe *f; ~ мо́ря* Meerestiefe *f; от …ны́ души́* aus tiefstem Herzen, von ganzem Herzen; *в …не́ веко́в* in grauer Vorzeit
глуби́нный *adj* tief, Tiefen…
глубо́кий *adj 1.* tief, innig; *2. (основательный)* gründlich; *~ ана́лиз* gründliche Analyse
глубокомы́сленный *adj* tiefsinnig, ernst
глубокоуважа́емый *adj* hoch verehrt, sehr geehrt
глубь *f* Tiefe *f; в ~ страны́* ins Landesinnere
глупéть *v impf* dumm werden, verblöden *(fam)*
глупéц *m* Dummkopf *m,* Depp *m*
глу́пость *f* Blödsinn *m,* Dummheit *f,* Firlefanz *m; говори́ть …ти* dummes Zeug reden; *Что за …ти!* Was für ein Unsinn!
глу́пый *adj 1.* dumm; *2. (fam)* doof, dämlich
глуха́рь *m* ZOOL Auerhahn *m*
глухо́й *adj 1.* schwerhörig, gehörlos, taub; *2. (о звуке)* dumpf; *3. (тихий, окраинный)* still, abgelegen; *4.* LING stimmlos; *m 5.* Tauber *m,* Gehörloser *m*
глухонемо́й *adj* taubstumm
глухота́ *f* Taubheit *f*
глуши́тель *m 1.* TECH Dämpfer *m,* Schalldämpfer *m; 2. (fig)* Unterdrücker *m*
глюко́за *f* CHEM Glukose *f,* Traubenzucker *m*
глядéть *v impf* schauen, blicken
глядь! *interj* Sieh da!
гля́нец *m* Glanz *m*
гнать *v impf* treiben, jagen
гнев *m* Zorn *m,* Wut *f*
гнева́ться *v impf* böse auf jdn sein, wütend sein
гнéвный *adj* zornig, aufgebracht, wutentbrannt
гнезди́ться *v impf 1.* ZOOL nisten; *2. (fig)* sich einnisten
гнездо́ *n* ZOOL Nest *n*
гнездово́й *adj* Nest…, Nester…
гнило́й *adj* faul, verdorben
гнить *v impf* faulen
гнои́ться *v impf* eitern; *ра́на …ится* die Wunde eitert
гной *m* MED Eiter *m*
гнойни́к *m* MED *1.* Eiterherd *m,* Eitergeschwür *n*
гно́йный *adj* MED eitrig, eiternd, Eiter…
гном *m* Zwerg *m,* Gnom *m*
гну́сность *f* Schändlichkeit *f,* Niederträchtigkeit *f,* Hinterhältigkeit *f*
гну́сный *adj* schändlich, niederträchtig, hinterhältig
гнуть *v impf* biegen, beugen, krümmen
говно́ *n (fam)* Scheiße *f (fam)*
говори́ть *v impf* sagen, sprechen, reden; *…те по-ру́сски?* Sprechen Sie Russisch? *ина́че …ря́* mit anderen Worten; *открове́нно …ря́* offen gestanden
говя́дина *f* GAST Rindfleisch *n*
год *m* Jahr *n; ~ рожде́ния* Geburtsjahr *n,* Jahrgang *m (fam); уче́бный ~* Schuljahr *n; кру́глый ~* das ganze Jahr hindurch; *високо́сный ~* Schaltjahr *n; С Но́вым ~ом!* Frohes neues ~!
года́ми *adv* jahrelang
годи́ться *v impf* sich für etw eignen, für etw geeignet sein, taugen *(fam)*; *Э́то не …и́тся.* Das ist nichts.
годи́чный *adj* Jahres…
го́дный *adj* geeignet, brauchbar, tauglich, passend
годово́й *adj* jährlich, Jahres…; *~ дохо́д* Jahreseinkommen *n*
годовщи́на *f* Jahrestag *m; отмеча́ть …ну* einen Jahrestag begehen
гол *m* SPORT Tor *n; заби́ть ~* ein Tor schießen; *~ в со́бственные воро́та* Eigentor *n*
го́лень *f* ANAT Unterschenkel *m*
голла́ндец *m* Holländer *m*

Голла́ндия *f GEO* Holland *n*
голла́ндка *f* Holländerin *f*
голла́ндский *adj* holländisch, niederländisch
голова́ *f 1.* Kopf *m,* Haupt *n; У меня́ боли́т ~.* Ich habe Kopfschmerzen. *как снег на́…ву* wie ein Blitz aus heiterem Himmel; *сломя́ …ву* Hals über Kopf; *2. (руководитель)* Oberhaupt *n*
голова́стик *m ZOOL* Kaulquappe *f*
головно́й *adj 1.* Kopf…, Haupt…; *~ убо́р* Kopfbedeckung *f; 2. (находящийся в переди)* Vor…, Spitzen…
головокруже́ние *n MED* Schwindel *m,* Schwindelgefühl *n*
головокружи́тельный *adj (fig)* Schwindel erregend
го́лод *m 1.* Hunger *m,* Hungergefühl *n; умира́ть с ~у* verhungern, am Verhungern sein; *2. (народное бедствие)* Hungersnot *f*
голода́ние *n 1.* Hungern *n; 2. MED* Fastenkur *f*
голода́ть *v impf 1.* hungern, Hunger leiden; *2. (воздерживаться от пищи)* fasten, hungern
голо́дный *adj* hungrig, Hunger…
голодо́вка *f* Hungerstreik *m*
гололёд *m* Glatteis *n,* Schneeglätte *f*
гололе́дица *f* Glatteis *n,* Schneeglätte *f*
го́лос *m* Stimme *f; хри́плый ~* heisere Stimme; *облада́ть ~ом* stimmlich begabt sein, eine gute Stimme haben; *пра́во ~а POL* Stimmrecht *n,* Wahlrecht *n*
голоси́стый *adj (fam)* stimmgewaltig; *быть …тым* ein kräftiges Organ haben *(fam)*
голосова́ние *n* Abstimmung *f; поста́вить что-л на ~* etw zur Abstimmung bringen, über etw abstimmen lassen
голосова́ть *v impf* abstimmen, stimmen
голубо́й *adj 1.* blau, hellblau; *2. (fam)* schwul
го́лубь *m ZOOL* Taube *f; ~ ми́ра* Friedenstaube *f*
го́лый *adj 1.* nackt, kahl, bloß; *2. (fig)* rein; *…лая и́стина* reine Wahrheit *3. (fig) гол как соко́л* arm wie eine Kirchenmaus
голы́ш *m 1. (fam)* Nackedei *m; ~о́м* nackig; *2. (кукла)* Babypuppe *f; 3. (камень)* Kieselstein *m*
гольф *m 1. SPORT* Golf *n; 2. чулки́ ~* Kniestrümpfe *pl*
гомеопа́тия *f MED* Homöopathie *f*
гомосексуали́зм *m* Homosexualität *f*
гомосексуа́льный *adj* homosexuell, gleichgeschlechtlich
го́ндола *f* Gondel *f*
го́нка *f* Eile *f,* Hast *f; ~ вооруже́ний* Wettrüsten *n*
го́нки *pl SPORT* Rennen *n; автомби́льные ~* Autorennen *n*
гонора́р *m 1.* Honorar *n; на ~ной осно́ве* freiberuflich; *2. THEAT* Gage *f*
го́ночный *adj* Renn…; *~ автомоби́ль* Rennwagen *m,* Rennauto *n*
го́нщик *m SPORT* Rennfahrer *m*
гора́ *f 1.* Berg *m; 2. (fig) ~ книг* Bücherberg *m*
гора́здо *adv* viel, bei weitem, um vieles
горб *m* Buckel *m,* Höcker *m*
го́рдость *f* Stolz *m*
го́рдый *adj* stolz; *он о́чень …рд* er trägt den Kopf sehr hoch *(fig)*
го́ре *n 1.* Kummer *m,* Jammer *m,* Gram *m; с …ря* vor Kummer; *2. (несчастье)* Unglück *n,* Elend *n*
горева́ть *v impf* trauern um, betrauern
горе́ть *v impf 1.* brennen, in Flammen stehen *(fig)*; 2. *(краснеть)* glühen, einen heißen Kopf haben; *3. (fig)* begeistert sein; *4. (сверкать)* leuchten, glänzen, strahlen
гореча́вка *f BOT* Enzian *m*
го́речь *f 1.* Bitterkeit *f,* bitterer Geschmack; *2. (fig)* Bitternis *f*
горизо́нт *m* Horizont *m*
горизонта́ль *f* Horizontale *f,* Waagerechte *f*
горизонта́льный *adj* horizontal, waagerecht
го́рка *f 1.* Anhöhe *f,* Hügel *m; 2. ледяна́я ~* Rodelbahn *f*
го́рло *n ANAT* Kehle *f,* Hals *m; дыха́тельное ~* Luftröhre *f*
гормо́н *m BIO* Hormon *n; ~ ро́ста* Wachstumshormon *n; лече́ние ~ами MED* Hormontherapie *f*
горн *m MUS* Horn *n*
го́рничная *f* Zimmermädchen *n*
го́рный *adj 1.* Berg…; *…ная верши́на* Berggipfel *m; 2. (относящийся к горной местности)* Gebirgs…; *…ное о́зеро* Gebirgssee *m; 3. (гористый)* bergig, gebirgig
горня́к *m (fam)* Bergarbeiter *m,* Kumpel *m (fam)*
го́род *m* Stadt *f; гла́вный ~* Hauptstadt *f*
городско́й *adj* städtisch, Stadt…; *…ки́е вла́сти* städtische Behörden
го́род-спу́тник *m* Trabantenstadt *f*

гороско́п *m* Horoskop *n*
горо́х *m BOT* Erbse *f*, Erbsen *pl*
горчи́ца *f BOT, GAST* Senf *m*
горчи́чник *m* Senfpflaster *m*, Senfwickel *m*
горшо́к *m* Topf *m; цвето́чный* ~ Blumentopf *m*
го́ры *pl GEO* Gebirge *n*
го́рький *adj 1.* bitter; *2. (fig)* schmerzlich, bitterlich
горю́чее *n* Brennstoff *m*, Treibstoff *m*
горю́чий *adj* brennbar, Brenn…
горя́чий *adj 1.* heiß; *2. (бурный)* hitzig, heftig; *3. (страстный)* heiß, leidenschaftlich, heißblütig
горячи́ть *v impf 1.* erhitzen, erregen, anstacheln; *2. (fig) ~ся* sich ereifern
горя́чка *f 1. MED* Fieber *n; 2. (спешка)* Hast *f; 3. бе́лая* ~ Säuferwahnsinn *m*
госпитализи́ровать *v impf/pf* ins Krankenhaus einweisen, im Krankenhaus unterbringen
го́спиталь *m* Krankenhaus *n*
господи́н *m* Herr *m*
госпо́дство *n* Herrschaft *f; мирово́е* ~ Weltherrschaft *f*
госпо́дствовать *v impf 1.* herrschen, beherrschen; *2. (быть выше)* beherrschen, dominieren
госпожа́ *f 1.* Frau *f; 2. (хозяйка)* Herrin *f*
гостеприи́мный *adj* gastfreundlich, gastlich, Gast…
гостеприи́мство *n* Gastfreundschaft *f*
гости́ница *f* Hotel *n*
гость *m* Gast *m; почётный* ~ Ehrengast *m*
госуда́рственность *f POL* Staatswesen *n*
госуда́рственный *adj* staatlich, Staats…; *…нное страхова́ние* staatliches Versicherungswesen
госуда́рство *n POL* Staat *m*
госуда́рыня *f 1.* Herrscherin *f*, Fürstin *f; 2. (в обращении)* gnädige Frau
госуда́рь *m 1.* Herrscher *m*, Fürst *m; 2. (в обращении)* gnädiger Herr
гото́вить *v impf 1.* vorbereiten, zurechtmachen; *2. (обед)* kochen, zubereiten; *3. (обучать)* ausbilden, heranbilden
гото́вность *f 1.* Bereitschaft *f; 2. (согласие делать что-л)* Bereitwilligkeit *f*
гото́вый *adj* fertig, bereit, parat *(fam)*; *Ты …о́в?* Bist du fertig?
грабёж *f* Raub *m*, Diebstahl *m*
граби́тель(ница) *m/f* Räuber(in) *m/f*
гра́бить *v impf* rauben, plündern
гра́бли *pl* Rechen *m*
гра́вий *m* Kies *m*
гравю́ра *f ART* Radierung *f*, Stich *m*
град *m* Hagel *m; идёт* ~ es hagelt
гра́дус *m* Grad *m*
граждани́н *m* Bürger *m*
гражда́нка *f* Bürgerin *f*
гражда́нский *adj 1.* bürgerlich, Bürger…; *2. (штатский)* zivil, Zivil…; *…кое му́жество* Zivilcourage *f*
гражда́нство *n POL* Staatsangehörigkeit *f*, Staatsbügerschaft *f; приня́ть* ~ die Staatsbürgerschaft annehmen
грамм *m* Gramm *n*
грамма́тика *f GRAMM* Grammatik *f*
граммати́ческий *adj* grammatisch, grammatikalisch, Grammatik…
гра́мота *f 1.* Grundkenntnisse *pl*, Grundwissen *n; 2. (документ)* Urkunde *f; почётная* ~ Ehrenurkunde *f*
гра́мотный *adj* kundig, schriftkundig; *…но писа́ть* fehlerfrei schreiben
грана́та *f MIL* Granate *f*
гранди́озный *adj* großartig, kollosal, grandios
грани́т *m MIN* Granit *m*
грани́ца *f 1.* Grenze *f*, Begrenzung *f; 2. (предел)* Grenze *f*, Ende *n*, Limit *n*
грани́чить *v impf* grenzen, angrenzen
грань *f 1.* Grenze *f; 2. (плоскость)* Fläche *f; 3. TECH* Kante *f; 4. MATH* Seite *f*, Kante *f*
граф *m* Graf *m*
графа́ *f 1.* Rubrik *f; 2. (столбец)* Spalte *f*
гра́фик¹ *m 1.* Schaubild *n*, Grafik *f*, Diagramm *n; 2. (расписание) m* Plan *m*, Fahrplan *m; по ~у* fahrplanmäßig; *3. (план работ)* Terminplan *m*, Ablaufplan *m*
гра́фик² *m (профессия)* Grafiker(in) *m/f*
гра́фика *f 1. ART* Grafik *f; 2. LING* Schreibweise *f*
графи́н *m* Karaffe *f*
графи́ня *f* Gräfin *f*
графи́ти *pl* Graffiti *pl*
графи́ческий *adj* grafisch
грацио́зность *f* Anmutigkeit *f*, Grazie *f*
грацио́зный *adj* anmutig, graziös
гра́ция *f* Anmut *f*, Grazie *f*
гребёнка *f 1.* Kamm *m; стричь всех (всё) под одну́ …нку (fig)* alle(s) über einen Kamm scheren
гре́бень *m 1.* Kamm *m; 2. ZOOL* Hahnenkamm *m; 3. (вершина)* Grat *m*, Kamm *m*, Kuppe *f; ~ горы́* Gebirgskamm *m*

гребешóк *m* ZOOL Kamm *m*
грёза *f* Traum *m,* Wunschbild *n,* Trugbild *n; мир ...з* Traumwelt *f*
грéзить *v impf* träumen
грёзы *pl* Träumerei *f*
грéйпфрут *m* BOT Grapefruit *f,* Pampelmuse *f*
грек *m* Grieche *m*
грéлка *f* Wärmflasche *f; электри́ческая ~* Heizkissen *n*
гремéть *v impf 1.* donnern, dröhnen; *...и́т гром* es donnert; *2.* MUS scheppern
грести́ *v impf* SPORT rudern
греть *v impf 1.* wärmen, warm halten; *2. (подогревать)* wärmen, aufwärmen, erwärmen
грех *m* Sünde *f,* Vergehen *n,* Schuld *f; ~ мóлодости* Jugendsünde *f; с ~ом попола́м* mit Ach und Krach
грехóвный *adj* sündhaft, sündig
Грéция *f* GEO Griechenland *n*
греча́нка *f* Griechin *f*
греши́ть *v impf* sündigen
грéшник *m* Sünder *m*
грéшница *f* Sünderin *f*
грéшный *adj* sündhaft, sündig
гриб *m* BIO Pilz *m,* Schwamm *m; съедóбный ~* Speisepilz *m; ядови́тый ~* Giftpilz *m*
грибóк *m* Pilz *m*
гриль *m* Grill *m*
грим *m* Schminke *f,* Make-up *n*
грима́са *f* Grimasse *f; дéлать ...сы* Grimassen schneiden *(fam)*
грима́сничанье *n* Grimassen *pl,* Faxen *pl*
гримёр *m* THEAT Maskenbildner(in) *m/f*
гримирова́ть *v impf* schminken
грипп *m* MED Grippe *f,* Virusgrippe *f*
гроб *m* Sarg *m; идти́ за ~ом* das letzte Geleit geben; *вéрность до ~а* Treue bis in den Tod
гробовóй *adj* Todes..., Grabes...; *...ва́я тишина́* Totenstille *f; ~ гóлос* Grabesstimme *f*
гроза́ *f 1.* Gewitter *n; 2. (fig)* Schrecken *m*
гроздь *f* BOT Traube *f; виногра́дный ~* Weintraube *f*
грози́ть *v impf* drohen
грóзный *adj 1.* schrecklich, fürchterlich, furchterregend; *2. (угрожающий)* drohend
грозовóй *adj* gewittrig, Gewitter...; *...ва́я ту́ча* Gewitterwolke *f*
грозозащи́та *f* Blitzschutz *m*
гром *m* Donner *m*
грома́дина *f (fam)* Riese *m,* Koloss *m,* Riesending *n (fam)*
грома́дный *adj* riesig, kolossal, immens, enorm
громи́ть *v impf* vernichten, zerschlagen
грóмкий *adj* laut, lautstark; *~ смех* herzhaftes Lachen, schallendes Gelächter; *...кие словá* große Worte
грóмко *adv* lauthals, laut
громкоговори́тель *m* Lautsprecher *m*
грóмкость *f* Lautstärke *f*
громозди́ть *v impf* auftürmen, schichten, stapeln
громóздкий *adj* groß, sperrig, umfangreich, Platz raubend
громыха́ть *v impf* donnern, poltern
гротéскный *adj* grotesk
грóхот *m* Gepolter *n,* Krachen *n*
грохота́ть *v impf* krachen, poltern, donnern
груби́ть *v impf* grob sein, pöbeln, jdn anmachen *(fam)*
грубия́н *m* Flegel *m,* Grobian *m*
грýбость *f* Grobheit *f*
грýбый *adj 1.* grob, derb, rau, barsch, patzig; *2. (некультурный)* ungeschliffen, brüsk, unhöflich, ordinär, unanständig
грýда *f* Haufen *m,* Menge *f*
груда́стый *adj* vollbusig
груди́на *f* ANAT Brustbein *n*
грудь *f* ANAT Busen *m,* Brust *f*
гружёный *adj* beladen, unter Last
груз *m 1.* ECO Fracht *f,* Ware *f; 2. (тяжесть, бремя)* Druck *m,* Last *f*
грузи́ло *m* TECH Senkblei *n,* Lot *n*
грузи́ть *v impf* laden, beladen
грýзность *f* Schwerfälligkeit *f*
грýзный *adj* schwer, schwerfällig
грузови́к *m (fam)* Lastkraftwagen *m,* Laster *m (fam),* LKW *m*
грузовóй *adj* Last..., Fracht...; *~ автомоби́ль* Lastkraftwagen *m,* Laster *m*
грунт *m 1.* Boden *m,* Edreich *n,* Grund *m; 2. (первый слой краски)* Grundfarbe *f*
грунти́ровать *v impf* grundieren
грунтирóвка *f* Grundierung *f*
грýппа *f* Gruppe *f; 2.* MED *~ крóви* Blutgruppe *f*
группирова́ть *v impf* gruppieren, in Gruppen zusammenfassen
группирóвка *f* Gruppierung *f*
групповóй *adj* Gruppen...; *~ сни́мок* Gruppenbild *n*
грусти́ть *v impf* traurig sein, sich grämen

гру́стный *adj* traurig, betrübt, kummervoll, down *(fam)*
грусть *f* Traurigkeit *f,* Schwermut *f,* Gram *m,* Melancholie *f*
гру́ша *f BOT 1.* Birne *f; 2. (дерево)* Birnbaum *m*
грызть *v impf 1.* nagen; *2. (сухари)* knabbern
грызу́н *m ZOOL* Nagetier *n,* Nager *m (fam)*
гряда́ *f* Beet *n*
грязево́й *adj* Schlamm..., Moor...; *...вы́е ва́нны* Moorbäder *pl*
грязне́ть *v impf* schmutzig werden
грязни́ть *v impf* beschmutzen, schmutzig machen
грязну́ля *m/f* Schmutzfink *m (fam)*
гря́зный *adj* schmutzig, dreckig *(fam)*; *занима́ться ...ными дела́ми (fig)* eine schmutzige Weste haben; *рыться в ...ном бельё* schmutzige Wäsche waschen
грязь *f 1.* Schmutz *m,* Dreck *m (fam)*; *2. MED* Schlamm *m; лечи́ться ...зями* Moorbäder/Schlammbäder nehmen
губа́ *f ANAT* Lippe *f*
губи́ть *v impf 1.* verderben, ruinieren, zunichte machen, ins Verderben stürzen; *2. (fig)* nutzlos vergeuden
гу́бка *f 1. ZOOL* Schwamm *m; 2. (для мытья)* Badeschwamm *m*
губно́й *adj 1.* Lippen...; *...ная помаеда* Lippenstift *m; 2. LING* Labial...
гуде́ть *v impf 1.* tönen, ertönen; *2. (о насекомых)* summen; *3. (о сирене)* heulen; *4. У меня́ ...ди́т в уша́х.* Ich habe Ohrensausen.
гуля́ка *m/f (fam)* Nachtschwärmer(in) *m/f,* Zechbruder *m,* Hallodri *m*
гуля́нье *n 1.* Spaziergang *m; 2. наро́дное ~* Volksfest *n*
гуля́ть *v impf 1.* spazieren gehen, herumgehen, bummeln; *2. (fam)* feiern
гумани́зм *m* Humanismus *m*
гумани́ст *m* Humanist(in) *m/f*
гуманисти́ческий *adj* humanistisch
гума́нность *f* Humanität *f,* Menschlichkeit *f*
гума́нный *adj* human, menschlich, menschenfreundlich
гурма́н *m* Feinschmecker(in) *m/f*
гу́сеница *f 1. ZOOL* Raupe *f; 2. TECH* Raupe *f*
густо́й *adj 1.* dicht; *2. (о жидкостях, каше)* dick, dickflüssig, zäh
густонаселённый *adj* dicht besiedelt
густота́ *f 1.* Dichte *f,* Dichtheit *f; 2. (жидкости)* Dickflüssigkeit *f*
гусь *m ZOOL* Gans *f*
гусько́м *adv* im Gänsemarsch

Д

да *interj* ja, doch, so; ~ *нет, не на́до!* Nicht doch, lass das!
Дава́й! *interj 1.* Los!, Mach schon!, Auf geht's!; *2. (выражает согласие)* Ok.
дава́ть *v impf 1.* geben, erteilen; ~ *что-л взаймы́* etw verleihen, jdm etw borgen; *2. (давать возможность)* lassen; *Дай мне поду́мать.* Lass mich überlegen. *3.* MED verabreichen
дави́ть *v impf* drücken
да́вка *f* Gedränge *n*
давле́ние *n 1.* Druck *m; 2.* MED *кровяно́е* ~ Blutdruck *m; 3.* METEO *атмосфе́рное* ~ Luftdruck *m*
да́вний *adj 1.* längst vergangen, vor langer Zeit *f; 2. (старый)* alt; ~ *друг* ein alter Freund
давно́ *adv 1.* längst, lange her; *2. (в течение долгого времени)* lange, seit langem
да́вность *f* JUR Verjährung *f; срок …сти* Verjährungsfrist *f*
да́же *adv* sogar, selbst; ~ *не* nicht einmal
да́лее *adv* weiter; *и так* ~ und so weiter (usw.)
далёкий *adj* fern, weit, entfernt
далеко́ *adv* fern, weit; ~ *не* längst nicht, bei Weitem nicht
даль *f* Ferne *f,* Weite *f*
да́льний *adj 1.* fern, entlegen, weit entfernt; *2. (длинный)* weit; ~ *путь* weiter Weg; *3. (о родственниках)* entfernt; *4.* TECH ~ *свет* Fernlicht *n*
дальнобо́йщик *m (fam)* Fernfahrer *m*
дальнови́дность *f* Weitblick *m,* Voraussicht *f,* Umsicht *f*
дальнови́дный *adj* vorausschauend, umsichtig, mit Weitblick
дальнозо́ркий *adj* MED weitsichtig
да́льность *f* Entfernung *f,* Reichweite *f*
дальтони́зм *m* MED Daltonismus *m,* Farbenblindheit *f*
да́льше *adv 1.* weiter, ferner, weiter entfernt; *2. (затем)* daraufhin, des Weiteren
да́ма *f* Dame *f; све́тская* ~ eine Dame von Welt
да́мба *f* Damm *m,* Deich *m*
Да́ния *f* GEO Dänemark *n*
да́нные *pl 1.* Daten *pl,* Angaben *pl; 2. анке́тные* ~ Personalien *pl; 3. (основания)* Gründe *pl,* Voraussetzungen *pl; 4. (задатки)* Fähigkeiten *pl,* Anlagen *pl*
да́нный *adj 1.* gegeben, entsprechend; *pron 2. (этот)* dies; *в …нный моме́нт* in diesem Augenblick, momentan
дар *m 1.* Gabe *f,* Geschenk *n; ~ бо́жий* Gottesgabe *f; 2. (способность)* Gabe *f,* Begabung *f*
даре́ние *n* JUR Schenkung *f*
дарённый *adj* geschenkt
дари́ть *v impf* schenken, beschenken
дармое́д *m (fam)* Schmarotzer *m*
дармое́дничать *v impf* schmarotzen, auf fremde Kosten leben
дарова́ние *n* Begabung *f,* Talent *n*
да́ром *adv 1.* umsonst, unentgeltlich, gratis; *2. (напрасно)* vergebens, zwecklos, umsonst
да́та *f* Datum *n; ~ рождения* Geburtsdatum *n*
дати́ровать *v impf/pf* datieren
да́тский *adj* dänisch
датча́нин *m* Däne *m*
датча́нка *f* Dänin *f*
да́тчик *m* TECH Sensor *m*
да́ча[1] *f* JUR *1. ~ показаний* Aussage *f; 2. (лекарств)* MED Verabreichung *f; 3. (порция)* Portion *f,* Ration *f; су́точная* ~ Tagessatz *m,* Tagesration *f*
да́ча[2] *f* Datscha *f,* Wochenendhaus *n*
два *num* zwei
двадца́тый *adj* zwanzigster
два́дцать *num* zwanzig
два́жды *adv* zweimal
двена́дцатый *adj* zwölfter
двена́дцать *num* zwölf
дверь *f 1.* Tür *f; входна́я* ~ Eingangstür *f; враща́ющаяся* ~ Drehtür *f; за́дняя* ~ Hintertür *f*
дви́гатель *m 1.* TECH Motor *m; ди́зельный* ~ Dieselmotor *m; ~ вну́треннего сгора́ния* Verbrennungsmotor *m; 2. (самолёта, ракеты)* Triebwerk *n*
дви́гать *v impf 1.* bewegen, rücken, verschieben; *2.(fig)* vorantreiben, fördern; *3. ~ся* sich in Bewegung setzen
движе́ние *n 1.* Bewegung *f,* Regung *f; 2. (на дорогах)* Verkehr *m*
двоебо́рье *n* SPORT Zweikampf *m*
двоежёнство *n* Bigamie *f*
двоему́жие *n* Bigamie *f*
двоето́чие *n* GRAMM Doppelpunkt *m*

двойни́к *m* Doppelgänger(in) *m/f*
двойно́й *adj* doppelt, zweifach, Doppel…
двор *m* Hof *m; ца́рский ~* Königshof *m; крестья́нский ~* Bauernhof *m*
дворе́ц *m* Palast *m,* Schloss *n*
дво́рник *m* Hausmeister *m*
дворничи́ха *f (fam)* Hausmeisterin *f*
дворя́нский *adj* adlig
дворя́нство *n* Adel *m,* Adelsstand *m*
двоя́кий *adj* zweifach, doppelt
двукра́тный *adj* zweifach, zweimalig, wiederholt
двули́кий *adj* unaufrichtig, falsch, mit zwei Gesichtern
двули́чный *adj* doppelzüngig, unaufrichtig, falsch, heuchlerisch
двусмы́сленный *adj* doppeldeutig, zweideutig
двусторо́нний *adj 1.* zweiseitig, doppelseitig; *2. (обоюдный)* POL bilateral
двухме́стный *adj* Doppel…
двухто́мный *adj* zweibändig, in zwei Bänden
двуязы́чный *adj* zweisprachig
деба́ты *pl* POL Debatte *f,* Wortgefecht *n*
де́бет *m* FIN Debet *n,* Soll *n*
дебетова́ть *v impf* FIN belasten, debitieren
де́бри *pl 1.* Dickicht *n,* Urwald *m; 2. (fig)* Labyrinth *n,* Wirrwarr *m*
дебю́т *m* Debüt *n*
де́ва *f* Jungfrau *f; ста́рая ~ (fam)* alte Jungfer *f*
девальва́ция *f* ECO Abwertung *f*
девальви́ровать *v impf/pf* ECO entwerten, abwerten
де́верь *m* Schwager *m*
деви́з *m* Devise *f,* Motto *n; под ~ом* unter dem Motto
деви́ца *m* Mädchen *n,* Jungfrau *f*
де́вичий *adj* mädchenhaft, Mädchen…; *…чья фами́лия* Mädchenname *f*
де́вочка *f* Mädchen *n*
де́вственность *f* Jungfräulichkeit *f,* Keuschheit *f; лиши́ть ~ сти* entjungfern, deflorieren
де́вственный *adj 1.* jungfräulich, keusch; *2. (fig)* unberührt, rein; *~ лес* Urwald *m; 3.* ANAT *…нная плева́* Jungfernhäutchen *n,* Hymen *n*
де́вушка *m* Mädchen *n,* junge Frau *f*
девяно́сто *num* neunzig
девятна́дцать *num* neunzehn
девя́тый *adj* neunter
де́вять *num* neun
дегенера́ция *f* Degeneration *f,* Degenerierung *f,* Entartung *f*
дегенери́ровать *v impf/pf* entarten, degenerieren
дёготь *m* Teer *m*
деграда́ция *f* Verfall *m*
Дед Моро́з *m* Väterchen Frost *n*
де́душка *m* Großvater *m,* Opa *m (fam)*
дееспосо́бность *f 1.* Arbeitsfähigkeit *f,* Leistungsfähigkeit *f; 2.* JUR Geschäftsfähigkeit *f,* Rechtsfähigkeit *f*
дееспосо́бный *adj 1.* arbeitsfähig, leistungsfähig; *2.* JUR geschäftsfähig, handlungsfähig, rechtsfähig
дежу́рить *v impf* Dienst haben
дежу́рный *adj 1.* diensthabend, Dienst…; *…ная апте́ка* diensthabende Apotheke, Apotheke im Notdienst; *m 2.* Diensthabender *m*
дежу́рство *n* Dienst *m,* Bereitschaftsdienst *m,* Aufsicht *f*
дезерти́рство *n* MIL Fahnenflucht *f,* Desertion *f*
дезинфе́кция *f* MED Desinfektion *f*
дезинфици́ровать *v impf/pf* desinfizieren, entkeimen
де́йственность *f* Wirksamkeit *f,* Effektivität *f*
де́йственный *adj* wirksam, effektiv, wirkungsvoll
де́йствие *n 1.* Handlung *f,* Tat *f,* Tätigkeit *f,* Aktion *f; вое́нные …вия* Kriegshandlungen *pl,* Feindseligkeiten *pl; 2. (функционирование машины)* Funktion *f,* Lauf *m; 3.* JUR *(о договоре, законе)* Kraft *f,* Gültigkeit *f; срок …вия* Gültigkeitsdauer *f; 4. (влияние)* Wirkung *f,* Einfluss *m; побо́чное ~* Nebenwirkung *f; 5.* THEAT Aufzug *m,* Akt *m; 6.* MATH Operation *f*
действи́тельность *f* Realität *f,* Wirklichkeit *f; бли́зкий к …сти* wirklichkeitsnah; *ото́рванный от …сти* gegenwartsfern
действи́тельный *adj 1.* wirklich, tatsächlich; *2. (годный)* gültig
де́йствовать *v impf 1.* handeln, agieren, vorgehen; *2. (функционировать)* funktionieren; *3. (оказывать действие)* auf etw wirken; *4. (о законе)* in Kraft sein, gültig sein, gelten
де́йствующий *adj 1.* gültig, geltend; *2. (о машине)* in Betrieb, funktionsfähig; *3. (fig)* wirkend, wirksam; *4.* THEAT *…щее лицо́* Bühnengestalt *f,* Figur *f*
дека́брь *m* Dezember *m*

декаде́нтский *adj* dekadent, Dekadenz…
декаде́нтство *n* Dekadenz *f*
дека́н *m* Dekan *m*
деклара́ция *f 1.* Deklaration *f,* Erklärung *f; 2. (документ) тамо́женная ~* Zollerklärung *f; нало́говая ~* Steuererklärung *f*
деклари́ровать *v impf* deklarieren, erklären
деклассиро́ванный *adj* deklassiert
деклассиро́ваться *v impf/pf* deklassiert werden
декольте́ *n* Dekolletee *n*
декорати́вный *adj* dekorativ, schmückend, Schmuck…
декора́тор *m* Dekorateur(in) *m/f*
декорацио́нный *adj* dekorativ, Dekorations…
декора́ция *f 1.* Dekoration *f; 2. театральные …ции pl* THEAT Bühnenbild *n*
декори́ровать *v impf/pf* dekorieren, ausschmücken
декофеини́рованный *adj* GAST koffeinfrei
декре́т *m* JUR Dekret *n,* Verfügung *f,* Verordnung *f,* Erlass *m*
де́лать *v impf 1.* machen, tun; *~ вы́вод* einen Schluss ziehen; *2. (производить)* ECO herstellen, fertigen
делега́т *m* POL Delegierte(r) *m/f*
делега́тский *adj* Deligierten…
делега́ция *f* Delegation *f,* Abordnung *f*
делеги́ровать *v impf/pf* delegieren, abordnen
деле́ние *n 1.* Gliederung *f,* Unterteilung *f; 2.* BIO Teilung *f; ~ клéтки* Zellteilung *f; 3.* MATH Division *f,* Dividieren *n*
деле́ц *m (fam)* ECO Geschäftsmann *m*
деликате́с *m* GAST Delikatesse *f,* Feinkost *f*
делика́тный *adj 1.* rücksichtsvoll, feinfühlig; *2. (fam)* heikel, delikat
дели́мое *n* MATH Dividend *m*
дели́мость *f* Teilbarkeit *f*
дели́тель *m* MATH Teiler *m*
дели́ть *v impf 1.* teilen, einteilen, verteilen; *2.* MATH dividieren
де́ло *n 1.* Akte *f,* Angelegenheit *f,* Anliegen *n; 2.* JUR Fall *m*
делови́тость *f* Sachlichkeit *f*
делови́тый *adj* sachlich, tüchtig; *…тым ви́дом* mit wichtiger Miene
делово́й *adj 1.* geschäftlich, Geschäfts…; *2. (профессиональный)* sachlich, fachlich, beruflich
делопроизводи́тель *m* Sachbearbeiter *m,* Schriftführer *m*
делопроизводи́тельница *f* Sachbearbeiterin *f,* Schriftführerin *f*
де́льность *f* Fleiß *m*
де́льный *adj 1.* tüchtig; *2. (разумный)* vernünftig, gescheit; *~ сове́т* sachkundiger Rat
дельфи́н *m 1.* ZOOL Delfin *m; 2.* SPORT Delfinschwimmen *n*
демаго́г *m* Demagoge *m*
демагоги́ческий *adj* demagogisch
демилитаризова́ть *v impf/pf* POL entmilitarisieren
демографи́ческий *adj* demografisch
демогра́фия *f* POL Demografie *f,* Bevölkerungsstatistik *f*
демокра́т *m* POL Demokrat(in) *m/f*
демократиза́ция *f* POL Demokratisieren *n*
демократизи́ровать *v impf/pf* POL demokratisieren
демократи́ческий *adj* POL demokratisch
демокра́тия *f* POL Demokratie *f*
де́мон *m* Dämon *m*
демони́ческий *adj* dämonisch
демонстра́нт(ка) *m/f* Demonstrant(in) *m/f*
демонстрати́вный *adj* demonstrativ
демонстрацио́нный *adj* Demonstrations…, Vorführungs…
демонстра́ция *f 1.* Kundgebung *f,* Demonstration *f; 2. (показ)* Vorführung *f,* Demonstrierung *f*
демонстри́ровать *v impf 1.* demonstrieren; *2. (кино)* vorführen, zeigen
демонта́ж *m* Demontage *f,* Abbau *m,* Zerlegen *n*
демонти́ровать *v impf/pf* demontieren, auseinander nehmen
деморализа́ция *f* Demoralisierung *f,* Demoralisieren *n*
де́мпфер *m 1.* TECH Stoßdämpfer *m; 2.* MUS Dämpfer *m*
де́нежный *adj* FIN finanziell, Finanz…, Geld…, Währungs…; *…ная рефо́рма* Währungsreform *f*
день *m* Tag *m; рабо́чий ~* Werktag *m; выходно́й ~* Feiertag *m,* freier Tag *m; ~ рожде́ния* Geburtstag *m; До́брый ~!* Guten Tag!

де́ньги *pl* Geld *n; нали́чные ~* Bargeld; *ме́лкие ~* Kleingeld *n*
департа́мент *m* Departement *n,* Abteilung *f*
депо́ *n* Depot *n*
депони́ровать *v impf FIN* deponieren, hinterlegen
депорти́ровать *v impf/pf* deportieren
депресси́вный *adj* depressiv, niedergeschlagen, Depressions...
депре́ссия *f 1. MED* Depression *f,* Niedergeschlagenheit *f; 2. ECO* Depression *f,* Flaute *f*
депута́т *m* Abgeordnete(r) *f/m,* Deputierte(r) *f/m*
дёргать *v impf 1.* zupfen, ziehen; *2. (fam)* ausreißen, ziehen; *~ зуб* einen Zahn ziehen; *3. (fig)* zausen, zerren
дереве́нский *adj* dörflich, ländlich, Dorf..., Land...; *~ жи́тель* Dorfbewohner *m*
дере́вня *f* Dorf *n; жить в ...не* auf dem Lande leben
де́рево *n 1.* Baum *m; 2.(материал)* Holz *n*
деревя́нный *adj 1.* hölzern, Holz...; *2. (fig)* hölzern, steif
де́ржанный *adj (fam)* gebraucht, getragen
держа́тель(ница) *m* Inhaber(in) *m/f,* Besitzer(in) *m/f*
держа́ть *v impf 1.* festhalten, halten, stützen; *2. (хранить)* aufbewahren; *3. (животных)* halten; *4. ~ся* durchhalten, ausharren; *Держи́сь!* Halt durch!
дерзи́ть *v impf* frech sein, Frechheiten sagen
де́рзкий *adj 1.* frech, kess; *2. (смелый)* verwegen, dreist
де́рзость *f 1.* Frechheit *f,* Unverschämtheit *f; 2. (смелость)* Verwegenheit *f,* Dreistigkeit *f*
дермато́лог *m MED* Dermatologe *m,* Dermatologin *f,* Hautarzt *m,* Hautärztin *f*
дерматоло́гия *f MED* Dermatologie *f*
дерьмо́ *n (fam)* Scheiße *f (fam)*
десе́рт *m GAST* Nachtisch *m,* Dessert *n*
десна́ *f ANAT* Zahnfleisch *n*
де́спот *m* Gewaltherrscher *m,* Despot *m,* Tyrann *m*
деспоти́ческий *adj* despotisch, tyrannisch, herrisch
деструкти́вный *adj* destruktiv, zerstörerisch
десятиле́тие *n* Jahrzehnt *n*
десяти́чный *adj MATH* dezimal, Dezimal...; *...ная дробь* Dezimalbruch *m*
деся́тый *adj* zehnte
де́сять *num* zehn
дета́ль *f 1.* Detail *n,* Einzelheit *f; 2. TECH* Einzelteil *n,* Element *n*
дета́льный *adj 1.* ausführlich, im Einzelnen; *adv 2. ...но* genau, bis ins Kleinste
детекти́в *m 1.* Detektiv(in) *m/f; 2. LIT* Kriminalroman *m,* Krimi *m (fam)*
дете́ктор *n TECH* Detektor *m*
детёныш *m* Junges *n*
де́тский *adj 1.* kindlich, Kind(er)...; *~ сад* Kindergarten *m; 2. (по характеру)* kindisch, kindlich; *3. (свойственный детскому возрасту)* Kinder...; *...кие боле́зни* Kinderkrankheiten *pl; ...кая игра́* Kinderspiel *n; 4. ANAT ...кое ме́сто* Plazenta *f*
де́тство *n* Kindheit *f; с ...ва* von Kindesbeinen an
дефе́кт *m* Defekt *m,* Fehler *m,* Schaden *m; конструкти́вный ~* Konstruktionsfehler *m*
дефе́ктный *adj* defekt, mangelhaft, fehlerhaft, beschädigt, Fehl...
дефи́с *m* Bindestrich *m,* Trennungszeichen *n*
дефици́т *m 1. ECO* Defizit *n,* Fehlbetrag *m; бюдже́тный ~* Haushaltsdefizit *n; 2. (нехватка)* Mangel *m,* Knappheit *f*
дефици́тный *adj* fehlend, knapp, Fehl..., Defizit..., Mangel...; *~ това́р* Mangelware *f*
деформи́ровать *v impf/pf 1.* deformieren, verformen; *2. (fig)* verunstalten
децентрализова́ть *v impf/pf* dezentralisieren
децибе́л *m TECH* Dezibel *n*
дешёвый *adj 1.* billig preiswert; *2. (fig)* billig, primitiv
дешифри́ровать *v impf/pf* dechiffrieren, entziffern, entschlüsseln, decodieren
дея́ние *n JUR* Tat *f,* Vergehen *n; наказу́емое ~* Straftat *f*
де́ятель *m 1. обще́ственный ~* Person des öffentlichen Lebens; *2. POL полити́ческий ~* Politiker *m*
де́ятельность *f Tätigkeit f,* Aktivität *f,* Beschäftigung *f*
де́ятельный *adj* tätig, rege, betriebsam
джа́зовый *adj MUS* Jazz...
джем *m GAST* Marmelade *f*
джу́нгли *pl* Dschungel *m*
джут *m BOT* Jute *f*
диабе́т *m MED* Diabetes *f; са́харный ~* Zuckerkrankheit *f*
диабе́тик *m MED* Diabetiker(in) *m/f*

диáгноз *m* MED Diagnose *f,* Befund *m; стáвить ~* diagnostizieren
диагнóстика *f* Diagnostik *f; рáнняя ~* Früherkennung *f*
диагности́ровать *v impf* diagnostizieren
диагности́ческий *adj* diagnostisch
диагонáль *f* MATH Diagonale *f*
диагонáльный *adj* diagonal, schräg, Diagonal…
диагрáмма *f* Diagramm *n,* Schaubild *n*
диалéкт *m* LING Dialekt *m,* Mundart *f*
диалóг *m* Dialog *m,* Zwiegespräch *n*
диáметр *m* MATH Durchmesser *m*
диафрáгма *f 1.* ANAT Zwerchfell *n; 2.* MED Diaphragma *n; 3.* FOTO Blende *f*
дивáн *m* Sofa *n; ~-кровáть* Schlafcouch *f*
дивидéнд *m* ECO Dividende *f,* Gewinnanteil *m*
диви́ть *v impf 1.* in Erstaunen versetzen; *2. ~ся v impf* staunen, sich wundern
ди́вный *adj* wundervoll, wunderbar, Wunder…
диéта *f* Diät *f,* Schonkost *f; соблюдáть …ту* Diät halten
ди́зель *m* TECH Dieselmotor *m,* Diesel *m*
ди́зельный *adj* Diesel…
ди́кий *adj* wild, Wild…; *…кие звéри* wilde Tiere *pl*
дикобрáз *m* ZOOL Stachelschwein *n*
дикóвинный *adj (fam)* seltsam, wunderlich, kurios
диктáнт *m* Diktat *n*
диктáт *m* Diktat *n*
диктáтор *m* POL Diktator(in) *m/f*
диктáторский *adj* POL diktatorisch
диктатýра *f* POL Diktatur *f*
диктовáть *v impf* diktieren
ди́ктор *m* Sprecher *m;* Ansager *m; ~ телеви́дения* Fernsehmoderator(in) *m/f*
диктофóн *m* Diktiergerät *n,* Diktafon *n*
дилéмма *f* Dilemma *n*
ди́лер *m (fam)* Drogenhändler(in) *m/f*
дилетáнт *m* Dilettant(in) *m/f,* Laie *m*
дилетáнтский *adj 1.* dilettantisch, laienhaft, unfachmännisch; *2. (fig)* oberflächlich
динáмика *f 1.* PHYS Dynamik *f,* Bewegungslehre *f; 2. (движение)* Dynamik *f,* Bewegung *f,* Entwicklung *f; ~ цен* ECO Preisentwicklung *f; 3.* MUS Dynamik *f*
динами́т *m* Dynamit *n*
динами́ческий *adj* dynamisch, Dynamik…
динами́чный *adj* dynamisch
диóд *m* TECH Diode *f*
диокси́н *m* CHEM Dioxin *n*
диплóм *m 1.* Abschlusszeugnis *n,* Diplom *n; 2. (дипломная работа)* Diplomarbeit *f*
диплом́ат *m 1.* POL Diplomat(in) *m/f; 2. (fam)* Aktenkoffer *m*
дипломати́ческий *adj* diplomatisch
дипломати́чный *adj* diplomatisch, klug, gewandt
диломáтия *f* POL Diplomatie *f*
дирéктор *m* Direktor(in) *m/f,* Leiter(in) *m/f*
дирéкция *f* Direktion *f*
дирижёр *m* Dirigent(in) *m/f*
дирижи́ровать *v impf* dirigieren
дисгармóния *f 1.* MUS Disharmonie *f,* Missklang *m; 2. (fig)* Diskrepanz *f,* Missverhältnis *n*
дисидéнт *m* POL Dissident(in) *m/f*
диск *m 1.* Scheibe *f,* Platte *f; 2.* INFORM *компáктный ~* CD *f; 3.* INFORM *жёсткий ~* Festplatte *f*
дисквалификáция *f* Disqualifikation *f,* Disqualifizierung *f*
дисквалифици́ровать *v impf/pf 1.* disqualifizieren; *2. ~ся* die Qualifikation verlieren, disqualifiziert werden
дискéта *f* INFORM Diskette *f*
дисковóд *m* INFORM Laufwerk *n*
дискотéка *f* Diskothek *f,* Disco *f (fam)*
дискредитáция *f* Diskreditierung *f*
дискредити́ровать *v impf/pf* diskreditieren, in Misskredit/Verruf bringen
дискрéтность *f* MATH Unstetigkeit *f*
дискрéтный *adj* MATH unstetig, diskret
дискриминáция *f* Diskriminierung *f,* Diskrimination *f*
дискримини́ровать *v impf/pf* diskriminieren
дискуссиóнный *adj* diskutierbar, diskutabel, Diskussions…; *~ вопрóс* Streitfrage *f*
дискýссия *f* Diskussion *f,* Besprechung *f*
дискути́ровать *v impf* diskutieren, erörtern
диспропóрция *f* Missverhältnis *n*
ди́спут *m* Wortwechsel *m,* Disput *m,* Wortgefecht *n*
диссертáция *f* Disseration *f*
дистáнция *f 1.* Distanz *f,* Entfernung *f; 2.* SPORT Strecke *f*
дистилли́ровать *v impf/pf* destillieren
дисципли́на *f 1.* Disziplin *f; 2. (отрасль науки)* Disziplin *f,* Studienfach *n,* Wissensgebiet *n*

дисциплина́рный *adj* disziplinarisch, Disziplin…
дифтери́я *f MED* Diphtherie *f*
дифференциа́л *m 1. MATH* Differenzial *n; 2. TECH* Ausgleichsgetriebe *n*
дифференциа́льный *adj* Differenzial…
дифференци́ровать *v impf/pf* differenzieren, aufgliedern
дича́ть *v impf 1.* verwildern; *2. (о человеке)* menschenscheu werden
дичь *f 1. ZOOL* Wild *n; 2. GAST* Wild *n; 3. (fig)* Wildnis *f*
длина́ *f* Länge *f; …ой в 2 метра* 2 Meter lang
дли́нный *adj* lang; *у него́ ~ язы́к (fig)* er hat eine große Klappe
дли́тельность *f* Dauer *f,* Zeit *f; ~ хране́ния* Lagerfrist *f*
дли́тельный *adj* dauernd, langwierig, lang anhaltend; *на ~ срок* auf Dauer; *…ное возде́йствие* nachhaltige Wirkung *f*
дли́ть *v impf 1.* verzögern, hinziehen; *2. ~ся* dauern, andauern, sich hinziehen
для *prep 1.* für; *Э́тот пода́рок ~ тебя́.* Das Geschenk ist für dich. *2. (с целью чего-л)* für, zu *~ ва́шей по́льзы* zu Ihren Gunsten; *~ чего́* wofür, wozu
дно *n 1.* Boden *m,* Grund *m; идти́ ко дну* versinken; *пить до дна* austrinken; *2. (fig) золото́е ~* Goldgrube *f*
до[1] *prep 1.* bis, bis zu; *вы́пить ~ полсе́дней ка́пли* bis auf den letzten Tropfen austrinken; *~ сих пор* bis jetzt, bisher; *~ того́ как* so lange bis; *от вре́мени ~ вре́мени* von Zeit zu Zeit; *2. (около)* gegen, ungefähr, etwa; *3. (раньше)* vor, bis; *~ на́шей э́ры* vor unserer Zeitrechnung, vor Christus; *4. (при снижении, повышении)* auf; *сни́зить брак ~ трех проце́нтов* die Ausschussquote auf drei Prozent senken; *5. ~ свида́ния!* Auf Wiedersehen!
до[2] *n MUS* C *n; в ~ мажо́ре* in C-Dur
до упа́ду *adv (fam)* bis zur Erschöpfung, bis zum Umfallen
доба́вка *f 1.* Zugabe *f,* Zusatz *m,* Nachschlag *m; 2.* Zusatzmittel *n,* Zusatzstoff *m*
добавле́ние *n 1.* Ergänzung *f,* Hinzufügung *f; 2. (то, что добавлено)* Zuschlag *m,* Nachsatz *m,* Ergänzung *f*
добавля́ть *v impf* dazugeben, hinzugeben, hinzufügen, beifügen, ergänzen
доба́вочный *adj* ergänzend, zusätzlich, Ergänzungs…, Zusatz…; *~ за́работок* Nebenverdienst *m*
добива́ть *v impf 1.* jdn vernichten, jdm den Rest geben *(fam); 2. ~ся* nach etw streben, erstreben
доби́ть *v pf 1.* s. *добива́ть; 2. ~ся* etw erreichen, etw zu Wege bringen; *~ся внима́ния* sich Gehör verschaffen
до́блестный *adj* heldenhaft, heldenmütig, tapfer
доброво́льно *adv* unaufgefordert, aus freien Stücken, freiwillig
доброво́льный *adj* freiwillig, aus freien Stücken; *на …ных нача́лах* ehrenamtlich
доброде́тель *f* Tugend *f*
доброде́тельный *adj* tugendhaft
доброду́шие *n* Gutmütigkeit *f*
доброду́шный *adj* gutmütig
доброжела́тельный *adj* wohlwollend, wohlgesonnen, gewogen
доброжела́тельство *n* Wohlwollen *n,* Gewogenheit *f,* Gunst *f*
доброка́чественность *f* Güte *f,* hohe Qualität *f*
доброка́чественный *adj 1.* qualitätsgerecht, einwandfrei, Qualitäts…; *2. MED* gutartig
добропоря́дочность *f* Anständigkeit *f,* Ehrenhaftigkeit *f,* Ehrbarkeit *f*
добропоря́дочный *adj* anständig, ehrenhaft, ehrbar
добросерде́чие *n* Gutherzigkeit *f*
добросерде́чность *f* Gutherzigkeit *f*
добросерде́чный *adj* gutherzig, warmherzig
добросо́вестность *f* Gewissenhaftigkeit *f,* Redlichkeit *f*
добросо́вестный *adj* gewissenhaft
доброта́ *f* Herzensgüte *f,* Güte *f*
до́брый *adj* gut, gutherzig; *бу́дьте …ры́* seien Sie so gut/nett; *Всего́ …рого!* Alles Gute! *…рое у́тро!* Guten Morgen!
добыва́ть *v impf 1.* verschaffen, auftreiben; *2. MIN* fördern, gewinnen; *3. (fig) ~ся* etw durchsetzen
добы́ча *f 1.* Beute *f,* Fang *m; 2. MIN* Gewinnung *f,* Förderung *f*
дове́ренность *f* Vollmacht *f,* Ermächtigung *f; по …сти* in Vollmacht; *о́бщая ~* Generalvollmacht *f*
дове́ренный *adj 1.* bevollmächtigt, ermächtigt, Vollmachts…; *…нное лицо́* Vertrauensperson *f m; 2.* Bevollmächtigter *m*
дове́рие *n* Vertrauen *n,* Zutrauen *n; не заслу́живающий …рия* unzuverlässig;

лишать кого-л …рия jdm das Vertrauen entziehen
доверитель *m* JUR Vollmachtgeber *m*
доверительный *adj 1.* vertraulich; *2.* JUR treuhänderisch, Treuhand…, Vollmacht…
доверчивость *f 1.* Arglosigkeit *f*, Leichtgläubigkeit *f*, Gutgläubigkeit *f*; *2. (о животных)* Zutraulichkeit *f*
доверчивый *adj* arglos, vertrauensvoll, gutgläubig, leichtgläubig; *2. (о животных)* zutraulich
доверять *v impf 1.* vertrauen, anvertrauen; *2. (какое-л дело)* jdn beauftragen, jdn mit etw betrauen
довод *m* Argument *n*, Beweisgrund *m*; *~ы за и против* das Für und Wider; *приводить ~ы* Beweisgründe anführen
довоенный *adj* Vorkriegs…; *~ период* HIST Vorkriegszeit *f*
довольно *adv 1.* genug, zur Genüge; *На сегодня ~!* Das reicht für heute! *2. (порядочно)* ziemlich
довольный *adj* zufrieden
довольство *n 1.* Zufriedenheit *f*, Befriedigung *f*, Genüge *f*; *2. (fam)* Wohlstand *m*; *жить в …ве* wohlhabend sein
довольствоваться *v impf* sich mit etw begnügen, sich mit etw zufrieden geben
дог *m* ZOOL Dogge *f*
догадка *f* Vermutung *f*, Mutmaßung *f*
догадливость *f* Scharfsinnigkeit *f*
догадливый *adj* scharfsinnig
догадываться *v impf 1.* erraten; *2. (предпологать)* ahnen, vermuten
догма *f* Dogma *n*, Lehrsatz *m*
догматический *adj* dogmatisch
догматичный *adj* dogmatisch
договариваться *v impf 1.* verabreden, vereinbaren; *2. (вести переговоры)* verhandeln
договор *m* ECO Vertrag *m*; Abkommen *n*; *трудовой ~* Arbeitsvertrag *m*; *~ купли-продажи* Kaufvertrag *m*
договорённость *f* Vereinbarung *f*, Übereinkunft *f*, Abmachung *f*, Verabredung *f*
договориться *v pf 1.* s. *договариваться*; *2. (прийти к соглашению)* sich einigen, übereinkommen
договорный *adj* vertraglich, Vertrags…
догонять *v impf* einholen, nachholen
дождливый *adj* regnerisch, Regen…; *…вая погода* Regenwetter *n*; *~ день* verregneter Tag
дождь *m 1.* Regen *m*; *проливной ~* Regenschauer *m*, Platzregen *m*; *идёт ~* es regnet; *2.* BOT *золотой ~* Goldregen *m*
дожидаться *v impf* erwarten, warten auf etw
доза *f* Dosis *f*
дозировать *v impf/pf* dosieren
дознание *n* JUR Ermittlung *f*, Ermittlungsverfahren *n*
доить *v impf* melken
док *m* Dock *n*
доказуемость *f* Nachweisbarkeit *f*
доказуемый *adj* beweisbar, nachweislich
доклад *m 1.* Bericht *m*; *2. (научный)* Vortrag *m*, Referat *n*
докладной *adj* Vortrags…
докладчик *m* Sprecher *m*, Redner *m*, Referent(in) *m/f*
докладывать[1] *v impf* melden, berichten
докладывать[2] *v impf (прибавлять)* hinzufügen, dazulegen
доктор *m* Doktor(in) *m/f*
доктрина *f* Doktrin *f*, Lehre *f*
документ *m 1.* Dokument *n*, Schriftstück *n*; *2. (удостоверение личности)* Ausweis *m*, Ausweispapier *n*
документальный *adj* dokumentarisch, Dokumentar…
документация *f* Dokumentation *f*
документировать *v impf/pf* dokumentieren, belegen
долбить *v impf 1.* hacken, picken, stoßen, meißeln; *2. (повторять)* einschärfen, beständig wiederholen; *3. (зубрить)* pauken, büffeln, eintrichtern; *4. (fig) капля и камень …бит* steter Tropfen höhlt den Stein
долг *m 1.* Pflicht *f*, Schuldigkeit *f*; *2. (fig) отдавать кому-л последний ~* jdm die letzte Ehre erweisen; *3. (взятое взаймы)* Schuld *f*, Schulden *pl*; *4. первым ~ом* vor allem, vor allen Dingen
долгий *adj* lang; *откладывать что-л на ~ ящик (fig)* etw auf die lange Bank schieben *(fig)*
долго *adv* lange; *~ ли коротко ли* über kurz oder lang
долговечность *f* Lebensdauer *f*, Haltbarkeit *f*
долговечный *adj* langlebig, dauerhaft, haltbar
долгожитель *m* langlebiger Mensch *m*
долголетие *n* Langlebigkeit *f*
долголетний *adj* langlebig, langjährig
долгосрочный *adj* langfristig, Dauer…

долгота́ *f 1.* Dauer *f,* Länge *f; 2. GEO* Längengrad *m,* Länge *f*
долгохраня́щийся *adj* haltbar
до́лжен *1.* schulden; *Он мне ~ большу́ю су́мму.* Er schuldet mir eine Menge Geld. *2. (обязан)* müssen; *Я ~ зако́нчить э́ту рабо́ту.* Ich muss diese Arbeit zu Ende bringen.
должни́к *m ECO* Schuldner *m*
должни́ца *f ECO* Schuldnerin *f*
должно́ быть *adv* wahrscheinlich, anscheinend
до́лжность *f* Stelle *f,* Dienststelle *f,* Posten *m,* Amt *n,* Funktion *f*
до́лжный *adj* gebührend, gehörig, entsprechend; *с ...ным внима́нием* mit gebührender Achtung
долива́ть *v impf* nachfüllen, nachschenken
доли́на *f GEO* Tal *n; го́рная ~* Gebirgstal *n*
до́ллар *m FIN* Dollar *m*
доло́й *adv* Nieder!, Weg!, Hinweg!; *~ диктату́ру!* Nieder mit der Diktatur! *Уходи́ с глаз ~!* Geh mir aus den Augen!
до́ля *f 1.* Teil *m,* Anteil *m; 2. MATH* Bruchteil *m; 3. (судьба)* Los *n,* Schicksal *n*
дом *m 1.* Haus *n,* Gebäude *n; жило́й ~* Wohnhaus *n; высо́тный ~* Hochhaus *n; 2. (отчаг)* Zuhause *n,* Heim *n; тосковá́ть по ~у* sich nach zu Hause sehnen, Heimweh haben; *3. (в названиях учреждений)* Haus *n,* Heim *n; детский ~* Kinderheim *n; публи́чный ~* Bordell *n*
до́ма *adv* zu Hause, daheim; *у кого́-л не все ~ (fig)* jmd hat nicht alle Tassen im Schrank *(fig); Как дела́ ~?* Wie geht's daheim?
дома́шний *adj 1.* häuslich, Haus...; *~ врач* Hausarzt *m; ...ние зада́ния* Hausaufgaben *pl; ...ние живо́тные* Haustiere *pl; 2. GAST* hausgemacht, selbstgemacht
доме́н *m INFORM* Domäne *f*
до́мик *m* Häuschen *n,* Hütte *f; ка́рточный ~* Kartenhaus *n*
домина́нтный *adj* dominant, vorherrschend
Доминика́нская Респу́блика *f GEO* Dominikanische Republik *f*
домини́ровать *v impf* dominieren, vorherrschen
домини́рующий *adj* dominierend, vorherrschend, Vormachts...; *...щее положе́ние* Vormachtsstellung *f*
домови́тый *adj 1.* häuslich; *2. (экономный)* wirtschaftlich, sparsam
домога́тельство *n* Ansuchen *n,* dringende Bitte *f*
домога́ться *v impf* beharrlich bitten, ansuchen, hinarbeiten auf; *~ вла́сти* nach Macht streben
домо́й *adv* nach Hause, heim
доморо́щенный *adj 1.* aus eigener Zucht, aus eigenem Anbau; *2. (fig)* hausbacken, primitiv
домохозя́йка *f* Hausfrau *f*
домрабо́тница *f* Hausmädchen *n,* Hausangestellte *f*
до́нор *m/f MED* Spender(in) *m/f,* Organspender(in) *m/f; ~ кро́ви* Blutspender(in) *m/f*
доно́с *m* Anzeige *f,* Denunziation *f*
доноси́ть[1] *v impf* tragen, bringen
доноси́ть[2] *v impf (делать донос)* denunzieren, anzeigen
доно́счик *m POL* Denunziant *m*
доно́счица *f POL* Denunziantin *f*
допива́ть *v impf* austrinken, leeren
до́пинг *m SPORT* Doping *n*
допла́та *f* Nachzahlung *f,* Zuzahlung *f,* Zuschlag *m*
доплатно́й *adj* mit Zuschlag; *...но́е письмо́* Brief mit Nachporto
допла́чивать *v impf* nachzahlen, zuzahlen, draufzahlen *(fam)*
допо́длинный *adj (fam)* echt, genau
дополне́ние *n 1.* Ergänzung *f,* Nachtrag *m,* Zusatz *m; 2. GRAMM* Objekt *n*
дополни́тельный *adj* zusätzlich, ergänzend, nachträglich, Zusatz..., Ergänzungs...
дополня́ть *v impf* ergänzen, hinzufügen, anfügen
допоста́вка *f* Nachlieferung *f*
допото́пный *adj* rückständig, vorsintflutlich, fossil
допра́шивать *v impf* verhören, vernehmen
допро́с *m* Verhör *n,* Vernehmung *f*
до́пуск *m 1.* Zugang *m,* Zutritt *m; 2. TECH* Toleranz *f*
допуска́ть *v impf 1.* zulassen, gestatten; *2. (предполагать)* annehmen, zugeben; *3. ~ оши́бку* einen Fehler begehen
допусти́мый *adj* zulässig, gestattet
доро́га *f 1.* Weg *m,* Straße *f; просёлочная ~* Feldweg *m; 2. желе́зная ~* Eisenbahn *f; 3. (путешествие)* Reise *f; в ...ге* unterwegs
дорого́й *adj 1.* teuer, kostspielig, kostbar; *2. (милый)* lieb, teuer
дорогосто́ящий *adj* kostspielig

доро́дный *adj* beleibt, korpulent, behäbig
дородово́й *adj* pränatal
доро́жка *f 1.* Weg *m; велосипе́дная ~* Fahrradweg *m; пешехо́дная ~* Fußweg *m; 2.* SPORT Bahn *f; 3. (коврик)* Läufer *m; 4.* MUS Tonspur *f*
доро́жный *adj* Reise…, Weg…, Straßen…; *~ указа́тель* Wegweiser *m; ~ знак m* Verkehrszeichen *n*
доса́да *f* Ärger *m,* Verdruss *m; Кака́я ~!* Wie ärgerlich!
доса́дный *adj* ärgerlich, bedauerlich, peinlich
доса́довать *v impf* ärgerlich sein, sich über etw ärgern
доска́ *f 1.* Brett *n; гла́дильная ~* Bügelbrett *n; чертёжная ~* Reißbrett, Zeichenbrett *n; 2. (классная)* Tafel *f; 3. ~ объявле́ний* Schwarzes Brett
досло́вно *adv* wörtlich, wortwörtlich, Wort für Wort
досло́вный *adj* wörtlich, Wort…; *~ перево́д* wörtliche Übersetzung
досмо́тр *m* Besichtigung *f,* Inspektion *f,* Kontrolle *f*
доспе́хи *pl* Rüstung *f,* Harnisch *m*
досро́чно *adv* vorzeitig, frühzeitig, vor dem Termin
досро́чный *adj* vorzeitig
достава́ть *v impf 1.* nehmen, holen; *2. (добывать)* besorgen, beschaffen; *3. (дотягиваться)* erreichen; *4. ~ся* zuteil werden, zufallen
доста́вка *f* Lieferung *f,* Zustellung *f*
доставля́ть *v impf 1.* liefern, zustellen; *2. (причинять)* verschaffen, bereiten
доста́вщик *m* Lieferant *m*
доста́вщица *f* Lieferantin *f*
доста́ток *m* Wohlstand *m; жить в …тке* im Wohlstand leben
доста́точно *adv* ziemlich, ausreichend, zur Genüge, genug
доста́точный *adj* ausreichend, genügend, hinlänglich
достига́ть *v impf* erreichen, erlangen
дости́жение *n 1.* Erreichen *n,* Erlangen *n; 2. (успех)* Erfolg *m,* Leistung *f,* Errungenschaft *f; 3.* SPORT *ли́чное ~* persönliche Bestleistung *f*
достиже́ние *n* Leistung *f,* Erfolg *m*
достижи́мый *adj* erreichbar
достове́рность *f* Glaubwürdigkeit *f,* Echtheit *f*
достове́рный *adj* glaubwürdig, wahrheitsgetreu, zuverlässig
досто́инство *n 1.* Würde *f; 2. (качество)* Wert *m,* Güte *f,* Qualität *f*
досто́йный *adj 1.* wert, würdig, geschätzt; *~ призна́ния* anerkennenswert; *2. (заслуженный)* verdient
достопримеча́тельность *f* Sehenswürdigkeit *f*
достопримеча́тельный *adj* sehenswert, sehenswürdig, bemerkenswert
достоя́ние *n* Besitz *m,* Habe *f,* Gut *n,* Eigentum *n; культу́рное ~* Kulturgut *n*
до́ступ *m* Zugang *m,* Zutritt *m; закры́ть ~* den Zutritt verwehren
досту́пный *adj 1.* zugänglich, erreichbar; *2. (о цене)* erschwinglich
досу́г *m 1.* Muße *f; 2. (свободное время)* Freizeit *f*
досыла́ть *v impf* nachschicken, nachsenden
досыпа́ть *v impf* nachfüllen, nachschütten
досяга́емость *f* Erreichbarkeit *f; вне …сти* außer Reichweite *f*
досяга́емый *adj* erreichbar
дота́ция *f* ECO Subvention *f,* Zuwendung *f,* Zuschuss *m*
дотра́гиваться *v impf* berühren, anfassen
доту́да *adv (fam)* bis dahin, bis dorthin
дотя́гивать *v impf 1.* ziehen; *2. (fig)* hinziehen
до́хнуть *v impf* verenden, krepieren; *Му́хи …ут.* Es ist sterbenslangweilig.
дохо́д *m* Einkommen *n;* Einnahme *f;* Erlös *m,* Ertrag *m; валово́й ~* Bruttoeinkommen *n*
доходи́ть *v impf 1.* gehen, kommen; *2. (достигать)* erreichen, ankommen; *3. (fig) сейча́с до меня́ дошло́* jetzt geht es mir auf, jetzt kommt es mir
дохо́дность *f* ECO Ertragsfähigkeit *f,* Rentabilität *f*
дохо́дный *adj* ECO einträglich, ergiebig, profitabel, gewinnbringend, lukrativ
доче́рний *adj* Tochter…; *…нее предприя́тие* ECO Tochterunternehmen *n*
дочь *f* Tochter *f*
драгоце́нность *f* Wertgegenstand *m,* Kostbarkeit *f,* Juwel *n,* Schatz *m*
драгоце́нный *adj* kostbar, wertvoll; *~ ка́мень* Edelstein *m*
дразни́ть *v impf 1.* necken, hänseln, ärgern; *Не …ни́ звере́й.* Reize die Tiere nicht. *2. (возбуждать)* erregen, reizen

дра́ка *f* Schlägerei *f,* Rauferei *f,* Handgemenge *n*
драко́н *m 1. ZOOL* Flügeleidechse; *2. (fig)* Drache *m*
дра́ма *f* Drama *n*
драматизи́ровать *v impf 1. THEAT* für die Bühne bearbeiten; *2. (fig)* dramatisieren
драмати́чный *adj* dramatisch
драть *v impf (fam) 1.* zerfetzen, zerreißen; *2. (наказывать)* prügeln; *3. ~ся* sich prügeln, raufen
дребезжа́ние *n* Klirren *n*
дребезжа́ть *v impf* klirren
древеси́на *f* Holz *n*
древнееврéйский *adj* hebräisch; *~ язы́к* Hebräisch *n,* hebräische Sprache
древненемéцкий *adj* altdeutsch
дрéвний *adj 1.* alt, altertümlich, antik; *~ мир HIST* Antike *f 2. (очень старый)* uralt
дрéвность *f 1.* Altertum *n; 2. (древние времена) в глубо́кой ...сти* in grauer Vorzeit
дрейфова́ть *v impf* driften, treiben
дрема́ть *v impf 1.* schlummern, dösen, im Halbschlaf sein; *2. не ~* wachsam sein, aufpassen
дремо́та *f* Halbschlaf *m,* Schläfrigkeit *f,* Schlaftrunkenheit *f*
дрему́чий *adj* dicht; *~ лес* Urwald *m*
дрени́ровать *v impf/pf* entwässern
дрессирова́ть *v impf* dressieren, abrichten
дрессиро́вка *f* Dressur *f*
дро́бный *adj 1. MATH* Bruch...; *2. (fam)* zerstückelt
дробь *f 1. MATH* Bruch *m; десяти́чная ~* Dezimalbruch *m; 2. (ружейная)* Schrot *n*
дрова́ *pl* Brennholz *n,* Holz *n*
дровосéк *m* Holzfäller *m,* Waldarbeiter *m*
дрожа́ние *n 1.* Zittern *n,* Beben *n; 2. (колебания)* Vibration *f,* Schwingung *f*
дрожа́тельный *adj MED ~ парали́ч* Schüttellähmung *f*
дрожа́ть *v impf 1.* zittern, beben; *2. (о свете)* flackern; *3. (о голосе)* vibrieren; *4. (fig)* um etw zittern, um etw bangen
дрожа́щий *adj* zittrig, zitternd
дрожжево́й *adj GAST* Hefe...
дро́жжи *pl GAST* Hefe *f; иску́ственные ~* Backpulver *n*
дрожь *f* Frösteln *n,* Zittern *n,* Schauer *m*
дрозд *m ZOOL 1.* Drossel *f; 2. чёрны ~* Amsel *f*
друг *m 1.* Freund *m; 2. ~ дру́га* einander; *3. ~ ~у* einander; *4. ~ от ~а* voneinander; *5. ~ с ~ом* miteinander; *6. ~ к ~у* zueinander
друго́й *adj 1.* anderer; *2. (второй)* nächster, folgender; *на ~ день* am nächsten Tag
дру́жба *f* Freundschaft *f*
дру́жеский *adj* freundlich, freundschaftlich
дружи́ть *v impf 1.* mit jdm befreundet sein; *2. ~ся* sich mit jdm anfreunden, mit jdm Freundschaft schließen
дря́бнуть *v impf (fam)* austrocknen, welken
дряно́й *adj (fam)* gemein, elend, dreckig, Schund...
дрянь *f (fam) 1.* Dreck *m,* Mist *m,* Schund *m; 2. (о человеке)* Mistkerl *m*
дряхлéть *v impf* altern, gebrechlich werden
дря́хлость *f* Altersschwäche *f,* Gebrechlichkeit *f*
дря́хлый *adj 1.* gebrechlich, hinfällig; *2. (fig)* antiquiert
дуб *n 1. BOT* Eiche *f; 2. (материал)* Eichenholz *n*
дуби́на *f 1.* Keule *f,* Knüppel *m; 2. (fam)* Schwachkopf *m,* Idiot *m*
дуби́нка *f* Schlagstock *m,* Gummiknüppel *m*
дублика́т *m* Duplikat *n,* Doppel *n*
Ду́дки! *interj* Denkste!, Von wegen!
ду́жка *f 1.* Henkel *m,* Griff *m; 2. (очки)* Brillenbügel *m*
ду́ло *n* Mündung *f*
ду́мать *v impf 1.* denken, nachdenken; *2. (считать)* meinen, denken, glauben, der Meinung sein; *3. (намереваться)* beabsichtigen, vorhaben, wollen
Дуна́й *m GEO* Donau *f*
дуновéние *n* Hauch *m,* Lufthauch *m*
дупло́ *n* Höhle *f,* Höhlung *f,* Baumhöhle *f*
ду́ра *f (fam)* dumme Gans *f,* blöde Kuh *f*
дура́к *m (fam)* Dummkopf *m,* Idiot *m*
дура́цкий *adj* dumm, albern, närrisch
дура́чество *n* Unsinn *m,* Firlefanz *m*
дура́чить *v impf (fam)* foppen, necken, jdn auf den Arm nehmen
дурно́й *adj 1.* schlecht, übel; *имéть ...ную сла́ву* einen schlechten Ruf haben, in Verruf geraten sein; *2. (некрасивый)* hässlich; *3. (fam)* blöd, dumm
дурнота́ *f* Übelkeit *f,* Unwohlsein *n*
дурну́шка *f (fam)* hässliche Frau
ду́рочка *f* dummes Ding *n,* Kindskopf *m*
дурь *f (fam)* Torheit *f,* Dummheit *f,* Albernheit *f,* dummes Zeug *n*

дýтый *adj 1.* hohl; *2. (fig)* aufgeblasen, übertrieben, aufgebauscht
дуть *v impf 1.* blasen, pusten; *2. (о ветре)* wehen; *3. ~ся* schmollen
дух *m 1.* Geist *m; 2. (моральное состояние)* Stimmung *f; быть в ~е* in Stimmung sein, gut drauf sein; *3. присýтствие ~а* Geistesgegenwart *f; 4. (призрак)* Gespenst *n,* Geist *m*
духи́ *pl* Parfüm *n (fam)*
духовéнство *n* REL Klerus *m,* Geistlichkeit *f*
духóвка *f* Backofen *m*
духовни́к *m* Beichtvater *m*
духóвный *adj 1.* geistig, seelisch; *...ная бли́зость* Seelenverwandtschaft *f; 2.* REL geistlich; *...ное лицó* Geistlicher *m; ~ отéц* Beichtvater *m*
душ *m* Dusche *f; принимáть ~* duschen
душá *f 1.* Seele *f; дóбрая ~* gute Seele; *2. ~ в глубинé ...ши́* im Grunde seines Herzens; *3. на ...шу населéния* pro Kopf der Bevölkerung; *4. (fig) ~ в пя́тки ушлá!* Mir ist das Herz stehen geblieben!
душевнобольнóй *adj* PSYCH *1.* geisteskrank, gemütskrank; *m 2.* Geisteskranke(r) *f/m*
душéвный *adj 1.* herzlich, innig; *2. (психический)* seelisch, Seelen...
души́ть *v impf 1.* würgen, erdrosseln; *2. (fig)* unterdrücken, ersticken
дýшный *adj* schwül, drückend, stickig; *Мне ...но.* Ich ersticke. Ich bekomme keine Luft mehr.
дуэ́ль *f* Duell *n,* Zweikampf *m*
дуэ́т *m* MUS Duett *n; ~ом* im Duett
дым *m* Rauch *m; густóй ~* Qualm *m; Нет ~а без огня́. (fig)* Wo Rauch ist, ist auch Feuer. *(fig)*
дыми́ть *v impf (fam)* rauchen, qualmen
ды́ня *f* BOT Honigmelone *f*
ды́рá *f* Loch *n; в ...ах* löchrig, durchlöchert
дырокóл *m* Locher *m*
ды́рчатый *adj* gelocht, perforiert
дыря́вый *adj* löchrig
дыхáние *n 1.* Atem *m,* Atmung *f,* Puste *f (fam)*; *2.* MED Beatmung *f; искýсственное ~* künstliche Beatmung
дыхáтельный *adj 1.* Atmungs..., Atem...; *2.* ANAT *...ные пути́* Atemwege *pl*
дышáть *v impf* atmen; *тяжелó ~* schnaufen
дья́вол *m* Teufel *m,* Dämon *m*
дья́вольский *adj* teuflisch, höllisch; *~ зáмысел* teuflischer Plan; *...кая погóда* Sauwetter *n (fam)*
дьячóк *m* REL Küster *m,* Messner *m*
дю́жина *f* Dutzend *n; ~ми* dutzendweise
дюйм *m* Zoll *m*
дю́на *f* GEO Düne *f*
дя́дя *m* Onkel *m*

Е

евагели́ческий *adj REL* evangelisch
ева́нгелие *n REL* Evangelium *n*
евре́й *m* Jude *m*
евре́йка *f* Jüdin *f*
евре́йский *adj* jüdisch, Juden…
е́вро *n FIN* Euro *m*
Евро́па *f GEO* Europa *n*
европе́ец *m* Europäer *m*
европе́йка *f* Europäerin *f*
европе́йский *adj* europäisch
евротунне́ль *m* Eurotunnel *m*
Еги́пет *m GEO* Ägypten *n*
еги́петский *adj* ägyptisch
египтя́нин *m* Ägypter *m*
египтя́нка *f* Ägypterin *f*
его́ *pron 1. (от слова он)* ihn; *я ви́жу ~* ich sehe ihn; *2. (от слова оно)* es; *дай мне ~* gib es mir; *3. (притяжательное)* sein; *~ кни́га* sein Buch
еда́ *f 1.* Essen *n,* Speise *f,* Kost *f; 2. (дейс- твие)* Essen *n; во вре́мя еды́* beim Essen
едва́ *adv 1.* kaum; *2. ~ не* fast, beinahe
едва́ ли *adv* wohl kaum
едине́ние *n* Einigung *f,* Einigkeit *f*
едини́ца *f* Einheit *f; ~ измере́ния* Maßeinheit *f; 2. (отметка)* Eins *f; 3. MATH* Eins *f*
едини́чный *adj 1.* einzeln, Einzel…; *~ слу́чай* Einzelfall *m; 2. (редкий)* selten, vereinzelt
единовла́стие *n* Alleinherrschaft *f*
единовре́менный *adj* einmalig
единогла́сие *n* Einstimmigkeit *f*
единогла́сный *adj* einstimmig, einmütig, einhellig
единоду́шие *n* Einmütigkeit *f,* Eintracht *f*
единоду́шный *adj* einmütig, einträchtig; *…ное одобре́ние* einmütige Zustimmung
еди́нственный *adj 1.* einzigartig, einmalig; *2. GRAMM …ное число́* Singular *m*
еди́нство *n* Einheit *f,* Einigkeit *f*
еди́ный *adj 1.* einheitlich, geeint, Einheits…; *2. (единственный)* ein, einzig
е́дкий *adj 1.* ätzend, beißend; *2. (fig)* bissig
е́дкость *f* Schärfe *f*
её *pron 1. (от слова она)* sie; *я ви́жу ~* ich sehe sie; *2. (притяжательное)* ihr; *~ кни́га* ihr Buch
ёж *m ZOOL* Igel *m*
ежеви́ка *f BOT 1.* Brombeere *f; 2. (растение)* Brombeerstrauch *m*
ежего́дный *adj* jährlich, alljährlich, Jahres…
ежедне́вный *adj* täglich, Tages…
ежеме́сячный *adj* monatlich, jeden Monat
еженеде́льник *m* Wochenblatt *n*
еженеде́льный *adj* wöchentlich, jede Woche. Wochen…
ежеча́сный *adj* stündlich, jede Stunde
езда́ *n* Fahren *n; в двух часа́х …ды́ от* zwei Stunden Fahrt von
е́здить *v impf* s. *е́хать*
ей *pron* ihr
е́ле *adv* kaum; *~ живо́й* halbtot
е́ле-е́ле *adv (fam)* mit Müh und Not, gerade noch
ёлка *f 1. BOT* Tanne *f,* Fichte *f; 2. рожде́ственская ~* Christbaum *m,* Weihnachtsbaum *m*
ель *f BOT* Fichte *f,* Tanne *f*
ёмкостный *adj* Kapazitäts…
ёмкость *f 1.* Volumen *n,* Fassungsvermögen *n,* Kapazität *f; 2. (сосуд)* Behälter *m,* Tank *m*
ему́ *pron* ihm
епа́рхия *f REL* Diözese *f*
епи́скоп *m REL* Bischof *m*
епископа́льный *adj REL* episkopal
епи́скопство *n REL* Bistum *n*
ерети́к *m REL* Ketzer *m*
ерети́ческий *adj REL* ketzerisch
ерети́чка *f REL* Ketzerin *f*
ерунда́ *f (fam)* Unsinn *m,* dummes Zeug *n*
е́сли *konj* wenn, falls
есте́ственно *adv* natürlich, selbstverständlich, freilich
есте́ственность *f* Natürlichkeit *f*
есте́ственный *adj* natürlich, selbstverständlich, naturgemäß, Natur…
естествозна́ние *n* Naturkunde *f,* Naturwissenschaften *pl*
есть[1] *v impf 1.* essen, speisen; *2. (о животных)* fressen
есть[2] *v impf (быть)* sein, geben; *~ таки́е лю́ди* solche Leute gibt es; *Кто ты ~?* Wer bist du?
е́хать *v impf 1.* fahren; *~ на авто́бусе* mit dem Bus fahren; *2. (куда-л)* fahren, reisen, verreisen; *3. ~ верхо́м* reiten
ещё *adv 1.* noch; *~ раз* nochmal; *2. (уже)* schon; *~ бу́дучи ребёнком* schon als Kind; *3. Вот ~!* Das fehlte gerade noch!

Ж

жáба *f* ZOOL Kröte *f*
жáбры *pl 1.* ZOOL Kiemen *pl; 2. взять когó-л за ~* jdm das Messer an die Kehle setzen
жáворонок *m 1.* ZOOL Lerche *f; 2. (о человеке)* Frühaufsteher(in) *m/f*
жáдина *m/f (fam)* Knauser *m,* Geizkragen *m*
жáдничать *v impf* geizen, geizig sein, knausern
жáдность *f 1.* Habsucht *f,* Habgier *f; 2. (скупость)* Geiz *m*
жáдный *adj 1.* gierig, habsüchtig, habgierig; *2. (скупой)* geizig, knauserig *(fam)*
жáжда *f 1.* Durst *m; 2. (fig)* Hunger *m,* Begierde *f,* Drang *m*
жáждать *v impf 1.* Durst haben; *2. (fig)* begehren, nach etw lechzen *(fam)*
жáждущий *adj* durstig, lechzend
жакéт *m* Jackett *n*
жалéть *v impf 1.* bedauern, bereuen; *2. ~ кого-л* jdn bemitleiden
жáлить *v impf 1.* stechen; *2. (о змее)* beißen
жáлкий *adj 1.* beklagenswert, bedauernswert; *2. (ничтожный)* kläglich, erbärmlich, jämmerlich, elend
жáлко *adv* schade, bedauerlich
жáло *n* ZOOL *1.* Stachel *m; 2. (змеи)* Zunge *f; 3. (fig)* Stachel *m,* Giftzahn *m*
жáлоба *f 1.* Beschwerde *f,* Klage *f; 2.* JUR Klage *f; подавáть ...бу на когó-л* jdn verklagen
жáлобный *adj* jammernd, wehleidig
жáлобщик *m* JUR Kläger *m*
жáлобщица *f* JUR Klägerin *f*
жáлование *n 1.* Gehalt *n; 2.* THEAT Gage *f*
жáловать *v impf 1.* verleihen, erteilen; *2. (любить)* gern mögen, gern haben; *3. ~ся* klagen, jammern, sich beschweren
жáлостливый *adj* teilnahmsvoll, mitfühlend
жáлость *f* Mitleid *n,* Erbarmen *n*
жаль *1.* schade, es ist bedauerlich; *~ потéрянного врéмени* schade um die verlorene Zeit; *2. Мне ~ её.* Sie tut mir Leid.
жалюзи́ *pl* Jalousie *f,* Rollladen *m*
жанр *m 1.* Gattung *f,* Art *f; 2.* ART, LIT Genre *n*
жар *m 1.* Hitze *f,* Glut *f; 2. (рвение)* Eifer *m; 3. (повышенная температура)* MED Fieber *n*
жарá *f* Hitze *f*
жаргóн *m* Jargon *m*
жáреный *adj* gebraten, Brat...
жáрить *v impf* braten
жáркий *adj 1.* heiß; *2. (fig)* heftig, hitzig, heiß
жаркóе *n* Braten *m*
жаропонижáющее *n* MED fiebersenkendes Mittel, Fiebermittel *n*
жаропонижáющий *adj* fiebersenkend
жаропрóчный *adj* hitzebeständig
жаростóйкий *adj* hitzebeständig
жароупóрный *adj* hitzebeständig
жасми́н *m* BOT Jasmin *m*
жасми́нный *adj* Jasmin...
жáтва *f* AGR Ernte *f*
жать[1] *v impf 1.* drücken, zusammendrücken; *2. (об одежде)* drücken, zu eng sein
жать[2] *v impf* AGR mähen, ernten
жвáчка *f 1.* Wiederkäuen *n; 2. (fam)* Kaugummi *n*
жвáчные *pl* ZOOL Wiederkäuer *pl*
жгýчий *adj* brennend, beißend; *...чая боль* brennender Schmerz; *...чая крапи́ва* BOT Brennnessel *f*
ждать *v impf* warten, harren, erwarten; *Жду тебя́.* Ich warte auf dich.
же *adv 1. (усиление)* denn, doch, aber; *Пойдём ~!* Gehen wir doch endlich! *2. (указание тождества) э́тот ~ дом* dasselbe Haus
жевáтельный *adj* Kau...; *...ная рези́нка* Kaugummi *n*
жевáть *v impf* kauen
желáемый *adj* erwünscht
желáние *n* Wunsch *m,* Lust *f,* Verlangen *n; по ...ию* nach Wunsch, nach Belieben
желáнный *adj 1.* erwünscht, wünschenswert, willkommen; *2. (милый)* geliebt, viel geliebt
желáтельный *adj* erwünscht, wünschenswert
желати́н *m* GAST Gelatine *f*
желати́нный *adj* gallertartig, Gelatine...
желáть *v impf 1.* wünschen; *~ комý-л удáчи* jdm die Daumen drücken; *2. (хотеть)* wollen, erwünschen
желвáк *m* Beule *f,* Schwellung *f*
желé *n* GAST Gelee *n*
железá *f* ANAT Drüse *f*
желéзистый *adj* eisenhaltig, Eisen...

железнодоро́жник *m* Eisenbahner *m*, Bahnbeamter *m*
железнодоро́жный *adj* Bahn…, Eisenbahn…, Zug…; *…ная сеть* Schienennetz *n*; *…ное сообще́ние* Zugverbindung *f*, Zugverkehr *m*
желе́зный *adj 1.* eisern, Eisen…; *…ная доро́га* Eisenbahn *f*; *2. (fig)* eisern, hart
желе́зо *n MET* Eisen *n*
железобето́н *m* Stahlbeton *m*
жёлоб *m* Rinne *f*; *водосточный ~* Dachrinne *f*
желте́ть *v impf 1.* gelb werden, vergilben; *2. ~ся* gelb schimmern
желти́ть *v impf* gelb färben
желто́к *m GAST* Eigelb *n*, Eidotter *m*, Dotter *m*
желту́ха *f MED* Gelbsucht *f*
жёлтый *adj* gelb; *…тая пре́сса* Regenbogenpresse *f*
желу́док *m ANAT* Magen *m*
желу́дочек *m ANAT* Herzkammer *f*
жёлудь *m BOT* Eichel *f*
жёлчь *f ANAT* Galle *f*; *он по́лон …чи (fig)* er speit Gift und Galle
жема́ниться *v impf* sich zieren, zimperlich sein, zicken *(fam)*
жема́нный *adj* geziert, affektiert
жема́нство *n* affektiertes Gehabe, Getue *n (fam)*
же́мчуг *m* Perlen *pl*; *иску́сственный ~* Schaumperlen *pl*
жемчу́жница *f ZOOL* Perlenmuschel *f*
жемчу́жный *adj* Perlen…; *…ное ожере́лье* Perlenkette *f*
жена́ *f* Ehefrau *f*, Frau *f*
жена́тый *adj* verheiratet
жени́х *m* Bräutigam *m*, Verlobter *m*
же́нский *adj* weiblich, feminin
же́нственность *f* Weiblichkeit *f*
же́нственный *adj* weiblich, fraulich, feminin
же́нщина *f* Frau *f*
женьше́нь *m BOT* Ginseng *m*
жердь *f* Stange *f*; *худо́й как ~* spindeldürr *(fam)*
жеребёнок *m ZOOL* Fohlen *n*
жеребе́ц *m ZOOL* Hengst *m*
жереби́ться *v impf ZOOL* fohlen
же́ртва *f* Opfer *n*, Verzicht *m*
же́ртвователь *m* Spender *m*
же́ртвовать *v impf* opfern, spenden
жест *m* Geste *f*, Handbewegung *f*, Gebärde *f*; *язы́к ~ов* Gebärdensprache *f*
жестикули́ровать *v impf* gestikulieren
жёсткий *adj 1.* hart, rau; *2. (fig)* hart, rau, streng, schroff; *…кие ме́ры* hartes Durchgreifen; *3. TECH* starr, steif, fest; *4. INFORM ~ диск* Festplatte *f*, Harddisk *f*
жесто́кий *adj 1.* grausam, brutal, hart; *2. (очень сильный)* heftig, gewaltig, stark; *~ моро́з* grimmiger Frost
жестокосе́рдие *n* Hartherzigkeit *f*
жестокосе́рдный *adj* hartherzig
жесто́кость *f 1.* Brutalität *f*, Grausamkeit *f*; *2. (суровость)* Strenge *f*, Härte *f*
жесть *f* Blech *n*
жестя́нка *f* Blechdose *f*, Blechbüchse *f*
жето́н *m* Wertmarke *f*, Chip *m*, Jeton *m*
жечь *v impf* brennen, verbrennen
живи́тельный *adj* erfrischend, belebend
живи́ца *f* Terpentin *n*
живо *adv 1.* lebhaft; *2. (быстро)* schnell, rasch
живо́й *adj 1.* lebend, lebendig, Lebe…; *2. (оживлённый)* lebhaft, rege, flink
живопи́сец *m ART* Maler *m*
живопи́сный *adj 1.* Bilder…, Gemälde…; *2. (красивый)* malerisch, pittoresk
жи́вопись *f ART* Malerei *f*
жи́вость *f* Lebendigkeit *f*, Lebhaftigkeit *f*, *с ~ю* lebhaft, munter, quirlig
живо́т *m ANAT* Bauch *m*, Abdomen *n*
животново́д *m* Viehzüchter(in) *m/f*
живо́тное *n BIO* Tier *n*; *млекопита́ющее ~* Säugetier *n*; *позвоно́чное ~* Wirbeltier *n*; *поле́зное ~* Nutztier *n*; *рези́новые …ные* Schwimmtiere *pl*
живо́тный *adj* animalisch, tierisch, Tier…
живу́честь *f* Zähigkeit *f*, Lebensfähigkeit *f*
живу́чий *adj* zäh
жи́дкий *adj 1.* flüssig; *2. (не густой)* dünn, wässrig, schwach; *~ ко́фе* dünner Kaffee
жи́дкость *f* Flüssigkeit *f*
жизнеде́ятельность *f* Lebensfunktion *f*
жи́зненность *f 1.* Lebenskraft *f*, Vitalität *f*; *2. (важность)* Lebenswichtigkeit *f*
жи́зненный *adj 1.* Lebens…; *~ путь* Lebensweg *m*; *2. (важный)* lebenswichtig
жизнеописа́ние *n* Lebenslauf *m*
жизнепонима́ние *n* Lebensauffassung *f*, Weltanschauung *f*
жизнера́достность *f* Lebensfreude *f*, Lebensmut *m*
жизнера́достный *adj* lebensfroh, lebenslustig, fröhlich
жизнеспосо́бность *f* Lebenskraft *f*
жизнеспосо́бный *adj* lebensfähig

жизнеутвержда́ющий *adj* lebensbejahend
жизнь *f* Leben *n; обще́ственная ~* öffentliches Leben; *повседне́вная ~* Alltag *m; инти́мная ~* Intimsphäre *f; никогда́ в …ни* nie im Leben
жи́ла[1] *f 1.* Faser *f,* Sehne *f; 2. (fam)* Ader *f,* Blutgefäß *n*
жи́ла[2] *m/f (fam)* Geizhals *m,* Knauser *m*
жиле́т *m* Weste *f; спаса́тельный ~* Schwimmweste *f; пуленепробива́емый ~* kugelsichere Weste
жиле́ц *m 1.* Bewohner *m,* Anwohner *m; 2. (наёмной кварти́ры)* Mieter *m*
жи́листый *adj 1.* muskulös; *…тые ру́ки* muskulöse Arme; *2.* GAST sehnig
жили́ще *n* Wohnung *f,* Behausung *f*
жили́щный *adj* Wohnungs…
жильё *n* Wohnung *f,* Quartier *n,* Unterkunft *f*
жир *m* Fett *n*
жира́ф *m* ZOOL Giraffe *f*
жи́рный *adj 1.* fett, fettig, Fett…; *2. (толстый)* dick; *3. (о шрифте)* Fettdruck *m*
жиросчёт *m (fam)* FIN Girokonto *n*
жи́тель(ница) *m/f* Bewohner(in) *m/f,* Einwohner(in) *m/f*
жить *v impf 1.* leben; *2. (прожива́ть)* wohnen
жму́рки *pl* Blinde Kuh *f; игра́ть в ~* Blinde Kuh spielen
жоке́й *m* SPORT Jockei *m*
жонглёр *m* Jongleur(in) *m/f*
жонгли́ровать *v impf* jonglieren
жо́па *f (fam)* Arsch *m*
жрать *v impf (fam)* fressen
жре́бий *m* Los *n; го́рький ~* ein hartes Los; *~ бро́шен (fig)* die Würfel sind gefallen *(fig)*
жужжа́ние *n* Summen *n,* Sausen *n*
жужжа́ть *v impf* summen, surren
жук *m* ZOOL Käfer *m*
жу́лик *m* Gauner *m,* Schlawiner *m (fam)*
жулико́ватый *adj* spitzbübisch
жульё *n (fam)* Diebespack *n,* Gesindel *n*
жу́льничать *v impf* betrügen, mogeln, bescheißen *(fam)*
жура́вль *m* ZOOL Kranich *m*
жури́ть *v impf (fam)* jdm die Leviten lesen, jdn zurechtweisen
журна́л *m* Zeitschrift *f; специа́льный ~* Fachzeitschrift *f; иллюстри́рованный ~* Illustrierte *f*
журнали́зм *m* Journalismus *n*
журнали́ст(ка) *m/f* Journalist(in) *m/f*
журнали́стский *adj* journalistisch
журча́ть *v impf 1.* rieseln; *2.* murmeln; *3.* plätschern
жу́ткий *adj 1.* unheimlich, gruselig; *2. (трево́жный)* beängstigend, erschreckend; *adv 3. мне …ко* mir graut
жуть *f (fam)* Schrecken *m,* Grauen *n*
жюри́ *n* Jury *f*

З

за *prep 1. (расположенный за чем-л)* hinter; *~ дóмом* hinter dem Haus; *2. (сле- дом)* nach; *один ~ другим* einer nach dem anderen; *слéдовать ~ чем-л* einer Sache nachgehen; *шаг ~ шáгом* Schritt für Schritt; *3. (в пользу)* für, um; *голосовáть ~ когó-л* für jdn stimmen; *4. (около)* an, bei; *~ столóм* am Tisch, bei Tisch; *5. (во время)* innerhalb, während; *~ послéдние три гóда* während der letzten drei Jahre; *6. (указывает на причину)* für; *~ что?* Wofür? *7. (вместо)* für; *рабóтать ~ когó-л* für jdn arbeiten, jdn vertreten; *8. (вознаграждение)* für, gegen; *~ дéньги* für Geld, gegen Geld; *9. идти/éхать ~ чем-л* holen, abholen; *Я зайдý ~ тобóй.* Ich hole dich ab.
забáва *f* Vergnügen *n,* Zeitvertreib *m,* Spielerei *f*
забавля́ть *v impf* belustigen, amüsieren, unterhalten
забáвный *adj* spaßig, drollig, witzig, putzig, lustig, amüsant
забастовáть *v pf 1.* in den Streik treten, in den Ausstand treten, die Arbeit niederlegen; *2. (fig)* streiken, nicht mehr mitmachen
забастóвка *f* Streik *m,* Ausstand *m; все óбщая ~* Generalstreik *m*
забастóвочный *adj* Streik…; *~ комитéт* Streikausschuss *m*
забастóвщик *m* Streikender *m*
забвéние *n* Vergessenheit *f,* Vergessen *n*
забéг *m SPORT* Wettlauf *m*
забегáть *v impf (fam) 1. ~ к комý-л* auf einen Sprung bei jdm vorbeikommen; *2. (fig) ~ вперёд* vorgreifen, voreilig handeln
заберéменеть *v pf ANAT* schwanger werden
забеспокóиться *v pf* unruhig werden, nervös werden, in Unruhe geraten
забивáть *v impf 1.* einschlagen, einrammen; *2. (заполнять)* voll packen; *3. (заделывать)* zuschlagen; *4. (гвоздями)* vernageln
забирáть *v impf 1.* nehmen, ergreifen; *2. (когó-л откуда-л)* abholen; *3. (арестовывать)* verhaften
заблаговрéменно *adv* beizeiten, rechtzeitig, frühzeitig
заблаговрéменный *adj* rechtzeitig, frühzeitig
заблуждáться *v impf* sich verlaufen, sich verirren
заблуждéние *n* Irrtum *m*
заболевáние *n MED* Erkrankung *f; ~ грúппом* Grippeerkrankung *f*
заболевáть *v impf* krank werden, erkranken
забóр *m* Zaun *m; садóвый ~* Gartenzaun *m*
забóта *f 1.* Sorge *f; 2. (внимание)* Sorge *f,* Fürsorge *f*
забóтить *v impf 1.* Sorgen bereiten, bekümmern; *2. ~ся* sich sorgen, sich beunruhigen; *3. ~ся (ухаживать за кем-л)* sich um jdn kümmern
забóтливость *f* Sorgfalt *f,* Aufmerksamkeit *f*
забóтливый *adj 1.* fürsorglich; *2. (внимательный)* sorgsam, aufmerksam
забракóванный *adj* ausgesondert, für untauglich erklärt, Ausschuss…; *~ товáр* Ausschussware *f*
забрóшенность *f* Verwahrlosung *f*
забрóшенный *adj* vernachlässigt, ungepflegt; *~ сад* verwilderter Garten
забывáть *v impf* vergessen; *Что ты там …ыл?* Was hast du dort zu suchen?
забы́вчивость *f* Vergesslichkeit *f*
забы́вчивый *adj* vergesslich, kopflos, zerstreut
завáливать *v impf 1.* verschütten, überschütten; *2. (fam)* umwerfen, umkippen; *3. ~ся* einstürzen, einfallen; *4. (падать) ~ся* hinfallen, stürzen
завáривать *v impf* aufbrühen
заведéние *n* Einrichtung *f; высшее учéбное ~* Hochschule *f*
завéдование *n* Leitung *f,* Verwaltung *f*
завéдовать *v impf* leiten, verwalten
завéдомо *adv* bewusst, wissentlich; *~ лóжное показáние JUR* bewusste Falschaussage
завéдомый *adj 1.* allbekannt; *2.* offenkundig; *3.* notorisch
завéдующая *f* Leiterin *f,* Chefin *f; ~ учреждéнием* Anstaltsleiterin *f*
завéдующий *m* Leiter *m,* Chef *m; ~ учреждéнием* Anstaltsleiter *m*
заверéние *n 1.* Zusicherung *f,* Beteuerung *f; 2. (подписи) JUR* Beglaubigung *f*
завёртывать *v impf 1.* einwickeln, einpacken;*~ в бумáгу* in Papier einwickeln/

einschlagen; *2. (сворачивать)* abbiegen, einbiegen; *3. (винт)* TECH festschrauben
завершáть *v impf* vollenden, beenden, zum Abschluss bringen
завершéние *n* Vollendung *f,* Abschluss *m*
заверять *v impf 1.* beteuern, versichern; *2. (подпись, документ)* beglaubigen
завéт *m* Vermächtnis *n; Вéтхий ~* REL Altes Testament *n; Нóвый ~* REL Neues Testament *n*
завéтный *adj 1.* ersehnt, heiß ersehnt, sehnlichst; *Э́то моё ...ное желáние.* Dies ist mein sehnlichster Wunsch. *2. (секретный)* vertraulich, heimlich; *~ разговóр* vertrauliches Gespräch
завéшивать *v impf* verhängen, verhüllen
завещáние *n* Testament *n,* Vermächtnis *n*
завещáтель(ница) *m/f* JUR Erblasser(in) *m/f*
завещáтельный *adj* JUR testamentarisch, Testaments...; *...ное распоряжéние* letztwillige Verfügung *f,* Testament *n*
завещáть *v impf* vererben, vermachen, letztwillig verfügen
завзятый *adj* eingefleischt, notorisch; *~ курúльщик* leidenschaftlicher Raucher
завúдный *adj* beneidenswert
завúдовать *v impf* beneiden, neidisch sein
завúнчивать *v impf* festschrauben, zuschrauben, anziehen
завúсеть *v impf* abhängig sein; *Э́то ...сит не от меня.* Das hängt nicht von mir ab., Das liegt nicht in meiner Macht.
завúсимость *f 1.* Abhängigkeit *f; в ...ти от* in Abhängigkeit von, je nach; *2.* MED Sucht *f*
завúсимый *adj* abhängig
завúстливый *adj* neidisch
завúстник *m* Neider *m*
зáвисть *f* Neid *m,* Missgunst *f; от ...сти* vor Neid; *умирáть от ...сти* vor Neid platzen; *завúдеть бéлой ~ю* jdm etw gönnen
завитóк *m 1.* Locke *f; 2. (почерка)* Schnörkel *m; 3.* TECH Windung *f*
завлекáтельный *adj* spannend, fesselnd
завлекáть *v impf 1.* verwickeln, verlocken; *~ в разговóр* in ein Gespräch verwickeln; *2. (увлекать)* hinreißen, verleiten
завóд[1] *m* Betrieb *m,* Werk *n; пивовáренный ~* Bierbrauerei *f,* Brauerei *f*
завóд[2] *m (действие)* Aufziehen *n*
заводúть *v impf 1.* hinführen, hinbringen; *2. (вводить)* einführen, einrichten; *3. (приобретать)* anschaffen; *4. (учреждать)* gründen; *5. (разговор)* anfangen, anknüpfen; *6.* TECH aufziehen, anlassen
заводскóй *adj* ECO betrieblich, Betriebs...
завоевáние *n* Eroberung *f,* Erkämpfung *f*
завоевáтель *m* Eroberer *m*
завоевáть *v impf 1.* erobern, erkämpfen; *2. (fig)* erringen, erwerben
заворáживать *v impf* verzaubern, bezaubern
завсегдáтай *m (fam)* Stammgast *m*
зáвтра *adv* morgen; *~ ýтром* morgen früh; *отклáдывать что-л на ~* etw auf morgen verschieben
зáвтрак *m* Frühstück *n*
зáвтракать *v impf* frühstücken
зáвтрашний *adj* morgig; *~ день* morgiger Tag; *не дýмать о ...нем* in den Tag hineinleben, nicht an morgen denken; *с ...него дня* ab morgen
завывáть *v impf* heulen
завышенный *adj* überhöht, zu hoch
завязывать *v impf 1.* zubinden; *2. (связывать)* zusammenbinden; *3. (fig)* anknüpfen, anfangen
загáдка *f* Rätsel *n; говорúть ~ми* in Rätseln sprechen; *дéтская ~* Kinderspiel *n*
загáдочность *f* Rätselhaftigkeit *f*
загáдочный *adj 1.* rätselhaft, geheimnisvoll, mysteriös; *2. (о взгляде)* hintergründig
загáр *m* Sonnenbräune *f*
загвóздка *f (fam)* Haken *m,* Schwierigkeit *f; Тут есть однá ~.* Die Sache hat einen Haken. *Вот в чём ~!* Da liegt der Hase im Pfeffer!
загúб *m 1.* Knick *m,* Bruch *m; 2. (fig)* Abweichung *f; лéвый ~* Linksdrall *m*
загибáть *v impf* umbiegen, einbiegen, knicken
заглáвие *n* Titel *m,* Überschrift *f; под ~м* unter dem Titel
заглáвный *adj* Titel...
заглáзно *adj (fam)* in Abwesenheit; *покупáть товáр ~* die Ware unbesehen kaufen
заглушáть *v impf 1.* übertönen; *2. (чувства)* betäuben, mildern, unterdrücken; *3.* BOT überwuchern
заглýшка *f* Verschluss *m,* Stöpsel *m*
заглядывать *v impf 1.* einen Blick auf etw werfen, kurz hinschauen; *2. (смотреть внутрь)* hineinschauen; *~ в словáрь* im Wörterbuch nachschlagen; *3. (fig)* kurz vorbeikommen

заговáривать *v impf 1.* ansprechen, anreden; *2. (fig) ~ когó-л дó смерти* jdn totquatschen; *3. (fam) ~ся* unzusammenhängendes Zeug reden
зáговор *m* Verschwörung *f,* Komplott *n; застáвить ~* eine Verschwörung anzetteln
заговóрщик *m* Verschwörer *m*
заговóрщица *f* Verschwörerin *f*
заголóвок *m 1.* Überschrift *f,* Titel *m; 2. (письма)* Briefkopf *m*
загóн *m* Koppel *f,* Viehweide *f*
загорáживать *v impf 1.* einzäunen, umzäunen; *2. (блокировать)* versperren, verstellen, blockieren; *3. (fam)* verrammeln; *4. (fig) ~ся* sich absondern
загорáть *v impf 1.* sich sonnen; *2. (приобретать загар)* braun werden; *3. ~ся* etw angehen; *4. (fig) ~ся чем-л* entflammen, entbrennen
загорéлый *adj* sonnengebräunt, braun gebrannt
загорóдка *f* Zaun *m*
зáгородный *adj* außerhalb der Stadt gelegen, Land...; *...ная прогýлка* Fahrt ins Grüne, Ausflug aufs Land
заготóвка *f 1.* Beschaffung *f,* Bereitstellung *f; 2. TECH* Rohling *m,* Werkstück *n*
заграни́ца *f (fam)* Ausland *n*
заграни́чный *adj* ausländisch, Auslands...; *~ пáспорт* Reisepass *m*
загружáть *v impf* füllen, befüllen, beladen, einladen, aufladen
загрýженность *f 1.* Auslastung *f; 2. (fig)* Beschäftigung *f; непóлная ~ ECO* Unterbeschäftigung *f*
загрязнéние *n* Verschmutzung *f,* Verunreinigung *f; ~ окружáющей среды́* Umweltverschmutzung *f*
загрязнять *v impf* beschmutzen, verunreinigen
зад *m 1.* Hinterseite *f,* hinterer Bereich *m; 2. (седалище)* Gesäß *n,* Hintern *m (fam); стать ~ом к комý-л* jdm den Rücken zukehren
задавáть *v impf 1.* auftragen, auferlegen; *2. (курс)* angeben, vorgeben; *3. ~ся цéлью* sich vornehmen
задáвливать *v impf 1.* zerdrücken, zerquetschen; *2. (машиной)* überfahren
задáние *n* Pflicht *f,* Aufgabe *f,* Auftrag *m; домáшнее ~* Hausaufgabe *f; по ...нию когó-л* im Auftrag von jdm
зáданный *adj* vorgegeben, Soll...; *...нное состоя́ние* Sollzustand *m; ...нная скóрость* Sollgeschwindigkeit *f; ...нная величинá* Sollwert *m,* Sollgröße *f*
задáтки *pl* Anlagen *pl,* Fähigkeiten *pl*
задáток *m* Anzahlung *f,* Vorschuss *m; давáть ~* anzahlen
задáча *f* Aufgabe *f,* Problem *f,* Problemstellung *f*
задвигáть *v impf 1.* einschieben, zuschieben; *~ задви́жку* den Riegel vorschieben; *2. ~ся* zugehen; *Я́щик не ...áется.* Die Schublade geht nicht zu.
задви́жка *f* Riegel *m; окóнная ~* Fensterriegel *m*
задевáть¹ *v impf 1.* streifen, leicht berühren; *2. (fam)* kränken, verletzen; *3. MED* angreifen; *4. ~ся (fam)* verschwinden, nicht mehr auffindbar sein
задевáть² *v impf (деть)* verlegen
задéлывать *v impf* verschließen, zumachen
задержáние *n JUR* Festnahme *f,* Verhaftung *f; предвари́тельное ~* Untersuchungshaft *f,* U-Haft *f (fam); ~ контрабáнды* Beschlagnahmung von Schmuggelware
задéрживать *v impf 1.* aufhalten, anhalten, festhalten, zurückhalten; *2. (замедлять)* verzögern, hinausschieben; *3. (арестовать)* festnehmen, verhaften; *4. ~ся* länger bleiben
задéржка *f 1.* Verzögerung *f,* Aufschub *m; 2. (помеха)* Störung *f,* Hindernis *n*
зади́ристый *adj (fam)* zänkisch, streitsüchtig, schnippisch
зáдний *adj* hinter, Hinter...; *~ двор* Hinterhof *m; ~ прохóд ANAT* After *m; ~ ход TECH* Rückwärtsgang *m*
зáдница *m (fam)* Hintern *m,* Hinterteil *n,* Po *m*
задóлго *adv* lange vor, lange bevor
задолжáть *v pf 1.* Schulden machen, in Schulden geraten; *2. ~ комý-л* jdm etw schuldig sein
задóлженность *f ECO* Schulden *pl,* Ausstand *m; дебитóрская ~ ECO* Außenstände *pl*
задувáть *v impf* auspusten, auslöschen
задýмчивость *f* Nachdenklichkeit *f,* Melancholie *f*
задýмчивый *adj* nachdenklich, tiefsinnig
задýмывать *v impf 1.* beabsichtigen, planen, vorhaben; *он чтó-то ...мал* er führt etw im Schilde; *2. ~ся* nachdenken, nachdenklich werden, in Gedanken vertieft sein;

3. (колебаться) ~ся zaudern, zögern, unschlüssig sein
задушéвность *f* Herzlichkeit *f,* Innigkeit *f*
задушéвный *adj* herzlich, innig, offenherzig; *~ друг* Busenfreund *m*
задушить *v pf 1.* erwürgen, erdrosseln; *2. (fig)* abwürgen
задыхáться *adj 1.* ersticken; *2. (прерывать дыхание)* außer Atem sein, keuchen, keine Luft bekommen
заезжáть *v impf 1.* kurz besuchen, vorbeikommen, einen Abstecher machen; *2. (за кем-л)* jdn/etw abholen; *3. (внутрь)* hineinfahren
заём *m* ECO Anleihe *f; внéшний ~* Auslandsanleihe *f*
зажáтый *adj* eingeklemmt
заживáть *v impf* MED heilen, verheilen
заживлéние *n* MED Heilung *f,* Wundheilung *f*
зажигáлка *f* Feuerzeug *f*
зажигáние *n* TECH Zündung *f*
зажигáть *v impf* anzünden, entzünden
зажи́м *m 1.* Klammer *f,* Klemme *f; 2. (fig)* Einschränkung *f,* Einengung *f*
зажимáть *v impf 1.* klemmen, einklemmen, festklemmen; *2. (закрывать)* zudrücken; *~ ýши* sich die Ohren zuhalten; *3. ~ крúтику* Kritik abwürgen
зажи́мный *adj* TECH Klemm...; *~ винт* Klemmschraube *f*
зажи́точный *adj* vermögend, wohlhabend, betucht *(fam)*
заземлéние *n* TECH Erdung *f,* Erden *n*
заземля́ть *v impf* TECH erden
зазóрный *adj* anstößig, verwerflich
зазýбренный *adj 1.* zackig, gezackt, gezahnt; *2. (fig)* eingepaukt, eingetrichtert
заи́грывать *v impf* liebäugeln mit etw, mit jdm anbandeln
заи́ка *m/f* Stotterer *m*
заикáние *n* Stottern *n,* Gestammel *n*
заикáться *v impf 1.* stottern, stammeln; *2. (упоминать)* erwähnen
заинтересóванность *f* Interesse *n*
заинтересóванный *adj* interessiert; *...нное лицó* Interessent *m*
заинтересóвывать *v impf* interessieren, Interesse wecken
заинтригóванный *adj* neugierig, gespannt, erwartungsvoll
заинтриговáть *v impf* neugierig machen, Neugierde wecken
заи́скивать *v impf* sich einschmeicheln
заи́скивающий *adj* schmeichlerisch, schleimig
закáз *m* Auftrag *m,* Bestellung *f*
заказнóй *adj* bestellt, *...нóе письмó* Einschreibebrief
закáзчик *m* Kunde *m,* Auftraggeber *m*
закáзчица *m* Kundin *f,* Auftraggeberin *f*
закáзывать *v impf* bestellen, reservieren
закаля́ть *v impf* abhärten, stählen
закáнчивать *v impf* beenden, abschließen, vollenden
закáпывать *v impf 1.* vergraben, eingraben, verscharren *(fam); 2. (fam) ~ся* hängen bleiben, sich zu lange aufhalten
закáт *m 1.* Sonnenuntergang *m; ~ жи́зни* Lebensabend *m; 2. (fig)* Niedergang *m,* Verfall *m*
закáтывать *v impf 1.* einrollen, umkrempeln; *2. (fam) ~ истéрику* eine Szene machen; *3. ~ глазá* die Augen verdrehen
заклáдка *f 1. (фундамента)* Grundsteinlegung *f; 2. (для книги)* Lesezeichen *n*
закладнáя *f* ECO Pfandbrief *m,* Pfandschein *m*
заклáдывать *v impf 1.* legen, stecken; *2. (засовывать)* verlegen; *3. (заделывать)* ausfüllen, füllen; *4. (здание)* den Grundstein legen; *5. (отдавать в залог)* verpfänden
заклéивать *v impf* zukleben, verkleben
заключáть *v impf 1.* abschließen, schließen; *2. (договор)* ECO abschließen, unterzeichnen; *3. (делать вывод)* schließen aus, folgern aus; *4. (в тюрьму)* JUR inhaftieren
заключéние *n 1.* Abschluss *m; 2. (сделать вывод)* Schlussfolgerung *f,* Gutachten *n,* Attest *n; 3. (лишение свободы)* Haft *f,* Inhaftierung *f; предвари́тельное ~* Untersuchungshaft *f; 4. (окончание)* Abschluss *m,* Schluss *m*
заключённый *m* Gefangener *m,* Häftling *m*
заключи́тельный *adj* abschließend, Schluss...; *...ное слóво* Schlusswort *n*
заколдóвывать *v impf* verhexen, verwünschen, verzaubern
закóлка *f* Spange *f,* Haarspange *f*
закомплексóванный *adj* verklemmt, komplexbeladen
закóн *m* JUR Gesetz *n; основнóй ~* Grundgesetz *n,* Verfassung *f; ~ прирóды* Naturgesetz *n; по ~у* gesetzlich, laut Gesetz
закóнность *f* JUR Gesetzlichkeit *f,* Gesetzmäßigkeit *f,* Rechtsordnung *f*
закóнный *adj* JUR *1.* gesetzlich, recht-

mäßig, rechtsgültig, legitim, Gesetzes…, Rechts…; 2. *(справедливый)* berechtigt; *…нные требования* berechtigte Ansprüche
законода́тель(ница) *m/f* POL Gesetzgeber(in) *m/f*
законода́тельный *adj* JUR legislativ, gesetzgebend, Gesetzgebungs..
законода́тельство *n* JUR Gesetzgebung *f*
закономе́рность *f* Gesetzmäßigkeit *f*
закономе́рный *adj* gesetzesmäßig, rechtmäßig
законоположе́ние *n* JUR Rechtsvorschrift *f*, gesetzliche Richtlinie *f*
законопрое́кт *m* JUR Gesetzesentwurf *m*, Gesetzesvorlage *f*
закорене́лый *adj 1.* hartnäckig; *…лая боле́знь* hartnäckige Krankheit; *2. (о человеке)* verstockt, halsstarrig
закрепля́ть *v impf 1.* befestigen, fixieren, festmachen; *2. (fig)* festigen, verankern; *3.* MED stopfen, verstopfen; *4.* FOTO fixieren
закру́чивать *v impf 1.* (zusammen)drehen; *2. (завязывать)* wickeln, winden, fesseln; *3. (винты)* anziehen, festschrauben; *4. (кран)* zudrehen
закрыва́ть *v impf 1.* schließen, zuschließen, abschließen; *2. (кого-л/что-л)* einschließen, einsperren; *3. (покрывать)* bedecken, zudecken; *4. (границу)* sperren, schließen; *5. (прекращать)* beenden; *6. (кран)* zudrehen
закры́тие *n* Schließung *f*, Abschluss *m*
закры́тый *adj 1.* geschlossen, zu; *с …тыми глаза́ми* mit geschlossenen Augen; *2. (о магазине)* geschlossen; *3. (о дороге)* gesperrt; *4. …тое заседа́ние* geschlossene Sitzung, Sitzung unter Ausschluss der Öffentlichkeit
закупа́ть *v impf 1.* kaufen, einkaufen, besorgen; *2. ~ся* einkaufen gehen, einkaufen
заку́пка *f* Einkauf *m*, Besorgung *f*
заку́порывать *v impf* verstopfen
заку́ска *f* GAST *1.* Vorspeise *f*; *2. (лёгкая еда)* Imbiss *m*
заку́сочная *f* Imbissstube *f*, Imbiss *m*
заку́тывать *v impf* einhüllen, einwickeln
зал *m* Saal *m*, Halle *f*; *~ заседа́ния* Sitzungssaal *m*; *а́ктовый ~* Aula *f*; *спорти́вный ~* Turnhalle *f*
залеза́ть *v impf 1.* kriechen, hineinkriechen; *2. (наверх)* hinaufsteigen, hinaufklettern; *3. ~ в долги́* in Schulden geraten, sich in Schulden stürzen
зали́в *m* GEO Bucht *f*, Golf *m*; *морско́й ~* Meerbusen *m*; *Перси́дский ~* Persischer Golf
залива́ть *v impf 1.* überschwemmen, überfluten; *2. (покрывать)* bedecken; *3. (обливать)* begießen, bespritzen
зало́г *m 1.* Pfand *n*, Gewähr *f*; *2.* JUR Kaution *f*; *освободи́ть под ~* gegen Kaution freilassen
зало́говый *adj* Pfand…
залогода́тель *m* Pfandgeber *m*
зало́жник *m* Geisel *f*
зало́жница *f* Geisel *f*
заля́пывать *v impf* kleckern *(fam)*
зама́зывать *v impf 1.* übermalen, überstreichen; *2. (fig)* vertuschen, verheimlichen; *~ недоста́тки* Mängel vertuschen/totschweigen; *3. (fig) ~ кому́-л глаза́* jdm Sand in die Augen streuen
зама́нивать *v impf* anlocken verlocken, hineinlocken
зама́нчивость *f* Reiz *m*, Verlockung *f*, Anziehungskraft *f*
зама́нчивый *adj* verlockend, anziehend; *…вые перспекти́вы* verlockende Aussichten
замедле́ние *n* Verzögerung *f*, Verzug *m*; *без …ния* unverzüglich
заме́дленный *adj* verlangsamt, verzögert, Langzeit…; *…ным те́мпом* in Zeitlupe, im Zeitlupentempo
замедля́ть *v impf* verzögern
заме́на *f 1.* Ersatz *m*, Austausch *m*; *2. (действие)* Ersetzen *n*
замени́мый *adj* ersetzbar, austauschbar, auswechselbar, Wechsel…
замени́тель *m* Ersatzstoff *m*, Austauschstoff *m*; *~ ко́жи* Kunstleder *n*
заменя́ть *v impf 1.* ersetzen, austauschen, auswechseln; *2. (сменять кого-л в работе)* ablösen, für jdn einspringen
замерза́ние *n* Gefrieren *n*, Erfrieren *n*; *то́чка …ния* Gefrierpunkt *m*
замерза́ть *v impf 1.* einfrieren, gefrieren, zufrieren; *2. (умирать от мороза)* frieren, erfrieren
замести́тель(ница) *m/f* Stellvertreter(in) *m/f*
замести́тельство *n* Vertretung *f*, Stellvertretung *f*
заме́тка *f 1.* Notiz *f*, Aufzeichnung *f*; *2. (метка)* Merkzeichen *n*, Zeichen *n*
заме́тный *adj 1.* merklich, markant, auffallend; *2. (значительный)* bedeutend

замеча́ние *n 1.* Bemerkung *f; 2. (выговор)* Verweis *m,* Verwarnung *f*
замеча́тельный *adj* wunderbar, fabelhaft, fantastisch, bemerkenswert, ausgezeichnet, hervorragend
замеча́ть *v impf 1.* merken, bemerken, wahrnehmen; *2. (говорить)* bemerken, anmerken, eine Bemerkung machen
заме́шанный *adj* verwickelt; *быть …ным во что-л* in etw verwickelt sein
замеша́тельство *n 1.* Verwirrung *f; 2. (смущение)* Verlegenheit *f*
заме́шивать[1] *v impf 1.* jdn in etw verwickeln, verstricken; *2. ~ся* eintauchen in etw; *~ в толпе́* in der Menge untertauchen
заме́шивать[2] *v impf* GAST Teig kneten, Teig mischen
замеща́ть *v impf 1.* ersetzen, vertreten; *2. (назначать на должность)* besetzen
замеще́ние *n 1.* Ersatz *m; 2. (заместительство)* Vertretung *f,* Amtsvertretung *f*
замина́ть *v impf (fig)* etw übergehen, etw dabei belassen, nicht näher auf etw eingehen; *Замнём э́то.* Belassen wir es dabei.
за́мкнутость *f 1.* Verschlossenheit *f; 2. (о среде)* Abgeschlossenheit *f,* Exklusivität *f*
за́мкнутый *adj 1.* geschlossen; *~ круг* Teufelskreis *m; 2. (fig)* verschlossen, zurückgezogen
замко́вый *adj* Schloss…
за́мок *m 1.* Schloss *n; 2. (крепость)* Burg *f*
замо́к *m* Schloss *n,* Türschloss *n*
замора́живать *v impf 1. (продукты)* einfrieren; *2. (средства)* ECO einfrieren, sperren
за́мужняя *adj* verheiratet
за́мша *f* Wildleder *n*
замыка́ние *n* Schließen *n; коро́ткое ~* TECH Kurzschluss *m*
замыка́ть *v impf 1.* schließen; *2. (fig) ~ся* sich abkapseln, sich absondern
за́мысел *m 1.* Vorhaben *n,* Absicht *f; 2. (художественного произведения)* Absicht *f,* Grundidee *f*
замыслова́тый *adj* kompliziert, verzwickt, kniffelig *(fam)*
замышля́ть *v impf* vorhaben, beabsichtigen, etw im Schilde führen
за́навес *m* THEAT Vorhang *m; подня́ть ~* den Vorhang heben; *желе́зный ~ (fig)* HIST eiserner Vorhang
занаве́ска *f* Vorhang *m,* Gardine *f; задёрнуть …ку* den Vorhang zuziehen
занима́тельный *adj* anregend, interessant, amüsant
занима́ть[1] *v impf* etw borgen, entleihen
занима́ть[2] *v impf 1.* einnehmen, belegen, besetzen; *~ ме́сто* Platz nehmen; *2. (долж- ность)* innehaben; *~ до́лжность* ein Amt bekleiden; *3. (о времени)* in Anspruch nehmen; *4. ~ся* sich mit etw beschäftigen; *~ся спо́ртом* Sport treiben; *5. ~ся (рабо- тать)* arbeiten; *6. ~ся (учиться)* lernen
за́ново *adv* von neuem, aufs Neue, auf ein Neues; *сде́лать что-л ~* etw neu machen
заноси́ть *v impf 1.* bringen, hineinbringen; *2. (болезнь)* verschleppen; *3. (записывать)* eintragen, einschreiben; *4.* FIN verbuchen
зано́счивость *f* Überheblichkeit *f,* Arroganz *f,* Vermessenheit *f*
зано́счивый *adj* anmaßend, überheblich, arrogant, vermessen
зану́да *m/f (fam)* Quälgeist *m,* Nervensäge *f*
заня́тие *n 1.* Beschäftigung *f,* Tätigkeit *f; побо́чное ~* Nebenbeschäftigung *f; 2. (захват)* Einnahme *f,* Besetzung *f; 3. учёбное ~* Unterrichtsstunde *f; 4. …ия pl* Unterricht *m*
за́нятость *f* ECO Beschäftigung *f; по́лная ~* Vollzeitbeschäftigung *f*
за́нятый *adj 1.* beschäftigt; *2. (не свободный)* besetzt, belegt
заостря́ть *v impf 1. (о колющем)* spitzen; *2. (о режущем)* schärfen
зао́чно *adj 1.* in Abwesenheit; *2. (об учении)* im Fernstudium
зао́чный *adj 1.* JUR in Abwesenheit; *~ (пригово́р)* Urteil in Abwesenheit; *2. (об учении)* Fern…; *…ное обуче́ние* Fernstudium *n*
за́пад *m* GEO Westen *m; к ~у* westwärts, nach Westen
За́падная Евро́па *f* GEO Westeuropa *n*
за́нятый *adj 1.* westlich, West…; *2. (о культуре)* abendländisch
запа́здывать *v impf 1.* sich verspäten, zu spät kommen; *самолёт …вает на де́сять мину́т* das Flugzeug landet mit zehnminütiger Verspätung; *2. (fig)* säumig sein, mit etw im Rückstand sein
запа́льчивость *f* Jähzorn *m*
запа́льчивый *adj* heftig, aufbrausend, jähzornig
запа́с *m* Vorrat *m,* Bestand *m,* Reserve *f,* Rücklage *f; ~ слов* Wortschatz *m*

запа́сный *adj 1.* vorrätig; *2. (для замены)* Ersatz..., Reserve...; *...ная ши́на* Ersatzreifen *m; 3. (на случай нужды)* Not...; *~ вы́ход* Notausgang *m*
за́пах *m* Geruch *m,* Duft *m,* Wohlgeruch *m; дурно́й ~* übler Gestank *m*
запека́нка *f GAST* Auflauf *m*
запека́ть *v impf 1.* überbacken; *2. ~ся* braun werden; *3. (о крови) ~ся* gerinnen; *4. (о губах) ~ся* rissig werden
запеча́тывать *v impf* versiegeln; *~ кварти́ру* eine Wohnung versiegeln
запира́ть *v impf 1.* schließen, zusperren, versperren; *2. (кого-л)* einschließen, einsperren
запи́ска *f* Zettel *m,* Notiz *f*
записно́й *adj* Notiz...
запи́сывать *v impf 1.* aufschreiben, notieren; *2. (на плёнку)* aufzeichnen; *3. (вносить в список)* eintragen; *4. ~ся* sich anmelden, sich einschreiben
за́пись *f 1.* Notiz *f,* Aufzeichnung *f; 2. (в списке)* Eintrag *m; 3. (на приём)* Anmeldung *f; предвари́тельная ~* Voranmeldung *f; 4. (на плёнку)* Aufnahme *f,* Aufzeichnung *f; 5. ECO* Buchung *f,* Eintragung *f*
запи́хивать *v impf (fam)* hineinstecken, hineinpressen, verstauen
запла́та *f* Flicken *m*
заплета́ть *v impf* flechten
запове́дник *m* Schutzgebiet *n,* Reservat *n*
за́поведь *f REL* Gebot *n*
запозда́вший *adj* verspätet, überfällig
запозда́ние *n* Verspätung *f,* Verzögerung *f*
заполне́ние *n* Füllen *n,* Füllung *f*
запо́лненный *adj* überfüllt, überlaufen
заполня́ть *v impf 1.* füllen. anfüllen, einfüllen; *2. (документ)* ausfüllen
за́понка *f* Manschettenknopf *m*
запо́р[1] *m* Riegel *m,* Verschluss *m; запере́ть на ~* verriegeln
запо́р[2] *m MED* Verstopfung *f*
заправи́ла *m (fam)* Anführer *m,* Drahtzieher *m,* Boss *m (fam)*
заправля́ть *v impf 1.* hineinstecken, hineinschieben; *2. (пищу)* würzen; *3. (маши- ну)* betanken
запра́вочный *adj* Tank...; *...ная ста́нция* Tankstelle *f*
запра́вщик *m* Tankwart *m*
запра́шивать *v impf 1.* anfragen; *2.* anfordern
запре́т *m* Verbot *n,* Untersagung *f,* Sperre *f; под ~ом* unter Verbot, untersagt
запрети́тельный *adj* Verbots..., Sperr...
запре́тный *adj* verboten, Sperr...; *~ плод* verbotene Frucht; *...ая зо́на f* Sperrgebiet n;
запреща́ть *v impf* verbieten, untersagen, Einhalt gebieten
запреще́ние *n* Verbot *n,* Untersagung *f; снять ~* ein Verbot aufheben
заприхо́довать *v pf FIN* gutschreiben, als Einnahme verbuchen
запро́с *m 1.* Anfrage *f; 2. (потребности)* Bedürfnis *n,* Bedarf *m*
запру́живать *v impf* stauen, dämmen
запу́ганный *adj* verschüchtert, eingeschüchtert
запу́гивать *v impf* einschüchtern, bange machen
запуска́ть[1] *v impf* anlassen, starten
запуска́ть[2] *v impf 1. (оставлять без ухода)* vernachlässigen; *2. (fam)* vergammeln lassen, verkommen lassen
запу́танный *adj* verworren, verwickelt, kompliziert, vertrackt *(fam)*
запу́тывать *v impf 1.* verwirren; *2. (fam) ~ся* sich in etw verstricken/verwickeln; *3. (в речи) ~ся* sich verhaspeln
запу́щенность *f* Verwilderung *f,* Verfall *m*
запу́щенный *adj 1.* vernachlässigt, ungepflegt; *~ сад* verwilderter Garten; *2. MED* verschleppt; *...нная боле́знь* verschleppte Krankheit
запя́стье *n 1. ANAT* Handgelenk *n; 2. (браслет)* Armband *n*
запята́я *f GRAMM* Komma *n; то́чка с ...то́й* Semikolon *n*
зараба́тывать[1] *v impf (начинать работать)* anlaufen, in Gang kommen
зараба́тывать[2] *v impf (деньги)* verdienen, erarbeiten
за́работный *adj* Arbeits..., Lohn...; *...тная пла́та* Gehalt *n,* Lohn *m*
за́работок *m 1.* Verdienst *m,* Einkommen *n; 2. (доход)* Lohn *m,* Gehalt *n*
заража́ть *v impf 1. MED* anstecken, infizieren; *2. (отравлять)* vergiften, verseuchen; *3. (fig)* anstecken, mitreißen; *4. TECH* laden, aufladen
зараже́ние *n 1. MED* Infektion *f,* Ansteckung *f; 2. BIO* Vergiftung *f,* Verseuchung *f*
зара́за *f 1. MED* Infektion *f,* Ansteckung *f; 2. (эпидемия)* Seuche *f; 3. (fam)* Miststück *n*
зарази́тельность *f MED* Ansteckungsgefahr *f,* Übertragbarkeit *f*
зарази́тельный *adj MED 1.* ansteckend,

übertragbar; *2. MED (инфекционный)* infektiös, Infektions...
зара́зный *adj MED* ansteckend, übertragbar
зара́нее *adv* im Voraus, frühzeitig
зарегистри́рованный *adj* eingetragen, registriert
зарекомендо́вывать *v impf* empfehlen
заро́дыш *m BIO* Fötus *m; 2. (fig)* Keim *m*
зарожда́ть *v impf 1.* erzeugen, hervorrufen, erwecken; *2. ~ся* entstehen
за́росль *f BOT* Gestrüpp *n,* Dickicht *n*
зарпла́та *f* Lohn *m,* Gehalt *n; ни́щенская ~* Hungerlohn *m (fam)*
зарубе́жный *adj* ausländisch, Auslands...
зару́бка *f* Kerbe *f,* Einschnitt *m*
заря́ *f 1. вечёрняя ~* Abendröte *f,* Abendrot *m; 2. у́тренняя ~* Morgenröte *f,* Morgenrot *n*
заря́д *m 1. TECH* Ladung *f; электри́ческий ~* elektrische Ladung; *2. (fig)* Schuss *m; ~ бо́дрости* ein Schuss Lebensmut
заря́дка *f TECH* Ladung *f,* Laden *n,* Aufladung *f; ~ аккумуля́торов* Batterieaufladung *f; 2. SPORT* Gymnastik *f; у́тренняя ~* Morgengymnastik *f; 3. (fig)* Aufmunterung *f,* ein Schuss Lebensmut
заря́дный *adj TECH* Lade...
заряжа́ть *v impf 1.* laden, aufladen; *2. (fig) ~ся* neue Kräfte sammeln, auftanken
заряжённый *adj* geladen
заса́да *f 1.* Hinterhalt *m,* Versteck *n; 2. (ловушка)* Falle *f*
заса́дка *f BOT* Anpflanzung *f*
заса́живать *v impf 1. BOT* bepflanzen; *2. (заключать)* einsperren; *3. ~ся (fam)* lange sitzen, lange bleiben
заса́ливаться *v impf* fettig werden, voller Fettflecken sein
заса́харенный *adj GAST* kandiert
заса́харивать *v impf GAST* kandieren
засвиде́тельствование *n 1.* Bescheinigung *f,* Bestätigung *f; 2. (под- писи) JUR* Beglaubigung *f,* Beurkundung *f*
засвиде́тельствовать *v impf 1.* bescheinigen, bestätigen; *2. (подпись) JUR* beglaubigen, beurkunden
заседа́ние *n 1.* Sitzung *f,* Versammlung *f,* Tagung *f; 2. JUR* Verhandlung *f; суде́бное ~* Gerichtsverhandlung *f*
заседа́тель *m JUR* Beisitzer(in) *m/f,* Schöffe *m,* Schöffin *f*
заседа́тельский *adj* Sitzungs...
заседа́ть *v impf 1.* eine Sitzung abhalten; *2. (о сессии)* tagen
засе́чка *f* Kerbe *f,* Einschnitt *m*
заско́к *m (fam)* Tick *m; У него́ ~ в голове́.* Er ist übergeschnappt. Er tickt nicht mehr ganz richtig. *(fam)*
засло́нка *f TECH* Klappe *f,* Schieber *m*
заслоня́ть *v impf* verhüllen, verdecken; *~ вид* die Aussicht versperren
заслу́га *f* Verdienst *n; по его́ ...ге* durch sein Verdienst, durch ihn
заслу́женный *adj* verdient; *~ успе́х* ein verdienter Erfolg
заслу́живать *v impf* verdienen, wert sein; *э́то ...вает внима́ния* das ist bemerkenswert
заслу́шивать *v impf 1.* anhören; *2. ~ся* aufmerksam zuhören, ganz Ohr sein
засо́вывать *v impf* stecken, einstecken; *~ ру́ки в карма́ны* die Hände in die Taschen stecken
засоре́ние *n 1.* Verunreinigung *f,* Verschmutzung *f; 2. (закупорка)* Verstopfung *f; 3. MED ~ желу́дка* Magenverstimmung *f*
засорённый *adj* unrein, verschmutzt
засоря́ть *v impf 1.* verunreinigen, verschmutzen; *2. (fig)* verderben; *3. (закупоривать)* verstopfen
за́спанный *adj* schlaftrunken, verschlafen, schläfrig
застава́ть *v impf 1.* antreffen, vorfinden, erreichen; *2. (застигать)* ertappen, erwischen, überrumpeln
заставля́ть *v impf* zwingen, nötigen, etw tun lassen
застёгивать *v impf* schließen, zuknöpfen
застёжка *f* Verschluss *m,* Spange *f; ~-мо́лния* Reißverschluss *m*
застеклённый *adj* verglast, Glas...
застекля́ть *v impf* verglasen, Fensterscheiben einsetzen
засте́нок *m* Folterkammer *f*
засте́нчивость *f* Schüchternheit *f,* Verlegenheit *f*
засте́нчивый *adj* schüchtern, verlegen
застига́ть *v impf* ertappen, erwischen
засто́й *m 1.* Stillstand *m,* Stagnation *f; 2. ECO* Flaute *f; 3. MED* Stauung *f,* Stockung *f*
застрева́ть *v impf* stecken bleiben, feststitzen
застре́ливать *v impf* erschießen
застро́йка *f* Bebauung *f*
застро́йщик *m ECO* Bauherr(in) *m/f,* Investitionsträger(in) *m/f*

заступа́ться *v impf* sich einsetzen für, in Schutz nehmen, die Stange halten *(fig)*
засту́пник *m* Verteidiger *m,* Fürsprecher *m,* Beschützer *m*
застыва́ть *v impf 1.* fest werden, gerinnen; *2. (fam)* kalt werden, erkalten
за́суха *f 1.* Dürre *f,* Trockenheit *f; 2. (период)* Trockenperiode *f*
засыпа́ть[1] *v impf* einschlafen
засыпа́ть[2] *v impf* zuschütten, überschütten
затаённый *adj* geheim, heimlich, verborgen
затво́р *m TECH* Verschluss *m*
затво́рник *m* Einsiedler *m,* Eremit *m*
затво́рничество *n* Abgeschiedenheit *f*
затворя́ть *v impf 1.* schließen, zumachen; *2. (fam)* einschließen, einsperren
зате́йник *m 1.* Spaßvogel *m; 2. (профессия)* Animateur *m*
зате́йница *f 1.* Ulknudel *f; 2. (профессия)* Animateurin *f*
зате́м *adv 1.* darauf, daraufhin, danach, dann, hierauf, später, nachher, anschließend; *2. (для того)* darum, deshalb, deswegen
затемне́ние *n 1.* Verdunkelung *f,* Verdunkeln *n; 2. (fig)* Trübung *f,* Umnebelung *f*
зате́я *f* Einfall *m,* Idee *f*
зате́ять *v impf 1.* arrangieren, organisieren; *2. (предпринимать)* sich etw vornehmen, sich etw einfallen lassen
затмева́ть *v impf (fig)* überragen, in den Schatten stellen
затме́ние *n 1. ASTR* Finsternis *f; со́лнечное ~* Sonnenfinsternis *f; 2. (fig)* geistige Vewirrung *f,* geistige Umnachtung *f*
зато́ *konj* dafür, aber
затопля́ть *v impf* überschwemmen, überfluten
зато́р *m* Stau *m,* Verkehrsstau *m*
затра́гивать *v impf (fig)* berühren, streifen, anschneiden
затра́та *f* Aufwand *m,* Verbrauch *m*
затра́ты *pl (денежный расход) ECO* Ausgaben *pl,* Auslagen *pl,* Kosten *pl*
затра́чивать *v impf 1.* aufwenden, verausgaben; *2. (деньги)* ausgeben
затрудне́ние *n 1.* Schwierigkeit *f,* Hemmnis *n; 2. MED ~ дыха́ния* Atembeschwerden *pl; 3. (затруднитель- ное положение)* Notlage *f,* Schwierigkeiten *pl*
затрудни́тельность *f* Schwierigkeit *f,* Verlegenheit *f*
затрудни́тельный *adj* schwierig, schwer, umständlich
затрудня́ть *v impf 1.* Schwierigkeiten bereiten, beschwerlich sein; *2. (что-л)* etw erschweren
за́тхлый *adj* muffig, modrig
заты́лок *m ANAT* Nacken *m,* Genick *n,* Hinterkopf *m*
затя́гивание *n* Verzögerung *f,* Verschleppung *f; ~ де́ла JUR* Verfahrensverschleppung *f*
затя́гивать *v impf 1.* ziehen, zuziehen, festziehen; *2. (fig)* verzögern, in die Länge ziehen; *3. (покрывать)* überziehen, bedecken
затяжно́й *adj 1.* langwierig, Dauer...; *~ кри́зис* Dauerkrise *f; 2. (замедленный)* verzögert, verlangsamt
зауря́дный *adj* mittelmäßig, gewöhnlich, durchschnittlich, Durchschnitts...; *~ челове́к* Otto Normalverbraucher *m (fam)*
захва́т *m 1.* Ergreifung *f,* Bemächtigung *f; ~ вла́сти POL* Machtübernahme *f,* Machtergreifung *f; 2. (овладение)* Eroberung *f,* Einnahme *f; 3. SPORT* Griff *m*
захва́танный *adj (fam)* abgegriffen
захва́тнический *adj* Annexions..., Expansions...
захва́тчик *m* Eroberer *m,* Okkupant *m*
захва́тывать *v impf 1.* greifen, ergreifen, erfassen; *2. (брать с собой)* mitnehmen; *3. (завладеть)* erobern, einnehmen, an sich reißen; *4. (fig)* begeistern, fesseln
захва́тывающий *adj* fesselnd, faszinierend, mitreißend, packend *(fam)*
захлёбываться *v impf* sich verschlukken; *~ от ра́дости (fig)* vor Freude platzen *(fig)*
захо́д *m 1.* Aufenthalt *m,* Besuch *m; без ~а в га́вань NAUT* ohne den Hafen anzulaufen; *2. ~ со́лнца* Sonnenuntergang *m*
заходи́ть *v impf 1.* kurz besuchen, vorbeikommen, einen Abstecher machen; *2. (за кем-л)* abholen kommen; *3. (внутрь)* hineingehen, hereinkommen
захороне́ние *n* Begräbnis *n,* Bestattung *f; ~ в земле́* Erdbestattung *f*
зацепле́ние *n TECH* Verzahnung *f*
зацепля́ть *v impf 1. TECH* ineinander greifen, einhaken; *2. (задевать)* stoßen, an etw hängen bleiben; *~ за стул* über einen Stuhl stolpern
зачасту́ю *adv* oft, oftmals
зача́тие *n BIO* Empfängnis *f*
зача́тки *pl (fig)* Anfänge *pl,* Ansätze *pl*
зача́ток *m BIO* Keim *m*

зачáточный *adj* BIO embryonal, unausgebildet, Keim…
зачéм *adv* warum, weshalb, wozu
зачéм-то *adv* zu irgendeinem Zweck, wer weiß wozu
зачёркивать *v impf* streichen, durchstreichen
зачислéние *n 1.* Eintragung *f; 2. (приём)* Aufnahme *f,* Anstellung *f,* Einstellung *f; 3. (в вуз)* Immatrikulation *f,* Einschreibung *f*
зачислять *v impf 1.* eintragen, anrechnen; *2. (принимать)* aufnehmen, anstellen, einstellen; *3. (в вуз)* einschreiben
зашушýкаться *v impf* tuscheln, flüstern
защёлка *f 1. (fam)* Klinke *f; 2. (в замке)* Schnapper *m*
защемлять *v impf* einklemmen; *~ пáлец* den Finger einklemmen
защи́та *f 1.* Schutz *m,* Verteidigung *f; ~ ви́дов f* Artenschutz *m 2. ~ диссертáции* Verteidigung der Dissertation; *3.* SPORT Deckung *f*
защи́тник *m 1.* Befürworter *m,* Beschützer *m,* Fürsprecher *m; 2.* JUR Verteidiger *m,* Anwalt *m; 3.* SPORT Verteidiger *m*
защи́тница *f 1.* Befürworterin *f,* Beschützerin *f,* Fürsprecherin *f; 2.* JUR Verteidigerin *f,* Anwältin *f*
защи́тный *adj* Schutz…, Abwehr…
защищáть *v impf 1.* verteidigen, beistehen, beschützen, in Schutz nehmen; *2. ~ диссертáцию* eine Dissertation verteidigen; *3.* SPORT decken, Deckung geben
защищённый *adj* geschützt, beschützt, behütet
заяви́тель *m* Antragsteller(in) *m/f*
заявка *f 1.* Forderung *f,* Anforderung *f; 2. (уведомление)* Anmeldung *f; ~ на изобретéние* Anmeldung einer Erfindung
заявлéние *n 1.* Erklärung *f; 2. (ходатайство)* Antrag *m,* Gesuch *n,* Eingabe *f*
заявлять *v impf 1.* erklären, verkünden, deklarieren, melden; *2.* JUR *~ протéст* Beschwerde erheben; *3. ~ся* unerwartet erscheinen, auftauchen
зáяц *m 1.* ZOOL Hase *m; 2. (fig) éхать зáйцем* schwarz fahren; *3. (fig) одни́м удáром уби́ть двух зáйцев* zwei Fliegen mit einer Klappe schlagen
звáние *n* Titel *m,* Rang *m; учёное ~* wissenschaftlicher Grad; *присвоéние …ния* Titelverleihung *f*
звáный *adj* eingeladen, geladen; *~ вéчер* Abendgesellschaft *f*
звать *v impf 1.* rufen; *2. (приглашать)* einladen, bitten; *3. (называть)* nennen, heißen; *Как вас зовýт?* Wie heißen Sie?
звездá *f 1.* ASTR Stern *m; пáдающая ~* Sternschnuppe *f; 2.* CINE Star *m*
звёздный *adj* ASTR Stern(en)…; *…ная кáрта* Sternenkarte *f; …ная ночь* sternenklare Nacht
звенéть *v impf* klingen, tönen, klirren
звенó *n 1.* Glied *n,* Kettenglied *n; 2. (соединительное)* Bindeglied *n*
звéрский *adj 1.* tierisch, animalisch; *2. (жестокий)* grausam, brutal, bestialisch
звéрство *n* Gräueltat *f,* Bestialität *f*
звéрствовать *v impf* Gräueltaten verüben, wüten
зверь *m 1.* Tier *n; 2. (fig)* Bestie *f,* grausamer Mensch *m*
звон *m* Läuten *n,* Klang *m*
звони́ть *v impf 1.* klingeln, läuten; *2. ~ по телефóну* anrufen, telefonieren
звóнкий *adj 1.* klangvoll, hell klingend; *2.* LING stimmhaft; *…кие соглáсные* stimmhafte Konsonanten
звóнница *f* Glockenturm *m,* Kampanile *m*
звонóк *m 1.* Klingel *f,* Glocke *f; 2. (звук)* Klingelton *m; 3. ~ по телефóну* Anruf *m*
звук *m 1.* Klang *m,* Ton *m; 2.* LING Laut *m; глáсный ~* Vokal *m; соглáсный ~* Konsonant *m*
звуковóй *adj* akustisch, Laut…, Schall…, Ton…; *~ сигнáл* Tonsignal *n,* akustisches Signal; *~ фильм* CINE Tonfilm *m; …вáя волнá* Schallwelle *f*
звуконепроницáемый *adj* schalldicht
звучáние *n* Ton *m,* Schall *m,* Tönen *n,* Klang *m*
звучáть *v impf* tönen, klingen, erschallen
звýчный *adj* klangvoll, wohlklingend
звякать *v impf* klirren, rasseln
здáние *n* Gebäude *n,* Haus *n; высóтное ~* Hochhaus *n; администрати́вное ~* Verwaltungsgebäude *n*
здесь *adv* hier, da; *~ и там* da und dort
здéшний *adj (fam)* hiesig, von hier
здорóваться *v impf* grüßen, begrüßen
здоровéнный *adj 1.* gewaltig, riesengroß, Riesen…; *2. (fam)* baumstark, kerngesund, vor Gesundheit strotzend
здоровéть *v impf (fam)* sich erholen, gesund werden, wieder zu Kräften kommen
здóрово *adv (fam) 1.* klasse, gut; *Вот ~!*

Prima!, Großartig!; 2. *(сильно)* tüchtig, ordentlich
здоро́во! *interj* hallo!
здоро́вый *adj 1.* gesund, kräftig, robust; *2. (полезный)* heilsam, gesund
здоро́вье *n 1.* Gesundheit *f; Как ваше ~?* Wie geht es Ihnen? *2. За ваше ~!* Zum Wohl!,Prost!
здоровя́к *m (fam)* kerngesunder Mensch *m*
здравомы́слие *n* gesunder Menschenverstand *m,* vernünftige Denkart *f*
здравомысля́щий *adj* vernünftig
здравоохране́ние *n* Gesundheitswesen *n*
здра́вствовать *v impf 1.* leben; *2. (быть здоровым)* gesund sein; *Да …твует!* Es lebe!, Hoch!
Здравствуй(те)! *interj 1. (приветствие)* Guten Tag!, Grüß Gott! *2. (fam)* Da haben wir den Salat!
здра́вый *adj 1.* vernünftig, verständig; *~ смысл* gesunder Menschenverstand; *2. (fam)* gesund, unversehrt; *…ав и невреди́м* gesund und munter
зе́бра *f* ZOOL Zebra *n*
зе́бу *m* ZOOL Zebu *m*
зев *m* ANAT Rachen *m,* Rachenhöhle *f*
зева́ка *f (fam)* Gaffer *m,* Schaulustige(r) *f/m*
зева́ть *v impf 1.* gähnen; *2. (fam) ~ по сторона́м* gaffen, glotzen; *3. (fam)* verpassen, versäumen; *Не …ва́й!* Pass auf!
зево́к *m* Gähnen *n; подави́ть ~* ein Gähnen unterdrücken
зелёный *adj 1.* grün, Grün…; *2. (неспелый)* grün, unreif; *3. (fam)* unerfahren, blutjung; *~ юне́ц* Grünschnabel *m,* grüner Junge
зе́лень *f 1.* Gemüse *n,* Grünzeug *n (fam); 2. (растительность)* das Grüne *n; в …ни* im Grünen
землевладе́лец *m* Grundbesitzer *m*
землевладе́лица *f* Grundbesitzerin *f*
землевладе́ние *n* Grundbesitz *m*
земледе́лие *n* Landwirtschaft *f,* Ackerbau *m*
землетрясе́ние *n* Erdbeben *n*
земля́ *f 1.* Erde *f,* Erdkugel *f; 2. (суша)* Festland *n,* Land *n; 3. (почва)* Erde *f,* Erdboden *m; садо́вая ~* BOT Gartenerde *f; 4. (административная единица в федерации)* Land *n,* Bundesland *n*
земля́к *m* Landsmann *m*
земляни́ка *f* BOT Erdbeere *f*
землян́ой *adj 1.* Erd…; *2.* BOT *~ оре́х* Erdnuss *f*
земно́й *adj 1.* Erd…; *~ шар* Erdball *m; 2. (fig)* irdisch; *…ные бла́га* irdische Güter
зе́ркало *n* Spiegel *m; карма́нное ~* Taschenspiegel *m*
зерка́льный *adj 1.* spiegelverkehrt, seitenverkehrt, Spiegel…; *~ фотоаппара́т* FOTO Spiegelreflexkamera *f; …ное изображе́ние* Spiegelbild *n; 2. (гладкий)* spiegelglatt; *3. (блестящий)* spiegelnd, spiegelblank
зерни́стый *adj* körnig, gekörnt
зерно́ *n 1.* BOT Korn *n; ~ пшени́цы* Weizenkorn *n; 2. (хлеб)* AGR Korn *n,* Getreide *n*
зернохрани́лище *n* Kornspeicher *m,* Getreidespeicher *m*
зима́ *f* Winter *m; мя́гкая ~* milder Winter; *…о́й* im Winter
зи́мний *adj* winterlich, Winter…; *…няя спя́чка* ZOOL Winterschlaf *m*
зимова́ть *v impf* überwintern
зия́ть *v impf* klaffen, sich auftun
зла́ки *pl* BOT Gräser *pl; хле́бные ~* Getreidearten *pl*
злить *v impf* ärgern, erzürnen, erbosen
зло[1] *n* Übel *n,* das Böse *n; со зла* vor Wut
зло[2] *adv* böse, boshaft, erbost
зло́ба *f 1.* Bosheit *f,* Gehässigkeit *f; 2. (ярость)* Wut *f,* Hass *m*
зло́бный *adj* boshaft, böse, gehässig, hämisch
злободне́вность *f* Aktualität *f*
злободне́вный *adj* aktuell, brennend; *~ вопро́с* aktuelle Frage
злове́щий *adj* unheilsschwanger, unheilvoll
злово́ние *n* Gestank *m,* übler Geruch *m*
злово́нный *adj* übelriechend, stinkend
зловре́дность *f (fam)* Gehässigkeit *f,* Boshaftigkeit *f*
зловре́дный *adj (fam)* boshaft, gehässig
злода́рный *adj* schadenfroh
злоде́й(ка) *m/f* Bösewicht *m,* Missetäter(in) *m/f*
злоде́йский *adj* verbrecherisch, Verbrecher…, Meuchel…
злодея́ние *n* Gräueltat *f,* Gräuel *m,* Verbrechen *n*
злой *adj 1.* boshaft, böse, verärgert, erbost; *2. (дурной)* böse, arg, übel; *3. (жестокий)* grimmig, grausam

злока́чественность *f MED* Bösartigkeit *f*
злока́чественный *adj MED* bösartig
злоключе́ние *n (fam)* Unglück *n,* Missgeschick *n,* Pech *n*
злонаме́ренность *f* Böswilligkeit *f,* böser Wille *m,* böse Absicht *f*
злонаме́ренный *adj 1.* übel gesinnt; *2. (о поступке)* mutwillig, vorsätzlich
злопа́мятный *adj* nachtragend, rachsüchtig
злополу́чный *adj* unglücklich, Unglücks...; *~ челове́к* Pechvogel *m*
злопыха́тель *m* gehässiger Mensch *m,* Fiesling *m (fam)*
злопыха́тельство *n (fam)* Boshaftigkeit *f,* Gehässigkeit *f*
злора́дный *adj* schadenfroh, hämisch
злора́дствовать *v impf* schadenfroh sein
злосло́вие *n* Klatsch *m,* Tratsch *m*
злосло́вить *v impf* klatschen, tratschen, lästern
зло́стный *adj* böswillig, böse, boshaft
злость *f* Bosheit *f,* Wut *f,* Zorn *m,* Rage *f*
злоумы́шленник *m* Übeltäter *m*
злоумы́шленница *f* Übeltäterin *f*
злоупотребле́ние *n* Missbrauch *m,* Übergriff *m*
злоупотребля́ть *v impf* missbrauchen, Missbrauch treiben
злоязы́чный *adj* gehässig, klatschsüchtig; *~ челове́к* Lästermaul *n*
злю́ка *m (fam)* boshafter Mensch *m,* Mistkerl *m*
злю́чка *f (fam)* böses Frauenzimmer *n,* Drachen *m*
змеи́ться *v impf* sich schlängeln
зме́йка *f 1. ZOOL* kleine Schlange *f; 2. (fig)* Schlangenlinie *f*
зме́йный *adj 1.* Schlangen...; *~ уку́с* Schlangenbiss *m; 2.* heimtückisch, hinterhältig, falsch
змея́ *f ZOOL* Schlange *f; ядови́тая ~* Giftschlange *f; кова́рный как ~* listig wie eine Schlange
знак *m 1.* Zeichen *n,* Kennzeichen *n,* Symbol *n; ~ ра́венства* Gleichheitszeichen *n; восклица́тельный ~* Ausrufezeichen *n; доро́жный ~* Verkehrszeichen *n; 2. (клеймо)* Marke *f,* Zeichen *n; ~ ка́чества* Gütezeichen *n; 3. (сигнал)* Zeichen *n,* Wink *m; усло́вный ~* verabredetes Zeichen
знако́мить *v impf 1.* bekannt machen, vorstellen; *2. (fig)* zeigen; *3. ~ся с кем-л* jdn kennen lernen
знако́мство *n 1.* Bekanntschaft *f; 2. (круг знакомых)* Bekanntenkreis *m*
знако́мый *adj 1.* bekannt; *m 2.* Bekannter *m*
знамена́тель *m MATH* Nenner *m; о́бщий ~* gemeinsamer Nenner *m*
знамена́тельный *adj* bedeutend, denkwürdig
знамени́тости *pl* Prominenz *f*
знамени́тость *f* Berühmtheit *f*
знамени́тый *adj* berühmt, bekannt, prominent
зна́мя *n* Fahne *f,* Banner *n*
зна́ние *n* Kenntnis *f; ~ люде́й* Menschenkenntnis *f; со ~м де́ла* mit Sachkenntnis
зна́ния *pl* Wissen *n,* Kenntnisse *pl; о́бщие ~* Allgemeinwissen *n*
зна́тный *adj* angesehen, namhaft
знато́к *m* Kenner(in) *m/f; ~ иску́сства* Kunstkenner(in) *m/f*
знать *v impf 1.* wissen, kennen, unterrichtet sein; *2. (обладать знанием)* kennen, sich auskennen, Bescheid wissen; *3. (быть знакомым с кем-л)* kennen, mit jdm bekannt sein; *4. (владеть умением)* können, verstehen, beherrschen
зна́харка *f 1.* Heilerin *f; 2. (неодобрительно)* Quacksalberin *f,* Kurpfuscherin *f*
зна́харь *m 1.* Heiler *m,* Wunderdoktor *m; 2. (неодобрительно)* Quacksalber *m,* Kurpfuscher *m*
значе́ние *n 1.* Bedeutung *f,* Sinn *m; прямо́е ~* wörtliche Bedeutung; *2. (важность)* Wert *m,* Bedeutung *f,* Wichtigkeit *f; придава́ть осо́бое ~ чему́-л* einer Sache Nachdruck verleihen
зна́чимость *f 1.* Bedeutung *f; ~ сло́ва* Aussagewert *m; 2. (важность)* Bedeutsamkeit *f,* Wertigkeit *f*
значи́тельный *adj 1.* beachtlich, bedeutend, beträchtlich, erheblich, herausragend; *2. (важный)* wichtig, bedeutend, wesentlich
зна́чить *v impf* bedeuten, heißen, Bedeutung haben; *э́то ...чит* das heißt
значо́к *m 1.* Zeichen *n,* Merkzeichen *n; 2. (нагрудный)* Abzeichen *n,* Plakette *f,* Anstecknadel *f*
зноби́ть *v impf* frösteln, schütteln; *меня́ ...би́т* mich fröstelt, ich habe Schüttelfrost
зной *m* drückende Hitze *f,* sengende Glut *f,* Schwüle *f*
зно́йный *adj* drückend heiß, schwül
золо́вка *f* Schwägerin *f*

золоти́стый *adj* golden, goldfarben, goldglänzend
золоти́ть *v impf 1.* vergolden; *2. ~ся* golden schimmern, golden glänzen
зо́лото *n 1.* Gold *n; 2. (fig)* Perle *f; не всё то ~, что блести́т* es ist nicht alles Gold, was glänzt
золото́й *adj* golden, Gold…; *…та́я ры́бка* ZOOL Goldfisch *m*
зо́на *f* Zone *f,* Gebiet *n,* Abschnitt *m; свобо́дная экономи́ческая ~* Freihandelszone *f*
зонд *m* TECH Sonde *f; желу́дочный ~* MED Magensonde *f*
зонди́ровать *v impf 1.* sondieren; *2. (fig)* vorfühlen, jdm auf den Zahn fühlen
зонт *m 1.* Schirm *m; 2. (навес)* Schutzdach *n*
зо́нтик *m* Schirm *m,* Regenschirm *m*
зооло́гия *f* Zoologie *f,* Tierkunde *f*
зоомагази́н *m* Zoohandlung *f*
зоопа́рк *m* Tiergarten *m,* Tierpark *m,* Zoo *m*
зо́ркий *adj 1.* scharfsichtig, scharf; *~ глаз* scharfes Auge; *2. (fig)* wachsam
зо́ркость *f 1.* Scharfsichtigkeit *f; 2. (fig)* Wachsamkeit *f*
зрачо́к *m* ANAT Pupille *f*
зре́лище *n* THEAT Schauspiel *n,* Vorstellung *f*
зре́лость *f* Reife *f*
зре́лый *adj 1.* reif; *~ плод* reife Frucht; *2. (fig)* reif, reiflich; *по …лом размышле́нии* nach reiflicher Überlegung
зре́ние *n 1.* Sehvermögen *n,* Sehkraft *f; 2. то́чка …ния* Standpunkt *m*
зреть *v impf* reifen, reif werden
зри́тель(ница) *m/f* Zuschauer(in) *m/f*
зри́тельный *adj 1.* visuell, Seh…, Gesichts…; *2.* ANAT *~ нерв* Sehnerv *m; 3.* THEAT *~ зал* Zuschauerraum *m*
зри́тельский *adj* Zuschauer…
зря *adv (fam) 1.* umsonst, unnütz; *2. (несправедливо)* ungerecht
зуб *m* ANAT Zahn *m; коренно́й ~* Backenzahn *m; ~ му́дрости* Weisheitszahn *m; лечи́ть ~ы* sich die Zähne behandeln lassen, in zahnärztlicher Behandlung sein; *плохи́е ~ы* schlechte Zähne
зубе́ц *m* Zacke *f,* Zinne *f*
зубно́й *adj 1.* Zahn…; *~ врач* MED Zahnarzt *m; …на́я щётка* Zahnbürste *f; 2.* LING *(звук)* Dentallaut *m*
зубочи́стка *f* Zahnstocher *m*
зубр *m 1.* ZOOL Wisent *n; 2. (fig)* Erzreaktionär *m*
зубри́ла *m/f (fam)* Streber(in) *m/f*
зубри́ть *v impf (fam)* pauken, büffeln
зу́бчатый *adj* gezackt
зуд *m* Jucken *n,* Juckreiz *m*
зуде́ть *v impf* jucken
зя́блик *m* ZOOL Fink *m*
зять *m 1. (муж сестры)* Schwager *m; 2. (муж дочери)* Schwiegersohn *m*

И/Й

и[1] *konj 1.* und; *2. (перечислительный) ~ … ~* sowohl … als auch; *~ то ~ друго́е.* Sowohl das eine, als auch das andere., Beides. *3. (усилительный)* und, also; *~ что ты бу́дешь тепе́рь де́лать?* Und was fängst du also jetzt an? *4. (выделительный)* eben, gerade; *вот ~ наш авто́бус!* Da kommt gerade unser Bus! *5. ~ так да́лее* und so weiter (usw.); *6. ~ про́чее* und weiteres mehr
и[2] *adv 1.* auch, ebenfalls; *~ в э́том слу́чае* auch in diesem Fall; *2. (даже)* sogar, selbst; *Я ~ ду́мать об э́том не хочу́.* Ich will nicht einmal daran denken.
и без того́ *adv* ohnehin, sowieso
и́бо *konj* da, weil, denn
и́ва *f* BOT Weide *f,* Weidenbaum *m; плаку́чая ~* Trauerweide *f*
и́вовый *adj* Weiden…
игла́ *f 1.* Nadel *f; 2.* ZOOL Stachel *m*
игли́стый *adj 1.* nadelförmig; *2.* ZOOL stachelig
игнори́ровать *v impf/pf* ignorieren, übersehen
иго́льный *adj* Nadel…; *…ное ушко́* Nadelöhr *n*
игра́ *f 1.* Spiel *n,* Spielen *n; ~ в мяч* Ballspiel *n; 2.* SPORT Spiel *n,* Partie *f; па́рная ~* Doppel *n; ~ в футбо́л* Fußballspiel *n; 3. Олимпийские …ры* die Olympischen Spiele
игра́льный *adj* Spiel…; *~ автома́т* Spielautomat *m*
игра́ть *v impf 1.* spielen; *~ в мяч* Ballspielen; *~ в пря́тки* Versteck spielen; *~ на роя́ле* MUS Klavier spielen
игра́ючи *adv* spielend leicht
и́грек *m* Ypsilon *n*
игро́к *m* Spieler *m*
игру́шечный *adj* Spielzeug…
игру́шка *f* Spielzeug *n*
игуа́на *f* ZOOL Leguan *m*
идеа́л *m* Ideal *n,* Idealvorstellung *f,* Vorbild *n*
идеализи́рование *n* Idealisierung *f*
идеализи́ровать *v impf* idealisieren
идеали́зм *m* Idealismus *m*
идеали́ст(ка) *m/f* Idealist(in) *m/f*
идеалисти́ческий *adj* idealistisch
идеа́льный *adj* ideal, vollkommen
иде́йный *adj 1.* ideell, Ideen…; *2. (проникнутый передовыми идеями)* ideenreich, einfallsreich
идентифика́ция *f* Identifizierung *f,* Gleichsetzung *f*
идентифици́ровать *v impf/pf* identifizieren
иденти́чность *f* Identität *f,* Gleichheit *f*
иденти́чный *adj* identisch, gleichlautend
идео́лог *m* Ideologe *m*
идеологи́ческий *adj* ideologisch
идеоло́гия *f* POL Ideologie *f,* Weltanschauung *f*
иде́я *f 1.* Einfall *m,* Idee *f; 2. (основная мысль)* Grundgedanke *m,* Idee *f*
идилли́ческий *adj* idyllisch
иди́ллия *f 1.* Idyll *n,* Idylle *f; 2.* ART Stimmungsbild *n*
идио́т(ка) *m/f* Idiot(in) *m/f,* Schwachsinnige(r) *f/m; по́лный ~* Vollidiot *m*
идиоти́зм *m 1.* PSYCH Schwachsinn *m; 2. (fam)* Blödsinn *m,* Schwachsinn *m*
идиоти́ческий *adj* idiotisch
идио́тский *adj* idiotisch, blödsinnig, schwachsinnig
идио́тство *n (fam)* Blödsinn *m*
и́дол *m 1.* Götze *m; 2. (кумир)* Idol *n,* Abgott *m*
идти́ *v impf 1.* gehen, kommen; *~ домо́й* nach Hause gehen; *~ с рабо́ты* von der Arbeit kommen; *Иди́ сюда́!* Komm her! *2. (следовать)* folgen, hinterherkommen; *3. (о транспорте)* fahren; *По́езд да́льше не идёт.* Der Zug fährt nicht weiter. *4. (о дороге, границе)* führen, gehen; *5. (о вемени)* vergehen, verstreichen; *6. (об осадках) идёт снег* es schneit; *идёт дождь* es regnet; *7. (иметь место)* stattfinden, laufen; *Фестива́ль идёт 7 дней.* Das Fest läuft 7 Tage lang. *8. (демонстрироваться)* gezeigt werden, gespielt werden, laufen; *Что сего́дня идёт по телеви́зору?* Was läuft heute im Fernsehen? *9. (быть к лицу)* stehen; *Шля́па вам идёт.* Der Hut steht Ihnen gut. *10. (функционировать)* gehen, laufen, funktionieren; *11. О чём идёт речь?* Worum geht es? *12. ~ на усту́пки* einen Kompromiss eingehen, Zugeständnisse machen; *13. идёт слух* es geht ein Gerücht um, man munkelt; *14. (fam) Идёт!* Gut!, Abgemacht!
иера́рхия *f* Hierarchie *f,* Rangordnung *f*

из(о) *prep 1. (откуда)* aus, heraus; *Я ~ России.* Ich komme aus Russland. *2. (при указании материала)* aus; *~ дерева* aus Holz, Holz…; *3. (из числа)* von, aus; *один ~ нас* einer von uns; *4. (по причине) ~ любви* aus Liebe
избави́тель(ница) *m/f* Befreier *m,* Retter(in) *m/f,* Erlöser(in) *m/f*
избавле́ние *n* Befreiung *f,* Erlösung *f,* Rettung *f*
избавля́ть *v impf 1.* retten, erlösen; *2. (не утруждать)* verschonen, jdm etw ersparen; *3. ~ся от чего-л* etw loswerden, von etw frei werden
избега́ть *v impf* vermeiden, meiden, ausweichen
избежа́ние *n* Vermeiden *n,* Umgehen *n; во ~ чего́-л* um etw zu vermeiden
избива́ть *v impf* schlagen, verprügeln
избира́тель *m POL* Wähler *m*
избира́тельный *adj POL* Wahl…; *~ о́круг* Wahlkreis *m; ~ пункт* Wahllokal *n; …ное пра́во* Wahlrecht *n*
избира́ть *v impf* wählen, auswählen
избра́ние *n* Wahl *f*
и́збранный *adj 1.* gewählt; *2. (о сочинениях)* ausgewählt; *3. (привелигированный)* erlesen, ausgesucht, privilegiert, elitär
избу́шка *f* Hütte *f,* Häuschen *n*
избы́ток *m 1.* Überschuss *m,* Rest *m; 2. (изобилие)* Übermaß *n,* Überfluss *m*
избы́точный *adj* überschüssig, überzählig, übflüssig, Über…; *…ное давле́ние TECH* Überdruck *m*
и́зверг *m* Scheusal *n,* Unmensch *m*
изверга́ть *v impf* ausstoßen, ausspeien
изверже́ние *n* Erguss *m,* Auswerfung *f; ~ вулка́на* Vulkanausbruch *m*
изве́стие *n 1.* Nachricht *f,* Mitteilung *f; pl 2. после́дние …тия* Nachrichten *pl*
изве́стность *f 1.* Berühmtheit *f,* Ruhm *m,* Bekanntheit *f; 2. ста́вить кого́-л в ~* jdn in Kenntnis setzen
изве́стный *adj 1.* bekannt, berühmt, renommiert, berüchtigt; *как …но* bekanntlich; *2. (некоторый)* bestimmt, gewiss; *в …ной мере* gewissermaßen
и́звесть *f CHEM* Kalk *m*
извеща́ть *v impf* benachrichtigen, mitteilen, verständigen, in Kenntnis setzen
извеще́ние *n 1.* Benachrichtigung *f; 2. (письменное сообщение)* Mitteilung *f,* Meldung *f; 3. (объявление)* Anzeige *f*
изви́лина *f 1.* Biegung *f,* Krümmung *f; 2. (дороги)* Serpentine *f; 3. ANAT …ны мо́зга* Hirnwindungen *pl*
изви́листый *adj* gewunden, geschlängelt; *…тая доро́га* kurvenreiche Straße
извине́ние *n* Entschuldigung *f*
извини́тельный *adj 1.* verzeihlich, entschuldbar; *2. (содрежащий извинение)* Entschuldigungs…
извиня́ть *v impf* entschuldigen, verzeihen; *…ни́те!* Entschuldigung!
извиня́ющий *adj* entschuldigend, rechtfertigend, Rechtfertigungs…
извлека́ть *v impf 1.* herausholen; *2. (fig)* herausziehen; *~ по́льзу* Nutzen aus etw ziehen; *3. MATH ~ ко́рень* die Wurzel ziehen
извне́ *adv* von außen
изво́зчик *m* Kutscher(in) *m/f,* Fuhrmann *pl; руга́ться как ~* fluchen wie ein Pferdeknecht
изворо́тливость *f* Gewandtheit *f,* Wendigkeit *f*
изворо́тливый *adj 1.* gewandt, geschickt; *2. (скользкий)* aalglatt
извраща́ть *v impf* entstellen, verzerren; *~ смысл слов* Worte verdrehen
извраще́ние *n 1.* Entstellung *f,* Verzerrung *f; 2. (ненормальность)* Perversion *f*
извращённость *f* Widernatürlichkeit *f,* Perversität *f*
извращённый *adj 1.* verzerrt, entstellt; *2. (противоестественный)* widernatürlich, pervers, abartig; *~ вкус* abartiger Geschmack
изги́б *m* Krümmung *f,* Biegung *f,* Biegen *n*
изгиба́ть *v impf* biegen, verbiegen, krümmen
изгна́ние *n 1.* Vertreibung *f; 2. (состояние)* Verbannung *f,* Exil *n*
изгна́нник *m* Vertriebener *m,* Verbannter *m; ~ ро́дины* Heimatvertriebener *m*
изгна́нница *f* Vertriebene *f,* Verbannte *f; ~ ро́дины* Heimatvertriebene *f*
изгоня́ть *v impf 1.* vertreiben, verjagen, verstoßen; *2. (из страны)* ausweisen, des Landes verweisen
и́згородь *f* Zaun *m; жива́я ~* Hecke *f*
изготови́тель *m* Hersteller(in) *m/f,* Erzeuger(in) *m/f*
изготовле́ние *n* Herstellung *f,* Produktion *f,* Fertigung *f*
изготовля́ть *v impf* herstellen, produzieren, anfertigen, erzeugen
издава́ть[1] *v impf 1.* herausgeben, verlegen; *2. (закон)* veröffentlichen, verabschieden

издава́ть[2] *v impf ~ звук* einen Laut von sich geben
изда́ние *n 1.* Herausgabe *f,* Veröffentlichung *f; 2. (печатное произведение)* Ausgabe *f; 3. (тираж)* Auflage *f; пéрвое ~* Erstauflage *f*
изда́тель *m* Herausgeber(in) *m/f,* Verleger(in) *m/f*
изда́тельский *adj* verlagseigen, Verlags...; *...кое дéло* Verlagswesen *n*
изда́тельство *n* Verlag *m*
издева́тельский *adj* höhnisch, spöttisch
издева́тельство *n* Spott *m,* Verspottung *f,* Hohn *m,* Gespött *n; Э́то ~!* Das ist der blanke Hohn!
издева́ться *v impf* verhöhnen, verspotten, sich über jdn lustig machen, jdn auf den Arm nehmen *(fam)*
издёвка *f* Spott *m,* Hohn *m*
изде́лие *n* Erzeugnis *n,* Ware *f,* Artikel *m*
изде́ржки *pl ECO* Kosten *pl,* Ausgaben *pl,* Unkosten *pl,* Aufwand *m; судéбные ~ JUR* Prozesskosten
издыха́ть *v impf* krepieren, verrecken
изжо́га *f MED* Sodbrennen *n*
из-за *prep 1.* hinter etw hervor; *встать ~ столá* vom Tisch aufstehen; *2. ~ грани́цы* aus dem Ausland; *3. (по причине)* wegen, durch, aufgrund; *~ недостáтка врéмени* aus Zeitmangel; *~ тебя́* deinetwegen
излага́ть *v impf* wiedergeben, darlegen, darstellen
излече́ние *n* Heilung *f,* Genesung *f*
иле́чивать *v impf 1.* heilen, gesund machen, kurieren; *2. ~ся* genesen, gesund werden
излечи́мый *adj* heilbar
изли́шек *m 1.* Überfluss *m; с ...шком* mehr als genug; *2. (лишнее) ECO* Überschuss *m,* Plus *n*
изли́шество *n* Übermaß *n*
изли́шне *adv 1.* zu sehr, übermäßig, unnötig, zu; *2. ~ об э́том говори́ть.* Es ist überflüssig darüber zu reden.
изли́шний *adj 1.* übermäßig; *2. (ненужный)* unnötig, überflüssig, entbehrlich
изложе́ние *n 1.* Wiedergabe *f,* Darlegung *f,* Darstellung *f; крáткое ~* Resümee *n; 2. (письменный пересказ)* Nacherzählung *f*
изло́м *m 1.* Bruch *m; 2. (место излома)* Bruchstelle *f*
излома́ть *v impf 1.* brechen, kaputt machen; *он всё ...ал* er schlug alles kurz und klein; *2. (испортить)* verderben
излуча́ть *v impf PHYS* strahlen, ausstrahlen, abstrahlen, emittieren
излуче́ние *n PHYS* Strahlung *f,* Ausstrahlung *f,* Emission *f*
излю́бленный *adj* beliebt, Lieblings...
изма́тывать *v impf (fam) 1.* ermüden, aufreiben; *2. ~ся* sich abhetzen
измельча́ть *v impf* zerkleinern, zerstückeln
изме́на *f 1.* Verrat *m,* Untreue *f; 2. супру́жеская ~* Ehebruch *m; 3. ~ идеáлам* Abkehr von den Idealen
измене́ние *n* Änderung *f,* Veränderung *f,* Wandel *m*
изме́нник *m* Verräter *m*
изме́нница *f* Verräterin *f*
изме́ннический *adj* verräterisch
изме́нчивый *adj* veränderlich, unbeständig, wechselhaft
изменя́ть[1] *v impf* verändern, abändern, wechseln
изменя́ть[2] *v impf 1.* jdn verraten; *2. (нарушать верность)* untreu sein; *~своему́ сло́ву* sein Wort brechen
измере́ние *n 1.* Messung *f; 2. MATH* Dimension *f*
измери́мый *adj* messbar; *...мая величинá MATH* messbare Größe
измеря́ть *v impf* vermessen, ausmessen, ermessen
измо́танный *adj (fam)* abgekämpft, mitgenommen, mürbe
изнаси́лование *n* Vergewaltigung *f*
изнаси́ловать *v pf* vergewaltigen
изна́шиваться *v impf* verschleißen
изне́женный *adj* verwöhnt, verhätschelt, verzärtelt
изне́живать *v impf* verhätscheln, verwöhnen, verzärteln
изнемога́ть *v impf* sich erschöpfen, sich aufreiben, dem Zusammenbruch nahe sein; *~ от устáлости* vor Müdigkeit umfallen
изнеможе́ние *n* Erschöpfung *f,* Müdigkeit *f,* Entkräftung *f*
изно́с *m* Verschleiß *m,* Abnutzung *f*
изно́шенный *adj* schäbig, abgetragen, verschlissen
изнуре́ние *n* Erschöpfung *f,* Entkräftung *f; дойти́ до по́лного ...ния* am Ende seiner Kraft sein
изнурённость *f* Erschöpfung *f,* Entkräftung *f*

изнурённый *adj* erschöpft, ausgemergelt, abgezehrt
изнуря́ющий *adj* zermürbend
изоби́лие *n* Überfluss *m,* Fülle *f; рог …лия* Füllhorn *n*
изоблича́ть *v impf* überführen, entlarven; *~ во лжи* Lügen strafen
изобличе́ние *n* Überführung *f,* Entlarvung *f*
изобличи́тельный *adj* überführend, entlarvend, belastend, Belastungs…
изобража́ть *v impf 1.* darstellen, gestalten; *2.* THEAT spielen, darstellen
изображе́ние *n 1.* Darstellung *f,* Schilderung *f; 2. (воспроизведение)* Abbildung *f,* Bild *n*
изобрета́тель(ница) *m/f* Erfinder(in) *m/f*
изобрета́тельность *f* Erfindergeist *m,* Findigkeit *f*
изобрета́тельный *adj* einfallsreich, erfinderisch, erfindungsreich, findig
изобрета́тельский *adj* Erfinder…
изобрета́ть *v impf* erfinden
изобрете́ние *n* Erfindung *f*
изоли́рованность *f* Isoliertheit *f,* Isolierung *f*
изоли́рованный *adj 1.* isoliert, abgesondert; *2. (единичный)* Einzel…; *~ слу́чай* Einzelfall *m*
изоли́ровать *v impf/pf* isolieren, absondern
изоли́рующий *adj* Isolier…
изоляцио́нный *adj* TECH Isolier…, Dämm…
изоля́ция *f* Isolation *f,* Isolierung *f*
изощрённый *adj 1.* geübt, fein; *2. (утончённый)* raffiniert, verfeinert, fein
изразе́ц *m* Kachel *f*
Изра́иль *m* GEO Israel *n*
израсхо́довать *v impf 1.* verbrauchen; *2.* FIN ausgeben; *3. (fig) ~ся* sich aufarbeiten, sich verausgaben
изря́дный *adj* ziemlich groß, ordentlich, bedeutend
изуве́ченный *adj* verkrüppelt, entstellt
изуве́чивать *v impf 1.* verstümmeln, entstellen; *2. (портить)* verderben
изуми́тельный *adj 1.* erstaunlich; *2. (чудесный)* wundervoll, wunderschön
изумле́ние *n* Erstaunen *n,* Verwunderung *f*
изумлённый *adj* erstaunt, verwundert
изумля́ть *v impf 1.* überraschen, in Erstaunen versetzen; *2. ~ся* staunen, sich wundern
изумру́д *m* MIN Smaragd *m*
изумру́дный *adj* smaragdgrün, Smaragd…
изуча́ть *v impf 1.* studieren, lernen, erlernen; *2. (обследовать)* erforschen
изуче́ние *n 1.* Studium *n; 2. (обследование)* Untersuchung *f; ~ ры́нка* ECO Marktforschung *f*
изъя́н *m* Fehler *m,* Mangel *m,* Defekt *m; без ~а* fehlerfrei
изъя́тие *n 1.* Entnahme *f,* Herausnahme *f; 2.* JUR *(конфискация)* Beschlagnahme *f,* Einziehung *f*
изыма́ть *v impf 1.* herausnehmen, ausschließen; *~ из употребле́ния* aus dem Umlauf nehmen; *2. (конфисковать)* beschlagnahmen, konfiszieren
изы́сканность *f* Ausgesuchtheit *f,* Raffinesse *f*
изы́сканный *adj 1.* erlesen, ausgesucht; *2. (тонкий)* fein, raffiniert; *3.* GAST delikat; *4. (fig)* apart
изю́м *m* Rosine *f,* Rosinen *pl*
изю́минка *f* Rosine *f; она́ с …кой* sie hat das gewisse Etwas
изя́щество *n* Feinheit *f,* Eleganz *f*
изя́щный *adj* fein, elegant, vornehm, apart
ико́на *f* REL Ikone *f,* Heiligenbild *n*
ико́та *f* Schluckauf *m*
икра́ *f 1.* ZOOL Rogen *m,* Laich *m; 2.* GAST Kaviar *m*
икры́ *pl* ANAT Waden *pl; су́дорога в и́крах* MED Wadenkrampf *m*
икс-лучи́ *pl* PHYS Röntgenstrahlen *pl,* X-Strahlen *pl*
ил *m* Schlamm *m*
и́ли *konj 1.* oder; ~ … ~ … entweder … oder …; *2. ~ же* oder aber, beziehungsweise; *adv 3.* oder, denn; *~ ты э́того не зна́ешь?* Weißt du das denn nicht?
и́листый *adj* schlammig, Schlamm…
иллю́зия *f* Illusion *f,* Täuschung *f; опти́ческая ~* optische Täuschung; *пита́ть …зии* Illusionen hegen
иллюзо́рный *adj* illusorisch, trügerisch
иллюстрати́вный *adj* illustrativ; *~ материа́л* Anschauungsmaterial *n*
иллюстра́ция *f* Illustration *f,* Illustrierung *f*
иллюстри́рованный *adj* illustriert, Bild…
иллюстри́ровать *v impf/pf 1.* illustrieren, bebildern; *2. (fig)* veranschaulichen

им *pron 1. (от слова он)* ihm; *2. (от слова они)* ihnen
имéние *n 1.* Gut *n,* Landgut *n*
именúны *pl* Namenstag *m*
úменно *adv 1.* nämlich, und zwar; *2. (как раз)* gerade, eben, ausgerechnet; *вот ~!* Genau!
именнóй *adj 1.* Namens..., Personal...; *~ спúсок* Namensverzeichnis *n,* Namensliste *f; 2.* GRAMM nominal, Nominal...
именовáть *v impf* benennen, nennen
именýемый *adj* genannt
имéть *v impf 1.* haben, besitzen; *2. (располагать)* verfügen, innehaben; *~ прáво* berechtigt sein; *3. (о законе) ~ сúлу* gültig sein; *3. ~ся* vorhanden sein, geben; *...еется* es gibt
имéющийся *adj* vorhanden
úми *pron* Ihnen
úмидж *m* Image *n*
имитáция *f 1.* Imitation *f,* Nachahmung *f,* Nachbildung *f; 2. (подделка)* Imitation *f*
имитúровать *v impf* imitieren, nachahmen, nachbilden
иммигрáнт(ка) *m/f* Immigrant(in) *m/f,* Einwanderer *m*
иммиграциóнный *adj* Immigrations..., Einwanderungs...
иммигрáция *f* Einwanderung *f,* Immigration *f*
иммигрúровать *v impf/pf* einwandern
иммунитéт *m 1.* BIO Immunität *f,* Unempfindlichkeit *f; 2.* JUR Immunität *f*
иммýнный *adj* BIO immun, unempfindlich
иммунодефицúт *m* MED Immunschwäche *f*
императóр *m* HIST Kaiser *m*
императóрский *adj* kaiserlich
императрúца *f* HIST Kaiserin *f*
империалúзм *m* POL Imperialismus *m*
империалúст *m* POL Imperialist *m*
империалистúческий *adj* POL imperialistisch
импéрия *m* Imperium *n,* Reich *n; мировáя ~* Weltreich *n*
импозáнтный *adj* imposant, eindrucksvoll
импонúровать *v impf* imponieren, beeindrucken
импонúрующий *adj* imponierend, beeindruckend
úмпорт *m* ECO Import *m,* Einfuhr *f*
импортёр *m* ECO Importeur *m*
импортúровать *v impf/pf* ECO importieren, einführen
импотéнтный *adj* MED impotent
импотéнция *f* MED Impotenz *f*
импрегнúрование *n* TECH Imprägnieren *n*
импровизáция *f* Improvisation *f,* Improvisierung *f*
импровизúровать *v impf/pf* improvisieren, ausdenken
úмпульс *m 1.* Impuls *m,* Anregung *f,* Anstoß *m,* Ansporn *m; 2.* TECH *~ тóка* Stromstoß *m*
импульсúвность *f* Impulsivität *f*
импульсúвный *adj* impulsiv, heftig, unwillkürlich
úмпульсный *adj* TECH Impuls...
имýщественный *adj* Vermögens..., Eigentums..., Besitz...; *...нное прáво* JUR Güterrecht *n*
имýщество *n 1.* ECO Vermögen *n,* Besitz *m,* Werte *pl; недвúжимое ~* Immobilien *pl; 2. (вещи)* Hab und Gut *n,* Habseligkeiten *pl*
имýщий *adj* vermögend, besitzend
úмя *n 1.* Name *m,* Vorname *m; сóбственное ~* Eigenname *m; 2. (репутация)* Ruf *m,* Reputation *f,* Name *m; дóброе ~* guter Ruf; *3.* GRAMM Nomen *n; ~ существúтельное* Substantiv *n; ~ прилагáтельное* Adjektiv *n; ~ числúтельное* Zahlwort *n*
инáче *adv* anders, ansonsten; *~ говоря́* anders gesagt; *konj 2. (а то)* sonst
инвалúд *m* Körperbehinderte(r) *f/m*
инвалúдность *f* MED Behinderung *f,* Invalidität *f*
инвалúдный *adj* behindert, invalid, Invaliden..., Behinderten...
инвентаризáция *f* ECO Inventur *f,* Bestandsaufnahme *f*
инвентáрь *m* ECO *1.* Inventar *n,* Bestand *m; 2. (опись имущества)* Inventur *f,* Bestandsaufnahme *f*
инвестúровать *v impf/pf* ECO investieren, anlegen
инвестúция *f* ECO Investition *f,* Kapitalanlage *f*
инвéстор *m* FIN Anleger *m,* Investor *m*
ингредиéнт *m* Zutat *f,* Bestandteil *m*
индéец *m* Indianer *m*
индéйка *f* ZOOL Truthenne *f,* Pute *f*
úндекс *m 1.* Index *m,* Kennziffer *f; 2. (почтовый)* Postleitzahl *f*
индиáнка[1] *f* Indianerin *f*
индиáнка[2] *f (гражданка Индии)* Inderin *f*

индиви́д(уум) *m* Individuum *n*
индивидуали́зм *m* Individualismus *m*
индивидуали́ст(ка) *m/f* Individualist(in) *m/f*
индивидуа́льный *adj* individuell, Einzel…, Individual…
инди́ец *m* Inder *m*
индика́тор *m* TECH Indikator *m*, Anzeigegerät *n*
индика́торный *adj* TECH indiziert, Anzeige…
индика́ция *f* Anzeige *f*; *светова́я ~* Leuchtanzeige *f*
индиффере́нтный *adj* gleichgültig, indifferent
И́ндия *f* GEO Indien *n*
Индоне́зия *f* GEO Indonesien *n*
индустриализа́ция *f* Industrialisierung *f*
индустриа́льный *adj* industriell, Industrie…
инду́стрия *f* Industrie *f*
индю́к *m* ZOOL Truthahn *m*
и́ней *m* Reif *m*, Raureif *m*
ине́ртность *f* Trägheit *f*
ине́ртный *adj* träge
ине́рция *f* PHYS Trägheit *f*
инжене́р *m* Ingenieur(in) *m/f*
инжи́р *m* BOT Feige *f*
инициа́лы *pl* Initialen *pl*, Anfangsbuchstaben *pl*
инициати́ва *f* Initiative *f*
инициати́вный *adj* tatkräftig, initiativ, Initiativ…
инициа́тор *m* *1.* Initiator *m*, Urheber *m*; *2.* CHEM Starter *m*
инко́гнито *adv* inkognito, unter falschem Namen
инкуба́тор *m* Inkubator *m*
инкубацио́нный *adj* BIO Inkubations…
инкуба́ция *f* BIO Inkubation *f*, Entwicklungszeit *f*
инове́рный *adj* andersgläubig
иногда́ *adv* manchmal, zuweilen, gelegentlich, von Zeit zu Zeit
ино́й *adj* anders, andersartig; *ины́ми слова́ми* mit anderen Worten *pl*
иносказа́ние *n* Allegorie *f*, Sinnbild *n*
иносказа́тельный *adj* sinnbildlich
иностра́нец *m* Ausländer *m*
иностра́нка *f* Ausländerin *f*
иностра́нный *adj* fremd, ausländisch, Fremd…, Auslands…; *~ язы́к* Fremdsprache *f*; *Министе́рство …ных дел* POL Auswärtiges Amt *n*
инса́йдер *m (fam)* Insider *m*
инспе́кция *f* Inspektion *f*, Aufsicht *f*
инста́нция *f 1.* JUR Instanz *f*; *2. (администрати́вная)* Instanz *f*, Behörde *f*
инсти́нкт *m* Instinkt *m*, Trieb *m*; *по ~у* instinktiv
инстинкти́вный *adj* instinktiv
институ́т *m 1.* Institut *n*, Hochschule *f*; *2. (научное учреждение)* Institut *n*; *нау́чно-иссле́довательский ~* Forschungsinstitut *n*
инструкти́ровать *v impf/pf* instruieren, unterweisen, einweisen
инстру́ктор *m* Ausbilder(in) *m/f*, Lehrer(in) *m/f*
инстру́кция *f* Anleitung *f*, Anweisung *f*; *~ по эксплуата́ции* TECH Bedienungsanleitung *f*
инструме́нт *m 1.* Werkzeug *n*, Gerät *n*; *ре́жущий ~* Schneidwerkzeug *n*; *2.* MUS *музыка́льный ~* Musikinstrument *n*
инструмента́льный *adj 1.* Werkzeug…, Geräte…; *~ заво́д* Werkzeugfabrik *f*; *2.* MUS Instrumental…
инсу́льт *m* MED Hirnschlag *m*, Schlaganfall *m*
инсцени́ровать *v impf/pf 1.* THEAT inszenieren, für die Bühne bearbeiten; *2. (симулировать)* vortäuschen, simulieren
инсцениро́вка *f 1.* THEAT Inszenierung *f*, Bühnenfassung *f*; *2. (симуляция)* Inszenierung *f*, Simulation *f*
интегра́ция *f 1.* MATH Integration *f*; *2. (объединение)* Integration *f*, Zusammenschluss *m*
интегри́рование *n* MATH Integration *f*, Integrieren *n*
интегри́ровать *v impf/pf 1.* MATH integrieren; *2. (объединять)* integrieren, zusammenschließen
интелле́кт *m* Verstand *m*, Denkvermögen *n*, Intellekt *m*; *челове́к высо́кого ~а* geistige Größe *f*
интеллектуа́льный *adj* intellektuell, verstandesmäßig, geistig
интеллиге́нт(ка) *m/f* Intellektuelle(r) *f/m*
интеллиге́нтность *f* Intelligenz *f*
интеллиге́нтный *adj* intelligent
интеллиге́нция *f* Intellektuelle *pl*
интенси́вный *adj 1.* intensiv, stark, hochgradig; *2. (напряжённый)* angespannt, angestrengt
интерва́л *m 1.* Intervall *n*, Zeitabstand *m*,

Zeitspanne *f; 2. (перерыв)* Unterbrechung *f; 3.* MUS Intervall *n*
интервенцио́нный *adj* Interventions…
интерве́нция *f* Intervention *f*
интервью́ *n* Interview *n; брать ~* jdn interviewen; *специа́льное ~* Exklusivinterview *n*
интере́с *m* Interesse *n; с ~ом* interessiert
интере́сный *adj* interessant
интересова́ть *v impf 1.* interessieren; *2. ~ся* Interesse haben; *3. (узнавать) ~ся* sich erkundigen, nach etw fragen
интерна́т *m* Internat *n*
интерне́т *m* INFORM Internet *n*
интерпрета́ция *f* Interpretation *f,* Deutung *f,* Auslegung *f*
интерпрети́ровать *v impf/pf* interpretieren, deuten, auslegen
инти́мность *f* Intimität *f,* Vertraulichkeit *f,* Innigkeit *f*
инти́мный *adj* vertraut, intim, innig
интона́ция *f* Tonfall *m,* Intonation *f,* Sprachmelodie *f*
интри́га *f* Intrige *f*
интри́ги *pl* Intrigen *pl,* Ränke *pl,* Machenschaften *pl*
интригова́ть *v impf 1.* intrigieren, Ränke schmieden; *2. (возбуждать любопытство)* neugierig machen, Spannung erzeugen
интри́жка *f (fam)* Flirt *m,* Liebelei *f*
интуити́вный *adj* intuitiv, gefühlsmäßig
интуи́ция *f* Intuition *f,* Eingebung *f; по …ции* intuitiv
инфа́ркт *m* MED Infarkt *m; ~ се́рдца* Herzinfarkt *m*
инфекцио́нный *adj* MED ansteckend, Infektions…
инфе́кция *f* MED Ansteckung *f,* Infektion *f*
инфляцио́нный *adj* inflationär, Inflations…
инфля́ция *f* ECO Inflation *f,* Geldentwertung *f*
информати́вный *adj* informativ, Informations…
информа́тик *m* Informatiker(in) *m/f*
информа́тика *f* Informatik *f*
информацио́нный *adj* informativ, Informations…; *…нное аге́нтство* Nachrichtenagentur *f*
информа́ция *f 1.* Information *f; слу́жба …ции* Informationsdienst *m; 2. (сообщение)* Auskunft *f,* Nachricht *f*
информи́ровать *v impf/pf* informieren, benachrichtigen
инфраструкту́ра *f* ECO Infrastruktur *f*
инциде́нт *m* Vorfall *m,* Zwischenfall *m; пограни́чный ~* Grenzzwischenfall *m*
инъе́кция *f* MED Injektion *f*
Иорда́ния *f* GEO Jordanien *n*
ипоте́ка *f* ECO Hypothek *f*
ипподро́м *m* Hippodrom *m*
Ира́к *m* GEO Irak *m*
Ира́н *m* GEO Iran *m*
Ирла́ндия *f* GEO Irland *n*
иро́ния *f* Ironie *f; ~ судьбы́* Ironie des Schicksals; *е́дкая ~* beißende Ironie
иск *m* JUR Klage *f; гражда́нский ~* Zivilklage *f; предъявля́ть ~ к кому́-л* jdn verklagen
искажа́ть *v impf 1.* entstellen, verstümmeln, verunstalten; *2. (факты)* verdrehen, verfälschen, verzerren
искажённый *adj* entstellt, verzerrt, verstümmelt
искале́ченный *adj* verkrüppelt, verstümmelt
искале́чивать *v impf* verkrüppeln, zum Krüppel machen
иска́ть *v impf 1.* suchen; *2. (предъявлять иск)* JUR klagen
исключа́ть *v impf 1.* ausschließen, streichen; *2. (из вуза)* exmatrikulieren
исключа́я *prep* ausgenommen, außer, mit Ausnahme von, exklusive
исключе́ние *n 1.* Ausschluss *m; 2. (из правил)* Ausnahme *f; без …ния* ausnahmslos; *3. (из вуза)* Exmatrikulation *f*
исключи́тельность *f 1.* Exklusivität *f,* Ausschließlichkeit; *2. (особенность)* Ungewöhnlichkeit *f*
исключи́тельный *adj 1.* ausschließlich, exklusiv; *2. (особенный)* außerordentlich, äußerst; *3. (чрезвычайный)* Sonder…, Ausnahme…
ископа́емое *n* GEO Fossil *n; 2. поле́зные …мые* Bodenschätze *pl*
и́скра *f* Funke *m*
и́скренний *adj* aufrichtig, offen, innig, herzlich
и́скренность *f* Aufrichtigkeit *f,* Ehrlichkeit *f,* Offenheit *f,* Innigkeit *f*
искри́ть *v impf 1.* Funken bilden; *2. ~ся* funkeln, blitzen; *3. (fig) ~ся* sprühen, strahlen
искупле́ние *n* Sühne *f,* Buße *f,* Wiedergutmachung *f*
иску́сный *adj 1.* geschickt, gewandt,

kunstfertig; *2. (о работе)* kunstvoll; ~ *приём* Kunstgriff *m*
иску́сственный *adj 1.* künstlich, nachgemacht, Kunst…; *…нное пита́ние* künstliche Ernährung; *…нные зу́бы* künstliches Gebiss; *2. (деланный)* gekünstelt, geziert, unnatürlich; *…нная улы́бка* gezwungenes Lächeln
иску́сство *n 1. ART* Kunst *f; изобрази́тельные …ва* bildende Künste; *исто́рия …ва* Kunstgeschichte *f; 2. (умение)* Kunst *f,* Fertigkeit *f,* Kunstfertigkeit *f; с больши́м ~м* kunstvoll; *3. Покажи́-ка своё ~!* Zeig mal, was du kannst!
искусствове́д *m* Kunsthistoriker(in) *m/f*
искусствове́дение *n* Kunstgeschichte *f*
искуша́ть *v impf* verführen, in Versuchung führen
искуше́ние *n* Verführung *f,* Versuchung *f; подда́ться …нию* einer Versuchung nachgeben
искушённый *adj* erfahren, bewandert, versiert
исла́м *m REL* Islam *m*
исла́мский *adj REL* islamisch
Исла́ндия *f GEO* Island *n*
испа́нец *m* Spanier *m*
Испа́ния *f GEO* Spanien *n*
испа́нка *f* Spanierin *f*
испа́нский *adj* spanisch; ~ *язы́к Spanisch n*
испаре́ние *n 1.* Verdunstung *f,* Verdampfung *f,* Dunst *m*
испаря́ть *v impf 1.* verdampfen, verdunsten; *2. (fig) ~ся* sich aus dem Staub machen, verduften
исповеда́льня *f REL* Beichtstuhl *m*
испове́дание *n REL* Konfession *f*
испове́дник *m REL* Beichtvater *m*
испове́довать *v impf 1. REL* die Beichte abnehmen; *2. (признаваться)* sich bekennen; *3. ~ся REL* beichten
и́споведь *f REL* Beichte *f*
исподтишка́ *adv (fam)* heimlich, insgeheim, verstohlen
испо́ли́н *m* Riese *m,* Hüne *m,* Gigant *m*
исполи́нский *adj* riesig, riesenhaft, hünenhaft, gigantisch, Riesen…
исполне́ние *n 1.* Erfüllung *f,* Ausführung *f,* Ausübung *f,* Verwirklichung *f; приводи́ть в ~* vollstrecken, vollziehen; *2. (на сцене)* Darbietung *f,* Darstellung *f,* Aufführung *f; 3. MUS* Interpretation *f*
исполни́мость *f* Ausführbarkeit *f*
исполни́мый *adj* ausführbar, erfüllbar
исполни́тель(ница) *m/f THEAT* Darsteller(in) *m/f,* Interpret(in) *m/f; ~ гла́вной ро́ли* Hauptdarsteller(in) *m/f*
исполни́тельный *adj 1.* exekutiv, Vollzugs…, Exekutiv…; *2. (надёжный)* zuverlässig, gewissenhaft
исполня́ть *v impf 1.* erfüllen, ausführen, verwirklichen, vollziehen; ~ *обя́занности* Pflichten wahrnehmen; *2. (на сцене)* darbieten, darstellen, aufführen
испо́льзование *n 1.* Anwendung *f,* Einsatz *m; 2. (реализация)* Ausnutzung *f,* Verwertung *f*
испо́льзовать *v impf 1.* anwenden, einsetzen; *2. (реализовать)* ausnützen, verwerten
испо́рченный *adj 1.* verdorben, angefault; *2. (гнилой)* faul; *3. (fig)* kaputt, defekt
исправле́ние *n 1.* Korrektur *f,* Berichtigung *f; 2. (о человеке)* Besserung *f; 3. (починка)* Reparatur *f*
испра́вленный *adj 1.* korrigiert, berichtigt, verbessert; *2. (починённый)* ausgebessert, repariert
исправля́ть *v impf 1.* berichtigen, korrigieren, Fehler beseitigen, etw wettmachen; *2. (починять)* reparieren, ausbessern, instandsetzen
испра́вность *f* guter Zustand *m,* Unversehrtheit *f*
испра́вный *adj* intakt, gut erhalten, unbeschädigt
испражне́ния *pl* Exkremente *pl,* Kot *m*
испражня́ться *v impf* Stuhlgang haben
испу́г *m* Schreck *m,* Schrecken *m; в ~е* erschrocken
испу́ганный *adj* erschrocken, erschreckt
испуга́ть *v impf* erschrecken, aufschrecken
испуска́ние *n PHYS* Emission *f,* Strahlung *f*
испыта́ние *n 1.* Versuch *m,* Test *m,* Erprobung *f; 2. (проверка)* Prüfung *f,* Probe *f; 3. (fig)* Heimsuchung *f*
испы́танный *adj* erprobt, geprüft; ~ *друг* ein bewährter Freund
испыта́тель *m* Prüfer *m; лётчик-~* Testpilot *m*
испыта́тельный *adj* Test…, Probe…, Versuchs…; ~ *полёт* Testflug *m; ~ срок* Probezeit *f*
испы́тывать *v impf 1.* prüfen, testen, erproben; *2. (ощущать)* erleben, erdulden, erfahren; *3. (о чувствах)* empfinden

исслéдование *n 1.* Forschung *f,* Erforschung *f,* Untersuchung *f; 2. (научный труд)* Forschung *f,* Studie *f,* wissenschaftliche Abhandlung *f*
исслéдователь(ница) *m/f* Forscher(in) *m/f*
исслéдовательский *adj* Forschungs…, Untersuchungs…
исслéдовать *v impf 1.* erforschen, studieren; *2. (обследовать)* untersuchen
иссякáть *v impf* versiegen, ausgehen, zur Neige gehen
истекáть *v impf 1.* ablaufen, verstreichen; *срок …áет в мáе* die Frist läuft im Mai ab; *2.* MED *~ крóвью* verbluten
истéц *m* JUR Kläger *m*
истечéние *n* Ablauf *m*
и́стина *f* Wahrheit *f; прописнáя ~* Binsenweisheit *f*
и́стинный *adj 1.* wahrhaft, wahr; *2. (настоящий)* wirklich, echt
исти́ца *f* JUR Klägerin *f*
истóк *m* Quelle *f*
истолкóвывание *n* Auslegung *f,* Deutung *f,* Interpretation *f*
истолкóвывать *v impf* auslegen, deuten, interpretieren, erklären
истóрик *m* Historiker(in) *m/f*
истóрико-литератýрный *adj* literaturgeschichtlich
истóриограф *m* Geschichtsschreiber *m*
историográфия *f* Geschichtsschreibung *f*
истори́ческий *adj* geschichtlich, historisch
истóрия *f* Geschichte *f; Вéчная ~!* Immer die alte Leier!
истóчник *m 1.* Quelle *f; ~ информáции* Informationsquelle *f; 2.* Ursprung *m*
истощáть *v impf 1.* erschöpfen, aufreiben, entkräften; *2. (запасы)* erschöpfen, verbrauchen
истощéние *n* Erschöpfung *f,* Entkräftung *f*
истощённый *adj 1.* erschöpft, aufgebraucht; *2. (изнурённый)* entkräftet, abgezehrt, erschöpft
истреблéние *n* Vernichtung *f; орýжие мáссового …ния* Massenvernichtungswaffen *pl*
истреблять *v impf* vernichten, ausrotten
исхóд *m 1.* Ausgang *m,* Ergebnis *n,* Resultat *n; 2. (конец)* Ausgang *m,* Ende *n,* Abschluss *m*
исходи́ть[1] *v impf (обходить много мест)* durchwandern, durchstreifen
исходи́ть[2] *v impf 1. (происходить)* entstammen, von etw kommen; *2. (основываться)* basieren, sich auf etw gründen, von etw ausgehen
исходи́ть[3] *v impf (истекать)* ablaufen, zu Ende gehen
исхóдный *adj* Ausgangs…; *…ные дáнные* Ausgangsdaten *pl*
исцелéние *n* MED Heilung *f,* Genesung *f*
исцели́мый *adj* heilbar
исцелять *v impf* heilen
исчáдие *n* ZOOL Brut *f*
исчезáть *v impf 1.* verschwinden, verloren gehen; *2.* MED sich zurückbilden
исчезновéние *n* Verschwinden *n*
исчéрпывать *v impf 1.* verbrauchen, ausschöpfen; *~ все возмóжности* alle Möglichkeiten ausschöpfen; *2. (доводить до конца)* erledigen
исчéрпывающий *adj* erschöpfend
исчислéние *n 1.* Berechnung *f,* Ausrechnen *n; 2.* MATH *интегрáльное ~* Integralrechnung *f*
исчисляемость *f* MATH Berechenbarkeit *f*
исчислять *v impf 1.* berechnen, errechnen, ausrechnen; *~ дрóби* MATH bruchrechnen; *2. ~ся* betragen, sich auf etw belaufen
итáк *konj* also, somit, nun, folglich
Итáлия *f* GEO Italien *n*
итальянец *m* Italiener *m*
итальянка *f* Italienerin *f*
итальянский *adj* italienisch
итóг *m* Ergebnis *n,* Resultat *n,* Fazit *n; конéчный ~* Endergebnis *n*
их *pron 1. (от слова они)* sie; *2. (притяжательное)* ihr
и́шиас *m* MED Ischias *m*
июль *m* Juli *m*
июнь *m* Juni *m*
йóгурт *m* GAST Joghurt m/n
йод *m* CHEM Jod *n*

К

к(о) *prep 1.* zu, auf; ~ *мне* zu mir; *подготовка ~ экза́мену* Vorbereitung auf die Prüfung; *2. (обращение)* an; *обрати́ться ~ врачу́* sich an einen Arzt wenden; *3. (по отношению)* zu, gegenüber; *любо́вь ~ де́тям* Liebe zu Kindern; *4. (при указании времени)* gegen, um, bis zu; ~ *обе́ду* gegen Mittag
каба́к *m 1.* Kneipe *f; 2. (fam)* Saustall *m*
кабала́ *f 1.* Leibeigenschaft *f,* Sklaverei *f; 2. (fig)* Abhängigkeit *f,* Knechtschaft *f,* Joch *n*
каба́н *m* ZOOL *1.* Eber *m,* Keiler *m; 2. (дикая свинья)* Wildschwein *n*
кабаре́ *n* THEAT *1.* Kabarett *n; арти́ст-~ Kabarettist m; 2. (ночной бар)* Cabaret *n,* Nachtlokal *n*
кабачо́к *m* BOT Melonenkürbis *m*
ка́бель *m* TECH Kabel *n*
ка́бельный *adj* TECH Kabel…
каби́на *f 1.* Kabine *f; ~ для переодева́ния* Umkleidekabine *f; 2.* NAUT Kajüte *f; 3. (лётчика)* Cockpit *n*
кабине́т *m 1.* Arbeitszimmer *n; 2.* POL ~ *мини́стров* Kabinett *n; 3. (врачебное помещение)* Sprechzimmer *n,* Behandlungszimmer *n; 4. (в ресторане)* Separee *n*
каблу́к *m* Absatz *m*
кабриоле́т *m* Kabriolett *n*
кавале́р *m* Kavalier *m*
ка́верза *f 1.* Schikane *f; 2. (интрига)* Intrige *f*
ка́верзный *adj (fam) 1.* tückisch, heikel; *2. (о человеке)* heimtückisch, arglistig
кавы́чки *pl* GRAMM Anführungszeichen *pl*
ка́дка *f* Kübel *m*
ка́дмий *m* CHEM Cadmium *n*
ка́дры *pl* Personal *n; отде́л …дров* Personalabteilung *f; основны́е ~* Stammpersonal *n; веду́щие ~* Spitzenkräfte *f*
ка́ждый *pron* jeder; ~ *день* jeden Tag *m*
каза́рма *f* MIL Kaserne *f*
каза́ться *v impf 1.* scheinen, den Anschein haben, den Eindruck machen; *Он ка́жется у́мным.* Er scheint klug zu sein. *adv 2. ка́жется* anscheinend, scheinbar, mir scheint
казна́ *f* FIN Staatskasse *f,* Fiskus *m; госуда́рственная ~* Staatsgelder *pl*
казнь *f 1.* JUR Hinrichtung *f,* Todesstrafe *f; 2. (fig)* Strafe *f,* Qual *f*
кайма́ *f* Saum *m,* Borte *f*
ка́йф *m* Drogenrausch *m,* Trip *m (fam)*
как *adv 1.* wie; ~ *тебя́ зову́т* Wie heißt du? ~ *краси́во!* Wie schön! *konj 2.* wie; ~ *изве́стно* bekanntlich, wie bekannt; *3.* ~ *то́лько* kaum, dass; *4.* ~ *раз* ausgerechnet, genau
как бу́дто *konj* als ob
какаду́ *m* ZOOL Kakadu *m*
кака́о *m* GAST Kakao *m*
ка́к-либо *adv* irgendwie, auf irgendeine Weise
ка́к-нибудь *adv 1.* irgendwie, auf irgendeine Weise; *2. (fam)* irgendwann, gelegentlich, bei Gelegenheit; *3. (небрежно)* flüchtig, oberflächlich, schlampig
како́й *pron* welch, welcher, was für ein
како́й-либо *pron* s. *како́й-нибу́дь*
како́й-нибудь *pron* irgendein, beliebig, erstbester
како́й-то *pron* ein, irgendein
какофо́ния *f* Missklang *m,* Katzenmusik *f (fam)*
ка́к-то *adv 1.* irgendwie, auf irgendeine Weise; *2. (однажды)* einmal, einst, neulich
ка́ктус *m* BOT Kaktus *m*
кал *m* Kot *m,* Exkremente *pl*
кале́ка *m/f* Krüppel *m*
календа́рный *adj* kalendarisch, Kalender…; ~ *год* Kalenderjahr *n*
календа́рь *m* Kalender *m*
калиброва́ть *v impf* TECH kalibrieren, eichen
калибро́вка *f* TECH Kalibrierung *f,* Eichung *f*
ка́лий *m* CHEM Kalium *n*
кали́тка *f* Pforte *f,* Gartentür *f*
кало́рия *f* PHYS Kalorie *f*
калькули́ровать *v impf* kalkulieren, berechnen, veranschlagen
калькуля́тор *m* Tischrechner *m,* Taschenrechner *m*
калькуля́ция *f* Kalkulation *f,* Berechnung *f*
ка́льций *m* CHEM Kalzium *n*
ка́мбала *f* ZOOL Flunder *f,* Scholle *f*
камени́стый *adj* steinig
ка́менный *adj* Stein…; ~ *век* HIST Steinzeit *f*
камено́ломня *f* Steinbruch *m*
ка́менщик *m* Maurer *m*

ка́мень *m* MIN Stein *m; драгоце́нный ~* Edelstein *m,* Juwel *m*
ка́мера *f 1.* Kammer *f; ~ хране́ния* Gepäckaufbewahrung *f; 2. (тюремная)* Zelle *f; 3.* FOTO Kamera *f; телевизио́нная ~* CINE Fernsehkamera *f*
ками́н *m* Kamin *m*
камнерез *m* Steinmetz *m*
камо́рка *f* Kammer *f,* Stübchen *n*
камуфли́ровать *v impf/pf* tarnen
камуфля́ж *m* Tarnung *f*
кана́ва *f* Graben *m*
Кана́да *f* GEO Kanada *n*
кана́дец *m* Kanadier *m*
кана́дка *f* Kanadierin *f*
кана́дский *adj* kanadisch
кана́л *m 1.* Kanal *m; 2. мочеиспуска́тельный ~* ANAT Harnröhre *f*
канализа́ция *f* Kanalisation *f*
кана́т *m* Seil *n,* Tau *m,* Strang *m; букси́рный ~* Abschleppseil *n; спуска́ть по ~у* abseilen
канатохо́дец *m* Seiltänzer(in) *m/f*
канделя́бр *m* Leuchter *m,* Kerzenständer *m*
кандида́т(ка) *m/f 1.* Bewerber(in) *m/f,* Kandidat(in) *m/f; 2. (учёная степень) ~ нау́к* Kandidat(in) der Wissenschaften
кандидату́ра *f* Kandidatur *f*
кани́кулы *pl* Ferien *pl*
кани́стра *f* Kanister *m*
кано́н *m* MUS Kanon *m*
канонизи́ровать *v impf/pf 1.* REL heilig sprechen, kanonisieren; *2. (признавать)* anerkennen
кано́э *n* SPORT Kanu *n*
кант *m* Kante *f,* Borte *f,* Saum *m*
ка́нун *m* Vorabend *m; ~ Но́вого го́да* Silvesterabend *m; в ~е* am Vorabend
канцеля́рия *f* Kanzlei *f,* Büro *n*
канцеля́рский *adj* Kanzlei…, Büro… ; *…кие това́ры* Schreibwaren *pl*
канцероге́нный *adj* MED Krebs erregend, kanzerogen
ка́нцлер *m* POL Kanzler *m*
ка́пать *v impf 1.* tropfen, tröpfeln, triefen; *2. (fig) над на́ми не …плет* das ist nicht dringend, das hat Zeit
капе́лла *f 1.* MUS Musikkapelle *f,* Chor *m; 2.* REL Kapelle *f*
ка́пельница *f* MED Tropf *m,* Infusionsflasche *f*
ка́перс *m* BOT Kapernstrauch *m*
ка́персы *pl* BOT Kapern *pl*
капита́л *m* ECO Kapital *n; уста́вный ~* Stammkapital *n*
капитали́зм *m* POL Kapitalismus *m*
капитали́ст *m* POL Kapitalist *m*
капиталисти́ческий *adj* POL kapitalistisch
капиталовложе́ние *n* ECO Investition *f,* Kapitalanlage *f; производи́ть …ния* investieren
капита́льный *adj 1.* gründlich, Haupt…, General….; *~ ремо́нт* Generalüberholung *f; 2.* FIN kapital, Kapital…; *…ная сто́имость* Kapitalwert *m*
капита́н *m 1.* NAUT Kapitän *m; 2.* SPORT Mannschaftskapitän *m*
капитули́ровать *v impf* kapitulieren, aufgeben
капитуля́ция *f* Kapitulation *f,* Aufgabe *f*
ка́пля *f* Tropfen *m; ~ в мо́ре* Tropfen auf dem heißen Stein; *~ за …плей* nach und nach
капо́т *m* TECH Motorhaube *f*
капри́з *m* Laune *f,* Marotte *f,* Macke *f*
капри́зничать *v impf* launisch sein
капри́зный *adj 1.* kapriziös, launisch, launenhaft; *2. (причудливый)* seltsam, wunderlich
ка́псула *f 1.* TECH Kapsel *f; 2.* ANAT Hülle *f*
капу́ста *f* BOT Kohl *m,* Kraut *n; цветна́я ~* Blumenkohl *m; ква́шеная ~* Sauerkraut *n; савойская ~* Wirsing *m*
капюшо́н *m* Kapuze *f*
ка́ра *f* Strafe *f,* Abrechnung *f*
карава́й *m* GAST Brotlaib *m*
карава́н *m* Karawane *f*
карака́тица *f* ZOOL Sepie *f,* Tintenfisch *m*
каранда́ш *m* Bleistift *m; кра́сный ~* Rotstift *m*
каранти́н *m* Quarantäne *f*
карапу́з *m* Dreikäsehoch *m,* Knirps *m,* Wonneproppen *m (fam)*
кара́т *m* Karat *n*
кара́ть *v impf* strafen, ahnden
карате́ *n* SPORT Karate *n*
карау́л *m 1.* Wache *f; почётный* Ehrenwache *f; interj 2. ~!* Hilfe! *крича́ть ~* Zeter und Mordio schreien
карау́лить *v impf 1.* bewachen, ein Auge auf etw haben; *2. (fam)* auflauern, abpassen
карбюра́тор *m* TECH Vergaser *m*
кардина́л *m* REL Kardinal *m*
кардина́льный *adj* hauptsächlich, Haupt…, Kardinal…
кардиогра́мма *f* MED Kardiogramm *n*
кардио́лог *m* MED Kardiologe *m*

кардиоло́гия *f MED* Kardiologie *f*
каре́та *f* Kutsche *f*
каре́тка *f* Schlitten *m*
ка́риес *m MED* Karies *f*
карикату́ра *f* Karikatur *f,* Zerrbild *n*
карикатури́ст *m* Karikaturist *m*
карикату́рный *adj* karikiert, verzerrt
карка́с *m TECH* Gestell *n,* Gerüst *n*
ка́ркать *v impf 1.* krächzen; *2. (fig)* unken, Unheil verkünden
ка́рлик *m* Zwerg *m,* Gnom *m*
ка́рликовый *adj* klein, Zwerg(en)…, Klein…
карма́н *m* Tasche *f*
карма́нник *m (fam)* Taschendieb *m*
карма́нный *adj* im Taschenformat, Taschen…; *…нные де́ньги* Taschengeld *n*
карнава́л *m* Fasching *m,* Karneval *m*
карни́з *m 1.* Sims *m; 2. (для штор)* Gardinenstange *f*
кароте́ль *f BOT* Karotte *f*
кароти́н *m BIO* Karotin *n*
карп *m ZOOL* Karpfen *m*
ка́рта *f 1.* Karte *f; географи́ческая ~* Landkarte *f; 2. (игральная)* Karte *f,* Spielkarte *f; игра́ть в …ты* Karten spielen; *3. (fig) ста́вить всё на одну́ …ту* alles auf eine Karte setzen
карте́ль *m ECO* Kartell *n*
карти́на *f* Bild *n,* Gemälde *n*
карти́нка *f* Bild *n,* Abbildung *f; кни́жка-~* Bilderbuch *n*
картинки *pl 1.* s. *карти́нка; 2. (переводные)* Abziehbilder *pl*
карто́н *m* Pappe *f; гофриро́ванный ~* Wellpappe *f*
картоте́ка *f* Kartei *f*
карто́фель *m BOT* Kartoffel *f,* Kartoffeln *pl; молодо́й ~* neue Kartoffeln *pl; жа́реный ~* Bratkartoffeln *pl*
карто́фельный *adj* Kartoffel…
ка́рточка *f* Karte *f; креди́тная ~* Kreditkarte *f; визи́тная ~* Visitenkarte *f*
карто́шка *f (fam)* Kartoffel *f,* Kartoffeln *pl*
карусе́ль *f* Karussell *n; ката́ться на …ле* Karussell fahren
карье́ра *f* Karriere *f,* Laufbahn *f; сде́лать …ру* Karriere machen, es zu etw bringen
карьери́ст(ка) *m/f* Karrierist(in) *m/f*
каса́тельно *adv* bezüglich, hinsichtlich
каса́ться *v impf 1.* berühren, streifen; *2. (сотрагивать)* berühren, erwähnen; *3. (иметь отношение)* betreffen, angehen; *Э́то меня́ не …са́ется.* Das geht mich nichts an.
ка́ска *f* Helm *m*
каска́д *m* Kaskade *f; ~ слов (fig)* Wortschwall *m*
ка́сса *f 1.* Kasse *f,* Schalter *m; биле́тная ~* Fahrkartenschalter *m; 2. сберега́тельная ~ FIN* Sparkasse *f*
кассе́та *f* Kassette *f*
касси́р *m* Kassierer(in) *m/f*
ка́ссовый *adj* Kassen…; *…вая кни́га* Kassenbuch *n; ~ спекта́кль* Kassenschlager *m,* Kassenknüller *m*
кастри́ровать *v impf/pf* kastrieren
кастрю́ля *f* Topf *m,* Kochtopf *m*
катало́г *m* Katalog *m*
ката́ние *n* Fahren *n,* Laufen *n; ~ на конька́х SPORT* Eislaufen *n,* Schlittschuhlaufen *n; фигу́рное ~ SPORT* Eiskunstlauf *m*
ката́р *m MED* Katarr *m*
катара́кта *f MED* grauer Star *m*
катастро́фа *f* Katastrophe *f*
катастрофи́ческий *adj* katastrophal, Katastrophen…
ката́ть *v impf 1.* rollen; *2. (везти)* fahren, spazieren fahren; *3. ~ся* fahren, spazieren fahren; *~ся на лы́жах SPORT* Ski fahren
категори́ческий *adj* kategorisch, entschieden, rigoros
категори́чность *f* Bestimmtheit *f,* Entschiedenheit *f*
катего́рия *f 1.* Kategorie *f,* Grundbegriff *m; 2. (группа)* Kategorie *f,* Gattung *f,* Gruppe *f; ~ зарпла́ты ECO* Gehaltsstufe *f; 3. SPORT* Klasse *f; весова́я ~* Gewichtsklasse *f*
кате́тер *m MED* Katheter *m*
катехи́зис *m REL* Katechismus *m*
кати́ть *v impf 1.* rollen; *~ де́тскую коля́ску* den Kinderwagen schieben; *2. (ехать)* fahren; *3. ~ся* gleiten; *…ти́сь колбасо́й* Hau ab!, Mach die Fliege!
като́к *m 1.* Eisstadion *n; 2. TECH* Walze *f; парово́й ~* Dampfwalze *f*
като́лик *m REL* Katholik *m*
католи́ческий *adj REL* katholisch
католи́чка *f REL* Katholikin *f*
кату́шка *f* Rolle *f,* Spule *f*
кафе́ *n GAST* Café *n*
ка́федра *f 1.* Lehrstuhl *m; заве́дующий …рой* Institutsleiter *m; 2. церко́вная ~ REL* Kanzel *f*
ка́фель *f* Fliese *f*
кача́ть *v impf 1.* schaukeln, wiegen, hin-

und herbewegen; 2. *(накачивать)* pumpen; 3. ~ *головóй* den Kopf schütteln; 4. *~ся* taumeln, schwanken
качéли *pl* Schaukel *f,* Wippe *f*
кáчественный *adj* qualitativ, Qualitäts…
кáчество *n* Qualität *f,* Güte *f*
кáша *f 1.* Brei *m,* Grütze *f; 2. (путаница)* Durcheinander *n,* Wirrwarr *n; заварúть …шу* jdm etw einbrocken
кáшель *m* MED Husten *m*
кáшлять *v impf* husten; ~ *крóвью* Blut spucken
каштáн *m* BOT *1.* Kastanie *f; 2. (дерево)* Kastanienbaum *m*
каштáновый *adj* braun
каю́та *f* NAUT Kabine *f,* Kajüte *f*
кáяться *v impf 1.* bereuen; *2.* REL büßen
квадрáт *m* MATH Quadrat *n*
квадрáтный *adj* quadratisch, Quadrat…; ~ *метр* Quadratmeter *m*
квадрильóн *m* Billiarde *f*
квáкать *v impf* quaken
квалификациóнный *adj* Qualifikation…, Qualifizierungs…
квалификáция *f* Qualifikation *f,* Qualifizierung *f; повышéние …ции* Weiterbildung *f*
квалифици́рованный *adj* qualifiziert, fachkundig
квалифици́ровать *v impf* bewerten, beurteilen, qualifizieren
квартáл *m 1.* Quartal *n,* Vierteljahr *n; 2. (часть города)* Stadtviertel *n,* Viertel *n*
квартáльный *adj 1.* vierteljährlich, Quartals…; *2. (о части города)* Stadtviertel…, Viertel…
квартéт *m* MUS Quartett *n*
кварти́ра *f* Wohnung *f*
квáшеный *adj* gesäuert, Sauer…; *…ная капу́ста* GAST Sauerkraut *n*
квáшка *f* ZOOL Laubfrosch *m*
квéрху *prep* hinauf, empor, nach oben
квитáнция *f* Quittung *f,* Beleg *m*
кви́ты *adv* quitt; *Мы с тобóй ~.* Wir sind quitt.
квóта *f* Quote *f; налóговая ~* Steuersatz *m*
кегельбáн *m* Kegelbahn *f*
кéгля *f* Kegel *m*
кéды *pl* Turnschuhe *pl*
кéмпинг *m* Campingplatz *m,* Zeltplatz *m*
кенгуру́ *m* ZOOL Känguru *n*
керáмика *f* Keramik *f*
керами́ческий *adj* keramisch, Keramik…
кероси́нка *f (fam)* Kocher *m,* Petroleumkocher *m*
кероси́нный *adj* Petroleum…
кибернéтика *f* Kybernetik *f*
киберспéйс *m* INFORM Cyberspace *m*
кивáть *v impf 1.* nicken, zunicken; *2. (fig)* mit dem Kopf hindeuten
ки́ви *m* BOT Kiwi *f*
кидáть *v impf 1.* werfen, schleudern; ~ *взгляд на когó-л* einen Blick auf jdn werfen; ~ *дéньги на вéтер* das Geld zum Fenster hinauswerfen; *2. ~ся на когó-л* sich auf jdn stürzen, jdn anfallen
киловáтт *m* Kilowatt *n*
килогрáмм *m* Kilogramm *n*
киломéтр *m* Kilometer *m*
кинематогрáфия *f* CINE Filmwesen *n,* Filmkunst *f,* Film *m (fam)*
кинжáл *m* Dolch *m*
кинó *n 1. (кинотеатр)* Kino *n; 2. (кинематография)* Filmwesen *n,* Film *m (fam); дéятели ~* Filmschaffende *pl; 3. (фильм)* Film *m; снимáть ~* filmen
кинокáмера *f* Filmkamera *f*
кинопромы́шленность *f* Filmbranche *f*
киóск *m* Kiosk *m,* Verkaufsstand *m; газéтный ~* Zeitungskiosk *m*
ки́па *f* Packen *m,* Stoß *m,* Stapel *m*
кипари́с *m* BOT Zypresse *f*
кипéть *v impf 1.* kochen, sieden; *2. (fig) ~ гнéвом* vor Wut kochen; *3. (о работе)* in vollem Gang sein
кипу́чий *adj 1.* brausend, schäumend; *2. (напряжённый)* rastlos, geschäftig, lebhaft; *…чая рабóта* Hochbetrieb *m*
кипяти́льник *m* Wasserkocher *m*
кипяти́ть *v impf 1.* abkochen, sieden; *2. (fam) ~ся* aufbrausen
кипятóк *m 1.* kochendes/heißes Wasser *n; 2. (о человеке)* Hitzkopf *m*
киркá *f* AGR Hacke *f,* Spitzhacke *f*
кирпи́ч *m* Ziegel *m,* Ziegelstein *m*
кирпи́чный *adj* Ziegel…, Backstein…; ~ *завóд* Ziegelei *f*
кислорóд *m* CHEM Sauerstoff *m*
кислорóдный *adj* Sauerstoff…; ~ *прибóр* Sauerstoffgerät *n*
ки́сло-слáдкий *adj* süßsauer
кислотá *f* Säure *f; у́ксусная ~* Essigsäure *f*
кислóтность *f* CHEM Säuregehalt *m*
кислóтный *adj* säurehaltig
ки́слый *adj 1.* sauer; *…лое молокó* Sauermilch *f; …лое тéсто* Hefeteig *f; 2.* CHEM sauer; *3. (fam)* sauer, missgestimmt

кистá *f* MED Zyste *f*
кисть *f 1.* Pinsel *m,* Quaste *f; 2.* BOT Traube *f; 3.* ANAT Hand *f*
кит *m* ZOOL Wal *m*
китáец *m* Chinese *m*
Китáй *m* GEO China *n*
китáйка *f* Chinesin *f*
китáйский *adj* chinesisch, China…
кичли́вый *adj* protzig, aufgeblasen, großtuerisch
кишéчник *m* ANAT Darm *m*
кишéчный *adj* Darm…
кишкá *f* ANAT Darm *m; слепáя* Blinddarm *m; тóлстая* ~Dickdarm *m; тóнкая* ~ Dünndarm *m*
клавеси́н *m* MUS Cemballo *n*
клавиатýра *f* Tastatur *f*
клáвиша *f* Taste *f*
клад *m 1.* Schatz *m; откры́ть* ~ einen Schatz heben; *2. (fig)* Goldgrube *f*
клáдбище *n* Friedhof *m*
кладовáя *f 1.* Abstellkammer *f,* Lager *f; 2. (для продуктов)* Speisekammer *f,* Vorratskammer *f*
кладóвка *f (fam)* Abstellkammer *f*
кладовщи́к *m* Lagerarbeiter *m*
клáняться *v impf* sich verneigen, sich verbeugen
клáпан *m 1.* TECH Ventil *n; 2.* ANAT Klappe *f; сердéчный* ~ Herzklappe *f*
кларнéт *m* MUS Klarinette *f*
кларнети́ст *m* MUS Klarinettist(in) *m/f*
класс¹ *m* POL Klasse *f; рабóчий* ~ Arbeiterklasse *f*
класс² *m 1. (категория)* Klasse *f,* Kategorie *f; 2.* SPORT Liga *f;* ~ *A* Oberliga *f; 3. (в школе)* Klasse *f,* Klassenzimmer *n; 4. (уровень)* Klasse *f,* Niveau *n*
клáссик *m* Klassiker *m*
клáссика *f* Klassik *f*
классификáция *f* Klassifikation *f,* Klassifizierung *f*
классифици́ровать *impf/pf* klassifizieren, einstufen
классици́зм *m* Klassizismus *m*
класси́ческий *adj 1.* klassisch; *…кое образовáние* humanistische Bildung *f; 2. (лучший)* vorbildlich, klassisch, musterhaft; *3. (характерный)* typisch; ~ *примéр* typisches Beispiel
клáссно *adv (fam)* klasse, super, toll
клáссный *adj* Klassen…; ~ *руководи́тель* Klassenlehrer(in) *m/f*
класть *v impf* legen, setzen, stecken, geben, tun *(fam)*; ~ *сáхар в чай* Zucker in den Tee geben/tun; ~ *в кармáн* in die Tasche stecken/tun; ~ *что-л на мéсто* etw an seinen Platz legen/tun
клевáть *v impf 1. (о птице)* picken, hacken; *2. (о рыбе)* anbeißen
клевени́ческий *adj* verleumderisch
клéвер *m* BOT Klee *m*
клеветá *f* Verleumdung *f,* Lästerei *f,* üble Nachrede *f*
клеветáть *v impf* verleumden, Übles nachsagen, lästern
клеветни́к *m* Lästermaul *n (fam)*
клéить *v impf* kleben, leimen
клей *m* Leim *m,* Klebstoff *m*
клéйкий *adj* klebrig
клейми́ть *v impf 1.* stempeln, markieren; *2. (fig)* brandmarken, anprangern; ~ *позóром* jdn mit Dreck bewerfen
клеймó *n* Stempel *m,* Zeichen *n; фабри́чное* ~ Warenzeichen *n;* ~ *позóра* Schandfleck *m*
клéйный *adj* klebrig, zäh
клéмма *f* TECH Klemme *f*
клён *m* BOT Ahorn *m*
клéтка¹ *f 1.* Käfig *m,* Vogelbauer *m; 2. (квадрат)* Kästchen *m; 3. в …ку* kariert; *4.* ANAT *груднáя* ~ Brustkorb *m*
клéтка² *f* BIO Zelle *f; зарóдышевая* ~ Keimzelle *f*
клетчáтка *f* ANAT Zellgewebe *n*
клéтчатый *adj* kariert
клёцка *f* GAST Kloß *m,* Knödel *m*
клещ *m* ZOOL Zecke *f,* Milbe *f*
клéщи *pl* Zange *f*
клиéнт(ка) *m/f* Kunde *m,* Kundin *f,* Klient(in) *m/f; постоя́нный* ~ Stammkunde *m; 2.* JUR Mandant(in) *m/f*
клиентýра *f* Kundschaft *f,* Klientel *n*
кли́зма *f* MED Klistier *n,* Einlauf *m*
клик *m* Ruf *m,* Schrei *m; рáдостные ~и* Freudenschreie *pl*
кли́ка *f* Clique *f,* Sippe *f*
кли́макс *m* BIO Wechseljahre *pl,* Klimakterium *n*
кли́мат *m* Klima *n*
климати́ческий *adj* klimatisch; *…кая зóна* Klimazone *f*
клин *m* Keil *m*
кли́ника *f* Klinik *f*
клини́ческий *adj* MED klinisch
клинóк *m* Klinge *f*
клинч *m* SPORT Clinch *m,* Umklammerung *f*

клипс *m* Ohrklipp *m*
клир *m 1. REL* Klerus *m,* Geistlichkeit *f; 2. (хор)* Kirchenchor *m*
кли́ринг *m FIN* Verrechnung *f,* Clearing *n*
кли́чка *f* Spitzname *m,* Name *m*
клише́ *n* Klischee *n,* Abklatsch *m (fam)*
клок *m 1.* Fetzen *m; 2. (волос, шерсти)* Büschel *n,* Zotte *f*
клони́ровать *impf/pf BIO* klonen
клоп *m ZOOL* Wanze *f*
клопо́вник *m (fam)* Wanzennest *n*
кло́ун *m* Clown *m*
клуб *m* Klub *m*
клу́бень *m BOT* Knolle *f*
клубни́ка *f BOT* Erdbeere *f*
клубни́чный *adj* Erdbeer…
клу́бный *adj* Klub…
клубо́к *m* Knäuel *n; ~ ше́рсти* Wollknäuel *n*
клу́ша *f (fam)* Glucke *f*
клюв *m ZOOL* Schnabel *m*
клю́ка *f* Stab *m,* Stock *m*
клю́ква *f BOT* Moosbeere *f; Вот так ~!* Oh verdammt!, Da haben wir den Salat!
ключ *m* Schlüssel *m*
ключ[2] *m (источник)* Quelle *f,* Quell *m*
клю́шка *f 1.* Stab *m,* Stock *m; 2. SPORT* Schläger *m,* Hockeyschläger *m*
кля́кса *f* Klecks *m,* Tintenklecks *m*
кля́нчить *v impf (fam)* nerven, aufdringlich bitten, betteln
кляп *m* Knebel *m*
кля́сть *v impf 1.* verwünschen, verfluchen; *2. ~ся* schwören; *…ну́сь бородо́й* ich schwöre es, beim Barte des Propheten
кля́тва *f* Schwur *m,* Eid *m; дать …ву* einen Schwur leisten
кля́твенно *adv* an Eides statt
кля́твенный *adj* eidesstattlich; *…нное обеща́ние JUR* eidesstattliche Versicherung/Erklärung *f*
кля́твопреступление *n JUR* Meineid *m*
кни́га *f* Buch *n*
книготорго́вля *f* Buchhandel *m*
кни́жка *f 1.* Buch *n; ~-карти́нка f* Bilderbuch *n; 2. (документ)* Buch *m; трудова́я ~* Arbeitsbuch *n; сберега́тельная ~* Sparbuch *n; почто́во-сберега́тельная ~* Postsparbuch *n; 3. записна́я ~* Notizbuch *n*
кни́жник *m* Bücherwurm *m,* Leseratte *f*
кни́жный *adj* Buch…, Bücher…
кни́зу *adv* nach unten
кни́ксен *m* Knicks *m*
кно́пка *f 1.* Reißzwecke *f; 2. (для застёгивания)* Knopf *m,* Druckknopf; *3. TECH* Taste *f,* Knopf *m*
княги́ня *f* Fürstin *f*
кня́жеский *adj* fürstlich
кня́жество *n* Fürstentum *n*
князь *m* Fürst *m*
коалицио́нный *adj* koaliert, aliiert, Koalitions…
коали́ция *f POL* Koalition *f,* Allianz *f*
ко́бра *f ZOOL* Kobra *f*
кова́рность *f* Hinterhältigkeit *f,* Arglistigkeit *f,* Heimtücke *f*
кова́рный *adj* boshaft, tückisch, hinterhältig, heimtückisch, hinterlistig
кова́рство *n* Tücke *f,* Heimtücke *f,* Hinterlist *f*
кова́ть *v impf 1.* schmieden; *2. (fig) ~ своё сча́стье* seines Glückes Schmied sein
ковёр *m* Teppich *m*
kове́ркать *v impf* verunstalten, verzerren, verhunzen; *~ язы́к* radebrechen
ко́врик *m* Teppich *m,* Läufer *m*
когда́ *adv 1.* wann; *~ э́то бы́ло?* Wann war das? *konj 2.* als; *~ он просну́лся* als er erwachte; *3.* wenn; *ка́ждый раз, ~ она́ приходи́ла* jedes Mal, wenn sie kam
когда́-либо *adv 1.* irgendwann; *2. (в прошлом)* je, jemals; *бо́льше чем ~* mehr denn je
когда́-нибу́дь *adv 1.* irgendwann, später einmal; *2. (в прошлом)* je, jemals
когда́-то *adv* einst, einmal
кого́ *pron* wen
ко́готь *m ZOOL* Kralle *f,* Klaue *f*
когти́стый *adj* Krallen…, Klauen…
код *m 1.* Code *m; 2. телефонный ~* Vorwahl *f*
ко́декс *m JUR* Gesetzbuch *n; гражда́нский ~* Bürgerliches Gesetzbuch *n; уголо́вный ~* Strafgesetzbuch *n*
коди́рование *n* Verschlüsselung *f,* Kodierung *f; ~ да́нных INFORM* Datenkodierung *f*
коди́ровать *v impf/pf* verschlüsseln, chiffrieren
ко́е-где *adv* irgendwo, hier und da
ко́е-как *adv 1. (с трудом)* mit Mühe und Not, mit Ach und Krach; *2. (небрежно)* nachlässig
ко́е-како́й *pron* ein gewisser
ко́е-кто *pron* mancher, dieser und jener
ко́е-куда́ *adv* irgendwohin
ко́е-что *pron* einiges, irgendwas, etwas
ко́жа *f 1. ANAT* Haut *f; 2. (животных)*

Fell *n; 3. (материал)* Leder *n; замени́тель …жи* Kunstleder *n; 4. (fig) лезть из …жи вон* sich ein Bein ausreißen

ко́жица *f GAST* Pelle *f,* Schale *f*

кожура́ *f GAST* Schale *f*

кожу́х *m TECH* Gehäuse *n*

коза́ *f ZOOL* Ziege *f*

козёл *m 1. ZOOL* Ziegenbock *m; 2. SPORT гимнасти́ческий ~* Bock *m; 3. (fam)* Arsch *m,* Arschloch *n*

ко́зни *pl* Intrigen *pl,* Machenschaften *pl*

ко́зырь *m* Trumpf *m; ходи́ть …рем* daherstolzieren

ко́йка *f 1. NAUT* Koje *f; 2. (кровать)* Bett *n*

кокаи́н *m* Kokain *n*

коке́тливый *adj* kokett

коке́тничать *v impf* kokettieren

коклю́ш *m MED* Keuchhusten *m*

кокте́ль *m GAST* Cocktail *m*

кол *m* Pfahl *m*

колбаса́ *f GAST* Wurst *f*

колго́тки *pl* Strumpfhose *f,* Feinstrumpfhose *f*

колдова́ть *v impf* zaubern, hexen

колдовство́ *n* Hexerei *f,* schwarze Magie *f*

колду́н *m* Hexenmeister *m,* Zauberer *m*

колду́нья *f* Hexe *f,* Zauberin *f*

колеба́ние *n 1. PHYS* Schwingung *f,* Vibration *f; 2. (изменение)* Schwankung *f,* Unschlüssigkeit *f,* Bedenken *pl; без …ний* ohne zu zögern

колеба́ть *v impf 1.* bewegen, in Bewegung versetzen; *2. (fig)* erschüttern, ins Wanken bringen; *3. (не решаться) ~ся* zaudern, schwanken, unschlüssig sein

коле́но *m 1. ANAT* Knie *n; стоя́ть на …нях* knien; *поста́вить кого́-л на …ни* jdn auf die Knie zwingen; *2. TECH* Gelenk *n*

колесо́ *n* Rad *n; запасно́е ~* Ersatzrad *n*

ко́лики *pl MED* Kolik *f*

коли́чественный *adj 1.* quantitativ, mengenmäßig; *2. MATH …ное числи́тельное* Kardinalzahl *f*

коли́чество *n 1.* Quantität *f,* Menge *f,* Quantum *n; по …тву* quantitativ, mengennäßig, zahlenmäßig; *2. (число)* Zahl *f,* Anzahl *f*

ко́лкий *adj 1.* spitz, stachelig; *2. (fig)* spitz, boshaft, gehässig; *…кие ре́чи* Sticheleien *pl,* Bosheiten *pl*

колла́пс *m MED* Kollaps *m*

колле́га *m/f* Kollege *m,* Kollegin *f*

колле́гия *f* Kollegium *n*

коллекти́в *m 1.* Belegschaft *f,* Team *n; 2. (сотрудники)* Mitarbeiter *pl; 3. HIST* Kollektiv *n*

коллекти́вный *adj* kollektiv, Kollektiv…, Gemeinschafts…

коллекционе́р *m* Sammler *m; стра́стный ~* sammelwütiger Mensch, leidenschaftlicher Sammler

коллекциони́ровать *v impf* sammeln

колле́кция *f* Kollektion *f,* Sammlung *f*

колли́зия *f* Kollision *f,* Zusammenstoß *m*

коло́да *f* Klotz *m,* Block *m*

коло́дец *m* Brunnen *m*

ко́локол *m* Glocke *f*

колоко́льный *adj* Glocken…; *~ звон* Glockengeläut *n*

колоко́льня *f* Glockenturm *m*

колоко́льчик *m 1.* Glöckchen *n,* Schelle *f; 2. BOT* Glockenblume *f*

колониали́зм *m POL* Kolonialismus *m*

колониа́льный *adj* kolonial, Kolonial…

колониза́ция *f* Kolonisation *f,* Besiedlung *f*

колониза́цкий *adj* Kolonisations…; *…кая поли́тика POL* Kolonisationspolitik *f*

колонизова́ть *v impf/pf* kolonisieren, besiedeln

коло́ния *f* Kolonie *f,* Ansiedlung *f*

коло́нка *f 1.* Spalte *f; газе́тная ~* Zeitungskolumne *f; 2. водопрово́дная ~* Hydrant *m; 3. бензозапра́вочная ~* Zapfsäule *f*

коло́нна *f* Kolonne *f*

ко́лос *m BOT* Ähre *f*

коло́сс *m* Koloss *m*

колосса́льный *adj* riesig, kolossal, immens

колоти́ть *v impf 1.* schlagen, klopfen, poltern; *2. (fam)* zerschlagen, schlagen

коло́ть[1] *v impf 1. (иглой)* stechen; *2. (скот)* schlachten, abstechen; *3. (язвить)* sticheln

коло́ть[2] *v impf 1.* hacken, spalten; *2. (орехи)* knacken

колпа́к *m 1.* Kappe *f; 2. TECH* Deckel *m,* Schutzkappe *f; 3. (fam)* Schlafmütze *f*

колумби́йский *adj* kolumbianisch

Колу́мбия *f GEO* Kolumbien *n*

колыбе́ль *f* Wiege *f*

колыбе́льная *f* Gutenachtlied *n,* Wiegenlied *n*

колыбе́льный *adj* Wiegen…

кольра́би *f BOT* Kohlrabi *m*

кольцо́ *n* Ring *m; обруча́льное ~* Ehering *m*

колю́чий *adj 1.* stachelig, dornig, Stachel…; *2. (язвительный)* spitz, giftig, beißend

колю́чка *f* Stachel *m,* Dorn *m*
коля́ска *f* Wagen *m; де́тская ~* Kinderwagen *m*
ком *m* Klumpen *m; ~ сне́га* Schneeball *m*
ко́ма *f MED* Koma *n*
кома́нда *f 1.* Befehl *m,* Kommando *n; 2. NAUT* Mannschaft *f,* Besatzung *f; 3. SPORT* Mannschaft *f,* Team *n; футбо́льная ~* Fußballelf *f*
команди́р *m 1. MIL* Kommandeur *m; 2. NAUT* Kommandant *m; 3. (руководи́тель)* Leiter(in) *m/f*
командирова́ть *v impf/pf 1.* delegieren, schicken; *2. MIL* kommandieren
командиро́вка *f 1.* Dienstreise *f; быть в …ке* auf Dienstreise sein; *2. (нау́чная)* Studienreise *f*
командиро́вочные *pl* Reisespesen *pl,* Spesen *pl*
командиро́вочный *adj* Dienstreise…
командный *adj 1. MIL* Kommando…; *2. SPORT* Mannschafts…
кома́ндование *n MIL* Kommando *n; вы́сшее ~* Oberkommando *n; 2. (де́йствие) под ~м* unter der Befehlsgewalt
кома́ндовать *v impf 1.* kommandieren, befehligen, das Kommando führen; *2. (fig)* beherrschen
кома́ндующий *m MIL* Befehlshaber *m*
кома́р *m ZOOL* Mücke *f*
кома́риник *m* Moskitonetz *n*
комари́ный *adj* Mücken…; *~ уку́с* Mückenstich *m*
комбина́ция *f* Kombinierung *f,* Kombination *f,* Zusammenstellung *f*
комбини́рованный *adj* kombiniert
комбини́ровать *v impf* kombinieren, zusammenstellen
комедиа́нт(ка) *m/f* Komödiant(in) *m/f*
комедиа́нтский *adj* Komödianten…
комеди́йный *adj* Komödien…, Lustspiel…
коме́дия *f* Komödie *f,* Lustspiel *n; ку́кольная ~* Affentheater *n,* albernes Getue *n; разы́грывать …ию* etw vormachen, etw vortäuschen
коменда́нтский час *m* Sperrstunde *f*
коме́та *f ASTR* Komet *m*
коми́зм *m* Komik *f*
ко́мик *m* Komiker(in) *m/f,* Spaßvogel *m,* Witzbold *m*
ко́миксы *pl* Comics *pl*
комиссио́нные *pl* Provision *f,* Vermittlungsgebühr *f,* Maklergebühr *f*
коми́ссия *f POL* Kommission *f,* Ausschuss *m*
комите́т *m* Komitee *n,* Ausschuss *m*
коми́ческий *adj* komisch; *…кая о́пера* komische Oper
коми́чный *adj* komisch, ulkig, drollig
ко́мкать *v impf 1.* knittern, knüllen, knautschen; *2. (fam)* kürzen, verstümmeln
коммента́рий *m* Kommentar *m,* Erläuterung *f,* Anmerkungen *pl*
коммента́тор *m* Kommentator(in) *m/f*
комменти́ровать *v impf* kommentieren, erläutern
коммерса́нт *m* Händler(in) *m/f,* Kaufmann *m*
комме́рческий *adj* kaufmännisch, kommerziell, Handels…
коммуна́льный *adj* kommunal, Kommunal…, Gemeinde…; *…ные сбо́ры* Kommunalabgaben *pl; …ные услу́ги* kommunale Dienstleistungen
коммуни́зм *m POL* Kommunismus *m*
коммуникации *pl* Zufahrtsstraßen *pl*
коммуникацио́нный *adj* Kommunikations…, Verbindungs…, Verkehrs…
коммуника́ция *f* Kommunikation *f,* Verbindung *f*
коммуни́ст(ка) *m/f POL* Kommunist(in) *m/f*
коммунисти́ческий *adj POL* kommunistisch
коммута́тор *m 1. TEL* Vermittlung *f; 2. TECH* Stromwender *m*
ко́мната *f* Zimmer *n,* Raum *m; отде́льная ~* Einzelzimmer *n*
ко́мнатный *adj* Zimmer…, Raum…; *…ная температу́ра* Raumtemperatur *f,* Zimmertemperatur *f*
комо́д *m* Kommode *f*
комо́к *m* Klumpen *m,* Knäuel *n,* Kloß *m; ~ в го́рле (fig)* Kloß im Hals
компа́кт-диск *m INFORM* Compactdisc *f,* CD *f*
компа́ктность *f* Festigkeit *f,* Dichtigkeit *f,* Kompaktheit *f*
компа́ктный *adj* kompakt, fest, dicht
компа́ния *f 1.* Gesellschaft *f; за …нию* zur Gesellschaft; *2. ECO торго́вая ~* Handelsgesellschaft *f*
компаньо́н *m ECO* Teilhaber *m,* Geschäftspartner(in) *m/f,* Kompagnon *m; негла́сный ~* stiller Teilhaber
ко́мпас *m TECH* Kompass *m*

ко́мпасный *adj* Kompass…; *…ная стре́лка* Kompassnadel *f*
компенса́ция *f 1.* Kompensation *f,* Ausgleich *m,* Entschädigung *f; 2. ECO, FIN* Abfindung *f*
компенси́ровать *impf/pf* entschädigen, kompensieren, ausgleichen
компете́нтность *f* Zuständigkeit *f,* Kompetenz *f,* Kompetenzbereich *m*
компете́нтный *adj 1.* kompetent, sachverständig, sachkundig; *2. (об учреждении)* zuständig, befugt
компете́нция *f* Zuständigkeit *f,* Kompetenz *f*
ко́мплекс *m* Komplex *m; строительный ~* Baukomplex *m*
ко́мплексный *adj* komplex, Komplex…
компле́кт *m* Satz *m,* Garnitur *f; в ~е* komplett, vollständig; *сверх ~а* zusätzlich
компле́ктный *adj* komplett, vollzählig
компле́кция *f* Körperbau *m,* Gestalt *f,* Statur *f*
комплиме́нт *m* Kompliment *n; де́лать ~ы* Komplimente machen; *рассыпа́ться в ~ах* Süßholz raspeln
комплиме́нтщик *m (fam)* Schmeichler(in) *m/f*
компози́тор *m/f MUS* Komponist(in) *m/f*
компози́ция *f 1. TECH* Aufbau *m; 2. MUS* Komposition *f; 3. (теория) MUS* Kompositionslehre *f*
компоне́нт *m* Komponente *f,* Bestandteil *m*
компонова́ть *v impf* zusammenstellen, anordnen
компоно́вка *f* Zusammenstellung *f,* Anordnung *f*
компо́ст *m AGR* Kompost *m*
компо́стер *m* Locher *m,* Lochzange *f*
компости́ровать *v impf* entwerten, abstempeln
компо́стный *adj AGR* Kompost…; *…ная я́ма* Kompostgrube *f*
компо́т *m GAST* Kompott *n*
компре́сс *m MED* Kompresse *f,* Umschlag *m,* Wickel *m; ~ на грудну́ю кле́тку* Brustwickel *m*
компре́ссия *f TECH* Kompression *f*
компре́ссор *m TECH* Kompressor *m*
компромети́ровать *v impf* blamieren, kompromittieren, bloßstellen
компроми́сс *m* Kompromiss *m,* Ausgleich *m; идти́ на ~* entgegenkommen, einen Kompromiss eingehen
компроми́ссный *adj* Kompromiss…, Ausgleichs…; *…ное реше́ние* Zwischenlösung *f*
компью́тер *m INFORM* Computer *m,* Rechner *m; персона́льный ~* Personalcomputer (PC)
компью́терный *adj* Computer…, Rechner…; *…ная томогра́фия MED* Computertomographie *f*
кому́ *pron* wem
комфо́рт *m* Bequemlichkeit *f,* Komfort *m*
комфорта́бельный *adj* komfortabel, bequem
комфо́ртный *adj* komfortabel, bequem
конве́йер *m* Fließband *n*
конвенциона́льный *adj* Konventional…
конвенцио́нный *adj* vertraglich, Konventions…
конве́нция *f 1. JUR* Vertrag *m,* Abkommen *n; 2. POL* Konvention *f*
конве́рт *m* Briefumschlag *m,* Umschlag *m*
конверти́ровать *v impf/pf FIN* konvertieren
конверти́руемый *adj FIN* konvertierbar
конво́й *m* Eskorte *f,* Geleit *n*
конвульси́вный *adj MED* krampfhaft, konvulsiv
конву́льсия *f MED* Krampf *m,* Konvulsion *f*
конгре́сс *m POL* Kongress *m*
конденса́т *m TECH* Kondensat *n*
конденса́тор *m TECH* Kondensator *m*
конденса́ция *f TECH* Kondensation *f*
конденси́ровать *v impf/pf TECH* kondensieren
конди́тер *m* Konditor(in) *m/f*
конди́терская *f GAST* Konditorei *f*
конди́терский *adj* Süßwaren…, Konditor…; *…ские щипцы́* Kuchenzange *f*
кондиционе́р *m* Klimaanlage *f*
кондициони́рование *n* Klimatisierung *f*
конду́ктор *m* Schaffner(in) *m/f*
конево́д *m* Pferdezüchter *m*
конёк *m (fig)* Steckenpferd *n,* Hobby *n*
коне́ц *m 1.* Ende *n,* Schluss *m,* Ausgang *m,* Ausklang *m; ~ рабо́ты* Büroschluss *m,* Feierabend *m; 2. в оба…нца́* hin und zurück; *3. в…нце́…нцо́в* schließlich, endlich, letzten Endes
коне́чно *adv* natürlich, gewiss, freilich
коне́чности *pl ANAT* Gliedmaßen *pl,* Extremitäten *pl*
коне́чность *f PHIL* Endlichkeit *f,* Vergänglichkeit *f*

коне́чный *adj 1.* endlich, vergänglich, zeitlich; *2. (последный)* End…, Schluss…, Final…, Grenz…; *3.* MATH endlich
конкре́тный *adj* konkret
конкуре́нт(ка) *m/f* Konkurrent(in) *m/f,* Mitbewerber(in) *m/f*
конкуре́нтный *adj* Konkurrenz…, Wettbewerbs…
конкурентоспосо́бность *f* ECO Konkurrenzfähigkeit *f,* Wettbewerbsfähigkeit *f*
конкурентоспосо́бный *adj* ECO konkurrenzfähig, wettbewerbsfähig
конкуре́нция *f* Konkurrenz *f,* Wettbewerb *m; вне …ции* konkurrenzlos, unerreicht; *нече́стная ~* ECO unlauterer Wettbewerb
конкури́ровать *v impf* konkurrieren, wetteifern; *~ с кем-л* sich mit jdm messen, mit jdm im Wettbewerb stehen
ко́нкурс *m 1.* Wettbewerb *m,* Preisausschreiben *n; вне ~а* außerhalb des Wettbewerbs; *2.* ECO Konkurs *m*
ко́нкурсный *adj* Wettbewerbs…; *~ экза́мен* Aufnahmeprüfung in Form eines Wettbewerbs
ко́нный *adj* Pferd(e)…; *~ заво́д* Pferdegestüt *n*
конопля́ *f* BOT Hanf *m*
консерва́нт *m* Konservierungsmittel *n*
консервати́вный *adj* konservativ
консерва́тор *m* Konservative(r) *f/m,* Mensch mit konservativer Einstellung
консерви́рование *n 1.* GAST Einmachen *n,* Einkochen *n,* Konservieren *n; 2.* TECH Konservierung *f*
консерви́ровать *v impf/pf 1.* GAST einmachen, einkochen, konservieren; *2.* TECH konservieren
консе́рвный *adj* Konserven…; *~ ключ* Büchsenöffner *m; …ная фа́брика* Konservenfabrik *f*
консе́рвы *pl* Konserven *pl; ры́бные ~* Fischkonserven *pl*
конситу́ция[1] *f* POL Konstitution *f,* Verfassung *f,* Grundgesetz *n*
конситу́ция[2] *f* MED Körperbau *m,* Konstitution *f; кре́пкая ~* gute Konstitution *f*
консолида́ция *f* Konsolidierung *f*
консолиди́ровать *v impf/pf* konsolidieren, festigen
консо́ль *f* TECH Konsole *f*
консоме́ *n* GAST Kraftbrühe *f*
консо́рциум *m* ECO Konsortium *n*
констати́ровать *v impf/pf* konstatieren, feststellen
конституцио́нный *adj* konstitutionell, verfassungsmäßig, Verfassungs…; *~ суд* JUR Verfassungsgericht *n*
конститу́ция *f* POL Grundgesetz *n,* Verfassung *f*
конструи́ровать *v impf* konstruieren
конструкти́вный *adj 1.* konstruktiv; *…ное предложе́ние* konstruktiver Vorschlag; *2.* TECH baulich, Bau…; *~ элеме́нт* Bauelement *n*
констру́ктор *m* Konstrukteur *m; гла́вный ~* Chefkonstrukteur *m*
констру́кторский *adj* Konstruktions…; *…кое бюро́* Konstruktionsbüro *n,* Entwicklungsbüro *n*
констру́кция *f 1.* Konstruktion *f,* Aufbau *m,* Anordnung *f; 2. (тип конструкции)* Bauart *f*
ко́нсул *m* POL Konsul *m*
ко́нсульский *adj* konsularisch, Konsular…, Konsul…; *~ отде́л* Konsularabteilung *f*
консульта́нт *m* Berater(in) *m/f*
консультати́вный *adj* beratend, Berater…
консульта́ция *f 1.* Beratung *f,* Konsultation *f; 2. (учреждение)* Beratungsstelle *f*
консульти́ровать *v impf 1.* beraten, einen Rat geben, einen Rat erteilen; *2. ~ся* um Rat fragen, sich beraten lassen
конта́кт *m 1.* TECH Kontakt *m; непло́тный ~* Wackelkontakt *m; 2. (fig)* Kontakt *m,* Verbindung *f; име́ть те́сный ~ друг с дру́гом* Tuchfühlung haben
конта́ктнй *adj* TECH Kontakt…
контейнер *m* Container *m*
конте́кст *m* Kontext *m; вы́рвать из ~а* aus dem Kontext/Zusammenhang reißen
континге́нт *m 1.* Kontingent *n; 2.* ECO Quote *f; э́кспортный ~* Exportquote *f*
контине́нт *m* GEO Kontinent *m,* Erdteil *m,* Festland *n*
континета́льный *adj* kontinental, Kontinental…, Festlands…
конто́ра *f* Büro *n,* Geschäftsraum *m,* Firma *f; тра́нспортная ~* Speditionsfirma *f*
контраба́нда *f 1.* Schmuggel *m; 2. (предметы)* Schmuggelware *f*
контраба́ндист(ка) *m/f* Schmuggler(in) *m/f; ~ нарко́тиков* Drogenschmuggler(in)
контраге́нт *m* JUR Vertragspartner(in) *m/f,* Kontrahent(in) *m/f*

контра́кт *m 1.* Vertrag *m,* Kontrakt *m; залюча́ть ~* einen Vertrag schließen; *2. THEAT* Engagement *n*
контраргуме́нт *m* Gegenargument *n,* Gegenbeweis *m*
контра́ст *m* Kontrast *m,* Gegensatz *m*
контрасти́ровать *v impf* abstechen von, einen Kontrast bilden, sich abheben von
контра́стность *f* Kontrastverhältnis *n,* Kontrastwirkung *f*
контра́стный *adj* gegensätzlich, kontrastreich, Kontrast...
контрацепти́вный *adj MED* empfängnisverhütend, Verhütungs...
контрме́ра *f* Gegenmaßnahme *f*
контролёр *m* Kontrolleur(in) *m/f*
контроли́ровать *v impf* kontrollieren, überwachen, prüfen
контро́ль *m* Kontrolle *f,* Prüfung *f; ~ ка́чества* Gütekontrolle *f*
контро́льный *adj* Kontroll..., Prüf...
контрразве́дка *f* Abwehrdienst *m,* Spionageabwehr *f*
конту́зия *f MED* Quetschung *f*
ко́нтур *m 1.* Kontur *f,* Umriss *m; 2. TECH* Kreis *m*
конура́ *f* Hundehütte *f*
ко́нус *m* Kegel *m*
конусообра́зный *adj* kegelförmig, Kegel...
конфедера́ция *f POL* Konföderation *f,* Staatenbund *m*
конфере́нц-зал *m* Konferenzsaal *m*
конфере́нция *f* Konferenz *f,* Tagung *f*
конфе́та *f 1.* Bonbon *n; 2. (шоколадный)* Praline *f*
конфигура́ция *f* Konfiguration *f,* Gruppierung *f,* Zusammenstellung
конфиденциа́льность *f* Vertraulichkeit *f,* Diskretion *f*
конфиденциа́льный *adj* vertraulich
конфирма́ция *f REL 1. (в протестанской церкви)* Konfirmation *f; 2. (в католической церкви)* Firmung *f*
конфиска́ция *f JUR* Beschlagnahme *f,* Konfiskation *f*
конфиско́вать *v impf/pf* beschlagnahmen, konfiszieren, einziehen
конфли́кт *m* Konflikt *m,* Streitfall *m; ула́дить ~* einen Konflikt schlichten
концево́й *adj 1.* End...; *2. TECH* Stirn...
концентра́т *m* Konzentrat *n; бульённый ~* Brühwürfel *m,* Suppenwürfel *m*
концентрацио́нный *adj* Konzentrations...; *~ ла́герь* Konzentrationslager *n*
концентра́ция *f* Konzentration *f,* Konzentrierung *f*
концентри́рованный *adj* konzentriert
концентри́ровать *v impf* konzentrieren; *~ внима́ние* seine Aufmerksamkeit auf etw konzentrieren
конце́пция *f* Konzeption *f,* Auffassung *f*
конце́рн *m ECO* Konzern *m*
конце́рт *m MUS* Konzert *n*
концерти́ровать *v impf* ein Konzert geben, auftreten
конце́ртный *adj* Konzert..., Musik...
конце́ссия *f ECO* Konzession *f*
конча́ть *v impf 1.* beenden, abschließen, vollenden; *2. ~ся* enden, ein Ende nehmen, ausgehen
конъюнкти́ва *f ANAT* Bindehaut *f*
конъюнкту́ра *f ECO* Konjunktur *f*
конь *m 1. ZOOL* Pferd *n,* Ross *n,* Gaul *m (fam)*; *2. SPORT* Pferd *n*
коньки́ *pl* Schlittschuhe *pl*
конья́к *m GAST* Weinbrand *m,* Cognac *m*
кооперати́вный *adj* Genossenschafts..., Kooperations...
коопера́ция *f 1.* Kooperation *f,* Zusammenarbeit *f; 2. (организация) ECO* Genossenschaft *f; произво́дственная ~* Produktionsgenossenschaft *f*
координа́ция *f* Koordination *f*
координи́ровать *v impf/pf* koordinieren
коорцинацио́нный *adj* Koordinations...
копа́ть *v impf 1.* graben, umgraben; *2. ~ся (fam)* wühlen, kramen, fummeln
копее́чный *adj 1.* gering, billig, Pfennig...; *...ные су́ммы* Pfennigbeträge *pl; 2. (fig)* kleinlich; *...ная душа́* Krämerseele *f*
копе́йка *f* Kopeke *f*
копирова́ть *v impf 1.* kopieren, abschreiben; *2. (подражать)* jdn kopieren, nachahmen
копи́ть *v impf* ansammeln, sparen, horten *(fam)*; *~ на чёрный день* etw für schlechte Zeiten zurücklegen
ко́пия *f 1.* Kopie *f,* Abschrift *f; 2. (fig)* Ebenbild *n*
ко́поть *f* Ruß *m*
копти́ть *v impf 1. GAST* räuchern; *2. (чадить)* qualmen
копы́то *n ZOOL* Huf *m,* Klaue *f; лошади́ное ~* Pferdehuf *m*
копьё *n* Speer *m; мета́ние ...пья́ SPORT* Speerwerfen *n*

кора́ *f 1.* Rinde *f,* Borke *f; 2. земная ~* Erdkruste *f*
кораблекруше́ние *n* Schiffbruch *m*
кораблестрое́ние *n* Schiffbau *m*
кора́бль *m 1.* Schiff *n; 2. косми́ческий ~* Raumschiff *n*
кора́лл *m BOT* Koralle *f*
коралловидный *adj BOT* korallenartig
кора́лловый *adj 1.* Korallen...; *2. (о цвете)* korallenrot
кордо́н *m* Absperrung *f*
коревой *adj MED* Masern...
коре́ец *m* Koreaner *m*
коре́йский *adj* koreanisch
корена́стый *adj* stämmig, gedrungen, untersetzt
коренно́й *adj 1.* ursprünglich, Ur..., Stamm...; *...нно́е населе́ние* Urbevölkerung *f; 2. (основной)* grundsätzlich, gründlich, radikal, Grund...; *...нна́я перестро́йка* radikale Umgestaltung
ко́рень *f* Wurzel *f; в ...рне* von Grund auf; *смотре́ть в ~* einer Sache auf den Grund gehen
Коре́я *f GEO* Korea *n*
корзи́нка *f* Korb *m; ~ для бума́г* Papierkorb *m*
корзи́нный *adj* Korb...
коридо́р *m* Flur *m,* Korridor *m*
корифе́й *m* Koryphäe *f*
кори́ца *f BOT* Zimt *m*
кори́чневый *adj* braun, Braun...
ко́рка *f 1.* Rinde *f,* Kruste *f; ~ хле́ба* Brotrinde *f; 2. (фрукты)* Schale *f*
корм *m* Futter *n,* Futtermittel *n*
корма́ *f NAUT* Heck *n*
корми́ть *v impf 1.* füttern, ernähren, zu Essen geben; *2. (грудью)* stillen, säugen
кормле́ние *n 1.* Ernährung *f; 2. (животных)* Fütterung *f; 3. (грудью)* Stillen *n,* Säugen *n*
корму́шка *f 1.* Krippe *f,* Futtertrog *m; 2. (для кошек, собак, птиц)* Futternapf *m*
корнишо́н *m GAST* Cornichon *n,* Essiggurke *f*
коро́бка *f 1.* Schachtel *f,* Karton *m; 2. TECH ~ переда́ч* Getriebe *n*
коро́ва *f 1. ZOOL* Kuh *f; до́йная ~* Milchkuh *f; 2. (fam)* Kuh *f,* blöde Kuh; *3. (fig) Идёт как ...ве седло́.* Das passt wie die Faust aufs Auge.
коро́вий *adj* Kuh...
коро́вка *f ZOOL бо́жья ~* Marienkäfer *m*
коро́вник *m AGR* Kuhstall *m*
короле́ва *f* Königin *f; ~ красоты́* Schönheitskönigin *f*
короле́вский *adj* königlich, Königs...
короле́вство *n POL* Königreich *n*
коро́ль *m* König *m*
коро́на *f 1.* Krone *f; 2. ASTR* Korona *f*
корона́рный *adj MED* Koronar...; *...ные сосу́ды* Koronargefäße *pl*
корона́ция *f* Krönung *f*
короновать *v impf/pf* krönen
корота́ть *v impf ~ вре́мя* sich die Zeit vertreiben, die Zeit totschlagen *(fam)*
коро́ткий *adj* kurz; *...кая па́мять* kurzes Gedächtnis
ко́ротко *adv 1.* vertraut, intim; *2. (вкратце)* kurz, knapp, lakonisch; *~ говоря́* kurzerhand, kurz und gut; *~ и я́сно* kurz und bündig
коротыш(ка) *m/f (fam)* Knirps *m,* Dreikäsehoch *m*
корпора́ция *f 1.* Korporation *f,* Körperschaft *f; 2. студе́нческая ~* Burschenschaft *f*
ко́рпус *m 1.* Rumpf *f,* Körper *m; 2. (здание)* Gebäude *n,* Block *m; 3. TECH* Gehäuse *n*
корректи́ровать *v impf* korrigieren, berichtigen, verbessern
корректиро́вка *f* Korrektur *f,* Berichtigung *f*
корре́ктность *f* Korrektheit *f,* Fairness *f*
корре́ктный *adj* korrekt, fair
корректу́ра *f* Korrektur *f,* Berichtigung *f*
корректу́рный *adj* Korrektur...; *...ные зна́ки* Korrekturzeichen *pl*
корреспонде́нт(ка) *m/f* Korrespondent(in) *m/f,* Berichterstatter *m*
корреспонде́нция *f 1.* Korrespondenz *f,* Briefwechsel *m,* Schriftverkehr *m; 2. (в газету)* Zeitungsbericht *m*
корреспонди́ровать *v impf 1.* korrespondieren, in Briefwechsel stehen; *2. (соответствовать)* entsprechen, übereinstimmen
корро́зия *f* Korrosion *f; усто́йчивый про́тив ...зии* korrosionsbeständig, rostbeständig
корру́пция *f* Korruption *f,* Bestechung *f*
корсе́т *m* Korsett *n,* Mieder *n*
кортизо́н *m MED* Kortison *n*
ко́рточки *pl (fam) сиде́ть на ...ках* in der Hocke sitzen, kauern
коршу́н *m ZOOL* Geier *m*
коры́стный *adj* gewinnsüchtig, habsüchtig

корыстолюби́вый *adj* habgierig, habsüchtig, geldgierig
корыстолю́бие *n* Habgier *f*, Gewinnsucht *f*, Habsucht *f*
коры́сть *f 1.* Habgier *f*, Habsucht *f*; *2. (выгода)* Vorteil *m*, Gewinn *m*
коры́то *n* Trog *m*
корь *f* MED Masern *pl*
коса́[1] *f* Zopf *m*, Haarzopf *m*
коса́[2] *f* AGR Sense *f*
коса́[3] *f* GEO Landzunge *f*
ко́свенный *adj 1.* indirekt; *2.* GRAMM *…нная речь* indirekte Rede
косервати́вность *f* konservative Einstellung *f*
коси́ть[1] *v impf* schielen
коси́ть[2] *v impf 1.* AGR mähen; *2. (fig)* dahinraffen
косме́тика *f* Kosmetik *f*, Schminke *f*
космети́ческий *adj* kosmetisch, Kosmetik…
космети́чка *f (fam)* Kosmetikerin *f*
косми́ческий *adj* kosmisch, Weltraum…; *~ кора́бль* Raumschiff *n*
космона́вт *m* Kosmonaut(in) *m/f*
космона́втика *f* Raumfahrt *f*
космополи́т *m* Kosmopolit(in) *m/f*, Weltbürger(in) *m/f*
космополити́ческий *adj* kosmopolitisch
ко́смос *m* Weltraum *m*, Kosmos *m*, Weltall *n*
косогла́зие *n* MED Schielen *n*
косогла́зый *adj* MED schielend
косого́р *m* Hang *m*, Abhang *m*
косо́й *adj 1.* schräg, schief, windschief *(fam)*; *…са́я черта́* Schrägstrich *m*; *~ взгляд* schiefer Blick; *2. (косоглазый)* schielend; *3.* MATH *~ у́гол* schiefer Winkel *m*
костёр *m* Feuer *n*, Lagerfeuer *n*
кости́ть *v impf* tüchtig schimpfen
ко́стный *adj* knöchern, Knochen…; *~ мозг* ANAT Knochenmark *n*
костопра́в *m 1.* Knocheneinrenker *m*; *2. (fam)* Kurpfuscher *m*
ко́сточка *f 1.* Knochen *m*; *2. (рыбья)* Gräte *f*; *3. (плода)* Kern *m*, Stein *m*
косты́ль *m* Krücke *f*; *ходи́ть на …ля́х* an Krücken gehen
кость *f 1.* ANAT Knochen *m*; *слоно́вая ~* Elfenbein *n*; *2. (рыбья)* Gräte *f*; *3. (игральная)* Würfel *m*; *игра́ть в …ти* würfeln, knobeln
костю́м *m 1. (мужской)* Anzug *m*; *2. (женский)* Kostüm *n*; *3. купа́льный ~* Badeanzug *m*
костюме́рная *f 1.* Kostümverleih *m*; *2.* THEAT Garderobe *f*
костя́к *m 1.* ANAT Skelett *n*, Knochengerüst *n*; *2. (основа)* Grundstock *m*, Stamm *m*
костя́шка *f (fam)* ANAT Knöchel *m*, Fingerknöchel *m*
косу́ля *m* ZOOL Reh *n*
косы́нка *f* Tuch *n*, Kopftuch *n*
кот *m* ZOOL Kater *m*
котёл *m* Kessel *m*; *водогре́йный ~* Wasserkessel *m*, Boiler *m*
коти́ровать *v impf* FIN bewerten, notieren
котиро́вка *m* ECO Kotierung *f*, Bewertung *f*; *2.* FIN Börsenkurs *m*
котле́та *f* GAST *1.* Frikadelle *f*; *сде́лать …ту из кого́-л (fig)* Hackfleisch aus jdm machen; *2. (отбивная)* Kotelett *n*
котлова́н *m* Grube *f*, Baugrube *f*
котлови́на *f* GEO Talkessel *m*
кото́рый *pron 1. (interr)* welcher, welch ein; *~ час?* Wie spät ist es? *2. (rel)* der, welcher
ко́фе *m* Kaffee *m*; *натура́льный ~* Bohnenkaffee *m*; *раствори́мый ~* Instantkaffee *m*, löslicher Kaffee *m*
кофева́рка *f* Kaffeemaschine *f*
кофеи́н *m* Koffein *n*
кофе́йник *m* Kanne *f*, Kaffeekanne *f*
кофе́йный *adj 1.* Kaffee…; *~ боб* Kaffeebohne *f*; *гада́ть на …ной гу́ще* aus dem Kaffeesatz lesen, wahrsagen; *2. (о цвете)* kaffeebraun
кофемо́лка *f* Kaffeemühle *f*
ко́фта *f* Jacke *f*, Weste *f*
коче́вник *m* Nomade *m*
кочево́й *adj* nomadenhaft, Nomaden…
кочене́ть *v impf (fam)* erstarren, steif werden
кошелёк *m* Geldbeutel *m*, Geldbörse *f*, Portmonee *n*
ко́шка *f* ZOOL Katze *f*
кошма́р *m (fig)* Grauen *n*
кощу́нственный *adj* lästerlich
кощу́нство *n* Schändung *f*
кощу́нствовать *v impf* schänden, lästern
коэффицие́нт *m* MATH Faktor *m*, Koeffizient *m*, Wert *m*
краб *m* ZOOL Krabbe *f*
кра́деное *n* Diebesgut *n*
краеве́дение *n* Heimatkunde *f*
краево́й *adj 1.* Rand…; *2. (областной)* regional, Orts…
кра́жа *f* JUR Diebstahl *m*

край *m 1.* Rand *m,* Kante *f,* Ende *n; на са́мом …аю́* am äußersten Ende; *2. (область)* Kreis *m,* Bezirk *m,* Region *f; 3. SPORT* Flügel *m*
кра́йне *adv* äußerst, überaus, sehr
кра́йний *adj 1. (находящийся с краю)* letzt; *~ дом на у́лице* das letzte Haus in der Straße; *2. (исключительный)* äußerst, extrem; *в …нем слу́чае* im schlimmsten Fall, notfalls
кра́йность *f 1.* Extrem *n,* Extremfall *m; 2. (нужда)* äußerste Not *f*
кран *m 1.* Hahn *m; водопрово́дный ~* Wasserhahn *m; 2. TECH* Kran *m*
крапи́ва *f BOT* Brennnessel *f*
кра́пина *f* Tupfen *m; с жёлтыми ~ми* mit gelben Tupfen
краса́вец *m* schöner Mann *m*
краса́вица *f* Schönheit *f,* schöne Frau *f*
краса́вка *f BOT* Tollkirsche *f,* Belladonna *f*
краси́вый *adj* schön, hübsch
кра́сить *v impf 1.* färben; *2. (стены, мебель)* anstreichen, streichen
кра́ска *f* Farbe *f,* Farbstoff *m,* Färbemittel *n; ма́сляная ~* Ölfarbe *f*
красне́ть *v impf* rot werden, erröten
красноречи́вый *adj* beredt, redegewandt, sprachgewandt, ausdrucksstark
красноре́чие *n* Redegewandtheit *f,* Redekunst *f,* Beredsamkeit *f*
краснота́ *f* Röte *f,* Rötung *f*
красну́ха *f MED* Röteln *pl*
кра́сный *adj* rot
красота́ *f* Schönheit *f*
красо́тка *f (fam)* Schöne *f,* Schönheit *f*
красть *v impf* stehlen, entwenden, klauen *(fam)*
кра́ткий *adj 1.* kurz, knapp, bündig; *2. GRAMM …кая фо́ма* Kurzform *f*
кра́тко *adv* kurz, kurz gefasst, in aller Kürze; *Говори́ ~!* Fass dich kurz!
кратковре́менный *adj* kurz, von kurzer Dauer, kurzzeitig
краткосро́чный *adj* kurzfristig
кра́ткость *f* Kürze *f,* Knappheit *f; ~ – сестра́ тала́нта* in der Kürze liegt die Würze
кра́тное *n MATH* Vielfaches *n*
кра́тный *adj* teilbar
крах *m 1.* Zusammenbruch *m; 2. ECO* Bankrott *m,* Ruin *m*
крахма́л *m* Stärke *f*
крахма́лить *v impf* stärken, steifen
креве́тка *f ZOOL* Garnele *f*
креди́т *m ECO* Darlehen *n,* Kredit *m; ~ под проце́нты* verzinslicher Kredit; *поку́пка в ~* Ratenkauf *m*
креди́тный *adj* Kredit…
кредитова́ть *v impf/pf ECO 1.* einen Kredit einräumen, finanzieren; *2. ~ся* einen Kredit aufnehmen
кредито́р *m ECO* Gläubiger *m/f,* Kreditgeber *m*
кредитоспосо́бность *f ECO* Kreditwürdigkeit *f*
кредитоспосо́бный *adj ECO* kreditwürdig
крем *m* Kreme *f; наноси́ть ~* einkremen
кремато́рий *m* Krematorium *n*
крема́ция *f* Feuerbestattung *f,* Einäscherung *f*
кре́ндель *m* Brezel *f,* Kringel *m*
кре́пкий *adj 1.* fest, hart; *2. (сильный)* stark, robust, handfest; *3. (о напитках)* stark; *4. (об алкоголе)* hochprozentig
крепле́ние *n 1.* Befestigung *f; 2. SPORT* Bindung *f*
кре́пость[1] *f* Burg *f,* Festung *f*
кре́пость[2] *f 1. (прочность)* Festigkeit *f; 2. (содержание алкоголя)* Alkoholgehalt *m*
кре́сло *n* Sessel *m; ~-кача́лка* Schaukelstuhl *m*
крест *m* Kreuz *n; кра́сный ~* Rotes Kreuz *n*
крести́ть *v impf REL 1.* bekreuzigen; *2. (о религиозном обряде)* taufen; *3. ~ся* den christlichen Glauben annehmen
крест-на́крест *adv* kreuzweise, über Kreuz
крёстная *f REL* Patin *f,* Patentante *f*
кре́стник *m REL* Patenkind *n*
кре́стница *f REL* Patenkind *n*
кре́стный *adj REL* Kreuz…
крёстный *m REL* Pate *m,* Patenonkel *m*
крестови́к *m ZOOL* Kreuzspinne *f*
крестья́нин *m* Bauer *m*
крестья́нка *f* Bäuerin *f*
крестья́нский *adj* bäuerlich
крети́н *m* Kretin *m,* Dummkopf *m,* Depp *m (fam)*
креще́ние *n REL* Taufe *f*
крива́я *f* Kurve *f; ~ температу́ры MED* Fieberkurve *f*
кривизна́ *f* Krümmung *f,* Biegung *f*
кривля́ние *n* Faxen *pl,* Fratzenschneiden *n*
криво́й *adj 1.* schief, krumm, verbogen; *2. (одноглазый)* einäugig
кривоши́п *m TECH* Kurbel *f*

кри́зис *m* Krise *f; не знать ~ов* ECO krisenfest sein
крик *m* Schrei *m,* Aufschrei *m,* Ruf *m*
кримина́льный *adj* kriminell, Kriminal…; *~ слу́чай* Kriminalfall *m*
кримна́л *m* Verbrechen *n,* Kriminalfall *m*
криста́лл *m* MIN Kristall *m*
крите́рий *m* Kriterium *n,* Merkmal *n*
кри́тик *m* Kritiker(in) *m/f; литерату́рный ~* Literaturkritiker *m*
кри́тика *f* Kritik *f; без …ки* kritiklos; *~ сни́зу* Kritik von unten; *наводи́ть …ку* Kritik üben
критика́н *m (fam)* Krittler *m (fam)*
критика́нство *n (fam)* Krittelei *f (fam)*
критикова́ть *v impf* kritisieren, Kritik üben
крити́ческий *adj* kritisch
крича́ть *v impf 1.* schreien; *кри́ком ~* lauthals schreien; *2. на кого́-л* anschreien, anbrüllen
кров *m 1.* Dach *n; 2. (fig)* Obdach *n; под ~ом но́чи* im Schutze der Nacht
крова́вый *adj 1.* blutig, Blut…; *2. (о цвете)* blutrot
крова́ть *f* Bett *n; двуспа́льная ~* Doppelbett *n; раскладна́я ~* Klappbett *n*
кро́вля *f* Dach *n,* Bedachung *f*
кровоизлия́ние *n* MED Bluterguss *m; ~ в мозг* Hirnblutung *f,* Hirnschlag *m*
кровообраще́ние *n* MED Kreislauf *m*
кровопроли́тие *n* Blutvergießen *n,* Gemetzel *n*
кровосмеще́ние *n* Blutschande *f*
кровоснабже́ние *n* MED Durchblutung *f,* Blutversorgung *f*
кровотече́ние *n* MED Blutung *f,* Bluten *n; ~ из но́са* Nasenbluten *n*
кровото́к *m* MED Durchblutung *f,* Blutfluss *m*
кровоточи́вость *f* MED Bluterkrankheit *f,* Hämophilie *f*
кровоточи́вый *adj* blutend, Bluter…
кровоточи́ть *v impf* MED bluten
кровь *f 1.* Blut *n; поте́ря …ви́* Blutverlust *m; консерви́рованная ~* Blutkonserven *pl; 2. (fig) Э́то у него́ в …ви́.* Das liegt ihm im Blut.
крокоди́л *m* ZOOL Krokodil *n*
крокоди́лов *adj* Krokodil(s)…; *~ы слёзы (fig)* Krokodilstränen
кро́лик *m* ZOOL Kaninchen *n*
кроль *m* SPORT Kraulen *n; пла́вать …лем* kraulen
кро́ме *prep 1.* außer, ausgenommen; *konj 2. ~ того* außerdem
кро́мка *f* Rand *m,* Kante *f*
кронште́йн *m* TECH Halterung *f*
кроссво́рд *m* Kreuzworträtsel *n*
кроссо́вки *pl* Turnschuhe *pl*
крот *m* ZOOL Maulwurf *m*
кро́ткий *adj* sanft, sanftmütig, mild, lieb
кро́тость *f* Sanftmut *f,* Milde *f*
кро́хотный *adj (fam)* winzig klein
кроши́ть *v impf 1.* krümeln, zerbröckeln; *2. (fam)* zerschlagen, kurz und klein schlagen
кро́шка *f 1.* Krümel *m,* Brösel *m; 2. (fam) ни …ки* nichts, kein Deut, kein bisschen
круг *m 1.* MATH Kreis *m; 2. (круглый предмет)* Kreis *m,* Ring *m,* Scheibe *f; шлифова́льный ~* Schleifscheibe *f;* 3. *(сфера)* Kreis *m,* Gebiet *n; ~ де́ятельности* Wirkungskreis *m; 4.* GEO *поля́рный ~* Polarkreis *m; 5.* SPORT Runde *f; 6. (fig) поро́чный ~* Teufelskreis *m; 7. (fig) У меня́ голова́ идёт ~ом.* Ich weiß nicht, wo mir der Kopf steht.
кру́глый *adj 1.* rund, kreisförmig; *2. (толстый)* voll, dick, mollig; *3. (fig) ~ отли́чник* Einserschüler *m*
кругово́й *adj* kreisförmig, rund, Kreis…; *…ва́я доро́га* Umweg *m; …во́е движе́ние* Kreisverkehr *m*
круговоро́т *m* Kreislauf *m*
кругозо́р *m* Gesichtskreis *m,* Blickfeld *m*
круго́м *prep 1.* um etw herum; *~ до́ма* um das Haus herum; *adv 2.* rundherum, ringsherum, im Umkreis; *3. (fam)* völlig; *быть ~ в долга́х* bis über die Ohren in Schulden stecken *(fam)*
кругооборо́т *m* Umlauf *m,* Kreislauf *m*
кругообра́зный *adj* kreisförmig
кругосве́тный *adj* um die Welt, Welt…; *…ное путеше́ствие* Weltreise *f*
кружева́ *pl* Spitzen *pl,* Spitze *f*
кружи́ть *v impf 1.* drehen, im Kreis drehen; *2. (кругообразно двигаться)* Kreise ziehen, kreisen; *3. (fig) э́то …жит ему́ го́лову* das steigt ihm zu Kopf; *4. ~ся* umherirren
кру́жка *f 1.* Krug *m; пивна́я ~* Bierkrug *m; 2. (для сбора денег)* Büchse *f,* Sammelbüchse *f*
круи́з *m* Kreuzfahrt *f*
крупа́ *f* GAST Grütze *f,* Graupen *pl; ма́нная ~* Grieß *m; гре́чневая ~* Buchweizengrütze *f*
крупи́нка *f* Körnchen *n*
кру́пный *adj 1.* groß, Groß…; *…ные разме́ры* großer Maßstab *m; 2. (о песке)* grob;

3. (важный) bedeutend; ~ *разговóр* ernstes Gespräch

крути́ть *v impf 1.* drehen; *2. (о ветре)* wirbeln, aufwirbeln; *3. (fig)* ~ *кем-л* jdn um den kleinen Finger wickeln; *4. (fig)* ~ *с кем-л* mit jdm ein Verhältnis haben, mit jdm eine Affäre haben; *5. (быть в хлопотах)* ~*ся* alle Hände voll zu tun haben

круто́й *adj 1.* steil, abschüssig; *2. (резкий)* jäh, plötzlich, scharf; *3. (суровый)* hart, streng

круше́ние *n 1.* Unfall *m*, Katastrophe *f*; *2. (fig)* Scheitern *n*, Zusammenbruch *m*

крыло́ *n* Flügel *m*

кры́са *f ZOOL* Ratte *f*

кры́ша *f* Dach *n*

кры́шка *f* Deckel *m*, Verschluss *m*, Verschlusskappe *m*

крюк *m 1.* Haken *m*; *2. (fam)* Umweg *m*

крючкова́тый *adj* gekrümmt, gebogen, Haken…; ~ *нос* Hakennase *a*

крючо́к *m* Haken *m*, *рыболóвный* ~ Angelhaken *m*

крюшо́н *m* Bowle *f*

кря́кать *v impf* quaken, schnattern

ксе́рокс *m (fam) 1. (копия)* Kopie *f*, Fotokopie *f*; *2. (аппарат)* Kopiergerät *n*

кто *pron* wer; ~ *э́то?* Wer ist das? ~ *где* der eine hier – der andere dort

кто́-либо *pron* s. *ктó-нибудь*

кто́-нибудь *pron* jemand, irgendjemand, irgendwer

кто́-то *pron* jemand

куб *m MATH* Würfel *m*, Kubus *m*

Ку́ба *f GEO* Kuba *n*

ку́бик *m 1.* Würfel *m*; ~ *льда* Eiswürfel *m*; *бульóнный* ~ *GAST* Brühwürfel *m*; *2. (игрушка)* Bauklotz *m*, Klotz *m*

куби́нец *m* Kubaner *m*

куби́нка *f* Kubanerin *f*

куби́нский *adj* kubanisch

куби́ческий *adj MATH* kubisch, Kubik…

ку́бок *m 1.* Becher *m*, Kelch *m*; *2. SPORT* Pokal *m*

кубоме́тр *m* Kubikmeter *m*

кувши́н *f* Krug *m*

кувши́нка *f BOT* Seerose *f*, Wasserlilie *f*

кувырка́нье *n (fam)* Purzelbaum *m*

кувырка́ться *v impf* sich überschlagen, Purzelbäume schlagen

кувырко́м *adv* kopfüber; *полетéть* ~ kopfüber fallen, purzeln; *всё пошлó* ~ alles ging drunter und drüber

куда́ *pron* wohin; ~ *ты идёшь?* Wohin gehst du?

куда́-либо *pron* irgendwohin

куда́-нибудь *pron* irgendwohin

куда́-то *pron* irgendwohin

ку́дри *pl* Locken *pl*

кудря́вый *adj 1.* lockig, gelockt, mit Locken; *2. (fig)* ~ *стиль* blumiger Stil

кузне́ц *m* Schmied *m*

кузне́чик *m ZOOL* Grashüpfer *m*

ку́зница *f* Schmiede *f*

ку́зов *m 1.* Korb *m*; *2. TECH* Karosserie *f*

кукаре́кать *v impf* krähen, kikeriki rufen

ку́кла *f 1.* Puppe *f*; *игрáть в …лы* mit Puppen spielen; *2. (о девушке)* Puppe *f*, Püppchen *n*; *3. (fig)* Marionette *f*; *4. (fam) чёртова* ~ Teufelsweib *n*

кукова́ть *v impf* kuckuck rufen

ку́колка *f ZOOL* Puppe *f*, Larve *f*

ку́кольный *adj* Puppen…; ~ *теáтр THEAT* Puppentheater *n*

кукуру́за *f BOT* Mais *m*

куку́шка *f ZOOL* Kuckuck *m*

кула́к *m* Faust *f*; *сжимáть* ~ *и́* die Fäuste ballen

кулёк *m* Tüte *f*, Beutel *m*

кулина́рный *adj* kulinarisch, Küchen…, Koch…; *…ное искýсство* Kochkunst *f*

кули́сы *pl THEAT* Kulissen *pl*; *за …сами (fig)* hinter den Kulissen, verborgen

кульминацио́нный *adj* Kulminations…; ~ *момéнт* Höhepunkt *m*

кульмина́ция *f ASTR* Kulmination *f*

кульмнини́ровать *v impf 1. ASTR* kulminieren; *2. (fig)* den Höhepunkt erreichen

культ *m* Kult *m*; ~ *ли́чности* Personenkult *m*

культиви́рование *n* Kultivieren *n*, Pflege *f*

культиви́ровать *v impf 1.* kultivieren, pflegen; *2. AGR* züchten

культу́ра *f 1.* Kultur *f*; *истóрия …ры* Kulturgeschichte *f*; *2. AGR* Kultur *f*

культу́рный *adj 1.* kulturell, Kultur…; ~ *ýровень* kulturelles Niveau; *2. (образованный)* gebildet

куми́р *m* Götzenbild *n*, Abgott *m*

куни́ца *f ZOOL* Marder *m*

купа́льник *m* Badeanzug *m*

купа́льный *adj* Bade…; ~ *халат* Bademantel *m*

купа́льня *f* Schwimmbad *n*, Badeanstalt *f*

купа́ние *n* Baden *n*; *люби́тель …ния* Wasserratte *f*

купáть *v impf 1.* baden; *2. ~ся* baden, schwimmen gehen
купé *n* Abteil *n*
купéль *f REL* Taufbecken *n*
кýпля *f* Kauf *m*
кýпол *m ARCH* Kuppel *f; небéсный ~* Himmelszelt *n*
куполообрáзный *adj* kuppelartig, kuppelförmig, gewölbt
купю́ра *f FIN* Schein *m*
курáнты *pl* Glockenspiel *n*
кури́льщик *m* Raucher *m*
кури́льщица *f* Raucherin *f*
кури́ный *adj 1.* Hühner..; *~ суп* Hühnersuppe *f; 2. ...ная слепотá MED* Nachtblindheit *f; m 3. BOT* Hahnenfuß *m,* Ranunkel *f*
кури́ть *v impf* rauchen, Raucher sein
кýрица *f ZOOL* Huhn *n,* Henne *f*
куропáтка *f ZOOL* Rebhuhn *n*
курóрт *m* Badeort *m,* Kurort *m,* Bad *n; морскóй ~* Seebad *n*
курс *m 1.* Kurs *m; ввóдный ~* Einführungskurs *m; 2. (год обучения)* Studienjahr *n; 3. (цикл)* Reihe *f,* Zyklus *m; ~ лéкций* Vorlesungsreihe *f; ~лечéния* Kur *f; 4. FIN* Kurs *m; ~ áкций* Aktienkurs *m*
курси́ровать *v impf* verkehren, kursieren, im Umlauf sein
курсóр *m INFORM* Cursor *m*
кýртка *m* Jacke *f; спорти́вная ~* Trainingsjacke *f*
курчáвый *adj* lockig, kraushaarig
курьёз *m* Kuriosität *f,* seltsame Begebenheit *f; для ~а* spaßeshalber, zum Spaß
курьёзный *adj* kurios, seltsam, sonderbar
курьéр *m* Bote *m,* Eilbote *m,* Kurier *m*
курятник *m AGR* Hühnerstall *m*
кусáть *v impf 1.* beißen; *2. (жалить)* stechen; *3. ~ся* beißen, bissig sein; *Я не ...áюсь.* Ich beiße nicht.
кусóк *m* Stück *n,* Brocken *m,* Happen *m; ~ хлéба* Scheibe Brot; *~ в гóрло не идёт.* Der Bissen bleibt im Halse stecken. *разрывáть на ...ски́* zerfetzen, in Stücke reißen
куст *m BOT* Busch *m,* Strauch *m*
кустáрник *m BOT* Gebüsch *n,* Buschwerk *n*
кути́ть *v impf* zechen, prassen
кухáрка *f* Köchin *f*
кýхня *f* Küche *f; на ...не* in der Küche
кýча *f 1.* Haufen *m; ~ снéга* Schneehaufen *m; вали́ть всё в однý...чу (fig)* alles in einen Topf werfen; *2. (fam)* Haufen *m,* Masse *f,* Menge *f; ...чей* haufenweise
кýчер *m* Kutscher *m*
кýшать *v impf (fam)* essen
кювéт *m* Straßengraben *m*

Л

лаби́ринт *m* Labyrinth *n,* Irrgarten *m*
лабора́нт(ка) *m* Laborant(in) *m/f*
лаборато́рия *f* Labor *n*
лаборато́рный *adj* Labor…
ла́ва *f* MIN Lava *f*
лава́нда *f* BOT Lavendel *m*
лави́на *f* GEO Lawine *f,* Schneelawine *f; подо́бный …не* lawinenartig
ла́вка[1] *f* Bank *f*
ла́вка[2] *f (магазин)* Laden *m*
ла́герь *m* Lager *n; ~ бе́женцев* Flüchtlingslager *n*
ла́дан *m* REL Weihrauch *m*
ла́дить *v impf* sich gut vertragen, gut auskommen
ла́дно *adv (fam) 1.* gut; *interj 2.* gut, schön, schon gut
ладо́нь *f* ANAT Handfläche *f,* Handteller *m*
лаз *m* Einstieg *m,* Einstiegsloch *n*
лазаре́т *m* Lazarett *n; полево́й* Feldlazarett *n*
ла́зать *v impf 1.* klettern, steigen; *2. (влезать)* kriechen, sich drängen; *3. (fam)* greifen; *~ в карма́н* in die Tasche greifen
лазе́йка *f 1.* Schlupfloch *n; 2. (fig)* Hintertür *f; оста́вить себе́ …ку* sich eine Hintertür offen lassen
ла́зер *m* TECH Laser *m*
ла́зерный *adj* Laser…
ла́зить *v impf* s. *ла́зать*
лак *m* Lack *m; ~ для воло́с* Haarspray *n,* Haarlack *m; ~ для ногте́й* Nagellack *m*
лакиро́ванный *adj* lackiert, Lack…
лакирова́ть *v impf 1.* lackieren; *2. (fig)* schönfärben, schönreden
лакиро́вка *f 1.* Lackierung *f; 2. (fig)* Schönfärberei *f*
ла́ковый *adj* Lack…
ла́комиться *v impf* naschen
ла́комка *m/f* Leckermaul *n,* Nachkatze *f*
ла́комство *n* Leckerbissen *m,* Naschwerk *n*
ла́комый *adj* lecker; *…мое блю́до* Delikatesse *f*
лакони́зм *m* Lakonismus *m*
лакони́чный *adj* lakonisch
лакри́ца *f* BOT Süßholz *n*
ла́ма *f* ZOOL Lama *n*
ла́мпа *f 1.* Lampe *f,* Leuchte *f; 2. ~ нака́ливания* Glühbirne *f; 3. (радио)* Röhre *f*
лампио́н *m* Lampion *m*
лангу́ст *m* ZOOL Languste *f*
ландша́фт *m* Landschaft *f*
ла́ндыш *m* BOT Maiglöckchen *n*
ла́па *f 1.* Pfote *f,* Tatze *f,* Pratze *f*
лапша́ *f* GAST Nudeln *pl*
ларь *m* Truhe *f*
ла́ска[1] *f* ZOOL Wiesel *n*
ла́ска[2] *f (нежность)* Liebkosung *f,* Zärtlichkeit *f*
ласка́тельный *adj* liebevoll, zärtlich; *…ное сло́во* Kosewort *n*
ласка́ть *v impf* liebkosen; *~ ко́шку* die Katze streicheln
ла́сковость *f* Zärtlichkeit *f,* Freundlichkeit *f*
ла́сковый *adj* zärtlich, anschmiegsam
лассо́ *n* Lasso *n,* Wurfschlinge *f*
ла́стик *m (fam)* Radiergummi *m,* Radierer *m*
ла́сточка *f* ZOOL Schwalbe *f; пе́рвая ~ (fig)* Vorbote *m,* erster Lichtblick *m*
лата́ть *v impf* flicken
лати́нский *adj* lateinisch; *~ язы́к m* Latein *n*
лату́нь *m* MET Messing *n*
латы́нь *f (fam)* Latein *n*
лауреа́т *m* Preisträger *m; ~ Но́белевской пре́мии* Nobelpreisträger *m*
ла́ять *v impf 1.* bellen; *2. (fig)* anschnauzen
лганьё *n* Lügen *pl,* Lügengespinst *n*
лгать *v impf* lügen, schwindeln, aufschneiden
лгу́н(ья) *m/f* Lügner(in) *m/f,* Schwindler(in) *m/f,* Aufschneider(in) *m/f,* Lügenmaul *n (fam)*
лебеди́ный *adj* Schwanen…
ле́бедь *m* ZOOL Schwan *m*
лев *m* ZOOL Löwe *m*
левша́ *m/f* Linkshänder(in) *m/f*
ле́вый *adj 1.* links; *2.* POL links; *3. (fig)* krumm, link
легализи́ровать *v impf/pf* legalisieren, für gesetzlich erklären
лега́льность *f* Legalität *f,* Gesetzlichkeit *f*
лега́льный *adj* legal, gesetzlich, gesetzesmäßig
леге́нда *f* Legende *f,* Sage *f,* Märchen *n*
легенда́рный *adj* legendär, sagenhaft
лёгкий *adj 1.* leicht, mühelos; *…кая пи́ща* GAST leichte Kost; *2. (покладистый)* verträglich, umgänglich; *~ хара́ктер* verträg-

licher Mensch *m; 3. (легкомыслен- ный)* leichtsinnig, leichfertig; *4.* SPORT *~ вес* Leichtgewicht *n; …кая атлéтика* Leichtathletik *f*
легко́ *adv* leicht; *Тебé ~ говори́ть!* Du hast leicht reden!
легковéрие *n* Leichtgläubigkeit *f*
легковéрный *adj* leichtgläubig
легковéс *m* SPORT Leichtgewicht *n*
легковéсный *adj 1.* leicht; *2. (легкомысленный)* oberflächlich, leichtfertig
лёгкое *n* ANAT Lunge *f*
легкомы́сленный *adj 1.* leichtsinnig, leichtfertig; *2. (поверхностный)* seicht, oberflächlich
легкомы́слие *n* Leichtsinn *m,* Leichtfertigkeit *f,* Oberflächlichkeit *f*
лёгкость *f 1.* Leichtigkeit *f,* Mühelosigkeit *f; 2. (проворство)* Gewandtheit *f; ~ похо́дки* Leichtfüßigkeit *f; ~ рéчи* Redegewandtheit *f; 3.* PHYS geringes Gewicht *n*
лёд *m* Eis *n; ~ трóнулся.* Das Eis ist gebrochen.
леденéц *m* Bonbon *n,* Fruchtbonbon *n; сосáть ~* ein Bonbon lutschen
ледни́к *m* GEO Gletscher *m*
леднико́вый *adj* GEO Gletscher…; *~ пери́од* Eiszeit *f*
ледо́вый *adj* Eis…
ледору́б *m* Eispickel *m*
леды́шка *f* Eisklumpen *m*
ледяно́й *adj 1.* eisig, vereist, Eis…; *2. (очень холодный)* eiskalt, eisig, frostig
лежáть *v impf* liegen
лежáчий *adj 1.* liegend; *2. (fam)* bettlägerig
лéзвие *n* Klinge *f,* Rasierklinge *f*
лезть *v impf 1.* s. *лáзать; 2. (fam)* sich einmischen; *~ не в своё дéло* sich in fremde Angelegenheiten einmischen; *~ в дрáку* Streit suchen; *3. (надоедать)* sich aufdrängen, aufdringlich sein; *4. (быть впору)* passen; *Сапоги́ не …зут.* Die Stiefel passen nicht. Die Stiefel sind zu klein. *5. (налезать)* rutschen; *Шáпка …зет на глазá.* Die Mütze rutscht über die Augen. *6. (fig) Хоть в пéтлю лезь!* Ich könnte mich aufhängen!, Die Lage ist aussichtslos!
лéйка *f 1.* Gießkanne *f; 2. (воронка)* Trichter *m*
лейкеми́я *f* MED Leukämie *f*
лейтенáнт *m* MIL Leutnant *m*
лекáло *n* Schablone *f,* Lehre *f*
лекáрство *n* MED Arznei *f,* Heilmittel *n,* Medizin *f,* Medikament *n*
лéкарь *m (fam)* Arzt *m; врéмя – лу́чший ~* die Zeit heilt alle Wunden
лéкция *f* Vorlesung *f,* Vortrag *m*
лён *m 1.* BOT Lein *m; 2. (волокно)* Flachs *m*
лени́вый *adj 1.* faul, träge; *2. (вялый)* lässig, bequem
лени́ться *v impf* faul sein, unmotiviert sein; *Он …тся читáть.* Er ist zu faul zum Lesen.
лéность *f* Faulheit *f,* Trägheit *f,* Faulenzerei *f*
лéнта *f* Band *n,* Streifen *m; клéйкая ~* Klebeband *n*
лентя́й *m (fam)* Faulpelz *m*
лентя́йничать *v impf (fam)* faulenzen
лень *f* Trägheit *f,* Faulheit *f; Мне ~.* Ich bin zu faul dazu.
леопáрд *m* ZOOL Leopard *m*
лепи́ть *v impf 1.* formen, kneten, modellieren; *2. (о гнёздах)* bauen; *3. (fam)* ankleben; *4. ~ся* sich anschmiegen, sich klammern
лес *m 1.* BOT Wald *m; 2. (материал)* Holz *n,* Bauholz *n*
лесби́йский *adj* lesbisch
лесбия́нка *f* Lesbe *f*
лесни́чий *m* Förster *m*
лесово́дство *n* Forstwesen *n*
лесору́б *m* Holzfäller *m,* Waldarbeiter *m*
лесоучáсток *m* Forstrevier *n*
лéстница *f 1.* Treppe *f,* Treppenhaus *n; на …це* im Treppenhaus; *2. (переносная)* Leiter *f*
лéстный *adj* schmeichelhaft
лесть *f* Schmeichelei *f*
летáть *v impf* s. *летéть*
летéть *v impf 1.* fliegen; *2. (о времени)* verfliegen; *3. (о птицах)* fliegen, ziehen
лéтний *adj* sommerlich, Sommer…; *…нее плáтье* Sommerkleid *n*
лéто *n 1.* Sommer *m; бáбье ~* Altweibersommer *m; ~м* im Sommer; *2. (fig) Скóлько лет. Скóлько зим.* Lang ist's her.
лётчик *m* Pilot *m,* Flieger *m; ~-испытáтель* Testpilot *m*
лечéбный *adj* therapeutisch, Therapie…, Heil…
лечéние *n* MED Behandlung *f,* ärztliche Behandlung *f; амбулатóрное ~* ambulante Behandlung *f*
лечи́ть *v impf* MED *1.* behandeln, kurieren; *2. (у врача)* behandeln lassen; *3. ~ся* in Behandlung sein, sich behandeln lassen
лещи́на *f* BOT Haselnuss *f*
лжец *m* Lügner(in) *m/f*

лжи́вость *f* Verlogenheit *f*
лжи́вый *adj* unaufrichtig, falsch, verlogen, lügnerisch
ли *adv 1.* etwa, vielleicht; *Не помо́чь ~ вам?* Soll ich Ihnen (vielleicht) helfen? *Не пойти́ ~ нам в кино́?* Sollen wir (vielleicht) ins Kino gehen? *konj 2.* ob; *Я не зна́ю, до́ма ~ он.* Ich weiß nicht, ob er zu Hause ist.
либера́л *m* Liberaler *m*
либерализа́ция *f* Liberalisierung *f*
либерали́зм *m POL* Liberalismus *m*
либера́льный *adj* liberal
ли́бо *konj* oder; ~ … ~ entweder … oder
Лива́н *m GEO* der Libanon *m*
лива́нский *adj* libanesisch
ли́вень *m METEO* Wolkenbruch *m,* Regenschauer *m*
ливи́йский *adj* libysch
Ли́вия *f GEO* Libyen *n*
ли́га *f* Liga *f; ~ ара́бских стран* die Arabische Liga *f*
ли́дер *m 1.* Führer *m; 2. SPORT* Spitzenreiter *m,* Tabellenführer *m*
лиза́ть *v impf* lecken
ликвида́ция *f 1.* Liquidation *f,* Aufhebung *f,* Auflösung *f; ~ догово́ра* Vertragsauflösung *f; 2. (устранение)* Abschaffung *f,* Beseitigung *f*
ликвиди́ровать *v pf/impf 1. ECO* liquidieren, auflösen; *2. (устранять)* abschaffen, beseitigen
ликёр *m GAST* Likör *m*
ликова́ние *n* Jubel *m*
ликова́ть *v impf* jubeln, triumphieren
ли́лия *m BOT* Lilie *f; водяна́я ~* Wasserlilie *f*
лило́вый *adj* lila, violett
лимо́н *m BOT 1.* Zitrone *f; 2. (дерево)* Zitronenbaum *m*
лимона́д *f GAST* Limonade *f*
лимо́нный *adj* zitronengelb, Zitronen…
лимузи́н *m* Limousine *f*
лине́йка *f 1.* Linie *f; тетра́дь в …ку* liniertes Heft *n; 2. (чертёжная)* Lineal *n*
лине́йный *adj* linear, Linear…, Linien…; *…ная ме́ра* Längenmaß *n*
ли́нза *f* Linse *f; конта́ктные …зы* Kontaktlinsen *pl*
ли́ния *f 1.* Linie *f,* Strich *m; пряма́я ~* gerade Linie *f; 2. (транспорт)* Linie *f; железнодоро́жная ~* Eisenbahnlinie *f; 3. (связь)* Leitung *f; телефо́нная ~* Telefonleitung *f; 4. ECO креди́тная ~* Dispositionskredit *m; 5. (fig)* Linie *f*
ли́па *f BOT* Linde *f*
ли́пкий *adj 1.* klebrig, Klebe…; *2. (fig)* aufdringlich, schleimig *(fam)*
ли́пнуть *v impf* kleben, kleben bleiben, haften
ли́ра[1] *f (денежная единица)* Lira *f*
ли́ра[2] *f MUS* Leier *f*
ли́рика *f 1. LIT* Lyrik *f; 2. (fam)* Gefühlsduselei *f*
лири́ческий *adj* lyrisch
лиса́ *f ZOOL* Fuchs *m*
лиси́чка *f BOT* Pfifferling *m*
лист *m 1. BOT* Blatt *n; 2. (бума́жный)* Blatt *n,* Bogen *m*
листа́ть *v impf* blättern, durchblättern
листва́ *f BOT* Laub *n*
ли́ственница *f BOT* Lärche *f*
листо́вка *f* Flugblatt *n*
листо́к *m* Schein *m,* Zettel *m; ~ нетрудоспосо́бности* Krankenschein *m*
лита́вры *pl MUS* Pauke *f*
ли́тера *f* Letter *f,* Buchstabe *m,* Druckbuchstabe *m*
литерату́ра *f LIT* Literatur *f; специа́льная ~* Fachliteratur *f*
литерату́рный *adj 1. LIT* literarisch, Literatur…; *2. (соответствующий нормам литературного языка)* hochsprachlich
литр *m* Liter *m*
литра́ж *m 1.* Fassungsvermögen *n; 2. TECH ~ дви́гателя* Hubraum *m*
литурги́я *f REL* Liturgie *f*
лить *v impf 1.* gießen, vergießen; *~ слёзы* Tränen vergießen; *2. (сильно течь)* fließen, strömen
литьё *n 1.* Guss *m; 2. (действие)* Gießen *n*
лифт *m* Fahrstuhl *m,* Aufzug *m,* Lift *m*
ли́фчик *m (fam)* Büstenhalter *m, BH m*
лихо́й *adj (fam)* forsch
лихора́дка *f MED* Fieber *n*
лицево́й *adj 1.* Gesichts…; *…вые му́скулы ANAT* Gesichtsmuskeln *pl; 2. (наружний)* Vorder…, Außen…, Front…; *…ва́я сторона́* Vorderseite *f,* Fassade *f*
лицеме́р(ка) *m/f* Heuchler(in) *m/f*
лицеме́рие *n* Heuchlerei *f,* Scheinheiligkeit *f*
лицеме́рность *f* heuchlerischer Charakter *m*
лицеме́рный *adj* heuchlerisch, scheinheilig
лице́нзия *f ECO* Lizenz *f,* Genehmigung *f*
лицо́ *n 1.* Gesicht *n,* Antlitz *n; ~м к …цу* von Angesicht zu Angesicht; *черты́ …ца́* Gesichtszüge *pl; 2. (человек)* Person *f,* Per-

sönlichkeit *f; гла́вное ~* Hauptperson *f; официа́льное ~* Amtsperson *f; 3.* GRAMM Person *f*
личи́нка *f* ZOOL Made *f,* Larve *f*
ли́чность *f* Persönlichkeit *f,* Person *f*
ли́чный *adj 1.* persönlich, privat, Privat…; *2. (собственный)* eigen; *3. …ное де́ло* Personalakte *f; 4. ~ соста́в* Personal *n*
лиша́й *m* MED Flechte *f*
лиша́ть *v impf 1.* wegnehmen, entziehen, berauben; *~ кого́-л води́тельских прав* jdm den Führerschein entziehen; *2. (fig) ~ корне́й* entwurzeln; *3.* REL *~ свя́тости* entweihen; *4. ~ся* verlieren, einbüßen; *~ся созна́ния* das Bewusstsein verlieren
лише́ние *n 1.* Entzug *m,* Aberkennung *f; ~ води́тельских прав* Führerscheinentzug *m; 2.* JUR; *~ свобо́ды* Freiheitsstrafe *f; 3.* POL *~ вла́сти* Entmachtung *f; 4.* MED Entzug *m*
лише́ния *pl* Not *f,* Entbehrungen *pl*
ли́шний *adj 1.* überflüssig, unnötig, nutzlos; *2. (сверх необходимого)* überschüssig, überzählig, übrig; *3. (дополнительный)* zu viel; *~ вес* Übergewicht *n; ~ раз* ein weiteres Mal; *4. с …ним* etwas mehr als, gut; *за пять с …ним лет* in gut fünf Jahren
лишь[1] *adv 1.* nur, lediglich; *2. (не ранее чем)* erst
лишь[2] *prep 1. ~ то́лько* sobald; *2. ~ бы* wenn nur; *~ бы он пришёл* wenn er nur käme
лоб *m* ANAT Stirn *f; что в ~, что по́ лбу* Jacke wie Hose
лови́ть *v impf* fangen, erwischen, ertappen; *~ на у́дочку* angeln
ло́вкий *adj* gewandt, geschickt, pfiffig *(fam)*
ло́вкость *f* Gewandtheit *f,* Geschicklichkeit *f,* Fertigkeit *f*
лову́шка *f* Falle *f*
ло́гика *f* Logik *f*
логи́стика *f* Logistik *f*
логи́чески *adv* logischerweise, logisch
логи́ческий *adj* logisch, folgerichtig; *~ вы́вод* logischer Schluss
логи́чность *f* Folgerichtigkeit *f*
логи́чный *adj* logisch, folgerichtig
ло́гово *n* Höhle *f*
ло́дка *f* Boot *n,* Kahn *m; рыба́цкая ~* Fischerboot *n; па́русная ~* Segelboot *n*
лоды́жка *f* ANAT Knöchel *m,* Fußknöchel *m*
ло́дырь *m* Faulpelz *m*
ло́жа *f* Loge *f*
ложи́ться *v impf* sich hinlegen; *~ спать* sich schlafen legen, zu Bett gehen
ло́жка *f 1.* Löffel *m; столо́вая ~* Esslöffel *m; ча́йная ~* Teelöffel *m; 2. разлива́тельная ~* Kelle *f,* Schöpfkelle *f*
ло́жный *adj* falsch, unwahr, Trug…, Fehl…, Schein…; *~ шаг* Fehltritt *m*
ложь *f* Lüge *f; уличи́ть кого́-л во лжи* jdn der Lüge überführen, ertappen *(fam)*
лоза́ *f* BOT Rebstock *m,* Weinrebe *f*
ло́зунг *m 1.* Losung *f,* Wahlspruch *m,* Leitsatz *m,* Parole *f; 2. (плакат)* Transparent *n*
лока́льный *adj* örtlich, lokal, Lokal…
лока́ут *m* Aussperrung *f,* Lockout *n*
локомоти́в *m* TECH Lokomotive *f,* Lok *f (fam)*
ло́кон *m* Locke *f*
ло́коть *m* ANAT Ellbogen *m*
лом *m* Brecheisen *n*
лома́ть *v impf 1.* brechen, etw zerbrechen; *2. (дом)* abreißen; *3. (fig)* grundlegend verändern; *~ свой хара́ктер* seinen Charakter von Grund auf ändern; *4. (fig)* ruinieren
ло́мкий *adj* zerbrechlich, brüchig, spröde
ломо́ть *m* GAST Scheibe *f,* Schnitte *f*
ло́мтик *m* GAST Scheibe *f*
лопа́та *f* Spaten *m*
лопа́тка *f 1.* Schaufel *f,* Schippe *f; 2.* ANAT Schulterblatt *n*
ло́пать *v impf (fam) 1.* fressen, reinhauen; *2. ~ся* platzen, bersten; *~ся со́ смеху (fig)* vor Lachen platzen, sich kaputtlachen; *3. (fig) ~ся* in die Luft fliegen
лопота́ть *v impf (fam)* schnell und undeutlich sprechen, Wörter verschlucken
лопу́х *m* BOT Klette *f*
лоск *m* Glanz *m; вне́шний ~* äußerer Schein *m,* Schliff *m*
лосо́сь *m* ZOOL Lachs *m; дуна́йский ~* Huchen *m*
лось *m* ZOOL Elch *m*
лосьо́н *m* Lotion *f,* Gesichtswasser *n*
лотере́йный *adj* Lotterie…, Los…; *~ биле́т* Los *n; ~ бараба́н* Lostrommel *f*
лотере́я *f* Lotterie *f,* Tombola *f*
лото́к *m 1.* Verkaufsstand *m; 2. (жёлоб)* Rinne *f*
ло́цман *m* Lotse *m*
ло́шадь *f* ZOOL Pferd *n; бе́лая ~* Schimmel *m; верхова́я ~* Reitpferd *n; чистокро́вная ~* Vollblut *n,* Vollblüter *m; ~-кача́лка* Schaukelpferd *n*
лоя́льность *f* Loyalität *f*

лоя́льный *adj* loyal
лу́жа *f* Pfütze *f,* Lache *f; сесть в …жу* in der Patsche/Tinte sitzen *(fam)*
лук[1] *m BOT* Zwiebel *f,* Zwiebeln *pl; зелёный ~* Lauch *m; ~-ре́занец* Schnittlauch *m*
лук[2] *m (оружие)* Bogen *m*
лука́вец *m* Schlaukopf *m,* Pfiffikus *m*
лука́вить *v impf* hinterlistig sein, Ränke schmieden, sich verstellen
лука́вство *n 1.* Schläue *f,* Verschmitztheit *f; 2. (коварство)* Hinterlist *f,* Arglist *f*
лука́вый *adj 1.* schlau, pfiffig, verschmitzt; *2. (коварный)* hinterlistig, arglistig; *m 3.* Teufel *m,* das Böse *n*
лу́ковица *f BOT* Zwiebel *f,* Knolle *f*
лук-поре́й *m BOT* Lauch *m,* Poree *m*
луна́ *f* Mond *m; по́лная ~* Vollmond *m; при …не́* im Mondenschein
лунати́зм *m* Schlafwandeln *n*
лунати́ческий *adj* mondsüchtig
лу́нник *m* Mondrakete *f*
лу́нный *adj* Mond…; *~ свет* Mondlicht *n; …нное затме́ние* Mondfinsternis *f; ~ ка́мень MIN* Mondstein *m*
лу́па *f* Lupe *f,* Vergrößerungsglas *n*
луч *m* Strahl *m; со́лнечный ~* Sonnenstrahl *m; ла́зерный ~* Laserstrahl *m; ~ све́та* Lichtstrahl *m*
лучи́ *pl PHYS* Strahlen *pl*
лу́чше *adv* besser; *тем ~* umso besser
лу́чший *adj 1.* best; *m 2.* der Beste *m*
лы́жи *pl 1. SPORT* Ski *pl; ката́ться на …жах* Skifahren *n; го́ночные ~* Langlaufski *pl; ~ для скоростно́го спу́ска* Abfahrtsski *pl; 2. (сани)* Kufen *pl*
лы́жник *m* Skifahrer *m*
лы́жница *f* Skifahrerin *f*
лы́жный *adj* Ski…; *~ костю́м* Skianzug *m*
лы́сина *f* Glatze *f,* Platte *f (fam)*
лы́сый *adj 1.* glatzköpfig, kahl; *2. BOT* kahl, unbewachsen
льго́та *f* Vergünstigung *f,* Ermäßigung *f,* Privileg *n*
льди́на *f GEO* Eisscholle *f*
льстец *m* Schmeichler *m,* Stiefellecker *m (fam)*
льсти́вый *adj* schmeichlerisch, Schmeichel…; *…вая речь* Schmeichelei *f*
льстить *v impf 1.* schmeicheln; *~ кому́-л* jdm Honig um den Bart schmieren *(fam)*; *2. ~ себя́ наде́ждой* sich in schönen Hoffnungen wiegen; *3. ~ся* streben, trachten nach
любе́зность *f 1.* Liebenswürdigkeit *f,* Freundlichkeit *f,* Entgegenkommen *n; 2. (комплимент)* Liebenswürdigkeit *f,* Kompliment *n*
любе́зный *adj* freundlich, liebenswürdig, zuvorkommend
люби́мец *m* Liebling *m*
люби́мый *adj* geliebt, Lieblings…
люби́тель *m 1.* Liebhaber *m,* …fan *m; 2. (непрофессионал)* Amateur *m,* Laie *m*
люби́ть *v impf 1.* lieben, lieb haben, gern haben; *Я тебя́ …блю́.* Ich liebe dich. *2. (находить удовольствие)* gern haben, mögen, gern tun; *Я …блю́ моро́женое.* Ich esse gern Eis.
любова́ться *v impf* mit Vergnügen betrachten, mit etw liebäugeln
любо́вник *m* Liebhaber *m,* Geliebter *m*
любо́вница *f* Liebhaberin *f,* Geliebte *f*
любо́вный *adj 1.* Liebes…; *2. (нежный)* liebevoll, zärtlich; *~ взгляд* zärtlicher Blick
любо́вь *f* Liebe *f; по …бви́* aus Liebe; *ста́рая ~ не ржаве́ет (fig)* alte Liebe rostet nicht
любозна́тельность *f* Wissbegierde *f,* Wissensdurst *m*
любозна́тельный *adj* wissbegierig, bildungshungrig
любо́й *adj 1.* jeder; *~ из нас* jeder von uns; *в …бо́е вре́мя* jederzeit; *2. (первый попавшийся)* beliebiger, x-beliebiger
любопы́тный *adj 1.* neugierig, vorwitzig, naseweis *(fam)*; *2. (fig)* interessant
любопы́тство *n 1.* Neugier *f,* Neugierde *f; 2. (fig)* Interesse *n*
лю́ди *pl* Leute *pl,* Menschen *pl; молоды́е ~* junge Leute *pl,* die Jugend *f; быва́ть на …дях* unter die Leute gehen
лю́дный *adj* belebt, dicht bevölkert
людско́й *adj* Menschen…; *~ пото́к* Menschenstrom *m*
люк *m* Luke *f*
лю́лька *f* Wiege *f*
люмба́го *n MED* Lumbago *f,* Hexenschuss *m*
лю́тость *f* Grausamkeit *f*
лю́тый *adj* grausam; *~ зверь* wildes Tier
лягу́шка *f ZOOL* Frosch *m*
ля́жка *f GAST* Lende *f,* Keule *f,* Schlegel *m*

М

мавзоле́й *m* Mausoleum *n*
магази́н *m* Geschäft *n,* Laden *m; кни́жный ~* Buchhandlung *f; универса́льный ~* Warenhaus *n,* Kaufhaus *n*
магистра́ль *f 1.* Verkehrsader *f; 2.* TECH Hauptleitung *f; 3.* INFORM *информацио́нная ~* Datenautobahn *f*
маги́ческий *adj* magisch, zauberhaft
ма́гия *f* Magie *f,* Zauberei *f*
магнети́зм *m* Magnetismus *m; земно́й ~* Erdmagnetismus *m*
магний *m* CHEM Magnesium *n*
магни́т *m* Magnet *m*
магни́тный *adj* magnetisch, Magnet…
магнитофо́н *f* TECH *1.* Rekorder *m,* Aufnahmegerät *n; 2. (кассетный)* Kassettenrekorder *m*
магно́лия *f* BOT *1.* Magnolie *f; 2. (дерево)* Magnolienbaum *m*
мадо́нна *f* REL Madonna *f*
ма́зать *v impf 1.* schmieren, beschmieren, streichen, bestreichen; *2. (загрязнять)* beschmutzen, beschmieren
мазня́ *f (fam) 1.* Geschmiere *n,* Schmiererei *f; 2. (плохая работа)* Stümperei *f*
мазо́к *m 1.* Pinselstrich *m; 2.* MED Abstrich *m*
мазу́т *m* TECH Heizöl *n*
мазь *f 1.* Kreme *f,* Schmiere *f; 2.* MED Salbe *f; ~ от ожо́гов* Brandsalbe *f*
май *m* Mai *m*
ма́йка *f* T-Shirt *n*
майоне́з *m* GAST Majonäse *f*
майора́н *m* BOT Majoran *m*
мак *m* BOT Mohn *m,* Mohnblume *f*
мака́ть *v impf* GAST tunken, stippen, dippen, eintunken
маке́т *m* Modell *n,* Entwurf *m,* Design *n*
макия́ж *m* Make-up *n*
ма́клер *m* Makler(in) *m/f,* Vermittler(in) *m/f; биржево́й ~* ECO Börsenmakler *m*
макре́ль *f* ZOOL Makrele *f*
максима́льный *adj* maximal, Höchst…, Spitzen…; *…ная мо́щность* Spitzenleistung *f; …ная ско́рость* Spitzengeschwindigkeit *f; …ное количество* Maximum *n*
ма́ксимум *m* Höchstmaß *n,* Maximum *n; ~ нагру́зки* Spitzenbelastung *f; как ~* maximal, höchstens
макулату́ра *f 1.* Altpapier *n,* Papierabfälle *pl,* Makulatur *f; 2. (fig)* LIT Schundliteratur
ма́ленький *adj 1.* klein, winzig; *2. (незначительный)* unbedeutend, nichtssagend, bedeutungslos, geringfügig; *3. (малолетний)* klein, minderjährig
мале́нько *adv (fam)* ein bisschen, ein wenig, etwas
мали́на *f* BOT *1.* Himbeere *f,* Himbeeren *pl; 2. (растение)* Himbeerstrauch *m*
мали́новка *f 1.* ZOOL Rotkehlchen *n; 2. (наливка)* GAST Himbeerlikör *m*
ма́ло *adv* wenig; *сли́шком ~* zu wenig; *~ того́* außerdem, nicht nur, nicht allein
малова́жный *adj* geringfügig, unbedeutend, belanglos
маловероя́тиый *adj* kaum wahrscheinlich, unwahrscheinlich
малогабари́тный *adj* raumsparend, handlich, klein
малодуше́вие *n* Mutlosigkeit *f*
малодуше́ствовать *v impf* den Mut verlieren, klein beigeben
малоду́шный *adj* halbherzig, kleinmütig, mutlos
малонадёжный *adj* nicht sehr zuverlässig
малонаселённый *adj* dünn besiedelt
ма́лый *adj* klein, gering; *с …лых лет* von Kindheit an, von klein auf
ма́льчик *m* Junge *m,* Knabe *m*
мальчи́шеский *adj* jungenhaft, Jungen…
маля́р *m* Maler *m,* Anstreicher *m*
ма́ма *f (fam)* Mama *f*
мана́тки *pl (fam)* Habseligkeiten *pl,* Kram *m (fam)*
мандари́н *m* BOT Mandarine *f*
манда́т *m* POL Mandat *n,* Vollmacht *f; прямо́й ~* Direktmandat *n*
манёвр *m 1.* Manöver *n; 2. (fig)* Winkelzug *m,* Schachzug *m*
маневри́ровать *v impf 1.* manövrieren; *2. (fig)* geschickt zu Werke gehen
манёвры *pl* MIL Manöver *n*
мане́ж *m* Manege *f*
манеке́н *m* Schaufensterpuppe *f*
манеке́нщица *f* Mannequin *n,* Model *n*
мане́р *m (fam)* Art und Weise *f; таки́м ~ом* auf diese Art und Weise; *на свой ~* auf seine Weise
мане́ра *f* Manier *f,* Art und Weise *f*

манéрничать *v impf (fam)* sich zieren
манéрность *f* gekünsteltes Benehmen *n,* Affektiertheit *f*
манéрный *adj* gekünstelt, geziert, affektiert
манéры *pl* Manieren *pl,* Umgangsformen *pl*
манжéта *f* Manschette *f*
маникю́р *m* Maniküre *f,* Nagelpflege *f*
манипули́ровать *v impf* manipulieren
мани́ть *v impf 1.* winken, zuwinken; *2. (привлекать)* anziehen, locken
манифéст *m POL* Manifest *n*
манифестáция *f POL* Kundgebung *f,* Demonstration *f*
манифести́ровать *v impf* an einer Demonstration/Kundgebung teilnehmen
мáния *f 1.* Manie *f,* Wahn *m; ~ вели́чия* Größenwahn *m; ~ преслéдования* Verfolgungswahn *m; 2. (fig)* Sucht *f,* Leidenschaft *f*
мансáрда *f* Mansarde *f,* Dachzimmer *n*
мáнтия *f* Robe *f,* Mantel *m*
маньяк *m* Amokläufer *m,* Verrückter *m*
марафóн *m SPORT* Marathonlauf *m*
маргари́н *m GAST* Margarine *f*
маргари́тка *f BOT* Gänseblümchen *n*
маринáд *m GAST* Marinade *f*
маринoвáть *v impf GAST* marinieren, einlegen; *~ гри́бы* Pilze einlegen
марионéтка *f 1. THEAT* Marionette *f; 2. (fig)* Strohmann *m*
мáрка[1] *f 1.* Marke *f,* Zeichen *n; 2. почтóвая ~* Briefmarke *f; 3. (сорт)* Marke *f*
мáрка[2] *f (денежная единица) HIST* Mark *f; немéцкая ~ HIST* D-Mark *f*
мáркетинг *m ECO* Marketing *n*
марки́за *f* Markise *f,* Sonnendach *n*
маркировáть *v impf/pf* markieren, kennzeichnen
маркси́зм *m POL* Marxismus *m*
мáрлевый *adj* Mull..., Gaze...; *~ бинт* Mullbinde *f*
Марóкко *m GEO* Marokko *n*
Марс *m ASTR* Mars *m*
март *m* März *m*
марципáн *m GAST* Marzipan *m*
марш *m* Marsch *m; ~ ми́ра* Friedensmarsch *m*
маршировáть *v impf* marschieren
маршру́т *m* Route *f,* Reiseroute *f*
мáска *f* Maske *f; сбрóсить ...ку (fig)* sein wahres Gesicht zeigen, Farbe bekennen
маскировáть *v impf 1.* maskieren, verkleiden; *2. (fig)* verbergen, verschleiern, kaschieren
маскирóвка *f* Maskierung *f,* Verkleidung *f*
маслёнка *f 1.* Butterdose *f; 2. TECH* Ölkanne *f*
масли́на *f BOT 1.* Olive *f; 2. (дерево)* Olivenbaum *m*
масли́новый *adj* Oliven...; *...ое мáсло GAST* Olivenöl *n*
мáсло *n 1.* Öl *n,* Fett *n; сли́вочное ~* Butter *f; расти́тельное ~* Pflanzenöl *n; 2. ART* Öl *n; писáть ~м* in Öl malen
мáсса *f 1.* Masse *f,* Menge *f,* Vielzahl *f; в óбщей ...ссе* größtenteils; *2. PHYS* Masse *f,* Gewicht *n*
массáж *m MED* Massage *f; дéлать ~* massieren
массaжи́ст *m* Masseur(in) *m/f*
масси́вный *adj* schwer, massiv, Massiv...
мáссовый *adj* Massen...; *...вое движéние* Massenbewegung *f*
мáссы *pl* Massen *pl,* Menschenmassen *pl*
мáстер *m 1.* Handwerker *m; 2. (большой специалист)* Meister *m,* Könner *m; Он ~ своегó дéла.* Er ist ein Meister in seinem Fach.
мастери́ть *v impf (fam)* basteln
мастерóк *m* Maurerkelle *f*
мастерскáя *f 1.* Werkstatt *f; авторемóнтная ~* Autowerkstatt *f; 2. ART* Atelier *n*
мастерски́ *adv* meisterhaft
мáстерский *adj* gekonnt, bravourös
мастерскóй *adj* meisterhaft, meisterlich, Meister...
мастерствó *n* Können *n,* Meisterschaft *f; высóкое ~* Glanzleistung *f*
масти́ка *f* Bohnerwachs *n*
масть *f* Farbe *f*
масштáб *m 1.* Maßstab *m; 2. (размах)* Maßstab *m,* Ausmaß *n,* Umfang *m*
мат[1] *m объявля́ть ~ комý-л* jdn schachmatt setzen
мат[2] *m (подстилка)* Matte *f*
мат[3] *m (неправильная брань)* unflätiges Fluchen *n,* derbe Schimpfworte *pl*
математика *f* Mathematik *f*
математи́ческий *adj* mathematisch
материáл *m 1. (сырьё)* Material *n,* Werkstoff *m,* Baustoff *m; наслéдственный ~ BIO* Erbgut *n; 2. (сведения)* Material *n,* Stoff *m; 3. (собрание документов)* Unterlagen *pl*
материали́зм *m PHIL* Materialismus *m*
материалисти́ческий *adj* materialistisch
материáльный *adj* materiell, Material...

матери́к *m GEO* Festland *n,* Kontinent *m*
материко́вый *adj* kontinental, Festlands…
матери́нский *adj* mütterlich, Mutter…; *…кая любо́вь* Mutterliebe *f; …ское молоко́* Muttermilch *f*
матери́нство *m* Mutterschaft *f*
мате́рия *f 1. PHYS* Materie *f; 2. (ткань)* Stoff *m,* Gewebe *n*
ма́тка *f ANAT* Gebärmutter *f,* Uterus *m*
ма́товый *adj* matt, trübe, mattiert
матра́с *m* Matratze *f; надувно́й ~* Luftmatratze *f*
матро́с *m* Matrose *m*
матч *m SPORT* Match *n,* Spiel *n,* Partie *f*
мать *f* Mutter *f; крёстная ~* Patin *f,* Patentante *f*
мать-одино́чка *f* allein erziehende Mutter *f*
ма́фия *f* Mafia *f*
маха́ть *v impf* schwenken, schwingen; *~ кры́льями* mit den Flügeln schlagen; *~ хвосто́м* mit dem Schwanz wedeln; *~ руко́й* mit der Hand winken
махина́ция *f* Ränke *pl,* Intrigen *pl,* Manipulation *f; нало́говые …ции Steuermanipulation f; ~ с векселя́ми* Wechselreiterei *f*
ма́чеха *f* Stiefmutter *f*
ма́чта *f* Mast *m*
маши́на *f 1.* Maschine *f; стира́льная ~* Waschmaschine *f; 2. (автомашина)* Auto *n,* Wagen *m,* Kraftwagen *m*
машини́ст *m* Lokführer *m*
машини́стка *f* Schreibkraft *f*
маши́нка *f 1. пи́шущая ~* Schreibmaschine *f; 2. шве́йная ~* Nähmaschine *f; 3. ~ для стри́жки волос* Haarschneidemaschine *f*
маши́нный *adj* mechanisch, maschinell, Machinen..
машинострое́ние *n TECH* Maschinenbau *m*
мая́к *m* Leuchtturm *m; свет ~а́* Leuchtfeuer *n*
ма́ятник *m* Pendel *n*
мгли́стый *adj* neblig, diesig, dunstig
мгнове́ние *n* Augenblick *m,* Moment *m; в одно́ ~* im Handumdrehen *n*
мгнове́нный *adj* blitzschnell, augenblicklich, schlagartig
ме́бель *f* Möbel *pl; мя́гкая ~* Polstermöbel *pl*
ме́бельный *adj* Möbel…; *~ магази́н* Möbelgeschäft *n*
меблиро́ванный *adj* möbliert
меблирова́ть *v impf/pf* möblieren, einrichten
мегаба́йт *m INFORM* Megabyte *n*
мегапо́лис *m* Millionenstadt *f*
мёд *m GAST 1.* Honig *m; 2. (напиток)* Honigwein *m*
меда́ль *f* Medaille *f; золота́я ~* Goldmedaille *f*
медальо́н *m* Medaillon *n*
медве́дь *m ZOOL* Bär *m; белый ~* Eisbär *m*
медикаме́нт *m MED* Medikament *n,* Medizin *f,* Arznei *f*
медита́ция *f* Meditation *f*
медити́ровать *v impf* meditieren
ме́диум *m* Medium *n*
медици́на *f MED* Heilkunde *f,* Medizin *f; суде́бная ~* Gerichtsmedizin *f*
медици́нский *adj* medizinisch, Medizin…
ме́дленность *f* Langsamkeit *f*
ме́дленный *adj* langsam, schleichend, schleppend
медли́тельность *f* Zögern *n,* Zaudern *n,* Langsamkeit *f*
медли́тельный *adj* langsam, zögerlich, zaudernd, widerstrebend; *~ челове́к* schwerfälliger Mensch
ме́длить *v impf* zaudern, zögern
меду́за *f ZOOL* Qualle *f*
медь *f CHEM* Kupfer *n*
ме́жду *prep 1.* zwischen; *2. (среди)* unter, untereinander; *~ на́ми говоря́* unter uns gesagt; *3. ~ тем* indessen
междугоро́дный *adj* Fern…; *~ телефо́нный разгово́р* Ferngespräch *n*
междунаро́дный *adj* international; *~ язык* Weltsprache *f; …ное пра́во* Völkerrecht *n*
межконтинента́льный *adj* interkontinental
Ме́ксика *f GEO* Mexiko *n*
мексика́нец *m* Mexikaner *m*
мексика́нка *f* Mexikanerin *f*
мексика́нский *adj* mexikanisch
мел *m* Kreide *f*
меланхоли́чный *adj* melancholisch, schwermütig
меланхо́лия *f* Melancholie *f,* Schwermut *f*
ме́лкий *adj 1.* seicht, flach, nicht tief; *…кая таре́лка* flacher Teller *m; 2. (небольшой)* klein, Klein…; *…кие де́ньги* Kleingeld *n,* Münzen *pl,* Münzgeld *n; 3. (незначительный)* unwichtig, belanglos; *~ вопро́с* ne-

bensächliche Frage *f; 4. (некрупный)* fein, feinkörnig
мелкобуржуáзный *adj* kleinbürgerlich, spießig
мелоди́чный *adj* melodisch, wohlklingend
мелóдия *f MUS* Melodie *f*
мéлочный *adj* kleinlich, haarspalterisch; *~ человéк* kleinlicher Mensch, Korinthenkacker *m (fam)*
мéлочь *f 1.* Kleinigkeit *f,* Bagatelle *f,* Nichtigkeit *f; 2. (мелкие деньги)* Kleingeld *n; Э́то …чи жи́зни.* Das ist doch alles halb so wild.
мель *f* Sandbank *f;* Untiefe *f; сесть на ~* stranden; *сидéть на …ли́ (fam)* auf dem Trockenen sitzen
мелькáть *v impf 1.* schimmern, flimmern; *2. (fig)* vorbeihuschen
мéльник *m* Müller *m*
мемориáл *m 1.* Gedenkstätte *f,* Denkmal *n; 2. SPORT* Memorial *n*
мемуáры *pl* Memoiren *pl,* Erinnerungen *pl*
мéна *f* Tausch *m*
мéнеджер *m* Manager(in) *m/f,* Führungskraft *f*
мéнее *adv* weniger, minder; *тем ~* umso weniger; *~ всегó* am allerwenigsten; *тем не ~* nichtsdestoweniger, trotzdem; *бóлее или ~* mehr oder weniger
менструáция *f BIO* Menstruation *f,* Periode *f*
мент *m (fam)* Bulle *m*
мéньше *adv 1.* kleiner; *~* am allerkleinsten; *2. (от слова мало)* weniger, minder; *~ всегó* am allerwenigsten
мéньший *adj 1.* kleiner, geringer; *2. (младший)* jünger
меньшинствó *n* Minderheit *f,* Minorität *f*
меню́ *n 1.* Speisekarte *f; 2. INFORM* Menü *n*
меня́ *pron* mich
меня́ть *v impf 1.* tauschen, eintauschen, umtauschen; *2. (переменять)* wechseln; *~ мéсто рабóты* den Arbeitsplatz wechsen; *~ дéньги* Geld wechseln/tauschen; *3. (изменять)* ändern; *Э́то …ня́ет дéло.* Das ändert die Sache.
мéра *f 1.* Maß *n,* Maßeinheit *f; 2. (размер)* Maß *n,* Ausmaß *n; знать …ру* Maß halten; *без …ры* maßlos; *по крáйней …ре* wenigstens, immerhin
мерéщиться *v impf* scheinen
мерзáвец *m (fam)* Halunke *m,* Schurke *m,* Schuft *m*
мéрзкий *adj* scheußlich, abscheulich, grässlich, widerlich; *…кая погóда* scheußliches Wetter
мёрзнуть *v impf* frieren, erfrieren
мéрзость *f* Scheußlichkeit *f,* Abscheulichkeit *f*
меридиáн *m GEO* Längengrad *m,* Meridian *m*
мери́ло *n (fig)* Maßstab *m,* Kriterium *n*
мéрить *v impf 1.* messen; *~ на глаз* nach Augenmaß vorgehen; *2. (примерять)* anprobieren; *3. ~ся* sich messen, sich vergleichen
мероприя́тие *n 1.* Maßnahme *f; срóчное ~* Sofortmaßnahme *f; ~ по регули́рованию рождáемости POL* Geburtenkontrolle *f; 2. (предпринимаемое дело)* Veranstaltung *f,* Aktion *f*
мертвéц *m* Toter *m,* Leiche *f,* Leichnam *m*
мёртвый *adj* tot, leblos; *…вая тóчка* toter Punkt; *ни жив ни …тв (fig)* mehr tot als lebendig
мерцáть *v impf* flimmern, schimmern, flackern
мéры *pl 1.* s. *мéра; 2. (мероприятия)* Maßnahmen *pl; ответные ~* Gegenmaßnahmen *pl*
меси́ть *v impf* kneten; *~ грязь* durch den Schlamm waten
мéсса *f REL* Messe *f*
мéстность *f* Gegend *f,* Gelände *n,* Landschaft *f*
мéстный *adj 1.* örtlich, lokal, Orts…, Lokal…; *…ная газета* Lokalzeitung *f; 2. (здешний)* ortsansässig, einheimisch, hiesig; *…ные жи́тели* Ortsansässige *pl,* Anwohner *pl*
мéсто *n 1.* Platz *m,* Ort *m,* Stelle *f; занимáть пéрвое ~* den ersten Platz belegen; *~ рождéния* Geburtsort *m; 2. (служба)* Stellung *f,* Stelle *f,* Posten *m; рабóчее ~* Arbeitsstelle *f; занимáть ~* einen Posten bekleiden; *получи́ть ~* eine Stelle bekommen; *3. (багаж)* Gepäckstück *n,* Stück *n*
местожи́тельство *n* Wohnort *m,* Wohnsitz *m*
местоимéние *n GRAMM* Pronomen *n,* Fürwort *n; ли́чное ~* Personalpronomen *n; вопроси́тельное ~* Interrogativpronomen *n; возврáтное ~ Reflexivpronomen n*
местопребывáние *n* Aufenthaltsort *m*
месторождéние *n 1.* Geburtsort *m; 2. GEO* Lager *n,* Vorkommen *n*
месть *f* Rache *f,* Vergeltung *f; крóвная ~* Blutrache *f*

ме́сяц *m 1.* Monat *m; в нача́ле ме́сяца* zu Monatsbeginn; *медо́вый ~* Flitterwochen *pl; 2. (луна)* Mond *m; по́лный ~* Vollmond *m; молодо́й ~* zunehmender Mond *m*
месяца́ми *adv* monatelang
ме́сячные *pl (fam)* Periode *f,* Regel *f,* Tage *pl*
ме́сячный *adj 1.* monatlich, Monats...; *~ биле́т* Monatskarte *f; 2. (лунный)* Mond...
мета́лл *m* Metall *n; цветно́й ~* Buntmetall *n*
металлоло́м *m* Altmetall *n,* Schrott *m*
металлу́ргия *f ECO* Hüttenindustrie *f; чёрная ~* Eisenindustrie *f*
метаморфо́за *f* Verwandlung *f,* Metamorphose *f*
метаста́з *m MED* Metastase *f*
мета́ть[1] *v impf* werfen, schleudern; *рвать и ~ (fig)* Gift und Galle spucken
мета́ть[2] *v impf* heften, nähen
метфи́зика *f* Metaphysik *f*
метео́р *m ASTR* Meteor *m,* Sternschnuppe *f*
метеоро́лог *m* Meteorologe *m*
метеорологи́ческий *adj* meteorologisch, Wetter...; *...кая слу́жба* Wetterdienst *m; ...кая сво́дка* Wetterbericht *m; ...кая обстано́вка* Wetterlage *f*
ме́тить[1] *v impf* kennzeichnen, markieren
ме́тить[2] *v impf 1. (целить)* zielen; *2. (намекать)* anspielen auf
ме́тка *f 1. ART* Zeichnen *n; 2. (знак)* Zeichen *n,* Markierung *f*
ме́ткий *adj 1.* treffsicher, scharf, gut gezielt; *~ пу́ля* wohlgezielter Schuss *m; ~ глаз* ein scharfes Auge; *2. (fig)* treffend, schlagend; *...кое сравне́ние* treffender Vergleich *m*
ме́ткость *f 1.* Treffsicherheit *f; 2. (fig)* Schlagfertigkeit *f*
метла́ *f* Besen *m; но́вая ~ чи́сто метёт* neue Besen kehren gut
ме́тод *m* Methode *f,* Verfahren *n; ~ вы́борки* Ausleseverfahren *n*
мето́дика *f* Methodik *f*
методи́чный *adj* methodisch
метр *m 1.* Meter *m; куби́ческий ~* Kubikmeter *m; 2. (линейка)* Metermaß *n*
метри́ческий *adj* metrisch; *...кая систе́ма мер* metrisches Maßsystem *n*
метро́ *n* U-Bahn *f*
метрополите́н *m* U-Bahn *f*
мех *m* Fell *n,* Pelz *m; пальто́ на ~у́* pelzgefütterter Mantel
механи́зм *m TECH* Mechanismus *m,* Vorrichtung *f*
меха́ник *m* Mechaniker(in) *m/f*
меха́ника *f TECH* Mechanik *f*
механи́ческий *adj 1. TECH* mechanisch, Maschinen...; *2. (машинальный)* mechanisch, gewohnheitsmäßig
мехово́й *adj* Pelz...; *...ва́я шу́ба* Pelzmantel *m*
меховщи́к *m* Kürschner *m*
меч *m* Schwert *n; дамо́клов ~* Damoklesschwert *n; преда́ть огню́ и ~у* mit Feuer und Schwert ausrotten
мече́ть *f* Moschee *f*
мечта́ *f* Traum *m,* Traumbild *n,* Fantasie *f*
мечта́тель(ница) *m/f* Träumer(in) *m/f,* Fantast *m*
мечта́тельный *adj* träumerisch, schwärmerisch, verträumt, traumverloren
мечта́ть *v impf* träumen, schwärmen, phantasieren
мечте́ние *n 1.* Träumerei *f,* Schwärmerei *f; 2. (мечта)* Traumbild *n,* Fantasie *f*
меша́ть[1] *v impf* stören, hindern, behindern; *Что ...а́ет тебе́ сде́лать э́то?* Was hindert dich daran, es zu tun?
меша́ть[2] *v impf 1.* umrühren, vermischen; *2. (перепутывать)* verwechseln
мешо́к *m 1.* Sack *m; 2. спа́льный ~* Schlafsack *m*
миг *m* Augenblick *m,* Moment *m; в оди́н ~* im Nu, im Handumdrehen
мига́ть *v impf 1.* blinzeln, zwinkern, zublinzeln; *2. (мерцать)* flimmern, flackern
ми́гом *adv* im Nu, blitzschnell
мигре́нь *f MED* Migräne *f*
ми́зерность *f* Misere *f,* Erbärmlichkeit *f*
мизе́рный *adj* miserabel, erbärmlich, elend
мизантро́п *m PHIL* Menschenfeind *m,* Misanthrop *m*
миели́т *m MED* Rückenmarkentzündung *f*
микро́б *m BIO* Mikrobe *f*
микроограни́зм *m BIO* Mikroorganismus *m*
микрорайо́н *m* Bezirk *m,* Viertel *n,* Wohngebiet *n; ~ шко́лы* Schulbezirk *m,* Einzugsgebiet der Schule
микроско́п *m* Mikroskop *n*
микрофо́н *m* Mikrofon *n*
микроэлеме́нт *m BIO* Spurenelement *n*
ми́ленький *adj (fam)* lieb, nett, niedlich; *...кое де́ло (fam)* eine schöne Bescherung *(fam)*
милиционе́р *m* Milizionär *m*

миллиа́рд *m* Milliarde *f*
миллиме́тр *m* Millimeter *m*
миллио́н *m* Million *f*
миллионе́р *m* Millionär *m*
милосе́рдие *f* Barmherzigkeit *f,* Mildtätigkeit *f*
милосе́рдный *adj* barmherzig, mildtätig
ми́лостивый *adj* gnädig, gütig, wohlwollend; ~ *госуда́рь* gnädiger Herr
ми́лость *f 1.* Gunst *f,* Gewogenheit *f; 2. (великодушное отношение)* Gnade *f,* Nachsicht *f; смени́ть гнев на* ~ Gnade vor Recht ergehen lassen; *...сти про́сим!* Seien Sie willkommen!
ми́лый *adj 1.* lieb, nett; *2.* hübsch, nett, niedlich, süß
ми́ля *f* Meile *f; морска́я* ~ Seemeile *f*
ми́мика *f* Mimik *f*
ми́мо *prep 1.* vorbei; *стреля́ть ~ це́ли* am Ziel vorbei schießen; *adv 2. (минуя что-л) проезжа́ть ~ шко́лы* an der Schule vorbeifahren
мимо́за *f BOT* Mimose *f*
мимолётный *adj* flüchtig, kurz
мимохо́дом *adv 1.* im Vorübergehen, unterwegs; *2. (между прочем)* beiläufig, nebenbei
ми́на[1] *f 1.* Miene *f,* Gesichtsausdruck *m*
ми́на[2] *f MIL* Mine *f,* Sprengkörper *m; ста́вить ...ны* Minen legen
минда́ль *f BOT 1.* Mandeln *pl; 2. (дерево)* Mandelbaum *m*
минера́л *m MIN* Mineral *n*
минера́льный *adj* mineralisch, Mineral...; *...ная вода́* Mineralwasser *n*
минима́льно *adv* minimal, mindestens, wenigstens
минима́льный *adj* minimal, Minimal..., Mindest...; ~ *дохо́д* Mindesteinkommen *n*
ми́нимум *m* Minimum *n,* Mindestmaß *n; прожи́точный ~ ECO* Existenzminimum *n; как* ~ mindestens
министе́рство *n* Ministerium *n; ~ вну́тренних дел POL* Innenministerium *n; ~ юсти́ции* Justizministerium *n*
мини́стр *m POL* Minister(in) *m/f; ~ фина́нсов* Finanzminister(in) *m/f*
минова́ть *v impf/pf 1.* vorübergehen, vorüberfahren; *2. (избегать)* vermeiden, ausweichen, entgehen; *3. (оканчиваться)* vergehen, verstreichen
ми́нус *m 1.* Minus *n,* Minuszeichen *n; 2. (вычтя)* minus, weniger; *пять ~ три* fünf minus drei; *3. (fig)* Minus *n* Nachteil *m; име́ть ~ы* Schattenseiten haben; *плю́сы и ~ы* Vorteile und Nachteile
мину́та *f* Minute *f; Сию́ ...ту!* Sofort! *Одну́ ...ту!* Einen Augenblick, bitte!, Moment mal!
мину́тный *adj 1.* minutenlang, Minuten...; *2. (кратковременный)* flüchtig, kurz
мир[1] *m 1.* Welt *f; ~ расте́ний* Pflanzenwelt *f; 2. REL земно́й* ~ Diesseits *n; потусторо́нний* ~ Jenseits *n*
мир[2] *m (отсутствие войны)* Friede *m; жить в ~е* in Frieden leben
мира́ж *m* Trugbild *n,* Fata Morgana *f*
мири́ть *v impf 1.* versöhnen, aussöhnen; *2. ~ся* sich mit jdm versöhnen, sich mit jdm aussöhnen; *3. (fig)* sich mit etw zufrieden geben, sich mit etw abfinden
ми́рный *adj* friedlich, verträglich, Frieden..., Friedens...; ~ *догово́р POL* Friedensvertrag *m; ... ная поли́тика* Friedenspolitik *f*
мирово́й *adj 1.* weltweit, global, Welt...; *...ва́я война́ HIST* Weltkrieg *m; ...ва́я обще́ственность* Weltöffentlichkeit *f; 2. (fam)* prima, klasse; *Он ~ па́рень.* Er ist ein Mordskerl.
миролюби́вый *adj* friedliebend, friedlich, Friedens...
миролю́бие *n* Friedfertigkeit *f,* Friedlichkeit *f*
мирско́й *adj PHIL* weltlich
ми́ска *f* Schüssel *f*
миссионе́р(ка) *m/f* Missionar(in) *m/f*
ми́ссия *f* Mission *f*
мисти́ческий *adj* mystisch
ми́тинг *m 1. POL* Kundgebung *f; ~ проте́ста* Protestkundgebung *f; 2. (собрание)* Meeting *n,* Treffen *n*
митингова́ть *v impf (fam)* ein Meeting abhalten
миф *m* Mythos *m*
мифи́ческий *adj* mythisch, legendär
мифоло́гия *f* Mythologie *f*
мише́нь *f* Zielscheibe *f*
мишура́ *f* Tand *m,* Flitter *m,* Firlefanz m,
младе́нец *m* Kleinkind *n,* Säugling *m*
младе́нчество *n* Säuglingsalter *n,* Kindesalter *n*
мла́дший *adj 1.* jünger, jüngst, Junior...; *~ партнёр* Juniorpartner *m; 2. (по служебному положению)* Unter...
млекопита́ющее *n ZOOL* Säugetier *n*
мле́чный *adj* Milch..; ~ *Путь ASTR* Milchstraße *f*

мне *pron* mir
мне́ние *n* Meinung *f,* Ansicht *f,* Auffassung *f; быть высо́кого …ния о ком-л* eine hohe Meinung von jdm haben, große Stücke auf jdn halten; *по моему́ …нию* meiner Meinung nach, meines Erachtens
мни́мый *adj 1.* scheinbar, imaginär, Schein…; *2. (притворный)* vorgetäuscht, Schein…
мни́тельный *adj* misstrauisch, argwöhnisch, ängstlich
мно́гие *pron* viele, zahlreiche
мно́го *adv* viel; *~ лет* viele Jahre; *~ раз* vielmals, oft; *о́чень ~* eine ganze Menge, sehr viel; *~ шу́му из ничего́* viel Lärm um nichts
многобра́чие *n* Ploygamie *f,* Vielweiberei *f*
многобра́чный *adj* polygam
многогра́нный *adj* vielseitig
многоде́тный *adj* kinderreich
многозначи́тельность *f 1.* Bedeutsamkeit *f; 2. (важность)* Wichtigkeit *f,* Bedeutung *f*
многозначи́тельный *adj 1.* viel sagend, bedeutsam; *2. (важный)* bedeutend, bedeutungsvoll
многокра́тный *adj 1.* vielfach, mehrfach, wiederholt; *2.* MATH *…ое число́* Vielfaches *n*
многоле́тний *adj* jahrelang, langjährig
многонациона́льный *adj* multinational
многоно́жка *f* ZOOL Tausendfüßler *m*
многообеща́ющий *adj* vielversprechend, aussichtsreich, verheißungsvoll
многообра́зие *n* Vielfalt *f,* Vielfältigkeit *f*
многообра́зный *adj* vielfältig
многосло́вность *f* Wortschwall *m,* Redseligkeit *f*
многосло́вный *adj* wortreich, redselig, weit schweifend
многостепе́нный *adj* mehrstufig
многосторо́нний *adj* vielseitig, multilateral
многочи́сленный *adj* zahlreich
многоэта́жный *adj* mehrstöckig, mehrgeschossig
многоязы́чный *adj* mehrsprachig, polyglott
многоя́русный *adj* mit mehreren Rängen, mit mehreren Etagen; *~ гара́ж* Hochgarage *f*
многступе́нчатый *adj* mehrstufig, Mehrstufen…
мно́жество *n* Menge *f,* große Anzahl *f; безчи́сленное ~* Unmenge *f*
мобилиза́ция *f 1.* MIL Mobilmachung *f, всео́бщая ~* allgemeine Mobilmachung *f; 2. (fig)* Aufbietung *f,* Mobilisierung *f*
мобилизова́ть *v impf/pf 1.* mobilisieren, mobil machen; *2.* MIL aufbieten
моби́льный *adj* mobil, beweglich; *~ телефо́н* TEL Handy *n*
моги́ла *f* Grab *n; бра́тская ~* Massengrab *n; рыть самому́ себе́ …лу* sich sein eigenes Grab schaufeln
моги́льный *adj* Grab(es)…; *~ го́лос* Grabesstimme *f*
моги́льщик *m* Totengräber *m*
могу́щественный *adj* mächtig, machtvoll
мо́да *f* Mode *f; войти́ в …ду* modern werden, in Mode kommen
модели́ровать *v impf/pf* modellieren
моде́ль *f* Modell *n*
моделье́р *m* Modeschöpfer *m,* Designer *m*
моде́м *m* INFORM Modem *n*
модерниза́ция *f* Modernisierung *f*
модернизи́ровать *v impf* modernisieren
модифика́ция *f* Modifikation *f,* Anpassung *f*
модифици́ровать *v impf/pf* modifizieren, abwandeln, abändern
мо́дный *adj* modisch, flott *(fam)*
мо́дуль *f* Modul *n*
мо́дульный *adj* Modul…; *…ная констру́кция* Modulbauweise *f*
мо́жет быть *adv* vielleicht, möglich, kann sein, mag sein; *Не ~!* Das kann nicht sein!, Das ist undenkbar!
можжеве́льник *m* BOT Wacholderbeere *f*
моза́ика *f* ART Mosaik *n*
мозг *m* ANAT Gehirn *n; спинно́й ~* Rückenmark *n; ко́стный ~* Knochenmark *n*
мозгово́й *adj* ANAT Gehirn…, Hirn…; *…ва́я оболо́чка* Hirnhaut *f*
мозжечо́к *m* ANAT Kleinhirn *n*
мозо́ль *f* MED Schwiele *f; ~ на ноге́* Hühnerauge *n*
мозо́льный *adj* Schwielen…; *~ пла́стырь* Hühneraugenpflaster *n*
мой *pron* mein
мо́йка *f 1.* Waschen *n; 2. (на кухне)* Spülbecken *n,* Spüle *f (fam)*
мокрота́ *f* Nässe *f,* Feuchtigkeit *f*
мо́крый *adj* nass, feucht; *наскво́зь ~* pitschnass, tropfnass; *как …края ку́рица (fig)* wie ein begossener Pudel *(fig)*
мол *m* Mole *f,* Hafendamm *m*

молва́ *f* Gerücht *n,* Gerede *n,* Gemunkel *n; О нём идёт дурна́я ~.* Er steht in üblem Ruf.
моле́кула *f* CHEM Molekül *n*
молекуля́рный *adj* molekular
моли́тва *f* REL Gebet *n; чита́ть ...ву* ein Gebet sprechen
моли́твенник *m* Gebetsbuch *n*
моли́ть *v impf 1.* flehen, anflehen, inständig bitten; *2. ~ся* beten
моллю́ск *m* ZOOL Muschel *f*
молниено́сный *adj* blitzschnell, schlagartig
молниеотво́д *m* TECH Blitzableiter *m*
мо́лния *f 1.* Blitz *m; ~ уда́рила* der Blitz hat eingeschlagen; *2. (застёжка)* Reißverschluss *m; на ...нии* mit Reißverschluss
молодёжь *f* Jugend *f,* junge Leute *pl*
молодо́й *adj 1.* jung, jugendlich; *~ челове́к* Jugendlicher *m,* junger Mann *m; ...до́е вино́* junger Wein, Most *m; 2. (fig)* angehend, Nachwuchs...; *~ спортсме́н* Nachwuchssportler *m; 3. ~ ме́сяц* zunehmender Mond
мо́лодость *f* Jugend *f,* Jugendzeit *f*
молоко́ *n* Milch *f; коро́вье ~* Kuhmilch *f; сухо́е ~* Milchpulver *n; це́льное ~* Vollmilch *f*
мо́лот *m* Hammer *m*
молоти́ть *v impf 1.* AGR dreschen; *2. (fig)* prügeln, schlagen
молото́к *m* Hammer *m*
моло́ть *v impf* mahlen; *~ ко́фе* Kaffee mahlen
моло́чный *adj* Milch...; *~ заво́д* Molkerei *f*
молчали́вость *f* Schweigsamkeit *f*
молчали́вый *adj* schweigsam
молча́ние *n* Schweigen *n*
молча́ть *v impf* schweigen
молчко́м *adv* stillschweigend, im Stillen
моль *f* ZOOL Motte *f*
мольбе́рт *m* ART Staffelei *f*
моме́нт *m 1.* Moment *m,* Augenblick *m,* Zeitpunkt *m; в ~ отъе́зда* beim Abfahren; *в да́нный ~* im Augenblick, gegenwärtig; *в оди́н ~* im Handumdrehen; *2. (обстоятельство)* Umstand *m,* Moment *m,* Gesichtspunkt *m; 3.* PHYS Moment *n; ~ враще́ния* Drehmoment *n*
мона́рх *m* Monarch *m*
мона́рхия *f* POL Monarchie *f*
монасты́рский *adj* klösterlich, Kloster...
монасты́рь *m* REL Kloster *n*
мона́х *m* Mönch *m,* Ordensbruder *m*
мона́хиня *f* Nonne *f,* Ordensschwester *f*
моне́та *f* Münze *f,* Geldstück *n; зво́нкая ~* klingende Münze *f*
монито́р *m* TECH Monitor *m*
моноло́г *m* Monolog *m,* Selbstgespräch *n; произноси́ть ~* einen Monolog halten
монопо́лия *f* Monopol *n*
моното́нность *f* Monotonie *f,* Eintönigkeit *f*
моното́нный *adj* eintönig, monoton
монта́ж *m 1.* Montage *f,* Aufstellung *f; 2.* CINE Schnitt *m*
монтёр *m* Monteur *m*
монуме́нт *m* Monument *n*
монумента́льный *adj* monumental, Monumental...
мопе́д *m* Moped *n*
мора́ль *f* Moral *f*
мора́льный *adj* moralisch, sittlich
морг *m* Leichenschauhaus *n,* Leichenhalle *f*
морга́ть *v impf 1.* zwinkern, blinzeln; *2. (делать знаки)* zublinzeln
мо́рда *f 1.* ZOOL Schnauze *f,* Maul *n; 2. (fam)* Fresse *f*
мо́ре *n* Meer *n,* See *f; уровень... ря* Meeresspiegel *m; в откры́том ~* auf hoher See
морж *m* ZOOL Walross *n*
морко́вь *f* BOT Möhre *f,* Möhren *pl,* gelbe Rübe *f,* gelbe Rüben *pl*
моро́женое *n* GAST Eis *n,* Eiscreme *f*
моро́з *m* Frost *m; треску́чий ~* klirrende Kälte *f*
морози́лка *f* Gefrierfach *n,* Tiefkühlfach *n*
морози́льник *m (fam)* Gefriertruhe *f,* Gefrierschrank *m*
морози́льный *adj* frostig, eiskalt, Frost...
моро́зить *v impf* einfrieren, gefrieren lassen; *...зит* es friert
моро́зный *adj* eiskalt, eisig, frostig, Frost...
мороси́ть *v impf* nieseln, tröpfeln; *...си́т* es nieselt, es tröpfelt
морско́й *adj* maritim, Meer(es)..., See..., Marine...; *~ во́здух* Seeluft *f; ~ флот* MIL Marine *f*
мо́рфий *m* CHEM Morphium *n*
морщи́на *f* Falte *f,* Hautfalte *f*
морщи́нистый *adj* runzelig, faltig
мо́рщить *v impf* runzeln, falten ziehen
моря́к *m* Seemann *m; вое́нный ~* Marinesoldat *m*
мост *m 1.* Brücke *f; сжечь за собо́й все ~ы́* alle Brücken hinter sich abbrechen; *2.* TECH Achse *f; за́дний ~* Hinterachse *f; 3.* SPORT Brücke *f; 4. (зубной)* MED Brücke *f*

мостовáя *f* Pflaster *n,* Straßenpflaster *n; булы́жная* ~ Kopfsteinpflaster *n*
мостостроéние *n* TECH Brückenbau *m*
мотéль *m* Motel *n*
моти́в *m 1.* Beweggrund *m,* Motiv *n; 2.* MUS Motiv *n,* Melodie *f,* Weise *f*
мотиви́ровать *v impf/pf* motivieren
мотиви́ровка *f* Motivierung *f,* Motivation *f*
мотóр *m* Motor *m*
моторóллер *m* Motorroller *m,* Roller *m*
мотоци́кл *m* Motorrad *n*
мох *m* BOT Moos *n*
мочá *f* Harn *m,* Urin *m*
мóчка *f* ANAT Ohrläppchen *n*
мочь *v impf 1.* können, imstande sein, vermögen; *2. (иметь право)* dürfen; *3. ~ не* nicht brauchen; *Он мóжет не приходи́ть.* Er braucht nicht zu kommen.
мошéнник *m* Betrüger *m,* Gauner *m,* Spitzbube *m*
мошéнница *f* Gaunerin *f*
мошéнничать *v impf* betrügen, mogeln
мошéннический *adj* spitzbübisch
мошéнничество *n* Betrug *m,* Schwindel *m*
мóшка *f* ZOOL Schnake *f*
мóщность *f 1.* Macht *f; 2.* TECH Leistung *f,* Kapazität *f*
мóщный *adj 1.* mächtig, gewaltig, wuchtig, Groß…; *2.* TECH leistungsstark, Hoch…
мощь *f* Macht *f,* Kraft *f,* Wucht *f,* Stärke *f,* Leistungsfähigkeit *f*
мрак *m* Finsternis *f,* Dunkel *n*
мрáмор *m* Marmor *m*
мрáчный *adj* düster, finster, dunkel, grimmig
мсти́тель(ница) *m/f* Rächer(in) *m/f*
мсти́тельность *f* Rachsucht *f,* Rachgier *f*
мсти́тельный *adj* rachsüchtig
мстить *v impf* rächen, sich rächen, Rache nehmen
мудрёный *adj 1.* wunderlich, kompliziert; *2. (о задаче)* schwierig, kompliziert, kniffelig
мýдрец *m 1.* Weiser *m; 2. (fam)* Besserwisser *m*
мудри́ть *v impf (fam)* etw verkomplizieren
мýдрость *f 1.* Weisheit *f; жи́зненная ~* Lebensweisheit *f; 2.* ANAT *зуб …сти* Weisheitszahn *m*
мýдрый *adj* weise, klug
муж *m* Ehemann *m,* Mann *m*
мýжественный *adj* mutig, tapfer
мýжество *n* Tapferkeit *f,* Mut *m; граждáнское ~* Zivilcourage *f*
мужскóй *adj* männlich, Männer…, Herren…; *~ род* GRAMM Maskulinum *n*
мужчи́на *m* Mann *m*
мýза *f* Muse *f*
музéй *m* Museum *n*
мýзыка *f* MUS Musik *f; лёгкая ~* Unterhaltungsmusik *f; духовáя ~* Blasmusik *f; класси́ческая ~* Klassik *f,* klassische Musik; *стрýнная ~* Streichmusik *f*
музыкáнт *m* Musiker(in) *m/f*
мукá *f* Mehl *n*
мýка *f* Qual *f,* Tortur *f; хождéние по ~м* Leidensweg *m; ~ мне с тобóй.* Ich habe meine liebe Not mit dir., Ich habe es nicht leicht mit dir.
мультфи́льм *m* CINE Zeichentrickfilm *m*
мýмия *f* Mumie *f*
мунди́р *m* Uniform *f*
муниципалитéт *m* POL Gemeinderat *m,* Stadtverwaltung *f*
муниципáльный *adj* Gemeinde…; *…ные вы́боры* Gemeindewahlen *pl*
муравéй *m* ZOOL Ameise *f*
мурáшки *pl* Gänsehaut *f; У меня́ ~ по спинé бéгают.* Es läuft mir eiskalt den Rücken herunter.
мурлы́кать *v impf* schnurren; *~ себé что-то под нос* vor sich hin summen
мускулатýра *f* Muskulatur *f*
мускули́стый *adj* muskulös
мýскульный *adj* Muskel…; *…ная си́ла* Muskelkraft *f*
мýсор *m 1.* Müll *m,* Abfall *m; 2. (строи́тельный)* Schutt *m*
мусс *m* GAST Mousse *f*
мусульмáнин *m* Moslem *m*
мусульмáнка *f* Muslimin *f*
мусульмáнский *adj* muslimisch, islamisch, Moslem…
мусульмáнство *n* REL Islam *m*
мути́ть *v impf 1.* trüben; *2. (fig)* verschleiern, trüben
мýтность *f* Trübheit *f,* Mattheit *f*
мýтный *adj* trübe, getrübt, matt
мýха *f* ZOOL Fliege *f*
мухомóр *m* BOT Fliegenpilz *m*
мучéние *n 1.* Qual *f,* Quälerei *f,* Pein *f,* Tortur *f*
мýченик *m* Märtyrer *m*
мýченица *f* Märtyrerin *f*
мучи́тель *m* Quälgeist *m,* Peiniger *m*
мучи́тельный *adj* qualvoll, peinigend

му́чить *v impf 1.* quälen, martern; *2. ~ся* plagen, sich quälen
мча́ться *v impf* rasen, rennen, flitzen, düsen
мще́ние *n* Rache *f*
мы *pron* wir
мы́ло *n* Seife *f; жи́дкое ~* Flüssigseife *f*
мы́льница *f* Seifenschale *f*
мы́льный *adj* seifig, Seifen...; *~ пузы́рь* Seifenblase *f*
мыс *m GEO* Landzunge *f,* Kap *n*
мы́сленный *adj 1.* innerlich, gedanklich; *adv 2. ...нно* in Gedanken, im Sinne, im Herzen
мы́слимый *adj* denkbar, möglich, vorstellbar
мы́слить *v impf 1.* denken, überlegen, nachdenken; *2. (представлять себе)* sich vorstellen
мысль *f 1.* Gedanke *m,* Idee *f; внеза́пная ~* Gedankenblitz *m; основна́я ~* Hauptgedanke *m,* Grundgedanke *m; 2. (мышление)* Denken *n; о́браз ...лей* Denkweise *f*
мыта́рство *n* Strapaze *f,* Plackerei *f (fam); пройти́ че́рез все ...ва* viel durchmachen müssen
мыть *v impf* waschen, auswaschen, abwaschen; *~ посу́ду* den Abwasch machen, spülen
мытьё *n* Waschen *n*
мышело́вка *f* Mausefalle *f*
мы́шечный *adj* Muskel...; *...ная ткань ANAT* Muskelgewebe; *...ная боль* Muskelkater *m (fam)*
мышле́ние *n* Denken *n,* Denkweise *f*
мы́шца *m ANAT* Muskel *m*
мышь *f 1. ZOOL* Maus *f; лету́чая ~* Fledermaus *f; 2. INFORM* Maus *f*
мэр *m POL* Bürgermeister(in) *m/f*
мя́гкий *adj 1.* weich, zart, sanft; *2. (о характере)* nachsichtig, mild; *3. (о ткани)* weich, geschmeidig; *4. ...кая ме́бель* Polstermöbel *pl; 5. ~ знак* weiches Zeichen *n*
мягкосе́рдный *adj* weichherzig
мя́гкость *f 1.* Weichheit *f,* Geschmeidigkeit *f; 2. (fig)* Milde *f,* Sanftmut *f*
мягчи́ть *v impf* weich machen, aufweichen
мя́коть *f GAST* Fruchtmark *n*
мясна́я *f* Metzgerei *f*
мясни́к *m* Metzger *m*
мясно́й *adj* Fleisch...; *~ нава́р GAST* Fleischbrühe *f*
мя́со *n 1.* Fleisch *n,* Fleischspeise *f; 2. (fig) пу́шечное ~* Kanonenfutter *n*
мясору́бка *f* Fleischwolf *m*
мя́та *f BOT* Minze *f,* Pfefferminze *f*
мятéж *m POL* Meuterei *f,* Rebellion *f,* Aufstand *m,* Aufruhr *m*
мяте́жник *m* Rebell *m,* Meuterer *m*
мяте́жный *adj 1.* aufständisch, rebellisch; *2. (fig)* stürmisch, rastlos; *...ная душа́* unruhiger Charakter, Unruhegeist *m*
мя́тый *adj* zerdrückt, zerknittert
мять *v impf 1.* zerknittern, zerknüllen; *2. (месить)* kneten; *3. (fam) ~ся* unschlüssig sein, schwanken, nicht mit der Sprache rausrücken *(fam)*
мяу́кать *v impf* miauen
мяч *m* Ball *m; футбо́льный ~* Fußball *m*

Н

на[1] *prep 1. (сверху на поверхность)* auf, an; *Кни́га лежи́т ~ столе́.* Das Buch liegt auf dem Tisch. *2. (при обозначении направления)* auf, in, nach, zu, an; *~ по́чту* zur Post; *~ конце́рт* ins Konzert; *~ восто́к* nach Osten; *3. (при указании места пребывания)* auf, in, an; *~ по́чте* auf der Post; *~ вокза́ле* im Bahnhof; *4. (время)* in, am; *~ сле́дующий день* am nächsten Tag; *5. (назначение срока)* für, auf; *~ сре́ду* für Mittwoch; *договори́ться ~ полови́ну пе́рвого* sich für halb eins verabreden; *6. (для)* zu, für; *~ па́мять* zum Andenken; *7. (при обозначении средства транспорта)* mit; *е́хать ~ авто́бусе* mit dem Bus fahren; *8. (при указании распределения)* pro; *~ ду́шу населе́ния* pro Kopf, pro Person; *9. (при указании множителя или делителя)* mit, durch, mal; *мно́жить ~ три* mit drei multiplizieren; *дели́ть ~ три* durch drei teilen; *три метра ~ два* dreimal zwei Meter; *10. (при сравнении)* um; *~ пять лет моло́же* fünf Jahre jünger, um fünf Jahre jünger; *11. сорва́ть ~ ча́сти* in Stücke reißen

на[2] *adv* Da!, Nimm!; *Вот тебе́ и ~!* Da hast du den Salat!

наба́вка *f ECO* Zuschlag *m,* Aufschlag *m,* Aufpreis *m*

на́бережная *f 1. NAUT* Kai *m; 2. (дорога)* Uferstraße *f,* Strandpromenade *f*

набива́ть *v impf 1.* füllen, stopfen, polstern; *2. (гвозди)* einschlagen; *3. (fig) ~ ру́ку* Fertigkeit erlangen, auf den Trichter kommen *(fig)*

наби́вка *f* Füllung *f,* Polsterung *f*

набира́ть *v impf 1.* werben, anwerben; *2. (в печати)* setzen; *3. (составлять)* zusammenstellen; *4. ~ся му́жества* Mut schöpfen

наблюда́ть *v impf 1.* beobachten, betrachten; *2. (присматривать)* beobachten, überwachen, beaufsichtigen; *3. (правила)* einhalten, befolgen

наблюде́ние *n 1.* Beobachtung *f,* Wahrnehmung *f; 2. (надзор)* Überwachung *f,* Aufsicht *f,* Kontrolle *f*

на́божность *f REL* Frömmigkeit *f*

на́божный *adj REL* fromm

набо́р *m 1. (приём)* Aufnahme *f,* Einstellung *f; 2. (в печати)* Satz *m; 3. (комплект)* Sortiment *n,* Satz *m*

набо́рная *f TECH* Setzerei *f*

набо́рщик *m* Setzer *m*

набра́сывать[1] *v impf 1.* werfen; *2. (делать набросок)* entwerfen, skizzieren

набра́сывать[2] *v impf 1. (одежду)* umlegen, überwerfen; *2. ~ся* über jdn/etw herfallen, sich auf jdn/etw stürzen

набро́сок *m* Entwurf *m,* Konzept *n,* Skizze *f*

набуха́ть *v impf* anschwellen, quellen

наважде́ние *n* Sinnestäuschung *f,* Trugbild *n*

наве́рно(е) *adv* wahrscheinlich, vermutlich, bestimmt

наверняка́ *adv (fam)* bestimmt, sicher, garantiert

наве́рх *adv* aufwärts, nach oben, hinauf, herauf, empor

наверху́ *prep* oben

наве́с *m* Vordach *n,* Schutzdach *n*

навеща́ть *v impf* besuchen, aufsuchen, einen Besuch abstatten

навигацио́нный *adj* Navigations…

навига́ция *n* Navigation *f,* Steuerung *f*

наводи́ть *v impf 1.* richten, leiten; *2. (покрывать)* überziehen, auftragen; *3. (fam)* bringen; *~ поря́док* Ordnung schaffen, für Ordnung sorgen

наводне́ние *n* Überschwemmung *f,* Flut *f,* Hochwasser *n*

наводня́ть *v impf* überschwemmen

наво́з *m AGR* Mist *m*

наво́зный *adj AGR* Mist…

на́волочка *f* Kissenbezug *m*

навсегда́ *adv* für immer, auf ewig; *раз и ~* ein für allemal

навстре́чу *adv* entgegen

на́вык *m* Fertigkeit *f,* Routine *f,* Übung *f; трудовы́е ~и* Arbeitsroutine *f*

навя́зчивый *adj* zudringlich, aufdringlich, penetrant; *…вая иде́я* fixe Idee

навя́зывать *v impf 1.* aufdrängen, aufzwingen; *~ ся 2. (fig)* jdm nachlaufen

нага́йка *f* Peitsche *f*

нагиба́ть *v impf 1.* beugen, neigen, biegen; *2. ~ся* sich beugen, sich ducken

нагла́зники *pl* Scheuklappen *pl*

на́глость *f* Frechheit *f,* Unverschämtheit *f; Э́то верх …ти!* Das ist die Höhe!

на́глый *adj* frech, kess, unhöflich, unverschämt, patzig, unverfroren

нагля́дный *adj* bildlich, anschaulich, Anschauungs...
наго́й *adj 1.* nackt, bloß, entblößt; *2. (о деревьях)* kahl; *...га́я степь* die kahle Steppe
нагоня́й *m (fam)* Anpfiff *m,* Rüffel *m,* Rüge *f; дать* ~ anschnauzen
нагоня́ть *v impf 1.* aufholen, einholen; *2. (вызывать)* einjagen, einflößen; ~ *стра́ху* Furcht einflößen; ~ *сон* schläfrig machen, einschläfern; *3. (навёрстывать упущенное)* nachholen; *4. (спирту)* brennen
награ́бить *v pf* zusammenraffen
награ́да *f* Belohnung *f,* Lohn *m,* Auszeichnung *f*
награжда́ть *v impf 1.* belohnen, auszeichnen; ~ *кого́-л о́рденом* jdm einen Orden verleihen; *2. (наделять)* ausstatten, bedenken
награжде́ние *n* Würdigung *f,* Belohnung *f,* Prämierung *f,* Auszeichnung *f*
награждённый *adj* preisgekrönt, ausgezeichnet
нагрева́ть *v impf 1.* erwärmen, erhitzen; *2. (обманывать)* jdn übers Ohr hauen *(fam)*
нагру́дный *adj* Brust...; ~ *карма́н* Brusttasche *f*
нагружа́ть *v impf 1.* aufladen, beladen, belasten; *2. (fig)* aufbürden, belasten
нагру́зка *f 1.* Beladen *n,* Verladen *n; 2. (то что нагружено)* Ladung *f,* Last *f; 3.* TECH Belastung *f,* Beanspruchung *f*
над(о) *prep 1.* über; *Часы́ вися́т ~ столо́м.* Die Uhr hängt über dem Tisch. *2. (при указании направленности действия)* an; *рабо́тать ~ статье́й* an einem Artikel arbeiten
нада́вливать *v impf* drücken, auf etw drücken
на́двое *adv* entzwei
надгро́бный *adj* Grab...; ~ *ка́мень* Grabstein *m,* Grabmal *n*
надева́ть *v impf 1.* anziehen, überziehen; *2. (о головном уборе)* aufsetzen
наде́жда *f* Hoffnung *f*
надёжность *f* Verlässlichkeit *f,* Zuverlässigkeit *f*
надёжный *adj* zuverlässig, sicher, verlässlich
наде́яться *v impf 1.* hoffen, erhoffen, mit etw rechnen; *2. (на кого-л)* sich auf jdn verlassen
надзира́тель(ница) *m/f* Aufseher(in) *m/f*
надзо́р *m 1.* Aufsicht *f,* Überwachung *f,* Beaufsichtigung *f; 2. (служба)* Inspektion *f*
надла́мывать *v impf* knicken, brechen
надлежа́щий *adj* gehörig, entsprechend, gebührend
надло́м *m 1.* Knick *m,* Bruch *m; 2. (угнетённое состояние)* Niedergeschlagenheit *f; душе́вный* ~ seelischer Knacks *m (fam)*
надло́мленный *adj* geknickt, abgebrochen
надме́нность *f* Hochmut *m,* Hochnäsigkeit *f,* Überheblichkeit *f,* Arroganz *f*
надме́нный *adj* hochmütig, hochnäsig, überheblich, arrogant, herablassend, von oben herab
на́до *1.* s. *нужно; 2. так ему́ и* ~ das geschieht ihm ganz recht; ~ *же!* War das denn notwendig? Muss das denn sein? *3.* ~ *быть* wahrscheinlich, anscheinend, wohl
на́добность *f 1.* Erfordernis *f,* Notwendigkeit *f; 2. (потребность)* Bedürfnis *n,* Bedarf *m; в слу́чае ...сти* bei Bedarf
надоеда́ть *v impf 1.* langweilen, zu viel werden; *мне э́то ...е́ло* ich habe die Nase voll davon; *2. (докучать)* belästigen, lästig werden
надое́дливый *adj* langweilig, lästig, aufdringlich, nervig, penetrant *(fam)*
надпи́сывать *v impf* beschriften, mit einer Aufschrift versehen, darauf schreiben
на́дпись *f 1.* Aufschrift *f,* Beschriftung *f; 2. (над чем)* Überschrift *f,* Titel *m; 3. (на монете)* Inschrift *f; 4.* ECO *переда́точная* ~ Indossament *n*
надре́з *m* Schnitt *m,* Einschnitt *m,* Kerbe *f*
надреза́ть *v impf* schneiden, anschneiden, einritzen
надрыва́ть *v impf 1.* anreißen; *2. (fig)* sich überanstrengen, sich abquälen
надува́тельство *n (fam)* Betrug *m,* Bluff *m,* Schwindel *m*
надува́ть[1] *v impf 1.* aufblasen, aufpumpen; *2. (о ветре)* wehen, heranwehen
надува́ть[2] *v impf* anschwindeln, betrügen, bluffen, anschmieren
надувно́й *adj* aufblasbar; *...на́я ло́дка* Schlauchboot *n*
нае́зжать *v impf 1.* gegen etw fahren, etw anfahren, etw rammen; ~ *на кого́-л* jdn über den Haufen fahren *(fam)*; *2. (fig)* jdn anmachen, jdn anfahren
наём *m* Mieten *n; пла́та за* ~ Miete *f; отдава́ть в* ~ vermieten

нажи́ва *f* Gewinn *m,* Profit *m; стремле́ние к …ве* Profitsucht *f*
нажива́ть *v impf 1.* erwerben, verdienen; *~ состоя́ние* ein Vermögen verdienen; *2. (fig)* sich zuziehen, sich holen; *~ себе́ враго́в* sich Feinde schaffen; *3. ~ся* reich werden, profitieren, sich bereichern
нажи́вка *f* Köder *m*
наживля́ть *v impf ~ крючо́к* einen Köder an dem Haken hängen
наживно́й *adj* Köder…
нажи́м *m* Druck *m,* Zwang *m; ока́зывать ~ на кого́-л* Druck auf jdn ausüben
нажима́ть *v impf 1.* drücken, aufdrücken, pressen; *~ на кно́пку* eine Taste drücken; *2. (fig)* Druck auf jdn ausüben, jdn bedrängen
наза́д *adv 1.* rückwärts, zurück; *2. (обратно)* Rück…, Wieder…; *отда́ть ~* zurückgeben; *3. (раньше)* vor; *два го́да ~* vor zwei Jahren
назва́ние *n* Name *m,* Titel *m*
назида́ние *n* Belehrung *f,* Mahnung *f*
назида́тельный *adj 1.* lehrreich; *2. (неодобрительно)* belehrend, schulmeisterhaft
назнача́ть *v impf 1.* bestimmen, festsetzen, anberaumen; *~ срок* einen Termin anberaumen; *2. (на должность)* einsetzen, ernennen; *3. (лекарство)* verschreiben, vorschreiben
назначе́ние *n 1.* Bestimmung *f,* Festsetzung *f,* Ausschreibung *f; 2. (на должность)* Ernennung *f,* Nominierung *f,* Berufung *f; 3. (цель)* Bestimmung *f,* Zweck *m,* Verwendungszweck *m; для осо́бого …ния* zur besonderen Verwendung; *4. (лечебное)* Verordnung *f; по …нию врача́* nach ärztlicher Verordnung
назо́йливый *adj* lästig, aufdringlich
называ́ть *v impf 1.* nennen, benennen, einen Namen geben; *так …ва́емый* so genannt; *2. (произносить название)* nennen, aufzählen; *~ по и́мени* beim Namen nennen; *3. ~ся* heißen, sich nennen
наибо́лее *adv* höchst, meist, am allermeisten
наибо́льший *adj* größter, allergrößter, meister, Meist…
наи́вность *f* Naivität *f*
наи́вный *adj* naiv, einfältig
наивы́сший *adj* höchst, allerhöchst; *в …шей сте́пени* in höchstem Grade
наизу́сть *adv* auswendig
наиме́нее *adv* am kleinsten, am allerwenigsten
наиме́ньший *adj* kleinst, allerkleinst, geringst, Mindest…
на́искось *adv* schräg gegenüber
наказа́ние *n* Strafe *f,* Bestrafung *f*
нака́зывать[1] *v impf* strafen, bestrafen
нака́зывать[2] *v impf (давать наказ)* beauftragen
накаля́ть *v impf TECH* erhitzen, zum Glühen bringen
нака́пливать *v impf 1.* ansammeln, anhäufen, einsparen, akkumulieren; *2. ~ся* anfallen
нака́тывать *v impf 1.* zusammenrollen, heranrollen; *2. (скатывать)* drehen; *~ пилю́ль* Pillen drehen; *3. (дорогу)* glatt walzen
нака́чивать *v impf 1.* pumpen, aufpumpen; *~ ши́ну* einen Reifen aufpumpen; *2. (fam)* jdn betrunken machen, jdn abfüllen *(fam)*
наки́дка *f* Umhang *m,* Überwurf *m*
наки́дывать *v impf 1.* überwerfen, umlegen; *2. (добавлять)* draufschlagen
накла́дка *f 1. TECH* Belag *m,* Auflage *f; тормозна́я ~* Bremsbelag *m; 2. (волос)* künstliches Haarteil *n*
накладна́я *f ECO* Frachtbrief *m,* Lieferschein *m*
накла́дывать *v impf 1.* auflegen; *~ повя́зку* einen Verband anlegen; *2. (намазывать)* auftragen; *3. (нагружать)* füllen, laden; *4. (fig)* auferlegen, verhängen
накле́ивать *v impf* aufkleben
накле́йка *f 1.* Aufkleber *m,* Etikett *n; 2. (действие)* Anleimen *n,* Aufkleben *n*
накло́н *m* Neigung *f,* Schrägung *f,* Abhang *m*
накло́нный *adj* geneigt, schräggestellt, abschüssig
наклоня́ть *v impf 1.* neigen, beugen; *2. ~ся* sich bücken
наковальня́ *f TECH* Amboss *m*
наконе́ц *adv 1.* endlich, schließlich, letzten Endes; *2. (заключение)* zum Schluss, letztlich
накопле́ние *n 1.* Anhäufung *f,* Ansammlung *f,* Akkumulation *f; 2. (деньги)* Ersparnisse *pl*
накрыва́ть *v impf 1.* bedecken, zudecken; *2. (fam)* erwischen, ertappen, aufdecken, hochnehmen; *~ на ме́сте преступле́ния* auf frischer Tat ertappen

налага́ть *v impf* auferlegen, verhängen
нала́дка *f* TECH *1.* Einrichtung *f; 2. (ремонт)* Instandsetzung *f*
нала́живать *v impf 1.* einrichten, organisieren, regeln; ~ *конта́кты (fig)* Kontakte knüpfen; *2. (привести в рабочее состояние)* in Gang bringen, herrichten
нале́во *adv 1. (о направленности)* nach links; *2. (о местонахождении)* links, linker Hand
налёт[1] *m 1.* Hauch *m,* Anflug *m,* Kleinigkeit *f; 2.* MED Belag *m*
налёт[2] *m* MIL Überfall *m; возду́шный* ~ Luftangriff *m*
налива́ть *v impf 1.* einschenken, eingießen; *2. (проливать)* verschütten
нали́чие *n* Verfügbarkeit *f,* Bestand *m; быть в ...чии* vorliegen, vorhanden sein
нали́чность *f 1.* FIN Bestand *m,* Kassenbestand *m,* Barbestand *m,* Barvermögen *n; 2. (наличие)* Vorhandensein *n*
нали́чный *adj 1.* FIN bar; *за ~ расчёт* gegen Barzahlung; *2. (имеющийся в распоряжении)* verfügbar, zur Verfügung stehend; *3.* ECO ~ *соста́в* Personalbestand *m*
нало́г *m* Steuer *f; подохо́дный* ~ Einkommenssteuer *f*
нало́говый *adj* FIN steuerlich, Steuer...; ~ *разря́д* Steuerklasse *f*
налогообложе́ние *n* FIN Besteuerung *f*
налогоплате́льщик *m* Steuerzahler *m*
налогоплате́льщица *f* Steuerzahlerin *f*
нам *pron* uns
нама́зывать *v impf 1.* bestreichen, aufstreichen, einreiben; *2. (fam) ~ гу́бы* die Lippen schminken; *3. (небрежно писать)* schmieren
нама́тывать *v impf* aufwickeln, aufrollen
намёк *m* Anspielung *f,* Andeutung *f,* Wink *m; гру́бый* ~ ein Wink mit dem Zaunpfahl
намека́ть *v impf* andeuten, anspielen, einen Wink geben, etw durch die Blume sagen
намерева́ться *v impf* beabsichtigen, vorhaben
наме́рение *n* Absicht *f,* Vorhaben *n*
наме́ренный *adj* absichtlich, vorsätzlich
намеча́ть *v impf 1.* festlegen, festsetzen; *2. (планировать)* etw vorhaben; *3. (набрасывать в общих чертах)* entwerfen; *4. (fam)* richten, auf etw zielen
на́ми *pron* uns
намно́го *adv* um vieles, bedeutend
намо́рдник *m* Maulkorb *m*
нанесе́ние *n 1.* Auftragen *n; 2. (на карту)* Eintragen *n; 3. (причинение)* Zufügen *n,* Anrichten *n*
нанима́ть *v impf 1.* mieten, pachten; *2. (на работу)* einstellen, anstellen, anheuern, beschäftigen
наноси́ть *v impf 1.* herbeitragen, heranschleppen; *2. (средство, вещество)* auftragen, bestreichen; *3. (на карту)* eintragen, einzeichnen; *4. (причинять)* zufügen, anrichten; *~уще́рб* Schaden anrichten
наоборо́т *adv 1.* dagegen, im Gegenteil; *2. (иначе)* umgekehrt, verkehrt
наобу́м *adv* aufs Geratewohl, auf gut Glück, wie es gerade kommt
напада́ть *v impf* angreifen, anfallen, überfallen, einfallen
напада́ющий *adj 1.* angreifend, überfallend; *m 2.* SPORT Stürmer *m; ле́вый кра́йний* ~ Linksaußen *n*
нападе́ние *n 1.* Angriff *m,* Überfall *m,* Einfall *m,* Attacke *f; 2.* SPORT Sturm *m,* Angriff *m*
напа́дки *pl* Anfeindung *f,* Beschuldigung *f,* Angriffe *pl*
напева́ть *v impf* trällern, vor sich hinsingen
напёрсток *m* Fingerhut *m*
напива́ться *v impf 1.* sich satt trinken, den Durst löschen; *2. (стать пьяным)* sich betrinken
напи́льник *m* Feile *f*
напира́ть *v impf 1.* drängen, bedrängen; *2. (добываться)* jdn drängen, jdm zusetzen; *3. (подчёркивать)* hervorheben, betonen
напи́ток *m* Getränk *n,* Drink *n (fam)*
наполне́ние *n* Füllen *n,* Füllung *f*
наполня́ть *v impf 1.* füllen, anfüllen, ausfüllen; *2. (fig)* ganz erfüllen
наполови́ну *adv 1.* halb, zur Hälfte; *2. (отчасти)* teils, fast
напомина́ние *n 1.* Erinnerung *f; 2. (извещение)* Benachrichtigung *f; 3. (предостережение)* ECO Mahnung *f*
напомина́ть *v impf 1.* erinnern; *2. (предостерегать)* ECO mahnen
напосле́док *adv* zuletzt, zu guter Letzt, zum Schluss
направле́ние *n 1.* Richtung *f; 2. (fig)* Strömung *f,* Tendenz *f; 3. (в санаторий)* Einweisung *f*
направля́ть *v impf 1.* richten, ausrichten, lenken; *2. (посылать)* schicken, senden, entsenden; *3.* MED einweisen, überweisen;

4. (адресовать) an jdn richten; *5. (нож)* schärfen
напра́во *adv 1. (о направленности)* nach rechts; *2. (о местонахождении)* rechts, rechter Hand
напра́сно *adv 1.* umsonst, vergeblich; *2. (без оснований)* grundlos, ohne Grund
напра́сный *adj 1.* vergeblich, unnütz, müßig; *Э́то ~ труд.* Das ist verlorene Liebesmüh. Da ist Hopfen und Malz verloren. *2. (неосновательный)* grundlos
наприме́р *adv* zum Beispiel, beispielsweise
напрока́т *adv 1. брать ~* leihen, ausleihen; *2. дава́ть ~* verleihen, ausleihen
напро́тив *adv 1.* gegenüber, auf der anderen Seite; *2. (наоборот)* im Gegenteil, dagegen, hingegen; *prep 3.* gegenüber; *~ на́шего до́ма* gegenüber unserem Haus
напряже́ние *n 1.* Anstrenung *f,* Bemühung *f; 2. ANAT* Spannung *f,* Anspannung *f; 3. TECH* Spannung *f; высо́кое ~* Hochspannung *f*
напряжённый *adj 1.* straff, gespannt, angespannt; *2. (усиленный)* angestrengt, anstrengend, intensiv; *...нно рабо́тать* mit Hochdruck arbeiten; *3. TECH* gespannt, Spann...; *4. PHYS* Spannungs...; *5. (fig)* gepresst, gezwungen; *...нная улы́бка* gezwungenes Lächeln
напрями́к *adv (fam) 1.* geradeaus; *2. (fig)* geradeheraus, offen, frei von der Leber weg, ohne Umschweife
напряму́ю *adv (fam)* s. *напрями́к*
напускно́й *adj* gekünstelt, gespielt, zur Schau getragen, Schein...
напы́щенный *adj* aufgeblasen, schwülstig
наре́чие *n GRAMM* Adverb *n*
наркоби́знес *m (fam)* Rauschgifthandel *m,* Dealen *n (fam)*
нарко́з *m MED* Narkose *f,* Betäubung *f; о́бщий ~* Vollnarkose *f; ме́стный ~* örtliche Betäubung *f*
наркома́н(ка) *m/f* Drogensüchtige(r) *f/m,* Rauschgiftsüchtige(r) *f/m*
нарко́тик *m 1.* Droge *f,* Rauschgift *n; 2. MED* Betäubungsmittel *n,* Narkotikum *n*
наро́д *m 1.* Volk *n; 2. (fam)* Leute *pl; мно́го ~а* viele Leute
народнохозя́йственный *adj* volkswirtschaftlich
наро́дный *adj 1.* Volks...; *...ное хозя́йство n* Volkswirtschaft *f; 2. (близкий к народу)* volkstümlich, volksnah
наро́ст *m 1. MED* Auswuchs *m,* Beule *f,* Wucherung *f; 2. (наслоение)* Ansatz *m,* Ablagerung *f*
наро́чно *adv (fam) 1.* absichtlich, mit Absicht; *2. (специально)* extra, eigens; *3. (в шутку)* zum Spaß
на́рочный *m* Eilbote *m,* Kurier *m*
нару́жность *f* Äußeres *n,* äußere Erscheinung *f,* Aussehen *n; ~ обма́нчива* der Schein trügt
нару́жный *adj 1.* äußerer, Außen...; *2. (показной)* äußerlich, vorgetäuscht
нару́жу *adv* nach außen, auswärts
наруша́ть *v impf* verletzen, brechen, übertreten, überschreiten; *~ мир* den Frieden brechen; *~ сло́во* sein Wort brechen; *~ поко́й* die Ruhe stören
наруше́ние *n 1.* Verletzung *f,* Übertretung *f,* Verstoß *m; ~ зако́на JUR* Gesetzesverstoß *m; ~ тишины́* Ruhestörung *f; 2. с ~м пра́вил* regelwidrig
наруши́тель *m ~ пра́вил ули́чного движе́ния* Verkehrssünder *m*
нарци́сс *m 1. BOT* Narzisse *f; 2. (о человеке)* Narziss *m*
на́ры *pl* Pritsche *f*
наря́д *m* Kleidung *f,* Aufzug *m,* Aufmachung *f*
наря́дный *adj* elegant, aufgetakelt *(fam)*
наряду́ с *adv* gemeinsam mit, neben, nebst; *~ э́тим* zugleich, daneben
наряжа́ть *v impf* schmücken
наса́дка *f 1. TECH* Aufsatz *m; 2. (действие)* Aufsetzen *n; 3. MUS* Mundstück *n*
насаждение *n 1. BOT* Anpflanzung *f,* Grünanlage *f; 2. (действие) BOT* Pflanzen *n,* Anpflanzen *n; 3. (fig)* Verbreitung *f,* Einführung *f*
наса́живать *v impf 1. BOT* pflanzen, anpflanzen; *2. (прикрепить)* befestigen, aufsetzen; *3. (fig)* unterbringen
насеко́мое *n ZOOL* Insekt *n*
населе́ние *n 1.* Bevölkerung *f,* Einwohner *pl; 2. (населённость)* Einwohnerzahl *f*
населённость *f* Bevölkerungsdichte *f*
населя́ть *v impf* besiedeln, bevölkern
насе́чка *f* Kerbe *f,* Einschnitt *m*
наси́лие *n 1.* Gewalt *f,* Gewalttat *f,* Gewalttätigkeit *f; применя́ть ~* Gewalt anwenden; *2. (изнасилование)* Vergewaltigung *f*
наси́ловать *v impf 1.* zwingen, Gewalt antun; *2. (изнасиловать)* vergewaltigen
наси́льственный *adj* gewaltsam, gewalt-

tätig, Gewalt...; *...нная смерть* gewaltsamer Tod
наско́лько *adv 1. (interr)* inwiefern, inwieweit; *2. (rel)* soviel, soweit, sofern, insofern; *~ мне изве́стно* soviel ich weiß, soweit ich weiß
наслажда́ться *v impf* genießen
наслажде́ние *n* Genuss *m,* Wonne *f,* Vergnügen *n*
насле́дие *n* Erbe *m,* Vermächtnis *n*
насле́дник *m* Erbe *m,* Nachfolger *m,* Stammhalter *m*
насле́дница *f* Erbin *f,* Nachfolgerin *f,* Stammhalterin *f*
насле́дование *n* Erbfolge *f,* Nachfolge *f*
насле́довать *v impf 1.* erben, übernehmen; *2. (кому-л)* beerben, ein Erbe übernehmen
насле́дственность *f BIO* Vererbung *f; с дурно́й ...стью* erblich belastet
насле́дственный *adj* erblich, vererbt, Erb...
насле́дство *n* Erbe *n,* Erbschaft *f,* Hinterlassenschaft *f; лиша́ть ...ва* enterben; *пра́во ...ва JUR* Erbrecht *n*
насмеха́ться *v impf* spotten, verspotten, auslachen
насме́шка *f* Spott *m,* Hohn *m; зла́я ~* der blanke/reinste Hohn
насме́шливый *adj* spöttisch, höhnisch
насме́шник *m* Spötter *m*
насме́шничать *v impf (fam)* verspotten, verhöhnen
на́сморк *m MED* Schnupfen *m*
насо́с *m* Pumpe *f; возду́шный ~* Luftpumpe; *кача́ть ~ом* pumpen
наставле́ние *n 1.* Belehrung *f; 2. (инструкция)* Vorschrift *f,* Anweisung *f,* Anleitung *f*
наставля́ть[1] *v impf 1.* aufstellen, hinstellen; *2. (нацеливать)* auf etw richten, einstellen
наставля́ть[2] *v impf (поучать)* belehren, beibringen, unterweisen
наста́вник *m* Betreuer *m,* Mentor *m; духо́вный ~ REL* Seelsorger *m*
насто́йчивость *f* Ausdauer *f,* Hartnäckigkeit *f,* Beharrlichkeit *f*
насто́йчивый *adj 1.* hartnäckig, beharrlich, eindringlich; *2. (о просьбе)* nachdrücklich, dringend
настоя́тель(ница) *m/f REL* Abt *m,* Äbtissin *f*
настоя́тельный *adj 1.* dringend, inständig; *...ная про́сьба* inständige Bitte; *2. (упорный)* nachdrücklich, beharrlich
настоя́щий *adj 1. (истинный)* echt, wahr, richtig, wirklich; *~ щёлк* echte/reine Seide; *2. (теперешний)* derzeitig, gegenwärtig; *в ...щее вре́мя* jetzt, zur Zeit; *3. (данный)* dieser, vorliegender; *4. GRAMM ...щее вре́мя* Präsens *n*
настра́иваемый *adj* einstellbar
настра́ивать *v impf 1.* einstellen, einstimmen; *2. MUS* stimmen; *3. TECH* justieren
настрое́ние *n* Stimmung *f,* Laune *f; быть в хоро́шем ...нии* gut gelaunt sein
настро́йка *f 1. TECH* Einstellung *f,* Abstimmung *f,* Regulierung *f; 2. MUS* Stimmen *n*
наступа́тельный *adj* offensiv, Angriffs..., Offensiv...; *...ная поли́тика POL* Angriffspolitik *f*
наступа́ть[1] *v impf (ногой)* auf etw treten; *~ кому́-л на но́гу* jdm auf den Fuß treten
наступа́ть[2] *v impf* anbrechen, hereinbrechen, beginnen; *...а́ет день.* Der Tag bricht an.
наступле́ние[1] *n* Anbruch *m,* Einbruch *m; с ~м темноты́* mit Einbruch der Dämmerung
наступле́ние[2] *n MIL* Angriff *m,* Offensive *f*
на́сыпь *f* Wall *m,* Damm *m*
насыща́ть *v impf 1.* satt machen, sättigen; *2. CHEM* sättigen; *3. (fig)* in ausreichendem Maße versorgen; *4. ~ся* sich satt essen
насыще́ние *n* Sättigung *f*
насы́щенность *f CHEM* Sättigungsgrad *m,* Sättigung *f*
насы́щенный *adj 1. CHEM* gesättigt; *2. (fig)* gehaltvoll, reich an
натвори́ть *v pf* anstellen, anrichten, ausfressen; *Что она́ ...и́ла?* Was hat sie ausgefressen?
на́тиск *m 1.* Andrang *m,* Ansturm *m; 2. MIL* Vorstoß *m*
натоща́к *adv* nüchtern, auf nüchternen Magen, auf leeren Magen
натр *m CHEM* Natron *n*
натра́вливать *v impf 1.* hetzen; *2. (подстрекать)* aufhetzen, aufstacheln, aufwiegeln; *3. CHEM* aufätzen, einätzen, ätzende Säure auftragen
на́трий *m CHEM* Natrium *n*
нату́ра *f* Charakter *m,* Natur *f,* Wesensart *f; в ...ре* nackt, in natura
натурализова́ть *v impf/pf POL* einbürgern
натура́льный *adj 1.* natürlich, naturgemäß;

…ного цве́та naturfarben; *2. (настоящий)* echt, naturrein, Natur…; *3. (о жесте)* natürlich, ungezwungen; *4.* MATH *…ное число* natürliche Zahl
нату́рщик *m* ART Modell *n*
нату́рщица *f* ART Modell *n*
натя́гивать *v impf* anziehen, anspannen
натя́нутый *adj 1.* gespannt; *2. (неестественный)* gezwungen, unnatürlich
науда́чу *adv* auf gut Glück, aufs Geratewohl
нау́ка *f 1.* Wissenschaft *f; есте́ственные …ки* Naturwissenschaften *pl; 2. (fam)* Lehre *f; Э́то тебе́ ~!* Das soll dir eine Lehre sein!
наутёк *adv (fam) пусти́ться ~* die Beine in die Hand nehmen, Fersengeld geben, Reißaus nehmen
нау́чный *adj* wissenschaftlich, Wissenschafts…
нау́шники *pl* Kopfhörer *m*
наха́л *m* Flegel *m,* Frechdachs *m*
наха́лка *f* freche Göre *f*
наха́льный *adj* frech, unverschämt, flegelhaft
нахле́бник *m* Schmarotzer *m; быть ~ом* jdm auf der Tasche liegen
находи́ть *v impf 1.* finden; *2. (заставать)* vorfinden, antreffen, auf etw stoßen; *3. (мнение)* finden, meinen, halten, der Ansicht sein; *4. ~ся* sich befinden, sich aufhalten; *5. (много ходить) ~ся* sich müde laufen, vom vielen Gehen müde werden
нахо́дка *f* Fund *m,* Fundsache *f; бюро́ …док* Fundbüro *n*
нахо́дчивость *f* Findigkeit *f,* Schlagfertigkeit *f,* Einfallsreichtum *m*
нахо́дчивый *adj* findig, schlagfertig, einfallsreich; *быть …вым* sich zu helfen wissen
нахожде́ние *n 1.* Auffinden *n; 2. (место)* Verbleib *m,* Fundstätte *f*
наце́нка *f* ECO Aufpreis *m,* Aufschlag *m,* Zuschlag *m*
нaци́зм *m* POL Nazismus *m*
национализа́ция *f* POL Verstaatlichung *f*
национали́зм *m* POL Nationalismus *m*
национали́ст *m* Nationalist *m*
национа́льность *f* Nationalität *f*
национа́льный *adj* national, National….
на́ция *f* Nation *f*
нача́ло *n 1.* Anfang *m,* Beginn *m,* Start *m,* Auftakt *m; в …ле го́да* zu Anfang des Jahres; *брать ~* seinen Anfang nehmen, entspringen; *2. (основа)* Grundlage *f,* Grundsatz *m; на обще́ственных …лах* ehrenamtlich
нача́льник *m* Chef *m,* Vorgesetzer *m,* Leiter *m; ~ произво́дства* Produktionsleiter *m*
нача́льство *n 1.* Obrigkeit *f; 2. (начальник)* Chef *m,* Vorgesetzter *m*
начина́ть *v impf 1.* anfangen, beginnen, starten; *2. ~ся* losgehen, beginnen
начина́ющий *adj 1.* beginnend, anfangend, angehend; *m 2.* Anfänger *m*
начи́нка *f* GAST Füllung *f*
начисле́ние *n* Anrechnung *f,* Zuschlag *m; ~ проце́нтов* ECO Verzinsung *f*
начи́щенный *adj* sauber geputzt; *~ до бле́ска* blitzblank
наш *pron* unser
наше́ствие *n* Invasion *f*
наэлектризова́ть *v impf* elektrisieren
не *adv 1.* nicht, kein; *я ~ пое́ду домо́й* ich fahre nicht nach Hause; *~ сего́дня* nicht heute; *~ пра́вда ли?* Nicht wahr? *2. ~ за что* keine Ursache; *3. (с существительным)* kein; *Он ~ русский.* Er ist kein Russe.
неаккура́тность *f 1.* Ungenauigkeit *f,* Unordentlichkeit *f,* Schlampigkeit *f,* Nachlässigkeit *f; 2. (непунктуальность)* Unpünktlichkeit *f,* Unzuverlässigkeit *f*
неаккура́тный *adj 1.* ungenau, unordentlich, schlampig, nachlässig; *2. (непунктуальный)* unpünktlich, unzuverlässig
неактуа́льный *adj* nicht aktuell, veraltet
небе́сный *adj 1.* himmlisch, Himmels…; *2.* REL *цари́ца …ная* Mutter Gottes *f; 3.* REL *ца́рство …ное* Himmelreich *n*
неблагода́рный *adj* undankbar
неблагоприя́тный *adj* ungünstig; *~ отзы́в* abfälliges Urteil
нёбо *n* ANAT Gaumen *m*
не́бо *n* Himmel *m,* Firmament *n; быть на седьмо́м …бе* im siebten Himmel sein; *как ~ от земли́* wie Tag und Nacht
небольшо́й *adj* nicht groß, klein, gering
небоскрёб *m* Wolkenkratzer *m*
небре́жность *f* Nachlässigkeit *f,* Schlamperei *f*
небре́жный *adj* nachlässig, liederlich, lässig
небыли́ца *f* Lügengeschichte *f,* Märchen *n*
нева́жно *adv 1.* s. *нева́жный; 2. Э́то ~.* Das spielt keine Rolle. Das hat nichts zu sagen.
нева́жный *adj 1.* unwichtig, unbedeutend, geringfügig, nebensächlich, belanglos; *2. (посредственный)* mittelmäßig, nicht besonders gut

невéдомо *adv* man weiß nicht, Gott weiß, weiß der Geier *(fam)*
невéдомый *adj 1.* unbekannt; *2. (таинственный)* geheimnisvoll, unerklärlich; *...мая сúла* geheime Kraft *f*
невéжа *f/m Flegel m,* unhöflicher Mensch *m*
невéжда *m* Banause *m,* Unwissender *m,* Unwissende *f,* Ignorant(in) *m/f*
невéжество *n 1.* Unwissenheit *f,* Ignoranz *f; 2. (fig)* Ungezogenheit *f,* Unhöflichkeit *f*
невéжливость *f* Unhöflichkeit *f*
невéжливый *adj* unhöflich, ungezogen, patzig
невезéние *n (fam)* Pech *n; полосá ...ния* Pechsträhne *f*
невезýчий *adj* vom Pech verfolgt; *~ человéк* Pechvogel *m*
невéрность *f 1.* Unrichtigkeit *f; 2. (вероломство)* Untreue *f,* Treulosigkeit *f*
невéрный *adj 1.* falsch, unwahr, unrichtig; *2. (обманувший)* treulos, untreu
невероя́тный *adj* unwahrscheinlich, unglaublich, unerhört, fantastisch *(fig)*
невесóмость *f* Schwerelosigkeit *f*
невесóмый *adj* schwerelos
невéста *f* Braut *f,* Verlobte *f*
невéстка *f 1. (жена брата)* Schwägerin *f; 2. (жена сына)* Schwiegertochter *f*
невзирáя *adv* ungeachtet, trotz, ohne Rücksicht auf
невзыскáтельный *adj* anspruchslos, bescheiden, schlicht
невúдимый *adj* verborgen, unsichtbar
невúнность *f 1.* Unschuld *f,* Schuldlosigkeit *f; 2. (девственность)* Unschuld *f,* Jungfräulichkeit *f; 3. (наивность)* Unschuld *f,* Naivität *f*
невúнный *adj 1.* schuldlos, unschuldig; *2. (девственный)* unschuldig, jungfräulich; *3. (наивный)* unschuldig, naiv
невиновáтый *adj* schuldlos, unschuldig
невинóвность *f JUR* Unschuld *f,* Schuldlosigkeit *f*
невинóвный *adj* schuldlos
невменя́емый *adj 1. JUR* unzurechnungsfähig; *2. (fam)* nicht bei Sinnen
невнимáние *n 1.* Unachtsamkeit *f,* Unaufmerksamkeit *f; 2. (неуважение)* Respektlosigkeit *f,* Geringschätzung *f,* Gleichgültigkeit *f*
невнимáтельность *f* Unachtsamkeit *f,* Unaufmerksamkeit *f*
невнимáтельный *adj 1.* unachtsam, unaufmerksam; *2. (невежливый)* unhöflich, respektlos
невозмóжный *adj 1.* unmöglich, unerfüllbar; *2. (fam)* unerträglich
невообразúмый *adj* unvorstellbar, undenkbar, unglaublich
невоспúтанный *adj 1.* unerzogen, ungezogen, schlecht erzogen; *2.(fig)* rüpelhaft, ohne Manieren
невосприúмчивость *f 1.* Unempfindlichkeit *f; 2. MED* Immunität *f*
невосприúмчивый *adj 1.* unempfänglich; *2. MED* immun
невралгúческий *adv* neuralgisch
невралгúя *f MED* Neuralgie *f,* Nervenschmerzen *pl*
невредúмый *adj* heil, ganz, unversehrt; *цел и ...úм* heil und gesund
неврóз *m PSYCH* Neurose *f*
неврóлог *m MED* Neurologe *m,* Nervenarzt *m,* Neurologin *f,* Nervenärztin *f*
невропатóлог *m MED* Neurologe *m,* Neurologin *f,* Nervenarzt *m,* Nervenärztin *f*
невротúческий *adj* neurotisch
невы́годный *adj 1.* nachteilig, ungünstig; *2. (неудобный)* unbequem; *3. (непривлекательный)* unschön, ungünstig; *показáть себя́ с ...дной стороны́* sich von einer ungünstigen Seite zeigen
невыносúмый *adj* unausstehlich, unerträglich
невыцветáющий *adj* farbecht
негатúвный *adj 1.* negativ, verneinend; *2. FOTO* Negativ...
неглáдкий *adj* uneben, rau, holperig
неглубóкий *adj 1.* seicht, flach, nicht tief; *2. (поверхностный)* oberflächlich, seicht
негó *pron* s. *егó*
негóдник *m* Nichtsnutz *m,* Taugenichts *m*
негодовáние *n* Entrüstung *f,* Empörung *f*
негодовáть *v impf* empört sein, sich entrüsten
негодя́й *m (fam)* Halunke *m,* Schuft *m,* Lump *m*
негр *m* Schwarzer *m*
негрáмотный *adj 1.* unkundig; *2. (содержащий ошибки)* fehlerhaft; *m 3.* Analphabet *m*
негритя́нка *f* Schwarze *f*
негрóмкий *adj* halblaut, leise; *...ким гóлосом* mit gedämpfter Stimme
недáвний *adj 1.* jüngst, neulich, kürzlich;

с …них пор seit kurzer Zeit; *adv 2. …но* unlängst, neuerdings
недáвно *adv* letztens, unlängst, neulich, kürzlich, vor kurzem
недалёкий *adj 1.* nah, nicht weit entfernt; *2. в …ком прóшлом* in der jüngsten Vergangenheit, vor kurzem; *3. в …ком бýдущем* in nächster Zukunft, demnächst, in Kürze; *4. (о человеке)* beschränkt, nicht klug
недальнови́дность *f* Kurzsichtigkeit *f,* Mangel an Voraussicht
недальнови́дный *adj* kurzsichtig, ohne Voraussicht
недáром *adv* nicht ohne Grund, nicht umsonst, nicht von ungefähr
недви́жимость *f* Immobilie *f*
недвусмы́сленный *adj* eindeutig, unmissverständlich
недействи́тельность *f 1.* JUR Ungültigkeit *f; 2. (недейственность)* Unwirksamkeit *f,* Wirkungslosigkeit *f*
недействи́тельный *adj 1.* JUR ungültig, nichtig, außer Kraft; *признавáть …ным* für ungültig erklären; *2. (недействующий)* unwirksam, hinfällig, wirkungslos
недéля *f* Woche *f; чéрез …лю* in einer Woche
недисциплини́рованный *adj* undiszipliniert
недобровóльный *adj* unfreiwillig
недоброжелáтельство *n* Missgunst *f*
недоброкáчественный *adj* minderwertig, von schlechter Qualität
недобросóвестность *f 1.* Pflichtvergessenheit *f,* Unzuverlässigkeit *f; 2. (нечестность)* Gewissenlosigkeit *f*
недобросóвестный *adj 1.* pflichtvergessen, unzuverlässig; *2. (нечестный)* unlauter, gewissenlos
недовéрие *n* Misstrauen *n,* Argwohn *m*
недовéрчивый *adj* misstrauisch, argwöhnisch
недовéс *m* Untergewicht *n,* Fehlgewicht *n*
недовóльный *adj* unzufrieden, verärgert, sauer *(fam)*
недокáзанный *adj* unbewiesen, nicht nachgewiesen
недокóнченный *adj* unbeendet, nicht zu Ende geführt, unvollendet, fragmentarisch
недооцéнивать *v impf* unterbewerten, unterschätzen, verkennen, bagatellisieren
недопусти́мый *adj* unzulässig
недоразумéние *n* Missverständnis *n; по …нию* fälschlicherweise, versehentlich
недорогóй *adj* preiswert, erschwinglich, günstig
недоставáть *v impf* mangeln, fehlen
недостáток *m 1.* Mangel *m,* Engpass *m,* Knappheit *f; 2. (дефект)* Fehler *m,* Mangel *m; физи́ческий ~* Gebrechen *n,* Handicap *n*
недостáточный *adj* ungenügend, unzulänglich, mangelhaft
недостижи́мый *adj* unerreichbar
недостовéрный *adj 1.* unglaubwürdig, zweifelhaft; *2. (ненадёжный)* unzuverlässig
недостóйный *adj* unwürdig
недостýпный *adj 1.* unnahbar, unzugänglich, unverständlich; *2. (о цене)* unerschwinglich
недотрóга *f (fam)* Mimose *f,* Sensibelchen *n*
недоумéние *n 1.* Befremden *n,* Erstaunen *n; с ~м* erstaunt; *2. (сомнение* Zweifel *m,* Bedenken *pl*
недоумéнный *adj* befremdet, erstaunt, verdutzt
недочёт *m 1.* ECO Fehlbetrag *m; 2. (дефект)* Mangel *m,* Fehler *m,* Defizit *n*
недружелю́бный *adj* unfreundlich, feindselig
недýг *m* Leiden *n,* Krankheit *f,* Gebrechen *n; любóвный ~* Liebesleid *n*
неё *pron* s. *её*
неестéственность *f* Unnatürlichkeit *f*
неестéственный *adj* unnatürlich, gekünstelt
нежд́анный *adj* unerwartet, unvermutet, unverhofft
нежелáтельный *adj* unerwünscht, unliebsam
неженáтый *adj* ledig, unverheiratet
нежи́зненный *adj 1.* realitätsfern, lebensfremd; *2. (неправдоподобный)* unwirklich, phantastisch
нежи́рный *adj* mager, nicht fett
нéжничать *v impf с кем-л ~* zärtlich sein, jdn schonend behandeln
нéжность *f 1.* Feinheit *f; 2. (ласковость)* Zärtlichkeit *f*
нéжный *adj 1.* fein, zart; *2. (ласковый)* zärtlich, liebevoll
незабвéнный *adj* unvergesslich
незабýдка *f* BOT Vergissmeinnicht *n*
незави́симый *adj 1.* unabhängig,

selbstständig, frei; 2. *(о характере)* selbstbewusst
незаинтересо́ванный *adj* desinteressiert, nicht interessiert
незако́нность *f* Ungesetzlichkeit *f*
незако́нный *adj* illegal, ungesetzlich, unrechtmäßig, widerrechtlich
незакры́тый *adj* ungedeckt, offen
незамени́мый *adj* unersetzlich, unentbehrlich, unabkömmlich
незаме́тный *adj 1.* unmerklich, unauffällig, nicht wahrnehmbar; *Вре́мя прошло́ …но.* Die Zeit ist wie im Fluge vergangen. 2. *(незначительный)* unbedeutend
незаму́жняя *adj* ledig, unverheiratet
незамыслова́тый *adj* primitiv, einfach, simpel
neзáнятый *adj* frei, nicht besetzt, nicht belegt
незастрахо́ванный *adj* nicht versichert, unversichert
незауря́дный *adj* außerordentlich, außergewöhnlich, überdurchschnittlich
незащищённый *adj* schutzlos, ungeschützt
незде́шний *adj* ortsfremd, fremd
нездоро́вый *adj 1.* krank, unpässlich; 2. *(вредный)* ungesund, gesundheitsschädlich
нездоро́вье *n* Unwohlsein *n,* Unpässlichkeit *f; по …вью* krankheitsbedingt
незнако́мый *adj* unbekannt, fremd
незна́ние *n* Unkenntnis *f,* Unwissenheit *f; по …нию* unwissentlich
незна́чащий *adj* unwichtig, bedeutungslos
незначи́тельность *f* Belanglosigkeit *f,* Bedeutungslosigkeit *f,* Nichtigkeit *f,* Geringfügigkeit *f*
незначи́тельный *adj* belanglos, bedeutungslos, geringfügig, unerheblich
незна́ющий *adj* unwissend
незре́лый *adj 1.* unreif; 2. *(fig)* unausgereift
неизбе́жный *adj* unumgänglich, unausweichlich, zwangsläufig
неизве́стность *f* Ungewissheit *f*
неизве́стный *adj 1.* ungewiss, unbekannt, fremd; *m 2.* Unbekannter *m*
неизглади́мый *adj* unauslöschlich, nachhaltig
неи́зданный *adj* unveröffentlicht
неизлечи́мый *adj* unheilbar
неизме́нность *f* Stabilität *f*
неизме́нный *adj 1.* gleichbleibend, konstant, stabil, unverändert; 2. *(fig)* unvermeidbar, unabänderlich
неизмери́мость *f* Unermesslichkeit *f*
неизмери́мый *adj* unermesslich, immens
неимове́рный *adj* unglaublich, unerhört, ungeheuer
неиму́щий *adj* mittellos, besitzlos
неинтере́сный *adj* uninteressant, langweilig, fade; *~ челове́к* uninteressanter Mensch, graue Maus *(fam)*
неи́скренность *f* Unaufrichtigkeit *f,* Heuchelei *f*
неисправи́мый *adj* unverbesserlich, unbelehrbar
неиспра́вность *f 1.* Nachlässigkeit *f;* 2. TECH Defekt *m,* Störung *f,* Versagen *n*
неиспра́вный *adj 1.* nachlässig; 2. TECH defekt, gestört, schadhaft
ней *pron* s. *ей*
нейло́н *m* Nylon *n*
нейтрализа́ция *f* CHEM Neutralisierung *f*
нейтрализова́ть *v impf/pf* neutralisieren
нейтралите́т *m* POL Neutralität *f*
нейтра́льность *f* Neutralität *f*
нейтра́льный *adj* neutral, Neutral…
нейтро́н *m* PHYS Neutron *n*
неквалифици́рованный *adj* ungelernt, unqualifiziert
не́кий *pron* ein gewisser; *~ Ивано́в* ein gewisser Iwanow
не́когда *adv 1.* ehemals; 2. *(нет времени)* keine Zeit; *Мне ~.* Ich habe keine Zeit. Ich komme nicht dazu.
не́кого *pron* niemand; *Мне ~ об э́том проси́ть.* Ich habe niemanden, den ich darum bitten könnte.
не́кому *pron* niemandem; *~ поручи́ть.* Es ist niemand da, den man damit beauftragen könnte.
некомпете́нтность *f* Inkompetenz *f*
некомпете́нтный *adj* nicht kompetent, nicht zuständig
некорре́ктный *adj 1.* inkorrekt, unrichtig, falsch; 2. *(грубый)* anstößig, unhöflich, taktlos
не́которые *pron* einige, etliche
не́который *pron* ein gewisser; *…рое вре́мя* eine Zeit lang, eine Weile; *…рым о́бразом* gewissermaßen
некраси́вый *adj* hässlich, unschön, nicht schön
некрити́ческий *adj* kritiklos
некроло́г *m* Nachruf *m*
некста́ти *adv* ungelegen, unpassend, fehl am Platz
не́кто *pron* jemand

не́куда *pron* nirgendwohin; *Мне торопи́ться ~.* Ich habe keine Eile., Ich habe Zeit.
некуря́щий *m* Nichtraucher *m; ваго́н для ...щих* Nichtraucherabteil *n*
нела́дный *adj (fam) 1.* schlecht, ungehörig; *2. (неуклюжий)* ungeschickt, plump
нелега́льный *adj* illegal
нелиня́ющий *adj* farbecht, waschecht
нело́вкий *adj 1.* ungeschickt, linkisch, unpraktisch; *2. (неприятный)* unangenehm, betreten, peinlich, unbehaglich; *...вкое положе́ние* prekäre Lage
нело́вкость *f 1.* Ungeschicklichkeit *f; 2. (смущение)* Verlegenheit *f,* Betretenheit *f,* Peinlichkeit *f*
нельзя́ *1.* man darf nicht; *Нам ~ теря́ть вре́мени!* Wir dürfen keine Zeit verlieren! *2. (запрещается)* man soll nicht, es ist untersagt; *3. (невозможность)* man kann nicht, es ist unmöglich; *Э́то ~ то́чно перевести́.* Das lässt sich nicht genau übersetzen.
неме́дленно *adv* sofort, unverzüglich
неме́дленный *adj* sofortig, unverzüglich, prompt, eilig
не́мец *m* Deutscher *m; ру́сский ~* Russlanddeutscher *m*
неме́цкий *adj* deutsch; *~ язы́к* deutsche Sprache, Deutsch *n*
немину́емый *adj* unvermeidlich, unabwendbar, unumgänglich
не́мка *f* Deutsche *f*
немно́гие *pron* wenige, nur wenige; *~ э́то мо́гут.* Nur wenige können das.
немно́го *adv* ein bisschen, wenig, etwas
немногосло́вный *adj 1.* kurz, lakonisch; *2. (о человеке)* wortkarg, nicht redselig, kurz angebunden *(fig)*
немо́й *adj* stumm; *...ма́я тишина́* Totenstille *f (fig)*
не́мощный *adj* kraftlos, schwach
нему́ *pron* s. *ему́*
немы́слимый *adj* undenkbar, unvorstellbar, unmöglich
ненави́деть *v impf* hassen
не́навистный *adj 1.* verhasst; *са́мый ~* meistgehasst; *2. (исполненный ненависти)* hasserfüllt
не́нависть *f* Hass *m*
ненадёжный *adj 1.* unzuverlässig, nicht verlässlich, unberechenbar; *2.* TECH unsicher, nicht fest
ненатура́льный *adj 1.* künstlich, unecht, imitiert; *2. (притворный)* gekünstelt, unnatürlich
ненорма́льный *adj 1.* anomal, abnorm, ungewöhnlich; *2. (fam)* nicht ganz richtig im Kopf, verrückt
нену́жный *adj* unnötig, nutzlos, entbehrlich
необду́манность *f* Gedankenlosigkeit *f,* Unbedachtsamkeit *f*
необду́манный *adj* gedankenlos, unüberlegt, unbesonnen, unbedacht
необита́емый *adj* unbewohnt, öde
необозри́мый *adj* nicht überblickbar, nicht abzusehen
необосно́ванный *adj (fig)* unbegründet, haltlos, fadenscheinig, hinfällig, gegenstandslos
необразо́ванный *adj* ungebildet
необу́зданность *f* Unbändigkeit *f,* Zügellosigkeit *f,* Maßlosigkeit *f*
необу́зданный *adj* unbändig, zügellos, hemmungslos, ungezügelt, maßlos
необу́ченный *adj* ungelernt, ungeübt
необходи́мость *f* Notwendigkeit *f,* Unentbehrlichkeit *f; в слу́чае ...сти* im Bedarfsfall, bei Bedarf
необходи́мый *adj* notwendig, nötig, erforderlich, unentbehrlich; *безусло́вно ~* unerlässlich
необще́ственный *adj* unsozial
необщи́тельный *adj* ungesellig
необъясни́мый *adj* unerklärlich, unerklärbar
необъя́тный *adj* unermesslich
необыкнове́нный *adj 1.* ungewöhnlich, seltsam; *2. (чрезвычайный)* außergewöhnlich, unglaublich
неограни́ченный *adj* unbegrenzt, unbeschränkt, uneingeschränkt
неоднозна́чный *adj* mehrdeutig
неоднокра́тно *adv* mehrfach, wiederholt, immer wieder
неоднокра́тный *adj* mehrfach, wiederholt, mehrmalig
неоднoро́дный *adj* heterogen, verschiedenartig
неожи́данно *adv* unerwartet, unvermutet, unversehens; *соверше́нно ~* urplötzlich
неожи́данность *f* Überraschung *f; от ...сти* vor Überraschung
неожи́данный *adj* überraschend, unerwartet, unvermittelt, unverhofft, plötzlich
нео́новый *adj* Neon...; *~ свет* Neonlicht *n*
неопа́сный *adj* ungefährlich

неопла́ченный *adj* FIN unbezahlt, unbeglichen, offen
неопра́вданный *adj* ungerechtfertigt, unbegründet
неопределённость *f* Ungewissheit *f*, Unbestimmtheit *f*
неопределённый *adj* vage, ungewiss, unbestimmt, unsicher; *...нная фо́рма* GRAMM Infinitiv *m*
нео́пытный *adj* unerfahren, ohne Erfahrung, grün *(fam)*
неоргани́ческий *adj 1.* MED nicht organisch; *2.* CHEM anorganisch
неосведомлённый *adj* nicht informiert, unwissend
неосла́бный *adj* unablässig, unentwegt, unvermindert, ohne Pause, ohne Unterlass, nachhaltig; *с ...ным внима́нием* mit unverminderter Aufmerksamkeit; *...но следи́ть за кем-л* jdn unablässig beobachten
неоспори́мый *adj* unstrittig, unanfechtbar, unumstößlich
неосторо́жность *f* Unvorsichtigkeit *f*, Unachtsamkeit *f*, Fahrlässigkeit *f*
неосторо́жный *adj 1.* unvorsichtig, unachtsam, fahrlässig; *2.* JUR fahrlässig
неотёсанный *adj 1.* unbehauen, ungeschliffen; *2. (fig)* grob, rau, ungeschlacht
неотло́жность *f* Dringlichkeit *f*, Unaufschiebbarkeit *f*
неотло́жный *adj* unaufschiebbar, dringend, dringlich, akut
неотменя́емый *adj* unwiderruflich, unabwendbar
неотрази́мый *adj 1.* unumstößlich, unwiderlegbar; *2. (fig)* unwiderstehlich, bezaubernd
неофициа́льный *adj* inoffiziell, nicht amtlich
неохо́та *f* Unlust *f*, *с ...той* ungern
неохо́тно *adv* ungern, lustlos, halbherzig
неощути́мый *adj* unmerklich, nicht wahrnehmbar
неплатёжеспосо́бность *f* JUR Insolvenz *f*, Zahlungsunfähigkeit *f*
неплатёжеспосо́бный *adj* zahlungsunfähig, insolvent
неплодоро́дный *adj* unfruchtbar, unergiebig
непло́тный *adj* undicht
непови́нный *adj* unschuldig
неповоро́тливый *adj* plump, linkisch, ungeschickt
неповреждённый *adj* unversehrt, unbeschädigt, intakt
неповтори́мый *adj* einmalig, einzigartig
непого́да *f* schlechtes Wetter *n*, Sauwetter *n (fam)*
неподви́жный *adj 1.* unbeweglich, regungslos, starr, bewegungslos; *2.* TECH ortsfest, stationär, Fix...
неподде́льный *adj 1.* echt, unverfälscht; *2. (и́скренный)* aufrichtig, natürlich
неподку́пный *adj* unbestechlich, nicht käuflich, integer
неподходя́щий *adj* unpassend, unangebracht, ungelegen
непозволи́тельный *adj* unerlaubt, unzulässig, nicht gestattet
непоко́рный *adj* ungehorsam, aufsässig, widerspenstig, aufmüpfig
непо́лный *adj* unvollständig, nicht vollzählig, lückenhaft, nicht komplett; *рабо́тать ~ рабо́чий день* auf Kurzarbeit sein
непоме́рно *adv* übermäßig, unmäßig, maßlos
непоня́тливый *adj* begriffsstutzig, schwer von Begriff
непоня́тный *adj* unverständlich, unbegreiflich, merkwürdig, rätselhaft
непопуля́рный *adj* unbeliebt, unpopulär
непосе́дливый *adj* quirlig, rastlos; *Он ~.* Er hat kein Sitzfleisch. *(fig)*
непосле́довательность *f* Inkonsequenz *f*
непосле́довательный *adj* inkonsequent, nicht folgerichtig
непослуша́ние *n* Ungehorsam *m*
непослу́шный *adj* ungehorsam, unfolgsam
непосре́дственный *adj 1.* direkt, unmittelbar; *2. (есте́ственный)* unbefangen, natürlich
непостижи́мый *adj* unbegreiflich, unfassbar
непостоя́нный *adj 1.* unbeständig, unstet, veränderlich; *2. (fig)* flatterhaft, launisch; *3.* TECH inkonstant
непостоя́нство *n 1.* Veränderlichkeit *f*, Unbeständigkeit *f*; *2. (fig)* Flatterhaftigkeit *f*
непочти́тельный *adj* respektlos, pietätslos
непра́вда *f* Unwahrheit *f*; *Э́то ~.* Das stimmt nicht.
неправдоподо́бие *n* Unwahrscheinlichkeit *f*
неправдоподо́бно *adv* unwahrscheinlich

неправдоподóбный *adj* unwahrscheinlich, unglaubwürdig
непрáвильный *adj* falsch, unrichtig, unwahr
неправомéрный *adj* unrechtmäßig
неправомóчный *adj* unberechtigt, unbefugt, nicht bevollmächtigt
непракти́чный *adj* unhandlich, unpraktisch
непредви́денный *adj* unvorhergesehen, ungeahnt
непредви́димый *adj* unvorhersehbar, unabsehbar
непремéнно *adv* bestimmt, ganz sicher, gewiss
непремéнный *adj 1.* unbedingt, unerlässlich; *2. (постоянный)* beständig, ständig, kontinuierlich
непреодоли́мый *adj* unüberwindlich, unbezwingbar; *...мая си́ла* höhere Gewalt *f,* Force majore *f*
непреры́вно *adj* unentwegt, pausenlos, ohne Unterlass, in einem fort
непреры́вный *adj* ununterbrochen, fortlaufend, durchgehend, stetig, kontinuierlich, pausenlos
неприветливый *adj* unfreundlich, abweisend, kühl *(fig)*
непривлекáтельный *adj* reizlos, unansehnlich, unattraktiv
непривы́чный *adj 1.* ungewohnt, nicht gewohnt; *2. (необычный)* ungewöhnlich
непригóдный *adj 1.* untauglich, unbrauchbar, ungeeignet; *2. (о пище)* ungenießbar
неприéмлемый *adj* unannehmbar, untragbar, unzumutbar
непри́знанный *adj* nicht anerkannt, verkannt; ~ *гéний* verkanntes Genie
неприкосновéнный *adj* unantastbar, unangreifbar; ~ *запáс* eiserne Reserve
непри́личный *adj* unanständig, anstößig, obszön, vulgär
непримири́мость *f* Unnachgiebigkeit *f*
непримири́мый *adj* unversöhnlich, unnachgiebig, stur; *...мые противорéчия* unüberbrückbare Gegensätze
непринуждённость *f* Ungezwungenheit *f,* Zwanglosigkeit *f,* Leichtigkeit *f*
непринуждённый *adj* unbefangen, ungezwungen, zwanglos
непристóйность *f* Obszönität *f,* Unanständigkeit *f*
непристóйный *adj* unanständig, obszön, unflätig; *...ные анекдóты* unanständige Witze
непристу́пность *f* Unbezwingbarkeit *f,* Uneinnehmbarkeit *f*
непристу́пный *adj 1.* unzugänglich, uneinnehmbar, unbezwingbar; *2. (fig)* unnahbar, distanziert
неприя́тность *f* Unannehmlichkeit *f,* Ärgernis *n,* Ärger *m*
неприя́тный *adj* unangenehm, unbehaglich, peinlich, ärgerlich
непродолжи́тельность *f* kurze Dauer *f*
непродолжи́тельный *adj* kurz, von kurzer Dauer
непроду́манный *adj* unbedacht, nicht durchdacht
непрозрáчный *adj* undurchsichtig
непроизвóльный *adj* unbewusst, unfreiwillig, unwillkürlich
непроницáемость *f* Undurchlässigkeit *f*
непроницáемый *adj 1.* undurchlässig, dicht; ~ *для воды́* wasserdicht, wasserfest; *2. (скрытый)* verschlossen
непрости́тельный *adj* unverzeihlich, unentschuldbar
непрофессионáл *m (fam)* Laie *m*
непроходи́мый *adj* undurchdringlich, unwegsam, nicht passierbar
неравномéрный *adj* ungleichmäßig
ненради́вость *f* Nachlässigkeit *f,* Unachtsamkeit *f*
неради́вый *adj* nachlässig, unachtsam, sorglos
неразбери́ха *f (fam)* Durcheinander *n,* Wirrwarr *m,* Unordnung *f; пóлная* ~ ein unentwirrbares Durcheinander
неразбóрчивый *adj 1.* unleserlich, nicht lesbar, undeutlich; *2. (беспрнципный)* skrupellos, gewissenlos
неразвитóй *adj 1.* unterentwickelt, unreif; 2 *(fig)* unausgegoren
неразговóрчивость *f* Schweigsamkeit *f*
неразговóрчивый *adj* schweigsam, wortkarg, mundfaul *(fam)*
неразрешённый *adj 1.* unerklärt, ungelöst; *2. (запрещённый)* unerlaubt, nicht gestattet, verboten
неразу́мный *adj* unvernünftig
нерв *m ANAT* Nerv *m; зри́тельный* ~ Sehnerv *m; дéйствовать комý-л на ~ы* jdm auf die Nerven gehen *(fam)*
нéрвничать *v impf* nervös sein, aufgeregt sein, die Nerven verlieren
нéрвность *f* Nervosität *f*

не́рвный *adj* nervös, Nerven...; ...*ная клéтка ANAT* Nervenzelle *f*
нерво́зность *f* Nervosität *f,* Gereiztheit *f*
нерво́зный *adj* nervös, gereizt, kribbelig
нерегуля́рность *f* Unregelmäßigkeit *f*
нерегуля́рный *adj* unregelmäßig, irregulär
нере́дко *adv* mitunter, öfter, des öfteren, nicht selten
нереши́мость *f* Unentschlossenheit *f; быть в ...сти* in Unentschlossenheit verharren
нереши́тельность *f* Unschlüssigkeit *f,* Wankelmut *m,* Zaudern *n*
нереши́тельный *adj* unentschlossen, unschlüssig, wankelmütig, zögerlich; ~ *тон* unsicherer Ton
нержаве́ющий *adj* rostfrei
неро́вность *f* Unebenheit *f,* Ungleichmäßigkeit *f*
неро́вный *adj 1.* uneben, ungleichmäßig; *2. (шероховатый)* schief, krumm, nicht gerade
неря́ха *m/f* Schmutzfink *m (fam)*
неря́шество *n* Schlampigkeit *f,* Schlamperei *f,* Schluderei *f,* Schlendrian *m (fam)*
неря́шливость *f* Unordentlichkeit *f,* Schlamperei *f,* Schluderei *f*
неря́шливый *adj* schlampig, unordentlich, nachlässig, schluderig
несамостоя́тельный *adj* unselbstständig, nicht eigenständig
несгово́рчивый *adj* widerspenstig, halsstarrig, starrköpfig, stur, rechthaberisch
несерьёзно *adv 1.* unwichtig, unbedeutend, nicht von Bedeutung; *2.* leichtfertig, ohne den nötigen Ernst; *относи́ться к чему́-л* ~ etw auf die leichte Schulter nehmen *(fig)*
несимпати́чный *adj* unsympathisch
нескла́дный *adj (fig)* holperig, stockend
не́сколько *adv 1.* etwas, ein wenig; *num 2.* einige, etliche, mehrere, ein paar; ~ *раз* mehrmals
нескро́мность *f 1.* Unbescheidenheit *f,* Indiskretion *f; 2. (бесстыдство)* Schamlosigkeit *f,* Unanständigkeit *f*
нескро́мный *adj 1.* unbescheiden, indiskret; *2. (бесстыдный)* unanständig, schamlos
несла́дкий *adj 1. GAST* ungesüßt, ohne Zucker; *2. (нерадостный)* freudlos
несло́жность *f* Unkompliziertheit *f,* Einfachheit *f*
несло́жный *adj* unkompliziert, einfach
несме́тный *adj* unzählig, unermesslich, zahllos
несмотря́ *prep* trotz, ungeachtet
несмотря́ на то *konj* obgleich, obschon, obwohl, dennoch
несно́сный *adj* unerträglich, unausstehlich; ~ *челове́к* unausstehlicher Mensch
несоблюде́ние *n* Nichtbeachtung *f,* Nichteinhaltung *f;* ~ *сро́ка* Nichteinhaltung der Frist
несовершенноле́тие *n JUR* Unmündigkeit *f,* Minderjährigkeit *f*
несовершенноле́тний *adj 1.* unmündig, minderjährig; *m 2.* Jugendlicher *m,* Minderjähriger *m*
несоверше́нный *adj* unvollkommen; ~ *вид GRAMM* unvollendeter Aspekt *m*
несомне́нно *adv* zweifelsohne, ohne Zweifel, unverkennbar
несомне́нный *adj* zweiffellos, offensichtlich
несоотве́тственный *adj* nicht entsprechend
несоотве́тствие *n* Missverhältnis *n,* Diskrepanz *f*
несоразме́рность *f* Missverhältnis *n*
несоразме́рный *adj* unverhältnismäßig
несостоя́тельность *f ECO* Zahlungsunfähigkeit *f,* Insolvenz *f*
несостоя́тельный *adj 1. ECO* zahlungsunfähig, insolvent; *2. (необоснованный)* haltlos, fadenscheinig, unbegründet, hinfällig
неспоко́йный *adj* unruhig, ruhelos, rastlos
неспосо́бность *f* Unfähigkeit *f,* Unvermögen *n*
неспосо́бный *adj* unbegabt, ohne Talent, unfähig; ~ *дви́гаться* bewegungsunfähig
несправедли́вость *f* Ungerechtigkeit *f,* Unrecht *n*
несправедли́вый *adj* ungerecht, unrecht
нестерпи́мый *adj* unausstehlich, unerträglich
нести́ *v impf 1.* s. *носи́ть; 2. TECH* tragen, stützen; *3. (пост)* bekleiden, ausüben, erfüllen
нестра́шно *adv* macht nichts, nicht so schlimm, halb so wild *(fam)*
несуще́ственный *adj* unbedeutend, unwesentlich, nebensächlich, belanglos
несча́стный *adj 1.* unglücklich, Unglücks...; ~ *слу́чай* Unglücksfall *m,* Unfall *m; 2. (злополучный)* unselig, verdammt; *m 3.* Unglücklicher *m,* Pechvogel *m*

несчáстье *n* Unglück *n,* Missgeschick *n,* Pech *n,* Elend *n; Вот ещё ~!* Das hat gerade noch gefehlt!
несъедóбный *adj* ungenießbar, nicht essbar
нет[1] *adv 1.* nein; ~ *ещё* noch nicht; ~ *и ещё раз* ~ nein und abermals nein; *свести́ на* ~ zunichte machen
нет[2] *(не имеется)* es gibt nicht, es fehlt; *у нас ~ хлéба* wir haben kein Brot; *у меня́ ~ врéмени* ich habe keine Zeit
нетакти́чность *f* Taktlosigkeit *f*
нетакти́чный *adj* taktlos
наталáнтливый *adj* unbegabt, talentlos
нетерпели́вый *adj* ungeduldig
нетерпéние *n* Ungeduld *f*
нетерпи́мый *adj 1.* intolerant; *2. (о поступке)* unzulässig, untragbar
нетороплúвый *adj* langsam, ruhig, ohne Hast
нетóчность *f* Ungenauigkeit *f*
нетóчный *adj* ungenau, fehlerhaft
нетрéбовательный *adj 1.* anspruchslos, genügsam; *2. (нестрогий)* nicht streng, mild
нетрýдный *adj* leicht, unschwer, mühelos
нетрудоспосóбный *adj* arbeitsunfähig, erwerbsunfähig
нéтто *adv ECO* netto; *вес* ~ Nettogewicht *n,* Reingewicht *n*
нéту *(fam)* s. *нет*[2]
неуважéние *n* Missachtung *f,* Respektlosigkeit *f,* Geringschätzung *f*
неуважи́тельный *adj* nicht stichhaltig, nicht triftig; *отсýтствовать по ...ной причи́не* unentschuldigt fehlen
неувéренность *f* Unsicherheit *f,* Ungewissheit *f; ~ в себé* Mangel an Selbstbewusstsein
неувéренный *adj* unsicher, ungewiss; *быть ~ в себé* an sich selbst zweifeln, unsicher sein
неудáча *f* Fehlschlag *m,* Misserfolg *m; Вот ~!* Das nennt man Pech haben!
неудáчливый *adj* Unglücks..., Pech...
неудáчник *m (fam)* Unglücksrabe *m,* Pechvogel *m*
неудáчный *adj* misslungen, missglückt, ungünstig, erfolglos
неудержи́мый *adj* unaufhaltsam, nicht zu halten
неудóбный *adj 1.* unbequem, unhandlich; *2. (неприятный)* unangenehm, unbehaglich; *3. (непоместный)* unpassend
неудовлетвори́тельный *adj* unbefriedigend, unzulänglich
неуклю́жий *adj* plump, linkisch, ungeschickt
неуклю́жость *f* Ungeschicklichkeit *f,* ungeschicktes Benehmen *n*
неумéлый *adj* ungeschickt, nicht sachgemäß, stümperhaft
неумéние *n* Unfähigkeit *f*
неумéренный *adj* unmäßig, übermäßig, maßlos
неумéстный *adj* unangebracht, unpassend, deplaziert
неумоли́мый *adj* unerbittlich, unnachgiebig, eisern, hart
неумы́шленный *adj* unabsichtlich, unbeabsichtigt, ohne Absicht
неуравновéшенность *f 1.* Unausgeglichenheit *f; 2. TECH* Unwucht *f*
неуравновéшенный *adj* unausgeglichen, nicht ausbalanciert
неуспéх *m* Rückschlag *m,* Misserfolg *m*
неустóйчивость *f* Labilität *f,* Wankelmütigkeit *f,* Unbeständigkeit *f*
неустóйчивый *adj 1.* unsicher, wackelig; *2. (непостоянный)* labil, unbeständig, instabil
неустýпчивый *adj* rechthaberisch, unnachgiebig, starrsinnig, stur
неутéшный *adj* untröstlich, tief betrübt
неутоми́мый *adj* unermüdlich, rastlos
неую́тный *adj* ungemütlich, unbehaglich, unbequem
нефть *f TECH* Erdöl *n*
нехвáтка *f (fam)* Mangel *m,* Knappheit *f*
нечáянно *adv* unabsichtlich, versehentlich, aus Versehen
нечáянный *adj* versehentlich, unbeabsichtigt
нéчего[1] *pron* nichts; *от ~ дéлать* aus Langeweile, zum Zeitvertreib; *дéлать ~!* Da ist nichts zu machen!
нéчего[2] *pron Тебé ~ беспокóиться.* Du brauchst dir keine Sorgen zu machen.
нечеловéческий *adj* unmenschlich
нечéстность *f* Unehrlichkeit *f,* Verlogenheit *f*
нечéстный *adj* unehrlich, unredlich, unfair
нечёткий *adj* undeutlich, ungenau
нечётный *adj* ungerade; *...ные чи́сла MATH* ungerade Zahlen
нечи́стый *adj 1.* unrein, schmutzig; *2. ...тая си́ла* das Böse *n*

нéчто *pron* etwas; ~ *врóде* so etwas wie, eine Art von
нечувствѝтельность *f 1.* Unempfindlichkeit *f*; *2. (fig)* Gefühllosigkeit *f*, Hartherzigkeit *f*
нечувствѝтельный *adj 1.* unempfindlich; *2. (fig)* gefühllos, hartherzig
неэффектѝвно *adv* nicht effektiv, unnütz *(fam)*
неяркий *adj 1.* matt, dezent; *2. (бледный)* bleich, blass
неясность *f* Unklarheit *f*, Undeutlichkeit *f*
неясный *adj* unklar, undeutlich
ни *adv 1.* nicht, kein; ~ *одѝн* nicht ein, kein einziger; ~ *в кóем слýчае* keinesfalls, keineswegs; ~ *гу-гý* Kein Sterbenswörtchen!, Halt ja den Mund!; *konj 2.* ~...~ weder ... noch; ~ *том* ~ *другóй* keiner von beiden; ~ *рыба* ~ *мясо (fig)* weder Fisch noch Fleisch *(fig)*
ни за что *adv* nie und nimmer, um nichts in der Welt
нѝва *f 1.* Flur *f*; *2.* AGR Getreidefeld *n*
нигдé *adv* nirgends; *Егó* ~ *нельзя найтѝ.* Er ist nirgends zu finden.
нидерлáндец *m* Niederländer *m*
нидерлáндка *f* Niederländerin *f*
нидерлáндский *adj* niederländisch
Нидерлáнды *pl* GEO die Niederlande *pl*
нѝже *adv 1.* niedriger, tiefer, kleiner, weniger; *prep 2.* unter; ~ *нуля* unter Null
нѝжний *adj* unter, Unter...; ~ *этáж* Erdgeschoss *n*
низѝна *f* Talsenke *f*, Mulde *f*
нѝзкий *adj 1.* niedrig, tief; *2. (о росте)* klein; *3. (подлый)* niederträchtig, gemein; *4. (плохой)* schlecht; *...кое кáчество* schlechte Qualität
низкокáчественный *adj* minderwertig, von schlechter Qualität
нѝзший *adj 1.* niedrigst, tiefst; *2. (начальный)* elementar, Grund..., Elementar...
никак[1] *adv* keinesfalls, auf keinen Fall, ganz und gar nicht; ~ *не понимáю* ich verstehe es überhaupt nicht; ~ *нельзя* völlig ausgeschlossen
никак[2] *interj (fam)* scheinbar, anscheinend, wie es scheint; *Он, ~, опять уезжáет?* Anscheinend fährt er schon wieder weg?
никакóй *pron* kein, keinerlei, gar kein; *Без ...кѝх!* Ohne Widerrede!
никогдá *adv* niemals, nie; ~ *в жѝзни* nie im Leben, nie und nimmer; *как* ~ wie noch nie
никотѝн *m* Nikotin *n*; *содержáщий* ~ nikotinhaltig
никтó *pron* keiner, niemand; ~ *другóй* kein anderer
никудá *adv 1.* nirgendwohin, nirgends; *2. (ни на что) Э́то ~ не годѝтся!* Das taugt ganz und gar nicht!
никудышный *adj (fam)* miserabel, zu nichts zu gebrauchen
никчёмный *adj* ~ *человéк (fig)* Niete *f*, Null *f*
ним *pron* s. *им*
нѝми *pron* s. *ѝми*
нѝмфа *f* Nymphe *f*
нискóлько *adv* ganz und gar nicht, überhaupt nicht, nicht im Geringsten, kein bisschen; ~ *не болѝт.* Es tut überhaupt nicht weh.
нѝтки *pl* Zwirn *m*
нитрáт *m* CHEM Nitrat *n*
нить *f* Faden *m*; *потерять* ~ den Faden verlieren
ничегó[1] *adv 1.* leidlich einigermaßen; *interj 2. (не имеет значения)* das macht nichts, keine Ursache
ничегó[2] *pron* nichts; ~ *подóбного* nichts dergleichen, keine Spur
ничéй *pron 1.* herrenlos, niemandem gehörig; *...чья землЯ* Niemandsland *n*; *2. (любой)* keinerlei; *3.* SPORT *...чья* unentschieden
ничтó *pron 1.* nichts; ~ *не помóжет* nichts hilft; *...чегó не получѝть* nichts bekommen, leer ausgehen; *рóвно ...чегó* rein gar nichts; *n 2.* ein Nichts *n*
ничтóжество *n* Nichts *n*, Niete *f*, Null *f*; *Он совершéнное* ~. Er ist eine absolute Null.
ничтóжность *f* Nichtigkeit *f*, Geringfügigkeit *f*
ничтóжный *adj 1.* winzig, geringfügig, nicht der Rede wert; *2. (fam)* ~ *человéк* Null *f*
ничья *f* SPORT Unentschieden *n*, Remis *n*
нѝша *f* Nische *f*, Alkoven *m*
нѝщенка *f* Bettlerin *f*
нѝщенский *adj 1.* bettelarm, Bettel...; *2. (скудный)* armselig, elend, miserabel
нищетá *f* Elend *n*, Armut *f*
нѝщий *adj 1.* arm, bettelarm, elend; *m 2.* Bettler *m*, Habenichts *m*
но *konj* aber, sondern; *не тóлько, ~ и* nicht nur, sondern auch
новáтор *m* Wegbereiter *m*
новáторский *adj* innovativ, Innovativ..., Neuerungs...

нова́торство *n* Neuerung *f,* Innovation *f*
Но́вая Зела́ндия *f* GEO Neuseeland *n*
нове́йший *adj* modern
нове́лла *f 1.* LIT Novelle *f,* Kurzgeschichte *f; 2.* JUR Novelle *f,* Zusatzgesetz *n*
новизна́ *f* Neuheit *f,* das Neue *n*
нови́нка *f 1.* Neuheit *f; 2. (о книгах)* Neuerscheinung *f*
новичо́к *m (fam)* Neuling *m,* Anfänger(in) *m/f*
новобра́чный *adj* jungverheiratet
нововведе́ние *n* Neuerung *f*
новолу́ние *n* Neumond *m*
новостро́йка *f* Neubau *m*
но́вость *f 1.* Neuheit *f; 2. (известие)* Neuigkeit *f*
но́вшество *n* Neuerung *f,* Neuheit *f,* Innovation *f*
но́вый *adj* neu, neuartig, Neu...; *совершённо ~* funkelnagelneu, fabrikneu; *Э́то что́-то ...вое.* Das ist etwas Neues. *~ Свет* HIST die Neue Welt; *~ заве́т* REL das Neue Testament
новь *f 1. (целина)* Neuland *n; 2. (новизна)* das Neue *n*
нога́ *f 1.* ANAT Bein *n; 2. (ступня)* ANAT Fuß *m; 3. (мебель)* Bein *n; 4. (fig) встать на́ ...ги* wieder auf die Beine kommen; *5. (fig) стоя́ть на ...га́х* auf eigenen Füßen stehen; *6. (fig) шага́ть в ...гу с кем-л* mit jdm Schritt halten; *7. (fig) сбить с ног* umwerfen, zu Boden werfen
но́готь *m* ANAT Nagel *m*
нож *m* Messer *n,* Schneide *f; перочи́нный ~* Taschenmesser *n; консе́рвный ~* Büchsenöffner *m; пристава́ть к кому-л с ~о́м к го́рлу (fam)* jdm das Messer an die Kehle setzen
но́жка *f 1.* Bein *n,* Fuß *m; ~ стола́* Stuhlbein *n; 2.* GAST Keule *f; 3. (рюмки)* Stiel *m*
но́жницы *pl* Schere *f; маникю́рные ~* Nagelschere *f*
но́жны *pl* Scheide *f*
нока́ут *m* SPORT K.o.
ноль *num 1.* null; *2. (при указании времени) де́сять – ~ ~* punkt 10 Uhr; *3. (fig)* Null *f; Он ~ без па́лочки.* Er ist eine absolute Null.
но́мер *m 1.* Nummer *f; ~ телефо́на* Telefonnummer *f; 2. (газеты, журнала)* Ausgabe *f,* Nummer *f; 3. (часть концерта)* Nummer *f,* Programmnummer *f; 4. (размер одежды)* Größe *f,* Nummer *f; 5. (в гостинице)* Hotelzimmer *n*
номерно́й *adj* nummeriert, Nummer...; *~ знак* Nummernschild *n,* Autokennzeichen *n*
номина́льный *adj* nominell, Nominal..., Nenn...; *...ная сто́имость* ECO Nennwert *m*
нора́ *f* Höhle *f,* Bau *m; ли́сья ~* Fuchsbau *m*
Норве́гия *f* GEO Norwegen *n*
норве́жский *adj* norwegisch
но́рма *f 1.* Norm *f,* Soll *n; 2. (порядок)* Vorschrift *f,* Bestimmung *f,* Norm *f; противопожа́рные ...мы* Brandschutzbestimmungen *pl*
нормализа́ция *f* Normalisierung *f*
нормализова́ть *v impf/pf* normalisieren
норма́льность *f* Normalität *f*
норма́льный *adj 1.* normal, üblich, Normal..., Regel...; *...ные усло́вия* die üblichen Bedingungen; *2. (fam) всё ...но* alles in Ordnung
норми́рованный *adj* TECH genormt, Einheits...
нос *m* ANAT Nase *f,* Riecher *m (fam); говори́ть в ~* näseln; *остава́ться с ~ом (fig)* das Nachsehen haben; *води́ть кого́-л за́ ~ (fig)* jdn an der Nase herumführen; *держа́ть ~ по ве́тру (fig)* das Fähnchen nach dem Wind drehen *(fig); клева́ть ~ом* einnicken; *ка́пли в ~* MED Nasentropfen *pl*
носи́лки *pl* Bahre *f,* Trage *f*
носи́льщик *m* Gepäckträger *m*
носи́тель *m* Träger *m; ~ да́нных* INFORM Datenträger *m*
носи́ть *v impf 1.* tragen, bringen; *2. (одежду)* tragen, anhaben; *3. (фамилию)* tragen; *4. (быстро двигаться) ~ся* rasen, rennen, eilen; *5. (распространяться) ~ся* sich ausbreiten; *6. ~ся в во́здухе* in der Luft liegen
носки́ *pl* Socken *pl,* Strümpfe *pl*
но́ский *adj (fam)* strapazierfähig, haltbar
носово́й *adj 1.* Nasen...; *~ плато́к* Taschentuch *n; 2.* LING nasal, Nasal...; *~ звук* Nasallaut *m*
носоро́г *m* ZOOL Nashorn *n*
но́та *f* MUS Note *f; как по ~м (fig)* wie am Schnürchen *(fig)*
нотариа́льный *adj* notariell, Notar..., Notariats...
нота́риус *m* Notar(in) *m/f*
ночева́ть *v impf/pf* übernachten
ночёвка *f (fam)* Übernachtung *f; оста́ться с ...кой* über Nacht bleiben
ночле́г *m* Nachtlager *n,* Nachtquartier *n*
ночно́й *adj* nächtlich, Nacht...
но́чь *n* Nacht *f; поля́рная ~* Polarnacht *f;*

бе́лые …чи weiße Nächte *pl; лу́нная ~* (helle) Mondnacht *f; глуха́я ~* stockfinstere Nacht; *по …ча́м* nachts; *на́ ~* vor dem Schlafengehen; *с натупле́нием …чи* mit/bei Einbruch der Nacht; *це́лыми …ча́ми* nächtelang; *Споко́йной …чи!* Gute Nacht!
но́чью *adv* nachts, in der Nacht; *~ все ко́шки се́рые.* Bei Nacht sind alle Katzen grau.
но́ша *f* Last *f,* Bürde *f*
ноя́брь *m* November *m*
нрав *m 1.* Gemüt *n,* Charakter *m; весёлый ~* sonniges Gemüt; *2. Э́то ему́ не по ~у.* Das geht ihm gegen den Strich.
нра́виться *v impf 1.* gefallen, zusagen; *2. (о вкусе)* schmecken
нра́вственность *f* Moral *f,* Ethik *f*
нра́вственный *adj* moralisch, sittlich
нра́вы *pl (обычаи)* Sitten *pl,* Gebräuche *pl; жесто́кие ~* raue Sitten *pl*
ну *interj* na, nun, Los!; *~ скоре́й!* Jetzt mach aber schnell! *~ тебя́!* Lass mich in Ruhe!, Bleib mir vom Leib! *~ его́!* Hol ihn der Kuckuck! *adv 2.* nun; *~ хорошо́!* Na gut!, Nun gut!; *~ и что?* Na und?
нуди́зм *m* Freikörperkultur *f,* Nudismus *m*
нужда́ *f 1.* Bedürfnis *n,* Bedarf *m; в слу́чае …ды́* bei Bedarf; *2. (бедность)* Not *f,* Elend *n,* Misere *f,* Armut *f; 3. (недостаток)* Entbehrung *f*
нужда́ться *v impf 1.* benötigen, brauchen, bedürfen; *2. (жить в бедности)* Not leiden, bedürftig sein
нужда́ющийся *adj 1.* bedürftig, arm, Not leidend; *m 2.* Armer *m,* Bedürftiger *m,* Not Leidender *m*
ну́жно *1.* müssen, sollen; *Мне ~ идти́.* Ich muss gehen. *2. (требуется)* brauchen, benötigen; *Ему́ на э́то ~ 100 рубле́й.* Dafür braucht er 100 Rubel.; *Что вам ~?* Was brauchen Sie?, Was wünschen Sie? *Тебе не ~ приходи́ть.* Du brauchst nicht zu kommen.
ну́жный *adj* nötig, notwendig, erforderlich
ну́левой *adj* Null…
нуль *m* Null *f,* Nullpunkt *m; ни́же …ля́* unter Null; *равня́ться …лю́* gleich Null sein; *Результа́т ра́вен …лю́.* Das war umsonst.
нумерова́ть *v impf* nummerieren
ны́не *adv* jetzt, heutzutage
ныря́льщик *m* Taucher(in) *m/f*
ныря́ние *n SPORT* Tauchen *n,* Tauchsport *m*
ныря́ть *v impf SPORT* tauchen
ныть *v impf 1.* schmerzen, weh tun; *2. (жаловаться)* nörgeln, quengeln, nerven, auf den Geist gehen *(fam)*
нытьё *n (fam)* Jammern *n,* Nörgeln *n,* Nörgelei *f*
нюх *m* Spürsinn *m,* Witterung *f; У него́ хоро́ший ~.* Er hat eine feine Nase.
ню́хать *v impf 1.* riechen; *2. ~ таба́к* Tabak schnupfen; *3. (испытывать)* spüren, erfahren; *4. (выведывать)* spitzeln, schnüffeln *(fam)*
ня́ня *f* Kindermädchen *n,* Babysitter(in) *m/f*

О

о(бо) *prep 1. (относительно)* von, über, an, um; *говори́ть ~ ком-л* von jdm sprechen, über jdn sprechen; *ду́мать ~ ком-л* an jdn denken; *проси́ть ~ чём-л* um etw bitten; *2. (соприкосновение)* gegen; *уда́риться ~ ка́мень* gegen einen Stein stoßen
оа́зис *m* Oase *f*
о́ба *pron* beide, die beiden
обая́ние *n* Charme *m,* Zauber *m*
обая́тельный *adj* bezaubernd, charmant
обва́л *m* Einsturz *m,* Einbruch *m*
обва́ливать[1] *v impf GAST* panieren
обва́ливать[2] *v impf 1.* umwerfen, umstoßen, umstürzen; *2. ~ся* abfallen, abbröckeln; *3. (разваливаться) ~ся* einstürzen, zusammenfallen
обвине́ние *n 1.* Beschuldigung *f,* Anschuldigung *f; 2. JUR* Anklage *f,* Anschuldigung *f*
обвини́тель *m JUR* Ankläger *m* *обще́ственный ~* öffentlicher Ankläger
обвини́тельный *adj* anklagend, Anklage..., Klage...
обвини́ть *v pf 1.* s. *обвиня́ть; 2. JUR* schuldig sprechen
обвиня́емый *m JUR* Angeklagter *m,* Beschuldigter *m*
обвиня́ть *v impf 1.* beschuldigen, vorwerfen, bezichtigen, für schuldig halten; *2. JUR* anklagen
обворожи́тельный *adj* bezaubernd, berückend, entzückend
обгоня́ть *v impf 1.* überholen, überrunden; *2. (fig)* übertreffen
обделя́ть *v impf* benachteiligen, übervorteilen
обдира́ть *v impf 1. (кору)* abrinden, abborken; *2. (шкуру)* abziehen; *3. (оцарапывать)* zerkratzen; *4. (fig)* jdn betrügen, jdn ausnehmen
обду́манный *adj* überlegt, durchdacht
обду́мывать *v impf* bedenken, überdenken, überlegen, erwägen
обе́д *m* Mittagessen *n; до ~а* vormittags
обе́денный *adj* Mittags...; *~ переры́в* Mittagspause *f*
обе́дня *f REL* Messe *f,* Gottesdienst *m*
обезбо́ливание *n MED* Betäubung *f,* Anästhesierung *f*
обезбо́ливать *v impf MED* betäuben, anästhesieren
обезво́живать *v impf* entwässern
обезжи́ренный *adj* entfettet, fettfrei, mager
обезжи́ривать *v impf* entfetten
обеззара́живать *v impf* desinfizieren
обезору́живать *v impf 1.* entwaffnen; *2. (fig)* entmutigen, entwaffnen
обезья́на *f ZOOL* Affe *m*
оберега́ть *v impf 1.* bewahren, beschützen, bewachen; *2. ~ся* sich in Acht nehmen
обёртка *f* Hülle *f,* Umschlag *m,* Verpackung *f*
обёртывать *v impf 1.* einwickeln, einhüllen, einpacken; *2. ~ся* umdrehen, umkehren
обескура́живать *v impf* entmutigen
обеспе́чение *n 1.* Versorgung *f,* Sicherung *f,* Gewährleistung *f; 2. (средства к жизни)* Existenzgrundlage *f; 3. INFORM програ́ммное ~* Software *f*
обеспе́ченный *adj 1.* versorgt; *2. (зажиточный)* wohlhabend, begütert
обеспе́чивать *v impf 1.* versorgen; *2. (гарантировать)* sichern, sicherstellen, gewährleisten, garantieren
обесси́ленный *adj* erschöpft, kraftlos
обесси́ливать *v impf* entkräften, schwächen, erschöpfen
обесце́нение *n ECO* Entwertung *f; ~ де́нег* Geldentwertung *f*
обесце́нивать *v impf* entwerten, wertlos machen
обеща́ние *n* Versprechen *n,* Versprechung *f*
обеща́ть *v impf* verheißen versprechen, geloben
обжа́лование *n JUR* Beschwerde *f,* Berufung *f,* Appellation *f; пригово́р ...нию не подлежи́т* gegen das Urteil kann keine Berufung eingelegt werden
обжа́ловать *v impf JUR* Berufung einlegen, Beschwerde einlegen, anfechten; *~ пригово́р* gegen ein Urteil Berufung einlegen
обжа́ривать *v impf* anbraten, rösten
обзо́р *m* Überblick *m,* Übersicht *f; ~ собы́тий исте́кшего ме́сяца* Rückschau auf die Ereignisse des vergangenen Monats
оби́вка *f 1.* Bezug *m,* Überzug *m; ко́жаная ~* Lederbezug *m; 2. (действие)* Beschlagen *n,* Beziehen *n*
оби́да *f* Kränkung *f,* Beleidigung *f,* Beschimpfung *f*

оби́дный *adj 1.* kränkend, beleidigend, Schimpf...; *adv 2. ...но* schade, ärgerlich
оби́дчивость *f* Empfindlichkeit *f*
оби́дчивый *adj* empfindlich, leicht beleidigt
обижа́ть *v impf 1.* beleidigen, kränken, verletzen, beschimpfen; *2. (fam)* übervorteilen, benachteiligen; *3. ~ся* beleidigt sein, etw krumm nehmen, etw übel nehmen
оби́льный *adj* ausgiebig, reichlich, üppig, reichhaltig, ergiebig
обита́емый *adj* bewohnt, bewohnbar
обита́тель(нциа) *m/f* Bewohner(in) *m/f*
обита́ть *v impf* wohnen, bewohnen
обихо́д *m* Alltag *m,* Hausgebrauch *m; предме́т ~а* Gebrauchsgegenstand *m; вы́йти из ~а* außer Gebrauch kommen; *войти́ в языко́вый ~* in den allgemeinen Sprachgebrauch eingehen
обихо́дный *adj* alltäglich, gebräuchlich, Alltags...; *...ная речь* Alltagssprache *f*
обкра́дывать *v impf* bestehlen
обла́ва *f 1.* Treibjagd *f; 2. (fig)* Kesseltreiben *n,* Hetzjagd *f; 3. (полицейская)* Razzia *f*
облага́ть *v impf 1.* bedecken, umkleiden; *2.* FIN belegen; *~ нало́гом* besteuern
облада́ние *n* Besitz *m*
облада́ть *v impf* besitzen, haben, innehaben, verfügen über; *~ хоро́шим здоро́вьем* sich guter Gesundheit erfreuen
о́блако *n* METEO Wolke *f*
обла́мывать *v impf 1.* abbrechen; *2. (fig)* jdn zur Räson bringen
областно́й *adj 1.* regional, Regional..., Gebiets...; *2. (местный)* territorial begrenzt, lokal
о́бласть *f 1.* Gebiet *n; 2. (сфера деятельности)* Bereich *m,* Domäne *f; ~ нау́ки* Fachbereich *m*
обла́тка *f 1.* MED Kapsel *f; 2.* REL Hostie *f*
о́блачность *f* Bewölkung *f,* Wolkenschicht *f*
о́блачный *adj* bewölkt, trübe, Wolken...
облегча́ть *v impf 1.* erleichtern, entlasten, vereinfachen; *2. (смягчать боль)* mildern, lindern
облегче́ние *n 1.* Erleichterung *f; 2. (смягчение боли)* Linderung *f*
облё́злый *adj (fam)* schäbig, abgewetzt, abgetragen
облига́ция *f* FIN Obligation *f,* Wertpapier *n*
обли́зывать *v impf* lecken; *Па́льчики ...и́жешь! (fam)* Super!, Klasse!, Spitze!
о́блик *m 1.* äußere Erscheinung *f,* Aussehen *f,* Gestalt *f; 2. (душевный склад)* Charakter *m*
облицо́вка *f* Verkleidung *f,* Verblendung *f*
облицо́вочный *adj* Verkleidungs..., Blend..., Zier...
обложе́ние *n 1.* FIN Steuerbelastung *f,* Besteuerung *f; 2.* MIL Belagerung *f*
обло́жка *f* Hülle *f,* Umschlag *m*
облока́чиваться *v impf* auf die Ellenbogen stützen
обло́мки *pl 1.* Trümmer *pl,* Schutt *m; 2. (корабля, самолёта)* Wrack *n*
обло́мок *m* Bruchstück *n*
облуча́ть *v impf* MED bestrahlen
облуче́ние *n* MED Bestrahlung *f*
обма́н *m 1.* Betrug *m; 2. (заблуждение)* Täuschung *f,* Irreführung *f; 3. (ложное представление)* Täuschung *f,* Wahn *m,* Irrtum *m; ~ чувств* Sinnestäuschung *f*
обма́нчивый *adj* trügerisch, täuschend; *вне́шность ...чива* der Schein trügt
обма́нщик *m* Betrüger *m*
обма́нщица *f* Betrügerin *f*
обма́нывать *v impf 1.* betrügen, belügen, lügen; *2. (доверие, ожидания)* täuschen, hinters Licht führen, hintergehen; *3. (fam)* austricksen, übers Ohr hauen, übervorteilen
обма́тывать *v impf* umwickeln, umhüllen
обме́н *m 1.* Austausch *m; ~ мне́ниями* Meinungsaustausch *m,* Aussprache *f; ~ информа́цией* Informationsaustausch *m; 2. (замена)* Umtausch *m,* Tausch *m,* Wechsel *m; 3.* ECO Geldwechsel *m,* Wechsel; *4.* BIO *~ веще́ств* Stoffwechsel *m*
обме́нивать *v impf 1.* tauschen, eintauschen, umtauschen, wechseln; *2. (перепутывать)* vertauschen, verwechseln; *3. (словами, взглядами) ~ся* wechseln, austauschen
обмеря́ть *v impf* vermessen, ausmessen, abmessen
о́бморок *m* Ohnmacht *f,* Bewusstlosigkeit *f; упа́сть в ~* bewusstlos werden, ohnmächtig werden
обнаже́ние *n 1.* Entblößung *f,* Bloßlegung *f; 2. (раскрытие)* Aufdeckung *f,* Enthüllung *f*
обнажё́нный *adj* bloß, nackt, kahl, unverhüllt, entblößt
обнаруже́ние *n 1.* Entdecken *n,* Auffinden *n; ~ Аме́рики* HIST die Entdeckung Amerikas; *2. (разоблачение)* Aufdeckung *f,* Entlarvung *f*

обнарýживать *v impf 1.* entdecken, herausfinden, auffinden; *2. (устанавливать)* feststellen, erkennen; *3. (проявлять)* zeigen, an den Tag legen; *4. (раскрывать)* entlarven, aufdecken, hinter etw kommen
обнимáть *v impf 1.* umarmen, in die Arme schließen; *2. (о чувствах)* erfassen, ergreifen
обновлéние *n* Erneuerung *f,* Auffrischung *f*
обновлять *v impf* erneuern
обнюхивать *v impf* beschnüffeln, beschnuppern
обобщáть *v impf* zusammenfassen, verallgemeinern
обобщéние *n* Verallgemeinerung *f,* Vereinheitlichung *f*
обогащáть *v impf 1.* bereichern, reich machen; *2. MIN* anreichern, aufbereiten
обогащéние *n 1.* Bereicherung *f; 2. MIN* Anreicherung *f,* Aufbereitung *f*
óбод *m* Felge *f*
ободрéние *n* Ermutigung *f,* Ermunterung *f,* Aufmunterung *f*
ободрять *v impf* ermuntern, aufmuntern, ermutigen, jdm Mut machen, motivieren
обожáние *n* Anbetung *f,* Verherrlichung *f*
обожáть *v impf* sehr gern haben, schwärmen, anbeten, vergöttern, anhimmeln
обозначáть *v impf 1.* bezeichnen, kennzeichnen, markieren, kenntlich machen; *2. (значать)* bedeuten, besagen, heißen; *3. MATH* benennen; *4. ~ся* bezeichnet werden, zur Geltung kommen, hervortreten
обозначéние *n 1.* Kennzeichnung *f,* Markierung *f; 2.* Zeichen *n,* Bezeichnung *f*
обозревáтель *m* Berichterstatter *m; спортúвный ~* Sportreporter *m*
обозревáть *v impf 1.* überblicken, überschauen; *2. (в печати)* einen Überblick geben
обозрéние *n 1.* Überblick *m,* Übersicht *f; 2. (в печати),* Kommentar *m; 3. THEAT* Revue *f*
обозрúмый *adj* überschaubar
обóи *pl* Tapete *f; оклéить …óями* tapezieren
оболгáть *v impf (fam) 1.* belügen; *2. (оклеветать)* verleumden
оболóчка *f 1.* Hülle *f,* Schale *f,* Überzug *m; 2. MED рáдужная ~* Regenbogenhaut *f; сéтчатая ~* Netzhaut *f; слúзистая ~* Schleimhaut *f; 3. (внешний вид)* Äußeres *n,* äußere Form *f*
обонянние *n* Geruchssinn *m,* Geruch *m*
обонятельный *adj* Riech…, Geruchs…
обонять *v impf* riechen
оборóна *f* Verteidigung *f,* Abwehr *f,* Defensive *f; граждáнская ~* Zivilverteidigung *f*
оборонúтельный *adj* defensiv, Abwehr…, Verteidigungs…
оборóт *m 1.* Umdrehung *f,* Umkreisung *f; ~ вокрýг Землú* Erdumkreisung *f; 2. SPORT пóлный ~* Kehrtwendung *f; 3. ECO* Umlauf *m; ~ товáров* Warenumsatz *m; 3. (обратная сторона)* Kehrseite *f,* Rückseite *f; смотрú на ~е* bitte wenden; *4. (изменение в развитии)* Wendung *f; 5. LING* Wendung *f; ~ рéчи* Redewendung *f; 6. TECH* Umdrehung *f; числó ~ов* Umdrehungszahl *f,* Drehzahl *f*
оборóтный *adj 1. ECO* Umsatz…; *…ные срéства* Betriebsmittel *pl; 2. (одежды) …ная сторонá* linke Seite *f,* links; *3. (fig) …ная сторонá* Kehrseite *f*
оборýдование *n 1.* Ausstattung *f,* Einrichtung *f,* Ausrüstung *f; 2. (действие)* Einrichten *n,* Installieren *n,* Ausstatten *n*
оборýдовать *v impf 1.* ausstatten, ausrüsten; *2. (устраивать)* einrichten, installieren
обосновáние *n* Begründung *f,* Beweisgrund *m,* Argument *n*
обоснóванный *adj* begründet, stichhaltig, triftig, fundiert
обоснóвывать *v impf 1.* begründen; *2. (fam) ~ся* sich niederlassen, sich etablieren
обострéние *n* Verschlimmerung *f,* Verschärfung *f*
обострять *v impf 1.* verschärfen, zuspitzen; *2. (ухудшать)* verschlechtern, verschlimmern
обоюдность *f* Gegenseitigkeit *f,* Wechselseitigkeit *f*
обоюдный *adj* gegenseitig, wechselseitig, beiderseitig
обрабáтывать *v impf 1.* bearbeiten, verarbeiten, behandeln; *2. AGR* bestellen, bebauen; *3. (fam)* hinkriegen, deichseln
обрабóтка *f 1.* Bearbeitung *f,* Verarbeitung *f,* Behandlung *f; 2. AGR* Bestellung *f,* Bewirtschaftung *f; 3. INFORM ~ дáнных* Datenverarbeitung *f*
обрáдованный *adj* erfreut, freudestrahlend
óбраз *m 1.* Art *f,* Weise *f; ~ жúзни* Lebensweise *f; 2. (облик)* Gestalt *f,* Figur *f;*

3. таки́м ~ом so, auf diese Weise, also; *4. нико́им ~ом* keineswegs

образе́ц *m 1.* Vorbild *n,* Beispiel *n; брать за ~* zum Vorbild nehmen; *2. (товарный)* Muster *n,* Warenmuster *n,* Probe *f*

о́бразный *adj* bildlich, bildhaft, anschaulich

образова́ние[1] *n 1.* Gestaltung *f,* Bildung *f,* Schaffung *f; 2. (то что образовалось)* Formation *f*

образова́ние[2] *n (просвещене)* Bildung *f,* Ausbildung *f; о́бщее ~* Allgemeinbildung *f; вы́сшее ~* Hochschulabschluss *m; сре́днее ~* Mittelschulbildung *f*

образо́ванный *adj* gebildet, kultiviert

образо́вывать *v impf 1.* gestalten, bilden, schaffen; *2. (создавать)* gründen, begründen, stiften

образцо́вый *adj* vorbildlich, exemplarisch, musterhaft, mustergültig, Muster…

обрамле́ние *n* Einfassung *f,* Einrahmung *f*

обрамля́ть *v impf* einrahmen, einfassen

обра́тный *adj 1.* rückläufig, Rück…; *~ путь* Rückweg *m; 2. (противоположный)* umgekehrt, entgegengesetzt

обраща́ть *v impf 1.* wenden, richten, lenken; *2. (превращать)* verwandeln; *3. ~ внима́ние на что-л* etw beachten, Notiz von etw nehmen; *4. ~ся к кому́-л на вы* jdn siezen; *~ся к кому́-л на ты* jdn duzen

обраще́ние *n 1.* Anrede *f,* Ansprache *f; 2. (воззвание)* Appell *m; 3.* REL *~ в другу́ю ве́ру* Konvertieren *n,* Bekehren *n; 3.* ECO Umlauf *m; 4. (обхождение)* Umgang *m,* Handhabung *f,* Behandlung *f; 5. (пользование)* Handhabung *f,* Umgang *m*

обре́з *m (fam) в ~е* knapp; *У меня́ вре́мени в ~е.* Ich bin knapp mit der Zeit.

обреза́ть *v impf 1.* schneiden, abschneiden; *2. (fig) ~ сло́во* das Wort abschneiden; *3.* REL beschneiden

обрезно́й *adj* abgeschnitten, beschnitten, Schneide…

обре́зок *m* Schnipsel *m,* Fetzen *m; …ки бума́ги* Papierschnipsel *pl*

обрека́ть *v impf* verdammen, verurteilen

обремене́ние *n* Belastung *f,* Bürde *f*

обремени́тельный *adj* lästig, beschwerlich

обременя́ть *adj* Verlobungs…; *…ное кольцо́* Verlobungsring *m*

обруча́льный *v impf* belasten, mit etw belästigen

обру́шивать *v impf 1.* zerstören, demolieren *(fam); 2. ~ся* einstürzen, niedergehen, hereinbrechen

обры́в *m* Abhang *m*

обрыва́ться *v impf 1.* abreißen, abgehen; *2. (срываться)* herunterfallen, herabstürzen; *3. (внезапно прекратиться)* abbrechen, plötzlich aufhören

обры́вистый *adj 1.* abschüssig, steil; *2. (прерывающийся)* stockend

обря́д *m* Ritual *n,* Brauch *m*

обсервато́рия *f* Sternwarte *f,* Observatorium *n*

обсле́дование *n* Untersuchung *f,* Überprüfung *f*

обслу́живание *n 1.* Bedienung *f,* Betreuung *f; медици́нское ~* medizinische Betreuung; *2.* ECO Dienstleistung *f,* Service *m; 3.* TECH *техни́ческое ~* Wartung *f*

обслу́живать *v impf* bedienen, betreuen

обстано́вка *f 1.* Einrichtung *f,* Möblierung *f; 2. (окружение)* Umgebung *f,* Milieu *n; 3. (положение)* Lage *f,* Situation *f*

обстоя́тельный *adj 1.* gründlich, solid; *2. (содержательный)* ausführlich, gründlich, eingehend

обстоя́тельства *pl* Verhältnisse *pl; ~ де́ла* Sachverhalt *m*

обстоя́тельство *n* Umstand *m,* Begleitumstand *m,* Lage *f,* Situation *f*

обсужда́ть *v impf* erörtern, diskutieren, besprechen

обсужде́ние *n* Besprechung *f,* Erörterung *f,* Diskussion *f; не подлежа́щий …нию* indiskutabel

обсчи́тываться *v impf* sich verrechnen, sich verzählen

обтира́ть *v impf 1.* wegnehmen; *2. (выбирать)* auswählen, aussuchen

обтя́гивать *v impf* bespannen, beziehen

обтя́жка *f* Bezug *m,* Überzug *m*

о́бувь *f* Schuhe *pl,* Schuhwerk *n*

обу́за *f (fig)* Last *f,* Bürde *f*

обуча́ть *v impf* unterrichten, ausbilden, lehren

обуче́ние *n* Unterricht *m,* Ausbildung *f,* Studium *n; профессиона́льное ~* Berufsausbildung *f*

обхо́д *m 1.* Rundgang *m; ~ врача́* Visite *f; 2. (окольный путь)* Umweg *m; ~ зако́на (fig)* Umgehung des Gesetzes

обходи́тельный *adj* umgänglich, zuvorkommend

обходи́ть *v impf 1.* um etw herum gehen, umkreisen; *2. (побывать везде) ~ весь*

город die ganze Stadt durchstreifen; *3. (избегать)* umgehen, vermeiden; *4. (перегонять)* überholen, überrunden; *5. (молчанием)* etw übergehen, unerwähnt lassen; *6. ~ся с чем-л* mit etw umgehen; *7. ~ся без чего-л* ohne etw auskommen, ohne etw ablaufen
обшива́ть *v impf* umnähen, umsäumen
обши́вка *f 1.* Verkleidung *f; 2. (об одежде)* Borte *f*
обши́рность *f* Größe *f,* Weite *f*
обши́рный *adj 1.* groß, weit, weitläufig, geräumig; *2. (fig)* groß, umfangreich, umfassend
обща́ться *v impf ~ с кем-л* mit jdm Kontakt haben, mit jdm kommunizieren
общедосту́пный *adj 1.* allgemein verständlich, allgemein zugänglich; *2.* FIN erschwinglich; *...ные це́ны* erschwingliche Preise
общеевропе́йский *adj* gesamteuropäisch
общежи́тие *n 1.* Wohnheim *n; студе́нческое ~* Studentenwohnheim *n; 2. (общественная жизнь)* Zusammenleben *n,* Gemeinschaftsleben *n,*
общеизве́стный *adj* allgemein bekannt, offenkundig, notorisch; *...ная и́стина* Binsenweisheit *f*
обще́ние *n 1.* Umgang *m,* Kontakt *m; 2. (связь)* Verbindung *f,* Kommunikation *f*
общеполе́зный *adj* gemeinnützig
общепоня́тный *adj* allgemein verständlich
общепри́нятый *adj* allgemein üblich, landläufig
обще́ственность *f* Öffentlichkeit *f,* Allgemeinheit *f; мирова́я ~* Weltöffentlichkeit *f*
общéственный *adj* öffentlich, Öffentlichkeits..., Gesellschafts...; *...нное мне́ние* öffentliche Meinung *f; ~ тра́нспорт* öffentliche Verkehrsmittel *pl*
о́бщество *n 1.* Gesellschaft *f; ~ потребле́ния* Konsumgesellschaft *f; 2. (объединение, организация)* Gesellschaft *f,* Vereinigung *f,* Verein *m; акционе́рное ~* Aktiengesellschaft *f*
общеупотреби́тельный *adj* gängig, üblich, gebräuchlich
о́бщий *adj 1.* gemeinsam; *...щие знако́мые* gemeinsame Bekannte *pl; 2. (всеобщий)* allgemein; *3. (содержащий основное)* grundlegend, Grund...; *4. (совокупный)* gesamt, Gesamt...
общи́на *f* Gemeinde *f; религио́зная ~* REL Glaubensgemeinde *f*
общи́тельный *adj* gesellig, kontaktfreudig
объедине́ние *n 1.* Vereinigung *f,* Zusammenschluss *m; 2. (союз)* Vereinigung *f,* Verein *m,* Verband *m; 3.* ECO Fusion *f*
объединённый *adj* vereinigt, verbunden, Einheits...; *Организа́ция ...нных На́ций (ООН)* POL die Vereinten Nationen *pl*
объедини́тельный *adj* Vereinigungs...
объединя́ть *v impf* vereinigen, vereinen, zusammenfassen; *~ в гру́ппы* gruppieren
объе́зд *m 1.* Umweg *m; 2. (дорога)* Umleitung *f*
объезжа́ть *v impf* bereisen, fahren; *~ весь свет* die ganze Welt bereisen; *~ весь го́род* die ganze Stadt abfahren
объе́кт *m* Objekt *n,* Gegenstand *m*
объекти́вность *f* Objektivität *f,* Sachlichkeit *f*
объекти́вный *adj* objektiv, sachlich, unparteiisch
объе́ктный *adj* Objekt...
объём *m 1.* Umfang *m,* Volumen *n; ~ произво́дства* ECO Produktionsvolumen *n; 2.* MATH Rauminhalt *m,* Volumen *n*
объёмный *adj 1.* Volumen..., Raum...; *2. (большой по объёму)* umfassend
объявле́ние *n 1.* Erklärung *f,* Ankündigung *f,* Bekanntgabe *f,* Information *f; 2. (письменное)* Anzeige *f,* Aushang *m,* Inserat *n; помеща́ть ~ в газе́ту* inserieren
объявля́ть *v impf 1.* erklären; *~ недействи́тельным* für ungültig erklären, annullieren; *2. (сообщать)* bekannt geben, verlautbaren, ankündigen; *3. (опубликовывать)* veröffentlichen, annoncieren
объясне́ние *n 1.* Erklärung *f,* Erläuterung *f; ~ в любви́* Liebeserklärung *f; 2. (разговор для выяснения)* Aussprache *f,* Auseinandersetzung *f*
объясни́мый *adj* erklärbar, erklärlich
объясни́тельный *adj* erläuternd, Erklärungs...; *...ная запи́ска* schriftliche Erklärung *f*
объясня́ть *v impf 1.* erklären, erläutern, darlegen; *2. ~ся* sich verständlich machen, sich verständigen
объя́тие *n* Umarmung *f*
обыкнове́нный *adj* gewöhnlich, üblich, durchschnittlich, einfach
о́быск *m 1.* Durchsuchung *f; 2.* JUR Hausdurchsuchung *f; 3. (личный)* Leibesvisitation *f*

обы́скивать *v impf 1.* durchsuchen; *2.* JUR durchsuchen, eine Hausdurchsuchung vornehmen
обы́чай *m 1.* Brauch *m,* Sitte *f; 2. (fam)* Gewohnheit *f,* Gepflogenheit *f*
обы́чно *adv* normalerweise, gewöhnlich, üblicherweise
обы́чный *adj* herkömmlich, gewöhnlich, üblich, Normal…; *~ слу́чай* Normalfall *m*
обя́занность *f* Pflicht *f,* Verpflichtung *f; служе́бные …сти* Dienstpflichten *pl; исполня́ть свои́ …сти* seine Pflichten erfüllen; *вменя́ть в ~* zur Pflicht machen; *по …сти* pflichtgemäß
обя́занный *adj* …pflichtig, verpflichtet
обяза́тельно *adv* bestimmt, unbedingt, garantiert, unter Garantie
обяза́тельный *adj* obligatorisch, bindend, zwingend, verbindlich, Pflicht…
обяза́тельство *n* Verpflichtung *f,* Verbindlichkeit *f*
обя́зывать *v impf 1.* verpflichten, eine Pflicht auferlegen; *2. ~ся* sich verpflichten, eine Pflicht übernehmen
ова́л *m* Oval *n*
ова́льный *adj* oval
овёс *m* BOT Hafer *m*
овладева́ть *v impf 1.* sich aneignen, in Besitz nehmen, Besitz von etw ergreifen; *2. (о чу́вствах)* ergreifen, befallen, überwältigen, packen; *3. (усва́ивать)* erlernen
о́вод *m* ZOOL Bremse *f*
о́вощи *pl* BOT Gemüse *n*
овощно́й *adj* Gemüse…; *~ магази́н* Gemüsegeschäft *m*
овуля́ция *f* BIO Ovulation *f,* Eisprung *m*
овца́ *f* ZOOL Schaf *n*
оглавле́ние *n* Inhaltsverzeichnis *n*
оглаше́ние *n* Verlautbarung *f,* Bekanntgabe *f,* Veröffentlichung *f*
огнетуши́тель *m* Feuerlöscher *m*
огнеупо́рный *adj* feuerfest
огова́риваться *v impf* sich versprechen
огово́рка *f 1.* Vorbehalt *m; 2.* JUR Klausel *f; 3. (обмо́лвка)* Versprecher *m (fam),* Schnitzer *m (fam)*
ого́нь *m 1.* Feuer *n; 2. (освеще́ние)* Licht *n; …гни́ го́рода* die Lichter der Stadt
огора́живать *v impf* umzäunen, einzäunen
огоро́д *m* Garten *m,* Gemüsegarten *m,* Küchengarten *m*
огоро́дник *m* Kleingärtner *m,* Gemüsegärtner *m*
огоро́дничество *n* AGR Gemüseanbau *m*
огоро́дный *adj* Gemüse…; *~ уча́сток* Gemüsefeld *n*
огоро́шенный *adj (fam)* verblüfft, überrascht, entgeistert
огоро́шивать *v impf (fam)* verblüffen, überraschen
огорча́ть *v impf* betrüben, Kummer bereiten
огорче́ние *n* Verdruss *m,* Ärger *m,* Trübsal *f*
огорчи́тельный *adj* betrüblich, ärgerlich
ограбле́ние *n* Raub *m,* Raubüberfall *m*
ограбля́ть *v impf* berauben, ausrauben, ausplündern
огра́да *f* Schranke *f,* Umzäunung *f*
ограниче́ние *n* Beschränkung *f,* Einschränkung *f,* Begrenzung *f; без …ния* uneingeschränkt
ограни́ченность *f* Beschränktheit *f,* Borniertheit *f,* Mittelmäßigkeit *f*
ограни́ченный *adj 1.* beschränkt, eingeschränkt, begrenzt; *~ сро́ком* befristet; *2. (ску́дный)* dürftig, knapp; *3. (о челове́ке)* beschränkt, borniert, stupid
ограни́чивать *v impf* begrenzen, beschränken, einschränken, eindämmen
огро́мный *adj* riesig, gewaltig, kolossal, enorm, Riesen…
огуре́ц *m* BOT Gurke *f; солённый ~* GAST Salzgurke *f*
огуре́чный *adj* Gurken…
одева́ть *v impf 1.* anziehen; *2.* kleiden, bekleiden
оде́жда *f* Kleidung *f,* Bekleidung *f*
оде́рживать побе́ду *v impf* den Sieg davontragen, die Oberhand gewinnen
одержи́мый *adj* besessen, süchtig
одея́ло *n* Decke *f,* Bettdecke *f,* Zudecke *f*
оди́н *num 1.* eins, ein; *adj 2.* ein, einer; *3. (без други́х)* allein; *Он живёт ~.* Er lebt allein.; *adv 4. (никто́ друго́й)* nur, allein; *Он ~ э́то зна́ет.* Das weiß nur er allein.; *pron 5.* einer, ein; *~ из друзе́й* einer der Freunde
одина́ковый *adj* gleich, derselbe, identisch
оди́ннадцатый *adj* elfter
оди́ннадцать *num* elf
одино́кий *adj 1.* einsam, allein; *2. (бессеме́йный)* allein stehend, ohne Anhang; *3. (едини́чный)* einzeln
одино́чество *n* Einsamkeit *f*
одино́чка *m/f (fam) 1.* Einzelgänger(in) *m/f; 2.* SPORT Einer *m*
одино́чный *adj* einzeln, vereinzelt, Einzel…; *…ная ка́мера* Einzelzelle *f*

одна́жды *adv 1.* einst, einstmals, eines Tages; *2. (один раз)* einmal
одна́ко *konj* aber, jedoch, doch, allerdings, freilich
одни́ *pron* einige, die einen
однобо́кий *adj 1.* einseitig; *2. (fig)* beschränkt
одновреме́нность *f* Gleichzeitigkeit *f*
одновреме́нный *adj* gleichzeitig, synchron
одноголо́сый *adj* MUS einstimming
одноднéвка *f 1.* ZOOL Eintagsfliege *f*; *2. (fig)* Eintagsfliege *f*
однодне́вный *adj* eintägig, Eintags...
однозна́чность *f* Eindeutigkeit *f*
однозна́чный *adj 1.* eindeutig, gleichbedeutend; *2.* MATH einstellig
одноимённый *adj* gleichnamig
однокла́ссник *m* Mitschüler *m*, Klassenkamerad *m*
однокла́ссница *f* Mitschülerin *f*, Klassenkameradin *f*
одноколе́йный *adj* einspurig, eingleisig
однокра́тный *adj* einmalig
одноку́рсник *m* Kommilitone *m*
одноку́рсница *f* Kommilitonin *f*
одноле́тка *f (fam)* Altersgenossin *f*, Gleichaltrige *f*
одноле́ток *m (fam)* Altersgenosse *m*, Gleichaltriger *m*; *мы с ним ...тки* wir sind gleich alt
однообра́зие *n* Eintönigkeit *f*
однообра́зный *adj 1.* einförmig; *2. (fig)* eintönig, monoton
однопу́тный *adj* eingleisig, einspurig
односторо́нний *adj* einseitig
односторо́нность *f* Einseitigkeit *f*
одноцве́тный *adj 1.* einfarbig; *2. (fig)* eintönig, monoton
одобре́ние *n* Aufmunterung *f*, Ermutigung *f*, Beifall *m*, Billigung *f*, Zustimmung *f*
одобри́тельный *adj* beifällig, beipflichtend, billigend
одобря́ть *v impf* gutheißen, befürworten, billigen, beipflichten, zustimmen
одолева́ть *v impf* bewältigen, überwinden, meistern *(fam)*
одолжа́ть *v impf 1.* leihen, borgen; *2. ~ся* verpflichtet sein
одолже́ние *n* Gefallen *m*, Gefälligkeit *f*
ожере́лье *n* Halskette *f*, Kollier *n*
ожесточённость *f* Verbissenheit *f*, Härte *f*
ожесточённый *adj* erbittert, hart, verbissen, heftig
оживле́ние *n 1.* Belebung *f*; *2. (состояние)* Lebhaftigkeit *f*, Lebendigkeit *f*; *вноси́ть ~ в о́бщество* Leben in die Bude bringen
оживлённость *f* Lebhaftigkeit *f*, Angeregtheit *f*
оживлённый *adj* lebhaft, rege, angeregt
оживля́ть *v impf 1.* beleben, erwecken; *2. (возбуждать энергию)* beleben, aktivieren, anregen
ожида́ние *n* Warten *n*, Erwartung *f*; *про́тив ...ния* wider Erwarten
ожида́ть *v impf* warten, erwarten, harren
ожо́г *m* MED Verbrennung *f*, Brandwunde *f*, Brandverletzung *f*
озабо́ченность *f* Besorgnis *f*, Sorge *f*; *Э́то вызыва́ет ~.* Das ist Besorgnis erregend.
озабо́ченный *adj* besorgt, bekümmert, sorgenvoll
озада́ченность *f 1.* Bestürzung *f*, Betroffenheit *f*; *2. (ошеломлённость)* Verblüffung *f*
озада́ченный *adj 1.* betreten, bestürzt, betroffen; *2. (ошеломлённый)* verblüfft, verdutzt, perplex
озаря́ть *v impf* beleuchten, bestrahlen, erhellen
оздоровле́ние *n* MED Heilung *f*
оздоровля́ть *v impf* MED gesund machen, heilen
о́зеро *n* See *m*; *~ Байкал* Baikalsee *m*; *Лебеди́ное ~* Schwanensee *m*
ознакомле́ние *n* Bekanntschaft *f*, Kennenlernen *n*
означа́ть *v impf* bedeuten, bezeichnen
озно́б *m* MED Kälteschauer *m*, Schüttelfrost *m*
озо́н *m* CHEM Ozon *n*
озо́новый *adj* Ozon...; *~ слой* Ozonschicht *f*; *...вая дыра́* Ozonloch *n*
озорни́к *m* Schlingel *m*, Flegel *m*, Frechdachs *m*
озорно́й *adj* wild, ungezogen, ausgelassen
ой *interj* ach
оказа́ние *n* Erweisen *n*; *~ по́мощи* Hilfeleistung *f*
ока́зывать *v impf 1.* erweisen, leisten; *~ по́мощь* Hilfe leisten, helfen; *~ влия́ние* Einfluss ausüben, einwirken; *2. ~ся* sich herausstellen, sich zeigen, sich entpuppen
окамене́лый *adj* versteinert
оканто́вка *f* Umrandung *f*

окáнчивать *v impf 1.* beenden, abschließen; *2. (учебное заведение)* absolvieren
океáн *m GEO* Ozean *m; Атлантúческий* ~ Atlantik *m*
океанúческий *adj* Ozean…, Meeres…
оккупáнт *m POL* Besatzer *m*
оккупациóнный *adj POL* Besatzungs…, Okkupations…
оккупáция *f MIL* Okkupation *f,* Besetzung *f*
окнó *n* Fenster *n*
околдóвывать *v impf 1.* verzaubern, verhexen; *2. (fig)* bezaubern
óколо *prep 1.* neben, an, in der Nähe von; *~ цéркви* bei der Kirche; *2. (приблизительно)* etwa, ungefähr, gegen; *Прошлó ~ чáса.* Es ist etwa eine Stunde vergangen.
окончáние *n 1.* Beendigung *f,* Abschluss *m,* Vollendung *f; 2. (учебного заведения)* Abschluss *m; пóсле …ния инститýта* nach dem Studium; *3. (конец)* Ende *n; 4. GRAMM* Endung *f*
окончáтельный *adj* endgültig, abschließend, definitiv
окóп *m MIL* Schützengraben *m*
óкорок *m GAST* Schinken *m*
окоченéлый *adj* starr, steif, starr vor Kälte
окóшко *n 1.* Fenster *n; 2. (в учреждении)* Schalter *m*
окрáина *f* Stadtrand *m,* Peripherie *f*
окрáйный *adj* Grenz…, Peripherie…
окрáска *f 1.* Anstrich *m,* Anstreichen *n; 2. (краска)* Farbe *f,* Ton *m,* Färbung *f*
окрáшивать *v impf* färben
окрестúть *v pf REL* taufen
окрéстность *f* Umgebung *f,* Gegend *f,* Umkreis *m*
окрéстный *adj* umliegend, benachbart
окровáвленный *adj* blutig, blutbedeckt
óкруг *m* Bezirk *m,* Kreis *m; избирáтельный ~ POL* Wahlkreis *m*
окружáть *v impf 1.* einkreisen, umzingeln, umstellen; *2. (находиться вокруг)* umringen, umgeben, umfassen
окружéние *n 1.* Einkreisen *n,* Umzingeln *n; 2. (fig)* Umgebung *f,* Umfeld *n,* Milieu *n*
окружнóй *adj 1.* Kreis…, Ring…; *2. (округ)* Bezirks…
окрýжность *f MATH* Kreis *m,* Kreislinie *f*
октóберфест *m* Oktoberfest *n*
октя́брь *m* Oktober *m*
окулúст *m MED* Augenarzt *m,* Augenärztin *f*
óкунь *m ZOOL* Barsch *m; морскóй ~* Rotbarsch *m*
окупáть *v impf 1.* decken, ausgleichen; *2. ~ся* sich rentieren, sich lohnen, sich bezahlt machen
олáдья *f GAST* Pfannkuchen *m*
олéнь *m ZOOL* Hirsch *m; сéверный ~* Rentier *n*
олúва *f BOT 1.* Olive *f; 2. (дерево)* Olivenbaum *m*
Олúмп *m* Olymp *m*
олимпиáда *f* Olympiade *f*
олимпúйский *adj* olympisch, Olympia…; *…кие úгры* Olympische Spiele *pl,* Olympiade *f*
олицетворéние *n* Personifizierung *f,* Verkörperung *f,* Inbegriff *m*
олицетворённый *adj* personifiziert, verkörpert, leibhaftig
олицетворя́ть *v impf* personifizieren, verkörpern
óлово *n CHEM* Zinn *n*
óлух *m (fam)* Dummkopf *m,* Tölpel *m*
омáр *m ZOOL* Hummer *m*
омерзéние *n* Abscheu *f,* Ekel *m; внушáть ~* ekelhaft sein, anwidern
омерзúтельный *adj* abscheulich, ekelhaft, widerlich
омлéт *m GAST* Omelett *n*
омрачáть *v impf* verdunkeln, verdüstern, trüben, überschatten *(fig)*
он *pron* er
онá *pron* sie
онанúзм *m* Onanie *f,* Selbstbefriedigung *f*
онемевáть *v impf 1.* stumm werden; *2. (fig)* die Sprache verlieren, verstummen; *3. (омертвевать)* erstarren, absterben
онемéлый *adj 1.* stumm, sprachlos; *2. (омертвелый)* erstarrt, abgestorben
онú *pron* sie
онó *pron* es
опаздáть *v pf* zu spät kommen
опáздывать *v impf 1.* zu spät dran sein, Verspätung haben; *2. (о часах)* nachgehen; *часы́ …вáют* die Uhr geht nach
опасáться *v impf 1.* fürchten, befürchten; *2. (остерегаться)* sich in acht nehmen, sich vorsehen
опасéние *n* Befürchtung *f,* Besorgnis *f*
опáсность *f* Gefahr *f,* Gefährlichkeit *f; подвергáть …сти* in Gefahr bringen, gefährden; *доплáта за ~* Gefahrenzulage *f*

опа́сный *adj* gefährlich, gefahrenvoll, riskant, Gefahr(en)...
опе́ка *f JUR* Vormundschaft *f,* Obhut *f; быть под ...ой* unter Vormundschaft stehen, einen Vormund haben
опека́емая *f JUR* Mündel *n*
опека́емый *m* Schützling *m*
опека́ть *v impf 1.* als Vormund betreuen; *2. (fig)* bemuttern
опеку́н *m* Vormund *m,* Treuhänder *m*
опеку́нство *n* Vormundschaft *f*
о́пера *f THEAT 1.* Opernhaus *n,* Oper *f; 2. (произведение)* Oper *f*
операти́вный *adj* einsatzbereit, beweglich, tatkräftig, Einsatz...; *...вная гру́ппа* Einsatzgruppe *f*
опера́тор *m 1. CINE* Kameramann *m; 2. TECH* Betreiber(in) *m/f,* Operator *m; 3. MATH* Operator *m*
операцио́нная *f* Operationssaal *m*
опера́ця *f 1. MED* Operation *f,* Eingriff *m; 2. MIL* Operation; *3. TECH* Arbeitsschritt *m*
опережа́ть *v impf* überholen, überflügeln, übertreffen
опере́ние *n ZOOL* Gefieder *n*
опере́тта *f MUS* Operette *f*
опери́ровать *v impf 1.* operieren, sich betätigen; *2. MED* operieren
о́перный *adj 1.* Opern...; *~ театр* Opernhaus *n; 2. (fig)* theatralisch, schwülstig
опеча́тка *f* Druckfehler *m,* Tippfehler *m*
опеча́тывать *v impf* versiegeln
опи́ливать *v impf* feilen
опира́ть *v impf* aufstützen, anlehnen
описа́ние *n* Beschreibung *f,* Schilderung *f*
опи́сывать *v impf* beschreiben, schildern
о́пись *f 1.* Inventarliste *f,* Inventarverzeichnis *n; 2. (имущества)* Beschlagnahme *f,* Pfändung *f*
опла́кивать *v impf* betrauern, beweinen
опла́та *f ECO 1.* Bezahlung *f; 2. (вознаграждение)* Entlohnung *f,* Lohn *m*
опла́чивать *v impf ECO 1.* bezahlen; *2. ~ счёт* eine Rechnung begleichen; *3. (вознаграждать)* entlohnen
оплеу́ха *f (fam)* Ohrfeige *f*
оплодотворе́ние *n BIO* Befruchtung *f*
опозда́ние *n* Versäumnis *n,* Verspätung *f*
опознава́ть *v impf 1.* erkennen; *2. JUR* identifizieren
опозна́ние *n 1.* Erkennen *n; 2. JUR* Identifizierung *f*
о́ползень *m* Erdrutsch *m*
опо́ра *f 1.* Stütze *f; 2. TECH* Lager *n*
опора́жнивать *v impf* leeren, entleeren, ausleeren
опо́рный *adj* Stütz...
опорожне́ние *n* Leerung *f,* Entleerung *f*
оппози́ция *f* Opposition *f*
опра́ва *f* Fassung *f,* Rahmen *m; ~ очко́в* Brillengestell *n*
оправда́ние *n 1.* Rechtfertigung *f; 2. (извинение)* Entschuldigung *f; 3. JUR* Freispruch *m*
опра́вданный *adj* gerechtfertigt, begründet
оправда́тельный *adj* rechtfertigend, entlastend; *~ пригово́р JUR* Freispruch *m*
опра́вдывать *v impf 1. JUR* freisprechen; *2. (поступок)* rechtfertigen; *3. ~ себя* sich bewähren; *4. (подтверждаться на деле) ~ся* sich bestätigen, sich erfüllen
оправля́ть *v impf* einfassen, fassen
опра́шивать *v impf 1.* fragen, befragen; *2. JUR* vernehmen
определе́ние *n 1.* Bestimmung *f,* Festlegung *f,* Definition *f; 2. GRAMM* Attribut *n*
определённость *f* Bestimmtheit *f,* Entschiedenheit *f*
определённый *adj 1.* ausdrücklich, bestimmt, entschieden; *2. (установленный)* festgelegt, bestimmt
определя́ть *v impf 1.* bestimmen, ermitteln, feststellen; *2. (давать определение)* definieren, festlegen, kennzeichnen, vorgeben
определя́ющий *adj* entscheidend, bestimmend
опро́бование *n* Erprobung *f,* Probe *f*
опро́бовать *v impf* erproben, probieren
опроверга́ть *v impf 1.* widerlegen; *2. (заявлять опровержение)* widerrufen, dementieren
опроверже́ние *n 1.* Widerlegung *f; 2. (заявление)* Dementi *n,* Widerruf *m*
опроки́дывать *v impf* kippen, umstürzen, umwerfen; *2. (о судне) ~ся* kentern
опроме́тчивый *adj* unbedacht, unüberlegt, übereilt, überstürzt
опро́с *m 1.* Befragung *f,* Umfrage *f; 2. JUR* Vernehmung *f; 3. (на уроке)* Abfragen *n*
опротесто́вывать *v impf 1.* protestieren, Protest einlegen; *2. JUR* Berufung einlegen, anfechten
опры́скивать *v impf* besprengen, bespritzen
опря́тность *f* Ordentlichkeit *f,* gepflegtes Auftreten *n*

опря́тный *adj* ordentlich, adrett, gepflegt
о́птик *m* Optiker(in) *m/f*
о́птика *f* Optik *f*
оптима́льный *adj* optimal, bestmöglich, Optimal...
оптими́зм *m* Optimismus *m*
оптими́ст(ка) *m/f* Optimist(in) *m/f*
оптимисти́ческий *adj* optimistisch
опти́ческий *adj* optisch
опубликова́ние *n* Bekanntgabe *f*, Veröffentlichung *f*, Bekanntmachung *f*, Verlautbarung *f*
опублико́вывать *v impf* veröffentlichen
опуска́ть *v impf 1.* senken, versenken, herunterlassen; *2. (письмо, монету)* einwerfen; *3. (пропускать)* auslassen, übergehen, weglassen; *4. (fig) ~ ся* herunterkommen
опустоша́ть *v impf* verwüsten, verheeren
опустоше́ние *n* Verwüstung *f*, Verheerung *f*
опу́тывать *v impf 1. (обматывать)* umwickeln, umgarnen, umstricken; *2. (fig)* umgarnen, bezirzen; *3. (вводить в заблуждение)* betrügen, irreleiten
опуха́ть *v impf MED* schwellen, anschwellen
о́пухоль *f MED* Tumor *m*, Geschwulst *f*
опу́хший *adj* geschwollen, aufgedunsen
опу́шка *f* Waldrand *m*
опыле́ние *n BOT* Bestäubung *f*
опыля́ть *v impf BOT* bestäuben
о́пыт *m 1.* Versuch *m*, Experiment *n*; *2. (приобретённый)* Erfahrung *f*, Praxis *f*, Routine *f*; *по ~у* erfahrungsgemäß
о́пытный *adj 1.* erfahren, bewandert; *2. (предназначенный для опытов)* Versuchs..., Test...; *3. (основанный на опыте)* experimentell, erfahrungsgemäß
опьяне́ние *n* Trunkenheit *f*, Rausch *m*
опя́ть *adv* wieder, nochmals, erneut, von Neuem
ора́нжевый *adj* orange, orangefarben
ора́тор *m* Redner *m*, Sprecher *m*
ора́торский *adj* rednerisch, Redner...
ора́ть *v impf* brüllen, schreien, grölen
орби́та *f 1. PHYS* Umlaufbahn *f*, Flugbahn *f*, Orbit *m*; *2. ANAT* Augenhöhle *f*
орга́зм *m* Orgasmus *m*
о́рган *m 1. ANAT* Organ *n*; *~ы чувств* Sinnesorgane *pl*; *пищевари́тельные ~ы* Verdauungsorgane *pl*; *половы́е ~ы* Geschlechtsorgane *pl*, Genitalien *pl*; *2. (учреждение)* Behörde *f*, Gremium *n*; *суде́бный ~ вла́сти JUR* Justizbehörde *f*
орга́н *m MUS* Orgel *f*
организа́тор *m* Organisator(in) *m/f*, Veranstalter(in) *m/f*
организа́торский *adj* organisatorisch, Organisations...
организацио́нный *adj* Organisations...; *...нное бюро́* Organisationsbüro *n*
организа́ция *f 1.* Organisation *f*, Gestaltung *f*; *2. (структура)* Organisation *f*, Struktur; *3. (объединение) POL* Organisation *f*, Einrichtung *f*, Institution *f*
организова́ть *v impf/pf 1.* organisieren, gestalten; *2. (устраивать)* veranstalten, unternehmen; *3. (налаживать)* ordnen, Ordnung schaffen; *4. (создавать)* gründen
органи́ческий *adj* organisch; *...кие вещества́ CHEM* organische Stoffe; *~ недоста́ток MED* organische Störung
о́ргия *f* Orgie *f*
о́рден[1] *m* Orden *m*, Auszeichnung *f*; *награди́ть кого́-л ~ом* jdm einen Orden verleihen
о́рден[2] *m HIST* Orden *m*
орёл *m ZOOL* Adler *m*
оре́х *m BOT 1.* Nuss *f*; *гре́цкий ~* Walnuss *f*; *лесно́й ~* Haselnuss *f*; *2. (дерево)* Nussbaum *m*
оригина́л *m* Original *n*; *соотве́тствующий ~у* originalgetreu
оригина́льность *f 1.* Echtheit *f*; *2. (своеобразие)* Originalität *f*, Ausgefallenheit *f*
оригина́льный *adj 1.* original, echt, Original...; *2. (своеобразный)* originell
ориента́ция *f* Orientierung *f*
ориенти́роваться *v impf* sich orientieren, sich zurechtfinden, sich auskennen
ориентиро́вочный *adj* voraussichtlich, Orientierungs...; *по ...ным да́нным* schätzungsweise
орке́стр *m MUS* Orchester *n*, Kapelle *f*
орна́мент *m* Ornament *n*
орнито́лог *m* Ornithologe *m*
орнитоло́гия *f* Ornithologie *f*
ороша́ть *v impf* bespritzen, befeuchten, bewässern
ортопе́д *m* Orthopäde *m*, Orthopädin *f*; *~-стомато́лог* Kieferorthopäde *m*
ортопеди́ческий *adj* orthopädisch, Orthopädie...
ортопе́дия *f MED* Orthopädie *f*; *че́люстная ~* Kieferorthopädie *f*
ору́дие *m 1.* Werkzeug *n*, Gerät *n*; *2. (fig)* Werkzeug *n*, Mittel *n*; *быть слепы́м ~м* ein blindes Werkzeug sein; *3. MIL* Geschütz *n*

орýдовать *v impf 1. (fam)* hantieren; *2. (действовать)* tätig sein
орýжие *n 1.* Waffe *f; огнестрéльное ~* Schusswaffe *f; 2. (средство)* Mittel *n,* Instrument *n*
орфографи́ческий *adj* orthografisch; *...кая ошибка* Rechtschreibfehler *m*
орфогрáфия *f GRAMM* Orthografie *f,* Rechtschreibung *f*
осá *f ZOOL* Wespe *f*
осáда *f MIL* Belagerung *f*
осáдки *pl METEO* Niederschläge *pl*
осáдок *m 1.* Bodensatz *m,* Ablagerungen *pl,* Sediment *n; 2. (fig)* bitterer Nachgeschmack *m*
осáнка *f* Haltung *f,* Körperhaltung *f*
освáивать *v impf* sich aneignen, sich zu eigen machen, erschließen
осведомлéние *n* Benachrichtigung *f,* Information *f*
осведомлённый *adj 1.* informiert, unterrichtet; *быть ...нным* im Bilde sein; *2. (знающий)* kundig, bewandert, beschlagen
осведомля́ть *v impf 1.* benachrichtigen, informieren, in Kenntnis setzen; *2. ~ся* sich erkundigen, Erkundigungen einziehen, nachfragen
освежáть *v impf 1.* erfrischen, kühlen; *2. (обновлять)* auffrischen
освежáющий *adj* erfrischend, erquickend
освежéние *n 1.* Erfrischung *f,* Kühlung *f; 2. (памяти)* Auffrischung *f,* Wiederauffrischung *f*
освежи́тельный *adj* erfrischend, Erfrischungs...; *...ные напитки* Erfrischungsgetränke *pl*
освещáть *v impf 1.* beleuchten, belichten, erhellen, erleuchten; *2. (fig)* beleuchten, erläutern, näher betrachten
освещéние *n 1.* Beleuchtung *f,* Licht *n; 2. (fig)* Beleuchtung *f,* Erläuterung *f*
освещённость *f* Helligkeit *f,* Beleuchtung *f,* Beleuchtungsstärke *f*
освобождáть *v impf 1.* befreien, freilassen; *2. (от должности)* absetzen, entbinden, entheben, entlassen; *3. (очищать)* frei machen, ausräumen
освобождéние *n 1.* Freisetzung *f,* Freilassung *f; 2. (избавление)* Befreiung *f,* Erlösung *f; 3. (увольнение)* Entlassung *f,* Enthebung *f,* Entbindung *f*
освобождённый *adj* frei, befreit
освоéние *n 1.* Aneignung *f,* Beherrschung *f; 2. ECO* Erschließung *f,* Nutzbarmachung *f*
освящáть *v impf REL* weihen, einweihen
освящéние *n REL* Einweihung *f,* Weihe *f*
осёл *m ZOOL* Esel *m*
осётр *m ZOOL* Stör *m*
óсень *f* Herbst *m*
осквернéние *n* Schändung *f,* Entweihung *f*
осквернять *v impf* entweihen, schänden, entehren
оскóлок *m* Scherbe *f,* Splitter *m,* Bruchstück *m*
оскопля́ть *v impf* kastrieren
оскорби́тельный *adj* beleidigend, verletzend
оскорблéние *n 1.* Beleidigung *f,* Kränkung *f; 2. JUR ~ дéйствием* tätliche Beleidigung *f*
оскорбля́ть *v impf 1.* beleidigen, kränken, brüskieren; *2. JUR ~ дéйствием* handgreiflich werden, tätlich beleidigen
ослабевáть *v impf* schwach werden, sich abschwächen, erschlaffen
ослаблéние *n* Schwächung *f,* Nachlassen *n,* Milderung *f*
ослабля́ть *v impf 1.* entkräften, erschöpfen; *2. (уменьшать силу чего-л)* schwächen, herabsetzen; *3. (распускать пояс)* lockern; *4. (смягчать)* abschwächen, mildern
ослепи́тельный *adj 1.* blendend, grell, leuchtend; *2. (поразительный)* blendend
ослеплéние *n 1.* Blenden *n,* Blendung *f; 2. (неспособность правильно судить)* Verblendung *f*
ослéпнуть *v pf* erblinden, blind werden
осложнéние *n* Komplikation *f*
осложня́ть *v impf* erschweren, komplizieren
осмáтривать *v impf 1.* betrachten, sich etw ansehen, mustern; *2. (обследовать)* untersuchen, prüfen; *3. (музей)* besichtigen; *4. ~ся* sich umsehen
осмéливаться *v impf* wagen, sich trauen, sich erdreisten
осмóтр *m 1.* Besichtigung *f; 2. (обследование)* Prüfung *f,* Untersuchung *f; техни́ческий ~* Inspektion *f*
осмотри́тельность *f* Umsicht *f,* Vorsicht *f*
осмотри́тельный *adj* umsichtig, überlegt, vorsichtig
оснащáть *v impf* ausrüsten, ausstatten
оснащéние *n* Ausrüstung *f,* Ausstattung *f*

осно́ва *f* Grundlage *f,* Basis *f,* Fundament *n*
основа́ние *n 1.* Gründung *f; год ...ния* Gründungsjahr *n; 2. (фундамент)* Grundlage *f,* Basis *f,* Fundament *n; 3. (причина)* Grund *m,* Beweggrund *m,* Anlass *m; 4.* TECH Grundplatte *f; 5.* MATH Grundfläche *f; 6.* CHEM Base *f*
основа́тель(ница) *m/f* Gründer(in) *m/f,* Stifter(in) *m/f*
основа́тельный *adj 1.* gründlich, solide; *2. (обоснованный)* begründet, fundiert, trifftig; *3. (fam)* tüchtig, gehörig
основно́й *adj* Haupt..., Grund...; *~ сезо́н* Hauptsaison *f*
основополага́ющий *adj* grundlegend, fundamental, maßgebend, Grund...
осно́вывать *v impf 1.* gründen, begründen, stiften; *2. (обосновывать)* begründen, basieren, fundieren; *3. ~ся* sich ansiedeln, sich niederlassen, Fuß fassen
осо́бенно *adv* besonders, insbesondere, sehr; *не ~* nicht sehr, nicht sonderlich
осо́бенность *f 1.* Besonderheit *f; 2. (характерное свойство)* Eigenheit *f,* Eigenart *f,* Eigentümlichkeit *f; 3. в ...сти* insbesondere
осо́бенный *adj* besonders, ungewöhnlich, eigenartig, eigentümlich, eigen
осо́бый *adj 1.* besonders, ungewöhnlich; *2. (отдельный)* gesondert, speziell, Sonder..., Extra...; *3. (значительный)* groß, bedeutend
осознава́ть *v impf* einsehen, begreifen, sich über etw klar werden
осозна́ние *n* Einsicht *f,* Erkenntnis *f*
о́спа *f* MED Pocken *pl; ветря́ная ~* Windpocken *pl*
оспа́ривать *v impf 1.* bestreiten, anfechten; *2. (объявлять спорным)* streitig machen, in Abrede stellen, absprechen; *3.* JUR anfechten; *4. (добываться)* um etw kämpfen, um etw ringen
остава́ться *v impf 1.* bleiben, verbleiben; *2. (сохраняться)* übrig bleiben, bestehen bleiben, erhalten bleiben; *3. (fig)* zurückbleiben, dastehen; *~ без де́нег* ohne Geld dastehen; *4. (в школе) ~ на второ́й год* sitzen bleiben
оставля́ть *v impf 1.* zurücklassen, hinterlassen, liegen lassen; *2. (в каком-л состоянии)* lassen; *...а́вь меня́ в поко́е!* Lass mich in Ruhe! *3. (сохранять)* bewahren; *4. (покидать)* verlassen; *~ кого́-л в беде́* jdn im Stich lassen
оста́вшийся *adj* übrig, verbleibend
остально́й *adj* übrig, restlich, verblieben
остана́вливать *v impf 1.* anhalten, unterbrechen, stoppen; *2. ~ ся* anhalten, stehenbleiben, stoppen
остано́вка *f 1.* Unterbrechung *f,* Stopp *m,* Halt *m; 2. (пребывание)* Aufenthalt *m; 3. (остановочный пункт)* Haltestelle *f,* Station *f; авто́бусная ~* Bushaltestelle *f*
оста́ток *m* Rest *m*
оста́точный *adj* restlich, Rest...
осто́в *m 1.* ANAT Skelett *n,* Knochengerüst *n; 2.* TECH Gerüst *n*
осторо́жность *f* Vorsicht *f,* Umsicht *f,* Behutsamkeit *f*
осторо́жный *adj* vorsichtig, behutsam, achtsam; *...жно!* Vorsicht!, Achtung!
о́стров *m* GEO Insel *f*
остро́та *f* Witz *m,* Scherz *m*
острота́ *f 1.* Schärfe *f; 2. (чувства)* Heftigkeit *f; 3.(слуха)* Feinheit *f; 4. (fig)* Schärfe *f,* Heftigkeit *f*
остроу́мие *n* Scharfsinn *m*
остроу́мный *adj* scharfsinnig, geistreich, humorvoll
о́стрый *adj 1. (о режущем)* scharf; *2. (о колющем)* spitz; *3. (о чувстве, боли)* heftig; *4. (о зрении, слухе)* scharf, fein; *5. (на вкус)* beißend, scharf; *6.* MED akut
остря́к *m (fam)* Spaßvogel *m,* Witzbold *m*
остыва́ть *v impf* abkühlen, kalt werden
осужда́ть *v impf 1.* tadeln, missbilligen, den Stab über jdn brechen *(fig); 2. (приговаривать)* verurteilen, aburteilen
осужде́ние *n 1.* Tadel *m,* Missbilligung *f; 2.* JUR Verurteilung *f*
осуждённый *adj* JUR *1.* verurteilt; *m 2.* Verurteilter *m*
осуша́ть *v impf* trocknen, trocken legen
осуществи́мость *f* Ausführbarkeit *f,* Realisierbarkeit *f*
осуществи́мый *adj* durchführbar, ausführbar, realisierbar
осуществле́ние *n* Verwirklichung *f,* Realisierung *f,* Durchführung *f,* Ausübung *f*
осуществля́ть *v impf* verwirklichen, in die Tat umsetzen, ausführen, realisieren, bewerkstelligen
осыпа́ть *v impf 1.* bestreuen; *2. (fig)* überschütten, überhäufen; *3. ~ся* bröckeln, abbröckeln, abfallen; *4. (о листьях)* abfallen
о́сыпь *m* GEO Geröll *n*
ось *f* TECH Achse *f; ~ абсци́сс* MATH x-Achse *f; ~ось ордина́т* y-Achse *f*

осьминóг *m* ZOOL Krake *m*, Oktopus *m*
осязáние *n* Tastsinn *m*
осязáтельный *adj 1.* Tast…, Fühl…; *2. (ощутимый)* fühlbar, wahrnehmbar, spürbar, merklich
осязáть *v impf 1.* fühlen, betasten; *2. (ощущать)* wahrnehmen, spüren, fühlen
от(о) *prep 1. (начало действия, исходной пункт)* von, ab; ~ *начáла до концá* von Anfang bis Ende; *далекó ~ дóма* weit entfernt von zu Hause; *2. (происхождение)* von; *письмó ~ дóчери* ein Brief von seiner Tochter; *3. (причина)* vor, aus, von; *мóкрый ~ дождя́* nass vom Regen; *4. (защита от чего-л)* gegen, vor, von; *срéдство ~ головнóй бóли* Kopfschmerzmittel *m*
отáпливаемый *adj* beheizbar
отáпливать *v impf* heizen, beheizen
отбивáть *v impf 1.* abschlagen, abbrechen; *2. (атаку)* zurückschlagen, abschlagen; *3. (fam)* abspenstig machen; *4.* SPORT parieren
отбирáть *v impf 1.* wegnehmen, abnehmen; *2. (выбирать)* auswählen, aussuchen, aussondern, auslesen
отбóй *m* Entwarnung *f*
отбóр *m 1.* Auswahl *f*, Auslese *f*; *дéлать ~* auswählen, aussondern; *2.* TECH Entnahme *f*
отбóрный *adj 1.* erlesen, ausgesucht, erstklassig, Auslese…, Elite…; *2. (fam)* unanständig, Schimpf…
отбракóвывать *v impf* aussortieren, als Ausschuss selektieren
отвáжный *adj* unerschrocken, mutig, kühn, wagemutig
отвáр *m* GAST Brühe *f*, Sud *m*
отвáривать *v impf* abkochen
отвéдывать *v impf 1.* probieren, kosten, versuchen; *2. (испытывать)* ertragen
отвергáть *v impf* ablehnen, ausschlagen, verschmähen, zurückweisen
отвéрстие *n 1.* Loch *n*, Öffnung *f*, Spalt *m*; *2.* TECH Bohrung *f*
отвёртка *f* Schraubenzieher *m*
отвёртывать *v impf 1.* abschrauben, abdrehen; *2. (кран)* aufdrehen; *3. (поворачивать в сторону)* wenden, abwenden, zur Seite drehen
отвéс *m* TECH Senkblei *n*, Lot *n*
отвéт *m* Antwort *f*, Erwiderung *f*, Entgegnung *f*
ответвлéние *n* Abzweigung *f*
отвéтный *adj* Gegen…, Antwort…; *~ визúт* Gegenbesuch *m*, *~ вопрóс* Gegenfrage *f*
отвéтственность *f 1.* Verantwortlichkeit *f*, Verantwortung *f*; *возлагáть ~ на когó-л* jdn verantwortlich machen; *2.* JUR Haftung *f*
отвéтственный *adj 1.* verantwortlich; *~ редáктор* verantwortlicher Redakteur; *2. (важный)* verantwortungsvoll, entscheidend; *~ момéнт* der entscheidende Moment
отвечáть *v impf 1.* antworten, beantworten, entgegnen, erwidern; *2. (носить ответственность)* verantworten, verantwortlich sein, haften, bürgen; *3. (соответствовать)* entsprechen
отвлекáть *v impf* ablenken
отвлечéние *n* Ablenkung *f*, Ablenken *n*
отводи́ть *v impf 1.* wegführen, wegbringen; *2. (проводить)* begleiten
отвози́ть *v impf* bringen, wegbringen, fortschaffen, abtransportieren; *~ обрáтно* zurückbringen
отворáчивать *v impf 1.* abschrauben, aufdrehen, öffnen; *2. (поворачивать в сторону голову)* wenden, abwenden, zur Seite drehen
отврати́тельный *adj* abscheulich, widerlich, widerwärtig, ekelhaft, abstoßend
отвращéние *n* Abscheu *f*, Widerwille *m*, Ekel *m*; *испы́тывать ~* Abscheu empfinden, sich ekeln
отвыкáть *v impf* sich etw abgewöhnen, nicht mehr gewohnt sein
отвя́зывать *v impf* abbinden, losbinden
отгáдывать *v impf* erraten, lösen, enträtseln
отгибáть *v impf 1.* gerade biegen; *2. (отвертывать)* umschlagen, umbiegen, zurückbiegen
отговáривать *v impf* abraten, ausreden
отговóрка *f 1.* Ausrede *f*, Ausflucht *f*; *без …рок* ohne Ausflüchte; *2. (предлог)* Vorwand *m*
отгоня́ть *v impf 1.* zurückbiegen, zurückschlagen; *2. (распрямлять)* gerade biegen
отгружáть *v impf* verladen, abladen, umladen
отдавáть *v impf 1.* abgeben, übergeben; *2. (возвращать)* zurückgeben; *3. (fig)* hingeben, opfern
отдалéние *n 1.* Entfernung *f*; *2. (fig)* Entfremdung *f*
отдалённый *adj* entfernt, entlegen, fern, weit

отда́ча *f 1.* Abgabe *f; 2. (возмещение)* Rückerstattung *f; 3.* ECO Ausbeute *f*
отде́л *m 1.* Abteilung *f; ~ за́писи а́ктов гражда́нского состоя́ния (ЗАГС)* Standesamt *n; 2. (раздел)* Teil *m,* Rubrik *f*
отделе́ние *n 1.* Abteilung *f,* Fakultät *f,* Fachbereich *m; 2.* ECO Zweigstelle *f,* Filiale *f; 3. (в поезде)* Abteil *n; 4.* MIL Gruppe *f*
отде́лка *f 1.* Endarbeiten *pl; 2. (украшение)* Ausstattung *f; 3. (в строительстве)* Ausbau *m*
отде́лывать *v impf 1. (заканчивать)* vollenden, fertig stellen; *2. (квартиру)* ausstatten, ausbauen; *3. (одежду)* besetzen mit etw; *4. ~ся* sich losmachen, loswerden, davonkommen
отде́льный *adj* gesondert, einzeln, Sonder…, Extra…
отделя́ть *v impf 1.* abtrennen, lösen; *2. (отбирать)* aussondern
о́тдых *m 1.* Erholung *f,* Entspannung *f; 2. (свободное время)* Freizeit *f*
отдыха́ть *v impf 1.* sich ausruhen, sich erholen, ausspannen; *2. (проводить отпуск)* den Urlaub verbringen; *~ на мо́ре* Urlaub am Meer machen
оте́ль *f* Hotel *n*
оте́ц *m 1.* Vater *m; родно́й ~* leiblicher Vater; *крёстный ~* REL Taufpate *m; 2.* REL Pater *m*
оте́ческий *adj* väterlich, Vater…
оте́чественный *adj* einheimisch, Inlands…, Eigen…, Heimat…
оте́чество *n* Heimat *f,* Vaterland *n*
отжима́ть *v impf 1.* ausdrücken, auspressen; *2. (бельё)* auswringen, schleudern; *3. (сок)* abkeltern
о́тзвук *m 1.* Widerhall *m,* Echo *n; 2. (fig)* Anklang *m,* Resonanz *f*
о́тзыв *m 1.* Äußerung *f,* Meinung *f;* Urteil *n,* 2. *(заключение)* Gutachten *n; 3. (рецензия)* Kritik *f,* Rezension *f; 4. (отклик)* Widerhall *m,* Echo *n*
отзы́в *m (посла и т. п.)*Abberufung *f*
отзыва́ть *v impf 1.* abberufen; *2. (кого-л в сторону)* jdn beiseite rufen
отка́з *m 1.* Absage *f,* Ablehnung *f,* Weigerung *f; 2. (от чего-л)* Verzicht *m*
отка́зывать *v impf 1.* absagen, verweigern; *2. (о механизме и т. п.)* versagen, nicht funktionieren; *3. ~ся от чего́-л* auf etw verzichten, sich etw verkneifen *(fam)*
отка́рмливание *n* Fütterung *f*
отка́чивать *v impf* herauspumpen
откидно́й *adj* aufklappbar, ausschwenkbar, Klapp…; *~ стол* Klapptisch *m*
отки́дывать *v impf 1. (бросать)* werfen, beiseite werfen, zurückschlagen; *~ кры́шку* aufklappen; *2. (при счёте)* unberücksichtigt lassen; *3. (мысль, чувство)* verwerfen, fallen lasssen; *4.* GAST abgießen
откла́дывать *v impf 1.* beiseite legen, weglegen; *2. (fam)* sparen, aufsparen, zurücklegen; *3. (отсрочивать)* aufschieben, hinauszögern, hinausschieben
о́тклик *m 1.* Reaktion *f,* Antwort *f; 2. (fig)* Anklang *m,* Resonanz *f,* Echo *n; находи́ть ~* Anklang finden
о́тклики *pl (в печати)* Pressestimmen *pl*
отклоне́ние *n 1.* Abweichung *f,* Diskrepanz *f; 2. (отказ)* Ablehnung *f,* Verweigerung *f*
отклоня́ть *v impf* ablehnen, abschlagen, verweigern, zurückweisen
отключа́ть *v impf* abschalten
отко́с *m* Abhang *m,* Böschung *f; берегово́й ~* Uferböschung *f*
открове́нность *f 1.* Offenheit *f,* Offenherzigkeit *f,* Aufrichtigkeit *f; 2. (прямодушие)* Freimütigkeit *f,* Geradlinigkeit *f*
открове́нный *adj 1.* offen, offenherzig, aufrichtig; *2. (прямодушный)* freimütig, unverhohlen, geradlinig, geradeheraus, rückhaltlos
открыва́лка *f (fam)* Büchsenöffner *m,* Flaschenöffner *m*
открыва́ть *v impf 1.* öffnen, aufmachen; *2. (начать)* eröffnen, beginnen; *3. (обнаруживать)* entdecken, enthüllen; *4. (fig) ~ся* sich öffnen, sich erklären, sich anvertrauen, ein Geständnis ablegen
откры́тие *n 1.* Eröffnung *f,* Beginn *m; 2. (научное)* Entdeckung *f; 3. (разоблачение)* Enthüllung *f,* Entlarvung *f*
откры́тка *f* Postkarte *f,* Ansichtskarte *f; поздрави́тельная ~* Glückwunschkarte *f*
откры́тый *adj 1.* offen, geöffnet; *2. (не занятый)* frei, Frei…; *…тая ме́стность* Freigelände *n; 3. (не покрытый)* bloß, entblößt, offen; *4. (доступный для всех)* offen, öffentlich; *…тое голосова́ние* offene Abstimmung; *4. (нескрываемый)* offen, offenbar, offenkundig
отку́да *pron 1. (interr)* woher; *~ вы?* Wo kommen Sie her? *2. (rel)* woher, von wo; *3. ~ ни* irgendwoher; *~ ни возьми́сь* wie aus der Erde gewachsen
отку́да-либо *pron* von irgendwoher

отку́сывать *v impf* abbeißen
отла́мывать *v impf* abbrechen
отлёт *m* Abflug *m*
отлета́ть *v impf 1.* wegfliegen, abfliegen, fortfliegen; *2. (fig)* abfallen, abspringen; *...а́ет пу́говица* der Knopf springt ab
отли́в *m 1.* Ebbe *f; прили́в и ~* Ebbe und Flut, Gezeiten *pl; 2. (спад)* Ebbe *f,* Rückgang *m*
отлива́ть *v impf ~ ра́зными цвета́ми* schimmern, schillern
отли́вка *f* TECH Guss *m,* Gießen *n*
отливно́й *adj* TECH Ausguss..., Abfluss...; *...на́я труба́* Abflussrohr *n*
отлича́ть *v impf 1.* unterscheiden; *2. (выделять)* auszeichnen
отли́чие *n 1.* Unterschied *m; 2. (награда)* Auszeichnung *f; дипло́м с ~м* Diplom mit Auszeichnung
отли́чный *adj 1.* ausgezeichnet, exzellent, vortrefflich, perfekt, famos; *2. (отличающийся)* verschieden
отложе́ние *n* GEO Ablagerung *f,* Schicht *f*
отлуча́ть *v impf* REL exkommunizieren, aus der Kirche ausstoßen
о́тмель *f* Sandbank *f,* Untiefe *f; песча́ная ~* Sandbank *f*
отме́на *n 1.* Abschaffung *f,* Aufhebung *f; 2. (поезда)* Ausfall *m,* Absetzung *f; 3. (заказа)* Abbestellung *f,* Storno *m*
отменя́ть *v impf* aufheben, zurücknehmen, abschaffen, absagen, absetzen, stornieren
отме́тка *f 1.* Notiz *f,* Vermerk *m; 2. (знак)* Kennzeichen *n,* Mal *n; 3. (бал)* Note *f,* Zensur *f*
отмеча́ть *v impf 1.* kennzeichnen, bezeichnen; *2. (записывать)* eintragen, vermerken, notieren; *3. (обращать внимание)* bemerken, zur Kenntnis nehmen, registrieren *(fam)*; *4. (выделять)* hervorheben, markieren, unterstreichen, betonen; *4. (устраивать торжество)* feiern, begehen
отмира́ние *n* Absterben *n,* Aussterben *n*
отмы́чка *f* Nachschlüssel *m,* Dietrich *m*
отнима́ть *v impf* abnehmen, wegnehmen, rauben
относи́тельно *adv 1.* s. *относи́тельный; prep 2.* hinsichtlich; *3. (по поводу)* bezüglich, in Bezug auf, betreffs
относи́тельный *adj 1.* verhältnismäßig, relativ, bedingt; *2. (умеренный)* mäßig, begrenzt
относи́ть *v impf 1.* wegbringen, fortbringen; *2. (ветром, течением)* forttreiben, forttragen; *3. (к кому причислять)* jdm zuschreiben, zurechnen, zuordnen; *4. (отсрочивать)* verlegen, aufschieben; *5. (иметь отношение) ~ся* zu etw gehören, sich auf etw beziehen; *6. ~ ся к кому́-л* sich jdm gegenüber verhalten
отноше́ние *n 1.* Haltung *f,* Einstellung *f,* Verhältnis *n; 2. (связь)* Beziehung *f; в э́том ...нии* in dieser Beziehung *f*
отню́дь не *adv* keineswegs, ganz und gar nicht, absolut nicht
отображе́ние *n* Abbildung *f;* Abbild *n,* Widerspiegelung *f*
отовсю́ду *adv* von überall her, von allen Seiten
отодвига́ть *v impf 1.* beiseite schieben, wegschieben; *2. (fam)* verschieben, aufschieben, hinausschieben; *3. ~ся* beiseite rücken, Platz machen
отождествле́ние *n* Identifizieren *n,* Identifizierung *f*
отождествля́ть *v impf* identifizieren, gleichsetzen
отопле́ние *n 1.* Heizen *n; 2. (устройство)* Heizung *f*
оторо́чка *f* Besatz *m,* Einfassung *f; мехова́я ~* Pelzbesatz *m*
отпада́ть *v impf 1.* abfallen; *2. (fig)* wegfallen, entfallen
отпеча́ток *m* Abdruck *m,* Spur *f; ~ па́льца* Fingerabdruck *m*
отпира́ть *v impf* aufschließen, aufmachen, aufsperren, öffnen
отпла́чивать *v impf (fig)* heimzahlen, vergelten
отпо́р *m* Abwehr *f,* Widerstand *m*
отправи́тель(ница) *m/f* Absender(in) *m/f,* Einsender(in) *m/f*
отпра́вка *f* Versand *m,* Abfertigung *f*
отправле́ние *n 1.* Absendung *f,* Beförderung *f,* Versand *m; 2. (отъезд)* Abfahrt *f,* Abreise *f,* Aufbruch *m; 3. (транспорта)* Abfertigung *f*
отправля́ть *v impf 1.* abschicken, absenden, *~ телегра́мму* ein Telegramm aufgeben; *2. ~ся* weggehen, ausgehen
о́тпрыск *m (fam)* Nachfahre *m,* Sprössling *m*
о́тпуск *m* Urlaub *m,* Ferien *pl; пое́хать в ~* in Urlaub fahren
отпуска́ть *v impf 1.* gehen lassen, entlassen; *2. (давать отпуск)* beurlauben, Ferien geben; *3. (освобождать)* freilassen, entlas-

sen, laufen lassen; *4. (товар)* verkaufen, ausliefern; *5. (ослаблять верёвку)* lockern, entspannen; *6. (о морозе)* nachlassen

отра́ва *f* Gift *n; ~ для крыс* Rattengift *n*

отрави́тель(ница) *m/f* Giftmischer(in) *m/f,* Giftmörder(in) *m/f*

отравле́ние *n* Vergiftung *f,* Verseuchung *f; ~ ры́бой* Fischvergiftung *f*

отра́вленный *adj* vergiftet, verseucht

отравля́ть *v impf 1.* vergiften, verseuchen; *2. (fig)* verbittern, vergällen

отравля́ющий *adj* giftig, Gift…

отра́да *f* Freude *f,* Trost *m*

отра́дный *adj* erfreulich, tröstlich

отража́ть *v impf 1.* PHYS reflektieren, widerspiegeln; *2. (эпоху)* widerspiegeln, ein Spiegelbild sein; *3. (опровергать)* widerlegen, zurückweisen; *4. ~ся* sich auswirken, beeinflussen, einen Eindruck hinterlassen

отраже́ние *n 1.* PHYS Reflexion *f; 2. (изображение)* Spiegelbild *n,* Abbild *n*

отражённый *adj* widergespiegelt, reflektiert; *~ свет* Lichtreflex *m*

о́трасль *f 1.* Zweig *m; 2.* ECO Branche *f*

отреза́ть *v impf* abschneiden, abtrennen

отрезвле́ние *n* Ernüchterung *f*

отрезвля́ть *v impf* ernüchtern

отре́зок *m* Abschnitt *m,* Strecke *f,* Stück *n; ~ вре́мени* Zeitabschnitt *m*

отрека́ться *v impf 1.* verzichten, Verzicht leisten; *2. (отрицать)* zurücknehmen, widerrufen, absagen

отреша́ть *v impf* entheben, absetzen, suspendieren

отрица́ние *n 1.* Verneinung *f,* Negierung *f,* Leugnen *n; 2.* GRAMM Verneinung *f*

отрица́тельный *adj* negativ, verneinend, ablehnend; *~ отве́т* Absage *f,* Verneinung *f*

отрица́ть *v impf* verneinen, verleugnen, ablehnen

отруба́ть *v impf* abhauen, abhacken

отры́в *n 1.* Abreißen *n,* Losreißen *n; 2. (fig)* Loslösung *f*

отрыва́ть *v impf 1.* abreißen; *2. (fig)* losreißen, trennen

отры́гивать *v impf* aufstoßen, rülpsen *(fam)*

отсека́ть *v impf* abhacken, abhauen, abschlagen

отсро́чивать *v impf 1.* verlängern, aufschieben, hinausschieben; *2.* FIN stunden

отсро́чка *f 1.* Verlängerung *f,* Aufschub *m; 2.* FIN Stundung *f*

отстава́ть *v impf 1.* zurückbleiben, nicht hinterherkommen; *2. (о часах)* nachgehen; *3. (отделяться)* sich lösen, abgehen; *4. (fam) ~ кого́-л* in Ruhe lassen

отста́вка *f (правительства, министра)* Rücktritt *m; в …вке* außer Dienst

отста́ивать *v impf 1.* verteidigen, schützen; *2. (добываться)* behaupten, durchsetzen; *3. (вступаться за что-л)* sich einsetzen, für etw eintreten; *4. (долго стоять)* lange stehen

отста́лый *adj* rückständig, zurückgeblieben, überholt

отстране́ние *n 1.* Entfernung *f,* Beseitigung *f; 2. (увольнение)* Entlassung *f,* Enthebung *f; ~ от рабо́ты* Aussperrung *f*

отстраня́ть *v impf 1.* beiseite schieben, entfernen; *2. (увольнять)* entheben, entlassen

отступа́ть *v impf 1.* zurücktreten, zur Seite weichen; *2.* MIL sich zurückziehen; *3. (от правил)* abweichen, abgehen; *~ от догово́ра* ECO einen Vertrag verletzen; *4. ~ся* aufgeben, Abstand nehmen von etw

отступле́ние *n 1.* MIL Rückzug *m,* Rückmarsch *m; 2. (от правил)* Abweichung *f,* Ausnahme *f; 3. (от темы)* Abschweifung *f*

отсу́тствие *n 1.* Abwesenheit *f,* Fehlen *n; 2. (нехватка)* Mangel *m; из-за …вия вре́мени* aus Zeitmangel *m*

отсу́тствовать *v impf 1.* fehlen, abwesend sein, fernbleiben; *2. (не иметься)* nicht vorhanden sein, fehlen

отсыла́ть *v impf 1.* abschicken, absenden; *2. ~ обра́тно* zurückschicken

отсю́да *adv 1.* von hier aus, ab hier; *2. (по этой причине)* hieraus

отта́ивать *v impf 1.* auftauen, schmelzen; *2. (fig)* auftauen, umgänglich werden

отта́лкивать *v impf* wegstoßen, zurückstoßen, abstoßen

отте́нок *m 1.* Farbton *m,* Tönung *f; 2. (разновидность)* Schattierung *f,* Nuance *f; 3. (fig)* Anflug *m; с …нком иро́нии* mit einem Anflug von Ironie

оттеня́ть *v impf 1.* schattieren, tönen, abtönen; *2. (подчёркивать)* betonen, hervorheben

о́ттепель *f* Tauwetter *n*

о́ттиск *m 1.* Abdruck *m; 2. (полиграфия)* Abzug *m*

оттого́ *adv* daher, deshalb, darum, deswegen; *~ что* weil, da

отту́да *adv* von dort, von da, daher

отучáть *v impf* jdm etw abgewöhnen
отхóд *m 1.* Abgang *m,* Abfahrt *f,* Abreise *f; 2.* MIL Rückzug *m*
отходи́ть *v impf 1.* weggehen, sich entfernen, beiseite gehen; *2. (о транспорте)* abfahren; *3. (отклоняться)* von etw abkommen, von etw abweichen; *4.* MED wieder zu sich kommen
отхóды *pl* Abfall *m,* Abfälle *pl*
отцóвский *adj* väterlich, Vater...
отчáиваться *v impf* verzweifeln, verzagen, die Hoffnung verlieren
отчáсти *adv* teilweise, zum Teil
отчáяние *n* Verzweiflung *f,* Fassungslosigkeit *f*
отчáянный *adj* verzweifelt, fassungslos, hoffnungslos, händeringend *(fam)*
Óтче наш *m* REL Vaterunser *n*
отчегó *pron* warum, weshalb, aus welchem Grund
отчёт *m 1.* Bericht *m; 2. (объяснение)* Rechenschaft *f*
óтчим *m* Stiefvater *m*
отчислéние *n 1.* Anweisung *f,* Zuweisung *f; 2. (вычет)* Abzug *m; 3. (увольнение)* Entlassung *f*
отчисля́ть *v impf 1.* abziehen, einbehalten; *2. (из вуза и т. п.)* ausschließen, exmatrikulieren; *3.* ECO streichen, entlassen; *4.* FIN abführen
отчи́тывать *v impf (fam)* schimpfen, anpfeifen, abkanzeln, eine Standpauke halten; *2. ~ся* Rechenschaft ablegen
отчуждáть *v impf 1.* entfremden; *2.* JUR enteignen
отчуждéние *f 1.* Entfremdung *f,* Isoliertheit *f; 2.* JUR Enteignung *f*
отшéльник *m* Einsiedler *m,* Eremit *m*
отшивáть *v impf* jdn abwimmeln
отъéзд *m* Abfahrt *f,* Abreise *f*
отъезжáть *v impf* wegfahren, fortfahren, sich entfernen
отыскáть *v pf* ausfindig machen, finden, aufstöbern
оты́скивать *v impf* suchen, auf der Suche nach etw sein
óфис *m* Büro *n,* Office *n*
официáльность *f* Förmlichkeit *f*
официáльный *adj* offiziell, förmlich, amtlich; *...ное лицó* Amtsperson *f*
официáнт(ка) *m/f* Kellner(in) *m/f,* Ober *m*
оформлéние *n 1.* Erledigung *f,* Abfertigung *f; ~ багажá* Gepäckabfertigung *f; 2. (регистрация)* Anmeldung *f; ~ на рабóту* Einstellung *f; 3. (художественное)* ART Gestaltung *f,* Ausstattung *f; 4. (документов)* JUR Ausfertigung *f,* Ausstellung *f*
оформля́ть *v impf 1.* gestalten, ausstatten; *2. (выполнять необходимые формальности)* registrieren, legalisieren, anmelden; *3. (документы)* ausfertigen, ausstellen
охвáт *m* Umfang *m,* Stärke *f*
охвáтывать *v impf 1.* umfassen, umfangen, erfassen; *2. (окружать)* umgeben, umschließen, einschließen; *3. (о чувствах)* erfassen, ergreifen, bewegen, packen
охлаждáть *v impf* kühlen, abkühlen, erkalten lassen
охлаждéние *n* Abkühlung *f,* Kühlung *f*
охлаждённый *adj* gekühlt
охóта[1] *f* Jagd *f*
охóта[2] *f (желание)* Lust *f,* Vergnügen *n; с ...той* gern, mit Vergnügen
охóтиться *v impf 1.* jagen; *2. (fig)* Jagd machen auf, hinter etw her sein
охóтник[1] *m* Jäger *m*
охóтник[2] *m (любитель)* Liebhaber *m,* Freund *m,* Fan *m*
охóтно *adv* gern, mit Vergnügen, gut und gern
охрáна *f 1.* Schutz *m; ~ окружáющей среды́* Umweltschutz *m; 2. (стража)* Wache *f,* Schutz *m; пограни́чная ~* Grenzschutz *m*
охрáнник *m* Wachmann *m,* Ordner *m*
охраня́ть *v impf 1.* bewachen; *2. (защищать)* schützen, verteidigen, wahren
охри́пший *adj* heiser, krächzend
оцéнивать *v impf 1.* schätzen, bewerten, veranschlagen, auswerten; *2. (давать оценку)* einschätzen, beurteilen, bewerten; *3. (признавать достоинства)* würdigen, anerkennen
оцéнка *f 1.* Einschätzung *f,* Beurteilung *f,* Bewertung *f,* Prädikat *n; 2. (отметка)* Note *f,* Zensur *f*
оцепля́ть *v impf* absperren, abriegeln
очáг *m 1.* Herd *m; 2. (источник чего-л)* Herd *m; ~ зарáзы* MED Ansteckungsherd *m; 3. домáшний ~* Heim *n,* Zuhause *n*
очаровáние *n 1.* Zauber *m; 2. (fig)* Reiz *m,* Charme *m*
очаровáтельный *adj* bezaubernd, reizend, zauberhaft, charmant, hinreißend
очарóвывать *v impf 1.* verzaubern, verhexen; *2. (fig)* bezaubern, fesseln

очеви́дный *adj* offensichtlich, offenkundig, einleuchtend, klar
о́чень *adv* sehr; *не ~* nicht so sehr, nicht besonders
очередно́й *adj 1.* nächst, nachfolgend, folgend; *2. (стоящий на очереди)* routinemäßig, fällig, anfallend; *3. (регулярный)* üblich, normal
очерёдность *f* Reihenfolge *f,* Folge *f; согдасно …сти* turnusmäßig
о́чередь *f 1.* Schlange *f; стоя́ть в …ди* Schlange stehen; *стать в ~* sich anstellen; *2.* MIL Feuerstoß *m,* Salve *f*
о́черк *m 1.* LIT Essay *m,* Reportage *f; 2. (общее изложение)* Grundriss *m*
очерта́ния *pl* Konturen *pl,* Umrisse *pl*
очи́стка *f 1.* Reinigung *f,* Säuberung *f; 2. (освобождение)* Räumung *f,* Freimachen *n; 3. (картофеля и т. п.)* Schälen *n,* Pellen *n*
очища́ть *v impf* reinigen, säubern
очка́рик *m (fam)* Brillenträger(in) *m/f*
очки́ *pl* Brille *f*
очко́ *n 1.* SPORT Punkt *m,* Gewinnpunkt *m; коли́чество ~в* Punktzahl *f; преиму́щество в …ка́х* Punktevorsprung *m; 2. (на костях, картах)* Auge *n,* Wert *m; 3. (карточная игра)* Siebzehn und Vier
очковтира́тель *m (fam)* Blender *m,* Schönfärber *m*
очути́ться *v pf* sich plötzlich befinden, verschlagen sein
ошара́шенный *adj (fam)* entgeistert, verblüfft
ошара́шивать *v impf (fam)* verblüffen, aus der Fassung bringen
ошеломлённый *adj* entgeistert, verblüfft, verdutzt
ошеломля́ть *v impf* überwältigen, in höchstes Erstaunen versetzen
ошеломля́ющий *adj* verblüffend, frappierend
ошиба́ться *v impf* sich irren, sich täuschen
оши́бка *f* Fehler *m,* Irrtum *m,* Versehen *n; по …ке* irrtümlich, versehentlich
оши́бочно *adv* fälschlicherweise, irrtümlicherweise
оши́бочный *adj* falsch, irrtümlich, Fehl…
ощу́пывать *v impf* betasten, befühlen
ощути́мость *f* Wahrnehmbarkeit *f*
ощути́мый *adj* fühlbar, greifbar, spürbar, merklich
ощуща́ть *v impf 1.* empfinden, verspüren, spüren, fühlen; *2. ~ся* sich bemerkbar machen
ощуще́ние *n* Empfindung *f,* Gefühl *n*

П

павильо́н *m* Halle *f*, Pavillon *m*
па́вший *m MIL* Gefallener *m*
па́даль *f* Aas *n*, Kadaver *m*
па́дать[1] *v impf (снижаться)* fallen, sinken; *Не ...дай ду́хом.* Lass den Kopf nicht hängen.
па́дать[2] *v impf (на землю)* fallen, hinfallen, stürzen
паде́ж *m GRAMM* Fall *m*, Kasus *m; вини́тельный ~* Akkusativ *m; да́тельный ~*Dativ *m; имени́тельный ~* Nominativ *m; предло́жный ~* Präpositiv *m; роди́телный ~* Genitiv *m; твори́тельный ~* Instrumentalis *m*
паде́ние *n 1.* Fallen *n*, Sturz *m*, Einsturz *m; 2. (понижение)* Fallen *n*, Sinken *n; 3. (упадок)* Verfall *m*, Niedergang *m*
пай *m ECO* Anteil *m*, Teil *m*
па́йщик *m ECO* Teilhaber(in) *m/f*, Gesellschafter(in) *m/f*
паке́т *m 1.* Paket *n; 2. (сумка)* Tüte *f*, Plastiktüte *f*
Пакиста́н *m GEO* Pakistan *n*
пакиста́нец *m* Pakistaner *m*
пакиста́нка *f* Pakistanerin *f*
пакова́ть *v impf* packen, einpacken, verpacken
пакт *m* Pakt *m*, Vertrag *m; ~ о ненападе́нии* Nichtangriffspakt *m*
пала́та *f 1.* Kammer *f; торго́вая ~ ECO* Handelskammer *f; 2. (в больнице)* Krankenzimmer *n; 3. (fig) у него́ ума́ ~* er ist ein heller Kopf
пала́тка *f 1.* Zelt *n; ~ на де́сять челове́к* Zehn-Mann-Zelt *n; 2. (киоск)* Verkaufsstand *m*, Kiosk *m*
пала́ч *m* Scharfrichter *m*, Henker *m*, Folterknecht *m (fam)*
Палести́на *f GEO* Palästina *n*
палести́нец *m* Palästinenser *m*
палести́нка *f* Palästinenserin *f*
палести́нский *adj* palästinensich
па́лец *m ANAT 1. (руки)* Finger *m; большо́й ~* Daumen *m; указа́тельный ~* Zeigefinger *m; безымя́нный ~* Ringfinger *m; 2. (ноги)* Zehe *f; 3. TECH* Bolzen *m*, Stift *m; 4. (fig) выса́сывать что-л из ...льцев* sich etw aus den Fingern saugen; *5. (fig) ~ о ~ не уда́рять* keinen Finger krumm machen
пали́тра *f ART* Palette *f*
пали́ть *v impf (fam)* feuern, schießen
па́лка *f* Stock *m*, Stab *m; из-под ...ки* erzwungen
пало́мник *m REL* Wallfahrer *m*
пало́мница *f REL* Wallfahrerin *f*
пало́мничество *n REL* Pilgerfahrt *f*, Wallfahrt *f*
па́лочный *adj 1.* Stock...; *2. (fig) ...ная дисципли́на* Kadavergehorsam *m*
па́луба *f NAUT* Deck *n*, Verdeck *n*
па́лубный *adj NAUT* Deck...
пальба́ *f* Schießerei *f*
па́льма *f BOT* Palme *f*
пальто́ *n* Mantel *m*
па́мперс *m* Windel *f*
па́мятка *f* Notizzettel *m*, Notizblock *m*
па́мятник *m* Denkmal *n*
па́мятный *adj 1.* denkwürdig; *2. (в память чего-л)* Gedenk... ; *...ное ме́сто* Gedenkstätte *f*
па́мять *f 1.* Gedächtnis *n; 2. (воспоминание)* Andenken *n*, Erinnerung *f; на ~ чего́-л* zum Andenken an etw; *3. INFORM* Speicher *m*
Пана́ма *f GEO* Panama *n*
панаце́я *f* Allheilmittel *n*
пане́ль *f* Paneel *n*, Platte *f*, Verkleidung *f*
па́ника *f* Panik *f; наводи́ть ...ку* Panik machen
паниро́ванный *adj GAST* paniert
панихи́да *f REL* Trauergottesdienst *m*
панора́ма *f* Panorama *n*, Rundblick *m*
пансиона́т *m* Ferienheim *n*
панте́ра *f ZOOL* Panther *m*
пантоми́ма *f THEAT* Pantomime *f*
па́нцирь *m 1. ZOOL* Panzer *m*, Schale *f*, *2. (fig)* Panzer *m*, Schutzpanzer *m*
па́па[1] *m (fam)* Papa *m*
па́па[2] *m (римский) REL* Papst *m*
па́пка *f 1.* Ordner *m*, Aktenordner *m*, Mappe *f*, Hefter *m (fam)*
па́поротник *m BOT* Farn *m*
па́пский *adj REL* päpstlich, Papst...; *~ престо́л* der Päpstliche Stuhl *m*
пар *m* Dampf *m*
па́ра *f 1.* Paar *n; ~ перча́ток* ein Paar Handschuhe; *~ми* paarweise; *2. (о людях)* Paar *n; супру́жеская ~* Ehepaar *n; 3. (fam)* ein paar, einige
Парагва́й *m GEO* Paraguay *n*
пара́граф *m JUR* Paragraph *m*, Artikel *m*

пара́д *m 1.* Parade *f; 2. (fig)* Gala *f; яви́ться в по́лном ~е* in Gala erscheinen, aufgedonnert sein
парадо́кс *m* Paradox *n,* paradoxe Situation *f*
парадокса́льно *adv* paradoxerweise, seltsamerweise
парадокса́льный *adj* paradox
парази́т *m* Parasit *m,* Schmarotzer *m*
паразита́рный *adj* schmarotzerhaft, auf fremde Kosten lebend
паразити́ровать *v impf* schmarotzen
паразити́ческий *adj* parasitär, schmarotzerhaft
парализо́ванный *adj* gelähmt
парализова́ть *v impf/pf 1. MED* lähmen, paralysieren; *2. (fig)* lahm legen
парали́ч *m MED* Lähmung *f,* Paralyse *f; разби́тый ~о́м* paralysiert, gelähmt
паралле́ль *f 1. MATH* Parallele *f; 2. (fig)* Vergleich *m,* Parallele *f; провести́ ~* eine Parallele ziehen, einen Vergleich anstellen
паралле́льный *adj 1. MAT* parallel; *2. (fig)* gleichzeitig, parallel
пара́метр *m MATH* Parameter *m,* Kennwert *m*
парашю́т *m* Fallschirm *m*
парашюти́ст(ка) *m/f* Fallschirmspringer(in) *m/f*
па́рень *m (fam)* Bursche *m,* Kerl *m*
пари́ *n* Wette *f; идти́ на ~* wetten
пари́к *m* Perücke *f,* Toupet *n*
парикма́хер *m* Friseur(in) *m/f*
парикма́херская *f* Friseursalon *m,* Friseur *m*
пари́ровать *v impf/pf* parieren, kontern, abwehren
парите́т *m 1. JUR* Parität *f,* Gleichstellung *f,* Gleichheit *f; 2. ECO* Parität *f*
парите́тный *adj* paritätisch, gleich, gleich stark, ebenbürtig
па́рить *v impf GAST* dämpfen, schmoren
пари́ть *v impf* gleiten, schweben, segeln; *~ в облака́х* in höheren Sphären schweben
парк *m* Park *m,* Parkanlage *f*
парке́т *m* Parkettboden *m,* Parkett *n; ~ в ёлку* Fischgrätenparkett *n*
парла́мент *m POL* Parlament *n; Европе́йский ~* Europaparlament *n*
парла́ментский *adj* parlamentarisch, Parlaments…
пармеза́н *m GAST* Parmesan *m*
парнико́вый *adj* Treibhaus…; *~ эффе́кт* Treibhauseffekt *m*
паро́дия *f 1.* Parodie *f; 2. (fig)* Karikatur *f*
паро́ль *m 1.* Parole *f,* Kennwort *n; 2. INFORM* Passwort *n*
паро́м *m* Fähre *f*
парохо́д *m* Dampfer *m*
парте́р *m THEAT* Parkett *n*
парти́йный *adj POL* parteimäßig, Partei…; *~ съезд* Parteitag *m*
па́ртия *f 1.* Partei *f; 2. (товара)* Partie *f; 3. SPORT* Satz *m; 4. MUS* Partie *f,* Part *m; вока́льная ~* Gesangrolle *f*
партнёр *m* Partner *m*
партнёрство *n* Partnerschaft *f,* Gemeinschaft *f*
па́рус *m* Segel *n; на всех ~ах (fig)* mit vollen Segeln
парфюме́рия *f* Parfümerie *f*
парфюме́рный *adj* Parfümerie…, Kosmetik…
парши́вый *adj (fig)* miserabel, hundsgemein *(fam)*
па́сечник *m* Imker *m,* Bienenzüchter *m*
па́сик *m* Bienenstand *m*
па́смурный *adj 1.* trübe, düster, finster; *2. (о погоде)* trübe, bedeckt
па́спорт *m* Pass *m,* Ausweis *m; загрании́чный ~* Reisepass *m*
па́спортный *adj* Pass…, Ausweis…
пасса́ж *m* Passage *f*
пассажи́р(ка) *m* Passagier *m,* Fahrgast *m*
пассажи́рский *adj* Personen…, Passagier….; *~ по́езд* Personenzug *m*
пасси́в *m 1. FIN* Passiva *pl,* Verbindlichkeiten *pl; 2. GRAMM* Passiv *n*
пасси́вность *f* Passivität *f,* Untätigkeit *f*
пасси́вный *adj 1.* passiv, untätig, Passiv…; *…ная роль* passive Rolle *f; 2. GRAMM* passivisch, Passiv…
па́ста *f 1.* Paste *f; зубна́я ~* Zahnpasta *f; 2. GAST* Pasta *f,* Nudeln *pl*
па́стбище *n* Weide *f,* Viehweide *f*
па́стбищный *adj* Weide…
пасти́ *v impf 1.* weiden, hüten; *2. ~сь* weiden, grasen
па́стор *m REL* Pastor *m*
пасту́х *m* Hirt *m*
пасту́шка *f* Hirtin *f*
па́стырь *m REL* Seelsorger *m,* Priester *m*
пасть *f* Rachen *m*
Па́сха *f REL* Ostern *pl,* Osterfest *n*
пасха́льный *adj* österlich, Oster…
пате́нт *m JUR* Patent *n*
пате́нтный *adj* Patent…;*…ное ве́домство* Patenamt *n*

патентова́ть *v impf/pf* patentieren
па́тер *m* REL Pater *m*
пато́лог *m* MED Pathologe *m*
патологи́ческий *adj* MED krankhaft, pathologisch
патоло́гия *f* MED Pathologie *f*
патриа́рх *m* REL Patriarch *m*
патриарха́т *m* Patriarchat *n*
патрио́т(ка) *m/f* Patriot(in) *m/f*
патриоти́зм *m* POL Patriotismus *m,* Vaterlandsliebe *f*
патриоти́ческий *adj* patriotisch
патро́н *m 1.* MIL Patrone *f; 2.* TECH Fassung *f,* Einsatz *m; 3. (выкройка)* Schnittmuster *n; 4. (папиросный)* Zigarettenhülse *f*
патру́ль *m* Streife *f,* Patrouille *f*
па́уза *f* Pause *f; де́лать ...зу* innehalten, pausieren
пау́к *m* ZOOL Spinne *f*
паути́на *f* Spinnweben *pl*
па́фос *m* Pathos *n*
пах *m* ANAT Leiste *f,* Leistengegend *f*
паха́ть *v impf 1.* pflügen; *2. (fam)* schuften, ackern
па́хнуть *v impf* riechen, duften
пацие́нт(ка) *m/f* Patient(in) *m/f,* Kranke(r) *f/m*
пацифи́зм *m* POL Pazifismus *m*
пацифи́ст(ка) *m/f* Pazifist(in) *m/f*
пацифи́стский *adj* pazifistisch
па́чка *f 1.* Päckchen *n,* Packung *f; ~ сигаре́т* Packung Zigaretten, Schachtel Kippen *(fam); ~ми* bündelweise
па́чкать *v impf* beschmieren, besudeln
пачкотня́ *f* Schmiererei *f,* Gekritzel *n,* schlampige Arbeit *f*
па́шня *f* AGR Acker *m*
паште́т *m* GAST Pastete *f*
пая́ть *v impf* löten
пая́ц *m (fig)* Clown *m,* Hanswurst *m (fam)*
пев́ец *m* Sänger *m*
певи́ца *f* Sängerin *f*
пе́гий *adj* scheckig
педаго́г *m* Pädagoge *m,* Pädagogin *f*
педаго́гика *f* Pädagogik *f*
педагоги́ческий *adj* pädagogisch; *...кое образова́ние* pädagogische Ausbildung
педа́ль *f* Pedal *n; нажима́ть на ~* in die Pedale treten; *нажима́ть на все ...ли* alle Hebel in Bewegung setzen *(fig)*
педа́нт(ка) *m/f* Pendant(in) *m/f,* Kleinkrämer(in) *m/f (fam)*
педанти́чность *f* Pedanterie *f*
педанти́чный *adj* penibel, pedantisch, peinlich genau, übergenau *(fam)*
педиа́тр *m* Kinderarzt *m,* Kinderärztin *f*
педиатри́я *f* MED Kinderheilkunde *f,* Pädiatrie *f*
педикю́р *m* Pediküre *f,* Fußpflege *f*
пейза́ж *m* ART Landschaft *f,* Landschaftsgemälde *n*
пейза́жный *adj* Landschafts...
пе́карь *m* Bäcker *m*
пе́кло *n (fam) 1.* Glut *f; 2. (fig)* Hölle *f,* höllisches Feuer *n*
пелена́ть *v impf* wickeln, einwickeln
пеленгова́ть *v impf/pf* TECH peilen
пелёнка *f* Wickeltuch; *с ...нок* von Kindesbeinen an
пелика́н *m* ZOOL Pelikan *m*
пе́на *f* Schaum *m; морска́я ~* Gischt *m; с ...ной у рта* wutschäumend
пена́льти *m* SPORT Strafstoß *m,* Elfmeter *m,* Elfer *m (fam)*
пе́ние *n* MUS Singen *n,* Gesang *m; учи́тель ...ния* Gesangslehrer *m*
пе́нистый *adj* schäumend, Schaum...; *...тая ва́нна* Schaumbad *n*
пе́ниться *v impf* schäumen
пеницилли́н *m* MED Penicillin *n*
пенорези́на *f* Schaumgummi *m*
пенсионе́р(ка) *m/f* Rentner(in) *m/f,* Rentenempfänger(in) *m/f,* Pensionär(in) *m/f*
пенсио́нный *adj* Renten..., Pensions...; *~ во́зраст* Rentenalter *n*
пе́нсия *f* Rente *f,* Pension *f,* Ruhestand *m; ~ по ста́рости* Altersrente *f*
пе́ня *f* JUR Vertragsstrafe *f*
пе́пел *m* Asche *f*
пе́рвенство *n 1.* Vorrang *m; 2.* SPORT Meisterschaft *f; завоева́ть ~* die Meisterschaft erringen
перви́чный *adj* primär, ursprünglich, Erst...
первокла́ссник *m* Erstklässler *m,* Schulanfänger *m*
первокла́ссница *f* Schulanfängerin *f*
первокла́ссный *adj* erstklassig, prima *(fam)*
первонача́льный *adj 1.* anfänglich, primär, ursprünglich, Anfangs...; *2. (элемента́рный)* grundlegend, Grund...; *...ные све́дения* Grundkenntnisse *pl*
первооткрыва́тель(ница) *m/f* Entdecker(in) *m/f*
первостепе́нный *adj* vorrangig, von vorrangiger Bedeutung

пе́рвый *adj* erster
перга́мент *m* Pergament *n*
перебива́ть *v impf 1.* zerbrechen, kurz und klein schlagen; *2. (врагов)* niedermetzeln, erschlagen; *3. (прерывать)* unterbrechen, ins Wort fallen; *4. (fig) ~ся* sich durchschlagen, durchkommen
перебра́нка *f (fam)* Wortgefecht *n,* Schimpferei *f,* Gezeter *n*
перева́л *m* GEO Pass *m; го́рный ~* Gebirgspass *m*
переваре́ние *n* MED Verdauung *f,* Verdauen *n*
перева́ривать *v impf* MED verdauen
перевёртывать *v impf 1.* wenden, umdrehen, umkehren; *2. (fam)* umkippen, umstülpen
переве́с *m 1.* Übergewicht *n; 2. (fig)* Übermacht *f; име́ть ~* überhand nehmen
перево́д *m 1.* Verlegung *f,* Verlagerung *f,* Versetzung *f; 2. (на другой язык)* Übersetzung *f; ~ с ру́сского языка́ на неме́цкий* Übersetzung aus dem Russischen ins Deutsche; *3.* FIN Überweisung *f*
переводи́ть *v impf 1.* übersetzen; *2. (устно)* dolmetschen
перево́дчик *m 1.* Übersetzer *m; 2. (устный)* Dolmetscher *m*
перево́дчица *f 1.* Übersetzerin *f; 2. (устная)* Dolmetscherin *f*
перевози́ть *v impf* befördern, transportieren
перево́зка *f* Beförderung *f,* Transport *m*
перево́зочный *adj* Transport..., Beförderungs...
перевора́чивать *v impf 1.* herumdrehen, umkehren, wenden; *~ всё вверх дном* alles auf den Kopf stellen; *2. (fam)* ändern
переворо́т *m* Umsturz *m,* Umwälzung *f; госуда́рственный ~* POL Staatsstreich *m*
перевя́зывать *v impf 1.* MED verbinden; *2. (связывать)* zubinden, verschnüren
перегиба́ть *v impf 1.* umbiegen; *2. (fig)* übertreiben, überspitzen; *~ па́лку* den Bogen überspannen
перегово́ры *pl 1.* Verhandlungen *pl; вести́ ~* Verhandlungen führen; *путём ...ров* auf dem Vehandlungswege; *2. (разговор)* Gespräch *n,* Unterredung *f*
перегоня́ть *v impf 1.* überholen; *2. (в другое место)* überführen, hinbringen; *3.* CHEM destillieren
перегора́ть *v impf* verbrennen, durchbrennen
перегружа́ть *v impf 1.* umladen, überlasten; *2. (fig)* überbeanspruchen, überfordern
перегру́зка *f 1.* Überladung *f,* Überlastung *f; 2. (fig)* Überlastung *f,* Überforderung *f*
пе́ред *prep 1. (о месте)* vor; *стул стои́т ~ столо́м* der Stuhl steht vor dem Tisch; *2. (о времени)* vor; *~ отъе́здом* vor der Abreise; *3. (по отношению)* bei, gegenüber; *извиня́ться ~ кем-л* sich bei jdm entschuldigen
передава́ть *v impf 1.* übergeben, reichen; *2. (сообщать)* ausrichten, mitteilen, sagen; *3. (по радио, телевидению)* senden, übertragen; *4. (знания, опыт)* vermitteln
переда́ча *f 1.* Übergabe *f; 2. (радио, телевидение)* Sendung *f; 3.* TECH Übertragung *f*
передвига́ть *v impf 1.* verschieben, verlegen, verstellen; *2. (стрелку)* stellen
передвижно́й *adj 1.* verstellbar, fahrbar; *2.* ART *...ная вы́ставка* Wanderausstellung *f*
переде́лка *f* Umgestaltung *f,* Umbau *m,* Überarbeitung *f,* Umarbeitung *f*
переде́лывать *v impf* umarbeiten, überarbeiten, ändern, umgestalten
пере́дний *adj* vorder, Vorder...; *~ план* Vordergrund *m*
пере́дник *m* Schürze *f*
пере́дняя *f* Diele *f,* Vorraum *m,* Flur *m*
передово́й *adj 1.* vorgeschoben, Vor...; *2. (fig)* führend, Spitzen...; *3. (прогрессивный)* fortgeschritten, fortschrittlich, progressiv
переды́шка *f 1.* Atempause *f,* Pause *f,* Verschnaufpause *f (fam); без ...ки* ununterbrochen, pausenlos
перее́зд *m 1.* Überfahrt *f; 2. (переселение)* Umzug *m; 3. (место)* Übergang *m*
переезжа́ть *v impf 1.* fahren, hinüberfahren; *2. (переселяться)* umziehen
пережива́ть *v impf 1.* erleben, durchmachen; *~ кри́зис* in einer Krise stecken; *2. (кого́-л)* überleben, überdauern; *3. (нервничать)* unruhig sein, sich Sorgen machen
переизбра́ние *n* POL Wiederwahl *f,* Neuwahl *f*
переиздава́ть *v impf* neu herausgeben, neu auflegen
переизда́ние *n* Neuausgabe *f,* Neuauflage *f*
переимено́вывать *v impf* umbenennen, umtaufen
переквалифика́ция *f* Umschulung *f*
переключа́ть *v impf* umschalten; ~

передáчи schalten, in einen anderen Gang schalten
перекрёсток *m* Kreuzung *f*, Straßenkreuzung *f*; *на всех ...ках* an allen Ecken und Enden
перекрéщиваться *v impf* sich kreuzen, über Kreuz verlaufen
переливáние *n 1.* Umgießen *n*, Umschütten *n*; *2.* MED Transfusion *f*
переливáть *v impf ~ся рáзными цветáми* schillern
перели́вы *pl 1.* MUS Modulationen *pl*; *2.* Schillern *n*; *~ цветóв* Farbenspiel *n*
перели́стывать *v impf* blättern, durchblättern
перелóм *m 1.* Bruch *m*; *2.* MED Knochenbruch *m*, Fraktur *f*; *3. (резкая перемена)* Wende *f*, Umschwung *m*
перемéна *f 1.* Änderung *f*, Veränderung *f*, Wandel *m*, Wechsel *m*; *2. (в школе)* Pause *f*
перемéнный *adj 1.* wechselhaft, Wechsel...; *2.* variabel; *...нная величинá* Variable *f*
перемéнчивость *f (fam)* Unbeständigkeit *f*, Veränderlichkeit *f*
перемéнчивый *adj (fam)* launisch, unbeständig
переменя́ть *v impf 1.* ändern, verändern; *~ тáктику* seine Taktik ändern; *2. (сменять)* wechseln
перемещáть *v impf 1.* umstellen, verlegen, verlagern; *2. ~ся* den Platz wechseln
переми́рие *n* POL Waffenstillstand *m*, Waffenruhe *f*; *заключáть ~* einen Waffenstillstand schließen
перенесéние *n* Aufschub *m*, Verschiebung *f*; *~ срóка* Terminverschiebung *f*
перенóс *m 1.* GRAMM Silbentrennung *f*; *2.* TECH Transport *m*, Übertragung *f*
переноси́ть *v impf 1.* tragen, bringen, hinüberbringen; *2. (переводить в другое место)* verlegen; *3. (назначать на другое время)* vertagen, verlegen; *4. (переживать)* erdulden, erleiden, ertragen, durchmachen
перенóсный *adj 1.* tragbar, transportabel; *2.* LING übertragen; *...ное значéние* übertragene Bedeutung *f*
переодевáть *v impf 1.* umkleiden, umziehen, die Kleidung wechseln; *2. ~ся* sich umziehen
переоцéнивать *v impf 1.* überbewerten, überschätzen; *~ свои́ си́лы* seine Kräfte überschätzen; *2. (заново оценивать)* neu bewerten, den Preis ändern
перепечáтка *f* Nachdruck *m*
перепи́ска *f 1.* Umschreiben *n*; *2. (списывание)* Abschreiben *n*, Abtippen *n*; *3. (обмен письмами)* Briefwechsel *m*; *4. (корреспонденция)* Korrespondenz *f*, Schriftverkehr *m*, Briefe *pl*
перепи́сывать *v impf 1.* umschreiben, neu schreiben; *2. (списывать)* abschreiben; *3. ~ся* im Briefwechsel stehen, korrespondieren
переплёт *m* Einband *m*; *кни́жный ~* Bucheinband *m*; *кни́га в мя́гком ~е* Paperback *n*, Taschenbuch *n*
переплётчик *m* Buchbinder *m*
переплётчица *f* Buchbinderin *f*
перепóлненный *adj 1.* überfüllt, überlaufen; *2. (желудок)* überfüllt, vollgestopft *(fam)*
переполóх *m* Alarm *m*, Tumult *m*
перепóнка *f* ANAT Membran *f*; *барабáнная ~* Trommelfell *n*
перепу́тывать *v impf 1.* in Unordnung bringen, verwirren; *2. (принимать одно за другое)* verwechseln
перепу́тье *n* Kreuzweg *m*, Scheideweg *m*; *стоя́ть на ~* am Scheideweg stehen
перерабáтывать *v impf 1.* verarbeiten; *2. (переделывать)* überarbeiten, umarbeiten, modifizieren; *3.* ANAT verdauen; *4. (сверх нормы)* Überstunden machen; *5. (fig) ~ся* sich überanstrengen, sich überarbeiten
переработка *f 1.* Verarbeiten *n*, Verarbeitung *f*; *2. (переделка)* Überarbeitung *f*, Modifikation *f*; *3. (fam)* Überstunden *pl*
переры́в *m 1.* Pause *f*, Unterbrechung *f*; *~ на обéд* Mittagspause *f*; *без ~а* ohne Unterbrechung, durchgehend; *2.* SPORT Auszeit *f*
перерывáть *v impf 1.* zerreißen; *2. (fam)* unterbrechen
пересáдка *f 1.* Umpflanzung *f*; *2.* MED Verpflanzung *f*, Transplantation *f*; *~ сéрдца* Herztransplantation *f*; *3. (на транспорте)* Umsteigen *n*; *дéлать ...ку* umsteigen
пересекáть *v impf 1.* überkreuzen, überschneiden; *2. (проходить насквозь)* überqueren, durchqueren
переселéнец *m* Umsiedler *m*, Aussiedler *m*
переселéние *n 1.* Übersiedlung *f*, Umsiedlung *f*; *вели́кое ~ нарóдов* große Völkerwanderung *f*; *2. (на другую квартиру)* Umzug *m*, Umziehen *n*

переселе́нка *m* Aussiedlerin *f*
переселя́ть *v impf 1.* jdn umsiedeln; *2. ~ся* auswandern, umsiedeln, umziehen
пересече́ние *n 1.* Kreuzung *f,* Überschneidung *f; ~ доро́г* Straßenkreuzung *f; 2. MATH* Durchschnitt *m*
переска́з *m* Nacherzählung *f*
переска́зывать *v impf* nacherzählen, wiedergeben
пересма́тривать *v impf* überprüfen, revidieren
пересме́нка *f (fam)* Schichtwechsel *m*
перестава́ть *v impf* aufhören; *...та́нь!* Hör auf damit!
переставля́ть *v impf 1.* umstellen, umräumen; *2. ~ часы́* die Uhr stellen
перестра́ивать *v impf 1.* umbauen; *2. (реорганизовать)* umgestalten, reorganisieren, umstrukturieren; *3. (fig) ~ся* sich umstellen, umdenken
перестре́лка *f* Scharmützel *n,* Feuergefecht *n*
перестро́йка *f 1.* Umgestaltung *f,* Umstrukturierung *f,* Umstellung *f; 2. POL* Perestroika *f*
переступа́ть *v impf 1.* überschreiten; *~ поро́г* den Fuß über die Schwelle setzen; *2. (fig) ~ грани́цу* eine Grenze überschreiten
пересу́ды *pl* Klatsch *m,* Tratsch *m*
пересчёт *m FIN* Umrechnung *f,* Neuberechnung *f*
пересчи́тывать *v impf 1.* nachrechnen, nachzählen; *2. (выражать в других единицах)* umrechnen
перетя́гивать *v impf 1.* herüberziehen, hinüberziehen; *2. (fig)* für sich gewinnen
переубежда́ть *v impf 1.* umstimmen, überzeugen; *2. (уговаривать)* überreden, bekehren
переу́лок *m* Gasse *f,* Nebenstraße *f*
переутомле́ние *n* Überarbeitung *f,* Überanstrengung *f,* Übermüdung *f*
переутомлённый *adj* übermüdet, überarbeitet
перехва́тывать *v impf* abfangen, erwischen, aufschnappen
перехо́д *m 1.* Übergang *m; 2. (через дорогу)* Überführung *f,* Unterführung *f; подзе́мный ~* Fußgängerunterführung *f*
переходи́ть *v impf 1.* gehen, hinübergehen; *2. (сменять место или род занятий)* wechseln zu etw; *3. (приступать)* zu etw übergehen
перехо́дный *adj 1.* übergangsweise, Übergangs...; *~ пери́од* Übergangsphase *f, ANAT* Wechseljahre *pl; 2. GRAMM* transitiv
пе́рец *m BOT 1.* Paprika *f,* Paprikaschote *f,* Pfefferschote *f; 2. (приправа)* Pfeffer *m; кра́сный ~* Paprika *m*
пе́речень *m* Liste *f,* Verzeichnis *n,* Register *n*
перечёркивать *v impf* durchstreichen, streichen
перечисле́ние *n 1.* Aufzählung *f; 2. FIN* Überweisung *f,* Umbuchung *f*
перечисля́ть *v impf 1.* aufzählen; *2. FIN* überweisen, transferieren
пери́ла *pl* Brüstung *f,* Geländer *n*
пери́метр *m MATH* Umfang *m*
пери́на *f* Federbett *n*
пери́од *m* Periode *f,* Zeitraum *m; ~ полураспа́да PHYS* Halbwertszeit *f; инкубацио́нный ~ MED* Inkubationszeit *f*
периоди́ческий *adj* periodisch, regelmäßig wiederkehrend; *...кая систе́ма элеме́нтов CHEM* Periodensystem *n*
перифери́йный *adj* peripher
перифери́я *f* Peripherie *f,* Randgebiet *n*
перку́р *m (fig)* Rauchpause *f*
перламу́тр *m* Perlmutt *n*
перманé́нт *m* Dauerwelle *f*
перманé́нтность *f* Permanenz *f*
перманé́нтный *adj* permanent, laufend, ständig
перо́ *n ZOOL* Feder *f*
перпендикуля́р *m MATH* Senkrechte *f*
перпендикуля́рный *adj* senkrecht, perpendikular
перро́н *m* Bahnsteig *m*
перс *m* Perser *m*
персиа́нка *f* Perserin *f*
перси́дский *adj* persisch, Perser..; *~ ковёр* Perserteppich *m*
пе́рсик *m BOT 1.* Pfirsich *m; 2. (дерево)* Pfirsichbaum *m*
пе́рсиковый *adj* Pfirsich...
Пе́рсия *f GEO* Persien *n*
персона́л *m* Personal *n*
персона́льный *adj* persönlich, personell, Personal...; *...ное де́ло JUR* Personalverfahren *n; ~ компью́тер INFORM* Personalcomputer *m* (*PC*)
перспекти́ва *f* Perspektive *f,* Aussicht *f*
пе́рстень *m* Ring *m,* Fingerring *m*
Перу́ *n GEO* Peru *n*
перуа́нец *m* Peruaner *m*
перуа́нка *f* Peruanerin *f*
перфора́ция *f* Perforation *f*

перфори́ровать *v impf/pf* perforieren, lochen
пе́рхоть *f* Schuppen *pl,* Haarschuppen *pl*
перцо́вый *adj* Pfeffer...
перча́тка *f* Handschuh *m*
пе́рчить *v impf* pfeffern
пёс *m* Hund *m*
пе́сня *f MUS* Lied *n; наро́дная ~* Volkslied *n; ста́рая ~ (fig)* die alte Leier
песо́к *m* Sand *m*
песо́чница *f* Sandkasten *m*
пессими́зм *m* Pessimismus *m,* Schwarzseherei *f (fam)*
пессими́ст(ка) *m/f* Pessimist(in) *m/f*
пессимисти́ческий *adj* pessimistisch
пёстрый *adj* bunt, farbig
песча́ный *adj* sandig, Sand...; *...ая бу́ря* Sandsturm *m*
пети́ция *f* Petition *f,* Bittschrift *f*
пе́тля *f 1.* Schlaufe *f,* Schlinge *f; 2. (вязание)* Masche *f; 3. (авиация)* Looping *m*
петля́ть *v impf* einen Haken schlagen, einen Bogen beschreiben
петру́шка[1] *f BOT* Petersilie *f*
петру́шка[2] *f 1. (кукла)* Kasper *m,* Kasperl *m; 2. (fam)* Quatsch *m,* Unsinn *m*
пету́х *m ZOOL* Hahn *m*
петь *v impf* singen
пехо́та *f* Infanterie *f,* Fußvolk *n*
печа́лить *v impf* betrüben, traurig stimmen
печа́ль *f* Trauer *f,* Traurigkeit *f; Мне что за ~?* Was geht mich das an?
печа́льный *adj 1.* traurig, betrübt, kummervoll; *2. (достойный сожаления)* bedauerlich
печа́тать *v impf 1.* drucken; *2. (на пишущей машинке, компьютере)* tippen, schreiben
печа́тник *m* Drucker *m*
печа́тный *adj* gedruckt, Druck...; *...ными бу́квами* in Druckbuchstaben *pl*
печа́ть[1] *f 1.* Siegel *n,* Stempel *m; служе́бная ~* Dienstsiegel *n; ста́вить ~* stempeln; *наложи́ть ...ти JUR* versiegeln; *2. (fig)* Stempel *m; наложи́ть ~ на что-л* einer Sache seinen Stempel aufdrücken; *кни́га за семью́ ...тями (fig)* ein Buch mit sieben Siegeln
печа́ть[2] *f 1. (пресса)* Presse *f,* Pressewesen *n; в ...ти* in der Presse, durch die Presse; *бюро́ ...ти* Pressestelle *f; как отмеча́ет ~* Pressemeldungen zufolge; *2. (печатание) TECH* drucken; *гото́вый к ...ти* druckreif; *быть в ...ти* im Druck sein
пе́чень *f ANAT* Leber *f*
пече́нье *n GAST* Keks *m,* Kekse *pl,* Gebäck *n*
печь *f* Ofen *m*
печь *v impf* backen
пешехо́д *m* Fußgänger(in) *m/f,* Passant(in) *m/f*
пешехо́дный *adj* Fußgänger...; *..ая зо́на* Fußgängerzone *f*
пешко́м *adv* zu Fuß; *ходи́ть ~* zu Fuß gehen
пеще́ра *f* Höhle *f*
пиани́но *n MUS* Klavier *n*
пиани́ст *m* Pianist(in) *m/f*
пивна́я *f GAST* Kneipe *f*
пивну́шка *f (fam)* Kneipe *f*
пи́во *n* Bier *n*
пивова́р *m* Bierbrauer *m*
пивоваре́ние *n* Bierbrauen *n*
пивова́рня *f* Brauerei *f*
пиджа́к *m* Sakko *n,* Jacke *f,* Jackett *n*
пижа́ма *f* Schlafanzug *m*
пик *m 1. GEO* Gipfel *m,* Bergspitze *f; 2. (fig)* Gipfel *m,* Höhepunkt *m,* Spitze f; *часы́ ~* Rushhour *f,* Hauptverkehrszeit *f*
пи́ка *f* Lanze *f*
пика́нтный *adj* pikant, gut gewürzt, würzig
пикни́к *m* Picknick *n*
пила́ *f TECH* Säge *f*
пили́ть *v impf* sägen
пило́т *m* Pilot *m; второ́й ~* Kopilot *m; без ~а* unbemannt
пилоти́ровать *v impf* steuern, lenken
пилоти́руемый *adj* bemannt
пилю́ля *f* Pille *f; позолоти́ть ...лю* eine bittere Pille versüßen *(fig)*
пингви́н *m ZOOL* Pinguin *m*
пи́ния *f BOT* Pinie *f*
пино́к *m (fam)* Tritt *m,* Fußtritt *m; дать кому́-л ...нка́* jdm einen Fußtritt versetzen
пинце́т *m* Pinzette *f*
пионе́р *m* Pionier *m,* Wegbereiter *m*
пирами́да *f* Pyramide *f*
пира́т *m* Pirat *m,* Seeräuber *m; возду́шный ~* Luftpirat *m*
пира́тский *adj* Piraten..., Seeräuber...; *...кое су́дно* Piratenschiff *n; ...кая ко́пия INFORM* Raubkopie *f*
пирова́ть *v impf* zechen, schmausen
пиро́г *m GAST* Kuchen *m*
пиро́жное *n GAST* Törtchen *n*
пирожо́к *m GAST* kleine Pastete *f,* Pirogge *f*
пирс *m NAUT* Pier *n,* Kai *m*

писа́ние *n 1. (fam)* Schreiben *n,* Schriftstück *n; 2. REL Свящённое ~* Bibel *f,* die Heilige Schrift *f*
писа́тель(ница) *m/f* Schriftsteller(in) *m/f*
писа́ть *v impf 1.* schreiben; *2. ART* malen
писк *m (fam)* Pieps *m,* Piepsen *n,* Quieken *n*
пистоле́т *m* Pistole *f; сигна́льный ~* Leuchtpistole *f*
пи́сьменный *adj* schriftlich
письмо́ *n 1.* Brief *m,* Schreiben *n; 2. сро́чное ~* Eilbrief *m; 3. заказно́е ~* Einschreiben *n*
пита́ние *n 1.* Ernährung *f,* Kost *f,* Verpflegung *f,* Speise *f; иску́ственное ~* künstliche Ernährung; *2. TECH* Beschickung *f,* Zufuhr *f,* Speisung *f; ~ то́ком* Stromversorgung *f*
пита́тельный *adj 1.* Nähr…; *…ные вещества́* Nährstoffe *pl; 2. (сытный)* kräftig, nahrhaft
пита́ть *v impf 1.* ernähren, verpflegen; *2. (испытывать)* hegen, fühlen
пить *v impf 1.* trinken; *~ до дна* austrinken, auf ex trinken *(fam); ~ за чьё-л здоро́вье* auf jdn trinken, auf jds Gesundheit trinken; *2. (о животных)* saufen
питьё *n GAST 1.* Trinken *n; 2. (напиток)* Getränk *n*
пи́хта *f BOT* Tanne *f,* Edeltanne *f*
пи́цца *f GAST* Pizza *f*
пи́ща *f* Nahrung *f,* Speise *f,* Kost *f*
пища́ть *v impf* piepsen, quietschen
пищеваре́ние *n MED* Verdauung *f; расстро́йство …ния* Verdauungsstörungen *pl,* Verdauungsbeschwerden *pl*
пищево́д *m ANAT* Speiseröhre *f,*
пищево́й *adj* Ernährungs…, Nahrungs…, Nähr…
пия́вка *f ZOOL* Egel *m,* Blutegel *m; ста́вить …ки MED* Blutegel ansetzen
пла́вание *n 1.* Schwimmen *n; ~ на спине́* Rückenschwimmen *n; 2. (на судах)* Schifffahrt *f*
пла́вать *v impf* schwimmen; *~ на экза́мене (fam)* in der Prüfung ins Schwimmen geraten; *ме́лко ~* keinen rechten Mumm haben
пла́вки *pl* Badehose *f*
плавни́к *m ZOOL* Flosse *f*
пла́зма *f BIO* Plasma *n; кровяна́я ~* Blutplasma *n*
плака́т *m* Plakat *n; учёбный ~* Wandbild *n*
пла́кать *v impf 1.* weinen; *2. ~ся* jammern, klagen, Trübsal blasen
пла́менный *adj* flammend, feurig
пла́мя *n* Flamme *f; вспы́хнуть …менем* auflodern
план *m 1.* Plan *m; по пла́ну* planmäßig; *~ го́рода* Stadtplan *m; 2. в э́том ~е* in dieser Hinsicht
пла́нёр *m* Segelflugzeug *n*
плане́та *f ASTR* Planet *m*
плане́тный *adj* planetarisch, Planeten…
плани́рование *n* Planung *f,* Planen *n,* Entwerfen *n; ~ семьи́* Familienplanung *f*
плани́ровать[1] *v impf (составлять план)* planen, entwerfen
плани́ровать[2] *v impf* gleiten, im Gleitflug fliegen
пла́нка *f* Leiste *f,* Latte *f,* Planke *f*
планкто́н *m BIO* Plankton *n*
пла́новый *adj* planmäßig, Plan…; *…вая эконо́мика ECO* Planwirtschaft *f*
планоме́рный *adj* planmäßig, systematisch
планта́ция *f AGR* Plantage *f,* Pflanzung *f; плодова́я ~* Obstplantage *f*
пласт *m* Schicht *f,* Lage *f; ~ земли́* Erdscholle *f*
пла́стика *f ART* Plastik *f*
пласти́нка *f 1.* Platte *f,* Scheibe *f,* Lamelle *f; 2. MUS* Schallplatte *f*
пласти́нчатый *adj* Platten…, Lamellen…
пласти́ческий *adj* plastisch, verformbar
пласти́чный *adj 1.* formbar, plastisch, biegsam; *2. (о движении)* geschmeidig
пластма́сса *f* Kunststoff *m,* Plastik *m*
пластма́ссовый *adj* Kunststoff…
пла́стырь *m MED* Wundpflaster *n,* Pflaster *n; ли́пкий ~* Heftpflaster *n,* Leukoplast® *n*
пла́та[1] *f ECO 1.* Bezahlung *f; за́работная ~* Lohn *m,* Gehalt *n; 2. (платёж)* Zahlung *f,* Gebühr *f*
пла́та[2] *f TECH* Platte *f; печа́тная ~* Leiterplatte *f,* Platine *f*
платёж *m* Zahlung *f; производи́ть …тежи́* Zahlungen leisten
платёжеспосо́бность *f ECO* Zahlungsfähigkeit *f,* Liquidität *f,* Solvenz *f*
платёжеспосо́бный *adj ECO* zahlungsfähig, zahlungskräftig, liquid
платёжный *adj* Zahlungs…; *~ день* Zahltag *m; ~ бала́нс FIN* Zahlungsbilanz *f*
пла́тина *f CHEM* Platin *n*
плати́ть *v impf* zahlen, bezahlen, einzahlen
пла́тный *adj* gegen Bezahlung, gebührenpflichtig, entgeltlich, für Geld *(fam)*

плато́к *m* Tuch *n; носово́й ~* Taschentuch *n*
платфо́рма *f 1.* Bahnsteig *m; 2. POL* Plattform *f; 3. бурова́я ~* Bohrinsel *f*
пла́тье *n* Kleid *n; сва́дебное ~* Brautkleid *n; вече́рнее ~* Abendkleid *n; ~ для бере́менных* Umstandskleid *n*
плаце́нта *f ANAT* Plazenta *f,* Mutterkuchen *m*
плач *m* Wehklagen *n*
плаче́вный *adj* elend, erbärmlich, kläglich
плащ *m* Regenmantel *m,* Regencape *n*
плева́ть *v impf 1.* spucken, speien; *2. (fig) ~ на что-л* auf etw pfeifen
племенно́й *adj 1. HIST* Stammes...; *2. AGR* Zucht..., Rasse...; *~ скот* Zuchtvieh *n*
пле́мя *f 1. HIST* Stamm *m; 2. AGR* Stamm *m*
племя́нник *m* Neffe *m*
племя́нница *f* Nichte *f*
плен *m* Gefangenschaft *f; попа́сть в ~* in Gefangenschaft geraten
плена́рный *adj* Plenar...; *~ зал* Plenarsaal *m*
плени́тельный *adj* fesselnd, reizend, hinreißend, bezaubernd
плёнка *f 1.* Folie *f,* Film *m,* Schicht *f; 2. FOTO* Film *m; 3. магнитофо́нная ~* Band *n,* Tonband *n*
пле́нум *m POL* Plenum *n,* Vollversammlung *f*
пленя́ть *v impf* fesseln, reizen, bezaubern
пле́сень *f BIO* Schimmel *m*
плеска́ть *v impf 1.* plätschern, rieseln; *2. на кого́-л* bespritzen, nass spritzen; *3. (fam) ~ся* plantschen
плесневе́ть *v impf* schimmeln
плести́ *v impf 1.* flechten; *~ кру́жево* Spitzen klöppeln; *~ интри́ги* Intrigen spinnen; *2. (тащиться)* sich schleppen; *~ в хвосте́* hinterherhinken, zurückbleiben; *3. (fam)* faseln, Unsinn reden
пле́чики *pl (fam)* Kleiderbügel *m*
плечо́ *n 1. ANAT* Schulter *f,* Achsel *f; 2. TECH* Arm *m,* Schulter *f,* Schenkel *m; ~ рычага́* Hebelarm *m; с ...ч доло́й* etw loswerden; *по ...чу́* angemessen
плешь *f* Glatze *f*
плита́ *f 1.* Platte *f,* Tafel *f; бронева́я ~* Panzerplatte *f; моги́льная ~* Grabplatte *f; 2. (кухонная)* Herd *m*
пли́тка *f 1.* Fliese *f,* Kachel *f,* Platte *f; 2. (шоколада)* Tafel *f; 3. (электрическая)* Kochplatte *f,* Tischherd *m*
плод¹ *m BIO* Fötus *m*
плод² *m BOT* Frucht *f; запре́тный ~* verbotene Frucht
плодови́тость *f BIO* Fruchtbarkeit *f*
плодови́тый *adj BIO* fruchtbar
плодоро́дность *f 1.* Fruchtbarkeit *f; 2. AGR* Ertragsfähigkeit *f*
плодоро́дный *adj* ergiebig, ertragreich, fruchtbar
плодотво́рный *adj* produktiv, nützlich, erfolgreich
пло́мба *f* Plombe *f,* Füllung *f; зубна́я ~* Zahnfüllung *f*
пломби́ровать *v impf* plombieren
пло́ский *adj* flach, platt, eben, Flach...
пло́скость *f* Fläche *f,* Ebene *f*
плот *m* Floß *n*
плоти́на *f* Damm *m,* Deich *m*
пло́тность *f 1.* Dichte *f; населе́ния* Bevölkerungsdichte *f; 2. (ткани)* Festigkeit *f*
пло́тный *adj 1.* dicht, fest; *2. (fam)* robust, stämmig; *3. (о еде)* kräftig, deftig
плоть *f REL* Fleisch *n,* Leib *m,* Körper *m*
плохо́й *adj* schlecht, schlimm
площа́дка *f 1.* Platz *m; строи́тельная ~* Baustelle *f; 2. SPORT* Spielfeld *n*
пло́щадь *f 1.* Fläche *f,* Areal *n; поле́зная ~* Nutzfläche *f; жила́я ~* Wohnfläche *f; 2. (в городе)* Platz *m; 3. MATH* Fläche *f*
плут *m* Schalk *m,* Schlawiner *m,* Betrüger *m*
плутовско́й *adj* schelmisch, betrügerisch
плуто́ний *m CHEM* Plutonium
плыть *v impf* schwimmen
плюрали́зм *m POL* Pluralismus *m*
плюралисти́ческий *adj* pluralistisch
плюс *1.* Plus *n,* Pluszeichen *n; 2. (добавляя)* plus, mehr; *3. (преимущество)* Vorteil *m,* Plus *n,* Pluspunkt *m (fam); это большой* das ist ein großer Pluspunkt; *~ы и минусы* Vor- und Nachteile *pl*
плющ *m BOT* Efeu *m*
пляж *m* Strand *m; песча́ный ~* Sandstrand *m*
пляс *m* Tanzen *n; пусти́ться в ~* drauflostanzen
пляса́ть *v impf* tanzen
пля́ска *f* Tanz *m*
плясово́й *adj* Tanz...; *~ напе́в* Tanzmelodie *f*
плясу́н(ья) *m/f* Tänzer(in) *m/f*
пневма́тика *f TECH* Pneumatik *f*
пневмати́ческий *adj TECH* pneumatisch, Luft..., Druckluft...

по *prep 1. (на поверхности)* auf, über; *éхать ~ ýлице* auf der Straße fahren; *2. (вдоль)* entlang; *3. (в области)* auf dem Gebiet; *экзáмен ~ математике* Mathematikprüfung *f; 4. (где-л)* in, durch; *гулять ~ улицам* durch die Straßen schlendern; *5. (согласно)* laut, nach, gemäß; *~ закóну* laut Gesetz; *6. (вследствие)* wegen, aus, durch, aufgrund; *~ болéзни* wegen Krankheit, aus gesundheitlichen Gründen; *7. (после)* nach, mit, bei; *~ егó прибытии* bei seiner Ankunft; *8. (посредством)* mit, per; *~ пóчте* per Post; *9. (при обозначении времени, регулярности)* an, ...s; *~ утрáм* am Morgen, morgens
по óчереди *adv* nacheinander
побéг[1] *m* Ausbruch *m,* Flucht *f*
побéг[2] *m* BOT Trieb *m,* Spross *m,* Sprössling *m*
побéда *f* Sieg *m; одержáть ...ду* den Sieg erringen, siegen; *увéренный в ...де* siegessicher
победи́тель(ница) *m/f* Sieger(in) *m/f*
побéдный *adj* siegreich, Sieger...
победонóсный *adj* siegreich
побеждáть *v impf 1.* besiegen; *2. (fig)* überwinden, bezwingen
побережье *n* GEO *1.* Küste *f,* Strand *m; 2. (реки)* Ufer *n*
поблúзости *adv* in der Nähe, nebenan
побóи *pl* Prügel *f,* Schläge *pl*
побóрник *m* Verfechter *m,* Fürsprecher *m,* Anhänger *m*
побóрница *f* Verfechterin *f,* Fürsprecherin *f,* Anhängerin *f*
побóчный *adj* nebensächlich, zweitrangig, Neben...; *...ные дохóды* Nebenverdienst *m; ...ное дéйствие* Nebenwirkung *f; ...ные расхóды* Nebenkosten *pl*
побуждáть *v impf* veranlassen, bewegen, anregen, animieren
побуждéние *n 1.* Veranlassung *f,* Antrieb *m,* Impuls *m; 2. (стимул)* Anreiz *m,* Ansporn *m*
пóвар *m* Koch *m*
повари́ха *f* Köchin *f*
по-вáшему *adv 1.* eurer/Ihrer Meinung nach; *2. (о желании)* wie Ihr wollt, wie Sie wollen
поведéние *n* Verhalten *n,* Benehmen *n,* Betragen *n*
повели́тельный *adj* herrisch, befehlend
повéрх *prep* über, oberhalb
повéрхностность *f* Oberflächlichkeit *f*
повéрхностный *adj* oberflächlich, flüchtig, Oberflächen...
повéрхность *f* Fläche *f,* Oberfläche *f; ~ воды́* Wasserspiegel *m; держáться на ...ти (fig)* sich über Wasser halten
повéсить *v impf 1.* hängen, aufhängen, anhängen, einhängen; *2. (казнить)* hängen, erhängen, aufhängen; *3. ~ся* sich aufhängen
повéстка *f 1.* schriftliche Benachrichtigung *f; 2.* JUR *судéбная ~* Vorladung *f; 3. ~ дня* Tagesordnung *f*
пóвесть *f* LIT Erzählung *f*
по-ви́димому *adv* anscheinend, dem Anschein nach, augenscheinlich
повинова́ться *v impf 1.* gehorchen; *2. не ~* sich gegen jdn auflehnen
повиновéние *n* Gehorsam *m*
пóвод[1] *m* Anlass *m,* Grund *m,* Beweggrund *m,* Motiv *n; по ~у* anlässlich
пóвод[2] *m (у лошади)* Zügel *m*
поводóк *m* Leine *f*
поворáчивать *v impf 1.* umdrehen, herumdrehen, schwenken; *2. ~ся* wenden, abbiegen
поворóт *m 1.* Drehung *f,* Wendung *f,* Wende *f,* Umkehr *f; 2. (место поворота)* Krümmung *f,* Kurve *f; 3. ~ дорóги* Kurve *f,* Abbiegung *f*
поворóтный *adj* Wende...; *~ момéнт* Wendepunkt *m,* Wende *f*
повреждáть *v impf* schaden, beschädigen, verletzen, ramponieren *(fam)*
повреждéние *n* Schaden *m,* Beschädigung *f,* Verletzung *f; телéсное ~* Körperverletzung *f; ~ дорóжного покры́тия* Fahrbahnschaden *m*
повреждённый *adj 1.* beschädigt, defekt, fehlerhaft; *2. (раненый)* verletzt
повседнéвный *adj* alltäglich, Alltags...
повсемéстный *adj* allgemein, allgegenwärtig
повторéние *n* Wiederholung *f; ~ мать учéния.* Übung macht den Meister.
повтори́тельный *adj* Wiederholungs...
повтóрный *adj* wiederholt, nochmalig, abermalig, erneut
повторя́ть *v impf* wiederholen
повышáть *v impf 1.* erhöhen, heben, heraufsetzen; *2.* ECO erhöhen, steigern; *3. (улучшать) ~ жи́зненный ýровень* den Lebensstandard steigern; *~ свою́ квалификáцию* sich weiterbilden; *4. (fig) ~ по слýжбе* befördern
повышéние *n 1.* Erhöhung *f,* Steigerung *f,*

Anstieg *m; ~ температу́ры* Temperaturanstieg *m; ~ квалифика́ции* Fortbildung *f*
повы́шенный *adj* erhöht, gesteigert; *...нные це́ны* überhöhte Preise
повя́зка *f MED* Binde *f,* Verband *m*
погаша́ть *v impf FIN* tilgen, begleichen, abzahlen
погаше́ние *n 1. ECO* Tilgung *f,* Begleichung *f; 2.(марок)* Abstempeln *n,* Entwerten *n*
погиба́ть *v impf* untergehen, zugrunde gehen, umkommen
поги́бший *m MIL* Gefallener *m*
поглоща́ть *v impf 1.* aufsaugen, aufnehmen; *2. TECH* absorbieren
пого́да *f METEO* Wetter *n,* Witterung *f; хоро́шая ~* schönes Wetter; *мя́гкая ~* milde Witterung, milde Wetterlage; *переме́на ...ды* Wetterumschwung *m; Кака́я за́втра бу́дет ~?* Wie wird das Wetter morgen?
пограни́чник *m* Grenzsoldat *m,* Grenzer *m (fam)*
пограни́чный *adj* Grenz...; *~ контро́ль* Grenzkontrolle *f; ...ная зо́на* Grenzbereich *m*
по́греб *m* Keller *m; ви́нный ~* Weinkeller *m*
погре́шность *f* Fehler *m; ~ прибо́ра* Gerätefehler *m; допусти́мая ~* Toleranz *f*
погро́м *m* Pogrom *n*
погружа́ть *v impf 1.* eintauchen, versenken; *2. (товары)* verladen; *3. ~ся* versinken
погружённый *adj* versunken
погру́зка *f* Beladen *n,* Verladen *n*
под[1] *prep 1.* unter; *2. (возле)* bei, in der Nähe von; *~ Москво́й* bei Moskau; *3. (fig) ~ руково́дством* unter der Leitung; *4. (о времени)* gegen, an; *~ у́тро* gegen Morgen; *Ей три́дцать лет.* Sie ist an die dreißig. *5. (наподобие)* wie, ...artig; *~ мрамор* marmorartig, wie Marmor; *6. (для)* für; *ба́нка ~ варе́нье* Glas für Konfitüre, Marmeladenglas *n; 7. JUR ~ судо́м* vor Gericht; *8. JUR ~ зало́г* gegen Kaution; *9. (fig) ~ руко́й* bei der Hand; *10. (fig) ~ но́сом* vor der Nase; *11. GAST ~ со́усом* mit Soße
под[2] *m (в печи)* Ofenboden *m*
подава́ть *v impf 1.* reichen, geben; *2. (заявление)* einreichen, erheben; *~ жа́лобу* Beschwerde erheben; *3. GAST* servieren; *4. SPORT* angeben, anstoßen, zuspielen; *5. ~ сигна́л* ein Zeichen geben; *6. ~ кома́нду* einen Befehl erteilen; *7. ~ся вперёд* vorrücken; *8. ~ся наза́д* zurückweichen
подавле́ние *n* Unterdrückung *f*
пода́вленность *f* Niedergeschlagenheit *f,* Depression *f*
пода́вленный *adj* deprimiert, niedergeschlagen, zerknirscht *(fam)*, geknickt *(fig)*
подавля́ть *v impf* unterdrücken
подавля́ющий *adj* überwältigend, erdrückend
пода́гра *f MED* Gicht *f*
пода́рок *m* Geschenk *n,* Präsent *n; ма́ленький ~* kleine Aufmerksamkeit *f*
пода́тливость *f* Nachgiebigkeit *f*
пода́тливый *adj* nachgiebig, gefügig, weich, geschmeidig
пода́ча *f 1.* Abgabe *f,* Eingabe *f,* Einreichung *f; ~ зая́вки* Antragstellung *f,* Beantragung *f; 2. SPORT* Anstoß *m,* Zuspiel *n; 3. TECH* Zuführung *f,* Belieferung *f,* Zugabe *f,* Zufuhr *f*
подбира́ть *v impf 1.* auswählen, zusammenstellen; *2. (поднимать)* aufheben, aufsammeln
подборо́док *m ANAT* Kinn *n; сре́занный ~* fliehendes Kinn
подва́л *m* Keller *m*
подва́льный *adj* Keller...; *~ эта́ж* Souterrain *n*
подве́домственность *f* Zuständigkeit *f,* Kompetenz *f*
подве́домственный *adj* zuständig, kompetent
подверга́ть *v impf* unterziehen, aussetzen; *~ сомне́нию* anzweifeln; *~ кри́тике* kritisieren
подве́ска *f 1.* Anhänger *m; 2. TECH* Aufhängung *f; ~ колёс* Radaufhängung *f*
по́двиг *m* Heldentat *f,* große Tat *f*
подви́д *m BIO* Abart *f,* Unterart *f*
подвижно́й *adj* beweglich, mobil, fahrbar, Bewegungs...
подви́жность *f 1.* Beweglichkeit *f,* Mobilität *f; 2. (fig)* geistige Regsamkeit *f*
подвы́пивший *adj* angetrunken, angeheitert, beschwipst
подгоня́ть *v impf 1.* antreiben; *2. (приспособлять)* anpassen
подгота́вливать *v impf 1.* vorbereiten; *2. (обучение)* ausbilden, schulen
подгото́вка *f 1.* Vorbereitung *f; 2. (обучение)* Ausbildung *f,* Schulung *f*
поддава́ть *v impf 1.* schleudern, einen Schlag versetzen; *2. SPORT* anstoßen; *3. (выпивать)* saufen; *4. ~ жа́ру* anfeuern; *5. ~ся* nachgeben, sich beeinflussen lassen;

не ~ся искуше́нию der Versuchung widerstehen
подде́лка *f* Imitation *f,* Nachahmung *f,* Fälschung *f*
подде́лывать *v impf* nachahmen, fälschen, imitieren
подде́льный *adj* imitiert, falsch, unecht
подде́рживать *v impf 1.* stützen; *2. (оказывать помощь)* unterstützen, bestärken; *3. ~ отноше́ния* Beziehungen unterhalten
подде́ржка *f* Unterstützung *f,* Beistand *m,* Rückhalt *m,* Zuspruch *m*
поддо́н *m TECH* Palette *f*
подде́ржанный *adj* gebraucht, Gebraucht.., Second Hand; *~ автомоби́ль* Gebrauchtwagen *m*
подержа́ть *v impf* halten, eine Zeit lang halten
поджа́ривать *v impf GAST* anbraten, braten, rösten
поджа́рый *adj (fam)* hager, mager
поджига́ть *v impf* anzünden, in Brand stecken
поджо́г *m* Brandstiftung *f*
подкарау́ливать *v impf* lauern, auflauern
подкла́дка *f 1.* Futter *n; 2. TECH* Unterlage *f*
подкла́дывать *v impf 1.* unterlegen; *2. (добавлять)* hinzufügen, zulegen; *3. (об одежде)* füttern
подключа́ть *v impf* anschließen, zuschalten, anschalten
подключе́ние *n TECH* Anschließen *n,* Anschluss *m,* Zuschalten *n*
подко́ва *f* Hufeisen *n*
подко́вывать *v impf 1.* beschlagen; *2. (fig)* schulen, Kenntnisse vermitteln
подкра́шивать *v impf* anstreichen, schminken; *~ гу́бы* die Lippen nachziehen
подкрепле́ние *n 1.* Stärkung *f,* Erfrischung *f; 2. (fig)* Bekräftigung *f*
подкрепля́ть *v impf 1.* untermauern, verstärken; *2. (fig)* bekräftigen, erhärten; *3. (едой)* stärken, erfrischen
по́дкуп *m* Bestechung *f,* Korruption *f*
подкупа́ть *v impf 1.* jdn bestechen, jdn kaufen; *2. (очаровать)* bestechen, bezaubern
подку́пный *adj* bestechlich, käuflich
подлежа́ть *v impf* unterliegen; *~ опла́те* zahlbar sein; *э́то не ...жи́т сомне́нию* das ist nicht zu bezweifeln
подлежа́щее *n GRAMM* Subjekt *n*
подлежа́щий *adj ...*bar; *~ наказа́нию JUR* strafbar; *~ упла́те ECO* zahlbar, fällig; *~ сомне́нию* zweifelhaft
подле́ц *m* Schuft *m,* Schurke *m*
подлива́ть *v impf* nachfüllen, nachschenken
подли́вка *f GAST* Soße *f*
по́длинность *f JUR* Echtheit *f*
по́длинный *adj 1.* echt, authentisch, Original...; *2. (настоящий)* wahr, wahrhaftig
подло́г *m* Fälschung *f*
подлоко́тник *m* Armlehne *f,* Lehne *f*
по́длость *f* Gemeinheit *f,* Hinterhältigkeit *f,* Niederträchtigkeit *f; соверши́ть ~* gemein sein, eine Gemeinheit begehen
по́длый *adj* gemein, hinterhältig, niederträchtig, mies *(fam)*
подмасте́рье *m* Geselle *m*
подмета́ть *v impf* fegen, kehren
подми́гивать *v impf* zublinzeln, zuzwinkern
подмо́стки *pl 1.* Gerüst *n; 2. THEAT* Bühne *f*
поднима́ть *v impf 1.* aufheben, aufsammeln; *2. (кверху)* heben, hochheben, hochnehmen, aufrichten; *3. (увеличить)* steigern, erhöhen; *4. ~ся* hinaufgehen, steigen, besteigen
подно́жие *n GEO* Fuß *m*
подно́с *m* Tablett *n*
подноси́ть *v impf 1.* bringen, herbringen, herantragen; *2. (подарок, угощение)* überreichen, darbringen
подня́тие *n 1.* Heben *n,* Aufheben *n,* Hochziehen *n; 2. (повышение)* Erhöhung *f,* Steigerung *f*
подо́бие *n* Ähnlichkeit *f*
подо́бный *adj 1.* ähnlich, gleichartig, analog; *в ...ных слу́чаях* in ähnlichen Fällen; *2. (такой)* solch; *3. MATH* ähnlich
подозрева́емый *adj 1.* verdächtig, unter Verdacht; *m 2.* Verdächtiger *m*
подозрева́тельный *adj 1.* verdächtig; *2. (недоверчивый)* misstrauisch argwöhnisch
подозре́вать *v impf 1.* jdn verdächtigen, jdn in Verdacht haben; *2. (предполагать)* vermuten
подо́зрение *n* Verdacht *m,* Verdächtigung *f*
подозри́тельный *adj 1.* verdächtig, fragwürdig, obskur; *2. (недоверчивый)* misstrauisch, argwöhnisch
подоко́нник *m* Fensterbank *f,* Fensterbrett *n*

подо́л *m* Saum *m,* Schoß *m; ~ ю́бки* Rockzipfel *m*
подо́нки *pl (fig)* Abschaum *m,* Gesindel *n; ~ о́бщества* der Abschaum der Gesellschaft
подопе́чный *m* Schützling *m*
подоплёка *f (fig)* Hintergrund *m*
подорожа́ть *v pf* teuer werden
подо́шва *f 1.* ANAT Fußsohle *f; 2. (обуви)* Sohle *f,* Schuhsohle *f*
подпира́ть *v impf* stützen, abstützen, aufstützen
подпи́ска *f* Abonnement *n*
подпи́сывать *v impf 1.* unterschreiben, unterzeichnen, mit einer Unterschrift versehen; *2. ~ся на газе́ту* eine Zeitung abonnieren
по́дпись *f* Unterschrift *f; поста́вить ~* unterzeichnen
подпо́льный *adj* illegal, Illegal..., Untergrund...; *...ная организа́цня* Untergrundorganisation *f*
подраба́тывать *v impf (fam)* dazuverdienen, einen Nebenverdienst haben
подража́ние *n* Nachahmung *f,* Nachäfferei *f (fam)*
подража́тель *m* Nachahmer *m*
подража́тельный *m* nachahmend, Nachahmungs...
подража́ть *v impf* nachahmen, nachäffen
подразделе́ние *n 1.* Gliederung *f,* Einteilung *f; 2.* MIL Einheit *f*
подразделя́ть *v impf* einteilen, unterteilen, gliedern
подраста́ть *v impf* heranwachsen
подро́бность *f* Einzelheit *f,* Detail *n*
подро́бный *adj* ausführlich, eingehend, detailliert
подро́сток *m* Jugendliche(r) *f/m,* Heranwachsende(r) *f/m*
подру́га *f* Freundin *f,* Gefährtin *f,* Kameradin *f*
по-друго́му *adv* anders
подры́в *m 1.* Sprengung *f; 2. (fig)* Untergrabung *f,* Schädigung *f*
подрыва́ть *v impf 1.* sprengen; *2. (fig)* untergraben
подсве́чник *m* Leuchter *m,* Kerzenständer *m*
подска́кивать *v impf 1.* springen, aufspringen, hochspringen; *2. (подбегать)* hinzuspringen
подслу́шивать *v impf* belauschen, abhören
подсозна́ние *n* Unterbewusstsein *n*
подсозна́тельный *adj* unbewusst
подсо́лнечник *pl* BOT Sonnenblume *f*
подсо́лнечный *adj* Sonnenblumen...
подсо́лнухи *m* Sonnenblumenkerne *pl*
подста́вка *f* Gestell *n,* Untergestell *n; ~ для зо́нтиков* Schirmständer *m*
подставно́й *adj (fig)* vorgeschoben; *...но́е лицо́* Strohmann *m*
подстерега́ть *v impf 1.* belauern, lauern, auflauern; *2. ~ подходя́щий моме́нт* den geeigneten Augenblick abpassen
подстрека́ть *v impf 1.* aufhetzen, aufstacheln, aufwiegeln; *2. (чувства)* reizen, schüren
подсуди́мый *adj* JUR *1.* angeklagt; *m 2.* Angeklagter *m*
подсу́дность *f* JUR gerichtliche Zuständigkeit *f,* Gerichtsstand *m*
подсчёт *m* FIN *1.* Rechnung *f,* Berechnung *f; приблизи́тельный ~* Überschlagsrechnung *f; 2.* Zahlung *f*
подсчи́тывать *v impf 1.* rechnen, berechnen, zusammenzählen; *2.* POL *~ голоса́* die Stimmen auszählen
подтвержда́ть *v impf 1.* bestätigen, bekräftigen, belegen; *2. (квитанцией)* bescheinigen, quittieren; *3. ~ докуме́нтом* dokumentieren
подтвержде́ние *n 1.* Bestätigung *f,* Bekräftigung *f; 2. (документом)* Bescheinigung *f,* Beleg *m*
подтя́гивать *v impf 1.* festziehen, straff ziehen; *2. (поднимать)* hochziehen; *3. (дисциплинировать)* disziplinieren, zur Disziplin anhalten; *4. ~ся* sich zusammennehmen, sich zusammenreißen *(fam)*
подтя́жки *pl* Hosenträger *pl*
поду́шка *f 1.* Kissen *n; 2.* TECH *надувна́я ~ безопа́сности* Airbag *m*
подходи́ть *v impf 1.* herankommen, herkommen, näher kommen; *2. (соответствовать)* passen, entsprechen
подходя́щий *adj* passend, geeignet, angebracht, opportun
подчёркивание *n 1.* Unterstreichung *f; 2. (fig)* Betonung *f,* Akzentuierung *f*
подчёркивать *v impf 1.* unterstreichen; *2. (fig)* unterstreichen, besonders hervorheben
подчинённый *adj* abhängig, untergeordnet, unterstellt
подчиня́ть *v impf 1.* unterordnen, unterwerfen; *2. ~ся* sich unterordnen, sich fügen
подши́вка *f 1.* Annähen *n,* Zusammennä-

hen *n; 2. (бумаг)* Einheften *n; 3. (пачка)* Bündel *n*

подши́пник *m TECH* Lager *n*

подъе́зд *m 1.* Hauseingang *m,* Treppenflur *m;* Aufgang *m; 2. (дорога)* Zufahrt *f*

подъём *m 1.* Aufstieg *m,* Aufsteigen *n,* Aufstehen *n; 2. (грузов)* Heben *n,* Hub *m,* Anheben *n,* Hochziehen *n; 3. (склон горы)* Steigung *f,* Anstieg *m; 4. (в доме)* Aufgang *m; 5. (рост) ECO* Aufstieg *m,* Aufschwung *m; 6. (воодушевление)* Schwung *m,* Elan *m; 7. ANAT* Spann *m,* Rist *m; 8. (сигнал)* Wecksignal *n,* Aufstehen *n*

подъёмник *m* Aufzug *m,* Fahrstuhl *m, лы́жный ~* Skilift *m*

подъёмный *adj* Hebe…

поды́скивать *v impf* suchen, aussuchen, heraussuchen

по́езд *m* Zug *m; ско́рый ~* Schnellzug *m*

пое́здка *f* Fahrt *f,* Reise *f,* Ausflug *m; ~ по го́роду* Stadtrundfahrt *f*

пожа́луй *adv* vielleicht, wohl

пожа́луйста *adv* bitte, bitte sehr

пожа́р *m 1.* Brand *m,* Feuer *n; 2. (fig) как на ~* wie ein geölter Blitz

пожа́рник *m* Feuerwehrmann *m*

пожа́рники *pl 1.* s. *пожа́рник; 2. (пожарная команда)* Feuerwehr *f*

поже́ртвование *n 1.* Spende *f; 2. REL* Kollekte *f*

пожи́зненный *adj* auf Lebenszeit, lebenslänglich; *…нное заключе́ние JUR* lebenslängliche Haft

пожи́лой *adj* bejahrt, betagt

пожира́ть *v impf* fressen, verschlingen

пожи́тки *pl* Habseligkeiten *pl; со все́ми …ками* mit Sack und Pack

по́за *f* Pose *f,* Positur *f,* Haltung *f; приня́ть …зу* sich in Pose rücken

позавчера́ *adv* vorgestern

позади́ *adv 1.* hinten, vorbei; *всё ху́дшее ~* das Schlimmste liegt hinter uns, das Schlimmste ist vorbei; *prep 2.* hinter; *~ до́ма* hinter dem Haus

позаре́з *adv (fam)* unbedingt, dringend, lebensnotwendig

позволя́ть *v impf 1.* erlauben, gestatten; *2. (давать возможность)* zulassen, ermöglichen

позвоно́к *m ANAT* Wirbel *m; ше́йный ~* Halswirbel *m*

позвоно́чник *m ANAT* Wirbelsäule *f,* Rückgrat *n*

по́здний *adj 1.* spät; *в ~ час* spät, zu vorgerückter Stunde; *2. (запоздалый)* verspätet, spät, zu spät; *не …не́е чем* spätestens

по́здно *adv* spät; *ра́но или ~* über kurz oder lang, früher oder später

поздравле́ние *n* Glückwunsch *m,* Gratulation *f*

поздравля́ть *v impf* gratulieren, Glückwünsche aussprechen; *Поздравля́ю!* Herzlichen Glückwunsch!

поземе́льный *adj* Grund…, Boden…; *~ нало́г* Grundsteuer *f*

по́зже *adv* später; *не ~* spätestens

позити́вный *adj* positiv, Positiv…

пози́ция *f* Position *f,* Standpunkt *m,* Haltung *f,* Einstellung *f*

познава́ть *v impf 1.* erkennen; *2. (испытывать)* erfahren, kennen lernen

позна́ние *n* Erkenntnis *f*

позо́р *m* Schande *f,* Blamage *f,* Schmach *f; с ~ом* mit Schimpf und Schande

позо́рить *v impf 1.* schänden, entehren; *2. (выставлять в плохом свете)* blamieren, in Verruf bringen

позо́рный *adj 1.* schändlich, blamabel; *2. ~ столб* Pranger *m*

поимённо *adv* namentlich, dem Namen nach

поимённый *adj* namentlich, Namens…

по́иски *pl* Suche *f,* Recherche *f,* Nachforschungen *pl; в ~ах* auf der Suche nach

по́исковый *adj* Such…; *…вая гру́ппа* Suchtrupp *m*

пои́ть *v impf* zu Trinken geben, bewirten; *~ госте́й ча́ем* die Gäste mit Tee bewirten

пока́ *konj 1.* während, indessen, solange; *2. (до тех пор пока)* bis; *3. ~ не* bevor, ehe; *adv 4.* vorerst, vorläufig, einstweilen; *interj 5. ~!* Tschüs!, Bis dann!

пока́з *m* Schau *f,* Vorführung *f,* Demonstration *f*

показа́ние *n 1. JUR* Aussage *f; дава́ть …ния* eine Aussage machen, aussagen; *ло́жное ~* Falschaussage *f; 2. (прибора)* Anzeige *f,* Angabe *f,* Stand *m; ~ счётчика* Zählerstand *m; 3. MED* Indikation *f*

показа́тель *m* Parameter *m,* Kennziffer *f; высо́кие …ли* Hochleistung *f*

показа́тельный *adj 1.* mustergültig, Muster…, Schau…; *~ проце́сс* Schauprozess *m; 2. (характерный)* bezeichnend, charakteristisch

пока́зывать *v impf 1.* zeigen, aufzeigen, vorführen; *2. (обнаруживать)* aufweisen, sehen lassen; *3. (интерес и т. п.)* bekunden; *4. (появляться) ~ся* sich zeigen, erscheinen, offenbaren; *5. (чудиться) ~ся* scheinen, vorkommen; *мне ...зáлось* mir scheint

покáтость *f* Abhang *m,* Schräge *f,* Gefälle *n*

покáтый *adj* abschüssig, abfallend

покаяние *n* REL *1.* Buße *f; 2. (исповедь)* Beichte *f; 3. (fig)* Reue *f*

пóкер *m* Poker *m,* Pokerspiel *n; игрáть в ~* pokern

покидáть[1] *v impf (fam)* wegschmeißen

покидáть[2] *v impf* verlassen, im Stich lassen, sitzen lassen

поклáдистый *adj* verträglich, umgänglich, nachgiebig, fügsam

поклáжа *f* Ladung *f,* Fracht *f*

поклóн *m* Verbeugung *f; земнóй ~* Kniefall *m,* tiefe Verbeugung; *ходúть к комý-л с ~ом* jdn ergebenst um etw bitten

поклонéние *n* Anbetung *f,* Kult *m,* Verehrung *f*

поклóнник *m* Verehrer *m,* Liebhaber *m; ~ искýсства* Kunstliebhaber *m*

поклоняться *v impf* anbeten, verehren

покóй[1] *m* Frieden *m,* Ruhe *f; оставлять когó-л в ...кóе* jdn in Frieden lassen; *вéчный ~* ewige Ruhe

покóй[2] *m (комната)* Gemach *n; удаляться в свои ...кóи* sich in seine Gemächer zurückziehen; *приёмный ~* Aufnahme *f*

покóйник *m* Verschiedener *m,* Verstorbener *m*

покóйница *f* Verschiedene *f,* Verstorbene *f*

покóйный *adj 1.* ruhig, friedlich; *...ной нóчи!* Gute Nacht! *2. (умерший)* verstorben, hingegangen

поколéние *n* Generation *f; из ...ния в ~* von Generation zu Generation; *смéна ...ний* Generationswechsel *m*

покорéние *n* Eroberung *f,* Erschließung *f; ~ кóсмоса* Erschließung des Weltraums

покорúтель *m* Bezwinger *m,* Eroberer *m*

покóрность *f* Ergebenheit *f,* Unterwürfigkeit *f,* Demut *f*

покóрный *adj 1.* ergeben, unterwürfig, demütig; *2. (уступчивый)* gefügig, fügsam, hörig

по-королéвски *adv* königlich

покорять *v impf* unterwerfen, erobern

покровúтель(ница) *m/f* Beschützer(in) *m/f,* Gönner(in) *m/f*

покровúтельственный *adj* gönnerhaft, Schutz..., Protektions...

покровúтельство *n* Schutz *m,* Protektion *f,* Schirmherrschaft *f*

покровúтельствовать *v impf* beschützen, unter seinen Schutz nehmen, protegieren

покрóй *m* Schnitt *m,* Schnittform *f*

покрывáть *v impf 1.* decken, zudecken, bedecken; *2. (fig) ~ когó-л* jdn decken, jdn schützen; *3. (расстояние)* zurücklegen; *4. (о животных)* AGR decken

покрытие *n 1.* Deckung *f,* Abdeckung *f; 2.* FIN Begleichung *f,* Deckung *f; 3.* TECH Anstrich *m,* Belag *m,* Deckschicht *f; лакокрáсочное ~* Lackierung *f*

покрышка *f* Deckel *m,* Abdeckung *f,* Überzug *m*

покупáтель *m* Käufer *m,* Kunde *m*

покупáть *v impf* kaufen, ankaufen, einkaufen

покýпка *f* Kauf *m,* Ankauf *m,* Anschaffung *f,* Besorgung *f*

покýпки *pl* Einkäufe *pl; сходúть за ...пками* einkaufen gehen

покушéние *n 1.* POL Attentat *n,* Anschlag *m; ~ на убийство* Mordanschlag *m; 2.* JUR *~ на крáжу* versuchter Diebstahl *m*

пол[1] *m* Fußboden *m,* Diele *f; бесшóвный ~* Estrich *m*

пол[2] *m* BIO Geschlecht *n; прекрáсный ~* das schöne Geschlecht

полагáть *v impf 1.* meinen, denken, annehmen; *2. как ...гáется* wie es sich gehört

пóлдень *m* Mittag *m; в ~* mittags

полднéвный *adj* mittäglich, Mittags...

полдня *adv* halbtags

пóле *n 1.* Feld *n,* Platz *m; футбóльное ~* Fußballplatz *m; 2.* AGR Feld *n,* Acker *m*

полéзный *adj 1.* nützlich, hilfreich; *2. (о пище)* bekömmlich, gesund

полéмика *f* Polemik *f*

полемúческий *adj* polemisch

полёт *m* Flug *m*

пóлзать *v impf* s. *ползтú*

ползтú *v impf* krabbeln, kriechen

ползýчий *adj* kriechend, BOT rankend

поливáть *v impf* gießen, begießen

полигамия *f* Polygamie *f,* Vielweiberei *f*

полигóн *m 1.* Versuchsgelände *n,* Testgelände *n; 2.* MATH Vieleck *n*

полúп *m 1.* ZOOL Polyp *m,* Tintenfisch *m; 2.* MED Polyp *m*

пóлис *m* Police *f; страховóй ~* Versicherungspolice *f,* Versicherungsschein *m*

полúтик *m/f* Politiker(in) *m/f*

поли́тика *f POL* Politik *f; вне́шняя ~* Außenpolitik *f*
политика́нствовать *v impf (fam)* politisieren, Stammtischpolitik betreiben *(fam)*
полити́ческий *adj* politisch, Politik...
полице́йский *adj 1.* polizeilich, Polizei... ; *~ уча́сток* Polizeirevier *n; m 2.* Polizist *m*
поли́ция *f* Polizei *f*
полк *m MIL* Regiment *n*
по́лка[1] *f* Fach *n,* Regal *n; кни́жная ~* Bücherregal *n*
по́лка[2] *f AGR* Jäten *n*
пол-ли́тра *m* ein halber Liter
полне́ть *v impf* zunehmen
полнова́тый *adj* dicklich, rundlich
полнолу́ние *n* Vollmond *m*
полномо́чие *n 1.* Vollmacht *f,* Bevollmächtigung *f,* Befugnis *f; передава́ть кому́-л ...чия* jdm eine Vollmacht erteilen, jdn bevollmächtigen; *предоставле́ние ...чий* Ermächtigung *f; 2. JUR* Vollmacht *f,* Mandat *n*
по́лностью *adv* völlig, vollkommen, ganz
по́лночь *f* Mitternacht *f*
по́лный *adj 1.* voll, gefüllt; *2. (це́лый, весь)* vollständig, ganz; *...ное собра́ние* gesammelte Werke; *в ...ном соста́ве* vollzählig, komplett; *3. (абсолю́тный)* vollständig, absolut; *в ...ном поря́дке* in bester Ordnung; *4. (о челове́ке)* beleibt, füllig, mollig; *5. GRAMM ...ная фо́рма* Langform *f*
полови́на *f* Hälfte *f*
полови́нный *adj* halb
полови́нчатый *adj* unentschlossen; *...тое реше́ние* halbherzige Entscheidung, nichts Halbes und nichts Ganzes
поло́вник *m* Schöpflöffel *m*
полово́дье *n* Hochwasser *n*
полово́й[1] *adj* Fußboden..., Boden...; *...ва́я тря́пка* Scheuerlappen *m,* Scheuertuch *n*
полово́й[2] *adj BIO* geschlechtlich, sexuell, Geschlechts...; *...во́е бесси́лие* Impotenz *f; ~ о́рганы ANAT* Genitalien *pl*
положе́ние *n 1. (местоположе́ние)* Lage *f; географи́ческое ~* geografische Lage; *2. (по́за)* Stellung *f; споко́йное ~* Ruhestellung *f; 3. (ситуа́ция)* Sachlage *f,* Lage *f,* Situation *f; чрезвыча́йное ~ POL* Notstand *m; объявля́ть чрезвыча́йное ~* den Notstand ausrufen; *вы́йти из тяжёлого ...ния* sich aus einer schwierigen Lage befreien, einen Ausweg finden; *4. (те́зис)* Satz *m,* Grundsatz *m,* These *f; методи́ческие ...ния* methodische Grundsätze; *5. (уста́в)* Verordnung *f,* Bestimmung *f; 6. (обще́ственное)* Stellung *f,* Stand *m; семе́йное ~* Familienstand *m; по́льзоваться привилегиро́ванным ~м* eine Vorzugsstellung genießen; *7. SPORT ~ «вне игры́»* Abseits *n; 8. REL ~ Христа́ во гроб* Christi Grablegung *f; 9. (fam) быть в интере́сном ...нии* guter Hoffnung sein
положи́тельный *adj 1.* positiv, zusagend; *~ отве́т* Zusage *f; 2. MATH* positiv, Plus...; *...ная величина́* positive Größe *f*
положи́ть *v pf 1.* s. *класть; 2. (предположи́ть)* annehmen; *~ коне́ц* ein Ende machen
поло́мка *f* Bruch *m,* Schaden *m*
полоса́ *f 1.* Streifen *m,* Band *n; 2. (о́бласть, уча́сток)* Streifen *m,* Zone *f; пограни́чная ~* Grenzstreifen *m; 3. (для тра́нспорта)* Bahn *f,* Spur *f; ~ движе́ния* Fahrspur *f; 4. (пери́од)* Zeitspanne *f,* Periode *f; 5. TECH* Band *n,* Streifen *m; ~ часто́т* Frequenzband *n*
полоска́ть *v impf 1.* spülen; *2. ~ го́рло* gurgeln
по́лость *f* Hohlraum *m,* Höhle *f; ~ рта ANAT* Mundhöhle *f*
полоте́нце *n* Handtuch *n*
полотно́ *n 1.* Leinen *n; спаса́тельное ~* Sprungtuch *n; 2. ART* Leinwand *f,* Gemälde *n*
поло́ть *v impf* jäten
полтора́ *num* anderthalb, eineinhalb; *ни два ни ~* nichts Halbes und nichts Ganzes
полугоди́чный *adj* halbjährlich
полугото́вый *adj* halbfertig
полудремо́та *f* Halbschlaf *m*
полукру́г *m* Halbkreis *m*
полуме́сяц *m* Halbmond *m; Кра́сный ~* Roter Halbmond *m*
полуо́стров *m GEO* Halbinsel *f*
полусирота́ *m/f* Halbwaise *f/m*
полусо́н *m* Halbschlaf *m*
полуфабрика́т *m 1.* Halbfertigerzeugnis *n, 2. GAST* Fertiggericht *n*
полуфина́л *m SPORT* Halbfinale *n*
получа́тель *m* Empfänger *m*
получа́ть *v impf 1.* bekommen, erhalten, empfangen; *2. ~ся* geschehen, sich ergeben, gelingen, klappen *(fam)*
получе́ние *n* Empfang *m* Erhalt *m,* Bezug *m*
полуша́рие *n 1.* Halbkugel *f; 2. GEO земно́е ~* Erdhalbkugel *f, 3. ANAT* Hemisphäre *f*

по́лый *adj* hohl
полыха́ть *v impf (fam)* lodern, in Flammen stehen
по́льза *f 1.* Nutzen *m,* Vorteil *m; обще́ственная ~* Gemeinnützigkeit *f; в …зу кого́-л* zu jds Gunsten; *не на …зу кого́-л* zu jds Ungunsten; *2.* SPORT *счёт 3:0 в на́шу …зу* 3:0 für uns
по́льзование *n* Benutzung *f,* Verwendung *f,* Gebrauch *m,* Nutzung *f; указа́ния о …нии* Benutzerhinweise *pl*
по́льзователь *m 1.* Nutzer *m,* Benutzer *m; 2.* INFORM Anwender *m,* User *m*
по́льзоваться *v impf* benutzen, gebrauchen, Gebrauch machen; *~ пра́вом* von seinem Recht Gebrauch machen; *~ влия́нием* Einfluss haben; *~ слу́чаем* die Gelegenheit ergreifen
по́лька[1] *f* Polin *f*
по́лька[2] *f (танец)* Polka *f*
по́льский *adj* polnisch; *~ язы́к* Polnisch *n*
По́льша *f* GEO Polen *n*
полюби́ть *v pf* lieb gewinnen
по́люс *m 1.* GEO Pol *m; Се́верный ~* Nordpol *m, Ю́жный ~* Südpol *m; 2.* PHYS Pol *m; отрица́тельный ~* Minuspol *m; положи́тельный ~* Pluspol *m*
поля́к *m* Pole *m*
поля́на *f* Lichtung *f,* Waldwiese *f*
поля́рный *adj 1.* Polar…; *~ круг* Polarkreis *m; …ная экспеди́ция* Polarexpedition *f; 2.* PHYS polar; *…ные соедине́ния* polare Verbindungen; *3. (fig)* vollkommen gegensätzlich
пома́да *f 1.* Pomade *f; 2. губна́я ~* Lippenstift *m*
по́месь *f 1. (о животном)* BIO Mischling *m; 2. (смесь)* Gemisch *n,* Gemenge *n*
поме́тка *f* Vermerk *m,* Notiz *f*
поме́ха *f* Störung *f; ~ с пра́ва* Vorfahrt von rechts, rechts vor links
помеча́ть *v impf* vermerken, notieren, bezeichnen
поме́шанный *adj 1.* verrückt, wahnsinnig, geistesgestört; *2. (fig)* versessen, besessen
помеша́тельство *n* Wahnsinn *m,* Irrsinn *m,* Geisteskrankheit *f*
помеща́ть *v impf 1.* legen, hinlegen, hinstellen, unterbringen; *2. ~ся* Platz finden
помеще́ние *n 1.* Raum *m; жило́е ~* Wohnraum *m; о́фисное ~* Büroraum *m; 2. (действие)* Unterbringung *f; ~ в гости́ницу* Unterbringung im Hotel
помидо́р *m* BOT Tomate *f*
поми́лование *n* JUR Begnadigung *f,* Straferlass *m*
поми́ловать *v impf* JUR begnadigen
поми́мо *prep* außer, abgesehen von, neben
по́мнить *v impf* sich erinnern, sich entsinnen
помога́ть *v impf* anfassen, zugreifen, helfen, einspringen
по-мо́ему *adv* meiner Meinung nach
помо́ст *m* Podium *n,* Podest *n*
помо́щник *m* Assistent *m,* Gehilfe *m,* Helfer *m*
помо́щница *f* Assistentin *f,* Helferin *f*
по́мощь *f* Hilfe *f; пе́рвая ~* Erste Hilfe *f; ско́рая ~* Rettungswagen *m; ~ развива́ющимся стра́нам* Entwicklungshilfe *f; с …щью* mit Hilfe von, anhand
помутне́ние *n* Trübung *f; ~ хруста́лика гла́за* MED grauer Star *m*
помутне́ть *v pf* trübe werden, sich trüben
помя́тый *adj 1.* zerknüllt; *2. (fig)* müde, fertig; *…тое лицо́* müdes Gesicht
поначáлу *adv* anfangs, zu Beginn
по-нашему *adv* unserer Meinung nach, nach unserem Dafürhalten
понево́ле *adv* notgedrungen, gezwungenermaßen, wider Willen
понеде́льник *m* Montag *m; по ~ам* montags
по-неме́цки *adv* deutsch, auf Deutsch; *говори́ть ~* deutsch sprechen; *Я не понима́ю ~.* Ich verstehe kein Deutsch. *Как э́то бу́дет ~?* Was heißt das auf Deutsch?
по́ни *m* ZOOL Pony *n*
понижа́ть *v impf 1.* herabsetzen, ermäßigen, reduzieren, senken verringern; *2. ~ся* sinken, fallen, abnehmen
пониже́ние *n 1.* Herabsetzen *n,* Sinken *n; 2. (температуры)* Fallen *n,* Rückgang *m*
пони́женный *adj* vermindert, herabgesetzt, gesenkt; *…нное настрое́ние* gedrückte Stimmung *f*
по́низу *adv* unten, am Boden
поника́ть *v impf* sich neigen, sich beugen
понима́ние *n 1.* Verständnis *n,* Einsicht *f,* Verstehen *n; 2. (концепция)* Auffassung *f*
понима́ть *v impf 1.* verstehen, erfassen, begreifen, einsehen; *2. (знать толк в чём-л)* etw von etw verstehen, sich mit etw auskennen; *Я в э́том ничего́ не …ма́ю.* Davon verstehe ich nichts.
понома́рь *m* REL Küster *m,* Messdiener *m; чита́ть как ~* herunterleiern
поно́с *m* MED Durchfall *m*

поношéние *n* Beschimpfung *f*
понóшенный *adj* abgetragen, abgenutzt, schäbig
понятие *n 1.* Begriff *m; óбщее ~* Oberbegriff *m; 2. (представление)* Vorstellung *f; …тия не имéю!* Keine Ahnung!
понятный *adj* verständlich, begreiflich, plausibel, nachvollziehbar
поочерёдный *adj* abwechselnd
поощрять *v impf* aufmuntern, ermuntern, anspornen, ermutigen
пóпа *f (fam)* Po *m,* Popo *m (fam)*
попадáть *v impf 1.* geraten, hingeraten, kommen, hinkommen; *~ во что-л* in etw hineingeraten; *2. (при выстреле)* treffen; *3. ~ся* gefangen werden, ertappt werden; *4. (fig) ~ся на ýдочку* hereinfallen
попáрно *adj* paarweise, in Paaren
поперёк *adv (fam) 1.* quer, in die Quere; *знать что-л вдоль и ~* etw in- und auswendig kennen; *prep 2.* quer durch, quer über
поперéчный *adj* quer verlaufend, Quer…; *…ное сечéние* Querschnitt *m*
попечéние *n 1.* JUR Sorge *f,* Pflege *f; 2. (fig)* Obhut *f,* Fürsorge *f*
пополáм *adv 1.* in zwei Hälften; *разрéзать ~* halbieren; *2. (в равные доли)* halb und halb
пополнять *v impf* ergänzen, auffüllen, komplettieren
попрáвка *f 1.* Korrektur *f,* Berichtigung *f,* Verbesserung *f; 2. (здоровья)* Gesundung *f,* Erholung *f,* Genesung *f; у негó дéло идёт на …ку* mit ihm geht es wieder bergauf
поправлять *v impf 1.* ausbessern, reparieren, instand setzen; *2. (здоровье)* wiederherstellen; *3. (об ошибке)* korrigieren, berichtigen; *4. (приводить в порядок)* ordnen, zurechtrücken; *5. (выздоравливать) ~ся* gesund werden, genesen, sich erholen; *6. (полнеть) ~ся* zunehmen
по-прéжнему *adv* wie früher, nach wie vor
попрошáйка *m/f (fam)* Bettler(in) *m/f,* Schnorrer(in) *m/f (fam)*
попрошáйничать *v impf* betteln, schnorren *(fam)*
попугáй *m* ZOOL Papagei *m*
популярность *f 1.* Beliebtheit *f,* Popularität *f; 2. (понятность)* Gemeinverständlichkeit *f*
популярный *adj 1.* populär, beliebt, bekannt; *2. (понятный)* allgemein verständlich
попýтный *adj 1.* auf dem Weg liegend; *éхать на …ной машúне* per Anhalter fahren; *2. (сопутствующий чему-л основному)* beiläufig
попытка *m* Versuch *m,* Anlauf *m; ~ не пытка.* Probieren geht über Studieren.
пóра *f* Pore *f*
порá[1] *f* Zeit *f; с тех пор как* seitdem; *с дáвних пор* seit langer Zeit, seit langem; *с какúх пор* seit wann
порá[2] es wird Zeit, es ist an der Zeit; *давнó ~* es ist höchste Zeit
поражáть *v impf 1.* schlagen, treffen; *2. (побеждать)* besiegen; *3. (удивлять)* überraschen, erstaunen; *4.* MED anstecken, infizieren, verseuchen; *5. ~ся* erstaunt sein
поражéние *n 1.* Niederlage *f,* Rückschlag *m,* Schlappe *f (fam); потерпéть ~* unterliegen, verlieren, eine Schlappe einstecken *(fam); 2. (повреждение)* Verwundung *f,* Verletzung *f; 3.* MED Infektion *f,* Befall *m; 4.* JUR *~ в правáх* Aberkennung von Rechten
поражённый *adj 1.* befallen, betroffen; *2. (удивлённый)* überrascht, erstaunt, baff *(fam),* platt *(fam)*
поразúтельный *adj* auffallend, erstaunlich, verblüffend, frappierend
по-рáзному *adv* unterschiedlich
порéз *m* Einschnitt *m,* Schnittwunde *f*
пóристость *f* Porösität *f*
пóристый *adj* porös, porig
порицáние *n* Tadel *m,* Rüge *f,* Verweis *m*
порицáть *v impf* tadeln, rügen, missbilligen
порнографúческий *adj* pornografisch
порногрáфия *f* Pornografie *f*
порóг *m 1.* Schwelle *f,* Türschwelle *f; 2. (речной)* Stromschnelle *f; 3. (граница)* Schwelle *f,* Grenze *f*
порóда *f* Rasse *f,* Gattung *f,* Art *f*
порóдистый *adj* ZOOL reinrassig, Rasse…
порождáть *v impf (fig)* hervorrufen, aufkommen lassen, nach sich ziehen, bewirken
порóжний *adj (fam)* leer
порóй *adv* manchmal, zuweilen, bisweilen
порóк *m 1.* REL Laster *n; 2. (недостаток)* Fehler *m,* Mangel *m,* Übel *n; 3.* MED *~ сéрдца* Herzfehler *m*
поросёнок *m* ZOOL Ferkel *n*
порóть[1] *v impf* prügeln, peitschen
порóть[2] *v impf 1.* trennen, auftrennen; *2. (fig) ~ чушь* dummes Zeug reden, Unsinn verzapfen *(fam)*
пóрох *m* Schießpulver *n,* Pulver *n*

поро́чить *v impf* lästern, verleumden, in Verruf bringen

порошкообра́зный *adj* pulverig, pulverartig, in Pulverform, Pulver...

порошо́к *m* Pulver *n; стира́льный ~* Waschpulver *n; пе́карский ~* Backpulver *n*

порт *m* Hafen *m; морско́й ~* Seehafen *m; речно́й ~* Binnenhafen *m*

порта́л *m* Portal *n,* Haupteingang *m*

портати́вный *adj* tragbar, Koffer..., Reise...

портве́йн *m GAST* Portwein *m*

по́ртить *v impf 1.* beschädigen, verderben; *2. (о настроении)* verschlechtern, verderben; *3. (о продуктах) ~ся* verderben, schlecht werden

портни́ха *f* Schneiderin *f*

портно́й *m* Schneider *m*

порто́вый *adj* Hafen...; *~ го́род* Hafenstadt *f*

портре́т *m* Bild *n,* Portait *n,* Bildnis *n*

португа́лец *m* Portugiese *m*

Португа́лия *f GEO* Portugal *n*

портфе́ль *m* Aktentasche *f,* Mappe *f*

портье́ *m* Portier *m*

по-ру́сски *adv* russisch, auf Russisch; *говори́ть ~* russisch sprechen; *Я не понима́ю ~.* Ich verstehe kein Russisch. *Как э́то бу́дет ~?* Was heißt das auf Russisch?

поруча́ть *v impf 1.* beauftragen; *2. (вверять)* anvertrauen

поруче́ние *v impf 1.* Auftrag *m,* Mission *f; 2. JUR* Mandat *n*

поручи́тель(ница) *m/f ECO* Garant *m,* Bürge *m,* Bürgin *f*

поручи́тельство *n* Bürgschaft *f,* Kaution *f*

порха́ть *v impf* flattern, umherflattern

по́рция *f* Portion *f;* *еды́* Essensportion *f*

по́рченный *adj* verdorben, unbrauchbar, ungenießbar, schlecht

по́ршень *m TECH* Kolben *m*

поры́в *m 1.* Stoß *m; 2. (fig)* Ausbruch *m,* Anfall *m,* Schwung *m; боево́й ~* Angriffsgeist *m*

порыва́ть *v impf 1.* zerreißen, abreißen, zerstören; *2. (fig)* mit jdm brechen, Beziehungen abbrechen

поры́вистый *adj* heftig, ungestüm, stürmisch, impulsiv

поры́вость *f* Heftigkeit *f,* Ungestüm *n*

поря́док *m 1.* Ordnung *f; Э́то в ...дке.* Das ist in Ordnung. *Что́-то не в ...ке.* Irgendetwas ist nicht in Ordnung., Irgendetwas stimmt da nicht. *2. (последовательность)* Reihenfolge *f; по ...дку* der Reihe nach; *но́мер по ...дку* laufende Nummer (lfd. Nr.)

поря́дочность *f* Anständigkeit *f,* Ehrenhaftigkeit *f*

поря́дочный *adj 1.* ordentlich, anständig, rechtschaffen, ehrlich, fair; *2. (fam)* gehörig, ordentlich, ziemlich gut

поса́дка *f 1. AGR* Pflanzen *n,* Setzen *n;* Anpflanzung *f; 2. (в транспортное средство)* Einstieg *m,* Einsteigen *n; 3. (о самолёте)* Landung *f,* Landen *n; 4. SPORT* Sitz *m,* Haltung *f*

по-сво́ему *adv 1.* seiner/ihrer Meinung nach; *2. (по своему усмотрению)* auf seine/ihre eigene Art und Weise

посвяща́ть *v impf 1.* weihen, widmen; *2. (в тайну)* einweihen

посвяще́ние *n 1.* Widmung *f; 2. (в тайну)* Einweihen *n*

посвящённый *adj 1.* gewidmet; *2. (в тайну)* eingeweiht

посе́в *m* Aussaat *f,* Saat *f*

поселе́ние *n* Siedlung *f,* Ansiedlung *f*

посёлок *m* Siedlung *f,* Dorf *n*

поселя́ть *v impf 1.* ansiedeln; *2. (fig)* erregen, einflößen, säen; *3. ~ся* sich niederlassen

посети́тель(ница) *m/f* Besucher(in) *m/f,* Gast *m*

посеща́ть *v impf* besuchen, aufsuchen

посеще́ние *n* Besuch *m,* Besichtigung *f; вре́мя ...ния* Besuchszeit *f*

поска́льзываться *v impf* ausrutschen, ausgleiten

поско́льку *konj* da, weil, insofern

посла́нец *m 1.* Bote *m; 2. POL* Abgesandter *m*

по́сле *prep 1.* nach; *~ обе́да* nach dem Mittagessen, am Nachmittag; *adv 2.* nachher, danach, später; *~ э́того* danach; *~ чего́* anschließend; *~ того́ как* nachdem

после́д *m MED* Plazenta *f*

после́дки *pl* Überbleibsel *pl,* Rest *m*

после́днее *n* das Letzte *n; до ...него* bis zum Äußersten, bis aufs Letzte

после́дний *adj 1.* letzt; *са́мый ~* der Allerletzte *m; ~ раз* zum letzen Mal; *2. (самый новый)* neuest, jüngst; *3. (fam)* schlimmst, schlechtest; *4. (предшествующий)* vorig, vorhergehend; *5. (младший)* jüngst; *~ сын* der jüngste Sohn

после́дователь(ница) *m/f* Anhänger(in) *m/f*

после́довательно *adv 1.* nacheinander,

der Reihe nach, sukzessive; *2. (логически)* folgerichtig, konsequent
последовательность *f 1.* Reihenfolge *f,* Abfolge *f; 2. (логичность)* Folgerichtigkeit *f,* Konsequenz *f*
последовательный *adj 1.* fortlaufend, folgerichtig; *2.* konsequent
последствие *n* Folge *f,* Auswirkung *f,* Folgeerscheinung *f; отдалённое ~ MED* Spätfolge *f; иметь ~* Folgen haben, nachwirken
последствия *pl* Folgen *pl,* Nachspiel *n,* Nachwirkungen *pl*
последующий *adj* nachfolgend, anschließend, darauffolgend, Folge…
последыш *m* Nachzügler *m,* Nachkömmling *m,* Nesthäkchen *n (fam)*
послезавтра *adv* übermorgen
послеобеденный *adj* Nachmittags…; *…нное время* Nachmittag *m*
послесловие *n LIT* Nachwort *n*
пословица *f* Sprichwort *n*
послушание *n* Gehorsam *m*
послушный *adj* folgsam, artig, brav, gehorsam
посмеиваться *v impf* lächeln, belächeln; *~ про себя* sich ins Fäustchen lachen
пособие *n 1. FIN* Unterstützung *f,* Beihilfe *f,* Subvention *f,* Zuwendung *f,* Zuschuss *m; ~ по болезни* Krankengeld *n; ~ по безработице* Arbeitslosenunterstützung *f; 2. (учебник)* Lehrbuch *n,* Handbuch *n; учебное ~* Lehrmittel *n*
пособник *m* Helfer *m,* Helfershelfer *m*
пособничество *n JUR* Beihilfe *f,* Mithilfe *f*
посол[1] *m POL* Botschafter(in) *m/f*
посол[2] *m GAST* Einlegen *n,* Einsalzen *n*
посольство *n POL* Botschaft *f*
поспешность *f* Eile *f,* Hast *f*
поспешный *adj 1.* eilig, hastig; *2. (необдуманный)* überstürzt, voreilig
посреди *prep 1.* inmitten, mitten in; *adv 2.* in der Mitte, inmitten
посредник *m 1.* Vermittler(in) *m/f,* Mittelsmann *m; 2. ECO* Makler(in) *m/f,* Zwischenhändler(in) *m/f; 3. JUR* Schiedsrichter(in) *m/f*
посредничать *v impf* vermitteln
посредственный *adj* mittelmäßig, durchschnittlich
посредством *prep* mittels, durch, mit Hilfe von
пост[1] *m 1. (место)* Posten *m; стоять на ~у* auf Wachposten stehen; *2. (должность)* Posten *m,* Stellung *f; занимать какой-л ~* einen Posten bekleiden
пост[2] *m REL* Fasten *n,* Fastenzeit *f*
поставка *f* Lieferung *f,* Auslieferung *f,* Abgabe *f*
поставлять *v impf* liefern
поставщик *m ECO* Lieferant(in) *m/f*
постановка *f 1.* Stellung *f,* Aufstellung *f,* Aufstellen *n; ~ задачи* Aufgabenstellung *f; 2. (манера держать)* Haltung *f,* Stellung *f; 3. THEAT* Aufführung *f,* Inszenierung *f; 4. CINE* Regie *f; 5. (работы)* Organisation *f*
постановление *n 1.* Beschluss *m; 2. (распоряжение)* Verordnung *f,* Anordnung *f; 3. POL* Verfügung *f,* Erlass *m,* Resolution *f*
постановлять *v impf* beschließen, einen Beschluss fassen, verfügen
постель *f* Bett *n; убрать ~* das Bett machen
постельный *adj* Bett…; *~ режим MED* Bettruhe *f*
постепенный *adj* allmählich, stufenweise, sukzessiv
постигать *v impf 1.* erfassen, verstehen, begreifen; *2. (случиться)* treffen, betreffen
постижимый *adj* verständlich, begreiflich, nachvollziehbar
поститься *v impf REL* fasten
постный *adj 1.* Fasten…; *2. (тощий)* mager, nicht fett
посторонний *adj 1.* fremd, unbefugt; *…нним вход запрещён!* Unbefugten ist der Eintritt verboten! *2. (побочный)* nebensächlich, Neben…
постоянный *adj* ständig, fortwährend, gleichbleibend, fest, permanent, konstant; *…нная выставка* ständige Ausstellung *f; …нная температура* gleichbleibende Temperatur; *~ ток* Gleichstrom *m*
постоянство *n* Bestand *m,* Beständigkeit *f,* Stabilität *f*
построение *n* Bau *m,* Aufbau *m,* Konstruktion *f*
поступать *v impf 1.* handeln, vorgehen, agieren; *правильно ~* richtig handeln; *2. (на службу)* antreten, anfangen; *3. (о деньгах)* eingehen, eintreffen
поступление *n 1.* Eintritt *m,* Zugang *m; 2. (получение)* Erhalt *m,* Eingang *m,* Eingehen *n; ~ почты* Posteingang *m*
поступления *pl ECO* Einnahmen *pl,* Einkünfte *pl,* Erlös *m*
поступок *m* Tat *f,* Handlung *f*

по́ступь *f 1.* Schritt *m,* Gang *m; 2. (fig)* Weiterentwicklung *f*
посты́дный *adj* beschämend, schändlich
посу́да *f* Geschirr *n; столо́вая ~* Essgeschirr *n*
посу́дник *m* Geschirrspüler *m*
посудомо́ечный *adj* Geschirrspül...; *...ная маши́на* Geschirrspülmaschine *f,* Spülmaschine *f*
посудомо́йка *f (fam)* Geschirrspülmaschine *f*
посыла́ть *v impf* schicken, senden
посы́лка *f* Sendung *f,* Päckchen *n,* Paket *n; почто́вая ~* Postpaket *n,* Postsendung *f; це́нная ~* Wertsendung *f*
посы́лочный *adj* Versand...; *...ная торго́вля* Versandhandel *m*
посы́льный *m* Bote *m,* Laufbursche *m*
посыпа́ть *v impf* streuen, bestreuen
пот *m* Schweiß *m; в ~е лица́* im Schweiße seines Angesichts; *облива́ться ~ом* schweißgebadet sein
потаску́ха *f (fam)* Hure *f,* Dirne *f*
потасо́вка *f (fam)* Prügelei *f,* Handgemenge *n,* Keilerei *f*
по-тво́ему *adv* deiner Meinung nach
потенциа́л *m* Potential *n,* Fähigkeiten *pl*
потенциа́льный *adj* potentiell, möglich, Potential...
поте́нция *f* Potenz *f*
потёртый *adj* schäbig, verbraucht
поте́ря *f* Verlust *m,* Einbuße *f; ~ в ве́се* Gewichtsverlust *m,* Gewichtsabnahme *f*
поте́ть *v impf* schwitzen
поте́ха *f* Spaß *m; ра́ди ...хи* aus Jux und Tollerei
поте́шный *adj* spaßig, komisch, amüsant, drollig
потихо́ньку *adv (fam) 1.* langsam, allmählich, sacht; *2. (тихим голосом)* leise; *3. (тайком)* heimlich, verstohlen, in aller Stille, klammheimlich
пото́к *m 1.* Strom *m,* Fluss *m; речно́й ~* Flusslauf *m; 2. (масса)* Strom *m,* Schwall *m,* Flut *f*
потоло́к *m* Decke *f,* Zimmerdecke *f*
пото́м *adv* dann, hinterher, nachher, später, anschließend
пото́мки *pl* Nachwelt *f,* kommende Generation *f*
пото́мок *m* Nachfahre *m,* Nachkomme *m*
потому́ *adv 1.* deshalb, darum; *~ я и прие́хал.* Deshalb bin ich gekommen. *konj 2. ~ что* weil, da
пото́п *m* Überschwemmung *f; всеми́рный ~* Sintflut *f*
потреби́тель *m* ECO Verbraucher *m,* Konsument *m; коне́чный ~* Endverbraucher *m*
потреби́тельский *adj* ECO Konsum..., Verbraucher...
потребле́ние *n* Verbrauch *m,* Konsum *m; ~ пи́щи* Verzehr *m; предме́ты широ́кого ...ния* ECO Konsumgüter *pl*
потребля́ть *v impf* verbrauchen, konsumieren
потре́бность *f* Bedürfnis *n,* Bedarf *m*
потре́скивать *v impf* knistern
потроха́ *pl* GAST Innereien *pl*
потроши́ть *v impf 1.* ausnehmen, ausweiden; *2. (fig)* ausnehmen, ausschlachten
потряса́ть *v impf* erschüttern
потряса́ющий *adj 1.* erschütternd, ergreifend; *2. (fam)* super, toll
потрясе́ние *n* Erschütterung *f; не́рвное ~* Nervenzusammenbruch *m*
потуха́ние *n* Erlöschen *n*
потуха́ть *v impf* erlöschen
по́тчевать *v impf (fam)* bewirten
поуча́ть *v impf* belehren, unterweisen
поуче́ние *n* Belehrung *f*
поучи́тельный *adj 1.* lehrreich, aufschlussreich, wissenswert; *2. (наставительный)* schulmeisterhaft
похвала́ *f* Lob *n,* Belobigung *f,* Zuspruch *m*
похва́ливать *v impf 1.* loben, rühmen; *2. ~ся* prahlen, angeben, sich brüsten, sich rühmen
похва́льный *adj* lobenswert
похити́тель *m* Entführer *m*
похища́ть *v impf 1.* stehlen, rauben, entwenden; *2. (кого-л)* entführen, kidnappen
похище́ние *n 1.* Diebstahl *m,* Raub *m; 2. (кого-л)* Entführung *f*
похме́лье *n* Kater *m,* Katzenjammer *m; с ...ья* verkatert
похо́д *m* Wanderung *f,* Ausflug *m; кресто́вые ~ы* HIST Kreuzzüge *pl*
походи́ть *v impf* gleichen, ähneln
похо́дка *f* Gangart *f,* Gang *m*
похо́жий *adj* ähnlich
похолода́ние *n* Temperaturrückgang *m*
похоро́нный *adj 1.* Beerdigungs..., Bestattungs..., Trauer...; *~ марш* MUS Trauermarsch *m; ...нная маши́на f* Leichenwagen *m; 2. (fig) ...нное выраже́ние лица́* ein Gesicht wie drei Tage Regenwetter *(fig)*

по́хороны *pl* Begräbnis *n,* Beisetzung *f,* Beerdigung *f*
по-хоро́шему *adv* im Guten
поцелу́й *m* Kuss *m; возду́шный ~* Handkuss *m*
почасово́й *adj* stundenweise, Stunden…; *…а́я опла́та труда́* ECO Stundenlohn *m*
поча́ток *m* BOT Kolben *m; ~ кукуру́зы* Maiskolben *m*
по́чва *f 1.* Boden *m,* Erdboden *m,* Erdreich *n; чернозёмная ~* Schwarzerde *f; 2. (основание)* Grund *f,* Grundlage *f; 3. (fig) не теря́ть …вы под нога́ми* den Boden unter den Füßen nicht verlieren
почему́ *adv* weshalb, warum, wieso
почему́-то *adv* aus irgendeinem Grund
по́черк *m* Handschrift *f*
почёт *m 1.* Ehre *f,* Achtung *f,* Hochachtung *f; по́льзоваться ~ом* angesehen sein; *2. (по чести)* Ehrenbezeichnung *f*
почётный *adj* ehrenvoll, Ehren…
по́чечный *adj* ANAT Nieren…; *…ные ка́мни* MED Nierensteine *pl*
почи́нка *f* Reparatur *f,* Ausbesserung *f; отдава́ть в …ку* reparieren lassen, zur Reparatur bringen
почита́ние *n* Achtung *f,* Verehrung *f,* Ehrerbietung *f*
почита́ть *v impf* achten, ehren, hochschätzen
по́чка *f 1.* ANAT Niere *f; 2.* BOT Knospe *f*
по́чта *f 1.* Post *f; электро́нная ~* INFORM E-Mail *f; по …те* per Post; *2. (учреждение)* Postamt *n,* Post *f; 3. (корреспонденция)* Post *f*
почтальо́н *m* Briefträger(in) *m/f,* Postbote *m,* Postbotin *f*
почта́мт *m* Postamt *n,* Post *f*
почте́ние *n* Achtung *f,* Ehrerbietung *f,* Pietät *f,* Respekt *m*
почте́нный *adj 1.* ehrbar, angesehen, ehrwürdig; *2. (fam)* beträchtlich
почти́ *adv 1.* fast, nahezu, beinahe; *~ ничего́* fast nichts; *2. ~ что* so gut wie
почти́тельный *adj* ehrerbietig, erfürchtig, achtungsvoll
почто́вый *adj* postalisch, Post…; *~ я́щик* Briefkasten *m; ~ сбор* Porto *n; ~ перево́д* Postanweisung *f; ~ и́ндекс* Postleitzahl *f; ~ го́лубь* Brieftaube *f*
по́шлина *f* Gebühr *f,* Abgabe *f,* Zollgebühr *f*
по́шлость *f* Geschmacklosigkeit *f,* Taktlosigkeit *f,* Plattheit *f*
по́шлый *adj 1.* banal, platt, abgedroschen; *2. (непристойный)* gewöhnlich, vulgär
пошту́чный *adv* stückweise, Stück…, Akkord…; *рабо́тать …но* Akkord arbeiten
поща́да *f* Gnade *f; без …ды* schonungslos, gnadenlos
пощёчина *f* Ohrfeige *f; дать …ну* ohrfeigen, eine scheuern *(fam)*
поэ́зия *f* LIT Dichtung *f,* Poesie *f*
поэ́ма *f* LIT Gedicht *n*
поэ́т *m* Dichter *m,* Poet *m*
поэта́пный *adj* etappenweise, stufenweise
поэте́сса *f* Dichterin *f*
поэти́ческий *adj* poetisch, dichterisch
поэ́тому *adv* deshalb, darum, deswegen; *как раз ~* gerade deswegen
появля́ться *v impf 1.* erscheinen, zum Vorschein kommen; *2. (возникать)* auftreten, entstehen, aufkommen
по́яс *m 1.* Gürtel *m,* Gurt *m; 2. (талия)* Gürtellinie *f,* Taille *f; по ~* bis zur Taille; *3. (зона)* Zone *f,* Gürtel *m; климати́ческий ~* GEO Klimazone *f*
поясне́ние *n* Erklärung *f,* Erläuterung *f*
поясни́тельный *adj* erklärend, erläuternd, Erklärungs…; *~ текст* Kommentar *m*
поясни́ца *f* ANAT Rücken *m; боль в …це* Kreuzschmerzen *pl*
поясни́чный *adj* lumbal, Lenden…
поясно́й *adj 1.* Gürtel…, Gurt…; *2. (по пояс) ~ портре́т* Brustbild *n*
поясня́ть *v impf* erklären, erläutern
праба́бушка *f* Urgroßmutter *f,* Uroma *f (fam)*
пра́вда *f 1.* Wahrheit *f; 2. (справедливость)* Recht *n,* Gerechtigkeit *f; interj 3.* wohl, freilich; *4. ~?* Wirklich?
правди́вость *f* Wahrheitsliebe *f,* Aufrichtigkeit *f*
правди́вый *adj 1.* wahr, wahrheitsgemäß; *2. (искренный)* wahrheitsliebend, aufrichtig
правдоподо́бие *n* Glaubwürdigkeit *f,* Glaubhaftigkeit *f*
правдоподо́бный *adj* glaubhaft, glaubwürdig, wahrscheinlich
пра́вило *n 1.* Regel *f; практи́ческое ~* Faustregel *f; 2. (принцип)* Grundsatz *m; челове́к с …лами* ein Mensch mit Prinzipien; *3. (порядок)* Ordnung *f,* Vorschriften *pl; …ла у́личного движе́ния* Verkehrsregeln *pl; …ла прожива́ния* Hausordnung *f*
пра́вильность *f 1.* Richtigkeit *f,* Korrektheit *f; 2. (регулярность)* Regelmäßigkeit *f*
пра́вильный *adj 1.* richtig, korrekt, feh-

lerlos; *2. (регулярный)* regelmäßig, regulär, ohne Ausnahme; *3.* GRAMM ~ *глаго́л* regelmäßiges Verb
прави́тель *m* Regent *m,* Herrscher *m*
прави́тельственный *adj* Regierungs...
прави́тельство *n* POL Regierung *f*
пра́вить[1] *v impf* lenken, steuern
пра́вить[2] *v impf (исправлять ошибки)* korrigieren, verbessern, Korrektur lesen
пра́вка *f* Korrektur *f,* Korrekturlesen *n*
правле́ние *n* POL *1.* Regierung *f; о́браз ...ния* Regierungsform *f; 2. (учреждение)* Vorstand *m,* Verwaltung *f*
пра́внук *m* Urenkel *m*
пра́во *n* JUR *1.* Recht *n,* Befugnis *f,* Berechtigung *f,* Anrecht *n; ...ва́ челове́ка* Menschenrechte *pl; име́ть ~* berechtigt sein; *~ полити́ческого убе́жища* Asylrecht *n; 2. (наука)* Jura *n,* Recht *n,* Rechtswissenschaft *f; 3. (официальное разрешение)* Erlaubnis *f; води́тельские ...ва́* Führerschein *m,* Fahrerlaubnis *f*
правово́й *adj* juristisch, rechtlich, Rechts...
правомо́чный *adj* rechtmäßig, bevollmächtigt; *...ное собра́ние* beschlussfähige Versammlung *f*
правонаруше́ние *n* JUR Rechtsverletzung *f,* Rechtsbruch *m*
правописа́ние *n* Rechtschreibung *f*
правосла́вный *adj* REL orthodox
правосу́дие *n* Justiz *f,* Gerichtswesen *n*
правша́ *m/f* Rechtshänder(in) *m/f*
пра́вый[1] *adj 1.* recht; *по ...вую ру́ку* rechts, rechter Hand; *2. (fig) ...вая рука́* rechte Hand *f,* engster Vertrauter *m; 3.* POL rechtsgerichtet, rechts
пра́вый[2] *adj 1. (справедливый)* rechtschaffen; *...вое де́ло* gerechte Sache; *2. быть ...вым* Recht haben
пра́дед *m* Urgroßvater *m,* Uropa *m (fam)*
пра́зднество *n* Fest *n,* Feier *f*
пра́здник *m 1.* Feier *f,* Fest *n; семе́йный ~* Familienfest *n; 2. (день)* Feiertag *m; национа́льный ~* Nationalfeiertag *m*
пра́здничный *adj* feierlich, festlich, Fest...
пра́здновать *v impf* feiern
пра́здность *f* Müßiggang *m,* Untätigkeit *f*
пра́ктика *f 1.* Erfahrung *f,* Praxis *f; на ...ке* in der Praxis; *2. (применение знаний)* Praktikum *n,* Praktikumszeit *f; произво́дственная ~* Betriebspraktikum *n*
практика́нт(ка) *m/f* Praktikant(in) *m/f*
практикова́ть *v impf 1.* praktizieren, in der Praxis anwenden; *2. ~ся* sich üben in
практи́ческий *adj* praktisch; *вести́ ...кую рабо́ту* in der Praxis arbeiten
практи́чный *adj 1.* erfahren, praxiserprobt; *2. (о вещи)* praktisch, zweckmäßig
прах *m 1.* Staub *m; 2. (останки)* Asche *f,* sterbliche Überreste *pl*
пра́чечная *f* Wäscherei *f*
пребыва́ние *n* Aufenthalt *m*
пребыва́ть *v impf* sich aufhalten, verweilen
превосходи́ть *v impf 1.* überbieten, überlegen sein; *2. (превышать)* übertreffen; *~ самого́ себя́* sich selbst übertreffen
превосхо́дный *adj 1.* ausgezeichnet, vorzüglich, fabelhaft, überlegen, exzellent; *2.* GRAMM *...ная сте́пень* Superlativ *m*
превосхо́дство *n* Überlegenheit *f; чи́сленное ~* Überzahl *f*
превра́тный *adj 1.* falsch, verkehrt, irrig; *2. (изменчивый)* veränderlich, unbeständig
превраща́ть *v impf* umgestalten, verwandeln, umändern
превраще́ние *n* Umwandlung *f,* Umgestaltung *f,* Verwandlung *f*
превыша́ть *v impf 1.* übertreffen, übersteigen; *2. (нарушать предел)* übertreten
прегра́да *f* Schranke *f,* Hindernis *n,* Sperre *f*
предава́ть *v impf 1.* übergeben; *~ кого́-л суду́* jdn vor Gericht stellen; *2. (изменять)* verraten
преда́ние *n* Sage *f,* Legende *f,* Überlieferung *f*
пре́данность *f* Hingabe *f,* Anhänglichkeit *f,* Treue *f,* Ergebenheit *f*
пре́данный *adj* ergeben, anhänglich, treu
преда́тель(ница) *m/f* Verräter(in) *m/f*
преда́тельский *adj* verräterisch
преда́тельство *n* Verrat *m*
предвари́тельный *adj 1.* vorläufig, provisorisch, Vor...; *~ зака́з m* Vorbestellung *f; 2.* JUR *...ное заключе́ние* Untersuchungshaft *f*
предве́стник *m* Vorbote *m*
предвеща́ть *v impf* ankündigen, verheißen
предвзя́тость *f* Voreingenommenheit *f,* Befangenheit *f*
предвзя́тый *adj* voreingenommen, befangen, parteiisch
предви́дение *n* Voraussicht *f,* Weitblick *m*
предви́деть *v impf* vorhersehen, voraussehen
предви́димый *adj* vorhersehbar, absehbar
предвосхища́ть *v impf* vorwegnehmen, vorgreifen, zuvorkommen

предгóрье *n GEO* Gebirgsvorland *n,* Vorgebirge *n; ~ Альп* Voralpenland *n*
предéл *m 1.* Grenze *f; 2. (граница принятого)* Grenze *f,* Schranke *f; всемý есть ~* alles hat seine Grenzen; *не знать ~а* keine Grenzen kennen; *3. (крайняя степень)* Höchstgrenze *f,* Höchstmaß *n; 4. в ~ах* innerhalb; *5. MATH* Grenzwert *m*
предéльный *adj* äußerst, höchst, Höchst..., Grenz...; *...ная скóрость* Höchstgeschwindigkeit *f*
предзнаменовáние *n* Vorzeichen *n,* Omen *n*
предлагáть *v impf* vorschlagen, anbieten
предлóг[1] *m* Vorwand *m,* vorgeschützter/vorgeschobener Grund *m,* Ausflucht *f; под ~ом* unter dem Vorwand
предлóг[2] *m GRAMM* Präposition *f*
предложéние[1] *n 1.* Vorschlag *m; 2. ECO* Angebot *n,* Offerte *f; спрос и ~* Angebot und Nachfrage
предложéние[2] *n GRAMM* Satz *m; глáвное ~* Hauptsatz *m*
предмéт *m 1. (вещь)* Gegenstand *m,* Sache *f,* Ding *n; 2. ECO* Artikel *m,* Waren *pl; ~ы пéрвой необходúмости* Waren des täglichen Bedarfs; *3. (тема)* Thema *n,* Gegenstand *m; 4. (преподования)* Fach *n,* Lehrfach *n*
предназначáть *v impf* vorausbestimmen, bestimmen, im Voraus festsetzen
предназначéние *n* Bestimmung *f,* Zweck *m,* Ziel *n*
предназнáченный *adj* prädestiniert, vorbestimmt
преднамéренный *adj* vorsätzlich, absichtlich
прéдок *m* Ahne *m;* Vorfahr *m*
предоставлéние *n* Überlassung *f;* Einräumung *f,* Zuweisung *f,* Gewährung *f*
предоставлять *v impf 1.* überlassen, gewähren; *~ комý-л прáво* jdm das Recht gewähren; *2. (позволять кому-л что-л сделать)* überlassen, freistellen
предостерегáть *v impf* warnen, verwarnen, ermahnen
предостережéние *n* Warnung *f*
предосторóжность *f* Vorsicht *f; мéра ...сти* Vorsichtsmaßnahme *f*
предосудúтельный *adj* anstößig, ungebührlich
предотвращáть *v impf* vorbeugen, verhüten, verhindern, abwenden
предотвращéние *n* Vorbeugung *f,* Verhütung *f,* Verhinderung *f; ~ нóвой войны́* Verhinderung eines neuen Krieges
предохранúтель *m TECH* Sicherung *f; Перегорéл ~.* Die Sicherung ist durchgebrannt.
предохранúтельный *adj* präventiv, Schutz..., Sicherungs...; *...ные мéры* Schutzmaßnahmen *pl,* Sicherheitsmaßnahmen *pl; ...ная привúвка MED* Schutzimpfung *f*
предохранять *v impf 1.* schützen; *2. (от чего-л)* vorbeugen, verhüten
предписáние *n* Vorschrift *f,* Verordnung *f*
предпúсывать *v impf 1.* vorschreiben, anordnen, verordnen; *2. MED* verschreiben
предполагáемый *adj* angenommen, vermutlich, voraussichtlich, vorausgesetzt
предполагáть *v impf 1.* annehmen, vermuten, mutmaßen; *2. (намереваться)* beabsichtigen, vorhaben, planen; *3. (иметь своим условием)* voraussetzen
предположéние *n* Annahme *f,* Vermutung *f,* Mutmaßung *f*
предположúтельный *adj* mutmaßlich, vermutlich, voraussichtlich
предпослéдний *adj* vorletzter
предпосы́лка *f* Voraussetzung *f*
предпочитáть *v impf* vorziehen, bevorzugen
предпочтéние *n* Bevorzugung *f,* Vorzug *m,* Präferenz *f*
предприúмчивый *adj* unternehmungslustig, aktiv
предпринимáтель *m ECO* Unternehmer *m*
предпринимáть *v impf* unternehmen; *~ шагú* Schritte einleiten
предприятие *n 1. ECO* Unternehmen *n,* Betrieb *m; 2. (предпринимаемое дело)* Unternehmen *n,* Unterfangen *n,* Unternehmung *f*
предрасположéние *n MED* Anlagen *pl,* Veranlagung *f,* Neigung *f*
предрасполóженный *adj* veranlagt
предрассýдок *m* Vorurteil *n; без ...ков* vorurteilsfrei
предрекáть *v impf* voraussagen, vorhersagen, prophezeien
председáтель *m* Vorsitzender *m*
председáтельство *n* Vorsitz *m; под ~м* unter dem Vorsitz von
председáтельствовать *v impf* den Vorsitz haben/führen; *...твующий* Vorsitzender *m*
предсказáние *n 1.* Prophezeiung *f,* Vo-

raussage *f; 2. (прогноз)* Vorhersage *f,* Prognose *f*
предсказа́тельница *f* Wahrsagerin *f*
предсказу́емый *adj* voraussehbar, absehbar, vorhersagbar
предска́зывать *v impf* voraussagen, prophezeien, eine Voraussage machen, prognostizieren
представи́тель *m* Vertreter *m,* Repräsentant *m*
представи́тель(ница) *m/f* Vertreter(in) *m/f,* Repräsentant(in) *m/f*
представи́тельный *adj 1.* vertretend, repräsentativ, Vertretungs…; *2. (о внешнем виде)* stattlich, ansehnlich, repräsentativ
представи́тельство *n* Vertretung *f,* Repräsentanz *f*
представле́ние *n 1.* Vorstellung *f,* Begriff *m; 2.* THEAT Vorstellung *f,* Aufführung *f; пе́рвое ~* Uraufführung *f*
представля́ть *v impf 1.* vorlegen, vorweisen, vorzeigen; *~ доказа́тельства* Beweise anführen; *2. (кого-л)* jdn vorstellen, präsentieren; *3. (fig) ~ себе́* sich etw vorstellen; *4.* THEAT aufführen, darstellen
предстоя́ть *v impf* bevorstehen, zu erwarten sein
предстоя́щий *adj* kommend, künftig
предубежде́ние *n* Vorurteil *n,* vorgefasste Meinung *f*
предубеждённый *adj* voreingenommen
предуга́дывать *v impf* vorausahnen, voraussehen
предупреди́тельность *f* Zuvorkommenheit *f,* Verbindlichkeit *f,* Kulanz *f*
предупреди́тельный *adj 1.* vorbeugend, präventiv, prophylaktisch, Warn…; *~ сигна́л* Warnsignal *n; 2. (о человеке)* zuvorkommend
предупрежда́ть *v impf 1.* im Voraus mitteilen; *2. (предостерегать)* mahnen, warnen, vorwarnen; *3. (предотвращать)* vorbeugen, verhüten
предупрежде́ние *n 1.* rechtzeitige Benachrichtigung *f; 2. (предостережение)* Warnung *f,* Mahnung *f,* Verwarnung *f; 3. (предотвращение)* Verhütung *f,* Vorbeugung *f*
предусма́тривать *v impf* vorsehen, vorsorgen, Vorsorge treffen
предусмотри́тельность *f* Voraussicht *f,* Vorsorge *f*
предусмотри́тельный *adj* vorsichtig, umsichtig
предчу́вствие *n* Vorahnung *f,* Vorgefühl *n*
предчу́вствовать *v impf* ahnen, eine Vorahnung haben
предше́ственник *m* Vorgänger *m,* Vorläufer *m*
предше́ственница *f* Vorgängerin *f*
предше́ствовать *v impf* vorangehen
предъявля́ть *v impf 1.* vorzeigen, vorweisen, vorlegen, präsentieren; *~ удостовере́ние ли́чности* sich ausweisen; *2.* JUR *~ обвине́ние* eine Beschuldigung erheben, beschuldigen
предыду́щий *adj* vorhergehend, vorherig, Vor…; *~ год* Vorjahr *n*
пре́емник *m* Erbe *m,* Nachfolger *m*
пре́емница *f* Erbin *f,* Nachfolgerin *f*
пре́емственно *adv 1.* erblich, ererbt, Erb…, Nachfolge…; *2. (последовательно)* aufeinanderfolgend, kontinuierlich
пре́емственность *f* Nachfolge *f,* Kontinuität *f*
пре́емство *n* s. *пре́емственность*
пре́жде *adv 1.* früher, ehemals; *2. (сначала)* erst; *prep 3.* vor; *~ всего* vor allem; *konj 4. ~ чем* ehe, bevor
преждевре́менный *adj* frühzeitig, vorzeitig, verfrüht
пре́жний *adj* vorig, vorherig, früher, ehemalig, bisherig
презервати́в *m* Kondom *n,* Präservativ *n,* Gummi *n (fam)*
президе́нт *m 1.* Präsident(in) *m/f; кандида́т на пост ~а* POL Präsidentschaftskandidat *m; вы́боры ~а* Präsidentschaftswahlen *pl; 2. (председатель)* Präsident(in) *m/f,* Vorsitzende(r) *f/m; почётный ~* Ehrenvorsitzender *m*
президе́нтский *adj* präsidial, Präsidenten…
прези́диум *m* Präsidium *n,* Vorstand *m*
презира́ть *v impf* verachten, missachten; *~ опа́сность* der Gefahr trotzen
презре́ние *n* Verachtung *f,* Geringschätzung *f; ~ к сме́рти* Todesverachtung *f*
презре́нный *adj* verachtenswert, verachtungswürdig; *~ мета́лл (fig)* der schnöde Mammon
презри́тельный *adj* verächtlich, abfällig
преиму́щественно *adv* hauptsächlich, größtenteils, überwiegend, vorwiegend
преиму́щественный *adj* überwiegend, hauptsächlich, vorrangig, Vorzugs…, Sonder…

преиму́щество *n* Vorzug *m,* Vorrang *m,* Privileg *n,* Sonderrecht *n*
преиспо́дняя *f 1.* Unterwelt *f; 2.* Hölle *f*
прейскура́нт *m* ECO Preisliste *f*
прекло́нный *adj* betagt, fortgeschritten; ~ *во́зраст* fortgeschrittenes/hohes Alter
прекра́сный *adj* herrlich, wunderschön
прекраща́ть *v impf* aufhören, abbrechen, einstellen, beenden
прекраще́ние *n 1.* Aufhören *n,* Ende *n,* Einstellung *f;* ~ *испыта́ний я́дерного ору́жия* Einstellung der Kernwaffenversuche; *2. (перерыв)* Unterbrechung *f,* Abbrechen *n*
преле́стный *adj* reizend, entzückend, anmutig
пре́лесть *f 1.* Anmut *f,* Liebreiz *m,* Grazie *f; 2. (о ребёнке)* goldiges Kind *n*
прелю́дия *f 1.* MUS Präludium *n,* Vorspiel *n; 2. (fig)* Auftakt *m*
преми́рованный *adj* prämiert, preisgekrönt
преми́ровать *v impf/pf* prämieren, einen Preis verleihen
пре́мия *f 1.* Preis *m; Но́белевская* ~ Nobelpreis *m; 2. (дополнение к зарплате)* ECO Prämie *f*
премье́ра *f* THEAT Premiere *f,* Uraufführung *f*
премье́р-мини́стр *m* POL Premierminister(in) *m/f,* Ministerpräsident(in) *m/f,* Premier *m*
пренебрега́ть *v impf 1.* vernachlässigen, missachten; *2. (опускать)* nicht beachten, sich über etw hinwegsetzen
пренебреже́ние *n 1.* Geringschätzung *f; 2. (невнимание)* Missachtung *f,* Vernachlässigung *f,* Nichtbeachtung *f*
пренебрежи́тельный *adj* verächtlich, geringschätzig, von oben herab
пре́ния *pl* Debatte *f,* Diskussion *f,* Meinungsaustausch *m*
преоблада́ние *n* Vorherrschaft *f,* Dominanz *f*
преоблада́ть *v impf* dominieren, vorherrschen, überwiegen
преоблада́ющий *adj* vorherrschend, überwiegend, dominierend
преобразова́ние *n* Änderung *f,* Umgestaltung *f,* Umwandlung *f*
преобразо́вывать *v impf 1.* umgestalten, umwandeln, reorganisieren; *2.* INFORM konvertieren
преодолева́ть *v impf* überwinden, bewältigen, überwältigen; ~ *сомне́ния* Zweifel ausräumen
преодоле́ние *n* Überwindung *f,* Bewältigung *f*
препара́т *m* Präparat *n; гото́вый* ~ Fertigpräparat *n; лече́бные ~ы* MED Arzneimittel *pl*
препари́ровать *v impf* präparieren
препина́ние *n знак …ния* Satzzeichen *n*
преподава́ние *n* Unterricht *m,* Unterrichten *n*
преподава́тель(ница) *m/f* Lehrer(in) *m/f*
преподава́тельский *adj* Lehrer…, Lehr…; ~ *соста́в* Lehrkörper *m*
преподава́ть *v impf* unterrichten, Unterricht geben
преподо́бие *n* REL Hochwürden *m*
препя́тствие *n* Hindernis *n,* Hürde *f,* Schwierigkeit *f*
препя́тствовать *v impf* hindern, behindern, im Wege stehen
прери́я *f* GEO Prärie *f*
прерыва́ть *v impf 1.* unterbrechen, abbrechen; *2. (перебить)* jdn unterbrechen
преры́вистый *adj* unterbrochen, abgebrochen, abgerissen, diskontinuierlich
пресле́дование *f 1.* Verfolgung *f; 2.* JUR Fahndung *f*
пресле́довать *v impf 1.* verfolgen, nachsetzen, nachstellen; *2.* JUR ~ *суде́бным поря́дком* gerichtlich verfolgen; *3. (о мысли)* verfolgen, keine Ruhe lassen
преслову́тый *adj* berüchtigt, hinlänglich bekannt
пре́сный *adj 1.* geschmacklos, ungesalzen; *…ная вода́* Süßwasser *n; 2. (о хлебе)* ungesäuert; *3. (fig)* fade, langweilig; *…ная шу́тка* platter Witz
пресс *m* TECH Presse *f*
пре́сса *f* Presse *f; иностра́нная* ~ ausländische Presse; *жёлтая* ~ Regenbogenpresse *f*
пресс-бюро́ *n* Pressebüro *n,* Presseamt *n*
прессова́ть *v impf* TECH pressen
прести́ж *m* Prestige *n,* Ansehen *n; вопро́с ~а* eine Frage des Prestiges
престо́л *m* Thron *m*
преступле́ние *n 1.* JUR Verbrechen *n,* Straftat *f,* Delikt *n; 2. (fig)* Frevel *m,* Gräueltat *f*
престу́пник *m* Verbrecher *m,* Krimineller *m,* Täter *m*
престу́пница *f* Verbrecherin *f,* Kriminelle *f,* Täterin *f*

престу́пность *f* Kriminalität *f; ~ несовершеннолéтних* Jugendkriminalität *f; борьба́ с ~ю* Verbrechensbekämpfung *f*

престу́пный *adj* kriminell, verbrecherisch

пресыщéние *n* Übersättigung *f,* Überdruss *m*

пресы́щенный *adj* übersättigt; *~ жи́знью* lebensmüde

претендéнт *m 1.* Bewerber *m,* Anwärter *m; 2.* SPORT Favorit *m*

претендова́ть *v impf* beanspruchen, den Anspruch erheben

претéнзия *f 1.* Anspruch *m; 2.* ECO Beanstandung *f,* Reklamation *f*

преувеличéние *n* Übertreibung *f,* Übertreiben *n*

преувели́ченный *adj* übertrieben

преувели́чивать *v impf* übertreiben, aufbauschen, dick auftragen *(fam)*, aufschneiden *(fam)*

преуменьша́ть *v impf 1.* verkleinern, verringern; *2. (недооценивать)* unterschätzen, zu niedrig ansetzen; *3. (fig)* verharmlosen, verniedlichen

преуменьшéние *n* Untertreibung *f,* Unterschätzung *f,* Verharmlosung *f*

преуспева́ть *v impf 1.* fortschreiten, Erfolg haben, vorwärtskommen; *2. (процветать)* gut leben, ein Leben in Wohlstand führen

преходя́щий *adj* vorübergehend, zeitweilig, kurzlebig

при *prep 1. (возле)* bei, an; *~ вхóде* am Eingang; *2. (в присутствии)* in Anwesenheit, im Beisein, in Gegenwart; *~ двух свидéтелях* in Anwesenheit von zwei Zeugen; *3. (в эпоху)* zur Zeit von, unter; *~ Петрé Пéрвом* zur Zeit Peters des Großen; *4. (для обозначения обстоятельства действия)* bei; *~ свéте* bei Tageslicht; *5. ~ э́том* dabei; *6. ~ пóмощи* mithilfe, mittels

прибавля́ть *v impf* zugeben, hinzugeben, hinzufügen; *~ в вéсе* zunehmen

прибалти́йский *adj* baltisch, Ostsee…

Приба́лтика *f* GEO Baltikum *n,* Ostseegebiet *n*

прибира́ть *v impf* aufräumen, in Ordnung bringen

приближа́ть *v impf 1.* näher bringen, näher rücken, annähern; *2. (ускорять)* beschleunigen; *3. (привлекать)* heranziehen, für sich gewinnen

приближéние *n* Nahen *n,* Annäherung *f,* Heranrücken *n*

приблизи́тельно *adv* circa, ungefähr, rund

приблизи́тельный *adj 1.* annähernd, ungefähr; *adv 2.* etwa, circa, schätzungsweise

прибóй *m* Brandung *f*

прибóр *m 1.* Gerät *n,* Vorrichtung *f; 2. (набор)* Satz *m; столóвый ~* Gedeck *n,* Besteck *n*

прибыва́ть *v impf 1.* eintreffen, ankommen; *2. (приехать откуда-л)* kommen

при́быль *f* ECO Gewinn *m,* Profit *m*

при́быльность *f* ECO Rentabilität *f*

при́быльный *adj 1.* einträglich, gewinnbringend, rentabel, lukrativ; *2. (выгодный)* vorteilhaft, profitabel

прибы́тие *n* Ankunft *f,* Eintreffen *n*

прива́л *m 1.* Rast *f,* Pause *f; 2. (место)* Rastplatz *m*

прива́ривать *v impf* TECH anschweißen

приватизи́ровать *v impf/pf* ECO privatisieren

приведéние *n 1.* Angabe *f,* Zitierung *f; 2.* JUR *~ доказа́тельств* Beweisführung *f; 3.* JUR *~ к прися́ге* Vereidigung *f*

привéрженность *f* Anhänglichkeit *f,* Ergebenheit *f,* Treue *f*

привéсок *m* Anhängsel *n*

привéт *m 1.* Gruß *m; передáть ~* grüßen lassen; *2. (fam) с ~ом* bekloppt, verrückt

Привéт! *interj* Hallo!

привéтливость *f* Freundlichkeit *f,* Entgegenkommen *n*

привéтливый *adj* freundlich, entgegenkommend

привéтствие *n 1.* Gruß *m,* Begrüßung *f; 2. (речь)* Begrüßungsrede *f,* Grußwort *n*

привéтствовать *v impf 1.* grüßen, begrüßen, willkommen heißen; *2. (одобрять)* begrüßen, gutheißen

приви́вка *f* MED *1.* Impfung *f; дéлать …оку прóтив чегó-л* gegen etw impfen; *2. (препарат)* Impfstoff *m*

привидéние *n* Geist *m,* Gespenst *n,* Spuk *m*

привилегирóванный *adj* privilegiert, bevorzugt

привилéгия *f 1.* Privileg *n,* Vorrecht *n,* Sonderrecht *n; 2. (fig)* Vergünstigung *f*

при́вкус *m* Beigeschmack *m,* Nachgeschmack *m*

привлека́тельность *f* Charme *m,* Attraktivität *f*

привлека́тельный *adj* anziehend, ansprechend, fesselnd, reizvoll, attraktiv

привлека́ть *v impf 1.* heranziehen, hinzuziehen, einbeziehen; *2. (вызывать ин-*

терес) imponieren, Aufsehen erregen, anziehen
привлече́ние *n* Einbeziehung *f,* Hinzuziehen *n*
приво́д *m* TECH Antrieb *m,* Getriebe *n*
приводи́ть *v impf 1.* bringen, mitbringen; *2. (к чему)* zu etw führen; *3. (пример)* anführen, nennen; *4. (в какое-л состояние)* bringen, versetzen; ~ *в соотве́тствие* in Einklang bringen, angleichen
привози́ть *v impf* bringen, herbringen, mitbringen, liefern
привыка́ть *v impf* sich an etw gewöhnen, eine Gewohnheit annehmen
привы́чка *f* Gewohnheit *f,* Angewohnheit *f*
привы́чный *adj* gewohnheitsmäßig, gewohnt; *в ~ час* zu gewohnter Stunde
привя́зчивость *f 1.* Anhänglichkeit *f; 2. (надоедливость)* Aufdringlichkeit *f,* Zudringlichkeit *f*
привя́зчивый *adj 1.* anhänglich; *2. (надоедливый)* aufdringlich, zudringlich, lästig
привя́зывать *v impf 1.* anbinden, festbinden, anknüpfen; *2. ~ся к кому́-л* jdn lieb gewinnen, Zuneigung zu jdm fassen
приглаша́ть *v impf 1.* einladen; *2. (врача)* kommen lassen, rufen
приглаше́ние *n* Einladung *f*
приглашённый *adj 1.* geladen, eingeladen; *m 2.* Gast *m*
пригово́р *m* JUR Urteil *n,* Verurteilung *f,* Schuldspruch *m; вы́нести ~* ein Urteil fällen
приго́дность *f* Eignung *f,* Tauglichkeit *f*
приго́дный *adj* geeignet, brauchbar, tauglich
пригора́ть *v impf* anbrennen
пригоре́лый *adj* GAST angebrannt
при́город *m* Vorort *m*
пригоро́к *m* Hügel *m,* Anhöhe *f*
приготовле́ние *n 1.* Vorbereitung *f; 2. (пищи)* Zubereitung *f,* Kochen *n*
приготовля́ть *v impf 1.* vorbereiten, bereitlegen, herrichten *(fam)*; *2. (пищу)* zubereiten, kochen
придава́ть *v impf 1.* zugeben, hinzufügen; *2. (свойство)* verleihen, geben; ~ *сил* Kraft verleihen; *3. ~ значе́ние* Wert beimessen
прида́вливать *v impf* einklemmen, quetschen; ~ *па́лец* sich den Finger einklemmen
прида́ное *n* Mitgift *f,* Aussteuer *f*
прида́ток *m* Anhängsel *n,* Beiwerk *n,* Zugabe *f*
прида́ча *f* Zulage *f,* Zugabe *f; в …чу* als Zugabe, obendrein
придира́ться *v impf* überkritisieren, schikanieren, bekritteln
приди́рка *f* übergenaue Kritik *f,* Schikane *f*
приду́мывать *v impf* erfinden, ersinnen, sich ausdenken
прие́зд *m* Ankunft *f; С ~ом!* Herzlich Willkommen!
приезжа́ть *v impf* ankommen, eintreffen, anreisen
прие́зжий *m* Neuankömmling *m*
приём *m 1.* Annahme *f,* Empfang *m,* Entgegennahme *f; 2.* MED Einnahme *f; 3. (посетителей)* Sprechstunde *f; 4. (в организацию)* Aufnahme *f; 5. (гостей)* Empfang *m; 6. (способ)* Verfahren *n,* Methode *f; 7. (радио)* TECH Empfang *m*
приёмка *f* Annahme *f,* Übernahme *f*
прие́млемость *f* Annehmbarkeit *f*
прие́млемый *adj* anwendbar, annehmbar
приёмная *f* Anmeldung *f,* Empfangszimmer *n,* Sprechzimmer *n*
приёмник *m* TECH Empfänger *m*
приёмный *adj 1.* Empfangs…, Annahme…; *…ные часы́* Sprechzeiten *pl,* Sprechstunde *f; 2. (отец и т. п.)* adoptiert, Adoptiv…, Pflege…
прижима́ть *v impf 1.* drücken *2. ~ся* sich anschmiegen
приз *m 1.* Preis *m,* Auszeichnung *f; уте́шительный ~* Trostpreis *m; 2.* NAUT Prise *f*
призва́ние *n 1.* Hang *m,* Neigung *f; 2. (предназначение)* Berufung *f,* Bestimmung *f,* Lebensaufgabe *f*
призе́мистый *adj* gedrungen, untersetzt
приземле́ние *n* Landung *f*
приземля́ться *v impf* landen
призёр *m* SPORT Preisträger *m,* Medaillengewinner *m*
признава́ть *v impf 1.* anerkennen; *2. (осознавать)* eingestehen, zugeben; *3. ~ся* bekennen, gestehen
призна́вшийся *adj* JUR geständig
при́знак *m* Zeichen *n,* Anzeichen *n,* Merkmal *n,* Indiz *n*
призна́ние *n 1.* Anerkennung *f; 2. (в чём-л)* Bekenntnis *n,* Eingeständnis *n,* Geständnis *n; ~ в любви́* Liebeserklärung *f*
при́знанный *adj* anerkannt, allgemein anerkannt
призна́тельность *f* Dank *m,* Dankbarkeit *f,* Erkenntlichkeit *f*
призна́тельный *adj* dankbar, erkenntlich

при́зрак *m* Gespenst *n*, Erscheinung *f*, Spuk *m*, Phantom *n*

при́зрачный *adj* geisterhaft, gespenstisch, illusorisch

призы́в *m 1.* Ruf *m*, Aufruf *m*, Appell *m*; *2.* MIL Einberufung *f*

призыва́ть *v impf 1.* rufen, herbeirufen; *2.* MIL einberufen; *3. (вызывать)* aufrufen, auffordern

призывни́к *m* MIL Rekrut *m*, Wehrdienstpflichtiger *m*

прика́з *m 1.* Anordnung *f*, Verordnung *f*; *2.* MIL Befehl *m*

прика́зывать *v impf 1.* anordnen, verordnen; *2.* MIL befehlen

прикаса́ться *v impf* berühren, streifen

прикла́д *m* Gewehrkolben *m*

прикладно́й *adj* angewandt

прикле́ивать *v impf* ankleben, kleben

приключе́ние *n* Abenteuer *n*

прико́л *m 1.* Pfahl *m*, Pflock *m*; *2. (fam)* Gag *m*

прикоснове́ние *n* Berührung *f*

прикрепле́ние *n 1.* Befestigung *f*; *2. (к организации)* Anbindung *f*, Anschluss *m*

прикрепля́ть *v impf* befestigen, anheften

прикрыва́ть *v impf 1.* bedecken, zudecken, abdecken; *2. (дверь)* anlehnen; *3. (fig)* verdecken, vertuschen, verschleiern; *4.* MIL decken; *5. (fam)* schließen, zumachen

прикры́тие *n* Verschleiern *n*, Verdecken *n*; *под ~м* unter dem Deckmantel

прику́с *m* MED Biss *m*

прила́вок *m* Ladentisch *m*

прилага́емый *adj* beiliegend

прилага́тельное *n* GRAMM Adjektiv *n*, Eigenschaftswort *n*

прилага́ть *v impf 1.* beilegen, beifügen; *2. (применять)* anwenden; *3. все си́лы* alle Kräfte aufbieten, alles an etw setzen

прилега́ть *v impf 1.* an etw angrenzen; *2. (об одежде)* anliegen, sich anschmiegen

прилега́ющий *adj 1.* anliegend, angrenzend, Nachbar…, Anlieger …; *2. (об одежде)* anliegend

прилежа́ние *n* Fleiß *m*

приле́жный *adj* fleißig

прилёт *m* Anflug *m*, Ankunft *f*

прили́в *m 1.* Flut *f*; *2. (о чувствах)* Ausbruch *m*, Anfall *m*; *3.* MED Andrang *m*, Hitzewallung *f*

прилипа́ла *f/m (fig)* Klette *f*

прилипа́ть *v impf 1.* kleben, haften; *2. (fam)* sich an jdn hängen

прили́чный *adj 1.* anständig, fair, schicklich; *2. (fam)* ziemlich gut, ordentlich

приложе́ние *n 1.* Anlage *f*, Beilage *f*; *2.* GRAMM Apposition *f*

прима́нивать *v impf* anlocken

прима́нка *f* Köder *m*, Lockmittel *n*

примене́ние *n 1.* Anwendung *f*, Verwendung *f*; *2. (использование)* Einsatz *m*, Gebrauch *m*

примени́мый *adj* verwendbar, brauchbar

применя́ть *v impf* anwenden, verwenden, einsetzen

приме́р *m 1.* Beispiel *n*; *приводи́ть ~* ein Beispiel angeben; *2. (образец)* Muster *n*, Vorbild *n*; *брать ~ с кого́-л* sich ein Beispiel an jdm nehmen

приме́рка *f* Anprobe *f*

приме́рно *adv* circa, ungefähr

приме́рный *adj 1.* vorbildlich, mustergültig, beispielhaft, exemplarisch; *2. (приблизительный)* ungefähr, annähernd

примеря́ть *v impf* anprobieren

при́месь *f* Zusatz *m*, Beimischung *f*

приме́та *f 1.* Merkmal *n*, Indiz *n*, Kennzeichen *n*; *2. (предзнаменование)* Omen *n*, Vorzeichen *n*; *дурна́я ~* böses Omen, schlimmes Vorzeichen

примеча́тельный *adj* bemerkenswert, beachtenswert

приме́шивать *v impf* beimischen, zusetzen

примире́ние *n 1.* Versöhnung *f*, Aussöhnung *f*; *2. (противоречий)* Ausgleich *m*, Schlichtung *f*

примири́мый *adj* versöhnbar

примири́тельный *adj* versöhnlich, schlichtend, Schlichtungs…

примиря́ть *v impf 1.* versöhnen, sich aussöhnen; *2. (противоречия)* einen Vergleich zustande bringen; *3. ~ся* sich mit etw zufrieden geben, sich mit etw abfinden

примити́вный *adj* einfach, primitiv

при́мула *f* BOT Primel *f*

при́мус *m* Petroleumkocher *m*

примыка́ть *v impf* an etw grenzen, an etw angrenzen

принадлежа́ть *v impf* gehören, angehören

принадле́жности *pl* Zubehör *n*, Ausrüstung *f*, Utensilien *pl*, …bedarf *m*; *канцеля́рские ~* Bürobedarf *m*

принадле́жность *f* Angehörigkeit *f*, Zugehörigkeit *f*

принима́ть *v impf 1.* empfangen, annehmen, entgegennehmen; *2. (fig) ~ что-л к се́рдцу* beherzigen; *~ что-л бли́зко се́рдцу* sich etw zu Herzen nehmen; *3. (fig) ~ что-л во внимание* etw beachten; *4. (лекарство)* einnehmen; *5. (на работу)* einstellen; *6. (закон)* verabschieden; *7.* POL *~ в гражданство* einbürgern; *8. ~ся за что-л* etw angehen, mit etw beginnen

приноси́ть *v impf 1.* bringen, mitbringen, herbringen, holen; *2. (давать)* einbringen, eintragen, erbringen; *~ пользу* Nutzen bringen, nützen

при́нтер *m* INFORM Drucker *m*

принуди́тельный *adj* Zwangs...; *...ная мера* Zwangsmaßnahme *f*

принужда́ть *v impf* zwingen, nötigen, zu etw bringen

принужде́ние *n* Nötigung *f,* Zwang *m; без ...ния* aus freien Stücken

принц(е́сса) *m/f* Prinz(essin) *m/f*

при́нцип *m 1.* Grundsatz *m,* Prinzip *n,* Maxime *f; из-за ~а* grundsätzlich, prinzipiell; *2. (убеждение)* Überzeugung *f,* Einstellung *f,* Ansicht *f*

принципиа́льность *f* Prinzipientreue *f,* Prinzipienfestigkeit *f*

принципиа́льный *adj* grundsätzlich, prinzipiell

приня́тие *n 1.* Annahme *f,* Übernahme *f; 2. (закона)*Verabschiedung *f; 3.* POL *~ в гражданство* Einbürgerung *f*

при́нятый *adj 1.* aufgenommen, angenommen; *2. (обычный)* üblich, gebräuchlich, gewöhnlich

приобрета́ть *v impf* erwerben, ankaufen, gewinnen, erlangen

приобрете́ние *n 1.* Erwerben *n,* Erlangen *n; 2. (покупка)* Anschaffung *f,* Kauf *m,* Erwerb *m*

приорите́т *m* Priorität *f,* Vorrang *m*

приостана́вливать *v impf 1.* anhalten, unterbrechen; *2.* JUR aussetzen

припа́док *m 1.* Anfall *m; сердечный ~* Herzanfall *m; 2. (fig)* Ausbruch *m,* Anwandlung *f*

припа́ивать *v impf* TECH anlöten

припи́сывать *v impf 1.* dazuschreiben, beifügen; *2. ~ кому-л что-л* jdm etw zuschreiben, zurechnen

приподнима́ть *v impf* aufheben, anheben, hochheben

припо́й *m* TECH Lot *n*

припомина́ть *v impf* sich erinnern, sich besinnen; *Это я тебе...ню!* Das werde ich mir merken!, Das wirst du mir büßen!

припра́ва *f* GAST Gewürz *n*

приправля́ть *v impf* würzen

при́работок *m* Nebenverdienst *m*

приравнённый *adj* gleichgestellt

прира́внивать *v impf* gleichstellen, gleichsetzen

приро́да *f 1.* Natur *f; охрана ...ды* Naturschutz *m; 2. (характер)* Wesen *n,* Charakter *m; по ...де* naturgemäß; *Это в ...де вещей.* Das liegt in der Natur der Dinge.

приро́дный *adj 1.* natürlich, naturgegeben, Natur...; *~ газ* Erdgas *n; 2. (врождённый)* angeboren, natürlich

природове́дение *n* Naturkunde *f*

прирождённый *adj 1.* angeboren; *2. (настоящий)* echt, geboren

приро́ст *m* Zuwachs *m,* Zunahme *f; ~ населения* Bevölkerungszuwachs *m*

приуча́ть *v impf* zähmen

присва́ивать *v impf 1.* sich etw aneignen; *2. (звание)* verleihen, zuerkennen

присвое́ние *n 1.* Aneignung *f; 2. (звания)* Verleihung *f*

приседа́ние *n 1.* Kniebeuge *f; 2. (реверанс)* Knicks *m*

приско́рбный *adj* traurig, betrübend

прислоня́ть *v impf* lehnen, anlehnen

прислу́га *f* Angestellte(r) *f/m,* Bedienstete(r) *f/m*

прислу́шиваться *v impf* lauschen, genau zuhören

присма́тривать *v impf 1.* aufpassen, Acht geben, ein Auge auf etw haben; *2. (подыскивать)* ausfindig machen, suchen; *3. ~ся* genau hinschauen, eingehend betrachten, fixieren

присмо́тр *m* Aufsicht *f,* Beaufsichtigung *f; под ~ом* unter Aufsicht

присоедине́ние *n* Anschluss *m,* Beitritt *m,* Angliederung *f*

присоединя́ть *v impf 1.* verbinden, anschließen, angliedern; *2. ~ся* beitreten

приспе́шник *m* Helfershelfer *m,* Spießgeselle *m (fam)*

приспоса́бливать *v impf 1.* anpassen; *2. (использовать)* gebrauchen, benutzen; *3. ~ся* sich anpassen

приспособле́ние *n 1.* Vorrichtung *f,* Mechanismus *m; 2. (организма)* Anpassung *f*

пристава́ть *v impf 1.* anlegen, anlaufen; *2. (fam)* sich aufdrängen, zudringlich werden; *3. (о болезнях)* befallen

приста́вка *f* LING Vorsilbe *f,* Präfix *n*

приставля́ть *v impf* heranrücken, anlehnen

пристáльный *adj* konzentriert, angespannt

пристáнище *n 1.* Unterkunft *f,* Obdach *n,* Bleibe *f; найтú себé ~* Zuflucht finden

пристёгивать *v impf* anschnallen, angurten; *Пожáлуйста, ...гнúтесь!* Bitte schnallen Sie sich an!

пристóйный *adj* schicklich, anständig

пристрáстие *n 1.* Leidenschaft *f,* Vorliebe *f,* starke Neigung *f; 2. (предвзятость)* Voreingenommenheit *f*

пристрáстный *adj* parteiisch, voreingenommen, ungerecht

пристрóйка *f* Anbau *m,* Nebengebäude *n,* Flügel *m*

прúступ *m* Anfall *m;* Anwandlung *f; ~ кáшля MED* Hustenanfall *m*

приступáть *v impf* beginnen, etw angehen; *~ к дéлу* sich an die Arbeit machen

пристыжённый *adj* beschämt, verlegen, wie ein begossener Pudel *(fig)*

присуждáть *v impf 1. JUR* verurteilen; *2. (премию)* zuerkennen, verleihen

присуждéние *n* Verleihung *f; ~ прéмии «Óскар»* Oscar-Verleihung *f*

присýтствие *n* Anwesenheit *f,* Gegenwart *f,* Beisein *n,* Präsenz *f; в ...твии когó-л* im Beisein von jdm

присýтствовать *v impf* anwesend sein, da sein, zugegen sein

присýтствующий *adj* anwesend, zugegen, präsent

присýщий *adj* eigen, charakteristisch, typisch

присылáть *v impf* zuschicken, zusenden

присыпка *f* Pulver *n,* Puder *m; дéтская ~* Babypuder *m*

присяга *f JUR* Eid *m; служéбная ~* Amtseid *m, давáть ...гу* einen Eid leisten; *нарушúть ...гу* einen Schwur brechen

присягáть *v impf JUR* einen Eid leisten, einen Eid ablegen, schwören; *~ на вéрность* Treue schwören

присяжная *f JUR* Geschworene *f*

присяжный *adj 1.* vereidigt, Eides...; *m 2. JUR* Geschworener *m*

притеснéние *n* Unterdrückung *f*

притеснять *v impf* unterdrücken, knechten

притихáть *v impf* still werden, sich beruhigen

притóк *m 1.* Zufluss *m,* Zustrom *m; 2. GEO* Nebenfluss *m*

притóм *adv* außerdem, überdies, obendrein

прúтча *f* Gleichnis *n; ~ о блуднóм сы́не* das Gleichnis vom verlorenen Sohn; *Что за ~?* Was soll das heißen?

притягивать *v impf* herbeiziehen, heranziehen, herholen, sich schnappen *(fam)*

притязáние *n* Anspruch *m; территориáльные ...ния* Gebietsansprüche *pl*

приукрáшивать *v impf 1.* schmücken, beschönigen, aufputzen; *2. (fig)* frisieren *(fam)*

приучáть *v impf* angewöhnen, anerziehen

прихвáрывать *v impf (fam)* unpässlich sein, sich nicht wohl fühlen

прихвáтывать *v impf (fam)* mitnehmen; *2. (привязывать)* lose zusammenbinden; *3. (занимать)* etw borgen

прихлебáтель *m* Schmarotzer *m,* Nichtstuer *m*

прихóд *m 1.* Ankunft *f,* Eintreffen *n; 2. (доход) FIN* Einnahme *f; ~ и расхóд* Soll und Haben *n*

приходúть *v impf 1.* kommen, ankommen; *2. (добываться чего-л)* kommen, gelangen; *~ к вы́воду* zu dem Schluss kommen; 3. *~ся* müssen; *Емý ...ится éхать тудá.* Er muss dorthin fahren.

прихóжая *f* Flur *m,* Korridor *m,* Vorzimmer *n*

прихотлúвый *adj 1.* wählerisch, kapriziös, launenhaft; *2. (затейливый)* seltsam, bizarr

прихрáмывать *v impf* humpeln, hinken

прицéп *m* Hänger *m,* Anhänger *m*

прицеплять *v impf 1.* anhängen; *2. ~ся* hängen bleiben

причáл *m 1. NAUT* Vertäuen *n; 2. (место) NAUT* Anlegestelle *f,* Ankerplatz *m; 3. (канат)* Tau *n,* Seil *n*

причáливание *n* Anlegen *n,* Vertäuen *n*

причáливать *v impf NAUT* anlegen

причáльный *adj NAUT* Anlege...

причáстие *n REL* Abendmahl *n,* Kommunion *f; послéднее ~* Sterbesakramente *pl*

причáстный[1] *adj* beteiligt an, verwickelt in

причáстный[2] *adj GRAMM* Partizip...

причащáться *v impf REL* kommunizieren, die Sakramente empfangen

причёска *f* Frisur *f,* Haarschnitt *m*

причёсывать *v impf* frisieren, kämmen

причúна *f 1.* Ursache *f; 2. (основание)* Grund *m,* Anlass *m*

причинять *v impf* verursachen; *~ ущéрб* Schaden zufügen

причитáться *v impf* zustehen, zukommen

причýда *f* Laune *f,* Eigenheit *f,* Schrulle *f (fam),* Macke *f (fam)*

причу́дливость *f* Merkwürdigkeit *f,* Seltsamkeit *f*
причу́дливый *adj 1.* seltsam, merkwürdig, bizarr, grotesk, schräg *(fam); 2. (капризный)* launenhaft, launisch
причу́дник *m (fam)* komischer Kauz *m,* Sonderling *m*
пришива́ть *v impf* annähen
прищемля́ть *v impf* einklemmen, quetschen
прище́пок *m* Klammer *f,* Wäscheklammer *f*
прию́т *m* Obdach *n,* Zufluchtsstätte *f,* Asyl *n; сиро́тский ~* Waisenhaus *n*
прия́тель(ница) *m/f* Freund(in) *m/f,* Kumpel *m (fam)*
прия́тельский *adj* freundschaftlich, Freundschafts…
прия́тно *adv* angenehm; *О́чень ~!* Sehr erfreut!, Angenehm!
прия́тный *adj 1.* angenehm, erfreulich; *~ на вкус* lecker; *…ного аппети́та!* Guten Appetit! *2. (привлекательный)* sympathisch, anziehend
про *prep 1.* von, über; *расска́зывать ~ что-л* von etw erzählen; *Я забы́л ~ э́то.* Ich habe es vergessen. *2. ~ себя́* für sich, im Stillen
про́ба *f 1.* Versuch *m,* Test *m,* Probe *f; вы́борочная ~* Stichprobe *f; на …бу* probeweise, auf Probe; *2. (образец)* Probe *f,* Muster *n*
пробега́ть *v impf 1.* laufen, durchlaufen; *2. (мимо чего-л)* vorbeilaufen, vorbeikommen; *3. (fig)* laufen, gehen; *По за́лу …га́ет шёпот.* Ein Raunen geht/läuft durch den Saal.
пробе́л *m 1.* Lücke *f,* Leerstelle *f; с ~ами* lückenhaft; *без ~ов* lückenlos; *2. (недостаток)* Lücke *f,* Mangel *m; ~ в зна́ниях* Bildungslücke *f*
пробива́ть *v impf 1.* durchschlagen, durchbrechen; *2. (о часах, барабане)* schlagen; *3. (билет)* entwerten, abstempeln; *4. (fig) ~ся* sich durchboxen
проби́рка *f* Reagenzglas *n*
про́бка *f 1.* Verschluss *m,* Stöpsel *m,* Korken *m; 2. (fam)* Stau *m,* Verkehrsstau *m*
пробле́ма *f* Problem *n,* Schwierigkeit *f; нет …е́м* kein Problem; *без …е́м* problemlos, ohne Probleme
проблемати́чный *adj* problematisch
про́бный *adj 1.* Probe…, Test…, Versuchs…; *~ уро́к* Probestunde *f; ~ экземпля́р* Probeexemplar *n; 2. (имеющий пробу)* gestempelt, mit Stempel; *…ное зо́лото* gestempeltes Gold
про́бовать *v impf 1.* ausprobieren, versuchen; *2. (еду)* kosten, probieren, eine Kostprobe nehmen
пробо́ина *f* Loch *n*
пробо́р *m* Scheitel *m*
пробужда́ть *v impf 1.* wecken, aufwecken; *2. (вызывать)* hervorrufen
прова́л *m 1.* Scheitern *n,* Misserfolg *m,* Fiasko *n; терпе́ть ~ (fig)* in die Hose gehen, danebengehen; *2. (падение)* Einsturz *m*
прова́ливать *v impf 1.* scheitern lassen, verderben; *2. ~ся на экза́мене* durch eine Prüfung fallen
проведе́ние *n* Durchführung *f,* Realisierung *f; ~ в жизнь* Verwirklichung *f*
прове́ренный *adj* geprüft, bewährt
прове́рка *f* Prüfung *f,* Überprüfung *f,* Kontrolle *f; ~ паспорто́в* Passkontrolle *f*
проверя́ть *v impf* prüfen, überprüfen, kontrollieren
прове́тривание *n* Lüften *n,* Durchlüften *n*
прове́тривать *v impf* lüften, durchlüften
провиа́нт *m* Proviant *m*
провиде́ние *n REL* Vorsehung *f,* Fügung *f*
прови́деть *v impf* vorhersehen, voraussehen
провинциа́льный *adj* provinziell, rückständig, hinterwäldlerisch *(fam)*
про́вод *m TECH* Leitung *f,* Kabel *n; электри́ческий ~* elektrische Leitung; *телефо́нный ~* Telefonkabel *n*
проводи́ть *v impf 1.* begleiten, bringen; *~ кого́-л на вокза́л* jdn zum Bahnhof bringen; *2. (пробывать какое-л время)* verbringen; *3. TECH* verlegen, anlegen; *~ электри́чество* elektrische Leitungen verlegen; *4. (осуществлять)* ausführen, durchführen
прово́дка *f 1. FIN* Buchung *f; 2. (сеть проводов) TECH* Verkabelung *f*
проводни́к[1] *m* Zugbegleiter *m;* Schaffner *m*
проводни́к[2] *m PHYS* Leiter *m; ~ тепла́* Wärmeleiter *m*
проводни́ца *f* Zugbegleiterin *f,* Schaffnerin *f*
про́воды *pl* Abschied *m,* Abschiedsfeier *f*
провожа́ть *v impf 1.* begleiten; *2. (уезжающего)* begleiten, bringen, verabschieden
прово́з *m* Transport *m,* Beförderung *f*
провозглаша́ть *v impf* verkünden, aus-

rufen, erklären, proklamieren; ~ *тост* einen Trinkspruch ausbringen
провозглашéние *n* Verkündigung *f,* Bekanntmachung *f,* Proklamierung *f*
провокациóнный *adj* provokativ, provozierend; ~ *вопрóс* Fangfrage *f*
провокáция *f* Provokation *f*
прóволока *f* Draht *m*
провóрный *adj* flink, schnell, hurtig, geschwind, flugs
проглáтывать *v impf 1.* verschlucken, herunterschlucken; *2. (fig)* einstecken
прогнóз *m* Prognose *f,* Voraussage *f,* Vorhersage *f;* ~ *погóды* Wettervorhersage *f; стáвить* ~ eine Prognose stellen
прогонять *v impf* fortjagen, verjagen, vertreiben
прогóрклый *adj* GAST ranzig
прогрáмма *f 1.* Programm *n; по …мме* programmgemäß; *сверх …ммы* Zugabe *f; снять с…ммы* aus dem Programm nehmen; *2.* SPORT Pflichtprogramm *n*
программúрование *n* INFORM Programmierung *f; языќ …ния* Programmiersprache *f*
программúрованный *adj* programmiert
программúровать *v impf* programmieren
программúст(ка) *m/f* INFO Programmierer(in) *m/f*
прогрéсс *m* Fortschritt *m,* Erfolg *m*
прогрессúвный *adj 1.* fortschrittlich, Fortschritts…; *2.* TECH progressiv
прогрессúровать *v impf* sich entwickeln, fortschreiten, zunehmen
прогýливать *v impf (fam)* schwänzen, blau machen
прогýлка *f* Spaziergang *m,* Ausflug *m,* Bummel *m*
продавáть *v impf 1.* verkaufen, veräußern; *2. (предавать)* verraten
продавéц *m* Verkäufer *m*
продавщúца *f* Verkäuferin *f*
продáжа *f* Verkauf *m;* ~ *в рассрóчку* Ratenkauf *m*
продáжность *f* Bestechlichkeit *f,* Korrumpierbarkeit *f*
продáжный *adj 1.* Verkaufs…; *…ная ценá* Verkaufspreis *m; 2. (для продажи)* verkäuflich, für den Verkauf bestimmt; *3. (подкупный)* käuflich, bestechlich
продвигáться *v impf 1.* vorrücken, vorgehen, Fortschritte machen, weiterkommen, vorankommen; *2. (по службе)* aufsteigen, aufrücken
продвижéние *n 1.* Vordringen *n,* Vorrücken *n,* Fortschreiten *n; 2. (кадров)* Aufstieg *m,* Beförderung *f*
продвúнутый *adj* fortgeschritten
продéлывать *v impf 1.* durchführen, leisten; *2. (отверстие)* durchbrechen, durchstoßen; *3.* ~ *фóкус* ein Kunststück vorführen
продлевáть *v impf 1.* verlängern; *2. (затягивать)* hinauszögern, in die Länge ziehen
продлéние *n* Verlängerung *f;* ~ *срóка* Fristverlängerung *f*
продовóльственный *adj* Lebensmittel…, Proviant…
продовóльствие *n 1.* Lebensmittel *pl,* Nahrungsmittel *pl,* Proviant *m; 2. (обеспечение)* Verpflegung *f,* Versorgung *f*
продолговáтый *adj* länglich
продолжáть *v impf 1.* fortsetzen, fortfahren; *…жáй!* Mach weiter! *2. ~ся* andauern, dauern
продолжéние *f 1.* Fortdauer *f,* Fortbestehen *n; 2. (часть чего-л незаконченшегося)* Fortsetzung *f,* Folge *f*
продолжúтельность *f* Dauer *f,* Fortdauer *f*
продолжúтельный *adj* anhaltend, langwierig, nachhaltig, langwährend
продýкт *m* Produkt *n,* Erzeugnis *n; валовóй национáльный* ~ ECO Bruttosozialprodukt *n*
продуктúвность *f* ECO Produktivität *f,* Leistungsfähigkeit *f,* Ergiebigkeit *f*
продуктúвный *adj* produktiv, leistungsfähig, effizient
продýкты *pl 1.* s. *продýкт; 2. (питания)* Lebensmittel *pl,* Nahrungsmittel *pl*
продýкция *f* ECO Produktion *f,* Erzeugung *f*
продýмывать *v impf* nachdenken, überlegen, nachsinnen
продюсер *m* CINE Produzent(in) *m/f*
проéзд *m* Fahrt *f,* Durchfahrt *f,* Durchreise *f; стóимость на* ~ Fahrpreis *m; ~а нет!* Keine Durchfahrt!, Durchfahrt verboten!
проезжáть *v impf 1.* fahren, durchfahren; *2. (мимо чего-л)* vorbeifahren, vorbeikommen
проéзжий *adj 1.* befahrbar, Fahr…; *m 2.* Durchreisender *m,* Reisender *m*
проéкт *m* Projekt *n,* Entwurf *m; дипломный* ~ Diplomarbeit *f*
проектúрование[1] *n* Planen *n,* Entwerfen *n*

проекти́рование² *n CINE* Projektion *f*
проекти́ровать¹ *v impf (составлять план)* planen, entwerfen
проекти́ровать² *v impf CINE* projizieren
прое́ктный *adj* Entwurfs…, Projekt…, Planungs…; *…ное реше́ние* Entwurf *m*
проекцио́нный *adj* Projektions…
прое́кция *f* Projektion *f; горизонта́льная ~* Grundriss *m*
прожа́ривать *v impf GAST* braten, durchbraten
проже́ктор *m CINE* Scheinwerfer *m*
прожива́ть *v impf* leben, wohnen
прожива́ющий *adj* wohnhaft
про́за *f LIT* Prosa *f; ~ жи́зни (fig)* der graue Alltag
прозаи́ческий *adj 1. LIT* Prosa…; *2. (fig)* prosaisch, alltäglich, trocken
прозаи́чный *adj* alltäglich, nüchtern, prosaisch
про́звище *n* Spitzname *m; дать ~* einen Spitznamen geben
прозра́чность *f 1.* Durchsichtigkeit *f,* Transparenz *f; 2. (fig)* Klarheit *f,* Eindeutigkeit *f*
прозра́чный *adj 1.* durchsichtig, transparent; *2. (fig)* klar, eindeutig
проигрыватель *m* Abspielgerät *n,* Player *m,* Plattenspieler *m*; *~ компа́ктных ди́сков* CD-Spieler *m,* CD-Player *m*
прои́грывать *v impf 1.* verspielen, verlieren; *2. (об игре)* verlieren; *3. (муызку)* abspielen
про́игрыш *m* Verlust *m*
произведе́ние *n 1.* Werk *n, пе́рвое ~* Erstlingswerk *n; 2. MATH* Produkt *n*
производи́тель¹ *m* Hersteller(in) *m/f,* Produzent *m*
производи́тель² *m ZOOL* Zuchttier *n*
производи́тельность *f* Produktivität *f,* Ergiebigkeit *f,* Leistung *f; высо́кая ~* Hochleistung *f*
производи́тельный *adj* produktiv, leistungsfähig, Produktiv…
производи́ть *v impf 1.* produzieren, erzeugen, herstellen; *2. (выполнять)* durchführen, ausführen, vornehmen
произво́дственный *adj* Betriebs…, Arbeits…, Produktions…
произво́дство *n 1. ECO* Produktion *f,* Erzeugung *f,* Herstellung *f; сре́дства …ва* Produktionsmittel *pl; 2. (предприятие) ECO* Betrieb *m; 3. JUR* Verfahren *n*; *дисциплина́рное ~* Disziplinarverfahren *n*
произво́л *m* Willkür *f; по́лный ~* nackte Willkür
произво́льно *adv 1.* nach Belieben, nach Wunsch; *2. (по произволу)* willkürlich, eigenmächtig
произво́льность *f* Willkürlichkeit *f,* Eigenmächtigkeit *f*
произво́льный *adj 1.* willkürlich, eigenmächtig; *2. (необоснованный)* unbegründet; *3. SPORT* Kür…
произноси́ть *v impf 1.* aussprechen, artikulieren; *2. (говорить)* sagen; *~ тост за кого́-л* einen Toast auf jdn ausbringen
произноше́ние *n LING* Aussprache *f*
происходи́ть *v impf 1.* passieren, geschehen, sich ereignen, erfolgen; *2. (возникать как следствие)* entstehen, von etw herkommen, von etw herrühren
происхожде́ние *n 1.* Herkunft *f,* Abstammung *f; 2. (возникновение)* Entstehung *f*
происше́ствие *n* Vorfall *m,* Vorkommnis *f,* Zwischenfall *m,* Ereignis *n; доро́жно-тра́нспортное ~ (ДТП)* Verkehrsunfall *m*
пройдо́ха *m/f (fam)* Schurke *m,* durchtriebener Typ *m; быть больши́м …хой* es faustdick hinter den Ohren haben
прока́за¹ *f* Streich *m*
прока́за² *f MED* Lepra *f*
прока́зник *m* Schelm *m,* Schalk *m*
прока́лывать *v impf* stechen, durchstechen
прока́т *m* Verleih *m,* Miete *f,* Vermietung *f; место ~а* Verleih *m; пла́та за ~* Leihgebühr *f*
прока́тный *adj* Miet…; *~ автомоби́ль* Mietwagen *m*
прокла́дка *f 1. TECH* Dichtung *f; 2. же́нская ~* Damenbinde *f*
прокла́дывать *v impf 1.* anlegen, bauen; *2. (fig) ~ путь* den Weg ebnen, eine Bahn brechen
проклами́ровать *v impf/pf* proklamieren, öffentlich bekannt machen
проклина́ть *v impf* verfluchen, verdammen, verwünschen
прокля́тие *n 1.* Fluch *m,* Verwünschung *f; 2. REL* Verdammnis *f*
проко́л *m 1.* Durchstechen *n; 2. MED* Punktion *f*
прокуро́р *m JUR* Staatsanwalt *m*
прола́мывать *v impf* durchbrechen, durchstoßen, einschlagen

пролета́ть *v impf 1.* fliegen, vorbeifliegen; *2. (о времени)* verstreichen, verfliegen, wie im Flug vergehen

проли́в *m GEO* Meerenge *f; ~ Ла-Ма́нш* Ärmelkanal *m*

пролива́ть *v impf* vergießen, ausgießen

проло́м *m 1.* Bruch *m; ~ че́репа MED* Schädelbruch *m; 2. (отверстие)* Durchbruch *m,* Loch *n,* Bresche *f*

про́мах *m* Fehlschlag *m,* Fehltritt *m,* Fehlgriff *m,* Missgriff *m*

промедле́ние *n* Verzögerung *f,* Verzug *m*

промежу́ток *m 1.* Abstand *m,* Zwischenraum *m; с …тками* in Abständen; *2. (во времени)* Zeitraum *m,* Zeitspanne *f,* Intervall *n*

промежу́точный *adj* Zwischen…, Mittel…; *…ная ста́дия* Zwischenstadium *n*

промзо́на *f (fam)* Industriegebiet *n*

промо́зглый *adj 1.* muffig, modrig; *2. (о погоде)* nasskalt, feucht

промыва́ние *n 1.* Waschen *n,* Spülen *n; 2. MED* Spülung *f; ~ желу́дка* Magenspülung *f*

промыва́ть *v impf* waschen, auswaschen, durchspülen, spülen

про́мысел *m ECO 1.* Gewerbe *n,* Handwerk *n; 2. (предприятие)* Werk *n,* Betrieb *m; золоты́е …слы* Goldgruben *pl; нефтяны́е …слы* Erdölfelder *pl; соляны́е …слы* Salzbergwerke *pl*

промысло́вый *adj* gewerblich, Gewerbe…; *~ уста́в* Gewerbeordnung *f*

промы́шленник *m* Industrielle(r) *f/m*

промы́шленность *f ECO* Industrie *f; о́трасль …сти* Industriezweig *m*

промы́шленный *adj ECO* industriell, Industrie…

пронзи́тельный *adj 1.* bohrend, stechend; *~ взгляд* stechender Blick; *2. (о звуке)* schrill, gellend

прони́зывать *v impf* durchdringen, durch Mark und Bein gehen

проника́ть *v impf 1.* durchdringen, durchsickern; *2. (во что-л)* eindringen; *3. (постигать)* durchschauen, erraten, ergründen; *4. (о чувствах) ~ся* erfüllt sein, empfinden; *~ся сострада́нием* von Mitleid erfüllt sein, Mitleid haben/empfinden

проникнове́ние *n* Vordringen *n,* Vorstoß *m*

проница́емый *adj* durchlässig

проница́тельность *f* Scharfsinn *m*

проница́тельный *adj* scharfsinnig

пропага́нда *f* Propaganda *f,* Propagierung *f*

пропаганди́ровать *v impf* propagieren, Propaganda machen

пропада́ть *v impf 1.* verlorengehen, abhanden kommen, weg sein; *…вший бе́з вести* verschollen; *2. (о чувствах)* vergehen

про́пасть *f 1.* Abgrund *m,* Schlucht *f; 2. (fig)* Kluft *f,* Abgrund *m*

пропе́ллер *m TECH* Propeller *m*

пропи́ска *f* polizeiliche Anmeldung *f; обяза́тельная ~* Meldepflicht *f*

пропи́сывать *v impf 1.* anmelden; *2. MED* verschreiben, verordnen

пропита́ние *n 1.* Ernährung *f,* Nahrung *f; 2. (fig)* Lebensunterhalt *m*

пропи́тка *f TECH 1.* Imprägnierung *f; 2. (состав)* Imprägnierungsmittel *n*

пропито́й *adj (fam)* Säufer…

пропи́тывать *v impf TECH* imprägnieren

пропове́довать *v impf 1. REL* predigen; *2. (fig)* einen Standpunkt verfechten

про́поведь *f 1. REL* Predigt *f; 2. (fig)* Verbreitung *f,* Propagierung *f*

пропорциона́льный *adj* proportional, proportioniert, Proportional…

пропо́рция *f* Proportion *f,* Verhältnis *n; соблюда́ть …ции* die Proportionen wahren

про́пуск *m 1.* Versäumnis *n,* Versäumen *n; ~ уро́ков* Schwänzen *n; 2. (опускание)* Auslassen *n,* Ausfall *m; 3. (пробел)* Lücke *f,* leere Stelle *f; 4. (документ)* Ausweis *m*

пропуска́ть *v impf 1.* durchlassen, vorbeilassen; *2. (fam) ~ шко́лу* die Schule schwänzen, blau machen; *3. (опускать)* übersehen; *4. (не являться)* fehlen; *5. (опаздывать)* verpassen, versäumen; *6. (воду)* leck sein, durchlässig sein

прораста́ние *n* Keimen *n,* Keimung *f*

прораста́ть *v impf* aufkommen, aufkeimen

проре́з *m* Schnitt *m,* Einschnitt *m,* Schlitz *m*

проро́к *m REL* Prophet *m*

проро́чество *n* Prophezeiung *f,* Weissagung *f*

проры́в *m 1.* Bruch *m,* Durchbruch *m; 2. (место прорыва)* Öffnung *f,* Bruchstelle *f*

проса́чиваться *v impf 1.* durchsickern; *2. (fig)* durchsickern, bekannt werden

просве́рливать *v impf TECH* durchbohren

просве́т *m* Lichtblick *m,* Hoffnungsschimmer *m*

просвети́тель *m* Aufklärer *m*

просвети́тельный *adj* aufklärend, Aufklärungs...
просве́чивать *v impf 1.* durchleuchten; *2. (fig)* durchschimmern, durchscheinen
просвеща́ть *v impf* bilden, aufklären
просвеще́ние *n* Bildung *f,* Aufklärung *f*
просвира́ *f REL* Hostie *f*
проси́ть *v impf* bitten, ersuchen, auffordern
просла́вленный *adj* berühmt, namhaft, gefeiert
прославля́ть *v impf* verherrlichen
прослу́шивание *n 1.* Abhören *n; 2. MED* Abhorchen *n*
прослу́шивать *v impf 1.* anhören, hören; *2. MED* abhorchen; *3. (fam)* überhören, nicht hören
просма́тривать *v impf 1.* durchsehen, ansehen, einsehen; *2. (проверять)* prüfen, sichten; *3. (пропускать)* übersehen, nicht bemerken
просмо́тр *m 1.* Durchsicht *f,* Einblick *m; 2. CINE* Vorführung *f; 3. (недосмотр)* Versehen *n*
проспе́кт *m 1. (улица)* Prospekt *m,* breite Straße *f; Не́вский ~* der Newski Prospekt; *2. (программа, план)* Prospekt *m,* Werbeschrift *f*
просро́ченный *adj* abgelaufen, überschritten, überfällig
просро́чка *f* Versäumnis *n,* Fristüberschreitung *f; ~ платежа́* Zahlungsverzug *m*
Прости́те! *interj* Verzeihung!, Entschuldigung!
прости́тельный *adj* verzeihlich, entschuldbar
проститу́тка *f* Prostituierte *f,* Hure *f,* Nutte *f (fam)*
проститу́ция *f* Prostitution *f*
простова́тый *adj (fam)* einfältig, doof *(fam)*
простоду́шие *n* Vertrauensseligkeit *f,* Treuherzigkeit *f,* Naivität *f*
простоду́шный *adj* vertrauensselig, treuherzig, aufrichtig
просто́й *adj 1.* einfach, schlicht, gewöhnlich; *~ в обраще́нии* handlich; *2. (несложный)* einfach; *3. MATH ...тые чи́сла* Grundzahlen *pl; m 4.* Stillstand *m,* Standzeit *f*
просто́й *m ECO* Stillstand *m,* Ausfallstunden *pl*
просто́р *m* Raum *m,* Weite *f*
просто́рный *adj 1.* geräumig; *2. (об оде́жде)* weit
простра́нность *f* Ausführlichkeit *f,* Weitläufigkeit *f*
простра́нный *adj* ausführlich, ausschweifend, weit ausholend, langatmig
простра́нственный *adj* räumlich, Raum...
простра́нство *n* Raum *m; возду́шное ~* Luftraum *m; жи́зненное ~* Lebensraum *m; боя́знь ...ва MED* Platzangst *f*
простре́л *m MED* Hexenschuss *m*
просту́да *f MED* Erkältung *f*
простужа́ться *v impf* sich erkälten
просту́пок *m* Fehltritt *m,* Fehler *m,* Vergehen *n*
простыня́ *f* Laken *n,* Bettlaken *n*
просыпа́ть *v impf 1.* verschlafen, verpennen *(fam)*; *2. (fig)* versäumen, verschlafen; *3. ~ся* erwachen, aufwachen
про́сьба *f 1.* Bitte *f,* Anliegen *n,* Gesuch *n*
прота́скивать *v impf 1.* schleppen, ziehen, schleifen; *2. (внести)* einschmuggeln, einschleusen; *3. (fig)* kritisieren, heruntermachen *(fam)*
протеже́ *m/f* Schützling *m,* Protegé *m*
проте́з *m MED* Prothese *f; зубно́й ~* künstliches Gebiss *n,* Zahnersatz *m*
протеи́н *m BIO* Protein *n*
протека́ть *v impf 1.* fließen, durchfließen; *2. (о процессе)* verlaufen, ablaufen; *3. (о крыше)* undicht sein
протекциони́зм *m 1. ECO* Protektionismus *m; 2. (fig)* Vetternwirtschaft *f (fam)*
проте́кция *f* Protektion *f,* Förderung *f; име́ть ...цию* protegiert werden
проте́ст *m 1.* Protest *m; 2. (возражение)* Einwand *m,* Einspruch *m*
протеста́нт(ка) *m/f REL* Protestant(in) *m/f*
протеста́нтский *adj REL* protestantisch, evangelisch
протестова́ть *v impf 1.* protestieren, Protest erheben; *2. JUR* Einspruch einlegen
про́тив *prep 1.* gegen; *~ тече́ния* gegen den Strom; *Я абсолю́тно ~ э́того.* Ich bin strikt dagegen. *2. (вопреки)* gegen, wider, zuwider; *~ во́ли* gegen seinen Willen; *~ ожида́ния* wider Erwarten
проти́виться *v impf* sich widersetzen, sich sträuben, Widerstand leisten, trotzen
проти́вник *m* Gegner *m,* Feind *m,* Widersacher *m*
проти́вный[1] *adj 1.* entgegengesetzt, Gegen...; *в ...ном слу́чае* andernfalls; *2. SPORT ...ная сторона́* gegnerische Hälfte *f;*

3. (враждебный) widrig, Wider..., Gegen...; *...ная сторона́* JUR Gegenpartei *f*
проти́вный² *adj (неприятный)* widerlich, widerwärtig, abstoßend
противове́с *m* Gegengewicht *n; в ~* als Gegengewicht
противога́з *m* Gasmaske *f,* Schutzmaske *f*
противоде́йствие *n* Widerstand *m,* Gegenwehr *f*
противоде́йствовать *v impf* entgegenwirken
противозако́нность *f* JUR Gesetzeswidrigkeit *f,* Ungesetzlichkeit *f*
противозако́нный *adj* illegal, ungesetzlich, gesetzeswidrig, widerrechtlich
противозача́точный *adj* BIO empfängnisverhütend, Verhütungs...
противопоказа́ние *n 1.* MED Gegenanzeige *f,* Kontraindikation *f; 2.* JUR Gegenaussage *f*
противопока́занный *adj* MED kontraindiziert
противополо́жность *f 1.* Gegensatz *m,* Gegensätzlichkeit *f; ...сти схо́дятся.* Gegensätze ziehen sich an. *2. (чего-л/кого-л)* Gegenteil *n,* Gegenstück *n,* Pendant *n; превраща́ть в свою ~* ins Gegenteil verkehren
противополо́жный *adj 1.* gegenüberliegend; *2. (о мнении)* entgegengesetzt
противопоставле́ние *n* Gegenüberstellung *f,* Vergleich *m*
противопоста́вленный *adj* entgegengesetzt
противопоставля́ть *v impf 1.* entgegensetzen, entgegenhalten; *2. (сравнять)* gegnüberstellen, vergleichen
противоречи́вость *f* Widersprüchlichkeit *f,* Widerspruch *m*
противоречи́вый *adj* widersprüchlich, widersprechend
противоре́чие *n* Widerspruch *m,* Widerrede *f; без ...чия* widerspruchslos
противоре́чить *v impf* widersprechen
противостоя́ние *n* Opposition *f*
противостоя́ть *v impf 1.* widerstehen, sich behaupten; *2. (противополагаться)* gegenüberstehen
протоко́л *m* Protokoll *n*
протоколи́ровать *v impf* protokollieren, zu Protokoll geben
протрезвле́ние *n* Ernüchterung *f*
протрезвля́ть *v impf* ernüchtern, nüchtern machen
протя́гивать *v impf 1.* spannen, ziehen; *2. (выставлять)* strecken, ausstrecken; *~ ру́ки* die Arme ausstrecken; *3. (fig)* in die Länge ziehen, verzögern
протяже́ние *f 1.* Strecke *f; на ...нии пяти́ киломе́тров* auf einer Strecke von fünf Kilometern, über fünf Kilometer, fünf Kilometer weit; *2. (о времени)* Zeitspanne *f,* Zeitraum *m; на ...нии двух дней* im Laufe von zwei Tagen, innerhalb von zwei Tagen, zwei Tage lang
протяжённость *f* Länge *f,* Ausdehung *f*
протяжённый *adj* ausgedehnt, langgezogen
протя́жный *adj 1.* gedehnt, langgezogen; *2.* MUS getragen
профессиона́л *m* Fachmann *m,* Profi *m (fam),* Berufs...; *спортсме́н-~* Berufssportler *m*
профессиона́льный *adj* beruflich, Berufs..., fachlich, Fach..., professionell
профе́ссия *f* Beruf *m*
профе́ссор *m* Professor(in) *m/f*
профессу́ра *f* Professur *f,* Lehrstuhl *m*
профила́ктика *f* Prophylaxe *f,* Vorsorge *f*
профилакти́ческий *adj* prophylaktisch, vorsorglich, Vorsorge...
про́филь *m 1.* Profil *n,* Seitenansicht *f; в ~* im Profil; *2.* TECH Profil *n,* Querschnitt *m; 3. (специфический характер)* Fachrichtung *f,* Fach *n*
профсою́з *m* Gewerkschaft *f*
профсою́зник *m* Gewerkschaftler(in) *m/f*
профсою́зный *adj* gewerkschaftlich, Gewerkschafts...
прохла́да *f* Kühle *f,* Frische *f*
прохлади́тельный *adj* kühlend, erfrischend
прохла́дный *adj 1.* kühl, frisch; *2. (равнодушный)* kalt, abweisend
прохо́д *m 1.* Durchgang *m; 2.* ANAT *за́дний ~* After *m*
проходи́ть¹ *v impf 1.* gehen; *2. (мимо)* vorbeigehen, vorbeikommen; *3. (в определённом месте)* durchgehen, durchkommen, passieren; *Здесь мо́жно ~?* Kommt man hier durch? *Да́йте ~!* Lassen Sie mich durch! *4. (какое-л расстояние)* zurücklegen; *5. (о времени)* vergehen, verstreichen; *6. (состояться)* stattfinden; *7. (в школе)* durchnehmen
проходи́ть² *v impf (некоторое время)* herumlaufen, spazieren gehen
проходно́й *adj* durchgängig, durchgehend, Durchgangs...

прохо́жий *m* Passant *m*
процвета́ть *v impf* florieren, blühen, gedeihen
процеду́ра *f* Prozedur *f*, Verfahren *n*
проце́нт *m* Prozent *n*, Prozentsatz *m*; *в ~ах* in Prozent, prozentual
проце́нтный *adj* prozentual, Prozent…
проце́нты *pl* ECO Zinsen *pl*; *ба́нковские ~* Bankzinsen *pl*
проце́сс *m 1.* Prozess *m*, Verlauf *m*, Hergang *m*; *2.* JUR Prozess *m*, Verfahren *n*; *уголо́вный ~* Strafprozess *m*; *гражда́нский ~* Zivilverfahren *n*
проце́ссия *f* Umzug *m*, Prozession *f*
процессуа́льный *adj* JUR prozessual, Prozess…; *…ное пра́во* Verfahrensrecht *n*
про́чие *pl* die Anderen *pl*; *все ~* alle Anderen
про́чий *adj* übrig, sonstig; *ме́жду …чим* unter anderem, nebenbei; *поми́мо всего́ …чего* neben allem anderen
про́чность *f* Festigkeit *f*, Strapazierfähigkeit *f*
про́чный *adj 1.* fest, robust; *2. (надёжный)* fest, dauerhaft
прочу́вствованный *adj* gefühlvoll, voller Gefühl
прочь *adv 1.* fort, weg; *~ с доро́ги!* Aus dem Weg! *Ру́ки ~!* Hände weg! *2. (fig) быть не ~* nichts dagegen haben
прошедшее *n* Vergangenheit *f*, das Vergangene *n*
прошедший *adj* vergangen, verflossen; *…шее вре́мя* GRAMM Vergangenheit *f*
проше́ствие *n по …вии* nach Ablauf von
про́шлое *n* Vergangenheit *f*, das Vergangene *n*; *поко́нчить с …лым* einen Strich unter die Vergangenheit ziehen, das Vergangene vergessen
про́шлый *adj* vergangen, vorig; *на …лой неде́ле* in der vergangenen Woche, vorige Woche
проща́ние *m* Abschied *m*, Abschiednehmen *n*, Verabschiedung *f*
проща́ть *v impf 1.* vergeben, verzeihen, nachsehen; *2. ~ся* sich verabschieden; *interj 3. …щай!* Lebe wohl! *4. Прости́те!* Entschuldigung!
проще́ние *n* Verzeihung *f*, Entschuldigung *f*; *проси́ть …ния* um Verzeihung bitten
проявля́ть *v impf 1.* zeigen, bekunden; *2.* FOTO entwickeln
проясне́ние *n 1.* Aufklärung *f*, Erleuchtung *f*; *2. (о погоде)* Aufheiterung *f*, Aufklären *n*
пруд *m* Teich *m*
пружи́на *f* TECH Feder *f*
пружи́нистость *f* TECH Federung *f*
прут *m* Rute *f*, Gerte *f*
пры́гать *v impf* springen, hüpfen
прыжо́к *m* Sprung *m*, Satz *m*; *~ с шесто́м* SPORT Stabhochsprung *m*
пры́ткий *adj* schnell, hurtig, flink, fix
прыщ *m* Pickel *m*, Pustel *f*
пря́жа *f* Garn *n*
пря́жка *f* Schnalle *f*; *застегну́ть …ку* eine Schnalle schließen
пря́мо *adv 1.* gerade, geradeaus; *2. (непосредственно)* direkt, unmittelbar, geradewegs; *3. (откровенно)* offen, geradezu, ohne Umschweife; *4. (fam)* geradezu, direkt
прямоду́шие *n* Offenherzigkeit *f*, Geradlinigkeit *f*
прямоду́шный *adj* offenherzig, freimütig, treuherzig
прямо́й *adj 1.* gerade, aufrecht; *2. (без остановок)* direkt, durchgehend; *3. (непосредственный)* direkt, unmittelbar; *4. (откровенный)* offen, aufrichtig, freimütig; *~ и откры́тый* frank und frei; *5. (телевидение) …ая переда́ча* Livesendung *f*
прямоуго́льный *adj* rechteckig, rechtwinkling
пря́ник *m* GAST Lebkuchen *m*; *поли́тика кнута́ и ~а (fig)* Zuckerbrot und Peitsche
пря́ность *f 1.* Würze *f*, Würzigkeit *f*; *2. (вещество)* Gewürz *n*, Würzmittel *n*
пря́ный *adj* würzig, gewürzt, Würz…
прясть *v impf* spinnen
пря́тать *v impf* verstecken, verbergen
пря́тки *pl* Versteckspiel *n*; *игра́ть в ~* Versteck spielen
псало́м *m* REL Psalm *m*
псевдони́м *m* Pseudonym *n*, Deckname *m*
псих *m (fam)* Nervenbündel *n*, Spinner *m*; *Он ~!* Er hat einen Vogel!, Er spinnt!
психиа́тр *m* Psychiater *m*
психиатри́ческий *adj* psychiatrisch; *…кая кли́ника* Nervenklinik *f*
пси́хика *f* Psyche *f*, seelische Verfassung *f*
психи́ческий *adj* psychisch, seelisch, Geistes…; *…кая боле́знь* PSYCH Geisteskrankheit *f*
психоана́лиз *m* PSYCH Psychoanalyse *f*
психова́ть *v impf (fam)* nervös werden, sich aufregen, die Nerven verlieren

психо́з *m* PSYCH Psychose *f*, seelische Störung *f*
психо́лог *m* PSYCH Psychologe *m*, Psychologin *f*
психологи́ческий *adj* psychologisch; *…кая война́* Nervenkrieg *m*
психоло́гия *f* *1.* Psychologie *f*; *2. (душевный склад)* Mentalität *f*
психопа́т(ка) *m/f* Psychopath(in) *m/f*
психотерапе́вт *m* PSYCH Psychotherapeut(in) *m/f*
психотерапи́я *f* PSYCH Psychotherapie *f*
пти́ца *f* ZOOL *1.* Vogel *m*; *перелётная ~* Zugvogel *m*; *хи́щная ~* Raubvogel *m*; *2. (домашная)* Geflügel *n*
пти́чий *adj* Vogel…, Geflügel…; *~ двор* Geflügelfarm *f*
пу́блика *f* Publikum *n*, Zuschauer *pl*
публика́ция *f* Publikation *f*, Veröffentlichung *f*
публикова́ть *v impf* veröffentlichen, publizieren
публи́чность *f* Öffentlichkeit *f*
публи́чный *adj* öffentlich; *…ная библиоте́ка* öffentliche Bibliothek
пу́гало *n* Vogelscheuche *f*
пуга́ть *v impf* *1.* erschrecken, ängstigen; *2. (запугивать)* einschüchtern
пугли́вый *adj* scheu, schreckhaft
пу́говица *f* Knopf *m*
пу́дель *m* ZOOL Pudel *m*
пу́динг *m* GAST Pudding *m*
пу́дра *f* Puder *m*; *са́харная ~* GAST Puderzucker *m*
пуза́тый *adj (fam)* *1. (о человеке)* dick, mit Bauch; *2. (о вещах)* bauchig
пу́зо *n (fam)* Bauch *m*, Wanst *m*, Ranzen *m*, Kugel *f*
пузы́рь *m* Blase *f*; *мочево́й ~* ANAT Harnblase *f*
пулемёт *m* MIL Maschinengewehr *n*
пулесто́йкий *adj* kugelsicher, kugelfest
пульс *m* MED Puls *m*; *сла́бый ~* schwacher Puls; *бие́ние ~а* Pulsschlag *m*; *щу́пать ~* den Puls fühlen
пульса́ция *f* Pulsieren *n*
пульси́ровать *v impf* pulsieren
пу́ля *f* Kugel *f*, Geschoss *n*; *шальна́я ~* eine verirrte Kugel
пункт *m* *1.* Punkt *m*; *исхо́дный ~* Ausgangspunkt *m*; *центра́льный ~* Angelpunkt *m*; *2. (организационный центр)* Stelle *f*, Platz *m*, Punkt *m*; *сбо́рный ~* Sammelstelle *f*; *3. (раздел документа)* Punkt *m*, Paragraph *m*; *~ догово́ра* JUR Vertragsklausel *f*; *4. (отдельное место в речи)* Punkt *m*; *основно́й ~* Stichpunkt *m*; *по ~ам* Punkt für Punkt; *по всем ~ам* in jeder Hinsicht; *5. населённый ~* Ortschaft *f*
пунктуа́льность *f* Pünktlichkeit *f*
пунктуа́льный *adj* pünktlich, genau
пу́нкция *f* MED Punktion *f*
пуп *m* ANAT Nabel *m*; *~ земли́ (fig)* der Nabel der Welt *(fig)*
пупови́на *f* ANAT Nabelschnur *f*
пурита́нский *adj* puritanisch, prüde *(fig)*
пуск *m* Start *m*, Inbetriebnahme *f*
пуска́ть *v impf* *1. (отпускать)* loslassen, fortlassen; *2. (впускать)* hereinlassen, durchlassen; *3. (разрешать пройти)* lassen, erlauben; *4. (в действие)* anlassen, in Bewegung setzen, in Betrieb nehmen; *5. …ка́й* lass, möge, soll; *…ка́й она сделает, что хочет.* Soll sie doch machen, was sie will.
пусте́ть *v impf* leer werden, veröden
пусто́й *adj* *1.* leer, inhaltlos, hohl; *2. (fig)* nichtssagend, gehaltlos; *3. (напрасный)* nichtig, nutzlos; *перелива́ть из …то́го в поро́жнее (fig)* leeres Stroh dreschen; *…то́е!* Dummheiten!, Quatsch!
пустоме́ля *m/f (fam)* Schwätzer *m*, Plappermaul *n*
пустосло́вить *v impf (fam)* leere Phrasen dreschen, labern
пустота́ *f* *1.* Leere *f*, Nichts *n*; *2.* TECH Vakuum *n*
пусты́нный *adj* *1.* Wüsten…; *2. (безлюдный)* öde, menschenleer
пусты́ня *f* GEO Wüste *f*
пусть *adv* *1. пуска́ть (5)*; *konj* *2. (хотя)* wenn auch; *~ дождь, я всё равно́ пойду́.* Wenn es regnet, gehe ich trotzdem. *3. (допустим)* es sei denn, angenommen
пустя́к *m* Kleinigkeit *f*, Bagatelle *f*, Nichtigkeit *f*
пу́таница *f* Durcheinander *n*, Wirrwarr *m*; *вноси́ть …цу* Verwirrung stiften
пу́таный *adj* verwirrt; *~ челове́к* Wirrkopf *m*
пу́тать *v impf* *1.* verwirren, durcheinander bringen; *2. (в расказе)* faseln, in Widersprüche geraten; *3. (сбывать с толку)* irre führen, jdn aus dem Konzept bringen; *4. (смешивать кого-л с кем-л)* verwechseln
путеводи́тель *m* Reiseführer *m*
путём *adv* durch, mittels, mit Hilfe von; *~ перегово́ров* auf dem Verhandlungsweg

путешéственник *m* Reisender *m*
путешéственница *f* Reisende *f*
путешéствие *n* Reise *f; морскóе ~* Seereise *f*
путешéствовать *v impf* reisen
путь *m 1.* Weg *m; лóжный ~* Irrweg *m; 2. (железнодорожный)* Gleis *n; 3. (поездка)* Reise *f,* Fahrt *f; на обрáтном пути́* auf dem Rückweg
пух *m 1.* ZOOL Daunen *pl,* Flaum *m; 2.* BOT Flaum *m; 3. (fig) Ни ~а ни перá!* Hals- und Beinbruch! *4. (fig) в ~ и прах* ganz und gar
пýхленький *adj* pummelig, rundlich, mollig
пухови́к *m* Daunenbett *n*
пучóк *m* Büschel *n,* Bund *m; ~ петрýшки* Bund Petersilie
пуши́нка *f* Flaum *m,* Flocke *f*
пýшка *f* Kanone *f; (fig) взять на …ку* hinters Licht führen, irreführen
пчелá *f* ZOOL Biene *f*
пчели́ный *adj* Bienen…; *~ мёд* Bienenhonig *m*
пчеловóд *m* Imker *m*
пшени́ца *f* BOT Weizen *m*
пыл *m* Hitze *f,* Eifer *m,* Leidenschaft *f,* Glut *f; в ~ý сражéния* im Eifer des Gefechts
пылáть *v impf 1.* lodern, flammen, lichterloh brennen; *2. (краснеть)* glühen, flammend rot sein; *Щёки …лáют.* Die Wangen glühen. *3. (fig)* glühen, brennen; *~ гнéвом* vor Wut kochen
пылесóс *m* Staubsauger *m*
пылесóсить *v impf* Staub saugen
пы́лкий *adj (fig)* feurig, flammend, hitzig, leidenschaftlich
пы́лко *adv* leidenschaftlich, hitzig, heftig
пыль *f* Staub *m; пускáть комý-л ~ в глазá (fig)* jdm Sand in die Augen streuen
пыльцá *f* BOT Blütenstaub *m,* Pollen *m*
пытáть *v impf 1.* foltern, martern, quälen; *2. (пробовать)* versuchen; *~ счáстья* sein Glück versuchen
пы́тка *f* Folter *f,* Marter *f,* Qual *f*
пыхтéть *v impf* keuchen, schnaufen
пы́шный *adj* prunkvoll, prachtvoll, üppig
пьéса *f 1.* THEAT Stück *n,* Bühnenstück *n; 2.* MUS Musikstück *n,* Stück *n*
пью́щий *m* Säufer *m (fam),* Trinker *m*
пьянéть *v impf* betrunken werden; *не ~* trinkfest sein
пья́ница *m/f* Trinker(in) *m/f,* Säufer(in) *m/f (fam)*
пья́нка *f (fam)* Gelage *n,* Saufgelage *n,* Sauferei *f (fam)*
пья́нство *n* Trunksucht *f,* Alkoholismus *m*
пья́нствовать *v impf (fam)* saufen, bechern
пья́ный *adj* betrunken, besoffen
пюрé *n* GAST Püree *n; картóфельное ~* Kartoffelbrei *m*
пятá *f* ANAT Ferse *f; (fig) преслéдовать когó-л по ~м* jdm auf den Fersen bleiben
пятидеся́тый *adj* fünfzigster
пя́тка *f* ANAT Ferse *f*
пятнáдцатый *adj* fünfzehnter
пятнáдцать *num* fünfzehn
пятнáть *v impf 1.* beflecken, beschmutzen; *2. (в игре)* fangen, abschlagen
пятни́стый *adj* fleckig, gefleckt, gesprenkelt
пя́тница *f* Freitag *m; страстнáя ~* REL Karfreitag *m*
пятнó *n* Fleck *m,* Klecks *m (fam); роди́мое ~* Muttermal *n*
пя́тый *adj* fünfter
пять *num* fünf
пятьдеся́т *num* fünfzig

Р

раб *m* Sklave *m,* Knecht *m*
рабо́та *f 1. (труд, профессия)* Arbeit *f; 2. (о механизме и т. п.)* Betrieb *m*
рабо́тать *v impf 1.* arbeiten, berufstätig sein; *2. (о механизме и т. п.)* funktionieren, gehen, laufen; *3. (быть открытым)* geöffnet sein, in Betrieb sein
рабо́тник *m* Arbeiter *m; нау́чный ~* Wissenschaftler *m; парти́йный ~* Parteifunktionär *m*
рабо́тница *f* Arbeiterin *f*
работода́тель *m* Arbeitgeber *m*
работода́тельница *f* Arbeitgeberin *f*
работоспосо́бность *f* Arbeitsfähigkeit *f,* Leistungsfähigkeit *f*
работоспосо́бный *adj 1.* arbeitsfähig, leistungsfähig; *2. (трудолюбимый)* fleißig, tüchtig
рабо́чий[1] *adj* Arbeiter..., Arbeits...
рабо́чий[2] *m* Arbeiter *m; квалифици́рованный ~* Facharbeiter *m*
ра́бство *n* Sklaverei *f,* Knechtschaft *f*
равни́на *f GEO* Ebene *f,* Flachland *n*
равно́ *adv 1.* gleich, egal, ebenso wie; *2. MAT* ist gleich; *3. всё ~ что* so gut wie; *4. всё ~* ganz egal, gleich
равнове́сие *n 1.* Gleichgewicht *n,* Balance *f; 2. POL ~ сил* Kräftegleichgewicht *n,* Parität *f*
равноду́шие *n 1.* Gleichgültigkeit *f,* Desinteresse *n; 2. (безучастность)* Teilnahmslosigkeit *f,* Apathie *f*
равноду́шный *adj* gleichgültig, teilnahmslos
равноме́рный *adj* gleichmäßig, ebenmäßig
равнопра́вие *n* Gleichberechtigung *f,* rechtliche Gleichstellung *f*
равнопра́вный *adj* gleichberechtigt
равноце́нность *f 1.* Gleichwertigkeit *f,* Äquivalenz *f; 2. (fig)* Ebenbürtigkeit *f*
равноце́нный *adj 1.* gleichwertig; *2. (fig)* ebenbürtig
ра́вный *adj* gleich
равня́ть *v impf 1.* ausgleichen, gleichmachen; *2. (fam)* gleichsetzen; *3. ~ся на кого́-л* jdm nacheifern, sich jdn zum Vorbild nehmen; *4. (быть равным) ~ся* gleichkommen
рада́р *m* Radar *n,* Radargerät *n*
ра́ди *prep* wegen, um etw willen, ...halber; *~ интере́са* interessehalber; *~ тебя́* deinetwegen
радиа́тор *m 1.* Heizkörper *m; 2. TECH* Kühler *m*
радиа́ция *f PHYS* Strahlung *f; со́лнечная ~* Sonnenstrahlung *f*
радика́льный *adj 1.* radikal, gründlich; *2. (решительный)* entschieden; *2. POL* radikal
ра́дио *n 1.* Funk *m; 2. (радиовещание)* Radio *n,* Rundfunk *m; 3. (радиоприёмник)* Radio *n*
радиоакти́вность *f PHYS* Radioaktivität *f*
радиоакти́вный *adj PHYS* radioaktiv
радиовеща́ние *n* Rundfunk *m*
радиогра́мма *f* Funkspruch *m*
радиоприбо́р *m TECH* Funkgerät *n*
радиоприёмник *m* Radio *n,* Radiogerät *n*
радиоспекта́кль *m* Hörspiel *n*
радиоста́нция *f 1.* Radiosender *m; 2. TECH* Funkstation *f*
ради́ровать *v impf/pf* funken
ради́ст *m TECH* Funker *m*
ра́диус *m 1. MATH* Radius *m; 2. (fig)* Umkreis *m; в ~е двух киломе́тров* im Umkreis von zwei Kilometern
ра́довать *v impf 1.* freuen, erfreuen; *2. ~ся* sich freuen, jubeln
ра́достный *adj 1.* froh, freudig; *2. (вызывающий радость)* erfreulich
ра́дость *f* Freude *f,* Fröhlichkeit *f; быть вне себя́ от ...ости* vor Freude platzen
ра́дуга *f* Regenbogen *m*
ра́дужный *adj 1.* regenbogenfarben, Regenbogen...; *...ная оболо́чка ANAT* Regenbogenhaut *f,* Iris *f; 2. (fig)* rosig
раду́шный *adj* freundlich, gastfreundlich
раз *m 1.* Mal *n; 2. (при счёте)* eins; *adv 3.* ...mal; *оди́н ~* einmal; *не́сколько ~* mehrmals; *~ и навсегда́* ein für alle Mal
разбавля́ть *v impf* verdünnen, verwässern; *~ водо́й GAST* panschen *(fam)*
разба́лтывать *v impf (fam)* ausplaudern; *~ секре́т* aus dem Nähkästchen plaudern
разбе́г *m* Anlauf *m; с ~а* mit Anlauf
разбива́ть *v impf 1.* zerbrechen, zerschlagen; *2. (сильно повредить)* kaputtmachen; *3. (нанести поражение)* zerschlagen, vernichten, besiegen; *4. (лагерь, палатку)* aufschlagen
разбира́тельство *n 1.* Untersuchung *f; 2. JUR* Gerichtsverhandlung *f,* Verhandlung *f*

разбира́ть *v impf 1.* zerlegen, auseinander nehmen; *2. (рассматривать)* untersuchen, ergründen, analysieren; *3. (распознавать)* verstehen, begreifen, entziffern; 4. *~ся* sich zurechtfinden, sich auskennen, klarkommen *(fam)*
разби́тый *adj 1.* zerschlagen, zerbrochen, kaputt, entzwei; *2. (побеждённый)* geschlagen; *3. (fig)* erschlagen, kaputt, gerädert; *4. (fig) …тая жизнь* verpfuschtes Leben
разбо́й *m* Raubüberfall *m*
разбо́йник *m* Räuber *m*
разбо́йница *f* Räuberin *f*
разбо́йнический *adj* räuberisch, Raub…
разбо́рка *f 1.* Sortierung *f,* Aussortieren *n; 2. (на части)* Demontage *f,* Zerlegen *n,* Abbau *m*
разбо́рчивый *adj 1.* deutlich, lesbar, leserlich; *2. (о человеке)* wählerisch, anspruchsvoll
разбра́сывать *v impf 1.* streuen, zerstreuen, umherwerfen; *2. (деньги)* verschleudern, vergeuden; *3. ~ся* viele Dinge gleichzeitig anfangen, alles auf einmal tun
разбры́згиватель *m* Zerstäuber *m*
разбры́згивать *v impf* zerstäuben, sprühen
разва́л *m* Verfall *m,* Zusammenbruch *m*
разва́ливать *v impf 1.* zerstören, umstürzen; *2. (приводить в рассройство)* desorganisieren; *3. ~ся* einstürzen, einbrechen, zerfallen, kaputtgehen *(fam)*; *4. (fam) ~ся в кре́сле* sich rekeln, es sich gemütlich machen
разва́лина *f (о человеке)* Wrack *n*
разва́лины *pl* Ruinen *pl,* Trümmerhaufen *m; ~ за́мка* Schlossruine *f*
развева́ться *v impf* flattern, wehen
разведе́ние[1] *n BIO* Züchtung *f; 2. AGR* Anbau *m*
разведе́ние[2] *n (деление)* Auseinanderführen *n,* Trennen *n; ~ мосте́* Öffnen *n*
разведе́ние[3] *n CHEM* Verdünnen *n,* Verdünnung *f*
разведённый[1] *adj (о супругах)* geschieden
разведённый[2] *adj (о мосте)* geöffnet
разведённый[3] *adj (о растворе)* verdünnt
разве́дка *f 1. MIL* Aufklärung *f,* Erkundung *f; 2. (организация)* Nachrichtendienst *m,* Geheimdienst *m; 3. MIN* Schürfung *f*
разве́дчик *m 1.* Aufklärer *m; 2. (шпион)* Geheimagent *m,* Spion *m; 3. GEOL* Schürfer *m*
разве́дчица *f 1.* Aufklärerin *f; 2. (шпионка)* Geheimagentin *f,* Spionin *f; 3. GEOL* Schürferin *f*
разветвле́ние *n 1.* Gabelung *f,* Abzweigung *f; 2. BIO* Verästelung *f*
разветвлённый *adj (fig)* verzweigt, verästelt
разветвля́ть *v impf* abzweigen, abgehen
развива́ть *v impf 1.* entwickeln, entfalten; *2. ~ па́мять* das Gedächtnis schulen
разви́лина *f* Gabelung *f; ~ доро́г* Weggabelung *f*
разви́лка *f* Gabelung *f*
разви́тие *n* Verlauf *m,* Entwicklung *f*
ра́звитый *adj* entwickelt, entfaltet
развлека́ть *v impf 1.* unterhalten, amüsieren; *2. ~ся* ausgehen, sich amüsieren
развлече́ние *n* Unterhaltung *f,* Vergnügen *n,* Zerstreuung *f,* Amüsement *n*
разво́д *m 1. (супругов)* Scheidung *f; 2. (в разные стороны)* Auseinanderbringen *n,* Trennen *n*
разводи́ть *v impf 1. BIO* züchten; *2. AGR* anpflanzen; *3. (fam)* sich anschaffen; *4. (разъединять)* trennen; *~ супру́гов* Eheleute scheiden; *5. (растворять)* auflösen, verdünnen; *6. (о супругах) ~ся* sich scheiden lassen; *7. (расплoжаться) ~ся* sich vermehren
развра́тник *m* Wüstling *m*
развра́тный *adj* lasterhaft, ausschweifend, exzessiv
развращённый *adj* sittlich verdorben
развя́зывать *v impf* lösen, entwirren, aufbinden
разга́дка *f 1.* Erraten *n; 2. (решение)* Lösung *f,* Auflösung *f*
разга́дывать *v impf 1.* raten, lösen; *2. (понимать)* erkennen, durchschauen, herausfinden, enträtseln
разга́р *m* Höhepunkt *m; ~ ле́та* Hochsommer *m; в ~е* in vollem Gange; *в ~е би́твы* im Eifer des Gefechts; *в ~е войны́* auf dem Höhepunkt des Krieges; *Рабо́та в по́лном ~е.* Es herrscht Hochbetrieb.
разгла́живать *v impf 1.* glätten, glattmachen; *2. (утюгом)* bügeln
разглаша́ть *v impf* ausplaudern, preisgeben
разгляде́ть *v pf 1.* s. *разгля́дывать; 2.* bemerken, erkennen, unterscheiden; *3. (fam)* durchschauen
разгля́дывать *v impf* genau betrachten

разгова́ривать *v impf* reden, sich unterhalten, sprechen
разгово́р *m* Gespräch *n,* Unterhaltung *f,* Unterredung *f,* Konversation *f; кру́пный ~* Aussprache *f; междугоро́дный ~* Ferngespräch *n; Без ~ов!* Ohne Diskussionen!, Ohne Widerrede!
разгово́рный *adj* Gesprächs..., Konversations...; *...ная речь* Umgangssprache *f*
разграниче́ние *n* Abgrenzung *f*
разграни́чивать *v impf 1.* abgrenzen, Grenzen ziehen; *2. ~ся* sich abgrenzen, sich absondern
разгружа́ть *v impf* abladen, entladen, ausladen
раздава́ть *v impf* austeilen, verteilen
разда́вливать *v impf 1.* erdrücken, zerquetschen; *2. (переехать)* überfahren; *3. (fig)* zerschmettern
разда́ча *f* Vergabe *f,* Verteilung *f*
раздва́ивать *v impf* in zwei Teile teilen, spalten
раздво́енность *f* Zwiespalt *m*
раздво́енный *adj* gespalten, zweigeteilt
раздева́ть *v impf* ausziehen, entkleiden
разде́л *m 1.* Teilung *f,* Aufteilung *f; 2. (в книге и т. п.)* Abschnitt *m,* Teil *m,* Rubrik *f*
разделе́ние *n* Einteilung *f,* Teilung *f; ~ труда́* Arbeitsteilung *f*
разде́лывать *v impf 1.* teilen; *2. (разъединять)* trennen, zerlegen; *3. (распределять)* einteilen, verteilen; *4. MATH* dividieren
разде́льный *adj 1.* getrennt, geteilt, gesondert; *2. (чёткий)* deutlich; *3. ...ное написа́ние* Getrenntschreibung *f*
разделя́ть *v impf 1.* teilen; *2. (разъединять)* trennen, auseinander halten, unterscheiden, *3. (распределять)* einteilen, verteilen; *4. MATH* dividieren
раздо́р *m* Zwietracht *f,* Zwist *m,* Streit *m; жить в ~е* in Zwietracht leben
раздража́ть *v impf 1.* ärgern, verdrießen, jdm auf den Wecker fallen *(fig)*; *2. (возбуждать)* reizen
раздраже́ние *n 1.* Reizung *f,* Reiz *m; поро́г ...ния MED* Reizschwelle *f; 2. (чувство досады)* Gereiztheit *f*
раздражённость *f 1.* Gereiztheit *f; 2. (черта характера)* Erregbarkeit *f*
раздражённый *adj* gereizt, erregt, ungehalten
раздражи́тельный *adj* reizbar, erregbar, nervös
разду́мывать *v impf 1.* nachdenken, grübeln, nachsinnen, Überlegungen anstellen; *2. (колебаться)* unschlüssig sein, zaudern; *не ...вая* ohne viel nachzudenken, resolut, entschlossen
разжига́ть *v impf 1.* anzünden; *2. (fig)* entfachen, schüren
рази́тельный *adj* auffallend, frappant
разлага́ть *v impf 1.* aufteilen, zerlegen; *2. (размещать)* ausbreiten; *3. MATH* zerlegen, auflösen; *4. (fig)* moralisch zersetzen
разла́д *m 1. (несогласованность)* Unstimmigkeit *f,* Diskrepanz *f; 2. (раздор)* Streit *m,* Uneinigkeit *f,* Zerwürfnis *n*
разла́мывать *v impf* brechen, zerbrechen
разлива́ть *v impf 1.* vergießen, verschütten; *2. (наливать)* eingießen, einschenken; *3. (по бутылкам)* abfüllen
разливно́й *adj* Ausschank...
разли́вочный *adj* Abfüll...
различа́ть *v impf 1.* erkennen; *2. (отличать)* unterscheiden, differenzieren
разли́чие *n 1.* Unterschied *m; 2. (неодинаковость)* Verschiedenheit *f*
разли́чный *adj* verschieden, unterschiedlich, divers
разложе́ние *n 1.* Zerlegung *f; 2. MATH* Zerlegen *n,* Auflösen *n; 3. (fig)* Niedergang *m,* moralischer Verfall *m; 4. BIO* Verwesung *f*
разлу́ка *f 1.* Trennung *f; жить в ...ке* getrennt leben von; *2. (прощание)* Abschied *m*
разма́х *m 1.* Schwingung *f; 2. (величина колебания) TECH* Schwingungsweite *f; 3. (сила)* Wucht *f; ~ кры́льев* Spannweite *f*
разма́хивать *v impf* schwenken, schwingen
разме́нивать *v impf* wechseln, Geld wechseln
разме́р *m 1.* Ausmaß *n,* Umfang *m,* Größe *f; 2. MUS* Takt *m,* Zeitmaß *n; 3. (об одежде, обуви)* Größe *f*
размеща́ть *v impf 1.* stellen, aufstellen; *2. (помещать)* unterbringen; *3. (о людях)* einquartieren; *4. FIN* anlegen; *5. ~ся* unterkommen, Platz finden
размеще́ние *n 1.* Aufstellen *n,* Unterbringen *n,* Platzieren *n; 2. ECO ~ капита́ла* Geldanlage *f*
размножа́ть *v impf* vermehren, vervielfältigen
размноже́ние *n 1.* Vervielfältigung *f; 2. BIO* Fortpflanzung *f,* Vermehrung *f*
размо́лвка *f (fam)* Unstimmigkeit *f*
размора́живать *v impf* auftauen

размышлéние *n 1.* Überlegung *f,* Nachdenken *n; 2. (мысли)* Gedanken *pl,* Betrachtungen *pl; Это навóдит на ~.* Das gibt Stoff zum Nachdenken.
размышля́ть *v impf* überlegen, bedenken, nachdenken, nachsinnen
размягчáть *v impf* aufweichen, weich machen
рáзница *f* Unterschied *m,* Differenz *f*
разновúдность *f* Abart *f,* Spielart *f*
разноглáсие *n 1.* Uneinigkeit *f,* Differenz *f,* Meinungsverschiedenheit *f; 2. (противоречие)* Widerspruch *m,* Widersprüchlichkeit *f*
разнообрáзие *n* Mannigfaltigkeit *f,* Verschiedenartigkeit *f,* Vielfalt *f;* Abwechslung *f*
разнообрáзный *adj* vielseitig, verschiedenartig, vielfältig, abwechslungsreich
разнорóдный *adj* verschiedenartig, ungleichartig
разносúть *v impf 1.* austragen, zustellen; *2. (fam)* in Umlauf bringen, verbreiten; *3.* (*по книгам*) eintragen; *4.* (*разгонять*) auseinandertreiben, zerstreuen
разносторóнний *adj* vielseitig; *~ человéк* Multitalent *n*
рáзность *f* Unterschied *m,* Differenz *f*
разноцвéтный *adj* bunt, vielfarbig
разношёрстный *adj* bunt, gemischt
рáзный *adj* verschieden, unterschiedlich
разоблачáть *v impf* entlarven, enthüllen, aufdecken
разоблачéние *n (fig)* Entlarvung *f,* Enthüllung *f,* Aufdeckung *f*
разобщённость *f* Entfremdung *f,* Uneinigkeit *f*
разогревáть *v impf* aufwärmen, warm machen
разорéние *n 1.* Zerstörung *f,* Verwüstung *f; 2. (потеря состояния)* Verarmung *f,* Ruin *m*
разоружáть *v impf MIL* entwaffnen, abrüsten
разоружéние *n MIL* Abrüstung *f*
разоря́ть *v impf 1.* zerstören, vernichten; *2. (доводить до нищеты)* ruinieren, zu Grunde richten; *3. ~ся* ruiniert sein, verarmen
разочаровáние *n* Enttäuschung *f,* Frustration *f*
разочарóванный *adj* enttäuscht
разочарóвывать *v impf* enttäuschen
разрабáтывать *v impf 1.* bearbeiten, ausarbeiten, entwickeln, erarbeiten; *2. MIN* abbauen
разрабóтка *f 1.* Bearbeitung *f,* Ausarbeitung *f,* Erarbeitung *f,* Entwicklung *f; ~ плáна* Ausarbeitung eines Plans; *2. MIN* Abbau *m,* Förderung *f*
разрéз *m 1.* Schnitt *m,* Schnittstelle *f,* Einschnitt *m; поперéчный ~* Querschnitt *m; 2. (платья)* Schlitz *m; ю́бка с ~ом* Kleid mit Schlitz; *3. (fig) идтú в ~* zuwiderlaufen
разрезáть *v impf* aufschneiden, zerschneiden
разрешáть *v impf 1.* erlauben, gestatten; *2. (допускать)* bewilligen, genehmigen, zulassen; *3. (решать вопрос)* lösen, beilegen, schlichten
разрешéние *n 1.* Erlaubnis *f; 2. (разрешение)* Bewilligung *f,* Genehmigung *f,* Zulassung *f; 3. (решение вопроса)* Beilegung *f,* Schlichtung *f; 4. имéть ~* dürfen; *5. без …ия* eigenmächtig, willkürlich
разрушáть *v impf 1.* zerstören, demolieren *(fam)*; *2. (fig)* vernichten, ruinieren, zunichte machen
разрушéние *n* Zerstörung *f,* Vernichtung *f*
разрушúтельный *adj* zerstörerisch, verheerend, vernichtend
разры́в *m 1.* Bruch *m,* Abbruch *m,* Abriss *m; 2. (разорванное место)* Riss *m; 3. (снаряда)* Explosion *f*
разрывáть[1] *v impf 1.* zerreißen, in Stücke reißen, zerfetzen *(fam)*; *2. (изнашивать)* kaputtmachen, zerreißen; *3. ~ отношéния* Beziehungen abbrechen; *4. ~ся* bersten, explodieren
разрывáть[2] *v impf* aufwühlen, aufgraben
разрыхля́ть *v impf AGR* auflockern
разря́д[1] *m* Entladung *f,* Entspannung *f*
разря́д[2] *m 1.* Klasse *f,* Kategorie *f,* Rang *m,* Stufe *f; 2. MATH* Ordnung *f; 4. TECH* Stelle *f*
разря́дка *f 1.* Entladung *f,* Entspannung *f; 2. POL* Entspannung *f; полúтика …ки* Entspannungspolitik *f*
разузнавáть *v impf* nachforschen, sich erkundigen, Erkundigungen einziehen
разузнáть *v pf 1.* s. *разузнавáть; 2.* herausfinden, erfahren, hinter etw kommen
рáзум *m* Vernunft *f,* Verstand *m; потеря́ть ~* den Verstand verlieren, von allen guten Geistern verlassen sein *(fig)*
разумéние *n* Verständnis *n; по сóбственному …ию* nach bestem Wissen und Gewissen

разуме́ть *v impf* verstehen, begreifen; *...е́ется* natürlich, gewiss, allerdings; *Само́ собо́й ...е́ется.* Das versteht sich von selbst., selbstverständlich
разу́мный *adj* vernünftig, gescheit, klug, vernunftmäßig, rational
разу́чиваться *v impf* verlernen, aus der Übung kommen
разъедине́ние *n 1.* Trennen *n,* Trennung *f; 2.* TECH Abschalten *n,* Unterbrechung *f*
разъединённый *adj* getrennt, entzweit
разъединя́ть *v impf* trennen, absondern, unterbrechen
разъе́зд *m* Aufbruch *m,* Abfahrt *f,* Abreise *f*
разъе́зды *pl* Reisen *pl; быть в ...ах* auf Reisen sein
разъясне́ние *n* Erklärung *f,* Erläuterung *f,* Verdeutlichung *f*
разъясни́тельный *adj* erklärend, erläuternd
разъясня́ть *v impf* erklären, erläutern, verdeutlichen
разы́грывать *v impf 1.* THEAT aufführen, inszenieren; *2.* SPORT austragen; *3. (в лотерею)* ausspielen, verlosen; *4. (fam)* foppen, necken
разы́скивать *v impf* nachforschen, suchen, recherchieren
рай *m* Paradies *n; ~ земно́й* der Himmel auf Erden
райо́н *m 1. (область)* Gebiet *n,* Gegend *f; жилой ~* Wohngebiet *n; 2. (административный)* Bezirk *m*
ра́йский *adj* paradisisch, himmlisch, Paradies...; *...кое я́блоко* GAST Paradiesapfel *m*
рак *m 1.* ZOOL Krebs *m; 2.* MED Krebs *m; ~ гру́ди* Brustkrebs *m*
раке́та[1] *f* TECH Rakete *f*
раке́та[2] *f* SPORT Tennisschläger *m*
ра́ковина *f 1.* Muschel *f; 2. ~ ули́тки* Schneckenhaus *n; 3.* ANAT *ушна́я ~* Ohrmuschel *f; 4. (под краном)* Waschbecken *n*
раку́шка *f* ZOOL Muschel *f*
ра́ма *f* Rahmen *m; карти́нная ~* Bilderrahmen *m; око́нная ~* Fensterrahmen *m*
ра́мпа *f* THEAT Rampe *f; при све́те ...пы* im Rampenlicht
ра́на *f* Wunde *f; ре́заная ~* Schnittwunde *f*
ра́нее *adv* früher, ehemals, einst
ране́ние *n* Verwundung *f,* Verletzung *f*
ра́неный *adj* verwundet, wund
рани́мость *f* Verletzbarkeit *f*
ра́нить *v impf/pf* verwunden
ра́нний *adj* früh, zeitig
ра́ньше *adv 1.* früher, eher, vor, bevor; *не ~ ме́сяца* nicht vor einem Monat; *2. (в прежние времена)* früher, ehemals, einst
ра́са *f* Rasse *f*
раси́зм *m* Rassismus *m*
раси́ст(ка) *m/f* Rassist(in) *m/f*
расисти́ческий *adj* rassistisch
раскалённость *f* Glut *f,* Gluthitze *f*
раскалённый *adj* glühend, heiß; *~ до красна́* rotglühend
раска́лывать *v impf 1.* spalten, zerspalten; *2. (дерево)* hacken; *3. ~ся* sich spalten, bersten
раскаля́ть *v impf* zum Glühen bringen, stark erhitzen
раска́чивать *v impf* schaukeln, in Schwingung bringen, hin- und herrütteln
раска́яние *n* Reue *f; испы́тывать ~* Reue zeigen
раскладу́шка *f* Klappbett *n*
раско́ванный *adj (fig)* ungezwungen, formlos
раско́л *m* Spaltung *f,* Abspaltung *f*
раскра́шивать *v impf* bunt bemalen, ausmalen
раскрыва́ть *v impf 1.* öffnen, aufmachen, aufschlagen; *2. (разоблачать)* enthüllen, aufdecken, entlarven; *3. ~ся* sich herausstellen, an den Tag kommen
распа́д *m* Zerfall *m*
распада́ться *v impf 1.* zerfallen, auseinanderfallen; *2. (fig)* zerfallen, verfallen, in Verfall geraten
распаковы́вать *v impf* auspacken
распина́ть *v impf 1.* kreuzigen; *2. (fam) ~ся* sich abmühen, sich in etw reinhängen
расписа́ние *n* Plan *m,* Verzeichnis *n; ~ движе́ния* Fahrplan *m*
распла́та *f 1.* FIN Auszahlung *f,* Bezahlung *f,* Abrechnung *f; 2. (fig)* Abrechnung *f,* Vergeltung *f*
расплы́вчатый *adj* verschwommen, unklar
располага́ть *v impf 1.* anordnen, verteilen, aufstellen; *2. (иметь в распоряжении)* über etw verfügen, disponieren
расположе́ние *n 1.* Anordnung *f,* Aufstellung *f,* Arrangement *n; 2. (местоположение)* Lage *f; 3. ~ ду́ха* Laune *f,* Verfassung *f; 4.* MIL Standort *m*
распоряди́тельность *f* Organisationstalent *n*

распоряди́тельный *adj* mit Organisationstalent
распоряжа́ться *v impf 1.* veranlassen, anordnen; *2. (употреблять)* gebrauchen, über etw verfügen; *3. (управлять)* verwalten, für etw zuständig sein
распоряже́ние *n 1.* Anordnung *f,* Befehl *m,* Verordnung *f,* Verfügung *f; отда́ть ~* befehlen; *2.* JUR *после́днее ~* letztwillige Verfügung, Testament *n; 3. име́ть что-л в …нии* etw zur Verfügung haben, über etw verfügen
расправля́ть *v impf* auseinanderfalten, glätten, glattmachen; *~ кры́лья* die Flügel entfalten
распределе́ние *n 1.* Verteilung *f,* Einteilung *f,* Zuteilung *f; 2.* ECO *~ дивиде́ндов* Dividendenausschüttung *f*
распредели́тель *m* TECH Verteiler *m*
распределя́ть *v impf 1.* verteilen, einteilen, austeilen; *2. ~ на рабо́ту* jdm eine Arbeit zuteilen/zuweisen
распродава́ть *v impf* ausverkaufen, alles verkaufen
распрода́жа *f* Ausverkauf *m*
распро́данный *adj* ausverkauft, vergriffen
распростране́ние *f 1.* Verbreitung *f; 2.* MED Ausstrahlung *f*
распространённость *f* Verbreitung *f,* Vorkommen *n*
распространённый *adj* weit verbreitet, gängig, üblich
распространя́ть *v impf 1.* verbreiten, ausdehnen, erweitern; *2. (влияние)* erstrecken
распуска́ть *v impf 1.* entlassen, auflösen; *2. (вязанье)* auftrennen; *3. (человека)* verwöhnen; *4. (слухи)* verbreiten, in Umlauf bringen; *5.* BOT *~ся* knospen, ausschlagen, entfalten; *6. (fam) ~ся* sich gehen lassen
распу́тный *adj* ausschweifend, lasterhaft
распу́тство *n* Ausschweifungen *pl,* Unzucht *f*
распу́тывание *n 1.* Entwirren *n,* Aufknoten *n; 2. (разъяснение)* Klärung *f,* Auflösung *f*
распу́тье *n* Kreuzweg *m;* Scheideweg *m*
распя́тие *n 1. (на кресте)* REL Kreuzigung *f; 2.* REL Kruzifix *n*
рассве́т *m* Morgendämmerung *f,* Tagesanbruch *m; до ~а* vor Tau und Tag, vor Sonnenaufgang
рассвета́ть *v impf* dämmern; *…а́ет* der Tag bricht an, es dämmert
рассе́ивание *n 1.* PHYS Streuung *f; 2.* AGR Aussäen *n*
рассе́ивать *v impf 1.* streuen, zerstreuen; *2.* PHYS streuen; *3.* AGR aussäen, säen
рассе́лина *f* Riss *m,* Spalte *f*
рассе́яние *n 1.* Streuung *f; 2.* PHYS Dispersion *f; 3. (развлечение)* Zerstreuung *f*
рассе́янность *f* Zerstreutheit *f*
рассе́янный *adj 1.* verstreut; *2. (о свете)* diffus, matt; *3. (невнимательный)* zerstreut, unkonzentriert
расска́з *m* Erzählung *f*
расска́зывать *v impf* erzählen, berichten
расслабле́ние *n 1.* Schwächung *f,* Entkräftung *f; 2.* MED Atonie *f*
рассла́бленность *f* Schwäche *f*
рассла́бленный *adj* schwach, entkräftet, abgespannt, schlaff
расслабля́ть *v impf 1.* lockern, entspannen; *2. ~ся* sich entspannen, ausspannen
рассле́дование *n* Nachforschung *f,* Untersuchung *f; суде́бное ~* JUR gerichtliche Untersuchung
рассле́довать *v impf* untersuchen, ermitteln, nachforschen, einer Sache nachgehen
рассма́тривать *v impf 1.* betrachten, genau ansehen; *2. (подвергать рассмотрению)* untersuchen, prüfen; *3.* JUR *~ де́ло* eine Sache verhandeln
рассмотре́ние *n 1.* Betrachten *n,* Durchsicht *f; 2. (расследование)* Untersuchung *f,* Prüfung *f; 3. (обсуждение)* Erörterung *f*
рассо́л *m* GAST Salzlake *f,* Sole *f*
расспра́шивать *v impf* jdn ausfragen, sich nach etw erkundigen
рассро́чка *f* Stundung *f; платёж в …ку* Ratenzahlung *f*
расстава́ние *n* Trennung *f*
расстава́ться *v impf 1.* auseinandergehen, sich verabschieden; *2. (разлучаться)* sich trennen; *~ друзья́ми* sich als Freunde trennen; *3. (отказываться) ~ с чем-л* etw aufgeben
расставля́ть *v impf 1.* aufstellen, anordnen; *2. (распределять)* verteilen
расстано́вка *f 1.* Aufstellung *f,* Anordnung *f; 2. (распределение)* Verteilung *f*
расстоя́ние *n 1.* Entfernung *f,* Distanz *f,* Abstand *m; 2. (отрезок пути)* Strecke *f*
расстра́ивать *v impf 1.* verwirren, in Unordnung bringen; *2. (огорчать)* bekümmern, verstimmen; *3.* verderben, ruinieren; *4.* MUS verstimmen; *5. (планы)* vereiteln,

zunichte machen; *6. ~ся* scheitern, nicht zustande kommen
расстрéл *m* Erschießen *n,* Erschießung *f*
расстрéливать *v impf 1.* erschießen; *2. (все патроны)* verschießen
расстрóенный *adj 1.* verstimmt, missgestimmt, missgelaunt; *2. (о желудке)* verdorben; *3. MUS* verstimmt, schlecht gestimmt; *4. (о планах)* gescheitert, vereitelt, misslungen
расстрóйство *n 1.* Verwirrung *f,* Unordnung *f; 2. (упадок)* Desorganisation *f; 3. TECH* Störung *f,* Beschädigung *f; 4. MED ~ желýдка* Magenverstimmung *f; нéрвное ~* Neurose *f; 5. (fam)* Ärger *m,* Verdruss *m,* schlechte Laune *f*
рассуди́тельность *f* Besonnenheit *f,* Bedacht *m*
рассуди́тельный *adj* bedächtig, besonnen, verständig, vernünftig, nüchtern, sachlich *(fig)*
рассýдок *m 1.* Verstand *m; потеря́ть ~* den Verstand verlieren; *2. (разум)* Vernunft *f,* Urteilsvermögen *n*
рассуждáть *v impf 1.* überlegen, erwägen, etw beurteilen; *2. (обсуждать)* etw besprechen, bereden
рассуждéние *n 1.* Schlussfolgerung *f,* Erwägung *f,* Überlegung *f; 2. (ход мыслей)* Gedankengang *m; 3. (высказывание)* Äußerung *f*
рассчи́тывать *v impf 1.* berechnen, berücksichtigen; *2. (высчитывать)* errechnen, kalkulieren; *3. (на кого-л)* mit jdm rechnen, auf jdn zählen; *4. (fam) ~ся* mit jdm abrechnen
рассыпáть *v impf 1.* verschütten, verstreuen; *2. ~ся* sich verstreuen, sich auflösen, zerfallen
раствор *m CHEM* Lösung *f; ~ повáренной сóли* Kochsalzlösung *f*
растворéние *n CHEM* Auflösen *n,* Lösen *n*
раствори́мый *adj* löslich; *~ кóфе GAST* Pulverkaffee *m*
раствори́тель *m* Lösungsmittel *n*
растворя́ть *v impf CHEM* auflösen
растéние *n BOT* Pflanze *f,* Gewächs *n*
растéрянность *f* Verwirrung *f,* Fassungslosigkeit *f*
растéрянный *adj 1.* verwirrt, verstört, fassungslos; *2. (смущённый)* konfus, perplex, verdutzt
расти́ *v impf 1.* wachsen, gedeihen; *2. (увеличиваться)* zunehmen, größer werden, ansteigen; *3. (совершенствоваться)* sich entwickeln
расти́тельность *f* Vegetation *f*
расти́тельный *adj* pflanzlich, Pflanzen...; *...ное мáсло* Pflanzenöl *n*
растолкóвывать *v impf* erklären, verständlich machen, klar machen *(fam)*
расторгáть *v impf* aufheben, auflösen, kündigen; *~ брак* die Ehe scheiden
расторжéние *n* Aufhebung *f,* Auflösung *f,* Kündigung *f,* Scheidung *f*
расточи́тельный *adj* verschwenderisch
расточи́тельство *n* Verschwendung *f*
растрáта *f 1. JUR* Veruntreuung *f,* Unterschlagung *f; 2. (времени)* Vergeudung *f*
растрáчивать *v impf 1.* sinnlos ausgeben, verschwenden; *2. (время)* vergeuden
растрóгивать *v impf* rühren, Mitgefühl erregen
растя́гивать *v impf 1.* ausdehnen, strecken; *2. (во времени)* hinziehen, in die Länge ziehen
растяжéние *n 1.* Dehnen *n,* Strecken *n; 2. PHYS* Ausdehnung *f; 3. MED* Zerrung *f*
растяжи́мость *f* Dehnbarkeit *f*
растяжи́мый *adj* dehnbar, elastisch
расхáживать *v impf* umherlaufen, herumgehen; *~ взад и вперёд* hin- und hergehen; *вáжно ~* stolzieren
расхвáливать *v impf* loben, rühmen, anpreisen
расхлёбывать *v impf (fam) 1.* auslöffeln; *2. (fig)* ausbaden, auslöffeln
расхóд *1.* Verbrauch *m; ~ электро-энéргии* Stromverbrauch *m; 2. (затрата)* Aufwand *m*
расходи́ться *v impf* auseinander gehen
расхóдовать *v impf 1.* aufwenden, ausgeben; *2. (потреблять)* verbrauchen
расхóды *pl ECO* Auslagen *pl,* Kosten *pl*
расхождéние *n 1.* Divergenz *f,* Abweichung *f; 2. (несоответствие)* Unterschied *m,* Verschiedenheit *f*
расцвéт *m 1.* Blütezeit *f; 2. (процветание)* Glanzzeit *f,* Aufschwung *m; в ~е сил* auf dem Höhepunkt seiner Kraft
расцветáть *v impf* blühen, aufblühen
расцéнивать *v impf 1.* abschätzen, taxieren, bewerten, beurteilen; *2. ECO* den Preis festsetzen, bewerten, veranschlagen; *3. (считать)* für etw halten, als etw betrachten
расцéнка *f 1.* Abschätzen *n,* Taxieren *n; 2. (цена) ECO* Preis *m,* Preislage *f,* Tarif *m*

расцеплять *v impf* TECH lösen, abkoppeln, auskuppeln
расчёска *f (fam)* Kamm *m*
расчёсывать *v impf 1.* kämmen; *2. (тело)* zerkratzen, aufkratzen
расчёт *m 1.* Berechnung *f,* Kalkulation *f; 2. (уплата)* Verrechnung *f,* Abrechnung *f; окончательный ~* Endabrechnung *f*
расшатывать *v impf 1.* lockern, ins Wanken bringen; *2. (fig)* ruinieren, kaputt machen
расширение *n 1.* Ausdehnung *f,* Ausweitung *f,* Expansion *f; 2. (развитие)* Ausbau *m,* Erweiterung *f; 3. (увеличение)* Zunahme *f,* Anwachsen *n; 4.* MED Erweiterung *f; ~ вен* Krampfadern *pl*
расширяемый *adj* erweiterungsfähig, ausdehnungsfähig, Expansions…
расширять *v impf 1.* erweitern, verbreitern, ausdehnen; *2. (увеличивать)* erweitern, ausbauen; *3. ~ся* zunehmen, anwachsen
расшифровка *f* Entschlüsselung *f,* Dechiffrierung *f*
расшифровывать *v impf 1.* entziffern, entschlüsseln, dechiffrieren; *2. (fig)* enträtseln
расщепление *n 1.* Zerspalten *n,* Zersplittern *n; 2.* PHYS Spaltung *f; ~ атомного ядра* Kernspaltung *f*
расщеплять *v impf 1.* spalten, zersplittern; *2.* PHYS spalten, zersetzen
ратифицировать *v impf/pf* POL ratifizieren
ратуша *f* Rathaus *n*
раунд *m* SPORT Runde *f*
рацион *m* Ration *f*
рационализировать *v impf/pf* rationalisieren
рациональный *adj* rational, zweckmäßig, vernünftig
рваный *adj* zerrissen, zerfetzt
рвать[1] *v impf* reißen, abreißen; *~ цветы* Blumen pflücken; *~ на куски* zerreißen; *~ и метать* Gift und Galle spucken *(fig)*
рвать[2] *v impf* MED sich übergeben, erbrechen
рвение *n* Eifer *m*
рвота *f* MED *1.* Brechen *n,* Erbrechen *n; 2. (извергнутое)* Erbrochenes *n*
реабилитация *f* Rehabilitation *f,* Wiederherstellung *f*
реабилитировать *v impf/pf* rehabilitieren
реагировать *v impf* reagieren
реактор *m* TECH Reaktor *m; ~ на быстрых нейтронах* Schneller Brüter *m; опытный ~* Forschungsreaktor *m*
реакционный *adj 1.* CHEM Reaktions…; *2.* POL reaktionär, rückschrittlich
реакция *f* Reaktion *f; цепная ~* Kettenreaktion *f*
реализация *f 1.* Realisierung *f,* Verwirklichung *f,* Ausführung *f; 2. (товара)* ECO Verwertung *f,* Verkauf *m*
реализм *m* Realismus *m*
реализовать *v impf 1.* realisieren, verwirklichen; *2. (товары, вещи)* ECO absetzen, verkaufen
реалист *m* Realist(in) *m/f*
реалистический *adj* realistisch
реальность *f* Realität *f,* Wirklichkeit *f; чувство …сти* Realitätssinn *m*
реальный *adj 1.* real, wirklich, tatsächlich; *2. (осуществимый)* realistisch, durchführbar, reell
реанимация *f* MED Wiederbelebung *f,* Reanimation *f*
реанимировать *v impf/pf* MED reanimieren, wiederbeleben
ребёнок *m* Kind *n; грудной ~* Säugling *m,* Baby *n*
ребро *n 1.* ANAT Rippe *f; 2. (край)* Rand *m,* Kante *f*
ребячество *n* Kinderei *f*
рёв *m 1.* Brüllen *n,* Tosen *n; 2. (плач)* Geheule *n,* Geschrei *n*
рёва *m/f (fam)* Schreihals *m,* Heulsuse *f*
реванш *m* Revanche *f,* Rache *f,* Vergeltung *f*
реверанс *m* Knicks *m*
реветь *v impf 1. (о животных)* brüllen; *2. (о буре)* tosen, toben; *3. (громко плакать)* heulen
ревизия *f* Revision *f,* Durchsicht *f*
ревматизм *m* MED Rheuma *n,* Rheumatismus *m*
ревнивый *adj* eifersüchtig
ревновать *v impf* eifersüchtig sein
ревностный *adj* eifrig, fleißig, beflissen
ревность *f* Eifersucht *f*
револьвер *m* Revolver *m*
революционный *adj* revolutionär, Revolutions…
революция *f* POL Revolution *f*
регион *m* Region *f,* Landstrich *m*
региональный *adj* regional, Regional…
регистр *m* Register *n*
регистрация *f* Registrieren *n,* Registrierung *f,* Erfassung *f*

регистри́ровать *v impf* anmelden, registrieren, eintragen
регре́сс *m 1.* Rückschritt *m,* Rückentwicklung *f; 2. JUR* Regress *m,* Schadensersatzansprüche *pl*
ре́гули *pl MED* Menstruation *f,* Regel *f*
регули́рование *n 1.* Regulierung *f,* Regelung *f,* Regeln *n; ~ движе́ния* Verkehrsregelung *f; 2. (налаживание)* Regelung *f,* Erledigung *f*
регули́ровать *v impf 1.* regeln; *~ у́личное движе́ние* den Straßenverkehr regeln; *2. (налаживать)* regeln, justieren; *3. (fig)* regeln, in Ordnung bringen
регули́руемый *adj* verstellbar, einstellbar, regelbar
регули́рующий *adj* regelnd, Regel…; *…щие систе́мы* Regelsysteme *pl*
регуля́рный *adj* regulär, regelmäßig, in regelmäßigen Abständen
регуля́тор *m TECH* Regler *m*
реда́ктор *m 1.* Redakteur(in) *m/f; гла́вный ~* Chefredakteur(in) *m/f; 2. (в издательстве)* Redakteur(in) *m/f,* Lektor(in) *m/f*
реда́кция *f 1.* Fassung *f,* Version *f; 2. (отдел)* Redaktion *f*
реди́с(ка) *m/f BOT* Radieschen *n*
ре́дкий *adj 1.* selten; *2. (в малом количестве)* spärlich; *3. (негустой)* dünn, licht
ре́дкость *f 1.* Seltenheit *f; Э́то не ~.* Das ist gang und gäbe. *2. (редкая вещь)* Seltenheit *f,* Rarität *f; на ~* außergewöhnlich, selten
рее́стр *m* Register *n,* Liste *f,* Verzeichnis *n*
режи́м *m 1.* Ordnung *f,* Weise *f,* Ablauf *m; шко́льный ~* Schulordnung *f; пищево́й ~* Ernährungsweise *f; ~ рабо́ты* Arbeitsweise *f,* Betrieb *m; 2. POL* Regime *n*
режиссёр *m CINE* Regisseur(in) *m/f*
ре́зать *v impf 1.* schneiden; *2. (по дереву)* schnitzen; *3. (скот)* schlachten; *~ глаза́* in den Augen weh tun
резви́ться *v impf* umhertollen, ausgelassen sein
ре́звый *adj 1. (живой)* lebhaft; *2. (подвижный)* beweglich; *3. (шаловливый)* ausgelassen; *4. (быстрый)* flink, schnell
резе́рв *m* Reserve *f,* Rücklage *f,* Vorrat *m*
резерви́ровать *v impf/pf* reservieren
резе́рвный *adj* Reserve…, Vorrats…
резервуа́р *m* Behälter *m,* Tank *m*
резе́ц *m TECH* Meißel *m*
рези́на *f* Gummi *n*
рези́нка *f 1.* Gummi *m,* Gummiband *n; 2. (для стирания)* Radiergummi *m; 3. жева́тельная ~* Kaugummi *m; 4. (презерватив)* Kondom *n,* Gummi *n (fam)*
рези́новый *adj* Gummi…
ре́зкий *adj 1.* scharf, heftig, penetrant; *2. (неприятно действующий)* schneidend, schrill, grell; *3. (грубый)* brüsk, barsch, schroff; *4. (внезапный)* plötzlich, ruckartig; *5. (значительный)* krass; *…кное противоре́чие* krasser Widerspruch
резня́ *f* Gemetzel *n,* Blutbad *n,* Massaker *n*
результа́т *m* Ergebnis *n,* Resultat *n; ~ прове́рки* Prüfungsbefund *m; в ~е* infolge
ре́зус-фа́ктор *m MED* Rhesusfaktor *m*
ре́зчик *m* Schnitzer *m; ~ по де́реву* Holzschnitzer *m*
резьба́ *f 1.* Schneiden *n,* Schnitzen *n; 2. TECH* Gewinde *n*
резюме́ *n* Resümmee *n,* Zusammenfassung *f*
ре́йка *f* Leiste *f,* Latte *f,* Schiene *f,* Stange *f*
Рейн *m GEO* Rhein *m*
рейс *m 1.* Fahrt *f; пе́рвый ~* Jungfernfahrt *f; 2. (маршрут)* Weg *m,* Route *f*
река́ *f GEO* Fluss *m,* Strom *m*
реквизи́т *m 1. THEAT* Requisit *n; 2. JUR* Angaben *pl*
рекла́ма *f* Werbung *f; скры́тая ~* Schleichwerbung *f*
реклама́ция *f* Reklamation *f,* Beanstandung *f*
рекламúровать *v impf/pf 1.* für etw werben, Reklame machen, die Werbetrommel rühren *(fam)*; *2. ECO (объявлять рекламацию)* reklamieren, beanstanden
рекла́мный *adj* Reklame…, Werbe…; *~ отде́л* Werbeabteilung *f*
рекоменда́тельный *adj* empfehlend, Empfehlungs…
рекоменда́ция *f* Empfehlung *f; досто́йный …ции* empfehlenswert
рекомендова́ть *v impf/pf* empfehlen, anraten
реконструи́ровать *v impf/pf* rekonstruieren
реконстру́кция *f 1.* Rekonstruktion *f,* Wiederaufbau *m; 2. (fig)* Modernisierung *f,* Neugestaltung *f*
реко́рд *m 1. SPORT* Rekord *m,* Spitzenleistung *f,* Bestleistung *f; 2. (высший показатель)* Höchstleistung *f,* Rekord *m*
реко́рдный *adj 1. SPORT* Rekord…; *…ное вре́мя* Rekordzeit *f; 2. (наивысший)* Spit-

zen..., Höchst...; *...ные достиже́ния* Höchstleistungen *pl*

ре́ктор *m/f* Rektor(in) *m/f*

религио́зность *f REL* Religiösität *f,* Gläubigkeit *f*

религио́зный *adj* religiös, konfessionell, Religions...

рели́гия *f REL* Religion *f*

релье́ф *n 1. ART* Relief *n; 2. GEO* Bodenerhebung *f*

рельс *m* Schiene *f*

ре́льсовый *adj* Schienen...; *~ тра́нспорт* Schienenverkehr *m*

реме́нь *m* Riemen *m,* Gurt *m; привязно́й ~* Sicherheitsgurt *m*

реме́сленник *m* Handwerker *m*

реме́сленный *adj* handwerklich, gewerblich, Handwerks..., Gewerbe...; *...нное предприя́тие* Handwerksbetrieb *m*

ремесло́ *n* Handwerk *n,* Gewerbe *n*

ремо́нт *m* Instandsetzung *f,* Reparatur *f,* Renovierung *f; закры́то на ~* wegen Renovierungsarbeiten geschlossen

ремонти́ровать *v impf/pf 1.* renovieren; *2. (чинить)* reparieren, ausbessern

рента́бельность *f ECO* Rentabilität *f,* Einträglichkeit *f*

рента́бельный *adj* rentabel, einträglich, gewinnbringend

рентге́н *m PHYS 1.* Röntgenstrahlen *pl; 2. (аппарат)* Röntgengerät *n; 3. (просвечивание)* Röntgen *n, де́лать ~* röntgen

реорганиза́ция *f* Umorganisierung *f,* Neugestaltung *f,* Reorganisation *f*

репе́йник *m BOT* Klette *f*

репети́ровать *v impf 1. THEAT* proben; *2. (ученика)* Nachhilfe geben

репети́ция *f* Probe *f; THEAT генера́льная ~* Generalprobe *f*

репорта́ж *m* Reportage *f,* Berichterstattung *f*

репортёр *m* Reporter(in) *m/f,* Berichterstatter(in) *m/f*

репроду́кция *f* Reproduktion *f*

репута́ция *f* Ruf *m,* Reputation *f,* Image *n (fam)*

ресни́ца *f ANAT* Wimper *f*

респу́блика *f* Republik *f; наро́дная ~* Volksrepublik *f; Федерати́вная ~ Герма́ния* die Bundesrepublik Deutschland *f*

рессо́ра *f TECH* Feder *f*

реставри́ровать *v impf/pf* restaurieren, wiederherstellen

рестора́н *m* Restaurant *n,* Gaststätte *f*

рето́рта *f CHEM* Retorte *f*

ретроспекти́ва *f* Retrospektive *f,* Rückblende *f,* Rückschau *f*

ретроспекти́вный *adj* rückblickend, retrospektiv

рефере́ндум *m* Referendum *n,* Volksabstimmung *f*

рефере́нт *m/f* Referent(in) *m/f,* Sachbearbeiter(in) *m/f*

рефле́кс *m* Reflex *m*

рефо́рма *f* Reform *f; де́нежная ~* Währungsreform *f*

реформа́ция *f HIST* Reformation *f*

реформи́ровать *v impf/pf* reformieren, umgestalten

реформи́ст *m* Reformer(in) *m/f*

реце́нзия *f* Beurteilung *f,* Rezension *f,* Kritik *f*

реце́пт *m* Rezept *n, кулина́рный ~ GAST* Kochrezept *n*

рециди́в *m JUR, MED* Rückfall *m*

рецидиви́ст(ка) *m JUR* Wiederholungstäter(in) *m/f*

рециди́вный *adj JUR, MED* rückfällig

речь *f 1.* Sprache *f,* Sprechen *n; 2. (характер произношения)* Aussprache *f,* Redeweise *f; 3. (рассуждение, беседа)* Gespräch *n,* Rede *f; О чём (идёт) ~?* Worum handelt es sich? *4. (выступление)* Rede *f,* Ansprache *f; произноси́ть ~* eine Rede halten; *5. GRAMM пряма́я ~* direkte Rede; *6. GRAMM часть ...чи* Wortart *f*

реша́ть *v impf 1.* entscheiden, beschließen; *2. (задачу, проблему)* lösen

реша́ющий *adj* entscheidend, ausschlaggebend

реше́ние *n 1.* Entscheidung *f,* Entschluss *m,* Beschluss *m; 2. (задачи)* Lösung *f,* Auflösung *f; 3. JUR* Urteil *n,* Rechtsspruch *m,* Bescheid *m; вы́нести ~* ein Urteil fällen

решётка *f 1.* Gitter *n; сажа́ть за ...ку* jdn hinter Gitter bringen; *2. TECH* Rost *m,* Rechen *m*

решето́ *n* Sieb *n; голова́ как ~* ein Gedächtnis wie ein Sieb

реши́мость *f* Entschiedenheit *f,* Entschlossenheit *f,* Entschlusskraft *f; по́лный ...ости* entschlossen

реши́тельность *f* Entschiedenheit *f,* Entschlossenheit *f*

реши́тельный *adj 1.* entschlossen, beherzt, resolut; *быть ...ным* das Herz auf dem rechten Fleck haben; *2. (решающий)* entscheidend, Entscheidungs…; *3. (резкий)* entschieden, bestimmt

ржаве́ть *v impf* rosten

ржа́вчина *f* CHEM Rost *m*

ржа́вый *adj* rostig, Rost…

ри́зница *f* REL Sakristei *f*

ри́мский *adj* römisch

рис *m* BOT, GAST Reis *m*

риск *m* Risiko *n,* Gefahr *f*

риско́ванный *adj 1.* riskant, gewagt; *2. (двусмысленный)* zweideutig

рискова́ть *v impf* riskieren, wagen, aufs Spiel setzen; ~ *жи́знью* sein Leben aufs Spiel setzen

рисова́ние *n* Zeichnen *n,* Malen *n*

рисова́ть *v impf* malen, zeichnen

рису́нок *m 1.* Zeichnung *f,* Abbildung *f; 2. (узор)* Design *n,* Muster *n*

ритм *m* MUS Rhythmus *m*

ри́тмика *f* MUS Rhythmik *f*

ритми́ческий *adj* rhythmisch, im Takt

ритуа́л *m 1.* REL Ritual *n,* Riten *pl; 2. (церемониал)* Zeremoniell *n*

риф *m* GEO Riff *n,* Klippe *f; кора́лловый* ~ Korallenriff *n*

ри́фма *f* LIT Reim *m*

ро́бкий *adj 1.* schüchtern, scheu; *2. (боязливый)* ängstlich, furchtsam; *3. (неуверенный)* zaghaft

ро́бость *f 1.* Schüchternheit *f,* Scheu *f; 2. (боязливость)* Ängstlichkeit *f*

ро́бот *m* Roboter *m*

ров *m* Graben *m*

ро́вный *adj 1.* eben, glatt, gerade; *2. (равномерный)* gleichmäßig, gleich, gleichförmig; *3. (о характере)* ruhig

рог *m 1.* ZOOL Horn *n; облома́ть ~а́ (fam)* jdn kleinkriegen; *наста́вить кому́-л ~а́* jdm Hörner aufsetzen; *2.* MUS Horn *n;* Jagdhorn *n*

рога́ *pl* ZOOL Geweih *n*

рогови́ца *f* ANAT Hornhaut *f*

род *m 1.* Geschlecht *n,* Generation *f; 2. (сорт)* Gattung *f,* Art *f,* Sorte *f; 3.* GRAMM Genus *m,* Geschlecht *n; 4. ~ом отку́да-л* stammend, gebürtig; *Я ~ ом из Москвы́.* Ich stamme aus Moskau.

ро́дина *f* Heimat *f,* Heimatland *n,* Vaterland *n*

ро́динка *f* ANAT Muttermal *n,* Mal *n*

роди́тели *pl* Eltern *pl*

родни́к *m* Quelle *f,* Quell *m*

родно́й *adj 1.* verwandt; *2. (свой)* heimatlich, heimisch; ~ *дом* Elternhaus *n;* ~ *язы́к* Muttersprache *f; 3. (в обращении)* mein Lieber; *m 4.* Verwandter *m*

ро́дом *adv* gebürtig; *Отку́да он ~?* Woher stammt er?

родосло́вная *f* Stammbaum *m*

ро́дственник *m* Angehöriger *m,* Verwandter *m*

ро́дственница *f* Angehörige *f,* Verwandte *f*

ро́дственный *adj 1.* verwandtschaftlich, Verwandtschafts…; *2. (близкий)* verwandt, nahe

родство́ *n 1.* Verwandtschaft *f; кро́вное* ~ Blutsverwandtschaft *f; 2. (близость)* Nähe *f*

ро́ды *pl* MED Geburt *f,* Entbindung *f; преждевре́менные* ~ Frühgeburt *f; пе́рвые* ~ Erstgeburt *f*

рожа́ть *v impf 1.* MED gebären, entbinden, zur Welt bringen; *2. (создавать)* schaffen, erschaffen, erzeugen, hervorbringen; *3.* AGR hervorbringen, Frucht bringen

рожда́емость *f* Geburtenrate *f,* Geburtenziffer *f; рост …сти* Geburtenzuwachs *m*

рожде́ние *n* Geburt *f; да́та … ния* Geburtsdatum *n; год … ния* Geburtsjahr *n; ме́сто … ния* Geburtsort *m*

рождённый *adj* geboren

рожде́ственский *adj* weihnachtlich, Weihnachts…; *…ская ёлка* Weihnachtsbaum *m*

рожо́к *m 1.* MUS Horn *n; 2.* GAST Hörnchen *n; ва́фельный* ~ Eistüte *f*

рожь *f* BOT Roggen *m*

ро́за *f* BOT Rose *f*

розе́тка *f* TECH Steckdose *f*

розмари́н *m* BOT Rosmarin *m*

ро́зовый *adj 1.* Rosen…; *2. (цвет)* rosa, rosafarben; *ви́деть всё в …вом све́те (fig)* alles durch eine rosarote Brille sehen *(fig)*

ро́зыск *m* Suche *f,* Fahndung *f,* Ermittlung *f; уголо́вный* ~ Kriminalpolizei *f*

розыскно́й *adj* Fahndungs…; *…на́я кни́га* ~ Fahndungsbuch *n*

рокова́й *adj* verhängnisvoll, folgenschwer, fatal

ро́лик *m* TECH Rolle *f*

ро́лики *pl* Rollschuhe *pl; ката́ться на …ках* Rollschuh laufen

роль *f 1.* Rolle *f; игра́ть* ~ eine Rolle spielen; *2. (текст)* Textbuch *n*

рома́н *m 1.* LIT Roman *m; 2. (fam)* Affäre *f,* Romanze *f,* Liebesgeschichte *f*
рома́нс *m* MUS, LIT Romanze *f*
рома́нский *adj* romanisch
романти́зм *m 1.* Romantik *f,* das Romantische *n; 2.* LIT Romantik *f*
рома́нтик *m* Romantiker(in) *m/f,* Träumer *m*
романти́ческий *adj 1.* romantisch, schwärmerisch; *2.* LIT romantisch
рома́шка *f* BOT Margerite *f,* Kamille *f*
роня́ть *v impf 1.* fallen lassen; *~ слёзы* Tränen vergießen; *2. (fig) ~ своё досто́инство* sich erniedrigen
роса́ *f* Tau *m*
роси́стый *adj* taufeucht
роско́шный *adj 1.* luxuriös, prächtig, Luxus…; *2. (fam)* prachtvoll, prächtig, prunkvoll
ро́скошь *f* Luxus *m,* Prunk *m; любо́вь к …ши* Prunksucht *f*
росси́йский *adj* russisch; *…кая Федера́ция* Russische Föderation *f*
Росси́я *f* GEO Russland *n*
рост *m 1.* Wachstum *n; 2. (вышина)* Größe *f,* Körpergröße *f,* Statur *f; 3. (увеличение)* Zuwachs *m,* Zunahme *f,* Anstieg *m*
росто́к *m* BIO Keim *m,* Spross *m,* Trieb *m*
рот *m* Mund *m,* Klappe *f (fam)*
ро́та *f* MIL Kompanie *f*
ротово́й *adj* ANAT Mund…; *…ва́я по́лость* Mundhöhle *f*
роя́ль *m* MUS Klavier *n;* Flügel *m*
ртуть *f* CHEM Quecksilber *n*
руба́нок *m* TECH Hobel *m*
руба́шка *f* Hemd *n*
рубе́ж *f* Grenze *f,* Staatsgrenze *f; за ~о́м* im Ausland
рубе́ц *m 1.* Naht *f,* Saum *m; 2. (от раны)* Narbe *f,* Schramme *f; 3.* ZOOL Pansen *m*
руби́ть *v impf 1.* fällen; *2. (дрова)* hauen, hacken; *3. (мясо)* schneiden, hacken; *4. (саблей)* niedersäbeln, zusammenhauen; *5. (избу)* bauen
рубль *m* Rubel *m*
ру́брика *f* Rubrik *f,* Spalte *f; под …кой* in der Rubrik
ру́гань *f (fam)* Schimpfen *n,* Donnerwetter *n*
руга́тельный *adj* beleidigend, Schimpf…
руга́тельство *n* Fluch *m,* Schimpfwort *n*
руга́ть *v impf 1.* schimpfen, ausschimpfen; *2. ~ся* schimpfen, fluchen; *3. (с кем-л) ~ся* sich streiten, sich zanken *(fam)*
руга́ть(ся) *v impf* schimpfen, beschimpfen, ausschimpfen
руда́ *f* MIN Erz *n; желе́зная ~* Eisenerz *n*
рудни́к *m* Bergwerk *n,* Grube *f*
ружьё *n* Gewehr *n,* Flinte *f,* Büchse *f*
руи́ны *f* Ruine *f*
рука́ *f* ANAT *1.* Arm *m; 2. (кисть)* Hand *f; 2. …ко́й пода́ть отсю́да* einen Katzensprung von hier; *3. де́лать что-л во ско́рую …ку* etw auf die Schnelle machen/erledigen; *4. под …ко́й* bei der Hand; *5. …ки вверх!* Hände hoch!
рука́в *m 1.* Ärmel *m; 2.* GEO Flussarm *m; 3.* TECH Schlauch *m*
рукави́ца *f* Fäustling *m*
руководи́тель *m* Leiter(in) *m/f,* Führungskraft *f,* Chef(in) *m/f*
руководи́ть *v impf 1.* führen, leiten; *2. (управлять)* anleiten, instruieren
руково́дство *n 1.* Führung *f,* Leitung *f; 2. (директива)* Anleitung *f,* Richtlinie *f,* Leitfaden *m; 3. (администрация)* Leitung *f,* Management *n,* Verwaltung *f*
руководя́щий *adj* führend, leitend, maßgeblich, richtungsweisend, Leit…; *~ рабо́тник* Leiter *m; …щая иде́я* Grundgedanke *m*
рукоде́лие *n* Handarbeit *f*
ру́копись *f* Manuskript *n*
рукоплеска́ть *v impf* Beifall klatschen, applaudieren
рукопожа́тие *n* Händeschütteln *n,* Handschlag *m*
рукоя́тка *f* TECH Griff *m,* Stiel *m,* Kurbel *f,* Hebel *m*
рулево́й *adj 1.* Steuer…, Lenk…; *m 2.* Steuermann *m,* Mann am Steuer/Ruder
руле́т *m* GAST Roulade *f*
рули́ть *v impf* steuern
руль *m* Steuer *n,* Steuerrad *n,* Lenkrad *n*
румы́н *m* Rumäne *m*
Румы́ния *f* GEO Rumänien *n*
румы́нка *f* Rumänin *f*
румы́нский *adj* rumänisch
румя́на *pl* Rouge *n,* Wangenrot *n*
румя́ный *adj* rotwangig, rotbackig, rot; *…ное я́блоко* GAST rotbackiger Apfel
руса́лка *f* Nixe *f,* Meerjungfrau *f*
ру́сло *n 1.* GEO Bett *n,* Flussbett *n*
ру́сская *f* Russin *f*
ру́сский *adj 1.* russisch; *~ язы́к* Russisch *n; m 2.* Russe *m*
рути́на *f* Routine *f,* der alte Trott *m (fam)*

ручáтельство *n* Bürgschaft *f,* Gewähr *f,* Garantie *f*
ручáться *v impf* bürgen, für etw einstehen, die Gewähr übernehmen; *...áюсь головóй.* Ich lege meine Hand dafür ins Feuer.
ручéй *m* GEO Bach *m*
ру́чка *f 1.* Griff *m,* Henkel *m; 2. (двери)* Klinke *f; 3. (кресла)* Armlehne *f; 4. шáриковая ~* Kugelschreiber *m*
ручнóй *adj 1.* Hand..; *...нáя рабóта* Handarbeit *f; ...ные часы́* Armbanduhr *f; 2. (приручённый)* zahm
ру́шить *v impf 1.* niederreißen; *2. (приводить в расстройство)* zerstören, vernichten; *3. ~ся* zusammenbrechen, einfallen, einstürzen
ры́ба *f* ZOOL Fisch *m,* Fische *pl*
рыбáк *m* Fischer *m,* Angler *m*
рыбáчить *v impf* fischen, angeln
рыбáчка *f* Fischerin *f,* Anglerin *f*
ры́бный *adj* Fisch...; *~ магази́н* Fischgeschäft *n; ~ суп* GAST Fischsuppe *f*
рыболóв *m* Fischer *m,* Angler *m*
рыболóвный *adj* Fischerei..., Fischer...; *~ флот* Fischereiflotte *f; ...ная сеть* Fischernetz *n*
рыболóвство *n adj* Fischerei *f; морскóе ~* Hochseefischerei *f*
рыгáть *v impf* aufstoßen, rülpsen *(fam)*
рыдáть *v impf (fam)* schluchzen, heulen, flennen
рыкáть *v impf* brüllen
ры́ло *n* ZOOL Schnauze *f,* Maul *n*
ры́нок *m 1.* Markt *m,* Markthalle *f; 2.* ECO Markt *m; мировóй ~* Weltmarkt *m, внýтренний ~* Binnenmarkt *m; чёрный ~* Schwarzmarkt *m*
ры́ночный *adj* Markt...; *...ная* ECO Marktwirtschaft *f*
рысь *f 1.* ZOOL Luchs *m; 2. (аллюр)* SPORT Trab *m; пусти́ться ~ю (fig)* sich in Trab setzen
рыть *v impf 1.* graben, durchwühlen; *2. (fig) зéмлю ~* sich sehr bemühen
ры́хлый *adj 1.* locker, leicht; *~ снег* Pulverschnee *m; 2. (fig)* schlaff, schlapp
рыцáрский *adj* ritterlich, Ritter...
ры́царь *m* HIST Ritter *m; ~ печáльного óбраза* Ritter von der traurigen Gestalt
рычáг *m* TECH Hebel *m; ~ переключéния скоростéй* Schalthebel *m*
рычáть *v impf* brüllen, knurren
рюкзáк *m* Rucksack *m*
рю́мка *f* Glas *n*
ряд *m 1.* Reihe *f,* Zeile *f; в пéрвых ~áх* in vorderster Front; *в нáших ~áх* in unseren Reihen; *2. (количество)* Reihe *f,* eine Reihe von; *цéлый ~ причи́н* eine ganze Reihe von Gründen; *3.* MATH Reihe *f*
ря́дом *adv 1.* nebeneinander, daneben; *~ с чем-л* neben etw; *2. (по соседству)* nebenan, in der Nähe; *онá живёт ~* sie wohnt nebenan
ря́са *f* REL Talar *m,* Priesterrock *m,* Kutte *f*

С

с(о) *prep 1. (место)* von etw weg, von etw her; *верну́ться ~ вокза́ла* vom Bahnhof zurückkommen; *2. (время)* seit, beginnend mit, ab; *~ ма́я ме́сяца* seit/ab Mai; *3. (с кем-л)* mit, gemeinsam mit; *говори́ть ~ друзья́ми* mit Freunden sprechen; *4. (причина)* vor, aus; *~ го́ря* vor Kummer

сабота́ж *m* Sabotage *f*, Sabotierung *f*

саботи́ровать *v impf* sabotieren

сад *m* Garten *m; фрукто́вый ~* Obstgarten *m; ботани́ческий ~* Botanischer Garten *m; де́тский ~* Kindergarten *m*

сади́ст(ка) *m/f* Sadist(in) *m/f*

сади́ться *v impf* sich hinsetzen, Platz nehmen

садо́вник *m* Gärtner *m*

садо́вница *f* Gärtnerin *f*

садово́дство *n* Gärtnerei *f*, Gartenbau *m*

садо́вый *adj* Garten

са́жа *f* Ruß *m*

сажа́ть *v impf 1.* setzen, hinsetzen, jdm einen Platz zuweisen; *2. AGR* pflanzen, setzen; *3. (fam)* einsperren, ins Gefängnis stecken

сала́т *m 1. GAST* Salat *m; 2. BOT коча́нный ~* Kopfsalat *m*

са́ло *n GAST* Speck *m*, Fett *n*

салфе́тка *f 1.* Serviette *f; 2. (скатерть)* Tischdecke *f*

са́льдо *n ECO* Saldo *m*

сальмоне́лла *f BIO* Salmonelle *f*

сам *pron 1.* selbst, selber; *adv 2. (самостоятельно)* selbst, von allein; *~ по себе́* von selbst

самовла́стный *adj* selbstherrlich, eigenmächtig

самовлюблённость *f* Selbstverliebtheit *f*, Eitelkeit *f*

самовлюблённый *adj* selbstverliebt, eitel

самово́льный *adj* eigenmächtig, willkürlich

самовосхвале́ние *n* Eigenlob *n*, Selbstlob *n*

самодержа́вие *n 1.* Autokratie *f; 2. (неограниченная власть)* Absolutismus *m*, Selbstherrschaft *f*

самодово́льный *adj* selbstgefällig, selbstzufrieden

самодово́льство *n* Selbstzufriedenheit *f*

самозабве́ние *f* Selbstlosigkeit *f*

самозабве́нный *adj* selbstvergessen, selbstlos

самозащи́та *f 1.* Selbstschutz *m*, Selbsthilfe *f; 2. JUR* Notwehr *f; в положе́нии ...ты* in/aus Notwehr

самока́т *m* Roller *m*

самокле́ящийся *adj* selbstklebend

самолёт *m* Flugzeug *n; пассажи́рский ~* Verkehrsflugzeug *n; сверхзвуково́й ~* Überschallflugzeug *n; реакти́вный ~* Düsenflugzeug *n*

самолётострое́ние *n* Flugzeugbau *m*

самолю́бие *n* Ehrgeiz *m*, Ehrgefühl *n; ло́жное ~* falscher Ehrgeiz

самомне́ние *n* Einbildung *f*, Überheblichkeit *f; с ~м* eingebildet, von sich selbst eingenommen/überzeugt

самонаде́янный *adj 1.* eingebildet, selbstgefällig; *2. (заносчивый)* anmaßend, überheblich

самооблада́ние *n* Selbstbeherrschung *f; потеря́ть ~* die Fassung verlieren

самообма́н *m* Selbsttäuschung *f*, Selbstbetrug *m*, Verblendung *f*

самооборо́на *f* Selbstverteidigung *f*, Selbstschutz *m*

самообслу́живание *n* Selbstbedienung *f*

самоотве́рженность *f* Selbstverleugnung *f*

самоотве́рженный *adj* selbstlos, aufopfernd, hingebungsvoll

самоотда́ча *f* Hingabe *f*

самопозна́ние *n* Selbsterkenntnis *f*

самопроизво́льность *f* Spontaneität *f*

самопроизво́льный *adj* spontan

самосозна́ние *n* Selbstbewusstsein *n; рост ...ния* Bewusstseinsbildung *f*

самосохране́ние *n* Selbsterhaltung *f; инсти́нкт ...ния* Selbsterhaltungstrieb *m*

самостоя́тельно *adv* selbstständig, von allein, unabhängig, aus eigenem Antrieb

самостоя́тельность *f* Selbstständigkeit *f*, Unabhängigkeit *f*

самостоя́тельный *adj 1.* selbstständig, eigenständig; *2. (независимый)* unabhängig

самоуби́йство *n* Selbstmord *m*, Freitod *m*, Suizid *m; поко́нчить ~м* sich das Leben nehmen, Selbstmord verüben

самоуби́йца *m/f* Selbstmörder(in) *m/f*

самоуваже́ние *n* Selbstachtung *f*

самоуве́ренность *f 1.* Selbstbewusst-

sein *n,* Selbstsicherheit *f; 2.* Anmaßung *f,* Überheblichkeit *f*
самоуве́ренный *adj 1.* selbstbewusst, selbstsicher; *2. (высокомерный)* eingebildet, anmaßend, überheblich
самоуниже́ние *n* Selbsterniedrigung *f*
самоуничтоже́ние *n* Selbstvernichtung *f*
самоуправле́ние *n POL* Selbstverwaltung *f,* Autonomie *f*
самоупра́вный *adj* eigenmächtig, willkürlich
самоуспоко́енность *f* Selbstzufriedenheit *f*
самоу́чка *m/f* Autodidakt *m; ...кой* autodidaktisch, im Selbststudium
самочу́вствие *n* Befinden *n,* Befindlichkeit *f; Как ваше ~?* Wie fühlen Sie sich?
са́мый *adj 1.* derselbe, der gleiche; *2. (при обозначении места или времени)* ganz, gleich, direkt, dicht; *в ...мом нача́ле* ganz am Anfang; *3. (наиболее) ~ си́льный* der Stärkste, der Allerstärkste
санато́рий *m* Sanatorium *n,* Heilanstalt *f*
сана́ция *f ECO/MED* Sanierung *f*
санда́лия *f* Sandale *f*
са́ндвич *m GAST* Sandwich *n*
са́ни *pl* Schlitten *m; сесть не в свой ~ (fig)* eine Stellung einnehmen, die einem nicht zukommt
сани́ровать *v impf/pf ECO/MED* sanieren
санита́р(ка) *m/f* Krankenpfleger(in) *m/f*
санкциони́ровать *v impf/pf* sanktionieren, gutheißen, billigen
са́нкция *f 1.* Sanktion *f,* Genehmigung *f; 2. (карательные)* Sanktionen *pl,* Zwangsmaßnahmen *pl*
санте́хник *m (fam)* Installateur *m,* Klempner *m*
санте́хника *f* Sanitärtechnik *f*
сантиме́тр *m 1.* Zentimeter *m; 2. (лента)* Zentimetermaß *n*
сапоги́ *pl* Stiefel *pl; рези́новые ~* Gummistiefel *pl; два ...га́ па́ра* gleich und gleich gesellt sich gern
сапо́жник *m* Schuster *m*
сапо́жный *adj* Stiefel..., Schuster...
сара́й *m* Scheune *f,* Schuppen *m*
саранча́ *f ZOOL* Heuschrecke *f*
сарди́на *f ZOOL* Sardine *f*
сарка́зм *m* Sarkasmus *m,* Hohn *m*
саркасти́ческий *adj* sarkastisch, höhnisch
сатана́ *m* Satan *m,* Teufel *m*
сати́н *m* Satin *m*
сати́ра *f LIT* Satire *f,* Spottschrift *f*
са́уна *f* Sauna *f*
сафа́ри *n* Safari *f*
са́хар *m 1.* Zucker *m; 2. MED ~ кро́ви* Blutzucker *m*
са́харный *adj* Zucker...
сбавля́ть *v impf* vermindern, ermäßigen, herabsetzen
сбаланси́рование *n ECO* Ausgleich *m*
сбега́ть *v impf 1.* laufen, hinunterlaufen; *2. (убегать)* davonlaufen, flüchten; *3. ~ся* herbeilaufen, zusammenkommen
сберега́ть *v impf 1.* sparen; *2. (сохранять)* bewahren, schonen
сбереже́ние *n 1.* Sparen *n; 2. (сохранение)* Aufbewahren *n,* Erhalten *n*
сбереже́ния *pl FIN* Ersparnisse *pl,* Erspartes *n*
сберка́сса *f (fam)* Sparkasse *f*
сближе́ние *n* Annäherung *f*
сбо́ку *adv* seitlich, von der Seite; *вид ~* Seitenansicht *f; положи́ть ~* daneben legen
сбор *m 1.* Sammeln *n,* Kassieren *n,* Sammlung *f; 2. (урожая)* Ernte *f; ~ виногра́да* Weinlese *f; 3. FIN* Steuer *f,* Abgabe *f,* Gebühr *f; 4. MIL* Appell *m; 5. в ~е* vollzählig
сбо́рка *f TECH* Zusammenbau *m,* Montage *f,* Zusammensetzen *n; пото́чная ~* Fließmontage *f*
сбо́рки *pl 1.* s. *сбо́рка; 2. (складки)* Falten *pl*
сбра́сывать *v impf 1.* abwerfen, hinunterwerfen, stürzen; *2. ~ся* sich auf etw/jdn stürzen
сброд *m* Gesinde *n,* Pack *n*
сбыт *m ECO* Absatz *m,* Vertrieb *m,* Verkauf *m*
сва́дебный *adj* Hochzeit(s)...; *... ное торжество́* Hochzeitsfeier *f*
сва́дьба *f* Hochzeit *f*
сва́ливать *v impf 1.* umwerfen, zu Boden werfen, fällen; *2. (в одно место)* zusammenwerfen, aufhäufen; *3. (fam) ~ся* sich fallen lassen, hinfallen, stürzen
сва́лка *f 1.* Schuttabladeplatz *m,* Müllhalde *f,* Mülldeponie *f; 2. (fam)* Handgemenge *n,* Prügelei *f*
сва́ривать *v impf/pf TECH* verschweißen, zusammenschweißen
сва́стика *f* Hakenkreuz *n*
сватовство́ *n* Freien *n,* Brautwerbung *f*
све́дение *n* Kenntnis *f,* Angabe *f; дава́ть ...ния* Angaben machen; *принима́ть к ...нию* zur Kenntnis nehmen
све́дущий *adj* erfahren, bewandert, be-

schlagen; *...щее лицó* Sachverständige(r) *f/m*

свéжесть *f 1.* Frische *f; 2. (прохлада)* Kühle *f*

свéжий *f 1.* frisch; *2. (прохладный)* kühl

свёкла *f* BOT Rübe *f; столóвая ~* rote Bete *f,* rote Rübe *f*

свёкр *m* Schwiegervater *m*

свекрóвь *f* Schwiegermutter *f*

свергáть *v impf (fig)* stürzen; *~ с престóла* POL entthronen, entmachten

сверже́ние *n (fig)* Sturz *m; ~ с престóла* POL Entthronung *f,* Entmachtung *f*

сверкáние *n* Blitzen *n,* Funkeln *n,* Glitzern *n*

сверкáть *v impf 1.* funkeln, strahlen; *2. (молния)* blitzen; *3. (блестеть)* glänzen

сверкáющий *adj* blitzend, funkelnd, sprühend, leuchtend

сверли́ть *v impf* TECH bohren

сверлó *n* TECH Bohrer *m*

свёрток *m* Rolle *f,* Tüte *f*

свёртывать *v impf 1.* zusammenrollen; *2. ~ся* gerinnen

сверх *prep 1.* über, auf; *2. (выше)* über, mehr als; *3. (кроме)* außer; *~ плáна* außerplanmäßig

сверхдержáва *f* POL Supermacht *f*

свéрху *adj 1.* oben, von oben, oberhalb; *~ дóнизу* von oben bis unten; *prep 2.* oberhalb, über

сверхчеловéческий *adj* übermenschlich

сверхъестéственный *adj* übernatürlich, außerordentlich

свет[1] *m* Licht *n; сóлнечный ~* Sonnenlicht *n; инфракрáсный ~* Infrarotlicht *n*

свет[2] *m (мир, вселенная)* Welt *f; тот ~* Jenseits *n; появля́ться на ~* das Licht der Welt erblicken; *со всех концóв ~а* aus aller Herren Länder

свети́ло *n 1.* ASTR Himmelskörper *m; дневнóе ~* Sonne *f; 2. (fig)* Leuchte *f*

свети́льник *m* Leuchte *f*

свети́ть *v impf* leuchten, scheinen

светловолóсый *adj* blond, hellblond

свéтлый *adj 1.* hell, klar; *...лое бýдущее* lichte Zukunft; *2. (fig)* hell, klar, klug; *~ ум* klarer Verstand; *...лая головá* ein heller Kopf

светлячóк *m* ZOOL Glühwürmchen *n,* Leuchtkäfer *m*

светопреставлéние *n 1.* REL Weltuntergang *m,* Jüngster Tag *m; 2. (fam)* Wirrwarr *m*

светофóр *m* Ampel *f*

светочувстви́тельность *f* Lichtempfindlichkeit *f*

светочувстви́тельный *adj* lichtempfindlich

свечá *f 1.* Kerze *f; 2.* TECH *запáльная ~* Zündkerze *f; 3.* MED Zäpfchen *n,* Suppositorium *n*

свидáние *n* Wiedersehen *n,* Treffen *n,* Verabredung *f,* Rendezvous *n; До ...ния!* Auf Wiedersehen!

свидéтель *m 1.* Zeuge *m; при ...лях* vor Zeugen; *2.* JUR Augenzeuge *m*

свидéтельство *n 1.* Aussage *f; 2. (документ)* Zeugnis *n,* Bescheinigung *f,* Urkunde *f; ~ о рождéнии* Geburtsurkunde *f; ~ о брáке* Heiratsurkunde *f; 3. (подтверждение)* Zeugnis *n,* Beweis *m; 4.* JUR *вещéственное ~* Beweisstück *n*

свидéтельствовать *v impf 1.* von etw zeugen, zeigen; *2.* JUR beweisen

свинáрник *m* AGR Schweinestall *m*

свинéц *m* Blei *n*

свини́на *f* Schweinefleisch *n*

сви́нка *f 1.* ZOOL *морскáя ~* Meerschweinchen *n; 2.* MED Mumps *m*

сви́нство *n (fam)* Sauerei *f,* Schweinerei *f*

свинья́ *f* ZOOL Schwein *n*

свирéпость *f* Wildheit *f,* Wut *f,* Grausamkeit *f*

свирéпствовать *v impf 1.* wüten, rasen, toben; *2. (об эпидемии)* grassieren, um sich greifen

свирéпый *adj 1.* wütend, rasend, rabiat; *2. (жестокий)* grausam

свисáть *v impf* herabhängen, herunterhängen

свист *m* Pfiff *m,* Pfeifen *n*

свистéть *v impf* pfeifen

свистóк *m 1.* Pfeife *f; сигнáльный ~* Trillerpfeife *f; 2. (свист)* Pfiff *m*

сви́та *f* Gefolge *n*

сви́тер *m* Pullover *m,* Pulli *m (fam)*

свихнýться *v pf (fam)* verrückt werden, überschnappen, einen Knall haben *(fam)*

свобóда *f 1.* Freiheit *f,* Ungebundenheit *f; 2.* JUR *~ слóва* Redefreiheit *f; 3.* JUR *~ передвижéния* Bewegungsfreiheit *f*

свобóдный *adj 1.* frei, ungehindert, ungezwungen, ungebunden; *2. (незанятый)* frei; *3. (в распоряжении)* verfügbar; *4. (об одежде)* lose, breit, weit

свод[1] *m* Gewölbe *n,* Bogen *m*

свод[2] *m JUR ~ зако́нов* Gesetzessammlung *f,* Kodex *m*
своди́ть *v impf 1.* führen, hinführen, abführen; *2. (пятна)* entfernen; *3. (о судорогах)* zusammenkrampfen, sich zusammenziehen; *4. ~ к чему́-л* zurückführen auf; *~ к нулю́* auf den Nullpunkt bringen; *~ на нет* zunichte machen; *5. (fam)* kuppeln, zusammenführen; *~ концы́ с конца́ми (fam)* mit seinem Geld knapp auskommen; *~ в моги́лу* ins Grab bringen
сво́дничать *v impf* kuppeln
сво́дничество *n* Kuppelei *f*
своево́лие *n* Eigensinn *m,* Starrsinn *m,* Starrköpfigkeit *f*
своево́льный *adj* eigensinnig, eigenmächtig, eigenwillig
своевре́менный *adv* frühzeitig, rechtzeitig, termingerecht
своенра́вие *n* Eigensinn *m,* Launenhaftigkeit *f*
своенра́вность *f* Eigensinn *m,* Launenhaftigkeit *f*
своенра́вный *adj* eigensinnig, launisch, kapriziös
своеобра́зие *n* Eigenart *f,* Eigenheit *f,* Originalität *f*
своеобра́зность *f* Eigenheit *f,* Originalität *f*
своеобра́зный *adj* eigenartig, originell, seltsam
свой *pron 1.* sein; *2. (собственный)* eigen; *У него́ есть ~ дом.* Er hat ein eigenes Haus; *3. (fig) Он там ~ челове́к.* Er geht dort ein und aus.
сво́йственный *adj* eigen, eigentümlich, charakteristisch
сво́йство *n* Eigenschaft *f,* Beschaffenheit *f*
сво́лочь *f (fam) 1.* Gesindel *n; m/f 2. (негодяй)* Mistkerl *m,* Schweinehund *m*
свора́чивать *v impf 1.* zusammenrollen, -legen; *2. (изменять направление)* einbiegen, abbiegen
своя́ченица *f* Schwägerin *f*
свысока́ *adv* von oben herab, hochmütig, herablassend
свы́ше *adv 1.* von oben; *по прика́зу ~* auf höheren Befehl, auf Befehl von oben; *2. (сверх)* über, mehr als
свя́зка *f 1.* Bündel *n,* Packen *m; 2. ANAT* Band *n; голосовы́е ...ки* Stimmbänder *pl*
свя́зывать *v impf 1.* zusammenbinden, verbinden, zusammenfügen, binden; *2. (кого-л)* binden, Zwang auferlegen; *3. ~ся с кем-л* sich mit jdm in Verbindung setzen, jdn kontaktieren
связь *f 1.* Verbindung *f,* Zusammenhang *m,* Kausalität *f; в ...зи́ с чем-л* im Zusammenhang mit etw, infolge von etw; *2. (отношения)* Verhältnis *n,* Verbindung *f,* Beziehung *f; 3. (почта, телеграф)* Nachrichtenwesen *n; 4. TECH* Verbindung *f*
святи́лище *n REL* Tempel *m,* Heiligtum *n*
свято́й *adj REL 1.* heilig; *...ая вода́* Weihwasser *n; m 2.* Heiliger *m*
свято́й-засту́пник *m REL* Schutzpatron *m*
святы́ня *f* Heiligtum *n*
свяще́нник *m REL* Geistlicher *m,* Priester *m*
сгиб *m* Biegung *f,* Krümmung *f,* Knick *m,* Papierknick *m; ~ па́льцев ANAT* Fingerknöchel *m*
сгиба́ть *v impf* biegen, knicken, falten, krümmen; *~ коле́ни* Knie beugen
сгла́живать *v impf 1.* glätten, ebnen; *2. (fig)* ausgleichen; *3. (исчезать) ~ся* verwischen, verschwinden
сгова́риваться *v impf* verabreden, abmachen, zu einem Einverständnis kommen; *С ним мо́жно ...ри́ться.* Er lässt mit sich reden.
сго́вор *m 1.* Verabredung *f,* Abmachung *f; закули́сный ~* Kuhhandel *m; 2. (заговор)* Komplott *n*
сгово́рчивость *f* Nachgiebigkeit *f,* Gefügigkeit *f*
сгово́рчивый *adj* nachgiebig, gefügig
сгора́ние *n TECH* Verbrennung *f*
сгора́ть *v impf 1.* verbrennen; *2. (fig)* sich verausgaben; *3. (fig)* brennen, glühen; *~ от нетерпе́ния* vor Ungeduld brennen
сгружа́ть *v impf* abladen
сгуща́ть *v impf* verdicken, verdichten; *~ кра́ски (fig)* dick auftragen
сдава́ть *v impf 1.* abgeben, übergeben, *2. (внаём)* vermieten, verpachten; *3. (возвращать)* zurückgeben; *4. (экзамен)* ablegen; *5. ~ся* sich ergeben, aufgeben
сдать *v pf 1.* s. *сдавать; 2. ~ экза́мен* eine Prüfung bestehen
сда́ча *f 1.* Ablieferung *f,* Übergabe *f; 2. (внаём)* Vermietung *f; 3. (деньги)* Wechselgeld *n*
сдвиг *m 1.* Ruck *m,* Verschiebung *f,* Schub *m; 2. GEOL* Erdrutsch *m; 3. (fig)* Umschwung *m,* Wandlung *f,* Verschiebung *f,* Fortschritt *m*
сдвижно́й *adj* Schiebe...; *...на́я кры́ша* Schiebedach *n*

сде́лка *f* Geschäft *n,* Abmachung *f*
сде́ржанность *f 1.* Zurückhaltung *f,* Diskretion *f; 2. (самообладание)* Selbstbeherrschung *f*
сде́ржанный *adj* zurückhaltend, reserviert, diskret
сде́рживать *v impf 1.* festhalten, zurückhalten; *2. (подавать)* beherrschen, bezwingen
сдира́ть *v impf 1.* abziehen; *~ шку́ру* das Fell abziehen; *2. (кору)* abrinden; *3. (fig)* jdn betrügen, jdn schröpfen
сдыха́ть *v impf* verrecken, krepieren
себе́ *pron 1.* sich; *уйти́ к ~* zu sich (nach Hause) gehen; *име́ть что-л при ~* etw dabeihaben; *быть не в ~* außer sich sein; *2. так ~* nicht besonders, mäßig, so lala *(fam)*
себя́ *pron* sich; *у ~ до́ма* bei sich zu Hause; *прийти́ в ~* zu sich kommen; *вне ~* außer sich; *вы́йти из ~* außer sich geraten, aus der Haut fahren; *говори́ть от ~* im eigenen Namen sprechen; *вести́ ~* sich benehmen, *про ~* für sich, im Stillen
себялю́бец *m* Egoist *m*
себялюби́вый *adj* egoistisch, selbstsüchtig
себялю́бие *n* Selbstsucht *f,* Egoismus *m*
се́вер *m GEO* Norden *m; к ...ру* nordwärts, nach Norden; *на Кра́йнем ~е* im hohen Norden
се́верный *adj* nördlich, Nord...; *...ное мо́ре GEO* Nordsee *f*
северо-восто́к *m GEO* Nordosten *m*
северо-за́пад *m GEO* Nordwesten *m*
сегме́нт *m* Segment *n*
сего́дня *adv* heute, heutzutage
седла́ть *v impf* satteln
седло́ *n* Sattel *m*
седьмо́й *adj* siebter
сезо́н *m 1.* Jahreszeit *f; 2. (период)* Saison *f; купа́льный ~* Badesaison *f*
сейф *m* Safe *m,* Schließfach *n,* Tresor *m*
сейча́с *adv 1.* gleich, sofort; *2. (в настоящее время)* augenblicklich, im Augenblick, jetzt; *3. (только что)* gerade eben
секре́т¹ *m* Heimlichkeit *f,* Geheimnis *n*
секре́т² *m ANAT* Sekret *n*
секретариа́т *m* Sekretariat *n*
секрета́рский *adj* Sekretärs..., Sekretariats...
секрета́рша *f (fam)* Tippse *f*
секрета́рь *m 1.* Sekretär(in) *m/f; ли́чный ~* Privatsekretär(in) *m/f; 2. (на собрании)* Protokollführer(in) *m/f*
секре́тный *adj* heimlich, geheim, vertraulich
секс *m* Sex *m*
сексуа́льность *f* Sexualität *f*
сексуа́льный *adj* sexuell, Sexual...; *...ное преступле́ние JUR* Sexualverbrechen *n,* Sittlichkeitsdelikt *n*
секс-фи́льм *m* Porno *m (fam)*
се́кта *f REL* Sekte *f*
се́ктор *m 1. (отрасль) ECO* Zweig *m,* Sektor *m; ча́стный ~* Privatsektor *m; 2. (отдел учреждения)* Abteilung *f; 3. MATH* Sektor *m,* Kreisausschnitt *m*
секу́нда *f* Sekunde *f*
секундоме́р *m* Stoppuhr *f*
се́кция *f* Abteilung *f,* Sektion *f*
селезёнка *f ANAT* Milz *f*
селе́кция *f* Selektion *f,* Auslese *f*
селе́ние *n* Dorf *n,* Ortschaft *f,* Siedlung *f*
сели́ть *v impf* ansiedeln
село́ *n* Dorf *n; на ...ле́* auf dem Land
сельдере́й *m BOT* Sellerie *m*
сельдь *f ZOOL* Hering *m; как ...ди в бо́чке (fig)* wie die Sardinen in der Büchse
се́льский *adj* ländlich, Land..., Dorf...; *...кое хозя́йство AGR* Landwirtschaft *f*
сельскохозя́йственный *adj* landwirtschaftlich, Agrar...
семе́йный *adj* familiär, Familien...; *~ пра́здник* Familienfeier *f; ...ная жизнь* Familienleben *n; ...ные обстоя́тельства* Familienverhältnisse *pl*
семена́ *pl* Saatgut *n,* Samen *pl*
семенни́к *m 1. ANAT* Hoden *m; 2. BOT* Samenbaum *m; 3. (плод на семена) BOT* Saatfrucht *f*
семе́стр *m* Semester *n*
семидеся́тый *adj* siebzigster
семина́р *m* Seminar *n; проводи́ть ~* ein Seminar abhalten
семна́дцатый *adj* siebzehnter
семна́дцать *num* siebzehn
семь *num* sieben
се́мьдесят *num* siebzig
семья́ *f* Familie *f; глава́ ...ьи́* Familienoberhaupt *n; член ...ьи́* Familienmitglied *n,* Familienangehörige(r) *f/m*
се́мя *n BIO* Samen *m*
семяизверже́ние *n BIO* Samenerguss *m,* Ejakulation *f*
сена́т *m POL* Senat *m*
сена́тор *m POL* Senator *m*
сена́торский *adj* Senatoren...
се́но *n BOT* Heu *n*

сенсацио́нный *adj* sensationell, spektakulär, Aufsehen erregend
сенса́ция *f* Sensation *f,* Knüller *m (fam),* Aufsehen *n; производи́ть ...цию* Aufsehen erregen
сентимента́льность *f* Sentimentalität *f,* Empfindsamkeit *f*
сентимента́льный *adj* sentimental, empfindsam, rührselig; *...ная пе́сня* Schnulze *f*
сентя́брь *m* September *m*
сентя́брьский *adj* September...
сепарати́зм *m* POL Separatismus *m*
се́псис *m* MED Sepsis *f,* Blutvergiftung *f*
се́ра *f 1.* CHEM Schwefel *m; 2. (ушная)* Ohrenschmalz *n*
се́рвер *m* INFORM Server *m*
серви́з *m* Service *n,* Geschirr *n*
сервирова́ть *v impf/pf* servieren, auftragen
се́рвис *m* Kundendienst *m,* Service *m*
серде́чный *adj* herzlich, innig, Herz...; *~ при́ступ* MED Herzanfall *m*
серди́тый *adj 1.* böse, zornig, aufgebracht, ärgerlich; *о́чень ~* bitterböse
серди́ть *v impf* ärgern, erzürnen, wütend machen
се́рдце *n* ANAT Herz *n; от всего́ ...ца* von ganzem Herzen, aus tiefstem Herzen; *скрепя́ ~* ungern, widerstrebend; *в ...ца́х (fig)* im Zorn, in der Wut; *~ не лежи́т.* Mir ist nicht wohl dabei. Das gefällt mir nicht.
сердцебие́ние *n* Herzschlag *m,* Herzklopfen *n*
сердцее́д *m (fig)* Herzensbrecher *m*
серебри́стость *f* Silberschimmer *m*
серебри́стый *adj 1.* silber, silberfarben; *2. (о звуке)* glockenhell
сере́брить *v impf* versilbern
серебро́ *f 1.* Silber *n; 2. (серебряные вещи)* Tafelsilber *n,* Silber *n; 3.* SPORT Silbermedaille *f*
сере́бряный *adj* silbern, silberfarben, Silber...
середи́на *f* Mitte *f; в са́мой ...не* genau in der Mitte; *в ...не ма́я* Mitte Mai
серена́да *f* MUS Serenade *f,* Ständchen *n (fam)*
сериа́л *m* CINE Serie *f,* Fernsehserie *f*
сери́йный *adj* serienmäßig, Serien...; *...ное произво́дство* Serienproduktion *f*
се́рия *f* Serie *f,* Folge *f,* Reihe *f*
сероводоро́д *m* CHEM Schwefelwasserstoff *m*
се́рый *adj 1.* grau; *2. (пасмурный)* trübe, grau, fade
серьга́ *f* Ohrring *m*
серьёзность *f* Ernst *m,* Ernsthaftigkeit *f; со всей ~ю* allen Ernstes
серьёзный *adj* ernst, ernstlich, ernsthaft; *2. (важный)* wichtig, ernst; *3. (сложный)* kompliziert
се́ссия *f* Tagung *f,* Sitzung *f*
сестра́ *f 1.* Schwester *f; 2. двою́родная ~* Kusine *f; 3. медици́нская ~* Krankenschwester *f*
сетча́тка *f* ANAT Netzhaut *f*
сеть *f 1.* TECH Netz *n; железнодоро́жная ~* Eisenbahnnetz *n; телефо́нная ~* Telefonnetz *n; подключа́ть к ...ти* ans Netz anschließen; *2. (ловушка)* Fangnetz *n,* Falle *f; 3. (совокупность однородных орга- низаций)* Netzwerk *n,* Netz *n; торго́вая ~* ECO Handelsnetz *n,* Verkaufsstellennetz *n*
сече́ние *n* Schnitt *m*
се́ять *v impf* AGR *1.* säen, aussäen; *2. (возделывать)* anbauen
сжа́тость *f 1.* Kompression *f,* Verdichtung *f; 2. (fig)* Knappheit *f*
сжа́тый *adj 1.* komprimiert, zusammengedrückt; *2. (fig)* knapp
сжига́ть *v impf* abbrennen, verbrennen
сжи́женный *adj* flüssig, verflüssigt, Flüssig...; *~ газ* Flüssiggas *n*
сжима́ть *v impf* zusammendrücken, zusammenpressen, komprimieren
сза́ди *adv* hinten, von hinten; *~ стои́т де́рево.* Hinten steht ein Baum. *prep* 2. hinter; *~ до́ма* hinter dem Haus
сига́ра *f* Zigarre *f*
сигаре́та *f* Zigarette *f*
сигна́л *m 1.* Signal *n,* Zeichen *n; 2.* TECH *стоп-~* Bremslicht *n; звуково́й ~* Hupe *f,* Hupsignal *n*
сигнализа́тор *m* TECH Signalgeber *m,* Anzeige *f,* Melder *m; пожа́рный ~* Feuermelder *m*
сигнализа́ция *f 1.* Signalisierung *f,* Zeichengebung *f; 2. авари́йная ~* Alarmanlage *f*
сигнализи́ровать *v impf* Zeichen geben, etw signalisieren
сигна́лить *v impf (fam)* hupen
сиде́нье *n* Sitz *m*
сиде́ть *v impf 1.* sitzen; *~ в тюрьме́* im Gefängnis sitzen; *2. (об одежде)* sitzen, passen
сидячий *adj* sitzend, Sitz...

сидящий *adj* sitzend; ~ *на игле (fam)* Fixer *m*
сила *f 1.* Kraft *f; изо всех сил* mit aller Kraft; *рабочая* ~ Arbeitskraft *f; 2.* PHYS Kraft; ~ *притяжения* Anziehungskraft *f,* Schwerkraft *f; центробежная* ~ Fliehkraft *f; 3. (мощь)* Macht *f,* Stärke *f,* Gewalt *f; 4.* JUR Kraft *f; вступать в …лу* in Kraft treten; *5. …лой* mit Gewalt, gewaltsam
силовой *adj* Kraft…; *…вые упражнения* SPORT Kraftübungen *pl*
силой *adv* mit Gewalt; *взять* ~ mit Gewalt nehmen
силуэт *m* Silhouette *f,* Schattenbild *n; вырезанный* ~ ART Scherenschnitt *m*
силы *pl* POL Kräfte *pl; вооружённые* ~ Streitkräfte *pl*
сильный *adj 1.* stark, kräftig, kraftvoll, fest; *2. (о чувствах)* stark, heftig, gewaltig; *3. (мощный)* machtvoll; *4. (сведущий)* stark, gewandt, bewandert; *Я в этом не силён.* Das ist nicht meine Stärke. *5. (fam)* stark, gewaltig, hochgradig
символ *m* Symbol *n,* Sinnbild *n,* Wahrzeichen *n; стать ~ом* zum Inbegriff werden
символизировать *v impf/pf* symbolisieren
символика *f* Symbolik *f*
символический *adj* symbolisch, sinnbildlich
симметрический *adj* symmetrisch
симметрия *f* Symmetrie *f*
симпатизировать *v impf* sympathisieren, sich hingezogen fühlen; ~ *друг другу* einander gefallen
симпатизирующий *m* Sympathisant *m*
симпатичный *adj* sympathisch, angenehm
симпатия *f* Sympathie *f,* Zuneigung *f*
симптом *m* Symptom *n,* Anzeichen *n;* ~ *болезни* MED Krankheitssymptom *n*
симулировать *v impf/pf* vortäuschen, simulieren, sich verstellen
симуляция *f* Simulieren *n,* Vortäuschen *n*
симфонический *adj* MUS Sinfonie…; ~ *оркестр* Sinfonieorchester *n*
симфония *f* MUS Sinfonie *f*
синий *adj* blau, dunkelblau
синица *f* ZOOL Meise *f*
синхронный *adj* synchron, gleichzeitig; ~ *перевод* Simultanübersetzung *f*
синяк *m* blauer Fleck *m,* Veilchen *n (fam)*
сиплый *adj* heiser, krächzend
сирена *f* Sirene *f*
сирень *f* BOT Flieder *m*
сироп *m* GAST Sirup *m,* Zuckersaft *m*
сирота *m/f* Waise *f,* Waisenkind *n*
система *f* System *n; избирательная* ~ POL Wahlsystem *n; нервная* ~ MED Nervensystem *n; иммунная* ~ MED Immunsystem *n*
систематизировать *v impf/pf* systematisieren
систематический *adj* systematisch
сито *n* Sieb *n,* Haarsieb *n*
ситуация *f* Situation *f,* Lage *f*
сияние *n* Glanz *m,* Strahlen *n,* Leuchten *n; северное* ~ Nordlicht *n*
сиять *v impf* glänzen, strahlen
сияющий *adj* glänzend, strahlend
сказание *n* Sage *f,* Legende *f*
сказка *f* Märchen *n, (fig) Это только …зки!* Das sind doch bloß Ammenmärchen!
сказочный *adj* märchenhaft, traumhaft, phantastisch
сказуемое *n* GRAMM Prädikat *n*
скакалка *f* Springseil *n,* Sprungseil *n*
скакать *v impf 1.* hüpfen, springen; *2. (на коне)* schnell reiten, galoppieren
скала *f* Fels *m,* Felsen *m,* Klippe *f*
скалистый *adj* felsig, Felsen.., ~ *берег* Felsenküste *f*
скальпель *m* MED Skalpell *n*
скандал *m 1.* Skandal *m,* Eklat *m; 2. (шум)* Radau *m,* Krach *m,* Krawall *m*
скандалист *m* Krawallmacher *m*
скандальный *adj* anstößig, blamabel, skandalös, Skandal…
скандинав *m* Skandinavier *m*
Скандинавия *f* GEO Skandinavien *n*
скандинавский *adj* skandinavisch
скаредный *adj* geizig, knauserig *(fam)*
скат[1] *m* Abhang *m*
скат[2] *m* ZOOL Rochen *m*
скатерть *f* Tischdecke *f,* Tischtuch *n*
скачки *pl* SPORT Pferderennen *n*
скачкообразно *adv* sprunghaft, mit Unterbrechungen
скачкообразность *f* Sprunghaftigkeit *f*
скачкообразный *adj* sprunghaft, sprungartig
скверный *adj* schlecht, schlimm, miserabel
сквозной *adj* durchgehend, durchgängig, Durchgangs…; ~ *проход* Durchgang *m,* Passage *f*
сквозняк *m* Luftzug *m,* Zugluft *f,* Durchzug *m,* Zug *m (fam)*
сквозь *prep* durch, hindurch
скворец *m* ZOOL Star *m*
скворечник *m* Starenkasten *m*

скелéт *m ANAT* Skelett *n,* Knochengerüst *n*
скепти́ческий *adj* skeptisch
ски́дка *f 1. ECO* Ermäßigung *f,* Rabatt *m,* Abzug *m; 2. (уступка)* Zugeständnis *n,* Konzession *f*
ски́дывать *v impf 1.* hinunterwerfen; *2. (одежду)* ablegen, ausziehen; *3. (цену)* ablassen, nachlassen; *4. (fig) ~ со счёта* nicht in Betracht ziehen
скипидáр *m CHEM* Terpentin *n*
склад *m* Lager *n,* Vorratsraum *m*
склади́ровать *v impf/pf* lagern, einlagern
склáдка *f 1.* Falte *f,* Bügelfalte *f; юбка в …дку* Faltenrock *m; 2. (на коже)* Falte *f,* Runzel *f; ~ кóжи* Hautfalte *f*
складнóй *adj* zusammenklappbar, faltbar, Klapp…, Falt…; *~ стол* Klapptisch *m; ~ зóнтик* Taschenschirm *m,* Knirps *m (fam)*
склáдывать *v impf 1.* legen, zusammenlegen, zusammenklappen; *~ рýки* die Hände falten; *2. MATH* addieren, summieren, zusammenzählen; *3. ~ся* sich herausbilden, entstehen
склéивать *v impf* kleben, zusammenkleben
склеп *m* Gruft *f*
склерóз *m MED* Sklerose *f,* Verkalkung *f*
склон *m* Abhang *m*
склонéние *n 1.* Neigen *n,* Beugen *n; 2. GRAMM* Deklination *f*
склóнность *f 1. (предрасположенность)* Neigung *f,* Veranlagung *f; имéть ~ к чемý-л* zu etw neigen; *2. (пристрастие)* Neigung *f,* Hang *m; 3. (одарённость)* Anlagen *pl*
склóнный *adj 1. (готовый к каким-л действиям)* geneigt; *2. (предрасположенный)* veranlagt
склоняемый *adj GRAMM* deklinierbar
склоня́ть *v impf 1.* neigen, beugen, senken; *2. (уговаривать)* bewegen, überreden; *3. GRAMM* deklinieren
скобá *f TECH* Klammer *f,* Bügel *m*
скóбка *f* Klammer *f; заключи́ть в …бки* einklammern, in Klammern setzen
сквози́ть *v impf 1.* ziehen; *Здесь …зи́т.* Hier zieht es. *2. (просвечивать)* durchscheinen, durchschimmern, zu entnehmen sein
сковородá *f* Pfanne *f,* Bratpfanne *f*
скользи́ть *v impf* gleiten, rutschen
скóльзкий *adj 1.* glatt, glitschig; *2. (fig)* schlüpfrig, heikel
скользя́щий *adj* gleitend, Gleit…
сколько *pron 1.* wie viel; *~ раз* wie viele Male, wie oft; *adv 2.* wie viel; *~ э́то вéсит?* Wie schwer ist das?
скончáться *v pf* sterben, verscheiden
скоплéние *n 1.* Anhäufung *f; 2. (о людях)* Menschenmenge *f,* Andrang *m*
скорбéть *v impf* bedauern, sich grämen
скóрбный *adj* traurig, leidvoll, gramvoll
скорбь *f* Leid *n,* Kummer *m,* Trauer *f; мировáя ~* Weltschmerz *m*
скорéе *adv 1.* schneller, früher, eher; *как мóжно ~* so schnell wie möglich; *2. (лучше)* lieber, eher; *~ всегó* aller Wahrscheinlichkeit nach
скорлупá *f* Schale *f; снимáть …пý* schälen, abschälen
скорня́к *m* Kürschner *m*
скóро *adv 1.* schnell, rasch; *2. (вскоре)* bald; *3. как мóжно …рée* baldmöglichst
скороспéлый *adj 1. AGR* frühreif, früh reifend; *2. (fig)* frühreif, übereilt; *…лое решéние* übereilter Entschluss
скóрость *f* Schnelligkeit *f,* Geschwindigkeit *f,* Tempo *n; в …сти* demnächst, bald
скорпиóн *m ZOOL* Skorpion *m*
скóрый *adj* baldig, schnell
скот *m AGR* Vieh *n*
скоти́на *f 1.* Vieh *n; 2. (fam)* Dreckskerl *m*
скотч *m* Klebeband *n*
скрап *m* Alteisen *n,* Schrott *m*
скрéпка *f* Büroklammer *f,* Klammer *f*
скрепля́ть *v impf* befestigen, verbinden, zusammenklammern
скрести́ *v impf* kratzen, schaben; *У негó скребёт на душé.* Er ist unruhig.
скрéщивание *n BIO* Kreuzung *f*
скрéщивать *v impf 1.* verschränken; *~ нóги* die Beine übereinanderschlagen; *2. BIO* kreuzen
скрипéть *v impf* knarren, knirschen
скри́пка *f MUS* Geige *f,* Violine *f; игрáть на …пке* geigen, Geige spielen
скрóмность *f* Bescheidenheit *f,* Anspruchslosigkeit *f*
скрóмный *adj* bescheiden, einfach, anspruchslos, genügsam
скрупулёзный *adj* übergenau, peinlich genau
скрывáть *v impf 1.* verbergen, verstecken; *2. (утаивать)* verheimlichen, verhehlen
скры́тничать *v impf* geheimnisvoll tun, Heimlichkeiten haben
скры́тность *f* Verschlossenheit *f,* Zurückhaltung *f*

скры́тный *adj* zurückhaltend, verschlossen; ~ *челове́к* Heimlichtuer *m*
скры́тый *adj 1.* verborgen, versteckt; *2. (тайный)* geheim, heimlich
скря́га *f (fam)* Geizkragen *m*
ску́дный *adj* dürftig, spärlich, armselig
ску́ка *f* Langeweile *f*
скули́ть *v impf 1.* winseln, jaulen; *2. (о человеке)* heulen, flennen *(fam)*
скульпту́ра *f* ART *1.* Bildhauerei *f; 2. (произведение)* Skulptur *f,* Plastik *f*
скульпту́рный *adj* Bildhauer...
ску́мбрия *f* ZOOL Makrele *f*
скунс *m* ZOOL Stinktier *n*
скупа́ть *v impf 1.* kaufen, abnehmen; *2. (покупать всё)* aufkaufen; *3. (накапливать)* horten
скуперда́й *m* Geizkragen *m/f*
скупе́ц *m* Geizkragen *m/f*
скупо́й *adj* geizig, knauserig *(fam)*
ску́пость *f* Geiz *m,* Gier *f*
ску́пщик *m 1.* Abnehmer *m; 2.* JUR Hehler *m*
ску́пщица *f 1.* Abnehmerin *f; 2.* JUR Hehlerin *f*
скуча́ть *v impf 1.* sich langweilen, Langeweile haben; *2. (тосковать)* Sehnsucht haben, sich nach etw sehnen, etw/jdn vermissen
ску́чный *adj 1.* langweilig, fade, farblos; *2. (испытывающий скуку)* traurig, missgestimmt
слабово́льный *adj* willensschwach
сла́бость *f* Schwäche *f*
слабоу́мие *n* Schwachsinn *m*
сла́бый *adj 1.* schwach; *2. (плохой)* schwach, schlecht; *...бые зна́ния* schwache Kenntnisse
сла́ва *f 1.* Ruhm *m; 2. (репутация)* Ruf *m,* Renommee *n*
слави́ст(ка) *m/f* Slawist(in) *m/f*
слави́стика *f* LING Slawistik *f*
сла́вный *adj 1.* ruhmreich, berühmt; ~ *по́двиг* Heldentat *f,* Ruhmestat *f; 2. (хороший)* gut, fein, nett; *3. (fam)* famos, klasse
славяни́н *m* Slawe *m*
славя́нка *f* Slawin *f*
славянове́д *m* Slawist *m*
славянове́дение *n* Slawistik *f*
славя́нский *adj* slawisch; *...кие языки́* slawische Sprachen
слага́ть *v impf 1.* zusammenlegen; ~ *ве́щи* seine Sachen packen; *сиде́ть сложа́ ру́ки (fig)* die Hände in den Schoß legen *(fig)*; *2.* MATH addieren; *3. ~ся* sich herausbilden, entstehen; *4. (принимать оборот) ~ся* eine Wendung nehmen, sich entwickeln, sich herauskristallisieren
сла́дкий *adj 1.* süß; ~ *как са́хар* zuckersüß; *2. (fig)* süß, nett, niedlich, drollig *(fam)*
сла́дкое *n* GAST Süßspeise *f,* Nachtisch *m,* Süßes *n*
сла́дости *pl* GAST Süßigkeiten *pl,* Süßwaren *pl*
сла́лом *m* SPORT Slalom *m*
сле́ва *adv 1.* links, auf der linken Seite, linker Hand; *2. (на вопрос откуда)* von links
слегка́ *adv* leicht, geringfügig, etwas, ein wenig; ~ *удиви́ться* ein wenig erstaunt sein
след *m* Spur *f,* Fährte *f; без ~а́* spurlos; *наводи́ть кого́-л на ло́жный* ~ jdn auf die falsche Fährte führen
следи́ть *v impf 1.* beobachten, verfolgen; *2. (fig) ~ за поли́тикой* die Politik verfolgen; *3. (заботиться)* aufpassen, achten, für etw sorgen
сле́довательно *adv* also, folglich, demzufolge
сле́довать *v impf 1.* folgen, nachfolgen; *2. (руководствоваться)* folgen, befolgen; ~ *сове́ту* einen Rat befolgen; *3. (о транспорте)* fahren, gehen; *По́езд ...дует до Москвы́.* Der Zug fährt bis nach Moskau, der Zug endet in Moskau. *4. (из чего-л)* folgen, sich aus etw ergeben; *Из э́того ...дует вы́вод.* Daraus ergibt sich folgender Schluss. *5. (целесообразно) ...дует* man muss, man sollte; *6. как ...дует* ordentlich, wie es sich gehört
следопы́т *m* Spurenleser *m,* Fährtensucher *m*
сле́дствие[1] *n* Folge *f,* Ergebnis *n,* Auswirkung *f,* Konsequenz *f*
сле́дствие[2] *n 1.* JUR Ermittlung *f,* Ermittlungsverfahren *n; 2. суде́бное* ~ Beweisaufnahme *f*
сле́дующий *adj* folgend, nächst, anschließend; *...щим о́бразом* folgendermaßen, wie folgt
слеза́ *f* Träne *f; в ~х* tränenüberströmt; *лить слёзы* Tränen vergießen; *смея́ться до слёз* Tränen lachen
слези́ться *v impf* tränen
слезли́вость *f* Weinerlichkeit *f*
слепи́ть *v impf* blenden
сле́пнуть *v impf* blind werden, erblinden
слепо́й *adj 1.* blind; *m 2.* Blinder *m*

слепота́ *f* Blindheit *f*
сле́сарь *m* Schlosser *m*
сли́ва *f* BOT *1.* Pflaume *f,* Zwetsche *f;* *2. (дерево)* Plaumenbaum *m,* Zwetschenbaum *m*
сли́вки *pl* GAST Sahne *f; взби́тые ~* Schlagsahne *f; ~ о́бщества (fig)* die Creme de la Creme
сли́вочный *adj* sahnig, Sahne...
сли́зистый *adj* schleimig, Schleim...; *...тая оболо́чка* Schleimhaut *f*
сли́шком *adv* zu, allzu, übermäßig; *Это ~ ма́ло.* Das ist zu wenig.
слия́ние *n 1.* Zusammenfluss *m; 2.* ECO Zusammenschluss *m,* Fusion *f; 2. (fig)* Verschmelzung *f*
слова́рь *m 1.* Wörterbuch *n; энциклопеди́ческий ~* Lexikon *n,* Enzyklopädie *f; толко́вый ~* einsprachiges Wörterbuch; *2. (запас слов)* LING Wortschatz *m*
сло́вно *konj 1.* wie, gleichsam, ebenso wie; *2. (будто)* als ob
сло́во *n 1.* Wort *n; иностра́нное ~* Fremdwort *n; в двух ...ва́х* kurz, mit wenigen Worten; *други́ми ...ва́ми* mit anderen Worten; *2. (речь)* Ansprache *f,* Rede *f; вступи́тельное ~* Eröffnungsrede *f; облада́ть да́ром ...ва* redegewandt sein, gut reden können; *дать ~* das Wort erteilen; *3. (обещание)* Versprechen *n,* Wort *n; че́стное ~* Ehrenwort *n; наруша́ть ~* sein Wort brechen
слог *m* LING Silbe *f*
сло́жность *f 1.* Schwierigkeit *f; 2. в о́бщей ...ти* insgesamt, im Großen und Ganzen
сло́жный *adj 1. (составной)* zusammengesetzt; *2. (непростой)* kompliziert, verwickelt
слой *m* Schicht *f; то́нкий ~* dünne Schicht
слом *m* Abbruch *m,* Niederreißen *n*
сло́манный *adj* zerbrochen, kaputt, entzwei
сло́мленный *adj 1.* abgebrochen, kaputt; *2. (fig)* geknickt
слон *m 1.* ZOOL Elefant *m; 2. (в шахматах)* Läufer *m; 3. (fig) ~а́ не приме́тить* die Hauptsache außer Acht lassen
слоня́ться *v impf/pf* schlendern, sich herumtreiben
слуга́ *m* Diener *m*
служа́нка *f* Dienstmädchen *n*
слу́жащая *f* Angestellte *f,* Beamtin *f*
слу́жащий *m* Angestellter *m,* Beamter *m*
слу́жба *f 1.* Dienst *m,* Amt *n,* Dienststelle *f; 2.* MIL Dienst *m; вое́нная ~* Militärdienst *m; госуда́рственная ~* Staatsdienst *m*
служе́бный *adj* dienstlich, Dienst..., Amts...; *...ная та́йна* Dienstgeheimnis *n*
служи́ть *v impf 1.* dienen, dienlich sein; *~ для чего́-л* zu etw dienen, einen Zweck haben; *Чем могу́ ~?* Was kann ich für Sie tun?, Womit kann ich dienen? *~ приме́ром* als Beispiel dienen, Beispiel sein; *2.* REL den Gottesdienst halten, die Messe lesen; *3. (о собаке)* Männchen machen
слух *m* Gehör *n; дефе́кт ~а* MED Hörfehler *m; лишённый ~а* gehörlos, taub
слу́хи *pl* Gerücht *n*
слухово́й *adj* Gehör..., Hör...; *~ аппара́т* Hörgerät *n; ...во́е окно́* Dachfenster *n*
слу́чай *m 1.* Fall *m,* Vorfall *m,* Zwischenfall *m,* Ereignis *n; несча́стный ~* Unfall *m; исключи́тельный ~* Ausnahmefall *m; 2. (случайность)* Zufall *m; 3. (возможность)* Gelegenheit *f,* Anlass *m; 4. во вся́ком ...чае* jedenfalls; *5. на вся́кий ~* für alle Fälle; *6. ни в ко́ем ...чае* keinesfalls; *7. в кра́йнем ...чае* schlimmstenfalls, notfalls
случа́йность *f 1.* Zufälligkeit *f; 2. (событие)* Zufall *m; чи́стая ~* purer Zufall *m*
случа́йный *adj 1.* zufällig, unvorhergesehen, Zufalls...; *2. (происходящий от случая к случаю)* gelegentlich, Gelegenheits...
случа́ться *v impf* geschehen, vorkommen, vorfallen, passieren
слу́шание *n 1.* Zuhören *n,* Hören *n; 2.* JUR Verhandlung *f,* Anhörung *f*
слу́шатель(ница) *m* Hörer(in) *m/f,* Zuhörer(in) *m/f*
слу́шать *v impf 1.* hören, zuhören, sich etw anhören; *...шаю!* Ja bitte!, Ich höre! *2. ~ ле́кцию* eine Vorlesung besuchen; *3. ~ся* gehorchen, auf jdn hören
слы́шать *v impf 1.* hören, vernehmen; *2. (fam) ~ за́пах* einen Geruch bemerken, etw riechen
слы́шимый *adj* hörbar, vernehmbar, vernehmlich
слы́шный *adj* hörbar, vernehmbar, vernehmlich
слюна́ *f* Speichel *m,* Spucke *f (fam)*
сма́зывать *v impf* schmieren, ölen
сме́лость *f* Mut *m,* Tapferkeit *f*
сме́лый *adj* tapfer, mutig, wagemutig,

furchtlos; *безрассу́дно* ~ halsbrecherisch, tollkühn
сме́на *f 1.* Wechsel *m,* Austausch *m;* ~ *ку́рса* POL Kurswechsel *m;* ~ *карау́ла* Wachablösung *f; 2. (на заводе)* Schicht *f; ночна́я* ~ Nachtschicht *f; 3. (подрастающее поколение)* Nachwuchs *m; 4. (бельё)* Wäschegarnitur *f*
сменя́ть *v impf 1.* wechseln, umtauschen; *2. (заменять)* ablösen
смерте́льно *adv 1.* tödlich; ~ *больно́й* todkrank; *2. (fig)* tödlich, über die Maßen, entsetzlich; ~ *скуча́ть* sich zu Tode langweilen
смерте́льный *adj 1.* tödlich, todbringend; ~ *яд* tödliches Gift *n; 2. (fig)* tödlich, Todes..., Sterbens...; ~ *страх* Todesangst *f*
сме́ртность *f* Sterblichkeit *f,* Zahl der Sterbefälle
сме́ртный *adj* sterblich, Sterbe..., Todes...; ~ *слу́чай m* Todesfall *m; ...ная казнь* JUR Todesstrafe *f*
смертоно́сный *adj* tödlich, todbringend
смерть *f* Tod *m; быть при ...ти* im Sterben liegen; *не на жизнь не на* ~ auf Leben und Tod
смесь *f* Gemisch *n,* Mischung *f,* Mixtur *f*
смех *m* Lachen *n,* Gelächter *n; ра́ди ~а* spaßeshalber; *Ку́рам на́ ~. (fam)* Da lachen ja die Hühner.
смехотво́рный *adj* lächerlich, lachhaft
сме́шанный *adj* gemischt
смеше́ние *n 1.* Mischen *n,* Vermischen *n,* Vermengen *n; 2. (путаница)* Wirrwarr *m*
сме́шивать *v impf 1.* mischen, mixen, vermischen; *2. (fig)* in Unordnung bringen, verwirren; *3. (перепутать)* verwechseln; *4. ~ся* in Verlegenheit geraten, verlegen werden
смешно́й *adj* lächerlich, komisch, spaßig, putzig
смея́ться *v impf* lachen; ~ *над чем-л* sich über etw lustig machen; ~ *над кем-л* jdn auslachen; ~ *до слёз* Tränen lachen; *Хорошо́ смеётся тот, кто смеётся после́дним.* Wer zuletzt lacht, lacht am besten.
смире́ние *n* Demut *f*
смире́нный *adj* demütig
сми́рно *adv 1.* ruhig, still; *2. (команда)* MIL *~!* Stillgestanden!
сми́рный *adj* still, ruhig, sanft
смиря́ть *v impf 1.* bändigen, zähmen; *2. ~ся* klein beigeben, resignieren
смола́ *f 1.* Teer *m,* Pech *n; 2.* BOT Harz *n*
смоли́стый *adj* harzig
смоли́ть *v impf* teeren
смоляно́й *adj* harzig, teerig
сморка́ться *v impf* sich schnäuzen
сморо́дина *f* BOT *1.* Johannisbeere *f; 2. (растение)* Johannisbeerstrauch *m*
смо́рщенный *adj* runzelig, vertrocknet, schrumpelig *(fam)*
смотр *m* Schau *f,* Besichtigung *f*
смотре́ть *v impf 1.* sehen, blicken, schauen, ansehen; ~ *телеви́зор* fernsehen; *Посмо́трим.* Wir werden es sehen. *2. (присматривать за чем-л)* aufpassen, achten, pflegen
смрад *m* Gestank *m*
сму́глость *f* Bräune *f,* Sonnenbräune *f*
сму́глый *adj 1.* dunkelhäutig; *2. (от загара)* braungebrannt, braun
сму́тный *adj* unklar, verworren, undeutlich, vage; *...ное представле́ние* vage Vorstellung; *...ное вре́мя* HIST Zeit der Wirren
смуща́ться *v impf* sich genieren, verlegen werden, verwirrt sein
смуще́ние *n* Verlegenheit *f*
смущённый *adj 1.* verlegen; *2. (растерянный)* verwirrt
смыва́ть *v impf 1.* abwaschen; *2. (fig) ~ся* sich davonmachen
смысл *m 1.* Sinn *m,* Bedeutung *f; в перено́сном ~е* in übertragener Bedeutung; *2. (польза)* Sinn *m,* Zweck *m*
смыслово́й *adj* inhaltlich, Sinn..., Bedeutungs...; *...вые отте́нки* Bedeutungsnuancen *pl*
смягча́ть *v impf 1.* weich machen; *2. (fig)* mildern, lindern, mäßigen, abschwächen, dämpfen; *3. ~ кого́-л* jdn milde stimmen; *4. ~ся* schwächer werden, nachlassen, abflauen
смягча́ющий *adj* mildernd, lindernd; *...щие вину́ обстоя́тельства* JUR mildernde Umstände *pl*
смягче́ние *n 1.* Erweichung *f; 2. (fig)* Abmilderung *f,* Mäßigung *f,* Linderung *f; ~ бо́ли* Schmerzlinderung *f*
снабжа́ть *v impf 1.* versorgen, beliefern; *2. (оборудовать)* ausstatten, ausrüsten, versehen mit
снабже́ние *n* Versorgung *f,* Belieferung *f*
сна́йпер *m* Scharfschütze *m*
снару́жи *adv 1.* draußen, von draußen, von außen; *2. (с внешней стороны)* von außen, von der Außenseite; *prep 3.* außerhalb von

снаря́д *m 1.* MIL Geschoss *n,* Granate *f; 2.* SPORT Gerät *n*
снаряжа́ть *v impf* ausstatten, ausrüsten
снача́ла *adv 1.* anfangs, zuerst, zunächst, vorab; *2. (снова)* von vorn, nochmal
снег *m* Schnee *m; идём ~* Es schneit. *как ~ на́ голову* wie ein Blitz aus heiterem Himmel
снегови́к *m* Schneemann *m*
снежи́нка *f* Schneeflocke *f*
снижа́ть *v impf* senken, verringern, vermindern, herabsetzen
сниже́ние *n 1.* Senkung *f,* Verminderung *f,* Reduzierung *f,* Sinken *n; 2.* ECO Ermäßigung *f,* Kürzung *f*
сни́зу *adv* unten, von unten
снима́ть *v impf 1.* abnehmen, herunternehmen; *2. (fig)* aufheben; *~ с кого́-л отве́тственность* jdn der Verantwortung entheben; *3. (одежду)* ausziehen, ablegen, absetzen; *4. (с работы)* jdn entlassen, jdn von etw abberufen; *5. (заснимать на плёнку)* aufnehmen, fotografieren; *6. (нанимать)* mieten; *~ кварти́ру* eine Wohnung anmieten; *7. (со счёта)* ECO abbuchen
сни́мок *m 1.* FOTO Foto *n,* Bild *n,* Aufnahme *f; 2.* CINE Filmaufnahme *f*
снисходи́тельный *adj 1.* nachsichtig; *2. (высокомерно)* herablassend
сно́ва *adv 1.* wieder, erneut, von neuem; *2. (сначала)* von Anfang an
сновиде́ние *n* Traum *m*
сноро́вка *f (fam)* Routine *f,* Übung *f,* Fertigkeit *f*
снос *m* Abtragen *n,* Abbruch *m*
сноси́ть *v impf 1.* wegtragen, fortbringen; *2. (строение)* abbrechen, niederreißen
сно́сный *adj* leidlich, passabel, erträglich
снотво́рное *n* MED Schlafmittel *n*
снотво́рный *adj* einschläfernd, schlaffördernd, Schlaf...
сноха́ *f* Schwiegertochter *f*
сноше́ние *n 1.* Verbindung *f,* Beziehung *f; дипломати́ческие ...ния* POL diplomatische Beziehungen *pl; 2. полово́е ~* Geschlechtsverkehr *m,* Beischlaf *m*
соба́ка *f* ZOOL Hund *m; ~-поводы́рь* Blindenhund *m*
соба́чий *adj 1.* Hunde...; *2. (fam)* tierisch; *~ хо́лод* tierische Kälte *f*
собесе́дник *m* Gesprächspartner *m*
собесе́дница *f* Gesprächspartnerin *f*
собира́ть *v impf 1.* sammeln, einsammeln; *2. (убирать)* aufräumen, aufheben; *3. (приглашать)* einladen, zusammenrufen, zusammentrommeln *(fam)*; *4. (фрукты)* ernten; *~ урожа́й* die Ernte einbringen; *5. ~ де́ньги* sammeln, Geld sammeln; *6. ~ ве́щи* packen, Koffer packen; *7.* TECH zusammenbauen, aufbauen, montieren; *8. (приготовляться) ~ся* sich anschicken, sich fertig machen
собла́зн *m* Versuchung *f,* Verlockung *f*
соблазни́тельный *adj* verlockend, verführerisch
соблазня́ть *v impf* verlocken, verführen, verleiten
соблюда́ть *v impf* beachten, befolgen, einhalten, wahren
соблюде́ние *n* Einhaltung *f,* Befolgung *f,* Beachtung *f,* Wahrung *f; ~ та́йны* Wahrung eines Geheimnisses, Geheimhaltung *f*
соболе́знование *n* Beileid *n,* Kondolenz *f; вы́разить кому́-л своё ~* jdm sein Beileid aussprechen, jdm kondolieren
собо́р *m 1.* Dom *m,* Kathedrale *f; 2. (собрание)* Konzil *n*
собо́рование *n* REL Krankensalbung *f*
собра́ние *n 1.* Versammlung *f; о́бщее ~* Generalversammlung *f; гражда́нское ~* Bürgerversammlung *f; 2. (коллекция)* Sammlung *f; 3. ~ сочине́ний* gesammelte Werke *pl*
со́бственник *m* Eigentümer *m,* Besitzer *m,* Inhaber *m*
собственнору́чный *adj* eigenhändig
со́бственность *f* Eigentum *n,* Besitz *m,* Habe *f; недви́жимая ~* Immobilien *pl,* Grundeigentum *n; ча́стная ~* Privatbesitz *m*
со́бственный *adj* eigen, Eigen...
собы́тие *n* Ereignis *n,* Geschehen *n,* Begebenheit *f*
собы́тия *pl* Weltgeschehen *n*
сова́ *f 1.* ZOOL Eule *f; 2. (о человеке)* Nachteule *f*
сова́ть *v impf* stecken, zustecken, hineinschieben; *~ нос повсю́ду* seine Nase überall hineinstecken
соверша́ть *v impf 1.* machen, vollbringen, begehen; *2.* JUR verüben, begehen; *~ преступле́ние* ein Verbrechen begehen
соверше́ние *n* Vollziehung *f,* Vollführung *f; ~ преступле́ния* Verübung eines Verbrechens
соверше́нно *adv* völlig, absolut, komplett, ganz, total *(fam)*; *~ ве́рно* ganz richtig, absolut korrekt
совершенноле́тие *n* Volljährigkeit *f*

совершеннолéтний *adj* volljährig, mündig

совершéнный *adj 1.* vollendet, vollkommen, perfekt; *2. (пóлный)* vollkommen, ganz; *3.* GRAMM *~ вид* perfektiver Aspekt

совершéнство *n* Vollkommenheit *f,* Vollendung *f*

совершéнствование *n* Vervollkommnung *f,* Verfeinerung *f,* Verbesserung *f*

совершéнствовать *v impf 1.* vervollkommnen, verbessern, verfeinern; *2. ~ся* sich qualifizieren

сóвесть *f* Gewissen *n*

совéт *m 1.* Rat *m,* Ratschlag *m; по егó ~у* auf seinen Rat hin; *2.* POL Rat *m,* Beirat *m; ~ Еврóпы* Europarat *m; наблюдáтельный ~* Aufsichtsrat *m*

совéтовать *v impf 1.* beraten, Ratschläge geben; *2. (рекомендовáть)* jdm etw raten, empfehlen; *3. ~ся* um Rat bitten, Rat einholen, konsultieren

совéтский *adj* sowjetisch, Sowjet…

совещáние *n* Beratung *f,* Konferenz *f*

совещáтельный *adj* beratend, Beratungs…

совладéлец *m* Mitinhaber *m*

совладéлица *f* Mitinhaberin *f*

совмести́мость *f* Vereinbarkeit *f,* Kompatibilität *f*

совмéстно *adv* zusammen, gemeinsam

совмéстный *adj* gemeinsam, gemeinschaftlich

совóк *m* Schaufel *f; ~ для мýсора* Kehrschaufel *f*

совокýпность *f* Gesamtheit *f,* Ganzes *n; в …сти* insgesamt

совокýпный *adj* vereint, Gesamt…

совпадáть *v impf 1.* gleichzeitig stattfinden; *2. (окáзываться одинáковым)* übereinstimmen

совпадáющий *adj* übereinstimmend, aufeinandertreffend; *~ во мнéнии adj* konform, einer Meinung

совпадéние *n* Übereinstimmung *f,* Gemeinsamkeit *f*

совращáть *v impf* verführen

совремéнник *m* Zeitgenosse *m*

совремéнность *f 1.* Gegenwart *f,* Zeitgeschehen *n; проблéмы …сти* Gegenwartsprobleme *pl; 2. (соотвéтствие нáшему врéмени)* das Zeitgemäße *n*

совремéнный *adj 1.* zeitgenössisch, gegenwärtig; *2. (относя́щийся к настоя́щему врéмени)* heutig, jetzig, Gegenwarts…; *…нная молодёжь* die Jugend von heute; *3. (стоя́щий на ýровне своегó врéмени)* modern, zeitgemäß, Neuzeit…

совсéм *adv* ganz; *он ~ молодóй* er ist noch ganz jung; *~ не* ganz und gar nicht

соглáсие *n 1.* Einwilligung *f; 2. (одобрéние)* Zustimmung *f,* Einverständnis *n; 3. (взаимопонимáние)* Einvernehmen *n,* Eintracht *f*

соглáсно *adv 1.* einig, einträchtig, harmonisch; *prep 2. (чемý-л)* entsprechend, laut, gemäß

соглáсный[1] *adj 1.* einverstanden, bereit; *2. (соотвéтствующий)* übereinstimmend, entsprechend; *3. (гармоничный)* harmonisch, im Einvernehmen

соглáсный[2] *adj* LING *1.* konsonantisch, Konsonanten…; *m 2.* Konsonant *m*

согласóванность *f* Übereinstimmung *f,* Abstimmung *f*

согласóванный *adj* abgestimmt, übereinstimmend, koordiniert

соглáсовывать *v impf 1.* abstimmen, absprechen, vereinbaren; *2. (приводи́ть в соотвéтствие)* koordinieren

соглашáть *v impf 1.* abstimmen, koordinieren; *2. (на что-л) ~ся* einwilligen, einverstanden sein; *3. (с чем-л) ~ся* beistimmen, beipflichten, zustimmen; *4. (услáвливаться) ~ся* vereinbaren, verabreden

соглашéние *n 1.* Vereinbarung *f,* Übereinkommen *n; 2. (дóговор)* Abkommen *n; многосторóннее ~* multilaterales Abkommen

согревáть *v impf* wärmen, erwärmen, aufwärmen, warm machen; *~ рýки* sich die Hände wärmen

сóда *f* CHEM Soda *n*

содéйствие *n 1.* Mitwirkung *f,* Förderung *f; 2. (поддéржка)* Unterstützung *f,* Beistand *m,* Mithilfe *f*

содéйствовать *v impf 1.* beitragen, fördern; *2. (поддéрживать)* unterstützen, behilflich sein, beistehen, mitwirken

содержáние *n 1.* Erhaltung *f,* Instandhaltung *f,* Unterhalt *m; расхóды по …нию* Unterhaltskosten *pl; 2. (колúчество)* Gehalt *m,* Prozentsatz *m; 3. (состáв)* Zusammensetzung *f; 4. (сýщность)* Inhalt *m; ~ письмá* Inhalt des Briefes; *5. (оглавлéние)* Inhaltsverzeichnis *n*

содержáтельность *f* Inhaltsreichtum *m,* Reichhaltigkeit *f*

содержа́тельный *adj 1.* gehaltvoll, reichhaltig; *2. (fig)* inhaltsreich, aufschlussreich
содержа́ть *v impf 1.* halten, erhalten, instandhalten; *2. (кого-л)* unterstützen; *3. (заключать в себе)* enthalten, einschließen; *4. ~ в себе́* beinhalten
содержа́щий *adj* ...haltig; *~ алкого́ль* alkoholhaltig
содержи́мое *n* Inhalt *m*
содержи́тельность *f* Inhaltsreichtum *m*
содрога́ние *n 1.* Erdbeben *n; 2. (fig)* Schauer *m*
содру́жество *n 1.* Gemeinschaft *f; 2. (сотрудничество)* Zusammenarbeit *f*
соедине́ние *n 1.* Vereinigen *n,* Zusammenfügen *n; 2. f* Verbindung *f,* Kupplung *f; ~ труб* Rohrverbindung *f*
соединённый *adj* vereinigt, vereint, *...нными си́лами* mit vereinigten Kräften; *...нные Шта́ты Аме́рики* GEO die Vereinigten Staaten von Amerika *pl; ...нное Короле́вство Великобрита́нии и Се́верной Ирла́ндии* das Vereinigte Königreich Großbritannien und Nordirland *n; ...нными си́лами* mit vereinten Kräften
соедини́тельный *adj 1.* Binde..., Verbindungs...; *2.* ANAT *...ная ткань* Bindegewebe *n*
соединя́ть *v impf 1.* verbinden; *2. (объединять)* vereinigen, vereinen, zusammenfassen
сожале́ние *n 1.* Bedauern *n; выража́ть своё ~* sein Bedauern aussprechen; *2. (сострадание)* Mitleid *n,* Erbarmen *n; без ...ния* ohne Erbarmen, erbarmungslos; *3. к ...нию* leider, bedauerlicherweise
сожале́ть *v impf* bedauern, Mitleid haben
соблазни́тельный *adj* verführerisch
созве́здие *n* ASTR Sternbild *n*
созву́чие *n* Gleichklang *m,* Harmonie *f*
созву́чный *adj 1.* MUS gleichklingend, harmonisch; *2. (fig)* im Einklang mit
создава́ть *v impf 1.* schaffen, schöpfen, bilden, hervorbringen; *2. (обосновать)* gründen, aufbauen, errichten; *3. (fam) ~ волоки́ту* den Amtsschimmel reiten; *4. ~ся* entstehen, entspringen, sich herausbilden; *...даётся впечатление* es entsteht der Eindruck
созда́ние *n 1.* Schaffen *n,* Schöpfung *f,* Bildung *f,* Gründung *f; 2. (произведение)* Schöpfung *f,* Werk *n,* Gebilde *n; 3. (существо)* Geschöpf *n*
создате́ль *m 1.* Gründer *m,* Begründer *m; 2. (учредитель)* Urheber *m,* Schöpfer *m*
созида́ние *n* Erbauen *n,* Schaffen *n*
созида́тель *m* Schöpfer *m,* Gründer *m*
созида́тельный *adj* schöpferisch, Schöpfer..., Schaffens...
созида́ть *v impf* errichten, schaffen
сознава́ть *v impf* einsehen, anerkennen, sich bewusst sein; *~ свою́ вину́* seine Schuld einsehen
созна́ние *n 1.* Bewusstsein *n; ~ до́лга* Pflichtbewusstsein *n; 2. (чувство)* Bewusstsein *n,* Besinnung *f; потеря́ть ~* das Bewusstsein verlieren, bewusstlos werden
созна́тельность *f* Bewusstsein *n,* Einsicht *f*
созна́тельный *adj 1.* bewusst, pflichtbewusst; *2. (намеренный)* absichtlich, vorsätzlich, bewusst, wissentlich
созрева́ть *v impf* BOT reifen, ausreifen, reif werden
созы́в *m* Einberufung *f*
созыва́ть *v impf 1.* herbeirufen, zusammenrufen, zusammentrommeln *(fam)*; *2. (собрание)* einberufen
сок *m 1.* GAST Saft *m; я́блочный ~* Apfelsaft *m; 2.* ANAT *желу́дочный ~* Magensaft *m*
со́кол *m* ZOOL Falke *m*
сокраща́ть *v impf 1.* kürzen, abkürzen, verringern, reduzieren, dezimieren; *2.* MATH kürzen; *3.* MED zusammenziehen, kontrahieren; *4. (fig)* schmälern; *5.* ECO abbauen, kündigen, entlassen
сокраще́ние *n 1.* Kürzung *f,* Abkürzung *f,* Verkürzung *f; 2.* ECO Verringerung *f,* Reduzierung *f,* Verminderung *f; 3.* MATH Kürzung *f,* Reduzierung *f; 4. (аббревиатура)* Abbreviatur *f; 5.* MED Verkürzung *f,* Kontraktion *f*
сокрове́нность *f* Heimlichkeit *f,* Verborgenheit *f*
сокро́вище *n* Schatz *m,* Kostbarkeit *f; ни за каки́е ...ща* nicht um alles in der Welt
сокруша́ть *v impf 1.* vernichten, zerstören, niederschmettern; *2. (fig)* bekümmern, betrüben
сокруше́ние *n 1.* Vernichtung *f,* Zerstörung *f; 2. (fig)* Trübsal *f; с ...м* betrübt
соку́рсник *m* Kommilitone *m*
соку́рсница *f* Kommilitonin *f*
солда́т *m* Soldat(in) *m/f; наёмный ~* Söldner *m*
солево́й *adj* Salz...

солéние *n* GAST Salzen *n,* Einsalzen *n*
солёность *f* Salzgehalt *m*
солёный *adj 1.* salzig, gesalzen, salzhaltig, Salz…; *…ные огурцы́* GAST Salzgurken *pl; …ная водá* Salzwasser *n; 2. (fig)* gesalzen, gepfeffert, deftig
солидáрность *f* Solidarität *f*
солидáрный *adj* solidarisch; *…ная отвéтственность* Solidarhaftung *f*
соли́дный *adj 1.* solide, gründlich, fundiert; *2. (о человеке)* solide, ernst, gesetzt, seriös
соли́ст(ка) *m/f* Solist(in) *m/f*
соли́ть *v impf* GAST salzen
сóлнечный *adj* sonnig, Sonnen…
сóлнце *n* Sonne *f; на ~* in der Sonne
соловéй *m* ZOOL Nachtigall *f*
сóлод *m* GAST Malz *n*
солóма *f* Stroh *n*
солóминка *f* Strohhalm *m*
солóмка *f 1.* Stroh *n; шля́па из …ки* Strohhut *m; 2.* GAST Salzstange *f*
солóнка *f* Salzstreuer *m*
соль[1] *f* Salz *n; повáренная ~* Kochsalz *n; ~ земли́ (fig)* das Salz der Erde *(fig)*; *в э́том ~ расскáза (fig)* das ist die Pointe *(fig)*
соль[2] *f* MUS G *n; ~ мажóр* G-Dur *n*
соля́нка *f* GAST Soljanka *f*
соляно́й *adj* Salz…; *…нóе óзеро* GEO Salzsee *m*
соля́р *m (fam)* TECH Dieselöl *n*
сомнамбу́ла *m/f* Schlafwandler(in) *m/f*
сомнамбули́зм *m* MED Schlafwandeln *n*
сомнамбули́ческий *adj* MED schlafwandlerisch, mondsüchtig
сомневáться *v impf* zweifeln, bezweifeln, Zweifel hegen
сомнéние *n* Zweifel *m; без …ния* ohne Zweifel, zweifelsohne
сомни́тельность *f* Fragwürdigkeit *f,* Verdächtigkeit *f*
сомни́тельный *adj 1.* zweifelhaft, bedenklich, obskur; *2. (подозрительный)* fragwürdig, fraglich, verdächtig
сон *m 1.* Schlaf *m; 2. (сновидение)* Traum *m; ~кошмáрный* Alptraum *m*
сонáта *f* MUS Sonate *f*
сонли́вый *adj* verschlafen
сóнный *adj 1.* Schlaf…; *2. (погруженный в сон)* schlafend, im Tiefschlaf; *3. (желающий спать)* schläfrig, müde
соображáть *v impf 1.* überlegen, abwägen; *2. (понимать)* verstehen, erfassen, kapieren *(fam)*; *хорошó ~ (fam)* schnell kapieren; *тýго ~* schwer von Begriff sein

соображéние *n 1.* Auffassungsgabe *f,* Verstand *m; 2. (мнение)* Meinung *f,* Erwägung *f,* Überlegung *f*
соображéния *pl* Grund *m,* Beweggrund *m*
сообрази́тельность *f* Auffassungsgabe *f*
сообрази́тельный *adj* gescheit, verständig, clever *(fam)*, nicht auf den Kopf gefallen *(fam)*
сообщá *adv* gemeinsam, zusammen; *рабóтать ~* Hand in Hand arbeiten
сообщáть *v impf* mitteilen, berichten, bekannt geben
сообщéние *n 1.* Mitteilung *f,* Bekanntmachung *f,* Meldung *f,* Nachricht *f; официáльное ~* amtliche Mitteilung *f; 2. (связь)* Verkehr *m,* Verbindung *f; сквознóе ~* Durchgangsverkehr *m*
сообщество *n* Gemeinschaft *f,* Gesellschaft *f*
сообщник *m* Komplize *m,* Mittäter *m,* Mitwisser *m*
сообщница *f* Komplizin *f,* Mittäterin *f*
сооружáть *v impf* errichten, erbauen, anlegen
сооружéние *n 1.* Errichtung *f,* Erbauung *f,* Bau *m; 2. (здание)* Bau *m,* Bauwerk *n*
соотвéтственный *adj* entsprechend, angemessen
соотвéтствие *n 1.* Entsprechen *n,* Übereinstimmung *f,* Angemessenheit *f; в …твии с чем-л* gemäß etw, in Übereinstimmung mit etw
соотвéтствовать *v impf* entsprechen, übereinstimmen, mit etw in Einklang stehen
соотвéтствующий *adj 1.* entsprechend, gehörig, angemessen; *2. (подходящий)* geeignet, passend
соотéчественник *m* Landsmann *m*
соотноси́тельный *adj* korrelativ, verhältnismäßig
соотношéние *n* Verhältnis *n,* Korrelation *f; ~ сил* Kräfteverhältnis *n*
сопéрник *m* Nebenbuhler *m,* Rivale *m,* Konkurrent *m*
сопéрница *f* Rivalin *f,* Konkurrentin *f*
сопéрничать *v impf* rivalisieren, konkurrieren, in Konkurrenz zueinander stehen
сопéрничество *n* Rivalität *f,* Konkurrenz *f*
соплó *n* TECH Düse *f,* Mundstück *n*
сопоставлéние *n* Gegenüberstellung *f,* Vergleich *m*
сопоставля́ть *v impf* vergleichen, gegenüberstellen, konfrontieren

соприкаса́ться *v impf 1.* mit etw in Berührung kommen; *2. (быть смежным)* sich berühren
соприкоснове́ние *n* Berührung *f; то́чка …ния* Berührungspunkt *m*
сопровожда́ть *v impf* begleiten, eskortieren
сопровожда́ющий *adj* begleitend, Begleit…
сопровожде́ние *n* Begleitung *f*
сопротивле́ние *n 1.* Widerstand *m; ока́зывать ~* Widerstand leisten; *2.* TECH Widerstand *m,* Festigkeit *f*
сопротивля́емость *f* Widerstandsfähigkeit *f,* Resistenz *f*
сопротивля́ться *v impf* Widerstand leisten, sich widersetzen, sich wehren
сор *m* Schmutz *m,* Kehricht *m*
соразме́рность *f* Angemessenheit *f,* richtiges Verhältnis *n*
соразме́рный *adj 1.* angemessen, entsprechend; *2. (пропорциональный)* proportional, anteilmäßig
сорва́нец *m (fam)* Wildfang *m,* Schlingel *m,* Frechdachs *m*
сорвиголова́ *m (fam)* Draufgänger *m,* Mordskerl *m*
соревнова́ние *n 1.* Wettstreit *m,* Wettbewerb *m; 2.* SPORT Wettkampf *m*
соревнова́ться *v impf 1.* wetteifern, im Wettbewerb miteinander stehen; *2.* SPORT sich miteinander messen, gegeneinander antreten
сорняки́ *pl* BOT Unkraut *n*
со́рок *num* vierzig
соро́ка *f* ZOOL Elster *f; ~-воро́вка* diebische Elster
соро́чка *f* Hemd *n; роди́ться в …чке* ein Sonntagskind sein
сорт *m 1.* Sorte *f,* Qualität *f,* Güteklasse *f; пе́рвый ~* erste Wahl *f; 2. (вид)* Sorte *f; ~ я́блок* Apfelsorte *f*
сорти́р *m (fam)* Klosett *n,* Klo *n (fam)*
сортирова́ть *v impf 1.* sortieren, auslesen, sichten; *2.* TECH *(руду)* scheiden
соса́ть *v impf 1.* saugen; *2. (конфету)* lutschen
сосе́д(ка) *m/f* Nachbar(in) *m/f*
сосе́дний *adj* benachbart, Nachbar…, anliegend, Anlieger…; *~ дом* Nachbarhaus *n*
сосе́дство *n* Nachbarschaft *f*
со́ска *f* Schnuller *m,* Nuckel *m,* Sauger *m*
соскреба́ть *v impf* abschaben, abkratzen
со́сланный *adj* verbannt, ausgewiesen
сосна́ *f* BOT Kiefer *f*
сосно́вый *adj* Kiefern…; *~ бор* Kiefernwald *m*
сосо́к *m* ANAT Brustwarze *f*
сосредото́чение *n* Konzentration *f,* Ansammlung *f*
сосредото́ченность *f* Aufmerksamkeit *f,* Konzentration *f*
сосредото́чивать *v impf 1.* konzentrieren, zusammenballen, sammeln; *2. ~ся* sich konzentrieren
соста́в *m 1.* Zusammensetzung *f,* Bestandteile *pl; 2. (о коллективе людей)* Struktur *f,* Zusammensetzung *f,* Personal *n; социа́льный ~ населе́ния* soziale Struktur der Bevölkerung; *медици́нский ~* medizinisches Personal; *3.* SPORT *~ кома́нды* Mannschaftsaufstellung *f*
составле́ние *n 1.* Zusammenstellen *n,* Verfassen *n; 2. (сочниение)* Aufsetzen *n,* Abfassen *n,* Erstellung *f; ~ протоко́ла* Protokollerstellung *f*
составля́ть *v impf 1.* zusammenstellen, zusammensetzen; *2. (сочниять)* verfassen, abfassen, aufsetzen, entwerfen; *3. (сумму)* ausmachen, betragen
составно́й *adj 1.* Bestand..; *…ная часть* Bestandteil *m; 2. (составленный)* zusammengesetzt
состоя́ние *n 1.* Zustand *m,* Befinden *n,* Lage *f; ~ здоро́вья* Gesundheitszustand *m; мора́льное ~* Gemütszustand *m; 2.* ECO Zustand *m,* Lage *f; ~ рынка* Marktlage *f; 3. (капитал)* Vermögen *n,* Habe *f; 4. быть в …нии* in der Lage sein, imstande sein
состоя́тельный *adj 1.* wohlhabend, bemittelt, begütert, betucht *(fam); 2. (обоснованный)* begründet, stichhaltig, triftig
состоя́ть *v impf 1.* bestehen, sich aus etw zusammensetzen; *~ из двух часте́й* aus zwei Teilen bestehen; *2. (быть в составе)* angehören, Mitglied sein; *~ в па́ртии* Parteimitglied sein, einer Partei angehören; *3. ~ся* stattfinden, zustandekommen
сострада́ние *n* Mitleid *n,* Mitgefühl *n,* Erbarmen *n*
сострада́тельный *adj* mitleidig, mitfühlend
сострада́ть *v impf* Mitleid haben
состяза́ние *n* Wettbewerb *m,* Wettkampf *m; ~ в бе́ге* Wettlauf *m*
состяза́ться *v impf* wetteifern, wettkämpfen

сосу́д *m 1.* Behälter *m,* Gefäß *n; 2.* ANAT *кровено́сные ~ы* Blutgefäße *pl*

сосу́лька *f* Eiszapfen *m*

сотру́дник *m 1.* Mitarbeiter *m; нау́чный ~* wissenschaftlicher Mitarbeiter, Wissenschaftler *m; 2. (служащий)* Angestellter *m*

сотру́дница *f 1.* Mitarbeiterin *f; 2. (служащая)* Angestellte *f*

сотру́дничать *v impf* zusammenarbeiten, mitarbeiten, mitwirken, kooperieren

сотру́дничество *n* Zusammenarbeit *f;* Mitarbeit *f,* Mitwirkung *f; делово́е ~* Arbeitsgemeinschaft *f*

сотряса́ть *v impf 1.* erschüttern, erbeben lassen; *2. ~ся* beben, zittern

сотрясе́ние *n 1.* Beben *n,* Wanken *n; 2. (тряска)* Erschütterung *f,* Stoß *m,* Schlag *m; ~ мо́зга* MED Gehirnerschütterung *f*

со́тый *adj* hundertster

со́ус *m* GAST *1.* Soße *f,* Tunke *f; 2. (салатный)* Dressing *n*

соуча́стник *m* JUR Mittäter *m,* Gehilfe *m,* Komplize *m*

соуча́стница *f* JUR Mittäterin *f,* Gehilfin *f,* Komplizin *f*

со́хнуть *v impf* trocken werden, vertrocknen

сохране́ние *n 1.* Erhaltung *f,* Bewahrung *f,* Beibehaltung *f; 2. (сбережение)* Aufbewahrung *f,* Verwahrung *f*

сохра́нность *f* Unversehrtheit *f; быть в …сти* unversehrt sein

сохра́нный *adj* unversehrt, unverletzt

сохраня́ть *v impf 1.* erhalten, bewahren, beibehalten; *2. (сберегать)* aufbewahren, verwahren

социа́л-демокра́т *m* Sozialdemokrat(in) *m/f*

социа́л-демократи́ческий *adj* sozialdemokratisch

социа́л-демокра́тия *f* POL Sozialdemokratie *f*

социали́зм *m* POL Sozialismus *m*

социали́ст *m/f* Sozialist(in) *m/f*

социалисти́ческий *adj* sozialistisch

социа́льно *adv* sozial; *~ опа́сный* gemeingefährlich

социа́льный *adj* sozial, Sozial…; *…ное страхова́ние* Sozialversicherung *f; …ное обеспе́чение* Sozialfürsorge *f*

социоло́гия *f* POL Soziologie *f*

соче́льник *m* REL Weihnachtsabend *m,* Heiligabend *m*

сочета́ть *v impf* vereinigen, kombinieren, zusammenstellen, verbinden; *э́то хорошо́ …а́ется* das passt gut zusammen

сочине́ние *n 1.* Verfassen *n,* Abfassen *n; 2. (стихов)* Dichten *n; 3. (произведение)* Werk *n; 4. (школьное)* Aufsatz *m,* Essay *m*

сочиня́ть *v impf 1.* verfassen, abfassen, schreiben; *2.* MUS komponieren; *3. (стихи)* dichten; *4. (выдумывать)* erdichten, erfinden, flunkern *(fam),* aufschneiden *(fam)*

сочлене́ние *n* ANAT *1.* Gelenk *n; пе́рсное ~* Fingerknöchel *m; 2.* TECH Verbindung *f,* Kupplung *f*

со́чный *adj 1.* saftig; *2. (fig) ~ го́лос* klangvolle Stimme; *3. (fig) …ные кра́ски* kräftige Farben

сочу́вствие *n 1.* Teilnahme *f,* Mitgefühl *n; выража́ть ~* sein Mitgefühl ausdrücken; *2. (доброжелательность)* Wohlwollen *n,* Gewogenheit *f*

сочу́вствовать *v impf* mitfühlen, nachempfinden, Mitleid haben, Anteil nehmen

сою́з *m 1.* Bündnis *n,* Allianz *f; 2. (государственное объединение)* POL Union *f,* Bund *m; Сове́тский ~* HIST Sowjetunion *f; Европе́йский ~* POL Europäische Union *f; 3. (организация)* Bund *m,* Verband *m; ~ писа́телей* Schriftstellerverband *m; 4.* GRAMM Konjunktion *f,* Bindewort *n*

сою́зник *m 1.* Verbündeter *m; pl 2.* POL *~и* Alliierte *pl*

спад *m 1.* Rückgang *m; 2.* ECO Flaute *f*

спада́ть *v impf* abfallen, zurückgehen

спа́зм(а) *m/f* MED Krampf *m*

спазмати́ческий *adj* MED krampfhaft

спа́льный *adj* Schlaf… ; *~ ваго́н* Schlafwagen *m; ~ мешо́к* Schlafsack *m*

спа́льня *f* Schlafzimmer *n*

спа́ржа *f* BOT Spargel *m; ре́зать …жу* Spargel stechen

спа́ривание *n* Paarung *f,* Paaren *n*

спа́ривать *v impf 1.* ZOOL paaren; *2. (fam)* kuppeln

спа́риваться *v impf* sich paaren

сparта́нский *adj* spartanisch, karg

спаса́тельный *adj* Rettungs…, Bergungs…; *…ная ло́дка* Rettungsboot *n*

спаса́ть *v impf* retten, bergen

спасе́ние *n 1.* Rettung *f,* Bergung *f; 2.* REL Erlösung *f*

спаси́бо *interj 1. Danke! Danke schön! n 2.* Dank *m; Большо́е ~!* Vielen Dank!

спаси́тель *m 1.* Retter *m; 2.* REL Erlöser *m,* Heiland *m*

спать *v impf* schlafen; ~ *как убитый (fig)* wie ein Toter/Murmeltier schlafen; *ложиться* ~ zu Bett gehen, schlafen gehen
спекта́кль *m 1. THEAT* Vorstellung *f,* Aufführung *f; 2. (fig)* Spektakel *n*
спектр *m 1. PHYS* Spektrum *n; 2. (fig)* Bandbreite *f*
спекули́ровать *v impf* spekulieren
спекуля́нт(ка) *m/f* Spekulant(in) *m/f,* Schieber *m*
спекуляти́вный *adj* spekulativ
спекуля́ция *f* Spekulation *f*
спе́лость *f GAST* Reife *f*
спе́лый *adj BOT* reif, erntereif
сперва́ *adv (fam)* anfänglich, erst, zuerst
спе́реди *adv* vorn, von vorne
спе́рма *f BIO* Samen *pl,* Sperma *n*
спёртый *adj* stickig, dumpf; ~ *во́здух* stickige Luft, eine Luft zum Ersticken
спеси́вый *adj* hochmütig, hochnäsig
спесь *f* Hochmut *m,* Hochnäsigkeit *f*
специализи́рованный *adj* spezialisiert, Fach...; ~ *магази́н* Fachgeschäft *n*
специализи́роваться *v impf/pf* sich spezialisieren
специали́ст *m* Fachmann *m,* Spezialist *m,* Experte *m; кру́пный* ~ Kapazität *f*
специа́льность *f 1.* Spezialität *f; 2. (отрасль)* Fachgebiet *n,* Fachrichtung *f; литерату́ра по ...сти* Fachliteratur *f; 3. (профессия)* Berufsrichtung *f*
специа́льный *adj 1.* speziell, Spezial..., besonders, Sonder..., extra, Extra...; ~ *вы́пуск* Sonderausgabe *f; 2. (относящийся к отдельной отрасли)* fachlich, einschlägig, Fach...; *...ное образова́ние* Fachausbildung *f*
спе́ции *pl* Gewürze *pl*
специ́фика *f* Eigenheit *f,* Spezifik *f,* das Besondere *n*
специфика́ция *f* Spezifikation *f,* Packliste *f*
специфи́ческий *adj* spezifisch
спецслу́жба *f* Spezialeinheit *f,* Geheimdienst *m*
спеши́ть *v impf 1.* eilen, hetzen, sich beeilen, es eilig haben, sich sputen *(fam); 2. (о часах)* vorgehen
спе́шка *f* Eile *f,* Hetze *f,* Hast *f,* Hektik *f,* Hetzerei *f (fam); в ...ке* in der Eile
спе́шный *adj* eilig, hastig, dringend; *...ное письмо́* Eilbrief *m*
СПИД *m (синдром приобретённого иммунодефицита) MED* Aids *n*
спидо́метр *m* Tachometer *m*
спина́ *f ANAT* Rücken *m*
спи́нка *f* Lehne *f,* Rückenlehne *f*
спира́ль *f* Spirale *f*
спира́льный *adj* spiralförmig, Spiral..., Wendel...; *...ная ле́стница* Wendeltreppe *f*
спирт *m* Spiritus *m,* Alkohol *m,* Sprit *m (fam)*
спиртно́е *n* Spirituosen *pl,* alkoholische Getränke
спиртно́й *adj* alkoholisch, Alkohol...
спи́сок *m* Liste *f,* Verzeichnis *n,* Aufstellung *f*
спи́сывать *v impf 1.* abschreiben; *2. (записывать в расход) ECO* abschreiben; *3. (со счёта) ECO* abbuchen
спи́ца *f 1.* Stricknadel *f; 2. (в колесе)* Speiche *f,* Radspeiche *f*
спи́чечный *adj* Streichholz...; *...ная коро́бка* Streichholzschachtel *f,* Zündholzschachtel *f*
спи́чка *f* Streichholz *n,* Zündholz *n*
сплав *m MET* Legierung *f*
спла́чиваться *v impf* zusammenschließen, sich scharen
спле́тни *pl (fam)* Klatsch *m,* Gerede *n,* Gerüchte *pl*
спле́тник *m (fam)* Klatschmaul *n,* Schandmaul *n*
спле́тница *f (fam)* Klatschtante *f*
спле́тничать *v impf (fam)* klatschen
спле́тня *f* Klatsch *m,* Tratsch *m*
сплочённость *f* Zusammenschluss *m,* Einigkeit *f*
сплошно́й *adj 1.* dicht, geschlossen, kompakt; *2. (непрерывный)* ununterbrochen, durchgängig; ~ *вздор* vollkommener Blödsinn, absoluter Quatsch
сплошь *adv 1.* völlig, durchweg, durchgehend; *2. (ничего кроме)* lauter, nichts als
спозара́нку *adv (fam)* in aller Frühe
споко́йно *adv* ruhig, still, gelassen, in Ruhe; *соверше́нно* ~, in aller Gemütsruhe, seelenruhig
споко́йный *adj 1.* ruhig, still, gelassen; *2. (мирный)* friedlich; *3. (fig) ...ная со́весть* gutes/ruhiges Gewissen
споко́йствие *n 1.* Ruhe *f,* Stille *f,* Gelassenheit *f; 2. (мир)* Frieden *m*
спо́нсор *m* Sponsor *m*
спонта́нный *adj* spontan, kurz entschlossen
спор *m 1.* Auseinandersetzung *f,* Streit *m; учёный* ~ wissenschaftliches Streitgespräch;

зате́ять ~ (fam) einen Streit vom Zaun brechen; *2. JUR* Streitsache *f,* Rechtsstreit *m*

спо́рить *v impf 1.* streiten, sich streiten; *~ о пустяка́х* um des Kaisers Bart streiten *(fig) 2. (держать пари)* wetten; *На что …рим?* Um was wetten wir? *3. JUR* einen Streit führen, prozessieren; *4. (fam) ~ся* gut von der Hand gehen, gelingen

спо́рный *adj* strittig, umstritten, Streit…; *~ вопро́с* Streitfrage *f*

спорт *m SPORT* Sport *m; большо́й ~* Leistungssport *m; занима́ться ~ом* Sport treiben

спорти́вный *adj* sportlich, Sport…; *…ные соревнова́ния* sportliche Wettkämpfe

спортсме́н(ка) *m/f* Sportler(in) *m/f*

спо́соб *m* Verfahren *n,* Methode *f,* Art und Weise *f,* Modus *m; таки́м ~ом* auf diese Art

спосо́бности *pl* Fähigkeiten *pl,* Begabung *f,* Talent *n*

спосо́бность *f 1.* Fähigkeit *f,* Vermögen *n; 2. ECO покупа́тельная ~* Kaufkraft *f*

спосо́бный *adj* begabt, fähig, talentiert; *быть ~ к чему́-л* zu etw imstande sein, etw können

спосо́бствовать *v impf* beitragen, fördern, begünstigen

спотыка́ться *v impf 1.* stolpern, straucheln; *2. (fam)* stecken bleiben, nach Worten suchen

спра́ва *adv 1.* rechts, auf der rechten Seite, rechter Hand; *2. (на вопрос откуда)* von rechts

справедли́вость *f* Gerechtigkeit *f,* Richtigkeit *f*

справедли́вый *adj 1.* gerecht; *2. (обоснованный)* berechtigt, gerechtfertigt, rechtmäßig; *3. (правильный)* wahr, richtig

спра́вка *f 1. (информация)* Auskunft *f,* Erkundigung *f; получа́ть …ку о чём-л* Auskunft über etw einholen, sich nach etw erkundigen; *2. (удостоверение)* Bescheinigung *f,* Bestätigung *f,* Attest *n*

справля́ть *v impf 1. (fam)* feiern; *2. ~ся* schaffen, fertig werden, zurechtkommen

спра́вочник *m* Nachschlagewerk *n,* Handbuch *n*

спра́вочный *adj* Auskunfts…, Nachschlage…

спра́шивать *v impf 1.* fragen, eine Frage stellen; *2. (просить)* um etw bitten; *~ у кого́-л разреше́ние* jdn um Erlaubnis bitten

спрос *m 1. ECO* Nachfrage *f; ~ и предложе́ние* Angebot und Nachfrage; *2. без ~а* ohne Erlaubnis

спрут *m ZOOL* Krake *m*

спряга́ть *v impf GRAMM* konjugieren

спряже́ние *n GRAMM* Konjugation *f*

спуск *m 1.* Abstieg *m; 2. (склон)* Abhang *m,* Böschung *f; 3. TECH* Ablass *m,* Abfluss *m*

спуска́ть *v impf 1.* herablassen, herunterlassen; *2. ~ся* hinuntergehen, herabsteigen

спустя́ *prep* nach, nach Ablauf; *~ не́сколько дней* einige Tage später

спу́тник *m 1.* Begleiter *m,* Gefährte *m; 2. TECH* Satellit *m*

спу́тница *f* Begleiterin *f,* Gefährtin *f*

спя́тить *pf (fam),* verrückt werden, überschnappen, einen Knall haben *(fam)*

сравне́ние *n 1.* Vergleich *m; по …нию с* im Vergleich zu, verglichen mit, gegenüber; *вне …ния* unvergleichlich; *2. GRAMM сте́пень …ния* Komparativ *m*

сра́внивать *v impf* vergleichen, in Vergleich setzen, gegenüberstellen

сравни́тельный *adj 1.* vergleichend, Vergleichs…; *2. GRAMM …ная сте́пень* Komparativ *m; 3. (относительный)* relativ, verhältnismäßig

сража́ть *v impf 1.* niederschlagen, niederschmettern; *2. (fig)* ereilen, überraschen; *3. ~ся* kämpfen, sich messen, wetteifern

сраже́ние *n* Schlacht *f,* Kampf *m*

сра́зу *adv 1.* sofort, gleich, unverzüglich, auf Anhieb; *2. (одновременно)* gleichzeitig, zugleich

срам *m (fam)* Schande *f,* Schmach *f*

срами́ть *v impf (fam) 1.* beschimpfen; *2. ~ся* sich blamieren, sich lächerlich machen

срамно́й *adj (fam)* schamlos

среда́[1] *f 1. CHEM* Medium *n,* Nährboden *m; 2. (окружение)* Umwelt *f; окружа́ющая ~* Umwelt *f; 3. (fig)* Mileu *n,* Umfeld *n*

среда́[2] *f* Mittwoch *m; по ~м* mittwochs

среди́ *prep 1.* mitten, inmitten; *~ но́чи* mitten in der Nacht; *2. (в числе)* unter; *~ нас* unter uns

Средизе́мное мо́ре *n GEO* Mittelmeer *n*

средневеко́вый *adj* mittelalterlich, Mittelalter…

средневеко́вье *n HIST* Mittelalter *n*

сре́дний *adj 1.* mittler, Mittel…; *мужчи́на …него ро́ста* ein Mann von mittlerer Größe; *2. (взятый в среднем)* durchschnittlich, Durchschnitts…, Mittel…; *…няя величина́* Mittelwert *m; в …нем*

durchschnittlich; *3. (fam)* mittelmäßig, mäßig; *4.* GRAMM ~ *род* Neutrum *n;* *5.* MATH *арифмети́ческое ...нее* Durchschnitt *m*
сре́дства *pl* Mittel *pl,* Gelder *pl; обще́ственные* ~ öffentliche Mittel; *жить не по ...вам* über seine Verhältnisse leben
сре́дство *n 1.* Mittel *n,* Weg *m; тра́нспортное* ~ Fahrzeug *n,* Transportmittel *n; пуска́ть в ход все ...ва* alle Hebel in Bewegung setzen; *...ва ма́ссовой информа́ции* Massenmedien *pl; 2.* MED Mittel *n; лека́рственное* ~ Arzneimittel *n; наркоти́ческое* ~ Betäubungsmittel *n; успокои́тельное* ~ Beruhigungsmittel *n; 3.* JUR Mittel *n;* ~ *дока́зывания* Beweismittel *n*
среза́ть *v impf 1.* abschneiden, absägen; *2. (на экзамене)* jdn durchfallen lassen; *3. (на экзамене) ~ся* durchfallen, durchfliegen *(fam)*, durchrasseln *(fam)*
срок *m 1.* Frist *f,* Termin *m,* Zeitpunkt *m;* ~ *го́дности* Haltbarkeitsdatum *n; к ~у* termingerecht, rechtzeitig; *кра́йний* ~ letzte Frist *f; без ~а* unbefristet; *2.* JUR *испыта́тельный* ~ Bewährungsfrist *f*
сро́чность *f* Dringlichkeit *f,* Eile *f*
сро́чный *adj 1.* eilig, dringend, dringlich; *...ные ме́ры* Sofortmaßnahmen *pl; 2. в ...ном поря́дке* im Schnellverfahren; *3. (на срок)* befristet, auf Zeit, Termin...
сруба́ть *v impf* abschlagen, abhauen, abholzen, fällen
срыв *m 1.* Vereitelung *f,* Hintertreibung *f;* ~ *пла́нов* Durchkreuzung von Plänen; ~ *собра́ния* Sprengung einer Versammlung; *2.* TECH Abreißen *n*
срыва́ть *v impf 1.* abreißen, herunterreißen; *2. (цветы, ягоды)* pflücken; *3. (fig)* vereiteln, sabotieren
ссо́ра *f* Streit *m,* Krach *m,* Streiterei *f*
ссо́риться *v impf* streiten, sich streiten, zanken, sich zanken
ссу́да *f* ECO Darlehen *n,* Anleihe *f*
ссу́дный *adj* ECO Leih...; ~ *капита́л* Leihkapital *n*
ссыла́ть *v impf 1.* verbannen, ausweisen; *2. ~ся* sich auf etw beziehen/berufen, auf etw Bezug nehmen, auf etw hinweisen
ссы́лка[1] *f 1.* Ausweisung *f,* Verbannung *f,* Deportation *f; 2. (состояние)* Verbannung *f,* Exil *n*
ссы́лка[2] *f (указание)* Hinweis *m,* Bezugnahme *f*
стабилиза́ция *f* Stabilisierung *f*
стабилизи́ровать *v impf/pf* stabilisieren, festigen *(fig)*
стаби́льность *f* Stabilität *f*
стаби́льный *adj* stabil, Stabil...; *2. (fig)* konstant
ста́вень *m* Fensterladen *m*
ста́вить *v impf 1.* hinstellen, hinsetzen; *2. (в игре)* setzen; *3.* THEAT aufführen, veranstalten; *4. (fig)* ~ *в изве́стность* in Kenntnis setzen, informieren
ста́вка *f 1.* Einsatz *m,* Wetteinsatz *m;* *2. (тарифа)* ECO Tarif *m,* Satz *m; учётная* ~ Diskontsatz *m; 3.* JUR *о́чная* ~ Gegenüberstellung *f; 4. (fig) де́лать ...вку на что-л* auf etw setzen, seine Hoffnung auf etw setzen
ста́вня *f* Fensterladen *m*
стагна́ция *f* ECO Stagnation *f,* Stillstand *m*
стадио́н *m* Stadion *n*
ста́дия *f* Stadium *n,* Stufe *f,* Phase *f;* ~ *разви́тия* Entwicklungsstufe *f; коне́чная* ~ Endphase *f*
ста́до *n 1.* ZOOL Herde *f; 2. (рыб)* Schwarm *m*
стаж *m* Berufsjahre *pl,* Berufspraxis *f*
стажёр *m* Praktikant(in) *m/f*
стажиро́вка *f* Praktikum *n*
стака́н *m* Glas *n,* Trinkglas *n*
ста́лкивать *v impf 1.* herunterstoßen, herabstoßen; *2. (заставлять столкнуться)* etw zusammenstoßen; *3. ~ся с чем-л* auf etwas stoßen, mit etw zu tun haben
сталь *f* MET Stahl *m; листова́я* ~ Stahlblech *n*
стально́й *adj 1.* stählern, Stahl..., aus Stahl; *2. (fig)* eisern, knallhart *(fam)*; *...ные не́рвы* Nerven wie Drahtseile *(fig)*
станда́рт *m* Standard *m,* Norm *f; соотве́тственно ~у* normgerecht
станда́ртный *adj* genormt, standardisiert, Einheits...
станови́ться *v impf 1. (кем, чем)* werden; ~ *привы́чкой* zur Gewohnheit werden; *2. (куда-л)* sich (hin)stellen, treten, Platz nehmen; ~ *в о́чередь* sich anstellen, sich in die Schlange einreihen
стано́к *m* Werkzeugmaschine *f*
ста́нция *f 1.* Station *f,* Bahnhof *m;* ~ *метро* U-Bahnhof *m; коне́чная* ~ Endstation *f;* *2. (учреждение)* Station *f,* Werk *n,* Stelle *f;* *электри́ческая* ~ Kraftwerk *n; запра́вочная* ~ Tankstelle *f; телефо́нная* Fernmeldeamt *n*
стара́ние *n 1.* Fleiß *m,* Bemühung *f,*

Eifer *m; 2. (усердие)* Anstrengung *f,* Mühe *f*
стара́тельный *adj 1.* sorgfältig, sorgsam; *2. (усердный)* fleißig, eifrig, emsig, beflissen
стара́ться *v impf* sich bemühen, bestrebt sein, sich anstrengen
старе́ть *v impf 1.* altern, älter werden; *2. (устаревать)* veralten
ста́рец *m* Greis *m,* alter Mann *m*
стари́к *m* Greis *m,* alter Mann *m*
старики́ *pl 1.* s. *стари́к; 2.* alte Leute *pl*
стари́нный *adj* altertümlich, alt, altehrwürdig
стари́ть *v impf* alt machen, älter machen
старода́вний *adj* langjährig; *...ние обы́чаи* überlieferte Bräuche *pl*
старомо́дный *adj* altmodisch, rückständig
старонеме́цкий *adj* altdeutsch
ста́рость *f* Alter *n; глубо́кая ~* hohes Alter; *на ...сти лет* auf jds alte Tage; *~ не ра́дость.* Man hat es nicht leicht, wenn man alt wird.
старт *m 1.* Start *m; выходи́ть на ~* an den Start gehen; *дать ~* das Starsignal geben; *На ~!* Auf die Plätze! *2. (самолёта)* Start *m,* Abflug *m,* Abheben *n; гото́вый к ~у* startklar
стартова́ть *v impf/pf* SPORT starten
ста́ртовый *adj* Start...; *...вая коло́дка* SPORT Startblock *m*
стару́ха *f (fam)* Alte *f,* altes Weib *n*
ста́рческий *adj* altersschwach, senil; *...кая сла́бость* Altersschwäche *f*
ста́рший *adj 1.* älter; *2. (по положению)* Ober...; *~ врач* Oberarzt *m; m 3.* Vorgesetzter *m*
ста́рый *adj* alt, antik; *~ стиль* der alte Stil *m,* der alte Kalender *m*
стати́стика *f* MATH Statistik *f*
статисти́ческий *adj* MATH statistisch
ста́тный *adj* stattlich, imposant
ста́тус *m* JUR Status *m; правово́й ~* Rechtsstellung *f*
ста́туя *f* Statue *f,* Standbild *n*
стать *f С како́й ...ти?* Wieso denn?, Wie kommst du dazu/darauf?
стать *v pf 1.* s. *станови́ться; 2. (начать)* anfangen, beginnen; *Ста́ло света́ть.* Es begann zu dämmern. *не ~* unterlassen, sein lassen; *3. (остановиться)* stehen bleiben; *Часы́ ста́ли.* Die Uhr ist stehengeblieben. *4. (fam)* kosten, zu stehen kommen; *Во что бы то ни ста́ло!* Koste es, was es wolle!
ста́ться *v pf* geschehen, passieren, los sein *(fam); Что с ним ста́лось?* Was ist aus ihm geworden?, Was ist los mit ihm?
статья́ *f 1.* LIT Artikel *m,* Aufsatz *m; передова́я ~* Leitartikel *m; 2. (документа)* Artikel *m,* Paragraph *m; ~ зако́на* JUR Gesetzesartikel *m; 3. (fig) Э́то осо́бая ~.* Das ist ein Kapitel für sich.
ста́чка *f* POL *1.* Streik *m,* Ausstand *m; всео́бщая ~* Generalstreik *m; 2. (fig) быть в ...ке с кем-л* mit jdm unter einer Decke stecken
ста́я *f 1. (птиц)* Schwarm *m; 2. (волков)* Rudel *n*
ствол *m 1.* BOT Stamm *m,* Baumstamm *m; 2. (стрелкового оружия)* Lauf *m,* Gewehrlauf *m*
сте́бель *m* BOT Stängel *m,* Stiel *m,* Halm *m*
стейк *m* GAST Steak *n*
стека́ть *v impf* abfließen, ausfließen
стекло́ *n 1.* Glas *n; стёкла очко́в* Brillengläser *pl; 2. (собирательно об изделиях)* Glaswaren *pl; 3. (оконное)* Scheibe *f*
стеклови́дный *adj* glasig, glasartig; *...ное те́ло* ANAT Glaskörper *m*
стекловолокно́ *n* Glasfaser *f*
стеклоочисти́тель *m* Scheibenwischer *m*
стекля́нный *adj* gläsern, Glas...; *...ная буты́лка* Glasflasche *f; ...ая та́ра* Leergut *n*
стелла́ж *m* Regal *n,* Gestell *n*
стена́ *f 1.* Wand *f; на ...не́* an der Wand; *2. (каменная)* Mauer *f; городска́я* Stadtmauer *f; ~ пла́ча* Klagemauer *f*
стенд *m 1.* Stand *m; 2.* TECH Prüfstand *m*
стенно́й *adj* Wand...; *...нны́е часы́* Wanduhr *f*
сте́пень *f 1.* Grad *n,* Stufe *f; 2.* MATH Potenz *f*
степь *f* GEO Steppe *f*
стереаппарату́ра *f* Stereoanlage *f*
стереоза́пись *f* Stereoaufnahme *f*
стереоско́п *m* Stereoskop *n*
стереоти́п *m 1.* TECH Standardausführung *f; 2. (fig)* Klischee *n*
стереоти́пия *f* Stereotypie *f*
стереоти́пный *adj 1.* stereotyp; *...ное изда́ние* unveränderte Auflage; *2. (fig)* stereotyp, schablonenhaft
стере́чь *v impf 1.* hüten, bewachen; *2. (подстерегать)* lauern
стерилиза́ция *f* Sterilisierung *f*
стерилизова́ть *v impf/pf* sterilisieren

стери́льность *f 1.* Keimfreiheit *f; 2.* BIO Unfruchtbarkeit *f*
стери́льный *adj 1.* steril, keimfrei; *2.* BIO steril, unfruchtbar
стесне́ние *n 1.* Beengung *f,* Bedrängung *f; 2. (ограничение)* Beschränkung *f,* Knappheit *f; ~ в сре́дствах* Geldknappheit *f,* Geldnot *f; 3. (неловкость)* Beklemmung *f,* Schüchternheit *f,* Befangenheit *f*
стеснённый *adj 1.* beengt, bedrängt; *2. (ограниченный)* beschränkt, eingeschränkt; *3. (смущённый)* befangen, beklommen
стесни́тельный *adj 1.* lästig, beengend, unbequem; *2. (робкий)* verlegen, befangen, schüchtern
стесня́ть *v impf 1.* verlegen machen, in Verlegenheit bringen; *2. ~ся* verlegen sein, befangen sein, schüchtern sein; *3. (ограничиваться) ~ся* sich beschränken, sich einschränken
стиль *m* Stil *m,* Art *f; ~ вожде́ния* Fahrstil *m*
сти́льный *adj* stilvoll, stilvollendet, stilecht
сти́мул *m* Anreiz *m,* Ansporn *m*
стимули́рование *n* Stimulierung *f*
стимули́ровать *v impf* stimulieren, reizen, anreizen, anspornen
стимуля́тор *m* TECH Stimulator *m,* Reizkörper *m*
стипендиа́т *m* Stipendiat(in) *m/f*
стипе́ндия *f* Stipendium *n*
стира́льный *adj* Wäsche…; *…ная маши́на* Waschmaschine *f; ~ порошо́к* Waschpulver *n*
стира́ть[1] *v impf 1.* abwischen, wegwischen, verwischen; *2. (запись)* löschen
стира́ть[2] *v impf* waschen
сти́рка *f* Wäsche *f,* Waschen *n; ручна́я ~* Handwäsche *f*
стих[1] *m* LIT Gedicht *n,* Vers *m; сбо́рник ~о́в* Gedichtband *m*
стих[2] *m (fam)* Laune *f,* Rappel *m*
стиха́ть *v impf 1.* still werden, verstummen; *2. (о ветре и т. п.)* aufhören, sich legen
стихи́йно *adv* spontan
стихи́йный *adj* elementar, Elementar…; *…ное бе́дствие* Naturkatastrophe *f*
стихи́я *f* Element *n,* Naturgewalt *f*
стихотворе́ние *n* LIT Gedicht *n*
сто *num* einhundert, hundert
сто́имость *f* ECO Wert *m; номина́льная ~* Nennwert *m; доба́вочная ~* Mehrwert *m; 2. (цена)* Preis *m,* Kosten *pl; ~ прое́зда* Fahrpreis *m*
сто́ить *v impf 1.* kosten; *Ско́лько э́то …ит?* Wie viel kostet das? *2. (следует)* sich lohnen; *Э́то …ит проче́сть.* Das lohnt sich zu lesen. *3. (нужно)* brauchen; *Вам …ит то́лько предложи́ть.* Sie brauchen nur etw vorzuschlagen. *4. ничего́ не ~* nichts wert sein; *5. Не …ит благода́рности.* Keine Ursache! *6. Не …ит того́.* Es ist nicht der Mühe wert.
сто́йка[1] *f 1.* Theke *f,* Schanktisch *f; 2.* TECH Stützbalken *m,* Stütze *f; 3.* SPORT Torpfosten *m*
сто́йка[2] *f* SPORT *(в гимнастике)* Stand *m; ~ на рука́х* Handstand *m*
сто́йкий *adj 1.* widerstandsfähig, standhaft, stabil; *2.* PHYS stabil, beständig
сто́йкость *f 1.* Standhaftigkeit *f,* Festigkeit *f; 2.* CHEM Stabilität *f; 3.* TECH Festigkeit *f,* Widerstandsfähigkeit *f*
стол *m 1.* Tisch *m; пи́сьменный ~* Schreibtisch *m; 2. (приём пищи)* Tafel *f; пра́здничный ~* Festtafel *f; шве́дский ~* kaltes Büfett *n; 3. (отдел учреждения)* Büro *n,* Abteilung *f; ~ нахо́док* Fundbüro *n; а́дресный ~* Einwohnermeldeamt *n*
столб *m 1.* Pfosten *m,* Pfahl *m; межево́й* Grenzpfahl *m; 2. (масса чего-л)* Säule *f; ~ ды́ма* Rauchsäule *f; 3. водяно́й ~* Wassersäule *f*
столбе́ц *m* Spalte *f,* Kolumne *f*
столбня́к *m* MED Tetanus *m,* Wundstarrkrampf *m*
столе́тие *n* 1. Jahrhundert *n; 2. (годовщина)* Hundertjahrfeier *f,* hundertjähriges Jubiläum *m*
столе́тний *adj* hundertjährig, Hundertjahr…; *…няя годовщи́на* Hundertjahrfeier *f*
столи́ца *f* Hauptstadt *f,* Metropole *f*
столкнове́ние *n 1.* Zusammenstoß *m,* Kollision *f; 2. (конфликт)* Konflikt *m,* Auseinandersetzung *f,* Kollision *f,* Widerstreit *m*
столо́вая *f 1.* Esszimmer *n; 2. (общественная)* Kantine *f,* Mensa *f*
столя́р *m* Schreiner *m*
стомато́лог *m* MED Zahnarzt *m,* Zahnärztin *f*
стон *m* Stöhnen *n,* Ächzen *n*
стона́ть *v impf* stöhnen
стоп *m* Halt *m,* Stopp *m*
стопа́[1] *f* ANAT Fuß *m*
стопа́[2] *f* Stapel *m,* Stoß *m*

сто́пка *f 1.* Stapel *m,* Stoß *m; 2. (стака́нчик)* Gläschen *n*
стоп-кран *m* Notbremse *f*
стоп-ли́ния *f* Haltelinie *f*
стопроце́нтный *adj 1.* hundertprozentig; *2. (fig)* ganz sicher, hundertprozentig sicher
сторожи́ть *v impf* bewachen, überwachen, hüten
сторона́ *f 1.* Seite *f; лицева́я ~* Vorderseite *f,* Frontseite *f; обра́тная ~* Rückseite *f,* Kehrseite *f; с пра́вой …ны́* rechts, auf der rechten Seite; *с одно́й …ны́* einerseits; *с твое́й …ны́* deinerseits; *в …ну* beiseite; *2.* MATH Schenkel *m; …ны треуго́льника* die Schenkel eines Dreiecks; *3.* ASTR *~ све́та* Himmelsrichtung *f*
сторо́нник *m* Anhänger *m,* Befürworter *m,* Verfechter *m,* Vertreter *m*
сторо́нница *f* Anhängerin *f,* Befürworterin *f,* Verfechterin *f,* Vertreterin *f*
стоя́нка *f* Halt *m,* Haltestelle *f; ~ автомаши́н* Parkplatz *m*
стоя́ть *v impf 1.* stehen; *2. (о тра́нспорте)* halten; *3. (о пого́де и т. п.)* sein, herrschen; *Стои́т о́сень.* Es ist Herbst. *…я́ла тишина́* Es herrschte Stille. *4. (fig) ~ за что-л* für etw eintreten, für etw sein
страда́ние *n* Leid *n,* Leiden *n,* Qual *f*
страда́тельный *adj* GRAMM *~ зало́г* Passiv *n*
страда́ть *v impf 1.* leiden, an etw leiden; *2. (fam)* schlecht stehen um, hapern *(fam)*; *У неё …да́ет орфогра́фия.* Mit der Orthografie hapert es bei ihr.
страна́ *f* Land *n,* Staat *m; страна́-производи́тель* ECO Erzeugerland *n; ~ происхожде́ния* Herkunftsland *n; промы́шленно ра́звитая ~* Industrieland *n*
страни́ца *f 1.* Seite *f; 2.* INFORM *дома́шняя ~* Homepage *f*
стра́нность *f* Seltsamkeit *f,* Eigentümlichkeit *f*
стра́нный *adj* seltsam, eigenartig, merkwürdig, ungewöhnlich, eigentümlich, wunderlich
стра́нствовать *v impf* wandern, reisen
стра́ны Бенилю́кса *pl* GEO Beneluxstaaten *pl*
стра́стно *adv* leidenschaftlich, mit Leidenschaft
стра́стность *f* Leidenschaftlichkeit *f,* Heftigkeit *f*
стра́стный *adj 1.* leidenschaftlich, passioniert, begeistert; *2. (пы́лкий)* hitzig, heißblütig
страсть *f* Leidenschaft *f,* Passion *f; со ~ю* leidenschaftlich
стратеги́ческий *adj* strategisch
страте́гия *f* Strategie *f*
стра́ус *m* ZOOL Strauß *m*
страх *m* Angst *f,* Furcht *f; от ~а* vor Angst; *со ~ом* angsterfüllt
страхова́ние *n* Versicherung *f; ~ жи́зни* Lebensversicherung *f; ~ иму́щества от кра́жи* Diebstahlversicherung *f; ~ от несча́стных слу́чаев* Unfallversicherung *f*
страхова́тель *m/f* Versicherungsnehmer(in) *m/f*
страхова́ть *v impf* versichern, sichern
страхо́вка *f* Versicherung *f*
страхово́й *adj* Versicherungs…; *~ слу́чай* Versicherungsfall *m*
страши́ть *v impf* ängstigen, Angst einjagen
стра́шно *adv (fam)* furchtbar, schrecklich
стра́шный *adj 1.* fürchterlich, furchtbar, schrecklich, beängstigend, drohend; *2. (безобра́зный)* abscheulich, abstoßend, abschreckend; *3. (си́льный)* gewaltig, ungeheuer, kolossal, schrecklich
стрекоза́ *f* ZOOL Libelle *f*
стрела́ *f* Pfeil *m; пусти́ть …лу́* einen Pfeil abschießen
стре́лка *f* Zeiger *m*
стрельба́ *f 1.* Schießen *n,* Schießerei *f; ~ из лу́ка* SPORT Bogenschießen *n; 2. (ого́нь)* Beschuss *m,* Feuer *n; открыва́ть …бу́ на кого́-л* das Feuer auf jdn eröffnen
стреля́ть *v impf 1.* schießen, feuern, erschießen
стреми́тельный *adj* ungestüm, heftig
стреми́ться *v impf* nach etw streben, anstreben, bestrebt sein
стремле́ние *n* Streben *n,* Bestreben *n*
стремле́ния *pl* Absichten *pl,* Vorsätze *pl*
стресс *m* Stress *m*
стри́жка *f* Frisur *f,* Haarschnitt *m*
строга́ть *v impf* TECH hobeln
стро́гий *adj 1.* streng, strikt, genau; *…го-на́строго* strengstens, aufs Strengste; *…го говоря́* streng genommen, genau gesagt; *2. (fig)* streng, hart
стро́гости *pl* strenge/scharfe Maßnahmen *pl*
стро́гость *f* Strenge *f,* Härte *f,* Schärfe *f; со всей ~ю* mit aller Schärfe
строе́ние *n 1.* Aufbau *m,* Gefüge *n,* Struktur *f; 2. (зда́ние)* Bau *m,* Bauwerk *n*

стройтель *m 1.* Bauarbeiter *m; 2. (созидатель)* Erbauer *m,* Schöpfer *m*
стройтельство *n 1.* Bau *m,* Bauen *n,* Aufbau *m; жили́щное ~* Wohnungsbau *m; 2. (объект)* Bau *m; 3. (отрасль промышленности)* Baugewerbe *n; 4. (fig)* Aufbau *m*
стро́ить *v impf 1.* bauen, errichten; *2. (fig)* aufbauen, schaffen; *3. (ставить в строй)* aufstellen, formieren
стро́йный *adj 1.* schlank, mit guter Figur; *2. (о рядах)* geordnet; *3. (о мыслях)* gut aufgebaut, logisch
строка́ *f* Zeile *f; кра́сная ~* Absatz *m; чита́ть ме́жду ...к (fig)* zwischen den Zeilen lesen
стропи́ла *pl* Dachstuhl *m*
стропти́вец *m (fam)* Querkopf *m*
стропти́вость *f* Widerspenstigkeit *f,* Störrigkeit *f*
стропти́вый *adj* störrisch, stur, widerspenstig, widerborstig; *укроще́ние ...вой* der Widerspenstigen Zähmung
строфа́ *f LIT* Strophe *f,* Versmaß *n*
строчно́й *adj GRAMM ...а́я бу́ква* Kleinbuchstabe *m,* kleiner Buchstabe *m*
струи́ться *v impf* rieseln, rinnen, strömen, fließen
структу́ра *f* Struktur *f,* Bau *m,* Aufbau *m*
структу́рный *adj* strukturell, Struktur...
струп *m MED* Schorf *m,* Grind *m*
стручо́к *m BOT* Hülse *f,* Schote *f*
струя́ *f* Strahl *m,* Strom *m*
студе́нт(ка) *m/f* Student(in) *m/f*
студе́нческий *adj* studentisch, Studenten...
сту́день *m GAST* Sülze *f,* Aspik *m*
сту́дия *f* Studio *n,* Atelier *n; телевизио́нная ~* Fernsehstudio *n*
стул *m 1.* Stuhl *m; складно́й ~* Klappstuhl *m; 2. MED* Stuhl *m,* Stuhlgang *m*
ступа́ть *v impf* treten, auftreten
ступе́нчатый *adj* stufenartig, stufenförmig
ступе́нь *f 1.* Stufe *f; 2. (этап в развитии)* Etappe *f*
ступе́нька *f* Stufe *f,* Sprosse *f*
стуча́ть *v impf* pochen, klopfen; *2. ~ся* sich stoßen; *3. ~ся в дверь* anklopfen
стыд *m* Scham *f,* Schande *f; красне́ть от ~а* schamrot werden; *~ и срам!* Schimpf und Schande!
стыди́ться *v impf* sich schämen; *...тесь!* Schämt euch!
стыдли́вость *f* Schamhaftigkeit *f*
стыдли́вый *adj* schamhaft, verschämt
сты́дно *adv* peinlich, eine Schande sein; *Как тебе́ не ~!* Schämst du dich gar nicht! *Мне ~ за вас.* Ich schäme mich für euch.
стюа́рд *m* Steward *m*
стюарде́сса *f* Stewardess *f*
стя́гивать *v impf 1.* binden, schnüren; *2. (fam)* klauen, stibitzen, mitgehen lassen
суббо́та *f* Samstag *m,* Sonnabend *m; по ...там* samstags
субси́дия *f ECO* Subvention *f,* Zuschuss *m,* Beihilfe *pl*
субста́нция *f* Substanz *f*
субти́тр *m CINE* Untertitel *m*
субъе́кт *m* Subjekt *n*
субъекти́вно *adv* subjektiv, vom persönlichen Standpunkt aus betrachtet
субъекти́вность *f* Subjektivität *f*
субъекти́вный *adj* subjektiv
сувени́р *m* Souvenir *n,* Andenken *n,* kleines Geschenk *n*
суверенитéт *m 1.* Souveränität *f; 2. POL* Hoheit *f*
суверéнный *adj* souverän; *...нная террито́рия* Hoheitsgebiet *n*
суд *m JUR 1.* Gericht *n,* Gerichtshof *m; Междунаро́дный ~* Internationaler Gerichtshof *m; уголо́вный ~* Strafgericht *n; участко́вый ~* Amtsgericht *n; 2. (разбор дела)* Gerichtsverhandlung *f,* Gerichtsverfahren *n; быть под ~о́м* unter Anklage stehen, vor Gericht stehen; *3. (суждение)* Urteil *n; Отдаю́ на ваш ~.* Ich überlasse es Ihrem Urteil.
суда́чить *v impf* klatschen
суде́бный *adj JUR* gerichtlich, Gerichts...; *...ная пала́та* Gerichtshof *m; ...ная медици́на* Gerichtsmedizin *f*
суди́мость *f JUR* Vorstrafe *f; не име́ть ...сти* nicht vorbestraft sein, ohne Vorstrafe sein
суди́ть *v impf 1.* vor Gericht stellen; *За э́то су́дят.* Dafür kommt man vor Gericht. *2. SPORT ~ игру́* das Spiel leiten, Schiedsrichter sein; *3. (fig)* beurteilen, über etw urteilen
су́дно *n* Schiff *n; грузово́е ~* Frachter *m*
судопроизво́дство *n JUR* Gerichtsverfahren *n,* Prozessordnung *f*
су́дорога *f MED* Krampf *m*
су́дорожный *MED adj* krampfhaft
судострое́ние *n* Schiffbau *m*
судохо́дство *n* Schifffahrt *f; речно́е ~* Binnenschifffahrt *f*

судьба́ *f* Schicksal *n,* Los *n; искуша́ть ...бу́* das Schicksal herausfordern
судья́ *m 1.* JUR Richter(in) *m/f; трете́йский* ~ Schiedsrichter(in) *m/f; участко́вый* ~ Amtsrichter(in) *m/f; 2.* SPORT Schiedsrichter(in) *m/f*
суеве́рие *n* Aberglaube *m*
суеве́рный *adj* abergläubisch
суета́ *f* Eile *f,* Hast *f,* Unruhe *f,* Hektik *f*
суетли́вый *adj* eilig, hastig, hektisch
сужде́ние *n* Ansicht *f,* Meinung *f,* Auffassung *f,* Urteil *n*
суже́ние *n 1.* Verengung *f; ~ сосу́дов* MED Gefäßverengung *f; 2.* TECH Verjüngung *f*
су́живать *v impf* enger machen, verengen
су́ка *f* ZOOL Hündin *f*
сукно́ *n* Tuch *n*
сумасше́дший *adj 1.* wahnsinnig, verrückt; *2. ~ дом* Irrenhaus *n,* Klapsmühle *f (fam)*; *m 3.* Irrer *m*
сумасше́ствие *n* Wahnsinn *m,* Irrsinn *m; до ...вия* bis zum Wahnsinn
сумато́ха *f* Durcheinander *n,* Getümmel *n,* Tohuwabohu *n (fam)*
сумаше́ствие *n* Irrsinn *m,* Wahnsinn *m*
су́меречный *adj* dämmerig, Dämmerungs...
су́мерки *pl* Dämmerung *f,* Abenddämmerung *f; в ...ках* im Halbdunkel
су́мка *f* Tasche *f; да́мская* ~ Handtasche *f*
су́мма *f* Summe *f,* Betrag *m; на ...мму* im Wert von, in Höhe von
сумма́рный *adj* summarisch, Summen...
сумми́рование *n 1.* MATH Summieren *n,* Zusammenrechnen *n; 2. (fig)* Zusammenfassung *f,* Resümee *n*
сумми́ровать *v impf 1.* MATH summieren, zusammenzählen; *2. (fig)* resümmieren, zusammenfassen
сунду́к *m* Koffer *m,* Truhe *f*
суп *m* GAST Suppe *f*
суперма́ркет *m* Supermarkt *m*
супово́й *adj* Suppen...
супру́г *m* Ehemann *m,* Gatte *m*
супру́га *f* Ehefrau *f,* Gattin *f*
супру́ги *pl* Ehepaar *n*
супру́жеский *adj* ehelich, Ehe..
супру́жество *n* Ehe *f,* Eheleben *n*
суро́вость *f* Härte *f,* Strenge *f,* Rauheit *f*
суро́вый *adj 1.* streng, hart; *~ пригово́р* strenges Urteil *n; ~ кли́мат* raues Klima *n; 2. (о материале)* roh, unbehandelt; *...вые ни́тки* roher Zwirn; *...вое полотно́* Rohleinen *n*
суро́к *m* ZOOL Murmeltier *n*
суррога́т *m* Ersatzstoff *m,* Surrogat *n*
сутенёр *m* Zuhälter *m*
су́тки *pl* 24 Stunden *pl,* Tag und Nacht; *в тече́ние ...ток* innerhalb von 24 Stunden; *дво́е ...ток* zwei (volle) Tage; *кру́глые ~* Tag und Nacht, rund um die Uhr, 24 Stunden *pl*
су́толока *f* Gedränge *n,* Getümmel *n,* Gestoße *n (fam)*
суть *f* Wesen *n,* Hauptsache *f,* Kernpunkt *m,* springender Punkt *m (fam)*; *по ...ти де́ла* eigentlich, im Grunde genommen
сутя́га *m/f (fam)* Querulant(in) *m/f*
суха́рь *m* Zwieback *m,* trockenes Brot *n*
сухожи́лие *n* ANAT Sehne *f*
сухо́й *adj* trocken, vertrocknet, getrocknet, Trocken...
сухопа́рый *adj* hager, sehnig
су́хость *f 1.* Trockenheit *f; 2. (fig)* Lieblosigkeit *f,* Herzlosigkeit *f*
сухофру́кты *pl* GAST Dörrobst *n,* Trockenfrüchte *pl*
су́ша *f* GEO Festland *n*
суши́ть *v impf 1.* trocknen; *2. (фрукты и т. п.)* dörren
суще́ственный *adj* wesentlich, bedeutend, essentiell, einschneidend *(fig)*
существо́ *n* Geschöpf *n,* Wesen *n,* Kreatur *f; прове́рка по ...ву́* sachliche Prüfung; *говори́ть по ...ву́* sachlich sprechen
существова́ние *n 1.* Dasein *n,* Existenz *f,* Leben *n; 2. (наличие)* Existenz *f,* Vorhandensein *n*
существова́ть *v impf 1.* existieren, bestehen; *2. (жить)* leben, existieren; *~ на что-л* von etw leben
су́щий *adj* wahr, rein, unverfälscht; *...щая пра́вда* reine Wahrheit
су́щность *f* das Wesentliche *n,* Kern *m,* Wesen *n,* Hauptaspekt *m*
сфе́ра *f* Gebiet *n,* Bereich *m,* Sphäre *f; ~ влия́ния* Einflussbereich *m*
схва́тка *f* Geplänkel *n,* Handgemenge *n,* Nahkampf *m*
схва́тки *pl* MED Wehen *pl*
схва́тывать *v impf 1.* greifen, fassen, erfassen, packen; *2. (fam) ~ на́сморк* sich einen Schnupfen holen
схе́ма *f 1.* Schema *n,* Plan *m,* Übersicht *f; 2.* TECH Schaltung *f,* Schaltbild *n*
схемати́ческий *adj* schematisch
сходи́ть *v impf 1.* gehen, hingehen; *2. ~ за чем-л* etw holen, etw abholen, etw besorgen;

~ *за молокóм* Milch holen; *3. (уходить)* weggehen, fortgehen, abgehen; *не ~ со сцéны* THEAT immer wieder gespielt werden; *не …дя́ с мéста* ohne sich von der Stelle zu bewegen
схóдни *pl* NAUT Steg *m,* Landungssteg *m*
схóдный *adj 1.* ähnlich; *2. (по цене)* angemessen, günstig, erschwinglich
схóдство *n* Ähnlichkeit *f*
сцéна *f* THEAT *1.* Bühne *f; 2. (часть действия)* Szene *f,* Auftritt *m; 3. (эпизод)* Episode *f; 4. (fam)* Streit *m*
сценáрий *m* CINE Drehbuch *n*
сценари́ст *m* CINE Drehbuchautor(in) *m/f*
сцеплéние *n* TECH Kupplung *f,* Verbindung *f*
сцепля́ть *v impf 1.* kuppeln; *2. (fig) ~ся* aneinander geraten, sich in die Haare kriegen *(fam)*
счастли́вец *m* Glückskind *n,* Glückspilz *m,* Sonntagskind *n*
счастли́вый *adj* glücklich, Glück(s)…; *~ слу́чай* Glücksfall *m; …вого пути́!* Gute Reise!
счáстье *n* Glück *n; к …тью* zum Glück, glücklicherweise
счёт *m 1.* ECO Rechnung *f; 2. (в банке)* Konto *n; 3.* SPORT *рáвный ~* Ausgleich *m; 4. (в игре)* Spielstand *m*
счётный *adj 1.* Rechen…, Zähl…; *2.* FIN Buchführungs…, Rechnungs…
счёт-профóрма *m* ECO Proformarechnung *f*
счётчик *m* Zähler *m; электри́ческий ~* Stromzähler *m*
считáть *v impf 1.* zählen; *~ до десяти́* bis zehn zählen; *2. (производить вычисления)* MATH rechnen; *3. (расценивать)* betrachten als, halten für, finden; *Я считáю, что он симпати́чный.* Ich finde ihn nett. *4. (полагать)* meinen, denken; *5. не …тáя* mit Ausnahme von, ausgenommen, außer, ohne
съедáть *v impf* essen, aufessen
съедóбный *adj* essbar, genießbar
съезд *m 1.* Zusammenkunft *f; 2.* POL Kongress *m*
съёмка *f* CINE Aufnahme *f; ~ фи́льма* Dreharbeiten *pl*
сыворотка *f* BIO Serum *n,* Impfstoff *m*
сыгранный *adj* aufeinander eingespielt
сын *m* Sohn *m; блу́дный ~* der verlorene Sohn *m; ~ своегó врéмени* ein Kind seiner Zeit
сыпать *v impf 1.* schütten, ausschütten, streuen; *~ деньгáми* mit Geld um sich werfen; *2. ~ся* niederprasseln, herabfallen
сыпу́чий *adj* streubar, Streu…
сыпь *f* MED Ausschlag *m*
сыр *m* GAST Käse *m*
сырóй *adj 1.* feucht; *2.* GAST roh, nicht gar; *3.* TECH roh, unbehandelt
сырость *f* Feuchtigkeit *f*
сырьё *n* Rohmaterial *n,* Rohstoff *m*
сытный *adj* nahrhaft, sättigend
сытый *adj* gesättigt, satt; *~ голóдного не разумéет.* Wer im Trocknen sitzt, lacht über den Regen.
сюдá *adv* hierher, hierhin; *тудá и ~* hin und her
сюжéт *m* LIT Inhalt *m,* Gegenstand *m*
сюрпри́з *m* Überraschung *f; неприя́тный ~* böse Überraschung

Т

таба́к *m* Tabak *m*
таба́чный *adj* Tabak...; *...ные изде́лия* Tabakwaren *pl*
табле́тка *f MED* Tablette *f,* Pille *f (fam)*; *противозача́точная ~* Antibabypille *f; ~ от головно́й бо́ли* Kopfschmerztablette *f*
табли́ца *f* Tabelle *f,* Aufstellung *f; ~ умноже́ния* Einmaleins *n*
табли́чка *f* Schild *n; фи́рменная ~* Firmenschild *n*
табли́чный *adj* tabellarisch, in Tabellenform
табло́ *n* Schautafel *f; светово́е ~* Leuchttafel *f*
табу́ *n* Tabu *n; наложи́ть ~* mit einem Tabu belegen, tabuisieren
табуре́т *m* Schemel *m,* Hocker *m,* Barhocker *m*
таз[1] *m ANAT* Becken *n*
таз[2] *m (посуда)* Schüssel *f*
Таила́нд *m GEO* Thailand *n*
таи́нственность *f* Heimlichkeit *f,* etw Geheimnissvolles *n*
таи́нственный *adj* geheimnisvoll, mysteriös
та́инство *n REL* Sakrament *n*
тайга́ *f GEO* Taiga *f*
тайко́м *adv* heimlich, verstohlen klammheimlich, in aller Stille; *~ от кого́-л* hinter jds Rücken
тайм *m SPORT* Halbzeit *f; пе́рвый ~* erste Halbzeit
та́йна *f* Geheimnis *n; храни́ть ...ну* ein Geheimnis wahren; *в ...не от кого́-л* ohne Wissen von jdm; *~ перепи́ски* Briefgeheimnis *n*
тайни́к *m* Versteck *n,* Geheimfach *n; в ~а́х се́рдца* im Innersten seiner Seele
та́йный *adj* heimlich, geheim, Geheim...; *~ ход* Geheimgang *m; ...ная наде́жда* insgeheime Hoffnung
так как *konj* denn, da, weil
так *adv 1.* so, derart, auf diese Weise; *2. (утвердительно)* ja, freilich; *и́менно ~* genau so; *3. ~ наызва́емый* so genannt; *4. ~ сказа́ть* sozusagen; *5. ~ ему́ и на́до.* Das geschieht ihm recht.; *6. и ~ далее* und so weiter, et cetera; *konj 7.* also, so, dann
та́кже *konj* auch, ebenfalls, ebenso; *а ~* sowie
тако́й *adj* ein solcher, solch ein, so ein, so; *Что ...ко́е?* Was ist los?, Was gibt's? *Что э́то ...ко́е?* Was soll das?, Was ist denn das?
та́кса[1] *f ZOOL* Dackel *m*
та́кса[2] *f ECO* Taxe *f,* Gebühr *f,* Tarif *m*
такси́ *n* Taxi *n*
таксофо́н *m TEL* Münzfernsprecher *m*
такт[1] *m 1. MUS* Takt *m; держа́ть ~* im Takt bleiben, den Takt halten; *2. TECH* Takt *m,* Arbeitsrhythmus *m*
такт[2] *m (о поведении)* Takt *m,* Taktgefühl *n,* Feingefühl *n*
та́ктика *f* Taktik *f; измени́ть ...ку* die Taktik ändern
такти́ческий *adj* taktisch
такти́чность *f* Feingefühl *n,* Taktgefühl *n*
такти́чный *adj* taktvoll, diskret, feinfühlig
тала́нт *m* Talent *n,* Begabung *f*
тала́нтливый *adj* talentiert, begabt
талисма́н *m* Talisman *m,* Glücksbringer *m,* Maskottchen *n*
та́лия *f* Taille *f; пальто́ в ...ию* taillierter Mantel
тало́н *m 1.* Bon *m,* Coupon *m; 2. (для получения товара)* Gutschein *m,* Bezugsschein *m*
там *adv* dort, da; *Кто ~?* Wer ist da? *~ ви́дно бу́дет.* Alles Weitere wird sich finden.
тамо́женник *m* Zollbeamter *m,* Zöllner *m (fam)*
тамо́женный *adj* Zoll...; *~ досмо́тр* Zollkontrolle *f; ...нная деклара́ция* Zollerklärung *f*
тамо́жня *f* Zollbehörde *f,* Zoll *m*
тампо́н *m* Tampon *m*
та́нец *m* Tanz *m*
танк *m 1. MIL* Panzer *m; 2. (цистерна)* Tank *m*
та́нкер *m NAUT* Tanker *m,* Tankschiff *n*
танцева́льный *adj* tänzerisch, Tanz...
танцева́ть *v impf* tanzen
танцо́вщик *m* Tänzer *m,* Balletttänzer *m*
танцо́вщица *f* Tänzerin *f,* Balletttänzerin *f*
танцо́р *m* Tänzer *m*
танцплоща́дка *f* Tanzfläche *f,* Tanzboden *m*
та́почки *pl* Schuhe *pl; дома́шние ~* Hausschuhe *pl*
та́ра *f* Verpackung *f,* Verpackungsmaterial *n*
тарака́н *m ZOOL* Kakerlake *f,* Schabe *f*

тарахте́ть *v impf* poltern, holpern, Lärm machen
таре́лка *f 1.* Teller *m; глубо́кая ~* tiefer Teller; *ме́лкая ~* flacher Teller; *2. быть не в свое́й ...лке* schlechte Laune haben
тари́ф *m ECO* Tarif *m*
тари́фный *adj* Tarif...; *...ная ста́вка* Tarifsatz *m; ~ по́яс* Tarifzone *f*
таска́ть *v impf 1.* schleppen; *2. (волочить)* schleifen; *3. (fam)* klauen, mopsen, stibitzen; *4. ~ся* sich herumtreiben
татуи́ровать *v impf/pf* tätowieren
татуиро́вка *f* Tätowierung *f,* Tattoo *n (fam)*
тафта́ *f* Taft *m*
тахо́метр *m TECH* Tachometer *n,* Drehzahlmesser *m,* Tacho *m (fam)*
тахта́ *f* Liege *f*
та́чка *f* Schubkarre *f*
тащи́ть *v impf 1.* s. *таска́ть; 2. ~ся* sich schleppen, kriechen
та́ять *v impf* schmelzen, tauen
тварь *f (fam)* Biest *n,* Luder *n,* Miststück *n*
тверде́ть *v impf* sich verhärten, hart werden
твердоло́бый *adj* engstirnig, stur, dickköpfig
твёрдость *f 1. TECH* Härte *f,* Festigkeit *f; 2. (стойкость)* Standhaftigkeit *f,* Festigkeit *f*
твёрдый *adj 1.* fest, hart; *2. (негибкий)* steif, starr; *3. (fig)* fest; *...дое наме́рение* fester Vorsatz
твой *pron* dein
творе́ние *n 1.* Schaffen *n; 2. (существо)* Geschöpf *n; 3. (художественное произведение)* Werk *n*
творе́ц *m* Schöpfer *m*
твори́ть *v impf* schaffen, vollbringen; *~ чудеса́* Wunder vollbringen
тво́рог *m GAST* Quark *m*
тво́рческий *adj* schöpferisch, kreativ, Schaffens...
теа́тр *m THEAT* Theater *n,* Schauspielhaus *n; зелёный ~* Freilichttheater *n; ку́кольный ~* Puppentheater *n; биле́т в ~* Theaterkarte *f*
театра́льный *adj 1.* Theater...; *...ное представле́ние* Theatervorstellung *f; ...ное учи́лище* Schauspielschule *f; 2. (fig)* theatralisch, dramatisch
тебе́ *pron* dir
тебя́ *pron* dich
те́зис *m* These *f,* Leitsatz *m*
текст *m* Text *m,* Wortlaut *m; специа́льный ~* Fachtext *m*
тексти́ль *m* Textilwaren *pl,* Textilien *pl*
тексти́льный *adj* textil, Textil...; *...ная промы́шленность ECO* Textilindustrie *f*
теку́чий *adj 1.* flüssig, fließend, strömend; *2. (непостоянный)* veränderlich, unbeständig, fluktuierend
теку́щий *adj 1.* fließend; *2. (о дате)* laufend, aktuell; *в ...щем году́* in diesem Jahr, im laufenden Jahr; *3. (настоящий)* gegenwärtig; *в ~ моме́нт* in diesem Augenblick, zum gegenwärtigen Zeitpunkt; *...щие собы́тия* Zeitgeschehen *n,* Aktuelles *n; 4. FIN ~ счёт* Kontokorrentkonto *n,* laufendes Konto
телеви́дение *n* Fernsehen *n; ка́бельное ~* Kabelfernsehen *n*
телевизио́нный *adj* Fernseh...; *...нная анте́нна* Fernsehantenne *f*
телеви́зор *m* Fernseher *m,* Fernsehgerät *n; цветно́й ~* Farbfernseher *m; смотре́ть ~* fernsehen
теле́га *f* Leiterwagen *m,* Wagen *m*
телегра́мма *f* Telegramm *n*
телеграфи́ровать *v impf/pf* telegrafieren
теле́жка *f* Karren *m,* Wagen *m; ручна́я ~* Handkarren *m*
телёнок *m ZOOL* Kalb *n*
телеско́п *m* Teleskop *n*
теле́сный *adj* körperlich
телеуправле́ние *n TECH* Fernbedienung *f,* Fernsteuerung *f*
телефа́кс *m TEL* Telefax *n,* Fax *n*
телефо́н *m TEL* Telefon *n,* Fernsprecher *m; моби́льный ~* Handy *n,* Mobiltelefon *n; говори́ть по ~у* telefonieren
телефо́нный *adj* telefonisch, Telefon...
те́ло *n* Körper *m,* Leib *m; небе́сное ~* Himmelskörper *m; быть в ...ле* beleibt sein; *держа́ть в чёрном ...ле* stiefmütterlich behandeln
телосложе́ние *n* Körperbau *m,* Gestalt *f,* Statur *f*
телохрани́тель *m* Leibwächter *m*
теля́тина *f GAST* Kalbfleisch *n*
тем *konj 1.* umso, desto; *~ бо́лее* umso mehr; *~ лу́чше* umso/desto besser; *чем ра́ньше, ~ лу́чше* je eher, desto besser; *~ не ме́нее* nichts desto trotz, nichts desto weniger; *pron 2. ~ са́мым* dadurch
те́ма *f* Thema *n*
тема́тика *f* Thematik *f,* Themenkreis *m*
темати́ческий *adj* thematisch, Themen...

темне́ть *v impf* dunkel werden; *...не́ет* es dämmert, es wird dunkel
темни́ца *f* Kerker *m*
темноволо́сый *adj* dunkelhaarig, brünett
темнота́ *f 1.* Dunkel *n,* Dunkelheit *f,* Finsternis *f; 2. (неясность)* Unklarheit *f*
тёмный *adj 1.* finster, dunkel; *2. (неясный)* unklar, zweideutig; *3. (подозрительный)* verdächtig, dubios, zwielichtig
те́мп *m* Tempo *n,* Rate *f; ~ ро́ста* Zuwachsrate *f*
темпера́мент *m* Temperament *n*
темпера́ментный *adj* temperamentvoll
температу́ра *f 1.* Temperatur *f; 2.* MED Fieber *n*
тенденцио́зный *adj* tendenziös
тенде́нция *f* Tendenz *f,* Neigung *f,* Trend *m; появля́ть ...цию* zu etw neigen/tendieren
тени́стый *adj 1.* schattig; *2. (дающий тень)* Schatten spendend
те́ннис *m* SPORT Tennis *n; насто́льный ~* Tischtennis *n; игра́ть в ~* Tennis spielen
те́ннисный *adj* Tennis...; *...ная раке́тка* Tennisschläger *m*
тено́р *m* MUS Tenor *m*
тень *f* Schatten *m*
тео́лог *m* Theologe *m*
теологи́ческий *adj* theologisch
теоло́гия *f* Theologie *f*
теоретизи́ровать *v impf* theoretisieren
теоре́тик *m* Theoretiker(in) *m/f*
теорети́ческий *adj* theoretisch
тео́рия *f* Theorie *f,* Lehre *f; ~ и пра́ктика* Theorie und Praxis; *вы́двинуть ...ию* eine Theorie aufstellen
тепе́решний *adj (fam)* gegenwärtig, jetzig; *в ...шнее вре́мя* heutzutage
тепе́рь *adv* jetzt, gegenwärtig, nun, derzeit
тепли́ца *f* Gewächshaus *n,* Treibhaus *n*
тепло́ *n 1.* Wärme *f; adv 2.* warm
теплоизоля́ция *f* Wärmedämmung *f,* Wärmeisolation *f*
теплота́ *f 1.* PHYS Wärme *f; 2. (fig)* Herzlichkeit *f,* Wärme *f*
тёплый *adj 1.* warm, mild; *2. (fig)* warm, herzlich, freundschaftlich
терапе́вт *m 1.* Internist(in) *m/f; 2. (лечащий врач)* Hausarzt *m,* Hausärztin *f*
терапи́я *f* MED Therapie *f,* Behandlung *f*
тере́ть *v impf* reiben; *~ глаза́* sich die Augen reiben
терза́ние *n* Qual *f; миллио́н ...ний* Höllenqualen *pl*
тёрка *f* Reibe *f*
те́рмин *m* Fachausdruck *m,* Fachwort *n*
терминологи́ческий *adj* terminologisch
терминоло́гия *f* Terminologie *f*
термо́метр *m 1.* Thermometer *n; 2.* MED Fieberthermometer *n*
терни́стый *adj* dornig, Dorn(en)...
терпели́вый *adj* geduldig
терпе́ние *n* Geduld *f,* Langmut *f; вы́йти из ...ния* aus der Haut fahren, die Geduld verlieren
терпенти́н *m* CHEM Terpentin *n*
терпе́ть *v impf 1.* ertragen, leiden; *~ боль* Schmerzen ertragen; *2. (допускать)* dulden, sich etw gefallen lassen, hinnehmen
терпи́мо *adv* tolerant
терпи́мость *f* Duldsamkeit *f,* Toleranz *f*
терпи́мый *adj 1.* duldsam, geduldig, tolerant; *быть ...мым* Toleranz üben; *2. (сносный)* erträglich, passabel, leidlich
те́рпкий *adj* herb
терра́риум *m* Terrarium *n*
терра́са *f* Terrasse *f*
территориа́льный *adj* territorial, Territorial..., Gebiets...
террито́рия *f* Territorium *n,* Gebiet *n; ~ страны́* Hoheitsgebiet *n*
терро́р *m* Terror *m*
терроризи́ровать *v impf/pf* terrorisieren, Schrecken verbreiten
террори́зм *m* Terrorismus *m*
террори́ст(ка) *m/f* Terrorist(in) *m/f*
террористи́ческий *adj* terroristisch, Terror; *~ акт* terroristischer Anschlag
теря́ть *v impf* verlieren, einbüßen; *~ наде́жду* die Hoffnung verlieren, den Mut verlieren; *не ~ му́жества* den Mut nicht verlieren
теснота́ *f 1.* Enge *f,* Raummangel *m; жить в ..те́* beengt leben, auf beengtem Raum leben; *2. (давка)* Gedränge *n*
те́сный *adj 1.* eng. schmal; *2. (сплочённый)* eng, geschlossen; *3. (близкий)* eng, innig, intim
тест *m* Test *m,* Prüfung *f*
те́сто *n* Teig *m; слоёное ~* Blätterteig *m; дрожжево́е ~* Hefeteig *m*
тесть *m* Schwiegervater *m*
тесьма́ *f* Band *n,* Borte *f*
тетра́дь *f* Heft *n,* Schreibheft *n*
тётя *f* Tante *f*
тефте́ли *pl* GAST Klopse *pl*
те́хник *m/f* Techniker(in) *m/f; зубно́й ~* Zahntechniker(in) *m/f*

тéхника *f 1.* TECH Technik *f; ~ свя́зи* Nachrichtentechnik *f; 2. (совокупность приёмов)* Fertigkeit *f,* Können *n*
техни́ческий *adj* technisch, Technik...; *...кое учи́лище* technische Hochschule *f*
техни́чный *adj* gewandt, geschickt
технóлог *m* Verfahrenstechniker(in) *m/f*
технологи́ческий *adj* technologisch
технолóгия *f* TECH Technologie *f,* Verfahrenstechnik *f*
техобслу́живание *n* TECH Wartung *f*
течéние *n 1.* Fließen *n,* Strömen *n; 2.* Fluss *m,* Strömung *f; 3.* Lauf *m,* Verlauf *m,* Hergang *m; в ...нии чегó-л* während, im Laufe von
тéчка *f* BIO Brunst *f,* Brunft *f*
течь *v impf 1.* fließen, strömen; *2. (проходить)* vergehen, verstreichen; *Теку́т дни за дня́ми.* Es verstreicht ein Tag um den anderen. *3. (пропускать воду)* leck sein, undicht sein
тёща *f* Schwiegermutter *f*
тигр *m* ZOOL Tiger *m*
тик[1] *m* MED Tick *m,* nervöse Zuckung *f*
тик[2] *m* BOT Teakbaum *m,* Teak *m*
ти́кать *v impf* ticken
тимья́н *m* BOT Thymian *m*
ти́нистый *adj* schlammig, verschlammt
тип *m 1.* Typ *m,* Typus *m,* Art *f; 2.* TECH Fabrikat *n; 3. (fam)* Kerl *m,* Typ *m*
типи́чный *adj* typisch, charakteristisch
типовóй *adj* Muster..., Typen...
типографи́ческий *adj* Druck..., Drucker...
типогрáфия *f* Druckerei *f*
типолóгия *f* Typologie *f*
тирáж *m 1.* Ziehung *f,* Verlosung *f; 2. (в издательстве)* Auflage *f; размéр ~á* Auflagenhöhe *f*
тирáн *m* Tyrann *m,* Despot *m*
тирáнить *v impf (fam)* tyrannisieren, quälen
тирани́ческий *adj* tyrannisch, grausam, despotisch
тирé *n* Gedankenstrich *m,* Bindestrich *m*
ти́тул *m* Titel *m*
титуловáть *v impf/pf* titulieren, benennen
ти́тульный *adj* Titel...; *~ лист* Titelblatt *n*
тиф *m* MED Typhus *m*
Ти́хий океáн *m* GEO Pazifik *m,* Stiller Ozean *m*
ти́хий *adj 1.* leise, geräuschlos; *2. (спокойный)* still, ruhig; *3. (медленный)* vorsichtig, langsam; *...хим шáгом* mit langsamen Schritten; *~ час* Ruhestunde *f; В ...хом óмуте чéрти вóдятся.* Stille Wasser sind tief.
ти́хо *adv 1.* leise, still, geräuschlos, gedämpft; *2. (медленно)* langsam, vorsichtig
ти́ше *adv* leiser; *~!* Ruhe!
тишинá *f* Stille *f,* Ruhe *f; нарушáть ...ну́* die Stille unterbrechen
ткань *f 1.* Gewebe *n,* Stoff *m; 2.* BIO Gewebe *n; соедини́тельная ~* Bindegewebe *n*
тмин *m* BOT Kümmel *m*
тó есть *konj* das heißt, d. h.
то[1] *adv* so, dann; *Éсли э́то так, ~ я приду́.* Wenn das stimmt, dann komme ich.
то[2] *konj ~* mal, bald; *~ тут, ~ там.* Bald hier, bald dort.
товáр *m* ECO Ware *f,* Artikel *m; ~ы широ́кого потреблéния* Konsumgüter *pl*
товáрищ *m 1.* Genosse *m,* Genossin *f; 2. (приятель)* Freund(in) *m/f,* Kumpel *m,* Kamerad(in) *m/f*
товáрищеский *adj* freundschaftlich, kameradschaftlich, kollegial
товáрищество *n* ECO Genossenschaft *f,* Gesellschaft *f; ~ с ограни́ченной отвéтственностью* Gesellschaft mit beschränkter Haftung (GmbH)
тогдá *adv 1.* damals, da, zur der Zeit; *konj 2.* da, dann, daraufhin; *3. (в таком случае)* so, dann; *4. ~ как* während, wogegen
тогдáшний *adj (fam)* damalig
тождéственность *f* Identität *f,* Übereinstimmung *f*
тождéственный *adj* identisch, übereinstimmend
тождествó *n* Identität *f,* Gleichheit *f*
ток[1] *m 1.* Strömung *f,* Zug *m; 2.* TECH elektrischer Strom; *постоя́нный ~* Gleichstrom *m*
ток[2] *m* ZOOL Balz *f*
ток[3] *m* AGR Tenne *f,* Dreschboden *m,* Dreschplatz *m*
токси́ческий *adj* toxisch, giftig, Gift...; *...кие веществá pl* Giftstoffe pl;
тóлк *m* Sinn *m,* Nutzen *m; с ~ом* sinnvoll; *сбивáть когó-л с ~у* jdn aus dem Konzept bringen; *взять в ~* einsehen; *знать ~ в чём-л* sich mit etw. auskennen
толкáть *v impf 1.* stoßen, drängen; *2. (двигать вперёд)* schieben, schubsen
толковáние *n 1.* Auslegung *f,* Deutung *f,* Interpretation *f; лóжное ~* Fehlinterpretation *f,* Missdeutung *f; 2. (объяснительный текст)* Kommentar *m*

толкова́ть *v impf 1.* deuten; *2. (кому-л)* erklären, erläutern
толко́вый *adj* gescheit, vernünftig, sinnvoll
толкотня́ *f* Gedränge *n*
толпа́ *f* Menge *f,* Schar *f,* Menschenmenge *f,* Menschenmasse *f; …ло́й* in Massen, scharenweise
то́лстенький *adj* dicklich, rundlich, mollig
толсте́ть *v impf* dick werden, dicker werden, zunehmen
толстова́тый *adj* rundlich, ziemlich dick, beleibt
толстоза́дый *adj (fam)* mit dickem Hintern
толсту́ха *f (fam)* Dicke *f,* dralle Frau
то́лстый *adj 1.* dick; *~ слой* dicke Schicht; *2. (о человеке)* dick, beleibt, füllig
толчея́ *f (fam)* Gedränge *n,* Kommen und Gehen *n*
толчо́к *m 1.* Stoß *m,* Ruck *m; 2. (импульс)* Anregung *f,* Anstoß *m,* Impuls *m; 3. (при прыжке) SPORT* Abstoßen *n,* Abstoß *m*
то́лько *adv 1.* nur; *~ два дня* nur zwei Tage; *не ~…, но и…* nicht nur …, sondern auch …; *2. (не ранее чем)* erst; *3. (едва)* kaum, eben erst; *~ что* gerade erst; *konj 4. (противительный)* aber, nur
то́лько что *adv* gerade eben, in diesem Augenblick
том *m* Band *m*
тома́тный *adj GAST* Tomaten…; *~ со́ус m* Tomatensoße *f; …ная па́ста* Tomatenmark *n*
томогра́фия *f MED* Tomografie *f; компью́терная ~* Computertomografie *f* (*CT*)
тон *m 1.* Ton *m,* Klang *m,* Laut *m; ~ го́лоса MUS* Tonlage *f; 2. хоро́ший ~* guter Ton *m; 3. дурно́й ~* schlechte Manieren *pl*
тона́льность *f MUS* Tonart *f*
тонзили́т *m MED* Mandelentzündung *f*
то́нкий *adj 1.* dünn, fein, zart, schlank; *2. (утончённый)* fein, ausgesucht, erlesen; *3. ~ слух* feines/scharfes Gehör
то́нна *f* Tonne *f; за …нну* pro Tonne
тону́ть *v impf 1.* ertrinken, versinken, untergehen; *2. (fam) ~ в дела́х* vor lauter Arbeit nicht mehr wissen, wo einem der Kopf steht
то́пать *v impf* stampfen, trampeln
топи́ть[1] *v impf 1.* heizen; *2. (расплавлять)* auslassen, schmelzen
топи́ть[2] *v impf (заставлять тонуть)* versenken, ertränken
то́пливо *n 1.* Brennstoff *m,* Treibstoff *m; 2. (для отопления)* Heizmaterial *n,* Brennmaterial *n; жи́дкое ~* Heizöl *n*
то́поль *m BOT* Pappel *f*
топо́р *m* Axt *f,* Beil *n*
торгова́ть *v impf 1.* handeln, Handel treiben, verkaufen; *2. ~ся* handeln, feilschen *(fam)*
торго́вец *m* Händler *m,* Kaufmann *m; у́личный ~* Straßenhändler *m*
торго́вка *f* Händlerin *f,* Marktfrau *f*
торго́вля *f ECO* Handel *m; ро́зничная ~* Einzelhandel *m; опто́вая ~* Großhandel *m; вне́шняя ~* Außenhandel *m*
торго́вый *adj ECO* Handels…; *~ центр* Handelszentrum *n*
торже́ственный *adj* feierlich, festlich
торжество́ *n* Feier *f,* Fest *n*
торжествова́ть *v impf* triumphieren, siegen, feiern
то́рмоз *m 1. TECH* Bremse *f; запа́сный ~* Notbremse *f; 2. (торможение)* Verzögerung *f; 3. (помеха)* Hemmnis *f,* Hindernis *f*
тормози́ть *v impf 1.* bremsen; *2. (fig)* bremsen, hemmen, verzögern
торопи́ть *v impf 1.* drängen, hetzen *(fam)*; *2. ~ся* es eilig haben, in Eile sein, sich beeilen; *Я не …плю́сь.* Ich habe keine Eile. *Куда́ …о́пишься?* Wohin willst du so eilig?
торопли́вость *f* Eilfertigkeit *f,* Überstürzung *f,* Hast *f*
торопли́вый *adj* eilig, hastig
торс *m* Rumpf *m,* Torso *m*
торт *m GAST* Torte *f*
торф *m AGR* Torf *m*
торча́ть *v impf 1.* abstehen, hervorstehen, hervorragen; *2. (находиться)* herumhängen
торчко́м *adv* aufrecht
тоска́ *f* Trauer *f,* Schwermut *f,* Sehnsucht *f; любо́вная ~* Liebeskummer *m*
тосвли́вый *adj 1.* schwermütig, melancholisch; *2. (скучный)* langweilig
тоскова́ть *v impf* bedrückt sein, schwermütig sein; *~ по чему́-л* sich nach etw sehnen; *~ по ро́дине* Heimweh haben
тост *m* Toast *m; провозглаша́ть ~ в честь кого́-л* einen Toast auf jdn ausbringen
то́стер *m* Toaster *m*
тот *pron 1.* jener, derjenige; *в том до́ме* in jenem Hause; *в ~ раз* das vorige Mal; *2. ~ же* derselbe, der gleiche
тоталита́рный *adj* totalitär
тота́льный *adj* total, gesamt, Total…, Gesamt…

то́тчас *adv* sofort, auf der Stelle, unverzüglich
точи́лка *f* Spitzer *m,* Bleistiftspitzer *m*
точи́ть *v impf* schärfen, schleifen; ~ *каранда́ш* einen Bleistift spitzen
то́чка *f 1.* Punkt *m; вы́сшая ~* Höhepunkt *m; ~ зре́ния* Gesichtspunkt *m; нулева́я ~* Nullpunkt *m; ~ воспламене́ния* CHEM Brennpunkt *m; 2.* GRAMM Punkt *m; ~ с запято́й* Semikolon *n*
то́чно[1] *adv 1.* genau, pünktlich, präzise; ~ *в пять часо́в* punkt fünf Uhr; ~ *так же* ebenso, genau so; ~ *тако́й* genau solch ein; *2. (в отве́те)* ja, richtig, genau
то́чно[2] *konj (подобно)* genau so wie, wie, geradezu; *Он ~ поме́шанный.* Er ist wie von Sinnen.
то́чность *f 1.* Genauigkeit *f,* Präzision *f; 2. (пунктуальность)* Pünktlichkeit *f*
то́чный *adj 1.* genau, exakt, präzise, akkurat; ~ *диа́гноз* exakte Diagnose; *2. (пунктуальный)* pünktlich
точь-в-точь *adv* haargenau
тошни́ть *v impf* sich übergeben, erbrechen; *Меня ...ни́т.* Mir ist übel.
тошнота́ *f 1.* MED Übelkeit *f,* Brechreiz *m; 2. (отвращение)* Ekel *m*
то́щий *adj* mager, dürr
трава́ *f* BOT Gras *n*
тра́вма *f 1.* MED Verletzung *f; 2.* PSYCH Trauma *n*
траге́дия *f* Tragödie *f,* Trauerspiel *n*
траги́зм *m* Tragik *f*
траги́ческий *adj* tragisch
траги́чный *adj* tragisch, erschütternd
традицио́нный *adj* traditionell, herkömmlich
тради́ция *f* Tradition *f,* Brauch *m,* Überlieferung *f,* Sitte *f*
траекто́рия *f* Flugbahn *f*
тракти́р *m* GAST Schankraum *m,* Ausschank *m*
тракто́вка *f* Abhandlung *f,* Auslegung *f,* Deutung *f*
тра́ктор *m* AGR Traktor *m,* Trecker *m (fam)*
трамва́й *m* Straßenbahn *f*
трампли́н *m* SPORT Trampolin *n,* Sprungbrett *n; лы́жный ~* Skisprungschanze *f*
транзи́т *m* Transit *m,* Durchfuhr *f; проезжа́ть ~ом* im Transit reisen, auf der Durchreise sein
транзи́тный *adj* Transit..., Durchgangs...
транс *m* MED Trance *f*
трансли́ровать *v impf/pf* übertragen, senden
транспара́нт *m* Transparent *n,* Spruchband *n*
транспира́ция *f* BIO Transpiration *f,* Ausdünstung *f*
трансплента́ция *f* MED Transplantation *f*
тра́нспорт *m 1.* Transport *m,* Beförderung *f; 2. (отрасль)* Verkehrswesen *n;* Verkehr *m; возду́шный ~* Flugverkehr *m,* Luftverkehr *m; 3. (транспортные средства)* Verkehrsmittel *pl; обще́ственный ~* öffentliche Verkehrsmittel *pl*
транспорти́ровать *v impf/pf* transportieren, befördern
транспортиро́вка *f* Transport *m*
тра́нспортный *adj* Transport..., Verkehrs...; *...ные расхо́ды* Transportkosten *pl; ...ные сре́дства* Transportmittel *pl*
трансформа́тор *m* TECH Transformator *m,* Stromwandler *m*
трапе́ция *f 1.* MATH Trapez *n; 2.* SPORT Trapez *n*
тра́сса *f 1.* Strecke *f,* Linie *f; 2.* SPORT Piste *f*
тра́тить *v impf 1.* ausgeben, verbrauchen, verausgaben; *2. (растрачивать попусту)* vergeuden, verschwenden
тра́ур *m 1.* Trauer *f,* Leid *n; глубо́кий ~* tiefe Trauer; *2. (одежда)* Trauerkleidung *f*
тра́урный *adj 1.* Trauer...; *...ная повя́зка* Trauerflor *m; 2. (скорбный)* traurig
трафаре́т *m 1.* Schablone *f; 2. (fig)* Schema *n,* Schablone *f*
тра́хать *v impf (fam) 1.* schmettern, knallen, rumsen, bumsen; *2. (о половом сношении)* bumsen *(fam)*
трахе́я *f* ANAT Luftröhre *f*
тре́бование *n* Forderung *f,* Anforderung *f*
тре́бовательный *adj* anspruchsvoll, fordernd, streng
тре́бовать *v impf 1.* fordern, verlangen; *2. (иметь потребность)* bedürfen, erfordern
тре́буемый *adj* erforderlich, nötig
трево́га *f 1.* Unruhe *f,* Besorgnis *f,* Angst *f; 2. (сигнал опасности)* Alarm *m; ло́жная ~* blinder Alarm; *пожа́рная ~ трево́га* Feueralarm *m*
трево́жить *v impf 1.* beunruhigen, Sorgen machen; *2. (нарушать покой)* stören
трево́жный *adj 1.* unruhig, aufgeregt, beunruhigt, rastlos, nervös; *2. (вызыва-*

ющий тревогу) beunruhigend, bedenklich, beängstigend, alarmierend; *3. (обозначающий тревогу)* Alarm…

тре́звый *adj 1.* nüchtern; *2. (непьющий)* enthaltsam, abstinent; *3. (разумный)* vernünftig, sachlich, nüchtern; *…вая голова́* heller Kopf

тре́нер *m SPORT* Trainer(in) *m/f*

тре́ние *n* Reibung *f*

тренирова́ть *v impf* trainieren, einüben

трениро́вка *f* Training *n*

трениро́вочный *adj* Trainings…

трепа́ть *v impf 1.* zerren, ziehen; *2. (fam)* abnutzen, abtragen; *~ не́рвы* die Nerven strapazieren; *3. ~ языко́м* schwatzen, ratschen, quatschen

трепета́ть *v impf* flattern, zittern, beben

треск *m* Knacks *m,* Knall *m,* Prasseln *n,* Krachen *n*

треска́ *f ZOOL* Dorsch *m,* Kabeljau *m*

тре́скаться *v impf* platzen, aufspringen, bersten

тре́снувший *adj* gesprungen, geplatzt, kaputt

трете́йский *adj* Schieds…; *~ суд JUR* Schiedsgericht *n; …кое реше́ние* Schiedsspruch *m*

тре́тий *adj* dritter; *~ мир* die Dritte Welt *f*

треть *f* Drittel *n*

треуго́льник *m* Dreieck *n*

треуго́льный *adj* dreieckig

трёхкра́тный *adj* dreimalig

трёхме́рный *adj* dreidimensional

треща́ть *v impf 1.* knacken, knarren, knistern; *2. (о кузнечиках)* zirpen; *3. (болтать)* schwatzen, plappern, schnattern; *Голова́ …щи́т.* Der Kopf brummt.

тре́щина *f* Riss *m,* Spalt *m,* Ritze *f*

три *num* drei; *~ че́тверти* dreiviertel; *~ ра́за* dreimal

трибу́на *f* Tribüne *f,* Podium *n*

тривиа́льный *adj* trivial, platt

тридца́тый *adj* dreißigster

три́дцать *num* dreißig

триеди́нство *n REL* Dreieinigkeit *f,* Dreifaltigkeit *f*

три́жды *adv* dreimal

трико́ *n* Trikot *n*

триллио́н *m* Billion *f*

трина́дцатый *adj* dreizehnter

трина́дцать *num* dreizehn

три́ста *num* dreihundert

триу́мф *m* Triumph *m; с ~ом* triumphierend

триумфа́льный *adj* triumphal, Sieges…; Triumph…; *…ная а́рка* Triumphbogen *m*

тро́гательный *adj* rührend, ergreifend, bewegend, herzergreifend

тро́гать *v impf 1.* berühren, anfassen, anrühren; *2. (беспокоить)* stören, beunruhigen; *Не …гай его!* Lass ihn in Ruhe! *3. (растрогивать)* rühren, bewegen, ergreifen; *4. ~ся* sich rühren, sich in Bewegung setzen, in Bewegung kommen; *~ся в путь* sich auf den Weg machen; *5. (fam) ~ся* überschnappen, einen Vogel haben

тро́е *num* drei; *Нас было ~.* Wir waren zu dritt.

тро́ица *f REL 1.* Dreieinigkeit *f; 2. (праздник)* Pfingsten *n*

тро́йка *f 1.* Drei *f; 2. (отметка)* Drei *f; 3. (лошадей)* Dreiergespann *n,* Troika *f*

тройно́й *adj* dreifach, Drei…; *…ное пра́вило MATH* Dreisatz *m*

тро́йня *f (fam)* Drillinge *pl*

тромбо́н *m MUS* Posaune *f*

тро́нутый *adj 1.* gerührt; *2. (fig)* verrückt

тропа́ *f* Pfad *m,* Fußweg *m*

тро́пик *m GEO* Wendekreis *m; ~ Ра́ка* Wendekreis des Krebses

тро́пики *pl GEO* Tropen *pl*

тропи́ческий *adj* tropisch, Tropen…; *…кая лихора́дка* Tropenfieber *n*

трос *m* Seil *n,* Tau *n*

тростни́к *m BOT* Schilf *n,* Rohr *n; са́харный ~* Zuckerrohr *n*

тростнико́вый *adj* Schilf…, Rohr…; *~ са́хар* Rohrzucker *m*

тротуа́р *m* Bürgersteig *m,* Gehweg *m*

трофе́й *m* Trophäe *f*

труба́ *f 1.* Rohr *n; водопрово́дная ~* Wasserrohr *n; 2. (дымовая)* Schornstein *m; 3. MUS* Trompete *f*

тру́бка *f 1.* Rohr *n,* Röhre *f; 2. (телефона)* Telefonhörer *m,* Hörer *m; 3. (fam)* schnurloses Telefon *n; 4. (для курения)* Pfeife *f; 5. (свёрток)* Rolle *f*

трубопрово́д *m* Rohr *n,* Rohrleitung *f*

трубочи́ст *m* Kaminkehrer *m,* Schornsteinfeger *m*

тру́бочный *adj* Rohr…, Röhren…; *~ таба́к* Pfeifentabak *m*

труд *m 1.* Arbeit *f; физи́ческий ~* körperliche Arbeit; *2. (заботы)* Mühe *f,* Arbeit *f; напра́сный ~* vergebliche Mühe; *с больши́м ~о́м* mit Müh und Not, unter großen Strapazen; *3. (научное сочинение)* Abhandlung *f,* Arbeit *f*

трудиться *v impf* arbeiten, sich bemühen, sich Mühe geben
трудновоспиту́емый *adj* schwer erziehbar, schwierig
тру́дность *f* Schwierigkeit *f,* Erschwernis *f*
тру́дный *adj* schwer, schwierig, mühsam, beschwerlich
трудово́й *adj* Arbeits...; ~ *догово́р* Arbeitsvertrag *m; 2. (трудящийся)* erwerbstätig
трудоёмкий *adj* arbeitsintensiv, aufwändig, zeit- und kraftraubend
трудолюби́вый *adj* fleißig, arbeitsam
трудоспосо́бность *f* Arbeitsfähigkeit *f,* Erwerbsfähigkeit *f; тра́тить* ~ erwerbsunfähig werden
трудоспосо́бный *adj* arbeitsfähig, leistungsfähig
трудя́щийся *adj 1.* erwerbstätig; *m 2.* Berufstätiger *m*
труп *m 1.* Leiche *f,* Leichnam *m; 2. (животного)* Kadaver *m*
тру́ппа *f* Truppe *f*
трус *m* Feigling *m,* Angsthase *m,* Memme *f (fam)*
тру́сики *pl* Unterhose *f,* Slip *m (fam)*
тру́сить *v impf* sich fürchten, kalte Füße bekommen *(fig)*
трусли́вость *f* Feigheit *f,* Mutlosigkeit *f*
трусли́вый *adj* feige
тру́сость *f* Feigheit *f,* Mutlosigkeit *f*
тру́тень *m ZOOL* Drohne *f*
трущо́ба *f* Elendsviertel *n,* Slums *pl; жить в ...бе* in einem Loch leben *(fig)*
трюк *m 1.* Trick *m,* Kniff *m; ста́рый ~* ein abgedroschener Trick; *2. (проделка)* Kunststück *n,* Streich *m*
трю́фель *m 1. BOT* Trüffel *m; 2. (конфета) GAST* Trüffelschokolade *f*
тря́пка *f 1.* Lappen *m,* Wischlappen *m; 2. (fam)* Waschlappen *m,* Jammerlappen *m*
тря́пки *pl 1.* s. *тря́пка; 2. (fam)* Klamotten *pl (fam)*
тряси́на *f* Sumpf *m,* Moorast *m*
трясти́ *v impf 1.* schütteln, rütteln, stoßen; *его́ ...сёт от хо́лода* er schlottert vor Kälte; *меня́ ...сёт лихора́дка* ich habe Schüttelfrost; *2. ~сь* sich schütteln, zittern, beben, schlottern *(fam)*
туале́т *m 1. (одежда)* Toilette *f,* Kleidung *f, 2. (уборная)* Toilette *f,* Klosett *n,* Klo *n (fam)*
туале́тный *adj* Toiletten...; *...ое мы́ло* Feinseife *f*
туго́й *adj* fest, straff; ~ *у́зел* fest zugezogener Knoten
туда́ *adv* dorthin, dahin; ~ *и обра́тно* hin und zurück
тужу́рка *f* Jacke *f,* Joppe *f*
туз *m 1.* Ass *n; 2. (fam)* hohes Tier *n*
ту́ловище *n* Rumpf *m*
тума́н *m 1.* Nebel *m; густо́й* ~ dichter Nebel; *2. (fig) как в ~е* benebelt, umnebelt
тума́нность *f* Unklarheit *f*
тума́нный *adj 1.* diesig, nebelig, Nebel...; *2. (fig)* nebulös, schleierhaft, unklar, verschwommen
туне́ц *m ZOOL* Thunfisch *m*
тунея́дец *m (fam)* Nichtsnutz *m,* Faulenzer *m,* Drückeberger *m*
тунне́ль *m* Tunnel *m,* Stollen *m*
тупи́к *m* Sackgasse *f; зайти́ в ~* in eine Sackgasse geraten
тупо́й *adj 1.* stumpf; *2. (о чувстве)* dumpf; *3. (fam)* stumpfsinnig, blöd, borniert
тур *m* Etappe *f,* Tour *f*
турба́за *f* Touristenzentrum *n; молодёжная ~* Jugendherberge *f*
турби́на *f TECH* Turbine *f*
туре́цкий *adj* türkisch
тури́зм *m* Tourismus *m,* Fremdenverkehr *m*
тури́ст(ка) *m/f* Tourist(in) *m/f*
тури́стский *adj* touristisch, Touristen..., Reise...; *...кое бюро́* Reisebüro *n*
турне́ *n* Tournee *f,* Gastspielreise *f*
турни́р *m* Turnier *n; ша́хматный ~* Schachturnier *n*
турни́рный *adj* Turnier...
ту́рок *m* Türke *m*
турпохо́д *m* Wanderung *f*
Ту́рция *f GEO* Türkei *f*
турча́нка *f* Türkin *f*
ту́склый *adj 1.* trübe, matt; *2. (fig)* farblos
тут[1] *adv 1.* hier; *2. (о времени)* da; ~ *же* sofort, auf der Stelle
тут[2] *m BOT* Maulbeerbaum *m*
ту́фли *pl* Schuhe *pl*
ту́хлый *adj* faul, verdorben
ту́хнуть[1] *v impf (гаснуть)* erlöschen
ту́хнуть[2] *v impf (загнивать)* verderben, faulen
ту́ча *f* Regenwolke *f,* Gewitterwolke *f*
ту́чный *adj 1.* fett, dick; *2. AGR* fruchtbar, ertragreich
туше́ние[1] *n* Löschen *n*
туше́ние[2] *n GAST* Dämpfen *n,* Schmoren *n,* Dünsten *n*

туши́ть[1] *v impf 1.* löschen; ~ *пожа́р* einen Brand löschen; *2. (подавлять)* unterdrücken

туши́ть[2] *v impf* GAST dämpfen, schmoren, dünsten

тушь *f* ART Tusche *f*

тща́тельность *f* Sorgfalt *f,* Genauigkeit *f*

тща́тельный *adj* akkurat, sorgfältig, penibel, übergenau *(fam)*

тщесла́вие *n* Eitelkeit *f,* Ruhmsucht *f,* Prahlerei *f*

тщесла́вный *adj* eitel, ruhmsüchtig, prahlerisch

ты *pron* du

ты́ква *f* BOT Kürbis *m*

тыл *m 1.* Rückseite *f; 2.* MIL Hinterland *n*

ты́льный *adj* Rück…; *…ная сторона́ ладо́ни* ANAT Handrücken *m*

ты́сяча *num 1.* tausend; *f 2.* Tausend *n; не́сколько …ч жи́телей* einige Tausend Einwohner

тысячеле́тие *n 1.* Jahrtausend *n; 2. (годовщина)* Tausendjahrfeier *f,* tausendjähriges Jubiläum *n*

ты́сячный *adj* tausendster

тьма[1] *f (отсуствие света)* Finsternis *f,* Dunkel *n; кроме́шная ~* undurchdringliche Finsternis *f; сквозь тьму веко́в* aus grauer Vorzeit

тьма[2] *f (fam)* Menge *f,* Unmenge *f; ~-тьму́щая (fam)* ungeheuere Menge

тю́бик *m* Tube *f*

тюле́нь *m 1.* ZOOL Robbe *f,* Seehund *m; 2. (fig)* Tölpel *m,* Tolpatsch *m*

тюль *f* Tüll *m*

тюльпа́н *m* BOT Tulpe *f*

тюрьма́ *f* Gefängnis *n,* Knast *m (fam),* Kittchen *n (fam)*

тя́вкать *v impf* kläffen

тя́га *f 1.* Luftzug *m,* Abzug *m; 2.* TECH Zugkraft *f; 3. (стремление)* Hang *m,* Drang *m,* Streben *n; ~ к зна́ниям* Wissensdurst *m*

тя́гостный *adj* lästig, beklemmend, bedrückend, mühsam

тя́гость *f* Last *f,* Belastung *f; быть в ~ кому́-л* jdm zur Last fallen

тя́гота *f* Strapaze *f,* Last *f,* Druck *m*

тяготе́ние *n 1.* PHYS Schwerkraft *f,* Anziehungskraft *f; 2. (fig)* Tendenz *f*

тяготе́ть *v impf (fig)* sich zu etw hingezogen fühlen, zu etw tendieren

тяготи́ть *v impf* zur Last fallen, belästigen

тягу́честь *f* Dickflüssigkeit *f,* Viskosität *f*

тягу́чий *adj 1.* dickflüssig, zähflüssig; *2. (медленный)* gedehnt, langgezogen, schleppend; *3. (скучный)* eintönig, langweilig

тяжёлый *adj 1.* schwer; *2. (суровый)* schwer, hart; ~ *уда́р* schwerer/harter Schlag; *3. (трудный)* schwer, beschwerlich, mühevoll; *3. (серьёзный)* ernst, schwierig; ~ *вопро́с* schwierige Frage

тя́жесть *f* Masse *f,* Gewicht *n; си́ла тя́жести* Schwerkraft *f; 2. (груз)* Last *f,* Bürde *f; ~ ули́к* JUR die Last der Beweise

тя́жкий *adj 1.* schwer, mühsam; *2. (тягостный)* qualvoll, lästig, peinlich; *3.* JUR *…кое преступле́ние* Schwerverbrechen *n*

тяну́ть *v impf 1.* schleppen, ziehen; *2. (медлить)* zögern, verzögern; *3. (fig)* ziehen; *Меня́ …нет домо́й.* Es zieht mich nach Hause., Ich habe Sehnsucht nach zu Hause.

У

у *prep 1.* bei; *жить ~ родителей* bei den Eltern wohnen; *2. (возле)* bei, neben, an; *~ входа* am Eingang; *3. быть ~ кого-л* haben; *~ неё много друзей.* Sie hat viele Freunde. *4. отнимать ~ кого-л* jdm wegnehmen, jdm abnehmen

убавлять *v impf 1.* wegnehmen, abnehmen; *2. (уменьшать)* vermindern, verringern, verkleinern

убегать *v impf 1.* davonlaufen, weglaufen, fliehen; *2. (о молоке)* überlaufen, überkochen

убедительность *f* Überzeugungskraft *f,* Schlagkraft *f*

убедительный *adj 1.* überzeugend, triftig; *2. (настоятельный)* eindringlich, nachdrücklich

убеждать *v impf 1.* überzeugen, überreden; *2. ~ся* sich überzeugen, sich vergewissern

убеждение *n 1.* Überreden *n,* Überzeugen *n; 2. (мнение)* Überzeugung *f*

убеждения *pl* Ansichten *pl,* Anschauungen *pl*

убеждённый *adj 1.* überzeugt; *~ сторонник* überzeugter Anhänger; *2. (уверенный)* sicher, überzeugt; *Я ...ён в этом.* Ich bin mir dessen sicher. Ich bin überzeugt davon.

убежище *n* Unterschlupf *m,* Versteck *n,* Zufluchtsort *m,* Asyl *n; право ...ща* Asylrecht *n; лицо, просящее политического ...ща* Asylbewerber(in) *m/f*

уберегать *v impf 1.* bewahren, schützen; *2. (сохранять)* aufbewahren, erhalten

убивать *v impf 1.* töten, ermorden, erschlagen, umbringen; *2. (животных)* erlegen; *3. (fig)* vernichten; *4. ~ время* die Zeit totschlagen; *5. (fam) ~ся* sich zu Tode grämen; *6. (много трудиться) ~ся* sich totarbeiten *(fig)*

убийственный *adj 1.* mörderisch, tödlich, vernichtend; *2. (fig)* furchtbar, schrecklich

убийство *n* Mord *m,* Ermordung *f,* Totschlag *m; совершать ~* einen Mord begehen

убийца *m/f* Mörder(in) *m/f,* Killer *m (fam)*

убирать *v impf 1.* wegnehmen, wegräumen, beseitigen, entfernen; *2. (приводить порядок, наводить чистоту)* aufräumen, in Ordnung bringen, putzen; *3.* AGR ernten

убогий *adj 1.* armselig, elend, erbärmlich; *2. (бедный)* ärmlich, karg, dürftig, kümmerlich

уборка *f 1.* Aufräumen *n,* Reinemachen *n; делать ...ку* aufräumen; *2.* AGR Ernten *n,* Ernte *f*

уборная *f* Toilette *f,* Klo *n (fam)*

уборочный *adj* Ernte...

уборщица *f* Reinigungskraft *f,* Putzfrau *f,* Raumpflegerin *f*

убранный *adj* ordentlich, aufgeräumt

убранство *n* Ausstattung *f,* Dekor *n*

убыток *m* Nachteil *m,* Schaden *m,* Einbuße *f*

убыточный *adj* nachteilig, unrentabel

уважаемый *adj 1.* geachtet, geschätzt, angesehen, ehrbar; *~ человек* Respektsperson *f; 2. (в обращении) ...мые господа!* Sehr geehrte Damen und Herren!

уважать *v impf* achten, respektieren, ehren

уважение *n* Achtung *f,* Respekt *m,* Wertschätzung *f; с глубоким ~м* hochachtungsvoll

уважительный *adj 1.* triftig, stichhaltig, einleuchtend; *отсутствовать по ...ной причине* entschuldigt fehlen; *2. (с уважением)* respektvoll

уведомление *n 1.* Mitteilung *f,* Benachrichtigung *f,* Meldung *f; 2. (действие)* Benachrichtigung *f*

уведомлять *v impf* mitteilen, benachrichtigen, in Kenntnis setzen, unterrichten, melden

увеличение *n 1.* Vergrößerung *f,* Erweiterung *f; 2. (рост)* Erhöhung *f,* Steigerung *f,* Zunahme *f,* Zuwachs *m*

увеличивать *v impf 1.* vergrößern, erweitern; *2. (рост)* vermehren, steigern

увенчивать *v impf* krönen

уверение *n* Versicherung *f,* Zusicherung *f,* Beteuerung *f*

уверенность *f* Gewissheit *f,* Sicherheit *f,* Überzeugung *f,* Zuversicht *f; ~ в себе* Selbstvertrauen *n,* Selbstsicherheit *f; в полной ...сти* in festem Glauben

уверенный *adj 1.* sicher, fest; *~ голос* feste Stimme; *2. (убеждённый)* überzeugt, in festem Glauben, zuversichtlich *~ в себе* selbstbewusst, selbstsicher; *Будьте ...ены!* Seien Sie unbesorgt!

увёртка *f* Ausflucht *f,* Ausrede *f*

увертюра *f* Ouvertüre *f*

уверя́ть *v impf 1.* versichern, beteuern; *2. (убеждать)* überzeugen
уве́шивать *v impf* behängen, vollhängen
уве́щевание *n* Ermahnung *f*
уве́щевать *v impf* ermahnen, mahnen
уви́ливать *v impf (fam)* ausweichen, herauswinden, sich drücken, kneifen *(fam)*
увлажня́ть *v impf* befeuchten, anfeuchten
увлека́тельный *adj* hinreißend, faszinierend, spannend
увлека́ть *v impf 1.* mitziehen, mitreißen; *2. (восхищать)* begeistern; *3. ~ся чем-л* sich für etw begeistern
увлече́ние *n 1.* Begeisterung *f,* Schwung *m,* Eifer *m; 2. (любимое занятие)* Hobby *n,* Leidenschaft *f*
увлечённость *f* Begeisterung *f*
увози́ть *v impf* abtransportieren, fortschaffen, wegbringen
увольне́ние *n* Entlassung *f,* Kündigung *f*
увольня́ть *v impf 1.* entlassen, kündigen; *2. ~ся со слу́жбы* den Dienst quittieren
уга́дывать *v impf* erraten
угаса́ть *v impf 1.* erlöschen, ausgehen; *2. (fig)* vergehen, zur Neige gehen
углево́д *m CHEM* Kohlehydrat *n*
углекислота́ *f CHEM* Kohlensäure *f*
углеки́слый *adj* kohlensauer; *~ газ CHEM* Kohlendioxyd *n*
углова́тый *adj 1.* eckig, kantig; *2. (fig)* unbeholfen, ungeschickt, linkisch
углово́й *adj* Eck…, Winkel…
углубля́ть *v impf* vertiefen, tiefer machen
угнета́тель *m* Unterdrücker *m*
угнета́ть *v impf 1.* unterdrücken, unterjochen; *2. (мучить)* bedrücken, deprimieren
угнета́ющий *adj* bedrückend, deprimierend
угнете́ние *n 1.* Unterdrückung *f,* Bedrückung *f; 2. (fig)* Niedergeschlagenheit *f,* Depression *f*
угнетённый *adj 1.* unterdrückt, unterjocht; *2. (удручённый)* bedrückt, niedergeschlagen, deprimiert; *…нное состоя́ние* Depression *f*
угова́ривать *v impf* überreden, jdn herumkriegen *(fam)*
угово́р *m* Abmachung *f,* Vereinbarung *f,* Verabredung *f*
уго́дливость *f* Beflissenheit *f,* Untertänigkeit *f*
уго́дливый *adj* servil, kriecherisch, schleimig *(fam)*
уго́дно *adv* beliebig; *кто ~* jeder beliebige; *как ~* ganz wie Sie wollen, wie man will; *когда́ ~* jederzeit; *ско́лько ~* nach Herzenslust, so viel man will
уго́дный *adj 1.* angenehm, gefällig, erwünscht; *2. (подходящий)* passend, geeignet
уго́дье *n* Grundstück *n*
у́гол *m 1.* Ecke *f,* Winkel *m; за …ло́м* um die Ecke; *2. MATH* Winkel *m; прямо́й ~* rechter Winkel *m*
уголо́вный *adj JUR* strafrechtlich, Straf…; *~ ко́декс m JUR* Strafgesetzbuch *n*
уголо́к *m* Eckchen *n,* Winkel *m*
у́голь *m MIN* Kohle *f; бу́рый ~* Braunkohle *f*
уго́н *m* Diebstahl *m,* Entführung *f; ~ самолёта* Flugzeugentführung *f; ~ автомаши́ны* Autodiebstahl *m*
уго́нщик *m* Dieb *m,* Entführer *m*
угоня́ть *v impf 1.* fortjagen, wegjagen, vertreiben; *2. (похищать)* stehlen, entführen, rauben; *3. ~ся за кем-л* jdn einholen, mit jdm Schritt halten
у́горь *m 1. ZOOL* Aal *m; 2. (на лице)* Pickel *m*
угоща́ть *v impf 1.* bewirten; *2. ~ся* sich bedienen; *…ща́йся!* Bedien dich!, Lang ordentlich zu! *(fam)*
угрожа́ть *v impf 1.* drohen, bedrohen; *2. (предстоять)* drohen, bevorstehen
угрожа́ющий *adj* drohend, bedrohlich
угро́за *f 1.* Drohung *f,* Bedrohung *f,* Androhung *f; 2. (опасность)* Gefahr *f; поста́вить под …зу* gefährden
угрызе́ния *pl ~ со́вести* Gewissensbisse *pl*
угрю́мость *f* Brummigkeit *f,* Verdrießlichkeit *f*
угрю́мый *adj* mürrisch, brummig, griesgrämig
удава́ться *v impf* gelingen, glücken, klappen *(fam)*; *Ей всё …аётся.* Ihr gelingt alles.; *Э́то не удало́сь.* Das ist schief gegangen.
удале́ние *n 1.* Entfernung *f,* Beseitigung *f; 2. MED ~ зу́ба* Zahnextraktion *f*
удалённый *adj* fern, entfernt, entlegen
удало́й *adj* kühn, verwegen, draufgängerisch
удаля́ть *v impf* entfernen; *~ зуб* einen Zahn ziehen
уда́р *m 1.* Schlag *m,* Hieb *m,* Streich *m; 2. (толчок)* Anstoß *m,* Stoß *m; 3. MED* Schlaganfall *m,* Schlag *m; теплово́й ~* Hitzschlag *m; ~ то́ком* Stromschlag *m; 4. (потрясение)* Schlag *m,* Unglück *n; смерте́льный ~* Todesstoß *m; 5. SPORT*

Stoß *m; свобо́дный ~* Freistoß *m; штраф но́й ~* Strafstoß *m*
ударе́ние *n 1.* Betonung *f,* Akzent *m; 2. (знак ударения) GRAMM* Akzent *m,* Betonungszeichen *n*
уда́рный *adj* Schlag…; *…ные инструме́нты MUS* Schlagzeug *n*
ударопро́чный *adj* stoßfest
ударя́ть *v impf 1.* schlagen, stoßen, einen Hieb versetzen, handgreiflich werden; *2. ~ся* sich an etw stoßen
уда́ча *f* Gelingen *n,* Erfolg *m*
уда́чливый *adj* glücklich, erfolgreich
уда́чный *adj* gelungen, erfolgreich
удва́ивать *v impf* verdoppeln
удвое́ние *n* Verdoppelung *f*
уде́льный *adj PHYS* spezifisch; *~ вес* spezifisches Gewicht *n*
уделя́ть *v impf* widmen; *~ внима́ние* Aufmerksamkeit widmen
удержа́ние *n* Abzug *m,* Einbehaltung *f; ~ из зарпла́ты* Gehaltsabzug *m*
уде́рживать *v impf 1.* festhalten; *2. (не давать сделать что-л)* abhalten, zurückhalten; *3. (не давать проявиться)* unterdrücken; *~ смех* das Lachen unterdrücken; *4. ~ся* standhalten
удешевле́ние *n* Verbilligung *f,* Ermäßigung *f*
удешевлённый *adj* ermäßigt, herabgesetzt, verbilligt
удешевля́ть *v impf* den Preis herabsetzen, ermäßigen, billiger machen *(fam)*
удиви́тельный *adj 1.* merkwürdig, seltsam, wunderlich; *2. (поразительный)* erstaunlich; *3. MED (чудесный)* wunderbar, wundervoll, bewundernswert
удивле́ние *n* Verwunderung *f,* Erstaunen *n,* Staunen *n; с ~м* verwundert, erstaunt
удивля́ть *v impf* wundern, verwundern, in Staunen versetzen
уди́лище *n* Angelrute *f*
уди́льщик *m* Angler *m*
удира́ть *v impf (fam)* weglaufen, abhauen, durchbrennen, sich aus dem Staub machen
уди́ть *v impf* fischen, angeln
удлине́ние *n* Verlängerung *f,* Ausdehnung *f*
удлини́тель *m* Verlängerungskabel *n*
удлиннённый *adj 1.* verlängert; *2. (о форме)* länglich
удлиня́ть *v impf* verlängern, länger machen, ausdehnen
удо́бный *adj 1.* bequem, angenehm; *2. (подходящий)* passend, handlich, geeignet, angemessen; *~ слу́чай* günstige Gelegenheit *f*
удобре́ние *n AGR 1.* Düngen *n,* Düngung *f; 2. (вещество)* Dünger *m,* Düngemittel *n*
удобря́ть *v impf AGR* düngen
удо́бство *n* Behaglichkeit *f,* Bequemlichkeit *f,* Komfort *m; с ~м* bequem, komfortabel
удовлетворе́ние *n 1.* Befriedigung *f,* Genugtuung *f,* Zufriedenheit *f; 2. (действие)* Zufriedenstellung *f,* Befriedigung *f*
удовлетвори́тельный *adj* befriedigend, zufrieden stellend, genügend
удовлетворя́ть *v impf 1.* zufrieden stellen, Genüge leisten, erfüllen; *~ жела́ние* einen Wunsch erfüllen; *2. (соответствовать)* entsprechen, genügen, gerecht werden; *~ всем тре́бованиям* allen Anforderungen gerecht werden
удово́льствие *n* Vergnügen *n,* Wohlbehagen *n; с ~м* gern, mit Vergnügen; *находи́ть ~* Spaß haben
удостовере́ние *n 1.* Bestätigung *f,* Bescheinigung *f,* Beglaubigung *f; 2. (документ)* Bescheinigung *f,* Schein *m,* Zeugnis *n,* Urkunde *f; ~ ли́чности* Personalausweis *m*
удостове́ренный *adj* beglaubigt, urkundlich belegt, bescheinigt
удостоверя́ть *v impf 1.* bescheinigen, bestätigen, beglaubigen, beurkunden; *~ по́дпись* eine Unterschrift beglaubigen; *2. ~ся* sich vergewissern, sich überzeugen
у́дочка *f* Angel *f,* Angelrute *f*
удруча́ть *v impf* bedrücken, deprimieren
удручённый *adj* niedergeschlagen, deprimiert
уедине́ние *n* Einsamkeit *f,* Abgeschiedenheit *f*
уединённый *adj* einsam, abgeschieden, zurückgezogen
уединя́ть *v impf 1.* absondern, isolieren; *2. ~ся* sich zurückziehen, sich absondern
уезжа́ть *v impf* wegfahren, abfahren, verreisen, ausreisen
у́жас *m* Entsetzen *n,* Grauen *n,* Schrecken *m,* Schreck *m; быть в ~е* entsetzt, von Entsetzen gepackt; *приводи́ть в ~* entsetzen
ужаса́ть *v impf* erschrecken, in Schrecken versetzen, entsetzen

ужа́сный *adj* schrecklich, entsetzlich, furchtbar, katastrophal; ~ *непоря́док* heilloses Durcheinander

у́же *adv* enger, schmaler

уже́ *adv* schon, bereits; ~ *давно́* schon längst; ~ *не раз* schon mehrfach

ужи́вчивость *f* Verträglichkeit *f*

ужи́вчивый *adj* verträglich, umgänglich

ужи́мки *pl* Grimassen *pl*

у́жин *m* Abendessen *n,* Abendbrot *n*

у́жинать *v impf* zu Abend essen

узаконе́ние *n JUR* Legitimierung *f,* Inkrafttreten *n*

узако́нивать *v impf* legitimieren, zum Gesetz machen, für rechtsverbindlich erklären

узды́ *pl* Zügel *pl,* Zaum *m*

у́зел *m 1.* Knoten *m; разруби́ть го́рдиев ~* den gordischen Knoten zerschlagen; *2. MED* Knoten *m; 3. TECH* Einheit *f,* Anlage *f; санита́рный ~* sanitäre Anlagen

у́зкий *adj 1.* schmal; *2. (тесный)* eng, zu eng, knapp; *3. (ограниченный)* beschränkt, engstirnig

узколо́бый *adj 1.* mit niedriger Stirn; *2. (fig)* engstirnig, beschränkt, borniert

узнава́ть *v impf 1.* erkennen, wiedererkennen; *2. (новости)* sich erkundigen, sich informieren; *3. (знакомиться)* kennen lernen

узна́ть *v pf 1.* s. *узнава́ть; 2. (новости)* herausfinden, herausbekommen, erfahren

узо́рчатый *adj* gemustert

ука́з *m POL* Erlass *m,* Verordnung *f; издава́ть ~* erlassen, verordnen; *Он мне не ~.* Er hat mir nichts zu sagen/befehlen.

указа́ние *n 1.* Hinweis *m,* Angabe *f; с ~м а́дреса* unter Angabe der Adresse; *2. (совет)* Weisung *f,* Anweisung *f,* Instruktion *f*

указа́тель *m 1.* Anzeige *f,* Anzeigevorrichtung *f; ~ поворо́та* Blinker *m; 2. (реестр)* Index *m,* Verzeichnis *n,* Register *n; 3. (знак)* Schild *n,* Hinweisschild *n*

указа́тельный *adj* Anzeige…, Zeige…; *~ па́лец ANAT* Zeigefinger *m*

ука́зывать *v impf 1.* zeigen, aufzeigen, angeben; *2. (обращать внимание)* hinweisen, hindeuten, verweisen

ука́лывать *v impf 1.* stechen; *2. (fig)* sticheln

ука́чивать *v impf* in den Schlaf wiegen

укла́д *m* Aufbau *m,* Struktur *f; ~ жи́зни* Lebensweise *f*

укла́дывать *v impf 1.* legen; *~ спать* zu Bett bringen; *2. (вещи)* packen, einpacken; *3. (кабель)* legen, verlegen; *4. (волосы)* einlegen; *5. (выкладывать)* auslegen, verlegen

укле́йка *f ZOOL* Weißfisch *m*

укло́н *m 1.* Neigung *f,* Gefälle *n; е́хать под ~* bergab fahren; *2. (тенденция)* Einstellung *f,* Ausrichtung *f; 3. POL* Abweichung *f*

уклоне́ние *n 1.* Abweichen *n,* Abweichung *f; 2. (от темы)* Abschweifen *n; 3. (от обязанности)* Umgehen *n,* Meiden *n*

укло́нчивый *adj* ausweichend; *~ отве́т* ausweichende Antwort *f*

уклоня́ться *v impf 1.* ausweichen; *2. (отклоняться от курса)* abweichen, abschweifen; *3. (избежать)* vermeiden, ausweichen, sich weigern

уко́л *m 1.* Stich *m,* Stichwunde *f; 2. MED* Injektion *f,* Einstich *m*

укомплекто́вывать *v impf* vollständig machen, komplettieren

уко́р *m* Vorwurf *m*

укора́чивать *v impf* kürzen, verkürzen

укори́зна *f* Vorwurf *m*

укори́зненный *adj* vorwurfsvoll

укра́дкой *adv* verstohlen

украша́ть *v impf* schmücken, ausschmücken, dekorieren

украше́ние *n 1.* Verschönerung *f; 2. (предмет)* Schmuck *m,* Zierde *f,* Dekor *n*

укрепле́ние *n* Stärkung *f,* Kräftigung *f,* Festigung *f,* Konsolidierung *f*

укреплённый *adj* gefestigt, gestärkt

укрепля́ть *v impf 1.* befestigen, festmachen; *2. (здоровье)* stärken, kräftigen; *3. (fig)* festigen; *~ дру́жбу* Freundschaft festigen; *4. (упрочнять)* konsolidieren

укро́мный *adj 1.* abgelegen, einsam, still; *2. (уютный)* gemütlich, behaglich; *…ное месте́чко* ein heimliches Plätzchen

укро́п *m BOT* Dill *m*

укроти́тель *m* Dompteur *m; ~ змей* Schlangenbeschwörer *m*

укроща́ть *v impf 1.* zähmen, besänftigen, bändigen; *2. (fig)* besänftigen

укроще́ние *n 1.* Zähmung *f,* Bändigung *f; 2. (fig)* Beschwichtigung *f,* Besänftigung *f*

укрыва́тель *m* Hehler *m*

укрыва́ть *v impf 1.* bedecken, zudecken, verhüllen; *2. (fig)* verheimlichen, verbergen

укры́тие *n 1.* Deckung *f,* Schutz *m; 2. (убежище)* Unterstand *m*
у́ксус *m* GAST Essig *m*
у́ксусный *adj* essighaltig, Essig...
уку́с *m 1.* Biss *m; 2. ~ насеко́мого* Insektenstich *m,* Insektenbiss *m*
уку́тывание *n* MED Wickel *m,* Umschlag *m*
ула́живать *v impf 1.* ordnen, regeln; *~ де́ло* eine Sache regeln; *2. (спор)* schlichten, beilegen
ула́мывать *v impf (fam)* jdn herumbekommen
улета́ть *v impf 1.* wegfliegen, abfliegen; *2. (время)* verfliegen
улизну́ть *v pf* sich aus dem Staub machen
ули́ка *f* JUR Beweis *m,* Beweisstück *n*
ули́тка *f* ZOOL Schnecke *f*
у́лица *f* Strasse *f; гла́вная ~* Hauptstraße *f; попере́чная ~* Querstraße *f*
уло́вка *f* Kniff *m,* Trick *m,* Manöver *n,* Winkelzug *m*
улучше́ние *n* Verbesserung *f,* Besserung *f*
улыба́ться *v impf* lächeln
улы́бка *f* Lächeln *n*
ультима́тум *m* Ultimatum *n*
ультразву́к *m* Ultraschall *m*
ультраконсервати́вный *adj* erzkonservativ
ультрафиоле́товый *adj* PHYS ultraviolett
ум *m 1.* Verstand *m,* Vernunft *f,* Geist *m; о́стрый ~* scharfer Verstand; *вели́кий ~* großer Geist *m; склад ~а́* Denkweise *f,* Mentalität *f; 2. (fam) сойти́ с ~а́* verrückt werden, den Verstand verlieren; *3. с ~о́м* mit Verstand
умале́ние *n* Abwertung *f,* Herabsetzung *f*
ума́лчивать *v impf* verschweigen
умаля́ть *v* impf vermindern, herabsetzen, schmälern, bagatellisieren, verharmlosen
ума́сливать *v impf ~ кого́-л (fig)* jdm Honig um den Bart schmieren *(fam)*
уме́лый *adj* geschickt, gewandt
уме́ние *n* Fähigkeit *f,* Können *n,* Vermögen *n*
уменьша́ть *v impf* verkleinern, verringern, schmälern, vermindern, herabsetzen, reduzieren
уменьше́ние *n 1.* Verkleinerung *f,* Verringerung *f; 2.* ECO Abnahme *f,* Rückgang *m*
уме́ренность *f* Mäßigung *f,* Enthaltsamkeit *f*
уме́ренный *adj 1.* mäßig, maßvoll; *2. (воздержанный)* gemäßigt, enthaltsam
уме́рший *adj 1.* gestorben, verstorben; *m 2.* Verstorbener *m*
умеря́ть *v impf* mäßigen, einschränken
уме́стный *adj* passend, angebracht
уме́ть *v impf* können; *Э́то на́до ~! (fam)* Das will gelernt sein! *Сде́лаю как ...е́ю.* Ich mache es so gut ich kann.
уме́ючи *adv* fachgerecht, mit Sachverstand, mit Sachkenntnis
умиле́ние *n* Rührung *f,* Ergriffenheit *f*
умили́тельный *adj* rührend, ergreifend
умиля́ть *v impf* rühren, bewegen, weich stimmen
умира́ть *v impf 1.* sterben; *2. (fig)* vergehen, schwinden
умножа́ть *v impf 1.* vermehren, vergrößern; *2.* MATH multiplizieren, malnehmen
умноже́ние *n 1.* Vermehrung *f,* Vergrößerung *f; 2.* MATH Multiplikation *f*
у́мный *adj 1.* klug, schlau; *2. (благоразумный)* vernünftig; *3. (понятливый)* verständig
умоля́ть *v impf* anflehen, beschwören, flehentlich bitten
умоля́ющий *adj* bittend
у́мственный *adj* geistig, Geistes...; *...нные спосо́бности* geistige Fähigkeiten *pl,* Intelligenz *f; ...нно отста́лый* geistig zurückgeblieben
умыва́льник *m* Waschbecken *n*
умыва́ть *v impf* waschen
у́мысел *m* Vorsatz *m,* Absicht *f*
умы́шленный *adj* absichtlich, vorsätzlich, wissentlich, mutwillig, mit Absicht
универса́льный *adj 1.* universell, vielseitig, Universal..., Mehrzweck..., Allzweck...; *2. ~ магази́н* Kaufhaus *n*
университе́т *m* Universität *f*
унижа́ть *v impf* erniedrigen, demütigen, herabwürdigen, herabsetzen
униже́ние *n* Erniedrigung *f,* Demütigung *f*
унизи́тельный *adj* erniedrigend, demütigend, entwürdigend
уника́льный *adj* einzigartig, einmalig
унима́ть *v impf* beruhigen, besänftigen, beschwichtigen
унисо́нный *adj* MUS einstimmig
унифици́рованный *adj* einheitlich, genormt, Einheits...
унифици́ровать *v impf/pf* vereinheitlichen
уничтожа́ть *v impf 1.* vernichten, zerstören; *2. (упразднять)* beseitigen, abschaffen
уничтоже́ние *n 1.* Vernichtung *f,* Zerstö-

rung *f; 2. (упразднение)* Beseitigung *f,* Abschaffung *f*

уноси́ть *v impf 1.* forttragen, davontragen, wegschaffen; *2. (похищать)* stehlen; *3. (fig) е́ле ~ но́ги* mit knapper Not davonkommen; *4. ~ся* enteilen

унывá́ть *v impf* verzagen, den Mut verlieren, den Kopf hängen lassen *(fig)*

уны́лый *adj* verzagt, mutlos, trostlos, niedergeschlagen

уны́ние *n* Verzagtheit *f,* Mutlosigkeit *f,* Niedergeschlagenheit *f; впасть в ~* den Kopf hängen lassen, verzagen

упа́док *m* Verfall *m,* Niedergang *m*

упа́дочничество *n* Dekadenz *f*

упа́дочный *adj* dekadent, Verfalls...

упако́вка *f 1.* Verpacken *n,* Einpacken *n; 2. (тара)* Verpackung *f,* Packung *f*

упако́вочный *adj* Verpackungs...., Pack...; *...ная бума́га* Packpapier *n*

упако́вывать *v impf 1.* einpacken, verpacken; *2. ~ся* packen, sich reisefertig machen

упла́та *f* Zahlung *f,* Bezahlung *f*

упла́чивать *v impf* zahlen, bezahlen, Zahlung leisten

уплотне́ние *n 1. TECH* Dichtung *f,* Abdichtung *f; 2. PHYS* Verdichtung *f; 3. MED* Verhärtung *f*

уплотня́ть *v impf 1.* verdichten, dichter machen; *2. TECH* dichten, abdichten; *3. ~ся* dichter werden, sich verdichten

уполномо́ченный *adj 1.* befugt, bevollmächtigt; *m 2.* Bevollmächtigter *m,* Beauftragter *m; специа́льный ~* Sonderbeauftragter *m*

уполномо́чивать *v impf JUR* bevollmächtigen, ermächtigen, eine Vollmacht erteilen

упомина́ние *n* Erwähnung *f,* Nennung *f*

упомина́ть *v impf* erwähnen, nennen

упо́р *m TECH* Stütze *f,* Anschlag *m*

упо́рный *adj* hartnäckig, beharrlich, halsstarrig, stur

упо́рство *n* Hartnäckigkeit *f,* Beharrlichkeit *f,* Sturheit *f*

упо́рствовать *v impf* beharren, hartnäckig bestehen auf, steif und fest behaupten

употреби́тельный *adj* gebräuchlich, geläufig, üblich, gängig

употребле́ние *n* Gebrauch *m,* Anwendung *f,* Verwendung *f; входи́ть в ~* gebräuchlich werden; *гото́вый к ...нию* gebrauchsfertig

употребля́ть *v impf 1.* gebrauchen, anwenden, verwenden; *2. (воспользоваться)* benutzen, benützen

управле́ние *n 1.* Verwaltung *f,* Leitung *f; 2. (машиной и т. п.) Lenken n,* Führung *f,* Steuerung *f; дистанцио́нное ~* Fernsteuerung *f; 3. (учреждение)* Administration *f; 4. GRAMM* Rektion *f; 5. (дирижирование) MUS под ~м* unter Leitung

управля́емый *adj* steuerbar, lenkbar, gesteuert

управля́ть *v impf 1.* verwalten, leiten, regieren; *2. (машиной)* steuern, führen

управля́ющий *adj 1.* Verwalter *m,* Leiter *m; ~ дела́ми ECO* Geschäftsführer *m; 2. LIT ...ее сло́во* regierendes Wort

упражне́ние *n 1.* Übung *f,* Übungsaufgabe *f; 2. (действие)* Üben *n*

упражня́ть *v impf* üben, trainieren

упраздня́ть *v impf* aufheben, abschaffen, annullieren

упрёк *m* Vorwurf *m*

упрека́ть *v impf* jdm Vorwürfe machen, jdm etw zum Vorwurf machen, jdm etw vorwerfen

упроче́ние *n* Festigung *f,* Sicherung *f, ECO* Konsolidierung *f*

упро́чивать *v impf* festigen, sichern, konsolidieren

упроща́ть *v impf* vereinfachen, einfacher machen

упру́гий *adj* elastisch, biegsam, federnd

упру́гость *f 1.* Elastizität *f,* Biegsamkeit *f; 2. ~ тка́ни* Gewebespannung *f*

упря́жка *f* Pferdegespann *n*

упря́мец *m* Dickkopf *m,* Starrkopf *m*

упря́миться *v impf* dickköpfig sein, stur sein

упря́мство *n 1.* Sturheit *f,* Starrsinn *m,* Eigensinn *m; 2. (настойчивость)* Hartnäckigkeit *f*

упря́мый *adj* stur, störrisch, eigensinnig, starrsinnig, trotzig

упуска́ть *v impf 1.* loslassen, entkommen lassen; *2. (пропускать)* vergessen, versäumen, verpassen, sich entgehen lassen; *не ~ слу́чай* eine Gelegenheit beim Schopf fassen

упуще́ние *n* Versäumnis *n,* Nachlässigkeit *f*

ура́ *interj* hurra; *кри́ки ~* Hurrarufe *pl*

уравне́ние *n 1.* Angleichung *f,* Gleichstellung *f; ~ в права́х* rechtliche Gleichstellung *f; 2. MATH* Gleichung *f*

ура́внивать *v impf 1.* gleichmachen, aus-

gleichen, ausbalancieren; 2. *(приравнять)* gleichstellen
уравновéшенность *f* Ausgeglichenheit *f*, Gleichmaß *n*
уравновéшивать *v impf 1.* ausgleichen, ins Gleichgewicht bringen; 2. TECH auswuchten
урагáн *m* Orkan *m*, Wirbelsturm *m*, Hurrikan *m*; *~ом* blitzschnell, in Windeseile
урагáнный *adj* stürmisch, orkanartig
урáн *m* CHEM Uran *n*
урегулировáние *n* Regelung *f*, Beilegung *f*; *мúрное ~* friedliche Beilegung
урегулировáть *v pf* regeln, beilegen; *~ конфлúкт* einen Konflikt beilegen
ýрна *f* Urne *f*; *избирáтельная ~* POL Wahlurne *f*
ýровень *m 1.* Niveau *n*, Stand *m*, Pegel *m*, Höhe *f*; *жúзненный ~* Lebensstandard *m*; *над ...внем мóря* über dem Meeresspiegel; *на высóком ...вне* auf hohem Niveau; 2. *(инструмент)* Wasserwaage *f*
урóд *m* Missgeburt *f*, Ungeheuer *n*
урóдливость *f 1.* Missgestalt *f*, Abnormalität *f*; 2. *(некрасивость)* abschreckende Hässlichkeit *f*
урóдливый *adj 1.* missgestaltet, abnorm; 2. *(некрасивый)* hässlich, widerwärtig, abstoßend, abgrundtief hässlich
урóдовать *v impf 1.* verunstalten, entstellen, verschandeln; 2. *(калечить)* verstümmeln
урóдство *n 1.* Missgestalt *f*, Abnormität *f*; 2. *(некрасивость)* abschreckende Hässlichkeit *f*
урожáй *m* AGR Ernte *f*
урожáйность *f* AGR Ertrag *m*, Erträge *pl*
урожáйный AGR fruchtbar, ertragreich
урожéнец *adj* Einheimischer *m*; *~ Москвы́* gebürtiger Moskauer
урожéнка *adj* Einheimische *f*
урóк *m 1.* Unterricht *m*, Unterrichtsstunde *f*; *давáть ~и* Unterricht geben/erteilen; 2. *(fig)* Lehre *f*, Denkzettel *m*; 3. *(задание)* Aufgabe *f*, Hausaufgabe *f*
урóлог *m* MED Urologe *m*
усáдьба *f* Hof *m*
усáживаться *v impf* sich hinsetzen, Platz nehmen, es sich bequem machen
усéрдие *n* Eifer *m*, Fleiß *m*
усéрдный *adj* eifrig, emsig, fleißig, strebsam
усилéние *n* Verstärkung *f*, Verschärfung *f*, Steigerung *f*
усúленный *adj* verstärkt, verschärft, intensiv
усúливать *v impf* verstärken, verschärfen, steigern
усúлие *n 1.* Anstrengung *f*, Kraftaufwand *m*, Mühe *f*; *прилагáть все ...лия* alles daransetzen; 2. PHYS Kraft *f*
усилúтель *m* TECH Verstärker *m*
ускользáть *v impf* entwischen, entgehen, entkommen
ускорéние *n* Beschleunigung *f*
ускорáть *v impf* beschleunigen, vorantreiben
услóвие *n 1.* Bedingung *f*, Voraussetzung *f*, Vorbehalt *m*; 2. JUR Vorbehalt *m*, Vereinbarung *f*
услóвия *pl* Verhältnisse *pl*, Zustände *pl*
услóвность *f 1.* Bedingtheit *f*, Annahme *f*, Konvention *f*; 2. *(формальность)* Formalität *f*
услóвный *adj 1.* bedingt, relativ; 2. *(условленный)* vereinbart, verabredet, abgemacht; 3. JUR *~ приговóр* Bewährungsstrafe *f*; 4. GRAMM konditional, Konditional...
услýга *f 1.* Dienst *m*, Dienstleistung *f*; *быть к ~м* zu Diensten stehen; 2. *(любезность)* Gefallen *m*, Gefälligkeit *f*
услýги *pl 1.* s. *услýга*; 2. Bedienung *f*, Service *m*
услýживать *v impf* einen Gefallen tun, einen Dienst erweisen, jdm gefällig sein
услýжливость *f* Diensteifer *m*, Beflissenheit *f*
услýжливый *adj* dienstbereit, diensteifrig, gefällig
усмехáться *v impf* spöttisch/ironisch lächeln
усмéшка *f* spöttisches Lächeln *n*
усмирáть *v impf 1.* bändigen, zähmen; 2. *(восстание)* unterdrücken, niederwerfen
усмотрéние *n* Ermessen *n*, Gutdünken *n*; *по сóбственному ...нию* nach eigenem Ermessen
уснýть *v pf 1.* einschlafen; 2. *(о рыбе)* sterben, eingehen
успевáемость *f* Fortschritte *pl*, Leistungen *pl*, Leistungsstand *m*; *плохáя ~* Zurückbleiben *n*; *повышáть ~* den Leistungsstand heben, bessere Leistungen erzielen
успевáть *v impf 1.* rechtzeitig (an)kommen; 2. *не ~ сдéлать что-л* nicht dazu kommen etw zu tun, etw nicht mehr schaffen; 3. *(в*

учении) mitkommen, vorankommen Fortschritte machen
успева́ющий *adj* gut, mit guten Leistungen; *~ учени́к* guter Schüler; *~ по матема́тике* gut/stark in Mathematik
успе́х *m* Erfolg *m,* Fortschritt *m,* Gelingen *n; жела́ть ~а* viel Erfolg wünschen; *име́ть ~* Erfolg haben; *де́лать ~и* Fortschritte machen, vorwärts kommen
успе́шный *adj* erfolgreich, gelungen
успока́ивать *v impf 1.* beruhigen, zur Ruhe bringen, besänftigen; *2. ~ся* sich beruhigen, ruhig werden; *…ко́йся!* Reg dich nicht auf!; *3. (удовлетворяться достигнутым) ~ся* sich mit etw zufrieden geben
успока́ивающий *adj* beruhigend, besänftigend; *…щее сре́дство MED* Beruhigungsmittel *n*
успокое́ние *n 1.* Beruhigung *f,* Beschwichtigung *f,* Besänftigung *f; 2. (смягчение)* Linderung *f,* Beruhigung *f*
успокои́тельный *adj* beruhigend, Beruhigungs…
уста́в *m* Satzung *f,* Statut *n,* Reglement *n; согла́сно ~у* satzungsgemäß
устава́ть *v impf 1.* müde werden, ermüden; *2. (fig)* überdrüssig werden; *~ от спо́ров* des Streitens müde/überdrüssig werden; *3. не …ва́я* unermüdlich, ununterbrochen
уста́вный *adj* Satzungs…
уста́вший *adj* müde, erschöpft, kaputt *(fam)*
уста́лость *f* Müdigkeit *f,* Erschöpfung *f*
уста́лый *adj* müde, matt, erschöpft, fertig *(fam)*
устана́вливать *v impf 1. TECH* aufstellen, einbauen, montieren, installieren; *2. (отношения, связь)* herstellen, aufnehmen; *3. (назначать)* festsetzen, bestimmen; *4. ~ ли́чность* identifizieren; *5. ~ся* sich herausbilden, sich entwickeln; *6. (о погоде) ~ся* anhalten
устано́вка *f 1. TECH* Aufstellung *f,* Montage *f; 2. (действие) TECH* Aufstellen *n,* Einbau *m,* Montieren *n,* Installation *f; 3. (устройство) TECH* Anlage *f; 4. (направление)* Einstellung *f,* Ausrichtung *f; 5. (указание) TECH* Direktive *f,* Richtlinie *f*
установле́ние *n 1.* Errichtung *f,* Festlegung *f,* Herstellung *f; 2. (констатирование)* Feststellung *f*
устарева́ть *v impf* veralten, aus der Mode kommen
устаре́вший *adj* veraltet
устаре́лый *adj* veraltet, überholt
у́стный *adj* mündlich
усто́йчивость *f* Standhaftigkeit *f,* Widerstandskraft *f*
усто́йчивый *adj 1.* beständig, stabil, fest, konstant; *2. (стойкий)* widerstandsfähig, standhaft
устра́ивать *v impf 1.* einrichten, anlegen, bauen; *2. (организовать)* veranstalten, organisieren, einrichten; *3. (налаживать)* regeln, ordnen; *4. (оказываться приемлемым)* recht sein, passen; *Э́то вас …вает?* Passt Ihnen das? *5. ~ся* sich einrichten, unterkommen
устране́ние *n 1.* Beseitigung *f,* Entfernung *f; 2. (ошибок, помех)* Beheben *n,* Ausräumen *n*
устраня́ть *v impf 1.* beseitigen, entfernen, wegnehmen; *2. (ошибки, помехи)* beheben, ausräumen; *3. ~ отхо́ды* Abfälle entsorgen; *4. ~ поме́хи TECH* entstören
у́стрица *f ZOOL* Auster *f*
устро́йство *n 1.* Veranstaltung *f,* Organisation *f,* Arrangement *n; 2. (приведение в порядок)* Regelung *f,* Ordnung *f; 3. (структура)* Aufbau *m,* Ordnung *f; обще́ственное ~* Gesellschaftsordnung *f; 4. TECH (оборудование)* Ausrüstung *f,* Ausstattung *f; 5. TECH (механизм)* Anlage *f,* Vorrichtung *f,* Gerät *n; запомина́ющее ~ INFORM* Speicher *m*
усту́п *m* Absatz *m,* Stufe *f*
уступа́ть *v impf 1.* abgeben, abtreten, jdm das Feld überlassen *(fam)*; *2. (поддаваться кому-л)* nachgeben
усту́пка *f 1.* Zugeständnis *n,* Kompromiss *m; идти́ на …ки* Zugeständnisse machen, nachgeben; *2. (чего-л)* Überlassung *f,* Abtretung *f; 3. ~ в цене́ ECO* Preisermäßigung *f,* Rabatt *m*
усту́пчивость *f* Nachgiebigkeit *f*
усту́пчивый *adj* nachgiebig
усы́ *pl* Schnurrbart *m,* Schnauzer *m (fam)*
усыновле́ние *n* Adoption *f*
усыновля́ть *v impf* adoptieren
усыпи́тельный *adj* einschläfernd, monoton
усыпля́ть *v impf 1. MED* betäuben, narkotisieren; *2. (fig)* beschwichtigen
ута́ивать *v impf* verbergen, verheimlichen, verhehlen
ута́йка *f* Verheimlichung *f,* Verhehlen *n*
утвержда́ть *v impf 1.* bestätigen, sanktionieren; *~ зако́н* ein Gesetz verabschieden; *2. (высказать мнение)* behaupten, eine

Behauptung aufstellen; *3. (уверять)* versichern

утвержде́ние *n 1.* Bestätigung *f,* Bestärkung *f; представля́ть на ~* zur Bestätigung vorlegen; *2. (высказывание)* Behauptung *f,* Aussage *f*

утека́ть *v impf 1.* ausfließen, auslaufen, ausströmen; *2. (о времени)* vergehen

утёс *m* Fels *m,* Felsen *m,* Klippe *f*

утеша́ть *v impf* trösten, Trost spenden

утеше́ние *n* Trost *m,* Zuspruch *m; плохо́е ~* schwacher Trost *m*

утеши́тельный *adj* tröstlich, aufmunternd, Trost…; *~ приз* Trostpreis *m*

утилиза́ция *f* Verwertung *f*

утилизи́ровать *v impf/pf* verwerten

ути́ль *m* Altmaterial *n*

утиха́ть *v impf 1.* sich beruhigen; *2. (о шуме)* nachlassen, aufhören; *3. (о ветре)* sich legen

у́тка *f* ZOOL *1.* Ente *f; 2. (fig)* Falschmeldung *f,* Ente *f*

утоле́ние *n* Linderung *f*

утоля́ть *v impf* lindern, stillen; *~ боль* den Schmerz lindern; *~ жа́жду* den Durst löschen

утоми́тельный *adj* anstrengend, ermüdend

утомле́ние *n* Ermüdung *f,* Müdigkeit *f,* Erschöpfung *f*

утомлённый *adj* ermüdet, erschöpft, abgespannt

утомля́ть *v impf 1.* ermüden, anstrengen, erschöpfen; *2. ~ся* müde werden, sich überanstrengen

утончённый *adj* verfeinert, raffiniert, erlesen

утопа́ть *v impf* versinken, untergehen

уточне́ние *n 1.* Präzisierung *f,* Erläuterung *f; 2. (исправление)* Berichtigung *f*

уточня́ть *v impf* präzisieren, klarstellen, berichtigen

утра́та *f* Verlust *m,* Einbuße *f*

утра́чивать *v impf* verlieren, einbüßen

у́тренний *adj* Morgen…, Früh…, Vormittags…; *…нняя заря́дка* SPORT Morgengymnastik *f*

утри́ровать *v impf/pf* übertreiben, überspitzen

у́тро *n* Morgen *m; До́брое ~!* Guten Morgen!

утро́ба *f 1.* Mutterleib *m,* Schoß *m; 2. (fam)* Magen *m,* Bauch *m; 3. (fig) ненасы́тная ~* Vielfraß *m,* Nimmersatt *m*

у́тром *adv* morgens

утружда́ть *v impf* bemühen, behelligen, belästigen, Mühe verursachen

утю́г *m* Bügeleisen *n*

утю́жить *v impf* bügeln

уха́б *m* Schlagloch *n*

уха́бистый *adj* holperig, voller Löcher

ухажёр *m (fam)1.* Verehrer *m,* Kavalier *m; 2. (волокита)* Frauenheld *m,* Weiberheld *m,* Schürzenjäger *m*

уха́живание *n 1.* Pflege *f; 2. (за женщиной)* Flirten, Werben *n,* Umwerben *n*

уха́живать *v impf 1.* pflegen, betreuen, versorgen; *~ за ребёнком* ein Kind betreuen; *~ за больны́м* einen Kranken pflegen; *2. (за женщиной)* flirten, umwerben, den Hof machen

у́харский *adj (fam)* tollkühn, verwegen

ухмыля́ться *v impf (fam)* schmunzeln, grinsen, spöttisch lächeln

у́хо *n* ANAT Ohr *n; шум в уша́х* Ohrensausen *n; слу́шать кра́ем у́ха* mit halbem Ohr hinhören; *по́ уши* bis über die Ohren *(fig)*

ухо́д[1] *m* Weggehen *n,* Austritt *m*

ухо́д[2] *m 1. (присмотр, забота)* Pflege *f; ~ за больны́м* Krankenpflege *f; 2.* TECH Instandhaltung *f*

уходи́ть *v impf 1.* weggehen, fortgehen; *2. (от кого-л)* jdn verlassen; *3. ~ в о́тпуск* in Urlaub gehen; *4. ~ на пе́нсию* in Rente gehen; *5. (требоваться) На э́то …дит мно́го вре́мени.* Dies braucht viel Zeit.

ухо́женный *adj* gepflegt

ухудша́ть *v impf* verschlechtern, verschlimmern

ухудше́ние *n* Verschlechterung *f,* Verschlimmerung *f*

уча́ствовать *v impf 1.* teilnehmen, sich beteiligen; *2. (сотрудничать)* mitmachen, mitarbeiten; *3.* THEAT mitwirken; *4. (иметь долю)* beteiligt sein

уча́стие *n 1.* Teilnahme *f,* Beteiligung *f; име́ть право …тия* teilnahmeberechtigt sein; *2. (сотрудничество)* Mitarbeit *f; 3.* THEAT Mitwirkung *f; 4. (сочувствие)* Anteilnahme *f,* Mitgefühl *n*

уча́стник *m 1.* Teilnehmer *m,* Beteiligter *m; ~ войны́* Kriegsteilnehmer *m; ~ вы́ставки* Aussteller *m; 2.* THEAT Mitwirkender *m; 3. (в доле)* Teilhaber *m,* Partner *m*

уча́стница *f 1.* Teilnehmerin *f,* Beteiligte *f; ~ вы́ставки* Ausstellerin *f; 2.* THEAT Mit-

wirkende *f; 3. (в доле)* Teilhaberin *f,* Partnerin *f*
уча́сток *m 1.* Abschnitt *m; 2. (о земле)* Grundstück *n,* Parzelle *f; строи́тельный ~* Baustelle *f; 3. (отрезок дороги)* Strecke *f; 4. (административный)* Revier *n*
у́часть *f* Schicksal *n,* Los *n*
учёба *f* Ausbildung *f,* Lehre *f,* Studium *n*
уче́бник *m* Lehrbuch *n,* Schulbuch *n*
уче́бный *adj* schulisch, Schul..., Lehr..., Unterrichts...; *~ год* Schuljahr *n,* Studienjahr *n; ...ная програ́мма* Lehrplan *m*
уче́ние *n 1.* Lernen *n,* Studium *n; зако́нчить ~* das Studium abschließen; *2. (преподавание)* Unterrichten *n,* Unterricht *m; 3. (теория)* Lehre *f,* Lehrsatz *m*
учени́к *m 1.* Schüler *m; пе́рвый ~* Klassenbester *m; 2. (на производстве)* Lehrling *m,* Auszubildender *m; 3. (последователь)* Schüler *m,* Anhänger *m*
учени́ца *f 1.* Schülerin *f; пе́рвая ~* Klassenbeste *f; 2. (на производстве)* Lehrling *m,* Auszubildende *f; 3. (последовательница)* Schülerin *f,* Anhängerin *f*
учени́ческий *adj 1.* Schul..., Schüler...; *2. (на производстве)* Lehrlings..., Lehr...; *3. (незрелый)* schülerhaft, Anfänger...
учёность *f* Gelehrtheit *f*
учёный *adj 1.* wissenschaftlich, Wissenschafts...; *m 2.* Wissenschaftler *m*
учёт *m 1.* Erfassung *f,* Zählung *f; 2.* ECO *(инвентаризация)* Bestandsaufnahme *f,* Inventur *f; 3. (регистрация)* Registrierung *f,* Eintragung *f; ста́вить на ~* anmelden; *4.* ECO Bilanzierung *f, бухга́лтерский ~* Buchführung *f; 5. с ~ом* unter Berücksichtigung, mit eingerechnet
учи́лище *n* Schule *f,* Lehranstalt *f*
учи́тель(ница) *m/f* Lehrer(in) *m/f*
учи́тывать *v impf 1.* berechnen, kalkulieren; *2. (зарегистрировать)* erfassen, registrieren; *3. (принимать во внимание)* berücksichtigen, in Betracht ziehen
учи́ть *v impf 1.* unterrichten, lehren, ausbilden; *2. (изучать)* lernen, einüben, erlernen; *3. ~ся* lernen, studieren, im Ausbildungsverhältnis stehen; *~ся в шко́ле* zur Schule gehen; *~ся в университе́те* an der Universität studieren
учрежда́ть *v impf 1.* gründen, begründen, stiften; *2. (создавать)* ins Leben rufen, schaffen
учрежде́ние *n 1.* Organisierung *f,* Gründung *f; 2. (заведение)* Institution *f,* Anstalt *f,* Einrichtung *f; 3. (ведомство)* Behörde *f,* Amt *n; прави́тельственные ...ния* Regierungsbehörden *pl,* Regierungsämter *pl*
учти́вость *f* Höflichkeit *f,* höfliche Art *f*
учти́вый *adj* höflich
ушиб *m 1.* Stoß *m,* Schlag *m; 2.* MED Prellung *f*
уще́лье *m* GEO Schlucht *f,* Kluft *f,* Engpass *m*
ущемле́ние *n 1.* MED Quetschung *f; 2. (fig)* Kränkung *f; ~ ли́чности* Einengung der Persönlichkeit
ущемля́ть *v impf 1.* klemmen, einklemmen, quetschen; *2. (fig)* kränken, verletzen
уще́рб *m* Verlust *m,* Schaden *m; материа́льный ~* Sachschaden *m; потерпе́ть ~* einen Schaden erleiden; *в ~ кому́-л* jdm zum Nachteil
ую́т *m* Gemütlichkeit *f,* Behaglichkeit *f*
ую́тный *adj 1.* gemütlich, wohlig, behaglich; *2. (о месте)* wohnlich, gemütlich

Ф

фа́брика *f ECO* Fabrik *f,* Betrieb *m,* Werk *n*
фабрика́нт *m* Fabrikant(in) *m/f*
фабри́чный *adj* Fabrik…, Fabriks…
фавори́т(ка) *m/f* Favorit(in) *m/f*
фа́за *f* Phase *f,* Stadium *n*
фаза́н *m ZOOL* Fasan *m*
файл *m INFORM* Datei *f*
фа́кел *m* Fackel *f*
факс *m TEL* Telefax *n,* Fax *n; отправля́ть ~ом* faxen
факт *m* Tatsache *f,* Fakt *m; Э́то ~!* Tatsache!
факти́ческий *adj* tatsächlich, wirklich, den Tatsachen entsprechend, de facto
фа́ктор *m* Faktor *m,* Moment *n; вне́шний ~* äußerer Faktor
факульте́т *m* Fakultät *f*
фальсифика́ция *f* Fälschung *f*
фальсифици́ровать *v impf/pf* fälschen, nachmachen
фальста́рт *m SPORT* Fehlstart *m,* Frühstart *m*
фальши́вый *adj 1.* falsch, unecht; *…вые де́ньги* Falschgeld *n; 2. (о челове́ке)* falsch, verlogen, unaufrichtig
фами́лия *f* Nachname *m,* Zuname *m,* Familienname *m; по …лии* namens, mit Nachnamen
фамилья́рный *adj* familiär, vertraulich
фана́тик *m* Fanatiker(in) *m/f*
фанати́ческий *adj* fanatisch
фанати́чный *adj* fanatisch
фане́ра *f* Furnier *n*
фантази́ровать *v impf* fantasieren, schwärmen, träumen
фанта́зия *f 1.* Einbildungskraft *f,* Fantasie *f; без …зии* fantasielos; *2. (мечта)* Luftschloss *n,* Hirngespinst *n; 3. MUS* Fantasie *f,* Improvisation *f*
фантасти́ческий *adj 1.* fantastisch, unwirklich, wunderlich; *2. (fam)* großartig
фанто́м *m* Phantom *n*
фа́ра *f TECH* Scheinwerfer *m; ~ да́льнего све́та* Fernlicht *n; противотума́нная ~* Nebelleuchte *f*
фармаколо́гия *f* Arzneimittelkunde *f,* Pharmakologie *f*
фармацевти́ческий *adj* pharmazeutisch, Pharmazie…; *…ская промы́шленность* Pharmaindustrie *f*
фармаци́я *f* Pharmazie *f*
фа́ртук *m* Schürze *f*
фарфо́р *m* Porzellan *n,* Porzellangeschirr *n*
фарш *m GAST* Hackfleisch *n,* Gehacktes *n*
фарширо́ванный *adj GAST* gefüllt
фарширо́вать *v impf GAST* füllen
фаса́д *m* Fassade *f,* Front *f,* Vorderseite *f*
фасо́ль *f BOT* Bohnen *pl*
фасо́н *m* Fasson *f,* Form *f,* Art *f; держа́ть ~ (fam)* sich wichtig machen
фата́льный *adj* fatal, verhängnisvoll
фа́уна *f BIO* Fauna *f,* Tierwelt *f*
фаши́зм *m POL* Faschismus *m*
фаши́стский *adj POL* faschistisch
февра́ль *m* Februar *m*
федера́льный *adj POL* föderal, Bundes…; *~ ка́нцлер m* Bundeskanzler *m; ~ парла́мент* Bundestag *m; …ная зе́мля* Bundesland *n*
федерати́вный *adj POL* föderativ, Bundes…; *…ная респу́блика* föderative Republik *f,* Bundesrepublik *f*
федера́ция *f POL* Föderation *f*
фейерве́рк *m* Feuerwerk *n*
фемини́зм *m POL* Feminismus *m,* Frauenbewegung *f*
фемини́стка *f POL* Feministin *f,* Frauenrechtlerin *f*
фен *m* Föhn *m,* Haartrockner *m*
фено́мен *m* Phänomen *n,* außergewöhnliche Erscheinung *f*
фе́нхель *m BOT* Fenchel *m*
ферме́нт *m BIO* Ferment *n,* Gärstoff *m*
фе́рмер *m* Bauer *m,* Bäurin *f*
фестива́ль *m* Festival *n,* Festspiele *pl*
фехтова́ние *n SPORT* Fechten *n*
фе́я *f* Fee *f*
фи́бра *f 1. ANAT* Faser *f; 2. TECH* Faser *f,* Fiber *f; (fig) все́ми ~ми свое́й души́* mit jeder Faser seines Herzens
фи́га *f 1. BOT* Feige *f; 2. (fam) показа́ть ~у* jdm eine lange Nase machen *(fig); 3. смотре́ть в кни́гу, а ви́деть …гу (fig)* nichts verstehen
фигу́ра *f 1.* Figur *f,* Gestalt *f,* Statur *f; 2. (ли́чность)* Figur *f,* Persönlichkeit *f; 3. LIT* Wendung *f; ритори́ческая ~* rhetorische Wendung
фигури́ст(ка) *m/f SPORT* Eiskunstläufer(in) *m/f*
фи́зик *m/f* Physiker(in) *m/f*

фи́зика *f PHYS* Physik *f*
физиотерапи́я *f MED* Physiotherapie *f*
физи́ческий *adj 1.* physisch, körperlich; *~ труд* körperliche Arbeit; *...кое лицо́ JUR* natürliche Person; *2. (относящийся к физике) PHYS* physikalisch, Physik...
фикси́ровать *v impf* fixieren, festmachen
фикти́вный *adj* fiktiv, fingiert, Schein...; *...ная сде́лка JUR* Scheingeschäft *n*
филармо́ния *f MUS* Philharmonie *f*
филе́ *n GAST* Filet *n*
филиа́л *m ECO* Filiale *f,* Niederlassung *f,* Zweigstelle *f*
фи́лин *m ZOOL* Uhu *m*
фило́лог *m* Philologe *m,* Philologin *f*
филологи́ческий *adj* philologisch; *~ факульте́т* philologische Fakultät
филосо́фия *f* Philosophie *f*
филосо́фский *adj 1.* philosophisch; *~ камень* Stein der Weisen; *2. (fam)* tiefsinnig
филосо́фствовать *v impf 1.* philosophieren; *2. (fam)* tiefgründige Gespräche führen
фи́льм *m 1. CINE* Film *m; 2. (плёнки)* Filmband *n,* Bildstreifen *m*
фильтр *m* Filter *m*
фильтро́ванный *adj* gefiltert, Filter...; *~ ко́фе GAST* Filterkaffee *m*
фильтрова́ть *v impf* filtern
фина́л *m 1.* Schluss *m,* Ende *n,* Finale *n; 2. SPORT* Finale *n,* Endspiel *n*
финанси́рование *n ECO* Finanzierung *f*
финанси́ровать *v impf/pf* finanzieren
фина́нсовый *adj FIN* finanziell, Finanz...; *...вая поли́тика* Finanzpolitik *f; ...овое ве́домство* Finanzamt *n*
фина́нсы *pl FIN* Finanzen *pl,* Geldangelegenheiten *pl*
фи́ниш *m SPORT* Endspurt *m; ли́ния ~а* Ziellinie *f*
Финля́ндия *f GEO* Finnland *n*
финн *m* Finne *m*
фиоле́товый *adj* violett, lila
фи́рма *f ECO* Firma *f*
фиск *m FIN* Fiskus *m,* Staatskasse *f*
фиста́шка *f BOT* Pistazie *f*
фити́ль *m* Docht *m,* Zündschnur *f,* Lunte *f; тле́ющий ~ порохово́й бо́чки (fig)* die glimmende Lunte am Pulverfass
фи́тнес-центр *m* Fitnesscenter *n*
фи́шка *f* Chip *m*
флаг *m* Fahne *f,* Flagge *f; высоко́ держа́ть ~ (fig)* die Fahne hochhalten
флагма́н *m MIL 1.* Flaggoffizier *m; 2. (корабль)* Flaggschiff *n*
фламби́ровать *v impf/pf GAST* flambieren
флами́нго *n ZOOL* Flamingo *m*
флане́ль *f* Flanell *m*
флегма́тик *m* Phlegmatiker *m*
флегмати́чный *adj* phlegmatisch, träge
фле́йта *f MUS* Flöte *f; игра́ть на ...те* Flöte spielen; *пряма́я ~* Blockflöte *f*
флирт *m* Flirt *m,* Liebelei *f*
флиртова́ть *v impf* flirten
флома́стер *m* Filzstift *m*
флори́ст *m* Florist(in) *m/f*
флот *m* Flotte *f; вое́нно-морско́й ~ MIL* Marine *f*
фо́кус[1] *m 1. PHYS* Fokus *m,* Brennpunkt *m; 2. MED* Krankheitsherd *m; 3. (fig)* Brennpunkt *m,* Mittelpunkt *m*
фо́кус[2] *m 1. (трюк)* Kunststück *n,* Trick *m; ка́рточный ~* Kartentrick *m; 2. (уловка)* Kunstgriff *m,* Kniff *m; 3. (каприз)* Laune *f,* Schrulle *f*
фо́кусник *m 1.* Zauberkünstler(in) *m/f,* Taschenspieler(in) *m/f; 2. (fam)* launenhafter Mensch
фольга́ *f* Folie *f; алюми́ниевая ~* Alufolie *f*
фолькло́р *m* Folklore *f,* Volkskunst *f*
фон *m* Grund *m,* Hintergrund *m*
фона́рь *m 1.* Laterne *f,* Lampe *f; волше́бный ~* Laterna Magica *f; 2. (fam)* Veilchen *n,* blauer Fleck *m*
фонд *m 1. ECO* Fonds *m; 2. (ресурсы)* Bestand *m; библиоте́чный ~* Bücherbestand *m*
фо́нды *pl 1.* s. *фонд; 2. ECO* Wertpapiere *pl,* Effekten *pl; ~ па́дают.* Die Kurse fallen.
фондю́ *n GAST* Fondue *n*
фоне́тика *f LING* Phonetik *f*
фонети́ческий *adj* phonetisch
фонта́н *m 1.* Springbrunnen *m,* Fontäne *f; 2. (fig)* Schwall *m*
форе́ль *f ZOOL* Forelle *f*
фо́рма *f 1.* Form *f,* Fasson *f; кра́ткая ~* Kurzform *f; в пи́сьменной ...ме* schriftlich; *2. (форма́льность)* Formalität *f; 3. (бланк)* Formular *n; 4. (одежда)* Uniform *f; 5. TECH* Form *f,* Gießform *f*
форма́льность *f* Formalität *f,* Förmlichkeit *f*
форма́льный *adj* formal, formell, förmlich
форма́т *m* Format *n*
формати́ровать *v impf INFORM* formatieren
форма́ция *f* Formation *f,* Gestaltung *f,* Bildung *f*

фо́рменный *adj* formgerecht; *...нная оде́жда* Uniform *f*

формирова́ть *v impf 1.* bilden, formieren, zusammensetzen; *2. (воспитывать)* formen, prägen; *3. ~ся* sich entwickeln, sich herausbilden

формова́ть *v impf* formen, modellieren

фо́рмула *f* Formel *f*

формули́ровать *v impf/pf* formulieren, in Worte fassen

формуля́р *m* Formular *n,* Vordruck *m*

форси́ровать *impf/pf* forcieren, beschleunigen, vorantreiben

форс-мажо́р *m* höhere Gewalt *f*

форсу́нка *f TECH* Düse *f,* Zerstäuber *m*

фортепья́но *n MUS* Klavier *n*

фо́то *n* Foto *n*

фотоаппара́т *m FOTO* Fotoapparat *m,* Kamera *f*

фото́граф *m* Fotograf(in) *m/f*

фотографи́ровать *v impf FOTO 1.* fotografieren, ein Foto machen; *2. (fam)* knipsen

фотогра́фия *f FOTO 1.* Fotografieren *n,* Fotografie *f; 2. (снимок)* Fotografie *f,* Foto *n,* Aufnahme *f; момента́льная ~* Schnappschuss *m; 3. (мастерская)* Fotoatelier *n*

фотока́рточка *f FOTO* Lichtbild *n,* Passbild *n*

фотоко́пия *f* Kopie *f,* Fotokopie *f; снима́ть ...пию* kopieren

фрагме́нт *m* Fragment *n,* Bruchstück *n*

фра́за *f 1.* Satz *m; пуста́я ~* Floskel *f; 2. MUS* Phrase *f*

фрак *m* Frack *m*

фра́кция *f POL* Fraktion *f; председа́тель ...ции* Fraktionsvorsitzende(r) *f/m*

франки́ровать *v impf/pf* frankieren, freimachen

Фра́нция *f GEO* Frankreich *n*

францу́женка *f* Französin *f*

францу́з *m* Franzose *m*

францу́зский *adj* französisch; *~ язы́к* Französisch *n*

фрахт *m ECO 1.* Fracht *f; 2. (плата)* Frachtgebühr *f; включа́я ~ до ме́ста назначе́ния* frachtfrei

фрахтова́ть *v impf* mieten, heuern, chartern

фре́за *f TECH 1.* Fräse *f,* Fräsmaschine *f; 2. (инструмент)* Fräser *m*

фрикаде́лька *f GAST* Kloß *m,* Knödel *m*

фронт *m 1. MIL* Front *f, война́ на два ~а* Zweifrontenkrieg *m; 2. (fig)* Front *f; идеологи́ческий ~* ideologische Front; *культу́рный ~* Kulturfront *f; перемени́ть ~* sein Verhalten ändern, die Fronten wechseln; *3. (лицевая сторона) TECH* Vorderseite *f*

фронто́н *m* Giebel *m*

фрукт *m BOT* Frucht *f*

фрукто́вый *adj* fruchtig, Frucht..., Früchte..., Obst...; *~ сок* Fruchtsaft *m*

фру́кты *pl 1.* s. *фрукт; 2. GAST* Obst *n,* Früchte *pl*

фрустра́ция *f PSYCH* Frustration *f*

фу *interj* Pfui!, Pfui Teufel!

фунда́мент *m 1.* Fundament *n,* Unterbau *m; 2. (fig)* Grundlage *f,* Basis *f,* Fundament *n*

фундаментали́ст(ка) *m/f POL* Fundamentalist(in) *m/f*

фундамента́льный *adj* fundamental, grundlegend

функциона́льный *adj* funktionell, funktional, Funktions...

функционе́р *m* Funktionär(in) *m/f*

функциони́рование *n* Funktionieren *n,* Funktionsweise *f*

функциони́ровать *v impf* funktionieren

фу́нкция *f 1.* Funktion *f; 2. (обязанность)* Funktion *f,* Aufgabe *f,* Verpflichtung *f; выполня́ть ...цию* eine Funktion erfüllen; *3. MATH* Funktion *f; произво́дная ~* abgeleitete Funktion

фунт *m 1.* Pfund *n; 2. (денежная единица)* Pfund *n*

фуро́р *m* Furore *f,* rasender Beifall *m; произвести́ ~* Furore machen

фуру́нкул *m MED* Furunkel *n*

фут *m* Fuß *m*

футбо́л *m SPORT* Fußball *m*

футбо́лка *f (fam)* T-Shirt *n*

футля́р *m* Etui *n,* Hülle *f,* Tasche *f*

футуристи́ческий *adj* futuristisch

Х

хала́т *m 1.* Morgenmantel *m,* Bademantel *m; 2. (спец-отдежда)* Kittel *m,* Arbeitskittel *m; до́кторский ~* Arztkittel *m*
хала́тность *f* Nachlässigkeit *f,* Schlamperei *f*
хала́тный *adj* fahrlässig, nachlässig, schlampig
халту́рить *v impf (fam)* pfuschen, stümpern, schludern
халту́рный *adj (fam)* stümperhaft, schlampig
хам *m (fam)* Flegel *m,* frecher/unverschämter Kerl
хамелео́н *m* ZOOL Chamäleon *n*
хамса́ *f* GAST Anchovis *f*
ха́мский *adj* grob, flegelhaft, unhöflich, rüpelhaft, ruppig
ха́мство *n (fam)* Frechheit *f,* Unverschämtheit *f*
ха́нжеский *adj* scheinheilig, bigott
ха́нжество *n* Scheinheiligkeit *f,* Bigotterie *f,* Frömmelei *f*
ханжи́ть *v impf* fromm tun, scheinheilig sein, heucheln
хао́с *m* Chaos *n,* Unordnung *f,* Durcheinander *n,* Wirrwarr *m*
хаоти́ческий *adj* chaotisch, wirr, verworren
хара́ктер *m 1.* Charakter *m,* Wesen *n; дурной ~* schlechter Charakter; *2. (свойство)* Eigenart *f,* Charakter *m; 3. (структура)* Beschaffenheit *f,* Struktur *f*
характеризова́ть *v impf* charakterisieren, kennzeichnen
характери́стика *f 1.* Charakteristik *f,* Kennzeichnung *f; 2.* MATH Wert *m,* Kennziffer *f*
характе́рный *adj 1.* charaktervoll, ausdrucksvoll, markant, Charakter…; *2. (отличительный)* charakteristisch, kennzeichnend, bezeichnend, hervorstechend
ха́ря *f (fam)* Schnauze *f,* Fresse *f*
хвала́ *f* Lob *n*
хвале́бный *adj* lobend, Lob…; *…ная пе́сень* Lobgesang *m*
хвали́ть *v impf 1.* loben, rühmen, Lob spenden; *2. ~ся* prahlen
хвастовство́ *n* Angeberei *f,* Prahlerei *f*
хва́стать(ся) *v impf* prahlen, sich brüsten, den Mund voll nehmen *(fig)*
хвастли́вый *adj* protzig, großkotzig *(fam)*
хвасту́н *m* Angeber(in) *m/f,* Aufschneider(in) *m/f*
хвата́ть[1] *v impf 1. (схватывать)* greifen, fassen, packen; *2. ~ся* sich an etw festhalten, sich an etw festklammern
хвата́ть[2] *v impf* ausreichen; *не …та́ет чего́-л* etw reicht nicht, etw fehlt; *Э́того ещё не …та́ло!* Das fehlte noch!; *Хва́тит!* Jetzt ist Schluss!
хвора́ть *v impf* kränkeln
хвост *m 1.* ZOOL Schwanz *m,* Schweif *m; верте́ть ~о́м* mit dem Schwanz wedeln; *поджа́ть ~ (fig)* klein beigeben, den Schwanz einziehen; *2.* ASTR *~ коме́ты* Schweif *m*
хи́жина *f* Hütte *f,* Häuschen *n*
хи́лый *adj* kränklich, schwächlich, gebrechlich
хи́мик *m* Chemiker(in) *m/f*
химика́лии *pl* Chemikalien *pl*
химика́т *m* Chemikalie *f*
химиотерапи́я *f* MED Chemotherapie *f*
хими́ческий *adj* chemisch, Chemie…; *…кая трево́га* Gasalarm *m; …кая чи́стка* chemische Reinigung
хи́мия *f* Chemie *f*
химчи́стка *f* chemische Reinigung *f*
хини́н *m* MED Chinin *n*
хиру́рг *m* MED Chirurg(in) *m/f*
хирурги́ческий *adj* MED chirurgisch; *~ нож* Seziermesser *n*
хирурги́я *f* MED Chirurgie *f*
хитре́ц *m (fam)* Schlauberger *m,* Schlaumeier *m*
хи́трость *f 1.* Schlauheit *f,* List *f,* Schläue *f; 2. (трудность)* Schwierigkeit *f,* Kniffeligkeit *f; 3. (приём)* Trick *m,* Kniff *m*
хитроу́мие *n* Spitzfindigkeit *f*
хитроу́мный *adj* spitzfindig, clever, raffiniert
хи́трый *adj 1.* schlau, listig, verschmitzt, pfiffig; *2. (трудный)* schwierig, kompliziert
хихи́канье *n* Gekicher *n*
хихи́кать *v impf* kichern; *~ в кулачо́к* sich ins Fäustchen lachen *(fig)*
хи́щник *m* ZOOL *1.* Raubtier *n; 2. (птица)* Raubvogel *m*
хи́щнический *adj* räuberisch, Raub…
хладнокро́вный *adj* kaltblütig, eiskalt

хлам *m* Kram *m (fam)*, Trödel *m,* Plunder *m*
хлеб *m 1.* GAST Brot *n; чёрный ~* Schwarzbrot *n; 2. (зерно)* AGR Korn *n,* Getreide *n*
хлеба́ *pl* AGR Getreide *n*
хлев *m* AGR Stall *m,* Viehstall *m*
хло́панье *n* Knall *m*
хло́пать *v impf* impf knallen, klatschen, knallen (Tür schließen); *~ по плечу́* auf die Schulter klopfen; *~ глаза́ми (fig)* dumm dastehen, alt aussehen, dumm aus der Wäsche schauen
хло́пок *m* BOT Baumwolle *f*
хлопо́к *m* Knall *m*
хлопота́ть *v impf 1.* geschäftig sein, geschäftig tun; *2. (за кого-л)* ein gutes Wort einlegen, Fürsprache halten
хлопотли́вость *f 1.* Schwierigkeit *f; 2. (о человеке)* Geschäftigkeit *f*
хлопотли́вый *adj 1.* mühevoll, schwierig; *2. (о человеке)* geschäftig, emsig
хло́поты *pl* Sorgen *pl,* Ärger *m,* Scherereien *pl; наде́лать кому́-л ...по́т* jdm Scherereien machen
хлопу́шка *f* Knallkörper *m*
хло́пья *pl* Flocken *pl, овся́ные ~* Haferflocken *pl*
хлор *m* CHEM Chlor *n,* Chlorgas *n*
хлори́д *m* CHEM Chlorid *n*
хло́ристый *adj* CHEM chlorhaltig, Chlor...
хлорофи́лл *m* BOT Chlorophyll *n,* Blattfarbstoff *m*
хлорофо́рм *m* CHEM Chloroform *n*
хмель *m 1.* BOT Hopfen *m; 2. (опьянение)* Rausch *m,* Schwips *m*
хму́рый *adj 1.* finster, düster; *~ вид* ein finsteres Aussehen; *2. (о погоде)* trübe, bewölkt
хны́кание *n (fam)* Geflenne *n,* Geplärr *n*
хны́кать *v impf (fam)* plärren, flennen, herumjammern
хо́бби *n* Hobby *n,* Steckenpferd *n (fig)*
хо́бот *m* ZOOL Rüssel *m*
ход *m 1.* Gehen *n,* Gang *m; 2. (о транспорте)* Fahrt *f; по́льным ~ом* in voller Fahrt; *3. (развитие, течение)* Verlauf *m,* Hergang *m,* Gang *m; ~ собы́тий* Verlauf der Ereignisse; *4. (проход)* Eingang *m,* Gang *m; 5. (при игре)* Zug *m; 6. (fig) на ~у́* zwischen Tür und Angel
хода́тайство *n* Antrag *m,* Gesuch *n,* Ersuchen *n,* Fürsprache *f; пода́ть ~* einen Antrag einreichen
хода́тайствовать *v impf 1.* ersuchen, beantragen; *2. (заступаться за кого-л)* sich für jdn einsetzen, für jdn Fürsprache einlegen
ходи́ть *v impf 1. (двигаться)* gehen; *~ больши́ми шага́ми* große Schritte machen; *~ по ко́мнате* im Zimmer auf und ab gehen; *2. ~ на лы́жах* Ski laufen; *3. (в чём-л)* tragen, anhaben; *~ в шу́бе* einen Pelz tragen; *4. (с определённой целью)* hingehen, besuchen; *~ в теа́тр* ins Theater gehen; *~ за хле́бом* Brot holen; *5. (о транспортных средствах)* gehen, fahren; *Трамва́й ...дит ка́ждые* 5 *мину́т.* Die Straßenbahn geht/fährt alle 5 Minuten. *6. (о часах)* gehen; *7. (в игре)* ziehen, einen Zug machen
хо́дкий *adj* gebräuchlich, gängig, verbreitet
ходово́й *adj 1.* TECH Lauf..., Zug..., Fahr...; *2. (употребляемый)* gebräuchlich, verbreitet
ходьба́ *f 1.* Gehen *n,* Gang *m; 2. (манера)* Gangart *f*
хожде́ние *n 1.* Gehen *n; 2. (о деньгах)* Umlauf *m; име́ть ~* im Umlauf sein, gelten
хозя́ин *m 1.* Hausherr *m,* Gastgeber *m; быть ~ом положе́ния* Herr der Lage sein; *2. (владелец)* Besitzer *m,* Herr *m; Он сам себе́ ~.* Er ist sein eigener Herr.
хозя́йка *f 1.* Gastgeberin *f; 2. (владелица)* Besitzerin *f*
хозя́йничать *v impf 1.* wirtschaften, haushalten; *2. (распоряжаться)* schalten und walten, herrschen
хозя́йственный *adj 1.* ECO wirschaftlich, ökonomisch, Wirtschafts...; *2. (о человеке)* sparsam
хозя́йство *n 1.* ECO Wirtschaft *f,* Betrieb *m; мирово́е ~* Weltwirtschaft *f; се́льское ~* AGR Landwirtschaft *f; 2. дома́шнее ~* Haushalt *m*
хозя́йствование *n* Wirtschaften *n,* Wirtschaftsführung *f*
хозя́йствовать *v impf* wirtschaften
хокке́й *m* SPORT Hockey *n; ~ на льду* Eishockey *n*
хо́лдинг *m* ECO Dachgesellschaft *f,* Holding *f*
хо́леный *adj* gepflegt
холе́ра *f* MED Cholera *f*
холе́рик *m* Choleriker(in) *m/f*
холери́ческий *adj* cholerisch
холестери́н *m* MED Cholesterin *n*
холм *m* Hügel *m; моги́льный ~* Grabhügel *m*

холми́стый *adj* hügelig, uneben
хо́лод *m* Kälte *f; пять гра́дусов ~а* fünf Grad Kälte, fünf Grad unter Null
холода́ть *v impf* sich abkühlen
холоди́льник *m 1.* Kühlschrank *m,* Eisschrank *m; 2. (помещение)* Kühlraum *m; 3. ваго́н-~* Kühlwagen *m*
холоди́льный *adj* Kühl…
холо́дность *f (fig)* Kälte *f,* Lieblosigkeit *f*
холо́дный *adj 1.* kalt, eisig; *2. (об одежде)* leicht, ungefüttert; *3. (равнодушный)* kühl, unterkühlt, unfreundlich
холосто́й *adj 1.* unverheiratet, ledig; *2.* TECH *~ ход* Leerlauf *m*
холостя́к *m* Junggeselle *m*
холст *m 1.* Leinwand *f;* Leinen *n; 2. (картина)* ART Gemälde *n,* Leinwand *f*
хомя́к *m* ZOOL Hamster *m*
хор *m* MUS Chor *m,* Chorgesang *m; ~ом* im Chor
хора́л *m* MUS Choral *m*
хореогра́фия *f* MUS Choreografie *f*
хорме́йстер *m* MUS Chorleiter(in) *m/f*
хорони́ть *v impf* beerdigen, bestatten, beisetzen, zu Grabe tragen
хоро́ший *adj 1.* gut, schön; *~ сове́т* guter Rat; *2. Всего́ …шего!* Alles Gute!
хоте́ть *v impf* wollen, mögen; *Я давно́ э́того …е́л.* Das habe ich schon lange gewollt. *Я хочу́ спать.* Ich möchte schlafen, ich bin müde. *Что ты хо́чешь э́тим сказа́ть?* Was willst du damit sagen?
хоть[1] *konj* obwohl, wenn auch, zwar; *~ бы́ло уже́ по́здно* obwohl es schon spät war; *он ~ и мо́лод, но* er ist zwar noch jung
хоть[2] *adv 1. (по крайней мере)* wenigstens; *Скажи́ ~ сло́во.* Sag wenigstens ein Wort. *2. (даже) ~ сейчас* wann du willst; *~ сего́дня, ~ за́втра* egal, ob heute oder morgen
хотя́ *konj 1.* obwohl, obleich, obschon, trotz; *2. ~ бы* selbst wenn, wenn auch, und wenn; *3. ~ бы и так* selbst wenn dem so wäre, gesetzt den Fall es wäre so
хо́хот *m* Gelächter *n,* Lachen *n*
хохота́ть *v impf* lachen, laut lachen; *~ во весь го́лос* lauthals lachen
хра́брость *f* Tapferkeit *f*
хра́брый *adj* tapfer
храм *m 1.* Tempel *m; 2. (fig)* Gotteshaus *n,* Kirche *f,* Kathedrale *f*
хране́ние *n* Lagerung *f,* Aufbewahrung *f; сдава́ть на ~* deponieren, hinterlegen
храни́лище *n* Speicher *m,* Depot *n*
храни́ть *v impf 1.* aufbewahren, bewahren; *~ в па́мяти* im Gedächtnis behalten; *2. ~ на скла́де* lagern; *3. (соблюдать)* wahren, behüten; *~ та́йну* ein Geheimnis wahren
храпе́ть *v impf* schnarchen
хрен *m* BOT Meerrettich *m*
хризанте́ма *f* BOT Chrysantheme *f*
хри́плый *adj* heiser
хри́пнуть *v impf* heiser werden
хрипота́ *f* Heiserkeit *f; крича́ть до …ты́* sich heiser schreien
христиани́н *m* REL Christ *m*
христиа́нка *f* REL Christin *f*
христиа́нский *adj* REL christlich
христиа́нство *n* REL Christenheit *f,* Christentum *n; ра́ннее ~* Urchristentum *n*
Христо́с *m* REL Christus; *~ воскре́с!* Frohe Ostern!
хром[1] *m* CHEM Chrom *n*
хром[2] *m (кожа)* Chromleder *n*
хрома́ть *v impf 1.* hinken, humpeln; *2. (плохо успевать)* zurückbleiben
хромо́й *adj* hinkend, lahm
хромосо́ма *f* BIO Chromosom *n*
хро́ник *m* chronisch Kranker *m*
хро́ника *f 1.* Chronik *f; 2. (сведения из текущей жизни)* Tagesbericht *m,* Tageschronik *f,* Wochenschau *f*
хрони́ческий *adj* chronisch
хронологи́ческий *adj* chronologisch, zeitlich geordnet, in zeitlicher Reihenfolge
хру́пкий *adj 1.* zerbrechlich, brüchig, spröde; *~ лёд* brüchiges Eis; *2. (нежный)* zart, fein, zierlich, filigran
хруста́ль *m* Kristall *n,* Kristallglas *n*
хрустя́щий *adj* knusprig
хрящ *m 1.* ANAT Knorpel *m; 2.* GEOL Kies *m*
хрящева́тый *adj 1.* knorpelig; *2.* GEOL Kies…
худе́ть *v impf* abnehmen, abmagern
худо́жественный *adj* künstlerisch, Kunst…, Künstler…; *~ фильм* Spielfilm *m*
худо́жник *m* Künstler *m,* Maler *m; свобо́дный ~* freischaffender Künstler *m*
худо́й[1] *adj (не толстый)* mager, hager, dünn
худо́й[2] *adj (плохой)* schlecht, schlimm, übel, böse
худо́й[3] *adj (изношенный)* abgenutzt, zerrissen
хулига́н *m (fam)* Rowdy *m,* Flegel *m*
хулига́нить *v impf* randalieren, sich aufführen
хулига́нство *n (fam)* Krawall *m,* Randale *f*

Ц

ца́нга *f* Zange *f,* Spannzange *f*
ца́пать *v impf (fam) 1.* packen, ergreifen; *2. (оцарапать)* kratzen; *3. ~ся* streiten, aneinander geraten, sich in die Haare geraten
ца́пля *f ZOOL* Reiher *f*
ца́пфа *f TECH* Zapfen *m*
цара́пать *v impf 1.* kratzen, verkratzen; *2. (fam)* kritzeln
цара́пина *f* Kratzer *m,* Kratzwunde *f*
цари́зм *m HIST* Zarismus *m*
цари́ть *v impf* herrschen; *...ил мрак* es herrschte Finsternis
цари́ца *f HIST* Zarin *f,* Kaiserin *f*
ца́рский *adj* zaristisch, kaiserlich, Zaren...
ца́рственный *adj* majestätisch, würdevoll
ца́рство *n 1. POL* Regierung *f,* Regierungszeit *f; 2. (государство) HIST* Kaiserreich *n,* Königreich *n,* Zarenreich *n; 3. (fig) живо́тное ~* Tierreich *n*
ца́рствовать *v impf* regieren, herrschen; *...твует тишина́.* Es herrscht Stille.
царь *m 1. HIST* Zar *m,* Kaiser *m; 2. (fig)* König *m; ~ звере́й* König der Tiere
цвести́ *v impf 1.* blühen, in Blüte stehen; *2. (fig)* gedeihen, blühen
цвет *m 1.* Farbe *f; ~ воло́с* Haarfarbe *f; неразлича́ющий ~* farbenblind; *На вкус и ~ това́рища нет.* Über Geschmack lässt sich streiten. *2. BOT* Blüte *f,* Blume *f; 3. (fig)* Blüte *f; в по́лном ~е* in voller Blüte
цвета́стый *adj* bunt, farbenreich
цвете́ние *n* Blüte *f,* Blühen *n; вре́мя ...ния* Blütezeit *f*
цве́тень *m BOT* Pollen *m,* Blütenstaub *m*
цветно́й *adj* farbig, bunt, Farb..., Bunt...; *~ каранда́ш* Buntstift *m, ...но́е бельё* Buntwäsche *f*
цвето́к *m BOT 1.* Blume *f; 2. (цвет на дереве)* Blüte *f*
цветоощуще́ние *n* Farbensinn *m*
цвето́чник *m* Blumenhändler *m*
цвето́чница *f 1.* Blumenhändlerin *f; 2. (ящик для цветов)* Blumenkasten *m*
цвето́чный *adj* Blumen..., Blüten...; *~ чай* Blütentee *m; ~ горшо́к* Blumentopf *m; ~ я́щик* Blumenkasten *m; ~ магази́н* Blumengeschäft *n*
цвету́щий *adj 1.* blühend, in Blüte stehend; *2. (fig)* blühend, frisch, vor Gesundheit strotzend
це́зий *m CHEM* Cäsium *n*
цезу́ра *f* Zäsur *f,* Einschitt *m*
цейтлупа *f CINE* Zeitlupe *f*
цейтно́т *m* Zeitnot *f,* Zeitmangel *m*
целево́й *adj* Ziel...
целенапра́вленный *adj* zielgerichtet
целесообра́зность *f* Zweckmäßigkeit *f*
целесообра́зный *adj* zweckmäßig, sachdienlich, sinnvoll
целеустремлённость *f* Zielstrebigkeit *f*
целеустремлённый *adj* zielstrebig, zielsicher
целиба́т *m REL* Zölibat *m*
целико́м *adv* ganz, ganz und gar, gänzlich, vollkommen, völlig, restlos
це́литься *v impf 1.* zielen; *2. (fig)* abzielen auf, anspielen auf
целлофа́н *m* Zellophan *n*
целлюло́за *f* Zellulose *f,* Zellstoff *m*
целова́ть *v impf* küssen
це́лое *n 1.* Ganzes *n; 2. MATH* ganze Zahl *f; 3. в о́бщем и ...лом* im Großen und Ganzen, alles in allem
целому́дренный *adj* keusch, unberührt
целому́дрие *n* Keuschheit *f,* Jungfräulichkeit *f*
це́лостность *f 1.* Ganzheit *f,* Unteilbarkeit *f; 2. POL* Integrität *f*
це́лостный *adj* ungeteilt, ganz, einheitlich
це́лость *f* Unversehrtheit *f*
це́лый *adj 1.* unversehrt, heil, ganz, unverletzt; *2. (полный)* ganz, voll
цель *f 1.* Ziel *n,* Zweck *m; ~ пое́здки* Reiseziel *n; с ~ю* zum Zweck, zwecks; *в ...лях чего́-л* für etw, um etw zu tun; *2. SPORT* Ziel *n,* Zielscheibe *f; 3. (fig) попа́сть в ~* treffen, ins Schwarze treffen
це́льность *f 1.* Integrität *f; 2. (fig)* Ganzheit *f,* Geschlossenheit *f;*
це́льный *adj* aus einem Stück, ganz, ungeteilt; *...ное молоко́* Vollmilch *f; ...ное вино́* reiner Wein
цеме́нт *m* Zement *m*
цементи́ровать *v impf/pf* zementieren
цена́ *f ECO* Preis *m; ориентиро́вочная ~* Richtpreis *m; покупна́я ~* Einkaufspreis *m*
це́нзор *m* Zensor *m*
цензу́ра *f* Zensur *f; подверга́ть ...у́ре* zensieren
цени́тель *m* Kenner *m; ~ иску́сства* Kunstkenner *m*
цени́ть *v impf* schätzen, würdigen

це́нник *m* Preisliste *f*
це́нности *pl 1.* s. *це́нность; 2.* Wertsachen *pl*
це́нность *f 1.* Wert *m; реа́льная ~* Sachwert *m; 2. (предмет)* Kostbarkeit *f,* Wertgegenstand *m*
це́нный *adj 1.* Wert…; *2. (fig)* wertvoll, kostbar
ценообразова́ние *n* ECO Preisbildung *f*
це́нтнер *m* Dezitonne *f,* Doppelzentner *m*
центр *m 1.* Zentrum *n,* Mittelpunkt *m; ~ го́рода* Innenstadt *f; 2. (учреждение)* Zentrum *n; нау́чно-иссле́довательский ~* Forschungszentrum *n; 3. (учреждения)* Zentrale *f; 4. (fig) ~ внима́ния* Mittelpunkt *m*
централи́зм *m* POL Zentralismus *m*
Центра́льная А́зия *f* GEO Mittelasien *n,* Zentralasien *n*
Центра́льная Евро́па *f* GEO Mitteleuropa *n*
центра́льный *adj* zentral, Zentral…; *~ банк* FIN Zentralbank *f*
центри́ровать *v impf/pf* zentrieren
центрифу́га *f* TECH Zentrifuge *f,* Schleuder *f*
центробе́жный *adj* zentrifugal; *…ная си́ла* Zentrifugalkraft *f,* Fliehkraft *f*
цепно́й *adj* Ketten…; *…ная реа́кция* Kettenreaktion *f*
цепо́чка *f* Kette *f,* Halskette *f*
цепь *f 1.* Kette *f; 2.* GEO *го́рная ~* Gebirgskette *f,* Gebirge *n; 3.* TECH *электри́ческая ~* Stromkreis *m*
церебра́льный *adj* ANAT zerebral, Zerebral…
церемониа́л *m* Zeremoniell *n*
церемониа́льный *adj* zeremoniell, feierlich; *f; ~ марш* Parademarsch *m*
церемо́ния *f* Zeremonie *f; без …ний* ohne Umstände
церко́вный *adj* kirchlich, Kirchen…; *~ прихо́д* Kirchengemeinde *f*
це́рковь *f* REL Kirche *f*
цеса́рка *f* ZOOL Perlhuhn *n*
цех *m* Abteilung *f,* Werkhalle *f*
цивилиза́ция *f* Zivilisation *f*
цивилизо́ванный *adj* zivilisiert
цикл *m* Zyklus *m,* Reihe *f; рабо́чий ~* Arbeitsgang *m*
цикли́ческий *adj* zyklisch
цикло́н *m* METEO *1.* Zyklon *m,* Wirbelsturm *m; 2. (область низкого давления)* Tiefdruckgebiet *n,* Tief *n*
цили́ндр *m* TECH Zylinder *m*
цилиндри́ческий *adj* zylindrisch, zylinderförmig, walzenförmig
ци́ник *m* Zyniker *m*
цини́ческий *adj* zynisch
цинк *m* CHEM Zink *n*
цирк *m* Zirkus *m*
циркули́ровать *v impf* zirkulieren, im Umlauf sein
ци́ркуль *m* Zirkel *m*
циркуля́р *m* Rundschreiben *n*
циркуля́рный *adj* zirkular, Rund…
циркуля́ция *f* Kreislauf *m,* Zirkulation *f; ~ кро́ви* ANAT Blutzirkulation *f; ~ де́нег* ECO Geldumlauf *m*
цирро́з *m* MED Zirrhose *f*
цисте́рна *f* Tank *m,* Tankwagen *m*
цита́та *f* Zitat *n; привести́ …ту* ein Zitat anführen
цити́ровать *v impf* zitieren, erwähnen
ци́трусовые *pl* BOT Zitrusfrüchte *pl*
цифербла́т *m* Zifferblatt *n*
ци́фра *f* Ziffer *f,* Zahl *f; неофициа́льная ~* Dunkelziffer *f*
цифрово́й *adj 1.* Ziffern…, Zahlen…; *2.* TECH digital, Digital…
цыга́н(ка) *m/f* Zigeuner(in) *m/f*
цыплёнок *m* ZOOL Küken *n*

Ч

чаба́н *m* Schäfer *m*
ча́бер *m BOT* Bohnenkraut *n*
чабре́ц *m BOT* Feldthymian *m*
ча́вканье *n* Schmatzen *n,* Geschmatze *n*
ча́вкать *v impf* schmatzen
чад *m 1.* Dunst *m,* Qualm *m; 2. (дурман)* Rausch *m*
чади́ть *v impf (fam)* qualmen
ча́дный *adj* verraucht, verqualmt
чадра́ *f* Schleier *m,* Tschador *m*
чаевы́е *pl* Trinkgeld *n*
чай *m 1. BOT* Tee *m; 2. GAST* Tee *m; фрукто́вый ~* Früchtetee *m*
ча́йка *f ZOOL* Möwe *f*
ча́йник *m* Kanne *f,* Teekanne *f,* Teekessel *f*
ча́йный *adj* Tee...
чалма́ *f* Turban *m*
чан *m* Kübel *m,* Bottich *m*
чарова́ть *v impf* bezaubern, berücken
чаровни́ца *f* Zauberin *f*
чароде́й *m* Zauberer *m*
чартерный *adj* gechartert, Charter...; *~ рейс* Charterflug *m*
ча́ры *pl 1.* Zauberkünste *pl,* Zauberei *f; 2. (fig)* Reiz *m,* Zauber *m*
час *m 1.* Stunde *f; че́рез ~* in einer Stunde; *2. (время по часам)* Uhrzeit *f; Кото́рый ~?* Wie spät ist es?; *в шесть ~о́в* um sechs Uhr
часо́вня *f REL* Kapelle *f*
часово́й *adj 1.* Uhr(en)...; *...ва́я стре́лка* Uhrzeiger *m; 2. (о времени)* einstündig, stundenweise, Stunden...
часовщи́к *m* Uhrmacher *m*
ча́сом *adv (fam)* manchmal, beiläufig
ча́стенько *adv (fam)* ziemlich oft
части́ца *f 1.* Teilchen *n,* Partikel *m; 2. GRAMM* Partikel *f*
части́чно *adv* teilweise, zum Teil
части́чный *adj* teilweise, partiell, Teil...
ча́стное *n MATH* Quotient *m*
ча́стность *f 1.* Einzelheit *f,* Detail *n; adv 2. в ...сти* insbesondere
ча́стный *adj 1.* privat, Privat...; *...ная со́бственность* Privateigentum *n; ...ное лицо́* Privatperson *f; 2. (отдельный)* besonders, speziell, Sonder...
ча́сто *adv* oft, häufig, oftmals
частота́ *f 1.* Häufigkeit *f; 2. TECH* Frequenz *f; высо́кая ~* Hochfrequenz *f; радио~* Funkfrequenz *f*
часто́тность *f* Häufigkeit *f*
часто́тный *adj 1.* Häufigkeits...; *2. TECH* Frequenz...
частоме́р *m* Frequenzmesser *m*
ча́стый *adj 1.* häufig, oft, wiederholt; *2. (густой)* dicht; *3. ~ пульс MED* beschleunigter Puls; *4. ~ дождь* Platzregen *m*
часть *f 1.* Teil *m,* Stück *n; составна́я ~* Bestandteil *m; запасна́я ~* Ersatzteil *n; 2. (отдел учреждения)* Abteilung *f; 3. MIL* Einheit *f,* Truppenteil *m*
часы́ *pl 1.* Uhr *f, нару́чные ~* Armbanduhr *f; ~ спеша́т* die Uhr geht vor; *2.* s. *час; ~ пик* Rushhour *f,* Berufsverkehr *m*
ча́хнуть *v impf* dahinschwinden, dahinsiechen, vergehen
ча́ша *f* Schale *f,* Kelch *m*
ча́шечка *f 1.* Tasse *f,* Tässchen *n; 2. BOT* Blütenkelch *m*
ча́шка *f 1.* Tasse *f; 2. (у весов)* Waagschale *f; 3. ANAT коле́нная ~* Kniescheibe *f*
ча́ща *f* Dickicht *n*
ча́яние *n* Erwartung *f,* Hoffnung *f,* Sehnsucht *f*
чей *pron* wessen
че́й-либо *pron* irgendjemandes
че́й-нибудь *pron* irgendjemandes
чек *m 1.* Scheck *m,* Bankscheck *m; 2. (кассовый)* Kassenbon *m,* Kassenzettel *m*
чека́нить *v impf* prägen; *~ моне́ты* Münzen prägen
чека́нка *f* Prägung *f; ~ моне́т* Münzprägung *f*
че́ковый *adj* Scheck...; *...вая ка́рточка* Scheckkarte *f*
чёлка *f* Pony *m*
челове́к *m* Mensch *m,* Person *f; Нас бы́ло пять ~.* Wir waren zu fünft.
челове́ческий *adj* menschlich, Menschen...; *...кое досто́инство* Menschenwürde *f*
челове́чество *n* Menschheit *f*
челове́чность *f* Menschlichkeit *f,* Humanität *f*
челове́чный *adj* menschlich, human
челюстно́й *adj ANAT* Kiefer...; *...на́я кость* Kieferknochen *m*
че́люсть *f 1. ANAT* Kiefer *m; 2. (протез)* Gebiss *n,* Zahnprothese *f*
чем[1] *pron (от слова что)* etwas; *~ могу́ помо́чь?* Womit kann ich dienen? Wie kann ich helfen?

чем[2] *konj 1. (после сравнительной степени)* als; *бо́льше ~ в про́шлом году́* mehr als im letzten Jahr; *2. (перед сравнительной степени)* je; *~ раньше тем лучше* je eher desto besser; *3. (вместо того, чтобы)* statt, anstatt; *~ писа́ть, вы бы ра́ньше спроси́ли.* Statt zu schreiben, hätten Sie besser vorher gefragt.
чемба́ло *n MUS* Cembalo *n*
чемода́н *m* Koffer *m*
чемода́нный *adj* Koffer…; *…нное настрое́ние* Reisefieber *n*
чемпио́н *m SPORT* Meister *m,* Champion *m; ~ ми́ра* Weltmeister *m*
чемпиона́т *m SPORT* Meisterschaft *f; ~ ми́ра по футбо́лу* Fußballweltmeisterschaft *f; ~ Евро́пы* Europameisterschaft *f*
чепе́ц *m* Haube *f*
чепуха́ *f* Unsinn *m,* Blödsinn *m; Э́то ~.* Das ist glatter Unsinn.
червь *m ZOOL* Wurm *m*
червя́к *m ZOOL* Wurm *m*
черда́к *m* Dachboden *m*
чере́д *m (fam)* Reihe *f,* Reihenfolge; *идти́ свои́м …до́м* seinen Lauf nehmen, seinen Gang gehen
чередова́ться *v impf 1.* sich abwechseln, einander ablösen; *2. (последовательно)* aufeinander folgen
че́рез *prep 1.* über; *~ доро́гу* über die Straße; *2. (сквозь)* durch, hindurch; *~ окно́* durch das Fenster; *3. (по прошествии в будущем)* in; *~ год* in einem Jahr; *4. (по прошествии в прошлом)* nach; *~ два го́да по́сле войны́* zwei Jahre nach dem Krieg; *5. (посредством)* durch, über, mit Hilfe von; *узна́ть о чём-л ~ дру́га* über/durch einen Freund von etw erfahren
черено́к *m 1. BOT* Ableger *m; 2. (о ноже)* Griff *m,* Stiel *m*
че́реп *m 1. ANAT* Schädel *m; 2. (fig)* Totenkopf *m,* Totenschädel *m*
черепа́ха *f ZOOL* Schildkröte *f*
черепи́ца *f* Dachziegel *m*
черепо́к *m* Scherbe *f*
чересчу́р *adv (fam)* übermäßig, zu, über die Maßen; *Э́то уже́ ~!* Das geht zu weit!
чере́шня *f BOT* Kirsche *f,* Süßkirsche *f*
черне́ть *v impf* schwarz werden
черни́ка *f BOT 1.* Heidelbeere *f; 2. (куст)* Heidelbeerstrauch *m*
черни́ла *pl* Tinte *f*
черни́ть *v impf 1.* schwärzen; *2. (fig)* anschwärzen, verleumden, schlecht machen, in Verruf bringen
черновик *m* Entwurf *m,* Konzept *n; в ~е́* in der Rohfassung
черново́й *adj* vorläufig, im Entwurf, Konzept…, Roh…
Черного́рия *f GEO* Montenegro *n*
Чёрное море *n GEO* Schwarzes Meer *n*
чёрный *adj 1.* schwarz, Schwarz…; *ходи́ть в …ном* sich schwarz kleiden; *~ хлеб GAST* Schwarzbrot *n; …ным по бе́лому* schwarz auf weiß; *~ ры́нок* Schwarzmarkt *m; 2. (fig)* finster, düster, unheilvoll; *…ная неблагода́рность* schnöde Undankbarkeit *f*
че́рпать *v impf* schöpfen
чёрствость *f* Härte *f,* Hartherzigkeit *f*
чёрствый *adj 1. (fig)* hart, hartherzig, gefühllos; *2. (о хлебе) GAST* trocken, hart
чёрт *m* Teufel *m; ни ~а́* absolut nichts; *~ его́ зна́ет!* Weiß der Teufel! *Иди́ к ~у!* Geh zum Teufel!, Fahr zur Hölle! *~ возьми́!* Hol's der Teufel!
черта́ *f 1.* Strich *m,* Linie *f; 2. (fig)* Zug *m,* Einzelheit *f; ~ хара́ктера* Wesenszug *m; в о́бщих ~х* im Großen und Ganzen
чертёж *m* Zeichnung *f,* Grundriss *m*
чертёжный *adj* Zeichen…, Reiß…; *чертёжная доска́* Reißbrett *n,* Zeichenbrett *n*
чертёнок *m 1. (fig)* kleiner Teufel *m; 2. (озорник)* Schlingel *m,* Schalk *m*
черто́вский *adj (fam)* teuflisch, verteufelt, verflixt
чертовщи́на *f* Teufelei *f,* Teufelskram *m,* Teufelswerk *n*
чертополо́х *m BOT* Distel *f*
чеса́ть *v impf 1.* kratzen; *2. (волосы)* die Haare kämmen; *3. ~ся* jucken
чесно́к *m BOT* Knoblauch *m*
че́ствование *n* Ehrung *f*
че́ствовать *v impf* ehren, feiern, würdigen
че́стность *f* Ehrlichkeit *f,* Redlichkeit *f,* Rechtschaffenheit *f*
че́стный *adj* ehrlich, redlich, rechtschaffen, aufrecht, ehrenhaft; *…ное сло́во* Ehrenwort *n*
честолюби́вый *adj* ehrgeizig
честолю́бие *n* Ehrgeiz *m*
честь *f 1.* Ehre *f; в ~ кого́-л* jdm zu Ehren; *2. (репутация)* Ruf *m*
четве́рг *m* Donnerstag *m*
четвёрка *f 1.* Vier *f; 2. (отметка)* Vier *f; 3. (лошадей)* Vierergespann *n*

чётверо *adv* vier, zu viert; *Их было ~.* Sie waren zu viert.
четвёртый *adj* vierter
чётверть *f* Viertel *n; ~ часа* Viertelstunde *f*
четырёхсложный *adj* LING viersilbig
четырёхсторонний *adj* vierseitig
чётки *pl* REL Rosenkranz *m*
чёткий *adj 1.* klar, deutlich; *2. (точный)* exakt, genau
чёткость *f 1.* Deutlichkeit *f; 2. (точность)* Exaktheit *f*
чётный *adj* MATH gerade, paarig; *...ное число* gerade Zahl
четыре *num* vier
четырёхугольный *adj* viereckig
четырнадцать *num* vierzehn
чечевица *f 1.* BOT Linse *f; 2.* PHYS Linse *f,* Glaslinse *f*
чечевичный *adj* Linsen...
чешуя *f* ZOOL Schuppe *f*
Чили *f* GEO Chile *n*
чилиец *m* Chilene *m*
чилийка *f* Chilenin *f*
чилийский *adj* chilenisch
чиновник *m 1.* Beamte *m; 2. (бюрократ)* Bürokrat *m,* Beamtenseele *f*
чиновница *f 1.* Beamtin *f; 2. (бюрократ)* Bürokratin *f,* Beamtenseele *f*
чип *m* INFORM Chip *m*
чириканье *n* Gezwitscher *n,* Zwitschern *n*
чирикать *v impf* zwitschern, tschilpen
численность *f* Zahl *f,* Anzahl *f; ~ населения* Einwohnerzahl *f*
числитель *m* MATH Zähler *m*
числительный *adj* Zahl...; *имя ...ное* GRAMM Zahlwort *n; имя ...ное порядковое ~* Ordnungszahl *f*
числить *v impf 1.* zählen zu, halten für; *~ кого-л больным* jdn krank schreiben; *2. ~ся* gelten als
число *n 1.* Zahl *f,* Anzahl *f; 2.* GRAMM Zahl *f,* Numerus *m; единственное ~* Einzahl *f,* Singular *m; множественное ~* Mehrzahl *f,* Plural *m; 3. (дата)* Datum *n; в первых ...лах июня* Anfang Juni
чистилище *n* REL Fegefeuer *n*
чистить *v impf 1.* putzen, reinigen, säubern; *2. (фрукты)* schälen
чистка *f 1.* Putzen *n,* Reinigung *f,* Säuberung *f; 2. (fig)* Säuberungsaktion *f*
чистоплотность *f 1.* Reinlichkeit *f,* Sauberkeit *f; 2. (fig)* Ehrlichkeit *f,* Anstand *m*
чистоплотный *adj 1.* reinlich, sauber; *2. (fig)* ehrlich, anständig
чистосердечный *adj* treuherzig, offenherzig, aufrichtig
чистота *f 1.* Reinlichkeit *f,* Sauberkeit *f; 2. (отсутсвие примеси)* Reinheit *f; 3. (fig)* Reinheit *f,* Redlichkeit *f,* Klarheit *f; 4. (тщательность)* Sorgfalt *f,* Genauigkeit *f*
чистый *adj 1.* sauber, rein, unbenutzt; *2. (аккуратный)* reinlich; *3.* FIN blanko *~ бланк* Blankoformular *n*
читатель(ница) *m/f* Leser(in) *m/f*
читательский *adj* Lese..., Leser...
читать *v impf 1.* lesen, vortragen; *2. ~ по буквам* buchstabieren
чихать *v impf* niesen
член *m 1.* ANAT Glied *n,* Penis *m; 2. (организации)* Mitglied *n,* Teilnehmer(in) *m/f; ~ партии* Parteimitglied *n; почётный ~* Ehrenmitglied *n; 3.* MATH Glied *n; 4.* GRAMM *~ предложения* Satzglied *n*
членить *v impf* gliedern
членский *adj* Mitglieds...; *~ взнос* Mitgliedsbeitrag *m*
членство *n* Mitgliedschaft *f*
чмокать *v impf* schmatzen
чокаться *v impf* anstoßen
чопорность *f* Prüderie *f*
чопорный *adj* zimperlich, prüde, etepetete *(fam)*
чрево *n* Mutterleib *m*
чрезвычайно *adv* außerordentlich, eminent
чрезвычайный *adj 1.* außergewöhnlich, außerordentlich, höchst; *2. (особый)* außergewöhnlich, Sonder..., Ausnahme...; *adv 3. в ...ном случае* äußerstenfalls, notfalls
чрезмерноть *f* Übermäßigkeit *f,* Übermaß *n*
чрезмерный *adj* übermäßig, äußerst
чтение *f* Lesen *n,* Lektüre *f,* Lesung *f, ~ вслух* Vorlesen *n*
что[1] *pron 1. (interr)* was; *~ вы говорите?* Was sagen Sie?, Wie meinen Sie? *~ с тобой?* Was ist mit dir los? *2. за ~* wofür; *3. (почему)* warum, weshalb, was; *~ вы там смеётесь?* Was lacht ihr denn da? *4. ~ за шум?* Was ist das für ein Lärm? *5. не за ~* keine Ursache, gern geschehen; *6. ни за ~* auf keinen Fall, um keinen Preis; *7. ~ ли* etwa, vielleicht; *Пойти мне ~ ли туда?* Soll ich etwa dahin gehen?
что[2] *konj* dass; *Говрорят, ~ ...* Man sagt, dass..., Es heißt, dass...
чтобы *konj 1.* dass; *Я хочу, ~ он пришёл.*

Ich will, dass er kommt. *2. (для того, чтобы)* damit, um zu; *~ вы не забыли.* Damit Sie es ja nicht vergessen.

что́-либо *s. что́-нибудь*

что́-нибудь *pron* etwas, irgendetwas, irgendwas *(fam)*; *~ подо́бное* so etwas, etwas in der Art

что́-то *pron (fam) 1.* etwas, was, irgendetwas; *тут ~ не так* hier stimmt (irgend) etwas nicht; *adv 2. (слегка)* ein wenig, etwas, leicht; *3. (с оттенкомсомнения)* ich glaube, mir scheint, irgendwie; *~ не по́мню.* Ich kann mich nicht recht entsinnen.; *~ он не о́чень заинтересо́ван.* Mir scheint, er hat gar kein richtiges Interesse.

чу́вственность *f* Sinnlichkeit *f*

чу́вственный *adj* sinnlich; *…ное восприя́тие* Sinneswahrnehmung *f*

чувстви́тельность *f 1.* Empfindlichkeit *f,* Sensibilität *f,* Empfindsamkeit *f; 2. (сентиментальность)* Sentimentalität *f; 3.* TECH *~ к чему́-л* Anfälligkeit gegen etw; *~ к поме́хам* Störanfälligkeit *f*

чувстви́тельный *adj 1.* empfindlich, empfindsam, sensitiv, sensibel; *…ное ме́сто* empfindliche Stelle, wunder Punkt; *2. (заметный)* merklich, spürbar; *3. (впечатлительный)* sensibel, feinfühlig, gefühlvoll; *~ челове́к* gefühlvoller Mensch

чу́вство *n 1.* Sinn *m; о́рганы …тв* Sinnesorgane *pl; ~ вку́са* Geschmackssinn *m; ~ ю́мора* Sinn für Humor; *2. (чего-л)* Gefühl *n,* Empfindung *f; ~ со́бственного досто́инства* Selbstbewusstsein *n; 3. (сознание)* Besinnung *f; прийти́ в ~* wieder zur Besinnung kommen, wieder zu Bewusstsein kommen; *лиши́ться …тв* die Besinnung verlieren; *без …тв* besinnungslos

чу́вствовать *v impf 1.* fühlen, empfinden; *~ себя́ больны́м* sich krank fühlen; *Как вы себя́ …твуете?* Wie geht es Ihnen?, Wie fühlen Sie sich? *2. (ощущать)* fühlen, spüren; *3. ~ся* spürbar sein, zu bemerken sein

чугу́н *m* MET Gusseisen *n*

чугу́нный *adj* gusseisern, aus Gusseisen

чуда́к *m* Sonderling *m,* komischer Kauz *m (fam)*

чудакова́тый *adj* wunderlich, sonderbar, verschroben

чуде́сный *adj* wundervoll, fabelhaft, herrlich

чу́до *n* Wunder *n*

чудо́вище *n* Monster *n,* Ungeheuer *n,* Scheusal *n*

чудо́вищность *f* Ungeheuerlichkeit *f*

чудо́вищный *adj* ungeheuerlich

чужа́к *m (fam)* Fremder *m,* Außenseiter *m*

чужби́на *f* Fremde *f; на …не* in der Fremde

чу́ждый *f 1.* fern; *Он …жд интри́г.* Intrigen liegen ihm fern. *~ жи́зни* lebensfremd, weltfremd; *Он человек ~ ревности.* Er ist ein Mensch, der keine Eifersucht kennt. *2. (чужой)* fremd, fremdartig

чужо́й *adj* fremd, Fremd…

чула́н *m* Kammer *f,* Abstellkammer *f,* Rumpelkammer *f*

чулки́ *pl* Strümpfe *pl; ~ до коле́н* Kniestrümpfe *pl*

чума́ *f* MED Pest *f*

чурба́н *m 1.* Klotz *m; 2. (fam)* Dummkopf *m,* Tölpel *m*

чу́ткий *adj 1.* wachsam, hellhörig; *…кая соба́ка* wachsamer Hund; *~ сон* leichter Schlaf; *2. (о слухе)* scharf, hellhörig; *3. (отзывчивый)* einfühlsam, feinfühlig

чу́ткость *f 1.* Hellhörigkeit *f,* Spürsinn *m; 2. (отзывчивость)* Einfühlungsvermögen *n,* Feingefühl *n,* Taktgefühl *n*

чуть *adv 1. (немного, едва)* kaum, ein bisschen; *~ не* fast, beinahe; *~-~* ein kleines bisschen; *2. ~ то́лько* kaum, (sogleich) nachdem; *~ то́лько он вошёл* kaum war er eingetreten; *~ свет* im Morgengrauen; *~ что* beim geringsten Anlass

чутьё *n* Gefühl *n,* Feingefühl *n,* Instinkt *m*

чу́чело *n* Vogelscheuche *f*

чушь *f (fam)* Unsinn *m,* Quatsch *m,* Blödsinn *m*

чу́ять *v impf 1.* ZOOL wittern; *2. (fam)* spüren, fühlen

Ш

шабло́н *m 1.* Schablone *f; 2. (fig)* Schema *n*
шабло́нный *adj 1.* schablonenhaft, Schablonen...; *2. (fig)* abgeschmackt, abgedroschen
шаг *m 1.* Schritt *m; больши́ми ~а́ми* mit großen Schritten; *~ за ~ом* schrittweise; *~ вперёд и ~ наза́д* einen Schritt vor und einen zurück; *на ка́ждом ~у́* auf Schritt und Tritt; *в двух ~а́х от чего́-л* einen Katzensprung von etw entfernt; *2. (поступок)* Schritt *m; риско́ванный ~* ein gewagter Schritt; *пе́рвый ~* der erste Schritt
шага́ть *v impf 1.* gehen; *~ в но́гу* im Gleichschritt gehen; *2. (через что-л)* schreiten; *3. (ходить)* auf- und abgehen, schreiten
шаги́ *pl (меры)* Schritte *pl,* Maßnahmen *pl*
ша́гом *adv* im Schritttempo; *е́хать ~* Schritttempo fahren
ша́йка *f* Bande *f,* Rotte *f*
шалопа́й *m (fam)* Taugenichts *m,* Faulenzer *m*
ша́лость *f* Streich *m,* Jux *m*
шалфе́й *m BOT* Salbei *m*
шаль *f* Schal *m,* Tuch *n*
шампа́нское *n* Champagner *m,* Sekt *m,* Schaumwein *m*
шампиньо́н *m BOT* Champignon *m*
шампу́нь *m* Shampoo *n*
шанс *m* Chance *f,* Aussicht *f,* Möglichkeit *f; име́ть все ~ы* die besten Chancen haben
шанта́ж *m* Erpressung *f*
шантажи́ровать *v impf* erpressen
шантажи́ст(ка) *m/f* Erpresser(in) *m/f*
ша́пка *f* Mütze *f,* Kappe *f; ~ невиди́мка* Tarnkappe *f*
шар *m* Kugel *f,* Ball *m*
шарж *m* Karikatur *f*
шаржирова́ть *v impf* karikieren, überspitzen
ша́рик *m 1.* Kugel *f; 2. ANAT кра́сные кровяны́е ~и* rote Blutkörperchen *pl*
ша́риковый *adj* rund, Kugel..
шарлата́н(ка) *m/f* Scharlatan *m,* Hochstapler(in) *m/f*
шарлата́нство *n* Scharlatanerie *f,* Hochstapelei *f*
шарма́нка *f* Drehorgel *f,* Leierkasten *m*
шарни́р *m TECH* Scharnier *n,* Gelenk *n*
шарф *m* Schal *m*
шасси́ *n TECH* Chassis *n,* Fahrgestell *n,* Untergestell *n*
шата́ние *n 1.* Schwanken *n,* Taumeln *n, 2. (fam)* Herumstrolchen *n; 3. (колебание)* Schwanken *n,* Zaudern *n*
шата́ть *v impf 1.* rütteln, schütteln, schaukeln; *2. ~ся* wanken, schwingen, wackeln; *3. (fig) ~ся* taumeln, torkeln; *4. (fam) ~ся* sich herumtreiben, herumstromern; *~ без де́ла* Zeit vergeuden
ша́хматы *pl* Schach *n; игра́ть в ~* Schach spielen
ша́хта *f 1.* Bergwerk *n,* Grube *f,* Zeche *f; 2. (вертикальный ход)* Schacht *m*
шахтёр *m* Bergarbeiter *m,* Kumpel *m (fam)*
шашлы́к *m GAST* Schaschlik *m/n*
шва́бра *f* Schrubber *m*
швед *m* Schwede *m*
шве́дка *f* Schwedin *f*
шве́йный *adj* Näh...; *...ная маши́на* Nähmaschine *f*
швейца́р *m* Türsteher *m*
швейца́рец *m* Schweizer *m*
Швейца́рия *f GEO* Schweiz *f*
швейца́рка *f* Schweizerin *f*
швейца́рский *adj* schweizerisch
Шве́ция *f GEO* Schweden *n*
швыря́ть *v impf* schleudern, schmeißen
шевели́ть *v impf* bewegen, rühren
шезло́нг *m* Liegestuhl *m*
ше́йный *adj* Hals...; *~ позвоно́к ANAT* Halswirbel *m*
шейх *m* Scheich *m*
ше́лест *m* Rauschen *n,* Rascheln *n,* Geraschel *n*
шелесте́ть *v impf* rauschen, rascheln, knistern
шелуха́ *f GAST* Pelle *f,* Schale *f*
ше́льма *f/m (fam)* Spitzbube *m,* Schelm *m,* Filou *m*
шепеля́вить *v impf* lispeln
шепеля́вый *adj* lispelnd
шёпот *m* Flüstern *n,* Geflüster *n; ~ом* im Flüsterton
шепта́ть *v impf* flüstern, raunen; *~ на у́хо* ins Ohr flüstern
шерохова́тость *f 1.* Unebenheit *f; 2. (стиля)* Holprigkeit *f*
шерохова́тый *adj 1.* rau, uneben; *2. (о стиле)* holprig

шерсть *f 1.* Haar *n,* Fell *n,* Pelz *m; 2. (пряжа)* Wolle *f,* Wollgarn *n; 3. (ткань)* Wollstoff *m; из чистой ...и* aus reiner Wolle, reinwollen; *4. (fig) прóтив ...ти* gegen den Strich
шершáвый *adj* rau, uneben, stoppelig
шéршень *m ZOOL* Hornisse *f*
шест *m* Stange *f,* Stab *m*
шéствие *n* Umzug *m,* Prozession *f*
шестерня́ *f TECH* Zahnrad *n*
шестнáдцать *num* sechzehn
шестóй *adj* sechster
шесть *num* sechs
шестьдеся́т *num* sechzig
шеф *m* Chef *m,* Vorgesetzter *m*
шéфство *n* Patenschaft *f,* Betreuung *f; взять ~ над чем-л* die Patenschaft für etw übernehmen
шéя *f ANAT* Hals *m; сидéть у когó-л на шéе* jdm auf der Tasche liegen *(fam)*
шикáрный *adj 1.* schick, elegant; *2. (прекрасный)* super, klasse, prima, edel
ши́на *f 1.* Reifen *m; автомоби́льная ~* Autoreifen *m; надéть ...ну на колесó* Reifen aufziehen; *2. MED* Schiene *f*
шинéль *f* Uniformmantel *m,* Soldatenmantel *m*
шинковáть *v impf* schneiden, hobeln
шинкóвка *f* Küchenhobel *m,* Gemüsehobel *m*
шип *m 1. BOT* Dorn *m,* Stachel *m; 2. TECH* Dorn *m,* Zapfen *m*
шипéть *v impf* zischen, fauchen
шипóвник *m 1. BOT* Heckenrose *f; 2. (плод) BOT* Hagebutte *f*
ширинá *f 1.* Breite *f; 2. (одежды)* Weite *f*
ширóкий *adj 1.* breit, weit; *2. (fig)* breit, weitreichend, umfassend
широтá *f 1.* Weite *f,* Breite *f; ~ кругозóра* Weitblick *m; 2. GEO* Breite *f; грáдус ...ты́* Breitengrad *m*
шить *v impf* nähen, schneidern
шифр *m 1.* Chiffre *f,* Geheimschrift *f; 2. (библиотечный)* Signatur *f*
шифровáть *v impf* verschlüsseln, chiffrieren
шифрóвка *f* Verschlüsselung *f,* Chiffrierung *f*
ши́шка *f 1. MED* Beule *f; 2. BOT* Zapfen *m; елóвая ~* Tannenzapfen *m*
шкалá *f* Skala *f,* Teilung *f; ~ термóметра* Thermometerskala *f*
шкаф *m* Schrank *m; кни́жный ~* Bücherschrank *m*
шквал *m* Windstoß *m,* Böe *f*
шкóла *f 1.* Schule *f; начáльная ~* Grundschule *f; срéдняя ~* Mittelschule *f; ~ инострáнных языкóв* Sprachenschule *f; ходи́ть в ...лу* zur Schule gehen; *окóнчить ...лу* die Schule abschließen; *2. (здание)* Schule *f,* Schulgebäude *n,* Schulhaus *n*
шкýра *f 1.* Fell *n,* Haut *f; 2. (кожура)* Schale *f; 3. (fam)* Halsabschneider *m; 4. (fig) дрожáть за свою́ ...ру* um sein Leben zittern; *драть ...ру* das Fell über die Ohren ziehen; *быть в чьей-л ...ре* in jds Lage sein
шланг *m TECH* Schlauch *m*
шлем *m* Helm *m,* Sturzhelm *m*
шлёпанцы *pl (fam)* Pantoffeln *pl,* Schlappen *pl*
шлёпать *v impf (fam) 1.* einen Klaps geben; *2. ~ся* hinplumpsen, hinknallen
шлю́ха *f (fam) 1.* Flittchen *n,* Tusse *f (fam),* Schlampe *f; 2. (проститутка)* Hure
шля́па *f 1.* Hut *m; 2. (fam)* Schlappschwanz *m*
шля́пный *adj* Hut...
шмéль *f ZOOL* Hummel *f*
шмóтки *pl (fam)* Klamotten *pl (fam)*
шмыгáть *v impf (fam)* hin- und herhuschen; *~ нóсом* schnüffeln
шни́цель *m GAST* Schnitzel *n*
шнур *m 1.* Schnur *f; запáльный ~* Zündschnur *f; 2. TECH* Kabel *n*
шнуровáть *v impf* schnüren, binden, zubinden
шнурóк *m 1.* Schnur *f; 2. (обуви)* Schnürsenkel *m*
шов *m* Naht *f*
шовини́зм *m* Chauvinismus *m*
шовини́ст *m* Chauvinist *m*
шовинисти́ческий *adj* chauvinistisch
шок *m* Schock *m; быть в ~е* schockiert/entsetzt sein
шоки́ровать *v impf/pf* schockieren
шоколáд *m* Schokolade *f; пли́тка ~а* Schokoladentafel *f*
шоколáдный *adj* Schokoladen...
шóрох *m* Rascheln *n,* Geräusch *n*
шóрты *pl* Shorts *pl,* kurze Hose *f*
шóры *pl* Scheuklappen *pl*
шоссé *n* Chaussee *f*
шоссéйный *adj* Chaussee...
шотлáндец *m* Schotte *m*
Шотлáндия *f GEO* Schottland *n*
шотлáндка *f* Schottin *f*
шóу *n* Show *f*
шофёр *m* Fahrer *m,* Autofahrer *m*

шпа́га *f* Degen *m*
шпага́т *m 1.* Bindfaden *m; 2. SPORT* Spagat *m/n*
шпарга́лка *f (fam)* Spickzettel *m*
шпигова́ть *v impf GAST* spicken
шпина́т *m BOT* Spinat *m*
шпи́он *m* Spion *m,* Agent *m*
шпи́он(ка) *m* Spion(in) *m/f,* Agent(in) *m/f*
шпиона́ж *m* Spionage *f*
шпио́нить *v impf* schnüffeln, spionieren, Spitzeldienste leisten
шпио́нский *adj* Spionage...; *...кое гнездо́* Agentennest *n*
шприц *m MED* Spritze *f*
шрам *m* Schramme *f,* Narbe *f*
шрифт *m 1.* Schrift *f; типогра́фский ~,* Druckschrift *f;* 2.*~ Бра́йля* Blindenschrift *f*
шта́бель *m* Stapel *m; сложи́ть в ...ля́* schichten, stapeln
штамп *m* Stempel *m*
штампова́ть *v impf 1.* stempeln; *2. TECH* stanzen
штат[1] *m (о госуда́рстве)* Staat *m; Соединённые ~ы Аме́рики GEO* die Vereinigten Staaten von Amerika *pl,* die USA *pl*
штат[2] *m (состав сотрудников) ECO* Personal *n; быть в ~е* fest angestellt sein
ште́мпель *m* Stempel *m,* Siegel *n*
ште́псель *m* Stecker *m*
штиль *m NAUT* Windstille *f,* Flaute *f*
штифт *m TECH* Stift *m*
што́пать *v impf* flicken, stopfen
што́пор *m GAST* Korkenzieher *m*
шторм *m METEO* Sturm *m*
штормово́й *adj* stürmisch, Sturm...
што́ры *pl* Vorhang *m*
штраф *m JUR* Geldstrafe *f;* Bußgeld *n*
штрафно́й *adj SPORT* Straf...; *~ уда́р* Strafstoß *m*
штрафова́ть *v impf* strafen, bestrafen
штрих *m 1.* Strich *m,* Linie *f; 2. (fig)* Zug *m; хара́ктерный ~* charakteristischer Zug
штрихова́ть *v impf* schraffieren
штукату́рить *v impf* verputzen
штукату́рка *f* Stuck *m,* Putz *m*
шту́рман *m* Steuermann *m*
штурмова́ть *v impf MIL* stürmen, erstürmen
штырь *m* Bolzen *m*
шу́ба *f* Pelz *m,* Pelzmantel *m*
шум *m* Geräusch *n,* Lärm *m; а́дский ~* Höllenlärm *m,* Mordsspektakel *n; мно́го ~у из ничего́* viel Lärm um nichts; *наде́лать ~у* Staub aufwirbeln, Aufsehen erregen
шуме́ть *v impf 1.* lärmen, Lärm machen; *2. (скандалить)* Aufheben machen, toben, einen Wirbel machen
шумли́вый *adj* lärmend, polternd
шу́мный *adj* laut, lärmend, geräuschvoll; *~ успе́х (fig)* Bombenerfolg *m (fig)*
шумово́й *adj* Lärm..., Geräusch...
шу́рин *m* Schwager *m*
шурша́ть *v impf* knistern, rascheln
шу́стрый *adj (fam)* flink, fix, flott
шути́ть *v impf* scherzen, spaßen, Scherz treiben, Spaß machen; *Я не шучу́.* Das ist mein voller Ernst. Ich scherze nicht. *шу́тки ~* Witze reißen, Späßchen machen
шу́тка *f* Scherz *m,* Spaß *m,* Witz *m*
шутли́вый *adj* scherzhaft, scherzend, spaßeshalber
шутни́к *m* Spaßvogel *m,* Witzbold *m*
шутя́ *adv 1.* scherzend, im Scherz; *не ~* ohne Spaß, im Ernst; *2. (очень легко)* mühelos, spielend
шушу́каться *v impf* tuscheln, geheimnisvoll tun

Щ

щади́ть *v impf* schonen, verschonen, nachsichtig sein
щё́бень *m* Schotter *m*
щебе́т *m 1.* Gezwitscher *n,* Zwitschern *n; 2. (fig)* Plappern *n,* Schwatzen *n*
щебета́ть *v impf 1.* zwitschern; *2. (fig)* plappern, schwatzen
ще́дрость *f* Großzügigkeit *f*
ще́дрый *adj 1.* großzügig, freigiebig; *...рой руко́й (fig)* mit vollen Händen; *2. (обильный)* reichlich, ausgiebig; *...рая приро́да* üppige Natur
щека́ *f ANAT* Backe *f,* Wange *f*
щекота́ть *v impf* kitzeln
щеко́тка *f* Kitzel *m,* Kitzeln *n*
щекотли́вый *adj 1.* heikel, delikat, kniffe-

lig, verfänglich; *2. (чувствительный к щекотке)* kitzelig
щёлканье *n 1.* Geklapper *n,* Knallen *n; 2. (о замке)* Zuschnappen *n*
щёлкать *v impf 1.* knallen, klappern; *2. (языком)* schnalzen; *3. (орехи)* knacken; *4. (о замке)* schnappen, einschnappen
щелку́нчик *m* Nussknacker *m*
щёлок *m* Lauge *f*
щёлочь *f* Lauge *f*
щель *f 1.* Spalte *f,* Spalt *m,* Ritze *f; 2. (телефона-автомата)* Münzeinwurf *m*
щено́к *m* ZOOL Welpe *m*
щепети́льный *adj 1. (о человеке)* peinlich genau, penibel; *2. (добросовестный)* gewissenhaft, akkurat; *3. (щекотливый)* delikat, heikel
ще́пка *f* Span *m,* Holzsplitter *m*
щепо́тка *f* Prise *f; ~ табаку́* eine Prise Tabak
щети́на *f* Borsten *pl*
щети́нистый *adj* borstig
щётка *f 1.* Bürste *f; ~ для воло́с* Haarbürste *f; зубна́я ~* Zahnbürste *f; 2. полова́я ~* Besen *m*
щи́колотка *f* ANAT Knöchel *m,* Fußknöchel *m; по …ку* fußhoch, bis an die Knöchel
щипа́ть *v impf 1.* kneifen, zwicken; *2. (птицу)* rupfen
щипе́ц *m* Giebel *m*
щипко́вый *adj* Zupf…; *…вые инструме́нты* MUS Zupfinstrumente *pl*
щипцы́ *pl* Zange *f*
щит *m 1.* Schild *n,* Wappenschild *n; 2.* TECH Schild *m,* Schutz *m; 3. распредели́тельный ~* Schaltbrett *n,* Schalttafel *f; 4. (стенд)* Schild *n,* Tafel *f; рекла́мный ~* Reklameschild *n,* Werbetafel *f; 5.* ZOOL Panzer *m,* Schild *m*
щито́к *m 1.* siehe *щит; 2.* TECH *предохрани́тельный ~* Schutzblech *n; прибо́рный ~* Armaturenbrett *n,* Instrumententafel *f*
щу́ка *f* ZOOL Hecht *m*
щу́пать *v impf* fühlen, befühlen, betasten

Э

эвакуа́ция *f* Evakuierung *f,* Räumung *f*
эвакуи́ровать *v impf/pf* evakuieren, räumen
эвкали́пт *m* BOT Eukalyptus *m*
эвкали́птовый *adj* BOT Eukalyptus…; *…вое ма́сло* Eukalyptusöl *n*
зволюцио́нный *adj* Evolutions…, Entwicklungs…; *…нная тео́рия* Evolutionstheorie *f*
эволю́ция *f* Evolution *f*
эги́да *f* Schirmherrschaft *f; под …дой* unter der Schirmherrschaft, unter der Ägide
эгои́зм *m* Egoismus *m,* Selbstsucht *f,* Eigennutz *m*
эгои́ст(ка) *m/f* Egoist(in) *m/f*
эгоисти́чный *adj* egoistisch, selbstsüchtig, eigennützig
эгоцентри́ческий *adj* egozentrisch, ichbezogen
эзоте́рика *f* Esoterik *f*
эзотери́ческий *adj* esoterisch, Esoterik…
эксцентри́ческий *adj 1.* MATH exzentrisch; *2. (fig)* exzentrisch, überspannt
Эквадо́р *n* GEO Ecuador *n*
эквадо́рец *m* Ecuadorianer *m*
эквадо́рка *f* Ecuadorianerin *f*
эквадо́рский *ad* ecuadorianisch
эква́тор *m* GEO Äquator *m*
экза́мен *m* Examen *n,* Prüfung *f; ~ по матема́тике* Mathematikprüfung *f; вступи́тельный ~* Aufnahmeprüfung *f; перехо́дный ~* Zwischenprüfung *f; госуда́рственный ~* Staatsprüfung *f; выпускно́й ~* Abschlussprüfung *f; сдава́ть ~* eine Prüfung ablegen; *сдать ~* eine Prüfung bestehen
зкзаменацио́нный *adj* Prüfungs…, Examens…; *…нная рабо́та* Prüfungsarbeit *f*
экзе́ма *f* MED Ekzem *n*
экземпля́р *m 1.* Exemplar *n; 2. (о документах)* Ausfertigung *f; в двух ~ах* in zweifacher Ausfertigung
экзо́тика *f* Exotik *f*
экзоти́ческий *adj* exotisch
экипа́ж *m* Besatzung *f,* Crew *f,* Mannschaft *f*
экологи́ческий *adj* ökologisch
экологи́чный *adj* umweltfreundlich
эколо́гия *f* Ökologie *f*
эконо́мика *f* ECO Wirtschaft *f*

эконо́мить *v impf* sparen, einsparen, haushalten
экономи́ческий *adj* wirtschaftlich, ökonomisch; Wirtschafts...; ~ *кри́зис* Wirtschaftskrise *f*; *...кая поли́тика* Wirtschaftspolitik *f*
экономи́чность *f* Wirtschaftlichkeit *f*, Rentabilität *f*
экономи́чный *adj* wirtschaftlich, sparsam, rentabel
эконо́мия *f 1.* Sparsamkeit *f*; *соблюда́ть ...мию* sparsam sein; *2. полити́ческая ~* Politische Ökonomie *f*
эконо́мность *f* Sparsamkeit *f*, Wirtschaftlichkeit *f*
эконо́мный *adj* sparsam, wirtschaftlich
экра́н *m 1. INFORM* Bildschirm *m*, Display *n*; *2. CINE* Leinwand *f*
экскава́тор *m TECH* Bagger *m*
экскурсио́нный *adj* Ausflugs...; Exkursions...
экску́рсия *f* Exkursion *f*, Ausflug *m*; ~ *по го́роду* Stadtrundfahrt *f*
экскурсово́д *m* Reiseleiter(in) *m/f*, Fremdenführer(in) *m/f*
экспа́нсия *f* Expansion *f*, Ausdehnung *f*; *поли́тика ...сии* Expansionspolitik *f*
экспеди́тор *m* Spediteur *m*
экспеди́ция *f* Expedition *f*; *иссле́довательская ~* Forschungsreise *f*
экспериме́нт *m* Experiment *n*, Versuch *m*
эксперимента́льный *adj* experimentell, Versuchs...
эксперименти́ровать *v impf* experimentieren, Versuche anstellen, Experimente durchführen
эксперссиони́ст *m* Expressionist(in) *m*
экспе́рт *m* Experte *m*, Expertin *f*, Sachverständige(r) *f/m*
эксперти́за *f* Gutachten *n*, Expertise *f*, Untersuchung *f*
экспе́ртный *adj* Experten..., Sachverständigen...
эксплуатацио́нный *adj TECH* Betriebs...
эксплуата́ция *f 1. POL* Ausbeutung *f*; *2. TECH* Betrieb *m*; *ввод в ...цию* Inbetriebnahme *f*
эксплуати́ровать *v impf 1. POL* ausbeuten; *2. TECH* betreiben
экспона́т *m* Exponat *n*, Ausstellungsstück *n*
экспони́ровать *v impf* ausstellen, exponieren
э́кспорт *m ECO* Export *m*, Ausfuhr *f*
экспортёр *m ECO* Exporteur *m*
экспорти́ровать *v impf/pf ECO* exportieren, ausführen
э́кспортный *adj ECO* Export...; Ausfuhr...
экспре́сс *m* Schnellzug *m*, Express *m* *(fam)*
экспресси́вный *adj* expressiv, ausdrucksvoll, ausdrucksstark
экспрессиони́зм *m ART* Expressionismus *m*
экспро́мт *m* Improvisation *f*; *~ом* aus dem Stehgreif, improvisiert
экспроприи́ровать *v impf/pf* enteignen
экста́з *m* Ekstase *f*, Verzückung *f*; *приводи́ть в ~* in Ekstase versetzen
экстрава́гантность *f* Extravaganz *f*, Überspanntheit *f*
экстрава́гантный *adj* extravagant, überspannt
экстра́кт *m 1.* Extrakt *m/n*, Auszug *m*; *2. (су́щность)* Hauptinhalt *m*, Kern *m*
экстракти́вный *adj* extraktiv, Extrakt...; *...ные вещества́* Extraktstoffe *pl*
экстреми́зм *m POL* Extremismus *m*
экстреми́ст *m* Extremist(in) *m/f*
э́кстренный *adj 1.* extra, Extra..., Sonder...; ~ *вы́пуск* Extrablatt *n*, Sonderausgabe *f*; *2. (сро́чный)* dringend, eilig, Eil...
эксцентри́чность *f* Exzentrik *f*, Überspanntheit *f*, Verschrobenheit *f*
эксцентри́чный *adj* exzentrisch, überspannt, verschroben
эксце́сс *m* Exzess *m*, Ausschreitung *f*, Ausschweifung *f*
эласти́чность *f* Dehnbarkeit *f*, Elastizität *f*, Spannkraft *f*
эласти́чный *adj* dehnbar, elastisch
элега́нтность *f* Eleganz *f*, Feinheit *f*
элега́нтный *adj* elegant, fein
эле́ктрик *m* Elektriker(in) *m/f*; *инжене́р-~* Elektroingenieur(in) *m/f*
электри́ческий *adj* elektrisch, Elektro..., Kraft..., Strom...; ~ *ток* elektrischer Strom
электри́чество *n TECH* Elektrizität *f*, Strom *m*
электро́д *m PHYS* Elektrode *f*
электродви́гатель *m TECH* Elektromotor *m*
электро́лиз *m CHEM* Elektrolyse *f*
электромонтёр *m* Elektromonteur *m*, Elektriker *m*
электро́н *m PHYS* Elektron *n*
электро́ника *f TECH* Elektronik *f*

электро́нный *adj* TECH elektronisch, Elektronik…
электропribо́р *m* Elektrogerät *n*; *бытово́й ~* elektrisches Haushaltsgerät *n*
электроста́нция *f* Kraftwerk *n*, Elektrizitätswerk *n*, E-Werk *n (fam)*; *а́томная ~* Kernkraftwerk *n*
электроте́хник *m* Elektrotechniker(in) *m/f*, Elektriker(in) *m/f*
электроте́хника *f* Elektrotechnik *f*
электротехни́ческий *adj* elektrotechnisch, Elektrotechnik…
элеме́нт *m* TECH *1.* Bestandteil *m*, Element *n*; *2.* CHEM Element *n*, Grundstoff *m*
элемента́рный *adj* elementar, Elementar…, Grund…
эли́та *f* Elite *f*
Эльза́с *m* GEO das Elsass *n*
эльза́сец *m* Elsässer *m*
эльза́ска *f* Elsässerin *f*
эльза́ский *adj* elsässisch, Elsass…
эма́ль *f 1.* Email *n*, Schmelz *m*; *2.* ANAT *зубна́я ~* Zahnschmelz *m*
эмансипа́ция *f* Emanzipation *f*, Befreiung *f*
эмансипи́ровать *v impf* emanzipieren
эмба́рго *n* POL Embargo *n*, Handelssperre *f*; *наложи́ть ~* ein Embargo verhängen
эмболи́я *f* MED Embolie *f*
эмбрио́н *m* BIO Embryo *m*
эмигра́нт(ка) *m* Auswanderer *m*, Emigrant(in) *m/f*
эмигра́ция *f 1.* Auswanderung *f*, Emigration *f*; *2. (состоя́ние)* Emigration ins Exil
эмигри́ровать *v impf* emigrieren, auswandern
эми́ссия *f* Emission *f*, Ausstoß *m*
эмоциона́льность *f* Emotionalität *f*
эмоциона́льный *adj 1.* gefühlsmäßig, Gefühls…; *2. (с эмоцией)* emotional, gefühlsbetont
эмо́ция *f 1.* Gefühl *n*, Emotion *f*; *2. (волне́ние)* Erregung *f*
эмпири́ческий *adj* empirisch, erfahrungsgemäß
э́му *m* ZOOL Emu *m*
энерги́чность *f* Energie *f*, Tatkraft *f*
энерги́чный *adj* energisch, schwungvoll, tatkräftig, resolut
эне́ргия *f* Energie *f*, Kraft *f*; *а́томная ~* Atomenergie *f*; *затра́та …гии* Energieaufwand *m*
энергопотребле́ние *n* Energieverbrauch *m*, Stromverbrauch *m*
энтузиа́зм *m* Enthusiasmus *m*, Begeisterung *f*, Elan *m*; *по́лный ~а* voller Elan
энциклопе́дия *f* Enzyklopädie *f*, Lexikon *n*
эпиде́мия *f* MED Seuche *f*, Epidemie *f*
эпизо́д *m* Episode *f*, Erlebnis *n*
эпиле́псия *f* MED Epilepsie *f*
эпило́г *m* LIT Epilog *m*
эпице́нтр *m* Epizentrum *n*
эпо́ха *f* Epoche *f*, Zeitabschnitt *m*; *~ просвеще́ния* Aufklärung *f*
эргономи́ческий *adj* ergonomisch
эре́кция *f* ANAT Erektion *f*, Ständer *m (fam)*
эро́тика *f* Erotik *f*
эроти́ческий *adj* erotisch, sinnlich
эскала́тор *m* Rolltreppe *f*
эски́з *m* Skizze *f*, Entwurf *m*
эскимо́с(ка) *m/f* Eskimo *m*
эско́рт *m* Eskorte *f*, Geleit *n*
эскорти́ровать *v impf/pf* eskortieren, geleiten
эссе́ *m* LIT Essay *m/n*
эта́ж *m* Stockwerk *n*, Stock *m*, Etage *f*; *пе́рвый ~* Parterre *n*, Erdgeschoss *n*; *черда́чный ~* Dachgeschoss *n*
этаже́рка *f* Regal *n*
этало́н *m* Eichmaß *n*
эта́п *m 1.* Etappe *f*, Abschnitt *m*, Stufe *f*; *2.* SPORT Etappe *f*, Teilstrecke *f*
э́тика *f* Ethik *f*
этике́т *m* Etikette *f*, Umgangsformen *pl*
этике́тка *f* Etikett *n*, Preisschild *n*
эти́ческий *adj* ethisch, sittlich
этни́ческий *adj* ethnisch, Volks…
этногра́фия *f* Ethnologie *f*, Völkerkunde *f*
э́то *pron 1.* s. *э́тот*; *n 2. (вот э́то)* das, dies da, dieses; *об ~м* davon, darüber; *Что ~?* Was ist das? *Кто ~?* Wer ist das?, Wer ist da?
э́тот *pron* dieser
этю́д *m 1.* ART, LIT Studie *f*; *2.* MUS Etüde *f*
эфио́п(ка) *m/f* Äthiopier(in) *m/f*
Эфио́пия *f* GEO Äthiopien *n*
эфио́пский *adj* äthiopisch
эфи́р *m 1.* CHEM Äther *m*; *2. (ра́дио)* Äther *m*; *быть в ~е* auf Sendung sein
эфи́рный *adj 1.* ätherisch; *2. (fig)* zart, duftig
эффе́кт *m* Effekt *m*, Wirkung *f*; *экономи́ческий ~* Nutzeffekt *m*; *пого́ния за ~ом* Effekthascherei *f*
эффекти́вность *f* Effektivität *f*, Wirksamkeit *f*

эффекти́вный *adj* effektiv, wirksam, wirkungsvoll
эффе́ктный *adj* effektvoll, wirkungsvoll, eindrucksvoll
э́хо *n* Echo *n,* Widerhall *m*
эхоло́т *m NAUT* Echolot *n*
эякуля́ция *f BIO* Samenerguss *m,* Ejakulation *f*

Ю

юбиле́й *m* Jubiläum *n*
юбиле́йный *adj* Jubiläums…
юбиля́р *m* Jubilar *m*
юбиля́рша *f* Jubilarin *f*
ю́бка *f* Rock *m; держа́ться за…ку* am Rockzipfel hängen *(fam),* unselbstständig sein
ю́бочник *m (fam)* Frauenheld *m,* Weiberheld *m,* Schürzenjäger *m,* Schwerenöter *m*
ювели́р *m* Juwelier *m,* Goldschmied *m*
ювели́рный *adj* Juwelier…, Schmuck…, Juwelen…; *~ магази́н* Schmuckgeschäft *n,* Juweliergeschäft *n; …ные изде́лия* Schmuckwaren *pl,* Schmuckartikel *pl*
юг *m GEO* Süden *m; к ~у* südwärts
юго-восто́к *m GEO* Südosten *m*
юго-восто́чиый *adj* südöstlich, Südost…
юго-за́пад *m GEO* Südwesten *m*
юго-за́падный *adj* südwestlich, Südwest…
Югосла́вия *f HIST* Jugoslawien *n*
югосла́вский *adj HIST* jugoslawisch
ю́жный *adj 1.* südlich, im Süden, Süd…; *2. (fig)* südländisch
юла́ *f* Kreisel *m,* Drehkreisel *m*
ю́мор *m* Humor *m*
юмори́ст *m 1. (fam)* humorvoller Mensch, Mensch mit Humor; *2.* (*писатель*) Humorist *m*
юмори́ческий *adj* humorvoll
ю́ность *f 1.* Jugend *f,* Jugendzeit *f; 2.* (*молодёжь*) Jugend *f,* junge Leute *pl*
ю́ноша *m* junger Bursche *m,* Jüngling *m*
ю́ный *adj* jugendlich, jung; *с …ных лет* von Jugend an
ю́ра *f GEO 1.* Jura *m; 2. (о горах)* Juraformation *f*
юриди́ческий *adj* juristisch, Rechts…; *…кое лицо́* juristische Person
юрисди́кция *f JUR* Rechtsprechung *f*
юриспруде́нция *f* Jura *pl,* Rechtswissenschaft *f*
юри́ст *m* Jurist(in) *m/f*
юро́дство *n* Blödsinn *m,* Schwachsinn *m*
юстирова́ть *v impf/pf TECH* justieren, einstellen
юсти́ция *f* Justiz *f*

Я

я *pron* ich
я́блоко *n BOT* Apfel *m*
я́блоня *f BOT* Apfelbaum *m*
явле́ние *n 1.* Erscheinung *f,* Phänomen *n; ~ приро́ды* Naturerscheinung *f; типи́чное ~* typische Erscheinung *f; 2. (событие)* Ereignis *n*
явля́ться *v impf 1.* kommen, erscheinen; *~ в суд* vor Gericht erscheinen; *2. (оказываться) ~ чем-л* etw sein, sich als etw erweisen
я́вный *adj* offensichtlich, klar, unverkennbar
я́вственный *adj* klar, deutlich, vernehmlich
ягнёнок *m ZOOL* Lamm *n*
я́годица *f ANAT* Gesäß *n,* Gesäßbacke *f*
я́года *f BOT 1.* Beere *f; 2. ви́нная ~* Feige *f*
я́годник *m BOT 1.* Beerengarten *m; 2. (куст)* Beerenstrauch *m*
я́годный *adj* Beeren…
я́гуар *m ZOOL* Jaguar *m*
яд *m 1.* Gift *n; 2. (fig)* Bosheit *f*
я́дерный *adj* Kern…, nuklear, atomar; *…ное ору́жие* Atomwaffe *f; …ная эне́ргия* Kernenergie *f*

ядови́тость *f 1.* Giftigkeit *f; 2. (fig)* Boshaftigkeit *f*
ядови́тый *adj* giftig, Gift…; *…тая змея́* *ZOOL* Giftschlange *f; …тые отхо́ды pl* Giftmüll *m; ~ газ CHEM* Giftgas *n*
ядро́ *n 1.* Kern *m; ~ а́тома PHYS* Atomkern *m; 2. SPORT* Kugel *f*
я́зва *f 1. MED* Wunde *f,* Geschwür *n; ~ желу́дка* Magengeschwür *n; 2. (fig)* Plage *f*
язви́тельность *f* Gehässigkeit *f*
язви́тельный *adj 1.* beißend, höhnisch; *2. (fig)* giftig
язви́ть *v impf* sticheln
язы́к *m 1. ANAT* Zunge *f; держа́ть ~ за зуба́ми* die Klappe halten *(fam); 2. (речь)* Sprache *f; ру́сский ~* Russisch *n*
языкове́дение *n* Sprachwissenschaft *f,* Linguistik *f*
язы́ческий *adj* heidnisch, Heiden…
язы́чество *n* Heidentum *n*
язы́чник *m* Heide *m*
язы́чный *adj* heidnisch, Heiden…
я́йчка *pl ANAT* Hoden *pl,* Eier *pl (fam)*
я́йчко *n ANAT семенно́е ~* Hoden *m*
яи́чник *m ANAT* Eierstock *m*
яи́чница *f GAST* Eierspeise *f*
яи́чница-болту́нья *f GAST* Rührei *n*
яйцеви́дный *adj* eiförmig, oval
яйцево́д *m ANAT* Eileiter *m*
яйцекле́тка *f* Eizelle *f*
яйцо́ *n* Ei *n; круто́е ~* hartgekochtes Ei *n*
я́кобы *adv* angeblich
я́корь *m NAUT* Anker *m; стоя́ть на …ре* vor Anker liegen, ankern
я́ма *f* Grube *f; му́сорная ~* Müllgrube *f; рыть кому-л я́му (fig)* jdm eine Grube graben
янва́рь *m* Januar *m*
янта́рь *m MIN* Bernstein *m*
япо́нец *m* Japaner *m*
Япо́ния *f GEO* Japan *n*
япо́нка *f* Japanerin *f*
япо́нский *adj* japanisch
я́ркий *adj 1.* hell, leuchtend, farbenfroh; *2. (fig)* markant, treffend, prägnant
я́ркость *f 1.* Helligkeit *f,* Leuchtkraft *f; 2. (fig)* Prägnanz *f,* Schärfe *f*
ярлы́к *m 1.* Etikett *n,* Preisschild *n; (бирка)* Anhänger *m*
я́рмарка *f 1. ECO* Messe *f,* Handelsmesse *f; кни́жная ~* Buchmesse *f; 2. (fam)* Markt *m,* Jahrmarkt *m,* Rummel *m*
я́ростный *adj 1.* wütend, rasend; *2. (fig)* verbissen
я́рость *f* Wut *f,* Rage *f,* Zorn *m; прийти́ в ~* in Rage geraten
я́рус *m; THEAT* Rang *m; ве́рхний ~* Galerie *f*
я́сень *m BOT* Esche *f*
я́сли *pl* Krippe *f*
я́сность *f* Deutlichkeit *f,* Klarheit *f; внести́ ~* Klarheit schaffen
я́сный *adj 1.* klar, hell; *…ное не́бо* klarer Himmel, wolkenloser Himmel; *2. (понятный)* deutlich, klar; *3. (очевидный)* klar, offenkundig
я́стреб *m ZOOL* Habicht *m*
я́хта *f* Jacht *f*
яче́йка *f* Zelle *f*
ячме́нный *adj* Gersten…
ячме́нь[1] *f BOT* Gerste *f*
ячме́нь[2] *f MED* Gerstenkorn *n*
я́щер *m ZOOL* Echse *f*
я́щерица *f ZOOL* Eidechse *f*
я́щик *m 1.* Kiste *f,* Kasten *m; почто́вый ~* Briefkasten *m; 2. (выдижной)* Schublade *f,* Schubfach *n,* Schubkasten *m; 3. «чёрный ~»* Blackbox *f*

Deutsch – Russisch

A

Aal *m ZOOL* у́горь *m; sich winden wie ein ~* извора́чиваться, верте́ться ужо́м

ab *prep 1. (zeitlich)* с, начина́я с; *~ 13 Uhr* с 13 часо́в; *2. (örtlich)* от, из; *~ München* от (из) Мю́нхена; *~ hier* отсю́да; *3. Ab durch die Mitte! (fam)* Прочь! Прова́ливай! *(fam); 4. Bestellungen ~ 20 Euro* зака́зы от 20 е́вро; *5. ~ und zu* иногда́, вре́мя от вре́мени; *6. auf und ~* взад и вперёд

Abänderung *f* измене́ние *n,* переде́лка *f*

Abart *f 1.* разнови́дность *f; 2. BIO* подви́д *m*

abartig *adj 1.* анома́льный; *2. (pervers)* извращённый; *3. (verdorben)* развращённый; *4. (seltsam)* стра́нный

Abbau *m 1. (Zerlegung)* разбо́рка *f,* демонта́ж *m; 2. (Verringerung)* сокраще́ние *n,* сниже́ние *n,* уменьше́ние *n; 3. CHEM* разложе́ние *n,* расщепле́ние *n; 4. MIN* добы́ча *f,* разрабо́тка *f*

abbauen *v 1. (zerlegen)* разбира́ть, демонти́ровать *impf/pf; 2. (verringern)* сокраща́ть, снижа́ть, уменьша́ть; *3. CHEM* разлага́ть, расщепля́ть; *4. MIN* разраба́тывать, добыва́ть

abberufen *v irr* отзыва́ть

abbestellen *v* отменя́ть, аннули́ровать *impf/pf*

abbezahlen *v* выпла́чивать по частя́м (в рассро́чку)

abbiegen *v irr 1. (Richtung ändern)* повора́чивать, свора́чивать; *2. (biegen)* отгиба́ть

Abbild *n 1. (Darstellung)* изображе́ние *n,* отображе́ние *n; 2. (Ebenbild)* ко́пия *f; (fig) Sie ist das ~ ihrer Mutter.* Она́ ко́пия свое́й ма́тери. Она́ вы́литая мать.

abbilden *v* изобража́ть, отобража́ть

Abbildung *f* изображе́ние *n,* рису́нок *m,* иллюстра́ция *f*

abbinden *v irr 1. (losbinden)* отвя́зывать, снима́ть; *2. MED* перевя́зывать, перетя́гивать повя́зкой

abbrechen *v irr 1.* отла́мывать, обла́мывать, лома́ть; *2. (fig)* прекраща́ть, прерыва́ть, порыва́ть; *etw energisch ~, um Schlimmeres zu vermeiden* реши́тельно прерыва́ть что-л во избежа́ние ху́дшего

abbrennen *v irr 1.* сгора́ть; *2. etw ~* сжига́ть что-л

abbringen *v irr jdn von etw ~* отгова́ривать кого́-л от чего́-л, переубежда́ть кого́-л, разубежда́ть кого́-л, заставля́ть кого́-л отказа́ться от чего́-л; *Ich muss ihn davon ~.* Я до́лжен разубеди́ть его́.

Abbruch *m 1. (einer Reise)* отка́з *m,* прекраще́ние *m; 2. (fig: von Beziehungen)* разры́в *m,* прекраще́ние *n; 3. (eines Gebäudes)* снос *m,* разбо́рка *f,* слом *m*

abbuchen *v* спи́сывать со счёта

abdanken *v 1. (Minister)* уходи́ть в отста́вку; *2. (König)* отрека́ться от престо́ла

Abdankung *f 1. (eines Ministers)* отста́вка *f; 2. (eines Königs)* отрече́ние *n* от престола

abdecken *v 1. (Dach)* срыва́ть, сноси́ть; *2. (mit Dachziegeln)* покрыва́ть (черепи́цами); *3. (zudecken)* укрыва́ть, покрыва́ть; *4. (Tisch)* убира́ть со стола́

abdrehen *v (zudrehen)* закрыва́ть, закру́чивать

Abdruck *m 1. (Spur)* отпеча́ток *m,* о́ттиск *m,* сле́пок *m; 2. (Nachdruck)* печа́тание *n,* перепеча́тка *f*

abdrucken *v* печа́тать

abebben *v 1. (Wasser)* убыва́ть, идти́ на у́быль, спада́ть; *2. (fig)* утиха́ть, стиха́ть; *Seine Wut ebbte ab.* Его́ я́рость улегла́сь.

Abend *m 1.* ве́чер *m; Guten ~!* До́брый ве́чер! *Es ist noch nicht aller Tage ~. (fig)* Поживём – уви́дим. *2. Heiliger ~* рожде́ственский соче́льник *m; 3. heute ~* сего́дня ве́чером; *Wir sehen uns heute ~.* Мы уви́димся сего́дня ве́чером. *4. gestern ~* вчера́ ве́чером; *Gestern ~ ging ich ins Kino.* Вчера́ ве́чером я ходи́л в кино́.

Abendbrot *n* у́жин *m*

abendelang *adv* це́лыми вечера́ми, все вечера́ напролёт

Abendessen *n* у́жин *m*

Abendgebet *n REL* вече́рняя моли́тва *f*

Abendkleid *n* вече́рнее пла́тье *n*

Abendland *n* За́падная Евро́па *f*

abendlich *adj* вече́рний

Abendmahl *n REL* прича́стие *n,* причаще́ние *n*

Abendrot *n* вече́рняя заря́ *f*

abends *adv* ве́чером, по вечера́м

Abendstern *m* вече́рняя звезда́ *f*

Abenteuer *n 1.* приключе́ние *n; 2. POL* авантю́ра *f*

abenteuerlich *adj 1.* по́лный приклю-

че́ний, невероя́тный, фантасти́ческий; *2.* POL авантюристи́ческий
abenteuerlustig *adj 1.* жа́ждущий приключе́ний; *2.* POL скло́нный к авантю́рам
Abenteurer(in) *m/f 1.* люби́тель(ница) *m/f* приключе́ний; *2.* POL авантюри́ст(ка) *m/f*
aber *konj* но, а, одна́ко, же; *Es ist ein billiger, ~ guter Wein.* Э́то дешёвое, но хоро́шее ви́но.
Aberglaube *m* REL суеве́рие *n*
abergläubisch *adj* REL суеве́рный
aberkennen *v irr jdm etw ~* JUR лиша́ть кого́-л чего-л
Aberkennung *f* JUR лише́ние *n* (каки́х-л прав)
abermals *adv* опя́ть, вновь, втори́чно
abfahren *v irr* отправля́ться, отъезжа́ть, уезжа́ть, отходи́ть; *Der Zug fuhr von Moskau nach Kiew ab.* По́езд отпра́вился (ушёл, уе́хал) из Москвы́ в Ки́ев.
Abfahrt *f 1. (Abreise)* отправле́ние *n,* отхо́д *m,* отъе́зд *m; 2. (Schiff)* отплы́тие *n; 3.* SPORT спуск *m,* съезд *m*
Abfahrtszeit *f* вре́мя *n* отправле́ния
Abfall *m 1. (Müll)* отбро́сы *m/pl,* отхо́ды *m/pl,* му́сор *m; 2. (Rückgang)* спад *m,* сниже́ние *n*
Abfallbeseitigung *f* устране́ние *n* отхо́дов
Abfalleimer *m* му́сорное ведро́ *n*
abfällig *adj* пренебрежи́тельный, недоброжела́тельный, отрица́тельный
abfangen *v irr 1. (Briefe, Flugzeuge)* перехва́тывать; *2. (auflauern)* подкарау́ливать, лови́ть
abfärben *v 1.* линя́ть, выцвета́ть; *2. fig) ~ auf jdn* влия́ть на кого́-л
abfertigen *v 1. (Kunde)* обслу́живать; *2. (am Zoll)* оформля́ть; *3. (fam) jdn ~* отде́лываться от кого́-л, отшива́ть кого́-л
Abfertigung *f 1. (eines Kunden)* обслу́живание *n* клие́нта; *2. (Zollabfertigung)* тамо́женный досмо́тр *m,* тамо́женная очи́стка *f; 3. (von Waren))* отправле́ние *n* това́ров
abfeuern *v* выстре́ливать
abfinden *v irr 1. sich ~ mit* мири́ться с чем-л; *2. jdn ~ mit* ECO возмеща́ть кому́-л что-л
Abfindung *f 1.* ECO возмеще́ние *n,* компенса́ция *f; 2.* JUR упла́та *f* единовре́менного вознагражде́ния *3. (bei Personalkürzung)* ECO выходно́е посо́бие *n (возмеще́ние при сокраще́нии персона́ла)*
abflauen *v 1.* стиха́ть, ослабева́ть; *2.* ECO па́дать
abfliegen *v irr (Flugzeug)* вылета́ть, улета́ть, отлета́ть
abfüllen *v 1. (Flaschen)* разлива́ть; *2. (Gefäß)* наполня́ть
Abflug *m* отлёт *m,* вы́лет *m*
Abfluss *m 1.* сток *m,* отто́к *m; 2. (Leitung)* водосто́чная труба́ *f,* жёлоб *m,* кана́ва *f; 3. (Leck)* уте́чка *f*
abführen *v 1. (Verbrecher) jdn ~* аресто́вывать, забира́ть; *2. (Gelder)* ECO вноси́ть, выпла́чивать, отчисля́ть
Abgabe *f 1. (Ablieferung)* сда́ча *f,* переда́ча *f; 2. (Steuern)* ECO сбор *m,* нало́г *m,* по́шлина *f*
abgabenfrei *adj* ECO не облага́емый нало́гом, беспо́шлинный
abgabenpflichtig *adj* ECO облага́емый нало́гом, подлежа́щий обложе́нию по́шлиной
Abgang *m 1. (Fehlgeburt)* MED або́рт *m,* вы́кидыш *m; 2.* THEAT ухо́д *m* со сце́ны; *3. einen ~ machen (fam)* убира́ться *(fam)*
Abgas *n* TECH выхлопно́й газ *m,* отрабо́танный (отрабо́тавший) газ *m* (ОГ)
abgasarm *adj* TECH с небольши́м содержа́нием вре́дных вы́хлопов
abgeben *v irr* отдава́ть
abgehen *v irr 1.* отходи́ть, отправля́ться, уезжа́ть; *2. (Knopf)* отрыва́ться; *3. (fig: sterben)* умира́ть; *mit dem Tode ~* сконча́ться *pf; 4. Da geht der Bär ab. (fam)* И пошло́-пое́хало. *(fam)*
abgelegen *adj* отдалённый, далёкий, глухо́й
abgeneigt *adj* не располо́женный, не име́ющий скло́нности
Abgeordnete(r) *f/m* POL депута́т *m/f,* делега́т *m/f*
Abgesandte(r) *f/m* POL посла́нец *m,* посла́нница *f*
abgesehen *adj ~ von* несмотря́ на, невзира́я на, поми́мо
abgespannt *adj* утомлённый, изнеможённый
abgestanden *adj 1. (Wein, Bier)* вы́дохшийся; *2. (Luft)* за́тхлый, спёртый
abgestorben *adj* омертве́лый, отме́рший
abgewöhnen *v sich etw ~* отуча́ть себя́ от чего́-л, отвыка́ть от чего́-л
Abgott *m 1.* REL и́дол *m; 2. (fig)* куми́р *m*
abgöttisch *adj 1.* REL идолопокло́ннический; *2. (fig)* безу́мный
abgrenzen *v* отделя́ть, отгора́живать, отмежёвывать

Abgrenzung *f* отделéние *n,* разграничéние *n,* размежевáние *n*
Abgrund *m* прóпасть *f,* бéздна *f*
abgründig *adj* бездóнный, неизмерúмый, глубóкий
abhacken *v* отрубáть, отсекáть
abhaken *v 1. (abhängen)* отцеплять, снимáть с крючкá; *2. (kennzeichnen)* стáвить гáлочку
abhalten *v irr 1. (Versammlung)* проводúть; *2. (hindern)* сдéрживать, мешáть, отвлекáть; *3. Gottesdienst ~ REL* отправлять (проводúть) богослужéние
abhandeln *v* рассмáтривать, обсуждáть
Abhandlung *f* трактáт *m,* сочинéние *n*
Abhang *m* склон *m,* откóс *m*
abhängen[1] *v irr von jdm ~* завúсеть от когó-л
abhängen[2] *v 1. (abnehmen) etw ~* снимáть что-л; *2. (fig) jdn ~* оставлять когó-л позадú, превосходúть когó-л
abhängig *adj ~ von* в завúсимости от; *~ sein von* быть завúсимым от
Abhängigkeit *f* завúсимость *f*
abhärten *v* закалять
abheben *v irr 1. (Hörer)* снимáть (трýбку); *2. sich ~ von* выделяться, отличáться; *3. (Flugzeug)* взлетáть; *4. (Geld) ECO* снимáть дéньги
abhetzen *v (fam) sich ~* измáтываться, мáяться
Abhilfe *f* пóмощь *f,* вы́ход *m* из затруднúтельного положéния, решéние *n* проблéмы
abholen *v* забирáть, встречáть, заходúть, заезжáть; *Wann kann ich den Fernseher wieder ~?* Когдá я могý опять забрáть телевúзор? Когдá я могý опять прийтú за телевúзором? *Darf ich Sie ~?* Разрешúте мне Вас встрéтить?
abhorchen *v 1. MED* прослýшивать; *2. TEL* подслýшивать, прослýшивать, перехвáтывать
Abhöreinrichtung *f MIL* подслýшивающее устрóйство *n,* «жук» *m (fam)*
abhören *v 1. (Schule)* спрáшивать урок; *2. TEL* прослýшивать, перехвáтывать
Abitur *n (in Deutschland)* экзáмены на аттестáт *m* зрéлости *(сдаются в гермáнских гимнáзиях пóсле 13-го клáсса)*
Abiturient(in) *m/f* выпускнúк *m,* выпускнúца *f* гимнáзии *(в Гермáнии пóсле сдáчи экзáменов на аттестáт зрéлости)*
abkaufen *v 1. jdm etw ~* покупáть что-л у когó-л; *2. (fam: glauben) jdm etw ~* вéрить комý-л что-л; *Das kaufe ich dir nicht ab!* Э́тот нóмер у тебя не пройдёт!
abkochen *v* отвáривать
Abkommen *n* соглашéние *n,* конвенция *f,* договор *m*
abkömmlich *adj 1. (Herkunft)* происходящий от; *2. (Abwesenheit) Er ist nicht ~.* Без негó нельзя обойтúсь. *Alle ~en Mitarbeiter wurden entlassen.* Все сотрýдники, без котóрых мóжно бы́ло обойтúсь, бы́ли увóлены.
abkratzen *v 1.* соскáбливать, соскребáть; *2. (fam: sterben)* подыхáть, сдыхáть
abkühlen *v 1.* охлаждáть, остужáть; *2. (Wetter)* холодáть; *3. (Gefühle)* остывáть
Abkühlung *f 1.* охлаждéние *n,* остужúвание *n; 2. (Wetter)* похолодáние *n; 3. (Gefühle)* остывáние *n*
abkürzen *v 1.* сокращáть, уменьшáть; *2. (verkürzen)* укорáчивать
Abkürzung *f 1.* сокращéние *n,* уменьшéние *n; 2. (Verkürzung)* укорочéние *n; 3. (eines Weges)* сокращéние *n* (путú); *4. (Kürzel)* сокращéние *n,* аббревиатýра *f*
abladen *v irr* выгружáть, разгружáть
Ablage *f 1.* склад *m,* архúв *m,* мéсто *n* для хранéния вещéй; *2. (von Akten)* подшúвка *f* докумéнтов
Ablagerung *f 1. GEO* отложéние *n,* наслоéние *n,* напластовáние *n; 2. MED* отложéние *n*
ablassen *v irr* спускáть, выпускáть
Ablauf *m 1. (Abfluss) m* сток *m,* спуск *m; 2. (Geschehen)* ход *m,* течéние *n; 3. (einer Frist) ECO* окончáние *n,* истечéние *n*
ablaufen *v irr 1. (abfließen)* стекáть, вытекáть; *2. (geschehen)* происходúть, проходúть; *3. (Frist) ECO* окáнчиваться, истекáть
ablegen *v 1. (Kleidung) ~* снимáть (одéжду), раздевáться; *2. (Karten)* сбрáсывать (кáрты); *3. (Akten) ~* подшивáть (к дéлу); *4. (fig) etw ~* откáзываться от чегó-л, бросáть что-л
ablehnen *v* отклонять, отвергáть, откáзываться
ablehnend *adj* отрицáтельно, негатúвно
Ablehnung *f* отклонéние *n,* откáз *m*
ableiten *v 1. (Wasser)* отводúть; *2. (fig: folgern)* выводúть
ablenken *v 1.* отвлекáть, развлекáть; *2. (Strahlen)* отклонять

Ablenkung *f 1.* отвлече́ние *n,* развлече́ние *n; 2. (Strahlen)* отклоне́ние
ablesen *v irr* чита́ть
abliefern *v 1.* сдава́ть; *2. (Waren, Personen)* доставля́ть; *3. (Waren)* *ECO* поставля́ть
Ablieferung *f 1.* сда́ча *f; 2.(Waren, Personen)* доста́вка *f; 3. (Waren)* поста́вка *f*
ablösen *v 1. (entfernen)* отделя́ть, снима́ть, откле́ивать; *2. (im Dienst)* сменя́ть, смеща́ть; *3. (sich abwechseln)* приходи́ть на сме́ну, сменя́ть, чередова́ться; *4. (tilgen)* *ECO* погаша́ть, выкупа́ть
Ablösung *f 1. (Entfernen)* отделе́ние *n,* сня́тие *n,* откле́ивание *n; 2. (im Dienst)* смеще́ние *n; 3. (Nachfolge)* сме́на *f*
Abluft *f TECH* отводи́мый во́здух *m,* отрабо́танный во́здух *m*
abmachen *v 1. (entfernen)* удаля́ть, снима́ть; *2. (übereinkommen)* догова́риваться, усло́вливаться
Abmachung *f* договорённость *f,* соглаше́ние *n,* сде́лка *n,* угово́р *m*
abmagern *v* худе́ть
Abmarsch *m MIL* отступле́ние *n,* ухо́д *m*
abmelden *v 1.* сообща́ть об отъе́зде (об ухо́де); *2.(Meldebehörden)* снима́ть с учёта; *3.(Schule, Miliz)* выпи́сывать; *4.(stornieren)* аннули́ровать *impf/pf*
Abmeldung *f 1.* сообще́ние *n* об отъе́зде (об ухо́де); *2. (Meldebehörden)* сня́тие *n* с учёта; *3. (Schule, Polizei)* вы́писка *f; 4. (Stornierung)* аннули́рование *n*
abmessen *v irr* измеря́ть
Abmessung *f 1. (Vorgang)* измере́ние *n,* обме́р *m; 2. (Maß)* разме́р *m,* габари́т *m*
abmontieren *v* демонти́ровать *impf/pf,* разбира́ть
abmühen *v sich ~* неутоми́мо труди́ться, стара́ться изо всех сил, му́читься, би́ться над чем-л
abmurksen *v (fam: töten)* укоко́шить *pf,* ко́кнуть *pf,* прика́нчивать
abnabeln *v 1.* перереза́ть пупови́ну; *2.(fig) sich ~* отделя́ться, станови́ться самостоя́тельным; *Für die Mutter ist es ein Problem, wenn sich ihre Kinder ~.* Ма́тери тяжёло, когда́ её де́ти отделя́ются.
abnagen *v* обгрыза́ть, обгла́дывать
Abnahme *f 1. (Entgegennahme)* приня́тие *n,* приёмка *f; 2. (Verminderung)* уменьше́ние *n,* у́быль *f; 3. (Kauf)* *ECO* поку́пка *f; 4. MED* ампута́ция *f*
abnehmen *v irr 1. an Gewicht ~* худе́ть; *2. (entfernen)* удаля́ть, отделя́ть, снима́ть; *3.(entgegennehmen)* принима́ть; *3. (kaufen)* *ECO* покупа́ть; *4. MED* отнима́ть, отреза́ть, ампути́ровать *impf/pf*
Abnehmer(in) *m/f ECO* покупа́тель(ница) *m/f*
Abneigung *f* антипа́тия *f,* нерасполо́жение *n,* нелюбо́вь *f; Ich habe eine ~ gegen ihn.* Я его́ не люблю́. Он мне не нра́вится.
Abnormität *f 1.* ненорма́льность *f,* отклоне́ние *n* от но́рмы; *2. MED* анома́лия *f*
abnutzen *v* изна́шивать
Abnutzung *f* изна́шивание *n,* изно́с *m*
Abonnement *n 1.* подпи́ска *f; 2. THEAT* абонеме́нт *m*
Abonnent(in) *m/f 1.* подпи́счик *m,* подпи́счица *f; 2. THEAT* абоне́нт *m,* владе́лец *m* абонеме́нта
abonnieren *v 1.* подпи́сываться, выпи́сывать; *2. THEAT* приобрета́ть абонеме́нт
Abordnung *f* делега́ция *f,* депута́ция *f*
Abort *m 1. (Toilette)* убо́рная *f,* отхо́жее ме́сто *n; 2. (Fehlgeburt) MED* або́рт *m,* вы́кидыш *m*
abpfeifen *v irr SPORT* остана́вливать (прекраща́ть) свистко́м игру́
abplagen *v sich ~* му́читься, би́ться над чем-л, вози́ться с чем-л
abprallen *v 1. (Ball)* отска́кивать; *2. (fig)* кому́-л что-л как от сте́нки горо́х, кого́-л что-л не тро́гает
abpumpen *v* отка́чивать
abputzen *v* чи́стить, очища́ть, вытира́ть
abquälen *v sich ~* му́читься, би́ться над чем-л, вози́ться с чем-л
abrackern *v (fam) sich ~* вка́лывать, паха́ть
abraten *v irr jdn von etw ~* отсове́товать *pf* кому́-л что-л, отгова́ривать кого́-л от чего́-л
abräumen *v* убира́ть; *den Tisch ~* убира́ть со стола́
abreagieren *v sich ~* срыва́ть зло на ком-л/на чём-л *(fig)*
abrechnen *v 1. (abziehen)* вычита́ть, уде́рживать; *2. ECO* производи́ть расчёт, рассчи́тываться
Abrechnung *f 1. (Abzug)* вы́чет *m; 2. (fig: Vergeltung)* распла́та *f; 3. ECO* расчёт *m,* счёт *m*
Abrede *f etw in ~ stellen* отрица́ть, оспа́ривать что-л
abreiben *v irr* стира́ть, вытира́ть
Abreise *f* отъе́зд *m,* отбы́тие *n*

abreisen *v* уезжáть, отбывáть; *Natascha reist morgen ab.* Натáша зáвтра уезжáет.
abreißen *v irr 1. (Gebäude)* сноси́ть; *2. (Papier, Blatt)* отрывáть, сдирáть; *3. (Verbindung)* обрывáть (связь)
abrichten *v* дрессировáть, обучáть
abriegeln *v (Gebiet)* оцепля́ть, блокировáть *impf/pf,* изоли́ровать *impf/pf*
Abriss *m 1. (eines Gebäudes)* снос *m; 2. (Zusammenfassung)* óчерк *m*
Abruf *m 1.* ECO отзы́в *m* (товáра); *2.* INFORM вы́зов *m,* запрóс *m*
abrufen *v irr 1. (Ware)* ECO отзывáть (товар); *2.* INFORM *Daten* ~ вызывáть (запрáшивать) дáнные
abrunden *v* округля́ть
abrupt *adj* внезáпный
Abrüstung *f* MIL разоружéние *n*
Absage *f* откáз *m*
absagen *v 1.* откáзывать; *2.* отменя́ть
Absatz *m 1. (Abschnitt)* абзáц *m; 2. (Treppenabsatz)* площáдка *f* (лéстницы); *3. (Schuhabsatz)* каблу́к *m; 4.* ECO сбыт *m,* реализáция *f*
absatzfähig *adj* ECO хóдкий, находя́щий сбыт
Absatzmarkt *m* ECO ры́нок *m* сбы́та
Absatzpolitik *f* ECO сбытовáя поли́тика *f*
absaugen *v irr 1.* отсáсывать; *2. (Staub saugen)* пылесóсить, чи́стить пылесóсом
abschaffen *v* отменя́ть, упраздня́ть, аннули́ровать *impf/pf*
Abschaffung *f* отмéна *n,* упразднéние *n,* аннули́рование *n*
abschalten *v 1. (Licht)* выключáть; *2. (Maschinen)* выключáть, отключáть; *3. (fig)* отключáться
abschätzen *v* оцéнивать, определя́ть
abschätzig *adj* пренебрежи́тельный, недоброжелáтельный, отрицáтельный
Abschaum *m (fig)* подóнок *m,* отбрóсы *pl* óбщества
abscheiden *v irr* CHEM выделя́ть
Abscheu *m/f* отвращéние *n,* омерзéние *n*
abscheulich *adj* отврати́тельный, мéрзкий, проти́вный
abschicken *v* отправля́ть, отсылáть
abschieben *v irr (ausweisen)* POL выдворя́ть, депорти́ровать *impf/pf*
Abschiebung *f* POL выдворéние *n*
Abschied *m* прощáние *n,* расставáние *n*
abschießen *v irr 1. (Wild töten)* отстрéливать; *2. (schießen)* стреля́ть, производи́ть вы́стрел; *3. (Flugzeug)* MIL сбивáть

abschirmen *v 1.* заслоня́ть, прикрывáть; *2. (fig)* защищáть
Abschirmung *f 1.* прикры́тие *n; 2. (fig)* защи́та *f*
Abschlag *m 1. ~szahlung* ECO задáток *m,* авáнс *m; 2. (Preissenkung)* ECO ски́дка *f; 3. (Kursabschlag)* FIN понижéние *n* ку́рса цéнных бумáг, дизáжио *n; 4. (beim Golf)* SPORT удáр *m* по мячу́
abschlagen *v irr 1. (abschneiden)* отсекáть, отрубáть; *2. (fig: ablehnen)* откáзывать; *3. (Golf)* SPORT бить (ударя́ть) по мячу́
abschlägig *adj* отрицáтельный
Abschlagszahlung *f* ECO задáток *m,* авáнс *m*
abschleifen *v irr* TECH стáчивать
Abschleppdienst *m* букси́рная слу́жба *f*
abschleppen *v* брать на букси́р, букси́ровать
Abschleppseil *n* буксирóвочный трос *m*
Abschleppstange *f* буксирóвочная штанга *f*
Abschleppwagen *m* эвакуáтор *m* автомоби́лей, автомоби́ль-тягáч *m,* букси́рное трáнспортное срéдство *n*
abschließen *v irr (zuschließen)* закрывáть на ключ, запирáть; *2. (beenden)* закáнчивать, завершáть, кончáть; *3.* ECO *Geschäft* ~ заключáть (совершáть) сдéлку; *4.* JUR *einen Vertrag* ~ заключáть договóр
abschließend *adj 1.* заключи́тельный, окончáтельный; *adv 2.* в заключéние, в завершéние
Abschluss *m 1. (Beendigung)* завершéние *n,* окончáние *n,* заключéние *n; zum krönenden* ~ в завершéние всегó; *2. (Geschäftsabschluss)* ECO заключéние *n* (совершéние *n*) сдéлки; *3. (Bilanz)* ECO итóговый балáнс *m; 4. (Vertragsabschluss)* JUR заключéние *n* договóра
Abschlussbilanz *m* ECO итóговый балáнс *m*
Abschlussfeier *f* торжéственное собрáние *n,* торжéственная церемóния *f,* выпускнóй вéчер *m*
Abschlusskurs *m* FIN *1.* курс *m* при заключéнии сдéлки; *2. (Börse)* курс *m* на момéнт закры́тия би́ржи
Abschlussprüfung *f 1. (in der Schule)* выпускнóй экзáмен *m; 2.* ECO áудит *f,*ауди́торская провéрка *f*
Abschlusszeugnis *n* свидéтельство *n* (аттестáт *m*) об окончáнии учéбного заведéния

abschmecken *v* прóбовать
abschmieren *v TECH* смáзывать
abschminken *v 1.* снимáть грим; *2. (fam) Das kannst du dir ~.* Ты э́то вы́брось из головы́.
abschnallen *v 1.* отстёгивать; *2. (fam) Da schnallst du ab!* Обалдéть мóжно!
abschneiden *v irr 1.* отрезáть; *2. bei einer Prüfung gut/schlecht ~ (fam)* добивáться хорóших/плохи́х результáтов на экзáменах; *3. (fig: Weg)* срезáть, сокращáть (путь); *4. (fig: Wort)* прерывáть, перебивáть
Abschnitt *m 1. (eines Textes)* раздéл *m; 2. (eines Gebietes)* учáсток *m,* зóна *f,* сéктор *m; 3. (Zeitabschnitt)* перúод *m,* отрéзок *m* врéмени
abschöpfen *v 1.* снимáть; *2. ECO* изымáть
Abschöpfung *f ECO* изъя́тие *n*
abschrauben *v* отви́нчивать, отвёртывать, откру́чивать
abschrecken *v 1. (abhalten von)* отпу́гивать, устрашáть; *2. (Eier)* бы́стро охлаждáть погружéнием в вóду; *3. TECH* закáливать
abschreckend *adj* ужáсный устрашáющий, безобрáзный
Abschreckung *f* устрашéние *n*
abschreiben *v irr 1. einen Text ~* перепи́сывать текст; *2. ECO* спи́сывать, амортизи́ровать *impf/pf*
Abschreibung *f ECO* амортизáция *f*
Abschrift *f* кóпия *f*
abschürfen *v* обдирáть, ссáживать
Abschürfung *f MED* ссáдина *f*
Abschuss *m (Schuss)* вы́стрел *m*
abschüssig *adj* крутóй, обры́вистый
abschütteln *v 1.* стря́хивать; *2. (fam: loswerden) jmd ~* отдéлываться от когó-л
abschwächen *v* смягчáть, ослабля́ть
Abschwächung *f* смягчéние *n,* ослаблéние *n*
abschweifen *v (fig)* отклоня́ться
abschwellen *v irr MED* спадáть *(об óпухоли)*
abschwören *v irr (sich lossagen)* отрекáться
Abschwung *m ECO* спад *m*
absehbar *adj* предви́димый, обозри́мый
absehen *v irr 1. (voraussehen)* предви́деть; *2. (nicht beachten) ~ von* откáзываться, воздéрживаться
abseits *adv* в сторонé
absenden *v irr* отправля́ть, отсылáть
Absender *m* отправи́тель *m*
Absendung *f 1. (Verschickung)* отправлéние *m; 2. (Abordnung)* делегáция *f*
Absenkung *f* понижéние *n,* спад *m*
absetzbar *adj 1. (verkäuflich) ECO* хóдкий, находя́щий сбыт; *2. steuerlich ~ ECO* вычитáемый из су́ммы налóгов
absetzen *v 1. (hinstellen)* стáвить; *2. (kündigen)* снимáть, смещáть, освобождáть (от дóлжности), отстраня́ть; *3. (herausheben)* выделя́ть, подчёркивать; *4. (abhauen) sich ~* сбегáть, скрывáться; *5. CHEM sich ~* выделя́ться, выпадáть в осáдок; *6. (verkaufen) ECO* продавáть, сбывáть, реализовáть *impf/pf; 7. (abschreiben) ECO* спи́сывать; *8. MED Arznei ~* отменя́ть приём лекáрства
Absetzung *f 1. (Kündigung)* смещéние *n,* освобождéние *n* от дóлжности, отстранéние *n; 2. (Abschreibung) ECO* амортизáция *f*
absichern *v 1.* защищáть, предохраня́ть; *2. sich ~* страховáться от чегó-л
Absicht *f* намéрение *n,* зáмысел *m,* у́мысел *m; gute/schlechte ~en haben* имéть благи́е намéрения/злы́е у́мыслы
absichtlich *adj 1.* намéренный, умы́шленный; *adv 2.* (пред)намéренно, умы́шленно, нарóчно *(fam)*
absolut *adj* абсолю́тный
Absolution *f REL* отпущéние *n* грехóв
Absolutismus *m HIST* абсолюти́зм *m*
Absolvent(in) *m/f* выпускни́к *m,* выпускни́ца *f*
absolvieren *v 1. (abschließen)* окáнчивать, закáнчивать, кончáть; *2. (fam: erledigen)* выполня́ть, справля́ться
absonderlich *adj* стрáнный, своеобрáзный
absondern *v 1. sich ~* сторони́ться, чуждáться, отгорáживаться, уединя́ться; *2. (trennen)* отделя́ть; *3. MED* выделя́ть
Absonderung *f 1. (Trennung)* отделéние *n,* разделéние *n; 2. MED* выделéние *n*
absorbieren *v* абсорби́ровать *impf/pf,* поглощáть
Abspaltung *f POL* отделéние *n,* откóл *m*
abspeichern *v INFORM* запи́сывать в пáмять
abspeisen *v 1. (verköstigen)* корми́ть; *2. jdn ~ (fam)* отдéлываться от когó-л
absperren *v 1. (zuschließen)* запирáть; *2. (Gebiet)* отгорáживать, оцепля́ть, изоли́ровать *impf/pf*

Absperrung *f* отгора́живание *n,* оцепле́ние *n*
abspielen *v 1. Schallplatte ~* прои́грывать пла́стинку; *2. sich ~* происходи́ть, разы́грываться, развёртываться
Absprache *f* договорённость *f,* уговóр *m*
absprechen *v irr 1. (vereinbaren)* догова́риваться; *2.* JUR лиша́ть кого́-л чего́-л
abspringen *v irr 1. (herunterspringen)* пры́гать, спры́гивать; *2. (abplatzen)* отходи́ть, облу́пливаться, осыпа́ться; *3. (fig: aufgeben)* броса́ть
Absprung *m (mit dem Fallschirm)* прыжóк *m* (с парашю́том)
abspülen *v 1. (Geschirr)* мыть, полоска́ть, опола́скивать; *2. (Staub, Schmutz)* смыва́ть
abstammen *v 1. (Herkunft)* происходи́ть; *2. (Zugehörigkeit)* принадлежа́ть
Abstammung *f 1. (Herkunft)* происхожде́ние *n; 2. (Zugehörigkeit)* принадле́жность *f*
Abstand *m* расстоя́ние *n,* диста́нция *f*
abstatten *v einen Besuch ~* наноси́ть визи́т
abstauben *v* стира́ть, вытира́ть пыль
Abstecher *m* отклоне́ние *n* от маршру́та путеше́ствия с це́лью корóткого посеще́ния какóго-л ме́ста (заворáчивать кудá-л)
abstecken *v 1. (markieren)* размеча́ть, маркирова́ть *impf/pf; 2. (Saum)* нака́лывать (кайму́ на пла́тье); *3. (Ziel)* намеча́ть (цель)
abstehend *adj* торча́щий, оттопы́ренный
Absteige *f 1.* вре́менная кварти́ра *f,* приста́нище *n; 2. (Gasthaus)* гости́ница *f* с сомни́тельной репута́цией
absteigen *v irr 1.* слеза́ть, спуска́ться; *2. (einkehren)* остана́вливаться; *3.* SPORT переходи́ть в бóлее ни́зкую ли́гу
abstellen *v 1. (ausschalten)* выключа́ть; *2.(hinstellen)* ста́вить; *3.(Wasser)* закрыва́ть (кран)
Abstellkammer *f* чула́н *m,* кладóвка *f (fam)*
abstempeln *v 1. (Briefmarke)* штемпелева́ть, ста́вить ште́мпель; *2. (fig) jdn ~* наве́шивать ярлы́к, клейми́ть
absterben *v irr 1.* BOT отмира́ть, сóхнуть, ча́хнуть; *2.* MED неме́ть, мертве́ть
Abstieg *m 1. (Hinuntersteigen)* спуск *m; 2. (fig: Niedergang)* упа́док *m; 3.* SPORT перехóд *m* в бóлее ни́зкую лигу
abstimmen *v 1. (wählen)* голосова́ть, проводи́ть голосова́ние; *~ lassen* реша́ть что-л голосова́нием; *2. (farblich ~)* подбира́ть; *3. (fig: anpassen)* согласóвывать; *4.* MUS настра́ивать
Abstimmung *f 1. (Wahl)* голосова́ние *n; 2. (fig: Anpassung)* согласова́ние *n; 3. (Volksabstimmung)* рефере́ндум *m*
abstinent *adj 1.* уме́ренный, возде́ржанный; *2. (auf Alkohol verzichtend)* возде́рживающийся от употребле́ния спиртны́х напи́тков, непью́щий
Abstinenz *f* возде́ржанность *f*
abstoßen *v irr 1. (wegstoßen)* отта́лкивать, толка́ть; *2. (beschädigen)* отбива́ть, сбива́ть, отка́лывать; *3. (verkaufen)* сбыва́ть, выбра́сывать по ни́зким це́нам
abstoßend *adj* отта́лкивающий, отврати́тельный, омерзи́тельный
abstrakt *adj* отвлечённый, абстра́ктный
abstrampeln *v (fam) sich ~* лезть из кóжи вон, чтóбы доби́ться чего́-л
abstreiten *v irr 1.* оспа́ривать; *2. (leugnen)* отрица́ть
Abstrich *m 1. (Abzug)* ECO вы́чет *m; 2.* MED мазóк *m*
abstufen *v 1. (farblich)* оттеня́ть; *2. (staffeln)* располага́ть усту́пами
Abstufung *f 1. (farbliche ~)* отте́нок *m; 2. (Staffelung)* расположе́ние *n* усту́пами
abstumpfen *v 1.* притупля́ть, затупля́ть; *2. (fig)* тупе́ть
Absturz *m 1.* паде́ние *n,* срыв *m; 2. (Flugzeug)* авиакатастрóфа *f; 3. (Abhang)* обры́в *m,* обва́л *m; 4.* (PC) INFORM зависа́ние *n* (компью́тера)
abstürzen *v 1.* па́дать, срыва́ться; *2. (Flugzeug)* разбива́ться; *3. (Abhang)* обрыва́ться, обва́ливаться; *4.* (PC) INFORM зависа́ть *(о компью́тере)*
absurd *adj* абсу́рдный, неле́пый
Absurdität *f* абсу́рдность *f,* неле́пость *f*
Abszess *m* MED абсце́сс *m*
Abt *m* REL абба́т *m*
abtasten *v 1.* ощу́пывать; *2.* MED пальпи́ровать *impf/pf*
abtauen *v 1.* отта́ивать; *2. (Kühlschrank)* размора́живать
Abtei *f* REL абба́тство *n*
Abteil *n 1. (Eisenbahn)* купе́ *n; 2. (Schrank)* пóлка *f; 2. (Verschlag)* отделе́ние *n*
abteilen *v 1.* отделя́ть, отгора́живать; *2. (einteilen)* дели́ть, разделя́ть
Abteilung *f* отде́л *m,* отделе́ние *n,* се́кция *f,* подразделе́ние *n*
Abteilungsleiter(in) *m/f* нача́льник *m* (нача́льница *f*) отдела

abtippen *v* печáтать на пи́шущей маши́нке
Äbtissin *f* REL аббати́са *f*
abträglich *adj* врéдный, невы́годный, неблагоприя́тный
abtransportieren *v* отправля́ть, увози́ть
abtreiben *v irr 1. (Strömung)* относи́ть течéнием, дрейфовáть; *2. (Vieh)* отгоня́ть, сгоня́ть; *3.* MED дéлать абóрт
Abtreibung *f* MED абóрт *m*
abtrennen *v 1. (abteilen)* отделя́ть, разделя́ть, отторгáть; *2.(lösen)* отпáрывать, отрывáть
abtreten *v irr 1. (überlassen)* уступáть, передавáть; *2. (wegtreten lassen)* MIL прикáзывать комý-л уйти́; *Abgetreten!* Разойди́сь! *3.* THEAT уходи́ть со сцéны
abtrocknen *v 1. (wischen)* вытирáть; *1. (trocknen)* сóхнуть, высыхáть
abtrünnig *adj 1.* измени́вший, невéрный; *2.* POL отступи́вший, мятéжный
abverlangen *v* трéбовать
abwägen *v irr* взвéшивать
abwälzen *v 1.* откáтывать, перекáтывать; *2. (fig: abschieben)* свáливать
abwandeln *v* изменя́ть, видоизменя́ть, варьи́ровать, модифици́ровать *impf/pf*
abwandern *v 1.* эмигри́ровать *impf/pf,* переселя́ться; *2.* ECO утекáть
Abwanderung *f 1.* эмигрáция *f,* переселéние *n; 2. (Landflucht)* мáссовое переселéние *n* из дерéвни в гóрод, бéгство *n* из дерéвни; *3.* ECO утéчка *f*
Abwandlung *f* изменéние *n,* видоизменéние *n,* вариáция *f,* модификáция *f*
abwarten *v* выжидáть, дожидáться, пережидáть; *Es ist abzuwarten, wie sich die Lage weiter entwickelt.* Посмóтрим, как бýдет развивáться обстанóвка.
abwärts *adv* вниз
Abwasch *m* мытьё *n* посýды
abwaschen *v irr* мыть; смывáть
Abwasser *n* стóчная водá *f,* стóчные вóды *f/pl*
abwechseln *v sich ~* чередовáться, сменя́ть друг дрýга
abwechselnd *adj* (по)перемéнный, непостоя́нный, поочерёдный
Abwechslung *f 1. (Wechsel)* изменéние *n,* перемéна *f; 2. (Zerstreuung)* развлечéние *n,* разнообрáзие *n; ~ bringen in* вноси́ть разнообрáзие *n* во что-л
abwechslungsreich *adj* разнообрáзный
Abweg *m (fig)* лóжный путь *m,* заблуждéние *n; jdn auf ~e führen* сбивáть когó-л с прáвильного пути́, вводи́ть когó-л в заблуждéние
abwegig *adj* ошибочный, лóжный, невéрный
Abwehr *f 1. (Zurückweisung)* отклонéние *n,* откáз *m; 2.* (Abwendung) предотвращéние *n; 3. (Verteidigung)* защи́та *f,* оборóна *f; 4. (Geheimdienst)* MIL развéдка *f; 5.* SPORT защи́та *f*
abwehren *v 1. (zurückweisen)* отклоня́ть, откáзывать; *2. (abwenden)* предотвращáть
Abwehrstoffe *pl* MED защи́тные веществá *n/pl,* антителá *n/pl*
abweichen *v irr 1.* отклоня́ться, уклоня́ться, отступáть; *2.(Ansichten)* отличáться, различáться, расходи́ться; *eine ~de Meinung vertreten* придéрживаться другóго мнéния
Abweichung *f 1.* отклонéние *n,* отступлéние *n; 2. (Unterschied)* отли́чие *n,* разли́чие *n,* расхождéние *n*
abweisen *v irr 1. (Person)* выпровáживать, отсылáть; *2. (zurückweisen)* откáзывать, отклоня́ть; *unfreundlich ~* дать грýбый отпóр (откáз)
abweisend *adj 1.* отрицáтельный; *2. (unfreundlich)* недружелю́бный; *jdn ~ behandeln* обращáться с кем-л недружелю́бно
Abweisung *f 1.* откáз *m,* отклонéние *n*
abwenden *v irr 1.* отворáчивать, отводи́ть; *den Blick von etw ~* отводи́ть глазá от чегó-л; *2. (verhüten)* предотвращáть; *3. sich ~* отворáчиваться
abwerben *v irr 1. (Arbeiter, Kunden)* ECO переверббóвывать, перемáнивать
abwerfen *v irr 1. (hinunterwerfen)* бросáть, сбрáсывать; *2. (Zinsen, Gewinn einbringen)* ECO давáть, приноси́ть при́быль
abwerten *v 1.* умаля́ть, принижáть значéние; *2.* FIN обесцéнивать, девальви́ровать *impf/pf*
abwertend *adj* пренебрежи́тельный
Abwertung *f 1.* умалéние *n* значéния; *2.* FIN обесцéнение *n,* девальвáция *f*
abwesend *adj* отсýтствующий
Abwesenheit *f* отсýтствие *n; durch ~ glänzen (fig)* блистáть отсýтствием *(fig)*
abwickeln *v (durchführen)* выполня́ть, совершáть, осуществля́ть
Abwicklung *f 1.* осуществлéние *n,* совершéние *n,* выполнéние *n; 2.* ECO ликвидáция *f; 3.* ECO исполнéние *n* сдéлки

abwiegen *v irr* взве́шивать, отве́шивать
abwimmeln *v (fam)* отде́лываться от кого́-л
abwischen *v 1. (trocknen)* обтира́ть; *2. (säubern)* вытира́ть
Abwurf *v SPORT* бросо́к *m*
abzahlen *v 1. (Schulden)* погаша́ть долги́; *2. (Raten) ECO* выпла́чивать в рассро́чку
Abzahlung *f 1. (von Schulden)* погаше́ние *n* долго́в; *2. (von Raten) ECO* платёж *m* (опла́та *f*) в рассро́чку
Abzeichen *n* знак *m*, значо́к *m*, наши́вка *f*, отме́тина *f*
abzeichnen *v 1. (abmalen)* срисо́вывать, копирова́ть; *2. (unterschreiben)* подпи́сывать; *3. sich ~* намеча́ться
abziehen *v irr 1. (entfernen)* снима́ть, удаля́ть, стя́гивать, сдира́ть; *2. (Rabatt) ECO* предоставля́ть ски́дку; *3. MATH* вычита́ть, высчи́тывать; *4. (Truppen) MIL* выводи́ть (отводи́ть) войска́
abzielen *v ~ auf* стреми́ться к чему́-л, име́ть свое́й це́лью что-л
Abzug *m 1. (Kopie)* ко́пия *f*; *2. (einer Waffe)* куро́к *m*, спусково́й крючо́к *m*, спусково́й механи́зм *m*; *3. (vom Lohn) ECO* удержа́ние *n* из за́работной пла́ты *f*; *4. (Rabatt) ECO* ски́дка *f*; *5. MATH* вы́чет *m*, вычита́ние *n*; *6. MIL* вы́вод *m*, отступле́ние *n* войск
abzüglich *adv ECO* за вы́четом
abzweigen *v 1. (abbiegen)* свора́чивать, завора́чить; *2. (fam: entwenden)* присва́ивать, прикарма́нивать *(fam)*
Abzweigung *f* ответвле́ние *n*
Accessoires *pl* аксессуа́ры *m/pl*
Aceton *n CHEM* ацето́н *m*
ach *interj* ах, ох, ой, эх, о
Ach *n (fam) mit ~ und Krach* с больши́м трудо́м, е́ле-е́ле, с грехо́м попола́м
Achse *f TECH* ось *f*
Achsel *f ANAT* 1. (Schulter) плечо́ *n*; *2. (Achselhöhle)* подмы́шечная впа́дина *f*, подмы́шка *f*
Achselhöhle *f ANAT* подмы́шечная впа́дина *f*, подмы́шка *f*
acht во́семь
Acht *f ~ geben* быть осторо́жным, следи́ть за кем-л/чем-л, принима́ть кого́-л/что-л во внима́ние; *Gib Acht!* Будь осторо́жен! *sich in ~ nehmen* следи́ть за собо́й
achtbar *adj* почте́нный, респекта́бельный, досто́йный уваже́ния
Achtbarkeit *f* почте́нность *f*, респекта́бельность *f*
achte(r,s) восьмо́й, ...ма́я, ...мо́е; *der ~ März* восьмо́е ма́рта
achteckig *adj* восьмиуго́льный
Achtel *n* восьма́я *f*, восьма́я часть *f* (до́ля *f*), одна́ восьма́я *f*
achten *v 1. (schätzen)* уважа́ть, почита́ть, цени́ть; *2. (beachten) ~ auf* следи́ть за кем-л/чем-л, принима́ть во внима́ние кого́-л/что-л, обраща́ть внима́ние на кого́-л/что-л; *auf alles ~* следи́ть за всем; *nicht ~ auf* не счита́ться с кем-л/чем-л, пренебрега́ть кем-л/чем-л
Achterbahn *f* америка́нские го́рки *f/pl*
achtfach *adj 1.* восьмикра́тный; *adv 2.* (в) во́семь раз, вво́сьмеро
achthundert восемьсо́т
achtlos *adj* невнима́тельный, неосмотри́тельный, небре́жный
Achtlosigkeit *f* невнима́тельность *f*, неосмотри́тельность *f*, небре́жность *f*
achtmal *adv* во́семь раз
achtsam *adj* внима́тельный, наблюда́тельный, осмотри́тельный, бди́тельный
Achtsamkeit *f* внима́тельность *f*, осмотри́тельность *f*, бди́тельность *f*
achttausend во́семь ты́сяч
Achtung *f 1. (Hochachtung)* уваже́ние *n*, почте́ние *n*; *2. (Beachtung)* внима́ние *f*; *3. (Ausruf) ~!* Осторо́жно! Береги́(те)сь!
achtzehn восемна́дцать
achtzehnte(r,s) *adj* восемна́дцатый, ...тая, ...тое
achtzig во́семьдесят
achtzigste(r,s) *adj* восьмидеся́тый, ...тая, ...тое
ächzen *v 1. (Person)* о́хать, стона́ть, кряхте́ть; *2. (Gegenstand)* скрипе́ть
Acker *m* по́ле *n*, па́шня *f*
Ackerbau *m* земледе́лие *n*
Action-Film *m* остросюже́тный фильм *m*
Adapter *m TECH* переходни́к *m*, ада́птер *m*
adäquat *adj* адеква́тный, соотве́тствующий
addieren *v MATH* слага́ть, скла́дывать, сумми́ровать *impf/pf*
Adel *m* дворя́нство *n*, знать *f*, аристокра́тия *f*
Ader *f 1. ANAT* ве́на *f*, кровено́сный сосу́д *m*, арте́рия *f*, жи́ла *f (fam)*; *2. MIN* жи́ла *f*; *3. (fig: Wesenszug)* жи́лка *m*; *eine ~ für etw haben* быть скло́нным к чему́-л, име́ть скло́нность к чему́-л

Adjektiv *n* GRAMM (и́мя) прилага́тельное *n*
Adler *m* ZOOL орёл *m*
adlig *adj 1.* дворя́нский; *2.(edel)* благоро́дный
Admiral *m* MIL адмира́л *m*
adoptieren *v (Sohn)* усыновля́ть; *(Tochter)* удочеря́ть
Adoption *f (Sohn)* усыновле́ние *n; (Tochter)* удочере́ние *n*
Adrenalin *n* BIO адренали́н *m*
Adressant *m* отправи́тель *m,* адреса́нт *m*
Adressat *m* получа́тель *m,* адреса́т *m*
Adresse *f* а́дрес *m; ~ unbekannt* не по а́дресу; *(fig) Da bist du an die falsche ~ geraten.* Ты не на того́ напа́л.
adressieren *v* написа́ть на чём-л а́дрес, адресова́ть *impf/pf*
adrett *adj* опря́тный
Adria *f* GEO Адриати́ческое мо́ре *n,* Адриа́тика *f*
Advent *m 1.* предрожде́ственское вре́мя *n (начина́ется с четвёртого воскресе́нья до Рождества́); 2.* адве́нт *m,* предрожде́ственское воскресе́нье *n (ка́ждое из четырёх после́дних воскресе́ний пе́ред Рождество́м)*
Adventskalender *m* предрожде́ственский де́тский календа́рь *m (на кото́ром ка́ждый день открыва́ется по око́шку)*
Adventskranz *m* предрожде́ственский вено́к *m (для украше́ния помеще́ний)*
Adverb *n* GRAMM наре́чие *n*
Affäre *f 1.* POL сканда́л *m,* неприя́тное де́ло *n,* неприя́тная исто́рия *f; 2.(Liebesaffäre)* рома́н *m (fig),* любо́вная связь *f*
Affe *m* ZOOL обезья́на *f; (fig) seinem ~n Zucker geben* дава́ть себе́ во́лю, отводи́ть ду́шу, разойти́сь; *Mich laust der ~.* Я соверше́нно обалде́л!
Affekt *m* аффе́кт *m,* си́льное возбужде́ние *n*
affektiert *adj* аффекти́рованный, жема́нный *(челове́к),* вы́чурный *(стиль)*
Afghanistan *n* GEO Афганиста́н *m*
Afrika *n* GEO А́фрика *f*
Afrikaner(in) *m/f* африка́нец *m,* африка́нка *f*
afrikanisch *adj* африка́нский
After *m* ANAT за́дний прохо́д *m*
Ägäis *f* GEO Эге́йское мо́ре *n*
Agent(in) *m/f* аге́нт *m/f,* шпио́н(ка) *m/f* разведчик *m,* разведчица *f*
Agentur *f* ECO аге́нство *n*
Aggregat *n* агрега́т *m*
Aggression *f* агре́ссия *f*
aggressiv *adj* агресси́вный
Aggressivität *f* агресси́вность *f*
Agrarland *n* агра́рная (сельскохозя́йственная) страна́ *f*
Agrarpolitik *f* агра́рная поли́тика *f*
Agrarreform *f* агра́рная рефо́рма *f*
Ägypten *n* GEO Еги́пет *m*
Ägypter(in) *m/f* египтя́нин *m,* египтя́нка *f*
ägyptisch *adj* еги́петский
Ahne *m* пре́док *m*
ähneln *v* походи́ть, быть похо́жим на
ahnen *v* предчу́вствовать, предуга́дывать, предви́деть, дога́дываться, подозре́вать
ähnlich *adj* похо́жий, схо́дный, подо́бный, аналоги́чный
Ähnlichkeit *f* схо́дство *n,* подо́бие *n*
Ahnung *f 1.(Vorgefühl)* предчу́вствие *n,* подо́зрение *n,* предста́вление *n,* поня́тие *n; keine blasse ~ haben (fam)* не име́ть ни мале́йшего предста́вления (поня́тия)
ahnungslos *adj* ничего́ не подозрева́ющий, не име́ющий поня́тия
Ahorn *m* BOT клён *m*
Ähre *f* BOT ко́лос *m*
Aids *n* MED СПИД *m (синдро́м приобретённого иммунодефици́та)*
aidsinfiziert *adj* MED заражённый спи́дом
Aidsinfizierte(r) *m/f* заражённый *m* (… ная *f*) спи́дом
Airbag *m* TECH наду́вная поду́шка *f* безопа́сности
Airbus® *m* TECH аэро́бус *m*
Akademie *f* акаде́мия *f*
Akademiker(in) *m/f* челове́к *m* с вы́сшим образова́нием
akademisch *adj* академи́ческий
akklimatisieren *v sich ~* акклиматизи́роваться, акклима́ться *(fam)*
Akkord *m 1.* ECO сде́льная рабо́та *f,* сде́льщина *f; 2.* MUS акко́рд *m*
Akkordeon *n* MUS аккордео́н *m*
akkreditieren *v* аккредитова́ть *impf/pf*
Akkreditiv *n 1.* ECO аккредити́в *m; 2.(Diplomatie)* вери́тельная грамо́та *f*
Akku *m* TECH аккумуля́тор *m*
akkurat *adj* аккура́тный, тща́тельный, то́чный
Akkusativ *m* вини́тельный паде́ж *m*
Akne *f* MED угри́ *m/pl*
Akrobat *m* акроба́т(ка) *m/f*
Akt *m 1.(Tat)* де́йствие *n,* посту́пок *m; 2.(Zeremonie)* торже́ственная церемо́ния *f; 3.* ART акт *m,* обнажённая нату́ра *f;*

4. JUR юриди́ческий акт *m; 5. BIO* полово́й акт *m,* совокупле́ние *n,* сойтие *n; 6. THEAT* де́йствие *n,* акт *m*
Akte *f* де́ло *n,* досье́ *n,* подши́вка *f*
Aktenmappe *f* па́пка *f* для бума́г, скоросшива́тель *m*
Aktennotiz *f* за́пись *f* в де́ле
Aktenzeichen *n* но́мер *m* де́ла
Aktie *f FIN* а́кция *f*
Aktiengesellschaft *f (AG) FIN* акционе́рное о́бщество *f* (АО)
Aktienkurs *m FIN* курс *m* а́кции
Aktienmarkt *m FIN* ры́нок *m* це́нных бу́маг, фо́ндовая би́ржа *f*
Aktion *f* де́йствие *n,* а́кция *f*
Aktionär(in) *m/f FIN* акционе́р *m/f,* владе́лец *m* (владе́лица *f*) а́кций
Aktionsradius *m* ра́диус *m* де́йствия
aktiv *adj* акти́вный, де́ятельный
aktivieren *v* заде́йствовать *pf,* приводи́ть в де́йствие, активизи́ровать *impf/pf,* активи́ровать *impf/pf*
Aktivierung *f* активиза́ция *f*
Aktivität *f* акти́вность *f*
aktualisieren *v* обновля́ть, возобновля́ть, актуализи́ровать *impf/pf*
Aktualität *f* актуа́льность *f*
aktuell *adj* нове́йший, актуа́льный
Akupunktur *f MED* акупункту́ра *f,* иглоука́лывание *n*
Akustik *f* аку́стика *f*
akustisch *adj* акусти́ческий
akut *adj MED* о́стрый, неотло́жный
Akzent *m GRAMM* ударе́ние *n,* акце́нт *m*
akzentuieren *v* акценти́ровать *impf/pf*
Akzeptanz *f* прие́млемость *f*
akzeptieren *v* принима́ть, дава́ть согла́сие, признава́ть
Alarm *m* трево́га *f; blinder ~* ло́жная трево́га *f*
Alarmanlage *f* авари́йная сигнализа́ция *f*
alarmieren *v 1.(Feuerwehr)* поднима́ть по трево́ге; *2. (Nachricht)* трево́жить, беспоко́ить
Albanien *n GEO* Алба́ния *f*
albern *adj* глу́пый, дура́цкий, неле́пый; *~ sein* дура́читься
Albernheit *f* дура́чество *n,* ребя́чество *n,* глу́пая вы́ходка *f*
Album *n* альбо́м *m*
Alge *f BOT* во́доросль *f*
Algebra *f MATH* а́лгебра *f*
Algerien *n GEO* Алжи́р *m*
alias *adv* он же, она́ же; *die Angeklagte Müller ~ Schulze* подсуди́мая Мю́ллер, она же Шу́льце
Alibi *n* а́либи *n*
Alimente *pl JUR* алиме́нты *pl*
Alkohol *m* алкого́ль *m*
alkoholfrei *adj* безалкого́льный
Alkoholiker(in) *m/f* алкого́лик *m,* алкоголи́чка *f; ein ~ sein* быть пристра́стным к алкого́лю
alkoholisch *adj* спиртно́й, алкого́льный
Alkoholtester *m* алкоте́стер *m*
All *n* Вселе́нная *f*
allabendlich *adv* ежевече́рне, ка́ждый ве́чер
alle *pron 1.* все; *adv 2. (alle werden)* конча́ться, выходи́ть; *Die Flasche ist ~. (fam)* Буты́лка пуста́.
Allee *f* алле́я *f,* проспе́кт *m* (с бульва́рами)
allein *adj 1.* оди́н *m,* одна *f,* одно́ *n,* одни́ *pl; 2. ~ stehend* одино́кий, бессеме́йный; *3. (unverheiratet: Frau)* незаму́жняя; *(unverheiratet: Mann)* холосто́й; *adv 4.* сам *m,* сама́ *f,* само́ *n,* са́ми *pl; 3. (ausschließlich)* то́лько; *Das ist ~ meine Sache.* Э́то то́лько моё де́ло.
Alleinerziehende(r) *f/m* мать-одино́чка *f,* оте́ц-одино́чка *m*
Alleingang *m im ~* в одино́чку
Alleinherrschaft *f POL* автокра́тия *f,* единовла́стие *n,* самодержа́вие *n*
alleinig *adj* еди́нственный, исключи́тельный
Alleinstehende(r) *f/m 1.* одино́кий *m, …кая f,* бессеме́йный *m, …ная f; 2. (unverheiratet: Frau)* незаму́жняя *f; (unverheiratet: Mann)* холосто́й *m*
allenfalls *adv* в кра́йнем слу́чае
allerbeste(r,s) *adj* (са́мый) лу́чший, (са́мая) …шая, (са́мое) …шее
allerdings *adv 1.* но, одна́ко; *2. (gewiss)* коне́чно, разуме́ется
Allergie *f MED* аллерги́я *f*
Allergietest *m MED* тест *m* на аллерги́ю
Allergiker(in) *m/f MED* алле́ргик *m/f*
allergisch *adj MED* аллерги́ческий
allerhand *adj 1. (viel)* нема́ло, ко́е-что; *Er hat ~ mitgemacht.* Он перенёс нема́ло. *2. (vielerlei)* ра́зное, всевозмо́жное; *3. (fam) Das ist ja ~.* Вот э́то да! *Das ist ja ~, was du gemacht hast.* Ишь ты, чего́ натво́рил.
Allerheiligen *n REL* пра́здник *m* всех Свя́тых
allerhöchstens *adv* в (са́мом) кра́йнем слу́чае

allerlei *adj* всевозмо́жное, вся́кое, ра́зное
allerliebst *adj* са́мый люби́мый
Allerseelen *n REL* день *m* поминове́ния всех усо́пших
alles *adj* весь *m*, вся *f*, всё *n*, все *pl*
Allgegenwart *f* вездесу́щность *f*, повсеме́стность *f*
allgegenwärtig *adj* вездесу́щий, повсеме́стный
allgemein *adj* о́бщий, всео́бщий; *~ üblich* общепри́нятый; *im Allgemeinen* в о́бщем; *~ gültig* общепри́знанный, универса́льный, общеупотреби́тельный; *~ verständlich* общепоня́тный, общедосту́пный
Allgemeinbildung *f* о́бщее образова́ние *n*
Allgemeinheit *f* о́бщество *n*, обще́ственность *m*
Allgemeinwohl *n* (все)о́бщее бла́го *n*, благополу́чие *n* всего́ о́бщества
Allheilmittel *n* всеисцеля́ющее сре́дство *n*, панаце́я *f*
Allianz *f* сою́з *m*, алья́нс *m*
Alliierte *pl POL* сою́зники *m/pl*
alljährlich *adj 1.* ежего́дный; *adv 2.* ежего́дно, ка́ждый год
allmählich *adj 1.* постепе́нный; *adv 2.* постепе́нно, ма́ло-пома́лу *(fam)*
allseits *adv 1.(von allen Richtungen)* со всех сторо́н, отовсю́ду; *2.(in alle Richtungen)* во все сто́роны; *3.(an alle) Gute Nacht ~!* Всем споко́йной но́чи!
Alltag *m* бу́дни *pl*
alltäglich *adj 1.* ежедне́вный; *2.* обы́денный, повседне́вный
alltags *adj* по бу́дням, в бу́дни
Allüre *f 1.(Gangart des Pferdes)* аллю́р *m*; *2. (fig)* пова́дки *f/pl*, зама́шки *f/pl*
allwissend *adj* всеве́дущий, всезна́ющий
allzu *adv* сли́шком
Almosen *n* подая́ние *n*, ми́лостыня *f*, пода́чка *f (fam)*
Alpen *pl GEO* А́льпы *pl*
Alphabet *n* алфави́т *m*
alpin *adj 1.(Hochgebirge)* альпи́йский, высокого́рный; *2.(Bergsteigen)* альпини́стский, го́рный; *3.(Ski)* горнолы́жный
Alptraum *m* кошма́рный сон *m*, кошма́р *m*
als *konj 1.(zeitlich)* когда́, в то вре́мя как; *2.(in der Eigenschaft ~)* в ка́честве, как; *3.(beim Komparativ)* чем; *Moskau ist größer ~ München.* Москва́ бо́льше, чем Мю́нхен.
also *konj* ита́к, зна́чит, сле́довательно, таки́м о́бразом
alt *adj 1.* ста́рый, пожило́й; *Wie ~ sind Sie?* Ско́лько Вам лет? *doppelt so ~ wie jmd sein* быть в два ра́за ста́рше кого́-л, быть вдво́е ста́рше кого́-л; *älter werden* старе́ть; *~ aussehen* вы́глядеть ста́рше свои́х лет; *(fam) ~es Haus* стари́на, дружи́ще *m*; *2.(antik)* ста́рый, дре́вний, да́вний
Altar *m REL 1.* алта́рь *m*; *2. (Altartisch)* престо́л *m*; *3. HIST* же́ртвенник *m*
Altargemälde *n REL* напресто́льный о́браз *m*, ико́на *f*
altbacken *adj 1.(fig)* чёрствый, несве́жый; *2.(fig)* старомо́дный, устаре́вший
Altbau *m* ста́рый дом *m*, дом *m* ста́рой постро́йки
altbekannt *adj* давно́ изве́стный
altbewährt *adj* испы́танный, прове́ренный, и́здавна зарекомендова́вший себя́
altdeutsch *adj* старонеме́цкий, древнене́мецкий
altehrwürdig *adj* стари́нный, стародав́ний
alteingesessen *adj* коренно́й, давно́ посели́вшийся
Alteisen *n* скрап *m*
Alter *n* во́зраст *m*; *über das ~ hinaus sein, um …* быть уже́ не в том во́зрасте, что́бы …
ältere(r,s) *adj* ста́рший, … шая, … шее
alternativ *adj* альтернати́вный, допуска́ющий одну́ из не́скольких возмо́жностей
Alternative *f* альтернати́ва *f*, вы́бор *m* ме́жду двумя́ и́ли не́сколькими возмо́жностями
Alternativenergien *f/pl* альтернати́вные исто́чники *m/pl* (ви́ды *m/pl*) эне́ргии
altersbedingt *adj* обусло́вленный во́зрастом, возрастно́й, ста́рческий
Altersgrenze *f* преде́льный во́зраст *m*, возрастно́й ценз *m*
Altersheim *n* дом *m* престаре́лых
Altersrente *f* пе́нсия *f* по ста́рости
altersschwach *adj 1.(Person)* дря́хлый, не́мощный; *2.(Gegenstand)* ве́тхий
Altersunterschied *m* ра́зница *f* в во́зрасте
Altersversorgung *f* обеспе́чение *n* в/по ста́рости
Altertum *n HIST* дре́вность *f*, дре́вние времена́ *f/pl*; *das Klassische ~* анти́чность *f*
Altertümer *pl* дре́вности *f/pl*, антиква́рные предме́ты *m/pl*
altertümlich *adj* стари́нный, дре́вний
Altglas *n* ста́рое стекло́ *n*, ути́ль-стекло́ *n*
althergebracht *adj* стари́нный, староdáвний

altjüngferlich *adj* староде́вический, на мане́р ста́рой де́вы
altklug *adj* преждевре́менно ра́звитый, у́мный не по года́м
Altmaterial *n* ути́ль *m*, ути́ль-сырьё *n*
Altmeister *m 1. (Kunst, Wisenschaft)* корифе́й *m*, маэ́стро *m*, выдаю́щийся представи́тель *m; 2. (Sport)* экс-чемпио́н *m*
Altmetall *n* металлоло́м *m*
altmodisch *adj* старомо́дный
Altpapier *n* макулату́ра *f*
Altstadt *f* ста́рая (истори́ческая) часть *f* го́рода
Altstimme *f MUS* альт *m*
Altweibersommer *m* ба́бье ле́то *n*
Alufolie *f* алюми́ниевая фольга́ *f*
Aluminium *n CHEM* алюми́ний *m*
am *(= an dem) (siehe „an“)* см *„an“*
Amalgamfüllung *f MED* пло́мба *f* из амальга́мы
Amateur *m* люби́тель *m*, непрофессиона́л *m*
Amateursportler(in) *m/f* спортсме́н(ка)-люби́тель(ница) *m/f*
Amboss *m TECH* наковальня́ *f*
ambulant *adj 1.* передвижно́й; *2. MED* амбулато́рный
Ambulanz *f 1. (Wagen) MED* ма́шина *f* ско́рой по́мощи, «ско́рая по́мощь» *f (fam); 2. (Abteilung) MED* амбулато́рное отделе́ние *n*, амбулато́рия *f*
Ameise *f ZOOL* мураве́й *m*
Amen *n* ами́нь; *zu allem ja und ~ sagen* соглаша́ться со всем, подда́кивать
Amerika *n GEO* Аме́рика *f*
Amerikaner(in) *m/f* америка́нец *m*, америка́нка *f*
amerikanisch *adj* америка́нский
Ammoniak *n* аммиа́к *m*
Amnestie *f JUR* амни́стия *f*
Amokläufer *m* челове́к *m*, одержи́мый стремле́нием убива́ть, маньяк *m*
Ampel *f* светофо́р *m*
Ampere *n TECH* ампе́р *m*
Ampulle *f MED* а́мпула *f*
Amputation *f MED* ампута́ция *f*
amputieren *v MED* ампути́ровать *impf/pf*
Amsel *f ZOOL* чёрный дрозд *m*
Amt *n 1. (Behörde)* ве́домство *n*, учрежде́ние *f; 2. (Stellung)* до́лжность *f*, пост *m*, ме́сто *n; 3. (Telefonamt)* телефо́нная ста́нция *f; 4. (Büro)* о́фис *m*, бюро́ *n*
amtierend *adj* находя́щийся в до́лжности кого́-л, исполня́ющий обя́занности кого́-л
amtlich *adj* официа́льный
Amtsantritt *m* вступле́ние *n* в до́лжность
Amtsarzt *m* окружно́й врач *m (руководи́тель о́ргана здравоохране́ния)*
Amtsblatt *n* официа́льный бюллете́нь *m*
Amtseid *m JUR* служе́бная прися́га *f*
Amtsgericht *n JUR* участко́вый суд *m*
Amtshandlung *f* официа́льный акт *m*
Amtsinhaber(in) *m/f* лицо́ *n*, занима́ющее каку́ю-л до́лжность
Amtsmissbrauch *m* злоупотребле́ние *n* служе́бным положе́нием
Amtsrichter(in) *m/f JUR* участко́вый судья́ *m/f*
Amulett *n* амуле́т *m*
amüsant *adj* заба́вный, занима́тельный
Amüsement *n* развлече́ние *n*, удово́льствие *n*
amüsieren *v sich ~* развлека́ться, весели́ться, забавля́ться; *Er kommt nur, um sich zu ~.* Он прихо́дит то́лько ра́ди заба́вы. *sich prächtig ~* прекра́сно весели́ться
an *prep 1. (örtlich)* у, о́коло, во́зле, близ, на, в, при; *~ der Kirche* о́коло це́ркви; *~ der Wand* на стене́; *am Fenster* у окна́; *~ den See fahren* пое́хать на о́зеро; *2. (zeitlich)* в, по, на; *~ jenem Tag* в тот день; *am Morgen* у́тром; *am 1. Juni* 1-го ию́ня; *von diesem Zeitpunkt ~* с э́того моме́нта; *3. (mittels)* за, на, по; *~ die Hand nehmen* брать кого́-л за́ руку; *Ich sehe es dir ~ der Nasenspitze an.* Я уга́дываю твои мы́сли по глаза́м. *sich etw ~ den Fingern abzählen* пересчи́тывать что-л по па́льцам; *~ Krücken gehen* ходи́ть на костыля́х; *jdn ~ der Stimme erkennen* узнава́ть кого́-л по го́лосу; *4. (Bestimmung)* для, в а́дрес кого́-л; *Gruß ~ deine Frau.* Переда́й приве́т твое́й жене́. *Ich habe eine Frage ~ dich.* У меня́ есть к тебе́ вопро́с. *~ den Direktor* дире́ктору
Anabolikum *n MED* анаболи́ческое сре́дство *n*
analog *adj* аналоги́чный, подо́бный
Analogie *f* анало́гия *f*
Analphabet *m* негра́мотный *m*
Analyse *f* ана́лиз *m*
analysieren *v* анализи́ровать *impf/pf*
Anämie *f MED* анеми́я *f*
Ananas *f BOT* анана́с *m*
Anarchie *f POL* ана́рхия *f*
Anarchist *m POL* анархи́ст *m*
Anästhesist(in) *m/f MED* анестезио́лог *m/f*
Anatomie *f MED* анато́мия *f*

anbahnen *v sich ~* намеча́ться, завя́зываться, начина́ться

anbändeln *v (fam) mit jdm ~* заи́грывать с кем-л, заводи́ть ша́шни с кем-л

Anbau *m 1.* AGR возде́лывание *n; 2. (an ein Gebäude)* пристро́йка *f*

anbauen *v 1.* AGR возде́лывать; *2. (Gebäude)* пристра́ивать

Anbaumöbel *pl* секцио́нная ме́бель *f*

Anbeginn *m* нача́ло *n; seit ~* с са́мого нача́ла

anbehalten *v* остава́ться в чём-л, не снима́ть что-л

anbei *adj* при э́том, в приложе́нии

anbeißen *v irr 1. (hineinbeißen)* надку́сывать, отку́сывать; *2. (Fisch)* клева́ть; *3. (fig)* попада́ться на у́дочку

anbelangen *v* каса́ться

anberaumen *v* назнача́ть, устана́вливать

anbeten *v 1.* REL поклоня́ться кому́-л/чему́-л; *2. (verehren)* обожа́ть кого́-л/что-л

Anbetracht *m in ~* ввиду́ чего́-л, учи́тывая что-л; *in ~ der Tatsache, dass* принима́я во внима́ние тот факт, что …

Anbetung *f 1.* REL поклоне́ние кому́-л/чему́-л; *2. (Verehrung)* обожа́ние кого́-л/чего́-л

anbiedern *v sich ~* навя́зываться кому́-л, набива́ться к кому́-л, втира́ться в дове́рие

anbieten *v* предлага́ть; *Was darf ich Ihnen ~?* Что я могу́ Вам предложи́ть?

anbinden *v* привя́зывать

Anblick *m* вид *m,* карти́на *f,* зре́лище *n,* панора́ма *f; beim ersten ~* на пе́рвый взгля́д, с пе́рвого взгля́да

anblicken *v* смотре́ть (гляде́ть) на кого́-л/что-л

anbraten *v irr 1. (kurz bräunen)* слегка́ обжа́ривать; *2. (anbrennen)* пригора́ть, подгора́ть

anbrechen *v irr 1. (brechen)* надла́мывать, отла́мывать (кусо́к); *2. (fig)* наступа́ть, начина́ться, настава́ть; *Der Frühling ist angebrochen.* Наступи́ла ве́сна.

anbrennen *v irr 1. (anzünden)* поджига́ть, зажига́ть; *2. (anbraten)* слегка́ обжа́ривать

anbringen *v irr 1. (befestigen)* прикрепля́ть, приде́лывать; *2. (vortragen)* приводи́ть (цита́ту, приме́р), представля́ть (да́нные); *3. (fam: herbringen)* прино́сить, прита́скивать *(fam),* привози́ть

Anbruch *m 1.* надло́м *m; 2. (fig)* нача́ло *n,* наступле́ние *n; bei ~ des Tages/der Nacht* с наступле́нием но́чи/дня

anbrüllen *v 1. (Tier)* рыча́ть, реве́ть; *2. (Mensch)* ора́ть, ря́вкать *(fam)* на кого́-л

Andacht *f 1.* благове́ние *n; 2.* REL моле́бен *m,* моли́тва *f*

andächtig *adj 1.* благове́йный; *2.* REL на́божный

Andauer *f* продолжи́тельность *f,* дли́тельность *f*

andauern *v* продолжа́ться, дли́ться

andauernd *adj 1. (ständig)* постоя́нный; *2. (länger)* продолжи́тельный, дли́тельный; *adv 3.* постоя́нно, всё вре́мя

Andenken *n 1. (Erinnerung)* па́мять *f,* воспомина́ние *n; das ~ feiern* чтить чью-л па́мять; *2. (Souvenir)* сувени́р *m,* пода́рок *m* на па́мять

andere(r,s) *adj 1.* друго́й *m,* …гая *f,* …гое *n,* … гие *pl,* ино́й *m,* …ная *f,* …ное *n,* … ные *pl; pron 2. (Person)* кто-ли́бо (друго́й), кто-нибу́дь (друго́й), кто-то (друго́й); *pron 3. (Sache)* что-ли́бо (друго́е), что-нибу́дь (друго́е), что-то (друго́е)

andererseits *adv* с друго́й стороны

andermal *adv ein ~* (в) друго́й раз

ändern *v 1. etw ~* изменя́ть, переменя́ть, переде́лывать, модифици́ровать *impf/pf* что-л; *2. sich ~* изменя́ться, переменя́ться, преобразо́вываться

andernfalls *adv* в друго́м слу́чае, в проти́вном слу́чае, ина́че

anders *adj 1.* друго́й, ино́й; *adv 2.* ина́че, по-друго́му; *~ denkend* инакомы́слящий

andersartig *adj* ино́й, друго́го ви́да (ро́да, хара́ктера)

Andersartigkeit *f* по друго́му спо́собу *m* (о́бразу *m)*

andersfarbig *adj* друго́го цве́та

andersgläubig *adj* инове́рный, ино́й (друго́й) ве́ры

andersherum *adv 1. (Richtung)* в друго́м направле́нии; *2. (Seite)* в другу́ю сто́рону; *3. (Art)* по-друго́му

anderswo *adv* в друго́м ме́сте

anderthalb полтора́

Änderung *f* измене́ние *n,* переме́на *f,* преобразова́ние *n,* модифика́ция *f*

anderweitig *adj 1.* ино́й, друго́й; *adv 2. (örtlich)* в друго́м ме́сте

andeuten *v 1.* намека́ть, дава́ть поня́ть; *2. (kennzeichnen)* намеча́ть, обознача́ть

Andeutung *f 1.* намёк *m; 2. (Kennzeichnung)* намётка *f,* обозначе́ние *n*

andeutungsweise *adj* намёком, в ви́де намёка, расплы́вчато

Andrang *m* наплы́в *m,* толчея́ *f,* да́вка *f,* толкотня́ *f*
andrehen *v 1. (einschalten)* включа́ть, пуска́ть, открыва́ть; *2. (fam) jdm etw ~* всу́чивать (впа́ривать) кому-л что-л
androhen *v jdm etw ~* грози́ть кому́-л чем-л
Androhung *f* угро́за *f*
aneignen *v sich ~* присва́ивать, завладева́ть, овладева́ть, захва́тывать
Aneignung *f* присвое́ние *n,* овладе́ние *n,* захва́т *m*
aneinander *adv* друг дру́га, друг за дру́га, друг дру́гу, друг с друго́м, друг о дру́ге; *~ fügen* соединя́ть друг с дру́гом; *mit jdm ~ geraten (fam)* сцепля́ться с кем-л *(fam); ~ reihen* располага́ть в ряд, после́довательно присоединя́ть, нани́зывать; *~ grenzend* сопреде́льный, грани́чащий с чем-л
Anekdote *f* (истори́ческий) анекдо́т *m,* заба́вный расска́з *m*
anekeln *v (fam)* внуша́ть (вызыва́ть) отвраще́ние; *Es ekelt mich.* Э́то мне проти́вно.
anerkennen *v irr 1. (Person)* признава́ть, уважа́ть, цени́ть; *2. (Handlung)* одобря́ть, выража́ть согла́сие с чем-л; *3. (Dokumente, Staat)* признава́ть
anerkennend *adj 1. (Handlung)* одобри́тельный, похва́льный; *adv 2. (Person)* с призна́нием, с уваже́нием
anerkennenswert *adj* досто́йный призна́ния
Anerkennung *f 1. (Person)* призна́ние *n,* уваже́ние *n; 2. (Handlung)* одобре́ние *n,* согла́сие *n* с чем-л; *3. (Dokumente, Staat)* призна́ние *n*
anfachen *v 1. (Feuer)* раздува́ть, разжига́ть ого́нь; *2. (fig: anspornen)* побужда́ть, подзадо́ривать, стимули́ровать *impf/pf*
anfahren *v irr 1. (fahren gegen)* наезжа́ть на кого́-л/что-л, ста́лкиваться с кем-л/чем-л; *2. (losfahren)* тро́гаться, отъезжа́ть, отходи́ть; *3. (fig: schimpfen) jdn ~* налета́ть, напуска́ться на кого́-л; *4. (Maschine, Zug)* TECH пуска́ть в ход, запуска́ть, вводи́ть в эксплуата́цию
Anfahrt *f 1. (Fahrt)* езда́ *f,* путь *m,* доро́га *f; 2. (Fahrzeit)* вре́мя *f* на езду́ (доро́гу); *3. (Zufahrt)* подъе́зд *m*
Anfall *m* MED при́ступ *m,* припа́док *m; ein ~ von Husten* при́ступ ка́шля
anfallen *v 1. (überfallen)* напада́ть, налета́ть, кида́ться на кого́-л; *2. (befallen)* поража́ть, постига́ть; *3. (sich ergeben)* ска́пливаться, нака́пливаться, получа́ться, возника́ть; *Sie werden sehen, wie viel Arbeit anfällt.* Вы уви́дите, ско́лько бу́дет рабо́ты. *4. (Gewinn)* ECO получа́ть, выруча́ть
anfällig *adj 1. (kränklich)* боле́зненный, предрасполо́женный к чему́-л; *2. (für etw ~)* скло́нный к чему́-л; *3.* TECH подве́рженный, чувстви́тельный к поме́хам
Anfälligkeit *f 1. (Krankheit)* боле́зненность *f,* предрасполо́женность *f* к чему́-л; *2. (Neigung, Veranlagung)* скло́нность *f* (накло́нности *f/pl)* к чему́-л; *3.* TECH чувстви́тельность *f* к поме́хам
Anfang *m 1.* нача́ло *n; 2. (einer Entwicklung)* зача́тки *m/pl,* зарожде́ние *n*
anfangen *v irr* начина́ть, затева́ть
Anfänger(in) *m/f* начина́ющий *m,* …щая *f,* новичо́к *m/f (fam)*
anfänglich *adj 1.* первонача́льный; *adv 2.* снача́ла, внача́ле, первонача́льно, сперва́ *(fam)*
Anfangsbuchstabe *m* нача́льная бу́ква *f*
anfassen *v 1. (berühren)* тро́гать, дотра́гиваться, прикаса́ться; *2. (greifen)* хвата́ть, брать; *3. (fam: helfen)* помога́ть, подде́рживать; *Fassen Sie mit an!* Помоги́те! Бери́тесь же за рабо́ту! *4. (fig: behandeln)* обраща́ться как-л с кем-л, относи́ться как-л к кому́-л
anfechten *v irr 1.* оспа́ривать, подверга́ть сомне́нию; *2.* JUR обжа́ловать *pf,* опроте́стовывать
Anfechtung *f 1. ~ gegen* оспа́ривание *n; 2.* JUR обжа́лование *n,* проте́ст *f*
anfeinden *v* вражде́бно относи́ться к кому́-л; *sich ~* нажива́ть себе́ враго́в
Anfeindung *f* вражде́бное отноше́ние *n,* недоброжела́тельство *n,* напа́дки *f/pl*
anfertigen *v* изготовля́ть, производи́ть, выпуска́ть, де́лать, пригота́вливать
Anfertigung *f* изготовле́ние *n,* произво́дство *n,* вы́пуск *m,* приготовле́ние *n*
anfeuchten *v* увлажня́ть, сма́чивать
anfeuern *v (fig)* подба́дривать, позадо́ривать кого́-л к чему́-л, воодушевля́ть кого́-л на что-л, разжига́ть усе́рдие
Anfeuerung *f (fig)* подба́дривание *n,* воодушевле́ние *n*
anflehen *v* моли́ть, умоля́ть о чём-л
Anflug *m 1. (Vögel)* прилёт *m; 2. (Landung)*

захóд *m* на посáдку; *3. (fig: Hauch, Kleinigkeit)* налёт *m,* оттёнок *m; mit dem ~ eines Lächelns* с едвá замéтной улыбóчкой
anfordern *v* трéбовать, запрáшивать
Anforderung *f 1.* трéбование *n,* запрóс *m; 2. (Anspruch)* притязáние *n,* претéнзия *f; 3. (Bestellung)* заявка *f,* закáз *m*
Anfrage *f 1.* ECO запрóс *m; 2.* POL запрóс *m* в парлáменте
anfragen *v* наводи́ть спрáвку, справля́ться, осведомля́ться
anfreunden *v sich ~* заводи́ть дрýжбу с кем-л, подружи́ться *pf* с кем-л
anfügen *v 1. (hinzufügen)* добавля́ть, прибавля́ть, дополня́ть; *2. (beilegen)* прилагáть
anfühlen *v sich ~* быть на óщупь каки́м-л; *Man fühlte ihm an, dass er nervös war.* Чýвствовалось, что он нéрвничал.
anführen *v 1. (führen)* возглавля́ть, вéсти, руководи́ть, верховóдить, предводи́тельствовать; *2. (erwähnen)* цити́ровать, привóдить; *3. (Beweise, Begründungen)* JUR представля́ть
Anführer(in) *m/f* предводи́тель(ница) *m/f,* главáрь *m/f*
Anführungszeichen *pl* кавы́чки *f/pl*
Angabe *f 1.* свéдение *n,* указáние *n,* сообщéние *n; 2. (fam: Prahlerei)* хвастáвствó *n,* бахвáльство *n; 3. (von Daten)* TECH дáнные *pl,* парáметры *m/pl,* характери́стика *f; 4.* SPORT подáча *f*
angeben *v irr 1.* укáзывать, давáть свéдения; *2. (fam: prahlen)* хвáстаться, задавáться;
Angeber *m (fam)* хвастýн *m,* бахвáл *m*
Angeberei *f (fam)* хвастáвствó *n,* бахвáльство *n*
Angebetete(r) *m/f* возлю́бленный *m,* ...ная *f,* обожáемый *m,* ...мая *f*
angeblich *adj 1.* предполагáемый; *adv 2.* бýдто бы, я́кобы
angeboren *adj 1.* прирождённый, прирóдный; *2.* MED врождённый
Angebot *n* предложéние *n,* офéрта *f*
angebracht *adj* умéстный, подходя́щий
angebrannt *adj* пригорéлый; *~ schmecken* быть на вкус пригорéлым
Angedenken *n* воспоминáние *n,* пáмять *f*
angeheitert *adj* подвы́пивший; *in ~em Zustand* навеселé, под хмелькóм
angehen *v irr 1. (beginnen)* приступáть к чемý-л, начинáть что-л, принимáться за что-л; *2. (fam: Licht)* зажигáться, включáться; *3. (betreffen)* касáться, имéть отношéние; *Was geht dich das an?* Какóе тебé дéло?
angehend *adj* начинáющий, молодóй, бýдущий
angehören *v* принадлежáть к чемý-л, состоя́ть в чём-л, входи́ть в состáв
Angehörige(r) *f/m 1.* представи́тель(ница) *m/f; 2. (Verwandte)* рóдственник *m,* рóдственница *f; 3. (Militär)* военнослýжащий *m,* ...щая *f*
angeklagt *adj* JUR подсуди́мый
Angeklagte(r) *f/m* JUR подсуди́мый *m,* ...мая *f*
Angel *f 1. (Türangel)* петля́ *f* (двернáя); *(fig) die Welt aus den ~n heben* перевернýть весь мир; *aus den ~n gehen* быть вы́битым из колеи́; *zwischen Tür und ~ stecken* быть мéжду двух огнéй; *2.* SPORT ýдочка *f*
Angelegenheit *f* дéло *n,* вопрóс *m*
angeln *v* SPORT уди́ть, лови́ть на ýдочку
angemessen *adj 1.* соотвéтствующий, подобáющий, умéстный, соразмéрный; *adv 2.* соотвéтственно, соразмéрно
Angemessenheit *f* соотвéтствие *n,* соразмéрность *f,* умéстность *f*
angenehm *adj 1.* приятный; *adv 2.* приятно; *Sehr ~!* Óчень приятно!
angenommen *adj 1. (adoptiert)* приёмный; *2. (geschätzt)* предполагáемый, услóвный; *Angenommen, dass...* Предполóжим, что ...
angeregt *adj 1.* оживлённый, возбуждённый
angesehen *adj 1.* уважáемый, авторитéтный, ви́дный, соли́дный
Angesicht *n* лицó *n; von ~ zu ~* стоя́ть с кем-л лицóм к лицý; *im Schweiße meines ~s (fig)* в пóте лицá *(fig)*
angesichts *prep* ввидý, учи́тывая, принимáя во внимáние, с учётом
angespannt *adj 1.* напряжённый, натя́нутый
angestellt *adj* слýжащий, рабóтающий по нáйму
Angestellte(r) *f/m* слýжащий *m,* ...щая *f,* рабóтающий *m (...щая f)* по нáйму
angewandt *adj* прикладнóй
angewiesen *adj ~ sein auf* быть зави́симым от, зави́сеть от; *auf sich selbst ~ sein* быть предостáвленным самомý себé
angewöhnen *v 1. jdm etw ~* приучáть когó-л к чемý-л, прививáть комý-л привы́чку; *2. sich etw ~* привыкáть, приучáться

Angewohnheit *f* привы́чка *f*
Angina *f* MED анги́на *f*
angleichen *v irr 1.* прира́внивать, ура́внивать; *2. (in Einklang bringen)* приводи́ть в соотве́тствие
Angleichung *f 1.* приравне́ние *n,* уравне́ние *n; ~ der Preise* выра́внивание *n* цен; *2. (in Einklang bringen)* приведе́ние *n* в соотве́тствие
Angler(in) *m/f* рыболо́в *m/f,* уди́льщик *m,* уди́льщица *f*
angliedern *v* включа́ть в соста́в, присоединя́ть
angreifen *v irr 1.* напада́ть, наступа́ть, атакова́ть *impf/pf,* соверша́ть налёт; *2. (berühren)* брать, хвата́ть, дотра́гиваться; *3. (schaden)* поража́ть, вре́дно де́йствовать; *4. (unternehmen)* бра́ться, принима́ться за како́е-л де́ло
Angreifer *m* MIL агре́ссор *m*
angrenzen *v ~ an* грани́чить с, прилега́ть к, примыка́ть к
Angriff *m 1.* нападе́ние *n,* наступле́ние *n,* ата́ка *f,* налёт *m; 2.* SPORT ата́ка *f; 3. (fig)* POL агре́ссия *f*
Angriffspunkt *m 1. (fig: Schwachpunkt)* уязви́мое ме́сто *n; 2.* TECH то́чка *f* приложе́ния
Angst *f* страх *m,* боя́знь *f; Ich habe ~ bekommen.* Мне ста́ло стра́шно.
angsterfüllt *adj 1.* преисполне́нный страха́; *adv 2.* со стра́хом
Angsthase *m* за́ячья душа́ *f,* трус *m,* труси́шка *m*
ängstigen *v 1. jdn ~* пу́гать (страши́ть) кого́-л, внуша́ть кому́-л страх; *2. sich ~* боя́ться, страши́ться
ängstlich *adj* боязли́вый, трусли́вый, ро́бкий
anhaben *v irr 1. (Kleidung)* носи́ть (оде́жду), быть оде́тым во что-л; *2. jmd etw ~ (fig)* име́ть зуб на кого́-л *(fig),* замышля́ть что-л про́тив кого́-л; *Was kann er mir schon ~? (fig)* Что он мо́жет мне сде́лать?
anhalten *v irr 1. (stehen bleiben)* остана́вливаться, приостана́вливаться; *2. (fortdauern)* продолжа́ться; *3. (zurückhalten)* остана́вливать, заде́рживать; *4. um ein Mädchen ~* проси́ть руки́ де́вушки; *jdn ~ etw zu tun* призыва́ть кого́-л к чему́-л
anhaltend *adj* продолжи́тельный, дли́тельный, затяжно́й
Anhalter(in) *m/f* е́дущий *m* (…щая *f)* на попу́тных маши́нах, е́дущий *m* (…щая *f)* «автосто́пом»
Anhaltspunkt *m* отправна́я то́чка *f,* основа́ние *n*
anhand *prep* с по́мощью, при по́мощи, посре́дством
Anhang *m 1. (Beilage)* приложе́ние *n; 2.(Ergänzung)* добавле́ние *n,* дополне́ние *n*
anhängen *v irr 1. (beilegen)* прилага́ть; *2. (ergänzen)* добавля́ть, дополня́ть; *3. jdm etw ~ (fig)* пришива́ть кому́-л что-л *(fam)*
Anhänger *m 1. (Wagen)* прице́п *m; 2. (Befürworter)* приве́рженец *m,* после́дователь *m,* сторо́нник *m; 3. (Schild)* ярлы́к *m,* би́рка *f; 4. (Schmuck)* куло́н *m,* подве́ска *f,* брело́к *m; 5.* SPORT боле́льщик *m*
anhänglich *adj* привя́зчивый, пре́данный, приве́рженный; *(fig) ~ wie eine Klette sein* пристава́ть к кому́-л как репе́й, ли́пнуть как ба́нный лист
Anhänglichkeit *f* привя́зчивость *f,* пре́данность *f,* приве́рженность *f*
Anhängsel *n 1.* прида́ток *m,* приве́сок *m; 2. (Schmuck)* подве́ска *f,* брело́к *m*
anhäufen *v* нака́пливать, нагроможда́ть
Anhäufung *f* накопле́ние *n,* нагроможде́ние *n*
anheben *v 1. (hochheben)* приподнима́ть; *2. (erhöhen)* повыша́ть
anheften *v ~ an* прикрепля́ть к, подшива́ть к
anheizen *v 1.* разогрева́ть, раста́пливать; *2. (verschärfen)* POL обостря́ть, нагнета́ть; *3.* ECO стимули́ровать *impf/pf; 4. (anregen)* воодушевля́ть, подба́дривать
anheuern *v* нанима́ть, принима́ть на слу́жбу/рабо́ту
Anhieb *m auf ~* сра́зу, с хо́ду
anhimmeln *v (fig)* обожа́ть; *jdn ~* быть без ума́ от кого́-л
Anhöhe *f* возвы́шенность *f,* высота́ *f,* холм *m,* приго́рок *m*
anhören *v* слу́шать, выслу́шивать, заслу́шивать; *Das hört sich gut an.* Э́то прия́тно слу́шать.
Anhörung *f 1.* слу́шание *n,* прослушивание *n; 2.* JUR слу́шание *n,* заслу́шивание *n*
animalisch *adj* живо́тный, живо́тного происхожде́ния
Animateur(in) *m/f* организа́тор *m/f* развлече́ний, зате́йник *m,* зате́йница *f*

animieren *v 1. (anspornen)* побуждáть к, подбивáть на *(fam); 2. (in Stimmung bringen)* оживля́ть, весели́ть, развлекáть
Anis *n BOT* ани́с *m*
ankämpfen *v gegen etw ~* борóться с чем-л
Ankauf *m* покýпка *f,* скýпка *f,* приобретéние *n*
ankaufen *v* покупáть, скупáть, приобретáть
Anker *m* я́корь *m*
ankern *v* станови́ться на я́корь, стоя́ть на я́коре
Anklage *f 1. (Beschuldigung)* упрёк *m; 2. JUR* обвинéние *n*
anklagen *v 1. (beschuldigen)* упрекáть; *2. JUR* обвиня́ть
Ankläger(in) *m/f JUR* обвини́тель(ница) *m/f; öffentlicher ~* общéственный (… ная) обвини́тель(ница)
Anklang *m* óтзвук *m,* отголóсок *m,* созвýчие *n,* схóдство *n (по содержáнию фóрмы); ~ finden* находи́ть óтклик, обнарýживать схóдство, встречáть поддéржку
ankleben *v* приклéивать, налепля́ть
ankleiden *v 1. jdn ~* одевáть когó-л; *2. sich ~* одевáться
anklopfen *v 1.* стучáться; *2. (nachfragen)* осторóжно обращáться, заки́дывать ýдочку *(fam)*
anknüpfen *v 1.* привя́зывать, соединя́ть; *2. an etw ~* опирáться на что-л, исходи́ть из чегó-л, ссылáться на что-л; *Er knüpfte in seinem Vortrag an ein Ereignis an.* В своём доклáде он сослáлся на однó собы́тие. *3. (fig: aufnehmen)* налáживать, устанáвливать, вступáть (в контáкт), входи́ть (в отношéния); *ein Gespräch ~* завязывáть разговóр
ankommen *v irr 1.* прибывáть, приходи́ть, приезжáть; *2. (Zustimmung finden)* быть при́нятым, находи́ть одобрéние; *3. (fig) Darauf kommt es ja gerade an!* В том-то здесь и дéло!
ankündigen *v* объявля́ть, сообщáть
Ankündigung *f* объявлéние *n,* сообщéние *n*
Ankunft *f* прибы́тие *n,* приéзд *m,* прихóд *m*
anlachen *v 1.* улыбáться; *2. (fig: anziehen)* привлекáть; *sich ein Mädchen ~* подцепи́ть дéвушку
Anlage *f 1. (Neigung) MED* предрасположéние *n,* склóнность *f,* спосóбности *f/m; 2. (Fabrik)* устанóвка *f,* агрегáт *m,* сооружéние *n; 3. (Parkanlage)* парк *m; 4. (Veranlagung)* предрасполóженность *f,* задáток *m; 5. (Briefanlage) ECO* приложéние *n; 6. (Geldanlage) FIN* вложéние *n*
Anlass *m 1. (Gelegenheit)* слýчай *m,* возмóжность *f;* причи́на *f, 2. (Grund)* пóвод *m,* основáние *n; Der Vorfall hat ~ zu vielen Klagen gegeben.* Происшéствие далó пóвод для многочи́сленных жáлоб.
anlassen *v 1. (Motor)* заводи́ть, запускáть, пускáть (в ход); *2. (anbehalten)* оставля́ть надéтым; *3. (eingeschaltet lassen)* оставля́ть включённым
anlässlich по пóводу, по слýчаю
Anlauf *m (Beginn) 1.* начáло *n; 2. (Versuch)* попы́тка *m; 3. SPORT* разбéг *m,* разгóн *m*
anlaufen *v irr 1. (beginnen)* зарабáтывать, приходи́ть в дéйствие, начинáться; *2. (beschlagen)* покрывáться налётом, изменя́ться в цвéте; *blau vor Kälte ~* синéть от хóлода; *rot ~ (vor Scham)* краснéть от стыда; *3. (Maschinen) TECH ~ lassen* запускáть (маши́ну)
anlegen *v 1. (bauen)* заклáдывать, сооружáть; *2. (Leiter)* приставля́ть; *3. (Akte)* заводи́ть дело; *4. (Schiff) NAUT* причáливать; *5. (pflanzen)* сажáть; *6. (Geld) FIN* вклáдывать; *7. Verband ~ MED* наклáдывать повя́зку (бинт)
Anleger(in) *m/f FIN* инвéстор *m/f,* вклáдчик *m*
anlehnen *v 1. an etw ~* прислоня́ться к чемý-л, опирáться на что-л; *2. (Tür)* притворя́ть (дверь); *3. sich ~* опирáться
Anleihe *f ECO* заём *m,* ссýда *f*
anleiten *v* руководи́ть, наставля́ть, инструкти́ровать *impf/pf*
Anleitung *f* руковóдство *n,* указáние *n*
anlernen *v* обучáть
Anliegen *n* желáние *n,* прóсьба *f,* дéло *n*
anliegend *adj* прилегáющий, смéжный, сосéдний
Anlieger *m* владéлец *m* учáстка, прилегáющего к дорóге (рекé, óзеру); *Parken nur für ~* стоя́нка тóлько для жи́телей э́той ýлицы
anlocken *v* привлекáть, примáнивать
anlügen *v jdn ~* лгать комý-л, оболгáть *pf* когó-л
anmachen *v 1. (würzen)* приправля́ть пи́щу; *2. (einschalten)* включáть, зажигáть (свет); *3. (befestigen)* придéлывать, прикрепля́ть, прилáживать; *4. (fam) jdn ~* приставáть к комý-л, кадри́ть (клéить) когó-л

anmahnen *v* напоминáть о чём-л
anmalen *v* раскрáшивать, распи́сывать
anmaßen *v sich ~ 1. (aneignen)* присвáивать себé что-л; *2. (zutrauen)* взять на себя́ смéлость суди́ть о чём-л
anmaßend *adj* самонадéянный, самоувéренный, дéрзкий
Anmeldeformular *n* регистрациóнный бланк *m,* регистрациóнный формуля́р *m*
Anmeldefrist *f* срок *m* подáчи зая́вки, срок *m* регистрáции
Anmeldegebühr *f* сбор *m* за оформлéние регистрáции
anmelden *v 1.* регистри́ровать, заявля́ть, уведомля́ть; *2. sich ~* заяви́ть о своём прибы́тии, зарегистри́роваться *pf; 3. (Zoll bezahlen)* деклари́ровать *impf/pf; 4. (ankündigen)* сообщáть
Anmeldepflicht *f* обязáтельная регистрáция *f,* прописка *f*
Anmeldung *f 1.* регистрáция *f,* прописка *f; 2. (Bekanntmachung)* объявлéние *n,* заявлéние *n,* уведомлéние *n*
anmerken *v* отмечáть, замечáть
Anmerkung *f* замéтка *f,* примечáние *n*
Anmut *f* грáция *f,* изя́щество *n,* привлекáтельность *f*
anmutig *adj 1.* грациóзный, изя́щный, привлекáтельный
annähen *v* пришивáть
annähern *v sich ~* приближáться
annähernd *adj* приблизи́тельно
Annäherung *f* приближéние *n,* сближéние *n*
Annahme *f 1. (Entgegennahme)* приём *m,* приёмка *f; 2. (Zustimmung)* приня́тие *n,* одобрéние *n; 3. (Vermutung)* предположéние *n*
annehmbar *adj* приéмлемый
annehmen *v irr 1. (entgegennehmen)* принимáть; *2. (zustimmen)* принимáть, одобря́ть; *3. (fig: vermuten)* предполагáть
Annehmlichkeit *f* приéмлемость *f*
annektieren *v* POL аннекси́ровать *impf/pf,* захвáтывать
Annexion *f* POL аннéксия *f,* захвáт *m*
Annonce *f* объявлéние *n*
annoncieren *v* давáть (публиковáть, помещáть) объявлéние
annullieren *v* отменя́ть, аннули́ровать *impf/pf*
Annullierung *f* отмéна *f,* аннули́рование *n*
anomal *adj* аномáльный, ненормáльный
Anomalie *f* аномáлия *f*
anonym *adj* анони́мный
Anonymität *f* анони́мность *f*
Anorak *m* спорти́вная кýртка *m* (с капюшóном)
anordnen *v 1. (befehlen)* прикáзывать, распоряжáться; *2. (ordnen)* располагáть, расставля́ть
Anordnung *f 1. (Befehl)* распоряжéние *n,* прикáз *m; 2. (Ordnung)* расположéние *n,* расстанóвка *f*
anorganisch *adj* неоргани́ческий
anpassen *v 1.* приводи́ть в соотвéтствие, принорáвливать; *2. sich ~* приспосáбливаться; *3. (Kleidung)* примеря́ть
Anpassung *f 1.* приведéние в соотвéтствие; *2. (Situation)* приспособлéние *n,* адаптáция *f; 3.* TECH *(fam)* подгóнка *f*
anpfeifen *v irr 1. (fam: schimpfen) jdn ~* отчи́тывать когó-л; *2.* SPORT давáть свистóк к начáлу игры́
Anpfiff *m 1. (fam: Schimpfen)* нагоня́й *m,* взбýчка *f; 2.* SPORT свистóк к начáлу игры́ *m*
anpflanzen *v* сажáть
anprangern *v* клейми́ть (позóром), разоблачáть
anpreisen *v irr* расхвáливать, реклами́ровать *impf/pf*
Anprobe *f* примéрка *f*
anprobieren *v* примеря́ть
anraten *v irr* совéтовать, рекомендовáть *impf/pf*
anrechnen *v* засчи́тывать, зачисля́ть
Anrecht *n* прáво *n,* притязáние *n*
Anrede *f* обращéние *n*
anregen *v 1. (veranlassen)* побуждáть, склоня́ть, стимули́ровать *impf/pf; 2. (vorschlagen)* поднимáть вопрóс о чём-л, давáть толчóк
anregend *adj* увлекáтельный, возбуждáющий, стимули́рующий
Anregung *f 1. (Veranlassung)* побуждéние *n; 2. (Vorschlag)* инициати́ва *f,* толчóк *m,* сти́мул *m*
anreichern *v* обогащáть
Anreise *f* приéзд *m,* прибы́тие *n*
anreisen *v* приезжáть, прибывáть
Anreiz *m* сти́мул *m,* и́мпульс *m,* побуждéние *n*
anrichten *v 1. (Essen)* готóвить, приготовля́ть; *2. Schaden ~* наноси́ть ущерб; *3. (fam: anstellen) etw ~* натвори́ть *pf* что-л
anrüchig *adj* дурнóй, подозри́тельный
Anruf *m* звонóк *m,* вы́зов *m*

Anrufbeantworter *m* автоотве́тчик *m*
anrufen *v irr 1. (rufen)* звать, вызыва́ть; *2. (telefonieren)* звони́ть
anrühren *v 1. (berühren)* тро́гать, дотра́гиваться, прикаса́ться; *2. (fig: rühren)* тро́гать, волнова́ть; *zutiefst ~* глубоко́ волнова́ть; *3. (vermischen)* заме́шивать
ans *(= an das) (siehe „an“)* см *„an“*
Ansage *f* объявле́ние *n,* сообще́ние *n,* оповеще́ние *n*
ansagen *v* объявля́ть, сообща́ть, оповеща́ть
ansammeln *v sich ~* нака́пливаться, собира́ться
Ansammlung *f 1.* накопле́ние *n; 2. (Menschen, Tiere)* толпа́ *f,* скопле́ние *n*
Ansatz *m 1. (Anfang)* нача́ло *n; 2. (Ablagerung)* образова́ние *n; 3. (Haaransatz)* ко́рни *m/pl* воло́с; *4. (Anzeichen)* при́знак *m*
anschaffen *v (erwerben)* приобрета́ть, покупа́ть, добыва́ть *(fam)*
Anschaffung *f* поку́пка *f,* приобрете́ние *n*
anschalten *v* подключа́ть, включа́ть
anschauen *v* смотре́ть, рассма́тривать
anschaulich *adj* нагля́дный
Anschauung *f (Einstellung, Haltung)* взгляд *m,* представле́ние *n*
Anschein *m* ви́димость *f*
anscheinend *adv* ви́димо, по-ви́димому
anschicken *v sich ~* намерева́ться, собира́ться
anschieben *v* придвига́ть, пододвига́ть, подта́лкивать; *ein Auto ~* толка́ть маши́ну
Anschlag *m 1. (Plakat)* объявле́ние *n; 2. (Schreibmaschine)* уда́р *m; 3. (Attentat)* POL покуше́ние *n; 4.* TECH упор *m*
anschlagen *v irr 1. (anstoßen)* ударя́ть; *2. (befestigen)* укрепля́ть, закрепля́ть; *3. (aushängen)* выве́шивать
anschleichen *v irr sich ~* подкра́дываться
anschließen *v irr 1. (verbinden)* присоединя́ть, подключа́ть; *2. sich jdm ~* присоединя́ться к кому́-л; *3. (zustimmen) sich einer Meinung ~* присоединя́ться к како́му-л мне́нию, разделя́ть како́е-л мне́ние; *4. (fig: anfügen)* примыка́ть
anschließend *adv 1. (zeitlich)* зате́м, вслед за; *adj. 2. (zeitlich)* после́дующий; *3. (räumlich)* примыкающий
Anschluss *m 1. (Verbindung)* связь *f,* подключе́ние *n; 2. (Zuganschluss)* переса́дка *f* на по́езд; *3. (fig: Bekanntschaft)* знако́мство *n; 4.* POL вступле́ние *n* в полити́ческую па́ртию
anschmiegsam *adj 1. (eng anliegend)* прилега́ющий, обтя́гивающий; *2. (zärtlich)* ла́сковый, общи́тельный
anschnallen *v* пристёгивать; *Bitte schnallen Sie sich an!* Пожа́луйста, пристегни́тесь!
anschneiden *v irr 1. (schneiden)* надреза́ть; *2. (fig: Thema)* затра́гивать
anschreiben *v irr 1. (schreiben)* запи́сывать; *2. (fam: ~ lassen)* покупа́ть что-л в креди́т; *3. jdn ~* писа́ть кому́-л
Anschrift *f* а́дрес *m*
anschuldigen *v* обвиня́ть
Anschuldigung *f* обвине́ние *n,* упрёк *m*
anschweißen *v* TECH прива́ривать
anschwellen *v 1. (anwachsen)* набуха́ть, вздува́ться; *2.* MED опуха́ть
anschwindeln *v jdn ~* обма́нывать кого́-л, надува́ть кого́-л *(fam)*
ansehen *v irr* осма́тривать, рассма́тривать
Ansehen *n 1. (Äußeres)* вид *m,* вне́шность *f; 2. (Prestige)* авторите́т *m,* прести́ж *m*
ansehnlich *adj* ви́дный, представи́тельный
anseilen *v* привя́зывать
Ansicht *f 1. (Meinung)* мне́ние *n; 2. (Aussicht)* вид *m*
Ansichtskarte *f* откры́тка *f*
ansiedeln *v 1. etw ~* сели́ть, поселя́ть; *2. sich ~* сели́ться, поселя́ться
Ansiedlung *f* селе́ние *n,* поселе́ние *n*
ansonsten *adv* ина́че, в проти́вном слу́чае
Anspannung *f* напряже́ние *n*
ansparen *v* копи́ть, накапли́вать, де́лать сбереже́ния
Anspielung *f* намёк *m*
anspitzen *v 1. (spitzen)* заостря́ть, подта́чивать; *2. jdn ~ (fam)* подгоня́ть кого-л
Ansporn *m* сти́мул *m,* побужде́ние *n*
anspornen *v* стимули́ровать *impf/pf,* побужда́ть
Ansprache *f* обраще́ние *n*
ansprechen *v irr 1. (anreden)* обраща́ться; *2. (reagieren)* TECH сраба́тывать, приходи́ть в де́йствие; *3. (fig: gefallen)* нра́виться, вызыва́ть расположе́ние
ansprechend *adj* привлека́тельный, прия́тный, симпати́чный
anspringen *v irr 1. (Auto)* заводи́ть, запуска́ть; *2. (springen)* подска́кивать, подпры́гивать
Anspruch *m* притяза́ние *n,* прете́нзия *f,* тре́бование *n*

anspruchslos *adj* невзыска́тельный, нетре́бовательный

anspruchsvoll *adj* взыска́тельный, тре́бовательный

Anstalt *f* учрежде́ние *n,* заведе́ние *n,* учи́лище *n*

Anstaltsleiter(in) *m/f* заве́дующий *m* (…щая *f*) учрежде́нием (заведе́нием, учи́лищем)

anständig *adj 1.* прили́чный, поря́дочный

anstandslos *adv* неме́дленно, без промедле́ния, безогово́рочно

anstarren *v* при́стально смотре́ть, уставля́ться *(fam),* тара́щиться *(fam)*

anstatt *prep 1.* вме́сто, взаме́н; *konj 2.* вме́сто того́ что́бы

anstecken *v 1. (Brosche)* прика́лывать; *2. (anzünden)* поджига́ть; *3.* MED заража́ть

ansteckend *adj* MED зара́зный

anstehen *v irr 1. (Schlange stehen)* стоя́ть в о́череди; *2. (bevorstehen)* предстоя́ть

anstelle вме́сто

anstellen *v 1. (einschalten)* включа́ть; *2. (beschäftigen)* устра́ивать; *3. sich ~* станови́ться в о́чередь; *4. etw Schlimmes ~ (fig)* натвори́ть *pf* что-л

Anstellung *f 1. (Arbeit)* приём *m* на рабо́ту; *2. (Stellung)* до́лжность *f,* пост *m*

ansteuern *v 1. (Schiff)* брать курс, держа́ть курс; *2. (Flugzeug)* направля́ть

Anstieg *m 1. (Steigung)* подъём *m; 2. (Erhöhung)* увеличе́ние *n*

anstiften *v* подстрека́ть, причиня́ть зло

Anstoß *m 1. (Anregung)* и́мпульс *m,* сти́мул *m; 2. (Skandal)* возмуще́ние *n; 3.* SPORT нача́ло *n* игры́

anstoßen *v irr 1. (stoßen)* толка́ть; *2. (zuprosten) ~ auf* пить за кого́-л/что-л; *3. (in Bewegung setzen)* приводи́ть в движе́ние

anstreben *v etw ~* стреми́ться к чему́-л

anstrengen *v sich ~* напряга́ться, стара́ться

anstrengend *adj* утоми́тельный, напряжённый

Anstrengung *f* уси́лие *n*

Anstrich *m* окра́ска *f*

Ansturm *m* на́тиск *m*

Anteil *m* часть *f,* до́ля *f*

Anteilnahme *f 1.* уча́стие *n; 2. (Mitleid, Mitgefühl)* сочу́вствие *n*

Antenne *f* TECH анте́нна *f*

Antialkoholiker(in) *m/f* проти́вник *m* (проти́вница *f*) употребле́ния спиртны́х напи́тков

Antibabypille *f* MED противозача́точная табле́тка *f*

Antibiotikum *n* MED антибио́тик *m*

antik *adj* анти́чный, дре́вний

Antike *f* HIST анти́чность *f,* дре́вний мир *m*

Antikörper *m* BIO антите́ло *n*

Antipathie *f* антипа́тия *f*

Antiquitäten *pl* стари́нные предме́ты *m/pl,* антиква́рные предме́ты *m/pl*

Antrag *m* заявле́ние *n,* хода́тайство *n*

Antragsteller(in) *m/f* заяви́тель(ница) *m/f*

antreffen *v* застава́ть, находи́ть, встреча́ть

antreten *v 1. (Stelle)* вступа́ть в до́лжность; *2. (Reise)* отправля́ться

Antrieb *m 1. (fig)* побужде́ние *n,* сти́мул *m,* моти́в *m; 2.* TECH и́мпульс *m,* тя́га *f,* приво́д *m*

Antwort *f* отве́т *m,* о́тклик *m*

antworten *v* отвеча́ть, отзыва́ться

anvertrauen *v jdm etw ~* доверя́ть кому́-л что-л

Anwalt *m* JUR адвока́т *m*

Anwältin *f* JUR адвока́т *f*

Anwaltsbüro *n* JUR бюро́ *n* адвока́тов

Anwandlung *f* припа́док *m,* при́ступ *m*

Anwärter(in) *m/f* кандида́т *m/f,* претенде́нт *m/f*

anweisen *v irr 1. (anordnen)* наставля́ть, обуча́ть; *2.* FIN переводи́ть де́ньги

Anweisung *f 1. (Anordnung)* инстру́кция *f; 2.* FIN перево́д *m*

anwenden *v irr* применя́ть, испо́льзовать *impf/pf*

Anwendung *f 1.* примене́ние *n,* испо́льзование *n; 2.* INFORM приложе́ние *n*

Anwesen *n* земе́льный уча́сток *m,* владе́ние *n*

anwesend *adj* прису́тствующий

Anwesenheit прису́тствие *n*

anwidern *v* вызыва́ть отвраще́ние

Anzahl *f* коли́чество *n,* число́ *n*

anzahlen *v* дава́ть зада́ток

Anzahlung *f* пе́рвый взнос *m,* зада́ток *m*

Anzeichen *n* приме́та *f,* при́знак *m*

Anzeige *f 1. (Presse)* объявле́ние *n,* сообще́ние *n; 2.* JUR сообще́ние *n* о правонаруше́нии, доно́с *m (fam)*

anzeigen *v 1.* объявля́ть, сообща́ть, извеща́ть; *2.* JUR сообща́ть о правонаруше́нии, доноси́ть *(fam)*

anziehen *v irr 1. sich ~* одева́ться; *2. (fig)*

привлекáть; *3. (Schraube)* TECH подтягивáть (винт)
Anziehungskraft *f* сúла *f* притяжéния
Anzug *m* костю́м *m,* обмундировáние *n*
anzüglich *adj* кóлкий, язвúтельный; *~ werden* начинáть говорúть двусмы́сленности
anzünden *v* зажигáть, воспламеня́ть
anzweifeln *v* сомневáться, стáвить под сомнéние
apart *adj* оригинáльный, изы́сканный; *~er Geschmack* изы́сканный вкус
apathisch *adj* апатúчный
Apfel *m* я́блоко *n; in den sauren ~ beißen müssen (fig)* покоря́ться неприя́тной необходúмости, мирúться со своéй ýчастью
Apfelbaum *m* я́блоня *f*
Apfelsaft *m* я́блочный сок *m*
Apfelsine *f* апельсúн *m*
Apfelstrudel *m* я́блочный пирóг *m*
Apostel *m* REL апóстол *m*
Apostille *f* апостúль *m*
Apostroph *m* апострóф *m*
Apotheke *f* аптéка *f*
Apotheker(in) *m/f* аптéкарь *m/f*
Apparat *m* аппарáт *m*
Appartement *n* аппартáмент *m,* благоустрóенная квартúра *f*
Appell *m* MIL сбор *m,* построéние *n,* смотр *m*
Appetit *m* аппетúт *m; Guten ~!* Прия́тного аппетúта!
Appetitlosigkeit *f* отсýтствие *n* аппетúта
applaudieren *v* аплодúровать, рукоплескáть *impf*
Applaus *m* аплодисмéнты *m/pl,* рукоплескáния *n/pl*
Aprikose *f* абрикóс *m*
April *m* апрéль *m; (fig) jdn in den ~ schicken* разы́грывать когó-л первоапрéльской шýткой, подшучивáть над кем-л пéрвого áпреля
Aquarell *n* ART акварéль *f*
Aquarium *n* аквáриум *m*
Äquator *m* GEO эквáтор *m*
Arabien *n* GEO Арáвия *f*
Arbeit *f* труд *m,* рабóта *f*
arbeiten *v* трудúться, рабóтать
Arbeiter(in) *m/f* рабóчий *m,* рабóтница *f*
Arbeitgeber(in) *m/f* работодáтель(ница) *m/f*
Arbeitnehmer(in) *m/f* рабóтающий *m* (…щая *f*) по нáйму
Arbeitsamt *n* вéдомство *n* по вопрóсам трудá, слýжба *f* зáнятости
Arbeitskraft *f 1.* рабóчая сúла *f; 2. (Fähigkeit)* работоспосóбность *f*
arbeitslos *adj* безрабóтный
Arbeitslosigkeit *f* безрабóтица *f*
Arbeitsstelle *f* рабóчее мéсто *n*
Archäologe *m* археóлог *m*
Archäologin *f* археóлог *f*
Architekt(in) *m/f* архитéктор *m/f*
Architektur *f* архитектýра *f*
Archiv *n* архúв *m*
arg *adj 1. (schlecht)* дурнóй, злой; *adv. 2. (sehr)* óчень, сúльно, ужáсно; *Es ist ~ kalt.* Ужáсно хóлодно.
Argentinien *n* GEO Аргентúна *f*
Argentinier(in) *m/f* аргентúнец *m,* аргентúнка *f*
argentinisch *adj* аргентúнский
Ärger *m* досáда *f,* неприя́тность *f,* раздражéние *n; ~ machen* доставля́ть хлóпоты; *~ haben* имéть неприя́тности
ärgerlich *adj* досáдный, раздраженный, сердúтый
ärgern *v 1. jdn ~* сердúть, раздражáть когó-л; *2. sich ~* злúться, досáдовать
Ärgernis *n* неприя́тность *f,* досáда *f*
arglistig *adj (boshaft)* ковáрный, веролóмный
arglos *adj* простодýшный, довéрчивый
Arglosigkeit простодýшие *n,* довéрчивость *f*
Argument *n* аргумéнт *m*
Argwohn *m* подозрéние *n,* недовéрие *n; ~ erregen* вызывáть подозрéние
argwöhnisch *adj* подозрúтельный, недовéрчивый
Arie *f* MUS áрия *f*
Aristokrat(in) *m/f* аристокрáт(ка) *m/f*
Aristokratie *f* аристокрáтия *f*
Arithmetik *f* MATH арифмéтика *f*
arm *adj 1.* бéдный, неимýщий; *2. (bedürftig)* нуждáющийся; *~ wie eine Kirchenmaus (fig)* бéдный как церкóвная мышь *(fig); 3. (unglücklich)* несчáстный, жáлкий; *Armer Kerl!* Бедня́га!
Arm *m* ANAT рукá; *(fig) jdn auf den ~ nehmen* разы́грывать, дурáчить когó-л; *einen langen ~ haben* пóльзоваться большúм влия́нием; *jdm unter die ~e greifen* выручáть, поддéрживать когó-л
Armband *n* браслéт *m*
Armee *f 1.* MIL áрмия *f,* вóйско *n; 2. (fig: große Zahl)* áрмия *f*

Ärmel *m* рука́в *m; (fig) etw aus dem ~ schütteln* де́лать что-л за́просто (игра́ючи); *die ~ hochkrempeln* засучи́ть рукава́
Ärmelkanal *m GEO* проли́в *m* Ла-Ма́нш
ärmellos *adj* безрука́вный
Armenien *n GEO* Арме́ния *f*
armselig *adj* ску́дный, убо́гий
Armut *f* бе́дность *f,* нужда́ *f*
Aroma *n* арома́т *m,* пря́ность *f*
aromatisch *adj* арома́тный
Arrangement *n 1. (Veranstaltung)* устро́йство *n,* организа́ция *f,* проведе́ние *n; 2. (Gegenstände)* расположе́ние *n,* компози́ция *f; 3. MUS* аранжиро́вка *f*
arrangieren *v 1. (Veranstaltung)* устра́ивать, организова́ть *impf/pf (auch:* организо́вывать *impf),* проводи́ть; *2. (Gegenstände)* располага́ть, оформля́ть; *3. MUS* аранжи́ровать *impf/pf*
Arrest *m* аре́ст *m*
arrogant *adj* надме́нный, высокоме́рный
Arroganz *f* надме́нность *f,* высокоме́рие *n*
Arsch *m (fam)* жо́па *f (fam)*
Art *f 1.* вид *m,* сорт *m,* род *m,* поро́да *f; 2. (Benehmen)* хара́ктер *m,* мане́ры *f/pl; aus der ~ schlagen* уроди́ться не в свою́ родню́; *3. (Beschaffenheit)* сво́йство *n; 4. (~ und Weise)* мане́р; *Jeder handelt auf seine ~.* Ка́ждый де́йствует на свой мане́р.
Artenschutz *m* защи́та *f* ви́дов
Arterie *f ANAT* арте́рия *f*
artig *adj 1.(Kinder)* послу́шный; *Sei ~!* Веди́ себя́ хорошо́! *2. (höflich)* ве́жливый; *3. (niedlich)* ми́лый, сла́вный
Artikel *m 1. (in der Presse)* статья́ *f; 2. GRAMM* арти́кль *m; 3. ECO* изде́лие *n,* това́р *m,* проду́кция *f*
Artillerie *f MIL* артилле́рия *f*
Artischocke *f BOT* артишо́к *m*
Artist(in) *m/f* арти́ст(ка) *m/f*
Arznei *f* лека́рство *n,* медикаме́нт *m*
Arzt *m* врач *m,* до́ктор *m*
Asbest *m MIN* асбе́ст *m*
Asche *f* пепел *m,* зола *f,* прах *m; in ~ verwandeln* обраща́ть в пе́пел (прах)
Aschermittwoch *m* среда́ по́сле карнава́льной но́чи *(пе́рвый день вели́кого поста́)*
Asien *n GEO* А́зия *f*
asozial *adj* асоциа́льный, антиобще́ственный
Aspekt *m* аспе́кт *m,* перспекти́ва *f*
Asphalt *m* асфа́льт *m*
Aspik *m GAST* сту́день *m,* желе́ *n*
Aspirin *n MED* аспири́н *m*
As *n 1. (beim Kartenspiel)* туз *m; ein ~ im Ärmel haben (fig)* быть в вы́годном положе́нии; *2. SPORT* ас *m,* ма́стер *m*
Assistent(in) *m/f* ассисте́нт(ка) *m/f*
Ast *m* ветвь *f,* ве́тка *f,* сук *m; (fig) auf dem absteigenden ~ sein* чьи-л дела́ пло́хи; *den ~ absägen, auf dem man sitzt* руби́ть сук, на кото́ром сиди́шь
Asthma *n MED* а́стма *f*
Astrologie *f* астроло́гия *f*
Astronaut(in) *m/f* астрона́вт(ка) *m/f*
Astronomie *f* астроно́мия *f*
Asyl *n* убе́жище *n,* прию́т *m*
Asylant(in) *m/f* бе́женец *m,* бе́женка *f*
Asylbewerber(in) *m/f* лицо́ *n,* прося́щее полити́ческого убе́жища
Asylrecht *n JUR* пра́во *n* полити́ческого убе́жища
Atelier *n* ателье́ *n*
Atem *m* дыха́ние *n,* дух *m; außer ~* задыха́ться; *wieder zu ~ kommen* переводи́ть дух; *den ~ anhalten* затаи́ть дыха́ние; *jdm den ~ verschlagen* перекры́ть кому́-л дыха́ние
atemlos *adj* задыха́ющийся; *mit ~er Spannung* в кра́йнем напряже́нии
Atheismus *m* атеи́зм *m*
Äther *m* эфи́р *m*
Äthiopien *n GEO* Эфио́пия *f*
Athlet(in) *m/f* атле́т *m/f*
Atlantik *m GEO* Атланти́ческий океа́н *m*
Atlas *m* а́тлас *m*
atmen *v* дыша́ть
Atmosphäre *f 1. (fig)* атмосфе́ра *f,* дух *m; 2. PHYS* атмосфе́ра *f*
Atmung *f* дыха́ние *n*
Atom *n PHYS* а́том *m*
atomar *adj* а́томный, я́дерный
Atombombe *f* а́томная бо́мба *f*
Atomenergie *f 1.* а́томная эне́ргия *f; 2. (Atomwirtschaft)* а́томная энерге́тика *f*
Atomkraft *f* а́томная эне́ргия *f*
Atomkraftwerk *n* а́томная электроста́нция *f* (АЭС)
Atommüll *m* радиоакти́вные отхо́ды *pl*
Atom-U-Boot *m* а́томная подво́дная ло́дка *f* (АПЛ)
Atomwaffe *f* я́дерное ору́жие *n*
Attacke *f* ата́ка *f,* нападе́ние *n*
Attentat *n* полити́ческое уби́йство *n,* покуше́ние *n*

Attentäter(in) *m/f* лицó *n,* готóвящее или совершúвшее политúческое убúйство (покушéние)
Attest *n* свидéтельство *n,* заключéние *n*
Attraktion *f* аттракциóн *m,* привлекá-тельность *f*
attraktiv *adj* привлекáтельный
ätzen *v CHEM* вытрáвливать (*auch:* вытравля́ть), протрáвливать, разъедáть
auch *konj 1. (gleichfalls)* тáкже; *ich ~ nicht* я тóже нет; *nicht nur …, sondern ~ …* не тóлько …, но и … *2. (einschließend)* включúтельно; *~ das Geringste* дáже сáмое мáлое; *~ wenn du es noch weiter versuchst …* дáже éсли ты и дáльше бýдешь пытáться … *3. (emphatisch: wirklich, bestimmt)* в сáмом дéле, действúтельно; *Kann ich mich ~ darauf verlassen?* Я действúтельно могý на э́то положúться? *Wenn er ~ so bescheiden ist …* Éсли он действúтельно такóй скрóмный … *So ist es ~!* Так онó и есть! *4. (verallgemeinernd)* ни; *Wann ~ immer du kommst!* Когдá бы ты ни пришёл!
audiovisuell *adj* аудиовизуáльный
auf *prep 1. (örtlich)* на, в, по; *Das Buch liegt ~ dem Tisch.* Кнúга лежúт на столé. *~ dem Markt* на ры́нке; *~ die Bank gehen* идтú в банк; *~ einer Insel* на óстрове, *~ der Straße gehen* ходúть по ýлице; *2. (fig)* на, в; *~ der ganzen Welt* во всём мúре; *~ irgendeinem Platz* на какóм-л мéсте; *sich ~ den Weg machen* собирáться в дорóгу; *Auf Ihr Wohl!* За Вáше здорóвье! *3. (zeitlich)* на, до; *Auf der Stelle!* Немéдленно! *~ die Minute* минýта в минýту; *Auf Wiedersehen!* До свидáния! *~ eine Woche* на недéлю; *4. (Übereinstimmung)* по; *~ seinen Wunsch (hin)* по его желáнию; *~ Befehl von…* по прикáзу… *~ jds Wunsch* по желáнию когó-л; *5. (Art und Weise)* на, по, за; *~ eigene Gefahr* на свой страх и риск; *~ Russisch* по-рýсски; *Auf einmal!* За одúн раз! *6.* с, от; *~ und davon gehen* скры́ться; *von Kind ~* с дéтства; *~ und ab gehen* двúгаться вверх и вниз
aufarbeiten *v 1. (erledigen)* долéлывать; *2. (Material)* расхóдовать
aufatmen *v* вздыхáть; *Ich kann endlich ~!* Наконéц, я могý вздохнýть!
Aufbau *m 1. (Anordnung)* констрýкция *f; 2. (Struktur)* структýра *f,* расположéние *n*
aufbauen *v 1. (montieren)* собирáть, сооружáть; *2. (fig)* создавáть, восстанáв-ливать
aufbegehren *v 1.* вспы́лить *pf; 2. (fig)* возмущáться, протéстовать
aufbereiten *v* подготáвливать, обрабá-тывать
aufbewahren *v* хранúть, сберегáть
aufbieten *v 1. MIL* мобилизовáть *imp/pf; 2. (fig)* напрягáться, пускáть в ход; *Gewalt ~* пускáть в ход насúлие, применя́ть насú-лие; *alles ~* прилагáть все усúлия
aufblasen *v irr* надувáть, раздувáть
aufblenden *v* давáть пóлный свет, загорáться в пóлную сúлу
aufblicken *v* взглянýть вверх, поднимáть глазá
aufblühen *v* расцветáть
aufbrechen *v irr 1. (öffnen)* взлáмывать; *2. (fig)* отправля́ться
Aufbruch *m 1. (Öffnen)* взлом *n,* взлáмы-вание *n; 2. (Abreise)* отправлéние *n,* ухóд *m,* отъéзд *m; Um Mitternacht war allgemeiner ~.* В пóлночь все разошлúсь.
aufbrühen *v* завáривать
aufbürden *v* взвáливать что-л на когó-л
aufdecken *v 1. (wegziehen)* снимать; *2. (offen legen)* открывáть; *3. (fig: Geheimnis)* раскрывáть
aufdrängen *v 1. jdm etw ~* навя́зывать комý-л что-л; *2. sich ~* набивáться, навя́-зываться, втирáться в довéрие
aufdringlich *adj* навя́зчивый, нахáльный; *ein ~er Mensch* назóйливый челóвек
Aufdruck *m* напечáтанный текст *m* (рисýнок *m),* напечáтка *f*
aufeinander *adv 1. (örtlich)* друг на дрýга; *2. (zeitlich)* один за другúм
Aufenthalt *m* пребывáние *n,* нахож-дéние *n,* останóвка *f*
auferlegen *v* налагáть, возлагáть
Auferstehung *f REL* воскресéние *n,* воскрешéние *n*
Auffahrt *f 1. (zu einem Haus)* подъéзд *m; 2. (zu einer Autobahn)* въезд *m; 3. (Ansteigen)* подъём *m*
auffallen *v irr (fig)* выделя́ться, бросáться в глазá; *nicht ~* не выделя́ться
auffangen *v irr 1.* подхвáтывать, задéржи-вать; *Fang auf!* Лови! *2. (fig)* улáвливать
Auffassung *f* сообразúтельность *f,* пони-мáние *n,* восприя́тие *n*
auffordern *v 1. (höflich)* приглашáть; *zum Tanz ~* приглашáть на тáнец; *2. (ermahnend)* трéбовать, настоя́тельно просúть
Aufforderung *f 1. (höflich)* приглашéние *n;*

2.(*Forderung*) трéбование *n;* 3.(*ermahnend*) напоминáние *n*
aufführen *v 1.* MUS исполня́ть; *2.* (*aufzählen*) приводи́ть; *3.* THEAT стáвить
Aufführung *f 1.* MUS исполнéние *n; 2.* (*Aufzählung*) приведéние *n; 3.* THEAT постанóвка *f*
Aufgabe *f 1.* (*Pflicht, Arbeit*) задáние *n,* задáча *f; 2.* (*Versand*) сдáча *f,* отправлéние *n; 3.* (*Kapitulation*) капитуля́ция *f*
Aufgang *m* подъём *m*
aufgeben *v irr 1.* (*versenden*) отправля́ть; *2.* (*kapitulieren*) сдавáться, капитули́ровать *impf/pf; 3.* (*beauftragen*) *etw ~* поручáть что-л
Aufgebot *n* (*Eheaufgebot*) оглашéние *n* вступáющих в брак
aufgehen *v irr 1.* (*Teig*) всходи́ть; *~ wie eine Dampfnudel* (*fam*) толстéть как на дрожжáх (*fam*); *2.* (*Sonne*) восходи́ть; *3.* (*Blume*) распускáться; *4.* (*Naht*) расходи́ться; *5.* (*Knoten*) развя́зываться; *6.* (*fig*) осеня́ть, доходи́ть; *Jetzt geht mir auf, dass …* Тепéрь до меня́ дошлó, что …
aufgeregt *adj* взволнóванный
aufgeschlossen *adj* общи́тельный, отзы́вчивый
aufgreifen *v irr* подхвáтывать, поддéрживать
aufgrund *prep* на основáнии
aufhalten *v irr 1. die Tür ~* держáть дверь откры́той; *2. jdn ~* задéрживать когó-л; *3. sich ~* задéрживаться; *4.* (*verzögern*) сдéрживать; *5.* (*stören*) мешáть, задéрживать
aufhängen *v irr 1. ~ an* развéшивать на; *2. sich ~* повéситься *pf*
Aufhänger *m 1.* (*Kleiderbügel*) вéшалка *f; 2.* (*Grund*) пóвод *m*
aufheben *v irr 1.* (*vom Boden*) поднимáть; *2.* (*aufbewahren*) сохраня́ть; *3.* (*beenden*) прекращáть, оканчивáть; *4.* (*abschaffen*) отменя́ть, устраня́ть, упраздня́ть
Aufhebung *f 1.* подня́тие *n; 2.* (*Abschaffung*) отмéна *f,* ликвидáция *f*
aufheitern *v 1. jdn ~* весели́ть когó-л; *2.* (*Himmel*) проясня́ться
Aufheiterung *f* улучшéние *n,* прояснéние *n*
aufhellen *v 1.* освещáть, осветля́ть; *2.* (*Wasser*) станови́ться прозрáчным
aufhetzen *v 1.* подстрекáть; *2.* (*Hunde*) натрáвливать
aufholen *v 1.* нагоня́ть; *2.* (*Anker*) NAUT поднимáть (я́корь)
aufhören *v* прекращáть, переставáть; *Hör auf damit!* Перестáнь!
aufklappen *v* открывáть
aufklären *v 1.* разъясня́ть, выясня́ть; *2.* (*belehren*) просвещáть; *3.* MIL развéдывать
Aufklärung *f 1.* разъяснéние *n; 2.* HIST эпóха *f* просвещéния; *3.* MIL развéдка *f*
Aufklärungsdaten *pl* MIL разведдáнные *pl*
Aufkleber *m* наклéйка *f,* этикéтка *f*
aufkochen *v* кипяти́ть
aufkommen *v irr 1.* (*heraufziehen*) надвигáться; *2.* (*entstehen*) возникáть, появля́ться
Aufkommen *n 1.* (*Entstehung*) возникновéние *n,* появлéние *n; 2.* ECO поступлéния *n/pl,* дохóды *m/pl*
aufladen *v irr 1.* (*beladen*) загружáть; *2.* (*fig: aufbürden*) взвáливать, нагружáть (*fam*), грузи́ть (*fam*); *3. Batterie ~* TECH заряжáть аккумуля́тор
Aufladung *f 1.* (*Beladen*) погру́зка *f; 2.* TECH заря́дка *f*
Auflage *f 1.* (*eines Buches*) издáние *n,* тирáж *m; 2.* (*Bedingung*) обязáтельство *n*
auflauern *v* подкараýливать, подстерегáть
Auflauf *m 1.* (*von Menschen*) толпá *f,* скоплéние *n; 2.* GAST запекáнка *f*
aufleben *v 1.* (*Person*) реаними́ровать *impf/pf,* оживля́ть *2.* (*Diskussion*) уси́лять
auflegen *v* класть, наклáдывать
auflehnen *v 1. sich ~* восставáть, протестовáть, сопротивля́ться; *2. sich ~ auf* опирáться на
Auflehnung *f* восстáние *n,* сопротивлéние *n,* протéст *m*
auflesen *v* подбирáть, собирáть
aufleuchten *v* вспы́хивать, сверкáть
auflisten *v* навя́зывать хи́тростью кому́-л что-л
auflockern *v 1.* (*Erde*) разрыхля́ть; *2.* (*Knoten*) расслабля́ть; *3.* (*Stimmung*) оживля́ть
auflodern *v* воспламеня́ться
auflösen *v 1.* развя́зывать, распу́тывать; *das Haar ~* распускáть вóлосы; *2.* CHEM растворя́ть; *3.* (*Geschäft*) ECO ликвиди́ровать *impf/pf; 4.* (*ein Rätsel*) разгáдывать
Auflösung *f 1.* развя́зывание *n,* распу́тывание *n,* распускáние *n* (вóлос); *2.* CHEM растворéние *n; 3.* (*eines Rätsels*) разгáдка *f; 4.* (*Geschäftsauflösung*) ECO ликвидáция *f*

aufmachen *v 1. (öffnen)* открыва́ть; *2. (gründen)* осно́вывать; *3. (gestalten)* оформля́ть

Aufmachung *f* оформле́ние *n,* вне́шний вид *m*

aufmerksam *adj* внима́тельный

Aufmerksamkeit *f 1. (Vorsicht)* предупреди́тельность *f; 2. (Geschenk)* любе́зность *f,* знак *m* внима́ния

aufmöbeln *v jdn ~* подбадрива́ть кого́-л

aufmuntern *v* ободря́ть, весели́ть

Aufnahme *f 1. (Empfang)* приём *m; 2. (in eine Organisation)* приём *m,* приня́тие *n; 3. (von Nahrung)* приём *m* пи́щи; *4. CINE* за́пись *f; 5. FOTO* съёмка *f*

aufnehmen *v irr 1. (empfangen)* принима́ть; *2. (beginnen)* начина́ть; *3. (fotografieren) FOTO* фотографи́ровать; *4. (fassen)* воспринима́ть

aufopfern *v sich für jdn ~* же́ртвовать собо́й ради кого́-л

aufpassen *v* быть внима́тельным, наблюда́ть, следи́ть

aufprallen *v* ната́лкиваться, ста́лкиваться

Aufpreis *m ECO* наце́нка *f*

aufräumen *v* прибира́ть, наводи́ть поря́док, расчища́ть

aufrecht *adj 1.* прямо́й; *2. (ehrlich)* че́стный

aufregen *v 1. jdn ~* волнова́ть, возбужда́ть кого́-л; *2. sich ~* волнова́ться, не́рвничать

aufregend *adj* волну́ющий, захва́тывающий

Aufregung *f* волне́ние *n,* беспоко́йство *n*

aufreißen *v irr* разрыва́ть, раздира́ть

aufrichten *v 1. (hochstellen)* поднима́ть, воздвига́ть; *2. jdn ~ (fig)* придава́ть дух кому́-л, ободря́ть кого́-л

aufrichtig *adj* и́скренний, открове́нный

Aufrichtigkeit *f* и́скренность *f,* открове́нность *f*

Aufruf *m 1. (Appell)* воззва́ние *n,* призы́в *m,* обраще́ние *n; 2. (Ausruf)* восклица́ние *n*

aufrufen *v irr 1.* призыва́ть, обраща́ться; *2. INFORM* вызыва́ть; *3. (ausrufen)* восклица́ть

Aufruhr *m POL* мяте́ж *m,* бунт *m,* восста́ние *n*

Aufrüstung *f MIL* вооруже́ние *n*

aufsässig *adj* мяте́жный, непоко́рный, упря́мый

Aufsatz *m 1. (Schule)* сочине́ние *n; 2. TECH* наса́дка *f,* приста́вка *f*

aufschieben *v 1. (zeitlich)* откла́дывать; *2. (wegschieben)* отодвига́ть

Aufschlag *m 1. (bei Kleidung)* отворо́т *f; 2. (Preis) ECO* наце́нка *f; 3. (im Tennis) SPORT* пода́ча *f*

aufschlagen *v irr 1. (öffnen)* открыва́ть; *2. (teilen)* разбива́ть, раска́лывать; *3. (montieren)* сооружа́ть, разбива́ть (ла́герь); *4. (Tennis) SPORT* подава́ть

aufschließen *v irr* открыва́ть, отмыка́ть

Aufschluss *m 1.* объясне́ние *n,* разъясне́ние *n; 2. (Öffnen)* открыва́ние *n,* отмыка́ние *n; 3. MIN* освое́ние *n*

aufschlussreich *adj* содержа́тельный, поучи́тельный

aufschneiden *v irr 1. (schneiden)* взреза́ть; *2. (fig: angeben)* хва́статься

Aufschrei *m* крик *m,* во́зглас *m*

aufschreiben *v irr* запи́сывать

Aufschrift *f* на́дпись *f*

Aufschub *m* отсро́чка *f,* продле́ние *n*

Aufschwung *m ECO* взлёт *m,* подъём *m*

Aufsehen *n* сенса́ция *f; ~ erregend* сенсацио́нный

Aufseher(in) *m/f* надзира́тель(ница) *m/f*

aufsetzen *v 1.* надева́ть, наса́живать; *2. (schreiben)* составля́ть

Aufsicht *f* надзо́р *m,* контро́ль *m*

aufspalten *v irr* расщепля́ть

aufsperren *v* отпира́ть

aufspielen *v sich ~ als* разы́грывать из себя́ кого́-л

aufstacheln *v* подстрека́ть

Aufstand *m* восста́ние *n,* мяте́ж *m*

aufständisch *adj* повста́нческий, мяте́жный

aufstehen *v irr* встава́ть, поднима́ться

aufsteigen *v irr 1.* поднима́ться; *2. (Beruf)* продви́гаться

aufstellen *v 1. (montieren)* ста́вить, устана́вливать; *2. (Kandidaten)* выдвига́ть; *3. (Mannschaft)* выставля́ть

Aufstellung *f 1. (Installation)* устано́вка *f; 2. (Kandidat)* выдвиже́ние *n; 3. (Mannschaft)* выставле́ние *n*

Aufstieg *m 1. (eines Berges)* восхожде́ние *n; 2. (Entwicklung)* разви́тие *n; 3. (Karriere)* продвиже́ние *n*

aufstoßen *v irr 1. (öffnen)* распа́хивать толчко́м; *2. (rülpsen)* отры́гивать

Aufstrich *m (Marmelade) GAST* нама́зываемое *n* на хлеб *(ма́сло, пови́дло)*

aufstützen *v* подпира́ть

aufsuchen *v* оты́скивать

auftakeln *v aufgetakelt sein* расфуфы́риваться *(fam)*
Auftakt *m* нача́ло *n,* вступле́ние *n*
auftanken *v* заправля́ть (горю́чим)
auftauchen *v* внеза́пно появля́ться, возника́ть, выны́ривать *(fam)*
auftauen *v* размора́живать
aufteilen *v* разделя́ть
Aufteilung *f* разделе́ние *n,* распределе́ние *n*
auftischen *v 1.* накрыва́ть на стол; *2. (bewirten)* угоща́ть; *3. (belügen)* расска́зывать небыли́цы
Auftrag *m 1. (Aufgabe)* зада́ча *f; 2.* ECO зака́з *m*
auftragen *v irr 1. (Speisen)* накрыва́ть на стол; *2. (beauftragen)* зака́зывать; *3. (bestreichen)* наноси́ть; *4. dick ~ (fig)* преувели́чивать
Auftraggeber(in) *m/f* ECO зака́зчик *m/f*
auftreten *v 1. (erscheinen)* вести́ себя́, держа́ться *impf; 2.* THEAT выступа́ть
Auftritt *m 1. (Erscheinen)* поведе́ние *n; 2.* THEAT выступле́ние *n*
aufwachen *v* просыпа́ться
aufwachsen *v irr* выраста́ть
Aufwand *m 1. (Einsatz)* вло́женный труд *m* (рабо́та *f*); *2. (Kosten)* ECO затра́ты *f/pl,* расхо́ды *m/pl,* издéржки *f/pl*
aufwändig *adj 1.* трудоёмкий; *2. (Kosten)* тре́бующий затра́т
aufwärmen *v 1.* подогрева́ть; *2. (fig)* помина́ть ста́рое
aufwärts *adv* вверх, наве́рх
aufwecken *v jdn ~* буди́ть кого́-л
aufweichen *v* размягча́ть
aufweisen *v irr* пока́зывать, обнару́живать
aufwenden *v irr 1. (Zeit)* тра́тить; *2. (Geld)* расхо́довать
aufwerten *v* FIN повыша́ть це́нность, ревальви́ровать *impf/pf*
aufwühlen *v 1.* вска́пывать; *2. (aufregen)* волнова́ть, будора́жить
aufwiegeln *v* подстрека́ть
aufzählen *v* перечисля́ть
aufzeichnen *v 1. (zeichnen)* черти́ть; *2. (Musik)* запи́сывать; *3. (notieren)* протоколи́ровать, запи́сывать
Aufzeichnung *f 1. (Zeichnung)* чертёж *m; 2. (von Musik)* за́пись *f; 3. (Notiz)* протоко́л *m,* за́пись *f*
aufziehen *v irr 1. (Flagge)* поднима́ть; *2. (öffnen)* открыва́ть; *3. Uhr ~* заводи́ть; *4. (großziehen)* расти́ть; *5. jdn ~ (fig)* заводи́ть кого́-л *(fig)*
Aufzug *m 1. (Aufmachung)* наря́д *m; 2.* TECH лифт *m*
Auge *n* ANAT глаз *m; (fig) ein geschultes ~ haben* име́ть наби́тый (намётанный) глаз; *ein ~ zudrücken* смотре́ть сквозь па́льцы на что-л; *ins ~ gehen* име́ть негати́вные после́дствия; *etw ins ~ fassen* присмотре́ться к чему́-л; *ins ~ stechen* броса́ться в глаза́; *die ~n vor etw verschließen* закрыва́ть глаза́ на что-л; *seinen ~n nicht trauen können* не ве́рить свои́м глаза́м; *Das passt wie die Faust aufs ~.* Идёт как коро́ве седло́.
Augenarzt *m* окули́ст *m*
Augenblick *m* моме́нт *m,* мгнове́ние *n; in einem ~* в одно́ мгнове́ние
augenblicklich *adj 1.* момента́льный, мгнове́нный; *adv 2.* немéдленно, сра́зу, в огно́ мгнове́ние
Augenbraue *f* бровь *f*
Augenlid *n* ве́ко *n*
Augenzeuge *m* JUR свиде́тель *m*
August *m* а́вгуст *m*
Auktion *f* аукцио́н *m*
Aula *f* а́ктовый зал *m*
aus *prep 1. (örtlich)* из; *Ich komme ~ Russland.* Я из Росси́и. *von dort ~* отту́да; *vom Fenster ~* от окна́; *2. (kausal)* по, из, от; *~ Liebe zu dir* из любви́ к тебе́; *~ Spaß* ра́ди шу́тки; *~ Rache* из ме́сти; *3. (Stoff)* из; *~ Holz* из де́рева
ausarbeiten *v 1.* разраба́тывать, выраба́тывать; *2. (Rede)* составля́ть
Ausarbeitung *f 1.* разрабо́тка *f; 2. (Rede)* составле́ние *n*
ausarten *v 1.* превраща́ться во что-л; *2. (überschreiten)* выходи́ть из ра́мок, вырожда́ться
ausatmen *v* выдыха́ть
ausbaden *v etw ~ (fam)* распла́чиваться за что-л, расхлёбывать что-л *(fam)*
Ausbau *m 1. (Bauende)* достро́йка *f; 2. (Innenausbau)* отде́лка *f,* отде́лочные рабо́ты *f/pl; 3. (von Beziehungen)* разви́тие *n; 4. (eines Motors)* разбо́рка *f; 5. (Weiterentwicklung)* соверше́нствование *n*
ausbauen *v 1. (Gebäude)* отде́лывать; *2. (Beziehungen)* развива́ть; *3. (Motor)* разбира́ть; *4. (weiterentwickeln)* соверше́нствовать
ausbessern *v* исправля́ть, поправля́ть

ausbeulen *v* выправля́ть вмя́тины, сгла́живать вы́пуклости
Ausbeute *f ECO* 1. отда́ча *f;* 2. *ECO* вы́ход *m* гото́вой проду́кции (изде́лий)
ausbeuten *v 1.* эксплуати́ровать, испо́льзовать *impf/pf* в свои́х це́лях; *2. (abbauen) MIN* разраба́тывать
ausbilden *v 1.* обуча́ть, гото́вить; *2. (bilden)* формирова́ть
Ausbildung *f 1.* образова́ние *n,* подгото́вка *f; 2. (Bildung)* формирова́ние *n*
Ausblick *m* перспекти́ва *f,* вид *m*
ausbrechen *v irr 1. (herausbrechen)* выла́мывать; *2. (entfliehen)* соверша́ть побе́г; *3. (plötzlich aufkommen)* вспы́хивать, разража́ться
ausbreiten *v 1. etw ~* растила́ть что-л; *2. sich ~* распространя́ться, расширя́ться
Ausbruch *m 1. (Flucht)* побе́г *m; 2. (plötzlicher Beginn)* (внеза́пное) возникнове́ние *n; 3. (eines Vulkans)* изверже́ние *n*
ausbrüten *v 1.* выси́живать птенцо́в; *2.(fig)* вына́шивать пла́ны
Ausdauer *f* выно́сливость *f,* вы́держка *f*
ausdauernd *adj* выно́сливый
ausdehnen *v 1. (örtlich)* расши́рять; *2. (zeitlich)* продлева́ть
Ausdehnung *f 1. (örtlich)* расшире́ние *n; 2. (zeitlich)* продле́ние *n*
ausdenken *v irr sich ~* выду́мывать
Ausdruck *m 1. (Wort)* те́рмин *m,* выраже́ние *n; 2. (Gesichtsausdruck)* выраже́ние *n* лица́, ми́на *f; 3. (Druck)* экспре́ссия *f*
ausdrucken *v* печа́тать, отпеча́тывать
ausdrücken *v 1.* выжима́ть, выта́лкивать; *2. (fig: äußern)* выража́ться; *Wie drückt man das auf Deutsch aus?* Как это сказа́ть по-неме́цки?
ausdrücklich *adj* определённый, категори́ческий
ausdruckslos *adj* невырази́тельный, без выраже́ния
ausdrucksvoll *adj* вырази́тельный
auseinander *adv 1. (örtlich)* врозь, друг от дру́га; *~ brechen* разла́мывать; *~ fallen* распада́ться; *~ gehen* расходи́ться; *~ halten* разделя́ть; *~ nehmen* разбира́ть; *sich ~ setzen* объясня́ться с кем-л; *2. (zeitlich)* быть разделённым во вре́мени
Auseinandersetzung *f* столкнове́ние *n,* спор *m,* сты́чка *f,* разбо́рка *f (fam)*
ausfahren *v irr 1.* выезжа́ть, выходи́ть; *2. TECH* рабо́тать с по́лной нагру́зкой
Ausfall *m 1. (Störung)* вы́ход из стро́я *n; 2. (Haarausfall)* выпаде́ние *n* (воло́с); *3. (Verlust) ECO* поте́ри *f/pl*
ausfallen *v irr 1. (nicht stattfinden)* не состоя́ться *pf; 2. (Haare)* выпада́ть; *3. (Maschine)* выходи́ть из стро́я
ausfertigen *v* составля́ть, оформля́ть
Ausfertigung *f 1.* составле́ние, оформле́ние *n; 2. (Exemplar)* экземпля́р *m*
Ausflug *m* экску́рсия *f*
ausfragen *v* расспра́шивать, выспра́шивать
Ausfuhr *f ECO* вы́воз *m,* э́кспорт *m*
ausführen *v 1. (durchführen)* осуществля́ть; *eine Arbeit ~* выполня́ть рабо́ту; *2. (spazieren führen)* выгу́ливать; *3. ECO* вывози́ть, экспорти́ровать *impf/pf*
ausführlich *adj 1.* подро́бный, дета́льный, обстоя́тельный; *adv 2.* подро́бно, дета́льно, обстоя́тельно; *sehr ~* очень подро́бно
Ausführung *f* реализа́ция *f,* осуществле́ние *f*
ausfüllen *v* наполня́ть
Ausgabe *f 1. (Geldausgabe)* затра́ты *f/pl; 2. (Gepäckausgabe)* выда́ча *f* (багажа); *3. (eines Buches)* изда́ние *n*
Ausgang *m 1.* вы́ход *m; 2. (Ende)* коне́ц *m,* исхо́д *m; einen anderen ~ nehmen* приня́ть друго́й оборо́т
ausgeben *v irr 1. (verausgaben)* тра́тить; *2. (aushändigen)* выдава́ть; *2. (herausgeben)* выпуска́ть
ausgebucht *adj* заброни́рованный, распро́данный
Ausgeglichenheit *f* уравнове́шенность *f*
ausgehen *v irr 1. (weggehen)* отправля́ться (в го́сти, теа́тр, дискоте́ку), развлека́ться; *2. (enden)* конча́ться; *3. (erlöschen)* затуха́ть; *4. (Vorräte)* иссяка́ть
ausgelassen *adj* шаловли́вый, ре́звый, озорно́й
ausgenommen *prep* за исключе́нием, кро́ме
ausgeprägt *adj* я́рко вы́раженный
ausgerechnet *adv* и́менно, как раз, как назло́ *(fam)*
ausgeschlossen *adj* исключённый
ausgezeichnet *adj* отли́чный, превосхо́дный; *Es war ~!* Бы́ло превосхо́дно!
ausgiebig *adj 1.* ще́дрый, оби́льный; *adv 2.* бога́то, оби́льно
Ausgleich *m 1. (fig)* компенса́ция *f,* вы́равнивание *n; 2. (eines Kontos) ECO*

сбаланси́рование *n; 3.(Entschädigung) ECO* компенса́ция *f; 4. SPORT* ра́вный счёт *m*
ausgleichen *v irr 1.(fig)* выра́внивать; *2.(Konto) ECO* баланси́ровать; *3. SPORT* сра́внивать счёт
aushalten *v irr 1.* выноси́ть; *2.(widerstehen)* выде́рживать
aushandeln *v* выторго́вывать
Aushang *m* объявле́ние *n*
ausharren *v* вы́стоять *pf,* выде́рживать, терпели́во ждать
ausheben *v irr 1.* выка́пывать, рыть; *2.(herausholen)* вынима́ть; *3.(fig)* захва́тывать и аресто́вывать *(уча́стников како́й-л организа́ции),* ликвиди́ровать *impf/pf* (прито́н)
ausheilen *v* выле́чивать, изле́чивать
aushelfen *v* помога́ть
Aushilfe *f* по́мощь *f*
auskennen *v irr sich ~* хорошо́ разбира́ться, ориенти́роваться
ausklammern *v 1.* выноси́ть за ско́бки; *2.(ausschließen)* оставля́ть в стороне́, не включа́ть, рассма́тривать обосо́бленно
Ausklang *m* коне́ц *m;* заверше́ние *n*
Auskommen *n* доста́ток *m,* сре́дства *n/pl* к жи́зни
auskommen *v irr ~ mit* обходи́ться чем-л
Auskunft *f 1.(Information)* информа́ция *f; Können Sie mir bitte ~ geben, wo die Kirche ist?* Подскажи́те, пожа́луйста, где нахо́дится це́рковь? *2.(Büro)* спра́вочное бюро́ *n*
auskurieren *v* выле́чивать, изле́чивать
auslachen *v jdn ~* высме́ивать кого́-л
ausladen *v irr 1.(Gepäck)* выгружа́ть; *2.(fig: Gäste)* отменя́ть приглаше́ние
Auslage *f 1.(im Schaufenster)* вы́ставка *f* (това́ров в витри́не); *2.(von Geld)* расхо́ды *m/pl*
Ausland *n* грани́ца *f,* зарубе́жье *n*
Ausländer(in) *m/f* иностра́нец *m,* иностра́нка *f*
Ausländerfeindlichkeit *f* вражде́бность *n* к иностра́нцам, ксенофо́бия *f*
ausländisch *adj* иностра́нный, зарубе́жный
auslassen *v irr 1.(unterlassen)* выпуска́ть, упуска́ть; *2.(Zorn ~)* вымеща́ть зло
auslaufen *v irr 1.(Flüssigkeit)* вытека́ть; *2.(Schiff)* выходи́ть в мо́ре; *3.(fig)* ока́нчиваться, конча́ться
ausleben *v 1.(auskosten)* наслажда́ться, дава́ть во́лю свое́й стра́сти; *2.(fig: entfalten)* проявля́ть во всей полноте́ (спосо́бности)
ausleeren *v* опора́жнивать
auslegen *v 1.(Waren)* выставля́ть; *2.(Geld)* дава́ть де́ньги с усло́вием возвра́та; *3.(deuten)* толкова́ть
ausleihen *v irr 1.etw ~* дава́ть напрока́т; *2.sich etw ~* бра́ть напрока́т
Auslese *f* вы́бор *m,* селе́кция *f*
Ausleseverfahren *n* ме́тод *m* вы́борки
ausliefern *v 1.* поставля́ть, отпуска́ть; *2. JUR* выдава́ть
Auslieferung *f 1.* поста́вка *f,* о́тпуск *m; 2. JUR* вы́дача *f*
auslöffeln *v (Suppe)* выче́рпывать ло́жкой; *(fam) Jetzt musst du die Suppe ~, die du dir eingebrockt hast.* Вот и расхлёбывай, что навари́л.
auslöschen *v* гаси́ть, туши́ть
auslosen *v* разы́грывать (по жре́бию, в лотере́ю)
auslösen *v 1.(fig: verursachen)* вызыва́ть, служи́ть причи́ной; *2.(loskaufen)* выкупа́ть; *3.(in Gang setzen)* запуска́ть, приводи́ть в движе́ние, включа́ть; *3. TECH* расцепля́ть, размыка́ть, разъединя́ть
ausmachen *v 1.(löschen)* туши́ть, гаси́ть; *2.(ausschalten)* выключа́ть; *3.(übereinkommen)* догова́риваться, усло́вливаться; *3.(sich belaufen auf)* составля́ть; *5.(bedeuten)* зна́чить, означа́ть
Ausmaß *n* разме́р *m,* масшта́б *m*
ausmessen *v irr* замеря́ть, вымеря́ть
Ausnahme *f* исключе́ние *n*
Ausnahmefall *m* исключи́тельный слу́чай *m*
ausnahmslos без исключе́ния
ausnahmsweise *adv* в ви́де исключе́ния
ausnehmen *v irr 1.(ausschließen)* исключа́ть; *2.(Tiere)* потроши́ть; *3.(fig) jdn ~* обира́ть кого́-л
ausnützen *v* испо́льзовать *impf/pf,* эксплуати́ровать
Ausnutzung *f* испо́льзование *n,* эксплуата́ция *f*
auspacken *v* распако́вывать
auspeitschen *v* поро́ть, сечь, стега́ть пле́тью
ausplaudern *v* разба́лтывать
auspressen *v* выжима́ть, выда́вливать; *2.(fig)* эксплуати́ровать
Auspuff *m TECH* вы́хлоп *m*
auspusten *v* задува́ть

ausquartieren *v* выселя́ть, выдворя́ть

ausrangieren *v* выки́дывать, бракова́ть

ausrasten *v 1. (ausklinken)* TECH отцепля́ть, освобожда́ть (от фикса́тора, защёлки); *2. (fig: Fassung verlieren)* выходи́ть из себя́, теря́ть самооблада́ние

ausrauben *v* гра́бить

ausräumen *v 1. (Gegenstände)* освобожда́ть; *2. (fig: Zweifel)* преодолева́ть

ausrechnen *v* вычисля́ть

Ausrede *f* отгово́рка *f,* увёртка *f*

ausreichen *v* хвата́ть, быть доста́точным

ausreichend *adj* доста́точный

Ausreise *f* вы́езд *m,* отъе́зд *m*

ausreisen *v* уезжа́ть; *aus einem Land ~* выезжа́ть из страны́

Ausreißer(in) *m/f* бегле́ц *m,* бегля́нка *f*

ausrenken *v sich etw ~* вы́вихнуть *pl* себе́ что-л (*von:* выви́хивать *impf*)

ausrichten *v 1.* выпрямля́ть, ровня́ть, выра́внивать; *2. (veranstalten)* устра́ивать; *3. (benachrichtigen)* передава́ть

Ausruf *m* восклица́ние *n,* во́зглас *m,* вы́крик *m*

ausrufen *v irr* восклица́ть, выкри́кивать; *einen Streik ~* объявля́ть забасто́вку

Ausrufezeichen *n* восклица́тельный знак *m*

ausruhen *v* отдыха́ть

ausrüsten *v* оснаща́ть, вооружа́ть

Ausrüstung *f* оснаще́ние *n,* вооруже́ние *n*

ausrutschen *v* поска́льзываться

aussäen *v* се́ять

Aussage *f 1.* выска́зывание *n; 2.* JUR показа́ние *n,* свиде́тельство *n*

aussagen *v 1.* выска́зывать; *2.* JUR дава́ть показа́ния

ausschalten *v 1. (abstellen)* выключа́ть; *2. jdn ~ (fig)* нейтрализова́ть *impf/pf,* исключа́ть, не допуска́ть

Ausschank *m 1. (Ausschenken)* GAST прода́жа *f* (спиртны́х напи́тков) в разли́в; *2. (Schankraum)* GAST тракти́р *m,* кабачо́к *m,* пивна́я *f; 3. (Schanktisch)* GAST сто́йка *f*

ausscheiden *v irr 1. (ausschließen)* исключа́ть, отпада́ть; *2.* MED выделя́ть; *3.* SPORT выбыва́ть

ausscheren *v 1.* отклоня́ться в сто́рону, отделя́ться; *2. (fig)* выходи́ть из соста́ва

ausschimpfen *v* отчи́тывать, руга́ть, брани́ть

ausschlachten *v 1. (zerlegen)* разде́лывать, свежева́ть (ту́шу), разбира́ть на запасны́е ча́сти; *2. (fig: ausnutzen)* извлека́ть по́льзу

ausschlafen *v irr sich ~* высыпа́ться, отсыпа́ться

Ausschlag *m 1.* MED сыпь *f; 2. den ~ geben* явля́ться определя́ющим моме́нтом, име́ть реша́ющее значе́ние

ausschlaggebend *adj* реша́ющий

ausschließen *v irr 1. ~ aus* исключа́ть из; *2. (aussperren)* не докуска́ть, не впуска́ть (в дом), оставля́ть за за́пертой две́рью

ausschließlich *adj 1.* исключи́тельный

Ausschluss *m* исключе́ние *n,* увольне́ние *n*

ausschmücken *v* украша́ть, наряжа́ть

ausschneiden *v irr* выреза́ть

Ausschnitt *m 1. (Kleid)* вы́рез *m; 2. (Zeitung)* вы́резка *f; 3. (Detail)* отры́вок *m,* фрагме́нт *m*

ausschöpfen *v 1.* выче́рпывать; *2. (fig)* исче́рпывать; *alle Möglichkeiten ~* исчерпа́ть все возмо́жности

ausschreiben *v irr 1. (vollständig schreiben)* выпи́сывать, писа́ть по́лностью; *2. (Stelle)* объявля́ть вака́нсию

Ausschreitung *f* бесчи́нство *n,* эксце́сс *m,* беспоря́дки *pl,* вы́ходки *f/pl*

Ausschuss *m 1. (Abfall)* брак *m,* отхо́ды *m/pl; 2. (Kommission)* коми́ссия *f,* комите́т *m*

ausschütten *v 1.* вылива́ть, высыпа́ть; *2. (Dividenden)* ECO выпла́чивать

Ausschüttung *f* ECO вы́плата *f,* распределе́ние *n*

ausschweifend *adj 1. (lasterhaft)* развра́тный, распу́тный; *2. (zügellos)* безу́держный, необу́зданный

aussehen *v irr* вы́глядеть

Aussehen *n* нару́жность *f,* вид *m*

außen *adv* снару́жи, извне́

Außendienst *m 1.* выездны́е рабо́ты *f/pl; 2. (im Ausland)* слу́жба *f* за грани́цей

Außenhandel *m* ECO вне́шняя торго́вля *f*

Außenministerium *n* POL Министе́рство *n* иностра́нных дел

Außenpolitik *f* POL вне́шняя поли́тика *f*

Außenseiter(in) *m/f* аутса́йдер *m/f*

Außenstände *pl* ECO дебито́рская задо́лженность *f*

Außenwand *f* вне́шняя стена́ *f*

außer *prep* вне, за, кро́ме, поми́мо, за исключе́нием

außerdem *konj* кро́ме того́, сверх того́

äußere(r,s) *adj* вне́шний, …няя, …нее, нару́жный, …ная, …ное
außergewöhnlich *adj* чрезвыча́йный, необыкнове́нный; *nichts Außergewöhnliches sein* быть посредстве́нным, не представля́ть ничего́ осо́бенного
außerhalb *prep 1.* вне, за; *adv 2.* снару́жи
äußerlich *adj 1.* нару́жный, вне́шний; *nur ~ anzuwenden* то́лько для нару́жного примене́ния; *adv 2.* вне́шне, снару́жи
äußern *v* выража́ть, выска́зывать
außerordentlich *adj* чрезвыча́йный, внеочередно́й
äußerstenfalls *adv* в кра́йнем слу́чае
Äußerung *f* выраже́ние *n,* выска́зывание *n,* мне́ние *n*
aussetzen *v 1. (Pflanzen)* выса́живать; *2. (Tier)* выпуска́ть на во́лю; *3. (Arbeit)* прерыва́ть, приостана́вливать; *4. (Motor)* дава́ть перебо́и; *5. (Urteil) JUR* откла́дыва́ть исполне́ние пригово́ра
Aussicht *f 1. (Ausblick)* перспекти́ва *f,* вид *m; 2. (fig)* перспекти́ва *f,* наде́жда *f*
aussichtslos *adj* безнадёжный, бесперспекти́вный
aussiedeln *v* выселя́ть, переселя́ть
Aussiedler(in) *m/f* пересе́ленец *m,* переселе́нка *f*
aussöhnen *v* мири́ть, примиря́ть; *sich mit jdm ~* примиря́ться с кем-л
aussondern *v* отделя́ть, отсортиро́вывать
aussortieren *v* отсортиро́вывать, отбрако́вывать
aussparen *v 1. (freilassen)* оставля́ть свобо́дным; *1. (ausschließen)* оставля́ть в стороне́
ausspeien *v irr* выплёвывать, изверга́ть, изрыга́ть
aussperren *v 1. (ausschließen)* оставля́ть за две́рью; *2. (Streik) ECO* объявля́ть лока́ут
Aussperrung *f ECO* отстране́ние *n* от рабо́ты, локаут
ausspionieren *v* выве́дывать, высле́живать
Aussprache *f 1. (Gespräch)* бесе́да *f; 2. LING* произноше́ние *n*
aussprechen *v irr 1. (äußern)* произноси́ть, выска́зывать; *2. sich ~* выска́зываться; *sich offen ~* откры́то выска́зываться; *3. LING* произноси́ть
Ausstand *m ECO* задо́лженность *f*
ausstatten *v 1. (einrichten)* обору́довать; *2. (versehen mit)* снабжа́ть
Ausstattung *f 1. (Einrichtung)* обстано́вка *f; 2. (Ausrüstung)* экипиро́вка *f*
ausstechen *v irr jdn ~ (besser sein)* превосходи́ть кого́-л
ausstehen *v irr 1. (ertragen)* переноси́ть, испы́тывать; *2. (noch fehlen)* отсу́тствовать *impf,* не быть сде́ланным
aussteigen *v irr 1. (Fahrzeug)* выходи́ть, выса́живаться; *2. (fig)* выходи́ть из де́ла
ausstellen *v 1. (Dokumente)* оформля́ть; *2. (Waren)* выставля́ть, экспони́ровать *impf/pf*
Ausstellung *f 1. (von Dokumenten)* оформле́ние *n; 2. (von Waren)* вы́ставка *f,* экспози́ция *f*
aussterben *v irr* вымира́ть, исчеза́ть
Aussteuer *f* прида́ное *n*
Ausstieg *m 1.* вы́ход *m,* ме́сто *m* вы́садки; *2. (fig)* вы́ход *m* из де́ла
ausstoßen *v irr 1. etw ~* выбива́ть; *2. jdn ~* исключа́ть (изгоня́ть) кого́-л
ausstrahlen *v 1. (übertragen)* распространя́ть; *2. (Wärme)* излуча́ть; *3. (fig: auswirken) MED* возде́йствовать, влия́ть; *Die Herzschmerzen strahlen in den linken Arm aus.* Бо́ли в се́рдце отдаю́тся в ле́вой руке́.
Ausstrahlung *f 1. (fig)* излуче́ние *n; 2. MED* возде́йствие *n,* влия́ние *n*
ausstrecken *v* растя́гивать, протя́гивать, распростира́ть
ausströmen *v 1. (fließen)* вытека́ть; *2. (ausstrahlen)* испуска́ть, излуча́ть
aussuchen *v* выбира́ть, отбира́ть, поды́скивать
Austausch *m (gegenseitig)* обме́н *m,* заме́на *f*
austauschbar *adj* замени́мый
austauschen *v 1. ~ gegen* обме́нивать на что-л; *2. (ersetzen) TECH* заменя́ть
austeilen *v* раздава́ть, распределять
Auster *f ZOOL* у́стрица *f*
austoben *v 1. Zorn ~* срыва́ть свой гнев на ком-л/чём-л; *2. sich ~* беси́ться; *Die Jugend will sich ~.* Молодёжи на́до перебеси́ться.
austragen *v irr 1. (Streit)* разреша́ть; *2. (Pakete)* доставля́ть; *3. SPORT* разы́грывать
Australien *n GEO* Австра́лия *f*
austreten *v irr 1. (ausströmen: Flüssigkeit)* вытека́ть, выступа́ть; *2. (aus einem Verein)* выходи́ть из соста́ва; *3. (Toilette)* выходи́ть по нужде́
austricksen *v jdn ~* обхитри́ть *pf* кого́-л, обма́нывать кого́-л

austrinken *v irr* выпива́ть, допива́ть
Austritt *m* ухо́д *m*
austrocknen *v 1.(trocken werden)* со́хнуть, высыха́ть; *2.(trocken machen)* высу́шивать
austüfteln *v* выду́мывать, сочиня́ть
ausüben *v 1.* выполня́ть, совершать; *2.(wahrnehmen)* исполня́ть обя́занности, осуществля́ть фу́нкцию
Ausübung *f 1.* выполне́ние *n,* соверше́ние *n; 2.(Wahrnehmung)* исполне́ние *n,* осуществле́ние *n* (обя́занностей)
Ausverkauf *m ECO* распрода́жа *f*
Auswahl *f* вы́бор *m,* ассортиме́нт *m*
auswählen *v* выбира́ть, подбира́ть
Auswanderer(in) *m/f* эмигра́нт(ка) *m/f*
auswandern *v* эмигри́ровать *impf/pf,* переселя́ться
Auswanderung *f* эмигра́ция *f,* переселе́ние *n*
auswärts *adv* нару́жу, снару́жи, извне́
auswechselbar *adj 1.* замени́мый; *2. TECH* заменя́емый, сме́нный
auswechseln *v* заменя́ть
Ausweg *m* вы́ход *m; Sie findet immer einen ~.* Она́ всегда́ нахо́дит вы́ход.
ausweglos *adj* безвы́ходный
ausweichen *v irr* избега́ть, уклоня́ться, уступа́ть
ausweichend *adj* укло́нчивый
ausweinen *v sich ~* выпла́киваться; *sich die Augen ~* вы́плакать все глаза́
Ausweis *m* докуме́нт *m,* удостовере́ние *n,* про́пуск *m*
ausweisen *v irr 1.sich ~* предъявля́ть свой па́спорт, удостоверя́ть свою́ ли́чность; *2.(aus einem Land)* высыла́ть
Ausweisung *f 1.(aus einem Land)* вы́сылка *f; 2. ECO* показа́ние *m* да́нных в отчёте
ausweiten *v* расширя́ть
auswendig *adv* наизу́сть
auswerten *v 1.* оце́нивать, анализи́ровать *impf/pf; 2.(verwerten)* испо́льзовать *impf/pf; 3.(Schluss ziehen)* подводи́ть ито́ги
Auswertung *f 1.* оце́нка *f,* ана́лиз *m; 2.(Verwertung)* испо́льзование *n*
auswirken *v sich ~ auf* отража́ться на ком-л/чём-л, ска́зываться на ком-л/чём-л, ока́зывать влия́ние на кого́-л/что-л
Auswirkung *f* возде́йствие *n,* влия́ние *n*
auswischen *v (fam) jdm eins ~* подстра́ивать кому́-л что-л, сыгра́ть с кем-л злу́ю шу́тку, подкла́дывать кому́-л свинью́
Auswuchs *m 1.(Keimen)* прораста́ние *n; 2.(Wucherung)* наро́ст *m; 3.(Übersteigerung, Hässlichkeit)* извраще́ние *n,* уро́дливость *f,* уро́дливое явле́ние *n,* безобра́зие *n*
auszahlen *v 1.* выпла́чивать; *2.sich ~* опра́вдываться, быть вы́годным
Auszahlung *f* платёж *m*
auszeichnen *v 1.(würdigen)* награжда́ть, вруча́ть награ́ду; *2.(Waren) ECO* ука́зывать це́ну
Auszeichnung *f 1.(von Waren)* це́нник *m; 2.(Würdigung)* награжде́ние *n*
ausziehbar *adj* выдвижно́й, вытя́гивающийся
ausziehen *v irr 1.(Kleidung)* снима́ть; *2.(Wohnung wechseln)* переселя́ться, переезжа́ть
Auszubildende(r) *f/m* учени́к *m,* учени́ца *f (при профподгото́вке)*
Auszug *m 1.(Umzug)* пере́езд *m; 2.(Zusammenfassung)* вы́писка *f,* вы́держка *f; 3.(Kontoauszug)* вы́писка *f* из счёта
authentisch *adj 1.* допо́длинный, достове́рный, аутенти́чный
Auto автомоби́ль *m*
Autobahn *f* автостра́да *f,* автоба́н *m (после́днее в Герма́нии)*
autogen *adj* автоге́нный
Autogramm *n* авто́граф *m*
Automat *m* автома́т *m*
automatisch *adj* автомати́ческий
Automechaniker *m* автомеха́ник *m*
autonom *adj* автоно́мный
Autopsie *f MED* вскры́тие *n*
Autor(in) *m/f* а́втор *m/f*
Autoradio *n* автомоби́льный радиоприёмник *m*
Autoreifen *m* автоши́на *f*
Autorennen *n* автомоби́льные го́нки *f/pl*
autoritär *adj* авторите́тный
Autorität *f* авторите́т *m*
Autowaschanlage *f* устано́вка *f* для мо́йки автомоби́лей, автомо́йка *f (fam)*
Autowerkstatt *f* авторемо́нтная мастерска́я *f*
Axt *f* топо́р *m*
Azoren *pl GEO* Азо́рские острова́ *m/pl*
Azteke *m* ацте́к *m*

B

Baby *n* младéнец *m,* дитя́ *n*
Babysitter(in) *m/f* сидéлка *f,* ня́ня *f*
Bach *m* ручéй *m,* потóк *m; den ~ herunter gehen (fig)* делá идýт из рук вон плóхо *(fig)*
Backbord *n NAUT* лéвый борт *m*
Backe *f 1. ANAT* щекá *f; 2. TECH* щекá *f,* кулачóк *m* (патрóна), плáшка *f,* гýбки *f/pl* (тискóв), сухáрь *m* (люнéта)
backen *v irr 1.* печь, запекáть, жáрить, суши́ть (фрýкты); *2. TECH* спекáть, коксовáть, цементи́ровать *impf/pf*
Backenzahn *m ANAT* кореннóй зуб *m*
Bäcker(in) *m/f* пéкарь *m,* бýлочник *m,* бýлочница *f*
Bäckerei *f* хлебопекáрня *f,* бýлочная *f*
Backofen *m* печь *f,* духóвка *f*
Backpulver *n* пéкарский порошóк *m (разрыхли́тель тéста)*
Backwaren *pl* хлебобýлочные издéлия *n/pl*
Bad *n 1.* купáние *n,* вáнна *f,* бáня *f; (fig) ein ~ in der Menge nehmen* быть при́знанным в мáссах; *das Kind mit dem ~e ausschütten* вмéсте с водóй вы́плеснуть и ребёнка, переусéрдствовать; *2. (Kurort)* курóрт *m*
Badeanstalt *f* купáльня *f,* вáнны *f/pl,* бáня *f*
Badeanzug *m* купáльный костю́м *m*
Badehose *f* плáвки *pl*
Bademantel *m* купáльный халáт *m*
Bademeister(in) *m/f* дежýрный *m* (…ная *f*) по бассéйну
baden *v* купáть, мыть; *Baden verboten!* Купáться запрещенó!
Badeort *m* курóрт *m*
Badesaison *f* купáльный сезóн *m*
Badetuch *n* махрóвое полотéнце *n,* купáльная простыня́ *f*
Badewanne *f* вáнна *f*
Badezimmer *n* вáнная кóмната *f*
Bagatelle *f 1.* мéлочь *f,* пустя́к *m; 2. MUS* багатéль *f*
bagatellisieren *v* недооцéнивать, преуменьшáть
Bagger *m TECH* экскавáтор *m*
Bahn *f 1.* путь *m,* дорóга *f,* колея́ *f; (fig) aus der ~ werfen* вы́бить из колеи́; *etw in die richtige ~ lenken* напрáвить на прáвильный путь; *auf die schiefe ~ kommen* сбúться с пути́; *2. (Umlaufbahn, Flugbahn)* орби́та *f,* траектóрия *f; freie ~ haben (fig)* имéть простóр, имéть ширóкие возмóжности; *3. (Eisenbahn)* желéзная дорóга *f; 4. (Straßenbahn)* трамвáй *m*
Bahnfahrkarte *f* железнодорóжный проезднóй билéт *m*
Bahnhof *m* вокзáл *m,* стáнция *f; nur ~ verstehen (fig)* ничегó не понимáть
Bahnhofshalle *f* кры́тый перрóн *m*
Bahnlinie *f* железнодорóжная ли́ния *f*
Bahnsteig *m* платфóрма *f,* перрóн *m*
Bahntransport *m* железнодорóжный трáнспорт *m*
Bahnübergang *m* железнодорóжный переéзд *m; beschränkter ~* охраня́емый железнодорóжный переéзд *m*
Bahnunterführung *f* туннéль *m* под полотнóм желéзной дорóги
Bahre *f (für Verletzte)* носи́лки *f/pl*
Baiser *n* безé *n*
Bakterie *f* бактéрия *f*
Balance *f* равновéсие *n,* балáнс *m*
balancieren *v* баланси́ровать
bald *adv* скóро, бы́стро
baldmöglichst *adv* как мóжно скорéе
Balkan *m GEO* Балкáны *pl*
Balkanländer *pl GEO* балкáнские стрáны *f/pl*
Balken *m 1.* бáлка *f,* бревнó *n; 2. TECH* коромы́сло *f; 3. ANAT* мозóлистое тéло *n* (мозга)
Balkon *m* балкóн *m*
Ball[1] *m* мяч *m,* шар *m,* шáрик *m; (fig) am ~ bleiben* не отступáть от своéй цели, *sich die Bälle zuwerfen* подыгрывать друг дрýгу; *2. (Fußball)* футбóльный мяч *m*
Ball[2] *m (Tanz)* бал *m*
Ballast *m* баллáст *m*
Ballaststoffe *pl BIO* баллáстные веществá *n/pl*
Ballett *n THEAT* балéт *m*
Balletttänzer(in) *m/f THEAT* арти́ст(ка) *m/f* балéта, балерóн *m,* балери́на *f*
Ballon *m 1.*баллóн *m; 2. (Luftballon)* воздýшный шар *m*
Ballspiel *n* игрá *f* в мяч
Ballungsgebiet *n* агломерáция *f* населённых пýнктов, райóн *m* высóкой плóтности населéния
Balsam *m* бальзáм *m*
Baltikum *n GEO* Прибáлтика *f*
baltisch *adj* (при)балти́йский
Bambus *m BOT* бамбýк *m*

banal *adj* бана́льный, тривиа́льный, по́шлый
Banalität *f* бана́льность *f*, тривиа́льность *f*, по́шлость *f*
Banane *f* бана́н *m*
Banause *m* неве́жда *m/f*
Band[1] *n 1. (Streifen)* ле́нта *f*, тесьма́ *f*; *2. (Tonband)* плёнка *f*; *3. (Verbindung)* связь *f*, у́зы *f/pl (fig)*, око́вы *f/pl (fig)*; *am laufenden ~* непреры́вно, постоя́нно
Band[2] *m (Buch)* том *m*; *(fig) Bände sprechen* что-л говори́т о мно́гом
Bandage *f MED* банда́ж *m*, повя́зка *f*; *(fig) mit harten ~n kämpfen* ожесточённо боро́ться
Bande *f (Gruppe)* ба́нда *f*, ша́йка *f*
bändigen *v* усмиря́ть, унима́ть
Bandit(in) *m/f* банди́т(ка) *m/f*
Bandscheibe *f ANAT* межпозвоно́чный диск *m*
bange *adj 1.* боязли́вый, ро́бкий; *adv 2.* стра́шно, жу́тко
Bank[1] *f 1. (Sitzbank)* скамья́ *f*; *2. (Schulbank)* па́рта *f*; *3. (fig) etw auf die lange ~ schieben* откла́дывать что-л в до́лгий я́щик; *durch die ~* без исключе́ния
Bank[2] *f FIN* банк *m*
Bankangestellte(r) *f/m FIN* сотру́дник *m* (сотру́дница *f*) ба́нка
Bankanweisung *f FIN* ба́нковский перево́д *m*, платёжное поруче́ние *n*
Bankett *n* банке́т *m*, пир *m*
Bankier *m FIN* банки́р *m*
Bankkonto *n FIN* ба́нковский счёт *m*
Bankleitzahl *f FIN* ба́нковский идентификацио́нный код *m* (БИК)
Banknote *f FIN* банкно́т(а) *m/f*
Bankrott *m FIN* банкро́тство *n*
Bankscheck *m FIN* ба́нковский чек *m*
Banner *n* зна́мя *n*
bar *adj* нали́чный
Bar *f* бар *m*
Bär *m ZOOL* медве́дь *m*; *(fig) jdm einen ~en aufbinden* расска́зывать кому́-л ска́зки; *Da ist der ~ los.* Вот так свистопля́ска!
Baracke *f* бара́к *m*
barbarisch *adj* ва́рварский
barfuß *adv* босико́м
Bargeld *n* нали́чные де́ньги *pl*
bargeldlos *adj FIN* безнали́чный
Barhocker *m* высо́кий табуре́т *m* в ба́ре
Bariton *m MUS* барито́н *m*
barmherzig *adj* милосе́рдный, сострада́тельный
Barmherzigkeit *f* милосе́рдие *n*, сострада́ние *n*
barock *adj ART* в сти́ле баро́кко
Barometer *m TECH* баро́метр *m*
Baron *m* баро́н *m*
Barriere *f* барье́р *m*, прегра́да *f*
Barrikade *f* баррика́да *f*
barsch *adj* гру́бый, ре́зкий
Barsch *m ZOOL* о́кунь *f*
Bart *m* борода́ *f*
bärtig *adj* борода́тый
Barvermögen *n FIN* нали́чность *f*
Barzahlung *f FIN* нали́чный расчёт *m*
basieren *v ~ auf* осно́вываться на чём-л
Basis *f* ба́зис m
Basisdemokratie *f POL* ба́зисная демокра́тия *f*, демокра́тия *f*, определя́емая широ́кими сло́ями населе́ния
Baskenmütze *f* бере́т *m*
Basketball *m SPORT* баскетбо́л *m*
Bass *m MUS* бас *m*
Bassin *n* бассе́йн *m*, резервуа́р *m*
Bastard *m 1.* по́месь *f*, гибри́д *m*; *2. (uneheliches Kind)* внебра́чный ребёнок *m*; *3. (fig: Schimpfwort)* ублю́док *m*
basteln *v* мастери́ть, занима́ться (люби́тельски) изготовле́нием поде́лок
Batist *m* бати́ст *m*
Batterie *f TECH* батаре́я *f*, аккумуля́тор *m*
Bau *m 1. (Konstruktion)* строи́тельство *n*; *2. (Tierbau)* нора́ *f*
Bauarbeiter *m* строи́тель *m*
Bauch *m* живо́т *m*, брю́хо *n (fam)*; *(fig) eine Wut im ~ haben* стра́шно серди́ться, ло́паться от зло́сти; *sich den ~ voll schlagen* наби́ть брю́хо; *sich den ~ vor Lachen halten* надрыва́ть живо́тики (от сме́ха); *eine ~landung machen* терпе́ть неуда́чу
bauchig *adj* пуза́тый
Bauchschmerzen *pl* бо́ли *f/pl* в животе́
bauen *v 1.* стро́ить; *2. (fig: hoffen) ~ auf* де́лать ста́вку на; *3. (anpflanzen) AGR* разводи́ть, выра́щивать
Bauer *m* 1. крестья́нин *m*, фе́рмер *m*; 2. *(Schach)* пе́шка *f*
Bäuerin *f* крестья́нка *f*
bäuerlich *adj* крестья́нский
Bauernhof *m* крестья́нский двор *m*
baufällig *adj* ве́тхий, обветша́лый
Baugewerbe *n* строи́тельство *n*
Bauherr(in) *m/f* застро́йщик *m*, застро́йщица *f*
Bauingenieur *m* инжене́р-строи́тель *m*
Bauland *n* ме́сто *n* для застро́йки

Baum *m* дéрево *n; Bäume ausreißen können (fig)* имéть непомéрную сúлу
Baumstamm *m* ствол *m* дéрева
Baumsterben *n* отмирáние *n* дерéвьев, гúбель *f* дерéвьев
Baumwolle *f* хлóпок *m*
Baustelle *f* строúтельный учáсток *m*
Bautrupp *m MIL* строúтельная часть *f*
Bauunternehmen *n* строúтельный подрядчик *m,* строúтельная компáния *f*
Bauwerk *n* архитектýрное сооружéние *n*
Bayer(in) *m/f* бавáрец *m,* бавáрка *f*
Bayern *n GEO* Бавáрия *f*
bayrisch *adj* бавáрский
Bazillus *m BIO* бацúлла *f*
beabsichtigen *v* намеревáться, собирáться
beachten *v* принимáть во внимáние, учúтывать
beachtlich *adj* значúтельный
Beachtung *f* принятие *n* во внимáние
Beamter *m* чинóвник *m,* слýжащий *m*
Beamtin *f* чинóвник *f,* слýжащая *f*
beanspruchen *v 1.* трéбовать, претендовáть; *2. TECH* подвергáть напряжéнию, нагружáть
beanstanden *v* васкáзывать недовóльство, опротестóвывать
Beanstandung *f* возражéние *n,* опротестóвание *n*
beantragen *v* подавáть заявлéние, ходáтайствовать
beantworten *v* отвечáть
bearbeiten *v 1.* обрабáтывать; *2. (umarbeiten)* перерабáтывать; *3. AGR* воздéлывать
Bearbeitung *f 1.* обрабóтка *f; in ~* в обрабóтке; *2. (Umarbeitung)* перерабóтка *f; 3. AGR* воздéлывание *n*
beatmen *v MED* делáть искýсственное дыхáние, поддéрживать дыхáние искýсственным путём
Beatmung *f MED* искýсственное дыхáние *n*
beaufsichtigen *v* наблюдáть, надзирáть
beauftragen *v* поручáть комý-л что-л
bebauen *v 1.* застрáивать; *2. (anbauen) AGR* обрабáтывать, воздéлывать
Bebauungsplan *m* план *m* застрóйки
beben *v* дрожáть, сотрясáться; *vor Angst ~* дрожáть от стрáха
Beben *n 1.* дрожáние *n,* сотрясéние *n; 2. (Erdbeben)* землетрясéние *n*
Becher *m 1.* чáша *f,* крýжка *f; 2. (mit Henkel)* бокáл *m; 3. (mit Fuß)* кýбок *m*
bechern *v (fam)* выпивáть, пьянствовать
Becken *n 1. (Waschbecken)* рáковина *f* для умывáния; *2. (Schwimmbecken)* бассéйн *m; 3. ANAT* таз *m*
bedächtig *adj* рассудúтельный, осмотрúтельный
bedanken *v sich ~* благодарúть
Bedarf *m* потрéбность *f; Mein ~ ist gedeckt.* Моú потрéбности удовлетворены́.
bedauerlich *adj* прискóрбный, досáдный
bedauern *v* жалéть, сожалéть
Bedauern *n 1.* сожалéние *n; 2. (Mitleid)* сострадáние *n,* соболéзнование *n*
bedauernswert *adj 1. (Sache)* прискóрбный; *2. (Person)* достóйный сожалéния
bedecken *v* покрывáть, прикрывáть
bedenken *v irr* обдýмывать, размышлять, принимáть во внимáние; *Wir müssen alle möglichen Schwierigkeiten ~.* Мы должны́ учéсть всевозмóжные трýдности.
bedenkenlos *adj* бесцеремóнный
bedenklich *adj* сомнúтельный, внушáющий опасéния
bedeuten *v* означáть, знáчить; *Das hat etwas zu ~.* Э́то что-то знáчит.
bedeutend *adj* значúтельный
bedeutsam *adj* многозначúтельный, вáжный
Bedeutung *f* значéние *n,* смысл *m*
bedienen *v 1. jdn ~* обслýживать когó-л; *2. sich ~* угощáться; *3. TECH* обслýживать
Bedienung *f 1.* обслýживание *n; 2. (Kellner)* официáнт *m; 3. TECH* техобслýживание *n*
Bedienungsanleitung *f TECH* инструкция *f* по эксплуатáции
Bedingung *f* услóвие *n,* предпосы́лка *f*
bedingungslos *adj* безуслóвный
bedrängen *v* притеснять, угнетáть
Bedrängnis *f* притеснéние *n,* угнетéние *n*
bedrohen *v* грозúть, угрожáть
bedrohlich *adj* угрожáющий
Bedrohung *f* угрóза *f*
bedrucken *v* печáтать на чём-л что-л
bedrücken *v 1.* притеснять; *2. (deprimieren)* угнетáть
bedürfen *v etw ~* нуждáться в чём-л
Bedürfnis *n* потрéбность *f*
bedürftig *adj* нуждáющийся
Beefsteak *n GAST* бифштéкс *m*
beeilen *v sich ~* спешúть, торопúться
beeindrucken *v* впечатлять
beeinflussen *v* влиять, воздéйствовать

beeinträchtigen *v* ока́зывать отрица́тельное влия́ние, вреди́ть, причиня́ть вред, ущемля́ть (права́)

Beeinträchtigung *f* нанесе́ние *n* вреда́, ущемле́ние *n* (прав)

beenden *v* зака́нчивать, заверша́ть

beengt *adj* стеснённый, сжа́тый

beerben *v jdn ~* получа́ть насле́дство от кого́-л

beerdigen *v* хорони́ть

Beerdigung *f* по́хороны *pl*

Beere *f* BOT я́года *f*

Beet *n* гря́дка *f,* клу́мба *f*

Befähigung *f* спосо́бность *f,* скло́нность *f*

befahrbar *adj* прое́зжий

befangen *adj ~ sein* быть стесни́тельным, ро́бким

Befangenheit *f* стеснённость *f,* ро́бость *f*

befassen *v sich ~ mit* занима́ться чем-л

Befehl *m* кома́нда *f,* прика́з *m*

befehlen *v irr* кома́ндывать, прика́зывать

befestigen *v* прикрепля́ть, укрепля́ть

Befestigung *f* прикрепле́ние *n,* укрепле́ние *n*

befeuchten *v* увлажня́ть

befinden *v irr sich ~* находи́ться

Befinden *n (Gesundheit)* самочу́вствие *n*

beflecken *v* па́чкать, пятна́ть

befolgen *v* сле́довать, исполня́ть, приде́рживаться чего́-л

befördern *v 1. (transportieren)* перевози́ть, транспорти́ровать *impf/pf; 2. (fig: beruflich ~)* повыша́ть в до́лжности

Beförderung *f 1. (Transport)* перево́зка *f,* транспортиро́вка *f; 2. (im Beruf)* повыше́ние в до́лжности

befragen *v* опра́шивать, допра́шивать

Befragung *f* опро́с *m,* допро́с *m*

befreien *v* освобожда́ть, избавля́ть

Befreiung *f* освобожде́ние *n,* избавле́ние *n*

befreunden *v sich ~ mit jdm* сдружа́ться

befriedigen *v* удовлетворя́ть, утоля́ть

befriedigend *adj* удовлетвори́тельный

Befriedigung *f* удовлетворе́ние *n*

befristet *adj* ограни́ченный сро́ком

befruchten *v 1.* AGR опыля́ть; *2.* BIO оплодотворя́ть

Befruchtung *f 1.* AGR опыле́ние *n; 2.* BIO оплодотворе́ние *n*

Befugnis *f* пра́во *n,* полномо́чие *n*

befugt *adj* уполномо́ченный

Befund *m* MED диа́гноз *m,* заключе́ние *n*

befürchten *v* опаса́ться, боя́ться чего́-л

Befürchtung *f* опасе́ние *n*

befürworten *v etw ~* подде́рживать что-л, одобря́ть что-л

Befürworter(in) *m/f* защи́тник *m,* защи́тница *f,* сторо́нник *m,* сторо́нница *f*

begabt *adj* одарённый, тала́нтливый

Begabung *f* тала́нт *m,* дарова́ние *n*

begeben *v irr sich ~ zu* отправля́ться куда́-л

Begebenheit *f* собы́тие *n,* происше́ствие *n*

begegnen *v jdm ~* встреча́ться с кем-л

Begegnung *f* встре́ча *f*

begehen *v irr 1. ein Verbrechen ~* соверша́ть преступле́ние; *2. (feiern)* пра́здновать, отмеча́ть; *3. (gehen)* обходи́ть

begehren *v 1. (wünschen)* жела́ть, жа́ждать; *2. (ansuchen)* хода́тайствовать

begehrt *adj* по́льзующийся спро́сом

begeistern *v* воодушевля́ть, восхища́ть

begeistert *adj ~ sein* быть в восто́рге

Begeisterung *f* воодушевле́ние *n,* восхище́ние *n*

Begierde *f* жа́жда *n,* вожделе́ние *n*

begierig *adj* жа́ждущий, жа́дный, па́дкий

begießen *v irr* полива́ть

Beginn *m* нача́ло *n*

beginnen *v irr* начина́ть

Beglaubigung *f* удостовере́ние *n,* засвиде́тельствование *n*

begleichen *v irr 1.* ула́живать, регули́ровать; *2.* ECO опла́чивать

begleiten *v* сопровожда́ть

Begleitung *f* сопровожде́ние *n*

beglückwünschen *v ~ zu* поздравля́ть с чем-л

begnadigen *v 1.* проща́ть; *2.* JUR поми́ловать *pf (von:* ми́ловать *impf)*

Begnadigung *f 1.* проще́ние *n; 2.* JUR поми́лование *n*

begnügen *v sich ~* дово́льствоваться чем-л

begraben *v irr 1. (beerdigen)* хорони́ть; *2. (fig: abhaken)* забыва́ть, оставля́ть; *etw ~ können* что-л мо́жно забы́ть

Begräbnis *n* по́хороны *pl*

begradigen *v* выпрямля́ть, выра́внивать

begreifen *v irr* понима́ть, постига́ть

begreiflich *adj* поня́тный, постижи́мый

begrenzen *v 1.* ограни́чивать; *2. (Grenzen bilden)* проводи́ть грани́цы

Begrenzung *f* ограниче́ние *n,* грани́ца *f*

Begriff *m* поня́тие *n,* представле́ние *n*

begründen *v 1. ~ auf* осно́вывать что-л на чём-л; *2. (Geschäft)* учрежда́ть, создава́ть; *3. (Lehre)* закла́дывать осно́ву

begründet *adj* обосно́ванный

Begründung *f* обоснова́ние *n*
begrüßen *v 1. (willkommen heißen)* приве́тствовать *impf/pf; 2. (Guten Tag sagen)* здоро́ваться; *3. (billigen)* одобря́ть, приве́тствовать *impf/pf*
Begrüßung *f* приве́тствие *n*
begünstigen *v 1.* быть благоскло́нным; *2. (fördern)* благоприя́тствовать *impf; 3. (bevorzugen)* покрови́тельствовать *impf*
Begünstigung *f 1. (Unterstützung)* соде́йствие *n,* благоприя́тствование *n; 2. (Bevorzugung)* покрови́тельство *n*
begutachten *v etw ~* рассма́тривать что-л, дава́ть заключе́ние о чём-л
begütert *adj* зажи́точный, состоя́тельный
behaart *adj* волоса́тый
behäbig *adj 1.* по́лный, доро́дный; *2. (bequem)* медли́тельный, неторопли́вый
behaglich *adj* ую́тный, комфо́ртный
Behaglichkeit *f* удо́бство *n,* ую́т *m*
behalten *v irr 1.* оставля́ть, сохраня́ть; *Behalten Sie Platz!* Не встава́йте! *Er behält es im Auge.* Он э́то учтёт. *2. (sich merken)* запомина́ть
Behälter *m* ёмкость *f,* сосу́д *m,* резервуа́р *m*
behandeln *v 1.* обраща́ться, обходи́ться; *2. MED* лечи́ть; *3. TECH* обраба́тывать, подверга́ть обрабо́тке
Behandlung *f 1.* обраще́ние *n,* обхожде́ние *n; 2. MED* лече́ние *n; 3. TECH* обрабо́тка *f*
Behandlungsschein *m MED* спра́вка *f*
behängen *v irr 1.*уве́шивать, обве́шивать; *2. (schmücken)* нацепля́ть на себя́ что-л *(fam)*
beharrlich *adj* упо́рный, насто́йчивый
Beharrlichkeit *f* упо́рство *n,* насто́йчивость *f*
behaupten *v 1. (sagen)* утвержда́ть; *2. (verteidigen)* отста́ивать, стоя́ть на своём; *3. sich ~* уде́рживаться; *4. sich ~ gegen jdn* оде́рживать верх над кем-л
Behauptung *f 1.* утвержде́ние *n, 2. (Verteidigung)* отста́ивание *n,* удержа́ние *n*
Behausung *f* жили́ще *n*
beheben *v irr* устраня́ть, ликвиди́ровать *impf/pf*
beheizbar *adj* ота́пливаемый
beheizen *v* ота́пливать
Behelf *m* вспомога́тельное сре́дство *n,* по́мощь *f*
behelfen *v irr sich ~* обходи́ться, дово́льствоваться
behelfsmäßig *adj* вспомога́тельный
behelligen *v* утружда́ть; *jdn ~* беспоко́ить кого́-л, надоеда́ть кому́-л *(fam)*
beherrschen *v 1. sich ~* владе́ть собо́й, сде́рживаться; *2. (fig: können)* овладева́ть, подчиня́ть своему́ влия́нию; *3. POL* пра́вить *impf,* име́ть власть
Beherrschung *f 1. (Selbstbeherrschung)* самооблада́ние *n; die ~ verlieren* выходи́ть из себя́; *2. (fig: Können)* овладе́ние *n; 3. POL* правле́ние *n,* госпо́дство *n*
beherzigen *v 1.* принима́ть к се́рдцу; *2. (berücksichtigen)* принима́ть во внима́ние
beherzt *adj* хра́брый, реши́тельный
behilflich *adj jdm ~ sein* помога́ть кому́-л
behindern *v* препя́тствовать, меша́ть
Behinderte(r) *f/m* инвали́д *m/f*
Behinderung *f 1.* ограниче́ние *n,* поме́ха *f; 2. MED* инвали́дность *f*
Behörde *f* учрежде́ние *n,* ве́домство *n*
behüten *v* храни́ть, оберега́ть, предохраня́ть
behutsam *adj* осторо́жный, осмотри́тельный, бе́режный
Behutsamkeit *f* осторо́жность *f,* осмотри́тельрость *f,* бе́режность *f*
bei *prep 1. (örtlich)* у, при, под, во́зле; *Es liegt ~ München.* Э́то под Мю́нхеном. *2. (zeitlich)* при, во вре́мя, на, по; *München ~ Nacht* Мю́нхен но́чью; *~ Abenddämmerung* в су́мерки; *~m Auswählen des Artikels* при вы́боре статьи́; *3. (Begleitumstand)* у, при; *Ich bin ~ dir.* Я у тебя́. *Bleib ~ mir!* Остава́йся у меня́! *4. (Anrufung) Bei Gott!* Бо́же! *5. ~ aller Vorsicht* при всей (пред)осторо́жности
beibehalten *v irr* сохраня́ть, оставля́ть
Beibehaltung *f* сохране́ние *n*
beibringen *v irr 1. (lehren)* обуча́ть, учи́ть; *2. (beschaffen)* приводи́ть, представля́ть
Beichte *f REL* и́споведь *f*
beichten *v REL* испове́дываться
Beichtstuhl *m REL* исповеда́льня *f*
Beichtvater *m REL* испове́дник *m*
beide *pron 1.* о́ба, о́бе; *adj 2.* и тот и друго́й (и та и друга́я, и то и друго́е)
beiderlei *adj 1.* и тем и други́м спо́собом; *2. (zweierlei)* двоя́кий
beiderseitig *adj* взаи́мный, обою́дный
beieinander *adv* друг во́зле дру́га
Beifahrer(in) *m/f* пассажи́р(ка) *m/f,* сидя́щий *m* (…щая *f*) ря́дом с води́телем
Beifall *m 1. (Applaus)* аплодисме́нты *m/pl,* рукоплеска́ния *n/pl; 2. (Billigung)* одобре́ние *n,* призна́ние *n*

beifügen *v 1. (beilegen)* прилагáть; *2. (ergänzen)* добавля́ть
Beigabe *f 1. (Zugabe)* придáча *f; 2. (Ergänzung)* добавлéние *n*
beige *adj* бéжевый
Beigeschmack *m* при́вкус *m*
Beihilfe *f 1.* посóбие *n; 2. (Unterstützung)* пóмощь *f; 3. JUR* посóбничество *n*
Beil *n* топóр *m,* секи́ра *f*
Beilage *f 1. (einer Zeitung)* приложéние *n; 2. GAST* гарни́р *m*
beiläufig *adj 1.* случáйный, попу́тный; *adv 2.* вскользь, мимохóдом
beilegen *v 1. (hinzufügen)* добавля́ть; *2. (fig: schlichten)* улáживать, регули́ровать
Beileid *n* соболéзнование *n*
beiliegend *adj* прилагáемый
beim *(= bei dem) (siehe „bei")* см *„bei"*
beimessen *v irr* придавáть, припи́сывать
beimischen *v* примéшивать
Bein *n 1. ANAT* ногá *f; (fig) jdm auf die ~e helfen* помóчь кому́-л встать на нóги; *mit einem ~ im Grabe stehen* стоя́ть однóй ногóй в моги́ле; *mit den ~en fest im Leben stehen* крéпко стоя́ть на ногáх; *auf eigenen ~en stehen* быть самостоя́тельным; *sich auf die ~e machen* отправля́ться в путь; *jdm ~e machen* подгоня́ть, торопи́ть когó-л; *sich die ~e vertreten* размя́ться; *die ~e unter den Arm nehmen* бежáть со всех ног; *sich die ~e in den Leib stehen* отстоя́ть себé нóги; *sich kein ~ ausreißen* не проявля́ть осóбого рвéния; *sich die ~e nach etw ablaufen* сбивáться с ног в пóисках чегó-л; *2. (eines Tieres)* лáпа *f; 3. (bei Möbeln)* нóжка *f*
beinahe *adv* почти́ , едвá ли не, чуть ли не
beinhalten *v* содержáть, охвáтывать
Beirat *m* совéт *m*
beisammen *adv* вмéсте
Beischlaf *m* половóе сношéние *n*
Beisetzung пóхороны *pl,* погребéние *n*
Beisitz *m* прису́тствие *n* равнопрáвных лиц; *unter ~ von* в прису́тствии когó-л
Beisitzer *m* заседáтель *m*
Beispiel *n* примéр *m,* образéц *m; (fig) mit gutem ~ vorangehen* подавáть хорóший примéр; *sich ein ~ an jdm nehmen* брать примéр с когó-л; *ohne ~ sein* быть бесподóбным
beispielsweise *adv* напримéр
beißen *v irr 1.* кусáть, отку́сывать; *2. (Insekt)* жáлить, кусáть
beißend *adj 1. (ätzend)* éдкий; *2. (fig: höhnisch)* éдкий, язви́тельный, кóлкий
Beistand *m* пóмощь *f,* содéйствие *n*
beistehen *v irr* помогáть, содéйствовать; *Gott stehe mir bei!* Да помóжет мне Бог!
beisteuern *v ~ zu* вноси́ть свою́ дóлю
Beitrag *m 1.* взнос *m,* вклад *m,* дóля *f; 2. (Zeitungsartikel)* статья́ *f*
beitragen *v irr* содéйствовать, спосóбствовать, вноси́ть свой вклад во что-л
beitreten *v irr* вступáть, присоединя́ться к
Beitritt *m ~ zu* вступлéние *n,* присоединéние *n* к кому́-л/к чему́-л
beizeiten *adv* заблаговрéменно, своеврéменно, вóвремя
bejahen *v 1. (Frage)* отвечáть утверди́тельно; *2. (billigen)* одобря́ть
bejammern *v* жалéть, оплáкивать
bejubeln *v* встречáть с ликовáнием
bekämpfen *v* борóться с кем-л/с чем-л
bekannt *adj* знакóмый, извéстный; *Der Name kommt mir ~ vor.* Э́то и́мя мне кáжется знакóмым. *~ geben* публиковáть, оглашáть
Bekannte(r) *f/m* знакомый *m,* …мая *f*
Bekanntgabe *f* сообщéние *n,* опубликовáние *n*
bekanntlich *adv* как извéстно
Bekanntmachung *f 1.* сообщéние *n,* опубликовáние *n; 2. (amtliche ~)* официáльное сообщéние *n; 3. (eines Gesetzes)* оглашéние *n*
Bekanntschaft *f* знакóмство *n*
bekehren *v 1. (fig: überzeugen)* переубеждáть; *2. REL* обращáть в другу́ю вéру
Bekehrung *f REL* обращéние *n* в другу́ю вéру
bekennen *v irr 1. (zugeben)* признавáть; *2. sich ~ zu REL* исповéдовать вéру
Bekenntnis *n 1. (Zugeben)* признáние *n; 2. REL* вероисповéдание *n*
beklagen *v 1. etw ~* жалéть, оплáкивать; *2. sich ~ über* жáловаться на
bekleiden *v 1.* одевáть, облачáть; *2. (Amt)* занимáть дóлжность; *einen Posten ~ (fig)* занимáть пост
Bekleidung *f 1.*одéжда *f; 2. (fig: ~ eines Amtes)* исполнéние *n* обя́занностей, исправлéние *n* дóлжности
beklemmend *adj* стеснённый, угнетённый, удручённый; *Es herrscht ein ~es Schweigen.* Цари́т тя́жкое молчáние.
Beklemmung *f* стеснéние *n,* удручéние *n*
bekommen *v irr 1. (erhalten)* получáть; *2. (krank werden) MED* заражáться; *3. (finden)* находи́ть; *4. (erlangen)* приобретáть

bekömmlich *adj 1.* полéзный, хорóший; *2. (Speisen)* легкó усвáиваемый
bekräftigen *v 1. (festigen)* усúливать, укреплять, упрочáть; *2. (beteuern)* подтверждáть, заверять
bekreuzigen *v sich ~ REL* крестúться, осенять себя крéстным знамéнием
bekümmern *v* огорчáть, печáлить, тревóжить
bekunden *v 1. (zeigen)* проявлять, обнарýживать, демонстрúровать; *2. JUR* давáть показáния
belächeln *v* посмéиваться над кем-л
beladen *v irr 1. ~ mit* нагружáть чем-л; *2. (fig: beanspruchen)* обременять *(fig)*
Belag *m 1. (Schicht)* покрывáющий слой *m,* налёт *m; 2. (Brotbelag)* то, что кладётся на бутербрóд; *3. (auf der Zunge) MED* налёт *m; 4. (Zahnbelag)* зубнóй налёт *m; 5. TECH* покрытие *n*
Belagerung *f MIL* осáда *f*
belangen *v 1.* касáться, имéть отношéние; *2. JUR* привлекáть к отвéту
belanglos *adj* незначúтельный
Belanglosigkeit *f* незначúтельность *f*
belastbar *adj* выдéрживающий нагрýзки
Belastbarkeit *f* спосóбность *f* выдéрживать нагрýзки
belasten *v 1. ~ mit* нагружáть чем-л; *2. (fig: beanspruchen)* обременять *(fig); 3. (fig: bedrücken)* отягощáть *(fig); 4. (Konto) FIN* дебетовáть *impf/pf; 5. (Haus) ECO* обременять ипотéкой; *6. JUR* обременять (обязáтельствами)
belästigen *v* надоедáть, обременять
Belästigung *f* надоедáние *n,* обременéние *n*
Belastung *f 1.* нагрýзка *f; 2. (fig: Beanspruchung)* обременéние *n (fig); 3. (fig: Druck)* стресс *m; 4. (eines Kontos) FIN* дéбет *m; 5. (Steuerbelastung)* налóговое брéмя *n; 6. JUR* обременéние *n* обязáтельствами
belauschen *v* подслýшивать когó-л
belebt *adj* живóй, оживлённый
Belebung *f* оживлéние *n,* приведéние *n* в чýвство
Beleg *m 1. FIN* подтверждéние *n; 2. (Beweis) JUR* пúсьменное доказáтельство *n*
belegen *v 1. (bedecken)* покрывáть, наклáдывать свéрху; *2. (besetzen)* занимáть, бронúровать; *3. mit Beispielen ~* приводúть примéры; *4. FIN* подтверждáть; *5. (beweisen) JUR* докáзывать
Belegschaft *f* коллектúв *m,* персонáл *m*
belehren *v* учúть, поучáть, наставлять
Belehrung *f* наставлéние *n,* поучéние *n*
beleibt *adj* пóлный, тóлстый
beleidigen *v* оскорблять, обижáть
Beleidigung *f* обúда *f,* оскорблéние *n*
belesen *adj ~ sein* быть начúтанным
beleuchten *v 1.* освещáть; *2. (fig: darstellen)* освещáть какóй-л вопрóс *(fig)*
Beleuchtung *f* освещéние *n*
Belgien *n GEO* Бéльгия *f*
Belgier(in) *m/f* бельгúец *m,* бельгúйка *f*
belgisch *adj* бельгúйский
Belieben *n nach ~* по усмотрéнию, по желáнию
beliebig *adj* любóй
beliebt *adj* популярный, излюбленный
Beliebtheit *f* популярность *f,* любóвь *f*
beliefern *v* поставлять, снабжáть
bellen *v* лáять; *(fig) Hunde, die ~, beißen nicht.* Не бóйся собáки брехлúвой, а бóйся молчáливой.
belohnen *v* награждáть
Belohnung *f* нагрáда *f,* прéмия *f*
Belüftung *f* провéтривание *n*
belügen *v irr* лгать, врать
belustigen *v* веселúть, забавлять
bemalen *v* раскрáшивать
bemängeln *v* находúть недостáтки, критиковáть
bemerken *v 1. (wahrnehmen)* замечáть; *2. (äußern)* дéлать замечáние
bemerkenswert *adj* замечáтельный
Bemerkung *f* замечáние *n*
bemitleiden *v jdn ~* жалéть когó-л, сочýвствовать комý-л
bemitleidenswert *adj* достóйный сожалéния
bemühen *v sich ~ um* старáться
Bemühung *f* старáние *n*
benachbart *adj* сосéдний
benachrichtigen *v* уведомлять; *Er hat die Polizei benachrichtigt.* Он сообщúл в полúцию.
benachteiligen *v* обделять
benehmen *v irr sich ~* вестú себя
Benehmen *n* поведéние *n; ein gutes ~ haben* хорошó вестú себя
beneiden *v* завúдовать
beneidenswert *adj* завúдный; *Dies ist ~.* Э́тому мóжно позавúдовать.
Beneluxstaaten *pl GEO* стрáны *f/pl* Бенилюкса
Bengel *m* озорнúк *m,* сорванéц *m*

benommen *adj ~ sein* быть оцепенéлым; *Er ist von dem Schrecken noch ganz ~.* Он ещё совсéм оцепенéлый от ýжаса.
benoten *v* стáвить оцéнку
benötigen *v* нуждáться в чём-л
benutzen *v* испóльзовать *impf/pf,* применя́ть, употребля́ть
Benutzer(in) *m/f* пóльзователь *m,* пóльзующийся *m,* …щаяся *f*
benutzerfreundlich *adj* удóбный для пóльзователя, удóбный в обращéнии
Benutzung *f* испóльзование *n*
Benzin *n* бензи́н *m*
beobachten *v* наблюдáть, следи́ть
Beobachtung *f 1.* наблюдéние *n; 2. (Feststellung)* установлéние (фáкта); *3.* MED наблюдéние *n*
bepflanzen *v* засáживать, обсáживать
Bepflanzung *f 1. (Bepflanzen)* посáдка *f,* обсáживаниие *n,* засаживание *n* (растéниями); *2. (Grünanlage)* насаждéния *n/pl*
bequem *adj 1. (behaglich)* удóбный, ую́тный; *2. (träge)* ленúвый, медли́тельный, инéртный; *3. (Schuh, Kleid)* удóбный
Bequemlichkeit *f 1. (Behaglichkeit)* удóбство *n,* комфóрт *m,* ую́т *m; 2. (Trägheit)* склóнность *f* к лéни, вя́лость *f,* инéртность *f*
beraten *v irr 1. (Rat erteilen)* совéтовать, консульти́ровать; *2. (besprechen) ~ über* обсуждáть что-л; *3. sich ~ mit jdm* совещáться с кем-л
Berater(in) *m/f* консультáнт *m/f*
Beratung *f* консультáция *f,* совещáние *n*
berauben *v* грáбить, обкрáдывать
berechenbar *adj 1. (voraussehbar)* предсказýемый; *2.* MATH исчисля́емый, соизмери́мый
berechnen *v* вычисля́ть, подсчи́тывать
berechnend *adj (fig)* расчётливый *(fig)*
Berechnung *f* вычислéние *n,* расчёт *m*
berechtigen *v 1.* уполномóчивать, давáть прáво; *2. (Grund geben zu)* давáть основáние
berechtigt *adj 1. (befugt)* уполномóченный; *2. (begründet)* справедли́вый, опрáвданный, имéющий основáние
Berechtigung *f 1. (Befugnis)* прáво *n,* полномóчие; *2. (Begründetsein)* основáние *n*
Bereich *m 1. (Gebiet)* óбласть *f,* сфéра *f,* зóна *f; 2. (Abteilung)* департáмент *m,* сéктор *m; 3. (Zuständigkeit)* компетéнция *f*
bereinigen *v* улáживать, разрешáть, регýлировать
bereisen *v* объезжáть, путешéствовать
bereit *adj ~ sein zu* быть готóвым к
bereiten *v 1. (zubereiten)* готóвить, приготовля́ть; *2. (zufügen)* доставля́ть, причиня́ть
bereithalten *v irr* держáть наготóве
bereits *adv* ужé, ещё
Bereitschaft *f 1.* готóвность *f; 2. (Polizei)* MIL дежýрная часть *f,* дежýрное подразделéние *n*
bereitstellen *v* предоставля́ть, выделя́ть
bereitwillig *adj* готóвый, услýжливый
Bereitwilligkeit *f* готóвность *f,* услýжливость *f*
bereuen *v* кáяться, жалéть
Berg *m 1.* горá *f; 2. (fig)* грýда *f,* кýча *f; (fig) über alle ~e sein* поминáй, как звáли, и след просты́л; *über den ~ sein* преодолéть все трýдности; *etw hinter dem ~ halten* скрывáть что-л
bergab *adv* с горы́
bergauf *adv* в гóру
Bergbau *m* MIN гóрное дéло, горнодобывáющая промы́шленность *f*
bergen *v irr 1. (retten)* спасáть, находи́ть; *ein Schiff ~* поднимáть (затонýвшее) сýдно; *2. (verstecken)* пря́тать, утáивать, скрывáть
Bergführer(in) *m/f* проводни́к *m* в горáх, проводни́ца *f* в горáх
bergig *adj* гóрный
Bergsteigen *n* альпини́зм *m,* горовосхождéние *n,* восхождéние *n* в гóры
Bergsteiger(in) *m/f* альпини́ст(ка) *m/f*
Bergung *f 1. (Menschen)* спасéние *n; 2. (Schiff)* подня́тие *n* сýдна
Bergwerk *n* шáхта *f,* рудни́к *m*
Bericht *m 1. (Mitteilung)* доклáд *m,* сообщéние *n,* рáпорт *m; 2. (amtlicher ~)* отчёт *m*
berichten *v* сообщáть, доклáдывать
Berichterstattung *f 1.* представлéние *n* доклáда (отчёта); *2. (in der Presse)* сообщéния *n/pl* в прéссе
berichtigen *v* исправля́ть, поправля́ть
Bernstein *m* MIN янтáрь *m*
bersten *v irr* разрывáться, трескáться, раскáлываться; *Der Bus ist zum Bersten voll. (fig)* Автóбус биткóм наби́т. *(fam)*
berüchtigt *adj* пресловýтый
berücksichtigen *v* принимáть во внимáние, учи́тывать
Beruf *m* профéссия *f,* специáльность *f*
beruflich *adj* профессионáльный
Berufsausbildung *f* профессионáльная подготóвка *f,* …ное обучéние *n*

berufsbedingt *adj* обусло́вленный профе́ссией, профессиона́льно обусло́вленный
berufstätig *adj* рабо́тающий
Berufung *f 1. (Lebensaufgabe)* призва́ние *n; 2. (Ernennung)* назначе́ние *n; 3.* JUR обжа́лование *n,* апелля́ция *f*
beruhen *v ~ auf* осно́вываться на чём-л
beruhigen *v 1. jdn ~* успока́ивать, унима́ть; *2. sich ~* успока́иваться
beruhigend *adj* успокои́тельный, успока́ивающий
Beruhigung *f* успокое́ние *n,* утеше́ние *n*
Beruhigungsmittel *n* MED успокои́тельное сре́дство *n*
berühmt *adj* знамени́тый, изве́стный; *auf der ganzen Welt ~* изве́стный во всём ми́ре
Berühmtheit *f 1. (Ruhm)* изве́стность *f,* сла́ва *f; 2. (Mensch)* изве́стность *f,* знамени́тость *f*
berühren *v 1. (anfassen)* тро́гать, каса́ться, задева́ть; *2. (fig: bewegen)* тро́гать *(fig),* волнова́ть
Berührung *f* прикоснове́ние *n,* соприкоснове́ние *n*
besagen *v* означа́ть, зна́чить, говори́ть, свиде́тельствовать; *Das besagt, dass …* Э́то говори́т о том, что …
besänftigen *v* успока́ивать, усмиря́ть
Besatzung *1. (Mannschaft)* экипа́ж *m,* кома́нда *f; 2.* MIL оккупа́ция *f*
beschädigen *v* поврежда́ть, по́ртить
Beschädigung *f* поврежде́ние *n,* по́рча *f*
beschaffen *v* достава́ть, приобрета́ть
Beschaffenheit *f* состоя́ние *n,* сво́йство *n,* ка́чество *n*
beschäftigen *v 1. jdn ~* занима́ть кого́-л, дава́ть кому́-л рабо́ту; *2. sich ~ mit* занима́ться чем-л
Beschäftigung *f* заня́тие *n,* рабо́та *f*
beschämend *adj* посты́дный
Bescheid *m 1. (Auskunft)* информа́ция *f,* спра́вка *f; 2. (Nachricht)* сообще́ние *n,* уведомле́ние *n,* извеще́ние *n; 3.* JUR реше́ние *n*
bescheiden *adj* скро́мный
Bescheidenheit *f* скро́мность *f*
bescheinigen *v* свиде́тельствовать, подтвержда́ть, удостоверя́ть
Bescheinigung *f 1. (Schein)* спра́вка *f; 2. (Urkunde)* свиде́тельство *n; 3. (Ausweis)* удостовере́ние *n*
beschenken *v* де́лать пода́рок, ода́ривать
Bescherung *f 1. (Geschenke)* разда́ча *f* пода́рков; *2. (fam: negatives Ereignis)* неприя́тный сюрпри́з *m; Schöne ~!* Вот тебе́ и на!
beschimpfen *v* руга́ть, поноси́ть
Beschlagnahme *f* конфиска́ция *f,* изъя́тие *n,* о́пись *f* (аре́ст *m*) иму́щества
beschlagnahmen *v* конфискова́ть *impf/pf,* изыма́ть, опи́сывать иму́щество
beschleunigen *v* ускоря́ть
Beschleunigung *f* ускоре́ние *n*
beschließen *v irr 1. (entscheiden)* реша́ть, принима́ть реше́ние; *2. (beenden)* зака́нчивать, заключа́ть, заверша́ть
Beschluss *m* реше́ние *n,* постановле́ние *n*
beschlussfähig *adj* име́ющий кво́рум, правомо́чный
beschmutzen *v 1. (verschmutzen)* загрязня́ть, засоря́ть; *2. (fig: schänden)* оскверня́ть
beschränken *v 1. (einschränken)* ограни́чивать; *2. sich ~ auf* ограни́чиваться
beschränkt *adj 1. (eng)* ограни́ченный, стеснённый; *2. (engstirnig)* ограни́ченный, недалёкий, тупо́й
beschreiben *v irr* опи́сывать; *in groben Umrissen ~* опи́сывать в о́бщих черта́х
Beschreibung *f* описа́ние *n; Das spottet jeder ~!* Э́то не поддаётся описа́нию!
beschriften *v* надпи́сывать
beschuldigen *v* обвиня́ть
Beschuldigung *f* обвине́ние *n*
beschützen *v ~ vor* защища́ть от
Beschützer(in) *m/f* защи́тник *m,* защи́тница *f*
Beschwerde *f 1.* затрудне́ние *n,* тру́дность *f; 2. (Schmerzen) ~n* неду́г *m; 3.* JUR жа́лоба *f*
beschweren *v 1* утяжеля́ть, обременя́ть; *2. sich ~* жа́ловаться
beschwerlich *adj* тру́дный, тя́гостный
beschwipst *adj* подвы́пивший
beschwören *v 1. (anflehen)* умоля́ть, заклина́ть; *2.* JUR присяга́ть
beseitigen *v 1. (entfernen)* устраня́ть; *2. (fig: Zweifel zerstreuen)* рассе́ивать (сомне́ния); *3. (fam: töten)* убира́ть *(fam)*
Beseitigung *f* устране́ние *f,* ликвида́ция *f*
Besen *m* ве́ник *m,* метла́ *f*
besessen *adj ~ von* одержи́мый чем-л
besetzen *v* занима́ть
besetzt *adj* за́нятый
besichtigen *v* осма́тривать
Besichtigung *f* осмо́тр *m*

besiegen *v* побеждáть
besinnlich *adj* вдýмчивый, проникновéнный, глубокомы́сленный
Besinnung *f* сознáние *n,* пáмять *f,* размышлéние *n; zur ~ kommen* прийти́ в себя́
besinnungslos *adj* бессознáтельный
Besitz *m* владéние *n*
besitzen *v irr* владéть
Besitzer(in) *m/f* владéлец *m,* владéлица *f*
besondere(r,s) *adj* осóбый, …бая, …бое
Besonderheit *f* осóбенность *f*
besonders *adv 1. (sehr)* осóбенно; *2. (außergewöhnlich)* осóбо, специáльно; *3. (vor allem)* прéжде всегó; *4. (ausdrücklich)* весьмá
besonnen *adj* рассуди́тельный, вдýмчивый, благоразýмный
besorgen *v 1. (beschaffen)* доставáть; *2. (heimzahlen) es jdm ~* расплáчиваться с кем-л, расквитáться *pf* с кем-л; *3. (Angst haben)* опасáться
Besorgnis *f* опасéние *n,* тревóга *f; ~ erregend* вызывáющий тревóгу, тревóжный
besorgt *adj ~ sein um/~ sein wegen* беспокóиться о ком-л/о чём-л
Besorgung *f 1. (Kauf)* покýпка *f; 2. (Ausführung)* выполнéние *n,* исполнéние *n; eine ~ verrichten* исполня́ть поручéние
bespannen *v* обтя́гивать, натя́гивать
besprechen *v irr* обсуждáть, дискути́ровать
Besprechung *f* обсуждéние *n,* дискýссия *f*
besser *adj 1.* лýчший; *die ~e Hälfte* лýчшая полови́на; *adv 2.* лýчше
Besserung *f* улучшéние *n*
Bestand *m 1.* постоя́нство *n,* прóчность *f; von ~ sein* быть постоя́нным; *2. (Vorrat)* ECO запáс *m; 3. (Kassenbestand)* FIN кáссовая нали́чность *f*
beständig *adj 1. (dauerhaft)* постоя́нный; *2. (widerstandsfähig)* устóйчивый
Beständigkeit *f 1. (Dauer)* постоя́нство *n; 2. (Widerstandskraft)* устóйчивость *f*
Bestandteil *m* составнáя часть *f*
bestärken *v* поддéрживать, подтверждáть, подкрепля́ть
bestätigen *v* подтверждáть
Bestätigung *f* подтверждéние *n*
bestatten *v* хорони́ть, погребáть
bestäuben *v* BIO опыля́ть
bestaunen *v* диви́ться, любовáться
beste(r,s) *adj 1.* лýчший, …шая, …шее; *(fig) das Beste herausholen* вы́жать лýчшее; *jdn zum Besten halten* поднимáть когó-л на смех; *etw zum Besten geben* угощáть чем-л; *Mit ihm steht es nicht zum Besten.* Делá егó не блестя́щи. *adv 2.* наилýчшим óбразом
bestechen *v irr* подкупáть, давáть взя́тку
bestechlich *adj* подкýпный, продáжный
Bestechung *f* пóдкуп *m,* взя́тка *f*
Besteck *n* столóвый прибóр *m*
bestehen *v irr 1. (vorhanden sein)* существовáть; *2. ~ aus* состоя́ть из; *3. ~ auf* настáивать на; *4. (eine Prüfung ablegen)* успéшно сдавáть (выдéрживать) экзáмен
bestehlen *v irr* обкрáдывать
besteigen *v irr* поднимáться, всходи́ть на
bestellen *v 1. (Auftrag geben)* закáзывать; *2. (ernennen)* назначáть; *3. (bearbeiten)* AGR воздéлывать
Bestellung *f 1. (Auftrag)* закáз *m; 2. (Ernennung)* назначéние *n*
bestenfalls *adv* в лýчшем слýчае
bestens *adv* лýчше всегó, наилýчшим óбразом; *Das ist ~ .* Э́то великолéпно!
besteuern *v* облагáть налóгом
Besteuerung *f* налогообложéние *n*
bestialisch *adj* звéрский, ужáсный
Bestie *f 1.* бéстия *f,* (ди́кий) зверь *m; 2. (fig: Unmensch)* и́зверг *m*
bestimmen *v 1. (festlegen)* устанáвливать; *2. (definieren)* определя́ть; *3. (verfügen)* распоряжáться; *4. (zuweisen) ~ für* предназначáть для
bestimmt *adj 1. (entschieden)* реши́тельный, категори́ческий; *2. (gewiss)* определённый; *adv 3. (sicherlich)* несомнéнно, непремéнно, безуслóвно
Bestimmtheit *f 1. (Gewissheit)* увéренность *f,* определённость *f; 2. (Entschiedenheit)* реши́тельность *f,* категори́чность *f*
Bestimmung *f 1. (Zweck)* назначéние *n,* цель *f; 2. (Schicksal)* предназначéние *n,* предопределéние *n,* ýчасть *f; 3. (Vorschrift)* предписáние *n,* распоряжéние *n,* постановлéние *n,* нóрма *f; 4. (Festlegung)* установлéние *n*
Bestleistung *f* рекóрд *m*
bestmöglich *adv* наилýчшим óбразом, как мóжно лýчше
bestrafen *v 1.* накáзывать, карáть; *2. (Geld)* JUR штрафовáть
Bestrafung *f 1.* наказáние *n,* кáра *f; 2. (Geldstrafe)* JUR штраф *m,* пéня *f*
bestrahlen *v 1.* освещáть (лучáми), озаря́ть; *2.* MED облучáть
Bestrahlung *f 1.* освещéние *n,* озарéние *n; 2.* MED облучéние *n*

Bestreben *n* стремлéние *n,* старáние *n*
bestreichen *v irr ~ mit* мáзать что-л чем-л, намáзывать чем-л
bestreiken *v* бастовáть, проводи́ть забастóвку
bestreiten *v irr 1. (streitig machen)* оспáривать, отрицáть, опровергáть; *2. (Unterhalt)* зарабáтывать на жизнь, покрывáть расхóды на жизнь
Bestseller *m* бестсéллер *m*
bestürmen *v 1. (angreifen)* штурмовáть *impf,* брать при́ступом; *2. (heftig zusetzen)* обуревáть *impf; 3. (lästig werden)* приставáть; *jdn mit Fragen ~* приставáть к комý-л с вопрóсами
bestürzt *adj ~ sein* быть поражённым, ошеломлённым
Bestürzung *f* ошеломлéние *n,* замешáтельство *n,* оцепенéние *f*
Bestzeit *f* лýчшее врéмя *f*
Besuch *m 1.* посещéние *n,* визи́т *m; 2. (von Gästen)* гóсти *pl; Wir haben ~.* У нас гóсти. *3. (einer Schule)* посещéние *n* (шкóлы)
besuchen *v 1. jdn ~* навещáть когó-л, посещáть когó-л; *2. (besichtigen)* посещáть, осмáтривать; *3. (Schule)* посещáть, ходи́ть (в шкóлу)
Besucher *m 1.* посети́тель *m,* гость *m; 2. CINE, THEAT* зри́тель *m,* слýшатель *m,* пýблика *f*
Besuchszeit *f 1. (im Krankenhaus)* врéмя *f* посещéния; *2. (im Gefängnis)* врéмя *f* свидáния
betagt *adj* пожилóй, стáрый, преклóнного вóзраста
betanken *v* заправля́ть
betasten *v 1.* ощýпывать, трóгать; *2. MED* пальпи́ровать *impf/pf*
betätigen *v 1.* занимáться; *2. sich ~ bei* принимáть учáстие в; *3. TECH* приводи́ть в дéйствие, включáть, пускáть
Betätigung *f 1. (Aktivität)* заня́тие *n,* дéятельность *f; 2. TECH* приведéние *n* в дéйствие, включéние *n,* пуск *m*
betäuben *v MED* обезбóливать, дéлать мéстный наркóз, анестези́ровать *impf/pf*
Betäubung *f MED* обезбóливание *n,* мéстный наркóз *m,* анестези́я *f*
beteiligen *v 1. sich ~ an* принимáть учáстие в, учáствовать в; *2. jdn ~ an* дéлать когó-л учáстником чегó-л
Beteiligte(r) *f/m 1.* учáстник *m,* учáстница *f; 2. (Betroffene(r))* вовлечённое лицó *n*
Beteiligung *f* учáстие *n*
beten *v REL* моли́ться, читáть моли́тву
beteuern *v* заверя́ть, уверя́ть
Beton *m* бетóн *m*
betonen *v 1. (aussprechen)* дéлать ударéние на; *2. (hervorheben)* подчёркивать, акценти́ровать *impf/pf,* выделя́ть
Betonung *f 1. (Aussprache)* ударéние *n; 2. (Hervorhebung)* подчёркивание *n,* акценти́рование *n,* выделéние *n; 3. (Tonfall)* интонáция *f*
betrachten *v 1. (anschauen)* смотрéть, рассмáтривать, созерцáть; *2. (fig: beurteilen) ~ als* считáть, рассмáтривать как; *Wir ~ den Fall als erledigt.* Мы считáем э́то дéло решённым.
beträchtlich *adj* значи́тельный, серьёзный
Betrachtung *f 1. (Anschauen)* рассмáтривание *n,* разгля́дывание *n,* созерцáние *n; 2. (fig: Überlegung)* соображéния *n/pl,* размышлéния *n/pl*
Betrag *m 1.* сýмма *f; 2. (Größe, Umfang, Menge)* размéр *m,* объём *m,* коли́чество *n; 3. MATH* величинá *f,* значéние *n*
betragen *v irr 1. (sich belaufen auf)* составля́ть (какýю-л сýмму); *2. sich ~* вести́ себя́
Betragen *n* поведéние *n*
Betreff *m* заголóвок *m* к тéксту в письмé
betreffen *v irr* касáться, относи́ться
betreiben *v irr 1.* занимáться; *2. TECH, TEL* эксплуати́ровать
Betreiber(in) *m/f TECH, TEL* оперáтор *m/f; Netzbetreiber(in)* сетевóй оперáтор *m/f*
betreten *v irr 1. (hineingehen)* входи́ть, заходи́ть; *adj 2. ~ sein (fig)* быть смущённым, растéрянным, озадáченным
Betreten *n* вход *m; ~ verboten!* Вход воспрещен!
betreuen *v 1. (pflegen)* забóтиться, ухáживать, присмáтривать, смотрéть; *2. (bedienen)* обслýживать; *3. (leiten)* руководи́ть, осуществля́ть руковóдство
Betreuung *f 1. (Pflege)* забóта *f,* ухóд *m; 2. MED* (медици́нское) обслýживание *n; 3. (Bedienung)* обслýживание *n; 4. (Leitung)* руковóдство *n*
Betrieb *m 1.* рабóта *f,* дéйствие *n,* функциони́рование *n; 2. (Firma) ECO* предпри́ятие *n; 3. (Werk) ECO* завóд *m,* фáбрика *f,* произвóдство *n; 4. (Tätigkeit) ECO* дéятельность *f; 5. (Betreiben) TECH, TEL* эксплуатáция *f*

betrieblich *adj 1.* рабо́чий; *2. (firmenbezogen)* ECO на предприя́тии; *3. (werksbezogen)* ECO заводско́й, произво́дственный; *4. (betreibend)* TECH, TEL эксплуатацио́нный
betriebsam *adj* де́ятельный, предприи́мчивый, акти́вный, энерги́чный
Betriebsanleitung *f* TECH инстру́кция *f* по эксплуата́ции
betriebsbereit *adj* TECH гото́вый к эксплуата́ции (к пу́ску)
Betriebsferien *pl* пери́од *m* ухо́да в о́тпуск всего́ коллекти́ва
betrinken *v irr sich ~* напива́ться
betroffen *adj ~ sein 1. (verlegen)* быть смущённым, расте́рянным, озада́ченным; *2. (involviert)* вовлечённый
betrübt *adj ~ sein* быть опеча́ленным, гру́стным
Betrug *m* обма́н *m,* моше́нничество *n*
betrügen *v irr* обма́нывать, моше́нничать
Betrüger(in) *m/f* обма́нщик *m,* обма́нщица *f,* моше́нник *m,* моше́нница *f*
betrügerisch *adj 1. (Person)* нече́стный, лжи́вый; *2. (Dinge)* обма́нчивый, ло́жный, моше́ннический, лжи́вый
betrunken *adj ~ sein* быть пья́ным (в пья́ном состоя́нии, в состоя́нии опьяне́ния)
Bett *n 1.* крова́ть *f,* ко́йка *f,* посте́ль *f; 2. (Flussbett)* ру́сло *n*
Bettdecke *f* одея́ло *n*
bettelarm *adj* ни́щий, о́чень бе́дный
betteln *v 1. (Almosen)* проси́ть ми́лостыню (подая́ние), попроша́йничать *(fam); 2. (bitten)* моли́ть, умоля́ть, кля́нчить *(fam)*
bettlägerig *adj* лежа́чий, посте́льный, прико́ванный к посте́ли
Bettlaken *n* простыня́ *f*
Bettler(in) *m/f* ни́щий *m,* …щая *f,* ни́щенка *f,* попроша́йка *m/f (fam)*
Bettvorleger *m* ко́врик *m* пе́ред крова́тью
Bettwäsche *f* посте́льное бельё *n*
betucht *adj* состоя́тельный, зажи́точный
beugen *v 1. (biegen)* гнуть, изгиба́ть, сгиба́ть, нагиба́ть; *2. (konjugieren)* LING спряга́ть; *3. sich ~* наклоня́ться, сгиба́ться; *4. (fig: brechen)* подавля́ть, подчиня́ть, покоря́ть; *5. (fig: sich fügen) sich jdm/etw ~* подчиня́ться кому́-л/чему́-л
Beule *f 1.* MED ши́шка *f,* желва́к *m,* бубо́н *m; 2.* TECH вмя́тина *f,* вы́пуклость *f*
beunruhigen *v 1. jdn ~* беспоко́ить, трево́жить кого́-л; *2. sich ~* беспоко́иться, трево́житься
beunruhigend *adj* трево́жный, внуша́ющий беспоко́йство
beurkunden *v* JUR удостоверя́ть, свиде́тельствовать
Beurkundung *f* JUR удостовере́ние *n,* засвиде́тельствование *n*
beurlauben *v 1.* дава́ть о́тпуск; *2.* MIL увольня́ть в о́тпуск; *3. (suspendieren)* на вре́мя освобожда́ть от до́лжности
beurteilen *v* суди́ть, оце́нивать, расце́нивать
Beurteilung *f 1. (Einschätzung)* оце́нка *f; 2. (Gutachten)* о́тзыв *m; 3. (einer Person)* характери́стика *f*
Beute *f 1.* добы́ча *m; 2.* MIL трофе́й *m*
Beutekunst *f* POL трофе́йное иску́сство *n*
Beutel *m 1. (Geldbeutel)* кошелёк *m; 2. (Einkaufsbeutel, Tüte)* су́мка *f,* (целлофа́новый) паке́т *m; 3. (Sack)* мешо́к *m; tief in den ~ greifen müssen* раскоше́ливаться
Bevölkerung *f* населе́ние *n,* жи́тели *m/pl*
Bevölkerungsdichte *f* пло́тность *f* населе́ния, населённость *f*
Bevölkerungszuwachs *m* приро́ст *m* населе́ния
bevollmächtigen *v* JUR уполномо́чивать
Bevollmächtigte(r) *f/m 1.* JUR уполномо́ченный *m,* …ная *f,* дове́ренный *m,*…ная *f; 2. (Anwälte)* JUR пове́ренный *m,* …ная *f*
Bevollmächtigung *f 1.* JUR *(Bevollmächtigen)* предоставле́ние *n* полномо́чий; *2.* JUR (Vollmacht) полномо́чие *n*
bevor *konj* до того́ как, пе́ред тем как, пре́жде чем, пока́ не
bevormunden *v* опека́ть
Bevormundung *f* опе́ка *f,* опеку́нство *n*
bevorstehen *v irr* предстоя́ть
bevorzugen *v* предпочита́ть, отдава́ть предпочте́ние
Bevorzugung *f* предпочте́ние *n*
bewachen *v* охраня́ть, сторожи́ть
Bewachung *f* охра́на *f*
bewaffnen *v* вооружа́ть
Bewaffnung *f* вооруже́ние *n*
bewahren *v 1. (aufheben, beibehalten)* храни́ть, сохраня́ть, бере́чь; *2. (schützen)* уберега́ть, спаса́ть, избавля́ть; *Gott bewahre!* Бо́же упаси́!
bewähren *v sich ~* опра́вдывать себя́, зарекомендова́ть *pf* себя́, ока́зываться приго́дным
bewahrheiten *v sich ~* опра́вдываться, подтвержда́ться, ока́зываться пра́вильным

bewährt *adj 1. (Sache)* испы́танный, опро́бованный; *2. (Person)* зарекомендова́вший себя́, надёжный, о́пытный
Bewährung *f JUR* усло́вное осужде́ние *n* с испыта́тельным сро́ком, усло́вно-досро́чное освобожде́ние *n* (из заключе́ния)
Bewährungsfrist *f JUR* срок *m* усло́вного осужде́ния
Bewährungshelfer(in) *m/f* лицо́ *n*, назна́ченное для оказа́ния по́мощи усло́вно осуждённому
bewältigen *v 1.* справля́ться, преодолева́ть; *2. (lösen)* (раз)реша́ть
Bewältigung *f 1.* преодоле́ние *n; 2. (Aufgabe, Problem)* (раз)реше́ние *n*
bewandert *adj ~ sein* быть све́дущим, хорошо́ разбира́ться, име́ть о́пыт
bewässern *v* ороша́ть, обводня́ть
bewegen *v 1.* дви́гать, приводи́ть в движе́ние, передвига́ть, шевели́ть; *2. sich ~* дви́гаться, передвига́ться, шевели́ться; *3. (fig: rühren)* тро́гать *(fig),* волнова́ть
bewegend *adj 1.* дви́жущий; *2. (fig: rührend)* тро́гательный *(fig),* волну́ющий
Beweggrund *m* (дви́жущий) моти́в *m,* причи́на *f,* побужде́ние *n*
beweglich *adj 1.* подвижно́й, подви́жный, передвижно́й, дви́жущийся; *2. (flink)* живо́й, подви́жный; *3. (flexibel)* ги́бкий
bewegt *adj 1. (Meer)* бу́рный, неспоко́йный, волну́ющийся *(о мо́ре); 2. (Leben)* бу́рный, бога́тый собы́тиями *(о жи́зни); 3. (fig: gerührt)* взволно́ванный, тро́нутый
Bewegung *f 1.* движе́ние *n; 2. (innere ~)* волне́ние *n,* возбужде́ние *n*
Bewegungsfreiheit *f 1. (räumlich)* свобо́да *f* передвиже́ния; *2. (bei Handlungen)* свобо́да *f* де́йствий
bewegungslos *adj* неподви́жный
bewegungsunfähig *adj* неспосо́бный дви́гаться
beweinen *v* опла́кивать
Beweis *m* доказа́тельство *n,* до́вод *m*
Beweisaufnahme *f JUR* иссле́дование *n* доказа́тельств (в суде́)
beweisbar *adj* доказу́емый
beweisen *v irr 1.* дока́зывать, подкрепля́ть доказа́тельствами; *2. (fig: zeigen)* свиде́тельствовать
beweiskräftig *adj* доказа́тельный, име́ющий си́лу доказа́тельства
Beweismittel *n JUR* сре́дство *n* дока́зывания, доказа́тельство *n*
Beweisstück *n JUR* веще́ственное доказа́тельство *n,* вещдо́к *m*
bewerben *v irr 1. sich um einen Ausbildungs-/Studienplatz ~* подава́ть заявле́ние о зачисле́нии в уче́бное заведе́ние; *2. sich um einen Arbeitsplatz ~* подава́ть заявле́ние о приёме на рабо́ту; *3. sich um ein Amt ~* подава́ть заявле́ние о назначе́нии на каку́ю-л до́лжность
Bewerber(in) *m/f* кандида́т *m/f,* кандида́тка *f (fam),* соиска́тель *m,* соиска́тельница *f*
Bewerbung *f 1. (Ausbildung)* заявле́ние *n* о зачисле́нии в уче́бное заведе́ние; *2. (Arbeitsplatz)* заявле́ние *n* о приёме на рабо́ту; *3. (Amt)* заявле́ние *n* о назначе́нии на каку́ю-л до́лжность
Bewerbungsschreiben *n 1. (Ausbildung)* заявле́ние *n* о зачисле́нии в уче́бное заведе́ние; *2. (Arbeitsplatz)* заявле́ние *n* о приёме на рабо́ту; *3. (Amt)* заявле́ние *n* о назначе́нии на каку́ю-л до́лжность
bewerkstelligen *v 1. (durchführen)* осуществля́ть, производи́ть, соверша́ть; *2. (erreichen)* добива́ться, достига́ть
bewerten *v* оце́нивать
Bewertung *f* оце́нка *f*
bewilligen *v 1. (erlauben)* дава́ть согла́сие, разреша́ть; *2. (Geldmittel gewähren)* выделя́ть, предоставля́ть, отпуска́ть *(де́нежные сре́дства); 3. (bestätigen)* утвержда́ть
Bewilligung *f 1. (Erlaubnis)* согла́сие *n,* разреше́ние *n; 2. (Gewährung von Geldmitteln)* выделе́ние *n,* предоставле́ние *n (де́нежных средств); 3. (Bestätigung)* утвержде́ние *n*
bewirken *v 1. (verursachen)* вызыва́ть, быть причи́ной; *2. (fig: erreichen)* добива́ться, достига́ть
bewirten *v* угоща́ть, по́тчевать
bewirtschaften *v 1. (bestellen) AGR* возде́лывать, обраба́тывать; *2. (verwalten)* управля́ть хозя́йством, вести́ хозя́йство
Bewirtung *f* угоще́ние *n,* по́тчевание *n*
bewohnen *v 1. (wohnen)* жить, обита́ть; *2. (bevölkern)* населя́ть
Bewohner(in) *m/f* жи́тель(ница) *m/f,* обита́тель(ница) *m/f*
bewölkt *adj* о́блачный, па́смурный
Bewölkung *f 1.* о́блачность *f; 2. (Wolkenbildung)* образова́ние *n* облако́в (туч)
bewundern *v* восхища́ться, восторга́ться

bewundernswert *adj* удиви́тельный, досто́йный восхище́ния
Bewunderung *f* восхище́ние *n,* восто́рг *m*
bewusst *adj* созна́тельный, осо́знанный
bewusstlos *adj* бессозна́тельный, без созна́ния, без па́мяти
Bewusstlosigkeit *f* бессозна́тельное состоя́ние *n,* беспа́мятство *n; bis zur ~* до потéри созна́ния
Bewusstsein *n* созна́ние *n,* созна́тельность *n,* осозна́ние *n*
bezahlen *v* плати́ть, опла́чивать, упла́чивать, выпла́чивать
Bezahlung *f* пла́та *f,* опла́та *f,* упла́та *f*
bezähmen *v 1.* укроща́ть, усмиря́ть, обу́здывать; *2. (fig: zügeln)* сдéрживать
bezaubern *v* очаро́вывать, обворáживать
bezaubernd *adj* очарова́тельный, обворожи́тельный, плени́тельный
bezeichnen *v 1. (kennzeichnen)* помеча́ть; *2. (bedeuten)* обознача́ть; *3. (charakterisieren)* характеризова́ть
bezeichnend *adj* характéрный, показа́тельный
Bezeichnung *f 1. (Kennzeichnung)* помéтка *f; 2. (Bedeutung)* обозначéние *n; 3. (Charakterisierung)* характери́стика *f*
bezeugen *v JUR* дава́ть свидéтельские показа́ния
bezichtigen *v* вини́ть, обвиня́ть
beziehen *v irr 1. (überziehen) ~ mit* обива́ть, обтя́гивать, покрыва́ть чем-л; *2. (einziehen)* въезжа́ть, переезжа́ть, вселя́ться; *3. (abonnieren)* выпи́сывать, подпи́сываться на; *4. (verdienen)* получа́ть (зарпла́ту); *5. sich ~ auf* ссыла́ться на
Beziehung *f* отношéние *n,* связь *f*
beziehungsweise *konj 1.* и соответ́ственно; *2. (oder)* и́ли (же)
Bezirk *m* регио́н *m,* о́круг *m,* райо́н *m*
bezirzen *v* опу́тывать
Bezug *m 1. (Kissenbezug)* на́волочка *f; 2. (Überzug)* оби́вка *f,* обтя́жка *f,* чехо́л *m; 3. (Kauf)* поку́пка *f,* приобретéние *n,* получéние *n*
bezüglich *prep* относи́тельно, каса́тельно
Bezugnahme *f* ссы́лка *f*
bezuschussen *v* выделя́ть субси́дии, предоставля́ть дота́ции
bezwecken *v* имéть цéлью, ста́вить себé цéлью, добива́ться
bezweifeln *v* сомнева́ться, подверга́ть сомнéнию
bezwingen *v irr* побежда́ть, покоря́ть

Bibel *f REL* Би́блия *f*
Biber *m ZOOL* бобр *m,* бобёр *m (fam)*
Bibliografie *f* библиогра́фия *f*
Bibliothek *f* библиотéка *f*
Bibliothekar(in) *m/f* библиотéкарь *m/f*
biblisch *adj REL* библéйский
bieder *adj 1. (rechtschaffen)* чéстный, поря́дочный; *2. (treuherzig)* прямоду́шный, легковéрный
biegen *v irr* гнуть, сгиба́ть, нагиба́ть
biegsam *adj 1.* ги́бкий, упру́гий; *2. (Charakter)* покла́дистый, усту́пчивый, пода́тливый
Biegung *f* изги́б *f,* поворо́т *m*
Biene *f 1. ZOOL* пчела́ *m; 2. (fam: Mädchen)* красо́тка *f,* красо́точка *f*
Bienenhonig *m* пчели́ный мёд *m*
Bienenstich *m 1. (Verwundung)* уку́с *m* пчелы́; *2. GAST* сдо́бный пиро́г *m* с мёдом и миндалём
Bier *n* пи́во *n; Das ist nicht mein ~! (fam)* Э́то не моё дéло!
Bierbrauer *m* пивова́р *m*
Bierkrug *m* кру́жка *f* из-под пи́ва, пивна́я кру́жка *f*
Biest *n 1. (Tier)* тварь *f; 2. (fam: Person)* тварь *f,* скоти́на *f,* дрянь *f,* кана́лья *f*
bieten *v irr* предлага́ть, предоставля́ть
Bigamie *f* бига́мия *f,* двоежёнство *n,* двоему́жие *n,* двоебра́чная жизнь *f*
Bikini *m* бики́ни *m*
Bilanz *f 1. ECO, FIN* бала́нс *m; 2. (fig: Ergebnis)* ито́г *m*
bilanzieren *v* составля́ть бала́нс, баланси́ровать
bilateral *adj POL* двусторо́нний
Bild *n 1. (Gemälde)* карти́на *f,* полотно́ *n; (fig) ein ~ für die Götter* зрéлище для бого́в; *im ~e über etw sein* быть в ку́рсе како́го-л дéла; *sich ein ~ von jdm machen* составля́ть себé представлéние о чём-л; *2. CINE* сни́мок *m; 3. FOTO* фотогра́фия *f*
bilden *v 1. (gestalten)* образо́вывать, формирова́ть; *2. sich ~* образо́вываться, формирова́ться; *3. (lernen) sich ~* учи́ться, просвеща́ться, развива́ться
Bilderbuch *n* дéтская кни́га *f* с карти́нками, кни́жка-карти́нка *f; wie aus dem ~* как в кни́жке, отли́чно, без проблéм
Bilderrahmen *m* карти́нная ра́ма *f,* ра́ма *f* для карти́н
bildhübsch *adj* необычáйно краси́вый, краси́вый как карти́нка; *ein ~es Mädchen* пи́саная краса́вица

Bildlaufleiste *f* INFORM полосá *f* прокрýтки
bildlich *adj 1. (anschaulich)* наглядный, графи́ческий; *2. (fig: im übertragenen Sinne)* óбразный, перенóсный
Bildschirm *m* INFORM экрáн *m,* дисплéй *m*
Bildtelefon *n* INFORM видеотелефóн *m*
Bildung *f 1. (Gestaltung)* образовáние *n,* формировáние *n; 2. (Schulbildung)* образовáние *n*
Bildungslücke *f* пробéл *m* в образовáнии
Bildungspolitik *f* поли́тика *f* в óбласти образовáния
Bildungsurlaub *m* óтпуск *m* для получéния образовáния, óтпуск *m* с познавáтельной цéлью, óтпуск *m* с цéлью расширéния кругозóра
Billard *n* бильярд *m*
Billiarde *f* квадрильóн *m*
billig *adj 1. (preiswert)* дешёвый, недорогóй, достýпный по ценé; *2. (fig: primitiv)* дешёвый, жáлкий, убóгий, примити́вный
billigen *v* одобрять, соглашáться, санкциони́ровать *impf/pf*
Billigung *f* одобрéние *n,* соглáсие *n*
Billion *f* триллиóн *m*
Binde *f 1. (Damenbinde)* жéнская проклáдка *f; 2.* MED повязка *f,* бинт *m,* бандáж *m; 3. (fig) sich einen hinter die ~ gießen* заложи́ть за гáлстук, пропусти́ть рюмочку
Bindehaut *f* ANAT конъюнкти́ва *f,* соедини́тельная оболóчка *f* глáза
binden *v irr* свя́зывать, завя́зывать, привя́зывать
bindend *adj* обязáтельный
Bindestrich *m* дефи́с *m*
Bindfaden *m* шпагáт *m,* бечёвка *f,* верёвка *f; Es regnet Bindfäden. (fig)* Дождь льёт как из ведрá. *(fig)*
Bindung *f 1. (Verpflichtung)* обязáтельство *n; 2. (Verbundenheit)* связь *f; 3. (Skibindung)* SPORT креплéние *n*
binnen *prep* в течéние, за, в; *~ zwei Wochen* в двухнедéльный срок, за две недéли, в течéние двух недéль
Binnengewässer *n* внýтренние вóды *f/pl*
Binnenhafen *m* речнóй порт *m,* озёрно-речнóй порт *m*
Binnenhandel *m* ECO внýтренняя торгóвля *f*
Binnenmarkt *m* ECO m внýтренний ры́нок *m*
Binnenschifffahrt *f* судохóдство *n* по внýтренним вóдным путя́м, речнóе судохóдство *n*
Binsenweisheit *f* прописнáя (áзбучная) и́стина *f,* сермя́жная прáвда *f (fam)*
Biochemie *f* биохи́мия *f*
biodynamisch *adj* биодинáмика *f*
Biogas *n* биогáз *m*
Biografie *f* биогрáфия *f*
Biologe *m* биóлог *m/f*
Biologie *f* биолóгия *f*
biologisch *adj* биологи́ческий
Biophysik *f* биофи́зика *f*
Biotop *n* биотóп *m*
Birke *f* BOT берёза *f*
Birne *f 1. (Obst)* грýша *f; 2. (Glühbirne)* лáмпа *f* накáливания
bis *prep 1. (zeitlich)* до, вплоть до; *Bis morgen!* До зáвтра! *~ zum 15. Mai* до 15-го мáя; *2. (örtlich)* до, вплоть до (сáмого); *Bis dorthin sind es zwei km.* До тогó мéста – два км. *konj 3.* покá не, до тех пор покá не; *Ich werde warten, ~ du zurückkommst.* Я бýду ждать, покá ты не придёшь.
Bischof *m* REL епи́скоп *m*
bischöflich *adj* REL епи́скопский, епископáльный
bisexuell *adj* двупóлый, бисексуáльный
Bisexuelle(r) *f/m* бисексуáл(ка) *m/f*
bisher *adv* до сих пор, доны́не
bisherig *adj* прéжний, бы́вший
Biskuit *m* бискви́т *m*
bislang *adv* до сих пор, доны́не
Biss *m 1. (Beißen)* укýс *m; Schlangenbiss* змеи́ный укýс *m; Insektenbiss* укýс *m* насекóмого; *2. (Bisswunde)* рáна *f* от укýса; *3. (Zahnstellung)* MED при́кус *m*
bisschen *adj 1. ein ~* немнóго, немнóжко *(fam); 2. Ach du liebes ~!* Ах ты бóже мой!
Bissen *m* кусóк *m; jdm keinen ~ gönnen (fig)* откáзывать кому-л в кускé хлéба *(fig),* зави́довать комý-л из-за всякóй мéлочи; *keinen ~ anrühren* не притрáгиваться к едé
bissig *adj 1.* кусáющийся, злой; *2. (fig: höhnisch)* язви́тельный, éдкий, кóлкий, злóбный
Bit *n* INFORM бит *m*
bitte *adv 1. (bittend)* пожáлуйста, прошý, прóсим; *2. (Antwort auf Dank)* пожáлуйста; *3. (fragend)* пожáлуйста, извóль(те), не хотéл бы ты (не хотéла бы ты, не хотéли бы Вы); *4. (bejahend)* да, пожáлуйста
Bitte *f 1.* прóсьба *f; 2. (Einladung)* приглашéние *n*

bitten *v irr 1.* просúть, спрáшивать; *2. (einladen)* приглашáть

bitter *adj 1. (Geschmack)* гóрький; *2. (fig: schmerzlich)* гóрький, печáльный, неприя́тный, обúдный

Bitter *m (Getränk)* гóрький ликёр *m*

Bitterkeit *f* гóречь *f,* досáда *f*

Blähungen *pl MED* метеорúзм *m,* пучéние *n; ~ haben (fam)* когó-л пýчит

blamabel *adj* позóрный, посты́дный

Blamage *f* позóр *m,* провáл *m,* лáжа *f (fam)*

blamieren *v 1. jdn ~* позóрить, срамúть, компрометúровать; *2. sich ~* позорúться, срамúться, компрометúровать себя́

blank *adj 1. (glänzend)* блестя́щий, сверкáющий; *2. (bloß)* гóлый; *~er Draht* гóлый прóвод; *Ich bin ganz ~. (fam)* У меня́ нет ни грошá.

blanko *adj FIN* чúстый, незапóлненный

Blase *f 1.* пузы́рь *m,* волды́рь *m; 2. ANAT* мочевóй пузы́рь *m*

blasen *v irr 1.* дуть; *2. MUS* игрáть; *Trübsal ~* ныть, хандрúть, плáкаться, хны́кать

Blasmusik *f MUS* духовáя мýзыка *f*

blass *adj* блéдный, бесцвéтный, блёклый

Blässe *f* блéдность *f,* бесцвéтность *f,* блёклость *f*

Blatt *n 1. ~ Papier* лист *m* бумáги (листы́ *pl*); *2. BOT* лист *m* (лúстья *pl*), лепестóк *m; 3. (fig) kein ~ vor den Mund nehmen* говорúть без обинякóв, не стесня́ться в выражéниях; *ein unbeschriebenes ~* неизвéстная величинá, тот, кто ещё не проявúл себя́; *Das ~ hat sich gewendet.* Дéло прúняло дрýгой оборóт. *Das steht auf einem anderen ~.* Э́то из другóй óперы.

blättern *v* листáть, перелúстывать

Blätterteig *m* слоёное тéсто *n*

blau *adj* сúний, голубóй; *(fig) jdm das Blaue vom Himmel versprechen* обещáть комý-л лунý с нéба, расскáзывать небылúцы, заливáть

Blech *n* жесть *m,* металлúческий лист *m*

Blechdose *f* жестянáя бáнка *m,* жестя́нка *f*

Blei *n* свинéц *f; wie ~ in den Gliedern liegen (fig)* всё тéло слóвно налúто свинцóм

Bleibe *f* пристáнище *n,* кров *m,* жилúще *n*

bleiben *v irr* оставáться

bleich *adj* блéдный, тýсклый (свет)

bleichen *v 1.* бледнéть; *2. (weiß tünchen)* белúть, отбéливать

Bleichmittel *n* срéдство *n* для отбéливания

bleifrei *adj (Benzin)* неэтилúрованный *(бензúн)*

bleihaltig *adj (Benzin)* этилúрованный *(бензúн)*

Bleistift *m* карандáш *m*

Bleistiftspitzer *m* точúлка *f* для карандашéй

Blende *f 1. (Abschirmung)* приспособлéние *n* для защúты от свéта, световóй козырёк *m; 2. FOTO* диафрáгма *f*

blenden *v 1. (Licht)* ослепля́ть, слепúть; *2. (fig: täuschen)* обмáнывать, ослепля́ть

blendend *adj 1. (leuchtend)* ослепúтельный; *2. (fig: bezaubernd)* блестя́щий, ослепúтельный

Blick *m 1. (Schauen)* взгляд *m,* взор *m; einen bösen ~ haben* у когó-л злой взгляд; *einen ~ hinter die Kulissen werfen* загля́дывать за кулúсы; *einen ~ für etwas haben* имéть намётанный глаз; *jdn keines ~es würdigen* не удостáивать когó-л взгля́да; *Liebe auf den ersten ~* любóвь с пéрвого взгля́да; *2. (Aussicht)* вид *m,* перспектúва *f*

blicken *v* смотрéть, глядéть

Blickfang *m* примáнка *f* для глаз

blind *adj* слепóй, незря́чий, ослеплённый

Blinddarm *m ANAT* слепáя кишкá *f*

Blinddarmentzündung *f MED* аппендицúт *m*

Blinde(r) *f/m* слепóй *m, …пáя f,* слепéц *m,* незря́чий *m, …чая f*

Blindenhund *m* собáка-поводы́рь *f*

Blindenschrift *f* шрифт *m* для слепы́х, шрифт *m* Брáйля

Blindheit *f* слепотá *f,* ослеплéние *n*

blinken *v 1.* сверкáть, блестéть, мерцáть; *2. TECH* подавáть световы́е сигнáлы

Blinker *m TECH* указáтель *m* поворóта

Blinklicht *n TECH* мигáющий свет *m,* мигáющий сигнал *m*

blinzeln *v* подмúгивать, мигáть, моргáть

Blitz *m* молния *f; (fig) wie der ~* молниенóсно, с быстротóй мóлнии, вмиг; *wie ein ~ aus heiterem Himmel (fig)* как гром средú я́сного нéба *(fig)*

Blitzableiter *m TECH* молниеотвóд *m,* громоотвóд *m*

blitzblank *adj* начúщенный до блéска

blitzen *v* сверкáть

blitzschnell *adj 1.* молниенóсный, мгновéнный; *adv 2.* молниенóсно, мúгом

Block *m 1.* блок *m; 2. (Gebäudeblock)* блок *m* здáний, квартáл *m; 3. (von Papier)* блокнóт *m*

Blockade *f 1.* блокáда *m; 2. (Typo)* марáшка *f*

Blockbuster *m* CINE блокбáстер *m*
Blockflöte *f* MUS прямáя флéйта *f*
blockieren *v* блокúровать *impf/pf*
Blockschrift *f* гротéсковый шрифт *m*, брускóвый шрифт *m*
blöd *adj* глýпый, дурнóй, тупóй
Blödsinn *m* глýпость *f*, чушь *f*, вздор *m*
blond *adj* светловолóсый, белокýрый; *~ gefärbt* светлопокрáшенный
bloß *adj 1.* гóлый, нагóй, обнажённый; *mit ~em Auge sehen* вúдеть невооружённым глáзом; *adv 2.* одúн тóлько, одúн лишь
Bluff *m* блеф *m*, обмáн *m*, надувáтельство *n (fam)*
blühen *v 1. (Blume)* цвестú; *2. (fam: widerfahren)* предстоя́ть, доставáться
blühend *adj* цветýщий
Blume *f* цветóк *m; durch die ~ sprechen (fig)* говорúть намёками
Blumenhändler(in) *m/f* цветóчник *m*, цветóчница *f*, продавéц *m* цветóв, продавщúца *f* цветóв
Blumenkohl *m* BOT цветнáя капýста *f*
Blumentopf *m* цветóчный горшóк *m*
Bluse *f* блýзка *f*
Blut *n* кровь *f; (fig) blaues ~ haben* у когó-л голубáя кровь; *~ geleckt haben* входúть во вкус; *~ und Wasser schwitzen* у когó-л трясýтся поджúлки, обливáться кровáвым пóтом; *~ sehen wollen* рассвирéпить, быть вне себя́ от злóсти; *ins ~ gehen* будорáжить кровь; *Das liegt ihm im ~.* Э́то у негó в кровú. *Ruhig ~!* Не волновáться!
Blutdruck *m* MED кровянóе давлéние *n*
Blüte *f* BOT цветóк *f; (fig) in der ~ seiner Jahre* во цвéте лет, в расцвéте сил
bluten *v* кровоточúть
Blütenstaub *m* BOT цветóчная пыльцá *f*
Bluterguss *m* MED кровоизлия́ние *n*
Blutgruppe *f* MED грýппа *f* крóви
blutig *adj 1.* кровáвый; *2. (mit Blut bedeckt)* окровáвленый
Blutprobe *f* MED анáлиз *m* крóви
Blutspender(in) *m/f* MED дóнор *m/f* крóви
Blutung *f* MED кровотечéние *n*, геморрагúя *f*
Blutuntersuchung *f* MED исслéдование *n* крóви
Blutvergießen *n* кровопролúтие *n*
Blutvergiftung *f* MED заражéние *f* крóви
Blutzucker *m* MED сáхар *m* крóви
Bock *m 1.* SPORT гимнастúческий козёл *m; 2. (Ziegenbock)* ZOOL козёл *m; 3. (Schafbock)* ZOOL барáн *m; 4. (Rotwild)* ZOOL самéц *m* (косýли, сéрны); *5. (fam) einen ~ schießen* давáть мáху, оплошáть *pf*, сплоховáть *pf*
Boden *m 1. (Erde)* земля́ *f*, пóчва *f*, грунт *m; 2. (Fußboden)* пол *m; 3. (Grund)* дно *n*, днúще *n*, фундамент *m; 4. (fig) am ~ zerstört sein* быть в пóлном отчáянии, быть морáльно раздáвленным, быть совершéнно уничтóженным; *festen ~ unter den Füßen haben* имéть твёрдую пóчву под ногáми; *den ~ unter den Füßen verlieren* теря́ть пóчву под ногáми; *an ~ gewinnen* приобретáть влия́ние (распространéние); *vor Scham im ~ versinken* быть готóвым провалúться сквозь зéмлю от стыдá
bodenlos *adj 1.* бездóнный; *2. (fig: unerhört)* неимовéрный, неслы́ханный
Bodenschätze *pl* полéзные ископáемые *n/pl*
Bodensee *m* Бóденское óзеро *n*
Bodenturnen *n* вóльные упражнéния *n/pl*
Böe *f* шквал *m*, сúльный поры́в *m* вéтра
Bogen *m 1. (Kurve)* изгúб *m*, излýчина *f*, извúлина *f*, поворóт *m*, дугá *f; (fig) einen ~ um etw machen* делáть крюк вокрýг чегó-л, обходúть что-л сторонóй; *den ~ heraushaben* понимáть что к чемý; *jdn in hohem ~ hinauswerfen* с трéском вышвы́ривать когó-л вон; *2. (Waffe)* лук *m; (fig) den ~ überspannen* перегибáть пáлку; *3. (Papier)* лист *m* (бумаги); *4.* ARCH áрка *f*, свод *m*
Bogenschießen *n* SPORT стрельбá *f* из лýка
Bohle *f* тóлстая доскá *f*, брус *m*
Böhme *m* богéмец *m*
Böhmen *n* GEO Богéмия *f*
böhmisch *adj* богéмский *m; Das sind für mich ~e Dörfer. (fig)* Э́то для меня́ китáйская грамóта. *(fig)*
Bohne *f 1. (Hülsenfrucht: Saubohne)* боб *m; 2. (Hülsenfrucht: weiße Bohne)* фасóль *f; ~n in den Ohren haben (fig)* ничегó не слы́шать; *Nicht die ~! (fam)* Рóвным счётом ничегó; *2. (Kaffeebohne)* кофéйное зернó *n*
Bohnenkaffee *m* кóфе *m* в зёрнах, натурáльный кóфе *m*
bohnern *v* натирáть
bohren *v* сверлúть, просвéрливать, бурáвить, пробурáвливать
Bohrer *m* TECH сверлó *n*, бурáв *m*
Bohrinsel *f* буровáя платфóрма *f*
Boiler *m* TECH водогрéйный котёл *m*, бóйлер *m*

Boje *f* буй *m*
bolivianisch *adj* боливи́йский
Bolivien *n GEO* Боли́вия *f*
Bolzen *m TECH* болт *m,* винт *m,* па́лец *m*
Bombe *f MIL* бо́мба *f*
Bon *m 1.* тало́н *m; 2. (Kassenbon)* чек *m*
Bonbon *n* конфе́та *f,* леденéц *m*
Bonus *m 1. (Börse) FIN* биржева́я пре́мия *f,* пре́мия *f* в биржевы́х сде́лках; *2. (Gewinn) FIN* при́быль *f,* до́ля *f* при́были; *3. (Nachlass) FIN* ски́дка *f,* бо́нус *m*
Bonze *m (fam)* бо́нза *m*
Boom *m ECO* бум *m,* подъём *m*
Boot *n* ло́дка *f,* шлю́пка *f,* бот *m*
Bord[1] *n (Brett)* по́лка *f*
Bord[2] *m 1.* борт *m; an ~* на борту́; *2. etw über ~ werfen (fig)* выбра́сывать что-л за борт *(fig)*
Bordell *n* публи́чный дом *f,* дом *f* терпи́мости, борде́ль *m*
Bordkarte *f* поса́дочный тало́н *m*
Bordstein *m* бордю́рный ка́мень *m*
borgen *v 1. (verleihen)* дава́ть взаймы́, ода́лживать, занима́ть (де́ньги); *2. (entleihen)* брать взаймы́, занима́ть (де́ньги)
Borke *f* кора́ *f*
borniert *adj* ограни́ченный, недалёкий, тупо́й, узколо́бый, туполо́бый
Börse *f 1. (Geldbörse)* кошелёк *m,* бума́жник *m; 2. FIN* би́ржа *f*
Börsenkurs *m FIN* биржево́й курс *m,* котиро́вка *f*
Börsenmakler(in) *m/f FIN* биржево́й ма́клер *m/f,* бро́кер *m/f,* тре́йдер *m/f*
Borste *f* щети́на *f*
Borte *f* кайма́ *f,* обши́вка *f*
bösartig *adj 1.* злой, зло́стный, кова́рный; *2. MED* злока́чественный
Bösartigkeit *f 1.* злость *f,* зло́ба *f,* кова́рство *n; 2. MED* злока́чественность *f*
Böschung *f* отко́с *m,* склон *m*
böse *adj 1. (verärgert)* злой, серди́тый; *2. (schlimm)* плохо́й, дурно́й, скве́рный
boshaft *adj* зло́бный, злой
Bosheit *f* зло́бность *f,* злость *f*
böswillig *adj* зло́стный, злонаме́ренный
Botanik *f* бота́ника *f*
botanisch *adj* ботани́ческий
Bote *m* курье́р *m,* посы́льный *m*
Botin *f* курье́р *f,* посы́льная *f*
Botschaft *f 1. (Nachricht)* весть *f,* изве́стие *n; 2. POL* посо́льство *n*
Botschafter(in) *m/f POL* посо́л *m/f*
Boulevardzeitung *f* бульва́рная газе́та *f*
Boullion *f GAST* бульо́н *m*
Bowle *f* крюшо́н *m*
boxen *v* занима́ться бо́ксом, боксе́ровать
Boxkampf *m SPORT* бокс *m,* боксёрский бой *m*
Boykott *m* бойко́т *m*
boykottieren *v* бойкоти́ровать *impf/pf*
Branche *f ECO* о́трасль *f*
Brand *m* пожа́р *m*
Brandbekämpfung *f* туше́ние *n* пожа́ра, борьба́ *f* с пожа́ром
brandeilig *adj (fam)* кра́йне сро́чный
Brandsalbe *f MED* мазь *m* от ожо́гов
Brandstiftung *f* поджо́г *m*
Brandung *f* прибо́й *m*
Brandwunde *f MED* ожо́г *m*
Branntwein *m* вы́держанная во́дка *m*
Brasilianer(in) *m/f* брази́лец *m,* бразилья́нка *f*
brasilianisch *adj* брази́льский
Brasilien *n GEO* Брази́лия *f*
Bratapfel *m* печёное я́блоко *n*
braten *v irr* жа́рить, *knusprig ~* жа́рить до образова́ния хрустя́щей ко́рочки
Braten *m* жарко́е *n; den ~ riechen (fig)* понима́ть в чём де́ло
Bratenfleisch *n* мя́со *n* на жарко́е
Bratensoße *f* со́ус *m* к жарко́му
Bratfisch *m 1. (nicht zubereitet)* ры́ба *f* для жа́ренья; *2. (zubereitet)* жа́реная ры́ба *f*
Brathuhn *n 1. (nicht zubereitet)* цыплёнок *m* для жа́ренья; *2. (zubereitet)* жа́реный цыплёнок *m*
Bratkartoffeln *pl* жа́реный карто́фель *m*
Bratpfanne *f* сковорода́ *f*
Bratrost *m* решётка *f* для жа́ренья
Bratspieß *m* ве́ртел *m,* шампу́р *m*
Bratwurst *f 1. (nicht zubereitet)* сыра́я колба́ска *f* для жа́ренья; *2. (zubereitet)* жа́реная колба́ска *f*
Brauch *m* обы́чай *m*
brauchbar *adj* (при)го́дный, поле́зный
brauchen *v 1. (nötig haben)* нужда́ться в чём-л, кому́-л тре́буется что-л; *2. (benutzen)* по́льзоваться, употребля́ть; *3. (müssen)* необходи́мо/на́до/ну́жно *(+ Infinitiv); Du brauchst nicht zu kommen.* Тебе́ не на́до (не́зачем) приходи́ть.
Brauchtum *n* обы́чаи *m/pl*
Braue *f* бровь *f*
brauen *v* вари́ть (пи́во)
Brauerei *f* пивова́рня *f,* пивова́ренный заво́д *m*

Brauindustrie *f ECO* пивоварéние *n,* óтрасль *f* пивовáренной промы́шленности
braun *adj 1. (Farbe)* кори́чневый, бýрый; *2. (sonnengebräunt)* загорéлый; *3. (Haar)* каштáновый, шатéн; *4. (Person, Haut)* смýглый
Bräune *f 1. (Hautfarbe)* смýглый цвет *m* кóжи, смýглость *f,* смуглотá *f; 2. (Sonnenbräune)* загáр *m*
bräunen *v sich ~* загорáть
Braunkohle *f MIN* бýрый ýголь *m*
Brause *f 1. (Dusche)* душ *m; 2. (Getränk)* лимонáд *f,* шипýчка *f*
brausen *v 1. sich ~ (duschen)* принимáть душ; *2. (rasen)* бушевáть, кипéть, бурли́ть
Braut *f 1.* невéста *f; ~werbung* сватовствó *n; 2. (Versprochene)* сýженая *f; 3. (am Hochzeitstag)* невéста *f,* новобрáчная *f*
Bräutigam *m* жени́х *m*
Brautjungfer *f* подрýга *f* (подрýжка *f*) на свáдьбе
Brautkleid *n* свáдебное плáтье *n*
Brautpaar *n* жени́х *m* и невéста *f*
brav *adj 1. (artig)* послýшный, сми́рный; *2. (redlich)* слáвный, порядочный, чéстный; *3. (tapfer)* хрáбрый, брáвый
bravo *interj ~ !* Брáво! Прекрáсно!
bravourös *adj* мáстерский, блестя́щий
brechen *v irr 1. (abbrechen)* отлáмывать, облáмывать, ломáть; *2. (sich übergeben)* тошни́ть (когó-л тошни́т), рвать (когó-л рвёт), блевáть *(fam); 3. (fig: Vertrag)* нарушáть; *4. (Knochen) MED* sich etw ~ сломáть *pf* себé что-л (*von:* лóмать *impf*)
Brei *m 1.* кáша *f,* мéсиво *n; um den heißen ~ herumreden (fig)* говори́ть вокрýг да óколо *(fig); jdm ~ ums Maul schmieren (fam)* льстить комý-л; *2. (Kinderbrei)* кáшица *f*
breit *adj 1.* ширóкий; *sich ~ machen* развáливаться, рассáживаться; *2. (Stoffe) doppelt ~* двойнóй ширины́; *Der Stoff liegt 80 cm ~.* Ширинá материáла 80 см. *3. (ausgedehnt)* прострáнный, обши́рный, обстоя́тельный, подрóбный
breitbeinig *adj* с широкó расстáвленными ногáми
Breite *f 1.* ширинá *f,* широтá *f; 2. (Ausführlichkeit)* обстоя́тельность *f,* обши́рность *f; (fig) in aller ~ Breite* во всех подрóбностях; *in die ~ gehen* раздавáться в ширь, толстéть; *3. GEO* широтá *f*
Breitengrad *m GEOL* грáдус *m* широты́
Bremsbelag *m TECH* тормознáя наклáдка *f,* наклáдка *f* тормознóй колóдки
Bremse[1] *f TECH* тóрмоз *m; Die ~n funktionieren nicht richtig.* Тормозá не рабóтают, как слéдует.
Bremse[2] *f ZOOL* óвод *m,* слепéнь *m*
bremsen *v* тормози́ть, остáнавливать (автомоби́ль); *sich ~ können (fig)* умéть удéрживать себя́, сдéрживаться
Bremslicht *n TECH* стоп-сигнáл *m,* сигнáл *m* торможéния
brennbar *adj* горю́чий, воспламеня́ющийся
brennen *v irr 1.* горéть; *Das Licht brennt.* Гори́т свет. *2. (verbrennen)* сжигáть, жечь; *3. (feuern)* топи́ть; *4. (schmerzen)* жечь, горéть, бóльно свербéть; *5. Schnaps ~* гнать самогóн; *vor Ungeduld ~ (fig)* сгорáть от нетерпéния *(fig)*
Brennglas *n* горю́чий газ *m*
Brennmaterial *n* тóпливо *n,* горю́чее *n*
Brennnessel *f BOT* крапи́ва *f*
Brennpunkt *m 1. PHYS* фóкус *m*; *2. CHEM* тóчка *n* воспламенéния; *3. (fig: Mittelpunkt)* центр *m* (внимáния, собы́тий)
Brennstoff *m* тóпливо *n,* горю́чее *n*
brenzlig *adj 1. (angebrannt)* пригорéлый; *~er Geruch* зáпах пригорéлого; *2. (fig: bedenklich)* сомни́тельный, подозри́тельный; *eine ~e Frage* щекотли́вый вопрóс
Brett *n* доскá *f; (fam) ein ~ vor dem Kopf haben* тýго соображáть, быть тупы́м
Bretterzaun *m* дощáтый забóр *m*
Brezel *f* солёный крéндель *m*
Brief *m* письмó *n; (fig) ~ und Siegel auf etw geben* ручáться за что-л, давáть пóлную гарáнтию в чём-л; *blauer ~* сообщéние *n* об увольнéнии, извещéние *n* об увольнéнии
Briefgeheimnis *n* тáйна *f* перепи́ски
Briefkasten *m* почтóвый я́щик *m*
Briefkopf *m* заголóвок *m* письмá, шáпка *f* письмá *(fam)*
Briefmarke *f* почтóвая мáрка *f*
Briefpapier *n* почтóвая бумáга *f*
Brieftasche *f* бумáжник *m*
Briefträger(in) *m/f* почтальóн *m/f*
Briefumschlag *m* конвéрт *m*
Briefwechsel *m* перепи́ска *f,* корреспондéнция *f*
Brikett *n* брикéт *m* (угля́)
brillant *adj* блестя́щий, великолéпный
Brillant *m* бриллья́нт *m,* бриллиáнт *m*
Brille *f* очки́ *pl*

Brillengestell *n* опра́ва *f* очко́в
Brillengläser *pl* стёкла *n/pl* для очко́в
Brillenträger(in) *m/f* нося́щий *m* (…щая *f*) очки́, очка́рик *m (fam)*
bringen *v 1.* приноси́ть, привози́ть; *2. (begleiten)* приводи́ть, сопровожда́ть; *3. (Gewinn)* получа́ть, выруча́ть (при́быль)
brisant *adj 1.* MIL briза́нтный, дробя́щий *2. (fig: brenzlig)* щекотли́вый *(fig),* взрывоопа́сный *(fig)*
Brise *f* бриз *m*
Brite *m* брита́нец *m*
britisch *adj* брита́нский
Britische Inseln *pl* GEO Брита́нские острова́ *m/pl*
bröckeln *v* кроши́ться, осыпа́ться, отва́ливаться
Brocken *m* кусо́к *m,* обло́мок *m; ein fetter ~ (fig)* кру́пный куш *(fam)*
brodeln *v* кипе́ть, бурли́ть, клокота́ть
Brokkoli *m* BOT бро́кколи *pl,* капу́ста *f* спа́ржевая
Brombeere *f* BOT ежеви́ка *f*
bronchial *adj* бронхиа́льный
Bronchie *f* ANAT бронх *m*
Bronchitis *f* MED бронхи́т *m*
Bronze *f* MET бро́нза *f*
Brosche *f* брошь *f,* бро́шка *f*
Broschüre *f* брошю́ра *f*
Brot *n* хлеб *m; sich sein tägliches ~ verdienen (fig)* зараба́тывать себе́ на хлеб *(fig)*
Brotaufstrich *m* проду́кт *m* для нама́зывания на хлеб
Brötchen *n* бу́лочка *m,* са́йка *f*
Broterwerb *m (fig)* возмо́жность *f* зараба́тывать на жизнь *(fig),* за́работки *m/pl*
Brotkruste *f* ко́рочка *f* хле́ба, хле́бная ко́рка *f*
Brotlaib *m* буха́нка *f* (карава́й *m*) хле́ба
brotlos *adj* без средств к существова́нию
Brotscheibe *f* ломо́ть *m* (кусо́к *m*) хле́ба
Browser *m* INFORM бра́узер *m* (*auch:* бро́узер *m)*
Bruch *m 1.* поло́мка *f,* разруше́ние *n; 2. (Riss)* тре́щина *f; 3. (Bruchstelle)* изло́м *m; 4. (Glas)* бой *m; zu ~ gehen* разбива́ться; *5. (Vertragsbruch)* JUR наруше́ние *n* (догово́ра); *6.* MATH дробь *f; 7. (Knochenbruch)* MED перело́м *m*
brüchig *adj* хру́пкий, ло́мкий, бью́щийся
bruchrechnen *v* MATH исчисля́ть дро́би
Bruchstelle *f 1.* TECH сло́манное (поло́манное) ме́сто *n; 2.* MED ме́сто *n* перело́ма
Bruchteil *m* до́ля *f,* части́ца *f*
Brücke *f 1.* мост *m; alle ~n hinter sich abbrechen (fig)* сжига́ть за собо́й все мосты́ *(fig); 2. (Teppich)* коври́к *m; 3. (Zahnbrücke)* MED мост *m,* мо́стик *m*
Brückenbau *m* TECH мостострое́ние *n,* строи́тельство *n* (возведе́ние *n,* наво́дка *f*) мосто́в
Bruder *m* брат *m*
brüderlich *adj* бра́тский; *adv* по-бра́тски
Brühe *f* бульо́н *m,* отва́р *m*
brüllen *v 1.* ора́ть; *2. (Tiere)* мыча́ть, рыча́ть, реве́ть; *(fig) Es ist zum ~.* Умо́ра! С ума́ сойти! Упа́сть мо́жно! *~ wie am Spieß* реве́ть не свои́м го́лосом
brummen *v 1. (Lebewesen)* бормота́ть, бурча́ть; *in den Bart ~* бормота́ть себе́ под нос; *2. (Instrument)* MUS издава́ть фальши́вые тона́, гуде́ть
brummig *adj* ворчли́вый, брюзгли́вый
brünett *adj* тёмноволо́сый
Brunnen *m 1.* коло́дец *m,* сква́жина *f; 2. (Springbrunnen)* фонта́н *m*
Brunst *f* те́чка *f*
brüsk *adj* ре́зкий, бесцеремо́нный
brüskieren *v* обраща́ться с кем-л ре́зко
Brüssel *n* Брюссе́ль *m*
Brust *f 1.* грудь *f; mit geschwellter ~* с вздыма́ющейся от ра́дости гру́дью; *einen zur ~ nehmen (fig)* изря́дно вы́пить; *2. (Busen)* грудь *f* (же́нская), пе́рси *pl*
brüsten *v sich ~* хва́статься, чва́ниться
Brustkorb *m* ANAT грудна́я кле́тка *f*
Brustkrebs *m* MED рак *m* груди́
Brustschwimmen *n* SPORT пла́вание *n* сти́лем брасс
Brüstung *f* пери́ла *pl,* парапе́т *m,* балюстра́да *f*
Brustwarze *f* ANAT грудно́й сосо́к *m*
Brut *f 1. (Eier)* инкуба́ция *f,* выси́живание *n* яи́ц; *2. (Nachkommenschaft)* вы́водок *m* (птенцо́в), припло́д *m; 3. (fig: abwertend)* отро́дье *n,* исча́дие *n*
brutal *adj* жесто́кий, беспоща́дный
Brutalität *f* жесто́кость *f,* беспоща́дность *f*
brüten *v 1.* сиде́ть на я́йцах, выси́живать птенцо́в; *2. (fig: denken)* лома́ть себе́ го́лову, погружа́ться в глубо́кое разду́мье
Brüter *m Schneller ~* TECH реа́ктор *m* на бы́стрых нейтро́нах, реа́ктор-размножи́тель *m*
brutto *adj* бру́тто
Bruttoeinkommen *n 1.* FIN валово́й

дохо́д *m; 2. (Lohn)* FIN за́работная пла́та *f* без вы́четов
Bruttosozialprodukt *n (BSP)* ECO валово́й национа́льный проду́кт *m* (ВНП)
Buch *n* кни́га *f; (fig) wie ein ~ reden* говори́ть как по-пи́саному; *wie es im ~e steht* образцо́вый, типи́чный; *ein ~ mit sieben Siegeln* кни́га за семью́ печа́тями; *ein offenes ~ für jdn sein* ви́деть кого́-л на́сквозь, чита́ть чьи-л мы́сли, как откры́тую кни́гу
Buchbinder(in) *m/f* переплётчик *m,* переплётчица *f*
Bucheinband *m* кни́жный переплёт *m*
buchen *v 1.* ECO запи́сывать в счётную кни́гу, проводи́ть по бухга́лтерским счета́м, де́лать бухга́лтерскую прово́дку; *2. (reservieren)* брони́ровать *impf/pf,* предвари́тельно зака́зывать
Bücherei *f* библиоте́ка *f*
Büchernarr *m* библиома́н *m,* большо́й люби́тель *m* книг
Bücherregal *n* кни́жная по́лка *f*
Bücherschrank *m* кни́жный шкаф *m*
Buchführung *f* ECO бухга́лтерский учёт *m*
Buchhalter(in) *m/f* ECO бухга́лтер *m/f*
Buchhaltung *f* бухгалте́рия *f*
Buchhandel *m* книготорго́вля *f,* кни́жная торго́вля *f*
Buchhändler(in) *m/f* книготорго́вец *m/f*
Buchhandlung *f* кни́жный магази́н *m*
Buchmesse *f* кни́жная я́рмарка *f*
Buchprüfung *f* ECO а́удит *m,* реви́зия *f*
Büchse[1] *f 1. (Blechbüchse)* жестя́нка *f,* ба́нка *f; 2.* TECH вту́лка *f*
Büchse[2] *f (Gewehr)* охо́тничье ружьё *n*
Büchsenöffner *m* ключ *m* для открыва́ния консе́рвных ба́нок, консе́рвный нож *m,* открыва́лка *f (fam)*
Buchstabe *m* бу́ква *f; (fam) sich auf seine vier ~n setzen* сесть на пя́тую то́чку, сади́ться на своё седа́лище
buchstabieren *v* чита́ть по бу́квам
buchstäblich *adj* буква́льный
Bucht *f* бу́хта *f,* губа́ *f,* зали́в *m*
Buchtitel *m* назва́ние *n* кни́ги
Buchung *f 1. (Bestellung)* зака́з *m; 2.* ECO (бухга́лтерская) прово́дка *f*
Buckel *m* горб *m,* спина́ *f; (fig) einen breiten ~ haben* кто-л всё выде́рживает; *etw auf dem ~ haben* име́ть что-л на счету́; *Rutsch mir den ~ runter!* Мне наплева́ть (начиха́ть) на тебя́!
bücken *v sich ~* нагиба́ться, наклоня́ться
Bude *f 1. (Laden)* ла́вка *f,* ларёк *m; 2. (Bretterhütte)* будка́ *f; 3. (altes Haus)* хиба́ра *f; 4. (Wohnung)* нора́ *f; (fig) jdm auf die ~ rücken* нагря́нуть к кому́-л; *jdm die ~ einrennen* без конца́ приходи́ть к кому́-л, обива́ть поро́ги; *eine sturmfreie ~ haben* име́ть возмо́жность приводи́ть к себе́ домо́й кого́-л; *die ~ auf den Kopf stellen* переверну́ть в до́ме всё вверх дном; *Mir fällt die ~ auf den Kopf.* Мне не вы́держать до́ма.
Budget *n* ECO бюдже́т *m*
Büfett *n* буфе́т *m; kaltes ~* холо́дные заку́ски *f/pl*
Büffel *m* ZOOL бу́йвол *m*
büffeln *v* зау́чивать, зубри́ть *(fam),* долби́ть *(fam); ~ wie ein Stier (fam)* напряжённо зубри́ть *(fam)*
Bügel *m 1. (Griff)* ру́чка *f; 2. (Steigbügel)* стре́мя *n; 3. (Brille)* дужки́ *f/pl; 4. (Handwaffe)* спусково́й крючо́к *m; 5. (Kleiderbügel)* ве́шалка *f,* пле́чики *pl (fam)*
Bügelbrett *n* глади́льная доска́ *f*
Bügeleisen *n* утю́г *m*
Bügelfalte *f* скла́дка *f*
bügeln *v* утю́жить
Bühne *f* сце́на *f,* подмо́стки *pl; etw glatt über die ~ bringen (fig)* доводи́ть что-л до конца́, провора́чивать что-л *(fam)*
Bühnenbild *n* THEAT декора́ция *f*
Buhruf *m* во́зглас *m* неудово́льствия
Bulgarien *n* GEO Болга́рия *f*
bulgarisch *adj* болга́рский
Bulldozer *m* TECH бульдо́зер *m*
Bulle *m 1.* ZOOL бык *m; 2. (fam: Polizist)* полице́йский *m,* мент *m (fam),* лега́вый *m (fam),* му́сор *m (fam)*
bullig *adj* здоро́вый и неуклю́жий, здоро́вый как бык
Bummel *m* прогу́лка *f*
bummeln *v* гуля́ть, прогу́ливаться
Bummelstreik *m* забасто́вка *f* со сни́женным те́мпом рабо́ты при то́чном соблюде́нии всех инстру́кций
Bummelzug *m (fam)* пассажи́рский по́езд *m* ма́лой ско́рости
bumsen *v 1. (stoßen)* бу́хнуть *pf,* гро́хнуть *pf; 2. (fam: koitieren)* соверша́ть полово́й акт, тра́хать *(fam)*
Bund *m 1. (Rockbund)* по́яс *m; 2.* POL сою́з *m,* объедине́ние *n,* алья́нс *m; (fig) den ~ fürs Leben schließen* сочета́ться у́зами бра́ка, вступа́ть в бра́чный сою́з; *mit jdm im ~ stehen* находи́ться с кем-л в сою́зе
Bündchen *n* воротничо́к *m*

Bündel *n* свя́зка *f,* у́зел *m,* па́чка *f*
Bundes… *adj* федера́льный, федерати́вный
Bundesbank *f* Герма́нский Федера́льный Банк *m*
Bundesgebiet *n* террито́рия *f* Федерати́вной Респу́блики Герма́ния
Bundesgrenze *f POL* грани́ца *f* Федерати́вной Респу́блики Герма́ния
Bundeskanzler(in) *m/f POL* Федера́льный ка́нцлер *m/f*
Bundesland *n POL* федера́льная зе́мля *f*
Bundesliga *f SPORT* бундесли́га *f (вы́сшая ли́га в Герма́ния)*
Bundesminister(in) *m/f POL* федера́льный мини́стр *m/f*
Bundespräsident(in) *m/f POL* Федера́льный президе́нт *m/f*
Bundesrat *m POL* Бундесра́т *m (о́рган представи́тельства федера́льных земе́ль в Герма́нии)*
Bundesrepublik *f POL* Федерати́вная Респу́блика Герма́ния *f*
Bundestag *m POL* Бундеста́г *m (федера́льный парла́мент Герма́нии)*
Bundeswehr *f MIL* бундесве́р *m*
bündig *adj 1. (kurz)* кра́ткий, сжа́тый; *2. ~ abschließen* располага́ть заподлицо́, располага́ть на одно́м у́ровне
Bündnis *n POL* сою́з *m,* объедине́ние *n,* алья́нс *m*
Bungalow *m* бу́нгало *n (небольшо́й за́городный дом)*
Bungeesprung *SPORT* прыжо́к *m* с тарза́нки
Bunker *m MIL* (бомбо)убе́жище *n*
bunt *adj* en пёстрый, цветно́й, разноцве́тный; *Mir wird es jetzt zu ~! (fig)* Тепе́рь моему́ терпе́нию пришёл коне́ц! Э́то уж сли́шком!
Buntstift *m* цветно́й каранда́ш *m*
Buntwäsche *f* цветно́е бельё *n*
Burg *f* за́мок *m,* кре́пость *f*
Bürge *m ECO* поручи́тель *m,* гара́нт *m*
bürgen *v* руча́ться, гаранти́ровать *impf/pf*
Bürger(in) *m/f* граждани́н *m,* гражда́нка *f*
Bürgerinitiative *f* гражда́нская инициати́ва *f (комите́т в защи́ту интере́сов гра́ждан)*
Bürgerkrieg *m MIL* гражда́нская война́ *f*
bürgerlich *adj 1. (mittelständisch)* принадлежа́щий к сре́днему сосло́вию; *2. (gesetzlich) JUR* гражда́нский *3. (bourgeois)* буржуа́зный, происходя́щий от тре́тьего сосло́вия, бю́ргерский
Bürgermeister(in) *m/f* бургоми́стр *m/f,* мэр *m/f*
Bürgertum *n* бю́ргерство *n*
Bürgerversammlung *f* гражда́нское собра́ние *n*
Burgfriede *m (fig) 1.* гражда́нский мир *m; 2. HIST* запреще́ние *n* междousо́биц в преде́лах за́мка (… укреплённого го́рода)
Büro *n* бюро́ *n,* о́фис *m*
Büroangestellte(r) *f/m* слу́жащий *m* (…щая *f*) бюро́
Büroarbeit *f* канцеля́рская рабо́та *f*
Bürokrat(in) *m/f* бюрокра́т(ка) *m/f*
Bürokratie *f* бюрокра́тия *f*
bürokratisch *adj* бюрократи́ческий
Büroraum *m* о́фисное помеще́ние *n*
Büroschluss *m* коне́ц *m* рабо́ты в бюро́
Bursche *m 1.* па́рень *m, 2. (fam: Kerl)* тип *m,* субъе́кт *m*
Burschenschaft *f* студе́нческая корпора́ция *f*
burschikos *adj* непринуждённый, раско́ванный
Bürste *f* щётка *f*
bürsten *v* чи́стить щёткой
Bus *m* авто́бус *m*
Busbahnhof *m* авто́бусный вокза́л *m*
Busch *m 1.* куст *m; Da ist etw im ~. (fig)* Тут де́ло нечи́стое. *(fig) 2. (Urwald)* де́вственный лес *m*
Busen *m ANAT* грудь *f; am ~ der Natur (fig)* на ло́не приро́ды *(fig)*
Busfahrer(in) *m/f* води́тель(ница) *m/f* авто́буса
Bushaltestelle *f* авто́бусная остано́вка *f*
Buße *f* покая́ние *n*
büßen *v 1. REL* ка́яться; *2. (fig: bezahlen)* попла́титься *pf,* нести́ наказа́ние
Bußgeld *n* де́нежный штраф *f*
Büste *f* бюст *m*
Büstenhalter *m* бюстга́льтер *m,* ли́фчик *m*
Butter *f* сли́вочное ма́сло *n; (fig) sich nicht die ~ vom Brot nehmen lassen* не дава́ть себя́ в оби́ду, уме́ть постоя́ть за себя́; *Alles in ~.* Всё в по́лном поря́дке.
Butterbrot *n* хлеб *m* с ма́слом; *jdm etw aufs ~ schmieren (fig)* упрека́ть кого́-л в чём-л
Butterdose *f* маслёнка *f*

C

Cadmium *n* CHEM ка́дмий *m*
Café *n* кафе́ *n*, кофе́йня *f*
Cafeteria *f* кафете́рий *m*
Call Center *n* звонково́й (информаци-о́нный) центр *m*
campen *v* жить в ке́мпинге, отдыха́ть в пала́тке
Camper *m* отдыха́ющий *m* в ке́мпинге, люби́тель *m* о́тдыха в пала́тке
Camping *n* ке́мпинг *m*
Campingbus *m* автомоби́ль *m* для тури́зма и ке́мпинга
Campingplatz *m* месторасположе́ние *n* ке́мпинга, ке́мпинг *m*
Casting *n* ка́стинг *m*
Cäsium *n* CHEM це́зий *m*
CD *f* компа́ктный диск *m*, компа́кт-диск *m*
CD-ROM *f* INFORM устро́йство *n* CD-ROM
CD-Spieler *m* прои́грыватель *m* компа́ктных ди́сков
Cello *n* MUS виолонче́ль *f*
Celsiusgrad *m* PHYS гра́дус *m* Це́льсия
Cembalo *n* MUS клавеси́н *m*, чемба́ло *m*
Cha-cha-cha *m (Tanz)* ча-ча-ча́ *m (та́нец)*
Chamäleon *n* ZOOL хамелео́н *m*
Champagner *m* шампа́нское *n*
Champignon *m* BOT шампиньо́н *m*
Champion *m* SPORT чемпио́н *m*
Chanson *n* пе́сня *f*, шансо́н *m*
Chance *f* шанс *m*
Chaos *n* ха́о(о́)с *m*
Chaot(in) *m/f* член *m* экстреми́сткой группиро́вки, стремя́щийся вызва́ть хао́с
chaotisch *adj 1.* хаоти́ческий
Charakter *m* хара́ктер *m*
charakterfest *adj* твёрдого хара́ктера
charakterisieren *v* характеризова́ть *impf/pf*
charakteristisch *adj* характе́рный
charakterlos *adj* бесхара́ктерный
Charakterschwäche *f* сла́бость *f* хара́ктера
Charakterstärke *f* си́ла *f* хара́ктера
Charakterzug *m* черта́ *f* хара́ктера
charmant *adj* очарова́тельный
Charme *m* очарова́ние *n; Ich kann deinem ~ nicht widerstehen.* Я не могу́ устоя́ть про́тив твоего́ очарова́ния.
Charta *f* ха́ртия *f*, уста́в *m; die ~ der Vereinten Nationen* Уста́в *m* Организа́ции Объединённых На́ций
Charterflug *m* ча́ртерный полёт *m*
chartern *v* фрахто́вать, зафрахто́вывать
Chassis *n* TECH шасси́ *n*, ходова́я часть *f*
Chat-room *m (im Internet)* чат-ко́мната *f (сетева́я тусо́вка)*
chatten *v (im Internet)* ча́титься (*бесе́довать, болта́ть в Интерне́те)*
Chauffeur *m* шофёр *m*
Chauvinismus *m* шовини́зм *m*
chauvinistisch *adj* шовинисти́ческий
Chef(in) *m/f* шеф *m/f*
Chefarzt *m* гла́вный врач *m*
Chefredakteur(in) *m/f* гла́вный реда́ктор *m/f*
Chefsekretär(in) *m/f* секрета́рь *m/f* нача́льника (руководи́теля)
Chemie *f* хи́мия *f*
Chemiefaser *f* хими́ческое волокно́ *n*
Chemieindustrie *f* хими́ческая промы́шленность *f*
Chemiewaffe *f* MIL хими́ческое ору́жие *n*
Chemikalie *f* химика́лии *pl*, химика́ты *m/pl (fam)*
Chemiker(in) *m/f* хи́мик *m/f*
chemisch *adj* хими́ческий
chemische Reinigung *f* хими́ческая очи́стка *f*
Chemotherapie *f* MED химиотерапи́я *f*
Chiffre *f* шифр *m*
chiffrieren *v* шифрова́ть
Chile *n* GEO Чи́ли *f*
Chilene *m* чили́ец *m*
Chilenin *f* чили́йка *f*
chilenisch *adj* чили́йский
China *n* GEO Кита́й *m*
Chinese *m* кита́ец *m*
chinesisch *adj* кита́йский
Chinesisch *n* кита́йский язы́к *m*
Chinin *n* MED хини́н *m*
Chip *m 1.* INFORM чип *m*, криста́лл *m* интегра́льной схе́мы (ИС); *2. (aus Kartoffeln) ~s pl* карто́фельные чи́псы *m/pl*
Chipkarte *f* INFORM чип-ка́рта *f*, микроэлектро́нная ка́рточка *f*
Chip-Ticket *n* биле́т *m* на осно́ве чи́па
Chirurg(in) *m/f* хиру́рг *m/f*
Chirurgie *f* хирурги́я *f*
chirurgisch *adj* хирурги́ческий
City *f* си́ти *n*, центра́льная часть *m* го́рода
Chlor *n* CHEM хлор *m*

chlorhaltig *adj* CHEM хлóристый, содержáщий хлор
Chlorkalzium *n* CHEM хлори́д *m* кáльция, хлóристый кáльций *m*
Chloroform *n* CHEM хлорофóрм *m*
Chlorophyll *n* CHEM хлорофи́лл *m*
Cholera *f* MED холéра *f*
Choleriker *m* холéрик *m*
cholerisch *adj* холери́ческий
Cholesterin *n* MED холестери́н *m*
Chor *m* хор *m*
Choral *m* MUS хорáл *m*
Choreografie *f* хореогрáфия *f*
Chorleiter(in) *m/f* дирижёр *m* хóра, хормéйстер *m*
Christ(in) *m/f* REL христиáнин *m,* христиáнка *f*
Christbaum *m* рождéственская ёлка *f*
Christenheit *f* REL христиáнство *n*
christlich *adj* REL христиáнский
Christus *m* REL Христóс *m*
Chrom *m* CHEM хром *m*
Chromosom *n* BIO хромосóма *f*
Chronik *f* хрóника *f*
chronisch *adj* хрони́ческий
chronologisch *adj* хронологи́ческий
Chrysantheme *f* BOT хризантéма *f*
circa *adv* приблизи́тельно, примéрно, óколо
clever *adj* ýмный, хи́трый, проны́рливый
Clou *m* гвоздь *m; der ~ des Ganzen (fig)* гвоздь *m* прогрáммы *(fig)*
Clown *m* клóун *m*
Cockpit *n 1. (Flugzeug)* каби́на *f* пилóта (лётчика); *2. (Rennauto)* SPORT каби́на *f* води́теля (гóночного автомоби́ля)
Cocktail *m* коктéйль *m*
Code *m* INFORM код *m*
Code-Schloss *n* замóк *m* с кóдом, кóдовый замóк *m*
Comics *pl* кóмиксы *pl*
Computer *m* INFORM компью́тер *m,* электрóнная вычисли́тельная маши́на *f* (ЭВМ)
Computerdelikt *n* компью́терное преступлéние *n*
Computerfachmann *m* компью́терщик *m*
Computerkenntnisse *pl* компью́терная грáмотность *f*
Computertomographie *f* MED томогрáфия *f* с испóльзованием компью́тера
Computervirus *m* INFORM компью́терный ви́рус *m*
Container *m* контéйнер *m*
Content *m* INFORM контéнт *m*
Controller *m* INFORM, TECH контрóллер *m*
Converter *m* INFORM, TECH конвéртор *m*
Cookie *n (im Internet)* плю́шка *f (fig),* файл *m* с «печéньем» (в Интернéте)
Coproduzent *m* сопродю́сер *m*
Counter *m (einer Homepage)* счётчик *m* (попадáний на Web-страни́цу)
Coup *m einen ~ landen (fig)* совершáть дéрзкий постýпок, проводи́ть успéшную оперáцию (манипуля́цию)
Cousin(e) *m/f* двою́родный брат *m,* двою́родная сестрá *f*
Cowboy *m* ковбóй *m*
Cursor *m* INFORM курсóр *m*
Cursortaste *f* (PC) клáвиша *f* управлéния курсóром (на ПК)
Crew *f* комáнда *f,* экипáж *m*
Cyberspace *m* INFORM кибернети́ческое прострáнство *n,* киберспéйс *m*

D

da *adv 1. (örtlich, dort)* здесь, вот, (вот) тут, (вот) там; *~ oben* там наверху́; *Da bin ich!* Я здесь! *~ sein* прису́тствовать; *2. (zeitlich)* в э́тот моме́нт, в э́то вре́мя, (вот) тогда́, (вот) тут; *Da schaute er mich an.* Вот тут он и посмотре́л на меня́. *konj 3. (Grund)* так как, поско́льку; *Da er das behauptet hat, …* Так как он э́то утвержда́л, …
dabei *adv 1. (zeitlich)* при э́том, вме́сте с тем, к тому́ же; *Er ist begabt und ~ fleißig.* Он спосо́бный и к тому́ же приле́жный. *2. (örtlich)* при себе́ (име́ть); *Ich habe kein Geld ~.* У меня́ нет при себе́ де́нег.
dableiben *v* остава́ться, не уходи́ть
Dach *n* кры́ша *f*, кро́вля *f*; *(fam) kein ~ über dem Kopf haben* не име́ть кры́ши над голово́й; *mit jdm unter einem ~ leben* жить с кем-л под одно́й кры́шей; *jdm aufs ~ steigen* зада́ть жа́ру кому́-л
Dachboden *m* черда́к *m*
Dachfenster *n* слухово́е окно́ *n*
Dachgeschoss *m* черда́чный эта́ж *m*
Dachgesellschaft *f* ECO головно́е о́бщество *n*, хо́лдинговая компа́ния *f*, хо́лдинг *m*
Dachrinne *f* водосто́чный жёлоб *m*, кро́вельный лото́к *m*
Dachs *m* ZOOL барсу́к *m*
Dachstuhl *m* стропи́ла *n/pl*, стропи́льная фе́рма *f*, стропи́льная констру́кция *f*
Dachterrasse *f* терра́са *f* на пло́ской кры́ше, кры́ша-терра́са *f*
Dachträger *m* брус *m* кры́ши
Dackel *m* ZOOL та́кса *f*
dadurch *adv 1. (folglich)* вследствие чего́-л, благодаря́ чему́-л; *2. (auf diese Weise)* таки́м о́бразом, тем са́мым, посре́дством
dafür *adv 1.* для чего́-л; *Dafür bist du noch zu klein.* Для э́того ты ещё мал. *Er kann nichts ~.* Он тут ни при чём. *2. (bei einer Abstimmung)* за кого́-л/что-л; *Zehn Stimmen waren ~.* Де́сять голосо́в бы́ли за. *3. (anstatt)* вме́сто кого́-л/чего́-л, взаме́н кого́-л/чего́-л, зато́; *4. (als Ausgleich)* за кого́-л/что-л; *Ich gebe Ihnen Geld ~.* Я дам Вам де́нег за э́то. *konj 5.* (ведь) на то; *Dafür ist er doch Chef.* Ведь на то он и шеф.
dagegen *adv 1.* про́тив кого́-л/чего́-л; *Ich bin strikt ~.* Я абсолю́тно про́тив э́того. *2. (bei einer Abstimmung)* про́тив кого́-л/чего́-л; *Fünf Stimmen waren ~.* Пять голосо́в бы́ли про́тив. *3. (im Vergleich)* по сравне́нию с кем-л/чем-л; *4. (örtlich)* про́тив, к; *Er kam an die Mauer und lehnte sich ~.* Он дошёл до стены́ и прислони́лся к ней. *konj 5. (hingegen)* зато́, же, напро́тив; *Sie ist fleißig, er ~ faul.* Она́ приле́жна, зато́ он лентя́й.
daheim *adv* до́ма
Daheim *n* дома́шний оча́г *m*
daher *adv 1. (örtlich)* отту́да; *2. (kausal)* оттого́; *3. (folglich)* поэ́тому; *Rauchen ist ungesund, ~ ist es ratsam nicht zu rauchen.* Кури́ть вре́дно, поэ́тому целесообра́зно не кури́ть.
dahin *adv* туда́, до того
dahinter *adv 1.* сза́ди (позади́) кого́-л/чего́-л, за кем-л/чем-л; *2. ~ kommen* разузнава́ть, разга́дывать, дога́дываться; *3. (örtlich) ~ stecken* скрыва́ться; *4. (fig) ~ stecken* скрыва́ться, кры́ться; *Da steckt etw dahinter.* За э́тим что-то кро́ется.
dalassen *v etw ~* оставля́ть что-л
damalig *adj* тогда́шний
damals *adv* тогда́, в то вре́мя
Damast *m* камча́тная ткань *f*
Dame *f* да́ма *f*; *eine ~ von Welt sein* быть све́тской да́мой
damit *adv 1.* (с) э́тим (тем, (н)им); *2. (dadurch)* посре́дством; *konj 3.* что́бы; *Otto zahlte das Flugticket, ~ sie kommen konnte.* О́тто оплати́л биле́т на самолёт, что́бы она́ смогла́ прие́хать.
dämlich *adj (fam)* глу́пый, бестолко́вый
Damm *m* да́мба *f*, плоти́на *f*; *auf dem ~ sein (fig)* поправля́ться, станови́ться здоро́вым
dämmen *v 1.* запру́живать; *2. (fig: hemmen)* сде́рживать
dämmerig *adj* су́меречный
dämmern *v 1. (morgens)* (рас)света́ть; *Es dämmert.* Наступа́ет (надвига́ется) рассве́т. *2. (abends)* смерка́ться; *Es dämmert.* Наступа́ют (надвига́ются) су́мерки.
Dämmerung *f 1. (Morgendämmerung)* рассве́т *m*; *2. (Abenddämmerung)* су́мерки *pl*
Dämon *m* де́мон *m*, бес *m*
Dampf *m* пар *m*; *(fig) jdm ~ machen* поддава́ть па́ру, торопи́ть; *~ ablassen* спуска́ть пар
dampfen *v* выпуска́ть (испуска́ть) пар
dämpfen *v 1. (verringern)* снижа́ть, убавля́ть; *2.* GAST туши́ть, пропа́ривать

Dampfer *m* пароход *m; auf dem falschen ~ sein (fig)* быть на ложном пути *(fig),* ошибаться

Dämpfer *m TECH* глушитель *m,* демпфер *m,* амортизатор *m; (fig) jdm einen ~ versetzen* осадить кого-л, умерить чей-л пыл; *Er bekam einen ~.* Его одёрнули.

Dampfmaschine *f* паровая машина *f*

Dämpfung *f 1. (Verringerung)* уменьшение *n,* снижение *n; 2. TECH* приглушение *n,* демпфирование *n,* амортизация *f*

danach *adv 1. (zeitlich)* затем, после этого (того); *2. (dementsprechend)* в соответствии с этим, согласно этому; *3. (örtlich)* за кем-л/чем-л

Däne *m* датчанин *m*

daneben *adv 1. (örtlich)* рядом, около; *2. (fig: außerdem)* кроме того, наряду с

danebentreffen *v (fig)* ошибаться, не попадать в цель *(fig),* промахиваться *(fam)*

Dänemark *n GEO* Дания *f*

dänisch *adj* датский

dank *prep* благодаря

Dank *m* благодарность *f*

dankbar *adj* благодарный; *Ich bin Ihnen sehr ~.* Я Вам очень благодарен.

Dankbarkeit *f* благодарность *f*

danke *interj* спасибо; *Vielen Dank!* Большое спасибо! *Nein, ~!* Нет, спасибо!

danken *v* благодарить; *Ich danke Ihnen für den herzlichen Empfang.* Благодарю Вас за сердечный приём.

dankenswert *adj* достойный благодарности

dann *adv 1.* тогда, в таком случае; *2. (später)* потом, затем; *3. (außerdem)* кроме того

daran *adv 1.* по этому, за это; *~ erkennt man ihn.* По этому его узнают. *2. (örtlich)* возле чего-л, близ чего-л; *3. gut ~ tun* неплохо (хорошо) сделать что-л, если …; *Ich denke daran!* Я об этом думаю!

darangehen *v* браться (приниматься) за какое-л дело, начинать что-л

daranhalten *v sich ~* стараться, прилагать усилия

daransetzen *v* прилагать все усилия, делать всё возможное

darauf *adv 1. (örtlich)* на ком-л/чём-л, на кого-л/что-л; *(fam) gut ~ sein* быть в хорошем настроении; *nichts ~ haben* ничего не уметь (не знать): *2. (zeitlich)* затем, потом, спустя; *3. (folglich)* в продолжение; *adv 4. ~ folgend* вскоре

daraufhin *adv 1. (zeitlich)* после, затем, потом; *2. (folglich)* на основании чего-л

daraus *adv* из этого, отсюда

darbieten *v 1. (anbieten)* предлагать; *2. (aufführen)* исполнять

Darbietung *f 1. (Angebot)* предложение *n; 2. (Aufführung)* исполнение *n*

darin *adv* в ком-л/чём-л, внутри, там

darlegen *v* излагать, объяснять

Darlegung *f* изложение *n,* объяснение *n*

Darlehen *n ECO* заём *m,* ссуда *f,* кредит *m*

Darm *m ANAT* кишечник *m*

darstellen *v 1. (beschreiben)* изображать, представлять, излагать; *2. (fig: bedeuten)* представлять собой, означать

Darsteller(in) *m/f CINE* исполнитель *m* (исполнительница *f*) роли

Darstellung *f 1. (Beschreibung)* изображение *n,* представление *n,* изложение *n; 2. CINE* исполнение *n*

darüber *adv (örtlich)* над чем-л; *~stehen (fig)* стоять над чем-л *(fig); ~ hinaus* сверх этого, помимо этого

darum *adv 1. (örtlich)* вокруг; *konj 2. (kausal)* поэтому; *Ich handle umweltfreundlich, ~ fahre ich wenig mit dem Auto.* Я бережно отношусь к окружающей среде, поэтому я мало езжу на автомобиле.

darunter *adv 1. (örtlich)* под кем-л/чем-л; *(fig) drunter und drüber* вверх дном, как попало; *~ fallen* попадать под что-л; *2. (mengenmäßig)* меньше

das *art 1. Artikel bleiben in der Regel unübersetzt. Артикль, как правило, не переводится. 2. (demonstrativ)* это; *pron 3. (Relativpronomen)* которое *n*

Dasein *n* существование *n*

dass *konj* что; *Ich weiß, ~ du mich liebst.* Я знаю, что ты меня любишь.

dasselbe *pron* то же самое

Datei *f INFORM* массив *m* данных, файл *m*

Daten *pl* данные *pl*

Datenautobahn *f INFORM* информационная магистраль *f*

Datenbank *f INFORM* база *f* данных

Datenstau *m INFORM* затор *m* данных

Datenträger *m INFORM* носитель *m* данных

Datenverarbeitung *f INFORM* обработка *f* данных

datieren *v* датировать *impf/pf*

Dativ *m GRAMM* дательный падеж *m*

Datum *n* дата *f*

Dauer *f* длительность *f,* продолжитель-

ность *f; auf ~* на дли́тельный срок, надо́лго
dauerhaft *adj 1. (anhaltend)* дли́тельный, продолжи́тельный; *2. (widerstandsfähig)* про́чный, сто́йкий
Dauerlauf *m SPORT* бег *m* на дли́нную диста́нцию
dauern *v* продолжа́ться, дли́ться; *Wie lange wird es ~?* Ско́лько э́то бу́дет дли́ться?
dauernd *adj 1.* постоя́нный; *adv 2.* постоя́нно, всё вре́мя
Dauerwelle *f* перманéнт *m,* хими́ческая зави́вка *f*
Daumen *m ANAT* большо́й па́лец *m; (fig) etw über den ~ peilen* определя́ть что-л на глаз; *den ~ auf etw halten* не выпуска́ть из рук чего́-л; *per ~* на глаз; *jdm die ~ drücken* жела́ть кому́-л уда́чи
Daune *f* пух *m,* пуши́нка *f*
Daunenbett *n* пухови́к *m*
davon *adv 1. (örtlich)* от чего́-л; *2. ein Teil ~* часть чего́-л
davongehen *v irr* уходи́ть
davonkommen *v irr (fig)* отде́лываться
davonlaufen *v irr* убега́ть, сбега́ть
davontragen *v irr 1. (wegtragen)* уноси́ть; *2. (fig: Schaden)* терпе́ть убы́ток; *3. (fig: Sieg)* одéрживать побе́ду
davor *adv 1. (örtlich)* пе́ред кем-л/чем-л; *2. (zeitlich)* до чего́-л, ра́нее, ра́ньше
dazu *adv 1. (Sache)* к чему́-л; *2. (Zweck)* для чего́-л, с це́лью, в це́лях; *3. (außerdem)* сверх того́, поми́мо того́, к тому́ же
dazugehören *v* принадлежа́ть (относи́ться) к кому́-л/чему́-л
dazugehörig *adv* принадлежа́щий (относя́щийся) к кому́-л/чему́-л
dazutun *v irr* добавля́ть, прибавля́ть
dazuverdienen *v* подраба́тывать
dazwischen *adv 1. (örtlich)* ме́жду кем-л/чем-л, (по)среди́ кого́-л/чего́-л; *2. (zeitlich)* ме́жду (собы́тиями)
dazwischenkommen *v irr (fig)* препя́тствовать, меша́ть, перебива́ть; *Wenn nichts dazwischenkommt...* Е́сли ничто́ не помеша́ет...
dazwischenliegen *v irr* лежа́ть ме́жду
dazwischenrufen *v irr* прерыва́ть (перебива́ть) во́згласом
Debatte *f 1.* диску́ссия *f,* спор *m; 2. POL* деба́ты *pl*
debattieren *v* дискути́ровать *impf/pf,* спо́рить
Debüt *n* дебю́т *m*
Deck *n* па́луба *f*
Deckblatt *n* ве́рхний лист *m*
Decke *f 1. (Bettdecke)* одея́ло *n; 2. (Tischdecke)* ска́терть *f; 3. (Zimmerdecke)* потоло́к *m; (fig) sich nach der ~ strecken* по одёжке протя́гивай но́жки; *vor Freude an die ~ springen* от ра́дости пры́гать до потолка́; *an die ~ gehen* взви́ться до потолка́
Deckel *m* кры́шка *f; eins auf den ~ bekommen (fam)* получи́ть по ша́пке *(fam)*
decken *v 1. (zudecken)* покрыва́ть; *2. den Tisch ~* накрыва́ть на стол; *3. (fig: schützen)* укрыва́ть, прикрыва́ть, защища́ть
Deckung *f 1. (fig: Schutz)* прикры́тие *n,* укры́тие *n,* защи́та *f; 2. ECO* упла́та *f,* покры́тие *n; 3. SPORT* защи́та *f*
defekt *adj* дефе́ктный, испо́рченный, повреждённый
Defekt *m* по́рча *f,* дефе́кт *m,* поврежде́ние *n,* изъя́н *m,* неиспра́вность *f*
defensiv *adj* оборони́тельный
Defensive *f* оборо́на *f*
definieren *v* определя́ть
Definition *f* определе́ние *n*
definitiv *adj* оконча́тельный, определённый
Defizit *n* дефици́т *m*
deformieren *v* деформи́ровать *impf/pf*
deftig *adj 1. (Nahrung)* пло́тный, пита́тельный; *2. (Witz)* о́стрый, кре́пкий; *3. (Schlag)* си́льный, тяжёлый
Degen *m* шпа́га *f*
Degeneration *f* дегенера́ция *f,* вырожде́ние *n*
dehnbar *adj 1.* растяжи́мый, эласти́чный; *2. TECH* ги́бкий, тя́гучий, эласти́чный
Dehnbarkeit *f 1.* растяжи́мость *f,* эласти́чность *f; 2. TECH* вя́зкость *f,* ги́бкость *f,* тягу́честь *f,* эласти́чность *f*
dehnen *v 1. (strecken)* растя́гивать; *2. (verlängern)* удлиня́ть; *3. (erweitern)* расширя́ть
Dehnung *f 1. (Strecken)* растяже́ние *n; 2. (Verlängerung)* удлине́ние *n; 3. (Erweiterung)* расшире́ние *n*
Deich *m* да́мба *f*
Deichsel *f* огло́бля *f*
dein(e) *pron* твой *m,* твоя́ *f,* твоё *n,* твои́ *pl*
deinerseits *adv* с твоéй стороны́
deinesgleichen *pron* тако́й, как ты, подо́бный тебе́
deinetwegen *adv* из-за тебя́, ра́ди тебя́

deinstallieren *v* *INFORM* снима́ть с компью́тера

dekadent *adj* декаде́нтский, упа́дочный

Dekadenz *f* декаде́нтство *n,* упа́дничество *n*

Dekan *m* дека́н *m*

deklarieren *v* деклари́ровать *impf/pf* что-л, объявля́ть что-л, заявля́ть о чём-л

deklassieren *v* деклассиро́вать *impf/pf*

Deklination *f* *GRAMM* склоне́ние *n*

deklinieren *v* *GRAMM* склоня́ть

Dekolleté *n* декольте́ *n*

Dekor *n* украше́ние *n,* убра́нство *n*

Dekoration *f* декора́ция *f*

dekorativ *adj* декорати́вный

dekorieren *v* декори́ровать *impf/pf,* украша́ть

Dekret *n* *JUR* декре́т *m*

Delegation *f (von Personen)* делега́ция *f*

delegieren *v* делеги́ровать *impf/pf*

Delegierte(r) *f/m* *POL* делега́т *m/f*

Delfin *m* *ZOOL* дельфи́н *m*

delikat *adj 1. (fig)* делика́тный, щекотли́вый; *2. GAST* изы́сканный, прия́тный

Delikatesse *f 1. (fig)* делика́тность *f; 2. GAST* деликате́с *m,* ла́комство *n*

Delikt *n* *JUR* правонаруше́ние *n,* просту́пок *m,* дели́кт *m*

Delirium *n* (горя́чечный) бред *m*

dem *art 1. Artikel bleiben in der Regel unübersetzt. Арти́кль, как пра́вило, не перево́дится. 2. (demonstrativ)* э́тому

Demagoge *m* демаго́г *m*

demagogisch *adj* демагоги́ческий

Dementi *n* опроверже́ние *n*

dementieren *v* опроверга́ть

dementsprechend *adj* соотве́тственный, соотве́тствующий; *adv 2.* соотве́тственно

demgemäß *adv* соотве́тственно

demnach *adv* согла́сно, в соотве́тствии с

demnächst *adv* в ско́ром вре́мени

Demographie *f* демогра́фия *f*

demographisch *adj* демографи́ческий

Demokrat *m* *POL* демокра́т *m*

Demokratie *f* *POL* демокра́тия *f*

demokratisch *adj* *POL* демократи́ческий

demolieren *v* разруша́ть, поврежда́ть, громи́ть, по́ртить, лома́ть

Demonstration *f* демонстра́ция *f*

demonstrativ *adj* демонстрати́вный

demonstrieren *v* демонстри́ровать *impf/pf*

demontieren *v* демонти́ровать *impf/pf*

Demoralisierung *f* деморализа́ция *f*

demselben *pron* тому́ же са́мому

Demut *f* смире́ние *n,* поко́рность *f*

demütig *adj* смире́нный, поко́рный

demütigen *v* унижа́ть

Demütigung *f* униже́ние *n*

demzufolge *adv* сле́довательно, вслéдствие э́того

den *art 1. Artikel bleiben in der Regel unübersetzt. Арти́кль, как пра́вило, не перево́дится. 2. (demonstrativ: belebt)* э́того; *Ich sehe ~ Jungen.* Я ви́жу э́того ма́льчика. *3. (demonstrativ: unbelebt)* э́тот; *Ich sehe ~ Tisch.* Я ви́жу э́тот стол.

Denkart *f* склад *m* ума́, о́браз *m* мы́слей

denkbar *adj* мы́слимый, возмо́жный

denken *v irr* ду́мать, мы́слить; *jdm zu ~ geben* наводи́ть кого́-л на размышле́ния, заставля́ть кого́-л заду́маться; *Wo denkst du hin?* О чём ты то́лько ду́маешь?; *Ich denke nicht daran!* И не поду́маю!

Denken *n* мышле́ние *n*

Denkfähigkeit *f* спосо́бность *f* мы́слить, мысли́тельные спосо́бности *f/pl*

Denkfehler *m* логи́ческая оши́бка *f*

Denkmal *n* па́мятник *m; sich ein ~ setzen* воздви́гнуть себе́ па́мятник

Denkschrift *f* па́мятная запи́ска *f*

denkwürdig *adj* па́мятный, знамена́тельный, достопримеча́тельный

Denkzettel *m (fig)* уро́к *m,* взбу́чка *f; jdm einen ~ verpassen* проучи́ть кого́-л

denn *konj* так как, потому́ что, и́бо; *Ich liebe dich mehr ~ je.* Я люблю́ тебя́ бо́лее, чем когда́-либо́.

dennoch *konj* всё-таки, всё же, одна́ко; *Es wurde schönes Wetter angesagt, ~ regnete es.* Обеща́ли хоро́шую пого́ду, одна́ко пошёл до́ждь.

Denunziant(in) *m/f* *POL* доно́счик *m,* доно́счица *f*

Deodorant *n* дезодора́нт *m*

Deo-Roller *m* ша́риковый дезодора́нт *m*

Deponie *f (Mülldeponie)* сва́лка *f*

deponieren *v* депони́ровать *impf/pf*

deportieren *v* депорти́ровать *impf/pf*

Depot *n 1. (Verkehrsdepot)* депо́ *n,* парк *m; 2. (Aufbewahrungsstelle)* склад *m,* храни́лище *n; 3. FIN* депозита́рий *m (для хране́ния це́нных бума́г)*

Depp *m (Vollidiot)* глупе́ц *m,* крети́н *m,* простофи́ля *m*

Depression *f* депре́ссия *f*

depressiv *adj* депресси́вный

deprimierend *adj* удруча́ющий, угнета́ющий

der *art 1. Artikel bleiben in der Regel unübersetzt. Арти́кль, как пра́вило, не перево́дится. 2. (Genitiv) die Farbe ~ Tür* цвет две́ри; *pron 3. (Relativpronomen)* кото́рый *m*
derart *adv* тако́го ро́да
derartig *adj* тако́й, тако́го рода́
derb *adj 1. (Stoffe)* кре́пкий, про́чный, гру́бый, пло́тный; *2. (Schlag, Händedruck, Griff,)* кре́пкий, си́льный; *3. (Verhalten)* гру́бый, ре́зкий, неотёсанный; *4. (Kost)* гру́бый, просто́й
dergleichen *adj* подо́бный, тако́го ро́да
derjenige *pron* тот
Dermatologe *m MED* дермато́лог *m*
derselbe *pron* тот же са́мый
derzeit *adv* ны́не, тепе́рь
des *art (Genitiv) Artikel bleiben in der Regel unübersetzt. Арти́кль, как пра́вило, не перево́дится. die Farbe ~ Autos* цвет автомоби́ля
desgleichen *konj 1.* та́кже, *2. (zudem)* к тому́ же; *3. (in gleicher Weise)* ра́вным о́бразом; *4. (darunter)* в том числе́
deshalb *konj 1.* поэ́тому, потому́; *Anna kam zu spät, ~ war ich nicht mehr da.* А́нна опозда́ла, поэ́тому меня́ уже́ не́ было. *2. adv* ра́ди, из-за
Desinfektion *f MED* дезинфе́кция *f*
desinfizieren *v* дезинфици́ровать *impf/pf*
Desinteresse *n* отсу́тствие *n* интере́са, незаинтересо́ванность *f,* равноду́шие *n*
dessen *pron (gen) от относительных местоимений „der“ (который, чей) и „das“ (которое, чьё); Er ist der Mann, ~ Frau ich kenne.* Это мужчи́на, жену́ кото́рого (чью жену́) я зна́ю. *~ ungeachtet* несмотря́ на
Dessert *n* десе́рт *m*
destillieren *f* дистилли́ровать *impf/pf,* перегоня́ть
destruktiv *adj* деструкти́вный, разруши́тельный
deswegen *konj* поэ́тому; *Anna kam zu spät, ~ war ich nicht mehr da.* А́нна опозда́ла, поэ́тому меня́ уже́ не́ было.
detailliert *adj* подро́бный, дета́льный
Detektiv(in) *m/f* детекти́в *m/f*
Detektor *m TECH* дете́ктор *m*
deuten *v 1. (auf etw zeigen)* ука́зывать на что-л; *2. (auslegen)* толкова́ть, истолко́вывать, объясня́ть
deutlich *adj* я́сный, чёткий, отчётливый
Deutlichkeit *f* я́сность *f,* чёткость *f,* отчётливость *f*
deutsch *adj* неме́цкий, герма́нский; *ein ~-russisches Wörterbuch* неме́цко-ру́сский слова́рь; *die ~-russische Freundschaft* герма́но-росси́йская дру́жба
Deutsch *n* неме́цкий язы́к *m; (fig) auf gut ~* про́сто, «по-ру́сски», «ру́сским языко́м»; *Ich habe es dir auf gut ~ gesagt.* Я сказа́л тебе́ э́то ру́сским языко́м.
Deutsche(r) *f/m* не́мец *m,* не́мка *f*
Deutschland *n GEO* Герма́ния *f*
deutschsprachig *adj* немецкоговоря́щий, говоря́щий по-неме́цки, немецкоязы́чный
Deutung *f* толкова́ние *n,* объясне́ние *n*
Devise *f* деви́з *m*
Devisen *pl FIN* (иностра́нная) валю́та *f*
Devisenbörse *f FIN* валю́тная би́ржа *f*
Devisengeschäft *n FIN* валю́тная сде́лка *f,* валю́тная опера́ция *f*
Devisenkurs *m FIN* валю́тный курс *m*
Devisenmarkt *m FIN* валю́тный ры́нок *m*
Dezember *m* дека́брь *m*
dezent *adj 1. (Benehmen)* прили́чный, скро́мный, такти́чный; *2. (Kleidung)* небро́ский, нея́ркий; *3. (Geruch)* нере́зкий
dezentralisieren *v* децентрализова́ть *impf/pf*
Dezibel *n* децибе́л *m*
dezimal *adj MATH* десяти́чный
Dezimalbruch *m MATH* десяти́чная дробь *f*
dezimieren *v* си́льно сокраща́ть, наноси́ть больши́е поте́ри (во́йску)
Diabetes *m MED* диабе́т *m*
Diabetiker(in) *m/f MED* диабе́тик *m/f*
Diagnose *f* диа́гноз *m*
diagnostizieren *v* диагности́ровать *impf/pf,* ста́вить диа́гноз
diagonal *adj* диагона́льный
Diagonale *f* диагона́ль *f*
Diagramm *n* диагра́мма *f*
Diakonie *f REL* благотвори́тельная де́ятельность *f* в христиа́нской общи́не
Dialekt *m* диале́кт *m*
Dialog *m* диало́г *m*
Diamant *m MIN* алма́з *m*
Diät *f* дие́та *f; ~ halten* соблюда́ть дие́ту
Diäten *pl POL* содержа́ние *n (получа́емое чле́нами герма́нского Бундеста́га)*
dich *pron* тебя́ *(от „du“)*
dicht *adj 1. (Sträucher)* густо́й; *~ bewachsen* густозаро́сший; *2. (kompakt)* пло́тный, компа́ктный, густо́й; *~ bevölkert* густонаселённый; *3. (Gedränge)* те́сный; *~ gedrängte Menge* те́сная толпа́; *4. (undurchlässig)* непроница́емый

Dichte *f 1. (Kompaktheit)* плóтность *f,* компáктность *f,* густотá *f; 2. (Undurchlässigkeit)* непроницáемость *f*

dichten *v 1. (dicht machen)* уплотня́ть, задéлывать; *2. (schreiben)* сочиня́ть, писáть стихи́

Dichter *m* поэ́т *m,* поэтéсса *f*

Dichtung *f 1. LIT* поэ́зия *f; 2. TECH* уплотнéние *n,* проклáдка *f*

dick *adj 1. (Gegenstand)* тóлстый; *2. (Person)* пóлный, ту́чный, тóлстый; *3. (Flüssigkeit)* густóй; *4. (fig) etw ~ haben* комý-л что-л надоéло, не выноси́ть бóльше чегó-л; *mit jdm durch ~ und dünn gehen* идти́ за кем-л в огóнь и в вóду

dickflüssig *adj* густóй

Dickicht *n* чáща *f,* дéбри *pl*

Dickkopf *m* упря́мец *m*

dicklich *adj* полновáтый, толстовáтый

die *art 1. Artikel bleiben in der Regel unübersetzt. Арти́кль, как прáвило, не перевóдится. 2. (demonstrativ)* э́та *f,* э́ти *pl; pron 3. (Relativpronomen)* котóрая *f,* котóрые *pl*

Dieb(in) *m* вор *m,* ворóвка *f*

Diebesgut *n* крáденое *n* (добрó *n*)

Diebstahl *m* крáжа *f,* хищéние *n,* воровствó *n; Ich möchte den ~ meines Autos anzeigen.* Я хотéл бы заяви́ть о крáже моегó автомоби́ля.

Diebstahlsicherung *f 1. (Vorrichtung)* противоугóнное устрóйство *n; 2. (Maßnahme)* предохранéние *n* от взлóма (крáжи)

Diebstahlversicherung *f* страховáние *n* иму́щества от крáжи (ограблéния)

Diele *f 1. (Brett)* доскá; *2. (Raum)* перéдняя *f,* вестибю́ль *m,* холл *m*

dienen *v* служи́ть, находи́ться на слу́жбе

Diener *m* слугá *m,* служи́тель *m,* прислу́га *f* (*auch: f/pl*), лакéй *m (fam)*

Dienst *m 1.* слу́жба *f; sich in den ~ einer Sache stellen* посвящáть себя́ чему́-л; *gute ~e leisten* хорошó служи́ть; *~e verrichten* нести́ обя́занности; *~ ist ~, und Schnaps ist Schnaps* дру́жба дру́жбой, а слу́жба слу́жбой; *~ habend* на слу́жбе, на дежу́рстве; *2. öffentlicher ~* госудáрственная слу́жба *f*

Dienstag *m* втóрник *m*

Dienstantritt *m 1.* поступлéние *n* на слу́жбу; *2. (Amt)* вступлéние *n* в дóлжность

dienstbereit *adj* готóвый служи́ть (исполня́ть свои́ служéбные обя́занности)

Dienstgeheimnis *n* служéбная тáйна *f*

Dienstleistung *f* услу́га *f*

dienstlich *adj 1.* служéбный, официáльный; *adv 2.* официáльно, по служéбным делáм

Dienstreise *f* служéбная командирóвка *f*

Dienststelle *f 1. (Arbeitsplatz)* рабóта *f,* мéсто *n* рабóты; *2. (Amt, Instanz)* учреждéние *n,* вéдомство *n,* служéбная инстáнция *f; 3. (Dienst)* слу́жба *f*

Dienstweg *m* служéбный (администрати́вный) поря́док *m; auf dem ~* в служéбном (администрати́вном) поря́дке

dies(e,er,es) *pron* э́тот *m,* э́та *f,* э́то *n,* э́ти *pl*

diesbezüglich *adj* соответ́ствующий, относя́щийся к э́тому

dieselbe *pron* та же сáмая

Dieselmotor *m* ди́зельный двигатель *m,* ди́зель *m*

Dieselöl *n* ди́зельное тóпливо *n,* соля́р *m*

diesig *adj* мгли́стый, слегкá тумáнный

diesjährig *adj* э́того (сегó) гóда

diesmal *adv* на э́тот (сей) раз

diesseits *adv* по э́ту стóрону

Diesseits *n REL* мир *m* земнóй

Dietrich *m* отмы́чка *f*

Differenz *f 1. (Unterschied)* рáзница *f; 2. MATH* рáзность *f; 3. (Streit)* разноглáсие *n*

Differenzial *n 1. MATH, TECH* дифференциáл *m*

differenzieren *v* дифференци́ровать *impf/pf,* различáть, разграни́чивать

digital *adj* цифровóй

Digitalisierung *f INFORM* оцифровáние *n*

Diktaphon *n* диктофóн *m*

Diktat *n 1.* диктáнт *m; 2. (Zwang)* диктáт *m*

Diktator *m POL* диктáтор *m*

Diktatur *f POL* диктату́ра *f*

diktieren *v 1.* диктовáть; *2. (aufzwingen)* предпи́сывать, диктовáть

Dilemma *n* дилéмма *f*

Dilettant(in) *m/f* дилетáнт *m/f,* халту́рщик *m (fam),* халту́рщица *f (fam)*

dilettantisch *adj* дилетáнтский, халту́рщицкий *(fam)*

Dill *m BOT* укрóп *m*

Dimension *f* размéр *m,* измерéние *n*

Ding *n* вещь *f; (fam) ein ~ drehen* обтя́пать дéльце*; jdm ein ~ verpassen* влепи́ть комý-л оплеу́ху; *nicht mit rechten ~en zugehen* дéло нечи́сто; *Aller guten ~e sind drei.* Бог лю́бит трóицу.

Diode *f TECH* диóд *m*

Dioxin *n CHEM* диокси́н *m*

Diözese *f* REL епа́рхия *f*
Diphtherie *f* MED дифтери́я *f*
Diplom *n* дипло́м *m*
Diplomarbeit *f* дипло́мная рабо́та *f*, дипло́мный прое́кт *m*
Diplomat *m* POL диплома́т *m*
Diplomatie *f* POL диплома́тия *f*
diplomatisch *adj* дипломати́ческий
dir *pron (Dativ von du)* тебе́ *(да́тельный паде́ж от „du")*
direkt *adj* прямо́й, непосре́дственный
Direktion *f* дире́кция *f*, (у)правле́ние *n*
Direktmandat *n* POL прямо́й манда́т *m*
Direktor(in) *m/f* дире́ктор *m/f*
Dirigent(in) *m/f* дирижёр *m/f*
dirigieren *v* дирижи́ровать *impf/pf*
Disharmonie *f* дисгармо́ния *f*
Diskette *f* INFORM диске́та *f*
Diskont *m* ECO учёт *m*, диско́нт *m*
Diskontsatz *m* ECO учётная ста́вка *f*
Diskothek *f* дискоте́ка *f*
Diskrepanz *f* несоотве́тствие *n*, расхожде́ние *n*, отклоне́ние *n*
diskret *adj 1. (taktvoll)* такти́чный, сде́ржанный; *2. (vertraulich)* конфиденциа́льный; *3.* MATH, INFORM дискре́тный, преры́вистый
Diskretion *f 1. (Takt)* такти́чность *f*, сде́ржанность *f*; *2. (vertrauliches, diskretes Behandeln)* конфиденциа́льность *f*; *3.* MATH, INFORM дискре́тность *f*
diskriminieren *v* дискримини́ровать *impf/pf*
Diskussion *f* диску́ссия *f*, пре́ния *pl*, спор *m*
diskutieren *v* дискути́ровать *impf/pf*, спо́рить
Display *n* TECH диспле́й *m*
disponieren *v 1.* располага́ть, размеща́ть; *2. (vorausplanen)* зара́нее плани́ровать; *3. (entscheiden)* реша́ть
Dispositionskredit *m* ECO креди́тная ли́ния *m (предоставля́емая ба́нком)*
Disqualifikation *f* SPORT дисквалифика́ция *f*
Dissertation *f* диссерта́ция *f*
Dissident(in) *m/f* POL дисиде́нт *m/f*
Distanz *f* диста́нция *f*, расстояние *n*
distanzieren *v sich ~ von* отрека́ться (отмежёвываться) от кого́-л/чего́-л
Distel *f* BOT чертополо́х *m*
Disziplin *f* дисципли́на *f*
Disziplinarverfahren *n* JUR дисциплина́рное произво́дство *n*, разбира́тельство *n* наруше́ний служе́бного до́лга
disziplinlos *adj* недисциплини́рованный
divers *adj* разли́чный, ра́зный
Dividende *f* ECO дивиде́нд *m*
Dividendenausschüttung *f* ECO вы́плата *f* дивиде́ндов
dividieren *v* MATH дели́ть
Division *f 1.* MATH деле́ние *n*; *2.* MIL диви́зия *f*
D-Mark *f* HIST герма́нская ма́рка *f*, неме́цкая ма́рка *f*
doch *konj 1. (aber)* одна́ко, но; *2. (dennoch)* тем не ме́нее; *adv 3.* всё-таки, всё же
Docht *m* фити́ль *m*
Dock *n* док *m*
Dogge *f* ZOOL дог *m*
Dogma *n* до́гма *f*
dogmatisch *adj* догмати́ческий
Doktor(in) *m/f* до́ктор *m/f*
Doktorarbeit *f* до́кторская диссерта́ция *f*
Dokument *n* докуме́нт *m*
dokumentarisch *adj* документа́льный
dokumentieren *v* документи́ровать *impf/pf*
Dolch *m* кинжа́л *m*
Dollar *m* до́ллар *m*
dolmetschen *v* переводи́ть (у́стно)
Dolmetscher(in) *m/f* у́стный перево́дчик *m*, у́стная перево́дчица *f*
Dolomiten *pl* GEO Доломи́товы А́льпы *pl*
Dom *m* кафедра́льный собо́р *m*
Domäne *f 1.* HIST госуда́рственное име́ние *n*, во́тчина *f*; *2. (fig: Gebiet)* о́бласть *f*, сфе́ра *f*; *3.* INFORM доме́н *m*
dominant *adj* доміни́рующий, преоблада́ющий, домина́нтный
dominieren *v* домини́ровать *impf/pf*, преоблада́ть
Dominikanische Republik *f* GEO Доминика́нская Респу́блика *f*
Dompteur *m* укроти́тель *m*
Donau *f* GEO Дуна́й *m*
Donner *m* гром *m*; *wie vom ~ gerührt (fig)* сло́вно (как) гро́мом поражённый *(fig)*
donnern *v* греме́ть; *Es ~.* Гром греми́т.
Donnerstag *m* четве́рг *m*
Donnerwetter *n (fam)* си́льная ру́гань *f*, сканда́л *m*, нагоня́й *m*; *~!* Чёрт возьми́!
doof *adj (fam)* глу́пый, простова́тый
Doping *n* SPORT до́пинг *m*
Doppel *n 1. (Duplikat)* дублика́т *m*; *2.* SPORT па́рная игра́ *f*
Doppelbett *n* двуспа́льная крова́ть *f*
doppeldeutig *adj* двусмы́сленный
Doppelgänger(in) *m/f* двойни́к *m/f*

Doppelpunkt *m* GRAMM двоето́чие *n*

doppelt *adj* двойно́й; *~ sehen* двои́ться в глаза́х

Doppelzentner *m* це́нтнер *m*

Doppelzimmer *n* ко́мната *f* (но́мер *m*) на двои́х

doppelzüngig *adj* двули́чный, двуру́шнический

Dorf *n* село́ *n,* дере́вня *f*

Dorn *m 1.* BOT шип *m,* колю́чка *f; jdm ein ~ im Auge sein (fig)* быть у кого́-л бельмо́м на глазу́ *(fig); 2.* TECH дорн *m,* шип *m*

dornig *adj 1.* колю́чий; *2. (fig)* терни́стый

Dörrobst *n* сухофру́кты *m/pl*

dort *adv* там

dorthin *adv* туда́

Dose *f 1. (aus Holz, Pappe)* коро́бка *f; 2. (aus Metall)* ба́нка *f,* жестя́нка *f; 3. (Konservendose)* консе́рвная ба́нка *f*

Dosenöffner *m* консе́рвный нож *m,* открыва́лка *f (fam)*

dosieren *v* дози́ровать *impf/pf*

Dosis *f* до́за *f*

dotieren *v 1. (zuwenden)* выделя́ть; *Der Literaturpreis ist mit 5000 Euro ~.* На литерату́рный приз вы́делено 5000 е́вро. *2.* ECO дава́ть дота́цию (субси́дию); *3. (Halbleiter)* TECH вводи́ть при́месь

Dotierung *f 1. (Zuwendung)* выделе́ние *n* средств, финанси́рование *n; 2.* ECO дота́ция *f,* субси́дия *f; 3. (Halbleiter)* TECH при́месь *f*

Dotter *m* желто́к *m*

Dozent(in) *m/f* доце́нт *m/f,* преподава́тель *m/f* (в ву́зах)

Drache *m* ZOOL драко́н *m*

Drachenfliegen *n* SPORT дельтаплане-ри́зм *m*

Drachenflieger *m* SPORT дельтаплане-ри́ст *m*

Draht *m* про́волока *f,* про́вод *m; (fig) auf ~ sein* быть де́ятельным; *einen guten ~ zu jdm haben* име́ть хоро́шую связь с кем-л

drahtig *adj 1. (fig: Haar)* жёсткий; *2. (fig: Person)* сухопа́рый, жи́листый

drahtlos *adj* TECH беспро́волочный, беспрово́дный

Drahtzieher *m (fig)* заправи́ла *m,* закули́сный руководи́тель *m*

Drama *n* LIT дра́ма *f*

dramatisch *adj* драмати́ческий, драмати́чный

dramatisieren *v* драматизи́ровать *impf/pf*

Dramaturg *m* THEAT заве́дующий *m* литерату́рной ча́стью теа́тра, заве́дующий *m* репертуа́ром

dran *(siehe „daran")* см „daran"

Drang *m* на́тиск *m*

drängeln *v 1.* напира́ть, тесни́ть, толка́ть; *2. (fig)* насто́йчиво (назо́йливо) тре́бовать, торопи́ть, напира́ть *(fam)*

drängen *v 1.* напира́ть, тесни́ть, толка́ть; *2. (fig)* насто́йчиво (назо́йливо) тре́бовать, нажима́ть, ока́зывать давле́ние

drankommen *v irr 1. (an der Reihe sein)* быть на о́череди; *2. (abgefragt werden)* быть вы́званным (на уро́ке)

drastisch *adj* ре́зкий, радика́льный, реши́тельный

drauf *(siehe „darauf")* см „darauf"

Draufgänger *m* сорвиголова́ *m,* смельча́к *m,* у́харь *m (fam)*

draufzahlen *v 1. (zuzahlen)* допла́чивать; *2. (fig: büßen)* поплати́ться *pf*

draußen *adv* снару́жи

Dreck *m* грязь *f; (fam) ~ am Stecken haben* име́ть ры́льце в пушку́, *der letzte ~ sein* быть после́дней дря́нью

dreckig *adj* гря́зный

drehbar *adj* враща́ющийся, повора́чивающийся, поворо́тный

Drehbuch *n* CINE сцена́рий *m*

drehen *v 1.* враща́ть, повора́чивать; *2.* CINE снима́ть

Drehtür *f* враща́ющаяся дверь *f*

Drehung *f* враще́ние *n,* поворо́т *m*

drei *num* три; *~ viertel* три че́тверти

dreidimensional *adj* трёхме́рный, объёмный

Dreieck *n* MATH треуго́льник *m*

dreieckig *adj* треуго́льный

Dreieinigkeit *f* REL триеди́нство *n*

dreifach *adj* тройно́й, трёхкратный

dreihundert *num* три́ста

Dreikäsehoch *m* карапу́з *m*

dreimal *adv* три ра́за, три́жды; *Dreimal darfst du raten. (fig)* Нетру́дно догада́ться.

Dreirad *n* трёхколёсный велосипе́д *m*

dreißig *num* три́дцать

dreißigste(r,s) *adj* тридца́тый, …тая, …тое

dreizehn *num* трина́дцать; *Jetzt schlägt's ~! (fig)* Э́то уже́ чересчу́р!

dreizehnte(r,s) *adj* трина́дцатый, …тая, …тое

dreschen *v irr* молоти́ть

dressieren *v* дрессирова́ть *impf/pf*

Dressing *n* со́ус *m,* подли́в *m*

Dressur *f* дрессиро́вка *f*

driften *v* дрейфова́ть
drillen *v 1. (drehen)* бура́вить; *2.* муштрова́ть
Drillinge *pl* тро́йня *f,* тройня́шка *f (fam)*
dringend *adj 1.* сро́чный, неотло́жный
Dringlichkeit *f* сро́чность *f,* неотло́жность *f*
drinnen *adv* внутри́
dritte(r,s) *adj* тре́тий, …тья, …тье; *der lachende Dritte* смею́щийся тре́тий; *die Dritte Welt* тре́тий мир *m*
Drittel *n* треть *f*
drittens *adv* в-тре́тьих
Droge *f 1. (Rauschgift)* нарко́тик *m; 2.* MED лека́рственное сырьё *n*
Drogenabhängigkeit *f* наркоти́ческая зави́симость *f,* наркозави́симость *f*
Drogenhändler *m* наркоделе́ц *m,* торго́вец *m* нарко́тиками
Drogenschmuggler(in) *m/f* лицо́ *n,* ввозя́щее нарко́тики контраба́ндой
drogensüchtig *adj* страда́ющий наркома́нией
Drogerie *f* магази́н *m* парфюме́рно-галантере́йных и апте́карских това́ров
drohen *v* грози́ть, угрожа́ть
Drohne *f* ZOOL тру́тень *m*
dröhnen *v* греме́ть, гуде́ть
Drohung *f* угро́за *f*
drollig *adj* заба́вный, поте́шный
Drossel *f* ZOOL дрозд *m*
drüben *adv* на той стороне́, по ту сто́рону
drüber *(siehe „darüber")* см „darüber"
Druck *m 1. (fig)* давле́ние *n,* нажи́м *m; 2.* TECH давле́ние *n; (fig) unter ~ stehen* быть о́чень за́нятым; *jdn unter ~ setzen* ока́зывать давле́ние на кого́-л
Druckbuchstabe *m* ли́тера *f*
drucken *v* печа́тать
drücken *v 1.* дави́ть, жать, нажима́ть; *2. (umarmen)* обнима́ть; *3. (fig: be~)* угнета́ть *4. (Preise)* ECO сбива́ть (це́ны)
Drucker *m 1. (Person)* печа́тник *m; 2. (Gerät)* INFORM при́нтер *m,* печа́тающее устро́йство *n*
Druckerei *f* типогра́фия *f*
Druckfehler *m* опеча́тка *f*
Druckknopf *m 1. (am Kleid)* кно́пка *f; 2.* TECH конта́ктная (нажимна́я) кно́пка *f*
Druckmittel *n* сре́дство *n* давле́ния
Druckschrift *f* типогра́фский (печа́тный) шрифт *m*
drum *(siehe „darum")* см *„darum"*
drunter *(siehe „darunter")* см *„darunter"*
Drüse *f* ANAT железа́ *f*
Dschungel *m* джу́нгли *pl*
du *pron* ты
Duell *n* дуэ́ль *f*
Duett *n* MUS дуэ́т *m*
Duft *m* за́пах *m,* арома́т *m*
duften *v* прия́тно па́хнуть, благоуха́ть
dulden *v 1. (hinnehmen)* терпе́ть, допуска́ть; *2. (ertragen)* терпе́ть, переноси́ть, сноси́ть, страда́ть
dumm *adj* глу́пый, ду́рной; *(fam) gar nicht so ~ sein* отню́дь неду́рно; *jdn für ~ verkaufen* счита́ть кого́-л дурако́м; *jdm ~ kommen* груби́ть, хами́ть; *Das ist mir zu ~.* Э́то мне надое́ло.
Dumme(r) *f/m* дура́к *m,* ду́ра *f; (fig) der Dumme sein* остава́ться в дурака́х; *einen Dummen finden* иска́ть дурака́
Dummheit *f* глу́пость *f*
Dummkopf *m* дура́к *m*
dumpf *adj 1. (Ton)* глухо́й, приглушённый; *2. (stumpfsinnig)* тупо́й, приту́пленный, бессмы́сленный; *3. (Geruch)* за́тхлый, спёртый; *4. (Gefühl)* сму́тный, нея́сный
Düne *f 1. (Meer)* дю́на *f; 2. (Sandwüste)* барха́н *m*
düngen *v* AGR удобря́ть
Dünger *m* AGR удобре́ние *n*
dunkel *adj* тёмный
Dunkel *n (fig) im ~n tappen* топта́ться в потёмках; *Im ~n ist gut munkeln.* Но́чью все ко́шки се́ры.
Dunkelheit *f* темнота́ *f,* су́мерки *pl*
Dunkelziffer *f* неофициа́льная (статисти́чески неподтверждённая) ци́фра *f*
dünn *adj 1. (Sache)* то́нкий; *2. (Person)* худо́й, то́нкий; *3. (Flüssigkeit)* жи́дкий; *4. (spärlich)* ре́дкий; *~ gesät sein* быть ре́дко поса́женным
Dunst *m* чад *m,* испаре́ние *n; keinen blassen ~ von etw haben (fig)* ни бельме́са не смы́слить в чём-л *(fam)*
dünsten *v* GAST па́рить, туши́ть
Duplikat *n* дублика́т *m*
durch *prep 1. (örtlich)* че́рез, сквозь, по; *~ die Straßen gehen* идти́/ходи́ть по у́лице;*~ die ganze Welt* по всему́ ми́ру; *Hier darf man nicht ~!* Здесь нельзя́ проходи́ть! *(fig) Das geht mir ~ und ~!* Э́то выма́тывает мне всю ду́шу!; *bei jdn unten ~ sein* упа́сть в чьих-л глаза́х; *2. (zeitlich)* в тече́ние, весь, по, на (весь); *3. (mittels)* посре́дством; *4. (kausal)* благодаря́; *5. neun ~ drei* MATH де́вять (раздели́ть) на три
durchaus *adv* вполне́

Durchblick *m (fig)* понимáние *n; ~ haben* разбирáться в чём-л, понимáть что-л
Durchblutung *f MED* кровоснабжéние *n,* кровотóк *m*
durchboxen *v (fam) sich ~* пробивáться
durchbraten *v irr GAST* прожáривать
durchbrennen *v irr 1. (Sicherung)* перегорáть; *2. (fig: davonlaufen)* (тайкóм) удирáть *(fam)*
Durchbruch *m 1. (Öffnung)* проры́в *m,* трéщина *f,* пролóм *m; 2. (fig)* проры́в *m*
durchdrehen *v 1. (Räder)* прокру́чивать; *2. (fam)* сдавáть (нéрвы), измáтываться
durchdringen *v irr* проникáть
durcheinander *adj 1. (unordentlich)* без разбóра, как попáло *(fam),* вперемéшку *(fam); 2. (fam: verwirrt)* запу́танный, растеря́нный, сби́вшийся; *adv. 3. ~ rufen* кричáть наперебóй; *~ werfen* разбрáсывать как попáло; *4. (fig) ~ werfen* перепу́тывать
Durcheinander *n* беспоря́док *m,* неразбери́ха *f; Es herrscht ein völliges ~.* Цари́т полнéйший беспоря́док
durchfahren *v irr 1.* проезжáть; *2. (ohne Stopp)* éхать без останóвки (переры́ва)
Durchfahrt *f* проéзд *m; ~ für Fahrzeuge aller Art verboten!* Проéзд всех трáнспортных средств запрещён!
Durchfall *m MED* понóс *m*
durchfallen *v irr* провáливаться; *durch eine Prüfung fallen* провáливаться на экзáмене
durchführbar *adj* осуществи́мый
durchführen *v* осуществля́ть, выполня́ть, проводи́ть, производи́ть, реализовáть *impf/pf* (*auch:* реализóвывать *impf*)
Durchführung *f* осуществлéние *n,* выполнéние *n,* реализáция *f*
Durchgang *m 1. (Weg)* прохóд *m; 2. (Runde) SPORT* тур *m*
durchgängig *adj 1.* проходнóй, сквознóй; *2. (universell)* универсáльный, (все)óбщий; *adj 3. (völlig)* пóлностью, целикóм
Durchgangslager *n 1. (für Gefangene)* пересы́льный лáгерь *m; 2. (für Umsiedler)* врéменный лáгерь *m* для переселéнцев
Durchgangsverkehr *m* сквознóе (транзи́тное) сообщéние *n*
durchgeben *v irr* передавáть что-л
durchgehen *v irr 1. (überprüfen)* просмáтривать, проверя́ть; *2. (fam: weglaufen)* удирáть *(fam)*
durchgehend *adj 1.* проходя́щий, транзи́тный, сквознóй; *2. (ununterbrochen)* сплошнóй, непреры́вный; *adj 3. (völlig)* пóлностью, целикóм; *3. (ohne Pause)* беспреры́вно, без переры́ва; *~ geöffnet* откры́то кру́глые су́тки
durchgreifen *v irr (fig)* дéйствовать реши́тельно
durchhalten *v irr* выдéрживать до концá, выстáивать
durchlässig *adj* протекáющий, проницáемый
durchlaufen *v irr* пробегáть
durchleuchten *v 1. (fig: überprüfen)* освéщать, крити́чески рассмáтривать; *2. MED* дéлать рентгéн
Durchmesser *m* диáметр *m*
durchqueren *v* пересекáть
Durchreise *f* проéзд *m*
Durchsage *f (im Radio oder TV)* сообщéние *n*
durchschauen *v 1.* смотрéть, глядéть во что-л; *2. (fig: erkennen)* разгáдывать, раскуси́ть *pf (fam)*
Durchschlag *m 1. (Loch)* пробóина *f,* пролóм *m; 2. (Sieb)* дуршлáг *m; 3. (Kopie)* кóпия *f*
Durchschnitt *m 1.* срéдний урóвень *m; 2. MATH* (арифметѝческое) срéднее *n; 3. TECH* разрéз *m*
durchschnittlich *adj 1.* срéдний; *adv 2.* в срéднем
durchsetzen *v sich ~* добивáться чегó-л
durchsichtig *adj* прозрáчный
durchstreichen *v irr* перечёркивать
durchsuchen *v* обы́скивать
Durchwahl *f TEL* код *m*
durchweg *adv* сплошь, пóлностью
dürfen *v irr* сметь, имéть разрешéние (прáво), мóжно; *Darf ich Ihren Pass sehen, bitte!* Предъяви́те, пожáлуйста, пáспорт!
dürr *adj* сухóй, вы́сохший
Dürre *f* зáсуха *f*
Durst *m* жáжда *f*
Dusche *f* душ *m*
Düse *f TECH* соплó *n,* форсу́нка *f,* насáдка *f*
Düsenflugzeug *n* реакти́вный самолёт *m*
düster *adj* мрáчный, тёмный
Dutzend *n* дю́жина *f*
duzen *v* быть на «ты»
DVD-ROM *f INFORM* устрóйство *n* *DVD-ROM*
Dynamik *f* динáмика *f*
dynamisch *adj* динами́чный
Dynamit *n* динами́т *m*
D-Zug *m* скóрый пóезд *m*

E

Ebbe *f 1.* морско́й отли́в *m; 2. (fig: Tiefstand, Mangel)* упа́док *m,* спад *m,* недоста́ток *m; Es herrscht ~ in meinem Geldbeutel. (fig)* Мой кошелёк пуст.
eben *adj 1.* гла́дкий, ро́вный, пло́ский; *adv 2.* то́лько что, сию́ мину́ту
Ebenbild *n* подо́бие *n,* (то́чный) портре́т *m (fig),* то́чная ко́пия *f (fig)*
ebenbürtig *adj* ра́вный, равноце́нный
Ebene *f 1.* GEOL равни́на *f; 2. (fig)* пло́скость *f,* о́бласть *f,* сфе́ра *f*
ebenfalls *adv* та́кже, то́же, и, ра́вным о́бразом
ebenso *adv* (то́чно) так же, таки́м же о́бразом, в тако́й же сте́пени; *~ lang wie* тако́й же дли́нный как
Eber *m* ZOOL ди́кий каба́н *m,* хряк *m*
ebnen *v 1.* выра́внивать, сгла́живать; *2. (fig: bahnen)* прокла́дывать путь (к це́ли, успе́ху)
Echo *n* э́хо *n*
Echse *f* ZOOL я́щерица *f*
echt *adj* настоя́щий, по́длинный, неподде́льный
Echtheit *f* по́длинность *f,* неподде́льность *f*
Ecke *f* у́гол *m,* вы́ступ *m; (fig) jdn um die ~ bringen* убра́ть кого́-л с доро́ги, уби́ть; *an allen ~en und Enden* повсю́ду, везде́ и всю́ду; *mit jdm um fünf ~en verwandt sein* находи́ться с кем-л в да́льнем родстве́
eckig *adj 1.* углова́тый, име́ющий углы́; *2. (fig: unbeholfen)* углова́тый, неуклю́жий
Ecuador *n* GEO Эквадо́р *m*
edel *adj* благоро́дный, зна́тный
Edelgas *n* CHEM благоро́дный (ине́ртный) газ *m*
Edelstein *m* MIN драгоце́нный ка́мень *m*
Efeu *m* BOT плющ *m*
Effekt *m 1.* эффе́кт *m,* впечатле́ние *n; 2. (Ergebnis)* результа́т *m; 3. (Phänomen)* TECH эффе́кт *m,* явле́ние *n*
Effekten *pl* ECO це́нные бума́ги *f/pl,* фо́нды *m/pl*
effektiv *adj* эффекти́вный, де́йственный
effektvoll *adj* эффе́ктный
egal *adj* одина́ковый, ра́вный, безразли́чный; *Mir ist alles ~.* Мне всё равно́. *Das ist mir völlig ~.* Э́то мне до ла́мпочки. *(fam)*
Egoismus *m* эгои́зм *m*
egoistisch *adj* эгоисти́чный, эгоисти́ческий
ehe *konj* пре́жде чем, до того́ как, пока́ не; *Ehe du handelst, solltest du genau überlegen.* Пре́жде чем де́йствовать, тебе́ сле́дует поду́мать.
Ehe *f* брак *m,* супру́жество *n*
Ehebett *n* супру́жеское ло́же *n*
Ehebruch *m* изме́на *f,* прелюбодея́ние *n*
Ehefrau *f* супру́га *f,* жена́ *f*
ehelich *adj 1.* бра́чный, супру́жеский; *2. ~es Kind* законнорождённый ребёнок
ehemalig *adj* пре́жний, бы́вший *Er ist ihr ~er Freund.* Он — её бы́вший друг.
ehemals *adv* ра́ньше, пре́жде, не́когда
Ehemann *m* супру́г *m,* муж *m*
Ehepaar *n* супру́жеская па́ра *f*
eher *adv 1. (früher)* ра́ньше; *2. (lieber)* скоре́е, бо́лее
Ehering *m* обруча́льное кольцо́ *n*
ehrbar *adj* почте́нный, уважа́емый, добропоря́дочный, благопристо́йный
Ehrbarkeit *f* почте́нность *f,* добропоря́дочность *f,* благопристо́йность *f*
Ehre *f* почёт *m,* честь *f; (fig) etw in ~n halten* цени́ть что-л; *sich alle ~ machen* де́лать себе́ честь; *jdm die letzte ~ erweisen* отда́ть после́дний долг кому́-л; *jdn bei seiner ~ packen* взыва́ть кого́-л к че́сти
ehren *v* уважа́ть, чтить, че́ствовать
ehrenamtlich *adj* доброво́льный, на обще́ственных нача́лах
Ehrengast *m* почётный гость *m*
ehrenhaft *adj* че́стный, поря́дочный, почте́нный
Ehrenmal *n* па́мятник *m*
Ehrenurkunde *f* почётная гра́мота *f*
ehrenvoll *adj* почётный; *ein ~es Leben* сла́вная жизнь
Ehrenwort *n* че́стное сло́во *n*
ehrerbietig *adj* почти́тельный
Ehrfurcht *f* глубо́кое уваже́ние *n,* благогове́ние *n*
ehrfürchtig *adj* почти́тельный, благогове́йный
Ehrgeiz *m* честолю́бие *n,* тщесла́вие *n*
ehrgeizig *adj* честолюби́вый, тщесла́вный
ehrlich *adj* че́стный, поря́дочный
Ehrlichkeit *f* че́стность *f,* поря́дочность *f*
ehrlos *adj* бесче́стный
Ehrung *f* че́ствование *n*
ehrwürdig *adj* досто́йный уваже́ния, почте́нный

Ei *n* яйцо́ *n; (fig) wie aus dem ~ gepellt* быть одетым с иго́лочки; *sich gleichen wie ein ~ dem anderen* быть похо́жими как две ка́пли воды́; *jdn wie ein rohes ~ behandeln* слишком осторо́жно обраща́ться с кем-л/чем-л; *wie auf ~ern gehen* де́йствовать кра́йне осторо́жно; *nicht das Gelbe vom ~ sein* не бог весть что, быть посре́дственным
Eiche *f BOT* дуб *m*
Eichel *f BOT* жёлудь *m*
eichen *v TECH* выверя́ть, калиброва́ть, градуи́ровать *impf/pf*
Eichhörnchen *n ZOOL* бе́лка *f*
Eid *m JUR* прися́га *f*
Eidechse *f (klein) ZOOL* я́щерица *f*
eidesstattlich *adj JUR* равноси́льный прися́ге; *eine ~e Erklärung* заявле́ние, равноси́льное да́нному под прися́гой *(как доказа́тельство в гражда́нском проце́ссе)*
Eidotter *m* яи́чный желто́к *m*
Eierbecher *m* подста́вка *f* для яи́ц
Eierstock *m ANAT* яи́чник *m*
Eifer *m* рве́ние *n,* усе́рдие *n,* энтузиа́зм *m*
Eifersucht *f* ре́вность *f*
eifersüchtig *adj* ревни́вый
eiförmig *adj* яйцеви́дный, ова́льный
eifrig *adj* ре́вностный, усе́рдный, стара́тельный
eigen *adj* со́бственный
eigenartig *adj* своеобра́зный, осо́бенный, стра́нный
Eigenbrötler *m* чуда́к *m*
eigenhändig *adj* собственнору́чный
Eigenheim *n* со́бственный дом
Eigenheit *f* своеобра́зие *n,* осо́бенность *f,* характе́рное сво́йство *n*
eigenmächtig *adj 1.* самово́льный, самоупра́вный; *2. JUR* наси́льственный
Eigenname *m* имя́ *n* со́бственное
eigens *adv* специа́льно, наро́чно *(fam)*
Eigenschaft *f* ка́чество *n,* сво́йство *n*
Eigensinn *m* упря́мство *n,* своенра́вие *n*
eigensinnig *adj* упря́мый, своенра́вный
eigenständig *adj* самостоя́тельный
eigentlich *adj 1.* со́бственный, настоя́щий; *adv 2.* со́бственно, в су́щности, на са́мом де́ле
Eigentor *n SPORT* гол *m* в со́бственные воро́та
Eigentum *n* со́бственность *f*
Eigentümer(in) *m/f* со́бственник *m,* со́бственница *f*
eigentümlich *adj 1. (charakteristisch)* сво́йственный, прису́щий; *2. (eigenartig)* своеобра́зный, осо́бенный, стра́нный
Eigentümlichkeit *f 1. (charakteristischer Zug)* (характе́рная) осо́бенность *f,* своеобра́зие *n; 2. (Seltsamkeit)* стра́нность *f*
Eigentumswohnung *f* со́бственная кварти́ра *f*
eignen *v sich ~ für* годи́ться на что-л/для чего́-л, быть приго́дным для чего́-л/на что-л/к чему́-л
Eignung *f* приго́дность *f,* спосо́бность *f*
Eilbote *m* курье́р *m*
Eilbrief *m* сро́чное письмо́ *n*
Eile *f* спе́шка *f,* поспе́шность *f*
Eileiter *m ANAT* фалло́пиева труба́ *f,* яйцево́д *m*
eilen *v* спеши́ть, торопи́ться
eilig *adj 1. (dringend)* сро́чный, спе́шный; *2. (schnell)* торопли́вый, поспе́шный; *3. (überstürzt)* опроме́тчивый
eiligst *adv* кра́йне спе́шно, неме́дленно
Eilzug *m* ско́рый по́езд *m*
Eilzustellung *f* сро́чная доста́вка *f*
Eimer *m* ведро́ *n,* ковш *m*; *(fam) im ~ sein* пойти́ пра́хом, полете́ть к чёрту
ein(e) *art Artikel bleiben in der Regel unübersetzt. Арти́кль, как пра́вило, не перево́дится.*
einander *adv* друг дру́га, друг дру́гу, друг на дру́га, друг за (над, под) дру́гом, друг о дру́ге
einarbeiten *v 1.* знако́мить с рабо́той приуча́ть к рабо́те; *2. sich ~* прираба́тываться, враба́тываться, втя́гиваться в рабо́ту
einatmen *v* вдыха́ть
Einbahnstrasse *f* у́лица *f* с односторо́нним движе́нием
Einband *m* переплёт *m* (кни́ги)
Einbau *m 1. TECH* устано́вка *f,* вмонти́рование *n; 2. (Möbel~)* встро́йка *f; 3. (eingebautes Teil)* встро́енная (вмонти́рованная) часть
einbauen *v* устана́вливать, встра́ивать, вде́лывать *(fam)*
einbehalten *v irr* уде́рживать, не выдава́ть
einberufen *v irr 1. (Versammlung)* созыва́ть; *2. MIL* призыва́ть (на вое́нную слу́жбу)
Einberufung *f 1. (einer Versammlung)* со́зыв *m; 2. MIL* призы́в *m*
einbeziehen *v irr* привлека́ть, приобща́ть, включа́ть, втя́гивать
Einbeziehung *f* привлече́ние *n,*

приобще́ние *n,* включе́ние *n,* втя́гивание *n*
einbiegen *v irr 1.* загиба́ть; *2. (seitlich abbiegen)* свора́чивать (в переу́лок*)*
einbilden *v sich ~* вообража́ть, мнить
Einbildung *f 1. (Vorstellung)* воображе́ние *n,* фанта́зия *f; 2. (Überheblichkeit)* самомне́ние *n,* высокоме́рие *n*
einbinden *v irr 1. (einhüllen)* завёртывать, завя́зывать (во что-л); *2. (Buch)* переплета́ть; *3. (einbeziehen)* включа́ть, втя́гивать
Einblick *m* ознакомле́ние *n* с чем-л, взгляд *m* на что-л
einbrechen *v irr 1. (durchbrechen)* прола́мывать, взла́мывать; *2. (stehlen)* соверша́ть (производи́ть) кра́жу со взло́мом
Einbrecher *m* взло́мщик *m,* лицо́ *n,* соверши́вшее кра́жу со взло́мом
einbringen *v irr 1. die Ernte ~* собира́ть (убира́ть) урожа́й; *2. (hineinbringen)* вноси́ть, ввози́ть, влива́ть; *3.* ECO *(Nutzen, Gewinn bringen)* приноси́ть, дава́ть (при́быль, по́льзу); *4.* ECO *(Kapital einlegen)* помеща́ть, вкла́дывать; *eine Einlage in ein Unternehmen ~* де́лать вклад в предприя́тие
Einbruch *m 1. (Einsturz)* обруше́ние *n,* обва́л *m; 2. (gewaltsames Eindringen)* взлом *m,* вторже́ние *n; 3. (Diebstahl)* кра́жа *f* со взло́мом
einbruchsicher *adj* защищённый от взло́ма, противовзло́мный
einbürgern *v* POL принима́ть в гражда́нство, дава́ть права́ гражда́нства
Einbürgerung *f* POL приня́тие *n* в гражда́нство, предоставле́ние *n* прав гражда́нства
Einbuße *f* убы́ток *m,* уще́рб *m,* поте́ря *f*
einbüßen *v* теря́ть, утра́чивать, лиша́ться чего́-л, нести́ уще́рб
einchecken *v* производи́ть (проходи́ть) регистра́цию
eincremen *v* наноси́ть крем, нама́зывать кре́мом
eindämmen *v 1. (einen Fluss stauen)* запру́живать; *2. (einschränken)* ограни́чивать, сде́рживать
eindeutig *adj* однозна́чный, недвусмы́сленный, я́сный
Eindeutigkeit *f* однозна́чность *f,* недвусмы́сленность *f,* я́сность *f*
eindringen *v irr ~ in* проника́ть, вторга́ться, врыва́ться куда́-л
eindringlich *adj* насто́йчивый, настоя́тельный
Eindringling *m 1.* незва́ный гость *m; 2.* захва́тчик *m,* оккупа́нт *m,* интерве́нт *m*
Eindruck *m 1. (Druckspur)* след *m,* отпеча́ток *m; 2. (fig: Wirkung)* впечатле́ние *n*
eindrucksvoll *adj* впечатля́ющий, внуши́тельный
eine(r,s) *art Artikel bleiben in der Regel unübersetzt. Арти́кль, как пра́вило, не перево́дится. Du bist vielleicht ~r!* Вот ты како́й!
eineinhalb полтора́
einengen *v* су́живать, стесня́ть
einerlei *adj* одина́ковый
einerseits *adv* с одно́й стороны́
einfach *adj 1.* просто́й, обыкнове́нный
Einfahrt *f 1. (Ankunft)* въезд *m,* вход *m* (в га́вань)*; 2. (Zufahrt)* въезд *m,* подъездно́й путь *m*
Einfall *m 1. (Einsturz)* обва́л *m,* обруше́ние *n; 2. (Idee)* иде́я *f; 3.* MIL вторже́ние *n,* наше́ствие *n,* нападе́ние *n*
einfallen *v irr 1. (einstürzen)* обва́ливаться, обру́шиваться; *2. (eine Idee haben)* приходи́ть на ум; *Mir ist gerade etw eingefallen.* Мне то́лько что пришло́ что-то в го́лову. *3.* MIL вторга́ться, напада́ть
einfallslos *adj* безыде́йный
einfallsreich *adj* изобрета́тельный, нахо́дчивый
einfältig *adj* наи́вный, простоду́шный, недалёкий
einfarbig *adj* одноцве́тный
einfassen *v 1. (Brille, Edelstein)* оправля́ть, вставля́ть в опра́ву; *2. (einrahmen)* обрамля́ть, вставля́ть в ра́му; *3. (mit einer Borte besetzen)* кантова́ть, окаймля́ть, обшива́ть, отора́чивать, опу́шивать
Einfassung *f 1. (Brille, Edelstein)* опра́ва *f; 2. (Einrahmung)* обрамле́ние *n; 3. (Borte)* оканто́вка *f,* кайма́ *f,* обши́вка *f,* оторо́чка *f,* опу́шка *f*
einflechten *v irr 1.* вплета́ть, вставля́ть; *2. (fig: einfügen)* вставля́ть (цита́ту)
Einfluss *m* влия́ние *n,* возде́йствие *n*
Einflussnahme *f* влия́ние *n,* возде́йствие *n*
einflussreich *adj* влия́тельный
einfrieren *v irr 1. (zufrieren)* замерза́ть; *2. (Nahrungsmittel)* замора́живать; *3. (Verhandlung)* ECO приостана́вливать, замора́живать *(fig)*

einfügen *v ~ in* вставля́ть, вкла́дывать куда́-л
einfühlsam *adj 1. (Person)* восприи́мчивый; *2. (Verhalten)* чу́ткий; *3. (Kritik)* прочу́вствованный
Einfühlungsvermögen *n* чу́ткость *f,* интуи́ция *f,* понима́ние *n*
Einfuhr *f ECO* ввоз *m*
Einfuhrbeschränkung *f ECO* ограниче́ние *n* вво́за
einführen *v 1. (etw Neues ~)* вводи́ть, внедря́ть, знако́мить, представля́ть; *2. (hineinschieben)* вводи́ть; *3. (importieren) ECO* ввози́ть
Einführung *f 1. (von etw Neuem)* введе́ние *n,* внедре́ние *n; 2. (Hineinschieben)* введе́ние *n*
Einführungskurs *m* вво́дный курс *m*
Einfuhrverbot *n ECO* запре́т *m* на ввоз
Eingabe *f 1. (von Daten) INFORM* ввод *m; 2. (Ersuchen)* пода́ча *f* заявле́ния (проше́ния)
Eingang *m 1.* вход *m; 2. ECO* поступле́ние *n,* получе́ние *n*
eingangs *adv 1.* снача́ла, внача́ле; *prep 2.* в нача́ле
eingeben *v irr 1. (einreichen)* подава́ть; *2. (Daten) INFORM* вводи́ть; *3. (verabreichen) MED* дава́ть (лека́рство)
eingebildet *adj 1. (überheblich)* чва́нный, надме́нный, мно́го о себе́ вообража́ющий (мня́щий); *2. (unwirklich)* вообража́емый, мни́мый
Eingeborene(r) *f/m* ме́стный уроже́нец *m,* ме́стная уроже́нка *f,* тузе́мец *m,* тузе́мка *f,* абориге́н(ка) *m/f*
Eingebung *f (fig)* вдохнове́ние *n,* наитие *n*
eingehen *v irr 1. (ankommen)* прибыва́ть, поступа́ть; *2. (sterben, absterben)* погиба́ть, ги́бнуть; *3. (kleiner werden)* сади́ться; *4. (auf einen Vorschlag~)* принима́ть (предложе́ние); *5. auf jdn ~ (fam)* соглаша́ться с кем-л; *6. (Verpflichtung)* брать на себя́ обяза́тельство
eingehend *adj (ausführlich)* подро́бный, обстоя́тельный
Eingemachtes *n (Früchte)* консерви́рованные фру́кты *m/pl; es geht ans Eingemachte (fig)* что-л каса́ется су́щности вопро́са
eingespielt *adj SPORT* сы́гранный
Eingeständnis *n* призна́ние *n*
eingestehen *v* признава́ться
eingetragen *adj* зарегистри́рованный
Eingeweide *pl ANAT* вну́тренности *f/pl,* потроха́ *pl*
Eingeweihte(r) *f/m* посвящённый *m,* …ная *f*
eingewöhnen *v* приуча́ть; *sich ~* привыка́ть
eingießen *v irr* налива́ть, влива́ть
eingleisig *adj 1. (Strecke)* одноколе́йный, однопу́тный; *2. (fig)* односторо́нний
eingreifen *v irr 1. (einschreiten)* вме́шиваться; *2. TECH* зацепля́ть, сцепля́ть
Eingriff *m 1. (Einschreiten)* вмеша́тельство *n; 2. MED* вмеша́тельство *n,* опера́ция *f; 3. TECH* зацепле́ние *n,* сцепле́ние *n*
einhalten *v irr 1. (befolgen)* соблюда́ть, выполня́ть; *2. (beibehalten)* держа́ться; *einen Abstand von zwei Metern ~* держа́ться на расстоя́нии двух ме́тров; *3. (anhalten)* заде́рживать
Einhaltung *f 1. (Befolgung)* соблюде́ние *n,* выполне́ние *n; 2. (Beibehaltung)* выде́рживание *n*
einheimisch *adj* оте́чественный, ме́стный
Einheimische(r) *f/m* ме́стный жи́тель *m,* ме́стная жи́тельница *f*
Einheit *f* еди́нство *n*
einheitlich *adj* еди́ный
Einheitsbestrebung *f POL* стремле́ние *n* к еди́нству
einhundert *num* сто
einig *adj 1. (geeint)* еди́ный; *2. (einmütig)* единоду́шный
einige *pron* не́которые, ко́е-каки́е, не́сколько
einigen *v sich ~ über* соглаша́ться о чём-л, догова́риваться о чём-л, сходи́ться на чём-л
einigermaßen *adv* в како́й-то сте́пени, бо́лее или ме́нее
Einigkeit *f* едине́ние *n,* единоду́шие *n,* согласие *n*
Einigung *f 1. (Einmütigkeit)* единоду́шие *n,* единогла́сие *n; 2. (Vereinigen) POL* объедине́ние *n*
einkalkulieren *v* учи́тывать, принима́ть в расчёт
Einkauf *m* заку́пка *f,* поку́пка *f*
einkaufen *v* закупа́ть, покупа́ть
Einkaufsbummel *m* прогу́лка *f* по магази́нам
Einkaufspreis *m ECO* покупна́я цена́ *f*
Einkaufstasche *f* су́мка *f* для поку́пок, хозя́йственная су́мка *f*

einklagen *v* предъявля́ть иск, подава́ть жа́лобу
Einklang *m 1. (Eintracht)* согла́сие *n; 2. (Übereinstimmung)* соотве́тствие *n,* согласо́ванность *f; 3. MUS* созву́чность *f,* гармо́ния *f*
Einkommen *n 1.* дохо́д *m; 2. (Verdienst)* за́работок *m*
Einkommenssteuer *f ECO* подохо́дный нало́г *m*
einkreisen *v 1. (umzingeln) MIL* окружа́ть, оцепля́ть; *2. (umranden)* обводи́ть
Einkünfte *pl* дохо́ды *m/pl*
einladen *v irr 1. (bitten) ~ zu* приглаша́ть куда́-л; *2. (verladen)* загружа́ть
Einladung *f* приглаше́ние *n*
Einlage *f ECO* взнос *m,* вклад *m,* вложе́ние *n*
einlagern *v* храни́ть, закла́дывать на хране́ние, держа́ть на скла́де
einlassen *v irr 1. (hereinlassen)* впуска́ть, запуска́ть; *2. (einlaufen lassen)* наполня́ть; *3. sich ~ auf* идти́ на что-л, принима́ть уча́стие в чём-л
einleiten *v 1. (einführen)* вводи́ть; *2. (beginnen)* начина́ть, заводи́ть
Einleitung *f 1. (Einführung)* введе́ние *n,* вступле́ние *n; 2. (Beginn)* нача́ло *n; 3. MUS* прелю́дия *f*
einleuchtend *adj* я́сный, очеви́дный, убеди́тельный
einliefern *v 1. (Gefängnis)* помеща́ть (в тюрьму́); *2. (Krankenhaus)* доставля́ть (в больни́цу), госпитализи́ровать *impf/pf*
einloggen *v sich ~ INFORM* входи́ть в систе́му, производи́ть регистра́цию
einlösen *v 1. (Scheck)* плати́ть по че́ку, получа́ть де́ньги по предъя́вленному че́ку; *2. (Versprechen)* сде́рживать, выполня́ть (обеща́ние)
einmal *adv 1.* (оди́н) раз; *2. (in der Vergangenheit)* одна́жды, когда́-то; *3. (in der Zukunft)* когда́-нибу́дь
einmalig *adj 1. (nicht mehrfach)* однокра́тный, единовре́менный; *2. (einzigartig)* неповтори́мый, еди́нственный в своём ро́де
einmischen *v sich ~* вме́шиваться
Einnahme *f 1. (Ertrag)* прихо́д *m,* поступле́ние *n* (дохо́дов); *2. MIL* взя́тие *n,* захва́т *m; 3. MED* приём *m* (лека́рства)
einnehmen *v irr 1. (verdienen)* получа́ть (дохо́д), зараба́тывать; *2. MIL* захва́тывать, занима́ть, брать; *3. MED* принима́ть (лека́рство); *4. (Platz besetzen)* занима́ть (ме́сто)
einordnen *v 1.* располага́ть, размеща́ть, расставля́ть; *2. sich ~* включа́ться, находи́ть своё ме́сто в чём-л
einpacken *v* упако́вывать, завёртывать; *Damit kannst du ~. (fig)* От э́того ма́ло то́лку.
einrahmen *v* вставля́ть в ра́му, обрамля́ть
einreichen *v* подава́ть, представля́ть
Einreise *f* въе́зд *m*
einreisen *v ~ in ein Land* въезжа́ть в страну́
einrichten *v 1. (ausstatten)* обору́довать, обставля́ть; *2. (organisieren)* устра́ивать, организова́ть *impf/pf* (*auch:* организо́вывать *impf*); *3. (einrenken) MED* вправля́ть (вы́вих); *4. (umrüsten) TECH* нала́живать
Einrichtung *f 1. (Institution)* учрежде́ние *n,* организа́ция *f,* заведе́ние *n; 2. (Ausstattung)* обстано́вка *f,* обору́дование *n; 3. (Einrenken) MED* вправле́ние *n* (вы́виха); *4. (Umrüstung) TECH* нала́дка *f*
eins *num* оди́н, раз
einsam *adj* одино́кий, уединённый
Einsamkeit *f* одино́чество *n,* уедине́ние *n*
Einsatz *m 1. (beim Glücksspiel)* ста́вка *f; 2. (Aufwand)* рабо́та *f; ~ im Sport zeigen* проявля́ть большо́е усе́рдие в спо́рте; *3. (Anwendung)* примене́ние *n,* испо́льзование *n; 4. MIL* боево́е зада́ние *n*
einsatzbereit *adj* гото́вый, по́лный гото́вности, в по́лной гото́вности
einschalten *v 1. (anschalten)* включа́ть; *2. (hinzuziehen)* привлека́ть, подключа́ть *(fig); 3. sich ~* включа́ться во что-л
einschätzen *v* оце́нивать
einschenken *v* налива́ть
einschlafen *v irr* засыпа́ть, усну́ть *pf; Ich kann nicht ~.* Я не могу́ усну́ть.
einschlagen *v irr 1. (einrammen)* забива́ть, вкола́чивать; *2. (zerschlagen)* разбива́ть; *3. eine Richtung ~* идти́ в како́м-л направле́нии; *4. (treffen: Blitz)* уда́рить *pf; wie ein Blitz ~* как гром среди́ я́сного не́ба
einschlägig *adj* специа́льный, соотве́тствующий
einschließen *v irr 1.* закрыва́ть, запира́ть; *2. (fig: einbeziehen)* включа́ть, содержа́ть
einschließlich *adv 1.* включи́тельно; *prep 2.* включа́я
einschneidend *adj (fig)* реши́тельный, радика́льный, ре́зкий, коренно́й
Einschnitt *m 1. (Kleidung)* разре́з *m;*

2. *(Schnitt)* MED прорéз *m,* надрéз *m;* 3. *(fig: Erlebnis)* перелóмный этáп *m,* цезýра *f*

einschränken *v* ограни́чивать, сокращáть

Einschreibebrief *m* заказнóе письмó *n*

einschreiben *v irr sich ~* запи́сываться, зачисля́ться

Einschreibung *f* зáпись *f,* зачислéние *n*

einsehen *v irr* 1. *(Einblick nehmen)* просмáтривать, загля́дывать; 2. *(fig: verstehen)* понимáть, сознавáть

Einsehen *n* 1. *(Einblick)* просмóтр *m;* 2. *(fig: Verstehen)* понимáние *n; ein ~ haben* проявля́ть понимáние, быть благоразýмным

einseitig *adj* односторóнний, однобóкий

einsenden *v irr* отправля́ть, доставля́ть

Einsender *m* отправи́тель *m*

einsetzen *v* 1. *(einfügen)* вставля́ть; 2. *(anwenden)* применя́ть, испóльзовать *impf/pf;* 3. *(Amt übertragen)* назначáть; 4. *(riskieren)* рисковáть (жи́знью)

Einsicht *f* 1. *(Einblick)* просмóтр *m;* 2. *(fig: Verstehen)* понимáние *n*

einsichtig *adj* 1. *(verständnisvoll)* благоразýмный; 2. *(einsehbar)* поня́тный

Einsiedler(in) *m/f* отшéльник *m,* отшéльница *f,* анахорéт *m*

einsparen *v* эконóмить

einsperren *v* 1. *(einschließen)* запирáть, держáть взаперти́; 2. *(gefangen setzen)* сажáть в (тюрьмý)

einspringen *v irr* приходи́ть на заméну, помогáть, выручáть

Einspritzmotor *m* TECH дви́гатель *m* с непосрéдственным впры́ском тóплива

Einspruch *m* возражéние *n,* протéст *m*

einspurig *adj* 1. *(Straße)* однопýтный, с однóй полосóй движéния; 2. *(Gleis)* одноколéйный

einst *adv* 1. *(in der Vergangenheit)* однáжды, когдá-то; 2. *(in der Zukunft)* когдá-нибýдь

einsteigen *v irr ~ in* входи́ть во что-л/кудá-л, сади́ться на что-л, вступáть во что-л/кудá-л

einstellbar *adj* регули́руемый, настрáиваемый

einstellen *v* 1. *(beschäftigen)* нанимáть, принимáть, зачисля́ть (на рабóту); 2. *(beenden)* прекращáть; 3. *(nicht zahlen)* приостанáвливать (платежи́); 4. *(regulieren)* TECH регули́ровать, настрáивать, устанáвливать

Einstellung *f* 1. *(von Arbeitskräften)* наём *m,* приём *m,* зачислéние *n* (на рабóту); 2. *(Beendigung)* прекращéние *n;* 3. *(von Zahlungen)* приостановлéние *n* (платежéй); 4. *(Regulierung)* регули́рование *n,* настрóйка *f,* устанóвка *f;* 5. *(Denkhaltung)* тóчка *f* зрéния, пози́ция *f*

Einstieg *m* 1. *(Einsteigen)* посáдка *f,* вход *m;* 2. *(~sstelle)* вход *m,* лаз *m,* люк *m*

einstimmig *adj* 1. MUS одноголóсый, уни́сóнный; 2. *(einmütig)* единоглáсный; *adv* 3. *(fig)* единоглáсно, в уни́сóн

einstufen *v* классифици́ровать *impf/pf*

Einsturz *m* обвáл *m,* падéние *n*

einstürzen *v* обвáливаться, обрýшиваться

einstweilig *adj* врéменный

eintauschen *v ~ gegen* меня́ть, обмéнивать на что-л

eintausend *num* (однá) ты́сяча

einteilen *v* дели́ть, (под)разделя́ть, распределя́ть

Einteilung *f* делéние *n,* разделéние *n,* распределéние *n*

eintönig *adj* монотóнный, однообрáзный

Eintracht *f* соглáсие *n,* единодýшие *n*

einträchtig *adv* единодýшно, дрýжно

Eintrag *m* зáпись *f*

eintragen *v irr* запи́сывать, вноси́ть, регистри́ровать

eintreffen *v irr* 1. *(ankommen)* прибывáть; 2. *(eingehen)* поступáть; 3. *(sich erfüllen)* сбывáться

eintreten *v irr* 1. *(beitreten)* вступáть, станови́ться члéном чегó-л; 2. *(sich einsetzen) ~ für* выступáть за что-л, заступáться за когó-л/что-л; 3. *(geschehen)* происходи́ть, случáться; 4. *(hineingehen) ~ in* входи́ть во что-л/кудá-л

Eintritt *m* 1. *(Beitritt)* вступлéние *n;* 2. *(Betreten)* вход *m; ~ frei* вход свобóдный

Eintrittskarte *f* входнóй билéт *m*

einverleiben *v* присоединя́ть, аннекси́ровать *impf/pf*

Einvernehmen *n* присоединéние *n,* аннéксия *f*

einverstanden *adj ~ sein mit* соглáсный с кем-л/с чем-л

Einverständnis *n* соглáсие *n,* соглашéние *n*

Einwand *m* возражéние *n,* протéст *m*

Einwanderer *m* иммигрáнт(ка) *m/f,* переселéнец *m,* переселéнка *f*

einwandern *v* иммигри́ровать *impf/pf,* переселя́ться

Einwanderung *f* иммигри́рование *n,* переселéние *n*

einwandfrei *adj* безупрéчный, безукори́з-

ненный; *Seine Geschäfte scheinen mir nicht ganz ~ zu sein.* Мне кажется, что у него не совсем чистые дела.
Einwegverpackung *f* одноразовая упаковка *f,* разовая тара *f*
einweihen *v 1.* торжественно открывать; *2. jdn in ein Geheimnis ~ (fig)* посвящать кого-л в тайну; *2.(weihen)* REL освящать
Einweihung *f 1.* торжественное открытие *n; 2. (Geheimnis) (fig)* посвящение *n* (в тайну); *2.(Weihe)* REL освящение *n*
einweisen *v irr 1. (anleiten)* инструктировать, давать указания; *2. (einliefern)* давать направление, направлять
einwenden *v irr ~ gegen* возражать против, иметь что-л против
einwerfen *v irr 1. (einschlagen)* выбивать (стёкла); *2. (Post, Münze)* опускать (письмо, монету); *4. (fig)* вставлять, бросать (реплику)
einwilligen *v* соглашаться, давать согласие; *~ etw zu tun* соглашаться сделать что-л
Einwilligung *v* согласие *n*
Einwohner(in) *m/f* житель(ница) *m/f*
Einwohnermeldeamt *n* адресный стол *m*
Einwohnerzahl *f* численность *f* населения, население *n*
einzahlen *v* платить, вносить; *auf ein Konto ~* вносить деньги на счёт
Einzahlung *f* платёж *m,* взнос *m*
Einzel *n 1. (~spiel)* SPORT одиночная игра *f; 2. (~lauf)* SPORT одиночное катание *n*
Einzelfall *m* единичный случай *m*
Einzelgänger(in) *m/f* одиночка *m/f,* действующий *m* (…щая *f*) в одиночку
Einzelhandel *m* ECO розничная торговля *f*
Einzelhändler(in) *m/f* ECO розничный торговец *m,* торговец *m* розничными товарами
Einzelheit *f* деталь *f,* подробность *f*
einzeln *adj 1.* отдельный, частный, единичный, одиночный, одинокий; *adv 2.* отдельно, в отдельности, порознь
Einzelne(r) *f/m* отдельное лицо *n,* одиночка *m/f (fam)*
Einzelstück *n* единичная вещь *f*
Einzelzimmer *n* комната *f* на одного человека, отдельная комната *f*
einziehen *v irr 1. (eine Wohnung beziehen)* вселяться, въезжать, переезжать; *2. (Informationen)* наводить справку; *3. (einbauen)* втягивать, протягивать, устанавливать; *4. (Geld, Steuern)* ECO собирать, взимать, взыскивать (деньги, налоги)
einzig *adj 1.* единственный, один-единственный; *adv 2.* единственно, особенно
einzigartig *adj* уникальный, единственный в своём роде, бесподобный, неповторимый
Einzug *m 1. (in eine Wohnung)* переезд *m,* въезд *m; 2. (Einmarsch)* MIL ввод *m* (войск)
Einzugsgebiet *n* экономический район *m* (города); *das ~ der Schule* микрорайон *m* школы
Eis *n 1.* лёд *m; (fig) Das ~ ist gebrochen.* Лёд тронулся. *etw auf ~ legen* заморозить что-л, откладывать что-л в долгий ящик; *2. (Speiseeis)* GAST мороженое *n*
Eisbär *m* ZOOL белый медведь *m*
Eisbecher *m 1. (Becher)* GAST вазочка *f* для мороженого, *2. (Eis)* GAST порция *f* мороженого
Eisberg *m* GEOL айсберг *m*
Eisen *n* железо *n; (fig) zum alten ~ gehören* кому-л пора на покой, чьё-л место на свалке, *mehrere ~ im Feuer haben* иметь про запас несколько аргументов, иметь много шансов
Eisenbahn *f* железная дорога *f; Es ist höchste ~! (fig)* Время не ждёт!
Eisenbahnnetz *n* железнодорожная сеть *f*
Eisenerz *n* MIN железная руда *f*
eisenhaltig *adj* содержащий железо, железистый
Eisenhandlung *f* магазин *m* скобяных изделий
Eisenindustrie *f* чёрная металлургия *f*
Eisenwaren *pl* железные (скобяные) изделия *n/pl*
eisern *adj 1. (aus Eisen)* железный, из железа; *2. (fig)* железный, непоколебимый, неумолимый
eisgekühlt *adj* охлаждённый на льду
Eishockey *n* SPORT хоккей *m* на льду, хоккей *m* с шайбой
eisig *adj 1. (kalt)* морозный, леденящий; *2. (fig)* ледяной, холодный
eiskalt *adj 1. (kalt)* очень холодный, морозный, ледяной, холодный как лёд; *(fig) Es läuft mir ~ über den Rücken.* У меня мурашки по спине бегают.
Eiskunstlauf *m* SPORT фигурное катание *n*
Eiskunstläufer *m* SPORT фигурист *m*
Eisprung *m* BIO овуляция *f*
Eisscholle *f* льдина *f*
Eisschrank *m* холодильник *m*

Eiswürfel *m* кýбик *m* льда
Eiszapfen *m* ледянáя сосýлька *f*
Eiszeit *f* GEOL ледникóвый перúод *m*
eitel *adj* тщеслáвный, самовлюблённый
Eitelkeit *f* тщеслáвие *n*, самовлюблённость *f*
Eiter *m* MED гной *m*
eitrig *adj* MED гнóйный, гноя́щийся
Eiweiß *n* белóк *m*
Ejakulation *f* BIO семяизвержéние *n*, эякуля́ция *f*
Ekel *m* отвращéние *n*, омерзéние *n*
ekelhaft *adj* отвратúтельный, омерзúтельный, протúвный *(fam); Wie ~!* Как отвратúтельно!
ekeln *v sich ~* испы́тывать отвращéние
Eklat *m* скандáл *m*
Ekstase *f* экстáз *m*, востóрг *m*
Ekzem *n* MED экзéма *f*
elastisch *adj* гúбкий, эластúчный, упрýгий
Elastizität *f* гúбкость *f*, эластúчность *f*, упрýгость *f*
Elch *m* ZOOL лось *m*
Elefant *m* слон *m; (fig) sich wie ein ~ im Porzellanladen benehmen* вестú себя́ как слон в посýдной лáвке, быть неуклю́жим
elegant *adj* элегáнтный, изя́щный
Eleganz *f* элегáнтность *f*, изя́щество *n*
Elektriker *m* элéктрик *m*
elektrisch *adj* электрúческий
Elektrizität *f* электрúчество *n*
Elektrizitätswerk *n* электростáнция *f*
Elektrode *f* PHYS электрóд *m*
Elektrogerät *n* TECH электроприбóр *m*
Elektrolyse *f* CHEM электрóлиз *m*
Elektron *n* PHYS электрóн *m*
Elektronik *f* электрóника *f*
elektronisch *adj* электрóнный
Elektrotechniker *m* электротéхник *m*
Element *n 1. (Naturgewalt)* стихúя *f; (fig) in seinem ~ sein* быть в своéй стихúи; *2.* CHEM, TECH элемéнт *m*
elementar *adj* элементáрный
elend *adj* жáлкий, убóгий, плачéвный
Elend *n* жáлкое состоя́ние *n*, нищетá *f*, бедá *f; Er ist nur noch ein Häufchen ~.(fig)* На негó жáлко смотрéть.
Elendsviertel *n* нúщенский квартáл *m*, трущóбы *f/pl*
elf *num* одúннадцать
Elfenbein *n* слонóвая кость *f*
elfte(r,s) *adj* одúннадцатый, ...тая, ...тое
elitär *adj* элитáрный
Elite *f* элúта *f*
Ellbogen *m* ANAT лóкоть *m*
Elsass *n* GEO Эльзáс *m*
Elster *f* ZOOL сорóка *f*
Eltern *pl* родúтели *pl*; *nicht von schlechten ~ sein (fig)* неплóхо, недýрно
Elternhaus *n* родúтельский дом *m*
Email *n* эмáль *f*
E-Mail *f* электрóнная пóчта *f*
Emanzipation *f* эмансипáция *f*
Embargo *n* POL эмбáрго *n*
Embolie *f* MED эмболúя *f*
Embryo *m* BIO эмбриóн *m*
Emigrant(in) *m/f* эмигрáнт(ка) *m/f*
Emigration *f* эмигрáция*f*
Emission *f 1.* ECO эмúссия *f*, вы́пуск *m* (цéнных бумáг); *2.* PHYS эмúссия *f*, испускáние *n*, излучéние *n; 3. (Umwelt)* вы́брос *m* врéдных веществ в окружáющую срéду
Empfang *m 1. (Erhalt)* получéние *n*, поступлéние *n* (письмá); *2. (Begrüßung)* приём *m*, встрéча *f; 3. (Radio, TV)* TECH приём *m*
empfangen *v irr 1. (erhalten)* получáть, поступáть; *2. (begrüßen)* принимáть, устрáивать приём, встречáть; *3. (Radio, TV)* TECH принимáть, ловúть *(fam)*
Empfänger *m 1. (Anschrift)* получáтель *m; 2. (Gerät)* TECH приёмник *m*
Empfängnis *f* BIO зачáтие *n*
empfängnisverhütend *adj* BIO противозачáточный, контрацептúвный
empfehlen *v irr* рекомендовáть, совéтовать; *es empfiehlt sich, etw zu tun* целесообрáзно делáть что-л
empfehlenswert *adj* достóйный рекомендáции
Empfehlung *f* рекомендáция *f*
empfinden *v irr* чýвствовать, ощущáть, испы́тывать
empfindlich *adj 1.* чувствúтельный, обúдчивый; *adv 2.* чувствúтельно, замéтно
Empfindung *f* чýвство *n*, ощущéние *n*
empor *adv* ввысь, вверх, квéрху
empören *v sich ~* возмущáться
Emporkömmling *m* вы́ходец *m* из низóв
empörend *adj* возмутúтельный
empört *adj 1.* возмущённый; *adv 2.* с возмущéнием
Empörung *f* возмущéние *n*
emsig *adj* старáтельный, усéрдный
Endabrechnung *f* окончáтельный (итóговый) расчёт *m*
Ende *n* конéц *m*, исхóд *m; (fig) das ~ vom*

Lied (печáльный) конéц дéла; *zu ~ gehen* идтѝ к концý, закáнчиваться, окáнчиваться; *das dicke ~* сáмое плохóе ещё впередѝ; *am ~ sein* измýчиться, дойтѝ *(fam); kein ~ finden* не прекращáться, тянýться бесконéчно дóлго; *Mit ihm geht es zu ~.* Он умирáет.
enden *v 1.* кончáться, окáнчиваться; *2. (sterben)* умирáть
Endergebnis *n* окончáтельный результáт *m,* конéчный итóг *m*
endgültig *adj* окончáтельный
Endlagerung *f* конéчное захоронéние *n*
endlich *adj 1.* конéчный; *adv 2.* наконéц, в концé концóв
endlos *adj* бесконéчный, нескончáемый
Endspiel *n 1.* SPORT финáльная игрá *f; 2. (Schach)* э́ндшпиль *m*
Endstation *f* конéчная стáнция *f*
Endverbraucher *m* ECO конéчный потребѝтель *m*
Energie *f* энéргия *f*
Energieverbrauch *m* энергопотреблéние *n,* расхóд *m* энéргии
energisch *adj* энергѝчный
eng *adj* ýзкий, тéсный; *(fig) etw nicht so ~ sehen* смотрéть шѝре на что-л
Engagement *n 1. (Einsatz)* актѝвность *f; 2. (Verpflichtung)* обязáтельство *n; 3. (Anstellung)* THEA контрáкт *m*
engagieren *n 1. jdn ~* принимáть когó-л на рабóту (в теáтр, кинó); *2. sich ~* принимáть актѝвное учáстие в чём-л, актѝвно включáться во что-л
Enge *f* теснотá *f; jdn in die ~ treiben (fig)* стáвить когó-л в безвы́ходное положéние
Engel *m* áнгел *m*
Engelsgeduld *f* áнгельское терпéние *n*
England *n* GEO А́нглия *f*
Engländer(in) *m/f* англичáнин *m,* англичáнка *f*
Englisch *n* англѝйский язы́к *m*
Engpass *m 1. (Schlucht)* ущéлье *m; 2. (fig: in der Produktion)* ECO ýзкое мéсто *n; 3. (fig: Mangel)* недостáток *m*
engstirnig *adj* узколóбый
Enkel *m* внук *m*
enorm *adj* огрóмный, чрезмéрный
entbehren *v* недоставáть, не хватáть, нуждáться
entbehrlich *adj* ненýжный, излѝшний
Entbehrung *f* нуждá *f,* лишéния *n/pl*
entbinden *v irr 1. (befreien)* освобождáть; *2.* MED рожáть, разрешáться от брéмени
Entbindung *f 1. (Befreiung)* освобождéние *n; 2.* MED рóды *pl,* родоразрешéние *n*
entdecken *v* открывáть, обнарýживать
Entdecker(in) *m/f* первооткрывáтель(ница) *m/f*
Entdeckung *f* откры́тие *n,* обнаружéние *n; die ~ Amerikas* откры́тие Амéрики
Entdeckungsreise *f* исслéдовательская экспедѝция *f*
Ente *f 1.* ZOOL ýтка *f; eine lahme ~ sein (fig)* безынициатѝвный человéк *m,* тюфя́к *m (fam); 2. (fig: Zeitungsente)* ýтка *f* (газéтная)
entehren *v* бесчéстить, лишáть чéсти
enteignen *v* JUR экспроприѝровать *impf/pf*
enterben *v* лишáть наслéдства
entfallen *v irr 1. (fallen lassen)* выпадáть (из рук); *2. (ausfallen)* не состоя́ться; *3. (fig: vergessen)* забывáть, запáмятовать *pf,* выпадáть (из пáмяти)
entfernen *v 1. (wegnehmen)* удаля́ть, убирáть, устраня́ть; *2. sich ~* удаля́ться, уходѝть
entfernt *adj* отдалённый, удалённый, дáльний
Entfernung *f 1. (Distanz)* расстоя́ние *n,* отдалéние *n,* даль *f,* дистáнция *f; 2. (Wegnahme)* удалéние *n,* устранéние *n*
entfliehen *v irr* бежáть, сбегáть
Entfremdung *f* отчуждéние *n*
entführen *v* похищáть, угоня́ть
Entführer *m* похитѝтель *m,* угóнщик *m*
Entführung *f* похищéние *n,* угóн *m*
entgegen *adv 1. (örtlich)* навстрéчу; *Sie lief ihm ~.* Онá бежáла емý навстрéчу. *prep 2. (wider)* прóтив, вопрекѝ
entgegengehen *v irr* идтѝ навстрéчу
entgegengesetzt *adj* противополóжный, обрáтный, встрéчный
entgegenhalten *v irr 1. die Arme ~* протя́гивать рýки; *2. (fig: einwenden)* возражáть, противопоставля́ть
entgegenkommen *v irr* идтѝ навстрéчу, дéлать шаг навстрéчу, идтѝ на компромѝсс; *Die Bank ist in Kreditfragen sehr ~d.* По кредѝтным вопрóсам банк идёт на большѝе компромѝссы.
Entgegenkommen *n* любéзность *f*
entgegennehmen *v irr* принимáть
entgegnen *v* возражáть, отвечáть
entgehen *v irr 1. (entwischen)* уходѝть, ускользáть; *2. (vermeiden)* избегáть; *3. (auslassen)* упускáть

entgeistert *adj 1.* ошеломлённый, ошара́шенный, огоро́шенный, рассе́янный; *adv 2.* рассе́янно
Entgelt *n* вознагражде́ние *n*
entgleisen *v 1. (aus dem Gleis springen)* сходи́ть с ре́льсов; *2. (fig: abschweifen)* сбива́ться, отклоня́ться от те́мы
enthaaren *v* удаля́ть во́лосы
Enthaarungsmittel *n* сре́дство *n* для удале́ния воло́с
enthalten *v irr 1. (beinhalten)* содержа́ть; *2. sich ~* возде́рживаться, уде́рживаться
enthaltsam *adj* возде́ржанный, уме́ренный
Enthaltsamkeit *f* возде́ржанность *f,* уме́ренность *f*
Enthaltung *f* воздержа́ние *n*
entheben *v irr (entbinden, entlassen)* освобожда́ть, отстраня́ть, отреша́ть (от до́лжности)
enthüllen *v 1. (frei machen)* открыва́ть, снима́ть покро́в; *2. (fig: entlarven)* разоблача́ть
Enthüllung *f 1.* откры́тие *n,* сня́тие *n* покро́ва; *2. (fig: Entlarvung)* разоблаче́ние *n*
entjungfern *v* лиша́ть де́вственности (неви́нности)
entkalken *v* обезызвестля́ть, удаля́ть и́звесть, освобожда́ть от и́звести
entkernen *v* удаля́ть ко́сточки (зёрна)
entkleiden *v* раздева́ть
entkommen *v irr* ускольза́ть, скрыва́ться, бежа́ть
entkräften *v 1.* обесси́ливать, ослабля́ть; *2. (widerlegen)* опроверга́ть
entladen *v irr 1. (abladen)* разгружа́ть, выгружа́ть; *2. sich ~* разряжа́ться
entlang *prep* по, вдоль
entlangfahren *v irr 1.* еха́ть/езди́ть вдоль чего́-л, проезжа́ть вдоль чего́-л; *2. (fig: über etw streichen)* проводи́ть по чему́-л (па́льцем, руко́й)
entlarven *v* разоблача́ть
entlassen *v irr 1. (Arbeitskräfte)* увольня́ть; *2. (Gefangene)* освобожда́ть; *3. (Kranke)* выпи́сывать; *4. MIL* увольня́ть со слу́жбы
Entlassung *f 1. (von Arbeitskräften)* увольне́ние *n; 2. (von Gefangenen)* освобожде́ние *n* (из заключе́ния); *3. (aus dem Krankenhaus)* вы́писка *f* (из больницы); *4. MIL* увольне́ние *n* со слу́жбы
Entlassungspapier *n* докуме́нт *m* об увольне́нии (об освобожде́нии)
entlasten *v 1.* разгружа́ть, освобожда́ть от гру́за, облегча́ть; *2. JUR* опра́вдывать, снима́ть ви́ну
entlastend *adj 1.* облегчи́тельный, освобожда́ющий от гру́за; *2. JUR* оправда́тельный, опра́вдывающий, снима́ющий вину́
Entlastungszeuge *m JUR* свиде́тель *m* защи́ты
entlohnen *v* вознагражда́ть, плати́ть за́работную пла́ту
Entmachtung *f POL* лише́ние *n* вла́сти
entmilitarisieren *v POL* демилитаризова́ть *impf/pf*
entmündigen *v 1. (für geschäftsunfähig erklären) JUR* объявля́ть недееспосо́бным; *2. (unter Vormundschaft stellen) JUR* брать под опе́ку
entmutigen *v* обескура́живать
Entnahme *f* изъя́тие *n,* отбо́р *n*
entnehmen *v irr 1. (herausnehmen)* вынима́ть, брать; *2. (fig: schließen)* заключа́ть, де́лать вы́вод
entpuppen *v sich ~ (fig)* ока́зываться
enträtseln *v* разга́дывать, расшифро́вывать
entrüsten *v sich ~ über* возмуща́ться кем-л/чем-л, негодова́ть на кого-л/что-л
Entrüstung *f* возмуще́ние *n,* негодова́ние *n*
entschädigen *v* возмеща́ть, компенси́ровать *impf/pf*
Entschädigung *f* возмеще́ние *n,* компенса́ция *f*
entscheiden *v irr* реша́ть, принима́ть реше́ние
entscheidend *adj* реша́ющий, определя́ющий
Entscheidung *f* реше́ние *n*
Entscheidungsfreiheit *f* свобо́да *f* реше́ния
entschieden *adj* реши́тельный, категори́чный
Entschiedenheit *f* реши́тельность *f,* твёрдость *f,* реши́мость *f*
entschließen *v irr sich ~* реша́ться
entschlossen *adj* по́лный реши́мости
Entschluss *m* реше́ние *n*
Entschlusskraft *f* реши́мость *f,* реши́тельность *f*
entschuldbar *adj* извини́тельный, прости́тельный
entschuldigen *v 1. etw ~* проща́ть что-л, извиня́ть что-л; *2. sich ~* проси́ть извине́ния (проще́ния), извиня́ться

Entschuldigung *f* извинéние *n,* прощéние *n*
entsetzen *v* ужасáть, приводи́ть в у́жас
Entsetzen *n* у́жас *m*
entsetzlich *adj* ужáсный, ужасáющий
entsetzt *adj 1.* объя́тый у́жасом, испу́ганный; *adv 2.* в у́жасе
entseuchen *v* обеззарáживать, дезинфици́ровать *impf/pf*
entsinnen *v irr sich einer Sache ~* пóмнить что-л/о чём-л, припоминáть что-л, вспоминáть что-л
entsorgen *v* устраня́ть отхóды
entspannen *v sich ~* расслабля́ться
entspannend *adj* снимáющий напряжéние, успокáивающий
Entspannung *f 1.* расслаблéние *n,* óтдых *m,* успокоéние *n; 2. POL* разря́дка *f* (междунарóдной напряжённости)
Entspannungspolitik *f POL* поли́тика *f* разря́дки (междунарóдной напряжённости)
entsprechen *v* соответ́ствовать, отвечáть
entsprechend *adj 1.* соотвéтствующий, соотвéтственный; *adv 2.* соотвéтственно
entspringen *v irr 1. (Fluss)* вытекáть, течь, брать начáло; *2. (herrühren) ~ aus* происходи́ть от, возникáть из
entstehen *v irr* возникáть, происходи́ть, создавáться
entstellt *adj* искажённый
entstören *v TECH* устраня́ть неполáдки (помéхи)
enttäuschen *v* разочарóвывать
enttäuscht *adj* разочарóванный
Enttäuschung *f* разочаровáние *n*
entwaffnen *v 1. MIL* разоружáть, обезору́живать; *2. jdn mit einem Lächeln ~ (fig)* обезору́живать когó-л улы́бкой *(fig)*
Entwarnung *f* отбóй *m* тревóги
entwässern *v 1. (trocken legen)* осушáть, дрени́ровать *impf/pf,* обезвóживать, отводи́ть вóду; *2. MED* дрени́ровать *impf/pf*
entweder *konj ~ … oder …* и́ли …, и́ли …, ли́бо …, ли́бо …; *Entweder du bleibst, oder du gehst.* Ли́бо ты остáнешься, ли́бо ты уйдёшь.
entweihen *v REL 1.* лишáть святости; *2. (schänden)* осквернять
entwenden *v irr* красть, похищáть
entwerfen *v irr* набрáсывать (план), проекти́ровать, составля́ть проéкт
entwerten *v 1. (abstempeln, lochen)* компости́ровать, пробивáть (билéт); *2. (wertlos machen)* обесцéнивать; *3. sich ~ ECO* обесцéниваться, девальви́ровать *impf/pf*
Entwertung *f ECO* обесцéнивание *n,* обесцéнение *n,* девальвáция *f*
entwickeln *v* развивáть, разрабáтывать
Entwicklung *f* разви́тие *n,* разрабóтка *f*
Entwicklungshilfe *f* пóмощь *f* развивáющимся стрáнам
Entwicklungsjahre *m/pl 1.* гóды *m/pl* разви́тия; *2. (Pubertät)* перехóдный вóзраст *m,* периóд *m* половóго созревáния,
Entwicklungsland *n* развивáющаяся странá *f*
entwürdigend *adj* унизи́тельный, оскорбля́ющий достóинство
Entwurf *m* проéкт *m,* наброćок *m,* эски́з *m*
entwurzeln *v 1. (fig)* лишáть корнéй, вырывáть из привы́чных услóвий; *2. BOT* вырывáть с кóрнем
Entwurzelung *f 1. (fig)* отры́в *m* от привы́чных услóвий; *2. BOT* вырывáние *n* с кóрнем
Entziehungskur *f MED* лечéние *n* воздержáнием
entziffern *v* расшифрóвывать, дешифри́ровать *impf/pf*
Entzücken *n* восхищéние *n,* востóрг *m*
entzückend *adj* восхити́тельный
entzückt *adj* восхищённый, востóрженный
Entzug *m MED* лишéние *n,* запрéт *m*
Entzugserscheinungen *pl MED* абстинéнтные явлéния *n/pl*
entzünden *v 1. (anzünden)* зажигáть, воспламеня́ть; *2. sich ~ MED* воспаля́ться
Entzündung *f MED* воспалéние *n*
Entzündungsherd *m MED* очáг *m* воспалéния
entzwei *adj 1.* слóманный, разби́тый, разóрванный; *adv 2.* нáдвое, пополáм
Enzian *m BOT* горечáвка *f*
Enzyklopädie *f* энциклопéдия *f*
Enzym *n BIO* фермéнт *m*
Epidemie *f MED* эпидéмия *f*
Epilepsie *f MED* эпилéпсия *f,* падýчая болéзнь *f*
Episode *f* эпизóд *m*
Epizentrum *n* эпицéнтр *m*
Epoche *f* эпóха *f*
Equipe *f* комáнда *f,* грýппа *f*
er *pron* он
erachten *v* считáть
erarbeiten *v* разрабáтывать, вырабáтывать

erbarmen *v sich jds ~* жале́ть кого́-л, сжа́литься *pf* над кем-л; *Herr, erbarme dich unser!* Го́споди, поми́луй нас!
Erbarmen *n* сострада́ние *n,* жа́лость *f*
erbärmlich *adj* жа́лкий, убо́гий, плаче́вный
erbarmungslos *adj* беспоща́дный, безжа́лостный
erbauen *v* стро́ить, сооружа́ть
Erbauer *m* строи́тель *m,* создате́ль *m*
Erbe *n 1. (Sache)* насле́дство *n,* насле́дие *n; 2. (Person)* насле́дник *m*
erben *v* насле́довать, получа́ть в насле́дство
Erbfolge *f* поря́док *m* насле́дования
Erbgut *n BIO* насле́дственный материа́л *m*
Erbin *f* насле́дница *f*
erbittert *adj* ожесточённый
Erbkrankheit *f MED* насле́дственная боле́знь *f*
Erblasser(in) *m/f* насле́дователь(ница) *m/f,* завеща́тель(ница) *m/f*
erblich *adj* насле́дственный
erblinden *v* сле́пнуть, станови́ться слепы́м
Erbmasse *f 1. BIO* насле́дственность *f; 2. JUR* насле́дственная ма́сса *f,* насле́дственное иму́щество *n*
erbrechen *v irr 1. (öffnen)* взла́мывать, вскрыва́ть; *2. (sich übergeben)* тошни́ть (кого́-л тошни́т), рвать (кого́-л рвёт), блева́ть *(fam)*
Erbrechen *n* тошнота́ *f,* рво́та *f; (fig) bis zum ~* до тошноты́
Erbrecht *n JUR* насле́дственное пра́во *n*
Erbschaft *f* насле́дство *n,* насле́дие *n*
Erbschleicher(in) *m/f* вымога́тель(ница) *m/f* насле́дства, лицо́ *n,* пыта́ющееся получи́ть насле́дство обма́нным путём
Erbse *f* горо́х *m*
Erdbeben *n* землетрясе́ние *n*
Erdbeere *f BOT* клубни́ка *f*
Erdboden *m* земля́ *f,* по́чва *f,* грунт *m; (fig) dem ~ gleichmachen* стере́ть с лица́ земли́; *vom ~ verschwinden* как сквозь зе́млю провали́ться
Erde *f 1. (Planet)* Земля́ *f; 2. (Boden)* земля́ *f; (fig) jdn unter die ~ bringen* свести́ кого́-л в моги́лу; *auf der ~ bleiben* остава́ться на по́чве реа́льности, не вита́ть в облака́х; *etw aus der ~ stampfen* сотворя́ть что-л из ничего́
erden *v TECH* заземля́ть
erdenklich *adj* всевозмо́жный
Erdgas *n* приро́дный газ *m*
Erdgeschoss *n* пе́рвый эта́ж *m*
erdichten *v* сочиня́ть, выду́мывать
Erdkugel *f* земно́й шар *m*
Erdkunde *f* геогра́фия *f*
Erdnuss *f BOT* ара́хис *m,* земляно́й оре́х *m*
Erdöl *n* нефть *f*
Erdreich *n* земля́ *f,* по́чва *f,* грунт *m*
erdrosseln *v* души́ть
erdrücken *v* дави́ть, разда́вливать
Erdrutsch *m* о́ползень *m*
Erdteil *m GEO* часть *f* све́та, контине́нт *m,* матери́к *m*
erdulden *v* терпе́ть, переноси́ть
Erdung *f TECH* заземле́ние *n*
ereifern *v 1. sich ~ wegen* горячи́ться из-за чего́-л; *2. sich ~ für etw* распина́ться о чём-л/за что-л
ereignen *v sich ~* происходи́ть, случа́ться, име́ть ме́сто
Ereignis *n* собы́тие *n,* происше́ствие *n*
Eremit *m* отше́льник *m*
erfahren *v irr 1.* узнава́ть, получа́ть све́дения; *adj 2.* о́пытный, све́дущий
Erfahrung *f* о́пыт *m*
erfahrungsgemäß *adv* эмпири́чески, по о́пыту, на осно́ве о́пыта, как пока́зывает о́пыт
Erfahrungssache *f* де́ло *n* о́пыта
erfassen *v 1. (greifen)* хвата́ть, схва́тывать; *2. (statistisch ~)* учи́тывать, регистри́ровать; *3. (fig: verstehen)* постига́ть, понима́ть, схва́тывать *(fam)*
Erfassung *f (Statistik)* учёт *m,* регистра́ция *f*
erfinden *v irr* изобрета́ть, приду́мывать
Erfinder *m* изобрета́тель *m*
erfinderisch *adj 1. (Person)* изобрета́тельный; *2. (Sache)* изобрета́тельский
Erfindung *f 1.* изобрете́ние *n; 2. (Lüge)* вы́думка *f*
Erfolg *m* успе́х *m; ~ versprechend* обеща́ющий успе́х
erfolgen *v* происходи́ть
erfolglos *adj* безуспе́шный, неуда́чный
erfolgreich *adj* успе́шный, уда́чный
erforderlich *adj* необходи́мый, тре́буемый, ну́жный
erfordern *v* тре́бовать
Erfordernis *n* необходи́мость *f,* на́добность *f,* потре́бность *f*
erforschen *v* иссле́довать, изуча́ть
Erforschung *f* иссле́дование *n*
erfreuen *v 1.* ра́довать; *2. sich ~ (fig)* по́льзоваться чем-л, име́ть *(авторите́т)*

erfreulich *adj* отра́дный, ра́достный
erfreulicherweise *adv* к сча́стью
erfreut *adj 1.* прия́тный; *adv 2.* прия́тно; *Sehr ~!* О́чень прия́тно!
erfrieren *v irr 1. (Person)* замерза́ть, кочене́ть *(fam); 2. (Pflanze)* вымерза́ть
erfrischen *v sich ~* освежа́ться, подкрепля́ться
erfrischend *adj* освежи́тельный, живи́тельный, бодря́щий, прохлади́тельный
Erfrischung *f 1.* освеже́ние *n,* подкрепле́ние *n; 2. (Getränk)* прохлади́тельный напи́ток *m; 3. (Speise)* лёгкая заку́ска *f*
erfüllen *v 1. (erfüllt sein)* наполня́ть, преисполня́ть; *2. Pflicht ~* выполня́ть (исполня́ть) обя́занности; *3. Hoffnungen ~* опра́вдывать наде́жды
Erfüllung *f 1. (Realisierung)* осуществле́ние *n,* реализа́ция *f; 2. (einer Pflicht)* выполне́ние *n,* исполне́ние *n; 3. (von Hoffnungen)* оправда́ние *n* (наде́жд)
Erfüllungsort *m ECO* ме́сто *n* исполне́ния обяза́тельства
ergänzen *v* добавля́ть, дополня́ть, пополня́ть
Ergänzung *f* добавле́ние *n,* дополне́ние *n*
Ergebnis *n* результа́т *m*
ergebnislos *adj* безрезульта́тный
ergiebig *adj 1.* продукти́вный, плодотво́рный; *2. (fruchtbar)* плодоро́дный; *3. (ertragreich) ECO* дохо́дный, при́быльный; *4. (reichhaltig)* оби́льный, бога́тый
ergonomisch *adj* эргономи́ческий
ergreifen *v irr 1. (greifen)* хвата́ть, схва́тывать, захва́тывать; *2. (nutzen) eine Gelegenheit ~* по́льзоваться возмо́жностью; *3. (festnehmen)* заде́рживать, захва́тывать, пойма́ть *pf* (*von:* лови́ть *impf*); *4. (fig: bewegen)* охва́тывать, овладева́ть
ergreifend *adj (fig)* тро́гательный, волну́ющий
erhalten *v irr 1. (bekommen)* получа́ть; *2. (bewahren)* сохраня́ть, содержа́ть, подде́рживать
erhältlich *adj* приобрета́емый, продаю́щийся, име́ющийся в прода́же
Erhaltung *f 1. (Bewahrung)* сохране́ние *n; 2. (Instandhaltung)* ухо́д *m,* содержа́ние *n*
erhängen *v irr sich ~* веша́ться
erheben *v irr 1. (hochheben)* поднима́ть; *2. sich ~* поднима́ться, встава́ть, восстава́ть; *3. (Steuern) ECO* взима́ть; *4. (belangen) JUR* подава́ть (жа́лобу), заявля́ть (проте́ст)
erheblich *adj* значи́тельный
Erhebung *f 1. (eines Berges)* возвы́шенность *f,* возвыше́ние *n,* верши́на *f; 2. (Statistik)* да́нные *pl,* результа́ты *m/pl* (опро́са); *3. (von Steuern) ECO* взима́ние *n* (нало́гов); *4. JUR* пода́ча *f* (жа́лобы), заявле́ние *n* (проте́ста)
Erheiterung *f* весе́лье *n*
erhitzen *v 1. (erwärmen)* нагрева́ть, накаля́ть; *2. (fig: erregen)* горячи́ть, возбужда́ть
erhoffen *v* наде́яться, упова́ть
erhöhen *v* поднима́ть, повыша́ть, увели́чивать
Erhöhung *f 1. (eines Berges)* возвыше́ние *n,* возвы́шенность *f; 2. (fig: Steigerung)* повыше́ние *n,* увеличе́ние *n*
erholen *v sich ~ 1. (sich ausruhen)* отдыха́ть; *2. (genesen)* оправля́ться, выздора́вливать
Erholung *f 1. (Entspannung)* о́тдых *m; 2. (Genesung)* выздоровле́ние *n*
erholungsbedürftig *adj* нужда́ющийся в о́тдыхе
erinnern *v 1. jdn an etw ~* напомина́ть кому́-л что-л; *2. sich ~* по́мнить, вспомина́ть; *Versuche dich zu ~!* Постара́йся вспо́мнить!
Erinnerung *f* па́мять *f,* воспомина́ние *n*
Erinnerungsstück *n* пода́рок *m* на па́мять, сувени́р *m,* па́мять *f; Diese Vase ist ein ~ an meine Großmutter.* Э́та ва́за — па́мять о моей ба́бушке.
Erinnerungswert *m etw hat für jdn ~* что-л доро́го кому́-л как па́мять
erkälten *v sich ~* простужа́ться, простужи́ваться
Erkältung *f MED* просту́да *f*
erkennbar *adj* узнава́емый, заме́тный, различи́мый
erkennen *v irr* узнава́ть, замеча́ть, различа́ть
erkenntlich *adj* благода́рный, призна́тельный
Erkenntnis *f* позна́ние *n,* осозна́ние *n*
erklärbar *adj* объясни́мый, поня́тный
erklären *v 1. (verdeutlichen)* объясня́ть, разъясня́ть, растолко́вывать; *2. (verkünden)* заявля́ть, объявля́ть, провозглаша́ть
Erklärung *f 1. (Verdeutlichung)* объясне́ние *n,* разъясне́ние *n,* поясне́ние *n; 2. (Verkündung)* заявле́ние *n,* объявле́ние *n,* провозглаше́ние *n*
erkranken *v ~ an* заболева́ть чем-л
Erkrankung *f MED* заболева́ние *n*

erkundigen *v sich ~ nach* справля́ться, осведомля́ться о чём-л
Erkundigung *f* спра́вка *f,* наведе́ние *n* спра́вок
Erkundung *f* разве́дка *f*
erlangen *v* приобрета́ть, получа́ть, добива́ться
Erlass *m 1. (Verordnung)* ука́з *m; 2. (Befreiung)* освобожде́ние *n* (от наказа́ния)
erlassen *v irr 1. (verordnen)* издава́ть ука́з; *2. (befreien)* освобожда́ть (от наказа́ния)
erlauben *v jdm etw ~* разреша́ть, позволя́ть кому́-л что-л; *Was ~ Sie sich?* Что Вы себе́ позволя́ете?
Erlaubnis *f* разреше́ние *n*
erläutern *v* объясня́ть, разъясня́ть
Erläuterung *f* объясне́ние *n,* разъясне́ние *n*
erleben *v* пережива́ть, испы́тывать, узнава́ть; *Du kannst was ~! (fam)* Ну погоди́!
Erlebnis *n* собы́тие *n,* эпизо́д *m*
erledigen *v 1. (ausführen)* выполня́ть, осуществля́ть; *2. (beenden)* зака́нчивать, заверша́ть
Erledigung *f 1. (Ausführung)* выполне́ние *n,* осуществле́ние *n; 2. (Beenden)* зака́нчивание *n,* заверше́ние *n*
erlegen *v (Tier)* убива́ть
erleichtern *v* облегча́ть
Erleichterung *f* облегче́ние *n*
erleiden *v irr* терпе́ть, переноси́ть
erlernen *v* учи́ть, изуча́ть, овладева́ть
erleuchten *v* освеща́ть, озаря́ть
Erlös *m ECO* вы́ручка *f,* поступле́ния *n/pl*
erlöschen *v irr* га́снуть, угаса́ть, ту́хнуть, потуха́ть
erlösen *v* избавля́ть, спаса́ть, освобожда́ть
Erlöser *m 1.* освободи́тель *m,* избави́тель *m; 2. REL* спаси́тель *m*
Erlösung *f 1.* освобожде́ние *n,* избавле́ние *n; 2. REL* спасе́ние *n*
ermächtigen *v ~ zu* уполномо́чивать на что-л
Ermächtigung *f* полномо́чие *n*
ermahnen *v* де́лать замеча́ние (вы́говор), уве́щевать, призыва́ть, предостерега́ть
Ermahnung *f* замеча́ние *n,* вы́говор *m,* уве́щевание *n,* призы́в *m,* предостереже́ние *n*
ermäßigen *v* уменьша́ть, снижа́ть, сбавля́ть
Ermäßigung *f* ски́дка *f,* льго́та *f; Gibt es ~en für Studenten?* Есть ли для студе́нтов льго́ты?
ermessen *v irr* измеря́ть
Ermessen *n* усмотре́ние *n; nach menschlichem ~* наско́лько мо́жно су́дить
Ermessensspielraum *m* просто́р *m* (преде́лы *m/pl*) свобо́дного усмотре́ния
ermitteln *v 1.* выясня́ть, устана́вливать; *2. gegen jdn ~ JUR* проводи́ть дозна́ние (сле́дствие) по чьему́-л делу́
Ermittlung *f 1.* выясне́ние *n,* установле́ние *n; 2. JUR* дозна́ние *n,* сле́дствие *n*
Ermittlungsverfahren *n JUR* произво́дство *n* на ста́дии дозна́ния, дозна́ние *n*
ermöglichen *v* де́лать возмо́жным, дава́ть возмо́жность, позволя́ть, обеспе́чивать
ermorden *v* (преднаме́ренно) убива́ть
Ermordung *f* (преднаме́ренное) уби́йство *n*
ermüden *v 1. (müde machen)* утомля́ть; *2. (müde werden)* устава́ть, утомля́ться
ermüdend *adj* утоми́тельный
Ermüdung *f 1.* утомле́ние *n,* уста́лость *f; 2. (Erschöpfung) TECH* уста́лость *f*
ermuntern *v* ободрять, побужда́ть, поощря́ть
ermutigen *v* ободря́ть, воодушевля́ть, поощря́ть
ernähren *v* пита́ть, корми́ть, вска́рмливать
Ernährung *f 1. (Produkt)* пи́ща *f; 2. (Vorgang)* пита́ние *n,* кормле́ние *n*
Ernährungsweise *f* хара́ктер *m* пита́ния, пищево́й режи́м *m*
ernennen *v irr* назнача́ть, избира́ть
Ernennung *f* назначе́ние *n,* избра́ние *n*
Ernennungsurkunde *f* докуме́нт *m* о присвое́нии зва́ния, вери́тельная гра́мота *f*
erneuern *v* обновля́ть, возобновля́ть
Erneuerung *f* обновле́ние *n,* возобновле́ние *n*
erneut *adv* опя́ть, сно́ва, повто́рно
erniedrigen *v* унижа́ть
erniedrigend *adj* унизи́тельный
Erniedrigung *f* униже́ние *n*
ernst *adj 1.* серьёзный; *adv 2.* серьёзно, всерьёз; *3. etw nicht ~ nehmen* не принима́ть что-л всерьёз; *Nimm es nicht so ~!* Не принима́й э́то всерьёз. *4. etw ~ meinen* не шути́ть; *Das war nicht ernt gemeint!* Э́то была́ то́лько шу́тка!
Ernst *m* серьёзность *f; der ~ des Lebens* серьёзная сторона́ жи́зни; *mit etw ~ machen* не шути́ть с чем-л, серьёзно взя́ться за что-л, серьёзно выполня́ть что-л
Ernstfall *m 1.* серьёзный слу́чай *m; Das ist*

ein ~. Э́то серьёзный слу́чай. *2. im ~* в слу́чае реа́льной опа́сности, в слу́чае (кра́йней) необходи́мости
ernstlich *adj* серьёзный
Ernte *f 1. (Tätigkeit)* убо́рка *f* урожа́я, жа́тва *f; 2. (Ertrag)* урожа́й *m*
Erntedankfest *n REL* пра́здник *m* урожа́я, пра́здник *m* жа́твы
ernten *v* собира́ть (убира́ть) урожа́й
ernüchtern *v* отрезвля́ть, протрезвля́ть
Ernüchterung *f* отрезвле́ние *n,* протрезвле́ние *n*
Eroberer *m* покори́тель *m,* завоева́тель *m,* захва́тчик *m*
erobern *v* покоря́ть, завоёвывать, захва́тывать
Eroberung *f* покоре́ние *n,* завоева́ние *n,* захва́т *m*
eröffnen *v* открыва́ть
Eröffnung *f 1.* откры́тие *n; 2. (Mitteilung)* сообще́ние *n*
erörtern *v* обсужда́ть, дискути́ровать
Erörterung *f* обсужде́ние *n,* диску́ссия *f*
Erotik *f* эро́тика *f*
erotisch *adj* эроти́ческий
erpressen *v jdn ~* шантажи́ровать кого́-л, вымога́ть что-л у кого́-л
Erpresser(in) *m/f* шантажи́ст(ка) *m/f,* вымога́тель(ница) *m/f*
Erpressung *f* шанта́ж *m,* вымога́тельство *n*
erproben *v* испы́тывать, опро́бовать
Erprobung *f* испыта́ние *n,* опро́бование *n*
erquickend *adj* освежа́ющий, подкрепля́ющий
erraten *v irr* уга́дывать, отга́дывать
errechnen *v* вычисля́ть, рассчи́тывать
erregen *v 1.* возбужда́ть, вызыва́ть; *Aufsehen ~* привлека́ть внима́ние, производи́ть сенса́цию; *2. (aufregen)* волнова́ть
Erreger *m MED* возбуди́тель *m*
erreichbar *adj* достижи́мый, досяга́емый; *leicht ~ sein* легко́ застава́ть кого́-л
erreichen *v 1. (antreffen)* застава́ть; *2. (erlangen)* достига́ть, добива́ться; *(fassen)* достава́ть; *jmd kann den Ast nicht ~* кто-л не мо́жет доста́ть до су́ка
errichten *v 1.* сооружа́ть, воздвига́ть, стро́ить, создава́ть; *2. (gründen)* учрежда́ть, осно́вывать, создава́ть
Errichtung *f 1.* сооруже́ние *n,* возведе́ние *n,* строи́тельство *n,* созда́ние *n; 2. (Gründung)* учрежде́ние *n,* основа́ние *n,* созда́ние *n*
Errungenschaft *f* достиже́ние *n,* завоева́ние *n*
Ersatz *m 1. (Austausch)* заме́на *f; 2. (~produkt)* замени́тель *m,* суррога́т *m; 3. (Entschädigung)* возмеще́ние *n,* компенса́ция *f*
Ersatzanspruch *m* прете́нзия *f* на возмеще́ние убы́тков, притяза́ние *n* (тре́бование *n*) о возмеще́нии убы́тков
Ersatzbefriedigung *f* удовлетворе́ние *n* како́го-л тре́бования заме́ной
Ersatzhandlung *f* де́йствие *n,* соверша́емое взаме́н друго́го
Ersatzrad *m* запасно́е колесо́ *n*
Ersatzreifen *m* запасна́я покры́шка *f*
Ersatzteil *n* запасна́я часть *f,* запча́сть *f,* запасна́я дета́ль *f*
erscheinen *v irr 1. (auftauchen)* появля́ться, явля́ться; *2. (veröffentlicht werden)* выходи́ть в свет, выходи́ть из печа́ти; *3. vor Gericht ~* явля́ться в суд, представа́ть пе́ред судо́м; *4. (scheinen)* каза́ться
Erscheinung *f 1. (Phänomen)* явле́ние *n; Das sind Alterserscheinungen.* Э́то при́знаки старе́ния. *2. (Aussehen)* вне́шность *f,* вне́шний вид *m,* о́блик *m*
erschießen *v irr* застре́ливать, расстре́ливать
erschlagen *v irr* разби́тый; *Ich bin völlig ~.* Я соверше́нно разби́тый.
erschließen *v irr 1.* осва́ивать, открыва́ть; *2. (Baugelände ~)* осва́ивать зе́мли, подгота́вливать террито́рию к застро́йке; *3. (den Weltraum ~)* покоря́ть ко́смос, проника́ть в ко́смос
Erschließung *f 1.* освое́ние *n,* откры́тие *n; 2. (von Baugelände)* освое́ние *n* земе́ль, подгото́вка *f* террито́рии к застро́йке; *3. (vom Weltraum)* покоре́ние *n* космо́са
erschöpft *adj* уста́лый, утомлённый, обесси́ленный, изнурённый
Erschöpfung *f* уста́лость *f,* утомлённость *f,* изнеможе́ние *n,* изнурённость *f*
erschrecken *v irr 1. jdn ~* пуга́ть, приводи́ть в у́жас; *2. sich ~* пуга́ться, приходи́ть в у́жас
erschreckend *adj* стра́шный, ужаса́ющий
erschüttern *v 1.* сотряса́ть; *2. (fig: stark erregen)* потряса́ть; *zutiefst erschüttert sein* быть потрясённым до глуби́ны души́; *3. jds Gesundheit ~* подрыва́ть чьё-л здоро́вье
erschütternd *adj* потряса́ющий
Erschütterung *f 1.* сотрясе́ние *n,*

колеба́ние *n,* содрога́ние *n; 2. (fig: starke Erregung)* потрясе́ние *n; 3. (Gehirnerschütterung)* MED сотрясе́ние *n* мо́зга
erschweren *v* осложня́ть, затрудня́ть
Erschwernis *f* осложне́ние *n,* затрудне́ние *n,* тру́дность *f*
erschwinglich *adj* досту́пный по цене́; *für jedermann ~* досту́пный для ка́ждого, общедосту́пный
ersetzen *v 1. (austauschen)* заменя́ть; *2. (entschädigen)* возмеща́ть
ersichtlich *adj* ви́димый, я́вный, очеви́дный; *Es ist ~.* Э́то очеви́дно.
ersparen *v 1.* копи́ть, сберега́ть, эконо́мить; *2. jdm etw ~ (fig)* избавля́ть кого́-л от чего́-л
Ersparnis *f* сбереже́ния *n/pl*
erst *adv 1. (zuerst)* снача́ла, пре́жде, спе́рва *(fam); Erst kommen die anderen, dann wir.* Снача́ла други́е, пото́м мы. *2. (nicht eher als)* то́лько, лишь; *Wir kamen ~ um Mitternacht zurück.* Мы верну́лись то́лько в по́лночь.
Erstauflage *f* пе́рвое изда́ние *n*
Erstaunen *n* удивле́ние *n,* изумле́ние *n*
erstaunlich *adj* удиви́тельный, изуми́тельный, порази́тельный
erste(r,s) *adj* пе́рвый, …вая, …вое; *das ~ Mal* (в) пе́рвый раз
erstens *adv* во-пе́рвых
ersticken *v 1. (töten)* души́ть; *2. (sterben)* задыха́ться; *3. (löschen)* туши́ть; *4. (fig: unterdrücken)* подавля́ть; *Die Revolution wurde im Keime erstickt.* Револю́ция была́ пода́влена в заро́дыше.
erstklassig *adj* первокла́ссный
Erstlingswerk *n* пе́рвое произведе́ние *n*
erstmals *adv* впервы́е, (в) пе́рвый раз
erstreben *v* стреми́ться к чему́-л, добива́ться чего́-л
erstrebenswert *adj* жела́нный, досто́йный того́, что́бы добива́ться
Erstwähler *m* POL избира́тель *m,* впервы́е уча́ствующий в вы́борах
Ersuchen *n* про́сьба *f,* хода́тайство *n,* проше́ние *n*
erteilen *v 1. (geben)* дава́ть, выдава́ть; *2. (gewähren)* предоставля́ть
Ertrag *m 1.* ECO дохо́д *m,* вы́ручка *f; 2.* AGR урожа́й *m*
ertragen *v irr* терпе́ть, переноси́ть, выде́рживать
Ertragfähigkeit *f 1.* ECO дохо́дность *f,* прибы́льность *f; 2.* AGR урожа́йность *f*
erträglich *adj* сно́сный, терпи́мый
ertragreich *adj 1.* ECO дохо́дный, высокорента́бельный; *2.* AGR урожа́йный
ertrinken *v irr* тону́ть
erwachen *v* просыпа́ться, пробужда́ться
erwachsen *adj* взро́слый
Erwachsene(r) *f/m* взро́слый *m,* взро́слая *f*
Erwachsenenbildung *f* обуче́ние *n* взро́слых
erwägen *v irr* взве́шивать, обду́мывать, принима́ть в расчёт
Erwägung *f* соображе́ние *n*
erwähnen *v* упомина́ть
Erwähnung *f* упомина́ние *n*
erwärmen *v* греть, согрева́ть
erwarten *v* ожида́ть, ждать; *Er hat nichts mehr zu ~.* Ему́ уже́ не́чего бо́льше ждать.
Erwartung *f* ожида́ние *n; in ~ Ihrer baldigen Nachricht* в ожида́нии Ва́шего ско́рого отве́та
erwartungsvoll *adj* по́лный ожида́ния
erweitern *v* расширя́ть, увели́чивать
Erweiterung *f* расшире́ние *n,* увеличе́ние *n*
erweiterungsfähig *adj* мо́гущий быть расши́ренным, расширя́емый
Erwerb *m 1. (Beruf)* рабо́та *f,* заня́тие *n,* профе́ссия *f; 2. (Verdienst)* за́работок *m; 3. (Kauf)* ECO приобрете́ние *n,* поку́пка *f*
erwerben *v irr 1. (verdienen)* зараба́тывать; *2. (kaufen)* ECO приобрета́ть, покупа́ть
erwerbsfähig *adj* трудоспосо́бный
erwerbslos *adj* безрабо́тный
Erwerbstätige(r) *f/m* рабо́тающий *m,* …щая *f*
erwerbsunfähig *adj* нетрудоспо́бный
erwidern *v 1. (antworten)* отвеча́ть; *2. (entgegen halten)* возража́ть
erwischen *v* пойма́ть *pf* (*von:* лови́ть *impf*), схвати́ть *pf* (*von:* хва́тывать *impf*); *Sie haben den Dieb erwischt.* Они́ пойма́ли во́ра.
erwünschen *v* жела́ть
erwünscht *adj* жела́тельный, жела́нный, жела́емый
Erz *n* MIN руда́ *f*
erzählen *v* расска́зывать
Erzählung *f* расска́з *m*
Erzbischof *m* REL архиепи́скоп *m*
erzeugen *v 1. (herstellen)* изготовля́ть (*auch:* изгота́вливать), производи́ть, выпуска́ть; *2. (hervorrufen)* вызыва́ть, порожда́ть

Erzeugerland *n* ECO страна́-производи́тель *f*, страна́-изготови́тель *f*
Erzeugnis *n* изде́лие *n*
Erzfeind(in) *m/f* закля́тый враг *m*
erziehen *v irr 1. (aufziehen)* воспи́тывать; *2. (ausbilden)* учи́ть, обуча́ть
Erzieher(in) *m/f* воспита́тель(ница) *m/f*
erzieherisch *adj* воспита́тельный
Erziehung *f 1. (Aufziehen)* воспита́ние *n; 2. (Ausbildung)* образова́ние *n,* обуче́ние *n*
Erziehungsberatung *f* консульта́ция *f* по вопро́сам воспита́ния
erziehungsberechtigt *adj* име́ющий пра́во на воспита́ние
erzielen *v* достига́ть, добива́ться
erzkonservativ *adj* ультраконсервати́вный
erzwingen *v irr* вынужда́ть, принужда́ть, добива́ться си́лой; *Liebe kann man nicht ~.* Наси́льно мил не бу́дешь.
es *pron 1. (Ersatz für Substantiv)* оно́; *Wo ist das Kind? Es spielt im Zimmer.* Где дитя́? Оно́ игра́ет в ко́мнате. *2. (Sache)* э́то; *Ich weiß ~.* Я э́то зна́ю. *3. (bleibt unübersetzt) Es ist kalt.* Хо́лодно. *Es wird getanzt.* Танцу́ют. *4. (zur Hervorhebung) Er ist ~, der mir geholfen hat.* Он тот, кто мне помо́г.
Esche *f* BOT я́сень *m*
Esel *m* осёл *m*
Eskapade *f* эскапа́да *f*, легкомы́сленная вы́ходка *f*
Eskimo *m* эскимо́с(ка) *m/f*
Eskorte *f* эско́рт *m,* конво́й *m*
Esoterik *f* эзоте́рика *f*
Essay *n* эссе́ *n,* о́черк *m*
essbar *adj* съедо́бный
Essbesteck *n* столо́вый прибо́р *m*
Essecke *f* столо́вый уголо́к *m*
essen *v irr* есть, съеда́ть, ку́шать; *(fam) sich dick und rund ~* наеда́ться до отва́ла
Essen *n* еда́ *f*
Essgeschirr *n* столо́вая посу́да *f*
Essig *m* у́ксус *m*
Essiggurke *f* GAST марино́ванный огуре́ц *m,* корнишо́н *m*
Esslöffel *m* столо́вая ло́жка *f*
Esstisch *m* обе́денный стол *m*
Esswaren *pl* проду́кты *m/pl* пита́ния
Esszimmer *n* столо́вая *f*
Estrich *m* бесшо́вный пол *m*
etablieren *v sich ~* утвержда́ться, обосно́вываться
Etage *f* эта́ж *m*
Etagenheizung *f* эта́жное центра́льное отопле́ние *n*
Etagenkellner *m* официа́нт *m,* обслу́живающий эта́ж
Etagenwohnung *f* эта́жная кварти́ра *f*
Etappe *f* эта́п *m*
etappenweise *adj* поэта́пный
Etat *m 1. (Budget)* бюдже́т *m; 2. (Personalbestand)* штат *m*
Etatkürzung *f 1. (Budgetkürzung)* сокраще́ние *n* бюдже́та; *2. (Personalkürzung)* сокраще́ние *n* шта́та
Ethik *f* э́тика *f*
ethisch *adj* эти́ческий
ethnisch *adj* этни́ческий
Ethnologie *f* этноло́гия *f*
Etikett *n* этике́тка *f*, ярлы́к *m*
Etikette *f* этике́т *m,* церемониа́л *m*
etliche *pron* не́которые, кое-какие, многие, не́сколько, ко́е-что
Etui *n* футля́р *m*
etwa *adv* приблизи́тельно, приме́рно, о́коло
etwaig *adj* возмо́жный
etwas *pron 1. (irgend~)* что-нибу́дь, что-ли́бо, что-то; *Möchten Sie noch ~?* Вы хоти́те ещё что-то? *2. (so ~ wie)* не́что; *Er ist so ~wie ein Schriftsteller.* Он не́что вро́де писа́теля. *3. (ein wenig)* не́много; *~ Brot* не́много хле́ба; *adv 3.* не́сколько, немно́го; *Ich bin ~ müde.* Я немно́го уста́л.
euer *pron 1.* ваш; *Ist das ~ Garten?* Э́то ваш огоро́д? *2. (beim Bezug auf das Subjekt)* свой; *Ihr habt euren Garten verkauft!* Вы прода́ли свой огоро́д!
Eukalyptus *m* BOT эвкали́пт *m*
Eule *f* ZOOL сова́ *f*
euresgleichen *pron* подо́бный вам, тако́й как вы
euretwegen *adv* из-за вас, ра́ди вас
Euro *m* FIN е́вро *m*
Europa *n* GEO Евро́па *f*
Europäer(in) *m/f* европее́ц *m,* европе́йка *f*
europäisch *adj* европе́йский
Europameisterschaft *f* SPORT чемпиона́т *m* Евро́пы, пе́рвенство *n* Евро́пы
Europaparlament *n* POL Европе́йский парла́мент *m*
Europarat *m* POL Сове́т *m* Евро́пы
Euroscheck *m* FIN евроче́к *m*
Eurotunnel *m* евротунне́ль *m*
Euter *n* ZOOL вы́мя *n*
Evakuierung *f* эвакуа́ция *f*

evangelisch *adj* *REL* евангели́ческий
Evangelium *n* *REL* ева́нгелие *n*
eventuell *adj 1.* возмо́жный; *adv 2.* пожа́луй, возмо́жно, смотря́ по обстоя́тельствам
Evolution *f* эволю́ция *f*
ewig *adj* ве́чный, векове́чный; *auf immer und ~* наве́ки; *~ und drei Tage (fig)* це́лая ве́чность
Ewigkeit *f* ве́чность *f; von ~ zu ~ (fig)* до бесконе́чности
exakt *adj* то́чный, чёткий
Exaktheit *f* то́чность *f,* чёткость *f*
Examen *n* экза́мен *m,* испыта́ние *n*
Exekutive *f* *POL* исполни́тельная власть *f*
Exempel *n* приме́р *m; ein ~ statuieren* на приме́ре кого́-л дать други́м нагля́дный уро́к
Exemplar *n* экземпля́р *m*
exemplarisch *adj* приме́рный, образцо́вый
Exhibitionist *m* эксгибициони́ст *m*
Exil *n* *POL* изгнание *n,* эмиграция *f*
Existenz *f* существова́ние *n*
Existenzangst *f* неуве́ренность *f* в за́втрашнем дне
Existenzminimum *n* прожи́точный ми́нимум *m*
existieren *v* существова́ть
exklusiv *adj 1. (ausgewählt)* и́збранный, исключи́тельный; *2. (speziell)* специа́льный
exkommunizieren *v* *REL* отлуча́ть от це́ркви
Exkursion *f* экску́рсия *f*
exotisch *adj* экзоти́ческий
Expansion *f* экспа́нсия *f*
Expedition *f* экспеди́ция *f*
Experiment *n* экспериме́нт *m,* о́пыт *m*
experimentieren *v* эксперименти́ровать, проводи́ть экспериме́нт (о́пыт)
Experte *m* экспе́рт *m,* специали́ст *m*
Expertin *f* экспе́рт *f,* специали́стка *f*
Expertise *f* эксперти́за *f*
explodieren *v* взрыва́ться
Explosion *f* взрыв *m*
explosiv *adj 1. (Sache)* взрывно́й, взры́вчатый, детони́рующий; *2. (Person)* вспы́льчивый
Export *m* *ECO* э́кспорт *m,* вы́воз *m*
Exporteur *m* *ECO* экспортёр *m*
exportieren *v* *ECO* экспорти́ровать *impf/pf,* занима́ться э́кспортом, вывози́ть
Exportwirtschaft *f* *ECO* эконо́мика *f,* ориенти́рованная на э́кспорт
Expressionismus *m* *ART* экспрессиони́зм *m*
extern *adj* вне́шний, нару́жный, чужо́й
extra *adj* отде́льный, долни́тельный, специа́льный
Extrakt *m* экстра́кт *m*
extravagant *adj* экстравага́нтный
extrem *adj* кра́йний
Extrem *n* кра́йность *f; von einem ~ ins andere fallen* впада́ть из одно́й кра́йности в дру́гую
Extremismus *m* *POL* экстреми́зм *m*
extremistisch *adj* *POL* экстреми́стский
exzellent *adj* превосхо́дный, великоле́пный
exzentrisch *adj 1.* эксцентри́чный; *2.* *MATH* эксцентри́ческий
Exzess *m* эксце́сс *m*

F

Fabel *f 1. (Tiergeschichte)* ба́сня *f; 2. (Ausgedachtes)* вы́мысел *m,* леге́нда *f,* небыли́ца *f,* ска́зка *f*
fabelhaft *adj 1.* басносло́вный, чуде́сный, замеча́тельный, превосхо́дный; *adv 2.* басносло́вно, невероя́тно, неимове́рно
Fabrik *f* фа́брика *f*
Fabrikant(in) *m/f* фабрика́нт *m/f*
Fabrikat *n 1. (Erzeugnis)* фабри́чное (промы́шленное) изде́лие *n; 2. (Ausführung, Typ)* тип *m,* вид *m,* исполне́ние *n*
Fabrikpreis *m ECO* фабри́чная (заводска́я) цена́ *f*
Fach *n 1. (Ablagefach)* по́лка *f* (шка́фа), я́щик *m* (стола́), отделе́ние *n* (шкату́лки); *2. (Unterrichtsfach)* предме́т *m,* дисципли́на *f; 3. (Wissensgebiet)* о́трасль *f,* о́бласть *f,* отде́л *m* (нау́ки), специа́льность *f*
Facharbeiter(in) *m/f* квалифици́рованный рабо́чий *m,* ...ная рабо́чая *f*
Facharzt *m MED ~ für* врач-специали́ст *m/f*
Fachausdruck *m* те́рмин *m*
Fachausschuss *m* экспе́ртная коми́ссия *f*
Fachbereich *m 1. (Fachgebiet)* специа́льность *f,* о́бласть *f* (нау́ки); *2. (Fakultät)* отделе́ние *n*
Fachgeschäft *n ECO* специализи́рованный магази́н *m*
Fachhochschule *f* специа́льное вы́сшее уче́бное заведе́ние *n*
fachlich *adj* профессиона́льный, специа́льный
Fachliteratur *f* специа́льная литерату́ра *f*
Fachmann *m* специали́ст *m,* экспе́рт *m,* профессиона́л *m*
fachsimpeln *v* разгова́ривать на узкоспециа́льные те́мы
Fachwerkhaus *n* фахве́рковый дом *m*
Fachzeitschrift *f* специа́льный журна́л *m*
Fackel *f* фа́кел *m*
fade *adj 1. (geschmacklos)* безвку́сный, пре́сный; *2. (langweilig) eine ~ Person* ску́чный (неинтере́сный) челове́к
Faden *m* ни́тка *f; den ~ verlieren (fig)* потеря́ть нить *(fig)*
fadenscheinig *adj (fig)* необосно́ванный, несостоя́тельный; *~e Ausreden* пусты́е отгово́рки
fähig *adj ~ zu/~ für* спосо́бный к чему-л
Fähigkeit *f* спосо́бность *f*
fahl *adj* бле́дный
Fahndung *f* ро́зыск *m,* пресле́дование *n*
Fahndungsbuch *n* розыскна́я кни́га *f*
Fahne *f* зна́мя *n,* флаг *m; (fig) die ~ hochhalten* высоко́ держа́ть зна́мя; *die ~ nach dem Winde drehen* держа́ть нос по ве́тру; *mit fliegenden ~n zu etw übergehen* откры́то переходи́ть на чью-л сто́рону
Fahnenflucht *f MIL* дезерти́рство *n*
Fahrausweisautomat *m* автома́т *m* для прода́жи проездны́х биле́тов
Fahrausweisentwerter *m* компо́стер *m* для проездны́х биле́тов
Fahrbahn *f* прое́зжая часть *f*
Fähre *f* паро́м *m*
fahren *v irr 1. ~ mit* е́хать/е́здить на; *nach ... ~* е́хать/е́здить в ...; *2. etw ~* везти́/вози́ть что-л; *3. (steuern)* вести́/води́ть, управля́ть
Fahrer(in) *m/f* води́тель *m/f,* води́тельница *f (fam)*
Fahrerflucht *f JUR* самово́льное удале́ние *n* води́теля автомоби́ля с ме́ста происше́ствия
Fahrgast *m* пассажи́р *m*
Fahrgeld *n* пла́та *f* за прое́зд (за перево́з)
Fahrgestell *n (beim Auto)* ша́сси *n*
Fahrkarte *f* биле́т *m; Bitte eine Hin- und Rückfahrkarte nach Moskau!* Пожа́луйста, биле́т до Москвы́ и обра́тно!
Fahrkartenschalter *m* биле́тная ка́сса *f*
fahrlässig *adj 1.* хала́тный, небре́жный, неосторо́жный; *2. JUR* неосторо́жный
Fahrlehrer(in) *m/f* инстру́ктор *m/f* по вожде́нию автомоби́ля
Fahrplan *m* расписа́ние *n* (гра́фик *m*) движе́ния (авто́бусов, поездо́в и т. д.)
Fahrpreis *m* сто́имость *f* прое́зда
Fahrprüfung *f* экза́мен *m* на получе́ние води́тельских прав
Fahrrad *n* велосипе́д *m*
Fahrradweg *m* велосипе́дная доро́жка *f*
Fahrschein *m* проездно́й биле́т *m*
Fahrschule *f* автошко́ла *f*
Fahrschüler(in) *m/f* обуча́ющийся *m* (...щаяся *f*) вожде́нию автомоби́ля
Fahrspur *f* полоса́ *f* движе́ния, ряд *m*
Fahrstuhl *m* лифт *m*
Fahrstunde *f* уро́к *m* практи́ческой езды́ (в автошко́ле)
Fahrt *f* пое́здка *f*
Fährte *f* след *m; jdn auf die falsche ~ führen* наводи́ть кого́-л на ло́жный след

fahrtüchtig *adj 1. (Person)* спосо́бный (го́дный) к вожде́нию автомоби́ля; *2. (Auto)* испра́вный
Fahrverbot *n 1. (Durchfahrverbot)* запреще́ние *n* прое́зда*; 2. (Führerscheinentzug)* лише́ние *n* води́тельских прав
Fahrverhalten *n (einer Person)* стиль *m* вожде́ния
Fahrwerk *n 1. (eines Autos)* TECH ходова́я часть *f; 2. (eines Flugzeugs)* TECH ша́сси *pl*
Fahrzeug *n* тра́нспортное сре́дство *n*
Fahrzeugbrief *m* (техни́ческий) па́спорт *m* тра́нспортного сре́дства
Fahrzeughalter *m* владе́лец *m* тра́нспортного сре́дства
Fahrzeugschein *m* свиде́тельство *n* о до́пуске тра́нспортного сре́дства к эксплуата́ции на доро́гах
fair *adj* че́стный, корре́ктный, поря́дочный, прили́чный
Fairness *f* корре́ктность *f,* корре́ктное поведе́ние *n,* поря́дочность *f*
Faktor *m* фа́ктор *m*
Fakultät *f* факульте́т *m*
Fakturierung *f* фактури́рование *n*
Falke *m* ZOOL со́кол *m*
Fall[1] *m 1. (Sturz)* паде́ние *n*; *2. (fig: Niedergang)* паде́ние *n* (мора́льное), крах *m,* банкро́тство *n* (ба́нка); *3. jdn zu ~ bringen* сбить кого́-л с ног; *4. jdn zu ~ bringen (fig)* сверга́ть (смеща́ть) кого́-л; *eine Regierung zu ~ bringen* сверга́ть прави́тельство
Fall[2] *m 1. (Umstand)* слу́чай *m,* происше́ствие *n*; *2.* JUR де́ло *n; Auf keinen ~!* Ни в ко́ем слу́чае!; *ein hoffnungsloser ~* безнадёжное де́ло; *jds ~ sein* что-л кому́-л по душе́, быть в чьём-л вку́се
Falle *f* лову́шка *f,* западня́ *f*
fallen *v irr 1. (stürzen) ~ auf/~ in* па́дать на/в; *2. (fig: sinken)* понижа́ться, снижа́ться, уменьша́ться, па́дать; *3. etw ~ lassen* роня́ть что-л; *Er ließ das Messer fallen.* Он урони́л нож. *4. jdn ~ lassen (fig)* отказа́ть кому́-л в подде́ржке; *(fig) sich ~ lassen* опуска́ться
fällen *v 1. (Baum)* руби́ть, сруба́ть, вали́ть; *2. (Entscheidung)* принима́ть (реше́ние); *3. (Urteil)* JUR выноси́ть пригово́р
fällig *adj* ECO подлежа́щий упла́те
Fälligkeit *f* ECO срок *m* платежа́
falls *konj* (в слу́чае,) е́сли
Fallschirm *m* парашю́т *m*
Fallschirmspringer(in) *m/f* парашюти́ст(ка) *m/f*
falsch *adj 1. (unwahr)* непра́вильный, ло́жный; *an den Falschen kommen* обраща́ться не по а́дресу; *an den Falschen kommen (fig)* получи́ть ре́зкий отпо́р от кого́-л; *2. (fehlerhaft)* оши́бочный, непра́вильный, неве́рный; *3. (unecht)* фальши́вый, подде́льный; *4. (fig: unaufrichtig)* лжи́вый, двули́кий, двули́чный
Falschaussage *f* JUR ло́жное показа́ние *n*
fälschen *v* подде́лывать, фальсифици́ровать *impf/pf*
Falschgeld *n* фальши́вые де́ньги *pl*
fälschlicherweise *adv* оши́бочно, по оши́бке, по недоразуме́нию
Fälschung *f* фальсифика́ция *f,* подде́лка *f*
Faltblatt *n* букле́т *m*
Falte *f 1.* скла́дка *f,* сбо́рка *f; 2. (Hautfalte)* морщи́на *f*
falten *v 1.* скла́дывать; *Hände ~* скла́дывать ру́ки; *2. (Haut)* мо́рщить (лицо́, лоб)
familiär *adj 1. (die Familie betreffend)* семе́йный; *2. (vertraulich)* фамилья́рный, инти́мный
Familie *f* семья́ *f; (fig) Das bleibt in der ~.* Э́то оста́нется ме́жду на́ми. *Das kommt in den besten ~n vor.* Э́то с ка́ждым мо́жет случи́тся.
Familienangehörige(r) *f/m* член *m* семьи́
Familienfeier *f* семе́йный пра́здник *m*
Familienleben *n* семе́йная жизнь *f*
Familienmensch *m* семьяни́н *m*
Familienname *m* фами́лия *f*
Familienoberhaupt *n* глава́ *m/f* семьи́
Familienplanung *f 1.* плани́рование *n* семьи́; *2.* POL мероприя́тия *n/pl* по регули́рованию рожда́емости
Familienstand *m* семе́йное положе́ние *n*
famos *adj* отли́чный, великоле́пный, сла́вный
Fan *m* боле́льщик *m,* боле́льщица *f,* фан *m/f (fam)*
Fanatiker(in) *m/f* фана́тик *m/f,* фана́т(ка) *m/f (fam)*
fanatisch *adj* фанати́чный, фанати́ческий
fangen *v 1. (Ball)* лови́ть; *2. (Verbrecher)* заде́рживать
Fantasie *f* фанта́зия *f*
fantasielos *adj* лишённый фанта́зии, без фанта́зии
fantasieren *v* фантази́ровать, выду́мывать, мечта́ть, сочиня́ть
fantasievoll *adj* фантасти́ческий, по́лный фанта́стики, с бога́тым воображе́нием
fantastisch *adj* фантасти́ческий, невероя́тный, замеча́тельный, прекра́сный

Farbband *n* кра́сящая ле́нта *f* (для пи́шущей маши́нки)
Farbe *f 1. (Lichterscheinung)* цвет *m; Blut hat die ~ rot.* Кровь — кра́сного цве́та. *2. (färbendes Mittel)* кра́ска *f; die ~n dick auftragen* наноси́ть кра́ску то́лстым сло́ем; *(fig) die ~n dick auftragen* сгуща́ть кра́ски
farbecht *adj* невыцвета́ющий, нелиня́ющий
färben *v* кра́сить, окра́шивать
farbenblind *adj* неразлича́ющий цвета́, страда́ющий дальтони́змом
Farbenspiel *n* перели́вы *m/pl* цвето́в, игра́ *f* кра́сок
Farbfernseher *m* цветно́й телеви́зор *m*
farbig *adj* цветно́й, пёстрый
farblos *adj 1. (Sache)* бесцве́тный, прозра́чный; *2. (Person)* ску́чный, неинтере́сный, бле́дный; *3. (Charakter)* бле́дный, нея́ркий
Färbung *f* окра́ска *f,* отте́нок *m*
Farn *m BOT* па́поротник *m*
Fasan *m ZOOL* фаза́н *m*
Fasching *m* карнава́л *m (в Герма́нии в кану́н Вели́кого поста́)*
Faschismus *m POL* фаши́зм *m*
faschistisch *adj POL* фаши́стский
Faser *f* волокно́ *n,* фи́бра *f; (fig) mit jeder ~ ihres Herzens* все́ми фи́брами свое́й души́
Fass *n* бо́чка *f; (fig) ein ~ ohne Boden* бездо́нная бо́чка; *Das schlägt dem ~ den Boden aus!* Э́то уж сли́шком!
Fassade *f* фаса́д *m*
fassen *v 1. (greifen)* хвата́ть, лови́ть; *2. (beinhalten)* вмеща́ть; *3. (geistig ergreifen)* понима́ть, постига́ть; *4. sich ~ (fig)* успока́иваться, овладева́ть собо́й; *Fassen Sie sich kurz!* Говори́те покоро́че!
Fasson *f* фасо́н *m,* фо́рма *f; aus der ~ geraten (fig)* выходи́ть из себя́ (из равнове́сия) *(fig)*
Fassung *f 1. (bei Lampen)* патро́н *m; 2. (bei Brillen, Schmuck)* опра́ва *f; 3. (Selbstbeherrschung)* самооблада́ние *n; Er lässt sich nicht so leicht aus der ~ bringen.* Его́ не так легко́ вы́вести из себя́. *4. (Version)* реда́кция *f,* формулиро́вка *f; in spanischer ~* на испа́нском языке́
fassungslos *adj* растеря́вщийся, потеря́вший самооблада́ние
Fassungslosigkeit *f* расте́рянность *f,* отча́яние *n*
fast *adv 1.* почти́, едва́ (ли) не, чуть (ли) не; *Fast hätte ich den Fehler übersehen.* Я чуть не просмотре́л оши́бку; *2. ~ nichts* почти́ ничего́; *3. ~ nur* почти́ без исключе́ния
fasten *v REL* пости́ться
Fastenzeit *f REL* пост *m,* вре́мя *n* поста́
Faszination *f* очарова́ние *n*
faszinierend *adj* блиста́тельный, увлека́тельный, захва́тывающий
faul *adj 1. (verdorben)* гнило́й, ту́хлый; *2. (träge)* лени́вый, неради́вый; *~ herumlümmeln* безде́льничать; *3. (fig: bedenklich)* сомни́тельный, подозри́тельный, тёмный, нела́дный; *eine ~e Ausrede* неубеди́тельная отгово́рка *f; 4. (Zahn)* гнило́й
faulen *v* гнить, ту́хнуть, по́ртиться
faulenzen *v* лентя́йничать, бить баклу́ши *(fam)*
Faulheit *f* лень *f; vor ~ stinken (fam)* быть неисправи́мым лентя́ем
Faulpelz *m* лентя́й *m,* ло́дырь *m*
Fauna *f* фа́уна *f*
Faust *f* кула́к *m; (fig) die ~ im Nacken spüren* чу́вствовать угро́зу; *auf eigene ~* на свой страх и риск; *sich ins Fäustchen lachen* хихи́кать (себе́) в кулачо́к; *mit der ~ auf den Tisch hauen* уда́рить кулако́м по столу́
Fäustling *m* рукави́ца *f*
Favorit(in) *m/f* фавори́т(ка) *m/f*
Fax *n TEL* факс *m*
faxen *v TEL* отправля́ть фа́ксом (по фа́ксу)
Faxen *pl (fam) 1. (Grimassen)* грима́сничанье *n; 2. (Unsinn)* дура́чество *n,* кривля́ние *n; ~ im Kopf haben* у кого́-л ве́тер в голове́
Fazit *n* ито́г *m,* вы́вод *m*
Februar *m* февра́ль *m*
Fechten *n SPORT* фехтова́ние *n*
Feder *f 1. ZOOL* перо́ *n*; *(fig) ~n lassen müssen* терпе́ть убы́тки; *sich mit fremden ~n schmücken* ряди́ться в чужи́е пе́рья; *2. (Bettfeder)* пери́на *f; in den ~n* в посте́ли; *aus den ~n müssen* не́хотя встава́ть с посте́ли; *3. (Schreibfeder)* перо́ *n; 4. TECH* пружи́на *f,* рессо́ра *f*
Federbett *n* пери́на *f*
Federhalter *m* ру́чка *f* (для письма́)
Federung *f 1. (Fahrzeug) TECH* рессо́ры *f/pl; 2. (Eigenschaft) TECH* упру́гость *f,* пружи́нистость *f*
Fee *f* фе́я *f*
Feedback *n 1. TECH, TEL* обра́тная связь *f; 2. (fig)* о́тклик *m,* о́тзыв *m*
Fegefeuer *n REL* чисти́лище *n*
fegen *v* подмета́ть

Fehlbetrag *m* ECO дефици́т *m,* недочёт *m*
fehlen *v* недостава́ть; *Das fehlte gerade noch!* Э́того то́лько не хвата́ло! *Weit gefehlt!* Ничего́ подо́бного!
Fehler *m 1.* оши́бка *f; 2. (Defekt)* дефе́кт *m*
fehlerhaft *adj* оши́бочный, неве́рный
fehlerlos *adj* безоши́бочный
Fehlermeldung *f* TECH сообще́ние *n* об оши́бке
Fehlgeburt *f* MED вы́кидыш *m*
Fehlschlag *m* неуда́ча *f,* про́мах *m*
Fehlstart *m* SPORT фальста́рт *m*
Fehltritt *m 1.* непра́вильный шаг *m; 2. (Fehler)* оши́бка *f,* просту́пок *m*
Feier *f* пра́здник *m,* пра́зднество *n,* торжество́ *n*
Feierabend *m* коне́ц *m* рабо́чего дня́; *Damit ist ~. (fam)* Хва́тит!
feierlich *adj* пра́здничный, торже́ственный; *Das ist schon nicht mehr ~! (fam)* Э́то уже́ сли́шком!
feiern *v* пра́здновать, справля́ть, отмеча́ть
Feiertag *m* пра́здник *m*
feig *adj 1. (mutlos)* трусли́вый; *2. (hinterhältig)* по́длый, гну́сный, кова́рный
Feige *f* BOT инжи́р *m,* смо́ква *f,* фи́га *f*
Feigheit *f 1. (Mutlosigkeit)* тру́сость *f,* трусли́вость *f; 2. (Hinterhältigkeit)* по́длость *f,* гну́сность *f,* кова́рность *f*
Feigling *m* трус *m,* труси́ха *f*
Feile *f* напи́льник *f*
feilen *v* опи́ливать, обраба́тывать напи́льником
feilschen *v* торгова́ться
fein *adj 1. (dünn)* то́нкий; *2. (zart)* не́жный; *3. (vornehm)* утончённый, изы́сканный, изя́щный; *4. (präzise)* то́чный; *5. ~ heraus sein (fam)* прекра́сно вы́йти из како́го-л положе́ния, уда́чно отде́латься, вы́крутиться *(fam)*
Feind *m* враг *m*
feindlich *adj* вра́жеский
Feindschaft *f* вражда́ *f*
feindselig *adj* вражде́бный
Feindseligkeit *f* вражде́бность *f*
feinfühlig *adj* чу́ткий
Feinschmecker(in) *m/f* гурма́н *m/f*
Feinschreiber *m* каппиля́рная ру́чка *f*
Feld *n* AGR по́ле *n; (fig) ein weites ~ sein* быть обши́рной о́бластью *(сра́зу всего́ не охва́тишь); das ~ behaupten* быть хозя́ином положе́ния; *das ~ räumen* отступа́ть пе́ред кем-л, уступа́ть кому́-л; *jdm das ~ überlassen* сдава́ть пози́ции кому́-л; *gegen jdn zu ~e ziehen* выступа́ть про́тив кого́-л
Feldweg *m* просёлочная доро́га *f*
Felge *f (eines Rades)* колёсный о́бод *m*
Fell *n (Haut, Pelz)* шерсть *f,* мех *m,* шку́ра *f; (fig) ein dickes ~ haben* быть толстоко́жим; *jdm das ~ gerben* отколоти́ть кого́-л; *Dich juckt das ~.* Тебя́ давно́ не би́ли.
Fels *m* скала́ *f,* утёс *m; ein ~ in der Brandung sein (fig)* бы́ть твёрдым как креме́нь
Felsen *m* скала́ *f,* утёс *m*
Felsenküste *f* скали́стый бе́рег *m*
Felsklettern *n* SPORT скалола́зание *n*
Felsspalte *f* рассе́лина *f* в скале́
feminin *adj* же́нский
Feminismus *m* фемини́зм *m*
Feministin *f* фемини́стка *f*
Fenchel *m* BOT фе́нхель *m*
Fenster *n* окно́ *n*
Fensterbank *f* подоко́нник *m*
Fensterladen *m* ста́вень *m,* ста́вня *f*
Fensterrahmen *m* око́нная ра́ма *f*
Fensterscheibe *f* око́нное стекло́ *n*
Ferien *pl* кани́кулы *pl*
Ferienhaus *n* дом *m* о́тдыха, пансиона́т *m; ~ auf dem Land* да́ча *f; ~ am Strand* дом *m* о́тдыха на мо́ре
Ferienort *m* ме́сто *n* о́тдыха
Ferienwohnung *f* кварти́ра *f* для сда́чи отпускника́м
Ferkel *n* ZOOL поросёнок *m*
fern *adj 1. (örtlich)* далёкий, да́льний, отдалённый; *2. (zeitlich)* далёкий; *prep 3.* вдали́ (от), вдалеке́ (от)
Fernbedienung *f* телеуправле́ние *n,* дистанцио́нное управле́ние *n,* дистанцио́нка *f (fam)*
fernbleiben *v irr* отсу́тствовать, не явля́ться
ferner *konj* кро́ме (бо́лее) того́, к тому́ же
Fernfahrer *m* води́тель *m* грузовика́ (автопо́езда) для да́льних перево́зок, дальнобо́йщик *(fam)*
Ferngespräch *n* междугоро́дный телефо́нный разгово́р *m; Ich erwarte ein wichtiges ~ aus Deutschland.* Я ожида́ю ва́жный звоно́к из Герма́нии.
Fernglas *n* бино́кль *m*
Fernkurs *m* курс *m* зао́чного обуче́ния
Fernlicht *n (beim Auto)* да́льний свет *m*
Fernmeldeamt *n* (автомати́ческая) телефо́нная ста́нция *f* (АТС)
Fernost *m* GEO Да́льний Восто́к *m*
Fernrohr *n* телеско́п *m,* подзо́рная труба́ *f*

Fernsehansager(in) *m/f* ди́ктор *m/f* телеви́дения
Fernsehansprache *f* телеобраще́ние *n*
Fernsehantenne *f* телевизио́нная анте́нна *f*
fernsehen *v irr* смотре́ть телеви́зор
Fernsehen *n* телеви́дение *n*
Fernsehgerät *n* телеви́зор *m*
Fernsehmacher *m* телевизио́нщик *m*
Fernsehspiel *n* телевизио́нная постано́вка *f*
Fernsprecher *m* телефо́н *m*
Fernsteuerung *f* дистанцио́нное управле́ние *n*
Fernstudium *n* дистанцио́нное (зао́чное) обуче́ние *n*
Fernverkehr *m* тра́нспорт *m* да́льнего сле́дования
Ferse *f ANAT* пя́тка *f; (fig) sich an jds ~n heften* ходи́ть (сле́довать) за кем-л по пята́м; *jdm auf den ~n bleiben* пресле́довать кого́-л, гна́ться по пята́м
fertig *adj 1. (beendet, bereit)* гото́вый; *etw ~ machen* подгото́вить что-л; *mit jdm ~ sein* порва́ть с кем-л; *Ich bin mit ihm ~.* Я не жела́ю бо́льше име́ть с ним ничего́ о́бщего. *2. (fam: erschöpft)* уста́лый, гото́вый *(fam); Ich bin total ~.* Я соверше́нно вы́бился из сил. *v 3. (zurechtweisen) jdn ~ machen* разноси́ть кого́-л в пух и прах; *4. (töten) jdn ~ machen* прика́нчивать кого́-л
Fertigung *f* изготовле́ние *n,* произво́дство *n*
fesseln *v 1.* свя́зывать, зако́вывать в кандалы́; *2. (Aufmerksamkeit)* захва́тывать, плени́ть, очаро́вывать
fesselnd *adj* захва́тывающий, плени́тельный, привлека́тельный, очарова́тельный
fest *adj 1. (hart)* твёрдый, кре́пкий, про́чный; *2. (stark)* си́льный, кре́пкий; *3. (dicht)* пло́тный; *4. (gleich bleibend)* постоя́нный, усто́йчивый
Fest *n* пра́здник *m,* пра́зднество *n,* торжество́ *n*
Festangestellte(r) *f/m* шта́тный слу́жащий *m,* …ная слу́жащая *f*
festhalten *v irr 1.* держа́ть, уде́рживать; *sich ~ an etw* держа́ться за что-л; *2. (festnehmen)* заде́рживать, аресто́вывать; *3. (merken)* запомина́ть, име́ть в виду́; *4. (fixieren)* фикси́ровать
festigen *v 1. (stärken)* укрепля́ть; *2. sich ~* укрепля́ться
Festival *n* фестива́ль *m*
Festland *n* су́ша *f*
festlich *adj* пра́здничный, торже́ственный
festnageln *v* прибива́ть гвоздя́ми; *jdn auf etw ~ (fig)* лови́ть кого́-л на чём-л *(fig)*
festnehmen *v irr* заде́рживать, аресто́вывать
Festnetz *n TEL* фикси́рованная (стациона́рная) телефо́нная сеть *f*
Festplatte *f INFORM* жёсткий диск *m*
feststellen *v* устана́вливать, констати́ровать *impf/pf*
fett *adj 1.* жи́рный; *2. (Person)* жи́рный, то́лстый, ту́чный
Fett *n* жир *m; (fig) das ~ abschöpfen* снима́ть пе́нки (сли́вки); *sein ~ abbekommen* получа́ть нагоня́й; *sein ~ weghaben* кому́-л влете́ло *(fam),* нести́ наказа́ние
fettarm *adj* обезжи́ренный
Fettnäpfchen *n ins ~ treten (fam)* сесть в лу́жу *(fam)*
Fetus *m BIO* плод *m,* заро́дыш *m*
feucht *adj* вла́жный
Feuchtigkeit *f* вла́жность *f*
Feuer *n* ого́нь *m; (fig) für jdn die Hand ins ~ legen* отвеча́ть голово́й за кого́-л; *Öl ins ~ gießen* подлива́ть ма́сло в ого́нь; *Haben Sie ~?* Разреши́те прикури́ть? *~ und Flamme sein* горе́ть энтузиа́змом, стра́стно увлека́ться чем-л; *~ fangen* загора́ться; *~ hinter etw machen* ускоря́ть что-л; *für jdn durchs ~ gehen* идти́ за кого́-л в ого́нь и во́ду; *mit dem ~ spielen* игра́ть с огнём
Feueralarm *m* пожа́рная трево́га *f*
Feuerbestattung *f* крема́ция *f*
feuerfest *adj* огнеупо́рный
Feuerlöscher *m* огнетуши́тель *m*
Feuermelder *m* пожа́рный сигнализа́тор *m*
feuern *v* топить; *jdn ~* увольня́ть, вы́швыривать *(fam)*
Feuerwehr *f* пожа́рная охра́на *f*
Feuerwehrmann *m* пожа́рник *m*
Feuerwerk *n* фейерве́рк *m*
Feuerzeug *n* зажига́лка *f*
Fichte *f BOT* ель *f,* пи́хта *f*
Fieber *n* температу́ра *f,* горя́чка *f,* лихора́дка *f,* жар *m*
Fieberthermometer *n* термо́метр *m*
Figur *f (Körperfigur)* фигу́ра *f*
Filet *n GAST* филе́ *n*
Filiale *f ECO* филиа́л *m*

Film *m 1. (dünne Schicht)* плёнка *f; 2. CINE* (кино)фи́льм *m*
Filmbranche *f* кинопромы́шленность *f*
filmen *v* снима́ть кино́
Filmkamera *f* кинока́мера *f*
Filter *m/n* фильтр *m*
Filterkaffee *m* фильтро́ванный ко́фе *m*
filtern *v* фильтрова́ть
Filterpapier *n* фильтрова́льная бума́га *f*
Filz *m* во́йлок *m*
Filzstift *m* флома́стер *m*
Finale *n 1.* коне́ц *m; 2. SPORT* фина́л *f*
Finanzamt *n* фина́нсовое ве́домство *n*
Finanzen *pl* фина́нсы *pl*
finanziell *adj* фина́нсовый, де́нежный
finanzieren *v* финанси́ровать *impf/pf*
Finanzierung *f* финанси́рование
Finanzmanagement *n FIN* управле́ние *n* фина́нсами, фина́нсовый менеджме́нт *m*
Finanzminister *m POL* мини́стр *m* фина́нсов
Finanzpolitik *f POL* фина́нсовая поли́тика *f*
Finanzspritze *f (fig) FIN, ECO* де́нежная нака́чка *f (fig)*
Finanztransaktion *f FIN* фина́нсовая опера́ция *f* (транса́кция *f,* транза́кция *f*)
Findelkind *n* подки́дыш *m*
finden *v irr 1.* находи́ть, оты́скивать; *2. (fig: beurteilen)* счита́ть, находи́ть; *Ich finde ihn nett.* Я счита́ю, что он симпати́чный. *3. (fig: antreffen)* застава́ть
Finger *m ANAT* па́лец *m; (fig) keinen ~ krumm machen* па́лец о па́лец не ударя́ть; *lange ~ machen* ворова́ть, быть нечи́стым на ру́ку; *den ~ draufhaben* попа́сть в то́чку; *die ~ im Spiel haben* быть заме́шанным в чём-л; *die ~ von jdm lassen* оста́вить кого́-л в поко́е; *sich nicht die ~ schmutzig machen* не мара́ть (па́чкать) ру́ки; *sich die ~ verbrennen* обже́чься на чём-л; *etw an zehn ~n abzählen können* по па́льцам мо́жно пересчита́ть; *jdm auf die ~ klopfen* дать кому́-л по рука́м; *jdm auf die ~ schauen* зо́рко следи́ть за кем-л; *sich etw aus den ~n saugen* вы́сосать что-л из па́льца; *etw mit dem kleinen ~ machen* легко́ справля́ться с чем-л; *mit dem ~ auf jdn zeigen* пока́зывать па́льцем на кого́-л; *nur mit dem kleinen ~ zu winken brauchen* сто́ит то́лько па́льцем помани́ть
Fingerabdruck *m* отпеча́ток *m* па́льца (па́льцев)
Fingerfertigkeit *f 1.* ло́вкость *f* рук; *2. MUS* бе́глость *f* па́льцев, те́хника *f* игры́
Fingerhut *m* напёрсток *m*
Fingernagel *m ANAT* но́готь *m*
fingieren *v* выду́мывать, симули́ровать *impf/pf*
Fink *m ZOOL* зя́блик *m*
Finne *m* финн *m*
Finnin *f* фи́нка *f*
Finnland *n* Финля́ндия *f*
finster *adj 1. (dunkel)* тёмный, мра́чный; *2. (grimmig)* суро́вый, угрю́мый, мра́чный; *2. (unklar)* нея́сный
Finsternis *f* темнота́ *f,* мрак *m,* тьма *f*
Firewall *f INFORM* брандма́уэр *m*
Firlefanz *m 1. (Tand)* мишура́ *f; 2. (Unsinn)* дура́чество *n,* глу́пость *f,* ребя́чество *n*
Firma *f ECO* фи́рма *f*
Firmennetz *n INFORM* корпорати́вная сеть *f*
Firmung *f REL* (католи́ческая) конфирма́ция *f*
Fisch *m (lebendig) ZOOL* ры́ба *f; (fig) ein dicker ~* ва́жная пти́на, больша́я ши́шка; *weder ~ noch Fleisch sein* ни ры́ба ни мя́со; *Das sind kleine ~e.* Э́то пустяки́.
fischen *v* лови́ть ры́бу, рыба́чить, уди́ть; *im Trüben ~ (fig)* лови́ть ры́бу в му́тной воде́ *(fig)*
Fischer(in) *m/f* рыба́к *m,* рыба́чка *f,* рыболо́в *m*
Fischerboot *n* рыба́цкая (рыба́чья, рыболо́вная) ло́дка *f*
Fischfang *m* рыболо́вная сеть *f*
Fischgeschäft *n* ры́бный магази́н *m*
Fischsuppe *f GAST* ры́бный суп *m,* уха́ *f*
Fiskus *m* фиск *m,* госуда́рственная казна́ *f*
Fitness-Zentrum *n SPORT* фи́тнес-центр *m*
Fixer(in) *m/f* наркома́н *m,* наркома́нка *f,* сидя́щий *m* (…щая *f*) на игле́
fixieren *v 1. (festmachen)* фикси́ровать, закрепля́ть; *2. (festlegen)* определя́ть; *3. (anstarren)* уставля́ться, тара́щиться
FKK-Strand *m* пляж *m* для нуди́стов
flach *adj* пло́ский
Fläche *f* пове́рхность *f*
Flächenbombardement *n MIL* ковро́вая бомбардиро́вка *f*
Flachland *n* равни́на *f*
Flachs *m BOT* лён *m*
flackern *v* мерца́ть, мига́ть
Flagge *f* флаг *m; unter falscher ~ segeln* плы́ть под чужи́м фла́гом; *~ zeigen* пока-

зывáть флаг, укáзывать национáльную принадлéжность поднятием флáга; ~ *zeigen (fig)* открыто заявлять о своём отношéнии к чемý-л, открывáть свои кáрты *(fig)*
Flaggschiff *n* флáгман *m,* флáгманский корáбль *m*
flambieren *v GAST* фламбúровать *impf/pf*
Flamingo *m ZOOL* фламúнго *m*
Flamme *f 1. (eines Feuers)* плáмя *n; in ~n stehen* пылáть, горéть; *2. (Brennstelle eines Herds)* горéлка *f*
Flanell *m* фланéль *f*
Flasche *f 1.* бутылка *f; zu tief in die ~ schauen (fig)* крéпко вы́пить; *2. (fam: Trottel)* остолóп *m,* тря́пка *f (fam)*
Flaschenöffner *m* ключ *m* для открывáния бутылок, открывáлка *f (fam)*
Flaschenpfand *n* залóг *m* за бутылку, стóимость *f* посýды (тáры)
flatterhaft *adj* легкомы́сленный, вéтреный
flattern *v 1.* развевáться, порхáть, колыхáться; *2. (fig: zittern)* дрожáть, трепетáть, трясти́сь
flau *adj 1.* слáбый, вя́лый; *2. (Diskussion, Handel)* вя́лый, неоживлённый (дискýссия), неходовóй (товáр)
Flausen *pl 1. (Unsinn)* глýпости *f/pl,* шýтки *f/pl,* прокáзы *f/pl; ~ im Kopf haben* у когó-л головá забúта чепухóй; *2. (Ausflüchte)* пусты́е отговóрки *f/pl* (увёртки *f/pl*)
Flaute *f 1. (Windstille)* безвéтрие *n,* штиль *m; 2. ECO* застóй *m*
Flechte *f MED* лишáй *m*
flechten *v irr* плести́, заплетáть
Fleck *m 1. (Schmutzfleck)* пятнó *n; (fig) einen ~ auf der weißen Weste haben* у когó-л подмóчена репутáция; *am falschen ~* не там, где слéдует; *vom ~ weg* не дóлго дýмая; *nicht vom ~ kommen* топтáться на мéсте; *2. (blauer ~)* синя́к *m; 3. (Flicken)* заплáта *f,* заплáтка *f; 4. (Ort)* уголóк *m,* мéсто *n,* местéчко *n*
fleckig *adj* пятни́стый, в пя́тнах
Fledermaus *f ZOOL* летýчая мышь *f*
Flegel *m* хам *m,* грубия́н *m,* невéжа *m/f*
flehen *v* моли́ть, умоля́ть, упрáшивать
flehentlich *adj* умоля́ющий
Fleisch *n 1.* мя́со *n; 2. REL* плоть *f; (fig) sein eigen ~ und Blut sein* своя́ плоть и кровь, плоть от плóти своéй; *jdm in ~ und Blut übergehen* входи́ть в кровь и плоть; *sich ins eigene ~ schneiden* дéйствовать себé во вред; *vom ~ fallen* худéть, сходи́ть с тéла
Fleischbrühe *f GAST* мяснóй бульóн *m*
Fleischwolf *m* мясорýбка *f*
Fleiß *m* старáние *n,* усéрдие *n,* прилежáние *n*
fleißig *adj* старáтельный, прилéжный
flexibel *adj* ги́бкий
Flexibilität *f* ги́бкость *f*
flicken *v* латáть, чини́ть, штóпать
Flieder *m BOT* сирéнь *f*
Fliege *f 1. ZOOL* мýха *f; zwei ~n mit einer Klappe schlagen (fig)* одни́м вы́стрелом уби́ть двух зáйцев *(fig); 2. (Bekleidungsstück)* бáбочка *f* (*одéжда); 3. (fam) eine ~ machen* смáтываться
fliegen *v irr* летéть/летáть
Fliegenpilz *m BOT* мухомóр *m*
fliehen *v irr ~ vor* бежáть от, убегáть от
Fliehkraft *f PHYS* центробéжная си́ла *f*
Fliese *f* пли́тка *f,* кáфель *m*
Fließband *n* конвéйер *m*
fließen *v irr* течь, ли́ться, струи́ться
flimmern *v* мерцáть, мигáть, сверкáть
flink *adj* лóвкий, провóрный
Flirt *m* флирт *m,* ухáживание *n*
flirten *v* флиртовáть
Flittchen *n* вéтреная дéвушка *f,* дéвушка *f* лёгкого поведения, шлю́ха *f (fam)*
Flitterwochen *pl* медóвый мéсяц *m*
Flocke *f 1.* хлóпья *pl; 2. (Schneeflocke)* снежи́нка *f,* хлóпья *pl* снéга; *3. (Wolle, Watte)* клок *m; 4. (Flaum)* пуши́нка *f*
Floh *m ZOOL* блохá *f; jdm einen ~ ins Ohr setzen (fig)* взбудорáжить когó-л
Flohmarkt *m* блоши́ный ры́нок *m*
Florenz *n GEO* Флорéнция *f*
florieren *v* процветáть
Florist *m* флори́ст *m*
Floskel *f* пустáя фрáза *f*
Floß *n* плот *m*
Flosse *f ZOOL* плавни́к *m*
Flöte *f* флéйта *f*
flott *adj 1. (schnell)* бы́стрый, расторóпный, лóвкий; *2. (aktiv)* бóйкий, оживлённый, акти́вный; *3. (schick)* мóдный, шикáрный *(fam)*
Flotte *f* флот *m*
Fluch *m 1. (Schimpfwort)* ругáтельство *n; 2. (Verwünschung)* проклятие *n*
fluchen *v 1. (schimpfen)* ругáться; *2. (verwünschen)* проклинáть
Flucht *f 1. (Fliehen)* бéгство *n; die ~ ergreifen*

обрати́ться в бе́гство; *jdn in die ~ schlagen* обрати́ть кого́-л в бе́гство; *2. (eines Gefangenen)* побе́г *m*
fluchtartig *adj 1.* похо́жий на бе́гство; *adv 2.* о́чень бы́стро, сломя́ го́лову, в мгнове́ние о́ка
flüchten *v* бежа́ть, сбега́ть, спаса́ться бе́гством
flüchtig *adj 1. (fliehend)* бе́глый; *2. (kurz)* мимолётный; *3. (oberflächlich)* пове́рхностный
Flüchtling *m* бе́женец *m*
Flüchtlingslager *n* ла́герь *m* бе́женцев
Fluchtweg *m (bei Notfall)* запа́сный (авари́йный) вы́ход *m*
Flug *m* полёт *m; wie im ~e* мгнове́нно, ми́гом
Flugblatt *n* листо́вка *f*
Flügel *m 1.* крыло́ *n; jdm die ~ stutzen (fig)* подре́зать кому́-л кры́лья *(fig); 2. (Klavier)* роя́ль *m*
Fluggesellschaft *f* авиакомпа́ния *f*
Flughafen *m* аэропорт *m*
Fluglehrer *m* инстру́ктор *m* лётной шко́лы
Flugpiste *f* взлётно-поса́дочная полоса́ *f* (ВПП)
Flugroboter *m MIL* беспило́тный разве́дывательный самолёт *m* (самолёт-разве́дчик *m)*
Flugschreiber *m (Black-Box)* бортово́й самопи́сец *m* (самолёта), чёрный я́щик *m*
Flugsicherung *f* слу́жба *f* по обеспе́чению безопа́сности полётов
Flugtouristik *f* авиатури́зм *m*
Fluglotse *m* авиадиспе́тчер *m*
Flugsteig *m* поса́дочный перехо́д *m (от контро́ля к самолёту),* вы́ход *m* к самолёту
Flugverbindung *f* возду́шное сообще́ние *n,* возду́шная связь *f*
Flugverkehr *m* возду́шное сообще́ние *n,* возду́шный тра́нспорт *m*
Flugwesen *n* авиа́ция *f*
Flugzeug *n* самолёт *m*
Flugzeugabsturz *m* авиакатастро́фа *f*
Flugzeugbau *m* самолётострое́ние *n*
Flugzeugentführung *f* уго́н *m* самолёта
Flugzeugträger *m MIL* авиано́сец *m*
Flur[1] *m* коридо́р *m,* прихо́жая *f*
Flur[2] *f* по́ле *n* , ни́ва *f; allein auf weiter ~ (fig)* оди́н-одинёшенек *(fam),* бро́шенный, поки́нутый
Fluss *m 1. GEO* река́ *f; 2. (fig: Fließen)* тече́ние *n,* пото́к *m*
Flussbett *n* ру́сло *n* реки́
flüssig *adj 1. (nicht fest)* жи́дкий; *2. (fig: fließend)* теку́чий
Flüssiggas *n* сжи́женный газ *m*
Flüssigkeit *f* жи́дкость *f*
Flüssigseifenspender *m* доза́тор *m* жи́дкого мы́ла
Flusslauf *m* речно́й пото́к *m*
Flussufer *n* бе́рег *m* реки́
flüstern *v* шепта́ть, говори́ть шёпотом; *ins Ohr ~* шепта́ть на у́хо
Flut *f 1. (Gezeiten)* прили́в *m; 2. (Wasserhochstand)* наводне́ние *n,* пото́п *m; 3. (fig: große Menge)* пото́к *m*
Flutlicht *n* залива́ющий свет *m*
Föderation *f POL* федера́ция *f*
föderativ *adj POL* федерати́вный, федера́льный
Fohlen *n ZOOL* жеребёнок *m*
Föhn[1] *m (Fallwind)* фён *m (тёплый сухо́й ве́тер)*
Föhn[2] *m* фен *m*
Folge *f 1. (Auswirkung)* после́дствие *n,* сле́дствие *n,* результа́т *m; 2. (Reihenfolge)* се́рия *f; 3. (Fortsetzung)* продолже́ние *n*
folgen *v 1. (hinterhergehen)* сле́довать, идти́/ходи́ть за кем-л/чем-л; *2. (gehorchen)* слу́шаться; *3. (aufeinander ~)* сле́довать друг за дру́гом
folgend *adj* сле́дующий
folgendermaßen *adv* сле́дующим обра́зом
folgerichtig *adj* после́довательный
folgern *v ~ aus* заключа́ть из чего́-л, де́лать вы́вод из чего́-л
folglich *konj* сле́довательно, поэ́тому, ита́к
folgsam *adj* послу́шный
Folie *f* фольга́ *f,* (полиэтиле́новая) плёнка *f*
Folklore *f* фолькло́р *m*
Folter *f* пы́тка *f*
foltern *v* пыта́ть
Fonds *m ECO* фонд *n*
Fondue *n GAST* фондю́ *n*
forcieren *v* форси́ровать *impf/pf*
Förderanlage *f TECH* транспортёр *m,* конве́йерная устано́вка *f,* подъёмно-транспо́ртная устано́вка *f*
Fördermenge *f* подава́емое коли́чество *n,* коли́чество *n* перемеща́емого (транспорти́руемого) материа́ла
fordern *v* тре́бовать
fördern *v 1. (unterstützen)* спосо́бствовать, соде́йствовать; *2. (abbauen)* добыва́ть; *3. (transportieren)* транспорти́ровать *impf/pf,* перемеща́ть

Forderung *f 1. (Verlangen)* трéбование *n; 2. (Geldforderung) ECO* дéнежное трéбование *n,* долговóе обязáтельство *n*
Förderung *f 1. (Unterstützung)* содéйствие *n; 2. (Abbau)* добы́ча *f; 3. (Transport)* транспортирóвка *f,* перемещéние *n*
Forelle *f ZOOL* форéль *f*
Form *f 1.* фóрма *f,* вид *m,* óбраз *m; etw in die richtige ~ bringen* придавáть чему́-л прáвильную фóрму; *2. (Formalität)* фóрма *f,* формáльность *f; in aller ~* по фóрме; *3. (Umgangsformen)* фóрмы *f/pl* обращéния, прáвила *n/pl* прили́чия, мáнеры *f/pl; 4. (Gussform)* литéйная фóрма *f*
formal *adj* формáльный
Formalität *f* формáльность *f*
Format *n 1. (Maß)* размéр *m,* формáт *m; 2. (fig)* размáх *m*
Formatierleiste *f INFORM* панéль *f* инструмéнтов формати́рования
formatieren *v INFORM* формати́ровать
Formation *f* формáция *f*
formbar *adj* пласти́чный
Formel *f* фóрмула *f*
formell *adj* формáльный, официáльный
formen *v* формовáть, придавáть фóрму
förmlich *adj 1. (formell)* формáльный, официáльный; *2. (regelrecht)* фóрменный, настоя́щий, буквáльный; *adv 3.* пря́мо-таки, фóрменным óбразом
Förmlichkeit *f* формáльность *f,* официáльность *f*
formlos *adj 1.* бесфóрменный, амóрфный; *2. (fig)* непринуждённый, раскóванный
Formular *n* формуля́р *m,* бланк *m,* фóрма *f*
formulieren *v* формули́ровать *impf/pf*
forschen *v (nach etw ~)* исслéдовать *impf/pf*
Forscher(in) *m/f* исслéдователь(ница) *m/f*
Forschung *f* исслéдование *n*
Forschungsinstitut *n* наýчно-исслéдовательский инститýт *m* (НИИ)
Forschungsreaktor *m TECH* óпытный реáктор *m*
Forschungszentrum *n* наýчно-исслéдовательский центр *m*
Forst *m* лес *m,* бор *m*
Förster *m* лесни́чий *m*
Forstwesen *n* леснóе дéло *n,* лесовóдство *n*
fort *adv* прочь, вон
fortbestehen *v irr* продолжáть существовáть
fortbewegen *v* дви́гаться вперёд
fortbilden *v sich ~* повышáть своё образовáние (свою́ квалификáцию)
Fortbildung *f* повышéние *n* квалификáции
Fortdauer *f 1. (Fortbestehen)* продолжéние *n* (существовáния); *2. (Dauer)* продолжи́тельность *f,* дли́тельность *f*
fortfahren *v irr 1. (wegfahren) ~ nach* уезжáть кудá-л; *2. (fortsetzen)* продолжáть
fortgehen *v irr* уходи́ть
fortgeschritten *adj 1.* продви́нутый; *2. (fortschrittlich)* прогресси́вный, передовóй; *3. (Alter)* преклóнный; *im ~en Alter* в преклóнном вóзрасте
Fortgeschrittene(r) *f/m* успевáющий *m,* ...щая *f,* продви́нутый *m,* ...тая *f*
fortjagen *v* прогоня́ть, угоня́ть
fortlaufen *v irr 1.* убегáть; *2. (weitergehen)* продолжáться
fortpflanzen *v sich ~* размножáться
Fortpflanzung *f* размножéние *n*
fortschreiten *v irr 1. (vorwärts gehen)* идти́ вперёд; *2. (Fortschritte machen)* преуспевáть, дéлать успéхи, продвигáться; *3. (zunehmen) MED* прогресси́ровать *impf*
Fortschritt *m* прогрéсс *m*
fortschrittlich *adj* прогресси́вный
fortsetzen *v* продолжáть
Fortsetzung *f* продолжéние *n*
fortwährend *adv* постоя́нно, беспреры́вно
fossil *adj 1. (ausgegraben)* ископáемый; *2. (fig: versteinert)* окаменéлый; *3. (fig: rückständig)* допотóпный, устарéвший
Foto *n* фотогрáфия *f,* фóто *n,* фóтка *f (fam)*
Fotoapparat *m* фотоаппарáт *m*
Fotograf(in) *m/f* фотóграф *m/f*
fotografieren *v* фотографи́ровать
Fotokopie *f* фотокóпия *f,* ксéрокс *m (fam)*
fotokopieren *v* снимáть (дéлать) фотокóпию
Fotokopierer *m* фотокопировáльный аппарáт *m,* копи́р *m*
Fötus *m BIO* зарóдыш *m,* плод *m*
Fracht *f 1. (Ware) ECO* груз *m,* фрахт *m; 2. (Gebühr) ECO* плáта *f* за провóз, фрахт *m*
Frachtbrief *m ECO* накладнáя *f*
Frachter *m* грузовóе сýдно *n*
frachtfrei *adj ECO* включáя фрахт до мéста назначéния, фрáнко-мéсто назначéния
Frack *m* фрак *m*
Frage *f 1.* вопрóс *m; 2. (Angelegenheit)* вопрóс *m,* дéло *n,* проблéма *f,* предмéт *m* обсуждéния; *eine ~ der Zeit sein* э́то лишь

вопро́с вре́мени; *außer ~ stehen* быть вне (вся́кого) сомне́ния
Fragebogen *m* анке́та *f*
fragen *v* спра́шивать, задава́ть вопро́с
Fragezeichen *n* вопроси́тельный знак *m*
fraglich *adj* сомни́тельный, спо́рный
Fragment *n* фрагме́нт *m*
fragwürdig *adj* сомни́тельный, подозри́тельный
Fragwürdigkeit *f* сомни́тельность *f*
Fraktion *f POL* фра́кция *f*
Fraktionsvorsitzende(r) *f/m POL* председа́тель *m/f* фра́кции
Fraktur *f MED* перело́м *m*
frank *adj 1. ~ und frei* пря́мой и откры́тый; *adv 2.* пря́мо и откры́то, без обиняко́в, напрями́к *(fam)*
frankieren *v* франки́ровать *impf/pf*, накле́ивать почто́вую ма́рку
Frankreich *n* Фра́нция *f*
Franzose *m* францу́з *m*
Französin *f* францу́женка *f*
Französisch *n* францу́зский язы́к *m*
Fräse *f TECH* фре́за *f*
Frau *f 1.* же́нщина *f; eine ~ von Welt sein* быть све́тской да́мой; *2. (Ehefrau)* жена́ *f*, супру́га *f; 3. (Anrede)* госпожа́ *f*
Frauenarzt *m* гинеко́лог *m*
Frauenbewegung *f* движе́ние *n* за эмансипа́цию же́нщин, фемини́зм *m*
Frauenrechtlerin *f* боре́ц *m/f* (побо́рница *f*) за равнопра́вие же́нщин, фемини́стка *f*
Fräulein *n* де́вушка *f*, деви́ца *f*, ба́рышня *f*
frech *adj* де́рзкий, наха́льный; *(fam) rotz~ sein* быть ужа́сно на́глым
Frechdachs *m (fam)* наха́л *m*
Frechheit *f* де́рзость *f*, на́глость *f*, ха́мство *n*
Freeware *f INFORM* беспла́тное (свобо́дно распространя́емое) програ́ммное обеспе́чение *n*
frei *adj 1. (ungebunden)* свобо́дный, незави́симый; *sich ~ machen von* освобожда́ться от; *2. (nicht besetzt)* свобо́дный, неза́нятый; *Ist dieser Platz noch ~?* Э́то ме́сто свобо́дно? *3. (kostenlos)* беспла́тный
Freibad *n* откры́тый бассе́йн *m*
freiberuflich *adj* на гонора́рной осно́ве
Freibetrag *m* необлага́емый нало́гом ми́нимум *m*
Freihandelszone *f ECO* свобо́дная экономи́ческая зо́на *f*
freihändig *adv ~ Rad fahren* е́хать/е́здить на велосипе́де без рук
Freiheit *f* свобо́да *f; sich die ~ nehmen, etw zu tun* позво́лить себе́ (осме́литься) что-л сде́лать
Freiheitsstrafe *f JUR* лише́ние *n* свобо́ды
Freikarte *f* беспла́тный биле́т *m*
Freikörperkultur *f* нуди́зм *m*
freilassen *v irr* выпуска́ть на свобо́ду, освобожда́ть
freilich *adv 1. (einräumend)* пра́вда, одна́ко; *2. (bestätigend)* коне́чно, разуме́ется, есте́ственно
freimachen *v 1. (frankieren)* франки́ровать *impf/pf*, накле́ивать почто́вую ма́рку; *2. (entkleiden) sich ~* раздева́ться
freimütig *adj* открове́нный, прямо́й, прямоду́шный, и́скренний
freischaffend *adj ~er Künstler* свобо́дный худо́жник
Freispruch *m JUR* оправда́ние *n*
Freitag *m* пя́тница *f*
freiwillig *adj* доброво́льный
Freizeit *f* досу́г *m*, свобо́дное вре́мя *n*
Freizeitbeschäftigung *f* проведе́ние *n* досу́га, заня́тия *n/pl* в свобо́дное вре́мя
Freizügigkeit *f* пра́во *n* свобо́дного передвиже́ния и повсеме́стного прожива́ния
fremd *adj 1. (unbekannt)* чужо́й, незнако́мый, неизве́стный; *2. (ausländisch)* иностра́нный; *3. (anderen gehörig)* чужо́й
Fremde *f* чужби́на *f; in der ~* на чужби́не
Fremde(r) *f/m 1. (Unbekannte(r))* незнако́мый *m*, незнако́мка *f*, посторо́нний *m*, …няя *f*, чужа́к *m (fam)*, чужа́чка *f (fam); 2. (Ausländer(in))* иностра́нец *m*, иностра́нка *f*
Fremdenführer *m 1. (Buch)* путеводи́тель *m; 2. (Person)* гид *m*
Fremdenverkehr *m* тури́зм *m*
Fremdenzimmer *n* ко́мната *f* (но́мер *m*) для госте́й
Fremdsprache *f* иностра́нный язы́к *m*
Fremdsprachenkorrespondent *m* перево́дчик-рефере́нт *m*, секрета́рь *m* со зна́нием иностра́нных языко́в
Fremdwort *n* иностра́нное сло́во *n*
Frequenz *f TECH* частота́ *f*
fressen *v irr 1. (Tier)* жрать, пожира́ть, сжира́ть; *2. (fam) jdn zum Fressen gern haben* черто́вски люби́ть кого́-л
Freude *f* ра́дость *f*, весе́лье *n*, удово́ль-

ствие *n; Er platzt vor ~.* Он вне себя́ от ра́дости.
freudig *adj* ра́достный, весёлый
freuen *v sich ~* ра́доваться
Freund(in) *m/f* друг *m,* подру́га *f*
freundlich *adj 1.* дру́жеский, любе́зный, раду́шный; *2. (Person)* приве́тливый, прия́тный, любе́зный
Freundlichkeit *f* приве́тливость *f,* любе́зность *f*
Freundschaft *f* дру́жба *f*
Frieden *m* мир *m,* поко́й *m,* споко́йствие *n; dem ~ nicht trauen* не доверя́ть мни́мому споко́йствию; *jdn in ~ lassen* оставля́ть кого́-л в поко́е
Friedenspolitik *f POL* поли́тика *f* ми́ра, ми́рная поли́тика *f*
Friedenssoldat *m MIL* миротво́рец *m*
Friedensvertrag *m POL* ми́рный догово́р *m*
Friedhof *m* кла́дбище *n*
friedlich *adj* ми́рный, споко́йный
frieren *v irr 1. (Person)* мёрзнуть; *2. (gefrieren)* замерза́ть, покрыва́ться льдом
Frikadelle *f GAST* (ру́бленая) котле́та *f*
frisch *adj* све́жий
Frische *f* све́жесть *f; in alter ~* бо́дрый как всегда́
Friseur(in) *m/f* парикма́хер *m/f*
frisieren *v 1.* де́лать причёску, причёсывать; *2. (fig: beschönigen)* приукра́шивать, причёсывать
Frist *f* срок *m*
fristlos *adj* бессро́чный
Frisur *f* причёска *f*
froh *adj* весёлый, ра́достный, дово́льный
fröhlich *adj* весёлый, ра́достный
Fröhlichkeit *f* весёлость *f,* весе́лье *n,* ра́дость *f*
fromm *adj REL* на́божный, благочести́вый
Frömmigkeit *f REL* на́божность *f,* кро́тость *f*
Fronleichnam *m REL* пра́здник *m* те́ла Христо́ва
Front *f 1. (Vorderseite)* фаса́д *m; 2. MIL* фронт *m*
Frosch *m* лягу́шка *f; (fig) einen ~ im Hals haben* хрипе́ть, говори́ть хри́плым го́лосом; *Sei kein ~!* Не кривля́йся! Не валя́й дурака́!
Frost *m* моро́з *m*
frostig *adj 1. (kalt)* моро́зный; *2. (fig)* ледяно́й
Frottee *n* махро́вая ткань *f*
Frucht *f* плод *m,* фрукт *m*
fruchtbar *adj* плодоро́дный, плодови́тый
Fruchtbarkeit *f* плодоро́дность *f,* плодови́тость *f*
Fruchtsaft *m GAST* фрукто́вый сок *m*
Fruchtzucker *m CHEM* фрукто́за *f*
früh *adj 1.* ра́нний; *adv 2.* ра́но
Frühaufsteher *m* жа́воронок *m (fig),* челове́к *m,* привы́кший ра́но встава́ть
früher *adj 1.* пре́жний, бы́вший; *adv 2.* ра́ньше, пре́жде
Frühgeburt *f* преждевре́менные ро́ды *pl*
Frühjahr *n* весна́ *f*
frühreif *adj 1. (Frucht)* скороспе́лый, скороспе́лый; *2. (fig: Kind)* ра́звитый не по года́м (не по во́зрасту)
Frühstück *n* за́втрак *m*
frühstücken *v* за́втракать
frühzeitig *adj 1. (vorzeitig)* преждевре́менный; *adv 2.* зара́нее, своевре́менно, заблаговре́менно
Frustration *f 1.* разочарова́ние *n; 2. PSYCH* фрустра́ция *f*
Fuchs *m ZOOL* лиса́ *f,* лиси́ца *f,* лис *m*
fügen *v sich ~* покоря́ться, подчиня́ться
fühlen *v* чу́вствовать, ощуща́ть; *Wir ~ uns sehr wohl.* Мы чу́вствуем себя́ о́чень хорошо́.
führen *v 1.* вести́/води́ть; *2. (leiten)* вести́, руководи́ть, управля́ть
Führer(in) *m/f 1. (Chef(in))* руководи́тель *m/f; 2. (Fahrer(in))* води́тель(ница) *m/f; 3. (Fremdenführer(in))* гид *m/f*
Führerschein *m* води́тельские права́ *pl*
Führung *f 1. (Leitung)* руково́дство *n; 2. (Besichtigung)* экску́рсия *f; 3. (Benehmen)* поведе́ние *n*
Führungskraft *f* руководи́тель *m/f,* ме́неджер *m/f,* руководя́щие ка́дры *pl*
Fuhrparkmanagement *n* менеджме́нт *m* тра́нспортного па́рка, управле́ние *n* па́рком грузовы́х автомоби́лей
Fuhrunternehmen *n* тра́нспортное предприя́тие *n*
füllen *v mit etw ~* заполня́ть (наполня́ть) чем-л
Füller *m* автору́чка *f*
Füllung *f 1. (das Füllen)* заполне́ние *n,* наполне́ние *n; 2. (Polsterung)* наби́вка *f; 3. GAST* начи́нка *f; 4. (Zahnfüllung) MED* пло́мба *f*
Fund *m* нахо́дка *f*
Fundament *n 1. (eines Hauses)* фунда́мент *m,* основа́ние *n; 2. (fig: Grundlage)* осно́ва *f*

fundamental *adj* фундамента́льный
Fundamentalist(in) *m/f POL* фундамента-ли́ст(ка) *m/f*
Fundbüro *n* бюро́ *n* нахо́док
fundiert *adj 1. (begründet)* обосно́ванный; *2. (fig: tief)* основа́тельный соли́дный,
fünf *num* пять; *alle ~e gerade sein lassen (fig)* смотре́ть сквозь па́льцы *(fig),* не приди-ра́ться *(fam)*
fünfte(r,s) *adj* пя́тый, …тая, …тое
fünftens *adv* в-пя́тых
fünfzehn *num* пятна́дцать
fünfzehnte(r,s) *adj* пятна́дцатый, …тая, …тое
fünfzig *num* пятьдеся́т
fünfzigste(r,s) *adj* пятидеся́тый, …тая, …тое
Funk *m* ра́дио *n*
Funke *m* и́скра *f* (*auch:* искра́ *f*)
funkeln *v* сверка́ть, искри́ться
funken *v 1. (übermitteln)* передава́ть по ра́дио, ради́ровать *impf/pf; 2. (fig: kapieren) Bei ihr hat es gefunkt.* До нее дошло.
Funker *m* ради́ст *m*
Funkgerät *n* радиоприбо́р *m*
Funkspruch *m* радиогра́мма *f*
Funktion *f* фу́нкция *f*
funktional *adj 1.* функциона́льный
Funktionär(in) *m/f* функционе́р *m/f*
funktionell *adj* функциона́льный, де́йст-венный, эффекти́вный
funktionieren *v* функциони́ровать *impf*
Funktionstaste *f INFORM, TECH* функ-циона́льная кла́виша *f*
Funkverbindung *f TEL* радиосвя́зь *f*
für для, за; *Das Geschenk ist ~ dich.* Э́тот пода́рок для тебя́. *Er kämpft ~ die Freiheit.* Он бо́рется за свобо́ду. *Tag ~ Tag* день за днём; *an und ~ sich* сам по себе́, по суще-ству́
Furche *f 1. (Acker)* борозда́ *f; 2. (Falte)* морщи́на *f,* скла́дка *f*
Furcht *f* страх *m,* боя́знь *f*
fürchten *v* боя́ться, опаса́ться
fürchterlich *adj* стра́шный, ужа́сный
Furnier *n* фане́ра *f*
Furore *f/n ~ machen* производи́ть фуро́р *m*
fürs *(= für das) (siehe „für")* см *„für"*
Fürsorge *f* забо́та *f,* попече́ние *n*
Fürsorgeamt *n* отде́л *m* социа́льного обеспе́чения
fürsorglich *adj* забо́тливый
Fürsprecher(in) *m/f* защи́тник *m,* защи́тница *f,* побо́рник *m,* побо́рница *f,* засту́пник *m,* засту́пница *f*
Fürst(in) *m/f* князь *m,* княги́ня *f*
Fürstentum *n* кня́жество *n*
fürstlich *adj 1.* кня́жеский *2. (fig: üppig)* роско́шный, бога́тый
Furunkel *m MED* фуру́нкул *m*
Fusion *f* слия́ние *n*
Fuß *m 1. ANAT* нога́ *f;* стопа́ *f zu ~ gehen* идти́/ходи́ть пешко́м; *(fig) ~ fassen* утвер-жда́ться; *auf freiem ~ sein* быть на свобо́де; *auf großem ~ leben* жить на широ́кую но́гу; *mit einem ~ im Grabe stehen* стоя́ть одно́й ного́й в моги́ле; *mit dem linken ~ zuerst aufstehen* встава́ть с ле́вой ноги́; *sich die Füße nach etw wund laufen* сбива́ться с ног в по́исках чего́-л; *kalte Füße bekommen* трусить, боя́ться; *sich die Füße vertreten* размина́ть но́ги; *jdm auf die Füße treten* обижа́ть (задева́ть) кого́-л; *sich auf eigene Füße stellen* станови́ться самостоя́теьным; *etw mit Füßen treten* попира́ть что-л; *jdm zu Füßen liegen* моли́ть кого́-л на коле́нях; *2. (Sockel)* подно́жие *n,* основа́ние *n; 3. (Maßeinheit)* фут *m*
Fußball *m* футбо́л *m*
Fußballspiel *n SPORT* футбо́льный матч *m*
Fußboden *m* пол *m*
Fußbodenheizung *f* тёплый пол *m*
Fußgänger(in) *m/f* пешехо́д *m*
Fußgängerzone *f* пешехо́дная зо́на *f*
Fußpilz *m MED* грибо́к *m,* грибко́вое пораже́ние *n* ко́жи ног
Fußvolk *n* пехо́та *f*
Fußweg *m* пешехо́дная доро́жка *f,* тротуа́р *m*
Futter[1] *n (Nahrung)* корм *m*
Futter[2] *n (Material)* подкла́дка *f,* прокла́дка *f* (оде́жды)
füttern *v* корми́ть
Fütterung *f (eines Tieres)* кормле́ние *n,* отка́рмливание *n*
futuristisch *adj* футуристи́ческий

G

Gabe *f 1. (Geschenk)* дар *m,* подáрок *m; 2. (fig: Talent)* даровáние *n,* талáнт *m*
Gabel *f* ви́лка *f*
Gabelung *f* разветвлéние *n,* разви́лка *f*
Gabelstapler *m* TECH ви́лочный автопогрýзчик *m*
Gag *m* эффéктный (смешнóй) трюк *m,* шýтка *f,* импровизáция *f,* прикóл *m (fam)*
Gage *f* гонорáр *m* (арти́стов), жáлование *n*
gähnen *v* зевáть
galant *adj* галáнтный, учти́вый
Galerie *f 1. (Passage)* пассáж *m; 2.* ART (карти́нная) галерéя *f; 3.* THEAT вéрхний ярус *m,* галерéя *f,* галёрка *f (fam)*
Galgen *m* ви́селица *f*
Galgenfrist *f 1.* отсрóчка *f* кáзни; *2. (fig)* отсрóчка *f* на корóткое врéмя; *jdm eine ~ geben* давáть комý-л корóткую отсрóчку
Galle *f* ANAT жёлчь *f; (fam) Da läuft mir die ~ über.* Вот тогдá меня́ берёт зло.
Galopp *m* галóп *m*
Galvanik *f* CHEM, TECH гальванотéхника *f*
gammeln *v (fam)* вести́ óбраз жи́зни хи́ппи, болтáться *(fam),* бездéльничать
Gang *m 1. (Gehen)* хождéние *n,* ходьбá *f; 2. (Gangart)* похóдка *f,* пóступь *f; 3. (Verlauf)* ход *m,* приведéние *n* в движéние; *im ~e sein* происходи́ть, идти́, рабóтать (механи́зм); *in ~ kommen* начинáться, развёртываться, приходи́ть в движéние, начинáть рабóтать (механи́зм); *etw in ~ setzen* начинáть что-л, приводи́ть в движéние; *seinen ~ gehen* идти́ своим чередóм; *4. (Flur)* коридóр *m,* прохóд *m; 5. (Kupplung)* скóрость *f,* передáча *f; (fig) einen ~ zulegen* ускоря́ть (прибавля́ть) темп; *einen ~ zurückschalten* замедля́ть (снижáть) темп; *6.* GAST блю́до *n*
gängig *adj 1. (üblich)* общепри́нятый, распространённый, общеупотреби́тельный; *2. (leicht verkäuflich)* хóдкий, ходовóй
Gangster *m* гáнгстер *m,* банди́т *m*
Ganove *m* вор *m,* мошéнник *m*
Gans *f* ZOOL гусь *m,* гусы́ня *f; (fam) eine dumme ~* дýра *f*
Gänsehaut *f* гуси́ная кóжа *f; (fig) jmd bekommt ~* у когó-л мурáшки бéгают по спинé
Gänsemarsch *m im ~ gehen* идти́/ходи́ть гуськóм
ganz *adj 1.* весь, цéлый, пóлный; *adv 2.* совсéм, целикóм, всецéло, пóлностью
Ganzes *n* цéлое *n,* совокýпность *f; (fig) aufs Ganze gehen* идти́ на всё; *Es geht ums Ganze.* На кáрту постáвлено всё.
ganztägig *adj* для́щийся цéлый день
Ganztagsgruppe *f* грýппа *f* продлённого дня
gar *adj 1. (gekocht)* готóвый, свáренный, испечённый, поджáренный; *adv 2.* совсéм, вóвсе; *~ nicht* вóвсе не
Garage *f* гарáж *m*
Garantie *f* гарáнтия *f; unter ~ (fam)* обязáтельно, наверняка́
garantieren *v* гаранти́ровать *impf/pf*
Garderobe *f 1. (Kleidung)* гардерóб *m,* одéжда *f; 2.* THEAT костюмéрная *f; 3. (Kleiderabgabe)* гардерóб *m,* гардерóбная *f,* раздевáлка *f (fam)*
Gardine *f* занавéска *f,* гарди́на *f,* тюль *m (fam); hinter schwedischen ~n sein (fig)* быть в тюрьмé, сидéть за решёткой *(fig)*
Garn *n* ни́тки *f/pl,* пря́жа *f*
Garnele *f* ZOOL кревéтка *f*
garnieren *v (Speise)* дополня́ть гарни́ром
Garten *m 1.* сад *m; 2. (Gemüsegarten)* огорóд *m*
Gartenbau *m 1.* садовóдство *n; 2. (für Gemüse)* огорóдничество *n*
Gartenhaus *n* лéтний (дáчный) дóмик *m*
Gartenzaun *m* садóвый забóр *m*
Gärtner(in) *m/f* садóвник *m,* садóвница *f*
Gärtnerei *f* садóвое хозя́йство *n*
Gärung *f* брожéние *n*
Gas *n* газ *m*
Gasflasche *f* гáзовый баллóн *m*
Gasmaske *f* противогáз *m*
Gaspedal *n* педáль *f* акселерáтора
Gasse *f* переýлок *m,* ýлочка *f*
Gast *m* гость *m,* гóстья *f*
Gästebuch *n* гостевáя кни́га *f*
Gästehaus *n (einer größeren Einrichtung)* (небольшáя) гости́ница *f,* пансиóн *m* для (официáльных) гостéй; *das ~ des Betriebs* гости́ница при завóде, заводскáя гости́ница; *das ~ der Universität* гости́ница университéта
Gästezimmer *n 1.* кóмната *f* для гостéй; *2. (im Gästehaus)* кóмната *f,* нóмер *m* (в гости́нице)
gastfreundlich *adj* гостеприи́мный

Gastfreundschaft *f* гостеприи́мство *n*
Gastgeber(in) *m/f* хозя́ин *m* (хозя́йка *f*) до́ма
Gasthaus *n* (небольша́я) гости́ница *f* с рестора́ном
gastieren *v THEAT* гастроли́ровать *impf*
Gastronomie *1. (Kochkunst)* кулина́рное иску́сство *n; 2. (Gewerbe)* обще́ственное пита́ние *n*, общепи́т *m*, рестора́нное де́ло *n*
Gastspiel *n 1. SPORT* игра́ *f* в гостя́х (на по́ле проти́вника); *2. THEAT* гастро́ли *f/pl*
Gaststätte *f* рестора́н *m*
Gastwirt *m* владе́лец *m* рестора́на
Gatte *m* супру́г *m*
Gattin *f* супру́га *f*
Gattung *f* род *m*, вид *m*, катего́рия *f*
Gaukler(in) *m/f 1.* фо́кусник *m*, фо́кусница *f; 2. (Scharlatan)* шарлата́н(ка) *m/f*
Gaumen *m ANAT* нёбо *n; einen feinen ~ haben (fig)* быть гурма́ном, быть люби́телем и цени́телем изы́сканных блюд
Gauner(in) *m/f* жу́лик *m*, моше́нник *m*, моше́нниница *f*, пройдо́ха *m/f (fam)*, проны́ра *m/f (fam)*
Gazelle *f ZOOL* газе́ль *f*
Gebäck *n* вы́печка *f*, пече́нье *n*
Gebärde *f* жест *m*
Gebärdensprache *f* язы́к *m* же́стов
gebären *v irr* рожа́ть, рожда́ть, производи́ть на свет
Gebärmutter *f ANAT* ма́тка *f*
Gebäude *n* зда́ние *n*
geben *v irr 1.* дава́ть; *(fig) viel darum ~* до́рого дать за то, что́бы…; *auf etw nichts ~* не придава́ть никако́го значе́ния чему́-л; *2. (es gibt)* быть, есть, име́ться; *Es gab wenig Publikum.* Бы́ло ма́ло пу́блики. *Was gibt's?* Что тако́е? *Es gibt Wasser.* Есть вода́. *Um die Ecke gibt es ein Restaurant.* За угло́м есть рестора́н. *Wo gibt's denn so was?* Где э́то ви́дано?
Gebeine *m/pl* оста́нки *pl*, мо́щи *pl*, прах *m*
Gebet *n REL* моли́тва *f*
Gebetbuch *n REL* моли́твенник *m*
Gebiet *n 1.* о́бласть *f*, террито́рия *f; 2. (fig: Sachgebiet)* о́бласть *f*, сфе́ра *f*
Gebietsleiter *m ECO* нача́льник *m* региона́льного отде́ла сбы́та
gebieterisch *adj* повели́тельный, вла́стный
Gebilde *n 1. (Werk)* произведе́ние *n*, творе́ние *n; 2. (Struktur)* структу́ра *f*, строе́ние *n; 3. GEOL* образова́ние *n*, форма́ция *f*
gebildet *adj* образо́ванный
Gebirge *n GEO* го́ры *f/pl*
Gebirgskette *f GEO* го́рная цепь *f*, го́рный кряж *m*
Gebiss *n ANAT* 1. (Zähne) зу́бы *m/pl; 2. (Prothese)* че́люсть *f; 3. (Pferdegeschirr)* удила́ *pl*
geboren *adj* рождённый; *~ am 20. Juli in Moskau* рождённый 20 ию́ля в Москве́
Geborgenheit *f* чу́вство *n* защищённости (безопа́сности)
Gebot *n 1. (Befehl)* прика́з *m*, (по)веле́ние *n; 2. REL* за́поведь *f*
gebraten *adj* жа́реный
Gebrauch *m* употребле́ние *n*, примене́ние *n*, (ис)по́льзование *n*; *in ~ kommen* входи́ть в обихо́д (в употребле́ние)
gebrauchen *v* употребля́ть, применя́ть, испо́льзовать *impf/pf*, по́льзоваться
gebräuchlich *adj* употреби́тельный, обы́чный, обихо́дный, при́нятый
Gebrauchsanweisung *f* инстру́кция *f* по эксплуатации, пра́вила *n/pl* по́льзования
Gebrauchsgegenstand *m* предме́т *m* обихо́да (потребле́ния)
gebraucht *adj* подержанный, бы́вший в употребле́нии
Gebrauchtwagen *m (Auto)* подержанный автомоби́ль *m*, подержанная маши́на *f*
Gebrechen *n MED* неду́г *m*, недоста́ток *m*
gebrechlich *adj MED* сла́бый, дря́хлый, хи́лый
Gebrüll *n* рёв *m*, рык *m*
Gebühr *f* сбор *m*, пла́та *f*
gebührenfrei *adj* освобождённый от сбо́ров (от упла́ты), беспо́шлинный
gebührenpflichtig *adj* пла́тный, подлежа́щий упла́те, облага́емый сбо́рами
Geburt *f* рожде́ние *n; eine schwere ~ (fig)* что-л рожда́ется в му́ках *(fig)*
Geburtenrate *f* рожда́емость *f*
gebürtig *adj* урождённый
Geburtsdatum *n* да́та *f* рожде́ния
Geburtsjahr *n* год *m* рожде́ния
Geburtsort *m* ме́сто *n* рожде́ния
Geburtstag *m* день *m* рожде́ния
Geburtsurkunde *f* свиде́тельство *n* о рожде́нии
Gebüsch *n BOT* куста́рник *m*
Gecko *m ZOOL* гекко́н *m*
Gedächtnis *n* па́мять *f; ein ~ wie ein Sieb haben (fam)* име́ть дыря́вую па́мять *(fam)*
Gedanke *m* мысль *f; (fig) ~n lesen können* уме́ть чита́ть мы́сли; *seine ~n beisammen*

haben сосредото́чивать свои́ мы́сли на чём-л; *etw in ~n tun* де́лать мы́сленно что-л
gedankenlos *adj* необду́манный
Gedankenlosigkeit *f* необду́манность *f*
Gedankenstrich *m* тире́ *n*
Gedärm *n ANAT* кишки́ *f/pl*
Gedeck *n 1. (Besteck)* столо́вый прибо́р *m; 2. (Menü)* ко́мплексный обе́д *m*
gedeihen *v irr 1.* расти́, развива́ться; *2. (vorankommen)* преуспева́ть, продвига́ться
gedenken *v irr 1. (erinnern)* по́мнить, вспомина́ть; *2. (vorhaben)* намерева́ться, собира́ться; *~, etw zu tun* собира́ться сде́лать что-л
Gedenkstätte *f* мемориа́л *m,* па́мятное ме́сто *n*
Gedicht *n* стихотворе́ние *n,* стих *m,* поэ́ма *f*
Gedränge *n* толкотня́ *f,* да́вка *f,* толчея́ *f*
gedrungen *adj* пло́тный, корена́стый, призе́мистый
Geduld *f* терпе́ние *n*
geduldig *adj* терпели́вый
geeignet *adj ~ für* приго́дный для чего́-л/к чему́-л
Gefahr *f* опа́сность *f; sich in ~ begeben* подверга́ть себя́ опа́сности; *~ laufen* рискова́ть; *auf eigene ~ (fig)* на свой страх и риск *(fig)*
gefährden *v* подверга́ть опа́сности, угрожа́ть
Gefährdung *f* угро́за *f*
Gefahrenzone *f* опа́сная зо́на *f*
Gefahrenzulage *f* допла́та *f* за опа́сность
gefährlich *adj* опа́сный
gefahrlos *adj* безопа́сный
Gefährte *m* спу́тник *m*
Gefährtin *f* спу́тница *f*
Gefälle *n* укло́н *m,* скат *m,* пока́тость *f*
gefallen *v irr jdm ~* нра́виться кому́-л; *sich etw ~ lassen* поко́рно сноси́ть что-л
Gefallen *m* любе́зность *f,* одолже́ние *n,* услу́га *f*
Gefallener *m* па́вший *m,* поги́бший *m*
gefällig *adj 1. (zuvorkommend)* услу́жливый, любе́зный; *2. (angenehm)* прия́тный
Gefälligkeit *f 1. (Zuvorkommenheit)* услу́жливость *f,* любе́зность *f; 2. (Gefallen)* услу́га *f,* любе́зность *f*
gefangen *adv ~ halten* (со)держа́ть в заключе́нии; *~ nehmen* аресто́вывать, заде́рживать
Gefangenschaft *f MIL* плен *m*
Gefängnis *n* тюрьма́ *f*
Gefängnisstrafe *f* тюре́мное заключе́ние *n*
Gefängniszelle *f* тюре́мная ка́мера *f*
Gefäß *n* сосу́д *m*
gefasst *adj ~ sein auf* быть гото́вым к
Gefäßverengung *f MED* суже́ние *n* (крове́но́сных) сосу́дов
Gefecht *n MIL* бой *m; außer ~ setzen* выводи́ть из стро́я; *jdn außer ~ setzen (fig)* лиша́ть кого́-л возмо́жности де́йствовать
gefeit *adj ~ sein gegen* быть застрахо́ванным от чего́-л
Gefieder *n ZOOL* опере́ние *n*
geflissentlich *adj* наме́ренный, умы́шленный
Geflügel *n ZOOL* пти́ца *f*
Geflüster *n* шёпот *m*
Gefolge *n* сви́та *f,* эско́рт *m*
gefragt *adj ~ sein* по́льзоваться спро́сом
gefrieren *v irr* замерза́ть; *~ lassen* замора́живать
Gefriertruhe *f* морози́льная ка́мера *f,* морози́льник *m (fam)*
gefügig *adj* усту́пчивый, сгово́рчивый, послу́шный
Gefühl *n 1. (körperlich)* чу́вство *n,* осяза́ние *n; (fig) mit gemischten ~en* со сме́шанным чу́вством; *das höchste der ~e* преде́л мечта́ний; *etw im ~ haben* инстинкти́вно чу́вствовать что-л; *2. (seelisch)* чу́вство *n,* ощуще́ние *n,* эмо́ция *f; 3. (Ahnung)* предчу́вствие *n*
gefühllos *adj 1. (körperlich)* нечувстви́тельный, онеме́вший; *2. (seelisch)* бесчу́вственный, чёрствый
gefühlsmäßig *adv* вы́званный чу́вствами, эмоциона́льный, интуити́вный
gefühlvoll *adj 1. (fähig zu tiefen Empfindungen)* спосо́бный глубоко́ чу́вствовать; *2. (sentimental)* чувстви́тельный, задуше́вный; *3. (ausdrucksvoll)* с больши́м чу́вством
gegebenenfalls *adv* в слу́чае необходи́мости, при необходи́мости
Gegebenheit *f* факт *m,* да́нность *f*
gegen *prep 1. (zeitlich)* о́коло, к, под; *~ sieben Uhr* о́коло семи́ часо́в; *2. (örtlich)* к, по направле́нию к, на, про́тив; *~ Norden* к се́веру; *3. (wider)* про́тив, вопреки́, поми́мо; *~ seinen Willen* про́тив его́ во́ли; *etw ~ jdn haben* име́ть что-л про́тив кого́-л; *4. (im Austausch)* за, взаме́н, в обме́н на что-л, под; *~ Quittung* под распи́ску
Gegenanzeige *f MED* противопоказа́ние *n*

Gegend *f 1. (Landschaft)* ме́стность *f,* край *m; 2. (Nähe)* окре́стность *f; die ~ unsicher machen (fig)* отме́титься во всех кабака́х *(fam)*
Gegendarstellung *f 1.* контрдо́вод *m; 2. (in der Presse)* исправле́ние *n* (в газе́те) неве́рного сообще́ния, опроверже́ние *n* (в пре́ссе)
gegeneinander *adv* друг про́тив дру́га
Gegenfahrbahn *f* полоса́ *f* встре́чного движе́ния
Gegengewicht *n* противове́с *m*
gegenläufig *adj* дви́жущийся в обра́тном направле́нии, обра́тный; *~e Tendenz* обра́тная тенде́нция
Gegenleistung *f* отве́тная услу́га *f*
Gegenmaßnahme *f* отве́тная ме́ра *f*
Gegenmittel *n* сре́дство *n* от (про́тив) чего́-л
Gegenprobe *f MATH* прове́рочное вычисле́ние *n,* контро́льный счёт *m*
Gegensatz *m* противополо́жность *f; Gegensätze ziehen sich an.* Кра́йности схо́дятся. *im ~ zu jdm/etw* в противополо́жность кому́-л/чему́-л
gegensätzlich *adj 1.* противополо́жный; *adv 2.* с противополо́жной то́чки зре́ния
Gegensätzlichkeit *f* противополо́жность *f*
gegenseitig *adj* взаи́мный, обою́дный
Gegenseitigkeit *f* взаи́мность *f,* обою́дность *f*
Gegenspieler(in) *m/f* проти́вник *m,* проти́вница *f*
Gegenstand *m 1.* предме́т *m,* вещь *f; 2. (Thema)* те́ма *f,* предме́т *m,* объе́кт *m*
Gegenstimme *f POL* го́лос *m* (по́данный) про́тив *(при голосова́нии)*
Gegenstück *n 1. (Gegensatz)* противополо́жность *f,* контра́ст *m; 2. (Pendant)* предме́т *m,* дополня́ющий друго́й
Gegenteil *n* противополо́жность *f*
gegenüber *prep 1. (örtlich)* напро́тив; *2. (im Hinblick)* по отноше́нию к; *3. (im Vergleich)* по сравне́нию с, в сравне́нии с
gegenüberliegen *v* быть располо́женным напро́тив кого́-л/чего́-л, находи́ться напро́тив кого́-л/чего́-л
gegenüberliegend *adj* противополо́жный, располо́женный напро́тив
gegenüberstehen *v 1.* стоя́ть напро́тив; *2. (fig)* противостоя́ть чему́-л
gegenüberstellen *v 1. (vergleichen)* сра́внивать, сопоставля́ть, противопоставля́ть; *2. (konfrontieren) JUR* производи́ть о́чную ста́вку с кем-л
Gegenüberstellung *f 1. (Vergleich)* сравне́ние *n,* сопоставле́ние *n,* противопоставле́ние *n; 2. (Konfrontation) JUR* о́чная ста́вка *f*
Gegenverkehr *m* встре́чное движе́ние *n*
Gegenwart *f 1. (Anwesenheit)* прису́тствие *n; 2. GRAMM* настоя́щее вре́мя *n*
gegenwärtig *adj 1. (jetzig)* настоя́щий, тепе́решний; *2. (anwesend)* прису́тствующий
Gegenwehr *f* сопротивле́ние *n,* самооборо́на *f*
gegenzeichnen *v* ста́вить втору́ю по́дпись, визи́ровать *impf/pf*
Gegner *m* проти́вник *m,* сопе́рник *m*
gegnerisch *adj* вражде́бный, проти́вный
Gehabe *n* мане́рность *f,* жема́нство *n*
Gehalt *n 1. (Lohn)* за́работная пла́та *f,* зарпла́та *f,* окла́д *m,* жа́лование *n; 2. (Inhalt)* содержа́ние *n*
Gehaltserhöhung *f* повыше́ние *n* зарпла́ты (окла́да, жа́лования)
Gehaltsgruppe *f* катего́рия *f* (разря́д *m*) зарпла́ты
gehaltvoll *adj* содержа́тельный
gehässig *adj* зло́бный, язви́тельный, злопыха́тельский, вражде́бный
Gehässigkeit *f* язви́тельность *f,* злопыха́тельство *n,* вражде́бность *f*
Gehäuse *n 1. TECH* ко́рпус *m,* кожу́х *m; 2. (Weichtiere)* ра́ковина *f,* скорлупа́ *f*
gehbehindert *adj* передвига́ющийся с трудо́м
Gehege *n 1. (für Tiere)* заго́н *m,* волье́р *m; 2. (Waldrevier)* запове́дник *m*
geheim *adj* та́йный, секре́тный; *~ halten* держа́ть в та́йне, храни́ть в секре́те
Geheimagent(in) *m/f POL* разве́дчик *m,* разве́дчица *f,* та́йный (секре́тный) аге́нт *m/f,* аге́нт *m/f* та́йной поли́ции
Geheimdienst *m POL* спецслу́жба *f,* та́йная (секре́тная) слу́жба *f,* разве́дка *f*
Geheimfach *n* потайно́й я́щик *m,* тайни́к *m*
Geheimnis *n* секре́т *m,* та́йна *f; ein offenes ~* всем изве́стный секре́т
geheimnisvoll *adj* таи́нственный, зага́дочный, неве́домый
Geheimtipp *m* сове́т *m* по секре́ту
gehemmt *adj ~ sein* быть стесни́тельным, быть закомплексо́ванным
gehen *v* идти́/ходи́ть; *Wie geht es Ihnen?* Как у Вас дела́? *(fig) etw mit~ lassen* прихва́тывать, ста́скивать, уводи́ть что-л

(fam); in sich ~ уходи́ть в себя́, заду́мываться; *sich ~ lassen* распуска́ться
geheuer *adj (nicht ~ sein) 1. (unheimlich)* жу́ткий; *Mir ist nicht ganz ~ bei dieser Sache.* При э́том мне как то не по себе́. *2. (verdächtig)* подозри́тельный
Gehilfe *m 1. (Helfer)* помо́щник *m; 2. (Mittäter) JUR* посо́бник *m,* соуча́стник *m*
Gehilfin *f 1. (Helferin)* помо́щница *f; 2. (Mittäterin) JUR* посо́бница *f,* соуча́стница *f*
Gehirn *n ANAT* мозг *m*
Gehirnblutung *f MED* кровоизлия́ние *n* в (головно́й) мозг
Gehirnerschütterung *f MED* сотрясе́ние *n* (головно́го) мозга
Gehirnschlag *m MED* апоплекси́ческий уда́р *m,* апоплекси́я *f* (головно́го) мо́зга
Gehirnwäsche *f* промыва́ние *n* мозго́в, идеологи́ческая обрабо́тка *f*
Gehör *n* слух *m; (fig) ~ finden* быть услы́шанным, находи́ть о́тклик; *jdm ~ schenken* выслу́шивать кого́-л; *sich ~ verschaffen* заста́влять кого́-л слу́шать; *um ~ bitten* проси́ть внима́ния
gehorchen *v* слу́шаться, повинова́ться, быть послу́шным
gehören *v (besitzen)* принадлежа́ть кому́-л; *zu etw ~* принадлежа́ть к чему́-л, относи́ться к чему́-л
Gehörfehler *m MED* дефе́кт *m* слу́ха
gehörlos *adj MED* глухо́й, лишённый слу́ха
gehorsam *adj* послу́шный, поко́рный
Gehorsam *m* послуша́ние *n,* повинове́ние *n*
Gehweg *m* тротуа́р *m,* пешехо́дная доро́жка *f*
Geier *m ZOOL* коршу́н *m; Weiß der ~! (fam)* Чёрт его́ зна́ет! *(fam)*
Geige *f MUS* скри́пка *f; (fig) die erste ~ spielen* игра́ть пе́рвую скри́пку; *nach jds ~ tanzen* пляса́ть под чью-л ду́дку; *Der Himmel hängt ihm voller ~n.* Он на седьмо́м не́бе!
geigen *v* игра́ть на скри́пке
Geisel *f* зало́жник *m,* зало́жница *f*
Geiselnehmer(in) *m/f* престу́пник *m,* захвати́вший зало́жников, престу́пница *f,* захвати́вшая зало́жников
Geist *m 1. (Seele)* дух *m,* душа́ *f; seinen ~ aufgeben (fig)* испусти́ть дух *(fig); 2. (Verstand)* ум *m; auf den ~ gehen (fig)* надоеда́ть, де́йствовать кому́-л на не́рвы *(fig); 3. (Gespenst)* при́зрак *m,* привиде́ние *n,* дух *m; von allen guten ~ern verlassen sein (fig)* быть не в своём уме́
geistesabwesend *adj 1.* отсу́тствующий (взгляд); рассе́янный *adv 2.* рассе́янно; *~ sein* с отсу́тствующим ви́дом (взгля́дом)
geistesgegenwärtig *adj 1.* сохраня́ющий прису́тствие ду́ха, хладнокро́вный; *adv 2.* хладнокро́вно, сохраня́я прису́тствие ду́ха
Geisteskranke(r) *f/m MED* душевнобольно́й *m, …*на́я *f,* психи́чески больно́й *m,* психи́чески больна́я *f*
Geisteskrankheit *f MED* психо́з *m,* психи́ческая (душе́вная) боле́знь *f*
Geisteswissenschaften *pl* гуманита́рные нау́ки *f/pl*
Geisteszustand *m* душе́вное состоя́ние *n*
geistig *adv* у́мственный, интеллектуа́льный
geistlich *adj* духо́вный
Geistliche(r) *f/m REL* свяще́нник *m,* священнослужи́тель *m,* духо́вное лицо́ *n*
geistreich *adj* остроу́мный
Geiz *m* ску́пость *f,* жа́дность *f,* а́лчность *f*
geizig *adj* скупо́й, жа́дный, а́лчный
Geizkragen *m (fam)* скря́га *m/f,* скупе́ц *m,* скупердя́й *m/f (fam)*
Gejammer *n* жа́лобы *f/pl,* причита́ния *n/pl,* нытьё *n (fam)*
Gekicher *n* хихи́канье *n*
geknickt *adj 1. (abgebrochen)* сло́мленный, надло́мленный; *2. (fig)* пода́вленный, удручённый, уны́лый
gekünstelt *adj* иску́сственный, неесте́ственный, мане́рный, напускно́й
Gel *n* гель *m*
Gelächter *n* смех *m,* хо́хот *m*
geladen *adj 1. (einladen)* зва́ный, приглашённый; *2. (Waffe)* заря́женный; *3. (fig: zornig) ~ sein* быть на взво́де, быть озло́бленным; *4. (Last)* гружёный
gelähmt *adj MED* парализо́ванный
Gelände *n 1. (Areal, Fläche)* террито́рия *f; 2. (Landschaft)* ме́стность *f*
Geländer *n* пери́ла *pl,* парапе́т *m*
Geländewagen *m* внедоро́жник *m,* автомоби́ль *m* повы́шенной проходи́мости
gelangen *v (~ an, ~ nach, ~ zu)* попада́ть, прибыва́ть, доходи́ть, достига́ть
gelangweilt *adj* томя́щийся от ску́ки
gelassen *adj ~ sein* быть споко́йным, невозмути́мым, хладнокро́вным
Gelassenheit *f* споко́йствие *n,* невозмути́мость *f,* хладнокро́вие *n*

Gelatine *f* GAST желати́н *m*
geläufig *adj* (обще)употреби́тельный, распространённый, привы́чный
gelaunt *adj 1. schlecht ~ sein* быть в плохо́м настрое́нии, быть не в ду́хе; *2. gut ~ sein* быть в хоро́шем настрое́нии
gelb *adj* жёлтый
Gelbsucht *f* MED желту́ха *f*
Geld *n* де́ньги *pl,* де́нежные сре́дства *n/pl; (fig) ~ oder Leben!* Кошелёк и́ли жизнь! Ли́бо де́ньги, ли́бо жизнь! *im ~ schwimmen* купа́ться (утопа́ть) в деньга́х; *~ wie Heu haben* у кого́-л де́нег ку́ры не клюю́т; *das ~ unter die Leute bringen* легко́ тра́тить де́ньги; *etw zu ~ machen* нажива́ть де́ньги на чём-л; *ins ~ gehen* бо́льно бить по карма́ну; *nicht mit ~ zu bezahlen sein* чему́-л нет цены́; *Ihm rinnt das ~ durch die Finger.* У него́ де́ньги не де́ржатся. *~ stinkt nicht.* Де́ньги не па́хнут.
Geldautomat *m* банкома́т *m*
Geldbetrag *m* де́нежная су́мма *f*
Geldbeutel *m* кошелёк *m,* бума́жник *m*
Geldentwertung *f* ECO обесце́нивание *n* (обесце́нение *n*) де́нег, девальва́ция *f*
Geldgeber(in) *m/f* кредито́р *m/f,* заимода́тель *m/f,* заимода́вец *m/f*
Geldinstitut *n* ECO креди́тный институ́т *m*
Geldkarte *f* INFORM, FIN электро́нный кошелёк *m*
Geldquelle *f* исто́чник *m* де́нег (де́нежных средств)
Geldschein *m* де́нежный знак *m,* купю́ра *f,* банкно́т(а) *m/f*
Geldstrafe *f* пе́ня *f,* де́нежный штраф *m*
Geldverschwendung *f* расточи́тельство *n,* мотовство́ *n*
Geldwäsche *f (fig)* отмыва́ние *n* де́нег
Geldwaschmaschine *f (fig)* пра́чечная *f* по отмыва́нию де́нег *(fig)*
Geldwechsel *m 1.* разме́н *m* де́нег; *2. (Währungsumtausch)* обме́н *m* (иностра́нной) валю́ты
Geldwechselautomat *m* разме́нный автома́т *m*
gelegen *adj 1. (liegend)* располо́женный, находя́щийся; *2. (fig: passend)* подходя́щий, удо́бный; *Das kommt mir sehr ~.* Э́то мне о́чень кста́ти.
Gelegenheit *f* возмо́жность *f,* (удо́бный) слу́чай *m; die ~ beim Schopfe packen (fig)* по́льзоваться удо́бным (благоприя́тным) слу́чаем
Gelegenheitsarbeit *f* случа́йная рабо́та *f*
Gelegenheitsjob *m* случа́йный за́работок *m*
gelegentlich *adj 1.* случа́йный; *adv 2.* иногда́, поро́й, времена́ми, от слу́чая к слу́чаю
gelehrig *adj* поня́тливый, смышлёный
gelehrt *adj* учёный, образо́ванный, эруди́рованный
Gelehrte(r) *f/m* учёный *m/f*
Geleit *n* сопровожда́ющие ли́ца *n/pl,* эскорт *m*
Geleitschutz *m* охра́на *f,* конвои́рование *n*
Gelenk *n 1.* ANAT суста́в *m; 2.* TECH сочлене́ние *n,* шарни́р *m*
gelenkig *adj* ги́бкий, ло́вкий, подви́жный
Geliebte(r) *f/m* любо́вник *m,* любо́вница *f*
gelingen *v irr* удава́ться, получа́ться, ла́диться
geloben *v* торже́ственно обеща́ть, дава́ть кля́тву, кля́сться
Gelschreiber *m* ге́левый ро́ллер *m*
gelten *v irr 1. (gültig sein)* де́йствовать, быть действи́тельным; *2. (angesehen werden)* счита́ться, слыть, по́льзоваться авторите́том, име́ть вес
geltend *adj* де́йствующий, име́ющий си́лу, действи́тельный
Geltung *f 1. (Gültigkeit)* де́йствие *n,* си́ла *f; 2. (Ansehen)* авторите́т *m,* прести́ж *m; (fig) sich ~ verschaffen* завоёвывать авторите́т; *etw zur ~ bringen* вы́годно подчёркивать, пока́зывать, демонстри́ровать что-л; *zur ~ kommen* проявля́ться, ска́зываться
Geltungsbereich *m* террито́рия *f* (о́бласть *f*), в преде́лах которо́й что-л де́йствует
Gelübde *n* REL обе́т *m*
gelungen *adj* уда́чный, уда́вшийся
Gelüste *pl 1.* непреодоли́мое (стра́стное) жела́ние *n; 2.* POL поползнове́ния *n/pl*
gemächlich *adj 1. (ruhig)* споко́йный, нетороплі́вый; *2. (bequem)* удо́бный
Gemahl(in) *m/f* супру́г *m,* супру́га *f*
Gemälde *n* карти́на *f,* полотно́ *n*
gemäß *prep* согла́сно, в соотве́тствии с
gemäßigt *adj* уме́ренный
gemein *adj 1. (allgemein)* о́бщий; *2. (böse)* по́длый, по́шлый, неприли́чный
Gemeinde *f 1. (Gemeinschaft)* общи́на *f; 2.* POL муниципалите́т *m,* ме́стное самоуправле́ние *n*
Gemeinderat *m* POL сове́т *m* общи́ны, ме́стный сове́т *m*
Gemeindesteuer *f* коммуна́льный нало́г *m*

gemeingefährlich *adj* опáсный для общéства, социáльно опáсный
Gemeingut *n* óбщее достоя́ние *n*
Gemeinheit *f* пóдлость *f,* ни́зость *f,* хáмство *n*
Gemeinkosten *pl ECO* накладны́е расхóды *m/pl*
gemeinnützig *adj* общéственно полéзный
gemeinsam *adj 1.* óбщий, совмéстный; *adv 2.* вмéсте, совмéстно, сообщá
Gemeinsamkeit *f* схóдство *n,* совпадéние *n*
Gemeinschaft *f* óбщество *n,* сóобщество *n,* содрýжество *n*
Gemeinschaftsraum *m* бытовóе помещéние *n*
Gemeinwesen *n 1.* óбщество *n; 2. HIST* общи́нный строй *m*
Gemeinwohl *n* всеóбщее (общéственное) бл́аго *n*
Gemetzel *n* резня́ *f,* бóйня *f*
Gemisch *n* смесь *f*
gemischt *adj 1.* смéшанный; *2. (fig)* разнорóдный, разношёрстный
Gemse *f ZOOL* сéрна *f; scheu wie eine ~ (fig)* пугли́вый как лань *(fig)*
Gemüse *n* óвощи *m/pl*
Gemüsegarten *m* огорóд *m*
gemustert *adj* узóрчатый, с узóрами, с рисýнками
Gemüt *n* нрав *m,* харáктер *m,* душá *f; (fig) sich etw zu ~e führen* принимáть во внимáние что-л, проникáться чем-л; *ein sonniges ~ haben* имéть весёлый (непринуждённый, рáдостный) нрав
gemütlich *adj 1. (Person)* прия́тный, добродýшный, общи́тельный; *2. (Sache)* удóбный, уютный, прия́тный
Gemütlichkeit *f* уют *m,* удóбство *n*
gemütskrank *adj MED* душевнобольнóй
Gemütsruhe *f* душéвное спокóйствие *n,* душéвный покóй *m,* безмятéжность *f*
Gemütsverfassung *f* душéвное настроéние *n,* расположéние *n* дýха
Gen *n BIO* ген *m*
genau *adj 1.* тóчный, чёткий, подрóбный; *~ genommen* стрóго говоря́; *interj 2.* вéрно, тóчно, конéчно
Genauigkeit *f* точнóсть *f,* чёткость *f*
genauso *adv* тóчно такóй же, тóчно так же; *Wir sind ~ weit wie vorher.* Мы не продви́нулись ни на шаг.
genehmigen *v* разрешáть, санкциони́ровать *impf/pf,* позволя́ть; *sich einen ~* пропускáть по стакáнчику
Genehmigung *f* разрешéние *n,* сáнкция *f*
General *m MIL* генерáл *m*
Generaldirektor *m* генерáльный дирéктор *m*
Generalkonsulat *n POL* генерáльное кóнсульство *n,* генкóнсульство *n*
Generalprobe *f THEAT* генерáльная репети́ция *f*
Generation *f* поколéние *n*
Generator *m TECH* генерáтор *m*
generell *adj 1.* (все)óбщий; *adv 2.* в óбщем, вообщé
Genesung *f* выздоровлéние *n*
Genetik *f BIO* генéтика *f*
genetisch *adj BIO* генети́ческий
Genforschung *f* гéнные исслéдования *n/pl,* гéнная наýка *f*
genial *adj* гениáльный
Genick *n ANAT* заты́лок *m; sich das ~ brechen (fig)* сломáть себé шéю *(fig)*
Genie *n* гéний *m*
genieren *v sich ~* стесня́ться, смущáться; *Ich geniere mich, darüber zu sprechen.* Я стесня́юсь говори́ть об э́том.
genießbar *adj* съедóбный
genießen *v irr 1. etw ~* наслаждáться чем-л; *2. (fig: etw erhalten)* пóльзоваться чем-л
Genießer *m* жуи́р *m,* сластолюбец *m,* человéк *m,* предающийся наслаждéниям
Genitalien *pl ANAT* половы́е óрганы *m/pl*
genmanipuliert *adj AGR, BIO* генети́чески изменённый (модифици́рованный)
Genom *n BIO* генóм *m (совокýпность гéнов)*
genormt *adj* норми́рованный, унифици́рованный, стандáртный
Genosse *m* товáрищ *m*
Genossenschaft *f* кооперати́в *m,* артéль *f,* товáрищество *n*
Genossin *f* товáрищ *f*
Gentechnik *f TECH* гéнная инженéрия *f*
Gentechnologie *f* гéнные технолóгии *f/pl*
genug *adv* достáточно, довóльно
genügen *v* хватáть, быть достáточным
Genugtuung *f* удовлетворéние *n*
Genuss *m* наслаждéние *n,* отрáда *f; in den ~ von etw kommen (fig)* пóльзоваться чем-л, получáть что-л
genüsslich *adj* наслаждáющийся, с наслаждéнием
geöffnet *adj* откры́тый
Geograf(in) *m/f* геóграф *m/f*
Geografie *f* геогрáфия *f*
Geologie *f* геолóгия *f*

Geometrie *f* геоме́трия *f*
geometrisch *adj* геометри́ческий
Gepäck *n* бага́ж *m,* покла́жа *f; Ist das ~ schon auf dem Zimmer?* Бага́ж уже́ в но́мере?
Gepäckannahme *f 1. (Handlung)* приём *m* багажа́; *2. (Stelle)* пункт *m* приёма багажа́
Gepäckausgabe *f* вы́дача *f* багажа́
Gepäckkontrolle *f* (тамо́женный) досмо́тр *m* багажа́
Gepäckträger *m 1. (Sache)* бага́жник *m; 2. (Person)* носи́льщик *m*
gepflegt *adj 1. (Person)* опря́тный, ухо́женный, холёный; *2. (Sache)* ухо́женный; *3. (fig: Sprache)* изы́сканный
Gepflogenheit *f* обы́чай *m,* тради́ция *f,* привы́чка *f*
Geplauder *n* непринуждённый разгово́р *m,* лёгкая бесе́да *f*
gerade *adj 1.* прямо́й, ро́вный; *2.* MATH чётный; *adv 3. (im Augenblick)* то́лько что
Gerade *f* MATH пряма́я (ли́ния) *f*
geradeaus *adv* пря́мо, напряму́ю
geradeso *adv* то́чно так же, то́чно тако́й же, как раз
geradewegs *adv* пря́мо, прямы́м путём
geradezu *adv* не стесня́ясь, без обиняко́в, напрями́к *(fam)*
Gerät *n 1. (Apparat)* прибо́р *m; 2. (Werkzeug)* ору́дие *n,* инструме́нт *m; 3.* SPORT (гимнасти́ческий) снаря́д *m,* тренажёр *m*
Gerätetreiber *m* INFORM дра́йвер *m* устро́йства
geräumig *adj* просто́рный
Geräusch *n* шум *m,* звук *m*
geräuschlos *adj* бесшу́мный, беззву́чный, ти́хий
gerecht *adj* справедли́вый
gerechtfertigt *adj* обосно́ванный, справедли́вый, опра́вданный
Gerechtigkeit *f* справедли́вость *f*
Gerede *n 1.* болтовня́ *f,* разгово́ры *m/pl; 2. (Gerücht)* слу́хи *m/pl; 3. (fam: Klatsch)* сплётни *f/pl; jdn ins ~ bringen* распуска́ть о ком-л слу́хи; *ins ~ kommen* станови́ться предме́том сплётен (пересу́дов)
gereizt *adj* раздражённый
Gereiztheit *f* раздражённость *f*
Gericht *n 1.* GAST блю́до *n,* ку́шанье *n; 2.* JUR суд *m; mit jdm ins ~ gehen (fig)* ре́зко (беспоща́дно) критикова́ть кого́-л, подверга́ть кого́-л суро́вой кри́тике
gerichtlich *adj 1.* JUR суде́бный; *adv 2.* JUR в суде́бном поря́дке
Gerichtsbarkeit *f* JUR юрисди́кция *f,* подсу́дность *f*
Gerichtsbeschluss *m* JUR определе́ние *n* (постановле́ние *n*) суда́
Gerichtshof *m* JUR суде́бная пала́та *f,* трибуна́л *m*
Gerichtsmedizin *f* JUR суде́бная медици́на *f*
Gerichtsstand *m* JUR подсу́дность *f*
Gerichtsverfahren *n* JUR суде́бный проце́сс *m,* судопроизво́дство *n*
Gerichtsverhandlung *f* JUR суде́бное разбира́тельство *n*
Gerichtsvollzieher *m* JUR суде́бный исполни́тель *m* (прика́з *m*)
gering *adj 1. (wenig)* ма́лый, небольшо́й, незначи́тельный; *2. (niedrig)* ни́зкий; *kein Geringerer als* никто́ ино́й как; *3. (kurz)* небольшо́й, коро́ткий
geringfügig *adj 1.* незначи́тельный, малова́жный
Geringfügigkeit *f* незначи́тельность *f,* ме́лочь *f*
Geringschätzung *f* пренебреже́ние *n,* презре́ние *n,* неуваже́ние *n*
gerinnen *v* свёртываться, застыва́ть, тверде́ть
Gerippe *n* ANAT скеле́т *m*
gern *adv* охо́тно, с удово́льствием; *Der kann mich mal ~ haben! (fam)* Пусть он идёт куда́ пода́льше! *(fam)*
Geröll *n* GEOL о́сыпь *f,* ока́танные обло́мки *m/pl* поро́д
Gerste *f* BOT ячме́нь *m*
Gerstenkorn *n* MED ячме́нь *m*
Geruch *m* за́пах *m*
geruchlos *adj* лишённый за́паха, без за́паха
Geruchssinn *m* обоня́ние *n*
Gerücht *n* слух *m,* молва́ *f; Das ~ verbreitete sich wie ein Lauffeuer. (fig)* Слух распростра́нился мгнове́нно. *zu ~en Anlass geben* (по)дава́ть по́вод для слу́хов
gerührt *adj (fig)* тро́нутый *(fig)*
geruhsam *adj* споко́йный, нетороплй́вый
Gerüst *n 1. (Baugerüst)* леса́ *pl; 2. (fig)* канва́ *f,* план *m*
Gerüstbau *m* TECH возведе́ние *n* лесо́в
gesamt *adj* весь, це́лый, о́бщий
Gesamtbetrag *m* о́бщая су́мма *f*
Gesamtheit *f* совоку́пность *f*
Gesandte *m* POL посла́нник *m*
Gesang *m* пе́ние *n,* песнь *f*
gesättigt *adj 1. (satt)* сы́тый; *2.* CHEM

насы́щенный; *3.* ECO насы́щенный, пресы́щенный
Geschäft *n 1. (Laden)* магази́н *m,* ла́вка *f; 2. (Handelsgeschäft)* ECO сде́лка *f,* торго́вая опера́ция *f; seine ~e machen* занима́ться свои́ми дела́ми; *ein ~ mit etw machen* зараба́тывать на чём-л; *3.* JUR сде́лка *f*
geschäftig *adj* де́ятельный, делови́тый, делово́й, хлопотли́вый
geschäftlich *adj* делово́й
Geschäftsabschluss *m 1.* ECO заключе́ние *n* сде́лки; *2. (Bilanz)* ECO заключи́тельный бала́нс *m*
Geschäftsbedingung *f* ECO усло́вия *n/pl* сде́лки
Geschäftsbericht *m* ECO отчёт *m* о состоя́нии дел (фи́рмы)
Geschäftsfähigkeit *f* JUR дееспосо́бность *f*
Geschäftsführer(in) *m/f* ECO управля́ющий *n* (…щая *f*) дела́ми, дире́ктор *m/f*
Geschäftsjahr *n* ECO фина́нсовый год *m*
Geschäftsleitung *f* ECO руково́дство *n* предприя́тия (фи́рмы, организа́ции)
Geschäftsmann *m* ECO бизнесме́н *m,* делово́й челове́к *m,* коммерса́нт *m,* делёц *m (fam)*
Geschäftspartner(in) *m/f* ECO делово́й партнёр *m/f*
Geschäftsreise *f* делова́я пое́здка *f,* командиро́вка *f; Alexander ist auf ~.* Алекса́ндр уе́хал в командиро́вку.
Geschäftsstelle *f* конто́ра *f,* канцеля́рия *f*
geschäftstüchtig *adj* делово́й, де́льный, операти́вный
Geschäftsviertel *n* делова́я часть *f* го́рода
Geschäftszweig *m* ECO о́бласть *f* предпринима́тельской де́ятельности, о́трасль *f* промы́шленности
geschehen *v irr* происходи́ть, случа́ться; *Geschehen ist ~.* Что случи́лось, то случи́лось. *Es ist um ihn ~. (fig)* Он пропа́л.
Geschehen *n* собы́тия *n/pl*
gescheit *adj* у́мный, разу́мный, толко́вый; *Du bist wohl nicht recht ~! (fam)* Ты не своём уме́!
Geschenk *n* пода́рок *m,* дар *m; ein ~ des Himmels* пода́рок судьбы́, дар бого́в
Geschenkgutschein *m* пода́рочный сертифика́т *m*
Geschichte *f 1. (Vergangenheit)* исто́рия *f; ~ machen* войти́ в исто́рию; *2. (Erzählung)* исто́рия *f,* расска́з *m,* по́весть *f*
Geschichtsschreibung *f* историогра́фия *f*
Geschicklichkeit *f* ло́вкость *f*
geschickt *adj* ло́вкий
geschieden *adj* разведённый
Geschirr *n* посу́да *f; sich ins ~ legen (fig)* стара́ться изо́ всех сил, горячо́ взя́ться за де́ло
Geschirrspülmaschine *f* посудомо́ечная маши́на *f,* посудомо́йка *f (fam)*
Geschlecht *n 1. (weiblich/männlich)* пол *m; 2.* GRAMM род *m; 3. (Adelsgeschlecht)* род *m,* поколе́ние *n*
Geschlechtsorgan *n* ANAT полово́й о́рган *m*
Geschlechtsverkehr *m* половы́е сноше́ния *n/pl*
geschlossen *adj* закры́тый, за́мкнутый
Geschmack *m* вкус *m; (fig) ~ an etw finden* находи́ть интере́с (удово́льствие) в чём-л; *auf den ~ kommen* входи́ть во вкус
geschmacklos *adj 1.* безвку́сный; *2. (fig: taktlos)* беста́ктный, по́шлый
Geschmacklosigkeit *f 1.* безвку́сица *f,* отсу́тствие *n* вку́са; *2. (fig: Taktlosigkeit)* беста́ктность *f,* по́шлость *f*
geschmackvoll *adj (fig)* со вку́сом
Geschmier *n* мазня́ *f,* пачкотня́ *f*
Geschöpf *n* созда́ние *n,* существо́ *n*
Geschrei *n* кри́ки *m/pl*
Geschütz *n* MIL ору́дие *n; schweres ~ auffahren (fig)* пуска́ть в ход тяжёлую артилле́рию *(fig),* выставля́ть са́мые ве́ские аргуме́нты
geschützt *adj 1.* защищённый; *2.* JUR *gesetzlich ~* охраня́емый зако́ном
geschwätzig *adj* болтли́вый
geschweige *konj ~ denn* не говоря́ уже́ о; *Er hat kein Geld für ein gebrauchtes Auto, ~ denn für ein neues.* У него́ нет де́нег на подержанную маши́ну, не то что на нову́ю.
geschwind *adj 1.* бы́стрый, ско́рый, про во́рный, шу́стрый *(fam)*
Geschwindigkeit *f* ско́рость *f*
Geschwister *pl* бра́тья *m/pl* и сёстры *f/pl*
geschwollen *adj 1. (Umfang)* опу́хший; *2. (Sprache)* высокопа́рный
Geschworene(r) *f/m* JUR прися́жный *m,* …ная *f*
Geschwür *n* MED я́зва *f,* нары́в *m,* гнойни́к *m*
Geselle *f* подмасте́рье *m*
gesellig *adj 1. (Person)* общи́тельный, коммуника́бельный; *2. ~es Beisammensein* встре́ча в кругу́ друзе́й
Gesellschaft *f 1.* о́бщество *n; 2. (Bekanntenkreis, Umgang)* о́бщество *n,* компа́ния *f;*

jdm ~ leisten составля́ть кому́-л компа́нию; *Da befindest du dich in guter ~!* Тут ты в хоро́шей компа́нии! *3.* ECO о́бщество *n,* това́рищество *n,* объедине́ние *n,* сою́з *m*

gesellschaftlich *adj* обще́ственный

Gesetz *n* зако́н *m*

Gesetzbuch *n* JUR ко́декс *m,* свод *m* зако́нов; *Bürgerliches ~* Герма́нское гражда́нское уложе́ние *n; Zivil~ der* RF Гражда́нский ко́декс РФ; *Strafgesetzbuch* уголо́вный ко́декс

Gesetzentwurf *m* POL законопрое́кт *m*

Gesetzesänderung *f* POL внесе́ние *n* измене́ний в зако́н

Gesetzesinitiative *f* JUR пра́во *n* законода́тельной инициати́вы

gesetzgebend *adj* POL законода́тельный

Gesetzgeber(in) *m/f* POL законода́тель(ница) *m/f*

Gesetzgebung *f* POL законода́тельство *n*

gesetzlich *adj 1.* зако́нный, лега́льный; *adv 2.* по зако́ну, лега́льно

gesetzlos *adj 1.* беззако́нный; *2. (ungesetzlich)* незако́нный

gesetzmäßig *adj 1.* закономе́рный, зако́нный

gesetzwidrig *adj* противозако́нный, нелега́льный

Gesicht *n* лицо́ *n; (fig) ein langes ~ machen* де́лать недово́льное лицо́; *den Tatsachen ins ~ sehen* смотре́ть пра́вде в глаза́; *jdm nicht ins ~ sehen können* кто-л не мо́жет смотре́ть в глаза́ кому́-л; *das ~ verlieren* теря́ть своё лицо́; *sein wahres ~ zeigen* пока́зывать своё и́стинное лицо; *jdm im ~ geschrieben stehen* что-л напи́сано у кого́-л на лице́; *jdm etw ins ~ sagen* говори́ть кому́-л что-л в лицо́; *sein ~ wahren* сохраня́ть свою́ репута́цию (свой прести́ж); *jdm wie aus dem ~ geschnitten sein* кто-л похо́ж на кого́-л как две ка́пли воды́

Gesichtsausdruck *m* выраже́ние *n* лица́

Gesichtspunkt *m* то́чка *f* зре́ния

Gesindel *n* сброд *m,* подо́нки *m/pl,* отре́бье *n*

Gesinnung *f* взгля́ды *m/pl,* убежде́ния *n/pl; seine politische ~ ändern* изменя́ть свои полити́ческие убе́ждения

Gesinnungsfreund *m* единомы́шленник *m*

Gespann *n 1. (Pferdegespann)* упря́жка *f; 2. (fig: Personen)* хоро́шая па́ра *f*

gespannt *adj 1.* натя́нутый; *2. (fig: Beziehung)* натя́нутый, напряжённый; *3. (fig: erwartungsvoll)* заинтриго́ванный, с нетерпе́нием, с любопы́тством

Gespenst *n* при́зрак *m,* привиде́ние *n; ~er sehen* мере́щиться, боя́ться

gesperrt *adj 1. (verboten)* закры́тый, загоро́женный, блокиро́ванный, перекры́тый; *2. (Konto)* ECO блокиро́ванный

Gespött *n* насме́шки *f/pl,* издёвки *f/pl,* издева́тельство *n; jdm zum ~ machen* де́лать кого́-л посме́шищем; *zum ~ werden* станови́ться посме́шищем

Gespräch *n 1. (Unterhaltung)* разгово́р *m,* бесе́да *f; 2. (Unterredung)* перегово́ры *pl; im ~ sein* быть те́мой перегово́ров (обсужде́ния); *3. (Dialog)* диало́г *m,* перегово́ры *pl; mit jdm im ~ bleiben* продолжа́ть перегово́ры с кем-л

Gesprächsdauer *f* продолжи́тельность *f* (телефо́нного) разгово́ра

Gesprächspartner(in) *m/f* собесе́дник *m,* собесе́дница *f*

gesprungen *adj* ло́пнувший, тре́снувший; *ein ~es Glas* ло́пнувший стака́н

Gespür *n* чутьё *n,* нюх *m*

Gestalt *f 1. (Figur)* ли́чность *f,* фигу́ра *f,* телосложе́ние *n; 2. (Aussehen)* вид *m,* о́блик *m,* вне́шность *f; 3. (fig: in ~ von)* в о́бразе *m* кого́-л, в фо́рме *f* чего́-л; *in ~ des Teufels* в о́бразе дья́вола

gestalten *v 1. (formen)* создава́ть; *2. (verwirklichen)* осуществля́ть, реализова́ть *impf/pf* (*auch:* реализо́вывать *impf*); *3. (einrichten)* оформля́ть, придава́ть вид

Gestaltung *f 1. (Formgebung)* созда́ние *n; 2. (Verwirklichung)* осуществле́ние *n,* реализа́ция *f; 3. (Einrichtung)* оформле́ние *n*

geständig *adj* JUR признаю́щий вину́, призна́вшийся, созна́вшийся; *überführt und ~* изобличённый и признаю́щий вину́

Geständnis *n* JUR призна́ние *n*

Gestank *m* злово́ние *n,* вонь *f,* смрад *m*

gestatten *v* позволя́ть, разреша́ть; *Gestatten Sie?* Позво́льте? Разреши́те?

Geste *f* жест *m*

gestehen *v* сознава́ть, признава́ть (вину́)

Gestein *n* го́рная поро́да *f*

Gestell *n 1.* TECH карка́с *m,* осто́в *m; 2. (Regal)* подста́вка *f,* стелла́ж *m; 3. (Brille)* опра́ва *f*

gestern *adv* вчера́; *~ Abend* вчера́ ве́чером; *nicht von ~ sein (fig)* быть о́пытным (быва́лым) челове́ком

Gestik *f* жестикуля́ция *f,* же́сты *m/pl*

gestikulieren *v* жестикули́ровать

Gestirn *n* ASTR небе́сное те́ло *n*, свети́ло *n*
Gestrüpp *n* BOT 1. ча́стый куста́рник *m*, за́росли *f/pl* 2. *(fig: Durcheinander)* пу́таница *f*, де́бри *pl*
Gestüt *n* ко́нный заво́д *m*
Gesuch *n* хода́тайство *n*, проше́ние *n*, заявле́ние *n*
gesund *adj 1. (Person)* здоро́вый, кре́пкий; *2. (Nahrungsmittel)* здоро́вый, поле́зный; *3. (fig)* здоро́вый, здра́вый; *der ~e Menschenverstand* здра́вый смысл
Gesundheit *f* здоро́вье *n*
Gesundheitsamt *n* MED отде́л *m* здравоохране́ния, здравотде́л *m*
gesundheitsschädlich *adj* вре́дный для здоро́вья
Gesundheitsschutz *m* охра́на *f* здоро́вья
Gesundheitszustand *m* состоя́ние *n* здоро́вья
Getränk *n* напи́ток *m*
Getränkeautomat *m* автома́т *m* для прода́жи прохлади́тельных напи́тков
Getreide *n* AGR зла́ки *m/pl*, зерновы́е культу́ры *f/pl*, хлеба́ *m/pl*
getrennt *adj* отде́льный, разде́льный
Getriebe *1. (fig)* оживле́ние *n*, суета́ *f*, су́толока *f*; *2.* TECH переда́ча *f*, коро́бка *f* переда́ч (скоросте́й), механи́зм *m*; *Aus dem ~ tropft ein wenig Öl.* Из коро́бки переда́ч вытека́ет немно́го ма́сла.
Getto *n* ге́тто *n*
Gewächs *n 1.* BOT расте́ние *n*; *2. (Auswuchs)* MED ши́шка *f*, о́пухоль *f*
gewachsen *v jdm ~ sein (fig)* не уступа́ть кому́-л (в си́ле, уме́)
Gewächshaus *n* тепли́ца *f*
gewagt *adj 1.* отва́жный, сме́лый; *2. (riskant)* риско́ванный
gewählt *adj* изы́сканный, и́збранный
Gewähr *f* гара́нтия *f*, руча́тельство *n*, поручи́тельство *n*
gewähren *v 1. (zugestehen)* предоставля́ть, дава́ть; *2. (erfüllen)* исполня́ть, удовлетворя́ть
gewährleisten *v* гаранти́ровать *impf/pf*, обеспе́чивать
Gewahrsam *m 1. (Aufbewahrung)* (со)хране́ние *n*; *2. (Verwahrung)* заключе́ние *n* под стра́жу (аре́ст), задержа́ние *n*; *jdn in ~ nehmen* брать кого́-л под аре́ст, заде́рживать кого́-л
Gewalt *f 1.* наси́лие *n*, си́ла *f*; *mit aller ~* во что бы то ни ста́ло; *2. (Macht)* власть *f*; *höhere ~* непреодоли́мая си́ла, форс-мажо́р; *sich in der ~ haben (fig)* владе́ть собо́й
Gewaltenteilung *f* POL разделе́ние *n* вла́сти
gewaltig *adj 1. (riesig)* огро́мный, исполи́нский; *2. (kräftig)* здорове́нный, си́льный; *3. (mächtig)* могу́щественный, мо́щный; *adv 4. (sehr)* (очень) си́льно, ужа́сно *(fam)*, стра́шно *(fam)*
gewaltsam *adj 1.* наси́льственный; *adv 2.* наси́льно, си́лой
Gewaltverzicht *m* отка́з *m* от примене́ния наси́лия
gewandt *adj 1. (körperlich)* ло́вкий, прово́рный, изворо́тливый; *2. (geistig)* иску́сный; *3. (im Auftreten)* уве́ренный, свобо́дный; *~es Auftreten* уве́ренная мане́ра держа́ться
Gewässer *n* во́ды *f/pl*, водоёмы *m/pl*
Gewebe *n 1.* ткань *f*; *2. (fig)* паути́на *f*; *ein ~ von Lügen* паути́на лжи
Gewehr *n* винто́вка *f*, ружьё *n*
Geweih *n* (оле́ньи) рога́ *m/pl*
Gewerbe *n 1. (Handwerk)* ECO про́мысел *m*, ремесло́ *n*; *2. (Industrie)* ECO промы́шленность *f*; *3. (berufliche Tätigkeit)* профе́ссия *f*, заня́тие *n*
Gewerbesteuer *f* ECO промысло́вый нало́г *m*
gewerblich *adj 1. (handwerklich)* ECO промысло́вый, ремесленный; *2. (industriell)* ECO промы́шленный
Gewerkschaft *f* профессиона́льный сою́з *m*, профсою́з *m*
Gewerkschaftler(in) *m/f* член *m/f* профсою́за, профсою́зник *m (fam)*
gewerkschaftlich *adj* профсою́зный
Gewicht *n 1.* вес *m*, тя́жесть *f*; *2. (fig: Wichtigkeit)* значе́ние *n*, ва́жность *f*, вес *m*; *(fig) ins ~ fallen* име́ть значе́ние; *auf etw ~ legen* придава́ть значе́ние чему́-л, счита́ть ва́жным что-л
gewillt *adj ~ sein* быть гото́вым (наме́ренным, согла́сным)
Gewinde *n 1. (Schraubengewinde)* TECH резьба́ *f*; *2. (Blumengewinde)* вено́к *m* (гирля́нда *f*) из цвето́в
Gewinn *m 1. (Spiel)* вы́игрыш *m*; *2.* ECO при́быль *f*, дохо́ды *m/pl*; *3. (fig: Nutzen)* по́льза *f*, вы́года *f*
Gewinnausschüttung *f* ECO распределе́ние *n* при́были
Gewinnbeteiligung *f* ECO уча́стие *n* в при́были (дохо́дах)

gewinnen *v irr 1. (verdienen)* получáть (извлекáть) прúбыль; *2. (siegen)* выúгрывать, побеждáть; *3. (fig: profitieren)* имéть вы́году, извлекáть пóльзу; *4. (fördern) MIN* добывáть
Gewinner(in) *m/f* победúтель *m,* победúтельница *f,* выúгравший *m,* ...шая *f*
Gewinnspanne *f ECO* рáзница *f* мéжду дохóдами и расхóдами
Gewinnzahl *f* выúгрышный нóмер *m*
Gewirr *n 1. (Durcheinander)* пу́таница *f,* хáо(ó)с *m; 2. (Straßengewirr)* лабирúнт *m*
gewiss *adj 1.* вéрный, непремéнный, определённый; *2. (nicht näher bestimmbar)* нéкоторый, нéкий; *ein ~er Herr Müller* нéкий господúн Мю́ллер; *das ~e Etwas haben (fig)* в ком-л есть изю́минка *(fig); adv 3. (bestimmt)* определённо, конéчно, разумéется
Gewissen *n* сóвесть *f; jdm ins ~ reden* взывáть к чей-л сóвести; *ein gutes ~ haben* имéть чúстую сóвесть; *jdn/etw auf dem ~ haben* имéть когó-л/что-л на сóвести
gewissenhaft *adj* добросóвестный
Gewissenhaftigkeit *f* добросóвестность *f*
gewissenlos *adj* недобросóвестный, безотвéтственный
Gewissensbisse *pl* угрызéния *n/pl* (му́ки *f/pl*) сóвести; *Hast du keine ~?* Тебя́ сóвесть не му́чает?
Gewissensfrage *f* вопрóс *m* (дéло *m*) сóвести
Gewissenskonflikt *m* конфлúкт *m* со своéй сóвестью, конфлúкт *m* сóвести
gewissermaßen *adv* нéкоторым óбразом, в какóй-то мéре, до нéкоторой стéпени
Gewissheit *f* увéренность *f,* достовéрность *f*
Gewitter *n* грозá *f; Es wird ~ geben.* Надвигáется грозá.
Gewitterschauer *m* лúвень *m* с грозóй
Gewitterstimmung *f 1.* предгрозовóе состоя́ние *n; 2. (fig)* предгрозовáя атмосфéра *f*
gewöhnen *v 1. sich ~* привыкáть; *2. jdn an etw ~* приучáть когó-л к чему́-л
Gewohnheit *f* привы́чка *f,* обы́чай *m*
gewohnheitsmäßig *adj 1.* привы́чный; *adv 2.* по привы́чке
Gewohnheitsrecht *n JUR* обы́чное прáво *n*
gewöhnlich *adj 1. (gebräuchlich)* обы́чный, обыкновéнный; *2. (unauffällig)* зауря́дный; *3. (unfein)* непристóйный, пóшлый, вульгáрный
gewohnt *adj etw ~ sein* привы́кший к чему́-л, приу́ченный к чему́-л
Gewöhnung *f* привыкáние *n*
Gewölbe *n* свод *m*
Gewürze *pl* пря́ности *f/pl,* спéции *f/pl*
gezackt *adj* зазу́бренный, зубчáтый
Gezanke *n* (постоя́нные) ссóры *f/pl,* перебрáнка *f*
Gezeiten *pl* прилúв *m* и отлúв *m*
gezielt *adj* целенапрáвленный
geziert *adj (fig)* жемáнный, манéрный, чóпорный, напы́щенный
Gezwitscher *n* щéбет *m,* щебетáние *n,* чирúканье *n*
gezwungenermaßen *adv* поневóле
Gicht *f MED* подáгра *f*
Giebel *m* щипéц *m,* фронтóн *m*
Gier *f* жáдность *f,* ску́пость *f,* áлчность *f*
gierig *adj* жадный; *~ nach* жáдный на что-л
gießen *v irr 1. (einschenken)* наливáть, лить; *2. (Blumen)* поливáть; *3. (fig) in Strömen ~* лить как из ведра; *4. (schmelzen) TECH* отливáть, разливáть
Gießerei *f 1. (Betrieb) TECH* литéйный цех *m,* литéйная *f; 2. (Produktion) TECH* литьё *n,* литéйное произвóдство *n*; *3. (Produkt) TECH* отлúвка *f*
Gießkanne *f* лéйка *f*
Gift *n* яд *m,* отрáва *f; (fig) ~ für jdn sein* быть óчень врéдным для когó-л; *~ und Galle spucken* рвать и метáть (от злóсти); *Darauf kannst du ~ nehmen!* В э́том ты мóжешь не сомневáться!
Giftgas *n CHEM* ядовúтый газ *m*
giftig *adj* ядовúтый, отрáвленный, токсúческий
Giftmüll *m* ядовúтые (токсúческие) отхóды *m/pl*
Giftspritze *f MED* смертéльная инъéкция *f*
Giftstoffe *pl* ядовúтые (токсúческие) веществá *n/pl*
gigantisch *adj* гигáнтский
Gipfel *m 1. (fig: Höhepunkt)* апогéй *m,* верх *m; 2. GEO* вершúна *f,* пик *m; 3. POL* встрéча *f* в верхáх, встрéча *f* на вы́сшем у́ровне
Gips *m MIN* гипс *m*
Giraffe *f ZOOL* жирáф *m*
Girlande *f* гирля́нда *f*
Giro *n FIN* жúро *m,* индоссамéнт *m*
Girokonto *n FIN* жиросчёт *m,* теку́щий счёт *m*
Gitarre *f MUS* гитáра *f*

Gitter *n* решётка *f; (fig) hinter ~n sitzen* сидéть за решёткой; *jdn hinter ~ bringen* сажáть когó-л за решётку
Glanz *m* блеск *m,* сия́ние *n,* лоск *m,* гля́нец *m; mit ~ und Gloria (fig)* с блéском, блестя́ще
glänzen *v* блестéть, сия́ть
glänzend *adj 1.* блестя́щий, сия́ющий; *2. (fig: hervorragend)* блестя́щий, блистáтельный; *adv 3.* блестя́ще
Glanzzeit *f* расцвéт *m,* перúод *m* расцвéта
Glas *n 1. (Material)* стеклó *n; 2. (Trinkglas)* стакáн *m,* бокáл *m,* крýжка *f,* рю́мка *f; (fig) zu tief ins ~ schauen* выпивáть ли́шнее; *ein ~ über den Durst trinken* хлебнýть ли́шнего
gläsern *adj* стекля́нный
Glasfaser *f* стекля́нное волокнó *n,* стекловолокнó *n*
Glasflasche *f* стекля́нная буты́лка *f*
glasieren *v 1. GAST* покрывáть глазýрью; *2. TECH* глазировáть *impf/pf*
glasig *adj 1. (glasartig)* стеклови́дный; *2. (durchsichtig)* прозрáчный; *3. (fig: Blick)* засты́вший, остекленéвший (взгляд)
glasklar *adj 1.* прозрáчный как стеклó; *2. (fig: klar)* я́сный
Glasscheibe *f* окóнное стеклó *n*
Glasur *f* глазýрь *f*
glatt *adj 1. (faltenlos)* глáдкий, рóвный; *2. (rutschig)* скóльзкий; *3. (fig: mühelos)* лёгкий, нетрýдный; *4. (fig: heuchlerisch)* льсти́вый, вкрáдчивый, изворóтливый; *5. (fig: eindeutig)* я́вный, недвусмы́сленный, несомнéнный, очеви́дный
Glätte *f 1. (Glattheit)* глáдкость *f; 2. (Schneeglätte)* гололёд *m,* гололéдица *f; 3. (fig: Heuchelei)* льсти́вость *f,* вкрáдчивость *f,* изворóтливость *f*
Glatteis *n* гололéдица *f,* гололёд *m; (fig) jdn aufs ~ führen* устрóить подвóх комý-л
glätten *v 1. (glattmachen)* разглáживать, расправля́ть; *2. (fig: beruhigen)* успокáивать, сглáживать
Glatze *f* лы́сина *f,* плешь *f*
glatzköpfig *adj* лы́сый, плеши́вый
Glaube *m ~ an REL* вéра *f* во что-л; *(fig) im guten ~n* из лýчших побуждéний; *im festen ~n* в пóлной увéренности
glauben *v 1. (vertrauen) jdm ~* верить комý-л; *2. ~ an* вéрить в когó-л, во что-л; *~ an Gott* вéрить в бóга; *3. (annehmen, bejahen)* верить; *Es fällt mir schwer, das zu ~.* Мне трýдно повéрить в э́то. *Das ist doch nicht zu ~!* Э́то прóсто невероя́тно! *4. (denken)* полагáть, дýмать
Glaubensbekenntnis *n REL* вероисповéдание *n*
Glaubensgemeinschaft *f REL* религиóзная общи́на *f*
glaubhaft *adj* правдоподóбный, вероя́тный
Glaubhaftigkeit *f* правдоподóбие *n*
gläubig *adj REL* вéрующий
Gläubige(r) *f/m REL* вéрующий *m,* …щая *f*
Gläubiger(in) *m/f ECO* кредитóр *m/f*
glaubwürdig *adj* правдоподóбный, правди́вый, заслýживающий довéрия
Glaubwürdigkeit *f* правдоподóбность *f,* правдоподóбие *n,* правди́вость *f*
gleich *adj 1.* рáвный, одинáковый, такóй же, оди́н и тот же; *(fig) Immer die ~e Leier.* Вéчно однó и то же. *Gleich und Gleich gesellt sich gern.* Два сапогá пáра. *Gleiches mit Gleichem vergelten* плати́ть той же монéтой; *~ bleibend* одинáковый, неизмéнный, постоя́нный; *~ gesinnt* одинáкового óбраза мы́слей, одинáковых убеждéний; *adv 2.* равнó, одинáково; *3. (sofort)* срáзу, сейчáс
gleichberechtigt *adj* равнопрáвный
Gleichberechtigung *f* равнопрáвие *n*
gleichen *v irr jdm ~* быть похóжим на когó-л, походи́ть на когó-л
gleichfalls *adv* тáкже, рáвным óбразом; *Danke, ~!* Спаси́бо, и вам тогó же!
gleichgestellt *adj* уравнённый, приравнённый
Gleichgewicht *n* равновéсие *n,* уравновéшенность *f; jdn aus dem ~ bringen (fig)* выводи́ть когó-л из равновéсия *(fig)*
Gleichgewichtsstörung *f MED* нарушéние *n* равновéсия
gleichgültig *adj 1. (teilnahmslos)* равнодýшный; *2. (belanglos)* безразли́чный; *~ sein* быть безразли́чным
Gleichgültigkeit *f 1. (Teilnahmslosigkeit)* равнодýшие *n; 2. (Belanglosigkeit)* безразли́чие *n*
gleichmäßig *adj* равномéрный
gleichnamig *adj* одноимённый
Gleichnis *n* при́тча *f,* иносказáние *n,* аллегóрия *f*
gleichrangig *adj* одинáкового значéния
Gleichstellung *f* урáвнивание *n; rechtliche ~* равнопрáвие *n*
Gleichstrom *m TECH* постоя́нный ток *m*
Gleichung *f MATH* уравнéние *n*

gleichzeitig *adj 1.* одновре(é)ме́нный, синхро́нный; *adv 2.* одновре(é)ме́нно, в одно́ и то же вре́мя
Gleis *n (Schiene)* железнодоро́жный (ре́льсовый) путь *m; ~ 19* путь 19, 19-й путь; *(fig) jdn aus dem ~ werfen* вы́бить кого́-л из колеи́
gleiten *v irr 1.* скользи́ть; *2. (schweben)* пари́ть, плани́ровать
gleitend *adj 1.* скользя́щий; *2. (schwebend)* паря́щий, плани́рующий
Gleitschirm *m* SPORT парапла́н *m*
Gleitschirmfliegen *n* SPORT парапланери́зм *m*
Gleitzeit *f* скользя́щий гра́фик *m*
Gletscher *m* ледни́к *m,* гле́тчер *m*
Glied *n 1. (Bestandteil)* элеме́нт *m,* часть *f; 2. (Körperteil)* коне́чность *f; (fig) jdm liegt es bleischwer in den ~ern* у кого́-л всё те́ло как свинцо́м нали́то; *der Schrecken ist jdm in die ~er gefahren* кого́-л охвати́л страх; *3. (Kettenglied)* звено́ *n* (цепи́); *4. (Mitglied)* член *m*
gliedern *v 1. (aufteilen)* (под)разделя́ть, дели́ть, члени́ть; *2. (anordnen)* стро́ить; *Der Vortrag war schlecht gegliedert.* Докла́д был пло́хо постро́ен.
Gliederung *f 1. (Einteilung)* (раз)деле́ние *n,* (рас)члене́ние *n; 2. (Anordnung, Aufbau)* построе́ние *n,* структу́ра *f*
glimpflich *adj 1. (glücklich, günstig)* благополу́чный, счастли́вый; *2. (nachsichtig, mild)* снисходи́тельный, мя́гкий
glitschig *adj (fam)* ско́льзкий
glitzern *v* сверка́ть
global *adj 1. (weltumspannend)* глоба́льный, мирово́й, всеми́рный; *2. (pauschal)* о́бщий, сумма́рный, по́лный
Globalisierung *f* глобализа́ция *f*
Globalisierungsgegner *m* антиглобали́ст *m*
Globus *m* гло́бус *m*
Glocke *f* ко́локол *m; (fig) etw an die große ~ hängen* растрезво́нить что-л, раструби́ть о чём-л
glockenhell *adj* серебри́стый, зво́нкий (как колоко́льчик)
Glockenspiel *n 1. (an Turmuhren)* кура́нты *pl; 2. (an Ladentüren)* колоко́льчики *m/pl,* набо́р *m* настро́енных колоколо́в; *3.* MUS металлофо́н *m*
Glockenturm *m* колоко́льня *f,* зво́нница *f*
glorreich *adj 1. (ruhmreich)* сла́вный, просла́вленный; *2. (glanzvoll)* блестя́щий
Glossar *n* глосса́рий *m*
Glosse *f 1. (Zeitungsglosse)* кра́ткий коммента́рий *m* (в пре́ссе); *2. (spöttische Bemerkung)* язви́тельное (ирони́чное) замеча́ние *n; 3.* LING гло́сса *f*
Glück *n* сча́стье *n,* успе́х *m,* благополу́чие *n,* уда́ча *f; (fig) sein ~ versuchen* попыта́ть сча́стья; *auf gut ~* науда́чу, на аво́сь *(fam); noch nichts von seinem ~ wissen* кто-л ещё не зна́ет, что его́ ожида́ет
glücklich *adj* счастли́вый, успе́шный, благополу́чный, уда́чный
glücklicherweise *adv* к сча́стью
Glücksbringer *m 1. (Glücksbote)* (провоз) ве́стник *m* сча́стья; *2. (Amulett)* амуле́т *m,* талисма́н *m; 3. (Person)* челове́к *m,* принося́щий уда́чу
glückselig *adj* счастли́вый, блаже́нный
Glücksfall *m* счастли́вый слу́чай *m*
Glücksgefühl *n* чу́вство *n* сча́стья
Glückskind *n* счастли́вчик *m,* ба́ловень *m* судьбы́; *ein ~ sein (fig)* роди́ться в соро́чке *(fig)*
Glückssache *f* везе́ние *n,* случа́йность *f,* де́ло *n* слу́чая
Glücksspiel *n 1.* аза́ртная игра́ *f; 2. (fig: Lotterie)* лотере́я *f*
Glückwunsch *m* поздравле́ние *n; Herzlichen ~ zum Geburstag!* Серде́чные поздравле́ния с днём рожде́ния! *Herzlichen ~!* Серде́чные поздравле́ния!
Glückwunschkarte *f* поздрави́тельная откры́тка *f*
Glühbirne *f* ла́мпа *f* нака́ливания, (электри́ческая) ла́мпочка *f (fam)*
glühen *v 1. (glühend machen)* раскаля́ть, накаля́ть; *2. (heiß und rot sein)* горе́ть, пыла́ть; *3. (begeistert sein)* горе́ть, пыла́ть
glühend *adj 1. (~ heiß)* раскалённый, горя́чий; *2. (fig: entbrannt)* пы́лкий, пла́менный, стра́стный, жгу́чий
Glühwein *m* GAST глинтве́йн *m*
Glühwürmchen *n* ZOOL светлячо́к *m*
Glukose *f* CHEM глюко́за *f*
Glut *f 1. (des Feuers) f* пла́мя *n; 2. (Hitzeglut)* зной *m,* жар *m,* пе́кло *n; 3. (fig)* пла́мя *n,* страсть *f*
Gnade *f 1. (Nachsicht)* ми́лость *f,* поща́да *f; (fig) ~ vor Recht ergehen lassen* смени́ть гнев на ми́лость, смилости́виться, поми́ловать; *2.* JUR поми́лование *n,* амни́стия *f; 3.* REL *~* Gottes ми́лость *f* бо́жья
gnadenlos *adj 1.* беспоща́дный, безжа́лостный

gnädig *adj 1. (gütig, wohl wollend)* благосклóнный, ми́лостивый; *~er Herr!* Су́дарь! Милости́вый госуда́рь! *2. (nachsichtig)* снисходи́тельный, мя́гкий, щадя́щий; *3. REL* милости́вый; *Gott sei uns ~!* Гóсподи поми́луй! *adv 4. (wohlwollend)* благосклóнно, милости́во; *5. (nachsichtig)* снисходи́тельно
Goethe-Institut *n* институ́т *m* им. Гёте
Gold *n* зóлото *n; (fig) Das ist ~ wert.* Э́то цéнится на вес зóлота. *~ wert sein* быть дорóже дéнег
golden *adj* золотóй
Goldfisch *m ZOOL* золота́я ры́бка *f*
Goldgrube *f (fig)* золотóе дно *n (fig)*
goldig *adj 1. (Farbe)* золоти́стый; *2. (fig: Person)* ми́лый, прелéстный; *ein ~es Kind* прелéстный ребёнок; *Das ist ja ~!* Кака́я прéлесть!
Goldklumpen *m* саморóдок *m* зóлота
Goldmedaille *f* золота́я меда́ль *f*
Goldschmied *m* ювели́р *m*
Golf[1] *m GEO* морскóй зали́в *m,* лима́н *m*
Golf[2] *n SPORT* гольф *m*
Golfschläger *m SPORT* клю́шка *f* (бита́ *f*) для гóльфа
Golfstaat *m POL* страна́ *f,* прилега́ющая к Перси́дскому зали́ву
Gondel *f* гóндола *f*
gondeln *v* ката́ться на лóдке
gönnen *v 1. sich etw ~* позволя́ть себé что-л; *2. jdm etw ~* искрéнне жéлать кому́-л чегó-л
gönnerhaft *adj* покрови́тельственный, покрови́тельствующий
Gosse *f 1.* водостóчный жёлоб *m,* у́личный стóчный лотóк *m; 2. (fig)* нищета́ *f,* грязь *f; in der ~ enden* ска́тываться в грязь, кóнчить под забóром; *jdn aus der ~ auflesen* выта́скивать когó-л из гря́зи (из нищеты́)
Gossensprache *f* жаргóн *m* опусти́вшихся на дно óбщества людéй, жаргóн *m* деклассúрованных
Gott *m REL* Бог *m; Um ~es Willen!* Бóже мой! *(fig) wie ein junger ~* божéственно, великолéпно; *von allen Göttern verlassen sein* быть не в своём умé, рехну́ться *(fam); Leider ~es!* К сожалéнию! Увы́! *In ~es Namen!* Ра́ди Бóга! *Bei ~!* О Бóже! О Гóсподи! *~ bewahre!* Бóже упаси́! *~ und die Welt* весь мир; *an ~ und alle Welt schreiben* взыва́ть к бóгу и всему́ ми́ру
Gottesdienst *m REL* богослужéние *n,* церкóвная слу́жба *f; Wann findet ein ~ statt?* Когда́ бу́дет богослужéние?
gottesfürchtig *adj REL* богобоя́зненный
Gottesgabe *f* дар *m* бóжий
Gotteslästerung *f REL* богоху́льство *n,* кощу́нство *n*
Götterspeise *f GAST* фруктóвое желé *n*
göttlich *adj 1. REL* бóжий, божéственный; *2. (hervorragend)* божéственный, замеча́тельный; *3. (köstlich)* роскóшный
gottlob *interj* Сла́ва Бóгу!
gottlos *adj 1.* безбóжный, атеисти́ческий; *2. (sündhaft)* грéшный, грехóвный
Götze *m* и́дол *m,* куми́р *m*
Grab *n* моги́ла *f; (fig) sich sein eigenes ~ schaufeln* рыть (копа́ть) самому́ себé моги́лу; *jdn ins ~ bringen* своди́ть когó-л в моги́лу, вгоня́ть когó-л в гроб; *etw mit ins ~ nehmen* уноси́ть что-л с собóй в моги́лу; *sich im ~ umdrehen* перевора́чиваться в гробу́
graben *v irr* рыть, копа́ть
Graben *m 1.* ров *m; 2. (Schützen~) MIL* окóп *m*
Grabstein *m* надгрóбный ка́мень *m,* надгрóбная (моги́льная) плита́ *f*
Grad *m 1. (Maßeinheit)* гра́дус *m; (fig) sich um hundertachtzig ~ drehen* рéзко измени́ть своё мнéние (свой подхóд); *2. (Abstufung)* стéпень *f,* мéра *f*
graduell *adj 1. (unbedeutend)* незначи́тельный, несущéственный; *2. (allmählich)* постепéнный
Graf *m* граф *m*
Graffiti *pl* графи́ти *pl (настéнные на́дписи и рису́нки)*
Grafik *f* гра́фика *f*
Grafikdatei *f INFORM* графи́ческий файл *m*
Grafiker(in) *m/f* гра́фик *m/f*
Gräfin *f* графи́ня *f*
grafisch *adj* графи́ческий
Gram *f* скорбь *f,* грусть *f,* тоска́ *f,* гóре *n*
grämen *v sich ~* грусти́ть, печа́литься
Gramm *n* грамм *m*
Grammatik *f* грамма́тика *f*
grammatisch *adj* граммати́ческий
Granate *f MIL* грана́та *f,* снаря́д *m*
grandios *adj* грандиóзный, вели́чественный
Granit *m MIN* грани́т *m; bei jdm auf ~ beißen (fig)* ната́лкиваться на чьё-л реши́тельное сопротивлéние, получа́ть реши́тельный отпóр

Grapefruit *f BOT* гре́йпфрут *m*
grapschen *v* ца́пать, хвата́ть
Gras *n* трава́ *f; über etw ~ wachsen lassen (fig)* дать уле́чься (забы́ться) чему́-л
grasen *v* пасти́сь
grässlich *adj* ужа́сный, стра́шный, отврати́тельный
Grat *m 1. (Bergkamm)* гре́бень *m* (го́рного) хребта́; *2. (überstehende Kante)* кро́мка *f,* о́стрый край *m*
Gräte *f* ры́бная кость *f*
Gratifikation *f* де́нежное вознагражде́ние *n,* награ́дные *pl,* гратифика́ция *f*
gratis *adv* беспла́тно, безвозме́здно
Gratulation *f* поздравле́ние *n*
gratulieren *v* поздравля́ть; *(fig) sich ~ können* поздравлять себя́, быть дово́льным
Gratwanderung *f (fig)* опа́сный путь *m; sich auf einer ~ befinden (fig)* идти́/ходи́ть по кана́ту *(fig)*
grau *adj* се́рый
Gräuel *m* у́жас *m,* кошма́р *m; jdm ein ~ sein (fig)* кому́-л жу́тко от чего́ л
Gräueltat *f* зве́рство *n,* злодея́ние *n,* жесто́кое преступле́ние *n*
Grauen *n* у́жас *m,* страх *m,* боя́знь *f*
grauenhaft *adj* ужа́сный, стра́шный
grausam *adj* жесто́кий, свире́пый, лю́тый
Grausamkeit *f* жесто́кость *f,* свире́пость *f,* лю́тость *f*
gravierend *adj* ве́ский
Gravur *f* гравю́ра *f*
Grazie *f* гра́ция *f,* пре́лесть *f,* изя́щество *n,* элега́нтность *f*
graziös *adj* грацио́зный, преле́стный, изя́щный, элега́нтный
greifbar *adj (fig)* ощути́мый, я́вный, осяза́емый
greifen *v irr* брать, хвата́ть, схва́тывать; *(fig) zum Greifen nah sein* находи́ться в непосре́дственной бли́зости, руко́й пода́ть
Greifvögel *m/pl ZOOL* дневны́е хи́щные пти́цы *f/pl*
Greis(in) *m/f* ста́рец *m,* стари́к *m,* стару́ха *f*
grell *adj 1. (Licht, Farbe)* я́ркий, ре́зкий; *2. (Ton, Stimme)* пронзи́тельный, ре́зкий; *3. (fig)* я́ркий, многогра́нный
Grenzbeamter/Grenzbeamtin *m/f* пограни́чник *m/f,* должностно́е лицо́ *n* пограни́чной слу́жбы
Grenzbereich *m 1.* пограни́чная зо́на *f; 2. (fig: äußerster Bereich)* преде́л *m,* грань *f,* грани́ца *f*
Grenzbezirk *m* пограни́чный райо́н *m*
Grenze *f 1. (zwischen Staaten)* грани́ца *f,* рубе́ж *m,* преде́л *m; 2. (fig: äußerster Punkt)* преде́л *m,* грань *f,* грани́ца *f; (fig) keine ~n kennen* не знать преде́ла; *sich in ~n halten* ограни́чиваться
grenzen *v ~ an* грани́чить с чем-л, прилега́ть (примыка́ть) к чему́-л
grenzenlos *adj* безграни́чный, бесконе́чный, бескра́йний, беспреде́льный, безме́рный
Grenzfall *m 1.* пограни́чный слу́чай *m; 2. (fig)* кра́йний (осо́бый, пограни́чный) слу́чай *m*
Grenzkontrolle *f* пограни́чный контро́ль *m*
Grenzland *n 1. (Land)* грани́чащая (сопреде́льная) страна́ *f; 2. (Gegend)* пограни́чная о́бласть (зо́на) *f*
Grenzübertritt *m* перехо́д *m* (пересече́ние *n*) грани́цы
Grenzverkehr *m* пограни́чное сообще́ние *n*
Grenzverletzer *m* наруши́тель *m* грани́цы
Grenzwert *m* преде́льное значе́ние *n*
Grieche *m* грек *m*
Griechenland *n GEO* Гре́ция *f*
griesgrämig *adj* угрю́мый, брюзгли́вый, ворчли́вый
Grieß *m* ма́нная крупа́ *f,* ма́нка *f (fam)*
Griff *m 1. (Stiel)* черено́к *m; 2. (Türgriff)* ру́чка *f; 3. (Werkzeug)* рукоя́тка *f; 4. (fig: Handgriff)* приём *m; etw in den ~ bekommen* справля́ться с чем-л, овладева́ть чем-л
griffbereit *adj* находя́щийся под руко́й (нагото́ве)
Grill *m* гриль *m,* решётка *f* (для жа́рения)
Grille *f ZOOL* кузне́чик *m*
grillen *v* жа́рить на гри́ле (на решётке)
Grimasse *f* грима́са *f,* ужи́мка *f; (fam) ~n schneiden* ко́рчить грима́сы (ро́жи)
grinsen *v (fam)* ухмыля́ться *(fam),* насмеха́ться *(fam)*
Grippe *f MED* грипп *m*
grob *adj 1. (derb)* гру́бый, ре́зкий, просто́й; *2. (rau)* гру́бый, неотёсанный; *3. (fig: unhöflich)* гру́бый, на́глый, ха́мский; *4. (fig: ungefähr)* приблизи́тельный, приме́рный
Groll *m* (скры́тая) зло́ба *f,* зло́сть *f,* (затаённый) гнев *m*
groß *adj 1.* большо́й, кру́пный, вели́кий; *der ~e Dichter* вели́кий поэ́т; *2. (groß gewachsen)* большо́й, взро́слый; *3. (fig: älter)* ста́рший; *4. (fig: ernst)* серьёзный,

значи́тельный, ва́жный; *5. (fig: berühmt)* изве́стный, знамени́тый
großartig *adj* великоле́пный, замеча́тельный, гранди́озный, вели́чественный
Großbritannien *n GEO* Великобрита́ния *f*
Größe *f 1.* величина́ *f,* разме́р *m* (разме́ры *m/pl*); *2. (Körpergröße)* рост *m; 3. (Kleidergröße)* разме́р *m; 4. (fig: Wichtigkeit)* вели́чие *n*
Großeltern *pl* де́душка *m* и ба́бушка *f*
Größenordnung *f 1.* масшта́б *m; 2. MATH* поря́док *m* (величи́н)
Größenwahn *m* ма́ния *f* вели́чия
großflächig *adj* обши́рный, занима́ющий большу́ю террито́рию
Großgrundbesitzer(in) *m/f* кру́пный землевладе́лец *m,* кру́пная землевладе́лица *f*
Großhandel *m ECO* опто́вая торго́вля *f*
Großhändler(in) *m/f ECO* кру́пный (опто́вый) торго́вец *m/f,* оптови́к *m*
Großindustrie *f* кру́пная промы́шленность *f*
Großmacht *f POL* сверхдержа́ва *f,* вели́кая держа́ва *f*
Großmut *m* великоду́шие *n*
Großmutter *f* ба́бушка *f*
Großraumbüro *n* большо́е конто́рское помеще́ние *n*
Großrechner *m INFORM* больша́я ЭВМ *f*
Großstadt *f* мегапо́лис *m,* большо́й (кру́пный) го́род *m*
größtenteils *adv* бо́льшей ча́стью, по бо́льшей ча́сти, преиму́щественно
Großtuerei *f* хвастовство́ *n,* бахва́льство *n*
Großvater *m* де́душка *m*
großziehen *v 1. (Kinder)* воспи́тывать, расти́ть (дете́й); *2. (Tiere)* выра́щивать, разводи́ть (живо́тных)
großzügig *adj* ще́дрый, великоду́шный
grotesk *adj* причу́дливый, стра́нный, гроте́скный
Grube *f 1.* я́ма *f,* котлова́н *m; 2. MIN* рудни́к *m,* ша́хта *f*
grübeln *v* ду́мать, разду́мывать, беспло́дно размышля́ть, погружа́ться (углубля́ться) в беспло́дные размышле́ния
Gruft *f* склеп *m,* усыпа́льница *f*
Grufti *m (fam)* стари́к *m*
grün *adj* зелёный; *jdn ~ und blau schlagen (fig)* избива́ть кого́-л до синяко́в
Grünanlage *f 1.* зелёные насажде́ния *n/pl; 2. (Rasen)* сквер *m*
Grund *m 1. (Erdboden)* земля́ *f,* по́чва *f,* грунт *m; festen ~ unter den Füßen haben (fig)* име́ть твёрдую по́чву под нога́ми *(fig); 2. (Meeresboden)* дно *n; 3. (Motiv)* причи́на *f,* основа́ние *n,* до́вод *m; Das muss einen ~ haben.* Для э́того должна́ быть причи́на. *einer Sache auf den ~ gehen (fig)* вника́ть в суть чего́-л, основа́тельно рассма́тривать (иссле́довать) что-л, *im Grunde genommen f* су́щности
Grundbesitz *m* землевладе́ние *n,* земе́льная со́бственность *f,* недви́жимое иму́щество *n*
gründen *v* осно́вывать, учрежда́ть, создава́ть
Gründer(in) *m/f* основа́тель(ница) *m/f,* учреди́тель(ница) *m/f,* созда́тель(ница) *m/f*
Grundfläche *f* основа́ние *n,* основна́я пове́рхность *f*
Grundgebühr *f* основно́й тари́ф *m (за по́льзование телефо́ном, электроэне́ргией, га́зом и т. д.)*
Grundgesetz *n POL* Основно́й зако́н *m (конститу́ция)*
Grundlage *f* осно́ва *f,* основа́ние *n,* ба́за *f,* ба́зис *m,* фунда́мент *m*
Grundlagenforschung *f* фундамента́льные иссле́дования *n/pl*
grundlegend *adj* основно́й, основополага́ющий, реша́ющий, коренно́й
gründlich *adj* основа́тельный, обстоя́тельный, тща́тельный
grundlos *adj 1. (unbegründet)* необосно́ванный, беспо́чвенный, беспричи́нный; *2. (sehr tief)* бездо́нный
Grundriss *m 1.* план *m,* горизонта́льная прое́кция *f; 2. (kurzer Umriss)* о́черк *m,* о́черки *m/pl,* осно́вы *f/pl; ~ der deutschen Literaturgeschichte* о́черки по исто́рии неме́цкой литерату́ры
Grundsatz *m* при́нцип *m*
grundsätzlich *adj* принципиа́льный
Grundschule *f* нача́льная шко́ла *f*
Grundstein *m den ~ zu etw legen* закла́дывать фунда́мент чего́-л
Grundsteuer *f* поземе́льный нало́г *m*
Grundstück *n* земе́льный уча́сток *m*
Gründung *f* основа́ние *n,* учрежде́ние *n,* созда́ние *n*
Grundwissen *n* основны́е зна́ния *n/pl;* зна́ние *n* осно́в
Grüne(r) *f/m POL* член *m/f* (поли́тик *m/f*) Па́ртии зелёных, член *m/f* (поли́тик *m/f*) «Зелёных» *(в Герма́нии па́ртия называ́ется «Сою́з 90/Зелёные»)*

Grünschnabel *m (fam)* молокосо́с *m,* щёнок *m (fig),* зелёный юнёц *m*
Gruppe *f* гру́ппа *f*
gruppieren *v* группирова́ть, создава́ть гру́ппы, объединя́ть в гру́ппы
Gruselfilm *m* фильм *m* у́жасов
gruselig *adj* стра́шный, жу́ткий
Gruß *m* приве́т *m,* приве́тствие *n; Mit freundlichen Grüßen* С уваже́нием; *jdm einen schönen ~ ausrichten* передава́ть (посыла́ть) кому́-л большо́й приве́т
grüßen *v* приве́тствовать, здоро́ваться; *Grüß Gott! (приве́тственная фо́рмула на ю́ге Герма́нии)* Здра́вствуйте! *Grüß dich!* Приве́тствую тебя́! Приве́т!
Guatemala *f GEO* Гватема́ла *f*
gucken *v* гляде́ть, смотре́ть
gültig *adj* действи́тельный, де́йствующий
Gültigkeit *f* де́йствие *n*
Gummi *m* рези́на *f*
Gummibaum *m BOT* фи́кус *m*
Gummistiefel *m* рези́новые сапоги́ *m/pl*
Gunst *f* благоскло́нность *f,* расположе́ние *n,* ми́лость *f; die ~ der Stunde (fig)* стече́ние благоприя́тных обстоя́тельств, вы́годный (удо́бный) моме́нт; *zu jds ~en* в чью-л по́льзу
günstig *adj* благоприя́тный, удо́бный, вы́годный
Günstling *m* люби́мец *m,* фавори́т *m*
Gurgel *f ANAT* го́рло *n,* гло́тка *f,* горта́нь *f; jdn an der ~ fassen* схвати́ть кого́-л за го́рло
Gurke *f BOT* огуре́ц *m*
Gurt *m 1.* по́яс *m,* реме́нь *m; 2. (Sicherheitsgurt)* реме́нь *m* безопа́сности
Gürtel *m* по́яс *m,* реме́нь *m; den ~ enger schnallen (fig)* затя́гивать по́яс поту́же *(fig),* подпоя́сываться *(fam)*
Gürtellinie *f* ли́ния *f* по́яса; *Schlag unterhalb der ~ (fig)* уда́р ни́же по́яса *(fig)*
Guss *m 1. (Gießen)* литьё *n,* отли́вка *f,* разли́вка *f; 2. (Regenguss)* ли́вень *m,* проливно́й дождь *m; 3. (Zuckerguss)* (са́харная) глазу́рь *f*
Gusseisen *n* чугу́н *m*
gut *adj 1.* хоро́ший, до́брый; *(fig) etw ~ sein lassen* примири́ться с чем-л; *Sie haben ~ lachen!* Вам хорошо́ смея́ться! *~ daran tun* пра́вильно (хорошо́) сде́лать что-л, пра́вильно поступа́ть; *~ und gern* по ме́ньшей ме́ре, до́брых..., це́лых...; *für etw ~ sein* быть поле́зным для чего́-л; *Das ist zu viel des Guten!* Э́то уж сли́шком! *Du bist ~!* Ну ты даёшь! *(fam); ~ aussehend* хорошо́ (прия́тно) вы́глядящий, с прия́тной вне́шностью; *~ bezahlt* высокоопла́чиваемый; *~ gelaunt* весёлый, в хоро́шем настрое́нии (расположе́нии ду́ха); *adv 2.* хорошо́, по-хоро́шему, по-до́брому; *Mir geht's ~.* У меня́ всё в поря́дке!
Gut *n 1. (~shof)* име́ние *n,* хозя́йство *n; 2. (Ware) ECO* това́р *m,* проду́кция *f,* бла́го *n; 3. (Besitz)* иму́щество *n*
Gutachten *n* заключе́ние *n,* эксперти́за *f*
Gutachter(in) *m/f* экспе́рт *m/f*
gutartig *adj 1.* до́брый, благонра́вный, доброду́шный; *2. MED* доброка́чественный
gutbürgerlich *adj* соли́дный, но без утончённостей, типи́чно буржуа́зный, традицио́нный; *eine ~e Familie* добропоря́дочная буржуа́зная семья́; *~e Küche* проста́я и оби́льная ку́хня (еда́)
Gutdünken *n* усмотре́ние *n*
Güte *f 1.* доброта́ *f,* добросерде́чие *n,* добросерде́чность *f; 2. (Qualität)* ка́чество *n,* доброка́чественность *f*
Gutenachtlied *n* колыбе́льная *f,* пе́сенка *f* на сон гряду́щий
Gütertrennung *f (bei Scheidung) JUR* разде́л *m* иму́щества
Güterverkehr *m* грузовы́е перево́зки *f/pl*
gutgläubig *adj* дове́рчивый, легкове́рный
Guthaben *n 1. (Bankguthaben) FIN* сбереже́ния *n/pl; 2. ECO* акти́вы *m/pl*
gutheißen *v* одобря́ть, приве́тствовать, санкциони́ровать *impf/pf*
gutherzig *adj* добросерде́чный
gutmachen *v* исправля́ть, поправля́ть, загла́живать (вину́)
gutmütig *adj* доброду́шный
Gutschein *m* тало́н *m,* о́рдер *m,* купо́н *m*
gutschreiben *v* запи́сывать в кре́дит (счёта), заприхо́довать *pf*
Gutschrift *f* за́пись *f* в кре́дит (счёта)
Gutshof *m* уса́дьба *f* име́ния, поме́щичья уса́дьба *f*
gutwillig *adj* гото́вый к услу́гам, любе́зный, доброжела́тельный
Gymnasium *n* гимна́зия *f*
Gymnastik *f SPORT* гимна́стика *f*
Gynäkologe *m* гинеко́лог *m*

H

Haar *n 1. (auf dem Kopf)* во́лос *m; (fig) ~e auf den Zähnen haben* быть бо́йким (де́рзким) на язы́к; *ein ~ in der Suppe finden* находи́ть недоста́ток в чём-л, придира́ться к чему́-л; *sich die ~e raufen* рвать на себе́ во́лосы; *kein ~ krümmen können* не тро́нуть па́льцем; *sich keine grauen ~e wachsen lassen* не принима́ть что-л бли́зко к се́рдцу; *an einem ~ hängen* висе́ть на волоске́; *jdm die ~e vom Kopf fressen* жить за чужо́й счёт; *etw an den ~en herbeiziehen* притя́гивать что-л за во́лосы; *sich in die ~e geraten* вцепля́ться друг дру́гу в во́лосы, *sich in den ~en liegen* враждова́ть, ссо́риться друг с дру́гом; *um ein ~* на волосо́к, чу́точку, почти́; *Mir stehen die ~e zu Berge.* У меня́ во́лосы ды́бом вста́ли. *2. (Körperbehaarung)* во́лосы *m/pl*

Haarbürste *f* щётка *f* для воло́с

Haarfarbe *f 1. (zum Färben)* кра́ска *f* для воло́с; *2. (~ vom Menschen)* цвет *m* воло́с *(у челове́ка); 3. (~ vom Tier)* масть *f (у живо́тного)*

haargenau *adj 1.* абсолю́тно то́чный; *adv 2.* точь-в-точь

Haarschnitt *m* причёска *f*

Haarspange *f* зако́лка *f* для воло́с

Haarspray *n* лак *m* для воло́с

Habe *f* иму́щество *n,* со́бственность *f*

haben *v irr 1. (Hilfsverb)* име́ть; *Ich habe ein Buch geschrieben.* Я написа́л кни́гу. *Wenn ich das gewusst hätte.* Е́сли бы я э́то знал. *Sie hätten es mir sagen sollen!* Вы должны́ бы́ли мне э́то сказа́ть! *Ich habe dich lieb.* Я тебя́ люблю́. Ты мне нра́вишься. *etw an sich haben* име́ть какую л осо́бенность; *etw für sich haben* в э́том что-то есть, неплоха́я мысль; *noch zu ~ sein* что-л ещё есть, что-л ещё име́ется, что-л ещё мо́жно приобрести́; *für etw zu ~ sein* люби́ть что-л, быть охо́тником до чего́-л; *etw gegen jdn ~* быть настро́енным про́тив кого́-л; *etw hinter sich ~* что-л уже́ позади́, пройти́ че́рез что-л; *etw mit jdm ~* име́ть что-л с кем-л; *etw von etw ~* име́ть что-л от чего́-л; *wie gehabt* как ра́ньше, как в про́шлый раз; *2. (besitzen)* владе́ть, облада́ть; *Ich habe kein Geld.* У меня́ нет де́нег. *Marina hat Arbeit.* У Мари́ны есть рабо́та.

Habgier *f* жа́дность *f,* корыстолю́бие *n,* а́лчность *f*

habgierig *adj* жа́дный, корыстолюби́вый, а́лчный

Habseligkeiten *pl* пожи́тки *pl,* ве́щи *f/pl,* мана́тки *pl (fam)*

Hacke *f 1. (Absatz)* каблу́к *m; 2. (Werkzeug)* AGR кирка́ *f,* моты́га *f; 3.* ANAT пя́тка *f*

hacken *v 1. (Holz)* коло́ть, руби́ть; *2. (Erde)* вска́пывать; *3. (picken)* клева́ть, долби́ть

Hackfleisch *n* мясно́й фарш *m; (fig) aus jdm ~ machen* сде́лать из кого́-л котле́ту

Hafen *m* порт *m,* га́вань *f; Welche Häfen werden angelaufen?* В каки́е порты́ мы бу́дем заходи́ть? *(fig) in den ~ der Ehe einlaufen* связа́ть себя́ у́зами бра́ка

Hafenstadt *f* порто́вый го́род *m*

Hafer *m* BOT овёс *m*

Haferflocken *pl* овся́ные хло́пья *pl*

Haft *f* JUR аре́ст *m,* заключе́ние *n,* лише́ние *n* свобо́ды

haftbar *adj 1. ~ sein* быть отве́тственным; *2. jmd ~ machen* возлага́ть на кого́-л отве́тственность

haften *v 1. (kleben)* прилипа́ть, пристава́ть; *2. (bürgen für)* отвеча́ть, нести́ отве́тственность

Haftpflicht *f* JUR отве́тственность *f*

Haftung *f* JUR отве́тственность *f*

Hagebutte *f* BOT шипо́вник *m*

Hagel *m* град *m*

hageln *v* идёт град

hager *adj* худо́й, то́щий, сухопа́рый

Hahn *m 1. (Wasserhahn)* кран *m* (водопрово́дный); *2.* ZOOL пету́х *m; Kein ~ kräht danach. (fig)* Никому́ до э́того и де́ла нет.

Hähnchen *n* GAST цыплёнок *m*

Hai *m* ZOOL аку́ла *f*

häkeln *v* вяза́ть крючко́м

Haken *m 1.* крюк *m,* крючо́к *m; einen ~ schlagen (fig)* петля́ть; *2. (Boxen)* SPORT боково́й уда́р, хук *m; 3. (fig: Schwierigkeit)* загво́здка *f; Da liegt der ~! (fam)* Вот в чём загво́здка! *(fam)*

Hakenkreuz *n* POL сва́стика *f*

halb *adj 1.* полови́нный; *(fig) eine ~e Portion sein* быть слабако́м; *nichts Halbes und nichts Ganzes* ни два ни полтора́, *~e Maßnahmen treffen* принима́ть полови́нчатые ме́ры; *2. ~ fertig* полугото́вый; *3. ~ voll* напо́лненный наполови́ну; *adv 4.* наполови́ну

halbherzig *adj 1.* малоду́шный, ро́бкий; *adv 2.* неохо́тно, скрепя́ се́рдцем
halbieren *v* дели́ть на две полови́ны, дели́ть попола́м, раздва́ивать
halbjährlich *adj* полугоди́чный
Halbkreis *m* полукру́г *m*
Halbkugel *f* полуша́рие *n*
halblaut *adj 1.* негро́мкий; *adv 2.* вполго́лоса
Halbmond *m* полуме́сяц *m*
Halbpension *f* пансио́н *m* с непо́лным содержа́нием *(за́втрак и у́жин)*
Halbschlaf *m* полусо́н *m*, полудремо́та *f*
halbtags *adv* полови́ну дня, полдня́, в тече́ние полови́ны дня
Halbtagsbeschäftigung *f* рабо́та *f* на полста́вки, рабо́та *f* при сокращённом наполови́ну рабо́чем дне
Halbwaise *m/f* полусирота́ *m/f*
Halbwertszeit *f* PHYS пери́од *m* полураспа́да
Halbzeit *f* SPORT тайм *m; erste ~/zweite ~* пе́рвый тайм/второ́й тайм
Hälfte *f* полови́на *f*
Halle *f 1.* зал *m; 2. (Messe)* павильо́н *m; 3. (Fabrik)* цех *m*
hallen *v* звуча́ть, (гу́лко) раздава́ться
Hallenbad *n* закры́тый пла́вательный бассе́йн *m*
hallo *interj 1.* эй, эге́й; *2. (am Telefon)* алло́; *3. (Gruß)* приве́т
Halluzination *f* галлюцина́ция *f*
Halogen *n* CHEM гало́ген *m*
Hals *m 1.* ANAT ше́я *f; (fig) den ~ kosten* сто́ить головы́; *den ~ aus der Schlinge ziehen* вы́путаться из беды́; *den ~ nicht voll kriegen* быть ненасы́тным; *sich jdm an den ~ werfen* ве́шаться кому́-л на ше́ю; *bis über den ~ in Schulden stecken* быть по́ уши в долга́х; *jdm jdn auf den ~ schicken* натра́вливать кого́-л на кого́-л; *etw in den falschen ~ bekommen* непра́вильно (превра́тно) понима́ть что-л, *jdm mit etw vom ~ bleiben* отвяза́ться от кого́-л, оста́вить кого́-л в поко́е; *sich etw vom ~ halten* изба́виться от чего-л; *jdm zum ~ heraushängen* опроти́веть (осточерте́ть) кому́-л; *jdm bis zum ~ stehen* быть сы́тым по го́рло; *~ über Kopf* о́прометью, сломя́ го́лову; *jdm den ~ umdrehen* сверну́ть кому-л ше́ю; *2. (Kehle)* ANAT го́рло *n*, гло́тка *f; 3. (Flaschenhals)* го́рлышко *n*
halsbrecherisch *adj* опа́сный для жи́зни; безрассу́дно сме́лый; риско́ванный
Halskette *f* (ше́йная) цепо́чка *f*, оже-ре́лье *n*
Halsschmerzen *m/pl* MED боль *f* в го́рле
halsstarrig *adj* упря́мый, твердоло́бый
Halstuch *n* шарф *f*, ше́йный плато́к *m*
halt *interj Halt*! Стой! Стоп!
Halt *m* остано́вка *f*, стоя́нка *f; ~ machen* остана́вливаться, де́лать прива́л; *vor etw nicht ~ machen* не остана́вливаться пе́ред чем-л
haltbar *adj 1. (Lebensmittel)* долгохраня́щийся; *2. (Stoff)* про́чный, усто́йчивый, сто́йкий; *3. (fig: akzeptabel)* прие́млемый, терпи́мый
Haltbarkeit *f 1. (Lebensmittel)* сохраня́емость *f; 2. (Stoff)* про́чность *f*, усто́йчивость *f*, сто́йкость *f; 3. (fig: akzeptabel)* прие́млемость *f*, терпи́мость *f*
Haltbarkeitsdatum *n 1.* срок *m* го́дности; *2. (Lebensmittel)* срок *m* хране́ния
halten *v irr 1. (festhalten)* держа́ть, уде́рживать, заде́рживать; *sich vor Lachen nicht ~ können* не мочь удержа́ться от сме́ха; *2. (Rede)* произноси́ть речь, чита́ть (де́лать) докла́д; *3. (dauern)* держа́ться, сохраня́ться
Haltestelle *f* остано́вка *f*
Halteverbot *n* запреще́ние *n* стоя́нки; *~!* Остано́вка запрещена́!
haltlos *adj 1. (unbeständig)* неусто́йчивый; *2. (unbegründet)* необосно́ванный, несостоя́тельный
Haltung *f 1. (Körperhaltung)* оса́нка *f; 2. (Verhalten)* мане́ра *f* держа́ть себя́, поведе́ние *n; ~ annehmen* принима́ть каку́ю-л по́зу; *3. (Selbstbeherrschung)* самооблада́ние *n*
Halunke *m (fam)* негодя́й *m*, мерза́вец *m*
hämisch *adj* злора́дный, зло́бный, кова́рный, лука́вый
Hammel *m* ZOOL бара́н *m*
Hammer *m* мо́лот *m*, молото́к *m; unter den ~ kommen (fig)* продава́ться (идти́) с молотка́ *(fig)*, продава́ться с аукцио́на
Hämorriden *pl* MED геморро́й *m*
Hampelmann *m 1. (Spielzeug)* плясу́н *m (игру́шка); 2. (fig)* марионе́тка *f*, безво́льный челове́к *m*
Hamster *m* ZOOL хомя́к *m*
Hand *f* ANAT рука́ *f; (fig) freie ~ haben* име́ть свобо́ду де́йствий; *jds rechte ~ sein* быть пра́вой руко́й кого́-л; *~ in ~* рука́ о́б руку; *sich für etw die ~ abhacken lassen* дава́ть ру́ку (го́лову) на отсече́ние за что-л; *selbst*

mit ~ anlegen прилагáть рýки к чемý-л, принимáть учáстие в чём-л; *die ~ gegen jdn erheben* поднимáть рýку на когó-л; *~ und Fuß haben* быть соли́дным; *die ~ auf etw halten* придéрживать (зажимáть) что-л; *die ~ für etw ins Feuer legen* ручáться за что-л головóй; *eine glückliche ~ haben* имéть лёгкую рýку; *auf der ~ liegen* быть очеви́дным; *aus erster ~* из пéрвых рук; *mit der linken ~* лéвой рукóй, однóй лéвой; *sich in der ~ haben* держáть себя́ в рукáх; *sich nicht von der ~ weisen lassen* нельзя́ отрицáть, что …; *jdm zur ~ gehen* помогáть комý-л; *von der ~ in den Mund leben* едвá своди́ть концы́ с концáми, перебивáться с хлéба на квас; *Ihm rutscht leicht die ~ aus.* Он срáзу даёт вóлю рукáм. *in die Hände fallen* попадáть в рýки; *in guten Händen sein* бы́ть в надёжных рукáх; *in die Hände spucken* брáться за что-л, приступáть к чемý-л; *mit Händen und Füßen* рукáми и ногáми; *die Hände in den Schoß legen* сидéть сложá рýки, бездéльничать; *sich mit Händen und Füßen wehren* отбивáться от чегó-л рукáми и ногáми; *die Hände über dem Kopf zusammenschlagen* всплеснýть рукáми; *sich die Hände reiben* потирáть руки; *seine Hände in Unschuld waschen* умывáть рýки, слагáть с себя́ вся́кую отвéтственность; *sich etw an beiden Händen abzählen können* что-л мóжно перечéсть по пáльцам; *jdn auf Händen tragen* носи́ть когó-л на рукáх; *Mir sind die Hände gebunden.* У меня́ свя́заны рýки.

Handarbeit *f* ручнáя рабóта *f,* ручнóй труд *m,* рукодéлие *n*

Handball *m 1. (Spiel)* SPORT гандбóл *m; 2. (Ball)* SPORT гандбóльный мяч *m*

Handbuch *n* спрáвочник *m,* руковóдство *n*

Handel *m* ECO торгóвля *f*

handeln *v 1. (tätig sein)* дéйствовать, поступáть; *2. (Handel treiben)* торговáть, занимáться торгóвлей; *3. (feilschen)* торговáться; *4. sich ~ um* говори́ться, идёт речь о чём-л; *Es handelt sich um einen Notfall.* Рéчь идёт о чрезвычáйной ситуáции.

Handelskammer *f* ECO Торгóвая палáта *f*

Handelskorrespondenz *f* ECO коммéрческая корреспондéнция *f*

händeringend *adv 1. (dringend)* срóчно, позарéз *(fam); 2. (verzweifelt)* отчáянно, ломáя рýки

Händeschütteln *n* рукопожáтие *n*

handfest *adj 1. (robust)* прóчный, крéпкий; *2. (fig)* конкрéтный, очеви́дный, я́вный

Handfläche *f* ANAT ладóнь *f*

Handgelenk *n* ANAT запя́стье *n; aus dem ~ heraus (fig)* с хóду, в два счёта

Handgemenge *n* рукопáшный бой *m,* схвáтка *f,* дрáка *f*

Handgepäck *n* ручнáя кладь *f*

handgreiflich *adj ~ werden* давáть вóлю рукáм, лезть в дрáку, пускáть в ход кулаки́

Handgriff *m 1. (Griff)* рýчка *f,* рукоя́тка *f; 2.(fig: kleine Mühe)* приём *m; Es ist nur ein ~.* Это пустя́к.

Handhabung *f* обращéние *n,* пóльзование *n*

Handikap *n* невы́годное положéние *n*

Handkuss *m 1.* целовáние *n* руки́; *2.* воздýшный поцелýй *m*

Handlanger *m 1. (Zuarbeiter)* подсóбный рабóчий *m; 2. (Helfershelfer)* прислýжник *m,* приспéшник *m*

Händler(in) *m/f* коммерсáнт *m/f,* торгóвец *m,* торгóвка *f*

handlich *adj* удóбный, нeслóжный, простóй (в обращéнии)

Handlung *f 1. (Tat)* дéйствие *n,* постýпок *m, 2. (Laden)* магази́н *m,* лáвка *f; 3. (Geschehen)* LIT дéйствие *n*

Handrücken *m* ANAT ты́льная сторонá *f* ки́сти руки́

Handschellen *pl* нарýчники *m/pl*

Handschrift *f* пóчерк *m*

Handschuh *m* перчáтка *f*

Handtasche *f* (дáмская) сýмка *f,* сýмочка *f*

Handtuch *n* полотéнце *n; das ~ werfen (fig)* признавáть себя́ побеждённым, сдавáться

Handumdrehen *n im ~ (fig)* вмиг, в оди́н миг, рáзом, в два счёта *(fig)*

Handwagen *m* ручнáя телéжка *f*

Handwäsche *f 1. (Vorgang)* ручнáя сти́рка *f; 2. (Wäschestücke)* бельё *n* для ручнóй сти́рки

Handwerk *n* ремеслó *n,* прóмысел *m,* заня́тие *n; jdm ins ~ pfuschen (fig)* вмéшиваться (лезть) в чьи-л делá

Handwerker *m* ремéсленник *m*

handwerklich *adj* ремéсленный, кустáрный

Handwerksbetrieb *m* ремéсленная мастерскáя *f,* ремéсленное предприя́тие *n*

Handy *n* TEL моби́льный (сóтовый) телефóн *m,* моби́льник *m (fam)*

Handzeichen *n* знак *m* рукóй

Hanf *m* BOT конопля́ *f*

Hang *m 1. (Abhang)* склон *m,* откóс *m,* косогóр *m; 2. (fig: Neigung) ~ zu* склóнность *f,* расположéние *n,* тя́га *f* к чемý-л
Hängematte *f* гамáк *m*
hängen *v irr 1. (befestigt sein an)* висéть; *mit Hängen und Würgen (fam)* наси́лу, с трудóм, с грехóм пополáм; *2. (herabhängen)* свисáть; *3. (aufhängen)* вéшать; *4. (fig: gern haben) ~ an* быть привя́занным к комý-л; *5. (fig) jdn ~ lassen* подводи́ть когó-л
hantieren *v* хлопотáть, занимáться, вози́ться, орýдовать
Happen *m* кусóк *m*
Hardware *f INFORM* аппарáтное (техни́ческое) обеспéчение *n,* аппаратýра *f*
Harfe *f MUS* áрфа *f*
harmlos *adj (ungefährlich)* безоби́дный, неви́нный; *Er spielt den Harmlosen.* Он прики́дывается неви́нным.
Harmonie *f* гармóния *f*
harmonieren *v* гармони́ровать *impf*
harmonisch *adj* гармони́чный
Harn *m* мочá *f*
Harpune *f* гарпýн *m*
harren *v* ждáть, ожидáть *impf*
hart *adj 1.* твёрдый, крéпкий; *2. (streng)* суррóвый, жестóкий, чёрствый
Härte *f 1.* твёрдость *f,* крéпость *f; 2. (Strenge)* сурóвость *f,* жестóкость *f*
hartherzig *adj* жестокосéрдный, бессердéчный, безжáлостный
hartnäckig *adj* упря́мый, упóрный, настóйчивый
Hartnäckigkeit *f* упря́мство *n,* упóрство *n,* настóйчивость *f*
harzig *adj* смолянóй, смолевóй, смоли́стый
Haschisch *n* гаши́ш *m*
Hase *m ZOOL* зáяц *m; (fig) ein alter ~ sein* быть бывáлым человéком (стрéляным воробьём); *Mein Name ist ~, ich weiß von nichts.* Знать не знáю, вéдать не вéдаю. Моя́ хáта с крáю, я ничегó не знáю.
Haselnuss *f BOT* леснóй орéх *m,* фундýк *m,* лещи́на *f*
Hass *m* нéнависть *f; aus ~ gegen dich* из нéнависти к тебé
hassen *v* ненави́деть
hasserfüllt *adj* пóлный нéнависти
hässlich *adj* некраси́вый, безобрáзный, гáдкий, урóдливый
Hässlichkeit *f* некраси́вость *f,* безобрáзие *n,* гáдость *f,* урóдство *n*
Hast *f* спéшка *f,* поспéшность *f,* торопли́вость *f*
hastig *adj* торопли́вый, поспéшный
Haube *f* чепéц *m; jdn unter die ~ bringen (fam)* выдавáть когó-л зáмуж
Hauch *m 1. (Atemhauch)* лёгкое дыхáние *n,* лёгкий вздох *m; 2. (Lufthauch)* дуновéние *n; 3. (~ von Duft)* благоухáние *n,* арóмáт *m; 4. (geringe Menge)* налёт *m,* оттéнок *m,* след *m*
hauchen *v 1. (atmen)* ти́хо дышáть; *2. (leicht wehen)* дуть; *3. (flüstern)* ти́хо шептáть
hauen *v gegen etw ~* ударя́ться обо что-л
Haufen *m* кýча *f,* грýда *f; jdn über den ~ fahren (fam)* наезжáть на когó-л, задави́ть когó-л
häufen *v 1. (zusammenlegen)* склáдывать; *2. (ansammeln)* копи́ть, накáпливать
haufenweise *adv 1.* кýчей, вáлом; *2. (in Scharen)* тóлпами; *3. (in Schwärmen)* стáями
häufig *adj 1.* чáстый; *adv 2.* чáсто, зачастýю
Häufigkeit *f* частотá *f,* частóтность *f*
Haupt *n 1. (Kopf)* головá *f; 2. (Führer)* главá *m/f; 3. (Gipfel)* верши́на *f*
Hauptanschluss *m 1. TEL* основнóй абонéнтский аппарáт *m; 2. TECH* магистрáльное присоединéние *n*
Hauptbahnhof *m* глáвный вокзáл *m*
hauptberuflich *adj* по основнóй профéссии
Hauptdarsteller(in) *m/f CINE* исполни́тель(ница) *m/f,* глáвной рóли
Haupteingang *m* глáвный вход *m*
Hauptgebäude *n* глáвное здáние *n*
Hauptgewinn *m* глáвный вы́игрыш *m*
Häuptling *m 1. (Stamm)* вождь *m; 2. (Bande)* главáрь *m*
Hauptperson *f* глáвное (пéрвое) ли́цо *n*
Hauptsache *f* глáвное дéло *n,* сáмое глáвное *n,* сýщность *f*
hauptsächlich *adj 1.* основнóй, глáвный; *adv 2.* в основнóм, глáвным óбразом
Hauptsaison *f* основнóй сезóн *m,* разгáр *m* сезóна
Hauptschule *f* основнáя шкóла *f (5-9 клáссы общеобразовáтельной шкóлы в Гермáнии)*
Hauptstadt *f* столи́ца *f*
Hauptstraße *f* глáвная ýлица *f*
Haus *n* дом *m,* здáние *n,* строéние *n; Ich gehe nach ~e.* Я идý домóй. *Ich bin zu ~e.* Я дóма. *jdm das ~ verbieten* не принимáть когó-л у себя́, отказáть комý-л от дóма; *außer ~ sein* быть не дóма; *(fig) jdm das ~*

einrennen не дава́ть поко́я кому́-л посто-я́нными посеще́ниями, обива́ть чьи-л по-ро́ги; *mit der Tür ins ~ fallen* выкла́дывать всё сразу, говори́ть без обиняко́в; *ins ~ stehen* предстоя́ть; *jdm ins ~ schneien* сва-ли́ться как снег на го́лову, неожи́данно нагря́нуть к кому́-л
Hausarbeit *f 1. (Haushalt)* дома́шняя рабо́та *f,* рабо́та *f* по хозя́йству; *2. (Schule)* дома́шние зада́ния *n/pl,* уро́ки *m/pl*
Hausarzt *m* дома́шний врач *m*
Hausaufgaben *pl* дома́шние зада́ния *n/pl,* уро́ки *m/pl*
Hausbewohner *m* жиле́ц *m* (до́ма)
Häuschen *n* до́мик *m; aus dem ~ sein (fam)* быть вне себя́ *(fig)*
Hausdurchsuchung *f JUR* (дома́шний) о́быск *m*
Hausfrau *f* дома́шняя хозя́йка *f,* домо-хозя́йка *f*
hausgemacht *adj 1.* дома́шний, дома́шнего приготовле́ния; *2. (fig)* доморо́щенный
Haushälterin *f* эконо́мка *f*
Haushalt *m 1.* дома́шнее хозя́йство *n; 2. (Staatshaushalt)* бюдже́т *m*
haushalten *v irr 1.* хозя́йничать, вести́ хозя́йство; *2. (sparsam sein)* эконо́мить, бы́ть бережли́вым
Haushaltsgerät *n 1.* прибо́р *m* дома́шнего обихо́да; *2. (elektrisches ~)* бытово́й элек-троприбо́р *m*
hausieren *v 1. (handeln)* торгова́ть вразно́с, разноси́ть по дома́м (това́ры); *2. (werben)* повсю́ду предлага́ть (реклами́-ровать *impf/pf*) что-л
häuslich *adj* дома́шний, семе́йный, домови́тый, хозя́йственный
Hausmädchen *n* домрабо́тница *f,* прислу́га *f,* го́рничная *f*
Hausmannskost *f* простая пи́ща *f* (гру́бая и сы́тная)
Hausmeister(in) *m/f 1. (generell)* дво́р-ник *m,* дворничи́ха *f; 2. (Schule, Behörde, Betrieb)* заве́дующий *m* (…щая *f*) хозя́й-ством, завхо́з *m/f*
Hausordnung *f* пра́вила *n/pl* вну́треннего распоря́дка, пра́вила *n/pl* прожива́ния
Hausschuh *m* дома́шний та́почек *m*
Haustier *n* дома́шнее живо́тное *n*
Hausverbot *n* запре́т *m* вхо́да в дом (шко́лу, магази́н и т. д.)
Haut *f ANAT* ко́жа *f; (fig) nur noch ~ und Knochen sein* от кого́-л оста́ли́сь (одна́) ко́жа да ко́сти; *seine eigene ~ retten* спаса́ть свою́ шку́ру; *sich seiner ~ wehren* пока́-зывать зу́бы (ко́гти), защища́ть себя́; *sich auf die faule ~ legen* лени́ться, безде́ль-ничать; *aus der Haut fahren* выходи́ть из себя; *niemand kann aus seiner ~ heraus* никто́ не в состоя́нии переде́лать себя́ самого́ (измени́ть свой хара́ктер); *nicht in jds ~ stecken mögen* не хоте́ть быть в чьей-л шку́ре; *mit heiler ~ davonkommen* легко́ отде́латься; *mit ~ und Haaren* целико́м и по́лностью, с потроха́ми; *unter die ~ gehen* задева́ть за живо́е
Hautarzt *m MED* дермато́лог *m,* врач *m* по ко́жным боле́зням
hautverträglich *adj* прия́тный для ко́жи
Hebamme *f* акуше́рка *f*
Hebel *m TECH* рыча́г *m*; *(fig) alle ~ in Bewegung setzen* пуска́ть в ход все сре́дства, приводи́ть в де́йствие все рычаги́; *am längeren ~ sitzen* быть влия́тельнее кого́-л
heben *v irr 1. (hoch~)* поднима́ть; *(fam) einen ~* пропусти́ть (опроки́нуть) рю́мочку; *2. (Schatz bergen)* находи́ть (клад); *3. (steigern)* повыша́ть, увели́чивать
hebräisch *adj* (древне)евре́йский, иуде́йский
Hecht *m ZOOL* щу́ка *f*
Heck *n 1. (Autoheck)* за́дняя ча́сть *f* ку́зова; *2. (Schiffsheck)* корма́ *f*
Hecke *f BOT* жива́я и́згородь *f*
Heer *n 1. MIL* а́рмия *f,* войска́ *n/pl; 2. (Landstreitkräfte) MIL* сухопу́тные войска́ *n/pl*
Hefe *f* дро́жжи *pl*
Hefeteig *m GAST* дрожжево́е те́сто *n*
Heft *n 1. (Schreibheft)* тетра́дь *f; 2. (Zeitschrift)* но́мер *m,* вы́пуск *m* (журна́ла); *3. (Handgriff)* рукоя́ть *f,* рукоя́тка *f,* ру́чка *f*
heften *v 1. (befestigen)* прикрепля́ть; *2. (nähen)* мета́ть, намётывать; *3. (broschieren)* сшива́ть
heftig *adj 1. (stark)* си́льный; *2. (Schmerz)* о́стрый, жгу́чий; *3. (Kampf)* ожесточён-ный; *4. (Kritik)* ре́зкий; *5. (unbeherrscht)* вспы́льчивый, запа́льчивый, горя́чий
Heftpflaster *n* лейкопла́стырь *m*
Hehl *m keinen ~ aus etw machen* не скры-ва́ть чего́-л, не де́лать та́йны из чего́-л
Hehler(in) *m/f* ску́пщик *m,* ску́пщица *f* (кра́деного)
Heide[1] *m* язы́чник *m*
Heide[2] *f GEOL* пу́стошь *f*
Heidelbeere *f BOT* черни́ка *f*
Heidentum *n* язы́чество *n*

heikel *adj* щекотли́вый, делика́тный
heil *adj* це́лый, невреди́мый
Heil *n* бла́го *n,* благополу́чие *n,* сча́стье *n*
Heiland *m* REL спаси́тель *m*
heilbar *adj* излечи́мый, исцели́мый
heilen *v 1.jdn ~ von* изле́чивать (исцеля́ть) кого́-л от чего́-л; *2. (Wunde)* зажива́ть
Heilgymnastik *f* лече́бная гимна́стика *f*
heilig *adj* REL свято́й; *~ sprechen* причисля́ть к ли́ку святы́х, канонизи́ровать *impf/pf*
Heiligabend *m* REL рожде́ственский сочéльник *m*
Heilige(r) *f/m* REL свято́й *m,* …та́я *f; der ~ Antonius* свято́й Анто́н *m*
Heiligtum *n* святи́лище *n,* святы́ня *f*
Heilkunde *f* MED медици́на *f,* медици́нская нау́ка *f,* терапи́я *f*
heillos *adj (fam)* ужа́сный, жу́ткий, стра́шный
Heilmittel *n 1. (fig)* панаце́я *f; 2.* MED лека́рство *n,* лече́бное (целе́бное) сре́дство *n*
Heilpraktiker(in) *m/f* ле́карь *m/f,* практику́ющий нетрадицио́нные ме́тоды лече́ния, зна́харь *m,* зна́харка *f*
Heilung *f 1. (Genesung)* MED выздоровле́ние *n,* исцеле́ние *n,* излече́ние *n; 2. (Wunde)* MED заживле́ние *n*
heim *adv* домо́й
Heim *n* (родно́й) дом *m,* дома́шний оча́г *m*
Heimarbeit *f* рабо́та *f* на дому́
Heimat *f* ро́дина *f,* оте́чество *n*
Heimatkunde *f* краеве́дение *n*
heimatlos *adj* безро́дный, без ро́дины
Heimatvertriebene(r) *f/m* изгна́нник *m* (изгна́нница *f*) ро́дины
heimbringen *v irr* провожа́ть (приводи́ть) домо́й
Heimfahrt *f* возвраще́ние *n* (пое́здка *f*) домо́й
heimisch *adj 1. (heimatlich)* родно́й; *2. (einheimisch)* ме́стный; *3. (vertraut)* бли́зкий
heimleuchten *v jdm ~* отшива́ть (отбрива́ть) кого́-л *(fam)*
heimlich *adj 1.* та́йный, секре́тный; *adv 2.* та́йно, тайко́м, исподтишка́ *(fam)*
Heimlichkeit *f 1. (Geheimnis)* та́йна *f,* секре́т *m; 2. (Verborgenheit)* таи́нственность *f,* сокрове́нность *f*
Heimlichtuer *m* скры́тный челове́к *m*
Heimsuchung *f* испыта́ние *n,* наказа́ние *n,* несча́стье *n*
heimtückisch *adj* кова́рный, ка́верзный
Heimweg *m* доро́га *f* домо́й
Heimweh *n* тоска́ *f* по ро́дине; *~ haben* тоскова́ть по ро́дине (по родно́му до́му)
heimzahlen *v* отплачива́ть *(fig),* мстить; *Du wirst es mir ~!* Ты мне отомсти́шь.
Heirat *f* жени́тьба *f,* бракосочета́ние *n,* заключе́ние *n* бра́ка
heiraten *v 1. (Mann) jdn ~* жени́ться на ком-л; *2. (Frau) jdn ~* выходи́ть за́муж за кого́-л
Heiratsantrag *m* предложе́ние *n* (вступи́ть в брак)
Heiratsschwindler *m* бра́чный афери́ст *m*
Heiratsurkunde *f* JUR свиде́тельство *n* о бра́ке
Heiratsvermittlung *f 1.* бракопосре́дничество *n,* сватовство́ *n; 2. (Agentur)* слу́жба *f* знако́мств
heiser *adj* хри́плый, охри́пший, си́плый
Heiserkeit *f* MED хрипота́ *f*
heiter *adj 1. (fröhlich)* весёлый, ра́достный; *(fam) Das kann ja ~ werden!* Весёленькое де́ло! *2. (sonnig)* я́сный, све́тлый, безо́блачный
Heiterkeit *f* весе́лье *n,* весёлость *f,* весёлое настрое́ние *n*
heizen *v* топи́ть, ота́пливать
Heizkeller *m* коте́льная *f* (в подва́ле)
Heizkessel *m* отопи́тельный котёл *m*
Heizkörper *m* батаре́я *f,* радиа́тор *m*
Heizkosten *pl* расхо́ды *pl* на отопле́ние
Heizöl *n* мазу́т *m*
Heizung *f* отопле́ние *n*
heiß *adj 1.* жа́ркий, горя́чий; *(fig) ein ~es Eisen* тру́дное (опа́сное) де́ло; *~e Luft* пуста́я болтовня́; *Da läuft es einem ~ und kalt über den Rücken.* Тут тебя́ бро́сит то в жар, то в хо́лод. *~ geliebt* горячо́ люби́мый; *~ umstritten* вызыва́ющий горя́чие спо́ры, оспа́риваемый; *2. (heftig)* си́льный, горя́чий, пы́лкий, пла́менный
heißblütig *adj* горя́чий, пы́лкий, стра́стный; темпера́ментный, вспы́льчивый
heißen *v irr 1. (bezeichnen: Personen)* звать; *Wie ~ Sie?* Как Вас зову́т? *2. (bezeichnen: Sachen)* называ́ться; *Wie heißt diese Stadt?* Как называ́ется э́тот го́род? *2. (bedeuten)* зна́чить, означа́ть; *das heißt* э́то зна́чит, то есть; *Was soll das ~?* Что э́то зна́чит?
Hektar *n* гекта́р *m*
Hektik *f* спе́шка *f,* суета́ *f*
hektisch *adj* торопли́вый, суетли́вый
Held *m* геро́й *m*

heldenhaft *adj* герои́ческий, до́блестный
Heldentat *f* по́двиг *m,* герои́ческий посту́пок *m*
helfen *v irr jdm ~ bei* помога́ть кому́-л в чём-л; *Können Sie mir bitte ~?* Не могли́ бы Вы мне помо́чь?
Helfer(in) *m/f* помо́щник *m,* помо́щница *f*
hell *adj 1. (Licht)* све́тлый, я́сный, я́ркий; *2. (Klang)* высо́кий, зво́нкий; *3. (fig: aufgeweckt)* возбуждённый; *in ~er Aufregung* в большо́м возбужде́нии; *4. (fig: klug)* све́тлый; *ein ~er Kopf* све́тлая голова́
Heller *m* ге́ллер *m; (fig) auf ~ und Pfennig* до после́дней копе́йки, копе́йка в копе́йку; *seinen letzten ~ weggeben* отда́ть после́днюю копе́йку
hellhörig *adj 1. (schalldurchlässig)* звукопроница́емый; *2. (fig: wachsam)* дога́дливый
Helligkeit *f 1.* я́ркость *f,* я́сность *f; 2. (Lichtintensität)* освещённость *f*
Helm *m (Sturzhelm)* шлем *m,* ка́ска *m*
Hemd *n* руба́шка *f,* соро́чка *f; (fig) sein letztes ~ hergeben* отда́ть после́днюю руба́шку; *kein ~ mehr auf dem Leib haben* быть го́лым как со́кол
Hemdbluse *f* блу́зка *f* руба́шечного покро́я
hemmen *v* заде́рживать, меша́ть, препя́тствовать, тормози́ть *(fig)*
hemmungslos *adj* безу́держный, необу́зданный
Hengst *m* ZOOL жеребе́ц *m*
Henker *m* пала́ч *m*
Henne *f* ZOOL ку́рица *f*
her *adv 1. (örtlich)* сюда́; *hinter jdm ~ sein* пресле́довать кого́-л; *Mit ihm ist nicht viel ~.* Что с него́ возьмёшь! *2. (zeitlich) Bleibt unübersetzt. Не перево́дится. von früher ~* с да́вних пор; *Es ist zwei Jahre ~.* Прошло́ два го́да.
herab *adv* вниз
herablassen *v irr* спуска́ть, опуска́ть
herablassend *adj* надме́нный, спеси́вый, снисходи́тельный
herabsehen *v irr (fig) ~ auf* смотре́ть свысока́
herabsetzen *v 1. (vermindern)* снижа́ть, уменьша́ть; *2. (herabwürdigen)* унижа́ть, дискредити́ровать *impf/pf*
herabsetzend *adj* унизи́тельный, пренебрежи́тельный, оскорби́тельный
herabsteigen *v irr ~ von* спуска́ться с
herabstürzen *v ~ von* па́дать с

heran *adv 1. (örtlich)* сюда́, побли́же, вперёд; *2. (zeitlich)* бли́зко
heranbilden *v* обуча́ть, гото́вить, подгота́вливать
herankommen *v irr 1. (sich nähern)* подходи́ть, приближа́ться; *2.(etw erreichen)* достава́ть, достига́ть; *3. (etw beschaffen)* достава́ть
herantragen *v irr 1.* приноси́ть, подноси́ть; *2. (fig) etw an jdn ~* обраща́ться с чем-л к кому́-л
herantreten *v irr (fig) an jdn ~* обраща́ться к кому́-л
heranwachsen *v irr 1. (Mensch, Tier)* подраста́ть; *2. (Pflanze)* созрева́ть
Heranwachsende(r) *f/m* подро́сток *m/f*
herauf *adv* вверх, кве́рху
heraufbeschwören *v 1. (Unangenehmes verursachen)* порожда́ть, вызыва́ть; *2. (in Erinnerung rufen)* воскреша́ть в па́мяти, предава́ться воспомина́ниям
heraufholen *v* поднима́ть наве́рх
heraufkommen *v irr* поднима́ться наве́рх, всходи́ть
heraufsetzen *v (erhöhen)* повыша́ть, увели́чивать, поднима́ть
heraufsteigen *v irr* поднима́ться наве́рх
heraus *adv* нару́жу
herausbekommen *v irr 1. (Geld)* получа́ть сда́чу; *2. (fig: herausfinden)* узнава́ть, выве́дывать, разга́дывать
herausbeugen *v sich ~* высо́вываться
herausbrechen *v irr* выла́мывать, выбива́ть
herausbringen *v irr 1.* выноси́ть, выта́скивать; *2. (fam: entfernen)* выводи́ть; *3. (veröffentlichen)* выпуска́ть, издава́ть; *4. (fig: herausfinden)* выве́дывать, разга́дывать, обнару́живать, выясня́ть
herausfinden *v irr* выясня́ть, узнава́ть, выве́дывать, разга́дывать
herausfordern *v* вызыва́ть
herausfordernd *adj* вызыва́ющий, агресси́вный
Herausforderung *f 1.* вы́зов *m; 2. (fig)* зада́ча *f,* пробле́ма *f,* тру́дность *f*
Herausgeber(in) *m/f* изда́тель(ница) *m/f*
heraushalten *v irr 1.* высо́вывать; *2. sich ~ aus* не вме́шиваться во что-л, держа́ться в стороне́ от чего́-л
herauskommen *v irr 1. ~ aus* выходи́ть из; *2. (veröffentlichen)* выходи́ть (из печа́ти); *3. (bekannt werden)* станови́ться изве́стным; *4.(fig: sich ergeben)* получа́ться, выхо-

ди́ть; *5. aufs Gleiche ~* выходи́ть на одно́ и то же, своди́ться к одному́ и тому́ же

herausnehmen *v irr 1. ~ aus* вынима́ть что-л из чего́-л.; *2. (fig) sich etw ~* позво́лять себе́ что-л

herausragend *adj* выдаю́щийся, значи́тельный

herausreden *v sich ~* отгова́риваться, опра́вдываться, выкру́чиваться *(fam)*

herausreißen *v irr* вырыва́ть

herausschauen *v* смотре́ть, выгля́дывать

herausstrecken *v* высо́вывать, выпя́чивать; *die Zunge ~* пока́зывать язы́к

heraussuchen *v ~ aus* вы́искивать (выбира́ть) что-л из чего́-л, поды́скивать что-л из чего́-л

herausziehen *v irr 1.* выта́скивать, вытя́гивать; *2. (Zahn) MED* выдёргивать

herb *adj 1. (Geschmack)* тёрпкий; *2. (Wein)* сухо́й; *3. (fig)* го́рький, суро́вый

herbei *adv* сюда́

herbeiführen *v 1. (bewirken)* приводи́ть к чему́-л, вызыва́ть что-л, явля́ться причи́ной чего́-л; *2. (erreichen)* достига́ть (добива́ться) чего́-л

herbeischaffen *v* приноси́ть, приводи́ть

Herberge *f 1.* ночле́г *m,* кров *m; 2. (Jugendherberge)* (молодёжная) тури́стская ба́за *f,* (молодёжная) турба́за *f*

herbestellen *v (Person)* вызыва́ть кого́-л, проси́ть кого́-л прийти́

herbringen *v irr 1. (hertragen)* приноси́ть; *2. (herführen)* приводи́ть; *3. (hertransportieren)* привози́ть

Herbst *m* о́сень *f*

Herd *m* плита́ *f*

Herde *f* ста́до *n*

herein *adv 1.* внутрь; *interj 2. Herein!* Войди́те!

hereinbitten *v irr* проси́ть войти́

hereinfallen *v irr 1.* па́дать, сва́ливаться; *2. (fig: getäuscht werden)* попада́ться (сади́ться) на у́дочку, прога́дывать; *Alexander ist hereingefallen.* Алекса́ндр попа́лся на у́дочку.

hereinkommen *v irr* входи́ть, заходи́ть

hereinlassen *v irr* впуска́ть

hereinlegen *v jdn ~* обма́нывать кого́-л, надува́ть (проводи́ть) кого́-л *(fam)*

Hergang *m* ход *m,* тече́ние *n*

hergeben *v irr* (от)дава́ть, возвраща́ть

Hering *m ZOOL* сельдь *f,* селёдка *f*

herkommen *v irr 1. (näher kommen)* подходи́ть; *2. (herstammen)* происходи́ть

herkömmlich *adj* обы́чный, традицио́нный

Herkunft *f* происхожде́ние *n*

Herkunftsland *n* страна́ *f* происхожде́ния

hermetisch *adj* гермети́ческий, гермети́чный

Heroin *n CHEM* герои́н *m*

Herr *m 1. (Anrede)* господи́н *m; 2. (männliche Person)* мужчи́на *m; 3. (Gebieter)* хозя́ин *m*; *der ~ im Haus sein* быть хозя́ином в до́ме, име́ть пра́во распоряжа́ться; *über jdn ~ werden* подчиня́ть себе́ кого́-л, брать верх над кем-л

herrichten *v* приготовля́ть, устра́ивать

herrisch *adj* повели́тельный; высокоме́рный

herrlich *adj* чуде́сный, великоле́пный, прекра́сный

Herrlichkeit *f* великоле́пие *n,* вели́чие *n,* пре́лесть *f*

Herrschaft *f 1. (Regierungsgewalt)* госпо́дство *n,* власть *f; 2. (Anrede) ~en* да́мы и господа́ *pl*

herrschaftlich *adj 1.* госпо́дский; *2. (prächtig)* великоле́пный, изя́щный

herrschen *v 1. (regieren)* госпо́дствовать *impf,* вла́ствовать *impf,* ца́рствовать *impf*; *2. (bestehen)* цари́ть *impf*

Herrscher(in) *m/f* госуда́рь *m,* госуда́рыня *f,* власти́тель *m,* власти́тельница *f*

Herrschsucht *f* властолю́бие *n,* жа́жда *f* вла́сти

herrühren *v ~ von* происходи́ть (проистека́ть) от чего́-л

herstellen *v 1. (erzeugen)* производи́ть, изготовля́ть, изгота́вливать, выпуска́ть; *2. (fig: realisieren)* осуществля́ть

Hersteller(in) *m/f* производи́тель *m/f,* изготови́тель *m/f*

Herstellung *f 1. (Erzeugung)* произво́дство *n,* изготовле́ние *n; 2. (Realisierung)* осуществле́ние *n*

herüber *adv* сюда́, на э́ту сто́рону

herüberblicken *v* смотре́ть сюда́

herum *adv* вокру́г, круго́м

herumalbern *v* дура́читься

herumbekommen *v irr 1. jdn ~* угова́ривать кого́-л, ула́мывать кого́-л *(fam); 2. (Zeit)* корота́ть (вре́мя)

herumdrehen *v* повора́чивать, перевора́чивать, верте́ть

herumführen *v 1. (um etw ~)* (об)води́ть вокру́г чего́-л; *2. jmd ~* води́ть кого́-л где-л

herumgehen *v irr 1. (umherlaufen)* гуля́ть,

расхáживать; *2. (einen Kreis schlagen)* ходи́ть вокрýг чегó-л, обходи́ть что-л
herumkommen *v irr 1. (reisen)* мнóго путешéствовать (éздить); *2. (fig) um etw ~* избегáть чегó-л, миновáть *impf/pf* что-л
herumreichen *v* передавáть по крýгу (друг дрýгу)
herumsprechen *v irr sich ~* распространя́ться, станови́ться извéстным
Herumtreiber(in) *m/f 1. (Faulenzer(in))* праздношатáющийся *m, …щаяся f; 2. (Landstreicher(in))* бродя́га *m/f; 2. (Nachtschwärmer(in))* гуля́ка *m/f (fam)*
herunter *adv* вниз
herunterdrücken *v* нажимáть (вниз), надáвливать (вниз); *2. (Preise herabsetzen)* снижáть (цéну)
herunterfallen *v irr* упадáть, пáдать (вниз)
herunterschlucken *v* проглáтывать
hervor *adv* нарýжу, вперёд
hervorbringen *v irr 1. (erzeugen)* производи́ть, порождáть, создавáть; *2. (sagen)* произноси́ть
hervorheben *v irr* подчёркивать, выделя́ть, осóбо отмечáть
hervorragend *adj* выдаю́щийся, замечáтельный
hervorrufen *v irr (fig)* вызывáть, порождáть
hervorstechen *v irr (fig)* бросáться в глазá
Herz *n ANAT* сéрдце *n; (fig) Es bricht mir das ~.* У меня́ сéрдце разрывáется. *ein ~ und eine Seele sein* жить душá в дýшу; *jdm sein ~ ausschütten* изливáть комý-л дýшу; *jdm das ~ brechen* разби́ть комý-л сéрдце; *jdm sein ~ schenken* отдáть комý-л своё сéрдце; *jdm das ~ schwer machen* доставля́ть огорчéния комý-л; *seinem ~en Luft machen* вы́сказывать всё, что наболéло (накипéло) на душé; *jdm am ~en liegen* быть бли́зким сéрдцу комý-л; *jdm ans ~ wachsen* óчень полюби́ть когó-л, приходи́ться по сéрдцу; *etw auf dem ~en haben* не решáться вы́сказать что-л; *jdm aus dem ~en sprechen* выскáзывать мы́сли когó-л; *aus tiefstem ~en* от всегó сéрдца, от всей души́; *jdn in sein ~ schließen* привя́зываться к комý-л; *jdn ins ~ treffen* си́льно оби́деть когó-л, задéть когó-л за живóе; *es nicht übers ~ bringen* не быть в си́лах сдéлать что-л; *sich etw zu ~en nehmen* принимáть что-л бли́зко к сéрдцу; *leicht ums ~ werden* у когó-л станóвится легкó сéрдце; *Das ~ ist ihm in die Hose gerutscht.* У негó душá ушлá в пя́тки. *Das ~ wurde ihm schwer.* У негó стáло тяжелó на душé.
Herzanfall *m MED* сердéчный при́ступ *m*
Herzensbrecher *m* сердцеéд *m*
Herzenswunsch *m* стрáстное (и́скреннее) желáние *n,* завéтная мечтá *f*
herzergreifend *adj* трóгательный; берýщий (хватáющий) за сéрдце
Herzfehler *m MED* порóк *m* сéрдца
herzhaft *adj 1. (Geschmack)* крéпкий, си́льный; *2. (Lachen)* грóмкий (смех)
Herzklopfen *n* сердцебиéние *n*
herzlich *adj* сердéчный, задушéвный, и́скренний; *~ willkommen heißen* сердéчно привéтствовать
Herzog(in) *m/f* гéрцог *m,* герцоги́ня *f*
Herzschlag *m 1.* сердцебиéние *n,* биéние *n* сéрдца; *2. (Herzversagen) MED* разры́в *m* (парали́ч *m*) сéрдца
Herzschrittmacher *m MED* сердéчный стимуля́тор *m,* кардиостимуля́тор *m*
heterogen *adj* гетерогéнный, неоднорóдный
hetzen *v 1. (eilen)* спеши́ть, суети́ться; *2. ~ gegen (fig)* трави́ть когó-л, вести́ враждéбную кампáнию прóтив когó-л
Heu *n BOT* сéно *n*
Heuchelei *f* лицемéрие *n*
Heuchler(in) *m/f* лицемéр(ка) *m/f*
heulen *v 1. (fam: weinen)* ревéть *(fam),* рыдáть *(fam),* плáкать; *(fam) wie ein Schlosshund ~* выть как собáка, ревмя́ ревéть; *zum Heulen sein* хоть вóлком вой; *2. (Sirene)* выть
Heuschnupfen *m MED* сеннóй нáсморк *m,* сенная лихорáдка *f*
Heuschrecke *f ZOOL* саранчá *f*
heute *adv* сегóдня; *von ~ auf morgen* внезáпно, вдруг, в оди́н миг, в два счёта
heutzutage *adv* сегóдня, в нáше (настоя́щее) врéмя
Hexe *f* вéдьма *f,* колдýнья *f*
Hexenschuss *m MED* прострéл *m*
Hieb *m* удáр *m*
hier *adv* здесь; *~ bleiben* оставáться здесь
Hierarchie *f* иерáрхия *f*
hierauf *adv* пóсле э́того, затéм
hierbei *adv* при э́том, здесь
hierdurch *adv (kausal)* в результáте чегó-л, таки́м óбразом, тем (э́тим) сáмым
hierher *adv 1. (räumlich)* сюдá; *2. (zeilich) bis ~* до сих пор
hiermit *adv* э́тим, настоя́щим

hiervon *adv 1. (davon)* от (из) э́того; *2. (darüber)* об э́том
hierzu *adv* к э́тому, для э́того, к тому́ же
hiesig *adj* ме́стный, зде́шний
Hilfe *f 1.* по́мощь *f; Ich kann auf deine ~ verzichten.* Я могу́ обойти́сь и без твое́й по́мощи. *2. (erste ~)* пе́рвая по́мощь *f; 3. (Sozialhilfe)* посо́бие *n* по ли́нии социа́льного обеспе́чения; *4. Hilfe!* На по́мощь! Помоги́те!
hilflos *adj (ohne Hilfe)* беспо́мощный
Hilflosigkeit *f* беспо́мощность *f*
hilfreich *adj 1. (Person)* гото́вый помо́чь; *2. (nützlich)* поле́зный
hilfsbereit *adj* гото́вый помо́чь
Hilfsbereitschaft *f* гото́вность *f* помо́чь
Himbeere *f BOT* мали́на *f*
Himmel *m 1. (Firmament)* не́бо *n; 2. REL* не́бо *m,* небеса́ *pl; (fig) in den ~ kommen* попа́сть на не́бо; *der ~ auf Erden* рай на земле́, жить как в раю́; *jdm den ~ auf Erden versprechen* обеща́ть кому́-л золоты́е го́ры; *aus heiterem ~* как гром среди́ я́сного не́ба, соверше́нно неожи́данно; *im siebten ~ sein* быть на седьмо́м не́бе, быть наверху́ блаже́нства; *zum ~ schreien* что-л вопиёт к не́бу; *Ach du lieber ~!* Бо́же (ты) мо́й! *Weiß der ~!* Одному́ бо́гу изве́стно! *Um ~s willen!* Ра́ди бо́га!
Himmelsrichtung *f ASTR* сторона́ *f* (страна́ *f*) све́та
himmlisch *adj 1. (fig)* чуде́сный, восхити́тельный, боже́ственный, а́нгельский; *2. REL* небе́сный, ра́йский
hin *adv* туда́, по направле́нию к; *~ und her* туда́-сюда́; *nach langem Hin und Her* по́сле до́лгих колеба́ний
hinab *adv* вниз
hinauf *adv* вверх, наве́рх
hinaufsteigen *v irr* всходи́ть, поднима́ться
hinaus *adv 1. (örtlich)* нару́жу, из; *2. (fig) über etw ~* свы́ше, сверх чего́-л
hinausgehen *v irr* выходи́ть
hinausschieben *v irr 1. (herausschieben)* выдвига́ть, выта́лкивать; *2. (fig: verschieben)* отсро́чивать, откла́дывать, отодвига́ть, оття́гивать
Hinblick *m im ~ auf* ввиду́ чего́-л, принима́я во внима́ние что-л
hinbringen *v irr 1.* относи́ть, отвози́ть; приноси́ть, приводи́ть; *2. (fam) etw nicht ~* не спра́виться с чем-л
hindern *v* меша́ть, препя́тствовать
Hindernis *n* препя́тствие *n,* поме́ха *f*
hindurch *adv 1. (örtlich)* че́рез, сквозь; *2. (zeitlich)* в тече́ние, всё (вре́мя); *Den ganzen Sommer ~ regnete es.* Всё ле́то шёл дождь.
hinein *adv* в, внутрь
hineingehen *v irr 1. (eintreten)* входи́ть; *2. (fam: hineinpassen)* входи́ть, вмеща́ться
hineingeraten *v irr ~ in* попада́ть во что-л
hineinpassen *v ~ in* входи́ть, вмеща́ться во что-л
hineinplatzen *v* неожи́данно появля́ться (заявля́ться), вва́ливаться *(fam),* нагря́нуть *pf (fam)*
hineinstecken *v 1. (Steckdose) ~ in* всо́вывать (втыка́ть) во что-л; *2. (unterbringen) ~ in* вти́скивать, запи́хивать во что-л *(fam); 3. (fig) investieren in* вкла́дывать во что-л
hineinsteigern *v sich ~ in* горячи́ться, приходи́ть в аза́рт
hineinversetzen *v sich in jdn ~* представля́ть себя́ на ме́сте кого́-л
hineinziehen *v irr 1. (ziehen)* втя́гивать; *2.(~ in Wohnung)* въезжа́ть; *2.(fig: jdn in etw ~)* вовлека́ть (втя́гивать) кого́-л во что-л
Hinfahrt *f* пое́здка *f,* путеше́ствие *n* (к це́ли)
hinfallen *v irr* па́дать, упада́ть
hinfällig *adj (gegenstandslos)* недействи́тельный, необосно́ванный, несостоя́тельный
Hingabe *f* увлечённость *f,* самоотда́ча *f*
hingegen *konj* напро́тив, наоборо́т, же, а, зато́
hinhalten *v irr 1. (reichen)* подава́ть, протя́гивать; *2. (fig: aufhalten) jdn ~* заде́рживать кого́-л; *3. (fig: Versprechungen nicht einhalten) jdn ~* корми́ть кого́-л ба́снями *(fig),* води́ть кого́-л за́ нос *(fam)*
hinken *v* хрома́ть *impf*; *auf einem Fuß ~* хрома́ть на одну́ но́гу
hinlänglich *adj* доста́точный, удовлетвори́тельный
hinlegen *v 1. etw ~* положи́ть *pf* (*von:* класть *impf*) что-л; *2. sich ~* ложи́ться
hinnehmen *v irr* мири́ться с чем-л, терпе́ть (переноси́ть) что-л, принима́ть что-л
hinreißend *adj* очарова́тельный, плени́тельный, потряса́ющий, увлека́тельный
hinsetzen *v sich ~* сади́ться, уса́живаться
hinsichtlich *prep* относи́тельно, в отноше́нии
hinstellen *v 1.* ста́вить; *2. (fig) ~ als* представля́ть что-л в ви́де чего́-л

hinten *adv* сза́ди; *Ich weiß nicht mehr wo ~ und vorne ist! (fig)* Я уже́ не зна́ю, где пра́во, а где ле́во! *(fig)*
hinter *prep* за, позади́; *zwei km ~ München* два км за Мю́нхеном; *~ jdm zurückstehen* стоя́ть позади́ кого́-л; *(fig) ~ jdm zurückstehen* уступа́ть кому́-л в чём-л; *etw ~ sich lassen* поко́нчить с чем-л; *~ den anderen zurückbleiben* отстава́ть от други́х
Hinterausgang *m* за́дний вы́ход *m,* чёрный ход *m*
Hinterbliebene(r) *f/m* бли́зкий ро́дственник *m,* бли́зкая ро́дственница *f* (поко́йного, уме́ршего)
hintere *adj* за́дний
hintereinander *adv* оди́н за други́м
Hintergedanke *m* за́дняя мысль *f*
hintergehen *v irr jdn ~* обма́нывать кого́-л
hintergründig *adj 1. (Absicht)* скры́тый, затаённый; *2. (Blick)* зага́дочный; *3. (Lächeln)* многозначи́тельный
Hintergrund *m 1.* за́дний план *m,* фон *m; in den ~ treten* отходи́ть (отступа́ть) на за́дний план; *2. (fig)* подоплёка *f*
hinterhältig *adj* кова́рный, вероло́мный
hinterher *adv 1. (zeitlich)* пото́м, зате́м; *2. (örtlich)* позади́, сза́ди
hinterherlaufen *v irr* бежа́ть/бе́гать вслед (сле́дом) за кем-л/чем-л
Hinterland *n 1.* прилега́ющие к чему́-л райо́ны *m/pl; 2. MIL* тыл *m*
hinterlassen *v irr* оставля́ть (по́сле себя́)
hinterlegen *v 1. (in Aufbewahrung geben) etw ~* сдава́ть (отдава́ть) что-л на хране́ние; *2. (deponieren)* депони́ровать *impf/pf,* вноси́ть в депози́т; *3. (als Pfand ~)* оставля́ть в зало́г; *Wie viel muss ich als Kaution ~?* Ско́лько я до́лжен оста́вить в зало́г?
hinterlistig *adj* кова́рный, хи́трый
Hintern *m (fam)* зад *m,* за́дница *f; (fam) sich auf den ~ setzen* сесть на за́дницу; *jdm in den ~ treten* уда́рить кого́-л ного́й, дать кому́-л пинка́; *sich auf den ~ setzen* так и обомле́ть, упа́сть; *sich in den ~ beißen* куса́ть ло́кти; *jdm in den ~ treten* гру́бо обраща́ться с кем-л; *jdm in den ~ kriechen* виля́ть хвосто́м пе́ред кем-л
Hintertreffen *n ins ~ geraten* попада́ть в невы́годное положе́ние; *im ~ sein* быть в невы́годном положе́нии, терпе́ть уще́рб
Hintertür *f 1.* за́дняя дверь *f,* та́йный (чёрный) ход *m; durch die ~* с чёрного хо́да, та́йно; *2. (fig: Ausweg)* лазе́йка *f,* вы́ход *m; sich eine ~ offen halten* оставля́ть себе́ лазе́йку; *3. (illegal) durch die ~* око́льными путя́ми; по проте́кции, по бла́ту
hinterziehen *v irr Steuern ~* уклоня́ться от упла́ты нало́гов
hinüber *adv* на ту сто́рону, туда́
hinuntergehen *v irr* сходи́ть (вниз), спуска́ться
hinunterschlucken *v 1.* глота́ть, прогла́тывать; *2. (fig)* мири́ться с чем-л, прогла́тывать что-л *(fig)*
hinunterwerfen *v irr* сбра́сывать, ски́дывать
hinweghelfen *v irr jdm über eine Schwierigkeit ~* помога́ть кому́-л преодоле́ть тру́дность
hinwegsetzen *v sich ~ über* не обраща́ть внима́ния на кого́-л/что-л, не принима́ть во внима́ние кого́-л/что-л, не счита́ться с кем-л/чем-л
Hinweis *m* указа́ние *f,* ссы́лка *f*
hinweisen *v irr ~ auf* ука́зывать (ссыла́ться) на кого́-л/что-л
hinziehen *v irr (dauern)* затя́гивать
hinzu *adv* к э́тому, дополни́тельно
hinzufügen *v* добавля́ть
hinzuziehen *v irr* привлека́ть
Hirn *n ANAT* головно́й мозг *m*
Hirsch *m ZOOL* оле́нь *m*
Hirte *m* пасту́х *m*
Historiker(in) *m/f* исто́рик *m/f*
historisch *adj* истори́ческий
Hitze *f 1.* жара́ *f; Ich vertrage die ~ nicht.* Я не переношу́ жару́. *2. (fig: Eifer) in der ~ des Gefechts* в пылу́ сраже́ния
hitzebeständig *adj* жаросто́йкий, жаро-упо́рный, жаропро́чный
Hitzewelle *f* волна́ *f* горя́чего во́здуха
hitzig *adj* горя́чий, вспы́льчивый
Hitzschlag *m MED* со́лнечный (теплово́й) уда́р *m*
Hobel *m 1. (Küchenhobel)* шинко́вка *f; 2. TECH* руба́нок *m*
hobeln *v 1. (Gemüse)* шинкова́ть; *2. TECH* строга́ть
hoch *adj* высо́кий; *jdm etw ~ und heilig versprechen* кля́твенно обеща́ть кому́-л что́-л; *Das ist mir zu ~!* Э́то вы́ше моего́ понима́ния!; *~ entwickelt* высокора́звитый, развито́й
Hochachtung *f* глубо́кое уваже́ние *n*
hochachtungsvoll *adv (im Brief)* с глубо́ким уваже́нием
Hochbau *m* надзе́мное сооруже́ние *n*
Hochbetrieb *m 1. (angespanntes Arbeiten)*

напряжённая рабо́та *f; 2. (lebhaftes Treiben)* оживле́ние *n; 3. (Zeit der Hauptbelastung)* часы́ *m/pl* пик

Hochdeutsch *n* литерату́рный неме́цкий язы́к *m*

Hochdruck *m* высо́кое давле́ние *n; mit ~ arbeiten (fig)* рабо́тать в по́лную си́лу (напряжённо)

hocherfreut *adj* восхищённый, о́чень обра́дованный

Hochgebirge *n* высокого́рье *n,* высокого́рный масси́в *m*

Hochgenuss *m* большо́е наслажде́ние *n,* огро́мное удово́льствие *n*

hochgradig *adj 1. (konzentriert)* PHYS концентри́рованный; *2. (fig)* си́льный, интенси́вный, чрезвыча́йный; *adv 3. (fig)* в вы́сшей сте́пени, чрезвыча́йно

Hochhaus *n* высо́тный дом *m*

hochkarätig *adj 1. (Juwelier)* высокопро́бный; *2. (fig: bedeutungsvoll)* высокопоста́вленный

hochklappen *v* отки́нуть кво́рку

hochleben *v jdn ~ lassen* провозглаша́ть тост в честь кого́-л, произноси́ть здра́вицу в честь кого́-л

Hochleistung *f* высо́кая производи́тельность *f,* высо́кие показа́тели *m/pl*

Hochmut *m* высокоме́рие *n,* надме́нность *f*

hochmütig *adj* высокоме́рный, надме́нный

hochnehmen *v irr 1.* поднима́ть, брать с собо́й наве́рх; *2. (fig: verspotten) jdn ~* разы́грывать кого́-л; *3. (fig: betrügen) jdn ~* обдира́ть кого́-л *(fam),* сдира́ть с кого́-л сли́шком мно́го де́нег *(fam); 4. (fig: verhaften)* накрыва́ть кого́-л *(fam)*

Hochofen *m* TECH до́менная печь *f*

Hochrechnung *f* экстраполя́ция *f,* приблизи́тельный подсчёт *m*

hochrüsten *v* вооружа́ть

Hochsaison *f* разга́р *m* сезо́на

Hochschule *f* вы́сшее учёбное заведе́ние *n,* вуз *m*

Hochseefischerei *f* морско́е рыболо́вство *n*

Hochsommer *m* разга́р *m* (середи́на *f*) ле́та

Hochspannung *f* TECH высо́кое напряже́ние *n*

höchst *adv* чрезвыча́йно, исключи́тельно

Hochstapler(in) *m/f* афери́ст(ка) *m/f,* моше́нник *m,* моше́нница *f*

höchste(r,s) *adj* са́мый высо́кий (большо́й), са́мая высо́кая (больша́я), са́мое высо́кое (большо́е), высоча́йший, …шая, шее, наивы́сший, …шая, …шее, наибо́льший, …шая, …шее

höchstens *adv* не бо́лее (бо́льше) чем, са́мое большо́е, ма́ксимум

Höchstpreis *m* максима́льная (наивы́сшая) цена́ *f*

höchstwahrscheinlich *adv* вероя́тнее всего́, по всей вероя́тности

Hochtouren *f auf ~ laufen* идти́ по́лным хо́дом

hochtrabend *adj* высокопа́рный

Hochwasser *n* наводне́ние *n,* пото́п *m,* полово́дье *f*

hochwertig *adj* высокока́чественный

Hochwürden *m* REL преподо́бие *n; Euer ~!* Ва́ше преподо́бие!

Hochzeit *f* сва́дьба *f; (fig) auf allen ~en tanzen* танцева́ть на двух (всех) сва́дьбах

Hochzeitsfeier *f* сва́дебное торжество́ *n*

Hochzeitsnacht *f* бра́чная ночь *f*

Hochzeitsreise *f* сва́дебное путеше́ствие *n*

Hocker *m* табуре́т(ка) *m/f*

Hoden *pl* ANAT (семенно́е) яи́чко *n,* семенни́к *m*

Hof *m 1. (Hinterhof)* за́дний двор *m; 2. (Königshof)* короле́вский (ца́рский) двор *m; 3. (Bauernhof)* крестья́нский двор *m; 4. jdm den ~ machen (fig)* уха́живать за кем-л

hoffen *v* наде́яться, упова́ть

hoffentlich *adv* на́до (сле́дует) наде́яться

Hoffnung *f* наде́жда *f; ~en wecken* пробужда́ть наде́жду; *guter ~ sein (fig)* быть в положе́нии *(о бере́менной же́нщине)*

hoffnungslos *adj* безнадёжный

hoffnungsvoll *adj* по́лный наде́жды, многообеща́ющий

höflich *adj* ве́жливый, внима́тельный, учти́вый

Höflichkeit *f* ве́жливость *f,* учти́вость *f*

Höhe *f 1.* высота́ *f, 2. (Erhebung)* возвы́шенность *f; 3. (Niveau)* у́ровень *m; (fig) auf der ~ sein* быть на высоте́; *in die ~ gehen* волнова́ться, горячи́ться; *Das ist doch die ~!* Э́то уж сли́шком! Кака́я на́глость!

Hoheit *f 1. (Anrede)* высо́чество *n; Eure ~!* Ва́ше высо́чество! *2.* POL суверените́т *m*

Hoheitsgebiet *n* POL госуда́рственная (суверéнная) террито́рия *f*

Höhepunkt *m* вы́сшая то́чка *f,* кульминацио́нный моме́нт *m,* апоге́й *m*

höher *adj 1.* бо́лее высо́кий; *adv 2.* вы́ше

hohl *adj 1.* пусто́й, по́лый; *2. (fig: gehaltlos)* пусто́й
Höhle *f 1. (im Gestein)* пеще́ра *f; 2. (Bär)* берло́га *f; 3. (Löwe, Wolf)* ло́гово *n; sich in die ~ des Löwen wagen (fig)* отправля́ться в ло́гово льва *(fig); 4. (Fuchs, Kaninchen)* нора́ *f; 5. (Eichhörnchen)* дупло́ *n*
Hohlraum *m* пустота́ *f,* по́лость *f*
Hohn *m* насме́шка *f,* издёвка *f; der reinste ~* зла́я насме́шка *f*
höhnisch *adj 1.* издева́тельский, язви́тельный; *adv 2.* издева́тельски, язви́тельно
holen *v* приноси́ть, приводи́ть; *Bei ihm ist nichts zu ~.* С него́ не́чего взять.
Holländer(in) *m/f* голла́ндец *m,* голла́ндка *f*
Holland *n GEO* Голла́ндия *f*
Hölle *f* ад *m,* преиспо́дняя *f; (fig) jdn zur ~ schicken* посыла́ть кого́-л к чёрту; *jdm die ~ heiß machen* задава́ть жа́ру кому́-л; *die ~ auf Erden haben* не жизнь, а ад (му́ка); *jdm das Leben zur ~ machen* превраща́ть чью-л жизнь в ад; *Zur ~ mit ihm!* Чёрт с ним!
holperig *adj 1.* уха́бистый, неро́вный; *2. (fig: stockend)* нескла́дный, негла́дкий
Holunder *m BOT* бузина́ *f*
Holz *n 1.* де́рево *n,* древеси́на *f; 2. (Brennholz)* дрова́ *pl;*
hölzern *adj 1.* деревя́нный; *2. (fig)* деревя́нный, нело́вкий, неуклю́жий, неповоро́тливый
Holzfäller *m* дровосе́к *m,* лесору́б *m*
Holzschnitzer *m* ре́зчик *m* по де́реву
Homepage *f INFORM* дома́шняя страни́ца *f (в Интерне́те)*
Homöopathie *f MED* гомеопа́тия *f*
Homosexualität *f* гомосексуали́зм *m,* мужело́жество *n*
homosexuell *adj* гомосексуа́льный
Honig *m* мёд *m, jdm ~ ums Maul schmieren (fig)* ума́сливать кого́-л *(fig),* льстить кому́-л
Honorar *n* гонора́р *m*
Honoratioren *pl* зна́тные ли́ца *n/pl,* высокочти́мые лю́ди *pl*
honorieren *v 1. (bezahlen)* опла́чивать, выпла́чивать гонора́р (вознагражде́ние); *2. (anerkennen)* признава́ть с досто́инством, вознагражда́ть
Hopfen *m BOT* хмель *m; Bei ihr ist ~ und Malz verloren. (fig)* Её переубежда́ть — напра́сный труд. Она неисправи́ма.
hörbar *adj* слы́шный, слы́шимый
hören *v 1. (wahrnehmen)* слы́шать; *sich ~ lassen können* что-л прие́млемо (неду́рно), о чём-л мо́жно поговори́ть; *etw von sich ~ lassen* дава́ть о себе́ знать; *von jdm ~* услы́шать о ком-л, получа́ть но́вости о ком-л; *etw von jdm zu ~ bekommen* слы́шать что́-л от кого́-л; *Da vergeht einem Hören und Sehen!* От э́того голова́ идёт кру́гом! Тут из глаз и́скры посы́пались! *2. (zuhören)* слу́шать кого́-л; *3. (aufschnappen)* случа́йно услы́шать (кра́ем у́ха)
Hörer *m (Telefonhörer)* тру́бка *f*
Hörer(in) *m/f (Person)* слу́шатель(ница) *m/f*
Hörgerät *n* слухово́й аппара́т *m*
hörig *adj 1. (leibeigen) HIST* крепостно́й; *2. (abhängig)* зави́симый, подчинённый
Horizont *m* горизо́нт *m,* кругозо́р *m*
horizontal *adj* горизонта́льный
Hormon *n* гормо́н *m*
Horn *n 1. (Material)* рог *m; 2. MUS* горн *m; (fig) ins gleiche ~ blasen* дуде́ть в одну́ ду́дку с кем-л, вто́рить кому́-л; *3. ZOOL* рог *m; (fig) sich die Hörner abstoßen* перебеси́ться, остепени́ться; *jdm Hörner aufsetzen* наста́вить кому́-л рога́
Hornhaut *f 1. (Schwiele)* орогове́вшая ко́жа *f; 2. (des Auges) ANAT* рогова́я оболо́чка *f,* рогови́ца *f* (гла́за)
Hornisse *f ZOOL* ше́ршень *m*
Horoskop *n* гороско́п *m*
Hörsaal *m* аудито́рия *f,* лекцио́нный зал *m*
Hörspiel *n* радиоспекта́кль *m*
Hort *m 1. (Zuflucht)* убе́жище *n,* приста́нище *n; 2. (Kinderhort)* гру́ппа *f* продлённого дня
horten *v 1. (Geld)* копи́ть, нака́пливать; *2. (Waren)* скупа́ть, покупа́ть впрок
Hose *f* брю́ки *pl; (fam) die ~n anhaben* верхово́дить (заправля́ть) всеми дела́ми в до́ме; *jdm die ~n stramm ziehen* вы́сечь кого́-л; *in die ~ gehen* терпе́ть прова́л; *sich in die ~ machen* наложи́ть в штаны́
Hosenträger *m* подтя́жки *f/pl*
Hospital *n* го́спиталь *m,* больни́ца *f*
Hostie *f REL* обла́тка *f,* просвира́ *f*
Hotel *n* гости́ница *f,* оте́ль *m*
Hotelier *m* хозя́ин *m* гости́ницы (оте́ля)
Hotelzimmer *n* но́мер *m* в гости́нице (оте́ле)
Hub *m 1. (Heben)* подъём *m,* высота́ *f* подъёма; *2. TECH* ход *m*
Hubraum *m (eines Autos)* рабо́чий объём *m,* литра́ж *m* (автомоби́ля)
hübsch *adj* краси́вый, ми́лый, симпати́чный

Hubschrauber *m* вертолёт *m*
Huf *m* ZOOL копы́то *n*
Hufeisen *n* подко́ва *f*
Hüfte *f* ANAT бедро́ *n,* бёдра *n/pl*
Hügel *m* холм *m,* буго́р *m*
hügelig *adj* холми́стый
Huhn *n* ZOOL ку́рица *f; (fig) mit den Hühnern ins Bett gehen* ложи́ться спа́ть с петуха́ми; *mit den Hühnern aufstehen* встава́ть с петуха́ми
Hühnerauge *n (am Fuß)* MED мозо́ль *f* на ноге́
Hühnersuppe *f* GAST кури́ный суп *m*
huldigen *v jdm ~* почита́ть кого́-л
Huldigung *f* почита́ние *n*
Hülle *f* оболо́чка *f,* обёртка *f,* обло́жка *f*
Hülse *f 1. (Behälter)* футля́р *m; 2. (Waffenhülse)* ги́льза *f; 3.* BOT стручо́к *m*
Hülsenfrucht *f* BOT бобо́вый плод *m,* бобо́вые *pl*
human *adj* гума́нный, челове́чный
humanistisch *adj* гуманисти́ческий
Humanität *f* гума́нность *f,* челове́чность *f*
Hummel *f* ZOOL шмель *m; (fam) ~n im Hintern haben* кому́-л не сиди́тся, у кого́-л ши́ло в одно́м ме́сте
Hummer *m* ZOOL ома́р *m*
Humor *m* ю́мор *m*
humorvoll *adj (Person)* заба́вный, остроу́мный; с чу́вством ю́мора; *eine ~e Geschichte* весёлая исто́рия
humpeln *v* прихра́мывать, слегка́ хрома́ть
Hund *m* ZOOL соба́ка *f,* пёс *m; auf den ~ kommen (fig)* дойти́ до ру́чки *(fig)*
Hundehütte *f* соба́чья бу́дка *f,* соба́чья конура́ *f*
hundert *num* сто
Hundertjahrfeier *f* столе́тний юбиле́й *m,* столе́тняя годовщи́на *f*
hundertprozentig *adj* стопроце́нтный
hundertste(r,s) *adj* со́тый, …тая, …тое
Hündin *f* су́ка *f*
Hunger *m* го́лод *m*
Hungerlohn *m* ни́щенская зарпла́та *f*
hungern *v 1.* голода́ть *impf; 2. (fig) ~ nach* жа́ждать *impf* чего́-л
Hungersnot *f* го́лод *m*
Hungerstreik *m* голодо́вка *f*
Hungertuch *n (fig) am ~ nagen* жить впро́голодь, положи́ть зу́бы на по́лку
hungrig *adj* голо́дный; *~ wie ein Wolf (fig)* голо́дный как волк *(fig)*
Hupe *f (beim Auto)* звуково́й сигна́л *m*
hupen *v* сигна́лить
hüpfen *v* скака́ть, пры́гать
Hürde *f* барье́р *m,* препя́тствие *n*
Hure *f* проститу́тка *f,* потаску́ха *f (fam),* шлю́ха *f (fam)*
hurra *interj* ура́
Hurrikan *m* урага́н *m*
hurtig *adj 1.* пры́ткий, прово́рный, бы́стрый, шу́стрый *(fam); adv 2.* жи́во
huschen *v* шмыга́ть, мелька́ть
husten *v* ка́шлять; *(fam) Ich werde dir was ~!* Чиха́ть я на тебя́ хоте́л!
Husten *m* MED ка́шель *m*
Hustensaft *m* миксту́ра *f* от ка́шля
Hut *m* шля́па *f; (fig) ein alter ~ sein* исто́рия с бородо́й; *vor jdm den ~ ziehen* снима́ть пе́ред кем-л шля́пу, отдава́ть кому́-л до́лжное; *sich etw an den ~ stecken können* дава́ть поня́ть кому́-л оста́вить что-л у себя́ *(о чём-л ненужном); mit jdm nichts am ~ haben* не име́ть с кем-л ничего́ о́бщего; *jdm eins auf den ~ geben* дава́ть кому́-л по ша́пке; *etw unter einen ~ bringen* увя́зывать разноро́дные интере́сы (жела́ния)
hüten *v* охраня́ть, оберега́ть, стере́чь; *etw wie seinen Augapfel ~ (fig)* бере́чь что-л как зени́цу о́ка *(fig)*
Hütte *f 1. (Häuschen)* хи́жина *f,* избу́шка *f; 2. (Eisenhütte)* металлурги́ческий заво́д *m* (комбина́т *m*)
Hydrant *m* гидра́нт *m,* водоразбо́рный кран *m*
Hydraulik *f* PHYS гидра́влика *f*
Hydrokultur *f* гидрокульту́ра *f*
Hygiene *f* гигие́на *f*
hygienisch *adj* гигиени́чный
Hymne *f* гимн *m*
Hypnose *f* гипно́з *m*
hypnotisieren *v* гипнотизи́ровать
Hypothek *f* ипоте́ка *f*
Hypothese *f* гипо́теза *f*
hypothetisch *adj 1.* гипотети́ческий, усло́вный; *adv 2.* гипотети́чески, усло́вно

I

ich *pron* я
ichbezogen *adj* эгоцентри́ческий
ideal *adj* идеа́льный
Ideal *n* идеа́л *m*
Idealismus *m* идеали́зм *m*
Idealist(in) *m/f* идеали́ст(ка) *m/f*
idealistisch *adj* идеалисти́ческий
Idee *f 1. (Einfall)* иде́я *f,* мысль *f; 2.(Vorstellung)* представле́ние *n,* поня́тие *n;*
ideell *adj 1.* иде́йный; *2. (geistig-moralisch)* мора́льный; *3. (rein geistig)* мы́сленный
Identifikation *f 1.* отождествле́ние *n,* идентифика́ция *f; 2. (Person)* JUR установле́ние *n* ли́чности, опозна́ние *n*
identifizieren *v 1.* отождествля́ть, идентифици́ровать *impf/pf; 2. (Person)* JUR устана́вливать ли́чность, опознава́ть
identisch *adj* тожде́ственный, иденти́чный
Identität *f 1.* тождество́ *n,* тожде́ственность *f,* иденти́чность *f; 2. (Person)* JUR ли́чность *f; 3. (das „Ich")* созна́ние *n* самого́ себя́ как ли́чности
Identitätskrise *f* кри́зис *m* иденти́чности
Ideologie *f* идеоло́гия *f*
ideologisch *adj* идеологи́ческий
Idiot(in) *m/f* идио́т(ка) *m/f*
idiotisch *adj* идио́тский
Idol *n* и́дол *m,* куми́р *m*
Idyll *n* иди́ллия *f*
Idylle *f* LIT иди́ллия *f (буколи́ческое стихотворе́ние)*
idyllisch *adj* идилли́ческий
Igel *m* ZOOL ёж *m*
Ignoranz *f* неве́жество *n*
ignorieren *v* игнори́ровать *impf/pf,* не обраща́ть внима́ния
ihm *pron 1.* ему; *Gib es ~!* Дай ему́! *2. (bei vorangehender Präposition)* нему́; *Gehe zu ~.* Подойди́ к нему́. *3.(Instrumental)* им; *Ich bin mit ~ zufrieden.* Я им дово́лен. *4. (Instrumental: bei vorangehender Präposition)* ним; *Geh mit ~!* Иди́ с ним!
ihn *pron 1.* его́; *Ich habe ~ (den Mantel) aufgehängt.* Я пове́сил его́ (пальто́). *2. (bei vorangehender Präposition)* него́; *Wir hoffen auf ~.* Мы наде́емся на него́.
ihnen *pron 1.* им; *Sage es ~.* Скажи́ им. *2. (bei vorangehender Präpositon)* ним; *Wer geht zu ~?* Кто пойдёт к ним? *3. (Instrumental)* и́ми; *Ich bin mit ~ zufrieden.* Я и́ми дово́лен. *4.(Instrumental: bei vorangehender Präposition)* ни́ми; *Geh mit ~!* Иди́ с ни́ми!
Ihnen *pron 1. (Höflichkeitsform)* Вам; *2.(Höflichkeitsform: Instrumental)* (с) Ва́ми
ihr *pron 1.(weiblich, Dativ)* ей; *Gib es ~!* Дай ей! *2. (bei vorangehender Präposition)* ней; *Gehe zu ~ heran.* Подойди́ к ней. *3. (Instrumental)* ей, е́ю; *Ich bin mit ~ zufrieden.* Я ей (е́ю) дово́лен. *4. (Instrumental: bei vorangehender Präposition)* ней, не́ю; *Geh mit ~!* Иди́ с ней! *5. (Plural, 2. Person)* вы;
Ihr *pron (Höflichkeitsform)* Вы
ihre(r,s) *pron 1. (weiblich)* её; *2. (Plural)* их
Ihre(r,s) *pron (Höflichkeitsform)* Ваш *m,* Ва́ша *f,* Ва́ше *n,* Ва́ши *pl*
ihrerseits *adv 1.(weiblich)* с её стороны́, со свое́й стороны́; *2.(Plural)* с их стороны́, со свое́й стороны́
Ihrerseits *adv (Höflichkeitsform)* с Ва́шей стороны́, со свое́й стороны́
ihretwegen *adv 1.(weiblich)* ра́ди неё, из-за неё; *2. (Plural)* ра́ди них, из-за них
Ihretwegen *adv (Höflichkeitsform)* ра́ди Вас, из-за Вас; *~ habe ich Deutsch gelernt.* Ра́ди Вас я вы́учил неме́цкий язы́к.
illegal *adj 1.* незако́нный, противозако́нный; *2. (Untergrund)* подпо́льный, нелега́льный
illegitim *adj* незако́нный, неправоме́рный
Illusion *f* иллю́зия *f*
illusorisch *adj* иллюзо́рный
Illustration *f* иллюстра́ция *f*
illustrieren *v* иллюстри́ровать *impf/pf*
Illustrierte *f* иллюстри́рованный журна́л *m*
im *(= in dem) (siehe „in")* см *„in"*
Image *n* репута́ция *f,* и́мидж *m*
imaginär *adj* мни́мый, вообража́емый
Imbiss *m* заку́ска *f*
Imbissstube *f* заку́сочная *f*
Imitation *f 1. (Gegenstand)* имита́ция *f,* подде́лка *f; 2. (Handlung)* имита́ция *f,* подража́ние *n*
imitieren *v 1. (nachahmen)* имити́ровать, подража́ть; *2. (fälschen)* имити́ровать, подде́лывать
Imker *m* па́сечник *m,* пчелово́д *m*
immens *adj* необъя́тный, огро́мный, неизмери́мый
immer *adv* всегда́; *auf ~ und ewig* на ве́ки ве́чные; *wie auch ~* как бы ни бы́ло
immerhin *adv 1.* всё-таки, всё же, тем не

ме́нее; 2. *(Verstärkung)* как-ника́к, всё-таки; *Er ist ~ dein Vater.* Он как-ника́к твой оте́ц. 3. *(wenigstens)* по кра́йней ме́ре

Immission *f (im Umweltschutz)* вы́брос *m* (вре́дных веще́ств)

Immobilie *f* недви́жимость *f*

immun *adj ~ gegen etw* иммýнный про́тив чего́-л, невосприи́мчивый к чемý-л

Immunität *f* MED иммуните́т *m,* невосприи́мчивость *f*

Immunschwäche *f* MED иммунодефици́т *m*

Immunsystem *n* иммýнная систе́ма *f*

Imperialismus *m* POL империали́зм *m*

Imperium *n* импе́рия *m*

impfen *v ~ gegen* де́лать приви́вку про́тив

Impfschein *m* спра́вка *f* о приви́вке

Impfstoff *m* вакци́на *f*

Impfung *f* приви́вка *f,* вакцина́ция *f*

imponieren *v* импони́ровать *impf,* подкупа́ть, внуша́ть уваже́ние, производи́ть положи́тельное впечатле́ние

imponierend *adj* импони́рующий, подкупа́ющий

Import *m* и́мпорт *m,* ввоз *m*

Importeur *m* импортёр *m*

importieren *v* импорти́ровать *impf/pf,* ввози́ть

imposant *adj* импоза́нтный, внуши́тельный

impotent *adj 1.* MED импоте́нтный, страда́ющий половы́м басси́лием; 2. *(fig: unfähig)* неспосо́бный

Impotenz *f 1.* MED импоте́нция *f,* полово́е бесси́лие *n;* 2. *(fig: Unfähigkeit)* неспосо́бность *f,* бесси́лие *n*

imprägnieren *v* TECH импрегни́ровать *impf/pf,* пропи́тывать

Impressum *n* выходны́е да́нные *pl*

Improvisation *f* импровиза́ция *f,* экспро́мт *m*

improvisieren *v* импровизи́ровать *impf/pf,* сочиня́ть экспро́мтом

Impuls *m 1.* PHYS, TEL и́мпульс *m;* 2. *(Anregung)* и́мпульс *m,* толчо́к *m,* сти́мул *m,* побужде́ние *n*

impulsiv *adj 1.* PHYS, TEL и́мпульсный; 2. *(heftig)* импульси́вный, поры́вистый

imstande *adj ~ sein zu* быть спосо́бным к чемý-л, быть в состоя́нии

in *prep 1. (örtlich)* в, на, по; *~ die Stadt gehen* идти́ в го́род; *~ der Ukraine* на Украи́не (*in letzter Zeit auch*: в Украи́не); *~ der Stadt spazieren* гуля́ть по го́роду; *2. (zeitlich)* в, на, за, че́рез; *im Dezember* в декабре́; *~ den Ferien* на кани́кулах; *~ den Jahren der Sowjetmacht* за го́ды сове́тской вла́сти; *Wir sehen uns ~ einer Stunde.* Мы уви́демся че́рез час. *Ich komme ~ zehn Tagen zurück.* Я вернýсь че́рез де́сять дней. *~ Kraft treten* вступа́ть в си́лу

in flagranti *adv* на ме́сте преступле́ния; *jdn ~ erwischen* застава́ть кого́-л на ме́сте преступле́ния, лови́ть с поли́чным

Inangriffnahme *f* нача́ло *n,* приступле́ние *n* к чемý-л

Inanspruchnahme *f 1. (Benutzung)* (ис)по́льзование *n;* 2. *(Belastung)* загрýженность *f*

Inbegriff *m* воплоще́ние *n,* олицетворе́ние *n*

inbegriffen *adj* включа́я, включи́тельно; *Ist der Service ~?* Сюда́ вхо́дит се́рвис?

Inbetriebname *f* ввод *m* (пуск *m*) в эксплуата́цию (в строй)

Inbrunst *f* страсть *f,* пыл *m,* рвение *n*

inbrünstig *adj 1.* стра́стный, пы́лкий, ре́вностный; *adv 2.* стра́стно, со стра́стью, пы́лко, с пы́лом, ре́вностно

indem *konj 1. (dadurch, dass)* тем, что; *Ich weckte sie, indem ich das Radio einschaltete.* Я разбуди́л её тем, что включи́л радиоприёмник. 2. *(dadurch, dass: Wiedergabe auch durch ein Adverbialpartizip) Ich weckte sie, indem ich das Radio einschaltete.* Я разбуди́л её, включи́в радиоприёмник. 3. *(während)* в то вре́мя как; *Indem er es sagte, lächelte er mich an.* В то вре́мя как он э́то говори́л, он улыба́лся мне́. Он сказа́л э́то, улыбнýвшись.

Inder(in) *m/f* инди́ец *m,* индиа́нка *f*

indessen *adv 1.* тем вре́менем, ме́жду тем, пока́; *konj 2.* всё же, одна́ко

Index *m 1. (Börse)* ECO и́ндекс *m;* 2. *(alphabetisches Register)* указа́тель *m;* 3. *(Verzeichnis)* рее́стр *m,* спи́сок *m*

Indianer(in) *m/f* инде́ец *m,* индиа́нка *f*

Indien *n* GEO И́ндия *f*

indirekt *adj* ко́свенный, непрямо́й, опосре́дованный

indiskret *adj 1. (taktlos)* беста́ктный, нескро́мный; 2. *(geschwätzig)* болтли́вый; 3. MATH, INFORM недискре́тный

Indiskretion *f 1. (Taktlosigkeit)* беста́ктность *f,* нескро́мность *f;* 2. *(Geschwätzigkeit)* болтли́вость *f;* 3. MATH, INFORM недискре́тность *f*

indiskutabel *adj* не подлежа́щий обсужде́нию
Individualismus *m* индивидуали́зм *m*
Individualist(in) *m/f* индивидуали́ст(ка) *m/f*
individuell *adj* индивидуа́льный, ли́чный
Individuum *n 1.* индиви́д(уум) *m; 2. (abwertend: Typ)* тип *m*
Indiz *n 1.* при́знак *m,* приме́та *f; 2. JUR* ули́ка *f*
Indonesien *n GEO* Индоне́зия *f*
Industrialisierung *f* индустриализа́ция *f*
Industrie *f* промы́шленность *f,* индустри́я *f*
Industriegebiet *n* промы́шленная зо́на *f,* промзо́на *f*
Industrieland *n* промы́шленно ра́звитая страна́ *f*
industriell *adj 1.* промы́шленный, индустриа́льный; *adv 2.* промы́шленным о́бразом
Industrielle(r) *f/m* промы́шленник *m/f,* промы́шленница *f (fam)*
Industriezweig *m* о́трасль *f* промы́шленности
ineinander *adj* друг в дру́га, друг с дру́гом; *~ greifen* сцепля́ться друг с дру́гом; *~ greifen (fig)* быть в те́сном взаимоде́йствии
Infarkt *m MED* инфа́ркт *m*
Infektion *m MED* инфе́кция *f,* зараже́ние *n*
infizieren *v* заража́ть, инфици́ровать *impf/pf*
Inflation *f ECO* инфля́ция *f*
inflationär *adj* инфляцио́нный
Inflationsrate *f ECO* те́мпы *m/pl* инфля́ции
infolge *prep* вследствие, в результа́те
infolgedessen *adv* вследствие (в результа́те) э́того, поэ́тому, по э́той причи́не
Informatik *f* информа́тика *f*
Informatiker(in) *m/f* информа́тик *m/f*
Information *f* информа́ция *f,* све́дения *n/pl*
Informationsquelle *f* исто́чник *m* информа́ции
informativ *adj 1. (informationsreich)* информати́вный, содержа́тельный; *2. (informatorisch)* информацио́нный
informieren *v* информи́ровать, осведомля́ть, ста́вить в изве́стность; *Ich bin informiert.* Я в ку́рсе.
Infrarotlicht *n TECH* инфракра́сный свет *m*
Infrastruktur *f* инфраструкту́ра *f*
Infusion *f MED* влива́ние *n*
Ingenieur *m* инжене́р *m*
Ingenieurwesen *n* инжене́рное де́ло *n*
Inhaber(in) *m/f 1. (Eigentümer(in))* со́бственник *m,* со́бственница *f; 2. (Besitzer(in))* владе́лец *m,* владе́лица *f; 3. (eines Lehrstuhls)* заве́дующий *m/f* ка́федрой
inhaftieren *v* аресто́вывать, брать под аре́ст, подверга́ть аре́сту
inhalieren *v 1.MED* вдыха́ть, ингали́ровать; *2. (beim Rauchen)* кури́ть с затя́жкой
Inhalt *m 1. (materiell Enthaltenes)* содержи́мое *n; 2. (Fassungsvermögen)* ёмкость *f,* вмести́мость *f; 3. (fig)* содержа́ние *n*
inhaltlich *adv* по содержа́нию
Inhaltsangabe *f* изложе́ние *n*
inhaltslos *adj* пусто́й, бессодержа́тельный
Inhaltsverzeichnis *n* оглавле́ние *n,* содержа́ние *n*
Initiative *f* инициати́ва *f*
Initiator *m* инициа́тор *m*
Injektion *f MED* инъе́кция *f,* влива́ние *n,* впры́скивание *n*
inklusive *prep* включа́я, включи́тельно
inkognito *adv* инко́гнито
Inkompetenz *f* некомпете́нтность *f,* непрофессионали́зм *m*
Inkonsequenz *f* непосле́довательность *f,* непосле́довательные посту́пки *m/pl*
Inkubationszeit *f MED* инкубацио́нный пери́од *m*
Inland *n im ~* внутри́ (в преде́лах) страны́; *Vertreter des In- und Auslandes* оте́чественные и иностра́нные представи́тели
inländisch *adj* оте́чественный, вну́тренний
Inline-Skates *pl* ро́ликовые коньки́ *m/pl* ти́па «Inline-Skates» *(ро́лики располо́жены в одну́ ли́нию)*
inmitten *prep* (по)среди́
innehaben *v irr* име́ть, занима́ть, облада́ть; *eine Professur ~* занима́ть до́лжность профе́ссора
innehalten *v irr* остана́вливаться, прерыва́ть; *in der Arbeit ~* прерыва́ть рабо́ту
innen *adv* внутри́
Innenarchitekt(in) *m/f* архите́ктор *m/f* по интерье́ру
Innendienst *m 1.* рабо́та *f* в преде́лах предприя́тия (фи́рмы), невыездна́я рабо́та *f; 2. MIL* вну́тренняя слу́жба *f*
Innenministerium *n POL* Министе́рство *n* вну́тренних дел
Innenpolitik *f POL* вну́тренняя поли́тика *f*
innenpolitisch *adj POL* внутриполити́ческий
Innenseite *f* вну́тренняя сторона́ *f*

Innenstadt *f* центр *m* гóрода
innerbetrieblich *adj* внутрипроизвóдственный, внутризаводскóй, внутриинститýтский, внутриуниверситéтский
innere(r,s) *adj* внýтренний, …няя, …нее; *2. (fig)* внýтренний, душéвный
Innereien *pl (von Tieren) GAST* потрохá *m/pl,* внýтренности *f/pl*
innerhalb *prep 1. (örtlich)* внутрú, в предéлах; *2. (zeitlich)* в, в течéние, за; *Innerhalb einer Woche werde ich mit der Arbeit fertig sein.* Я спрáвлюсь с рабóтой за недéлю. *adv 3.* внутрú
innerlich *adj* внýтренний, душéвный
innerparteilich *adj POL* внутрипартúйный
innig *adj 1.* глубóкий, сердéчный, úскренний; *adv 2.* сердéчно, úскренне
Innovation *f* инновáция *f,* нóвшество *n*
innovativ *adj* инновациóнный, новáторский
Innung *f* гúльдия *f* (корпорáция *f*) ремéсленников
inoffiziell *adj* неофициáльный
inoperabel *adj* неоперáбельный, нелечúмый оперatúвным вмешáтельством
ins *(= in das) (siehe „in“)* см *„in“*
Insasse *m 1. (einer Anstalt)* заключённый *m; 2. (Bewohner)* жилéц *m,* обитáтель *m; 3. (Fahrgast)* пассажúр *m*
insbesondere *adv* осóбенно, в осóбенности, в чáстности
Inschrift *f* нáдпись *f*
Insekt *n* насекóмое *n*
Insektenstich *m* укýс *m* насекóмого
Insektenvertilgungsmittel *f* срéдство *n* для уничтожéния насекóмых-вредúтелей
Insel *f* óстров *m; reif für die ~ sein (fig)* порá уходúть в óтпуск (на óтдых)
Inselwelt *f* архипелáг *m*
Inserat *n* объявлéние *n; ein ~ in die Zeitung setzen* помещáть объявлéние в газéту
inserieren *v* помещáть объявлéние в газéту (в журнáл)
insgeheim *adv* втáйне, исподтишкá *(fam)*
insgesamt *adv* в цéлом, в совокýпности, в óбщей слóжности
Insider *m* инсáйдер *m*
insofern *konj 1.* наскóлько, поскóльку; *adv 2.* в э́том отношéнии
Inspektion *f* инспéкция *f; technische ~* технúческий осмóтр, техосмóтр
inspirieren *v* вдохновля́ть
Installateur *m 1.* монтёр *m,* слéсарь *m; 2. (Wasserinstallateur)* водопровóдчик *m,* слéсарь-сантéхник *m; 3. (Gasinstallateur)* газопровóдчик *m; 4. (Strominstallateur)* электромонтёр *m*
Installation *f TECH* установка *f,* монтáж *m; elektrische ~* провóдка *f* электрúчества; *Softwareinstallation* устанóвка *f* (инсталля́ция *f*) прогрáммного обеспéчения
installieren *v* устанáвливать
Instandhaltung *f* технúческое обслýживание *n* (техобслýживание *n*), ухóд *m,* содержáние *n* в испрáвности
inständig *adj* настоя́тельный, убедúтельный
Instandsetzung *f* ремóнт *m,* почúнка *f,* приведéние *n* в испрáвность
Instanz *f JUR* инстáнция *f*
Instinkt *m* инстúнкт *m,* чутьё *n*
instinktiv *adj 1.* инстинктúвный; *adv 2.* инстинктúвно, по инстúнкту
Institut *n* инститýт *m,* кáфедра *f*
Institution *f* учреждéние *n*
Instrument *n* инструмéнт *m,* орýдие *m*
inszenieren *v 1. THEAT* стáвить на сцене, инсценúровать *impf/pf; 2. (fig: hervorrufen)* разы́грывать, устрáивать
Integration *f 1.* интегрáция *f; 2. MATH* интегрúрование *n*
integrieren *v* интегрúровать *impf/pf*
Intellekt *m* интеллéкт *m,* рáзум *m*
intellektuell *adj* ýмственный, интеллектуáльный
Intellektuelle(r) *f/m* интеллигéнт(ка) *m/f*
intelligent *adj 1. (vernünftig)* разýмный; *2. (gebildet)* образóванный, интеллигéнтный, культýрный
Intelligenz *f 1. (Verstand)* ум *m,* рáзум *m,* интеллéкт *m,* ýмственные спосóбности *f/pl; 2. (soziale Schicht)* интеллигéнция *f*
Intelligenzquotient *m* показáтель *m* ýмственного развúтия, коэффициéнт *m* интеллектуáльного развúтия
Intendant(in) *m/f 1. THEAT* дирéктор *m/f* теáтра; *2. (Fernseh- und Rundfunkanstalt)* завéдующий *m/f* рáдио- и(úли) телеканáла
intensiv *adj* интенсúвный, усúленный
Intensivstation *f MED* отделéние *n* реанимáции и интенсúвной терапúи
interessant *adj* интерéсный
interessanterweise *adv* интерéсно, что…
Interesse *n ~ an* интерéс *m* к чемý-л; *Ich habe kein ~ an Opern.* Я не интересýюсь óперами.
interesselos *adj* не проявля́ющий (не

представля́ющий) интере́са, незаинтересо́ванный
Interessent(in) *m/f* жела́ющий *m,* …щая *f,* заинтересо́ванное лицо́ *n*
interessieren *v 1.sich ~ für* интересова́ться чем-л; *2.(Interesse erregen)* заинтересова́ть *pf* кого́-л в чём-л, вызыва́ть интере́с у кого́-л к чему́-л
interkontinental *adj* межконтинента́льный
intern *adj* вну́тренний
Internat *n* интерна́т *m*
international *adj* междунаро́дный
Internet *n INFORM* Интерне́т *m*
Internist(in) *m/f MED* терапе́вт *m/f,* врач *m/f* по внутре́нним боле́зням
Interpret(in) *m/f 1.MUS* исполни́тель(ница) *m/f; 2.(Kritiker)* интерпрета́тор *m/f,* (ис)толкова́тель(ница) *m/f*
Interpretation *f 1.MUS* исполне́ние *n; 2.(Auslegung)* интерпрета́ция *f,* толкова́ние *n,* тракто́вка *f*
interpretieren *v* интерпрети́ровать *impf/pf,* толкова́ть, трактова́ть
Intervall *m* интерва́л *m*
intervenieren *v* вме́шиваться
Intervention *f* интерве́нция *f*
Interview *n* интервью́ *n*
interviewen *v* брать интервью́, интервьюи́ровать *impf/pf*
intim *adj* инти́мный
Intimität *f* инти́мность *f*
Intimsphäre *f* инти́мная сфе́ра *f*
intolerant *adj* нетерпи́мый, нетолера́нтный
Intoleranz *f* нетерпи́мость *f,* нетолера́нтность *f,* интолера́нтность *f*
Intrige *f* интри́га *f*
Invalide *m* инвали́д *m/f*
Invalidin *f* инвали́д *m/f,* инвали́дка *f (fam)*
Invasion *f 1.POL, MIL* вторже́ние *n; 2.(fig)* наше́ствие *n*
Inventar *n* инвента́рь *m*
Inventur *f* инвентариза́ция *f,* учёт *m; ~ machen* производи́ть инвентариза́цию
investieren *v* инвести́ровать *impf/pf,* вкла́дывать капита́л, производи́ть капиталовложе́ния
Investition *f* инвести́ция *f,* капиталовложе́ние *n*
Investmentfonds *m ECO* инвестицио́нный фонд *m*
inzwischen *adv 1.(währenddessen)* ме́жду тем, тем време́нем; *2.(seither)* с тех пор, за э́то вре́мя; *3. (jetzt)* сейча́с, тепе́рь, в настоя́щее вре́мя
Irak *m GEO* Ира́к *m*
Iran *m GEO* Ира́н *m*
irdisch *adj* земно́й
irgendein *pron* како́й-нибу́дь, како́й-ли́бо, како́й-то, не́кий
irgendetwas *pron* что-нибу́дь, что-ли́бо, что-то, не́что
irgendjemand *pron* кто-нибу́дь, кто-ли́бо, кто-то, не́кто
irgendwie *adv* как-нибу́дь, как-ли́бо, как-то
irgendwo *adv* где-нибу́дь, где-ли́бо, где-то; *Ich habe es ~ schon mal gehört.* Я э́то уже́ где-то слы́шал.
Irland *n GEO* Ирла́ндия *f*
Ironie *f* иро́ния *f*
irre *adj 1.(wahnsinnig)* сумасше́дший; *2.(verwirrt)* заблужда́ющийся, ошиба́ющийся; *3.(fig: wahnsinnig)* потряса́ющий
Irre(r) *f/m* сумасше́дший *m,* …шая *f,* поме́шанный *m,* …ная *f; jdn in die ~ führen* вводи́ть кого́-л в заблужде́ние
irreführen *v* вводи́ть кого́-л в заблужде́ние, сбива́ть кого́-л с то́лку
irren *v sich ~* заблужда́ться, ошиба́ться
Irrsinn *m 1.(Wahnsinn)* сумасше́ствие *n,* помеша́тельство *n; 2.(unsinnige Handlung)* безу́мие *n,* глу́пость *f*
Irrtum *m* заблужде́ние *n,* оши́бка *f; ~ vorbehalten* исключа́я оши́бки и пропу́ски; *sich im ~ befinden* заблужда́ться, ошиба́ться
irrtümlich *adj 1.* оши́бочный; *adv 2.* оши́бочно, по оши́бке, по недоразуме́нию
Ischias *m ANAT* и́шиас *m*
ISDN *n (Integrated Services Digital Network) INFORM* ISDN *n,* ЦСИ́О *n* (цифрова́я сеть *f* интегра́льного обслу́живания)
Islam *m REL* исла́м *m*
islamisch *adj REL* исла́мский
Island *n GEO* Исла́ндия *f*
Isolation *f* изоля́ция *f,* изоли́рованность *f*
isolieren *v* изоли́ровать *impf/pf*
Isolierung *f* изоля́ция *f,* изоли́рование *n*
Israel *n GEO* Изра́иль *m*
Italien *n GEO* Ита́лия *f*
Italiener(in) *m/f* италья́нец *m,* италья́нка *f*
italienisch *adj* италья́нский
Italienisch *n* италья́нский язы́к *m*

J

ja *adv* да; *Ich sage ~.* Я согла́сен.
Jacht *f* я́хта *f*
Jacke *f 1.* ку́ртка *f,* тужу́рка *f,* ки́тель *m; (fig) ~ wie Hose sein* что в лоб, что по́ лбу; *die ~ vollkriegen* быть изря́дно изби́тым, получа́ть по ше́е; *2. (Sakko)* пиджа́к *m; 3. (Wolljacke)* шерстяна́я ко́фточка *f*
Jackett *n* пиджа́к *m,* жаке́т *m*
Jagd *f* охо́та *f*
Jagdgewehr *n* охо́тничье ружьё *n*
Jagdgründe *pl (fam) in die ewigen ~ eingehen* отправля́ться на тот свет
Jagdrevier *n* охо́тничье уго́дье *n,* охо́тничий уча́сток *m*
jagen *v 1.* охо́титься; *jdn mit etw ~ können (fam)* чего́-л не терпе́ть (не выноси́ть); *2. (verfolgen)* пресле́довать, гнать/гоня́ть; *3. (fig: hineinstoßen)* вгоня́ть, вса́живать
Jäger(in) *m/f* охо́тник *m,* охо́тница *f*
jäh *adj 1. (plötzlich)* вне́запный, бы́стрый, стреми́тельный; *2. (steil)* круто́й, обры́вистый, отве́сный
Jahr *n* год *m; in die ~e kommen* старе́ть, ста́риться; *in den besten ~en (fig)* во цве́те лет *(fig),* в расцве́те сил *(fig); Frohes neues ~!* С Но́вым го́дом!
jahrelang *adj 1.* многоле́тний, долголе́тний; *adv 2.* мно́го лет, до́лгие го́ды, года́ми
Jahresabonnement *n 1. (für Periodika)* годова́я подпи́ска *f; 2.* THEAT годи́чный абонеме́нт *m*
Jahresabschluss *m* ECO годово́й бала́нс *m*
Jahrestag *m* годовщи́на *f,* юбиле́й *m*
Jahreswechsel *m* наступле́ние *n* но́вого го́да
Jahreszeit *f* вре́мя *f* го́да
Jahrgang *m 1. (Geburtsjahr)* год *m* рожде́ния; *2. (bei Schülern, Studenten)* класс *m,* вы́пуск *m* уча́щихся; *3. (Erntejahr)* урожа́й *m* како́го-л го́да; *4. (Erscheinungsjahr)* год *m* изда́ния; *5. (Produktionsjahr)* год *m* вы́пуска
Jahrhundert *n* век *m,* столе́тие *n*
jährlich *adj 1.* ежего́дный, годи́чный, годово́й; *adv 2.* ежего́дно, ка́ждый год
Jahrmarkt *m* я́рмарка *f*
Jahrtausend *n* тысячеле́тие *n*
Jahrzehnt *n* десятиле́тие *n*
Jähzorn *m* вспы́льчивость *f,* запа́льчивость *f*
jähzornig *adj* вспы́льчивый, запа́льчивый
Jalousie *f* жалюзи́ *pl*
Jammer *m 1. (Klage)* плач *m,* вопль *m,* во́пли *m/pl,* стена́ния *n/pl; 2. (Elend)* го́ре *n,* беда́ *f,* несча́стье *n; ein ~, dass …* как жаль, (до чего́ жа́лко), что …
jämmerlich *adj* жа́лкий, ничто́жный, плаче́вный
jammern *v ~ über* жа́ловаться (се́товать) на что-л, хны́кать из-за чего́-л *(fam)*
jammerschade *adv* о́чень жаль (жа́лко); *Es ist ~, dass …* Жаль (жа́лко), что …
Januar *m* янва́рь *m*
Japan *n* GEO Япо́ния
Japaner(in) *m/f* япо́нец *m,* япо́нка *f*
japanisch *adj* япо́нский
Jasmin *m* BOT жасми́н *m*
jäten *v* поло́ть
jauchzen *v* гро́мко ликова́ть, издава́ть ра́достные кри́ки
jaulen *v* выть, завыва́ть, визжа́ть, скули́ть
je *konj 1. ~ mehr, desto besser* чем бо́льше, тем лу́чше; *2. (entsprechend)* соотве́тственно; *~ nachdem* смотря́ по чему́-л, в зави́симости от чего́-л; *adv 3. (~mals)* когда́-нибу́дь, когда́-ли́бо; *Hast du ~ so etwas Hübsches gesehen?* Ты уже́ когда́-нибу́дь ви́дел таку́ю красоту́? *prep 4. (pro)* по, на; *~ fünf Euro* по пять е́вро; *~ Person* на ка́ждого
jede(r,s) *pron 1.* ка́ждый, …дая, …дое, вся́кий, …кая, …кое, любо́й, …ба́я, …бо́е; *~s Mal* ка́ждый (вся́кий) раз
jedenfalls *adv* во вся́ком слу́чае, по кра́йней ме́ре
jederzeit *adv* в любо́е вре́мя, всё́гда, когда́ уго́дно
jedoch *konj* одна́ко, тем не ме́нее
jemals *adv* когда́-нибу́дь, когда́-ли́бо; *Habe ich dich ~ angelogen?* Ра́зве я тебя́ когда́-нибу́дь обма́нывал?
jemand *pron* кто-нибу́дь, кто-ли́бо, кто-то, не́кто
jene(r,s) *pron (allein stehend für Person)* тот *m,* та *f,* то *n,* те *pl*
jenseits *prep* по ту сто́рону, на друго́й стороне́
Jenseits *n* потусторо́нний мир, загро́бный мир
jetzt *adv* тепе́рь, сейча́с, в да́нное вре́мя
jeweils *adv* соотве́тственно, ка́ждый раз
Jockei *m* жоке́й *m*

Jod *n* CHEM йод *m*
Joghurt *m/n* GAST йо́гурт *m*
Johannisbeere *f* BOT сморо́дина *f*
Jongleur *m* жонглёр *m/f*
jonglieren *v* жонгли́ровать
Jordanien *n* GEO Иорда́ния *f*
Journalismus *n* журнали́стика *f*
Journalist(in) *m/f* журнали́ст(ка) *m/f*
journalistisch *adj* журнали́стский
jovial *adj* приве́тливый, доброжела́тельный
Jubel *m* ликова́ние *n*, весе́лье *n*, восто́рг *m*
jubeln *v* ликова́ть, ра́доваться
Jubiläum *n* юбиле́й *m*
jucken *v* зуде́ть, чеса́ться
Juckreiz *m* MED зуд *m*
Jude *m* евре́й *m*
Judentum *n 1.* евре́йство *n; 2.* REL иуда́изм *m*, евре́йская ве́ра *f*
Judenverfolgung *f* пресле́дование *n* евре́ев
Jüdin *f* евре́йка *f*
jüdisch *adj* евре́йский
Jugend *f* молодёжь *f*
Jugendamt *n* ве́домство *n* по дела́м молодёжи
jugendfrei *adj 1.* допуска́ющий несовершенноле́тних; *adv 2.* с до́пуском несовершенноле́тних
Jugendherberge *f* молодёжная тури́стская ба́за *f (*турба́за *f)*
Jugendkriminalität *f* престу́пность *f* несовершенноле́тних (среди́ молодёжи)
jugendlich *adj* ю́ный, молодо́й, несовершенноле́тний
Jugendliche(r) *f/m* подро́сток *m/f*, ю́ноша *m*, молодо́й челове́к *m*, де́вушка *f*, несовершенноле́тний *m*, …няя *f*
Jugendschutzgesetz *n* JUR зако́н *m* об охра́не молодёжи
Jugendstrafanstalt *f* JUR ме́сто *n* отбыва́ния наказа́ния для несовершенноле́тних
Jugendsünde *f* грех *m* мо́лодости
Jugendzeit *f* вре́мя *f* мо́лодости, мо́лодость *f*
Jugoslawien *n* HIST Югосла́вия *f*
jugoslawisch *adj* HIST югосла́вский
Juli *m* ию́ль *m*
jung *adj 1.* молодо́й, ю́ный; *2. (frisch, neu)* молодо́й, све́жий; *~es Gemüse* све́жие о́вощи
Junge *m* ма́льчик *m*, ю́ноша *m*, па́рень *m*
jungenhaft *adj* мальчи́шеский, ребя́ческий
Jünger *m* REL апо́стол *m*
Junges *n (Tier)* детёныш *m*
Jungfer *f* де́ва *f*, деви́ца *f*, де́вственница *f*; *alte ~* ста́рая де́ва *f*
Jungfernfahrt *f* пе́рвый рейс *m*, пе́рвое пла́вание *n*
Jungfrau *f* де́ва *f*, де́вственница *f*
Junggeselle *m* холостя́к *m*
Jüngling *m* ю́ноша *m*
jüngst *adv* неда́вно
jüngste(r,s) *adj* мла́дший, …шая, …шее
Juni *m* ию́нь *m*
Junior *m* мла́дший *m*
Juniorchef *m* мла́дший шеф *m*
Jura *n 1.* JUR пра́во *n*, правове́дение *n*, юриспруде́нция *f; 2.* GEO ю́ра *f*, ю́рский пери́од *m*
Jurist(in) *m/f* юри́ст *m/f*, правове́д *m/f*
juristisch *adj* юриди́ческий, правово́й
Jury *f* жюри́ *n*
justieren *v* юстирова́ть *impf/pf*, выверя́ть, регули́ровать
Justiz *f* правосу́дие *n*, юсти́ция *f*
Justizbehörde *f* суде́бный о́рган *m* вла́сти
Justizministerium *n* Министе́рство *n* юсти́ции
Jute *f* BOT джут *m*
Juwel *n* драгоце́нный ка́мень *m*
Juwelier(in) *m/f* ювели́р *m/f*
Jux *m* шу́тка *f*, ша́лость *f*, вздор *m; aus lauter ~ und Tollerei* ра́ди потёхи (заба́вы)

K

Kabarett *n* THEAT кабаре́ *n*
Kabel *n* ка́бель *m*
Kabelfernsehen *n* ка́бельное телеви́дение *n*
Kabeljau *m* ZOOL треска́ *f*
Kabine *f 1.* каби́на *f; 2. (Schiff)* каю́та *f*
Kabinett *n* POL кабине́т *m* (мини́стров), прави́тельство *n*
Kabriolett *n (Auto)* кабриоле́т *m*
Kachel *f* ка́фель *m,* ка́фельная пли́тка *f,* изразе́ц *m*
Kachelofen *m* ка́фельная (изразцо́вая) печь *f,* голла́ндская печь *f*
Kadaver *m* па́даль *f*
Käfer *m* ZOOL жук *m*
Kaffee *m* ко́фе *m; Das ist alles kalter ~!* Э́то всё давны́м-давно́ изве́стно!
Kaffeekanne *f* кофе́йник *m*
Kaffeelöffel *m* кофе́йная ло́жечка *f*
Kaffeemaschine *f* кофева́рка *f*
Kaffeetasse *f* кофе́йная ча́шка *f*
Käfig *m* кле́тка *f; im goldenen ~ sitzen (fig)* жить в золото́й кле́тке *(fig)*
kahl *adj 1. (unbewachsen)* го́лый, лишённый расти́тельности; *2. (glatzköpfig)* лы́сый, плеши́вый; *3. (ohne Blätter)* безли́ственный, го́лый, обнажённый
Kahn *m* ло́дка *f,* ба́ржа *f; einen im ~ haben (fam)* быть пья́ным, быть бухи́м *(fam)*
Kai *m* на́бережная *f,* прича́л *m,* пирс *m*
Kaiser(in) *m/f 1.* импера́тор *m,* императри́ца *f; 2. (in Deutschland)* ка́йзер *m*
kaiserlich *adj* импера́торский
Kaiserreich *n* импе́рия *f*
Kajüte *f* каю́та *f*
Kakao *m* кака́о *m; jdn durch den ~ ziehen (fig)* подсме́иваться над кем-л, де́лать кого́- л посме́шищем
Kaktus *m* BOT ка́ктус *m*
Kalb *n* ZOOL телёнок *m*
Kalbfleisch *n* GAST теля́тина *f*
Kalender *m* календа́рь *m; etw rot im ~ anstreichen* отмеча́ть что-л как осо́бое собы́тие
Kalenderjahr *n* календа́рный год *m*
Kalium *n* CHEM ка́лий *m*
Kalk *m* CHEM и́звесть *f,* извёстка *f (fam)*
Kalkulation *f* расчёт *m,* калькуля́ция *f*
kalkulieren *v* рассчи́тывать, калькули́ровать
Kalorie *f* PHYS кало́рия *f*
kalt *adj 1.* холо́дный; *~ lassen (fam)* не производи́ть впечатле́ния, не волнова́ть *(fam),* не тро́гать *(fam); ~ stellen (fig)* отстраня́ть кого́-л, оставля́ть кого́-л не у дел; *2. (fig)* холо́дный, равноду́шный
Kälte *f 1.* хо́лод *m; 2. (fig)* холо́дность *f,* равноду́шие *n*
Kalzium *n* CHEM ка́льций *m*
Kamel *n* ZOOL верблю́д *m*
Kamera *f 1. (Fotokamera)* (фото)ка́мера *f,* фотоаппара́т *m; 2. (Fernsehkamera)* телевизио́нная ка́мера *f,* телека́мера *f; 3.* CINE киносъёмочная ка́мера *f*
Kamerad *m* това́рищ *m,* прия́тель *m*
kameradschaftlich *adj 1.* това́рищеский, прия́тельский; *adv 2.* по-това́рищески, по-прия́тельски
Kamille *f* BOT рома́шка *f*
Kamin *m 1. (offene Feuerstelle)* ками́н *m; 2. (Schornstein)* дымова́я труба́ *f*
Kaminkehrer *m* трубочи́ст *m*
Kamm *m 1. (Haarkamm)* расчёска *f,* гребёнка *f,* гре́бень *m; alles über einen ~ scheren (fig)* стричь всех (всё) под одну́ гребёнку *(fig); 2. (Bergkamm)* го́рный хребе́т *m; 3. (Hahnenkamm)* гребешо́к *m* (петуха́)
kämmen *v* расчёсывать
Kammer *f 1.* ко́мнатка *f,* камо́рка *f,* чула́н *m; 2. (Herzkammer)* ANAT желу́дочек *m* (се́рдца); *3.* POL, JUR пала́та *f*
Kampf *m 1.* борьба́ *f,* бой *m; 2. (Wettkampf)* соревнова́ние *n,* состяза́ние *n*
kämpfen *v 1.* боро́ться, вести́ бой; сража́ться; *2. (Wettkampf)* соревнова́ться, состяза́ться
Kämpfer(in) *m/f 1.* бое́ц *m,* во́ин *m; 2. (Verfechter(in))* боре́ц *m/f,* защи́тник *m,* защи́тница *f,* побо́рник *m,* побо́рница *f; 2. (Wettkämpfer(in))* соревну́ющийся *m,* ...щаяся *f,* проти́вники *pl,* сопе́рники *pl*
kämpferisch *adj* боево́й, вои́нственный, вои́нствующий
kampieren *v* вре́менно устра́иваться, располага́ться
Kanada *n* GEO Кана́да *f*
Kanadier(in) *m/f* кана́дец *m,* кана́дка *f*
kanadisch *adj* кана́дский
Kanal *m* кана́л *m; den ~ voll haben (fam)* быть сы́тым по го́рло *(fam)*
Kanalisation *f* канализа́ция *f*

Kandidat(in) *m/f* кандида́т *m/f,* канди-да́тка *f*
kandidieren *v* выдвига́ть кандидату́ру, баллоти́роваться *impf*
kandiert *adj* заса́харенный, глази-ро́ванный
Kanditatur *f* кандидату́ра *f*
Känguru *n ZOOL* кенгуру́ *m*
Kaninchen *n ZOOL* кро́лик *m*
Kanister *m* кани́стра *f,* бидо́н *m*
Kanne *f 1. (für Wasser)* кувши́н *f; 2. (für Milch)* бидо́н *m; 3. (für Tee)* ча́йник *m; 4. (für Kaffee)* кофе́йник *m; 5. (Gießkanne)* ле́йка *f*
Kanon *m MUS* кано́н *m*
Kanone *f MIL* ору́дие *n,* пу́шка *f*
Kante *f 1. (Schnittlinie)* край *m,* кро́мка *f,* у́гол *m; 2. (Rand)* край *m; (fig) auf die hohe ~ legen* откла́дывать де́ньги на чёрный день; *auf der hohen ~ haben* име́ть сбереже́ния; *3. MATH* грань *f; 4. (Randbesatz)* кайма́ *f,* кант *m*
Kantine *f* столо́вая *f*
Kanu *n* кано́э *n*
Kanüle *f MED* каню́ля *f,* по́лая игла́ *f,* тру́бочка *f*
Kanzel *f REL* церко́вная ка́федра *f*
Kanzlei *f* канцеля́рия *f*
Kanzler(in) *m/f POL* ка́нцлер *m/f*
Kanzleramt *n 1. (Institution) POL* ве́домство *n* ка́нцлера; *2. (Amt des Bundes-kanzlers) POL* до́лжность *f* ка́нцлера
Kap *n GEO* мыс *m*
Kapazität *f 1.* мо́щность *f; 2. (Fassungs-vermögen)* ёмкость *f; 3. (fig)* кру́пный специали́ст *f/m*
Kapelle *f 1. MUS* капе́лла *f,* небольшо́й орке́стр *m; 2. REL* часо́вня *f*
Kaper *f BOT 1. (Strauch)* ка́перс *m; 2. (Gewürz)* ка́персы *pl*
kapieren *v (fam)* соobража́ть, понима́ть
Kapital *n* капита́л *m; aus etw ~ schlagen* извлека́ть вы́году из чего́-л, нажива́ться на чём-л
Kapitalismus *m* капитали́зм *m*
kapitalistisch *adj* капиталисти́ческий
Kapitän *m 1. (Schiffskapitän)* капита́н *m; 2. (Flugkapitän)* команди́р *m/f* корабля́ (самолёта)
Kapitel *n* глава́ *f*
Kapitulation *f* капитуля́ция *f*
kapitulieren *v* капитули́ровать *impf/pf,* сдава́ться
Kaplan *m REL* каппела́н *m (помо́щник свяще́нника в католи́ческой це́ркви)*
Kappe *f 1. (Kopfbedeckung)* ша́пка *f; etw auf seine ~ nehmen (fig)* брать что-л на свою́ отве́тственность; *2. (Verschlusskappe)* колпачо́к *m,* кры́шка *f*
kapriziös *adj* капри́зный, своенра́вный
Kapsel *f 1. (Behältnis)* футля́р *m,* коро́б-ка *f; 2. MED* ка́псула *f; 3. TECH* кожу́х *m; 4. (Raumfahrt)* ка́псула *f,* поса́дочный отсе́к *m,* спуска́емый аппара́т *m*
kaputt *adj 1. (defekt)* сло́манный, испо́рченный; *2. (zerschlagen)* разби́тый; *3. (zerrissen)* разо́рванный; *4. (zerstört)* разру́шенный; *5. (fam: müde)* уста́лый, разби́тый *(fam)*
kaputtgehen *v 1. (defekt werden)* лома́ться, по́ртиться; *2. (sich zerschlagen)* разби-ва́ться; *3. (zerreißen)* разрыва́ться; *4. (zer-fallen)* разруша́ться, разва́ливаться; *5. (fam: zugrunde gehen)* погиба́ть, ги́бнуть
kaputtlachen *v sich ~ (fam)* надрыва́ться (ло́паться) со́ смеху *(fam)*
Kapuze *f* капюшо́н *m*
Karaffe *f* графи́н *m*
Karat *n* кара́т *m*
Karate *n SPORT* карате́ *n*
Karawane *f* карава́н *m*
Kardinal *m REL* кардина́л *m*
Kardinalzahl *f 1. MATH* кардина́льное число́ *n; 2. GRAMM* коли́чественное числи́тельное *n*
Kardiologie *f MED* кардио́лог *f*
Karfreitag *m REL* страстна́я пя́тница *f*
karg *adj* ску́дный, убо́гий, жа́лкий
kariert *adj 1.* клётчатый, в клёточку; *2. (seltsam)* стра́нный
Karies *f MED* ка́риес *m*
Karikatur *f* карикату́ра *f,* шарж *m*
Karikaturist(in) *m/f* карикатури́ст *m/f,* шаржи́ст *m/f*
karikieren *v* представля́ть что-л в кари-кату́рном ви́де
Karneval *m* карнава́л *m*
Karnevalszug *m* карнава́льное ше́ствие *n*
Karosserie *f TECH* ку́зов *m*
Karotte *f BOT* морко́вь *f*
Karpfen *m ZOOL* карп *m*
Karren *m* теле́га *f,* та́чка *f; (fig) den ~ aus dem Dreck ziehen* выправля́ть (нала́-живать) де́ло, выпу́тываться; *jdm an den ~ fahren* придира́ться к кому́-л, не дава́ть поко́я кому́-л
Karriere *f* карьера *f; ~ machen* де́лать карье́ру
Karte *f 1. (Eintrittskarte)* биле́т *m; 2. (An-*

sichtskarte) откры́тка *f; 3. (Speisekarte)* меню́ *n; 4. (Visitenkarte)* визи́тная ка́рточка *f; 5. (Landkarte)* (географи́ческая) ка́рта *f; 6. (Spielkarte)* игра́льная ка́рта *f; (fig) alle ~n in der Hand haben* име́ть все ка́рты (ни́ти) в рука́х, располага́ть все́ми возмо́жностями; *schlechte ~n haben* име́ть плохи́е ша́нсы; *seine ~n offen auf den Tisch legen* раскрыва́ть свои́ ка́рты; *alles auf eine ~ setzen* ста́вить всё на одну́ ка́рту; *jdm in die ~n schauen* загля́дывать в чьи-л ка́рты, разга́дывать чьи-л наме́рения; *mit offenen ~n spielen* игра́ть в откры́тую, де́йствовать откры́то; *mit gezinkten ~n spielen* игра́ть краплёными (ме́чеными) ка́ртами
Kartei *f* картоте́ка *f*
Kartell *n ECO* карте́ль *m*
Kartenspiel *n* игра́ *f* в ка́рты, ка́рточная игра́ *f*
Kartoffel *f BOT* карто́фель *f,* карто́шка *f (fam); jdn fallen lassen wie eine heiße ~ (fig)* бро́сить кого́-л безогово́рочно, наотре́з отказа́ть кому́-л в подде́ржке
Kartoffelbrei *m GAST* карто́фельное пюре́ *n*
Karton *m 1. (Material)* карто́н *m; 2. (Schachtel)* карто́нная коро́бка *f*
Karussell *n* карусе́ль *f*
kaschieren *v 1.* скрыва́ть, пря́тать, маскирова́ть; *2. TECH* каши́ровать *impf/pf*
Käse *m 1. GAST* сыр *m; 2. (fam: Unsinn)* ерунда́ *f,* чепуха́ *f,* бред *m (fig)*
Kaserne *f MIL* каза́рма *f*
Kasse *f 1.* ка́сса *f; 2. (Bargeld)* де́ньги *pl* (в ка́ссе), нали́чные *pl; (fig) bei ~ sein* быть при деньга́х; *tief in die ~ greifen müssen* быть вы́нужденным раскошели́ться; *jdn zur ~ bitten* проси́ть кого́-л расплати́ться по счёту; *2. (Krankenkasse)* больни́чная ка́сса *f; 3. (Sparkasse)* сберега́тельная ка́сса *f,* сберка́сса *f*
Kassenzettel *m* ка́ссовый чек *m*
Kassette *f* кассе́та *f*
Kassettenrekorder *m* кассе́тный магнитофо́н *m,* кассе́тник *m (fam)*
kassieren *v 1.*получа́ть (собира́ть) де́ньги; *2. (fig: aneignen)* прикарма́нивать *(fam),* прибира́ть к рука́м *(fam)*
Kassierer(in) *m/f* касси́р *m/f*
Kastanie *f BOT* кашта́н *m; für jdn die ~n aus dem Feuer holen (fig)* таска́ть кашта́ны из огня́ для кого́-л *(fig)*
Kasten *m* я́щик *m; etw auf dem ~ haben (fam)* хорошо́ сообража́ть, быть челове́ком с голово́й, у кого́-л непло́хо ва́рит котело́к *(fam)*
kastrieren *v MED* оскопля́ть, кастри́ровать *impf/pf*
Katalog *m* катало́г *m*
Katalysator *m TECH* катализа́тор *m*
Katarr *m MED* ката́р *m*
katastrophal *adj* катастрофи́ческий, катастрофи́чный, ужа́сный *(fam)*
Katastrophe *f* катастро́фа *f*
Katastrophenalarm *m* авари́йная трево́га *f*
Katechismus *m REL* катехи́зис *m*
Kategorie *f* катего́рия *f*
kategorisch *adj* категори́ческий, категори́чный, безусло́вный, реши́тельный
Kater[1] *m ZOOL* кот *m*
Kater[2] *m (fam) 1. (Katzenjammer)* похме́лье *n; 2. (Muskelkater) MED* мы́шечная боль *f*
Kathedrale *f REL* кафедра́льный собо́р *m*
Katheter *m MED* кате́тер *m*
Katholik(in) *m/f REL* като́лик *m,* католи́чка *f*
katholisch *adj REL* католи́ческий
Katze *f ZOOL* ко́шка *f; (fig) die ~ im Sack kaufen* покупа́ть кота́ в мешке́; *die ~ aus dem Sack lassen* разглаша́ть та́йну; *mit jdm Katz und Maus spielen* игра́ть с кем-л как ко́шка с мы́шкой; *für die Katz sein* что-л коту́ под хвост, что-л напра́сно
Katzensprung *m (fam)* что-л совсе́м ря́дом, что-л нахо́дится в двух шага́х *(fig),* руко́й пода́ть *(fig); Es ist nur einen ~ entfernt.* Э́то нахо́дится отсю́да в двух шага́х.
kauen *v 1.* жева́ть, пережёвывать; *2. (benagen)* куса́ть, грызть (но́гти)
kauern *v* сиде́ть на ко́рточках
Kauf *m* поку́пка *f,* заку́пка *f,* ку́пля *f; etw in ~ nehmen (fig)* мири́ться с чем-л
kaufen *v* покупа́ть; *sich jdn ~ (fig)* добра́ться *pf* до кого́-л *(fig)*
Käufer(in) *m/f* покупа́тель(ница) *m/f*
Kaufhaus *n* универса́льный магази́н *m,* универма́г *m*
Kaufkraft *f ECO* покупа́тельная спосо́бность *f*
käuflich *adj 1.* име́ющийся в прода́же, приобрета́емый посре́дством прода́жи; *2. (fig: bestechlich)* прода́жный
Kaufmann *m* коммерса́нт *m*
kaufmännisch *adj* комме́рческий, торго́вый
Kaufpreis *m* покупна́я цена́ *f*

Kaufvertrag *m* договóр *m* кýпли-продáжи
Kaugummi *m* GAST жевáтельная резúнка *f*, жевáчка *f (fam)*
Kaulquappe *f* ZOOL головáстик *m*
kaum *adv 1.* едвá, с трудóм, коé-как, éле-éле *(fam)*; *konj 2.* едвá, как тóлько; *Kaum war ich aus der Wohnung, fing es an zu regnen.* Как тóлько я вы́шел из квартúры, пошёл дождь.
Kaution *f* залóг *m*, (дéнежное) поручúтельство *n*
Kavalier *m* кавалéр *m*
Kaviar *m* GAST икрá *f*
Kegel *m 1. (zum Spiel)* кéгля *f*; *2.* MATH кóнус *m*
Kegelbahn *f* кегельбáн *f*
kegeln *v* игрáть в кéгли
Kehle *f* ANAT глóтка *f*, гóрло *f*; *(fig) jdm die ~ zuschnüren* комý-л сдáвливает глóтку от чегó-л; *sich die ~ aus dem Hals schreien* кричáть до хрипоты́; *eine trockene ~ haben* у когó-л в гóрле пересóхло; *etw in die falsche ~ bekommen* преврáтно понимáть что-л; *Jetzt geht es ihm an die ~.* Тепéрь егó возьмýт за глóтку.
Kehrbesen *m* метлá *f*
kehren[1] *v (fegen)* подметáть
kehren[2] *v (wenden)* поворáчивать; *in sich gekehrt* ушéдший в себя́, углублённый в свои́ мы́сли; *jdm den Rücken ~* поворáчиваться спинóй к комý-л
Kehrschaufel *f* совóк *m* (для мýсора)
Kehrseite *f* оборóтная (обрáтная) сторонá *f*; *die ~ der Medaille (fig)* обрáтная сторонá медáли *(fig)*
kehrtmachen *v 1.* поворáчивать назáд; *2.* MIL поворáчиваться кругóм
Keil *m* клин *m*
Keilerei *f (fam)* потасóвка *f*, дрáка *f*
Keim *m 1. (fig)* зарóдыш *m*; *etw im ~ ersticken (fig)* задавúть что-л в зарóдыше *(fig)*; *2.* BIO ростóк *m*, зарóдыш *m*, зачáток *m*; *3. (Krankheitserreger)* MED микрóб *m*, микрооргани́зм *m*, инфекциóнное начáло *n*
keimen *v 1.* BIO прорастáть, пускáть росткú; *2. (fig)* зарождáться, возникáть
Keimzelle *f 1. (fig)* первúчная ячéйка *f*; *2.* BIO зарóдышевая клéтка *f*, гоноцúт *m*
kein(e) *adj* никакóй *m*, никакáя *f*, накакóе *n*, никакúе *pl*
keine(r,s) *pron* никтó
keinerlei *adj* никакóй
keinesfalls *adv* ни в кóем слýчае, отню́дь не
keineswegs *adv* никóим образóм, отню́дь не
Keks *m* GAST (сухóе) печéнье *n*
Kelch *m* чáша *f*, кýбок *m*
Kelle *f 1. (Schöpfkelle)* разливáтельная лóжка *f*, полóвник *m (fam)*; *2. (Maurerkelle)* мастерóк *m*
Keller *m 1. (Gebäudegeschoss)* подвáл *m*; *2. (als Speisekammer)* пóгреб *m*; *Weinkeller* ви́нный пóгреб; *3. (Schutzraum)* MIL (бомбо)убéжище *n*
Kellner(in) *m/f* официáнт(ка) *m/f*
keltern *v* выжимáть, выдáвливать (сок из виногрáда)
kennen *v irr* знать; *Da kennt er gar nichts! (fam)* Тогдá он ни пéред чем не остáнавливается; *jdn ~ lernen* знакóмиться с кем-л
Kenner(in) *m/f* знатóк *m/f*
Kenntnis *f 1. (Wissen)* знáние *n*, знáния *n/pl*; *2. (Bekanntsein)* знáние *n*; *3. (Nachricht)* свéдения *n/pl*; *etw zur ~ nehmen* принимáть что-л к свéдению; *sich jds ~ entziehen* о чём-л комý-л ничегó неизвéстно; *jdn von etw in ~ setzen* стáвить когó-л в извéстность о чём-л
Kenntnisnahme *f* приня́тие *n* чегó-л к свéдению, ознакомлéние *n* с чем-л; *zur ~* к свéдению
Kennwort *n* парóль *m*
Kennzeichen *n 1. (Merkmal)* примéта *f*, при́знак *m*; *2. (Autokennzeichen)* нóмерный знак *m*
kennzeichnen *v 1. (markieren)* мéтить, помечáть, маркировáть *impf/pf*; *2. (charakterisieren)* характеризовáть
kentern *v* перевёртываться, опрокúдываться
Keramik *f* керáмика *f*
Kerbe *f* засéчка *f*, зарýбка *f*, насéчка *f*
Kerker *m* застéнок *m*, тюрьмá *f*, темнúца *f*
Kerl *m (fam) 1.* пáрень *m*; *2. (verächtlich)* тип *m*, субъéкт *m*
Kern *m 1. (Obstkern)* кóсточка *f*, зернó *n*, сéмя *n*; *2. (Nuss)* ядрó *n*; *3. (fig: Mittelpunkt)* центр *m*; *4. (fig: Wesentliches)* суть *f*, сýщность *f*; *5.* PHYS ядрó *n*
Kernenergie *f* PHYS я́дерная энéргия *f*
Kernkraftwerk *n* áтомная электростáнция *f* (AЭ́С)
Kernkraftgegner *m* антиáтомщик *m*
Kerze *f* свечá *f*, свéчка *f (fam)*

Kerzenlicht *n 1.* свет *m* (от) свечи́; *2. (bei ~)* при свеча́х
Kerzenständer *m* канделя́бр *m*, подсве́чник *m*
kess *adj 1. (dreist)* де́рзкий, на́глый; *2. (schick)* шика́рный
Kessel *m 1. (Kochgefäß, Heizkessel)* котёл *m; 2. (Gebirgskessel)* GEO котлови́на *f; 3.* MIL кольцо́ *n* окруже́ния
Kette *f 1.* цепь *f; (fig) jdn an die ~ legen* держа́ть кого́-л на при́вязи; *an der ~ liegen* быть (как) на цепи́, не име́ть свобо́ды де́йствий; *2. (Schmuck)* цепо́чка *f*, бу́сы *pl; 3. (Serie)* се́рия *f*, ряд *m*
Kettenreaktion *f* PHYS цепна́я реа́кция *f*
Ketzer(in) *m/f* REL ерети́к *m*, ерети́чка *f*
ketzerisch *adj* REL ерети́ческий
keuchen *v* тяжело́ дыша́ть, задыха́ться, пыхте́ть
Keuchhusten *m* MED коклю́ш *m*
Keule *f 1.* дуби́на *f*, була́ва *f; 2.* GAST ля́жка *f*, но́жка *f* (ку́рицы)
keusch *adj* целому́дренный
kichern *v* хихи́кать
kidnappen *v* похища́ть (с це́лью получе́ния вы́купа)
Kiefer[1] *f* BOT сосна́ *f*
Kiefer[2] *m* ANAT че́люсть *f*
Kieferorthopädie *f* MED че́люстная ортопе́дия *f*, ортодонти́я *f*
Kieme *f* ZOOL жа́бра *f; etw zwischen die ~n bekommen (fam)* быть голо́дным
Kies *m 1.* гра́вий *m; 2. (fam: Geld)* деньжа́та *pl (fam)*, ба́бки *pl (fam)*
Kieselstein *m* га́лька *f*, голы́ш *m*
Kilogramm *n* килогра́мм *m*
Kilometer *m* киломе́тр *m*
Kilowatt *n* килова́тт *m* (кВт)
Kind *n 1.* ребёнок *m; 2. (Kleinkind)* младе́нец *m; (fig) kein ~ von Traurigkeit sein* быть люби́телем повесели́ться; *bei jdm lieb ~ sein* быть чьим-л люби́мчиком, быть у кого́-л в осо́бой ми́лости; *das ~ beim richtigen Namen nennen* называ́ть ве́щи свои́ми имена́ми; *mit ~ und Kegel* со все́ми ча́дами и домоча́дцами, со все́ми причинда́лами; *Wir werden das ~ schon schaukeln!* Уж мы э́то де́ло ула́дим!
Kinderarzt *m* де́тский врач *m/f*, педиа́тр *m/f*
Kindergarten *m* де́тский сад *m*
Kindergärtnerin *f* воспита́тельница *f* де́тского са́да
Kinderheim *n* де́тский дом *m*, детдо́м *m*
Kinderhort *m* гру́ппа *f* продлённого дня
Kindermädchen *n* ня́ня *f*
kinderreich *adj* многоде́тный
Kinderwagen *m* де́тская коля́ска *f*
Kinderzimmer *n* де́тская ко́мната *f*
Kindesmissbrauch *m* педофи́лия *f*, растле́ние *n* дете́й
Kindheit *f 1.* де́тство *n; 2. (früheste Kindheit)* младе́нчество *n*
kindisch *adj 1.* ребя́ческий, мальчи́шеский, де́тский; *adv 2.* по-де́тски
Kinn *n* ANAT подборо́док *m*
Kinnhaken *m* уда́р *m* в подборо́док, боково́й уда́р *m* в че́люсть
Kino *n* CINE кино́ *n*
Kinohit *m* CINE кинохи́т *m*
Kiosk *m* кио́ск *m*
kippen *v 1. (um ~)* опроки́дывать(ся); *2. (ausschütten)* высыпа́ть, вылива́ть
Kirche *f* це́рковь *f; (fig) die ~ im Dorf lassen* не преувели́чивать, не впада́ть в кра́йности; *die ~ ums Dorf tragen* де́лать большо́й крюк вокру́г чего́-л
Kirchenlied *n* церко́вный хора́л *m*
kirchlich *adj* церко́вный
Kirchturm *m* церко́вная ба́шня *f*, колоко́льня *f*
Kirsche *f* BOT *1.* ви́шня *f; 2. (Süßkirsche)* чере́шня *f; (fig) Mit ihm ist nicht gut ~n essen!* С ним лу́чше де́ла не име́ть!
Kissen *n* поду́шка *f*
Kissenbezug *m* на́волочка *f*
Kiste *f* я́щик *m*, сунду́к *m*, ларь *m*
Kitsch *m* безвку́сица *f*
kitschig *adj* безвку́сный
Kittel *m* хала́т *m*, спецо́вка *f*
kitten *v 1. (mit Kitt bestreichen)* зама́зывать; *2. (verbinden)* скле́ивать, прикрепля́ть что-л к чему́-л; *3. (fig: befestigen)* скле́ивать (дру́жбу) *(fig)*
kitzelig *adj* щекотли́вый
kitzeln *v* щекота́ть
Kiwi *f* BOT ки́ви *m*
klaffen *v* зия́ть
kläffen *v* тя́вкать, га́вкать, бреха́ть
Klage *f 1.* жа́лоба *f*, стон *m*, стена́ние *n*, плач *m; 2.* JUR иск *m*
klagen *v 1. ~ über* жа́ловаться (се́товать) на кого́-л/что-л; *2.* JUR ~ gegen подава́ть в суд на кого́-л; *3. (Zivilklage)* JUR ~ gegen предъявля́ть иск к кому́-л
Kläger(in) *m/f 1.* JUR жа́лобщик *m*, жа́лобщица *f; 2. (Zivilklage)* JUR исте́ц *m*, исти́ца *f*

kläglich *adj* жа́лкий, убо́гий, плачёвный
klamm *adj 1. (Wetter)* вла́жный, сыро́й, промо́зглый; *2. (Finger)* онеме́лый, окоченёвший
Klammer *f 1. (Büroklammer)* скре́пка *f; 2. (Heftklammer)* ско́бка *f* (для сшива́ния бума́г); *3. (Wäscheklammer)* прище́пка *f; 4.* GRAMM ско́бка *f*
Klamotten *pl (fam)* тря́пки *f/pl (fam),* шмо́тки *pl (fam)*
Klang *m* звук *m,* звон *m,* звуча́ние *n,* тон *m*
klangvoll *adj* зву́чный, зво́нкий
Klappbett *n 1.* раскладна́я крова́ть *f,* раскладу́шка *f (fam); 2. (an der Wand befestigt)* откидна́я крова́ть *f*
Klappe *f 1. (Verschluss)* кры́шка *f,* засло́нка *f,* кла́пан *m; 2. (fam: Mund)* рот *m; (fam) eine große ~ haben* быть трепачо́м, моло́ть языко́м
klappen *v (fig: gelingen)* получа́ться, удава́ться, идти́ на лад
klapperig *adj 1. (Sache)* дребезжа́щий, громыха́ющий; *2. (Person)* дря́хлый, хи́лый
klappern *v* стуча́ть, громыха́ть, греме́ть
Klappstuhl *m* складно́й стул *m*
Klapptisch *m 1.* складно́й стол *m; 2. (an der Wand befestigt)* откидно́й стол *m*
klar *adj 1. (Flüssigkeit)* прозра́чный; *Das ist ~ wie Kloßbrühe! (fam)* Я́сно как бо́жий день! *(fig); 2. (Luft)* чи́стый; *3. (Aussage)* я́сный, поня́тный, вня́тный; *4. (Wetter)* я́сный
Kläranlage *f* очистна́я устано́вка *f*
klären *v 1. (reinigen)* очища́ть; *2. (Situation)* выясня́ть, разреша́ть; *Es hat sich geklärt.* Всё уже́ разреши́лось.
Klarheit *f 1. (einer Flüssigkeit)* прозра́чность *f; 2. (der Luft)* чистота́ *f; 3. (des Verstandes)* я́сность *f*
Klarinette *f* MUS кларне́т *m*
klarmachen *v 1. (erklären)* разъясня́ть, объясня́ть; *2. (bereitmachen)* гото́вить к чему́-л
klarstellen *v* уточня́ть
Klärung *f 1. (Reinigung)* очи́стка *f; 2. (Klarstellung)* уточне́ние *n,* поясне́ние *n*
Klasse *f 1. (Kategorie)* класс *m,* катего́рия *f,* разря́д *m; 2. (Schulklasse)* класс *m* (в шко́ле); *3. (soziale ~)* класс *m* (в о́бществе)
Klassifikation *f* классифика́ция *f*
Klassik *f 1. (Zeitabschnitt)* анти́чный мир *m,* анти́чность *f; 2. (Epoche)* эпо́ха *f* расцве́та культу́ры; *3. (Stil)* кла́ссика *f; 4.* MUS класси́ческая му́зыка *f*
Klassiker *m 1. (Person)* кла́ссик *m; 2. (Werk)* класси́ческое произведе́ние *n,* кла́ссика *f*
klassisch *adj* класси́ческий
Klassizismus *m* классици́зм *m*
Klatsch *m (fam)* спле́тни *f/pl,* пересу́ды *pl*
klatschen *v 1. (Geräusch)* хло́пать, стуча́ть, шлёпать *(fam); 2. (Beifall ~)* хло́пать в ладо́ши, аплоди́ровать, рукоплеска́ть; *2. (schlagen)* бить, шлёпать *(fam); jdm eine ~* дать кому́-л пощёчину; *3. (negativ reden)* спле́тничать, суда́чить
Klatschspalte *f* коло́нка *f* сканда́льной хро́ники (в пре́ссе)
klauen *v (fam)* красть, ворова́ть
Klausel *f* JUR огово́рка *f*
Klausur *f 1. (Prüfung)* пи́сьменная контро́льная рабо́та *f; 2. (Abgeschiedenheit)* REL затво́рничество *n,* отше́льничество *n; in ~ tagen (fig)* заседа́ть при закры́тых дверя́х
Klavier *n* MUS *1.* фортепья́но *n,* пиани́но *n; 2. (Flügel)* роя́ль *m*
Klebeband *n* кле́йкая ле́нта *f,* «скотч» *m*
kleben *v 1.* кле́ить, скле́ивать; *2. (ankleben)* накле́ивать, прикле́ивать; *jdm eine ~ (fam)* дать кому́-л пощёчину
klebrig *adj* ли́пкий, кле́йкий
Klebstoff *m* клей *m,* кле́ящее вещество́ *n*
kleckern *v (fam)* заля́пывать, па́чкать
Klecks *m* кля́кса *f,* пятно́ *n*
Klee *m* кле́вер *m; (fig) jdn über den grünen ~ loben* превозноси́ть кого́-л до небе́с
Kleid *n* пла́тье *n,* оде́жда *f*
kleiden *v 1. sich ~* одева́ться; *2. (gut aussehen)* наряжа́ться, хорошо́ одева́ться
Kleiderbügel *m* ве́шалка *f,* пле́чики *pl (fam)*
Kleiderhaken *m* крючо́к *m* для оде́жды
Kleiderschrank *m* платяно́й шкаф *m,* гардеро́б *m*
Kleidung *f* оде́жда *f*
klein *adj 1.* ма́ленький, ма́лый, небольшо́й; *2. (jünger)* мла́дший; *3. (unbedeutend)* незначи́тельный
Kleingedrucktes *n* ме́лко напеча́танный текст *m*
Kleingeld *n* ме́лочь *f,* ме́лкие де́ньги *pl*
Kleinigkeit *f* ме́лочь *f,* пустя́к *m*
kleinlaut *adj* прити́хший, смущённый, расте́рянный
kleinlich *adj 1. (engstirnig)* ме́лочный, ограни́ченный; *2. (geizig)* ме́лочный, копее́чный

kleinmütig *adj* малоду́шный, ро́бкий, трусли́вый
Kleinod *n* драгоце́нность *f,* сокро́вище *n*
Kleinstadt *f* ма́ленький (провинциа́льный) го́род *m*
Klemme *f 1.* зажи́м *m,* кле́мма *f; 2. (Haar~)* зако́лка *f; 3. (fig: Notlage)* затрудни́тельное положе́ние *n; in der ~ sitzen* быть в затрудни́тельном положе́нии
klemmen *v 1. (quetschen)* прищемля́ть, защемля́ть; *2. (stecken)* сова́ть, зажима́ть
Klempner *m* сле́сарь-сантéхник *m,* водопрово́дчик *m (fam)*
Klerus *m REL* духове́нство *n,* клир *m*
Klette *f 1. BOT* лопу́х *m,* репе́йник *m; 2. (fam)* репе́й *m,* прилипа́ла *f/m; eine ~ sein* пристава́ть как репе́й
klettern *v ~ auf* ла́зить/ла́зать на чём-л, лезть на что-л, взбира́ться на что-л
Klient(in) *m/f* клие́нт(ка) *m/f*
Klima *n* кли́мат *m*
Klimaanlage *f* кондиционе́р *m*
klimatisch *adj* климати́ческий
Klimazone *f* климати́ческая зо́на *f*
Klinge *f* ле́звие *n,* клино́к *m; (fig) eine scharfe ~ führen* быть о́стрым на сло́во; *jdn über die ~ springen lassen* наме́ренно губи́ть кого́-л, прова́ливать кого́-л
Klingel *f* звоно́к *m*
klingeln *v* звони́ть; *(fam) Jetzt klingelt's bei mir!* Тепе́рь до меня́ дошло́!
klingen *v irr 1. (Glocke)* звони́ть; *2. (Glas)* звене́ть; *3. (ertönen)* раздава́ться, звуча́ть; *4. (zu hören sein)* доноси́ться; *5. (sich anhören)* звуча́ть; *Das klingt merkwürdig.* Э́то звучи́т стра́нно.
Klinik *f* кли́ника *f*
klinisch *adj* клини́ческий
Klinke *f 1. (Türgriff)* дверна́я ру́чка *f; (fig) jdm die ~ in die Hand drücken* ука́зывать кому́-л на дверь, выпрова́живать кого́-л; *~n putzen* ходи́ть по дома́м; *2. TECH* защёлка *f,* соба́чка *f (fig)*
Klippe *f 1.* утёс *m,* скала́ *f; 2. (fig: Schwierigkeit)* препя́тствие *n,* тру́дность *f*
klirren *v (Ton)* звене́ть, дребезжа́ть, звя́кать, бря́цать
klirrend *adj 1. (Ton)* звеня́щий, дребезжа́щий; *2. ~e Kälte* трееску́чий моро́з
Klischee *n* клише́ *n,* стереоти́п *m*
Klo *n (fam)* убо́рная *f,* туале́т *m,* сорти́р *m (fam)*
klonen *v BIO* клони́ровать *impf/pf*
klopfen *v 1. (pochen an)* стуча́ть во что-л/по чему́-л; *2. (auf die Schulter ~)* хло́пать (по плечу́); *3. (schlagen)* бить, колоти́ть; *4. (Herz)* стуча́ть, би́ться; *5. (Motor)* стуча́ть
Klosett *n* убо́рная *f,* туале́т *m,* сорти́р *f (fam)*
Kloß *m 1. GAST* клёцка *f,* фрикаде́лька *f; 2. (Klumpen)* ком *m; (fig) einen ~ im Hals haben* у кого́-л комо́к в го́рле
Kloster *n REL* монасты́рь *m*
Klotz *m 1.* коло́да *f,* чурба́н *m; (fig) sich einen ~ ans Bein binden* взва́ливать на себя́ обу́зу; *einen ~ am Bein haben* нести́ тяжёлую но́шу; *2. (Spielklotz)* ку́бики *m/pl; 3. (Mensch)* гру́бый, неотёсанный челове́к *m,* чурба́н *m (fam)*
Klub *m* клуб *m*
Klubmitglied *n* член *m* клу́ба
Kluft *f 1. (Abgrund)* про́пасть *f,* бе́здна *f; 2. (fam: Kleidung)* оде́жда *f; 3. (fig: Gegensatz)* про́пасть *f,* по́лное расхожде́ние *n*
klug *adj* у́мный, (благо)разу́мный; *aus jdm nicht ~ werden (fig)* не понима́ть кого́-л
Klugheit *f* ум *m,* ра́зум *m,* благоразу́мие *n*
knabbern *v 1.* грызть; *2. (naschen)* ла́комиться; *3. (fig: sich abmühen)* труди́ться; *jmd hat an etw zu ~* кому́-л прихо́дится поте́ть (пыхте́ть) над чем-л
Knabe *m* ма́льчик *m,* ю́ноша *m*
knabenhaft *adj* мальчи́шеский, ребя́ческий
knacken *v 1. (Nüsse)* щёлкать; *2. (fam: aufbrechen)* взла́мывать; *3. (Möbel, Bäume)* треща́ть, скрипе́ть
Knacks *m 1. (Geräusch)* треск *m,* хруст *m; 2. (Sprung)* тре́щина *f; 3. (fig: Schaden)* разла́д *m; Ihre Ehe hat einen ~ bekommen.* В их бра́ке наме́тился разла́д.
Knall *m 1. (Explosion)* взрыв *m; Urknall* Большо́й взрыв; *2. (leichter ~)* хлопо́к *m,* хло́панье *n,* треск *m,* щёлканье *n; 3. (Schussgeräusch)* вы́стрел *m; 4. (Detonationsgeräusch)* гро́хот *m; (fam) einen ~ haben* свихну́ться *pf,* спя́тить *pf,* чо́кнуться *pf*
knallen *v 1. (explodieren)* взрыва́ться; *2. (leichten Knall erzeugen)* хло́пать; *3. (schießen)* стреля́ть, пали́ть; *4. (Tür schließen)* хло́пать; *5. (Sonne)* пали́ть; *6. (schlagen)* бить; *jdm eine ~ (fam)* влепи́ть кому́-л пощёчину *(fam)*
knallhart *adj* ре́зкий, жёсткий, категори́чный
Knallkörper *m* петарда *f,* хлопу́шка *f*

knapp *adj 1. (gering)* ску́дный, дефици́тный, ограни́ченный; *2. (eng)* те́сный, у́зкий; *3. (fig: kurz gefasst)* сжа́тый, немногосло́вный, лакони́чный, кра́ткий; *adv 4.*едва́, ме́нее чем, в обре́з; *Er ist ~ zwei Jahre alt.* Ему́ едва́ два го́да. *Das ist ~ ein Jahr her.* Э́то бы́ло ме́нее чем год тому́ наза́д. *Ich bin mit der Zeit sehr ~.* У меня́ вре́мени в обре́з. *mit ~er Not* едва́-едва́, с трудо́м

Knappheit *f 1. (Mangel)* недоста́ток *m,* ограни́ченность *f; 2. (Lakonismus)* сжа́тость *f,* немногосло́вность *f,* лакони́чность *f,* кра́ткость *f*

knarren *v* скрипе́ть, треща́ть

Knast *m (fam)* тюрьма́ *f,* тюря́га *f (fam),* куту́зка *f (fam); Er ist in den ~ gesteckt worden.* Его́ посади́ли в тюря́гу.

knattern *v 1.* треща́ть; *2. (Fahrzeuge)* тарахте́ть

knauserig *adj (fam)* жа́дный, скупо́й, ска́редный

Knebel *m* кляп *m*

Knecht *m* слуга́ *f,* рабо́тник *m,* батра́к *m*

Knechtschaft *f* ра́бство *n,* кабала́ *f*

kneifen *v irr 1. (zwicken)* щипа́ть, ущи́пывать; *2. (fam: sich drücken)* увиливать *(fam)*

Kneipe *f* пивна́я *f,* пивну́шка *f (fam),* каба́к *m,*练 тракти́р *m*

kneten *v 1. (formen)* лепи́ть; *2. (Teig)* меси́ть, заме́шивать

Knick *m 1. (Straßenknick)* поворо́т *m,* изги́б *m; 2. (Papierknick)* сгиб *m,* заги́б *m*

knicken *v 1. (falten)* сгиба́ть, загиба́ть, скла́дывать; *2. (abknicken)* отла́мывать, лома́ть, надла́мывать

Knicks *m* кни́ксен *m,* рефера́нс *m,* приседа́ние *n*

Knie *n ANAT* коле́но *n; (fig) weiche ~ bekommen* у кого́-л подка́шиваются но́ги; *jdn auf die ~ zwingen* поста́вить кого́-л на коле́ни; *vor jdm auf den ~n rutschen* по́лзать пе́ред кем-л на коле́нях; *jdn übers ~ legen* вы́пороть кого́-л; *etw übers ~ brechen* де́лать что-л на́спех

knien *v 1.* стоя́ть на коле́нях; *2. (sich nieder~)* опуска́ться (станови́ться) на коле́ни

Kniescheibe *f ANAT* коле́нная ча́шечка *f*

Kniestrumpf *m* гольф *m,* чуло́к *m* до коле́н

kniffelig *adj (fam) 1.* мудрёный, замыслова́тый; *2. (heikel)* щекотли́вый *(fam)*

knipsen *v 1. (fotografieren)* снима́ть, фотографи́ровать, щёлкать; *2. (Fahrkarte)* компости́ровать, пробива́ть (биле́т)

Knirps *m 1. (Kind)* карапу́з *m,* малы́ш *m; 2. (kleiner Mensch)* короты́шка *m/f (fam)*

knirschen *v 1.* хрусте́ть, скрипе́ть; *2. (mit den Zähnen ~)* скрежета́ть (зуба́ми)

knistern *v 1. (Papier)* шелесте́ть, шурша́ть; *2. (Feuer)* треща́ть, потре́скивать; *3. ~ vor Spannung (fig)* быть наэлектризо́ванным *(fig),* находи́ться в состоя́нии кра́йнего возбужде́ния

knittern *v* мять, ко́мкать

Knoblauch *m BOT* чесно́к *m*

Knöchel *m 1. (Fußknöchel) ANAT* лоды́жка *f,* щи́колотка *f; 2. (Fingerknöchel) ANAT* сгиб *m* па́льцев, пе́рсное сочлене́ние *n*

Knochen *m ANAT* кость *f; (fig) bis auf die ~* до мо́зга косте́й; *in die ~ fahren* си́льно поде́йствовать; *Das steckt mir in den ~.* Э́то у меня́ в крови́.

Knochenbruch *m MED* перело́м *m* ко́сти

Knödel *m GAST* клёцка *f,* фрикаде́лька *f,* тефте́лька *f*

Knolle *f BOT* клу́бень *m*

Knopf *m 1. (Druckknopf)* кно́пка *f; 2. (Kleidung)* пу́говица *f*

knöpfen *v* застёгивать на пу́говицы

Knopfloch *n* петля́ *f* для пу́говицы

Knorpel *m* хрящ *m*

Knospe *f 1. (eines Blattes) BOT* по́чка *f; 2. (einer Blüte) BOT* буто́н *m*

Knoten *m 1.* у́зел *m; (fig) sich einen ~ ins Taschentuch machen* завя́зывать узело́к на па́мять; *Der ~ ist geplatzt.* Де́ло нала́дилось. *2. MED* наро́ст *m,* о́пухоль *f,* желва́к *m,* у́зел *m*

knoten *v* завя́зывать узло́м

Knüller *m (fam)* сенса́ция *f (о чём-л но́вом)*

knüpfen *v 1. (binden)* завя́зывать; *2. (Teppich)* плести́; *3. (fig: Beziehung)* завя́зывать *(fig),* устана́вливать, нала́живать (конта́кт)

Knüppel *m 1. (Stock)* дуби́нка *f; 2. (Schaltknüppel)* рыча́г *m* включе́ния, ру́чка *f* управле́ния; *jdm einen ~ zwischen die Beine werfen (fig)* ста́вить кому́-л па́лки в колёса *(fig)*

knurren *v 1. (Hund)* рыча́ть; *2. (fig: meckern)* ворча́ть, бурча́ть, брюзжа́ть; *3. (fig: Magen)* урча́ть

knusprig *adj* хрустя́щий

knutschen *v (fam)* целова́ться

Koalition *f POL* коали́ция *f*

Kobold *m* домовóй *m,* чертёнок *m (fig)*
Koch *m* пóвар *m*
Kochbuch *n* повáренная (кулинáрная) кни́га *f*
kochen *v 1.(zubereiten)* готóвить; *2.(garen)* вари́ть, отвáривать; *3. (sieden)* кипяти́ть
kochend *adj* кипу́чий, горя́чий
Kocher *m* при́мус *m,* кероси́нка *f*
Köchin *f* повари́ха *f,* кухáрка *f*
Kochlöffel *m* разливáтельная лóжка *f,* поварёшка *f (fam)*
Kochrezept *n* рецéпт *m* приготовлéния блю́да, кулинáрный рецéпт *m*
Kochtopf *m* кастрю́ля *f,* горшóк *m*
Köder *m* примáнка *f,* нажи́вка *f*
kodieren *v INFORM* коди́ровать *impf/pf,* шифровáть
koffeinfrei *adj* декофеини́рованный, без кофеи́на
Koffer *m* чемодáн *m; ~ packen* паковáть (уклáдывать) чемодáн; *Pack den ~! (fig)* Смáтывайся! *(fam)*
Kofferraum *m* багáжник *m*
Kohl *m BOT* капу́ста *f*
Kohle *f* у́голь *m; (fig) wie auf glühenden ~n sitzen* сидéть как на угля́х (на игóлках)
Kohlehydrat *n CHEM* углевóд *m*
Kohlendioxyd *n CHEM* углеки́слый газ *m,* двуóкись *f* углерóда, диокси́д *m* углерóда, у́гольный ангидри́д *m*
Kohlensäure *f CHEM* углекислотá *f*
Kohlrabi *m BOT* кольрáби *f*
Koje *f* кóйка *f*
Kokain *n* кокаи́н *m*
kokett *adj* кокéтливый
Kokosnuss *f BOT* кокóсовый opéх *m*
Kolben *m 1.(Motorkolben) TECH* пóршень *m; 2.(Gewehrkolben)* прикла́д *m; 3.(Maiskolben) BOT* почáток *m* (кукуру́зы)
Kolik *f MED* кóлика *f*
Kollaps *m MED* коллáпс *m*
Kollege *m* коллéга *m*
Kollegin *f* коллéга *f*
Kollegium *n 1.(Lehrkörper)* преподавáтельский состáв *m; 2. JUR* коллéгия *f; 3.(Rat)* совéт *m,* коллéгия *f*
Kollekte *f REL* сбор *m* пожéртвований (в цéркви)
Kollektion *f* коллéкция *f,* собрáние *n*
kollektiv *adj* коллекти́вный
Kollision *f* колли́зия *f,* столкновéние *n*
Kolonialismus *m POL* колониали́зм *m*
Kolonie *f POL* колóния *f*
Kolonne *f* колóнна *f*
kolossal *adj* колоссáльный, огрóмный, гигáнтский
kolumbianisch *adj* колумби́йский
Kolumbien *n GEO* Колу́мбия *f*
Kolumne *f (einer Zeitung)* колóнка *f,* столбéц *m,* полосá *f*
Koma *n MED* кóма *f*
Kombination *f 1.(Verknüpfung)* комбинáция *f; 2.(Vermutung)* догáдка *f,* предположéние *n; 3.(Zusammenstellung)* сочетáние *n*
kombinieren *v 1.(verknüpfen)* комби-ни́ровать, логи́чески размышля́ть; *2.(vermuten)* догáдываться, предполагáть; *3.(zusammenstellen)* сочетáть, комби-ни́ровать
Komet *m ASTR* комéта *f*
Komfort *m* комфóрт *m,* удóбство *n,* ую́т *m*
komfortabel *adj* комфортáбельный, удóбный, ую́тный
Komik *f* коми́зм *m,* коми́чность *f*
Komiker(in) *m/f* кóмик *m/f*
komisch *adj 1.(spaßig)* смешнóй, забáвный, потéшный, коми́чный; *2.(eigenartig)* стрáнный
Komitee *n* комитéт *m*
Komma *n GRAMM* запятáя *f*
kommandieren *v 1.(befehligen)* комáн-довать; *2.(ab~)* команди́ровать *impf/pf*
Kommanditgesellschaft *f ECO* товá-рищество *n* на вéре, командитное товáрищество *n*
Kommando *n 1.(Befehl)* комáнда *f; 2.(Befehlsgewalt)* комáндование *n*
kommen *v irr* приходи́ть, прибывáть, попадáть; *(fig) auf jdn nichts ~ lassen* не давáть в оби́ду когó-л; *im Kommen sein* наступáет врéмя (пери́од) чегó-л; *wieder zu sich ~* опя́ть прийти́ в себя́; *wenn's hoch kommt* сáмое большóе, мáксимум; *Das kommt davon!* Допрыгáлся! *(fam)* Доигрáлся! *(fam)*
Kommentar *m* комментáрий *m*
Kommentator(in) *m/f* комментáтор *m/f,* обозревáтель(ница) *m/f*
kommentieren *v* комменти́ровать
kommerziell *adj* коммéрческий, торгóвый
Kommilitone *m* сокýрсник *m,* одно-кýрсник *m*
Kommissar(in) *m/f* комиссáр *m/f*
Kommission *f 1.(Ausschuss)* коми́ссия *f; 2.(Auftrag) ECO* комиссиóнное пору-чéние *n,* коми́ссия *f*
Kommode *f* комóд *m*

kommunal *adj* коммуна́льный, муниципа́льный
Kommunalpolitik *f* POL коммуна́льная поли́тика *f*
Kommune *f 1.(Wohngemeinschaft)* гру́ппа *f* совме́стно прожива́ющих, гру́ппа *f* жи́льцов в одно́й кварти́ре; *2. (Gemeinde)* POL комму́на *f,* общи́на *f*
Kommunikation *f* обще́ние *n,* коммуника́ция *f*
Kommunion *f* REL прича́стие *n*
Kommunismus *m* POL коммуни́зм *m*
Kommunist *m* POL коммуни́ст *m*
kommunistisch *adj* POL коммунисти́ческий
kommunizieren *v 1.* обща́ться, вести́ коммуника́цию; *2.* PHYS, MED сообща́ться; *3.* REL причаща́ться
Komödiant(in) *m/f* комедиа́нт(ка) *m/f,* ко́мик *m/f*
Komödie *f* коме́дия *f*
Kompagnon *m* ECO компаньо́н *m*
kompakt *adj* компа́ктный, пло́тный
Kompanie *f* MIL ро́та *f*
Kompass *m* ко́мпас *m*
Kompatibilität *f* совмести́мость *f*
Kompensation *f* компенса́ция *f,* возмеще́ние *n*
kompensieren *v* компенси́ровать *impf/pf,* возмеща́ть
kompetent *adj* компете́нтный
Kompetenz *f 1.* компете́нция *f; 2. (Zuständigkeit)* JUR подве́домственность *f,* ве́дение *n*
komplett *adj* по́лный, компле́ктный
Komplex *m* ко́мплекс *m*
Komplize *m* соуча́стник *m,* соо́бщник *m*
Komplikation *f* осложне́ние *n*
Kompliment *n* комплиме́нт *m; ~e machen* де́лать комплиме́нты
kompliziert *adj* сло́жный
Komplott *n* POL за́говор *m,* сго́вор *m; ein ~ schmieden (fig)* готови́ть за́говор
Komponente *f 1.* компоне́нт *m; 2. (Bestandteil)* составна́я часть *f*
komponieren *v* MUS сочиня́ть (писа́ть) му́зыку
Komposition *f 1. (Zusammenstellung)* компози́ция *f; 2.* MUS музыка́льное произведе́ние *f,* компози́ция *f,* сочине́ние *n*
Kompost *m* AGR компо́ст *m*
Kompott *n* GAST компо́т *m*
Kompresse *f* MED компре́сс *m*
Kompromiss *m* компроми́сс *m*
kompromisslos *adj* бескомпроми́ссный
kompromittieren *v* компромети́ровать
Kondensation *f* конденса́ция *f,* сгуще́ние *n*
Kondensator *m* TECH конденса́тор *m*
Kondition *f 1. (Bedingung)* усло́вие *n,* предпосы́лка *f; 2. (Leistungsfähigkeit)* фо́рма *f* (спорти́вная), состоя́ние *n*
Konditor(in) *m/f* конди́тер *m/f*
Konditorei *f* конди́терская *f*
kondolieren *v* выража́ть соболе́знования
Kondom *n 1. (neutral)* презервати́в *m; 2. (sehr grob)* гондо́н *m (fam) (auch:* гандо́н)
Konfekt *n* GAST (шокола́дные) конфе́ты *f/pl*
Konfektion *f 1. (Fertigkleid)* гото́вое пла́тье *n; 2. (Serienherstellung)* ма́ссовое произво́дство *n* гото́вого пла́тья; *3.(Industriezweig)* шве́йное произво́дство *n*
Konfektionsgröße *f* разме́р *m* оде́жды
Konferenz *f* конфере́нция *f*
Konfession *f* REL вероисповеда́ние *n*
Konfirmation *f* REL конфирма́ция *f*
Konfitüre *f* GAST конфитю́р *m,* варе́нье *n*
Konflikt *m* конфли́кт *m*
Konföderation *f* POL конфедера́ция *f*
konform *adj 1.* одина́ковый, совпада́ющий (во мне́нии); *adv 2.* в соотве́тствии с чем-л, соответстве́нно чему́-л
Konfrontation *f 1.* конфронта́ция *f,* столкнове́ние *n; 2.(Gegenüberstellung)* JUR о́чная ста́вка *f*
konfrontieren *v 1. (konfrontiert werden)* ста́лкиваться; *2. (gegenüberstellen)* JUR устра́ивать о́чную ста́вку
konfus *adj 1.* запу́танный, нея́сный; *2. (Person)* сконфу́женный
Kongress *m* конгре́сс *m,* съезд *m*
Kongresshalle *f* зал *m* для съе́здов (конгре́ссов)
König(in) *m/f* коро́ль *m,* короле́ва *f*
königlich *adj 1.* короле́вский, ца́рский, ца́рственный; *adv 2.* по-короле́вски, по-ца́рски; *~ bewirten* по-ца́рски (ще́дро) принима́ть кого́-л у себя́
Königreich *n* короле́вство *n*
konjugieren *v* GRAMM спряга́ть
Konjunktur *f* ECO конъюнкту́ра *f*
konkret *adj* конкре́тный
Konkurrent(in) *m/f* конкуре́нт(ка) *m/f,* сопе́рник *m,* сопе́рница *f*
Konkurrenz *f 1. (Wettbewerb)* соревнова́ние *n,* состяза́ние *n,* ко́нкурс *m; 2.* ECO конкуре́нция *f*

konkurrenzlos *adj* вне конкуре́нции, без конкуре́нции
konkurrieren *v 1. (Wettbewerb) ~ mit* соревнова́ться (состяза́ться) с кем-л; *2.* ECO *~ mit* конкури́ровать с кем-л
Konkurs *m* JUR банкро́тсво *n,* неплатёжеспособность *f*
können *v irr 1. (in der Lage sein)* мочь, быть в состоя́нии; *2. (beherrschen, wissen)* уме́ть, мочь, знать; *Er kann Deutsch.* Он зна́ет неме́цкий. *Was kannst du eigentlich?* А что ты, со́бственно, уме́ешь? *3. (dürfen)* мочь, име́ть разреше́ние (пра́во); *4. Du kannst mich mal! (fam)* Плева́ть (чиха́ть) я на тебя́ хоте́л! *(fam)*
Können *n* мастерство́ *n,* уме́ние *n,* на́вык *m,* зна́ние *n*
Könner(in) *m/f* ма́стер *m/f,* знато́к *m/f,* специали́ст *m/f,* экспе́рт *m/f*
konsequent *adj 1. (folgerichtig)* после́довательный; *2. (beharrlich)* упо́рный, насто́йчивый
Konsequenz *f 1. (Folgerichtigkeit)* после́довательность *f; 2. (Folgen)* после́дствия *n/pl,* результа́т *m; die ~en auf sich nehmen* брать на себя́ отве́тственность за что-л; *3. (Schlussfolgerung)* вы́воды *m/pl aus etw ~en ziehen* де́лать вы́вод из чего́-л
konservativ *adj* консервати́вный
Konserve *f* консе́рвы *pl*
Konservendose *f* консе́рвная ба́нка *f*
konservieren *v* консерви́ровать *impf/pf*
Konservierungsmittel *n* консерви́рующее сре́дство *n,* консерва́нт *m*
Konsole *f* TECH консо́ль *f,* кроншт́ейн *m*
Konsolidierung *f* ECO консолида́ция *f,* консолиди́рование *n,* упроче́ние *n*
konstant *adj* постоя́нный
Konstellation *f* ситуа́ция *f,* стече́ние *n* обстоя́тельств
konstruieren *v* конструи́ровать, создава́ть
Konstruktion *f* констру́кция *f*
konstruktiv *adj* конструкти́вный
Konsul *m* POL ко́нсул *m*
Konsulat *n* POL ко́нсульство *n*
konsultieren *v 1. (zu Rate ziehen)* консульти́роваться, сове́товаться, наводи́ть спра́вку; *2. (beratschlagen)* консульти́ровать
Konsum *m* потребле́ние *n*
Konsument(in) *m/f* потреби́тель *m,* потреби́тельница *f*
Konsumgesellschaft *f* о́бщество *n* потребле́ния
Konsumgüter *pl* потреби́тельские това́ры *m/pl,* предме́ты *m/pl* (това́ры *m/pl*) ма́ссового (широ́кого) потребле́ния
konsumieren *v* потребля́ть
Kontakt *m* конта́кт *m*
kontaktarm *adj* необщи́тельный
kontaktfreudig *adj* общи́тельный, коммуника́бельный *(fam)*
Kontaktlinsen *f/pl* конта́ктные ли́нзы *f/pl*
Kontaktperson *f* конта́ктное лицо́ *n*
Kontamination *f* зараже́ние *n* (вре́дными вещества́ми)
kontern *v 1.* SPORT (Boxen) наноси́ть встре́чный уда́р; *2. (fig)* пари́ровать *impf/pf*
Kontext *m* конте́кст *m*
Kontinent *m* контине́нт *m,* матери́к *m*
kontinental *adj* континента́льный, материко́вый
Kontingent *n* континге́нт *m*
kontinuierlich *adj* постоя́нный, непреры́вный, беспере́бойный
Konto *n* счёт *m*
Kontoauszug *m* вы́писка *f* из (ба́нковского) счёта
Kontonummer *f* но́мер *m* счёта
Kontra *n* возражение *n; das Pro und ~* за и про́тив
Kontrahent(in) *m/f 1. (Gegner)* проти́вник *m,* проти́вница *f; 2. (Vertragspartner)* JUR контраге́нт *m,* сторона́ *f* в догово́ре
konträr *adj* противополо́жный
Kontrast *m* контра́ст *m*
Kontrollbehörde *f* контро́льное ве́домство *n*
Kontrolle *f 1.* контро́ль *m,* прове́рка *f; 2.* TECH управле́ние *n,* контро́ль *m*
Kontrolleur(in) *m/f* контролёр *m/f*
kontrollieren *v 1.* контроли́ровать, проверя́ть; *2.* TECH управля́ть, контроли́ровать
kontrovers *adj* спо́рный, противоречи́вый
Kontroverse *f* спор *m,* разногла́сие *n*
Kontur *f* ко́нтур *m,* очерта́ние *n*
Konvention *f 1. (Brauch)* усло́вность *f,* тради́ция *f; 2.* POL конве́нция *f,* соглаше́ние *n,* догово́р *m*
konventionell *adj* общепри́нятый традицио́нный, обычный
Konversation *f 1.* бесе́да *f,* разгово́р *m,* обще́ние *n; 2.* LING у́стная (разгово́рная) пра́ктика *f*
konvertieren *v 1.* FIN конверти́ровать *impf/pf,* переводи́ть (валю́ту); *2. (Daten)* INFORM

преобразо́вывать; *3.* REL переходи́ть в другу́ю ве́ру
Konzentrat *n* концентра́т *m*
Konzentration *f 1.* CHEM концентра́ция *f,* сосредото́чение *n; 2. (Aufmerksamkeit)* сосредото́ченность *f,* концентра́ция *f* внима́ния
Konzentrationslager *n* POL концентрацио́нный ла́герь *m,* концла́герь *m*
konzentrieren *v 1.* концентри́ровать, сосредото́чивать; *2. sich ~* сосредото́чиваться, концентри́роваться
Konzept *n 1. (Plan)* конце́пция *f,* план *m; (fig) jdm nicht ins ~ passen* не устра́ивать кого́-л, не подходи́ть кому́-л; *jdn aus dem ~ bringen* сбива́ть кого́-л с то́лку; *aus dem ~ kommen* сбива́ться, теря́ть нить мы́сли; *2. (Entwurf)* набро́сок *m*
Konzern *m* ECO конце́рн *m*
Konzert *n* MUS конце́рт *m*
Konzession *f 1. (Erlaubnis)* конце́ссия *f,* разреше́ние *n; 2. (Zugeständnis)* усту́пка *f*
Konzil *n* REL (церко́вный) собо́р *m*
konzipieren *v* разраба́тывать
Kooperation *f* коопера́ция *f,* сотру́дничество *n*
kooperativ *adj 1.* кооперати́вный, осно́ванный на сотру́дничестве; *adv 2.* совме́стно, сообща́, в сотру́дничестве
Koordination *f* координа́ция *f*
koordinieren *v* координи́ровать *impf/pf,* согласо́вывать
Kopf *m* ANAT голова́ *f; (fig) seinen ~ darauf verwetten* руча́ться голово́й; *den ~ kosten* сто́ить головы́, опа́сно; *den ~ aus der Schlinge ziehen* вы́тащить го́лову из пе́тли, вы́путаться из беды́, избежа́ть опа́сности (в после́дний моме́нт); *sich den ~ einrennen* разби́ть себе́ го́лову, расшиба́ться башко́й; *seinen ~ durchsetzen* настоя́ть на своём, доби́ться своего́; *den ~ hängen lassen* па́дать ду́хом, приходи́ть в уны́ние; *sich die Köpfe heißreden* горячи́ться, си́льно спо́рить; *seinen ~ hinhalten* дава́ть го́лову на отсече́ние, быть в отве́те; *den ~ in den Sand stecken* пря́тать го́лову в песо́к; *~ und Kragen kosten* поплати́ться за что-л голово́й (жи́знью); *jdm den ~ verdrehen* вскружи́ть кому́-л го́лову; *den ~ voll haben* име́ть мно́го дел (забо́т, хлопо́т); *sich einen ~ um etw machen* беспоко́иться о чём-л, быть обеспоко́енным чем-л; *jdm den ~ zurechtrücken* вправля́ть кому́-л мозги́; *einen kühlen ~ bewahren* сохраня́ть споко́йствие; *nicht auf den ~ gefallen sein* не быть дурако́м, име́ть хоро́шую смека́лку; *aus dem ~* на па́мять, наизу́сть; *jdm nicht aus dem ~ gehen* что-л не выхо́дит у кого́-л из головы́; *sich etw aus dem ~ schlagen* вы́бросить что-л из головы́; *in den ~ steigen* уда́рить в го́лову; *über jds ~ hinweg* не счита́ясь с кем-л; *über den ~ wachsen* не справля́ться с чем-л; *von ~ bis Fuß* с головы́ до пят, с ног до головы́; *jdn vor den ~ stoßen* оби́деть (оскорби́ть) кого́-л, заде́ть кого-л; *jdm den ~ waschen* зада́ть кому́-л головомо́йку, намы́лить кому́-л ше́ю, дать кому́-л взбу́чку; *jdm etw an den ~ werfen* броса́ть кому́-л что-л в лицо́ (упрёки, оскорбле́ния); *sich etw durch den ~ gehen lassen* обдума́ть что-л, обмозгова́ть что-л *(fam); etw im ~ haben* хорошо́ по́мнить что-л; *etw im ~ behalten* держа́ть что-л в па́мяти; *~ hoch!* Вы́ше го́лову!
Kopfhörer *m* нау́шники *m/pl*
Kopfkissen *n* поду́шка *f*
Kopfsalat *m* BOT коча́нный сала́т *m*
Kopfschmerzen *pl* MED головны́е бо́ли *f/pl: jdm ~ bereiten (fig)* доставля́ть кому́-л огорче́ния
Kopftuch *n* (головно́й) плато́к *m,* косы́нка *f*
Kopie *f* ко́пия *f*
kopieren *v 1.* копирова́ть, снима́ть (де́лать) ко́пию; *2. (nachahmen)* подража́ть кому-л
Kopierer *m* копирова́льный аппара́т *m,* копи́р *m,* ксе́рокс *m (fam)*
Kopilot *m* второ́й пило́т *m*
Koppel *f 1. (Weide)* огоро́женное па́стбище *n,* огоро́женный вы́гон *m; 2. (Gürtel)* поясно́й реме́нь *m*
Koproduktion *f* совме́стное произво́дство *n*
Koralle *f* BOT кора́лл *m*
Korb *m* корзи́на *f; jdm einen ~ geben (fig)* отка́зывать кому́-л в чём-л
Kord *m* вельве́т *m*
Kordel *f* шнур *m*
Kork *m* BOT про́бка *f*
Korken *m (Weinflasche)* про́бка *f*
Korkenzieher *m* што́пор *m*
Korn *n 1. (Getreide)* зерно́ *n,* зерново́й хлеб *m; 2. (Krümchen)* крупи́нка *f,* зёрнышко *n; 3. jdn aufs ~ nehmen (fig)* брать кого́-л на му́шку *(fig)*
Kornfeld *n* ни́ва *f,* па́шня *f,* по́ле *n* под зерновы́ми

körnig *adj* зерни́стый
Körper *m 1.* ко́рпус *m,* ту́ловище *n; 2.* ANAT те́ло *n,* ту́ловище *n*
Körpergewicht *n* вес *m* те́ла
Körpergröße *f* рост *m*
körperlich *adj 1.* физи́ческий, теле́сный; *2. (Beschaffenheit)* веще́ственный, материа́льный
Körperpflege *f* ухо́д *m* за те́лом, ли́чная гигие́на *f*
Körperschaft *f* корпора́ция *f*
Körperteil *n* часть *f* те́ла
korrekt *adj 1.* пра́вильный; *2. (Benehmen)* корре́ктный, безупре́чный
Korrektur *f 1. (Korrigieren)* исправле́ние *n,* пра́вка *f,* корректиро́вка *f; 2. (korrigierte Eintragung)* попра́вка *f,* исправле́ние *n*
Korrespondent(in) *m/f* корреспонде́нт(ка) *m/f*
Korrespondenz *f 1. (Briefwechsel)* корреспонде́нция *f,* перепи́ска; *f; 2. (Übereinstimmung)* соотве́тствие *n*
korrespondieren *v 1. (im Briefwecsel stehen)* вести́ перепи́ску, перепи́сываться; *2. (entsprechen) ~ mit* соотве́тствовать
Korridor *m* коридо́р *m*
korrigieren *v* проверя́ть, исправля́ть, вноси́ть попра́вки
Korrosion *f* CHEM корро́зия *f*
korrupt *adj* прода́жный, коррумпи́рованный
Korruption *f* корру́пция *f,* по́дкуп *m*
Korsett *n* корсе́т *m*
Kortison *n* MED кортизо́н *m*
Kosewort *n* ласка́тельное сло́во *n*
Kosmetik *f* косме́тика *f*
Kosmetikerin *f* космето́лог *f/m,* космети́чка *f*
kosmetisch *adj* космети́ческий
kosmisch *adj* косми́ческий
Kosmopolit(in) *m/f* космополи́т *m/f*
kosmopolitisch *adj* космополити́ческий
Kosmos *m* ко́смос *m*
Kost *f* пи́ща *f,* пита́ние *n*
kostbar *adj* драгоце́нный, дорого́й
Kostbarkeit *f* драгоце́нность *f*
kosten[1] *v* сто́ить, обходи́ться; *Wie viel kostet das?* Ско́лько э́то сто́ит? *Wie viel kostet eine Reise nach Nowosibirsk?* Ско́лько сто́ит пое́здка в Новосиби́рск? *sich eine Sache etw ~ lassen* не стесня́ть себя́ в расхо́дах
kosten[2] *v (versuchen)* про́бовать, отве́дывать
Kosten *pl (Ausgaben)* затра́ты *f/pl,* расхо́ды *m/pl,* издéржки *f/pl; für die ~ aufkommen* нести́ расхо́ды (издéржки); *(fig) auf ~ anderer* за чужо́й счёт; *auf seine ~ kommen* получа́ть удово́льствие (удовлетворе́ние)
kostenlos *adj* беспла́тный, безвозме́здный
köstlich *adj 1. (hervorragend)* превосхо́дный, великоле́пный, отме́нный; *2. (amüsant)* заба́вный; *Ich habe mich ~ amüsiert.* Я прекра́сно повесели́лся.
Kostprobe *f* про́ба *f*
kostspielig *adj* дорого́й, дорогосто́ящий
Kostüm *n 1. (Kleidungsstück)* костю́м *m; 2. (Maskenkostüm)* маскара́дный костю́м *m*
Kostümball *m* костюми́рованный бал *m*
Kot *m 1. (Straßenkot)* у́ли́чная грязь *f; 2. (Exkremente)* испражне́ния *n/pl,* кал *m*
Kotelett *n 1.* GAST отбивна́я котле́та *f* с ко́сточкой; *2. (Koteletten)* бакенба́рды *m/pl*
Kotflügel *m (eines Autos)* грязезащи́тное крыло́ *n*
Krabbe *f 1. (Garnele)* ZOOL креве́тка *f; 2. (Krebs)* ZOOL краб *m*
krabbeln *v* по́лзать, ползти́
Krach *m 1. (Lärm)* шум *m,* гро́хот *m; 2. (Streit)* сканда́л *m,* ссо́ра *f; 3. (Bankrott)* ECO, FIN банкро́тство *n; 4. (Börsenkrach)* ECO, FIN биржево́й крах *m*
krachen *v 1. (knallen)* треща́ть, грохота́ть; *2. (platzen)* ло́паться, тре́скаться
kraft *prep* в си́лу
Kraft *f* си́ла *f; (fig) außer ~* не име́ть си́лу, быть недействи́тельным; *in ~* быть в си́ле, быть действи́тельным; *über jds ~ gehen* что-л кому́-л не под си́лу, что-л вы́ше чьих-л сил; *die treibende ~ sein* быть дви́жущей си́лой; *mit jdm seine Kräfte messen* ме́риться си́лами с кем-л; *zu Kräften kommen* набира́ться сил
Kraftaufwand *m* затра́та *f* сил
Kraftfahrer(in) *m/f* води́тель *m/f,* води́тельница *f,* шофёр *m/f*
Kraftfahrzeug *n* автомоби́ль *m,* авмомаши́на *f*
kräftig *adj* си́льный, кре́пкий
kraftlos *adj* бесси́льный, сла́бый, не́мощный
Kraftprobe *f* испыта́ние *n* си́лы, про́ба *f* сил
Kraftstoff *m* горю́чее *n,* то́пливо *n*
Kraftwerk *n* электроста́нция *f*
Kragen *m* во́рот *m,* воротни́к *m; (fig) jdm*

den ~ kosten поплати́ться за что-л голово́й (жи́знью); *jdn beim ~ packen* взять кого́-л за ши́ворот; *jdm an den ~ wollen* пыта́ться взять кого́-л за го́рло, пыта́ться распра́виться с кем-л; *Jetzt geht es ihm an den ~!* Тепе́рь ему́ доста́нется! *Ihm ist der ~ geplatzt.* У него́ ло́пнуло терпе́ние.
Krähe *f ZOOL* воро́на *f*
krähen *v 1. ZOOL* ка́ркать; *2. (Hahn)* кукаре́кать, петь (крича́ть) кукареку́
Krake *f ZOOL* спрут *m*, обыкнове́нный осьмино́г *m*
Kralle *f ZOOL* ко́готь *m; (fig) jdm die ~n zeigen* пока́зывать кому́-л ко́гти; *etw in die ~n bekommen* прибира́ть что-л к рука́м, наложи́ть на что-л ла́пу
Kram *m (fam)* барахло́ *n*, хлам *m; jdm nicht in den ~ passen* что-л не устра́ивает кого́-л
kramen *v ~ in etw* ры́ться (копа́ться, ша́рить) в чём-л
Krampf *m MED* су́дорога *f*, конву́льсия *f*, спа́зм(а) *m/f*
Krampfader *f MED* варико́зная (расши́ренная) ве́на *f*
krampfhaft *adj 1. MED* су́дорожный, конвульси́вный, спазмати́ческий; *2. (fig)* напряжённый
Kran *m* кран *m*
Kranich *m ZOOL* жура́вль *m*
krank *adj* больно́й
Kranke(r) *m/f* больно́й *m*, больна́я *f*, пацие́нт(ка) *m/f*
kränkeln *v* хвора́ть, прихва́рывать
kränken *v* обижа́ть, задева́ть *(fam)*
Krankengeld *n* посо́бие *n* по боле́зни
Krankengymnastik *f* лечéбная гимна́стика *f* (физкульту́ра *f*), физиотерапи́я *f*
Krankenhaus *n* больни́ца *f*
Krankenkasse *f* больни́чная ка́сса *f*
Krankenpfleger(in) *m/f* санита́р(ка) *m/f*
Krankenschein *m* больни́чный листо́к *m*, бюллете́нь *m*
Krankenschwester *f* медици́нская сестра́ *f*, медсестра́ *f*
Krankenversicherung *f* медици́нское страхова́ние *n*
Krankenwagen *m* автомоби́ль *m* (каре́та *f*) ско́рой по́мощи, «ско́рая по́мощь» *f*, санита́рный автомоби́ль *m; Rufen Sie sofort einen ~!* Неме́дленно вы́зовите «ско́рую по́мощь»!
krankhaft *adj 1. MED* боле́зненный, нездоро́вый, патологи́ческий; *2. (fig)* боле́зненный; *~er Ehrgeiz* боле́зненное самолю́бие
Krankheit *f* боле́знь *f*
krankschreiben *v irr jdn ~* выдава́ть кому́-л больни́чный лист
Kränkung *f* оби́да *f*
Kranz *m* вено́к *m*, вене́ц *m*
krass *adj* ре́зкий, я́ркий, рази́тельный, броса́ющийся в глаза́
kratzen *v 1. (mit Fingernägeln)* цара́пать; *2. (entfernen)* скрести́, соскреба́ть; *3. (jucken)* чеса́ться, зуде́ть; *4. (fam: angehen)* волнова́ть, каса́ться
kraulen *v 1. (schwimmen)* пла́вать кро́лем; *2. (streicheln)* гла́дить, ласка́ть, почёсывать
kraus *adj 1. (gelockt)* кудря́вый, курча́вый, кучеря́вый *(fam); 2. (fig)* беспоря́дочный, запу́танный, непоня́тный
Kraut *n 1.* трава́ *f*, зе́лень *f; (fig) wie ~ und Rüben* че́рез пень коло́ду, как попа́ло; *das ~ nicht fett machen* что-л де́лу не помо́жет; *ins ~ schießen* распуска́ться пы́шным цве́том; *2. (Heilkraut)* тра́вы *f/pl* (лека́рственные); *Dagegen ist kein ~ gewachsen.* Здесь ничём помо́чь нельзя́! *3. (Kohl)* капу́ста *f*
Krawall *m* беспоря́дки *m/pl*, волне́ния *n/pl*
Krawatte *f* га́лстук *m*
Kreation *f 1.* созда́ние *n*, творе́ние *n; 2. (Modeschöpfung)* моде́ль *f*, произведе́ние *n* мо́ды
kreativ *adj* тво́рческий
Kreativität *f* тво́рческое нача́ло *n*, тво́рческий хара́ктер *m* де́ятельности
Kreatur *f* живо́е существо́ *n*, созда́ние *n*, тварь *f (fam)*
Krebs *m ZOOL*, *MED* рак *m; ~ erregend* канцероге́нный
Krebsvorsorge *f MED* мероприя́тия *n/pl* по профила́ктике ра́ка
Kredit *m ECO* креди́т *m*
Kreditkarte *f ECO* креди́тная ка́рточка *f*
Kreide *f 1. (Schreibkreide)* мел *m; 2. GEOL* мелова́я форма́ция *f*, мел *m; 3. (fig) in der ~ stehen* быть в долгу́ у кого́-л; *in die ~ geraten* влеза́ть в долги́
Kreis *m 1.* круг *m*, окру́жность *f; (fig) sich im ~ bewegen* застрева́ть, не двига́ться с ме́ста; *immer weitere ~e ziehen* охва́тывать всё бо́льшие круги́, распространя́ться; *Die Affäre zog immer weitere ~e.* Всё бо́льше люде́й ока́зывались заме́шанными в э́ту сканда́льную исто́рию. *Mir dreht sich alles im ~!* У меня́ голова́ идёт круго́м! *2. (Verwaltung)* райо́н *m*, о́круг *m;*

3. (Freundeskreis) круг *m* (друзéй), компáния *f*
kreisen *v* кружи́ться, вращáться, крути́ться, вертéться
Kreislauf *m 1. (fig)* кругооборóт *m,* циркуля́ция *f; 2. MED* кровообращéние *n*
Kreißsaal *m MED* роди́льный зал *m*
Kreisstadt *f* райóнный центр *m* (гóрод *m*)
Kreisverkehr *m* круговóе движéние *n*
Kreme *f* крем *m; zur ~ der Gesellschaft gehören (fig)* принадлежáть к сли́вкам óбщества *(fig)*
Kresse *f BOT* клопóвник *m*
Kreuz *n* крест *m; (fig) drei ~e machen* три́жды перекрести́ться, отделáвшись от чегó-л, облегчённо вздохнýть пóсле чегó-л; *sein ~ auf sich nehmen* нести́ свой крест; *aufs ~ fallen* просчитáться, недосмотрéть чегó-л; *jdn aufs ~ legen* провéсти (обхитри́ть) когó-л; *sich etw aus dem ~ leiern* выколáчивать что-л у когó-л, с трудóм выпрáшивать что-л
kreuzen *v 1. NAUT* крейси́ровать *impf; 2. (verschränken)* склáдывать нáкрест, перекрéщивать; *3. BIO* скрéщивать; *4. (Weg)* пересекáть
Kreuzer *m 1. (für Kreuzfahrten)* крейсéрское сýдно *n* (для путешéствий по мóрю); *2. (Kriegsschiff) MIL* крéйсер *m*
Kreuzfahrt *f* круи́з *m*
Kreuzigung *f REL* распя́тие *n*
Kreuzung *f 1. (Straßenkreuzung)* перекрёсток *m,* пересечéние *n* (дорóг); *2. (Prozess) BIO* скрéщивание *n; 3. (Produkt) BIO* гибри́д *m,* пóмесь *f*
Kreuzweg *m 1. (fig)* распýтье *n,* перепýтье *n,* перекрёсток *m; 2. REL* крéстный путь *m,* путь *m* на Голгóфу
Kreuzworträtsel *n* кроссвóрд *m*
Kreuzzug *m 1. HIST* крестóвый похóд *m; 2. (fig) ~ für* кампáния *f* рáди чегó-л/во и́мя чегó-л/за что-л
kribbelig *adj (fam)* беспокóйный, нервóзный; *) Er ist ganz ~ vor Ungeduld.* Он нéрвничает от нетерпéния.
kriechen *v irr* пóлзать, ползти́
Krieg *m* войнá *f*
kriegen *v 1. (bekommen)* получáть; *2. (fangen)* лови́ть, схвáтывать
kriegerisch *adj 1. (militärisch)* воéнный; *2. (militant)* вои́нственный; *3. (streitbar)* вои́нствующий
Kriegserklärung *f* объявлéние *n* войны́
kriegsversehrt *adj* получи́вший инвали́дность (увéчье) на войнé
Krimi *m 1. (Roman)* детекти́вный ромáн *m,* детекти́в *m; 2. (Film)* детекти́вный (остросюжéтный) фильм *m,* детекти́в *m*
Kriminalität *f* престýпность *f,* криминогéнность *f*
Kriminalpolizei *f* уголóвная поли́ция *f*
kriminell *adj* престýпный, кримина́льный, криминогéнный
Kriminelle(r) *m/f* уголóвный престýпник *m,* уголóвная престýпница *f*
Krippe *f 1. (Kinderkrippe)* я́сли *pl* (дéтские); *2. (Futterkrippe)* кормýшка *f,* я́сли *pl* (для откóрма скотá); *3. REL* я́сли *pl* Христóвы
Krise *f* кри́зис *m*
kriseln *v* назревáет (приближáется) кри́зис
Krisenherd *m POL* горя́чая тóчка *f,* очáг *m* конфли́кта
Krisenstab *m* антикри́зисная комáнда *f*
Kristall *n 1. (Glas)* хрустáль *m; 2. MIN* кристáлл *m*
Kriterium *n* кри́терий *m,* при́знак *m*
Kritik *f 1. (Tadel)* кри́тика *f; 2. (Beurteilung)* óтзыв *m,* рецéнзия *f,* крити́ческая статья́ *f*
Kritiker *m* кри́тик *m*
kritiklos *adj* некрити́ческий, без кри́тики
kritisch *adj* крити́ческий
kritisieren *v* критиковáть, подвергáть кри́тике
kritzeln *v* писáть карáкулями
Krokant *m GAST* грилья́ж *m*
Krokodil *n ZOOL* крокоди́л *m*
Krone *f* корóна *f; Das setzt doch allem die ~ auf! (fig)* Э́то ведь вы́ше вся́кой мéры!
krönen *v 1.* короновáть *impf/pf; 2. (fig)* увéнчивать
Krönung *f 1.* коронáция *f; 2. (fig)* венéц *m*
Kronzeuge *m JUR* глáвный свидéтель *m*
Kröte *f ZOOL* жáба *f*
Krücke *f* косты́ль *m,* клюкá *f*
Krug *m* кувши́н *m,* крýжка *f*
Krümel *m* крóшка *f*
krümeln *v* кроши́ть
krumm *adj* кривóй; *(fam) jdm etw ~ nehmen* обижáться на когó-л; *sich ~ und schief lachen* покáтываться сó смеху
krümmen *v* гнуть, сгибáть, изгибáть; *jdm kein Haar ~* не трóнуть пáльцем когó-л
Krümmung *f 1. (Wölbung)* кривизнá *f,* вы́пуклость *f; 2. (Biegung)* поворóт *m,* изги́б *m,* изви́лина *f*

Krüppel *m* калéка *m/f,* инвали́д *m*
Kruste *f 1.(Rinde)* корá *f; 2.(Brot)* кóрка *f,* кóрочка *f; 3.(Überzug)* глазýрь *f; 4.MED* кóрка *f,* кóрочка *f,* струп *m*
Kruzifix *n REL* распя́тие *n*
Kuba *n GEO* Кýба *f*
kubanisch *adj* куби́нский
Kübel *m* бадья́ *f,* кáдка *f,* чан *m*
Kubikmeter *m* куби́ческий метр *m,* кубомéтр *m*
Küche *f 1.(Raum, Kochkunst)* кýхня *f; 2.(zubereitete Speisen)* блю́да *n/pl; kalte ~* холóдные блю́да; *warme ~* горя́чие блю́да
Kuchen *m GAST* пирóг *m,* пирóжное *n*
Kuchengabel *f* ви́лка *f* для пирогá
Küchenschrank *m* кýхонный шкаф *m*
Kuckuck *m ZOOL* кукýшка *f; (fam) Das weiß der ~!* Чёрт егó знáет!
Kugel *f 1.(Spiel)* шар *m,* шáрик *m; eine ruhige ~ schieben (fam)* рабóтать без напряжéния (с прохлáдцей), не надрывáться; *2.MATH* шар *m,* сфéра *f; 3.MIL* пýля *f; eine verirrte ~* шальнáя пýля
Kugelschreiber *m* шáриковая рýчка *f*
kugelsicher *adj* пуленепробивáемый; *~e Weste* пуленепробивáемый жилéт *m*
Kuh *f ZOOL* корóва *f; blinde ~ spielen* игрáть в жмýрки
kühl *adj 1.(kalt)* прохлáдный, свéжий; *2.(fig)* холóдный, прохлáдный, сдéржанный
kühlen *v* охлаждáть
Kühler *m (Autokühler)* радиáтор *m; Der ~ ist undicht.* Радиáтор протекáет.
Kühlerhaube *f (eines Autos)* капóт *m*
Kühlfach *n* холоди́льное отделéние *n*
Kühlschrank *m 1.* холоди́льник *m; 2.(Industrie)* холоди́льный шкаф *m*
Kühltruhe *f* охлаждáемый ларь *m,* морози́льная кáмера *f,* морози́льник *m (fam)*
Kühlung *f 1.(Kühlen)* охлаждéние *f; 2.(Vorrichtung)* охлади́тельное (охлаждáющее) устрóйство *n*
Kühlwasser *n (beim Auto)* охлаждáющая жи́дкость *f* (водá *f*), хладагéнт *m; Ich benötige ~.* Мне нýжен хладагéнт.
Kuhmilch *f* корóвье молокó *n*
kühn *adj* смéлый, отвáжный
Küken *n ZOOL* цыплёнок *m*
Kuli *m* шáриковая рýчка *f*
kulinarisch *adj* кулинáрный
Kulisse *f THEAT* кули́сы *f/pl; hinter den ~n (fig)* за кули́сами *(fig),* тáйно
kullern *v* кати́ться (кувыркóм)
Kult *m* культ *m*
Kultfigur *f* кýльтовая ли́чность *f*
kultivieren *v AGR* культиви́ровать, воздéлывать, разводи́ть
kultiviert *adj* культýрный, образóванный; *~e Person* культýрный (образóванный) человéк
Kultur *f 1.* культýра *f; 2.AGR* культиви́рование *n,* воздéлывание *n,* разведéние *n; 3.BIO* культýра *f*
kulturell *adj* культýрный
Kulturgut *n* культýрное достоя́ние *n*
Kultusministerium *n POL* Министéрство *f* культýры
Kümmel *m BOT* тмин *m*
Kummer *m* грусть *f,* печáль *f,* гóре *n,* огорчéния *n/pl,* неприя́тности *f/pl; jdm ~ bereiten* доставля́ть комý-л огорчéния (неприя́тности)
kümmerlich *adj* жáлкий, убóгий, скýдный, плачéвный
kümmern *v sich ~ um* забóтиться о ком-л/чём-л
kummervoll *adj 1.(besorgt)* озабóченный; *2.(traurig)* печáльный, грýстный
Kumpel *m 1.(Bergmann)* шахтёр *m,* горня́к *m; 2.(fam)* прия́тель *m,* кóреш *m (fam)*
Kunde *m* клиéнт *m*
Kundendienst *m* сéрвисная слýжба *f,* сéрвис *m*
Kundgebung *f* манифестáция *f,* ми́тинг *m,* демонстрáция *f*
kündigen *v 1.(Vertrag)* расторгáть, аннули́ровать *impf/pf* (договóр); *2.(vom Arbeitnehmer aus)* увольня́ться; *3.(vom Arbeitgeber aus)* увольня́ть
Kündigung *f 1.(eines Vertrages)* расторжéние *n; 2.(einer Stellung)* увольнéние *n*
Kundin *f* клиéнтка *f*
Kundschaft *f* клиентýра *f*
künftig *adj 1.* бýдущий, предстоя́щий; *adv 2.* в бýдущем, впредь
Kunst *f* искýсство *n; (fig) eine brotlose ~* неприбыльное дéло; *mit seiner ~ am Ende sein* не знать, что дéлать
Kunstgeschichte *f* истóрия *f* искýсства
Künstler(in) *m/f 1.(bildende(r) ~)* худóжник *m/f,* худóжница *f; 2.(darstellernde(r) ~)* арти́ст *m/f,* арти́стка *f; 3.(Kunstschaffende(r))* дéятель *m/f* искýсства
künstlerisch *adj* худóжественный, твóрческий, артисти́ческий

Künstlername *m* псевдони́м *m*
künstlich *adj 1.* иску́сственный; *2. (gespielt)* де́ланный, неесте́ственный
Kunststoff *m* синтети́ческий материал *m*, пласти́ческая ма́сса *f*, пластма́сса *f*
Kunststück *n* трюк *m*, фо́кус *m*
Kunstwerk *n* произведе́ние *n* иску́сства
Kupfer *n* CHEM медь *f*
Kupferstein *m* ме́дный штейн *m*
Kuppel *f* ARCH ку́пол *m*
Kuppelei *f* сво́дничество *n*
kuppeln *v 1. (fam)* сво́дничать, своди́ть; *2. (verbinden)* соединя́ть, спа́ривать; *3. (Auto)* прицепля́ть, сцепля́ть
Kupplung *f (eines Autos)* TECH сцепле́ние *n*
Kur *f* MED курс *m* лече́ния, лече́ние *n*
Kurbel *f* TECH кривоши́п *m*, руко́ятка *f*, ру́чка *f*
kurbeln *v* враща́ть руко́ятку (кривоши́п, ру́чку)
Kürbis *m* BOT ты́ква *f*
Kurier *m* курье́р *m*, посы́льный *m*
kurieren *v* лечи́ть, изле́чивать
kurios *adj* стра́нный, курьёзный, дико́винный
Kurort *m* куро́рт *m*
Kurs *m 1.* курс *m*; *2. (Aktienkurs)* FIN курс *m*, котиро́вка *f*
Kürschner(in) *m/f* скорня́к *m*, меховщи́к *m*, меховщи́ца *f*
kursieren *v 1. (zirkulieren)* циркули́ровать; *2. (Geld)* быть в обраще́нии; *3. Es ~ Gerüchte.* Хо́дят слу́хи.
Kurswechsel *m* POL сме́на *f* ку́рса
Kurve *f 1. (Straße)* поворо́т *m*; *Gefährliche ~!* Опа́сный поворо́т! *(fam) die ~ kratzen* смыва́ться; *die ~ kriegen* спра́виться с чем-л, одоле́ть что-л; *2.* MATH, PHYS крива́я *f*; *3. (Flugbahn)* траекто́рия *f*
kurz *adj 1. (zeitlich)* коро́ткий, кра́ткий, непродолжи́тельный; *Die Pressekonferenz wird ~ nach neun Uhr beginnen.* Пресс-конфере́нция начнётся в деся́том часу. *(fig) zu ~ kommen* быть обделённым (обойдённым); *~ und bündig* ко́ротко и я́сно; *~ und gut* коро́че говоря́, (одни́м) сло́вом; *~ und schmerzlos* без церемо́ний; *seit ~em* с неда́вних пор; *vor ~em* неда́вно; *2. (räumlich)* коро́ткий, недли́нный; *(fig) den Kürzeren ziehen* проигра́ть, потеря́ть; *etw ~ und klein schlagen* разби́ть что-л вдре́безги; *~ treten* ограни́чивать себя́ в чём-л
Kurzarbeit *f* непо́лный рабочий день *f* *(в усло́виях безрабо́тицы)*
Kürze *f 1. (zeitlich)* кра́ткость *f*, непродолжи́тельность *f*; *2. (räumlich)* небольша́я длина́ *f* (протяжённость *f*, расстоя́ние *n*)
kürzen *v 1. (kürzer machen)* укора́чивать; *2. (zeitlich)* сокраща́ть; *3. (herabsetzen)* уменьша́ть, снижа́ть
kurzerhand *adv* не до́лго ду́мая, не церемо́нясь, без до́лгих размышле́ний
kurzfristig *adj 1.* краткосро́чный; *adv 2. (plötzlich)* внеза́пно, неожида́нно; *3. (in knapper Frist)* в коро́ткий срок
Kurzgeschichte *f* коро́ткий расска́з *m*, нове́лла *f*
kürzlich *adv* неда́вно
kurzschließen *v irr 1.* TECH замыка́ть на́коротко, закора́чивать; *2. (fam) sich mit jdm ~* состыко́вываться с кем-л
Kurzschluss *m 1.* TECH коро́ткое замыка́ние *n*; *2. (fig)* затме́ние *n*, наважде́ние *n*, аффе́кт *m*
kurzsichtig *adj 1.* MED близору́кий; *2. (fig)* близору́кий, недальнови́дный
Kürzung *f 1.* сокраще́ние *n*, уменьше́ние *n*; *2. (Streichung)* сокраще́ние *n*
kurzzeitig *adj* кратковре́менный
Kusine *f* двою́родная сестра́ *f*
Kuss *m* поцелу́й *m*
küssen *v* целова́ть
Küste *f* морско́й бе́рег *m*, побере́жье *n*
Küster *m* REL понома́рь *m*, дьячо́к *m*
Kutsche *f 1.* каре́та *f*, экипа́ж *m*; *2. (Brautkutsche)* сва́дебная коля́ска *f*
Kutscher(in) *m/f* ку́чер *m*, изво́зчик *m*, возни́ца *m*
Kutte *f* REL ря́са *f*
Kuvert *n (eines Briefes)* конве́рт *m*
Kybernetik *f* киберне́тика *f*

L

labil *adj* лаби́льный, неусто́йчивый, непостоя́нный
Labilität *f* лаби́льность *f,* неусто́йчивость *f,* непостоя́нность *f*
Labor *n* лаборато́рия *f*
Labsal *n* отра́да *f,* усла́да *f*
Labyrinth *n* лабири́нт *m*
Lache[1] *f (Pfütze)* лу́жа *f*
Lache[2] *f (fam: Lachen)* (гру́бый, гро́мкий) смех *m,* хо́хот *m*
lächeln *v 1.* улыба́ться; *2. (höhnisch)* ухмыля́ться, усмеха́ться
Lächeln *n 1.* улы́бка *f; 2. (mit Hohn)* ухмы́лка *f,* усме́шка *f*
lachen *v* смея́ться, хохота́ть; *nichts zu ~ haben* кому́-л не до сме́ха; *zum Lachen sein* про́сто умо́ра
Lachen *n* смех *f,* хо́хот *m; sich vor ~ biegen* пока́тываться со́ смеху; *Dir wird das ~ noch vergehen!* Смотри́, как бы тебе́ не запла́кать!
lächerlich *adj 1. (belustigend)* смешно́й; *~ sein* быть смешны́м, быть посме́шищем; *2. (unbedeutend)* смехотво́рный; *Die Arbeit ist ~.* Рабо́та — оди́н смех.
Lachs *m* ZOOL лосо́сь *m,* сёмга *f*
Lack *m* лак *m*
lackieren *v* лакирова́ть, покрыва́ть ла́ком
Lackierung *f 1. (Handlung)* лакирова́ние *n,* лакиро́вка *f (fam); 2. (Schicht)* ла́ковое покры́тие *n,* лакиро́вка *f (fam)*
laden *v irr 1. (beladen)* грузи́ть, нагружа́ть; *2.* MIL, PHYS заряжа́ть; *3. ein~* приглаша́ть; *4.* JUR *vor~* вызыва́ть, приглаша́ть (в суд)
Laden *m* магази́н *m,* ла́вка *f; (fam) den ~ schmeißen* управля́ть, руководи́ть, верхово́дить, заправля́ть чем-л; *Er kann seinen ~ dichtmachen.* Его́ де́ло — труба́.
Ladentisch *m* прила́вок *m,* сто́йка *f*
Ladung *f 1.* погру́зка *f,* груз *m; 2.* MIL заря́д *m,* патро́н *m; 3. (elektrische ~)* PHYS заря́д *m; 4. (Schreiben)* JUR пове́стка *f,* вы́зов *m*
Lage *f 1. (Position)* (рас)положе́ние *n,* пози́ция *f; 2. (Situation)* обстано́вка *f,* ситуа́ция *f,* положе́ние *n,* обстоя́тельства *n/pl; aus einer schwierigen ~ herauskommen* выходи́ть из тру́дного положе́ния; *(fig) Herr der ~ sein* быть хозя́ином положе́ния; *die ~ der Dinge* положе́ние веще́й; *3. (Schicht)* слой *m,* пласт *m*
Lager *n 1.* ла́герь *m; 2. (Bett)* посте́ль *f,* ло́же *n; 3. (Warenlager)* ECO склад *m,* храни́лище *n; 4.* TECH подши́пник *m,* опо́ра *f*
Lagerbestand *m* ECO складски́е запа́сы *m/pl*
Lagerfeuer *n* костёр *m*
lagern *v* ECO храни́ть (на скла́де), склади́ровать *impf/pf*
Lagerung *f* ECO хране́ние *n* (на скла́де), склади́рование *n*
lahm *adj 1. (fam: langweilig)* вя́лый, пусто́й; *2. (gelähmt)* MED парализо́ванный; *3. (hinkend)* MED хромо́й
lähmen *v* парализова́ть *impf/pf*
Lähmung *f* MED парали́ч *m*
Laib *m 1. (Brotlaib)* буха́нка *f,* карава́й *m* (хле́ба); *2. (Käselaib)* круг *m* (сы́ра)
Laie *m 1.* неспециали́ст *m,* непрофессиона́л *m,* дилета́нт *m; 2.* REL миря́нин *m,* лицо́ *n,* не име́ющее духо́вного зва́ния
Lake *f* GAST рассо́л *m*
Laken *n* простыня́ *f*
Lakritze *f* лакри́ца *f*
lallen *v* лепета́ть, бормота́ть, вя́кать *(fam)*
Lama *n* ZOOL ла́ма *f*
Lamelle *f 1.* (то́нкая) пласти́нка *f,* ламе́ль *f; 2. (im Hut der Blätterpilze)* споронo̓сный слой *m* (гри́ба)
lamentieren *v* се́товать, жа́ловаться, причита́ть
Lamm *n* ZOOL ягнёнок *m,* бара́шек *m (fam)*
Lampe *f* ла́мпа *f*
Lampenfieber *n* волне́ние *n* пе́ред выступле́нием
Lampenschirm *m* абажу́р *f*
Lampion *m* лампио́н *m*
lancieren *v 1. (protegieren)* протежи́ровать, продвига́ть, покрови́тельствовать; *2. (verbreiten)* распространя́ть, прота́скивать *(fig)*
Land *n 1. (Staat)* страна́ *f,* госуда́рство *n; 2. (Grundstück)* земля́ *f,* земе́льный уча́сток *m; 3. (ländliche Gegend)* се́льская ме́стность *f,* дере́вня *f; 4. (fig) wieder ~ sehen* быть бли́зким к це́ли; *jdn an ~ ziehen* подцепля́ть кого́-л; *~ gewinnen* приобрета́ть всё бо́льшее значе́ние (влия́ние)
Landbevölkerung *f* се́льское населе́ние *n*
landen *v 1. (Flugzeug)* приземля́ться,

совершáть посáдку; *2. (Schiff)* причáливать (приставáть) к бéрегу; *3. (fam)* оставáться, окáзываться, очутúться *pf; Wo ist mein Füller gelandet?* Где моя́ рýчка?
Ländereien *pl* зéмли *f/pl*
Landesregierung *f (in Deutschland)* POL земéльное правúтельство *n (в Гермáнии)*
Landessprache *f* государственный язы́к *m,* национáльный язы́к *m*
Landflucht *f* бéгство *n* из дерéвни, мáссовое переселéние *n* из дерéвни в гóрод
Landgericht *n* JUR окружнóй суд *m; Oberlandesgericht* Верхóвный земéльный суд *m,* оберландесгерúхт *m (в Гермáнии)*
Landkarte *f* географúческая кáрта *f*
Landkreis *m* POL райóн *m,* óкруг *m,* уéзд *m*
ländlich *adj* сéльский, деревéнский
Landrat *m* POL ландрáт *m,* зéмский совéтник *m (вы́сший чинóвник окружнóго управлéния в Гермáнии)*
Landschaft *f 1. (Gegend)* край *m,* óбласть *f,* мéстность *f; 2. (Bild)* ландшáфт *m,* пейзáж *m*
landschaftlich *adj 1. (die Gegend betreffend)* краевóй, областнóй; *2. (das Bild betreffend)* ландшáфтный, пейзáжный
Landsmann *m* земля́к *m,* соотéчественник *m*
Landstraße *f 1.* просёлочная дорóга *f; 2. (Fernverkehrsstraße)* шоссé *n*
Landstreicher *m* бродя́га *m*
Landtag *m (in Deutschland)* POL ландтáг *m (парлáмент федерáльной землú в Гермáнии)*
Landung *f 1. (eines Flugzeuges)* посáдка *f,* приземлéние *n; 2. (eines Schiffes)* причáливание *n; 3.* MIL десантúрование *n,* вы́садка *f*
Landweg *m* сухопýтье *n; auf dem ~* сухопýтным путём, по сýше, сýшей
Landwirt(in) *m/f 1. (Bauer)* крестья́нин *m,* крестья́нка *f,* фéрмер *f/m; 2. (Berufsbezeichnung)* агронóм *m/f*
Landwirtschaft *f* сéльское хозя́йство *n*
landwirtschaftlich *adj* сельскохозя́йственный, агрáрный
Landzunge *f* GEO мыс *m,* косá *f*
lang *adj 1. (örtlich)* длúнный; *2. (zeitlich)* дóлгий, длúтельный, продолжúтельный
langärmelig *adj* с длúнными рукавáми
langatmig *adj* прострáнный, скýчный
lange *adv* дóлго, давнó; *Wie ~ sind Sie schon in München?* Как дóлго Вы ужé в Мю́нхене? *(fam) Sie wird es nicht mehr ~ machen.* Онá дóлго не протя́нет. *(fam)* Ей остáлось недóлго жить.
Länge *f 1. (örtlich)* длинá *f,* протяжённость *f; 2. (zeitlich)* длúтельность *f,* продолжúтельность *f; etw in die ~ ziehen* затя́гивать что-л
langen *v 1. (genügen)* хватáть, доставáть, быть достáточным; *Jetzt langt es!* Тепéрь хвáтит! *2. (greifen) nach etw ~* дотя́гиваться до чегó-л; *jdm eine ~ (fam)* давáть комý-л пощёчину
Längengrad *m* GEO грáдус *m* долготы́
Langeweile *f* скýка *f*
langfristig *adj* долгосрóчный, длúтельный
langjährig *adj* долголéтний, многолéтний
Langlauf *m 1. (Laufen)* SPORT бег *m* на длúнные дистáнции; *2. (Ski)* SPORT лы́жная гóнка *f*
langlebig *adj* долголéтний, живýчий, долговéчный
Langlebigkeit *f* долголéтие *n,* живýчесть *f,* долговéчность *f*
länglich *adj* продолговáтый, удлинённый
längs *prep 1.* вдоль; *adv 2.* вдоль, в длинý
langsam *adj* мéдленный, тúхий, спокóйный
längst *adv 1. (schon lange)* давнó, с дáвних пор; *2. ~ nicht* далекó не
längstens *adv 1. (höchstens)* не бóлее (бóльше) чем; *2. (spätestens)* не позднéе (пóзже) чем, сáмое пóзднее, не дóльше чем
Languste *f* ZOOL лангýст *m*
langweilig *adj* скýчный, докýчный, надоéдливый
langwierig *adj* длúтельный, продолжúтельный, затяжнóй
Lanze *f* копьё *n*
Lappalie *f* мéлочь *f,* пустя́к *m*
Lappen *m* тря́пка *f; (fam) jdm durch die ~ gehen* удрáть (улизнýть) от когó-л
Lärche *f* BOT лúственница *f*
Lärm *m* шум *m*
Lärmbelästigung *f* шумовáя нагрýзка *f,* врéдное воздéйствие *n* шýма
lärmen *v* шумéть, производúть шум
Lärmschutz *m* защúта *f* от шýма
Larve *f 1. (Maske)* личúна *f,* мáска *f; 2.* ZOOL личúнка *f*
Laserstrahl *m* лáзерный луч *m*
lassen *v irr 1. (zu~)* пускáть, давáть (возмóжность), разрешáть, позволя́ть; *2. (veran~)* поручáть, велéть, прикáзывать;

3. (aufhören) переставáть, бросáть, оставля́ть; *es nicht ~ können* не быть в си́лах остáвить что-л; *Lass mich in Ruhe!* Остáвь меня́ в покóе! *4. (zugeben, anerkennen) Das muss man ihr ~.* Этого у неё не отни́мешь.
lässig *adj* небрéжный, халáтный
Lässigkeit *f* небрéжность *f,* халáтность *f*
Last *f 1.* нóша *f,* груз *m,* тя́жесть *f; 2. (fig)* брéмя *n,* обýза *f,* тя́жесть *f,* тя́гость *f; (fig) jdm zur ~ fallen* быть в тя́гость комý-л, обременя́ть когó-л; *jdm etw zur ~ legen* обвиня́ть когó-л в чём-л; *eine schwere ~ auf sich nehmen* брать на себя́ тяжёлую отвéтственность
lasten *v (fig) ~ auf* лежáть брéменем на ком-л/чём-л
Lasten *pl 1. (Sorgen)* забóты *f/pl; 2. (Schulden)* долги́ *m/pl; 3. (Steuern)* налóги *m/pl,* налóговое брéмя *n*
Laster[1] *n* v *(Untugend)* порóк *m*
Laster[2] *m (LKW)* грузови́к *m (fam)*
lästern *v 1. (klatschen)* сплéтничать, судáчить; *2. (verleumden)* клеветáть, черни́ть, порóчить; *über alles ~* не быть довóльным ничéм, жáловаться на всё; *3.* REL богохýльствовать
lästig *adj 1. (aufdringlich)* надоéдливый, назóйливый, докýчливый; *~ sein* надоедáть, быть в тя́гость; *2.(beschwerlich)* обремени́тельный, тя́гостный
Lastkraftwagen *m* грузовóй автомоби́ль *m*
Latein *n* лати́нский язы́к *m,* латы́нь *f (fam); mit seinem ~ am Ende sein (fig)* не знать, что дéлать дáльше
Lateinamerika *n* GEO Лати́нская Амéрика *f*
latent *adj* скры́тый
Laterne *f 1.* фонáрь *m; 2. (Straßenlaterne)* ýличный фонáрь *m* (свети́льник *m*)
Latte *f* плáнка *f*
Lattenrost *m* деревя́нная решётка *f*
Lätzchen *n* нагрýдничек *m (fam)*
lau *adj 1. (lauwarm)* тёплый; *2. (fig: unentschlossen)* нереши́тельный, полови́нчатый, слáбый
Laub *n* листвá *f*
Laubbaum *m* BOT ли́ственное дéрево *n*
Laube *f 1. (Gartenlaube)* бесéдка *f; 2. (Gartenhäuschen)* садóвый дóмик *m*
Lauch *m* BOT зелёный лук *m*
Lauer *f sich auf die ~ legen* засáживаться в засáду, подкараýливать, подстерегáть
Lauf *m 1.* SPORT бег *m,* забéг *m; 2. (Gewehrlauf)* ствол *m* (огнестрéльного орýжия); *3. (fig: Verlauf)* течéние *n,* ход *m*
Laufbahn *f (fig)* карьéра *f*
laufen *v 1. (rennen)* бежáть/бéгать; *2. (gehen)* идти́/ходи́ть; *3. (fließen)* течь, бежáть
laufend *adj 1. (ständig)* постоя́нный, перманéнтный; *2. (aktuell)* текýщий; *auf dem Laufenden sein* быть в кýрсе собы́тий
Läufer *m 1.(Teppich)* дорóжка *f,* кóврик *m; 2.* SPORT бегýн *m*
Laufmasche *f* спусти́вшаяся петля́ *f*
Laufpass *m jdm den ~ geben (fam)* посылáть когó-л на все четы́ре стóроны *(fam)*
Laufsteg *m 1. (Modenschau)* помóст *m; 2. (Schiff)* схóдни *f/pl*
Laufwerk *n 1.* INFORM дисковóд *m: 2.* TECH ходовóй механи́зм *m,* ходовáя часть *f; 3. (Uhr)* шестерёночный механизм *m* (часóв); *4. (fig: Beine)* нóги *f/pl*
Laufzeit *f* ECO срок *m* дéйствия (договóра, креди́та и т. д.)
Lauge *f* щёлок *m,* щёлочь *f,* щелочнóй раствóр *m*
Laune *f 1.* настроéние *n,* расположéние *n* дýха; *schlechte ~ haben* быть в плохóм настроéнии; *jdn bei guter ~ halten* поддéрживать у когó-л хорóшее настроéние; *jdm die ~ verderben* пóртить комý-л настроéние; *2.(Grille)* капри́з *m,* причýда *f; die ~ des Wetters* капри́зы погóды
launenhaft *adj 1. (kapriziös)* капри́зный, своенрáвный; *2. (unbeständig)* перемéнчивый, непостоя́нный
launisch *adj* капри́зный, своенрáвный
Laus *f* ZOOL вошь *f; Ihm ist eine ~ über die Leber gelaufen! (fig)* Егó какáя-то мýха укуси́ла! *(fig)*
Lausbub *m (fam)* озорни́к *m,* пострéл *m,* шкóдник *m (fam)*
Lauschangriff *m* MIL электрóнное наступлéние *n (напр., прослýшивание телефóнов, установлéние в гости́ницах «жучкóв» и т. д. в цéлях борьбы́ с террори́змом)*
lauschen *v 1. (zuhören)* (внимáтельно) слýшать, прислýшиваться; *2. (horchen)* подслýшивать
laut[1] *adj 1.* грóмкий; *2. (geräuschvoll)* шýмный; *adv 3.* вслух, грóмко; *4. (geräuschvoll)* шýмно
laut[2] *prep* соглáсно, в соотвéтствии с

Laut *m 1. (Ton)* звук *m,* тон *m; 2. (Geräusch)* шум *m,* шо́рох *m*
lauten *v (besagen)* гласи́ть
läuten *v* звони́ть; *Ich habe da etwas ~ hören!* До меня́ дошёл слух! *Sturm ~ (fig)* бить в наба́т *(fig)*
lautlos *adj 1. (ohne Laut)* беззву́чный; *2. (ohne Geräusch)* бесшу́мный
Lautsprecher *m* громкоговори́тель *m,* дина́мик *m*
lautstark *adj* о́чень гро́мкий, шумли́вый
Lautstärke *f* гро́мкость *f,* си́ла *f* зву́ка
Lavendel *m BOT* лава́нда *f*
Lawine *f* лави́на *f,* снегово́й обва́л *m*
Lazarett *n MIL* (вое́нный) го́спиталь *m,* лазаре́т *m*
Leben *n* жизнь *f,* существова́ние *n; (fig) etw für sein ~ gern tun* де́лать что-л с вели-ча́йшим удово́льствием; *etw ins ~ rufen* создава́ть что-л; *mit dem ~ davonkommen* остава́ться в живы́х; *jdm nach dem ~ trachten* покуша́ться на чью-л жизнь; *nie im ~* никогда́ в жи́зни; *sich das ~ nehmen* поко́нчить с собо́й; *mit seinem ~ spielen* поста́вить свою́ жизнь на ка́рту; *jdm das ~ schenken* дарова́ть кому́-л жизнь, поми́-ловать кого-л; *sein ~ lassen* поплати́ться свое́й жи́знью, погиба́ть; *auf ~ und Tod* не на жизнь, а на смерть; *wie aus dem ~ gegriffen* что-л взя́то из жи́зни
leben *v* жить, существова́ть; *wie er leibt und lebt* тако́в, како́в он есть
lebendig *adj 1. (lebend)* живо́й; *2. (lebhaft)* оживлённый
Lebensabend *m* зака́т *m* жи́зни, ста́рость *f*
Lebensdauer *f 1.* продолжи́тельность *f* жи́зни; *2. (einer Sache)* жи́зненный цикл *m,* срок *m* слу́жбы
Lebenserfahrung *f* жи́зненный о́пыт *m; ~ haben* име́ть жи́зненный о́пыт
Lebenserwartung *f* продолжи́тельность *f* жи́зни
Lebensgefahr *f* опа́сность *f* (угро́за *f*) для жи́зни
lebensgefährlich *adj* опа́сный для жи́зни
Lebensgefährte *m* спу́тник *m* жи́зни
Lebenshaltungskosten *pl* сто́имость *f* жи́зни
lebenslänglich *adj* пожи́зненный
Lebenslauf *m 1.* биогра́фия *f; 2. (zur Bewerbung)* резюме́ *n*
Lebensmittel *pl* проду́кты *m/pl* пита́ния, пищевы́е проду́кты *m/pl,* продово́ль-ствие *n*
lebensmüde *adj* уста́вший от жи́зни
Lebensretter(in) *m/f* спаси́тель(ница) *m/f* жи́зни
Lebensunterhalt *m* сре́дства *n/pl* к существова́нию (к жи́зни), пропита́ние *n*
Lebensversicherung *f* страхова́ние *n* жи́зни
lebenswichtig *adj* жи́зненно ва́жный
Leber *f ANAT* пе́чень *f; frei von der ~ weg sprechen (fig)* говори́ть не стесня́ясь (без обиняко́в)
Lebewesen *n* живо́е существо́ *n*
lebhaft *adj 1. (munter)* живо́й, бу́рный, оживлённый; *2. (rege)* энерги́чный, бо́йкий, ре́звый; *3. (begeistert)* стра́стный, восто́рженный
leblos *adj* безжи́зненный
Leck *n* пробо́ина *f*
lecken[1] *v (sch~)* лиза́ть, обли́зывать
lecken[2] *v (auslaufen)* течь, протека́ть
lecker *adj* вку́сный, ла́комый, аппети́тный
Leckerbissen *m* ла́комство *n,* дели-ка́тес *m,* изы́сканное блю́до *n*
Leder *n* ко́жа *f; jdm ans ~ wollen (fam)* набра́сываться (напада́ть) на кого́-л
ledig *adj 1. (Mann)* холосто́й; *2. (Frau)* незаму́жняя
lediglich *adv* (всего́) лишь, то́лько
leer *adj 1. (nichts enthaltend)* пусто́й, поро́жний; *2. (frei)* свобо́дный, неза́нятый; *3. (unbeschrieben)* чи́стый
Leere *f* пустота́ *f; ins ~ greifen (fig)* не находи́ть опо́ры
leeren *v* опустоша́ть, опорожня́ть
Leergut *n* (поро́жняя) та́ра *f*
Leerung *f* опорожне́ние *n; ~ des Briefkastens* вы́емка пи́сем из почто́вого я́щика
legal *adj 1.* лега́льный, зако́нный; *adv 2.* по зако́ну, зако́нным путём
legalisieren *v* узако́нивать, легализова́ть *impf/pf* (*auch:* легализи́ровать *impf/pf*)
Legalität *f* лега́льность *f,* зако́нность *f*
Legeleistung *f (Eier) AGR* яйценóскость *f*
legen *v* класть; *ein Fundament ~* закла́-дывать фунда́мент; *Eier ~* нести́ яйца́; *jdm Karten ~* гада́ть кому́-л на ка́ртах
legendär *adj* леге́нда́рный
Legende *f* леге́нда *f*
Legierung *f MET* сплав *m*
Legislative *f POL* законода́тельная власть *f*
Legislaturperiode *f POL* срок *m* дея́-тельности законода́тельного о́ргана
legitim *adj 1. (rechtmäßig)* зако́нный;

2. (gerechtfertigt) обосно́ванный, опра́вданный
Legitimation *f 1. (Rechtfertigung)* обоснова́ние *n,* оправда́ние *n; 2. (Ausweis)* удостовере́ние *n* ли́чности; *3.* JUR узаконе́ние *n*
legitimieren *v sich ~* предъявля́ть па́спорт, удостоверя́ть свою́ ли́чность
Leguan *m* ZOOL игуа́на *f*
Lehm *m* гли́на *f*
Lehne *f 1. (Armlehne)* подлоко́тник *m,* ру́чка *f* (кре́сла); *2. (Rückenlehne)* спи́нка *f* (сту́ла)
lehnen *v 1.* приставля́ть, прислоня́ть; *2. sich ~* прислоня́ться, опира́ться, облока́чиваться
Lehrbeauftragter *m* внешта́тный преподава́тель *m*
Lehre *f 1. (Lehrsatz)* уче́ние *n,* тео́рия *f,* доктри́на *f; 2. (Ausbildung)* учёба *f,* обуче́ние *n; bei jdm in die ~ gehen (fig)* учи́ться у кого́-л, брать приме́р с кого́-л; *3. (fig: Ermahnung)* уро́к *m; Lass dir das eine ~ sein!* Пусть э́то бу́дет для тебя́ уро́ком! *4. (fig: Rat)* сове́т *m,* наставле́ние *n; jds ~n befolgen* сле́довать чьим-л сове́там
lehren *v* учи́ть, обуча́ть, преподава́ть
Lehrer(in) *m/f 1. (einer Schule)* учи́тель(ница) *m/f,* преподава́тель(ница) *m/f* *2. (einer höheren Schule)* преподава́тель(ница) *m/f*
Lehrgang *m* учёбный курс *m,* ку́рсы *m/pl*
Lehrling *m* учени́к *m*
Lehrplan *m* учёбная програ́мма *f*
lehrreich *adj* поучи́тельный, назида́тельный
Lehrstelle *f* ме́сто *n* ученика
Lehrstuhl *m* ка́федра *f*
Lehrzeit *f* вре́мя *f* обуче́ния
Leib *m 1. (Körper)* те́ло *n; 2. (Rumpf)* ту́ловище *n; 3. (Bauch)* живо́т *m,* утро́ба *f; etw am eigenen ~ erfahren* испы́тывать что-л на со́бственной шку́ре; *mit ~ und Seele* всей душо́й; *aus ~eskräften* крича́ть изо всех сил, крича́ть во всё горло
Leibgericht *n* люби́мое блю́до *n*
leibhaftig *adj* настоя́щий, действи́тельный, вы́литый *(fig)*
Leibwächter *m* телохрани́тель *m*
Leiche *f* труп *m,* (мёртвое) те́ло *n,* поко́йник *m,* мертве́ц *m; (fig) ~n im Keller haben* скрыва́ть что-л, име́ть нечи́стую со́весть; *über ~n gehen* де́йствовать беспоща́дно; *Nur über meine ~!* То́лько че́рез мой труп!
Leichenhalle *f* морг *m,* мертве́цкая *f,* поко́йницкая *f*
Leichenwagen *m* похоро́нная маши́на *f,* автомоби́ль-катафа́лк *m*
Leichnam *m* труп *m,* (мёртвое) те́ло *n,* поко́йник *m,* мертве́ц *m*
leicht *adj 1. (nicht schwer)* лёгкий, нетяжёлый; *2. (nicht schwierig)* лёгкий, нетру́дный; *3. (geringfügig)* небольшо́й, незначи́тельный; *adv 4. (nicht schwierig)* легко́; *~ reden haben* кому́-л легко́ говори́ть; *Das ist ~ gesagt.* Э́то легко́ сказа́ть. *etw ~ nehmen* легко́ смотре́ть на что-л, легкомы́сленно относи́ться к чему́-л; *5. (geringfügig)* слегка́
Leichtathletik *f* SPORT лёгкая атле́тика *f*
leichtfertig *adj* легкомы́сленный, необду́манный, опроме́тчивый
leichtgläubig *adj* дове́рчивый, легкове́рный; *~er Mensch* дове́рчивый челове́к
Leichtigkeit *f 1. (Ungezwungenheit)* лёгкость *f,* непринуждённость *f; 2. (Mühelosigkeit)* лёгкость *f,* отсу́тствие *n* уси́лий (затрудне́ний); *mit ~* с лёгкостью, без затрудне́ний
Leichtsinn *m* легкомы́слие *n,* ве́треность *f,* беззабо́тие *n,* беспе́чность *f*
leichtsinnig *adj* легкомы́сленный, ве́треный, беззабо́тный, беспе́чный
Leid *n 1.* го́ре *n,* страда́ние *n,* несча́стье *n,* боль *f; 2. ~ tun (bedauern)* сожале́ть, проявля́ть жа́лость; *Es tut mir ~.* Я сожале́ю об э́том. *3. ~ tun (bemitleiden)* жа́леть; *Dieser Mann tut mir ~.* Мне жаль э́того мужчи́ну.
leiden *v irr* страда́ть, испы́тывать что-л нехоро́шее (боль, страх и т. д.)
Leiden *n 1. (Kummer)* страда́ние *n; 2.* MED неду́г *m,* боле́знь *f*
Leidenschaft *f* страсть *f,* пристра́стие *n*
leidenschaftlich *adj 1.* стра́стный, пы́лкий; *adv 2.* со стра́стью, стра́стно, пы́лко
Leidensgefährte *m* това́рищ *m* по несча́стью
leider *adv* к сожале́нию, к несча́стью, жаль, увы́
leidlich *adj 1.* сно́сный, терпи́мый; *adv 2.* бо́лее и́ли ме́нее, та́к себе
Leier *f (Saiteninstrument)* MUS ли́ра *f; die alte ~ (fig)* (всё та же) ста́рая пе́сня *(fig)*
Leierkasten *m* шарма́нка *f*

Leihbibliothek *f* библиотéка *f (с вы́дачей книг на дом)*
leihen *v irr 1. etw an jdn ver~* одáлживать комý-л что-л, давáть комý-л что-л в долг (взаймы́); *2. (sich etw ~)* занимáть у когó-л что-л, брать у когó-л что-л в долг (взаймы́)
Leihgebühr *f 1.* плáта *f* за прокáт; *2. (Bibliothek)* абонемéнтная плáта *f*
Leihwagen *m* автомоби́ль *m,* взя́тый напрокáт
Leim *m* клей *m; (fam) jdm auf den ~ gehen* попадáться комý-л на ýдочку
leimen *v 1. (kleben)* клéить, склéивать; *2. jdn ~ (fam)* обмáнывать, надувáть *(fam)*
Leine *f 1.* верёвка *f; 2. (Hundeleine)* повoдóк *m; an der langen ~ sein (fig)* имéть нéкоторую свобóду дéйствий
Leinen *n* полотнó *n,* холст *m*
Leinwand *f 1. ART* полотнó *n,* холст *m; 2. CINE* экрáн *m*
leise *adj 1. (nicht laut)* ти́хий, едвá слы́шный, бесшýмный; *2. (ruhig)* ти́хий, спокóйный; *3. (schwach)* слáбый, лёгкий; *adv 4. (nicht laut)* ти́хо; *5. (ruhig)* спокóйно, потихóньку *(fam); 6. (leicht)* чуть-чуть, слегкá
Leiste *f 1.* плáнка *f,* рéйка *f; 2. ANAT* пах *m*
leisten *v 1.* совершáть, выполня́ть, дéлать; *2. sich etw ~* позволя́ть себé что-л
Leistung *f 1. (Arbeit)* рабóта *f,* труд *m,* результáт *m; 2. ECO* производи́тельность *f,* продукти́вность *f; 3. TECH* мóщность *f,* производи́тельность *f*
leistungsfähig *adj 1. (Person)* работоспосóбный, трудоспосóбный; *2. ECO* производи́тельный, продукти́вный; *3. TECH* мóщный, производи́тельный
Leistungsfähigkeit *f 1. (Arbeitsvermögen)* работоспосóбность *f,* трудоспосóбность *f; 2. ECO* производи́тельность *f,* продукти́вность *f,* мощь *f,* потенциáл *m; 3. TECH* мóщность *f,* производи́тельность *f*
Leistungssport *m* большóй спорт *m*
leiten *v 1. (führen)* вести́, направля́ть; *2. (lenken)* руководи́ть, управля́ть, завéдовать; *3. (Strom) TECH* проводи́ть (ток)
leitend *adj 1. (lenkend)* руководя́щий, управля́ющий, завéдующий; *2. (Strom) TECH* токопроводя́щий
Leiter[1] *f* лéстница *f*
Leiter[2] *m TECH* проводни́к *m*
Leiter(in) *m/f (Vorgesetzte(r))* руководи́тель *m/f,* начáльник *m/f,* завéдующий *m, …щая f,* дирéктор *m/f*
Leitplanke *f* разграничи́тельный барьéр *m,* ограждéния *n/pl* из стáли вдоль автотрáсс
Leitung *f 1. (Geschäftsleitung)* руковóдство *n,* управлéние *n; 2. (Rohrleitung)* трубопровóд *m; 3. (Kabel)* провóдка *f,* прóвод *m,* ли́ния *f; eine lange ~ haben (fig)* быть тугоду́мом, мéдленно соображáть
Leitungswasser *n* водопровóдная водá *f*
Lektion *f 1.* урóк *m; 2. (Kapitel, Aufgabe im Lehrbuch)* урóк *m,* задáние *n; 3. (fig: Lehre)* урóк *m,* наставлéние *n*
Lektor(in) *m/f 1. (Hochschule)* преподавáтель *m/f* (в вы́сшем учéбном заведéнии); *2. (Verlag)* (издáтельский) редáктор *m/f*
Lektüre *f 1. (Lesen)* чтéние *f; 2. (Lesestoff)* литератýра *f*
Lende *f 1. ANAT* поясни́ца *f,* бёдра *n/pl,* чрéсла *pl; 2. GAST* филé *n,* филéйная часть *f* (тýши)
lenken *v 1. (steuern)* управля́ть, регули́ровать, води́ть (автомоби́ль); *2. (leiten)* руководи́ть, управля́ть, завéдовать; *3. (Aufmerksamkeit, Blick)* обращáть (внимáние на что-л), привлекáть (внимáние к себé)
Lenkrad *n (eines Autos)* рулевóе колесó *n,* руль *m,* барáнка *f (fam)*
Leopard *m ZOOL* леопáрд *m*
Lerche *f ZOOL* жáворонок *m*
lernen *v* учи́ться, обучáться
lesbisch *adj* лесби́йский, лесбия́нский
Lesebuch *n* кни́га *f* для чтéния
lesen *v* читáть
Leser *m* читáтель *m*
leserlich *adj* разбóрчивый, чёткий, читáбельный *(fam)*
Lesung *f 1.* чтéние *n; 2. POL in erster ~ des Gesetzentwurfs* в пéрвом чтéнии законопрoéкта (в парлáменте); *3. REL die ~ eines Gebets* чтéние моли́твы
letzte(r,s) *adj 1.* послéдний, …няя, …нее; *zu guter Letzt* в концé концóв; *(fig) das Letzte sein* хýже быть не мóжет; *bis aufs Letzte* до послéднего *2. (vorig)* прóшлый, …лая, …лое; *~s Jahr* в прóшлом годý
letztens *adv* недáвно
letztlich *adv* в концé концóв, в конéчном счёте
Leuchtanzeige *f 1. (eines Geräts bzw Apparats)* световáя индикáция *f,* световóе

показáние *n; 2. (Leuchtreklame)* светя́щаяся (газосвéтная, люминесцéнтная) реклáма *f* (вы́веска *f*)
Leuchte *f 1.* лáмпа *f,* свети́льник *m; 2. (fig)* свети́ло *m/f; keine große ~ sein* не блистáть умóм
leuchten *v 1. (Licht)* свети́ть, излучáть (испускáть) свет; *2. (Sonne)* свети́ть, сия́ть
Leuchter *m* подсвéчник *m,* канделя́бр *m*
Leuchtturm *m* мая́к *m*
leugnen *v* отрицáть *impf,* оспáривать, отвергáть, не признавáть
Leukämie *f MED* лейкеми́я *f,* лейкóз *m,* белокрóвие *n*
Leumund *m* репутáция *f*
Leute *pl* лю́ди *pl; unter die ~ kommen* бывáть на лю́дях (среди́ людéй)
Leutnant *m MIL* лейтенáнт *m*
leutselig *adj* общи́тельный, коммуникáбельный *(fam),* привéтливый
Lexikon *n 1. (Wörterbuch)* словáрь *m; 2. (Enzyklopädie)* энциклопéдия *f*
Libanon *m GEO* Ливáн *m*
Libelle *f ZOOL* стрекозá *f*
liberal *adj* либерáльный
Liberalisierung *f POL* либерализáция *f*
Liberalismus *m POL* либерали́зм *m*
Libyen *n GEO* Ли́вия *f*
Licht *n* свет *m; (fig) kein großes ~ sein* не блистáть умóм; *sich ins rechte ~ setzen* создавáть о себé вéрное впечатлéние, покáзывать себя́ в прави́льном свéте; *sein ~ unter den Scheffel stellen* скрывáть свои́ талáнты; *jdn hinters ~ führen* обмáнывать когó-л; *kein gutes ~ auf jdn werfen* представля́ть когó-л в непригля́дном свéте; *Jetzt geht mir ein ~ auf!* Вот тепéрь меня́ осени́ло!
Lichtblick *m (fig)* свéтлый момéнт *m,* просвéт *m*
lichtempfindlich *adj* светочувстви́тельный
Lichtgeschwindigkeit *f PHYS* скóрость *f* свéта
Lichtschalter *m* выключáтель *m*
Lichtschutzfaktor *m* коэффициéнт *m* защи́ты от сóлнца
Lichtstrahl *m* луч *m* свéта
Lichtung *f (Waldlichtung)* поля́на *f*
Lid *n* вéко *n*
Lidschatten *m* тéни *f/pl* для век
lieb *adj* дорогóй, люби́мый, ми́лый; *jdm ~ und teuer sein* кто-л осóбенно дóрог чьему́-л сéрдцу;*~ gewinnen* полюби́ть *pf* когó-л *(von:* люби́ть *impf),* привя́зываться к кому́-л; *~ haben* люби́ть
Liebe *f* любóвь *f; bei aller ~* при всём желáнии; *~ auf den ersten Blick* любóвь с пéрвого взгля́да
lieben *v* люби́ть; *Ich liebe dich.* Я тебя́ люблю́.
liebenswert *adj* достóйный любви́, привлекáтельный, симпати́чный
liebenswürdig *adj* любéзный
Liebenswürdigkeit *f* любéзность *f*
lieber *adv* бóлее (бóльше), лу́чше, скорéе, охóтнее, милéе, дорóже
Liebesbrief *m* любóвное письмó *n*
Liebesgeschichte *f 1. (Abenteuer)* любóвное приключéние *n,* ромáн *m (fig); 2. (Werk)* любóвная истóрия *f*
Liebeskummer *m* любóвная тоскá *f,* му́ки *f/pl* от любви́
Liebeslied *n* пéсня *f* о любви́
Liebespaar *n* влюблённые *pl,* влюблённая пáра *f*
liebevoll *adj 1. (fürsorglcih)* заботливый; *2. (zärlich)* нéжный, лáсковый
Liebhaber *m 1. (Geliebter)* любóвник *m; 2. (Kenner)* люби́тель *m*
Liebhaberei *f* люби́мое заня́тие *n,* увлечéние *n,* хóбби *n*
Liebhaberwert *m* цéнность *f* для люби́теля
liebkosen *v* ласкáть
Liebkosung *f* лáска *f*
lieblich *adj GAST* аромáтный, вку́сный, лёгкий, слáдкий; *~er Wein* слáдкое винó
Liebling *m 1.* люби́мец *m,* фавори́т *m; 2. (Anrede)* ми́лый *m, …*лая *f*
Lieblingsbeschäftigung *f* люби́мое заня́тие *n,* увлечéние *n,* хóбби *n*
Lieblingsspeise *f* люби́мое блю́до *n*
lieblos *adj 1.* холóдный, бессердéчный, чёрствый, сухóй; *adv 2.*без любви́, хóлодно
Lieblosigkeit *f* хóлодность *f,* бессердéчность *f,* чёрствость *f,* су́хость *f*
Liebreiz *m* прéлесть *f,* привлекáтельность *f,* обая́ние *n,* обворожи́тельность *f,* очаровáние *n*
Liebschaft *f* любóвная связь *f*
Liebste(r) *f/m* люби́мый *m, …*мая *f,* ми́лый *m, …*лая *f,* возлю́бленный *m, …*ная *f*
Lied *n* песня *f; immer wieder das alte ~ anstimmen (fig)* тверди́ть однó и то же
Liederabend *m* вéчер *m* пéсни
Liederbuch *n* пéсенник *m*
liederlich *adj 1. (unordentlich)* небрéжный,

неря́шливый, неаккура́тный, безала́берный; *2. (sittenlos)* распу́тный
Liedermacher(in) *m/f* бард *m/f,* а́втор *m/f* и исполни́тель(ца) *m/f* со́бственных пе́сен
Lieferant(in) *m/f* поставщи́к *m/f*
lieferbar *adj* име́ющийся в прода́же, поставля́емый
Lieferbedingung *f ECO* усло́вия *n/pl* поста́вки
liefern *v 1. (Waren, Personen)* доставля́ть; *2. (Waren)* поставля́ть; *3. (fig) geliefert sein* быть поги́бшим, пропа́вшим; *Er ist ein gelieferter Mann.* Он поги́бший (ко́нченый) челове́к. Он пропа́л.
Lieferschein *m ECO* накладна́я *f*
Liefertermin *m ECO* срок *m* поста́вки
Lieferung *f 1. (Waren, Personen)* доста́вка *f; 2. (Waren)* поста́вка *f*
Lieferwagen *m* автомоби́ль *f* для поста́вки (доста́вки, разво́зки) гру́зов
Liege *f* тахта́ *f*
liegen *v irr 1.* лежа́ть; *2. (sich befinden)* находи́ться, лежа́ть, быть располо́женным; *Das Buch liegt in der Schublade.* Кни́га лежи́т в я́щике. *3.richtig ~* быть пра́вым, не ошиба́ться, ду́мать пра́вильно; *4. ~ lassen (vergessen)* оставля́ть что-л (забыва́ть что-л); *alles stehen- und ~ lassen* броса́ть всё как есть
Liegenschaften *pl* недви́жимость *f*
Liegestuhl *m* шезло́нг *m*
Liegewagen *m* ваго́н *m* со спа́льными места́ми, ваго́н *m* с места́ми для лежа́ния
Lift *m* лифт *m*
liften *v* производи́ть ли́фтинг, подтя́гивать ко́жу лица́
Liga *f* ли́га *f*
Likör *m* ликёр *m*
lila *adj* лило́вый
Lilie *f BOT* ли́лия *f*
Limonade *f* лимона́д *m*
Limousine *f (Auto)* лимузи́н *m*
Linde *f BOT* ли́па *f*
lindern *v 1.* смягча́ть, облегча́ть; *2. MED* успока́ивать, утоля́ть (боль)
Linderung *f 1.* смягче́ние *n,* облегче́ние *n; 2. MED* успокое́ние *n,* утоле́ние *n* (бо́ли)
Lineal *n* лине́йка *f; (fig) ein ~ verschluckt haben* кто-л хо́дит, бу́дто арши́н проглоти́л
linear *adj* лине́йный
Linie *f 1. (Strich)* ли́ния *f,* черта́ *f,* штрих *m; auf der ganzen ~* по всей ли́нии; *2. (Zeile)* строка́ *f,* лине́йка *f; 3. (Reihe)* ли́ния *f,* рубе́ж *m,* ряд *m; in vorderster ~ stehen* быть в пе́рвых ряда́х
Linienflug *m* ре́йсовый полёт *m*
linke(r,s) *adj 1.* ле́вый, ...вая, ...вое; *2. (Rückseite)* изна́ночный, оборо́тный; *3. (Politik)* ле́вый, ...вая, ...вое
Linke(r) *f/m POL* представи́тель(ница) *m/f* ле́вой па́ртии, ле́вый *m,* ...вая *f*
links *adv 1.* сле́ва, нале́во, вле́во; *jdn ~ liegen lassen (fig)* игнори́ровать (не обраща́ть внима́ния на) кого́-л; *etw mit ~ machen* сде́лать что-л одно́й ле́вой; *2. (Rückseite)* наизна́нку, на ле́вую сто́рону
Linkshänder(in) *m/f* левша́ *m/f*
Linse *f 1. (in der Optik)* ли́нза *f; 2. BOT* чечеви́ца *f*
Lippe *f* губа́ *f; (fig) etw nicht über die ~n bringen* у кого́-л язы́к не повора́чивается сказа́ть что-л, быть не в си́лах сказа́ть что-л; *leicht von den ~n gehen* легко́ слета́ть (сходи́ть) с ко́нчика языка́
Lippenstift *m* губна́я пома́да *f*
liquidieren *v 1. ECO* ликвиди́ровать *impf/pf,* обраща́ть (превраща́ть) в нали́чные де́ньги; *2. (beseitigen)* устраня́ть, ликвиди́ровать *impf/pf*
lispeln *v 1.* шепеля́вить; *2. (flüstern)* шепта́ть
List *f* хи́трость *f,* лука́вство *n; ~ geht über Kraft.* Чего́ сило́й не сде́лаешь, добьёшься хи́тростью.
Liste *f* спи́сок *m,* пе́речень *m*
listig *adj* хи́трый, лука́вый
Litanei *f 1. REL* лита́ния *f (моли́тва, переходя́щая от свяще́нника к прихо́ду и наоборо́т); 2. (fam)* бесконе́чные жа́лобы *f/pl,* бесконе́чная каните́ль *f,* прича́тания *n/pl*
Liter *m* литр *m*
literarisch *adj* литерату́рный
Literatur *f* литерату́ра *f*
Liturgie *f REL* богослуже́ние *n,* литурги́я *f*
Lizenz *f* лице́нзия *f*
Lob *n* (по)хвала́ *f*
Lobby *f 1. (Parlament) POL* ло́бби *n (кулуа́ры в парла́менте, конгре́ссе); 2. (fig: Interessenvertretung) POL* ло́бби *n (гру́ппа представи́телей экономи́ческих круго́в, ока́зывающих си́льное влия́ние на госуда́рственную поли́тику)*
loben *v* хвали́ть; *jdn über alle Maßen ~* превозноси́ть до небе́с кого́-л *(fig)*
lobenswert *adj* похва́льный, досто́йный (заслу́живающий) похвалы́

Loch *n* дыра́ *f,* отве́рстие *n; (fig) aus dem letzten ~ pfeifen* быть при после́днем издыха́нии, дыша́ть на ла́дан; *jdm ein ~ in den Bauch reden* надоеда́ть кому́-л вопро́сами; *ein ~ in die Luft starren* уставля́ться в одну́ то́чку, глазе́ть в простра́нство
Locher *m 1.* дырокол *m; 2. TECH* перфора́тор *m; 3. (für Fahrscheine)* компо́стер *m*
Locke *f* ло́кон *m,* завито́к *m,* ку́дри *pl*
locken[1] *v (Haare)* завива́ть (во́лосы)
locken[2] *v* мани́ть, зама́нивать, завлека́ть
Lockenwickler *m* бигуди́ *pl*
locker *adj 1. (lose)* ненатя́нутый, шата́ющийся, болта́ющийся; *2. (entspannt)* рассла́бленный; *3. (fig: ungezwungen)* непринуждённый
lockig *adj* кудря́вый, курча́вый
Lockvogel *m (fig)* прима́нка *f (fig)*
lodern *v* полыха́ть, пыла́ть
Löffel *m* ло́жка *f*
Loge *f* ло́жа *f* (театра́льная, масо́нская)
Logik *f* ло́гика *f*
logisch *adj 1.* логи́ческий, логи́чный; *adv 2.* я́сно, (само́ собо́й) разуме́ется
Logistik *f* логи́стика *f*
Lohn *m 1. (Bezahlung)* за́работная пла́та *f,* зарпла́та *f; 2. (Belohnung)* награ́да *f,* вознагражде́ние *n*
Lohnausgleich *m* компенса́ция *f* поте́рь в за́работной пла́те
lohnen *v 1. (belohnen)* воздава́ть, вознагражда́ть; *2. sich ~* сто́ить, окупа́ться, опра́вдывать себя́
Lohnerhöhung *f* повыше́ние *n* за́работной пла́ты
Lohnsteuer *f* нало́г *m* на за́работную пла́ту, подохо́дный нало́г *m* (с трудя́щихся)
lokal *adj* ме́стный, лока́льный
Lokal *n* рестора́н *m,* кафе́ *n,* заку́сочная *f*
Lokomotive *f* локомоти́в *m*
Lorbeer *m BOT* лавро́вый лист *m; (fig) ~en ernten* пожина́ть ла́вры; *sich auf seinen ~en ausruhen* почива́ть на ла́врах
los *adj 1.* свобо́дный, неприкреплённый, отвя́занный; *interj 2.* Дава́й! Пошёл! Марш! Жи́во! *Was ist ~?* В чём де́ло? *Mit ihm ist nicht viel ~.* Он никуда́ не годи́тся.
Los *n 1. (Lotterielos)* лотере́йный биле́т *m; mit jdm das große ~ gezogen haben (fig)* име́ть большу́ю уда́чу с кем-л; *2. (Schicksal)* у́часть *f,* жре́бий *m*
löschen *v 1. (Feuer)* туши́ть, гаси́ть; *(fig) den Durst ~* утоля́ть жа́жду; *2. (Licht)* гаси́ть, выключа́ть; *3. INFORM* стира́ть, удаля́ть из па́мяти, очища́ть па́мять; *4. (Schiff entladen)* выгружа́ть, разгружа́ть (су́дно)
lose *adj 1. (locker)* ненатя́нутый, шата́ющийся, болта́ющийся; *2. (unverpackt)* нерасфасо́ванный; *3. (fig: leichtfertig)* легкомы́сленный, ве́треный
Lösegeld *n* вы́куп *m*
lösen *v 1. (losbinden)* освобожда́ть, развя́зывать; *2. (beilegen)* урегули́ровать *pf* (*von:* регули́ровать *impf*); *3. (Vertrag, Ehe)* расторга́ть; *4. (klären)* (раз)реша́ть; *5. (erraten)* разга́дывать; *6. (zergehen lassen)* растворя́ть; *7. (kaufen)* покупа́ть (проездно́й биле́т)
losfahren *v irr* отъезжа́ть, отходи́ть, отправля́ться
loslassen *v irr* отпуска́ть
löslich *adj* раствори́мый
losreißen *v irr 1.* отрыва́ть; *2. (fig)* отрыва́ться; *Ich kann mich von der Arbeit nicht ~.* Я не могу́ оторва́ться от рабо́ты.
lossagen *v sich ~ von* отка́зываться (отрека́ться) от чего́-л
Lösung *f 1. (Losmachen)* освобожде́ние *n,* развя́зывание *n; 2. (Beilegung)* урегули́рование *n; 3. (Klärung)* (раз)реше́ние *n; 4. (Erraten)* разга́дка *f; 5. CHEM* раство́р *m*
Lot *n 1. (Senkrechte) MATH* перпендикуля́р *m; 2. (Lötmaterial) TECH* припо́й *m; 3. (Senkblei) TECH* грузи́ло *n,* отве́с *m,* лот *m; (fig) etw wieder ins rechte ~ bringen* ула́живать что-л, утряса́ть что-л; *ins ~ kommen* приходи́ть в поря́док
löten *v* пая́ть, припа́ивать
Lotse *m 1. (Schiffslotse)* ло́цман *m; 2. (Flugzeuglotse)* авиадиспе́тчер *m*
lotsen *v* проводи́ть; *jdm das Geld aus der Tasche ~ (fig)* выма́нивать де́ньги у кого́-л
Lotterie *f* лотере́я *f*
Löwe *m ZOOL* лев *m*
Löwenanteil *m* льви́ная до́ля *f*
loyal *adj* лоя́льный
Loyalität *f* лоя́льность *f*
Luchs *m ZOOL* рысь *f*
Lücke *f* про́пуск *m,* пробе́л *m*
lückenhaft *adj* непо́лный, с пробе́лами, с про́пусками
lückenlos *adj* по́лный, без пробе́лов, без пропу́сков
Luft *f* во́здух *m; (fig) in der ~ hängen* висе́ть в во́здухе; *Dicke ~!* Полу́ндра! *die ~ raus-*

lassen переводи́ть дыха́ние; *jdn wie ~ behandeln* на́чисто игно́рировать кого́-л, кто-л для кого́-л не существу́ет; *die ~ anhalten* приде́рживать язык, не трепа́ть языко́м; *jdn an die frische ~ befördern* выставля́ть кого́-л за дверь; *aus der ~ gegriffen sein* быть взя́тым с потолка́; *in die ~ gehen* взрыва́ться, вспы́лить; *sich ~ machen* отводи́ть ду́шу, дава́ть во́лю свои́м чу́вствам; *Da bleibt mir die ~ weg!* У меня́ аж дыха́ние перехвати́ло!

Luftballon *m 1. (Spielzeug)* возду́шный шар *m; 2. (Flugkörper)* аэроста́т *m*

luftdicht *adj* воздухонепроница́емый, гермети́ческий

Luftdruck *m* атмосфе́рное давле́ние *n*

lüften *v 1. (Raum, Kleider)* прове́тривать; *2. (fig: enthüllen)* пролива́ть свет на что-л *(fig),* открыва́ть (секре́т)

Luftfahrt *f* авиа́ция *f*

Luftfeuchtigkeit *f* вла́жность *f* во́здуха

Luftfracht *f* авиацио́нный груз *m,* авиагру́з *m*

Luftlinie *f 1. (kürzester Weg)* кратча́йшая ли́ния *f (ме́жду двумя́ географи́ческими то́чками); 2. (Fluglinie)* возду́шная ли́ния *f* (тра́сса *f*)

Luftmatraze *f* надувно́й матра́ц *m*

Luftpost *f* авиапо́чта *m*

Luftpumpe *f* возду́шный насо́с *m*

Luftröhre *f ANAT* трахе́я *f*

Lüftung *f 1. (Vorrichtung)* вентиля́ция *f; 2. (Lüften)* прове́тривание *n*

Luftverschmutzung *f* загрязне́ние *n* во́здуха (возду́шного бассе́йна)

Luftwaffe *f MIL* вое́нная авиа́ция *f,* вое́нно-возду́шные си́лы *pl* (ВВС)

Luftzug *m* сквозня́к *m*

Lüge *f* ложь *f,* обма́н *m*

lügen *v irr* лгать, врать, обма́нывать; *wie gedruckt ~* врать и не красне́ть

Lügner(in) *m/f* лгу́н(ья) *m/f,* лжец *m,* вру́н(ья) *m/f (fam),* обма́нщик *m,* обма́нщица *f*

Lümmel *m 1. (Flegel)* наха́л *m,* неве́жа *f/m; 2. (Tölpel)* болва́н *m,* о́лух *m,* шалопа́й *m (fam)*

lumpen *v (fam) sich nicht ~ lassen* не скупи́ться, не быть скря́гой (скупердя́ем)

Lumpen *m 1. (Lappen)* тря́пка *f,* лоску́т *m; 2. (Fetzen)* лохмо́тья *pl; 3. (fam: Kleidung)* тряпьё *pl (fam)*

Lunge *f ANAT* лёгкое *n,* лёгкие *n/pl*

Lupe *f* лу́па *f; (fig) etw mit der ~ suchen* днём с огнём иска́ть что-л; *jdn/etw unter die ~ nehmen* тща́тельно проверя́ть кого́-л/что-л, внима́тельно присма́триваться к кому́-л/чему́-л

Lust *f 1. (Freude)* ра́дость *f,* удово́льствие *n; nach ~ und Laune* как душе́ уго́дно; *2. (Verlangen)* жела́ние *n,* охо́та *f,* стремле́ние *n; Ich habe ~ auf eine Pizza.* Мне хо́чется пи́ццу.

lustig *adj 1. (fröhlich)* весёлый, ра́достный; *2. (komisch)* сме́шной, заба́вный

lustlos *adj 1.* вя́лый, ску́чный, безра́достный; *adv 2.* с неохо́той, без охо́ты

lutschen *v* соса́ть

Lutscher *m* ледене́ц *m* на па́лочке

luxuriös *adj* роско́шный

Luxus *m* ро́скошь *f*

Lyrik *f LIT* ли́рика *f*

M

machbar *adj* осуществи́мый
machen *v 1. (durchführen)* де́лать, осуществля́ть, соверша́ть, проводи́ть; *2. (herstellen)* де́лать, изгота́вливать (*auch:* изготовля́ть), пригота́вливать (*auch:* приготовля́ть), производи́ть; *(fig) blau ~* прогу́ливать, не выходи́ть на рабо́ту; *sich wenig aus etw ~ (fam)* не интересова́ться чем-л; не осо́бо люби́ть что-л, не придава́ть чему́-л большо́го значе́ния; *sich an etw ~* принима́ться (бра́ться) за что-л; *es mit jdm ~ können* с кем-л мо́жно обраща́ться как уго́дно; *nichts zu ~* ничего не поделаешь; *Mach dir nichts draus!* Не бери́ э́то в го́лову!
Machenschaften *m/pl* про́иски *pl,* махина́ции *f/pl,* ко́зни *pl,* интри́ги *f/pl*
Macht *f 1. (Stärke)* си́ла *f; 2. (Herrschaft)* власть *f; 3. (Einfluss)* влия́ние *n; 4. (Potenz)* мощь *f*
Machthaber *m* прави́тель *m,* власть иму́щие *pl,* власть предержа́щие *pl,* власти́тель *m,* властели́н *m,* повели́тель *m*
mächtig *adj 1. (stark)* могу́щественный, могу́чий, си́льный; *seiner selbst nicht mehr ~ sein* не владе́ть собо́й, теря́ть власть над собо́й; *2. (gewaltig)* мо́щный, огро́мный, грома́дный; *3. (einflussreich)* влия́тельный; *4. (fig: sehr groß)* кру́пный; *adv 5. (fig)* весьма́, о́чень, си́льно, ужа́сно *(fam),* стра́шно *(fam)*
machtlos *adj* беcси́льный
Machtübernahme *f 1.* POL прихо́д *m* к вла́сти; *2. (Machtergreifung)* POL захва́т *m* вла́сти
Mädchen *n 1.* де́вочка *f; 2. (Jugendliche)* де́вушка *f; Natascha ist ein junges ~ von fünfzehn Jahren.* Ната́ша — молода́я де́вушка пятна́дцати лет. *~ für alles sein (fig)* ма́льчик на побегу́шках *(fig),* челове́к, на кото́рого взва́ливают всё
Mädchenname *m* де́вичья фами́лия *f*
Made *f* ZOOL червячо́к *m,* личи́нка *f*
Madonna *f* REL мадо́нна *f,* богоро́дица *f,* богома́терь *f*
Mafia *f* ма́фия *f*
Magazin *n 1. (Lager)* склад *m,* храни́лище *n; 2. (einer Waffe)* обо́йма *f,* магази́н *m; 3. (Zeitschrift)* иллюстри́рованный журна́л *f*
Magen *m* ANAT желу́док *m; (fam) jdm auf den ~ schlagen* лиша́ть кого́-л удово́льствия; по́ртить кому́-л настрое́ние; *Da dreht sich mir der ~ um!* При э́той мы́сли меня́ тошни́т.
mager *adj 1. (dünn)* худо́й, худоща́вый, то́щий; *2. (nicht fett)* нежи́рный, по́стный; *3. (fig: dürftig)* ску́дный
Magie *f* ма́гия *f*
magisch *adj* маги́ческий, волше́бный, таи́нственный
Magnet *m* магни́т *m*
magnetisch *adj* магни́тный
Mahagoni *n* кра́сное де́рево *n*
mähen *v (Gras)* коси́ть, жать
mahlen *v* моло́ть
Mahlzeit *f* еда́ *f*
mahnen *v 1. (warnen)* предостерега́ть, предупрежда́ть; *2. (auffordern)* тре́бовать, призыва́ть, настоя́тельно проси́ть сде́лать что-л; *3. (erinnern)* напомина́ть, призыва́ть
Mahnmal *n* мемориа́л *m*
Mahnung *f 1. (Warnung)* предостереже́ние *n,* предупрежде́ние *n; 2. (Aufforderung)* тре́бование *n,* при́зыв *m; 3. (Erinnerung)* напомина́ние *n*
Mai *m* май *m*
Mailbox *f* INFORM (электро́нный) почто́вый я́щик *m*
Mais *m* BOT кукуру́за *f*
Majestät *f 1. (Anrede)* вели́чество *n; 2. (Größe, Hoheit)* вели́чие *n,* вели́чественность *n*
majestätisch *adj* вели́чественный, велича́вый
Majonäse *f* GAST майоне́з *m*
Majoran *m* BOT майора́н *m*
makaber *adj* жу́ткий, мра́чный
Makel *m* недоста́ток *m,* изъя́н *m*
makellos *adj* безупре́чный, безукори́зненный
Make-up *n* макия́ж *m*
Makler(in) *m/f* ма́клер *m/f*
Makrele *f* ZOOL ску́мбрия *f,* макре́ль *f*
Mal[1] *n 1. (Zeichen)* знак *m,* пятно́ *n; 2. (Muttermal)* роди́мое пятно́ *n,* ро́динка *f; 3. (Malzeichen)* MATH знак *m* умноже́ния
Mal[2] *n (Zeitpunkt)* раз *m; nur ein einziges ~ im Leben* оди́н еди́нственный раз в жи́зни; *mit einem ~* сра́зу, с пе́рвого ра́за; *von ~ zu ~* с ка́ждым ра́зом; от слу́чая к слу́чаю; *ein für alle ~* раз и навсегда́
malen *v 1.* рисова́ть, писа́ть кра́сками,

изобража́ть; *2. (anstreichen)* кра́сить, окра́шивать
Maler *m 1. (Künstler)* худо́жник *m,* живопи́сец *m; 2. (Anstreicher)* маля́р *m*
Malerei *f* жи́вопись *f*
malerisch *adj* живопи́сный
malnehmen *v* умножа́ть
Malz *n* со́лод *m*
Mama *f (fam)* ма́ма *f*
man *pron Dieses Pronomen bleibt in der Regel unübersetzt. Да́нное местоиме́ние, как пра́вило, не перево́дится. Man spricht hier Deutsch.* Здесь говоря́т по-неме́цки.
Management *n* ECO менеджме́нт *m,* управле́ние *n*
Manager(in) *m/f* ме́неджер *m/f*
manche(r,s) *adj* не́который *m,* ...рая *f,* ...рое *n,* ...рые *pl,* ино́й *m,* ...на́я *f,* ...но́е *n,* ...ны́е *pl,* ко́е-како́й *m,* ...ка́я *f,* ...ко́е *n,* ...ки́е *pl,* ко́е-кто
manchmal *adv* иногда́, поро́й
Mandant(in) *m/f 1.* JUR клие́нт(ка) *m/f; 2. (Strafrecht)* JUR подзащи́тный *m,* ...ная *f*
Mandarine *f* BOT мандари́н *m*
Mandat *n 1. (zur Prozessführung)* JUR полномо́чия *n/pl,* поруче́ние *n,* манда́т *m; 2. (Wählerauftrag)* нака́з *m* (избира́телей); *3. (Abgeordnetensitz)* POL депута́тское ме́сто *n,* парла́ментский манда́т *m*
Mandel *f 1. (Rachenmandel)* ANAT минда́лина *f; 2. (Gaumenmandel)* ANAT гла́нды *f/pl; 3. (Frucht)* BOT минда́ль *m*
Manege *f* мане́ж *m,* циркова́я аре́на *f*
Mangel[1] *m 1. (Fehlen)* нехва́тка *f,* недоста́ток *m,* дефици́т *m; 2. (Fehler)* недоста́ток *m,* дефе́кт *m,* изъя́н *m,* оши́бка *f*
Mangel[2] *f* като́к *m* для белья́, глади́льная маши́на *f; jdn in die ~ nehmen (fig)* брать кого́-л в оборо́т *(fig)*
mangelhaft *adj 1. (unvollständig)* непо́лный, недоста́точный; *2. (fehlerhaft)* дефе́ктный, неиспра́вный, оши́бочный; *adv 3. (fehlerhaft)* с дефе́ктом, с оши́бкой; *4. (Schulnote)* неудовлетвори́тельно *(оце́нка)*
mangeln[1] *v (fehlen)* не хвата́ть, недостава́ть
mangeln[2] *v (Wäsche)* ката́ть (бельё)
mangels *prep* за недоста́тком; *Mangels Medikamente sterben viele Menschen.* За недоста́тком лека́рства умира́ет мно́го люде́й.
Manie *f* ма́ния *f*
Manieren *pl* мане́ры *f/pl,* поведе́ние *n*
Manifest *f* POL манифе́ст *m*
Maniküre *f* маникю́р *m*
Manipulation *f* манипуля́ция *f*
manipulieren *v* манипули́ровать *impf*
Mann *m 1.* мужчи́на *m; (fig) der kleine ~* просто́й (рядово́й) челове́к; *ein ~ von Welt* све́тский челове́к; *ein gemachter ~* челове́к, доби́вшийся положе́ния в о́бществе (успе́ха в жи́зни); *ein toter ~ sein* быть ко́нченым челове́ком; *den starken ~ spielen* напуска́ть на себя́ ва́жность; *den wilden ~ spielen* сканда́лить, поднима́ть бу́чу; *seinen ~ stehen* уме́ть постоя́ть за себя́; не уда́рить лицо́м в грязь; *mit ~ und Maus untergehen* пойти́ ко дну со всем свои́м живы́м и мёртвым гру́зом; *etw an den ~ bringen* продава́ть, сбыва́ть с рук; *2. (Ehemann)* муж *m,* супру́г *m*
Mannequin *n 1. (Person)* манеке́нщик *m,* манеке́нщица *f; 2. (Schaufensterpuppe)* манеке́н *m*
männlich *adj 1.* мужско́й; *2. (mannhaft)* му́жественный, возмужа́лый; *3. (einem Mann gemäß)* досто́йный мужчи́ны; *~es Verhalten* поведе́ние, досто́йное мужчи́ны
Mannschaft *f 1. (Besatzung)* экипа́ж *m,* кома́нда *f; 2.* SPORT кома́нда *f; 3.* MIL ли́чный соста́в *m*
Manöver *n 1.* MIL манёвры *m/pl,* уче́ния *n/pl; 2. (Winkelzug)* манёвр *m,* уло́вка *f,* хи́трость *f*
manövrieren *v 1.* маневри́ровать; *2. (fig: geschickt zu Werke gehen)* маневри́ровать, де́йствовать обхо́дным путём, прибега́ть к уло́вкам
Mansarde *f* манса́рда *f*
Manschette *f 1. (eines Hemdes)* манже́та *f; 2. (eines Blumentopfes)* манже́тка *f; 3. (~ndichtung)* TECH уплотни́тельная манже́та *f*
Manschettenknopf *m* за́понка *f* на манже́те
Mantel *m 1.* пальто́ *n; 2. (Regenmantel)* плащ *m; 3. (Uniform)* шине́ль *f; 4.* TECH оболо́чка *f,* кожу́х *m*
manuell *adj 1.* ручно́й; *adv 2.* вручну́ю
Manuskript *n* ру́копись *f*
Mappe *f 1. (Tasche)* портфе́ль *m; 2. (Sammelmappe)* па́пка *f*
Marathonlauf *m* SPORT марафо́нский бег *m,* марафо́н *m*
Märchen *n* ска́зка *f*
märchenhaft *adj* ска́зочный, волше́бный, чуде́сный, великоле́пный

Marder *m* ZOOL куни́ца *f*
Margarine *f* GAST маргари́н *m*
Marienkäfer *m* ZOOL бо́жья коро́вка *f*
Marinade *f* GAST марина́д *m*
Marine *f* вое́нно-морско́й флот *m*, вое́нно-морски́е си́лы *pl* (ВМС)
Marionette *f* марионе́тка *f*
maritim *adj* морско́й
Mark[1] *f* HIST *Deutsche ~* неме́цкая (герма́нская) ма́рка *f*; *(fig) keine müde ~* ни копе́йки, ни гроша́; *mit jeder ~ rechnen müssen* быть бе́дным; *jede ~ dreimal umdrehen* на всём эконо́мить
Mark[2] *f 1.* HIST грани́ца *f*; *2. (Grenzgebiet)* HIST ма́рка *f*, маркгра́фство *n*
Mark[3] *n 1.* ANAT ко́стный мозг *m*; *2. (Rückenmark)* ANAT спинно́й мозг *m*; *(fig) jdm das ~ aus den Knochen saugen* выжима́ть все со́ки из кого́-л; *bis ins ~* пронизáть до косте́й, *3.* BOT сердцеви́на *f*; *4. (Fruchtmark)* GAST мя́коть *f* плода́
markant *adj* заме́тный, характе́рный, ви́дный, выдаю́щийся, примеча́тельный
Marke *f 1. (Briefmarke)* почто́вая ма́рка *f*; *2. (Garderobe)* гардеро́бный номеро́к *m*; *3. (Wartenummer)* контро́льный но́мер *m*; *4. (Einwurfmarke)* жето́н *m*; *5. (Spielmarke)* фи́шка *f* (для игры́); *6. (gewerbliches Schutzrecht)* JUR това́рный знак *m*
Marketing *n* ма́ркетинг *m*
markieren *v 1. (kennzeichnen)* отмеча́ть, де́лать поме́тки, ме́тить, марки́ровать *impf/pf*; *2. (hervorheben)* выделя́ть, подчёркивать; *3. (fam: vortäuschen)* притворя́ться, прики́дываться *(fam)*, симули́ровать *impf/pf*
Markierung *f* обозначе́ние *n*, маркиро́вка *f*, ме́тка *f*, поме́тка *f*, разме́тка *f*
Markise *f* марки́за *f*, што́ра *f*
Markt *m* ры́нок *m*, база́р *m*
Marktführerschaft *f* ECO веду́щее положе́ние *n* (ли́дерство *n*) на ры́нке
Marktwirtschaft *f* ECO ры́ночная эконо́мика *f*, ры́ночное хозя́йство *n*
Marmelade *f* джем *m*, пови́дло *n*
Marmor *m* мра́мор *m*
Marokko *n* GEO Маро́кко *n/m*
Mars *m* Марс *m*
Marsch *m 1.(Wanderung)* марш *m*, похо́д *m*; *2.* MUS марш *m*; *(fig) jdm den ~ blasen* как сле́дует отруга́ть кого́-л, зада́ть встря́ску кому-л
marschieren *v* маршировáть, соверша́ть марш
Marschroute *f* маршру́т *m*
Märtyrer *m* му́ченик *m*
Marxismus *m* POL маркси́зм *m*
März *m* март *m*
Marzipan *n* GAST марципа́н *m*
Masche *f 1. (in der Handarbeit)* петля́ *f* (вяза́нья); *2. (Netzmasche)* ячея́ *f*, яче́йка *f* (сети́); *3. (fig)* уло́вка *f*, трюк *m*
Maschine *f 1.* маши́на *f*; *2. (Werkzeugmaschine)* стано́к *m*; *3. (Motorrad)* мотоци́кл *m*; *4. (Flugzeug)* самолёт *m*; *5. ~nschreiben* рабо́та на пи́шущей маши́нке
maschinell *adj 1.* маши́нный, механи́ческий; *adv 2.* маши́нным спо́собом
Maschinenbau *m* машинострое́ние *n*
Maschinengewehr *n* пулемёт *m*
Maschinist *m* машини́ст *m*, меха́ник *m*
Masern *pl* MED корь *f*
Maserung *f* свилева́тость *f* (узо́рчатость *f*) древеси́ны
Maske *f* ма́ска *f*; *(fig) die ~ fallen lassen* сбра́сывать с себя́ ма́ску, пока́зывать своё и́стинное лицо́; *jdm die ~ vom Gesicht reißen* срыва́ть ма́ску с кого́-л
Maskenball *m* бал-маскара́д *m*, костюми́рованный бал *m*
Maskenbildner(in) *m/f* гримёр *m/f*
maskieren *v sich ~* надева́ть на себя́ ма́ску (маскара́дный костю́м), маскирова́ться
Maskottchen *n* талисма́н *m*, амуле́т *m*
Maß *n 1. (~einheit)* едини́ца *f* измере́ния, ме́ра *f*; *2. (Abmessung)* разме́р *m*, ме́рка *f*; *ein Anzug nach ~* костю́м, сши́тый по зака́зу; *3. (Grenze)* ме́ра *f*, преде́л *m*, грани́ца *f*; *(fig) mit zweierlei ~ messen* подходи́ть к чему́-л с разли́чными ме́рками; *über alle ~en* сверх ме́ры, чрезме́рно; *Das ~ ist voll!* Ча́ша терпе́ния перепо́лнилась! *~ halten* знать (соблюда́ть) ме́ру
Massage *f* масса́ж *m*
Massaker *n* бо́йня *f*, резня́ *f*
Maßarbeit *f* рабо́та *f* по (индивидуа́льному) зака́зу
Masse *f 1. (Stoff)* ма́сса *f*, вещество *n*; *2. (große Menge)* ма́сса *f*, мно́жество *n*, большо́е коли́чество *n*, у́йма *f (fam)*; *3. (Volksmenge)* толпа́ *f*, ма́сса *f*; *4.* PHYS ма́сса *f*, вес *m*
massenhaft *adj 1.* ма́ссовый, многочи́сленный; *adv 2.* ма́ссами, в большо́м коли́честве
Massenmedien *pl* сре́дства *n/pl* ма́ссовой информа́ции (СМИ)

Masseur(in) *m/f* массажи́ст *m/f*
maßgebend *adj 1. (maßgeblich)* реша́ющий, основополага́ющий, определя́ющий; *2. (einflussreich)* авторите́тный, влия́тельный, руководя́щий
massieren *v* масси́ровать *impf/pf,* де́лать масса́ж
mäßig *adj* уме́ренный, возде́ржанный
mäßigen *v 1.* умеря́ть, сде́рживать, смягча́ть, обу́здывать; *2. sich ~* сде́рживаться
massiv *adj 1. (massig, fest)* масси́вный, пло́тный, про́чный; *2. (kompakt)* сплошно́й
maßlos *adj 1.* чрезме́рный, безграни́чный, необу́зданный; *adv 2.* чрезме́рно, без ме́ры
Maßlosigkeit *f* безме́рность *f,* безграни́чность *f,* необу́зданность *f*
Maßnahme *f* мероприя́тие *n,* ме́ра *f*
Maßstab *m 1.* масшта́б *m; 2. (Lineal)* масшта́бная лине́йка *f; 3. (fig)* мери́ло *n,* крите́рий *m*
Mast *m 1. (Schiffsmast)* ма́чта *f; 2. (Telefonmast)* (телегра́фный) столб *m; 3. (Fahnenmast)* флагшто́к *m*
mästen *v* отка́рмливать (живо́тных)
Material *n 1.* материа́л *m; 2. (Dokumente)* докуме́нты *m/pl,* материа́лы *m/pl*
Materialismus *m* материали́зм *m*
materialistisch *adj* материалисти́ческий
Materialkosten *pl* расхо́ды *m/pl* на материа́лы, сто́имость *f* материа́лов
Materie *f* мате́рия *f,* вещество́ *n*
materiell *adj 1.* материа́льный, веще́ственный; *adv 2.* материа́льно
Mathematik *f* матема́тика *f*
mathematisch *adj* математи́ческий
Matratze *f* матра́с *m, (auch:* матра́ц *m),* тюфя́к *m*
Matrose *m* матро́с *m*
matschig *adj 1.* гря́зный, сля́котный; *2. (Obst)* мя́гкий, гнило́й; *3. (Schnee)* та́лый
matt *adj 1. (schwach)* сла́бый, утомлённый, уста́лый, измождённый; *2. (trübe)* ма́товый, ту́склый
Matte *f 1. (Turnen)* мат *m;* SPORT *jdn auf die ~ legen* положи́ть кого́-л на о́бе лопа́тки; *(fig) jdn auf die ~ legen* перехитри́ть кого́-л, одержа́ть верх над кем-л; *2. (Bastmatte)* цино́вка *f; 3. (Fußabtreter)* полови́к *m*
Mauer *f* стена́ *f,* сте́нка *f; (fig) gegen eine ~ reden* как о сте́нку горо́х
Maul *n 1. (Mund)* рот *m,* пасть *f; den Leuten aufs ~ schauen (fig)* прислу́шиваться к гла́су наро́да; *jdm das ~ stopfen* затыка́ть кому́-л гло́тку; *2. (Raubtier)* пасть *f; 3. (Werkzeug)* TECH зев *m,* отве́рстие *n*
Maulkorb *m* намо́рдник *m*
Maulwurf *m* ZOOL крот *m*
Maurer *m* ка́менщик *m*
Maus *f 1.* ZOOL мышь *f; 2.* INFORM мышь *f*
Mausefalle *f* мышело́вка *f*
Mautgebühr *f* доро́жная по́шлина *f* (на автостра́дах)
maximal *adj* максима́льный
Maxime *f* макси́ма *f,* основно́й при́нцип *m,* основно́е пра́вило *n*
Maximum *n* ма́ксимум *m,* максима́льное коли́чество *n,* максима́льная величина́ *f*
Mechanik *f* меха́ника *f*
Mechaniker(in) *m/f* меха́ник *m/f*
mechanisch *adj 1.* TECH механи́ческий, маши́нный; *2. (Reaktion)* машина́льный
Mechanismus *m* механи́зм *m*
meckern *v 1. (Tier)* бле́ять; *2. (fig: nörgeln)* брюзжа́ть, ворча́ть, ныть, быть недово́льным, придира́ться *(fam)*
Medaille *f* меда́ль *f*
Medaillon *n 1. (Schmuck)* медальо́н *m; 2.* GAST небольшо́й кру́глый ло́мтик *m* мя́са
Medienmogul *m* ме́диа-магна́т *m*
Medikament *n* медикаме́нт *m,* лека́рство *n*
Meditation *f* медита́ция *f,* погруже́ние *n* в разду́мья (размышле́ния)
meditieren *v* медити́ровать, погружа́ться в свои мы́сли (размышле́ния)
Medium *n 1.* PHYS, CHEM среда́ *f; 2. (Mittel)* сре́дство *n; 2. (im Okkultismus)* ме́диум *m*
Medizin *f 1. (Heilkunde)* медици́на *f; 2. (Medikament)* лека́рство *n,* медикаме́нт *m*
medizinisch *adj 1. (arzneilich)* медици́нский, лече́бный; *2. (ärztlich)* враче́бный
Meer *n* мо́ре *n*
Meerenge *f* проли́в *m*
Meeresfrüchte *pl* GAST дары́ *m/pl* мо́ря
Meeresspiegel *m* у́ровень *m* мо́ря
Meerrettich *m* BOT хрен *m*
Meerschweinchen *n* ZOOL морска́я сви́нка *f*
Megabyte *n* INFORM мегаба́йт *m*
Mehl *n* мука́ *f*
mehr *adv* бо́льше, бо́лее; *~ und ~* всё бо́льше и бо́льше; *~ oder minder* бо́лее и́ли ме́нее; *nicht ~ und nicht weniger* не бо́лее и не ме́нее
mehrdeutig *adj* многозна́чный, неоднозна́чный

mehrere мно́гие, не́которые, не́сколько
mehrfach *adj 1.* неоднокра́тный, многокра́тный; *adv 2.* мно́го раз, многокра́тно, неоднокра́тно
Mehrheit *f* большинство́ *n*
mehrheitlich *adj* при́нятый большинство́м голосо́в
mehrjährig *adj* многоле́тний
mehrmals *adv* не́сколько раз, не раз, неоднокра́тно
mehrsprachig *adj* многоязы́чный
Mehrwertsteuer *f* нало́г *m* на доба́вленную сто́имость (НДС)
Mehrzahl *f 1.* GRAMM мно́жественное число́; *n; 2. (Mehrheit)* большинство́ *n,* бо́льшая часть *f*
meiden *v irr* избега́ть (сторони́ться) кого́-л/чего́-л
Meile *f* ми́ля *f*
Meilenstein *m 1.* придоро́жный столб *m,* ука́зывающий расстоя́ние в ми́лях; *2. (in Russland)* HIST верстово́й столб *m; 3. (fig: Höhepunkt)* ве́ха *f,* рубе́ж *m*
mein(e) *pron* мой *m,* моя́ *f,* моё *n,* мои́ *pl*
Meineid *m* JUR ло́жное показа́ние *n* под прися́гой, лжесвиде́тельство *n,* клятвопреступле́ние *n*
meinen *v 1. (glauben)* полага́ть, ду́мать, счита́ть; *Ich meine, dass der Krieg etwas Schreckliches ist.* Я счита́ю, что война́ – э́то не́что ужа́сное. *2. (annehmen)* име́ть в виду́, подразумева́ть; *3. es mit jdm gut ~* име́ть до́брые наме́рения в отноше́нии кого́-л, хорошо́ относи́ться к кому́-л
meinerseits *adv* с мое́й стороны́, со свое́й стороны́
meinetwegen *adv 1. (wegen mir)* из-за меня́, ра́ди меня́; *2. (von mir aus)* пожа́луйста, не возража́ю, как хоти́те
Meinung *f* мне́ние *n,* взгляд *m,* сужде́ние *n; meiner ~ nach* на мой взгляд, по моему́ мне́нию, по-мо́ему; *Ich bin nicht der gleichen ~ wie du.* Я приде́рживаюсь ино́го мне́ния. Я с тобо́й не согла́сен. *jdm gehörig die ~ sagen* сказа́ть кому́-л пра́вду в глаза́; *mit seiner ~ nicht hinter dem Berg (fig) halten* не скрыва́ть своего́ мне́ния
Meinungsumfrage *f* опро́с *m* обще́ственного мне́ния, опро́с *m* населе́ния
Meise *f* ZOOL сини́ца *f*
Meißel *m 1. (des Bildhauers)* резе́ц *m; 2. (des Tischlers)* долото́ *n; 3. (Schroteisen)* зуби́ло *n*
meist *adj 1.* са́мый большо́й, наибо́льший; *adv 2. (quantitativ)* бо́льше всего́; *3. (temporal)* ча́ще всего́, в большинстве́ слу́чаев
meistens *adv* ча́ще всего́, в большинстве́ слу́чаев, бо́льшей ча́стью, по бо́льшей ча́сти
Meister(in) *m/f 1. (eines Handwerks)* ма́стер *m/f,* высококвалифици́рованный рабо́чий *m,* высококвалифици́рованная рабо́тница *f,* владе́лец *m* мастерско́й; *2. (Könner(in))* ма́стер *m/f,* специали́ст *m/f,* знато́к *m/f; (fig) Es ist noch kein ~ vom Himmel gefallen.* Не бо́ги горшки́ обжига́ют. *(fig) 3.* SPORT ма́стер *m/f* спо́рта, чемпио́н(ка) *m/f,* рекордсме́н(ка) *m/f*
meisterhaft *adj 1.* мастерско́й, иску́сный, превосхо́дный, замеча́тельный; *adv 2.* ма́стерски, иску́сно, превосхо́дно
meistern *v 1. (bewältigen)* справля́ться с чем-л, преодолева́ть что-л; *2. (erlernen)* овладева́ть чем-л, осва́ивать что-л
Meisterschaft *f* SPORT чемпиона́т *m,* пе́рвенство *n*
Melancholie *f* меланхо́лия *f*
melancholisch *adj* меланхоли́чный
melden *v 1. (an~)* заявля́ть, подава́ть зая́вку на что-л; *2. (ankündigen)* объявля́ть, оглаша́ть, возвеща́ть; *3. (mitteilen)* сообща́ть, извеща́ть, уведомля́ть, ста́вить в изве́стность, доноси́ть до све́дения; *4. (berichten)* докла́дывать, рапортова́ть; *(fam) nichts zu ~ haben* не име́ть никако́го ве́са
Meldung *f 1. (Anmeldung)* пода́ча *f* зая́вки (заявле́ния)*; 2. (Ankündigung)* объявле́ние *n,* оглаше́ние *n; 3. (Mitteilung)* сообще́ние *n,* извеще́ние *n,* уведомле́ние *n; 4. (Bericht)* докла́д *m,* ра́порт *m*
melken *v irr* дои́ть
Melodie *f* мело́дия *f*
Melone *f 1. (Honigmelone)* BOT ды́ня *f; 2. (Wassermelone)* BOT арбу́з *m; 3. (Hut)* котело́к *m (мужска́я шля́па)*
Memoiren *pl* мемуа́ры *m/pl,* запи́ски *f/pl,* воспомина́ния *n/pl*
Menge *f 1. (große Anzahl)* ма́сса *f,* большо́е коли́чество *n,* мно́жество *n,* у́йма *f (fam); in großer ~* в большо́м коли́честве; *Er hat eine ~ Geld.* У него́ де́нег ку́ры не клюю́т. *(fig); 2. (Volksmenge)* толпа́ *f* (наро́да); *3.* MATH мно́жество *n*
mengenmäßig *adj 1.* коли́чественный; *adv 2.* по коли́честву, в коли́чественном отноше́нии

Mensa *f* (студе́нческая) столо́вая *f*
Mensch *m 1.* челове́к *m; (fig) wie der erste ~* как первобы́тный челове́к; *nur noch ein halber ~ sein* быть соверше́нно измо́танным (уста́лым); *ein neuer ~ werden* стать други́м челове́ком; *von ~ zu ~* как челове́к с челове́ком, в ли́чном обще́нии; *2. (Person)* ли́чность *f,* лицо́ *n*
Menschenmenge *f* толпа́ *f*
Menschenrechte *pl* права́ *n/pl* челове́ка
menschenunwürdig *adj* недосто́йный челове́ка, нечелове́ческий
Menschenwürde *f* челове́ческое досто́инство *n*
Menschheit *f* челове́чество *n*
menschlich *adj 1.* челове́ческий; *2. (human)* челове́чный, гума́нный
Menschlichkeit *f 1.* челове́чность *f; 2. (Humanität)* гума́нность *f*
Menstruation *f* менструа́ция *f*
Mentalität *f* менталите́т *m,* мента́льность *f,* склад *m* ума́, о́браз *m* мы́слей
Menü *n 1.* GAST ко́мплексный (станда́ртный) обе́д *m; 2.* INFORM «меню́» *n*
Merkblatt *n* па́мятка *f,* па́мятный листо́к *m,* запи́ска *f*
merken *v 1. (wahrnehmen)* замеча́ть, *Man merkt an seiner Aussprache, dass er kein Deutscher ist.* По его́ акце́нту заме́тно, что он не не́мец. *2. (erfassen)* понима́ть; *jdn etw ~ lassen* дава́ть поня́ть кому́-л что-л; *3. sich ~* запомина́ть
merklich *adj* заме́тный, ощути́мый, значи́тельный
Merkmal *n* при́знак *m,* отличи́тельная (характе́рная) черта́ *f*
merkwürdig *adj* стра́нный, своеобра́зный, осо́бенный; *Wie ~!* Как стра́нно!
messbar *adj* измери́мый
Messbecher *m* ме́рный стака́н *m*
Messdiener *m* REL дьячо́к *m,* слу́жка *m*
Messe *f 1. (Ausstellung)* я́рмарка *f,* вы́ставка *f; 2.* REL (католи́ческая) ме́сса *f,* богослуже́ние *n,* обе́дня *f*
Messegelände *n* террито́рия *f* я́рмарки, вы́ставочная террито́рия *f*
messen *v irr 1.* ме́рить, измеря́ть; *2. (fig) sich ~ mit* ме́риться (равня́ться) с кем-л в чём-л
Messer *n* нож *m; (fig) auf des ~s Schneide stehen* находи́ться в крити́ческом положе́нии; *jdm das ~ an die Kehle setzen* брать кого́-л за го́рло; *bis aufs ~* не на жизнь, а на́ смерть; *unters ~ kommen* попада́ть под нож, ложи́ться на опера́цию
messerscharf *adj 1.* о́стрый как нож; *2. (fig: Verstand)* то́чный, чёткий (ум)
Messerspitze *f 1.* остриё *n* (ко́нчик *m*) ножа́; *2. (Maßangabe)* щепо́тка *f*
Messing *n* MET лату́нь *f*
Messinstrument *n* измери́тельный инструме́нт *m* (прибо́р *m*)
Metall *n* мета́лл *m*
Meteor *m* метео́р *m*
Meter *m* метр *m*
Metermaß *n 1. (Band)* сантиме́тр *m; 2. (zusammenklappbar)* складно́й метр *m; 3. (aufrollbar)* руле́тка *f*
Methode *f* ме́тод *m*
methodisch *adj 1. (planmäßig)* методи́чный; системати́чный, стро́го после́довательный; *2. (die Methodik betreffend)* методи́ческий
Metropole *f 1. (Zentrum)* центр *m; 2. (Hauptstadt)* столи́ца *f*
Metzger *m* мясни́к *m*
Metzgerei *f* мясна́я ла́вка *f*
Meute *f 1. (Hundemeute)* сво́ра *f* соба́к; *2. (von Menschen)* сво́ра *f,* ша́йка *f,* ба́нда *f*
Meuterei *f* мяте́ж *m,* бунт *m*
meutern *v 1. (Gehorsam verweigern)* бунтова́ть, восстава́ть; *2. (fig: murren)* выража́ть недово́льство
Mexikaner(in) *m/f* мексика́нец *m,* мексика́нка *f*
mexikanisch *adj* мексика́нский
Mexiko *n 1. (Land)* GEO Ме́ксика *f; 2. (Stadt)* GEO Ме́хико *f*
miauen *v* мяу́кать
mich *pron* меня́
mies *adj (fam)* плохо́й, скве́рный, ни́зкий, по́длый
Miesmuschel *f* ZOOL ми́дия *f*
Miete *f 1. (~n)* пла́та *f* за наём (аре́нду, прока́т); *2. (Wohnungsmiete)* кварти́рная пла́та *f,* квартпла́та *f; Das ist schon die halbe ~! (fig)* Полде́ла сде́лано!
mieten *v 1.* брать в аре́нду; *2. (Wohnung)* брать в наём, снима́ть
Mieter(in) *m/f 1.* аренда́тор *m/f; 2. (von Wohnung)* education нанима́тель(ница) *m/f,* съёмщик *m,* съёмщица *f,* квартира́нт(ка) *m/f*
Mietvertrag *m 1.* догово́р *m* аре́нды; *2. (Wohnung)* догово́р *m* на́йма (жило́го помеще́ния)
Mietwagen *m* прока́тный автомоби́ль *m*
Migräne *f* MED мигре́нь *f*

Mikrofon *n* микрофо́н *m*
Mikroskop *n* микроско́п *m*
Mikrowellenherd *m* СВЧ-печь *f*
Milch *f* молоко́ *n; wo ~ und Honig fließt* моло́чные ре́ки и кисе́льные берега́
Milchstraße *f ASTR* Мле́чный Путь *m*
mild *adj 1. (Wetter)* мя́гкий, уме́ренный; *2. (Wesen)* мя́гкий, нестро́гий, снисходи́тельный, до́брый
Milde *f 1. (des Wetters)* мя́гкость *f,* уме́ренность *f; 2. (des Wesens)* мя́гкость *f,* доброта́ *f,* снисходи́тельность *f*
mildern *v 1. (abschwächen)* смягча́ть, ослабля́ть; *2. (lindern)* смягча́ть, облегча́ть, унима́ть
Milieu *n* (окружа́ющая) среда́ *f,* обстано́вка *f,* окруже́ние *n*
Militär *n 1. (Armee)* а́рмия *f; 2. (Truppen)* войска́ *n/pl; 3. (Streitkräfte)* вооружённые си́лы *pl; 4. (Militärangehörige)* вое́нные *pl,* военнослу́жащие *pl*
Milliarde *f* миллиа́рд *m*
Millimeter *m* миллиме́тр *m*
Million *f* миллио́н *m*
Milz *f ANAT* селезёнка *f*
Mimik *f* ми́мика *f*
Mimose *f 1. BOT* мимо́за *f; 2. (fig)* мимо́за *f,* недотро́га *f*
Minderheit *f* меньшинство́ *n*
minderjährig *adj* несовершенноле́тний
mindern *v 1. (verringern)* уменьша́ть, сокраща́ть, снижа́ть; *2. (mildern)* смягча́ть, облегча́ть, ослабля́ть
Minderung *f 1. (Verringerung)* уменьше́ние *n,* сокраще́ние *n,* сниже́ние *n; 2. (Mildern)* ослабле́ние *n,* смягче́ние *n*
minderwertig *adj 1.* недоброка́чественный, низкосо́ртный, низкока́чественный; *2. (Person)* неполноце́нный
Mindest… *pref* минима́льный, са́мый ма́лый (ме́ньший), наиме́ньший
Mindestalter *n* минима́льный во́зраст *m*
mindestens *adv* ми́нимум, по ме́ньшей (по кра́йней) ме́ре, са́мое ме́ньшее
Mindestlohn *m* минима́льная за́работная пла́та *f*
Mine *f 1. (Sprengkörper)* ми́на *f; 2. (Bergwerk)* рудни́к *m,* ша́хта *f; 3. (im Kugelschreiber)* сте́ржень *m*
Mineral *n* минера́л *m*
Mineralwasser *n* минера́льная вода́ *f*
minimal *adj* минима́льный, наиме́ньший, незначи́тельный; *ein ~er Vorteil* незначи́тельное преиму́щество
Minimum *n* ми́нимум *m*
Minister(in) *m/f POL* мини́стр *m/f*
Ministerium *n POL* министе́рство *n*
minus *adv* ми́нус
Minus *n 1. (Defizit) ECO* дефици́т *m; 2. (Bilanz) ECO* отрица́тельное (негати́вное) са́льдо *n*
Minuszeichen *n MATH* ми́нус *m,* знак *m* ми́нус
Minute *f* мину́та *f; in letzter ~* в после́днюю мину́ту; *auf die ~ genau* с то́чностью до мину́ты
minutenlang *adj 1.* продолжа́ющийся (для́щийся) не́сколько мину́т; *adv 2.* не́сколько мину́т, в тече́ние не́скольких мину́т
mir *pron* мне
mischen *v* меша́ть, сме́шивать, переме́шивать
Mischling *m 1.* мети́с *m; 2. (Tier) ZOOL* гибри́д *m,* по́месь *f; 3. (Pflanze) BOT* гибри́д *m*
Mischung *f 1. (Mischen)* сме́шивание *n; 2. (Gemisch)* смесь *f*
miserabel *adj* скве́рный, никуды́шный, дрянно́й, парши́вый *(fam)*
Misere *f* го́ре *n,* бе́да *f,* нужда́ *f,* убо́жество *n*
missachten *v* пренебрега́ть кем-л/чем-л, не уважа́ть (презира́ть) кого́-л/что-л, не счита́ться с кем-л/с чем-л
Missachtung *f* пренебреже́ние *n* к кому́-л/чему́-л, неуваже́ние *n* (презре́ние *n*) кого́-л/чего́-л
Missbildung *f* уро́дство *n,* безобра́зие *n*
missbilligen *v* не одобря́ть, не признава́ть, порица́ть, отверга́ть
Missbilligung *f* неодобре́ние *n,* непризна́ние *n,* порица́ние *n*
Missbrauch *m 1.* злоупотребле́ние *n; 2. (Vergewaltigung)* изнаси́лование *n*
missbrauchen *v 1.* злоупотребля́ть кем-л/чем-л, испо́льзовать в коры́стных це́лях кого́-л/что-л; *2. (vergewaltigen)* наси́ловать
missen *v* обходи́ться без кого́-л/чего́-л, быть лишённым чего-л
Misserfolg *m* неуспе́х *m,* неуда́ча *f*
Missetat *f* злодея́ние *n,* преступле́ние *n*
Missetäter(in) *m/f* престу́пник *m,* престу́пница *f*
missfallen *v irr jdm ~* не нра́виться кому́-л
missgebildet *adj* уро́дливый, безобра́зный

Missgeschick *n* несча́стье *n,* неуда́ча *f*
missglücken *v* не удава́ться
missgönnen *v jdm etw ~* зави́довать кому́-л в чём-л
Missgriff *m* оши́бка *f,* про́мах *m*
Missgunst *f* недоброжела́тельство *n,* за́висть *f*
misshandeln *v* жесто́ко обраща́ться с кем-л, истяза́ть кого́-л, издева́ться (измыва́ться) над кем-л
Misshandlung *f* жесто́кое обраще́ние *n* с кем-л, истяза́ние *n* кого́-л
Mission *f 1. (Auftrag)* поруче́ние *n,* зада́ние *n,* ми́ссия *f; 2. (Einrichtung)* ми́ссия *f,* миссионе́рская организа́ция *f*
Missionar(in) *m/f* REL миссионе́р(ка) *m/f*
Misskredit *m* дискредита́ция *f; in ~ kommen* лиша́ться дове́рия, теря́ть свой авторите́т (свою́ репута́цию)
misslingen *v irr* не удава́ться
missraten *v irr 1.* не удава́ться; *adj 2.* неуда́чный
Missstand *m* неудовлетвори́тельное (плохо́е) состоя́ние *n,* непоря́док *m*
Misstrauen *n* недове́рие *n,* недове́рчивость *f,* мни́тельность *f,* подозре́ние *n*
misstrauen *v* не доверя́ть, быть мни́тельным (подозри́тельным)
Misstrauensvotum *n* POL во́тум *m* недове́рия
misstrauisch *adj* недове́рчивый, подозри́тельный, мни́тельный
Missverhältnis *n* несоотве́тствие *f,* несоразме́рность *f,* диспропо́рция *f*
Missverständnis *n* недоразуме́ние *n*
missverstehen *v irr* непра́вильно (неве́рно) понима́ть
Misswirtschaft *f* бесхозя́йственность *f*
Mist *m 1.* наво́з *m,* помёт *m; Das ist nicht auf meinem ~ gewachsen. (fam)* Э́то не я приду́мал. Э́то не моя́ заслу́га. *2. (fig: Unsinn)* ерунда́ *f,* чепуха́ *f,* вздор *m,* чушь *f; ~ bauen (fam)* наде́лать глу́постей, натвори́ть дел
Misthaufen *m* наво́зная ку́ча *f*
mit *prep* с, вме́сте с; *Ich gehe ~ dir.* Я пойду́ с тобо́й. *Ich fahre ~ dem Auto.* Я пое́ду на маши́не. *Ich habe das ~ berücksichtigt.* Я э́то учёл.
Mitarbeit *f* акти́вное *n* уча́стие, сотру́дничество *n*
mitarbeiten *v* акти́вно уча́ствовать, сотру́дничать, коопери́ровать
Mitarbeiter(in) *m/f* сотру́дник *m,* сотру́дница *f*
mitbestimmen *v* уча́ствовать в реше́нии како́го-л вопро́са
Mitbestimmung *f* уча́стие *n* в приня́тии реше́ния
mitbringen *v irr 1. (herbringen)* приноси́ть, приводи́ть, привози́ть (с собо́й); *2. (hinbringen)* относи́ть, отводи́ть, отвози́ть
Mitbürger(in) *m/f* сограждани́н *m,* сограждáнка *f,* согра́ждане *pl*
miteinander *adv* друг с дру́гом, вме́сте
Mitesser *m* MED ко́жный у́горь *m*
mitfahren *v irr* е́хать/е́здить вме́сте с кем-л
mitfühlend *adj 1.* сочу́вствующий, сострада́тельный; *adv 2.* с сочу́вствием
Mitgefühl *n 1.* сочу́вствие *n; 2. (Beileid)* соболе́знование *n*
mitgehen *v irr mit jdm ~* идти́ вме́сте с кем-л, сопровожда́ть кого́-л; *etw ~ lassen* прихва́тывать ста́скивать, уводи́ть что-л
Mitgift *f* прида́ное *n*
Mitglied *n* член *m*
Mitgliedsbeitrag *m* чле́нский взнос *m*
Mitgliedschaft *f* чле́нство *n*
Mitgliedsland *n* страна́-уча́стница *f,* госуда́рство-член *n*
Mithilfe *f* по́мощь *f,* соде́йствие *n*
Mitinhaber(in) *m/f* совладе́лец *m,* совладе́лица *f,* компаньо́н *m/f*
mitkommen *v irr 1.* приходи́ть, прибыва́ть, идти́/ходи́ть вме́сте с кем-л; *2. (fam: begreifen)* успева́ть, понима́ть
Mitläufer(in) *m/f* попу́тчик *m,* попу́тчица *f,* симпатизи́рующий *m* (…щая *m*) кому́-л
Mitleid *n 1.* сочу́вствие *n,* жа́лость *f,* сострада́ние *n; ~ erregend* вызыва́ющий жа́лость; *2. (Beileid)* соболе́знование *n*
Mitleidenschaft *f etw in ~ ziehen* поврежда́ть что-л, причиня́ть уще́рб чему́-л; *jdn in ~ ziehen* вовлека́ть кого́-л в беду́ (вме́сте с собо́й)
mitleidig *adj* сострада́тельный, сердобо́льный, жа́лостливый
mitleidslos *adj* безжа́лостный, беспоща́дный
mitmachen *v 1. (sich beteiligen)* принима́ть уча́стие (уча́ствовать) в чём-л; *2. (fig: leiden)* пережива́ть (испы́тывать) что-л, переноси́ть тру́дности
Mitmensch *m* бли́жний *m,* челове́к *m; ~en* лю́ди *pl,* окружа́ющие *pl*
mitnehmen *v irr 1. (hinbringen)* брать (забира́ть, захва́тывать) с собо́й;

2. (herbringen) приноси́ть, приводи́ть, привози́ть; *3. (fig: strapazieren)* утомля́ть, изнуря́ть, обесси́ливать
mitreißend *adj* увлека́тельный, захва́тывающий
mitschuldig *adj JUR* совино́вный, прича́стный (к преступле́нию)
Mitschüler(in) *m/f 1.* шко́льный това́рищ *m,* шко́льная подру́га *f; 2. (Klassenkamerad(in))* однокла́ссник *m,* однокла́ссница *f*
Mitspracherecht *n* пра́во *n* уча́стия в приня́тии реше́ния
Mittag *m* по́лдень *m,* обе́денный час *m,* обе́д *m; gestern ~* вчера́ в по́лдень; *heute ~* сего́дня в по́лдень
Mittagessen *n* обе́д *m*
mittags *adv* в по́лдень, в обе́денный час, обе́дом
Mittagspause *f* обе́денный переры́в *m*
Mittäter(in) *m/f* соуча́стник *m* преступле́ния, соуча́стница *f* преступле́ния, соо́бщник *m,* соо́бщница *f*
Mitte *f 1. (örtlich)* середи́на *f,* центр *m; die goldene ~ wählen (fig)* вы́брать золоту́ю середи́ну *(fig); 2. (zeitlich)* середи́на *f; ~ Mai* в середи́не ма́я
mitteilen *v* сообща́ть, уведомля́ть, извеща́ть, ста́вить в изве́стность, доводи́ть до све́дения
Mitteilung *f* сообще́ние *n,* уведомле́ние *n,* извеще́ние *n*
Mittel *n 1. (Hilfsmittel)* (вспомога́тельное) сре́дство *n; ~ zum Zweck sein* быть сре́дством для достиже́ния це́ли; *~ und Wege suchen* иска́ть ходы́ и вы́ходы, иска́ть пути́ и сре́дства; *2. (Maßnahme)* ме́ра *f; 3. (Heilmittel)* лека́рство *n,* лече́бное (медици́нское) сре́дство *n; 4. (Durchschnitt)* сре́днее число́ *n,* сре́дняя величина́ *f; im ~* в сре́днем; *pl 5. (Geld)* материа́льные сре́дства *n/pl,* де́ньги *pl*
Mittelalter *n* средневеко́вье *n,* сре́дние века́ *m/pl*
mittelalterlich *adj* средневеко́вый
Mitteleuropa *n GEO* Центра́льная Евро́па *f*
Mittelfinger *m ANAT* сре́дний па́лец *m*
mittelfristig *adj* среднесро́чный
mittellos *adj 1.* неиму́щий; *adv 2.* без средств
mittelmäßig *adj* сре́дний, посре́дственный, зауря́дный
Mittelmeer *n GEO* Средизе́мное мо́ре *n*
Mittelpunkt *m* центр *m; im ~ stehen* находи́ться (стоя́ть) в це́нтре внима́ния
mittels *prep* при по́мощи, посре́дством, путём
Mittelsmann *m* посре́дник *m*
Mittelstand *m* сре́днее сосло́вие *n,* сре́дний слой *m* (о́бщества)
Mittelweg *m (fig)* компроми́сс *m,* середи́на *f; der goldene ~* золота́я середи́на
Mitternacht *f* по́лночь *f*
mittlere(r,s) *adj* сре́дний, ...няя, ...нее
mittlerweile *adv* ме́жду тем, тем вре́менем
Mittwoch *m* среда́ *f*
mitverantwortlich *adj* разделя́ющий отве́тственность с кем-л
mitwirken *v 1. (teilnehmen)* принима́ть уча́стие (уча́ствовать) вме́сте с кем-л в чём-л; *2. (beitragen)* соде́йствовать; *3. (mitarbeiten)* сотру́дничать
Mitwirkung *f 1. (Teilnahme)* уча́стие *n; 2. (Beitrag)* соде́йствие *n; 3. (Mitarbeit)* сотру́дничество *n*
Mitwisser *m JUR* соуча́стник *m,* соо́бщник *m*
mixen *v* сме́шивать, меша́ть
Möbel *pl* ме́бель *f*
mobil *adj 1. (lebhaft)* подви́жный, живо́й, бо́дрый; *2. (beweglich)* моби́льный, подви́жный, передвижно́й; *~ machen* мобилизова́ть *impf/pf*
Mobilfunk *m* моби́льная (подви́жная) связь *f*
mobilisieren *v* мобилизова́ть *impf/pf*
Mobilität *f* подви́жность *f*
möblieren *v* обставля́ть ме́белью, меблирова́ть *impf/pf*
möbliert *adj* меблиро́ванный
Mode *f* мо́да *f*
Modell *n 1.* моде́ль *f; 2. (Vorbild)* приме́р *m,* образе́ц *m; 3. (Mannequin)* манеке́нщица *f; ~ stehen* пози́ровать
modellieren *v 1.* модели́ровать *impf/pf; 2. (Statue)* лепи́ть; *3. TECH* формова́ть
Modem *n INFORM* моде́м *m*
Modenschau *f* пока́з *m* мод
modern *adj* совреме́нный
modernisieren *v* модернизи́ровать *impf/pf*
Modeschmuck *m* мо́дное украше́ние *n,* бижуте́рия *f*
Modeschöpfer(in) *m/f* моделье́р *m/f*
Modezeichner(in) *m/f* диза́йнер *m/f* мод
modisch *adj 1.* мо́дный; *adv 2.* по мо́де
Modul *n* мо́дуль *m*
Modulbauweise *f* мо́дульная констру́кция *f*
Modus *m 1.* спо́соб *m,* мане́ра *f; nach einem*

bestimmten ~ handeln поступа́ть определённым о́бразом; *2.* TECH режи́м *f; 3.* LING наклоне́ние *n*
mögen *v irr 1. (gern haben)* люби́ть, чу́вствовать расположе́ние к кому́-л/к чему́-л; *Ich mag ihn.* Он мне нра́вится. *2. (wollen)* хоте́ть, жела́ть; *Ich möchte ein Ticket nach München.* Мне ну́жен биле́т до Мю́нхена.
möglich *adj* возмо́жный
möglicherweise *adv* мо́жет быть, пожа́луй, возмо́жно
Möglichkeit *f* возмо́жность *f*
möglichst *adv* по возмо́жности
Mohn *m* BOT мак *m*
Möhre *f* BOT морко́вь *f*
Mole *f (Hafendamm)* мол *m*
Molekül *n* CHEM моле́кула *f*
Molkerei *f* моло́чный заво́д *m*
mollig *adj 1. (dick)* по́лный, пу́хлый, то́лстенький; *2. (behaglich)* прия́тный, ую́тный, комфо́ртный
Moment *m 1. (Augenblick)* моме́нт *m,* миг *m,* мгнове́ние *n; 2. (fig: Umstand)* моме́нт *m,* фа́ктор *m,* обстоя́тельство *n; 3.* PHYS моме́нт *m*
momentan *adj 1.* настоя́щий, да́нный; *adv 2.* сейча́с, в да́нный моме́нт, в настоя́щее вре́мя
Monarch(in) *m/f* мона́рх *m,* мона́рхиня *f*
Monarchie *f* мона́рхия *f*
Monat *m* ме́сяц *m*
monatelang *adv* месяца́ми, по це́лым ме́сяцам, в тече́ние (не́скольких) ме́сяцев
monatlich *adj* (еже)ме́сячный
Monatskarte *f* ме́сячный (проездно́й) биле́т *m*
Mönch *m* REL мона́х *m*
Mond *m* луна́ *f,* ме́сяц *m; (fig) jdn auf den ~ schießen* посла́ть кого́-л к чёрту; *hinter dem ~ leben* жить в отры́ве от действи́тельности
mondän *adj* све́тский; *~ sein* быть све́тским челове́ком
Mondfinsternis *f* лу́нное затме́ние *n,* затме́ние *n* луны́
Mondschein *m* лу́нный свет *m*
Mondsonde *f* лу́нник *m*
mondsüchtig *adj* страда́ющий лунати́змом (сомнамбули́змом), лунати́ческий, сомнамбули́ческий
Monitor *m* монито́р *m*
Monolog *m* моноло́г *m*
Monopol *n* монопо́лия *f*
monoton *adj* моното́нный, однообра́зный, ску́чный
Monotonie *f* моното́нность *f,* однообра́зие *n*
Montag *m* понеде́льник *m*
Montage *f 1.* TECH монта́ж *m,* сбо́рка *f; 2. (Installation)* TECH устано́вка *f; 3.* CINE, FOTO монта́ж *m*
Monteur *m* монтёр *m,* монта́жник *m,* сбо́рщик *m*
montieren *v* монти́ровать, собира́ть
Monument *n* монуме́нт *m,* памя́тник *m*
monumental *adj* монумента́льный, грандио́зный
Moor *n* (торфяно́е) боло́то *n,* торфя́ник *m,* тряси́на *f,* топь *f*
Moorbad *n* грязева́я ва́нна *f*
Moos *n* BOT мох *m*
Moped *n* мопе́д *m*
Moral *f* мора́ль *f*
moralisch *adj* мора́льный, нра́вственный
Mord *m* (тя́жкое) уби́йство *n; ~ und Totschlag* смертоуби́йство
Mörder(in) *m/f* уби́йца *m/f*
mörderisch *adj 1.* уби́йственный, смертоно́сный; *2. (fig: furchtbar)* ужа́сный, стра́шный, безу́мный
morgen *adv* за́втра
Morgen *m* у́тро *n*
Morgengrauen *n* предрассве́тные (у́тренние) су́мерки *pl,* рассве́т *m*
Morgenland *n* (Бли́жний) Восто́к *m*
Morgenrock *m* (у́тренний) хала́т *m*
morgens *adv* у́тром, по утра́м
morsch *adj 1. (faul)* гнило́й, прогни́вший; *2. (abgenutzt)* ве́тхий, обветша́лый; *3. (alt und schwach)* дря́хлый
Mörtel *m* строи́тельный раство́р *m*
Mosaik *n* моза́ика *f*
Moschee *f* мече́ть *f*
Moslem *m* мусульма́нин *m*
moslemisch *adj* мусульма́нский
Motiv *n 1. (Beweggrund)* по́вод *m,* основа́ние *n,* соображе́ния *n/pl; 2. (Thema, Sujet)* моти́в *m,* сюже́т *m,* те́ма *f*
Motivation *f* мотива́ция *f*
motivieren *v 1. (anspornen)* ободря́ть, побужда́ть к чему́-л; *2. (begründen)* мотиви́ровать *impf/pf,* обосно́вывать
Motor *m* дви́гатель *m,* мото́р *m; Der ~ stottert.* Мото́р даёт перебо́и. *Der ~ läuft heiß.* Мото́р перегрева́ется.
Motorboot *n* мото́рная ло́дка *f,* ка́тер *m*
Motorrad *n* мотоци́кл *m*

Motorroller *m* моторо́ллер *m*
Motte *f ZOOL* моль *f*
Motto *n* деви́з *m,* ло́зунг *m*
Möwe *f ZOOL* ча́йка *f*
Mücke *f 1. (Stechmücke) ZOOL* кома́р *m; 2. (kleine Fliege) ZOOL* мо́шка *f; eine ~ machen (fam)* изчеза́ть, бы́стро уходи́ть, смыва́ться *(fam); aus einer ~ einen Elefanten machen (fig)* де́лать из му́хи слона́ *(fig)*
Mückenstich *m* комари́ный уку́с *m*
müde *adj* уста́лый, уста́вший, утомлённый
Müdigkeit *f* уста́лость *f,* утомлённость *f*
Mühe *f 1. (Aufwand)* труд *m; 2. (Bemühungen, Sorgen)* хло́поты *pl; 3. (Anstrengungen)* стара́ния *n/pl,* уси́лия *n/pl; sich ~ geben* стара́ться; *die ~ wert sein* сто́ить чего́-л; *(fig) mit Müh und Not* с больши́м трудо́м, с грехо́м попола́м, е́ле-е́ле
mühelos *adj 1.* лёгкий, нетру́дный, даю́щийся без труда́; *adv 2.* легко́, без труда́, без уси́лий
mühevoll *adj* тру́дный, трудоёмкий, хло́потный
Mühle *f 1.* ме́льница *f; 2. (Kaffeemühle)* кофемо́лка *f*
mühsam *adj* тру́дный, тяжёлый, утоми́тельный, тя́гостный
Mulde *f 1. (Bodensenke)* лощи́на *f; 2. (Talniederung)* низи́на *f; 3. (Vertiefung)* углубле́ние *n,* впа́дина *f*
Müll *m* му́сор *m,* сор *m,* отбро́сы *m/pl,* отхо́ды *m/pl*
Müllabfuhr *f* вы́воз *m* му́сора
Mullbinde *f* ма́рлевый бинт *m*
Mülldeponie *f* (му́сорная) сва́лка *f*
Mülleimer *m* му́сорное ведро́ *n,* ведро́ n для отбро́сов
Müller *m* ме́льник *m*
Müllverbrennung *f* сжига́ние n му́сора
multilateral *adj* многосторо́нний
multimedial *adj* мультимеди́йный
Multiplikation *f MATH* умноже́ние *n*
multiplizieren *v MATH* умножа́ть
Mumie *f* му́мия *f*
Mumps *m MED* сви́нка *f*
Mund *m* рот *f; (fig) jdm läuft das Wasser im ~ zusammen* у кого́-л слю́нки теку́т; *den ~ voll nehmen* хва́статься, хвали́ться; *den ~ halten* держа́ть язы́к за зуба́ми, пома́лкивать; *sich den ~ fusselig reden* тверди́ть кому́-л (без у́стали) одно́ и то же; *jdm den ~ verbieten* заста́вить кого́-л молча́ть, запреща́ть кому́-л говори́ть; *jdm den ~ wässrig machen* раздразни́ть чей-л аппети́т рассказа́ми о чём-л; *nicht auf den ~ gefallen sein* не лезть за сло́вом в карма́н, быть бо́йким на язы́к; *in aller ~e sein* быть при́тчей во язы́цах, у всех на уста́х; *jdm nach dem ~ reden* льстить, подда́кивать кому́-л; *jdm über den ~ fahren* ре́зко оборва́ть (осади́ть) кого́-л; *von ~ zu ~ gehen* переходи́ть из уст в уста́
Mündel *n JUR* опека́емый *m,* ...мая *f,* подопе́чный *m,* ...ная *f*
münden *v* впада́ть, влива́ться
mündig *adj* совершеннолéтний
mündlich *adj* у́стный
Mündung *f 1. (Flussmündung)* у́стье *n; 2. (Gewehrmündung)* ду́ло *n*
Munition *f* боеприпа́сы *pl*
munkeln *v* перешёптываться, говори́ть тайко́м; *man munkelt, dass ...* хо́дят слу́хи, что...
munter *adj 1. (wach)* бо́дрый, бо́дрствующий; *2. (lebhaft)* бо́дрый, весёлый, живо́й, ре́звый
Münze *f* моне́та *f; klingende ~* зво́нкая моне́та; *etw mit gleicher ~ heimzahlen* отплати́ть кому́-л той же моне́той
Münzfernsprecher *m* таксофо́н *m,* телефо́н-автома́т *m*
mürbe *adj 1. (morsch)* хру́пкий, ло́мкий, трухля́вый; *2. (fig: zermürbt)* измо́танный, обесси́левший
Mürbteig *m GAST* песо́чное те́сто *n*
murmeln *v* бормота́ть
Murmeltier *n ZOOL* суро́к *f; (fig) schlafen wie ein ~* спать как суро́к, спать без за́дних ног
murren *v* ворча́ть, ропта́ть
mürrisch *adj* ворчли́вый, брюзгли́вый, угрю́мый
Mus *n 1.* мусс *m; 2. (aus Obst)* (плодо́вое) пюре́ *n*
Muschel *f 1. (Tiere) ZOOL* моллю́ск *m; 2. (~schale) ZOOL* раку́шка *f,* ра́ковина *f*
Muse *f* му́за *f*
Museum *n* музе́й *m*
Musik *f* му́зыка *f*
musikalisch *adj* музыка́льный
Musiker(in) *m/f* музыка́нт *m/f*
Musikinstrument *n* музыка́льный инструме́нт *m*
Musikkapelle *f* (небольшо́й) орке́стр *m*
musisch *adj* худо́жественный, эстети́ческий
musizieren *v* занима́ться му́зыкой, игра́ть на музыка́льных инструме́нтах

Muskatnuss *f* BOT муска́тный оре́х *m*
Muskel *m* му́скул *m*, мы́шца *f*; *seine ~n spielen lassen (fig)* пока́зывать свою́ си́лу, наводи́ть страх
Muskelkater *m* мы́шечная боль *f*
Muskulatur *f* мускулату́ра *f*
muskulös *adj* мускули́стый
Muße *f* свобо́дное вре́мя, досу́г
müssen *v irr* на́до, ну́жно, необходи́мо, быть до́лжным; *Man muss das Auto sauber machen.* На́до почи́стить маши́ну.
müßig *adj 1. (unnütz)* бесполе́зный, напра́сный; *2. (untätig)* безде́ятельный, пра́здный
Müßiggang *m* безде́лье *n*, пра́здность *f*, тунея́дство *n*
Muster *n 1. (Vorlage)* образе́ц *m*, прое́кт *m*; *2. (Vorbild)* образе́ц *m*, приме́р *m*; *3. (Design)* маке́т *m*, моде́ль *f*
mustergültig *adj* образцо́вый, приме́рный
Musterung *f 1.* MIL медици́нское освиде́тельствование *n* (призывнико́в); *2. (Kontrolle)* осмо́тр *m* прове́рка *f*; *3. (Muster)* узо́р *m* расцве́тка *f*
Mut *m* му́жество *n*, отва́га *f*, сме́лость *f*; *(fig) den ~ verlieren* па́дать ду́хом; *frohen ~es sein* быть в бо́дром (весёлом) настрое́нии
mutig *adj* му́жественный, отва́жный, сме́лый
mutlos *adj* па́вший ду́хом, пода́вленный, уны́лый
mutmaßen *v* дога́дываться о чём-л, предполага́ть что-л
mutmaßlich *adj* предположи́тельный, предполага́емый, вероя́тный; *der ~e Täter* подозрева́емый
Mutter *f 1.* мать *f*; *(fig) sich fühlen wie bei ~n* чу́вствовать себя́ как до́ма; *Vorsicht ist die ~ der Porzellankiste.* Бережёного бог бережёт. *2.* TECH га́йка *f*
Muttergottes *f* REL богома́терь *f*, богоро́дица *f*, мадо́нна *f*
mütterlich *adj 1.* матери́нский; *adv 2.* по-матери́нски
Muttermal *n* роди́мое пятно́ *n*, ро́динка *f*
Muttermilch *f* матери́нское молоко́ *n*; *etw mit der ~ einsaugen (fig)* впита́ть что-л с молоко́м ма́тери *(fig)*
Mutterschaft *f* матери́нство *n*
Muttersprache *f* родно́й язы́к *m*
Muttertag *m* День *m* ма́тери
mutwillig *adj* (пред)наме́ренный, умы́шленный
Mütze *f* ша́пка *f*; *(fig) eins auf die ~ bekommen* получи́ть нахлобу́чку, получи́ть по ша́пке (загри́вку)
mysteriös *adj* зага́дочный, непоня́тный, таи́нственный
Mysterium *n* мисте́рия *f*, та́инство *n*
mystisch *adj* мисти́ческий, таи́нственный
Mythologie *f* мифоло́гия *f*
Mythos *m* миф *m*

N

na *interj* ну, ита́к
Nabel *m* пуп(о́к) *m,* пупови́на *f; der ~ der Welt* пуп земли́
nach *prep 1.(örtlich)* в; *Ich fahre ~ Sevilla.* Я е́ду в Севи́лью. *Ich gehe ~ Hause.* Я иду́ домо́й. *Mir ~!* За мной! *2.(zeitlich)* по, по́сле, спустя́; *Wir treffen uns ~ der Arbeit.* Мы встре́тимся по́сле рабо́ты. *3.(gemäß)* по, согла́сно, в соотве́тствии с; *~ Meinung des Professors* с то́чки зре́ния профе́ссора; *meiner Meinung nach* по-мо́ему
nachahmen *v 1.* подража́ть; *2.(fälschen)* подде́лывать, фальсифици́ровать *impf/pf*
Nachahmung *f 1.* подража́ние *n; 2.(Fälschung)* подде́лка *f,* фальсифика́ция *f*
Nachbar(in) *m/f* сосе́д(ка) *m/f*
Nachbarschaft *f* сосе́дство *n*
Nachbarstaat *m* сосе́днее госуда́рство *n*
nachberechnen *v* пересчита́ть
nachbestellen *v* дава́ть дополни́тельный зака́з
Nachbildung *f* ко́пия *f,* подража́ние *n*
nachdem *konj* по́сле того́ как; *Nachdem er gegessen hatte, ging er.* По́сле того́ как он пое́л, он ушёл.
nachdenken *v irr ~ über* ду́мать, заду́мываться, размышля́ть; *Ich denke darüber nach und gebe Ihnen morgen eine Antwort.* Я поду́маю над э́тим и дам Вам за́втра отве́т.
nachdenklich *adj* заду́мчивый
Nachdruck *m 1.(Betonung)* акце́нт *m,* ударе́ние *n; einer Sache ~ verleihen* придава́ть осо́бое значе́ние чему́-л; *2.(Kopie)* перепеча́тка *f; 3. (Bücher)* переизда́ние *n*
nachdrücklich *adj* настоя́тельный, насто́йчивый, убеди́тельный
nacheifern *v jdm ~* брать приме́р с кого́-л, равня́ться на кого́-л, сле́довать кому́-л
nacheinander *adv* друг за дру́гом, по о́череди
nachempfinden *v irr* сопережива́ть, сочу́вствовать
nacherzählen *v* переска́зывать
Nacherzählung *f* переска́з *m,* изложе́ние *n*
Nachfahre *m* пото́мок *m,* о́тпрыск *m*
Nachfolge *f* прее́мство *n,* прее́мственность *f*
nachfolgen *v jdm ~* сле́довать за кем-л
Nachfolger(in) *m/f* прее́мник *m,* прее́мница *f*
nachforschen *v* рассле́довать, (раз)узнавать, разы́скивать
Nachforschung *f* рассле́дование *n,* ро́зыск *m,* по́иски *m/pl*
Nachfrage *f 1.(Erkundigung)* спра́вка *f,* запро́с; *2.(Bedarf)* ECO спрос *m*
nachfragen *v ~ nach* справля́ться, осведомля́ться, расспра́шивать, (раз)узнава́ть
nachfüllen *v 1.(Flüssigkeit)* долива́ть, дополня́ть; *2.(Schüttgut)* досыпа́ть
nachgeben *v irr 1.(erschlaffen)* ослабева́ть; *2.(fig: sich überreden lassen)* усту́пать, идти́ на усту́пки, соглаша́ться
Nachgeburt *f* MED после́д *m,* плаце́нта *f*
nachgehen *v irr 1.(Uhr)* отстава́ть *(о часа́х); 2.(folgen) jdm ~* идти́ вслед (сле́довать) за кем-л; *3.(erforschen) einer Sache ~* занима́ться выясне́нием како́го-л де́ла, выясня́ть (рассле́довать) что-л
Nachgeschmack *m 1.* при́вкус *m; 2.(fig)* оса́док *m*
nachgiebig *adj (fig)* пода́тливый, сгово́рчивый, усту́пчивый, примири́тельный
Nachgiebigkeit *f* пода́тливость *f,* сгово́рчивость *f,* усту́пчивость *f,* примири́тельность *f*
nachhaltig *adj 1.(langwährend)* продолжи́тельный, дли́тельный; *eine ~e Wirkung* дли́тельное возде́йствие; *2.(anhaltend)* усто́йчивый, сто́йкий, неосла́бный; *eine ~e Entwicklung* усто́йчивое разви́тие; *3.(Eindruck)* глубо́кий, неизглади́мый
nachher *adv* пото́м, по́зже, впосле́дствии
Nachholbedarf *m* необходи́мость *f* наверста́ть упу́щенное
nachholen *v* навёрстывать, нагоня́ть
Nachimpfung *f* MED ревакцина́ция *f,* повто́рная вакцина́ция *f*
nachkommen *v irr 1.* приходи́ть позднée (по́зже); *2.(fig) nicht ~ mit* не успева́ть (поспева́ть) за кем-л/чем-л
Nachlass *m 1.(Preisnachlass)* ски́дка *f; 2.(Erbe)* насле́дство *n,* насле́дие *n*
nachlassen *v irr 1.(Preis)* снижа́ть, сбавля́ть (це́ну); *2.(lockern)* ослабева́ть, уменьша́ться; *3.(aufhören)* утиха́ть
nachlässig *adj 1.* небре́жный; *2.(unordentlich: Kleidung)* неря́шливый,

неаккура́тный; *3. (nicht gewissenhaft)* нерадивый, хала́тный
Nachlässigkeit *f 1.* небре́жность *f; 2. (Unordentlichkeit: Kleidung)* неря́шливость *f,* неаккура́тность *f; 3. (ohne Gewissenhaftigkeit)* нерадивость *f,* хала́тность *f*
nachlaufen *v irr 1. jdm ~* бежа́ть вслед за кем-л, гна́ться/гоня́ться за кем-л; *2. jdm ~ (fig)* навя́зываться кому́-л
Nachlieferung *f* дополни́тельная поста́вка *f,* допоста́вка *f*
nachmachen *v 1. (nachahmen)* подража́ть; *2. (fälschen)* подде́лывать, фальсифици́ровать *impf/pf*
Nachmittag *m* послеобе́денное вре́мя *n,* втора́я полови́на *f* дня
nachmittags *adv* по́сле обе́да, во второ́й полови́не дня
Nachnahme *f (Sendung)* почто́вое отправле́ние *n* нало́женным платежо́м
Nachname *m* фами́лия *f*
nachprüfen *v* проверя́ть, контроли́ровать
nachrechnen *v* пересчи́тывать
Nachrede *f* спле́тни *f/pl,* пересу́ды *pl; üble ~* клевета́ *f,* злосло́вие *n*
Nachricht *f 1.* весть *f,* изве́стие *n,* сообще́ние *n; 2. ~en m/pl* но́вости *f/pl*
Nachrichtenagentur *f* информацио́нное (телегра́фное) аге́нтство *n*
Nachrichtentechnik *f* те́хника *f* свя́зи
Nachruf *m* некроло́г *m*
Nachsaison *f* послесезо́нный пери́од *m*
nachschlagen *v irr in ei-nem Buch ~* справля́ться о чём-л по кни́ге
Nachschlagewerk *n* спра́вочник *m,* спра́вочное изда́ние *n*
Nachschub *m* снабже́ние *n*
nachsehen *v irr 1. (nachblicken)* смотре́ть вслед; *2. (kontrollieren)* проверя́ть, смотре́ть; *3. (fig: verzeihen)* проща́ть, относи́ться снисходи́тельно
Nachsehen *n das ~ haben* остава́ться ни с чем, остава́ться с но́сом *(fig)*
nachsenden *v irr* досыла́ть, дополни́тельно высыла́ть
nachsichtig *adj* снисходи́тельный
nachsitzen *v irr* остава́ться по́сле уро́ков
Nachspeise *f GAST* десе́рт *m*
Nachspiel *n 1. THEAT* эпило́г *m; 2. (Folgen)* после́дствия *pl; Die Sache wird ein ~ haben.* Э́то де́ло не оста́нется без после́дствий.
nächstbeste(r,s) *adj 1. (die Qualität betreffend)* сле́дующий (…щая, …щее) по ка́честву; *2. (erstbeste(r,s))* пе́рвый попа́вшийся, …вая …шаяся, …вое …шееся
nächste(r,s) *adj* сле́дующий, …щая, …щее
nachstellen *v 1. (regulieren)* регули́ровать, настра́ивать; *2. (fig) jdm ~* пресле́довать, подстерега́ть кого́-л
nächstens *adv* в ближа́йшее вре́мя, в ско́ром вре́мени
nächstmöglich *adj 1.* ближа́йший, кратча́йший, са́мый коро́ткий; *adv 2.* в кратча́йший срок, как мо́жно быстре́е
Nacht *f* ночь *f; Gute ~!* Споко́йной но́чи! *(fig) hässlich wie die ~* стра́шный как сме́ртный грех; *die ~ zum Tage machen* превраща́ть ночь в день; *sich die ~ um die Ohren schlagen* проводи́ть ночь без сна; *jdm schlaflose Nächte bereiten* лиша́ть кого́-л сна; *bei ~ und Nebel* под покро́вом но́чи, та́йно, тайко́м
Nachtdienst *m* ночно́е дежу́рство *n*
Nachteil *m 1. (Schaden)* вред *m,* убы́ток *m,* уще́рб *m; sich im ~ befinden* быть в убы́тке (в невы́годном положе́нии); *2. (Unzulänglichkeit)* недоста́ток *m; 3. (Gegenteil von Vorzug)* отрица́тельная сторона́ *f,* ми́нус *m; Vor- und ~e* плю́сы и ми́нусы
nachteilig *adj 1. (schädlich)* вре́дный, убы́точный; *2. (ungünstig)* невы́годный
Nachtfrost *m* ночно́й моро́з *m,* ночны́е за́морозки *pl*
Nachtigall *f ZOOL* солове́й *m*
Nachtisch *m GAST* десе́рт *m*
nächtlich *adj* ночно́й
Nachtlokal *n* ночно́е заведе́ние *n,* ночно́й клуб *m*
Nachtrag *m* добавле́ние *n,* дополне́ние *n*
nachtragen *v irr 1. (hinterhertragen) jdm etw ~* нести́ что-л за кем-л; *2. (ergänzen)* дополня́ть, вноси́ть дополни́тельно; *3. (fig) jdm etw ~* не проща́ть чего́-л кому́-л
nachträglich *adj 1.* дополни́тельный *adv 2.* дополни́тельно, за́дним число́м
nachts *adv* но́чью, по ноча́м
Nachtschicht *f* ночна́я сме́на *f*
nachvollziehbar *adj* постижи́мый, поня́тный, досту́пный для понима́ния
Nachweis *m 1. (Beweis)* доказа́тельство *n; 2. (Dokument)* удостовере́ние *n,* спра́вка *f*
Nachwelt *f* пото́мки *m/pl,* бу́дущие поколе́ния *n/pl*
nachwirken *v ~ auf* продолжа́ть де́йствовать, име́ть после́дствия
Nachwirkung *f* после́дующее де́йствие *n,* после́дствия *n/pl,* эффе́кт *m*

Nachwort *n* послесло́вие *n*
Nachwuchs *m* подраста́ющее поколе́ние *n*, сме́на *f*
nachzahlen *v* *1. (Fehlbetrag zahlen)* допла́чивать; *2. (später zahlen)* опла́чивать за́дним число́м
Nachzahlung *f* *1. (nachgezahlter Betrag)* допла́та *f*; *2. (spätere Zahlung)* поздне́йшая опла́та *f*
nachziehen *v irr* *1. (hinterherziehen)* тащи́ть/таска́ть (волочи́ть) за собо́й; *2. (Schraube)* подви́нчивать, затя́гивать, закрепля́ть; *3. (nach sich ziehen)* повле́чь *pf* за собо́й (*von:* влечь *impf*), име́ть свои́м после́дствием
Nachzügler(in) *m/f* *1. (später eintreffende Person)* опозда́вший *m*, ...шая *f*; *2. (Zurückbleibende(r))* отста́вший *m*, ...шая *f*; *3. (Nachkömling)* после́дыш *m*
Nacken *m* ANAT заты́лок *m*, ше́я *f*; *(fig)* - *jdm im ~ sitzen* пресле́довать кого́-л; *jdn im ~ haben* быть пресле́дуемым; *jdm den ~ stärken* угова́ривать кого́-л быть твёрже (жёстче); *Ihm sitzt der Schalk im ~.* Он – прока́зник. Он – плут(и́шка).
nackt *adj* го́лый, наго́й, обнажённый
Nadel *f* игла́ *f*, иго́лка *f*; *(fam) an der ~ hängen* сиде́ть на игле́
Nadelöhr *n* иго́льное ушко́ *n*
Nagel *m* *1. (Fingernagel)* ANAT но́готь *m*; *(fam) sich etw unter den ~ reißen* присва́ивать себе́ что-л, прибира́ть что-л к рука́м; *2.* TECH гвоздь *m*; *(fig) den ~ auf den Kopf treffen* попа́сть в са́мую то́чку, попа́сть не в бровь, а в глаз; *etw an den ~ hängen* броса́ть что-л; *Nägel mit Köpfen machen* уж е́сли что де́лать, то де́лать как сле́дует
Nagelfeile *f* пи́лочка *f* для ногте́й
Nagellack *m* лак *m* для ногте́й
Nagelschere *f* маникю́рные но́жницы *pl*, но́жницы *pl* для ногте́й
nagen *v* глода́ть, грызть
Nagetier *n* ZOOL грызу́н *m*
nah(e) *adj* *1.* бли́жний, бли́зкий, приляга́ющий; *(fig) jdm zu ~e treten* обижа́ть (задева́ть) кого́-л; *jdm ~ sein* быть бли́зким челове́ком для кого́-л; *jdm etw ~e bringen* учи́ть кого́-л чему́-л; *jdm etw ~e legen* дава́ть поня́ть кому́-л что-л; *~e liegend* поня́тный, бли́зкий; *adv* *2. (benachbart)* бли́зко, по сосе́дству; *prep* *3.* вблизи́, во́зле, о́коло, ря́дом
Nähe *f* бли́зость *f*, сосе́дство *n*; *ganz in der ~ sein* быть совсе́м ря́дом
nähen *v* шить
nähern *v sich ~* приближа́ться, подходи́ть
Nähmaschine *f* шве́йная маши́на *f*
nähren *v* корми́ть, пита́ть
nahrhaft *adj* пита́тельный
Nahrung *f* пи́ща *f*, пита́ние *n*
Nahrungsmittel *n* проду́кты пита́ния *m/pl*; пищевы́е проду́кты *m/pl*
Naht *f* шов *m*; *1. (fig: dick werden) aus allen Nähten platzen* на ком-л трещи́т оде́жда по швам, толсте́ть; *2. (fig: sich vergrößern) aus allen Nähten platzen* непоме́рно разраста́ться (разбуха́ть)
nahtlos *adj* *1.* бесшо́вный; *2. (fig: einheitlich)* еди́ный, це́лостный
Nahverkehr *m* при́городный тра́нспорт *m*
naiv *adj* наи́вный, простоду́шный
Naivität *f* наи́вность *f*, простоду́шие *n*
Name *m* *1. (Vorname)* и́мя *n*; *etw beim ~n nennen* называ́ть ве́щи свои́ми имена́ми; *in seinem ~n* от его́/своего́ и́мени; *2. (Nachname)* фами́лия *f*; *3. (fig: Ruf)* репута́ция *f*, и́мя *n*; *einen guten ~n haben* име́ть хоро́шую репута́цию; *seinem ~n alle Ehre machen* что-л де́лает честь кому́-л
namenlos *adj* безымя́нный
namens *prep* *1.* по и́мени, по фами́лии; *2. (im Auftrag)* от и́мени
Namenstag *m* имени́ны *pl*
namentlich *adj* *1.* именно́й, поимённый; *adv* *2. (dem Namen nach)* поимённо, по и́мени; *3. (besonders)* осо́бенно, в осо́бенности, гла́вным о́бразом
namhaft *adj* имени́тый, знамени́тый
nämlich *konj* а и́менно, то есть
Narbe *f* шрам *m*, рубе́ц *m*
narbig *adj* *1.* рубцо́вый; *adv* *2.* в шра́мах, в рубца́х
Narkose *f* MED нарко́з *m*
Narr *m* *1. (Tor)* дура́к *m*, глупе́ц *m*; *(fam) jdn zum ~en halten* счита́ть кого́-л дурако́м смея́ться над кем-л; *an jdm einen ~en gefressen haben* быть без ума́ от кого́-л/чего́-л; *2. (Spaßmacher)* шутни́к *m*, остря́к *m*; *3. (Hofnarr)* (придво́рный) шут *m*, пая́ц *m*
närrisch *adj* *1. (töricht)* глу́пый, дура́цкий; *2. (fig: verrückt, ulkig)* шутовско́й; *ein ~er Streich* шутовска́я вы́ходка; *adv* *3. (fig: überaus groß)* безу́мно, до поте́ри созна́ния; *~ verliebt sein in jdn* безу́мно люби́ть кого-л
Narzisse *f* BOT нарци́сс *m*
naschen *v* ла́комиться

Nase *f* нос *m; (fig) die ~ rümpfen* скóрчить недовóльную мúну, выражáть недовóльство; *sich an die eigene ~ fassen* посмотрéть (лýчше) на себя́, а не судúть другúх; *jdm auf der ~ herumtanzen* вить верёвки из когó-л; *jdm etw auf die ~ binden* расскáзывать комý-л то, что емý не слéдует знать, раскрывáть свой кáрты комý-л; *jdm etw unter die ~ reiben* сказáть что-л пря́мо в лицó комý-л; *überall seine ~ hineinstecken* всю́ду совáть свой нос; *jdm etw vor der ~ wegschnappen* вы́хватить (стащúть) что-л у когó-л из-под нóса; *sich eine goldene ~ verdienen* разбогатéть на чём-л; *direkt vor jds ~* у когó-л пéред нóсом
Nasenbluten *n MED* носовóе кровотечéние *n,* кровотечéние *n* из нóса
Nasentropfen *pl MED* кáпли *f/pl* в нос
Nashorn *n ZOOL* носорóг *m*
nass *adj 1.* мóкрый, сырóй; *2. (Wetter)* дождлúвый
Nässe *f* сы́рость *f,* влáга *f,* влáжность *f*
nasskalt *adj* промóзглый, сырóй и холóдный
Nation *f* нáция *f*
national *adj* национáльный
Nationalismus *m* националúзм *m*
Nationalität *f* национáльность *f*
Nationalsozialismus *m POL* национáл-социалúзм *m*
Natrium *n CHEM* нáтрий *m*
Natron *n CHEM* двууглекúслый нáтрий *m,* пищевáя (питьевáя) сóда *f*
Natur *f 1.* прирóда *f; in der ~ von etw liegen* что-л в прирóде вещéй; *2. (Charakter)* натýра *f,* харáктер *m; seine ~ ändern* изменя́ть свою́ натýру (свой харáктер)
Naturalien *pl 1. (Naturprodukte)* натурáльные продýкты *m/pl*; *2. (Gegenstände einer naturkundlichen Sammlung)* предмéты *m/pl* естественнонаýчных коллéкций
naturalisieren *v* натурализовáть *impf/pf,* предоставля́ть правá граждáнства
naturgemäß *adj* естéственный
Naturheilkunde *f MED* лечéние *n* прирóдными срéдствами
natürlich *adj 1.* естéственный, прирóдный, натурáльный; *2. JUR eine ~e Person* физúческое лицó; *3. MATH eine ~e Zahl* натурáльное числó; *adv 4.* естéственно, конéчно, разумéется
Natürlichkeit *f* естéственность *f*
Naturschutz *m* охрáна *f* прирóды
Naturschutzgebiet *n* заповéдник *m*
Naturwissenschaft *f* естествознáние *n,* естéственные наýки *f/pl*
Nautik *f* навигáция *f,* судовождéние *n*
Navigation *f* навигáция *f*
Nebel *m* тумáн *m*
nebelig *adj* тумáнный
neben *prep 1.* óколо, ря́дом с; *prep 2.(außer)* крóме, помúмо, нарядý с; *~ anderen Dingen* крóме другúх дел (вещéй)
nebenan *adv* ря́дом, поблúзости, вóзле
Nebenausgang *m* запáсный (боковóй) вы́ход *m*
nebenberuflich *adj 1.* в кáчестве вторóй профéссии; *adv 2.* по совместúтельству
Nebenbeschäftigung *f* рабóта *f* по совместúтельству, побóчное заня́тие *n*
Nebenbuhler(in) *m/f* сопéрник *m,* сопéрница *f*
nebeneinander *adv* друг óколо дрýга, ря́дом (друг с дрýгом)
Nebeneinkünfte *pl* побóчные дохóды *m/pl,* прúработок *m*
Nebenfach *n 1.(Studium)* дополнúтельный (учéбный) предмéт *m; 2. (Schreibtisch)* боковóй я́щик *m*
Nebenfluss *m* притóк *m* (рекú)
nebenher *adv 1. (daneben)* ря́дом, сбóку; *2. (beiläufig)* мимохóдом; *3. (zusätzlich)* крóме, помúмо, нарядý с
Nebenkosten *pl* накладны́е расхóды *m/pl*
nebensächlich *adj* второстепéнный, невáжный, несущéственный
Nebenwirkung *f* побóчное дéйствие *n*
nebst *prep* вмéсте (нарядý) с
necken *v* дразнúть
Neffe *m* племя́нник *m*
negativ *adj* отрицáтельный, негатúвный
nehmen *v irr* брать; *Jeden Tag nimmt er den Zug nach München.* Кáждый день он éздит на пóезде в Мю́нхен. *etw auf sich ~* брать что-л на себя́; *einen zur Brust ~ (fam)* изря́дно вы́пить, поддáть *(fam)*
Neid *m* зáвисть *f; vor ~ platzen* лóпаться от зáвисти
neidisch *adj* завúстливый
neidlos *adj* лишённый чýвства зáвисти
Neige *f zur ~ gehen* иссякáть, кончáться
neigen *v 1.* наклоня́ть, нагибáть; *2.(fig) ~ zu* имéть склóнность к чемý-л, быть склóнным (располóженным) к чемý-л
Neigung *f 1.* наклóн *m; 2.(Gefälle)* склон *m,* скат *m,* уклóн *m; 3. (Schiff)* крен *m; 4. (fig: Veranlagung)* склóнность *f; 5. (fig: Zuneigung)* расположéние *n,* симпáтия *f*

nein *adv* нет; *Ich sage ~.* Я говорю́ нет.
Nektarine *f* BOT нектари́н *m*
Nelke *f* BOT гвозди́ка *f*
nennen *v irr 1. (be~)* называ́ть; *2. (Namen geben)* называ́ть, именова́ть, дава́ть и́мя; *Wie ~ wir unseren Hund?* Как мы назовём на́шу соба́ку?
nennenswert *adj* досто́йный упомина́ния, суще́ственный; *keine ~en Einnahmen haben* не име́ть никаки́х ско́лько-нибу́дь суще́ственных дохо́дов
Nenner *m* MATH знамена́тель *m; gemeinsamer ~* о́бщий знамена́тель; *einen gemeinsamen ~ finden (fig)* привести́ что-л к о́бщему знамена́телю *(fig)*
Neonlicht *n* нео́новый свет *m*
Nerv *m* ANAT нерв *m; (fig) den ~ haben* име́ть сме́лость сде́лать что-л; *jdm auf den ~ gehen* де́йствовать кому́-л на не́рвы; *~en wie Drahtseile haben* име́ть стальны́е не́рвы; *die ~en verlieren* теря́ть самооблада́ние; *mit den ~en herunter sein* у кого́-л расшата́лись (расстро́ились) не́рвы
Nervenbündel *n* MED пучо́к *m* не́рвов; *(fig)* комо́к *m* не́рвов
Nervenzusammenbruch *m* MED истоще́ние *n* не́рвной систе́мы; *am Rande des ~s* на гра́ни не́рвного срыва
nervös *adj* не́рвный, нерво́зный
Nervosität *f* нерво́зность *f,* не́рвность *f*
Nest *n* гнездо́ *n; (fig) sich ins gemachte ~ setzen* найти́ себе́ тёплое гнёздышко
Nesthäkchen *n 1. (Vögelchen)* после́дний пте́нчик *m* в гнезде́; *2. (fig: jüngstes Kind der Familie)* после́дыш *m,* поскрёбыш *m*
nett *adj* ве́жливый, любе́зный, симпати́чный, ми́лый, сла́вный, прия́тный
netto *adv* ECO не́тто, чи́стыми; *Der Preis versteht sich brutto für ~.* Цена́ понима́ется бру́тто за не́тто. *Er verdient 2000 Euro ~.* Он зараба́тывает чи́стыми 2000 е́вро.
Nettoeinkommen *n* чи́стый дохо́д *m*
Netz *n* сеть *f; (fig) jdm ins ~ gehen* попа́сться в чьи-л се́ти
Netzanschluss *m* присоедине́ние *n* (подключе́ние *n*) к сети́
Netzhaut *f* ANAT сетча́тка *f*
Netzwerk *n* INFORM сеть *f*
neu *adj 1.* но́вый; *aufs Neue* за́ново; *Auf ein Neues!* Что́бы не в после́дний раз! *adv 2. von ~em* ещё раз, вновь, опя́ть, сно́ва
neuartig *adj* но́вый, оригина́льный
Neubau *m* новостро́йка *f*
Neueröffnung *f* откры́тие *n*
Neuerung *f* но́вшество *n,* нововведе́ние *n*
Neugier *f* любопы́тство *n; krankhafte ~* боле́зненное любопы́тство *n*
neugierig *adj* любопы́тный
Neuheit *f* нови́нка *f*
Neuigkeit *f* но́вость *f*
Neujahr *n* Но́вый год *m*
Neuland *n 1.* целина́ *f,* цели́нные зе́мли *f/pl; 2. (fig)* неиссле́дованная о́бласть *f,* бе́лое пятно́ *n (fig)*
neulich *adv* неда́вно, на днях
Neuling *m* новичо́к *m*
Neumond *m* новолу́ние *n*
neun *num* де́вять
neunte(r,s) *adj* девя́тый, …тая, …тое
neunzehn *num* девятна́дцать
neunzig *num* девяно́сто
Neuralgie *f* MED невралги́я *f*
Neurologe *m* невро́лог *m,* врач-невропато́лог *m*
Neurose *f* MED невро́з *m*
neurotisch *adj* MED невроти́ческий
Neuseeland *n* GEO Но́вая Зела́ндия *f*
neutral *adj* нейтра́льный
Neutralität *f* нейтралите́т *m*
Neutron *n* PHYS нейтро́н *m*
Neuzeit *f* но́вое вре́мя *n,* совреме́нность *f*
nicht *adv* не; *Ich liebe dich ~.* Я тебя́ не люблю́.
Nichtbeachtung *f* несоблюде́ние *n; die ~ der Vorschrift* несоблюде́ние пра́вила
Nichte *f* племя́нница *f*
nichtig *adj 1. (bedeutungslos)* ничто́жный, незначи́тельный; *2. (ungültig)* JUR недействи́тельный, аннули́рованный
Nichtigkeit *f 1. (Bedeutungslosigkeit)* ничто́жность *f,* незначи́тельность *f; 2. (Ungültigkeit)* JUR недействи́тельность *f*
Nichtraucher(in) *m/f* некуря́щий *m,* …щая *f*
nichts *pron* ничто́; *mit ~ anfangen* начина́ть с нуля́; *Nichts für ungut!* Не в оби́ду ска́зано! *Von ~ kommt ~.* Из ничего́ не бу́дет ничего́. Не пото́паешь — не поло́паешь. *~ sagend* ничего́ не зна́чащий
Nichts *n 1. (Wiedergabe mit Indefinitpronomen)* ничто́; *vor dem ~ stehen (fig)* оста́ться ни с чем; *2. (substantivische Wiedergabe)* пустота́ *f,* ничто́жество *n; ins ~ greifen (fig)* хвата́ться за пустоту́ *(fig)*
Nichtschwimmer(in) *m/f* не уме́ющий *m* (…щая *f*) пла́вать
Nichtsnutz *m 1. (Faulenzer)* безде́льник *m; 2. (ungezogenes Kind)* него́дник *m*
nicken *v* кива́ть

Nickerchen *n ~ machen* вздремну́ть
nie *adv 1.* никогда́; *2. ~ und nimmer* никогда́ в жи́зни, ни за что; *~ mehr* никогда́ бо́льше
nieder *adj 1. (niedrig)* ни́зкий; *adv 2. (herunter)* вниз; *auf und ~* вверх и вниз; *3. (als Aufforderung)* доло́й; *Nieder mit der Diktatur!* Доло́й диктату́ру!
Niedergang *m 1. (fig: Untergang)* ги́бель *f,* паде́ние *n,* круше́ние *n; der ~ des Sowjetimperiums* круше́ние (паде́ние) сове́тской импе́рии; *2. (fig: moralischer Verfall)* упа́док *m,* паде́ние *n* (мора́ли)
Niedergeschlagenheit *f* угнетённое состоя́ние *n,* пода́вленность *f,* уны́ние *n*
Niederlage *f* пораже́ние *n*
Niederlande *pl GEO* Нидерла́нды *pl*
Niederländer(in) *m/f* нидерла́ндец *m,* нидерла́ндка *f*
niederlassen *v irr 1. (herunterlassen)* опуска́ть, спуска́ть; *2. (fig) sich ~* сели́ться
Niederlassung *f* отделе́ние *n,* филиа́л *m*
niederlegen *v 1.(Kranz)* возлага́ть, класть; *2. (fig: Amt)* слага́ть с себя́ полномо́чия
Niederschlag *m METEO* атмосфе́рные оса́дки *m/pl*
niederschlagen *v irr 1. (Feind)* громи́ть, сокруша́ть; *2. (Boxen) SPORT* посыла́ть в нока́ут, нокаути́ровать *pf; 3. (Augen)* опуска́ть (глаза́); *4. (Blick)* потупля́ть (взор)
Niederschrift *f* за́пись *f*
Niedertracht *f* ни́зость *f,* по́длость *f,* ме́рзость *f,* гну́сность *f*
niederträchtig *adj* ни́зкий, по́длый, ме́рзкий, гну́сный
niedlich *adj* хоро́шенький, сла́вненький
niedrig *adj* ни́зкий
niemals *adv* никогда́; *Ich werde dir ~ verzeihen.* Я тебе́ никогда́ не прощу́.
niemand *pron* никто́; *Es ist noch ~ da.* Тут ещё никого́ нет.
Niemandsland *n* ниче́йная земля́ *f*
Niere *f 1. ANAT* по́чка *f; etw geht jdm an die ~n (fam)* что-л раздража́ет (злит, бе́сит) кого́-л; *2. ~n pl GAST* по́чки *f/pl*
Nierenstein *m MED* по́чечный ка́мень *m,* ка́мень *m* по́чки
nieseln *v* мороси́ть
Nieselregen *m* морося́щий дождь *m*
niesen *v* чиха́ть
Niete *f 1. (in der Lotterie)* пусто́й биле́т *m,* пусты́шка *f (fam); 2. (Person)* никчёмный челове́к *m,* ничто́жество *n,* пусты́шка *m/f*
Nikolaus *m* Са́нта-Кла́ус *m*
Nikotin *n* никоти́н *m*
Nilpferd *n ZOOL* бегемо́т *m,* гиппопота́м *m*
Nippes *m* безделу́шки *f/pl*
nirgends *adv* нигде́
nirgendwo *adv* нигде́
Nische *f* ни́ша *f*
nisten *v* вить гнёзда, гнезди́ться
Nitrat *n CHEM* нитра́т *m*
Niveau *n* у́ровень *m*
Nixe *f* руса́лка *f,* ни́мфа *f*
nobel *adj 1. (adelig)* зна́тный; *2. (edel)* благоро́дный; *3. (elegant)* шика́рный, элега́нтный; *4. (großzügig)* великоду́шный
Nobelpreis *m* Но́белевская пре́мия *f*
noch *adv 1.* ещё, пока́ ещё; *konj 2. weder… ~* ни …, ни … *Du willst weder Kaffee ~ Tee.* Ты не хо́чешь ни ко́фе, ни ча́я.
nochmalig *adj* повто́рный, втори́чный
nochmals *adv* ещё раз, повто́рно
Nomade *m* коче́вник *m*
nominell *adj* номина́льный
Nonne *f REL* мона́хиня *f*
Nordamerika *n GEO* Се́верная Аме́рика *f*
Norden *m* се́вер *m*
nördlich *adj 1.* се́верный; *adv 2.* к се́веру, се́вернее, на се́вер
Nordpol *m GEO* Се́верный по́люс *m*
Nordsee *f* Се́верное мо́ре *n*
nörgeln *v,* брюзжа́ть, ворча́ть
Norm *f 1.* но́рма *f; 2.(Standard)* станда́рт *m; 3. (Eichmaß)* этало́н *m*
normal *adj* норма́льный
normalerweise *adv* обы́чно
Normalfall *m* обы́чный слу́чай *m*
normalisieren *v* нормализова́ть *impf/pf,* устана́вливать но́рмы
Norwegen *n GEO* Норве́гия *f*
Not *f 1. (Unglück)* беда́ *f,* бе́дствие *n,* бе́дственное положе́ние *n,* нужда́ *f; ~ leidend* нужда́ющийся, терпя́щий нужду́, бе́дствующий, находя́щийся в бе́дственном положе́нии; *2.(Mangel)* дефици́т *m,* недоста́ток *m,* нехва́тка *f; aus der ~ eine Tugend machen* де́лать из нужды́ доброде́тель; *3. (Gefahr)* опа́сность *f; 4. (fig) seine liebe ~ mit jdm/etw haben* име́ть мно́го хлопо́т с кем-л/чем-л; *wo ~ am Mann ist* в слу́чае кра́йней необходи́мости, е́сли необходи́ма (нужна́) неме́дленная по́мощь; *mit knapper ~* с больши́м трудо́м, едва́-едва́, е́ле-е́ле
Notar(in) *m/f JUR* нота́риус *m/f*
notariell *adj* нотариа́льный

Notarzt *m* врач *m* скóрой пóмощи
Notaufnahme *f* MED э́кстренная (неотлóжная) госпитализáция *f*
Notausgang *m* запáсный (аварийный) вы́ход *m*
Notbremse *f* стоп-кран *m*
Notdienst *m 1.* MED слýжба *f* скóрой (неотлóжной) пóмощи; *Welche Apotheke hat ~?* Где нахóдится дежýрная аптéка?; *2. (Technischer ~)* аварийная слýжба *f*
Note *f 1. (Schulnote)* оцéнка *f,* отмéтка *f; 2.(Banknote)* банкнóт(а) *m/f; 3.* MUS нóта *f; 4. (Nuance)* оттéнок *m,* харáктер *m*
Notfall *m* крáйний (э́кстренный) слýчай *m*
notfalls *adv* в крáйнем слýчае, в слýчае крáйней необходи́мости
notgedrungen *adv* вóлей-невóлей, поневóле
notieren *v 1.* запи́сывать, отмечáть; *2.* FIN коти́ровать *impf/pf* (на би́рже)
nötig *adj 1. (attributiv)* необходи́мый, нýжный; *2. (prädikativ) es ist ~, dass …* нáдо…, нýжно…, необходи́мо… (+ *Infinitiv*); *(fam) Du hast es gerade ~!* Óчень тебé э́то нýжно! *Du hast es gerade ~, mir Vorschriften zu machen.* Ещё не хватáло, чтóбы ты давáл(а) мне указáния.
Nötigung *f 1.* принуждéние *n; 2. sexuelle ~* сексуáльное домогáтельство *n,* понуждéние *n* к дéйствиям сексуáльного харáктера
Notiz *f 1.(Angabe)* зáпись *f,* отмéтка *f; ~ von jdm/etw nehmen* обращáть внимáние на когó-л/что-л, замечáть когó-л/что-л; *2. (Zeitungsnotiz)* газéтная замéтка *f*
Notizbuch *n* записнáя кни́жка *f*
Notlage *f* бéдственное положéние *n*
Notlandung *f* аварийная посáдка *f*
Notlüge *f* вы́нужденная ложь *f,* ложь *f* во спасéние
notorisch *adj 1. (offenkundig)* очеви́дный, я́вный; *2. (allgemein bekannt)* общеизвéстный; *3. (gewohnheitsmäßig)* завзя́тый, закоренéлый
Notruf *m 1. (Handlung)* срóчный вы́зов *m; 2. (Rufnummer)* телефóнный нóмер *m* срóчного (э́кстренного) вы́зова
Notstand *m 1.* бéдственное положéние *n,* состоя́ние *n* крáйней необходи́мости; *2.* POL чрезвычáйное положéние *n; den ~ ausrufen* объявля́ть (вводи́ть) чрезвычáйное положéние
Notunterkunft *f* врéменное жили́ще *n*
Notwehr *f* самозащи́та *f,* самооборóна *f; in ~* в состоя́нии (в поря́дке) необходи́мой самооборóны
notwendig *adj* необходи́мый, нýжный; *ein ~es Übel sein* неизбéжное зло
Novelle *f 1.* LIT новéлла *f,* корóткая пóвесть *f; 2.* JUR дополнéние *n* к закóну
November *m* ноя́брь *m*
nüchtern *adj 1. (ohne Alkohol)* трéзвый; *2. (sachlich)* трéзвый, рассуди́тельный; *adv 3. (mit leerem Magen)* натощáк, на пустóй желýдок
Nudeln *pl 1.* GAST лапшá *f; 2. (Fadennudeln)* GAST вермишéль *f; eine dicke Nudel (fam)* толстýха *(fam)*
null *num* ноль *m,* нуль *m; gleich ~ sein* равня́ться нулю́
Null *f 1.* ноль *m,* нуль *m; in ~ Komma nichts (fig)* в счи́танные секýнды; *2. (Person)* ничтóжество *n,* ноль *m* (без пáлочки)
Nullpunkt *m* нулевáя тóчка *f*
Nulltarif *m* бесплáтная услýга *f,* «нулевóй тари́ф» *m*
Nummer *f 1. (Zahl)* нóмер *m; 2. (Größe)* размéр *m; 3. (Exemplar)* нóмер *m,* экземпля́р *m; 4. (fig) auf ~ sicher gehen* дéйствовать наверня́ка, не рисковáть; *für jdn eine ~ zu groß sein* быть комý-л не по плечý; *eine ~ abziehen* вы́кинуть нóмер
nummerieren *v* нумеровáть
Nummernschild *n* щитóк с номерны́м знáком *m*
nun *adv 1. (jetzt)* тепéрь, сейчáс, ны́не; *2. (zur Fortsetzung der Rede)* ну, вот, так
nur *adv* тóлько, (всегó) лишь
Nuss *f* BOT орéх *m; (fig) eine harte ~ zu knacken haben* выполня́ть слóжное дéло, решáть трýдную зáдачу (проблéму); *jdm eine ~ zu knacken geben* задáть комý-л трýдную задáчу
Nussknacker *m 1.* щипцы́ *pl* для орéхов; *2. (Märchenfigur)* Щелкýнчик *m*
Nutte *f (fam) 1.* проститýтка *f; 2. (fam: sehr grob)* шлю́ха *f,* потаскýха *f,* шалáва *f*
nutzen *v 1. (nützlich sein)* приноси́ть пóльзу, быть полéзным; *2. (verwenden)* испóльзовать *impf/pf,* пóльзоваться
Nutzen *m* пóльза *f,* вы́года *f; aus etw einen ~ ziehen* извлекáть пóльзу из чегó-л
nützlich *adj* полéзный
Nützlichkeit *f* пóльза *f,* вы́года *f*
nutzlos *adj* бесполéзный
Nutzlosigkeit *f* бесполéзность *f*
Nylon *n* нейлóн *m*

O

Oase *f* оа́зис *m*
ob *konj 1.* ли; *Ich weiß nicht, ~ er kommt.* Я не зна́ю, придёт ли он. *2. als ~* (как) бу́дто, сло́вно; *Er benimmt sich so, als ~ er der König von England wäre.* Он ведёт себя́, как бу́дто он коро́ль англи́йский.
obdachlos *adj* бездо́мный, бесприю́тный; *~ sein* не име́ть кро́ва, быть без кры́ши над голово́й
Obdachlose(r) *m/f* бездо́мный *m,* ...ная *f*
Obduktion *f* MED вскры́тие *n* (тру́па)
obduzieren *v* MED вскрыва́ть (труп)
oben *adv 1.* наверху́, све́рху; *adv 2.~ genannt* вышеупомя́нутый, вышена́званный
obendrein *adv* сверх того́, бо́лее того́, кро́ме того́, к тому́ же; *Er ist entlassen worden, und ~ hat ihn seine Frau verlassen.* Его́ уво́лили, и к тому́ же его́ бро́сила жена́.
Ober *m* официа́нт *m, Herr ~!* Официа́нт!
Oberarzt *m* ста́рший врач *m,* заве́дующий *m* отделе́нием в больни́це
Oberbegriff *m* о́бщее (родово́е) поня́тие *n*
Oberbekleidung *f* ве́рхняя оде́жда *f*
Oberbürgermeister(in) *m/f* о́бер-бургоми́стр *m/f,* мэр *m/f* го́рода
obere(r,s) *adj* ве́рхний *m,* ...няя *f,* ...нее *n*
Oberfläche *f* пове́рхность *f*
oberflächlich *adj 1.* пове́рхностный; *2. (fig)* пове́рхностный, легкомы́сленный, несерьёзный
Oberflächlichkeit *f 1.* пове́рхностность *f; 2. (fig)* пове́рхностность *f,* легкомы́слие *n,* несерьёзность *f,* верхогля́дство *n*
oberhalb *prep 1.* пове́рх, вы́ше над; *adv 2.* све́рху, вверху́
Oberhand *f die ~ haben* госпо́дствовать над кем-л/чем-л, распоряжа́ться кем-л/чем-л, име́ть преиму́щество
Oberhaupt *n* глава́ *m/f*
Oberin *f* REL настоя́тельница *f* монастыря́
Oberkellner(in) *m/f* ста́рший официа́нт *m,* ста́ршая официа́нтка *f*
Oberkörper *m* ANAT торс *m,* ве́рхняя часть *f* ту́ловища
Oberschenkel *m* ANAT бедро́ *n*
Oberschule *f* сре́дняя шко́ла *f*
Oberschwester *f* ста́ршая (мед)сестра́ *f*
oberste(r,s) *adj* вы́сший *m,* ...шая *f,* ...шее *n,* верхо́вный *m,* ...ная *f,* ...ное *n*
Oberwasser *n 1.* TECH ве́рхний бьеф *m; 2.~ gewinnen* брать (оде́рживать) верх
obgleich *konj* хотя́, несмотря́ на то, что ...; *Obgleich ich kommen will, kann ich nicht.* Хотя́ мне и хо́чется прийти́, я не могу́.
Obhut *f* надзо́р *m,* присмо́тр *m,* попече́ние *n,* покрови́тельство *n*
Objekt *n 1.* GRAMM дополне́ние *n; 2. (Gegenstand)* объе́кт *m*
objektiv *adj* объекти́вный
Objektivität *f* объекти́вность *f*
Obligation *f 1.* JUR обяза́тельство *n; 2. (Wertpapier)* ECO облига́ция *f*
obligatorisch *adj* обяза́тельный
Obrigkeit *f* нача́льство *n*
obschon *konj* хотя́, несмотря́ на то, что ...
observieren *v* наблюда́ть, следи́ть
obskur *adj* подозри́тельный, сомни́тельный, тёмный
Obst *n* фру́кты *m/pl,* плоды́ *m/pl*
Obstsalat *m* GAST сала́т *m* из све́жих фру́ктов
obszön *adj* неприли́чный, непристо́йный
obwohl *konj* хотя́, несмотря́ на то, что ...; *Obwohl er sie liebte, ließ er sie gehen.* Несмотря́ на то, что он её люби́л, он её отпусти́л.
Ochse *m* ZOOL бык *m,* вол *m; (fam) dastehen wie der Ochs vorm Berg* стоя́ть как пень, устави́ться на что-л как бара́н на но́вые воро́та
öde *adj 1.* пусты́нный, необита́емый, глухо́й; *2. (fig)* ску́чный, пусто́й
oder *konj 1.* и́ли, ли́бо; *Frau ~ Mann* мужчи́на или же́нщина; *Silber ~ Gold* зо́лото и́ли серебро́; *2. entweder ... oder ...* и́ли ..., и́ли ..., ли́бо ..., ли́бо ...; *Entweder machst du es, ~ du lässt es sein.* Ли́бо ты э́то сде́лаешь, ли́бо оста́вишь.
Ofen *m 1. (Backofen)* духо́вка *f,* печь *f,* пе́чка *f; 2.(Heizofen)* электроками́н *m; (fig) hinter dem ~ hocken* не выходи́ть за поро́г; *ein Schuss in den ~* оши́бка, про́мах; *Der ~ ist aus.* Да́льше не́куда! Хва́тит! Тепе́рь ба́ста!
offen *adj 1. (geöffnet)* откры́тый; *~ lassen* оставля́ть откры́тым; *~ stehen* быть откры́тым; *2. (fig: aufrichtig)* откры́тый, открове́нный, и́скренний; *3. (fig: unentschieden)* откры́тый, неразрешённый, нерешённый; *~ lassen (fig)* оставля́ть

нерешённым, оставля́ть откры́тым; *4.(fig: nicht besetzt)* неза́нятый, вака́нтный; *5.(öffentlich, transparent)* гла́сный; *6. ~ stehen (fig: Rechnung)* откры́тый, неопла́ченный (счёт); *7. ~ stehen (fig: Möglichkeiten)* кому́-л предоставля́ется возмо́жность, кто-л во́лен де́лать что-л

offenbar *adj 1.* очеви́дный, я́вный, я́сный; *adv 2.* очеви́дно, по-ви́димому, ви́димо

offenbaren *v 1.(anvertrauen)* открыва́ть (пове́дать *pf*) кому́-л что-л, признава́ться кому́-л в чём-л; *2.(zeigen)* пока́зывать, проявля́ть, обнару́живать

Offenbarungseid *m* JUR показа́ния *n/pl* должника́ в суде́ под прися́гой о своём иму́щественном положе́нии

Offenheit *f 1.* открове́нность *f,* и́скренность *f; 2.(Transparenz)* гла́сность *f*

offenherzig *adj* чистосерде́чный, открове́нный; *~ reden* говори́ть открове́нно

offenkundig *adj 1.(klar)* очеви́дный, я́вный; *2.(bekannt)* общеизве́стный

offensichtlich *adj 1.* очеви́дный, я́вный; *adv 2.* очеви́дно, я́вно, по-ви́димому, ви́димо, похо́же

offensiv *adj* наступа́тельный, атаку́ющий, агресси́вный

Offensive *f* наступле́ние *n,* ата́ка *f,* нападе́ние *n*

öffentlich *adj 1.(gesellschaftlich)* обще́ственный; *2.(offen)* публи́чный, гла́сный; *3.(staatlich)* госуда́рственный

Öffentlichkeit *f 1.(Gesellschaft)* обще́ственность *f; 2.(Offenheit)* гла́сность *f,* публи́чность *f*

Öffentlichkeitsarbeit *f* рабо́та *f* с обще́ственностью

Offerte *f* офе́рта *f,* предложе́ние *n*

offiziell *adj* официа́льный

öffnen *v 1.* открыва́ть; *2. sich ~* открыва́ться

Öffner *m 1.(Konserven)* консе́рвный нож *m; 2.(Flaschen)* ключ *m* для откупо́ривания буты́лок

Öffnung *f 1.(Öffnen)* откры́тие *n; 2.(Loch)* отве́рстие *n*

Öffnungszeiten *pl* рабо́чие часы́ *m/pl,* часы́ *m/pl* рабо́ты

oft *adv* ча́сто, зачасту́ю

oftmals *adv* ча́сто, зачасту́ю

ohne *prep 1.* без; *(fig) Es ist nicht ~.* В э́том что-то есть. Э́то неду́рно. *~ weiteres* пря́мо, про́сто, без затрудне́ний; *konj 2. ~ dass* без того́, что́бы …, хотя́ и не …; *Er ging, ~ etw zu sagen.* Он ушёл, ничего́ не сказа́в. *Er kam, ~ dass ich ihn eingeladen hatte.* Он пришёл, хотя́ я его́ и не приглаша́ла.

ohnehin *adv* и без того́, и так уже́

Ohnmacht *f 1.(Bewusstlosigkeit)* о́бморок *m; 2.(fig: Machtlosigkeit)* бесси́лие *n*

ohnmächtig *adj 1.(bewusstlos)* упа́вший в о́бморок; *~ werden* па́дать в о́бморок; *2.(fig: machtlos)* сла́бый, бесси́льный

Ohr *n 1.(äußerlich)* ANAT у́хо *n; (fig) jdm in den ~en liegen* прожужжа́ть кому́-л все у́ши; *mit halbem ~ zuhören* слу́шать кра́ем у́ха; *ein offenes ~ haben* встреча́ть сочу́вствие; *jdn übers ~ hauen* обма́нывать (надува́ть, проводи́ть) кого́-л; *die ~en hängen lassen* ве́шать нос, па́дать ду́хом; *es faustdick hinter den ~en haben* быть больши́м пройдо́хой, быть себе́ на уме́; *noch nicht trocken hinter den ~en sein* у кого́-л ещё молоко́ на губа́х не обсо́хло; *sich etw hinter die ~en schreiben* заруби́ть себе́ что-л на носу́; *jdm das Fell über die ~ ziehen* околпа́чивать (облапо́шивать, надува́ть) кого́-л; *jdm die ~en lang ziehen* надира́ть кому́-л у́ши; *sich aufs ~ hauen* завали́ться спать, отправи́ться на бокову́ю; *viel um die ~en haben* кто-л перегру́жен рабо́той; *Auf diesem ~ ist er taub!* Э́тим у́хом он не слы́шит! На э́то у́хо он глух. *2.(Gehör)* слух *m; Ich bin ganz ~!* Я весь обрати́лся в слух! *~en wie ein Luchs haben* у кого́-л слух как у ры́си (о́чень о́стрый); *die ~en steif halten* держа́ть у́шки на маку́шке; *jdm zu ~en kommen* доходи́ть до чего́-л слу́ха; *nichts für fremde ~en sein* что-л не для посторо́нних

Ohrenarzt *m* врач *m* по ушны́м боле́зням, ушни́к *m (fam)*

Ohrensausen *n* шум *m* (звон *m*) в уша́х

Ohrenschmerzen *pl* боль *f* в уша́х

Ohrfeige *f* пощёчина *f,* оплеу́ха *f*

ohrfeigen *v* дава́ть кому́-л пощёчину (оплеу́ху)

Ohrläppchen *n* ANAT мо́чка *f* у́ха

Ohrring *m* серьга́ *f*

Ohrwurm *m (fam)* навя́зчивая мело́дия *f*

Ökologie *f* эколо́гия *f*

ökologisch *adj* экологи́ческий

Ökonomie *f 1.* эконо́мика *f; 2.(Sparsamkeit)* эконо́мия *f*

ökonomisch *adj 1.* экономи́ческий; *2.(mit geringem Aufwand)* экономи́чный; *3.(sparsam)* эконо́мный, бережли́вый

Oktober *m* октя́брь *m*

Oktoberfest *n* октóберфест *m,* пивнóй фестивáль *m* (прáздник *m*) *(мáссовое нарóдное гуля́нье в Мю́нхене в концé сентября́-начáле октября́)*
Öl *n 1. (Speiseöl)* растúтельное мáсло *n; 2. (Erdöl)* нефть *f; 3. (Heizöl)* жúдкое тóпливо *n,* тóпочный мазýт *m; ~ ins Feuer gießen (fig)* подливáть мáсла в огóнь *(fig)*
Oldtimer *m* óлдтаймер *m,* антиквáрный автомобúль *m*
ölen *v* смáзывать
Ölfarbe *f* мáсляная крáска *f*
Olive *f BOT* маслúна *f,* олúва *f,* олúвка *f*
Olivenöl *n GAST* олúвковое мáсло *n*
Ölpest *f* загрязнéние *n* водоёма нéфтью (мазýтом)
Ölsardine *f GAST* сардúна *f* в мáсле
Öltanker *m* нефтеналивнóй (нефтянóй) тáнкер *m*
Ölung *f (Letzte ~) REL* собóрование *n*
Ölwechsel *m (beim Auto)* смéна *f* мáсла
Olymp *m 1. (Berg)* Олúмп *m; auf dem hohen ~ sitzen* восседáть на высóком Олúмпе; *2. THEAT* галёрка *f*
olympisch *adj* олимпúйский; *Olympische Spiele* Олимпúйские úгры *f/pl*
Oma *f* бáбушка *f*
Omelett *n GAST* омлéт *m*
Omen *n* предзнаменовáние *n,* знак *m; böses ~* плохóе предзнаменовáние, дурнóй знак
Omnibus *m* автóбус *m*
Onkel *m* дя́дя *m; über den großen ~ gehen (fig)* косолáпить, ходúть носкáми внутрь
online *adj INFORM* находя́щийся в режúме «óн-лайн»
Online-Dienst *m INFORM* слýжба *f,* рабóтающая в режúме «óн-лайн»
Opa *m* дéдушка *m*
Oper *f 1. (Gebäude)* óперный теáтр *m; 2. (Werk)* óпера *f*
Operation *f 1.* оперáция *f,* дéйствие *n,* мéра *f; 2. MED* оперáция *f*
Operette *f* оперéтта *f*
operieren *v 1. (handeln)* обращáться, обходúться; *2. MED* дéлать оперáцию, оперúровать *impf/pf; 3. MIL* оперúровать *impf/pf,* дéйствовать
Opernglas *n* театрáльный бинóкль *m*
Opernsänger(in) *m/f* óперный певéц *m,* óперная певúца *f*
Opfer *n 1. (Person)* жéртва *f; 2. (Opfergabe)* пожéртвование *n; 3. (Verzicht)* жéртва *f*
Opferbereitschaft *f 1.* готóвность *f* на жéртву; *2. (Selbstlosigkeit)* самоотвéрженность *f*
Opfergabe *f* пожéртвование *n*
opfern *v 1. (spenden, verzichten)* жéртвовать; *3. sich ~ für* жéртвовать собóй рáди когó-л/чегó-л
opportun *adj* своеврéменный, подходя́щий, удóбный
Opposition *f* оппозúция *f*
Optik *f* óптика *f*
Optiker(in) *m/f* óптик *m/f*
optimal *adj* оптимáльный
Optimismus *m* оптимúзм *m*
Optimist(in) *m/f* оптимúст(ка) *m/f*
optimistisch *adj* оптимистúческий, оптимистúчный
Option *f* возмóжность *f,* óпция *f,* вариáнт *f,* вéрсия *f*
optisch *adj 1. PHYS* оптúческий; *2. (äußerlich)* внéшний, показнóй
oral *adj* орáльный, ротовóй
orange *adj* орáнжевый
Orange *f BOT* апельсúн *m*
Orangensaft *m GAST* апельсúновый сок *m*
Orchester *n* оркéстр *m*
Orden *m 1. (Auszeichnung)* óрден *m; 2. (Verband) REL* óрден *m*
Ordensbruder *m REL* член *m* монáшеского óрдена, монáх *m*
Ordensschwester *f REL* член *f* монáшеского óрдена, монáхиня *f*
ordentlich *adj 1. (ordnungsliebend)* лю́бящий поря́док, аккурáтный; *2. (aufgeräumt)* прúбранный, ýбранный; *3. (sorgfältig)* поря́дочный
ordinär *adj 1. (unanständig)* вульгáрный, грýбый; *2. (gewöhnlich)* обы́чный
ordnen *v 1. (in Ordnung bringen)* приводúть в поря́док, улáживать, регулúровать; *2. (systematisch aufstellen)* располагáть в определённом поря́дке
Ordner *m 1. (Hefter)* пáпка *f,* скоросшивáтель *m; 2. (Person)* распорядúтель *m*
Ordnung *f* поря́док *m; In ~!* Хорошó! Договорúлись! Поря́док! *zur ~ rufen* призывáть к поря́дку
ordnungsgemäß *adj 1.* прáвильный, надлежáщий; *adv 2.* правúльно, надлежáщим óбразом, как полóжено *(fam)*
Ordnungsstrafe *f 1. JUR* администратúвное (дисциплинáрное) взы́скание *n; 2. (Geldstrafe)* штраф *m* за нарушéние общéственного поря́дка
ordnungswidrig *adj 1.* нарушáющий

общéственный порядок; *adv 2.* нарушáя общéственный порядок
Ordnungszahl *f 1. GRAMM* порядковое числи́тельное *n; 2. MATH* порядковое числó *n*
Organ *n* óрган *m*
Organisation *f* организáция *f*
Organisator(in) *m/f* организáтор *m/f*
organisatorisch *adj 1. (die Organisation betreffend)* организациóнный; *2. (den Organisator betreffend)* организáторский
organisch *adj* органи́ческий
organisieren *v* организовáть *impf/pf* (*auch:* организóвывать *impf*)
Organismus *m* органи́зм *m*
Organspender(in) *m/f* дóнор *m/f*
Orgasmus *m* оргáзм *m*
Orgel *f MUS* оргáн *m*
Orgie *f* óргия *f*
Orient *m GEO* (Бли́жний и Срéдний) Востóк *m*
orientalisch *adj* востóчный
orientieren *v 1. (ausrichten, konzentrieren)* ориенти́ровать *impf/pf,* направля́ть; *2. (sich ~)* ориенти́роваться
Orientierung *f* ориентáция *f*
Orientierungssinn *m* спосóбность *f* (умéние *n*) ориенти́роваться
original *adj* оригинáльный, пóдлинный
Original *n 1.* оригинáл *m,* пóдлинник *m; 2. (eigentümlicher Mensch)* оригинáл *m*
originalgetreu *adj* соотвéтствующий оригинáлу
Originalität *f 1. (Echtheit)* пóдлинность *f; 2. (Besonderheit)* оригинáльность *f*
originell *adj* оригинáльный, своеобрáзный
Orkan *m* урагáн *m*
Ornament *n* орнáмент *m*
Ornithologe *m* орнитóлог *m*
Ort *m 1. (Stelle)* мéсто *n; 2. (Ortschaft)* мéстность *f,* населённый пункт *m*
orthodox *adj 1. (Kirche) REL* правослáвный; *2. (strenggläubig) REL* правовéрный
Orthografie *f GRAMM* орфогрáфия *f*
Orthopäde *m* ортопéд *m,* врач-ортопéд *m*
örtlich *adj 1.* мéстный, локáльный; *adv 2.* в зави́симости от мéстности
Örtlichkeiten *pl* местá *n/pl,* мéстности *f/pl*
Ortsangabe *f* указáние *n* мéста
ortsansässig *adj* мéстный, осéдлый
Ortschaft *f* мéстность *f,* населённый пункт *m*
ortsfremd *adj* приéзжий, нездéшний
Ortsgespräch *n* мéстный телефóнный разговóр *m*
ortskundig *adj* знáющий какýю-л мéстность
Ortszeit *f* мéстное врéмя *f*
Osten *m 1.* востóк *m; 2. GEO Naher ~* Бли́жний Востóк *m; Mittlerer ~* Срéдний Востóк *m; Ferner ~* Дáльний Востóк *m; 3. (Ostblock) POL* Востóк *m,* стрáны *f/pl* Востóчного блóка
Osterei *n* пасхáльное яйцó *n*
Osterhase *m* пасхáльный зая́ц *m*
Ostermontag *m* понедéльник *m* Пасхáльной сéдмицы, вторóй день *m* Пáсхи
Ostern *n* Пáсха *f*
Österreich *n GEO* Áвстрия *f*
Österreicher(in) *m/f* австри́ец *m,* австри́йка *f*
österreichisch *adj* австри́йский
Ostersonntag *m* Пасхáльное воскресéнье *n,* пéрвый день *m* Пáсхи
Osteuropa *n GEO* Востóчная Еврóпа *f*
östlich *adj* востóчный
Ostsee *f GEO* Балти́йское мóре *n*
Otter[1] *m ZOOL (Marder)* вы́дра *f*
Otter[2] *f ZOOL (Schlange)* гадю́ка *f*
oval *adj* овáльный
oxidieren *v CHEM* окисля́ть, оксиди́ровать *impf/pf*
Ozean *m* океáн *m*
Ozon *n CHEM* озóн *m*
Ozonloch *n* озóновая дырá *f*
Ozonschicht *f* озóновый слой *m*

P

paar *adj* нéсколько; *ein ~ Mal* нéсколько раз
Paar *n 1. (~ Schuhe)* пáра *f; 2. (Ehepaar)* (супрýжеская) четá *f,* пáра *f*
paaren *v 1. (paarweise zusammenstellen)* соединя́ть (пáрами), составля́ть (пáры); *2. (Tiere: begatten)* спáривать
Paarung *f 1. (paarweise Zusammenstellung)* соединéние *n* (пáрами), составлéние *n* (пар); *2. (Tiere: Begattung)* спáривание *n*
paarweise *adv* попáрно, пáрами
Pacht *f 1. (Überlassung)* арéнда *f; in ~ geben* сдавáть в арéнду; *2. (Entgelt)* арéндная плáта *f,* плáта *f* за арéнду
pachten *v* арендовáть *impf/pf,* брать в арéнду
Pächter(in) *m/f* арендáтор *m/f*
Pack *n 1. (Packen)* пáчка *f,* пакéт *m,* ки́па *f,* свя́зка *f; 2. (fam: Gesindel)* сброд *m (fam),* свóлочь *f (fam)*
Päckchen *n 1.* свёрточек *m,* пакéтик *m; 2. (Postsendung)* бандерóль *f; 3. (Zigaretten)* пáчка *f* (сигарéт)
packen *v 1. (ein~)* паковáть, упакóвывать, уклáдывать; *2. (greifen)* хватáть, схвáтывать; *3. (Gefühl)* охвáтывать
Packpapier *n* обёрточная (упакóвочная) бумáга *f*
Packung *f 1. (warme ~)* проклáдка *f; 2. (Verpackung)* упакóвка *f; 3. (Paket)* пáчка *f,* пакéт *m; 4. MED* укýтывание *n*
Pädagoge *m* педагóг *m*
Pädagogik *f* педагóгика *f*
pädagogisch *adj* педагоги́ческий
Paddel *n* весло *n* для грéбли на байдáрках и канóэ
Paddelboot *n* байдáрка *f,* канóэ *n*
paddeln *v* грести́ на вёслах
Paket *n 1.* свёрток *m,* пакéт *m; 2. (Postsendung)* посы́лка *f; 3. (Zucker, Mehl)* пáчка *f*
Pakistan *n GEO* Пакистáн *m*
Pakt *m* пакт *m*
Palast *m* дворéц *m*
Palästina *n GEO* Палести́на *f*
Palästinenser(in) *m/f* палести́нец *m,* палести́нка *f*
Palette *f 1. (Auswahl)* (большóй) вы́бор *m,* пали́тра *f (fig),* ассортимéнт *m; 2. ART* пали́тра *f; 3. TECH* поддóн *m*
Palme *f BOT* пáльма *f*
Panama *n GEO* Панáма *f*
panieren *v GAST* панировáть *impf/pf,* обвáливать в сухаря́х
Paniermehl *n GAST* мукá *f* для панирóвки, панирóвочные сухари́ *m/pl* (размельчённые)
Panik *f* пáника *f*
Panne *f 1. (Schaden)* (небольшáя) авáрия *f,* полóмка *f,* неисправность *f; 2. (Missgeschick)* неудáча *f*
Pannenhilfe *f* авари́йная слýжба *f (для неиспрáвных автомоби́лей на дорóгах)*
Panorama *n* панорáма *f*
panschen *v 1. (verfälschen)* разбавля́ть водóй; *2. (spielen)* шлёпать по водé, плескáться
Panther *m ZOOL* пантéра *f,* барс *m*
Pantoffel *m* башмáк *m,* домáшняя тýфля *f,* шлёпанец *m; unter dem ~ stehen (fam)* быть под башмакóм (у жены́) *(fam)*
Pantomime *f* пантоми́ма *f*
Panzer *m 1. (Schutzpanzer)* пáнцирь *m; 2. MIL* танк *m; 3. ZOOL* пáнцирь *m*
Papa *m* пáпа *m,* отéц *m*
Papagei *m* попугáй *m*
Papier *n 1.* бумáга *f; (fig) nur auf dem ~ stehen* что-л тóлько на бумáге; *etw zu ~ bringen* излагáть что-л пи́сьменно (в пи́сьменной фóрме); *2. ~e n/pl (Dokument)* докумéнт *m; Ihre ~e bitte!* Вáши докумéнты, пожáлуйста! *3. (Wertpapier) FIN* цéнная бумага *f*
Papierkorb *m* корзи́на *f* для бумáг; *Das gehört in den ~.* Э́то макулатýра.
Pappe *f 1. (Karton)* картóн *m; 2. (Mappe)* пáпка *f*
Pappel *f BOT* тóполь *m*
Paprika *f 1. BOT* крáсный (стручкóвый) пéрец *m (в ви́де овощнóго растéния); 2. (Gewürz)* крáсный (стручкóвый) пéрец *m (в ви́де спéции)*
Papst *m REL* пáпа *m* ри́мский; *päpstlicher als der ~ sein* быть бóльше катóликом, чем сам пáпа
päpstlich *adj REL* пáпский
Paradies *n* рай *m; das ~ auf Erden* рай земнóй
paradiesisch *adj* рáйский
paradox *adj* парадоксáльный
Paragraph *m 1.* парáграф *m; 2. JUR* парáграф *m,* статья́ *f*

Paraguay *n* GEO Парагва́й *m*
parallel *adj 1.* MATH паралле́льный; *adv 2.* MATH паралле́льно; *3. (fig: gleichzeitig)* одновреме́нно
Parallele *f* паралле́ль *f*
Parasit *m* парази́т *m*
parat *adj 1.* гото́вый *adv 2.* наготове, в запа́се; *etw ~ haben* иметь что-л нагото́ве
Parfüm *n* духи́ *pl*
Parfümerie *f* парфюме́рный магази́н *m*
parieren *v 1.* пари́ровать *impf/pf*, отража́ть, отбива́ть; *2.* SPORT пари́ровать *impf/pf*
Parität *f* парите́т *m*
paritätisch *adj 1.* парите́тный; *adv 2.* на парите́тных нача́лах
Park *m* парк *m*
parken *v* паркова́ть автомоби́ль (маши́ну), припарко́вываться, ста́вить автомоби́ль (маши́ну) на стоя́нку; *Darf ich hier ~?* Здесь мо́жно постави́ть маши́ну? *Wo kann ich das Auto ~?* Где я могу́ запаркова́ть маши́ну?
Parkett *n 1. (Fußboden)* парке́т *m; 2.* THEAT парте́р *m*
Parkhaus *n* многоя́русный (многоэта́жный) гара́ж *m*
Parkplatz *m* (авто)стоя́нка *f*, парко́вка *f (fam)*
Parkuhr *f* стоя́ночные часы́ *pl*
Parlament *n* POL парла́мент *m*
parlamentarisch *adj* POL парла́ментский, парламента́рный
Parlamentswahlen *pl* POL парла́ментские вы́боры *pl*, вы́боры *pl* в парла́мент
Parmesankäse *m* GAST сыр *m* пармеза́н *(сорт италья́нского твёрдого сы́ра)*
Parodie *f* паро́дия *f*
Partei *f* POL па́ртия *f*
parteiisch *adj* пристра́стный
Parteinahme *f* выступле́ние *n* за кого́-л/что-л
Parteitag *m* POL парти́йный съезд *m*, съезд *m* па́ртии, партсъе́зд *m*
Partie *f 1. (Schachspiel)* па́ртия *f; 2. (Spiel)* игра́ *f*, матч *m; 3. (Teil)* часть *f; 4. (fig) eine gute ~ sein* составля́ть хоро́шую па́ртию; *eine gute ~ machen* де́лать хоро́шую па́ртию *(вы́годно жени́ться, выходи́ть за́муж)*
Partner(in) *m/f 1.(Ehepartner(in))* супру́г *m*, супру́га *f; 2. (Lebensgefährte/-gefährtin)* спу́тник *m* (спу́тница *f*) жи́зни; *3. (Geschäftspartner(in))* делово́й партнёр *m/f*, компаньо́н *m/f; 4. (Vertragspartner(in))* контраге́нт *m/f*, догова́ривающаяся сторона́ *f*
Partnerschaft *f 1. (Gemeinschaft)* партнёрство *n; 2. (Zusammenarbeit)* сотру́дничество *n*
Party *f* вечери́нка *f*, тусо́вка *f (fam); Darf ich Sie zu einer ~ einladen?* Позво́льте пригласи́ть Вас на вечери́нку?
Pass *m 1. (Ausweis)* па́спорт *m; 2. (Bergpass)* (го́рный) перева́л *m*
Passage *f 1. (Durchgang)* прохо́д *m*, прое́зд *m; 2. (Ladenstraße)* кры́тая галере́я *f*, пасса́ж *m; 3. (Textstelle)* ме́сто *n*, пасса́ж *m; 4. (Überfahrt)* перее́зд *m*
Passagier *m* пассажи́р *m; blinder ~* безбиле́тный пассажи́р *m*, безбиле́тчик *m (fam)*, за́яц *m (fam)*
Passant(in) *m/f* прохо́жий *m*, …жая *f*, пешехо́д *m/f*
Passbild *n* фотогра́фия *f* для па́спорта
passen *v 1. (Kleidung)* быть как раз, быть впо́ру, быть к лицу́, хорошо́ сиде́ть *(fig)*, подходи́ть, идти́ *(fig); Der Anzug passt ihm nicht.* Костю́м ему́ не впо́ру. *2. (angemessen sein)* подходи́ть, соотве́тствовать; *3. (recht sein)* подходи́ть, устра́ивать; *4. (fig: aufgeben müssen)* пасова́ть, сдава́ться
passend *adj 1. (geeignet)* подходя́щий, го́дный; *2. (angebracht)* уме́стный, подоба́ющий; *adv 3. (sachgemäß)* подоба́ющим (надлежа́щим) о́бразом
passieren *v 1. (geschehen)* случа́ться, происходи́ть; *2. (durchgehen)* проходи́ть, проезжа́ть, пересека́ть; *3.* GAST протира́ть че́рез си́то
Passierschein *m* про́пуск *m*
passiv *adj 1.* пасси́вный, апати́чный, безуча́стный *2.* LING страда́тельный; *die ~en Formen des Verbs* страда́тельные фо́рмы глаго́ла
Passiv *n* LING страда́тельный зало́г *m*, пасси́в *m*
Passivität *f* пасси́вность *f*, апа́тия *f*, безуча́стность *f; 2.* LING пасси́вность *f*
Passkontrolle *f* па́спортный контро́ль *m*
Paste *f* па́ста *f*
Pastete *f 1.* GAST слоёный пиро́г *m* (пирожо́к *m*); *2. (Fleischpastete)* GAST паште́т *m*
Pastor *m* REL па́стор *m*
Pate *m* крёстный (оте́ц) *m*
Patenkind *n 1. (Junge)* кре́стник *m; 2. (Mädchen)* кре́стница *f*

Patenschaft *f* ше́фство *n*
patent *adj* превосхо́дный, замеча́тельный; *(fam) ein ~s Mädel* девчо́нка, что на́до
Patent *n* пате́нт *m*
Patentamt *n* Пате́нтное ве́домство *n*
patentieren *v* патентова́ть *impf/pf*
Pater *m* REL па́тер *m*, оте́ц *m*
Pathologie *f* MED патоло́гия *f*
pathologisch *adj* MED патологи́ческий
Pathos *n* па́фос *m*
Patient(in) *m/f* пацие́нт(ка) *m/f*, больно́й *m*, …на́я *f*
Patin *f* крёстная (мать) *f*
Patriarch *m 1.* REL патриа́рх *m*; *der ~ von ganz Russland* Патриа́рх Всея́ Руси́; *2. (Stammvater)* патриа́рх *m*, родонача́льник
Patriarchat *n 1.* REL патриа́рхия *f*, *2. (Vaterherrschaft)* патриарха́т *m*
Patriot(in) *m/f* патрио́т(ка) *m/f*
patriotisch *adj* патриоти́ческий
Patriotismus *m* патриоти́зм *m*
Patronat *n* покрови́тельство *n*
patzig *adj* гру́бый, де́рзкий, на́глый, бессты́жий
Pauke *f* MUS лита́вры *f/pl*; *(fig: negativ) mit ~n und Trompeten durchfallen* с тре́ском провали́ться (на экза́мене); *(fig: positiv) jdn mit ~n und Trompeten empfangen* встреча́ть кого́-л с по́мпой
pauken *v 1.* бить в лита́вры; 2. *(fam: lernen)* зубри́ть *(fam)*, долби́ть *(fam)*
Pauker *m 1.* MUS литаври́ст; *2. (veraltet: Lehrer)* учи́тель *m*, преподава́тель *m*
pauschal *adj 1.* о́бщий, совоку́пный, пау-ша́льный; *adv 2.* в о́бщем, в це́лом, в о́бщем и це́лом
Pauschale *f* о́бщая (совоку́пная, пауша́льная) су́мма *f*
Pause *f* па́уза *f*, переры́в *m*
pausenlos *adj 1.* беспреры́вный, непреры́вный; *adv 2. (ohne Rast)* без переры́ва, без о́тдыха
pausieren *v* де́лать па́узу (переры́в)
Pazifik *m* GEO Ти́хий океа́н *m*
pazifistisch *adj* POL пацифи́стский
Pech *n 1.* смола́ *f*; *(fig) wie ~ und Schwefel* у кого́-л кре́пкая спа́йка, кре́пко держа́ться друг за дру́га; *2.(fig: Missgeschick)* неуда́ча *f*, невезе́ние *n*
Pechvogel *m/f* невезу́чий *m*, …чая *f*, неуда́чник *m*, неуда́чница *f*
Pedal *n* педа́ль *m*
Pedant(in) *m/f* педа́нт(ка) *m/f*
pedantisch *adj* педанти́чный
Pegel *m 1. (Wasserstandsmesser)* водоме́рная ре́йка *f*, водоме́р *m*; *2.(Wasserstand)* у́ровень *m* воды́; *3. (Lautstärke)* TECH у́ровень *m* (гро́мкости)
peilen *v 1. (Richtung)* пеленгова́ть *impf/pf*; *2. die Lage ~ (fig)* разню́хивать (разве́дывать) обста́новку *(fam)*, зонди́ровать по́чву *(fig)*
Pein *f* му́ка *f*, муче́ние *n*, страда́ние *n*
peinlich *adj 1. (unangenehm)* неприя́тный, нело́вкий; *2. (übergenau)* педанти́чный, скрупулёзный, тща́тельный; *adv 3. (unangenehm)* неприя́тно, нело́вко; *4. (übergenau)* о́чень, чрезме́рно, педанти́чно, скрупулёзно, тща́тельно
Peinlichkeit *f 1. (Verlegenheit)* неприя́тность *f*, нело́вкость *f*; *2. (Genauigkeit)* педанти́чность *f*, чрезме́рная то́чность *f*
Peitsche *f 1.* плеть *f*, бич *m*; *2. (Riemenpeitsche)* нага́йка *f*; *3.(Reitpeitsche)* плётка *f*
Pelle *f 1. (Wurst)* шку́рка *f*, ко́жица *f*; *2. (Kartoffel)* шелуха́ *f*, ко́жица *f*; *Pellkartoffeln* карто́фель *m* в мунди́ре; *(fig) jdm auf die ~ rücken* напира́ть на кого́-л, наступа́ть кому́-л на пя́тки
Pelz *m 1. (Fell)* мех *f*; *(fig) jdm auf den ~ rücken* пристава́ть к кому́-л; *2. (~mantel)* шу́ба *f*, мехово́е пальто́ *n*; *3.(Haut)* шку́ра *f*
Pendel *n* ма́ятник *m*
pendeln *v 1. (baumeln)* кача́ться; *2. (fig)* курси́ровать *impf*, челно́чить *impf*
Pendelverkehr *m* челно́чное тра́нспортное сообще́ние *n*
penetrant *adj 1. (Geruch)* ре́зкий; *2. (fig: aufdringlich)* навя́зчивый, назо́йливый, надое́дливый
penibel *adj* педанти́чный, то́чный, тща́тельный
Penicillin *n* MED пеницилли́н *m*
Penis *m* ANAT полово́й член *m*
Pension *f 1. (Ruhestand, Rente)* пе́нсия *f*; *2. (Unterkunft)* пансио́н *m*
Pensum *n* но́рма *f*, зада́ние *n*
per *prep* на, по, посре́дством; *~ Bahn* по желе́зной доро́ге; *~ Nachnahme* нало́женным платежо́м
perfekt *adj 1.* соверше́нный, отли́чный, превосхо́дный; *adv 2. (erledigt)* оконча́тельно, в сде́ланном (завершённом) ви́де; *Die Sache ist ~.* Де́ло сде́лано.
Perfektion *f* соверше́нство *n*
perforieren *v* перфори́ровать *impf/pf*
Pergament *n* перга́мент *m*

Periode *f 1. (Zeitabschnitt)* перио́д *m,* промежу́ток *m* вре́мени; *2. (Menstruation)* менструа́ция *f,* ме́сячные *pl*
periodisch *adj* периоди́ческий
peripher *adj* перифери́йный, периферический
Peripherie *f* перифери́я *f*
Perle *f 1.* жемчу́жина *f,* же́мчуг *m; 2. (Glasperlen)* би́сер *m; 3. (fig)* жемчу́жина *f,* пе́рлы *m/pl; die ~n der Poesie* пе́рлы поэ́зии; *~n vor die Säue werfen* мета́ть би́сер пе́ред сви́ньями
Perlmutt *n* перламу́тр *m*
permanent *adj* постоя́нный, пермане́нтный
perplex *adj* озада́ченный
Perser(in) *m/f 1. (Nationalität)* перс *m,* персиа́нка *f; 2. (Teppich)* перси́дский ковёр *m*
Persien *n GEO* Пе́рсия *f*
Person *f* лицо́ *n,* челове́к *m,* осо́ба *f,* ли́чность *f,* персо́на *f; etw in ~ sein* быть воплоще́нием чего́-л
Personal *n* персона́л *m,* ка́дры *pl,* штат *m,* ли́чный соста́в *m,* рабо́тники *pl*
Personalabteilung *f* отде́л *m* кадро́в
Personalausweis *m* удостовере́ние *m* ли́чности, па́спорт *m*
Personalcomputer *m* персона́льный компью́тер *m* (ПК)
Personalien *pl* анке́тные да́нные *pl*
Personenkraftwagen *m* легково́й автомоби́ль *m,* легкова́я (авто)маши́на *f*
Personenschaden *m* пострада́вшие *pl,* челове́ческие же́ртвы *f/pl*
persönlich *adj* ли́чный, персона́льный, индивидуа́льный; *Dies sind nur Sachen für meinen ~en Bedarf.* Э́то лишь мои́ предме́ты ли́чного по́льзования. *~ werden* переходи́ть на ли́чности; *etw ~ nehmen* принима́ть что-л на свой счёт
Persönlichkeit *f* ли́чность *f; ~en des öffentlichen Lebens* обще́ственные де́ятели *m/pl*
Perspektive *f* перспекти́ва *f*
Peru *n GEO* Перу́ *n*
Perücke *f* пари́к *f*
pervers *adj* извращённый
Pessimismus *m* пессими́зм *m*
Pessimist(in) *m/f* пессими́ст(ка) *m/f*
pessimistisch *adj* пессимисти́ческий, пессими́стский
Pest *f MED* чума́ *f; jdn hassen wie die ~ (fig)* смерте́льно ненави́деть кого́-л
Petersilie *f BOT* петру́шка *f*
Petition *f* пети́ция *f,* проше́ние *n*
Pfad *m* тропа́ *f,* путь *m; (fig) ein dorniger ~* терни́стый путь; *(fig) auf dem ~ der Tugend wandeln* идти́ по стезе́ доброде́тели
Pfadfinder(in) *m/f* следопы́т *m/f*
Pfand *n* зало́г *m,* закла́д *m; (fig) sein Wort als ~ geben* руча́ться сло́вом; *ein Ring als ~ der Treue* кольцо́ в зало́г ве́рности
pfänden *v* опи́сывать иму́щество, налага́ть аре́ст на иму́щество
Pfandflasche *f* буты́лка *f* под зало́г
Pfändung *f* суде́бная о́пись *f* иму́щества, наложе́ние *n* аре́ста на иму́щество
Pfanne *f* сковорода́ *f,* сковоро́дка *f; (fig) jdn in die ~ hauen* стере́ть кого́-л в порошо́к, разби́ть кого́-л в пух и прах
Pfannkuchen *m 1. (dünn) GAST* блин *m,* бли́нчик *m; 2. (dick) GAST* ола́дьи *f/pl*
Pfarramt *n 1. (Amtswohnung)* управле́ние *n* (администра́ция *f*) церко́вного прихо́да; *2. (Titel) REL* до́лжность *f* (сан *m*) па́стора
Pfarrer *m REL* па́стор *m,* свяще́нник *m*
Pfeffer *m* пе́рец *m; ~ im Hintern haben (fig)* быть непосе́дой, верте́ться как юла́ *(fig)*
Pfefferminze *f BOT* мя́та *f*
Pfeffermühle *f* ме́льница *f* для пе́рца, пе́речная ме́льница *f*
pfeffern *v* пе́рчить, добавля́ть пе́рец
Pfeife *f 1. (Trillerpfeife)* свисто́к *m,* ду́дка *f; nach jds ~ tanzen (fig)* пляса́ть под чью-л ду́дку *(fig); 2. (Tabakpfeife)* кури́тельная тру́бка *f*
pfeifen *v irr* свисте́ть; *(fig) sich eins ~* насви́стывать пе́сенку; *die Spatzen ~ es von allen Dächern* стать при́тчей во язы́цах; *auf etw ~* плева́ть (чиха́ть) на что-л
Pfeil *m* стрела́ *f*
Pfennig *m 1.* пфе́нниг *m (моне́та в Герма́нии до введе́ния е́вро и це́нта); 2. (fig)* грош *m,* копе́йка *f; (fig) keinen ~ wert sein* гроша́ ло́маного не сто́ить; *mit jedem ~ rechnen müssen* счита́ть ка́ждую копе́йку
Pferd *n ZOOL* ло́шадь *f,* конь *m; (fig) das ~ beim Schwanz aufzäumen* бра́ться за де́ло не с того́ конца́; *mit jdm ~e stehlen können* с кем-л мо́жно ворова́ть коне́й, на кого́-л мо́жно вполне́ положи́ться; *das beste ~ im Stall sein* быть лу́чшим сотру́дником; *die ~e scheu machen* наводи́ть па́нику; *aufs richtige ~ setzen* де́лать ве́рную ста́вку; *Keine zehn ~e bringen mich dorthin!* Никака́я си́ла не заста́вит меня́ пойти́ туда́! *Ich denk, mich*

tritt ein ~! Меня́ как о́бухом по голове́ уда́рило! Я про́сто обалде́л!
Pferderennen *n* ска́чки *pl*
Pferdeschwanz *m 1.* лошади́ный хвост *m; 2. (fig: Haarfrisur)* ко́нский хвост *m (же́нская приче́ска)*
Pfiff *m 1. (Pfeifen)* свист *m,* свисто́к *m; 2. (fig: Schick)* мо́дный вид *m,* эффе́кт *m*
Pfifferling *m* BOT лиси́чка *f; keinen ~ wert sein (fig)* ло́маного гроша́ не сто́ить *(fig)*
pfiffig *adj* хи́трый, лука́вый, ло́вкий, продувно́й
Pfingsten *n* REL Тро́ица *f*
Pfirsich *m 1. (Frucht)* BOT пе́рсик *m, 2. (Baum)* BOT пе́рсиковое де́рево *n*
Pflanze *f* расте́ние *n*
pflanzen *v* сажа́ть
pflanzlich *adj* расти́тельный
Pflaster *n 1. (Straßenpflaster)* мостова́я *f; teures ~ (fig)* дорога́я жизнь; *ein heißes ~ (fig)* опа́сная ме́стность; *2. (Wundpflaster)* пла́стырь *m*
Pflaume *f 1. (Frucht)* BOT сли́ва *f; 2. (Baum)* BOT сли́вовое де́рево *n,* сли́ва *f*
Pflaumenmus *n* GAST сли́вовый мусс *m,* сли́вовое пюре́ *n*
Pflege *f* ухо́д *m,* забо́та *f,* попече́ние *n*
pflegebedürftig *adj* нужда́ющийся в ухо́де
Pflegeeltern *pl* приёмные роди́тели *pl*
Pflegefall *m* больно́й *m,* нужда́ющийся в постоя́нном ухо́де
Pflegeheim *n* дом *m* инвали́дов и престаре́лых
Pflegekind *n* приёмный ребёнок *m*
pflegeleicht *adj* не тре́бующий осо́бого ухо́да
pflegen *v jdn ~* уха́живать за кем-л, забо́титься о ком-л
Pfleger(in) *m/f* санита́р(ка) *m/f*
Pflegeversicherung *f* страхова́ние *n* на слу́чай (необходи́мости) ухо́да
Pflicht *f* долг *m,* обя́занность *f*
pflichtbewusst *adj 1.* сознаю́щий свой долг, сознáтельный; *adv 2.* с созна́нием своего́ до́лга, сознава́я свой долг
Pflichtfach *n* обяза́тельный предме́т *m,* обяза́тельная дисципли́на *f*
pflichtgemäß *adj 1.* до́лжный; *adv 2.* по до́лгу (обя́занности)
Pflichtversicherung *f* обяза́тельное страхова́ние *n*
pflücken *v (Obst)* рвать, срыва́ть, собира́ть
pflügen *v* AGR паха́ть, вспа́хивать
Pforte *f 1.* воро́та *f; 2. (Zauntür)* кали́тка *f*
Pförtner(in) *m/f* вахтёр *m/f,* вахтёрша *f (fam),* швейца́р *m/f*
Pfosten *m* столб *m*
Pfote *f* ла́па *f; (fam) sich die ~n verbrennen* обже́чься на чём-л, навреди́ть себе́; *jdm auf die ~n klopfen* дава́ть кому́-л по ла́пам
pfui *interj Pfui!* Фу! Тьфу!
Pfund *n 1. (Maßeinheit)* фунт *m (едини́ца измере́ния); 2. (Währungseinheit)* фунт *m (де́нежная едини́ца)*
pfuschen *v (fam)* халту́рить, небре́жно (недобросо́вестно) рабо́тать
Pfütze *f* лу́жа *f*
Phänomen *n* фено́мен *m*
Phantom *n* фанто́м *m,* при́зрак *m,* привиде́ние *n*
Pharmaindustrie *f 1. (Pharmakologie)* фармакологи́ческая промы́шленность *f; 2. (Pharmazeutik)* фармацевти́ческая промы́шленность *f*
Pharmakologie *f* фармаколо́гия *f*
pharmazeutisch *adj* фармацевти́ческий
Pharmazie *f* фармаци́я *f*
Phase *f* фа́за *f*
Philharmonie *f* MUS филармо́ния *f*
Philologe *m* фило́лог *m*
Philosophie *f* филосо́фия *f*
philosophieren *v* филосо́фствовать
philosophisch *adj* филосо́фский
phlegmatisch *adj* флегмати́ческий, флегмати́чный
Phonetik *f* фоне́тика *f*
phonetisch *adj* фонети́ческий
Phrase *f* LING фра́за *f; leere ~n dreschen (fig)* занима́ться пустосло́вием, пустосло́вить
Physik *f* фи́зика *f*
physikalisch *adj* физи́ческий *(относя́щийся к фи́зике)*
Physiker(in) *m/f* фи́зик *m/f*
physisch *adj 1. (körperlich, materiell)* физи́ческий, веще́ственный, теле́сный; *2. (die Natur betreffend)* физи́ческий, приро́дный
Pi *n ~ mal Daumen* на глаз, приблизи́тельно, наобу́м
Pickel *m 1. (Spitzpickel)* кирка́ *f; 2. (Eispickel)* ледору́б *m; 3. (Pustel)* прыщ *m*
picken *v 1. (mit dem Schnabel ~)* клева́ть; *2. (spalten)* коло́ть
Picknick *n* пикни́к *m*
Piep *m* щёбет *m,* писк *m; (fam) keinen ~ mehr sagen* кто-л не мо́жет бо́льше

вымолвить ни слова; *(fam) einen ~ haben* быть с приветом, иметь бзик
piepen *v* пищать, чирикать; *(fam) zum Piepen sein* просто умора (смех); *Bei dem piept's wohl!* Он, наверное, рехнулся! Он, наверное, не в своём уме!
Pietät *f 1. (Ehrfurcht)* уважение *n,* почтение *n; 2. (Frömmigkeit)* благочестие *n*
pietätlos *adj* непочтительный
pietätvoll *adj* почтительный
pikiert *adj* уязвлённый, задетый
Pilgerfahrt *f* паломничество *n*
Pille *f 1.* таблетка *f,* пилюля *f; (fig) die bittere ~ schlucken* проглатывать горькую пилюлю; *2. (Antibabypille)* противозачаточная таблетка *f*
Pilot *m* пилот *m,* лётчик *m*
Pilz *m* BOT гриб *m*
Pinguin *m* ZOOL пингвин *m*
Pinie *f* BOT пиния *f,* итальянская сосна *f*
Pinienkern *m* BOT семя *n* (семена *n/pl*) пинии
Pinsel *m* кисть *f,* кисточка *f*
Pinzette *f* пинцет *m*
Pionier *m 1. (Wegbereiter)* пионер *m,* новатор *m; 2.* MIL сапёр *m*
Pirat *m* пират *m,* морской разбойник *m*
Pistazie *f* BOT фисташка *f*
Piste *f 1. (Ski)* SPORT трасса *f; 2. (Flugwesen)* взлётно-посадочная полоса *f*
Pistole *f* пистолет *f; (fig) jdm die ~ auf die Brust setzen* брать кого-л за горло, наступать кому-л на горло; *wie aus der ~ geschossen* мгновенно, молниеносно, с молниеносной быстротой
Pizza *f* GAST пицца *f*
plädieren *v ~ für* выступать (высказываться) за что-л
Plädoyer *n 1.* JUR заключительная речь *f* (прокурора или адвоката); *2. (fig)* выступление *f* за что-л
Plage *f* мука *f,* мучение *n*
plagen *v sich ~* мучиться, терзаться
Plakat *n* плакат *m,* афиша *f*
plan *adj* плоский, ровный
Plan *m* план *m* проект, замысел
Plane *f 1. (Zeltplane)* навес *m* из парусины *2. (LKW)* брезент *m*
planen *v* планировать, намечать, задумывать
Planet *m* планета *f*
planieren *v* выравнивать
Plankton *n* планктон *m*
planlos *adj 1.* бесплановый, непродуманный; *adv 2.* бесцельно, непродуманно, бессистемно, наобум
planmäßig *adj 1.* планомерный; *adv 2.* планомерно, по плану, по графику
Plantage *f* плантация *f*
plantschen *v* плескаться, шлёпать по воде
Planung *f* планирование *n*
Planwirtschaft *f* ECO плановая экономика *f,* плановое хозяйство *n*
plappern *v* болтать
Plasma *n* BIO плазма *f*
Plastik *n 1.* пластическая масса *f,* пластмасса *f,* пластик *m; 2. (Bildhauerwerk)* ART скульптура *f,* скульптурное произведение *n; 3. (Bildhauerkunst)* ART искусство *n* ваяния, пластика *f; 4. (Anschaulichkeit)* ART пластичность *f,* выразительность *f*
Plastiksprengstoff *m* пластид *m*
Plastiktüte *f* пластиковый пакет *m*
plastisch *adj 1.* пластический, пластичный; *2. (fig)* выразительный
Platin *n* CHEM платина *f*
Platine *f* TECH печатная плата *f*
plätschern *v 1. (plantschen)* плескаться; *2. (rieseln)* журчать
platt *adj 1. (flach)* плоский; *2. (Nase)* приплюснутый; *3. (fig)* банальный, тривиальный
Platte *f 1. (Holzplatte)* доска *f; 2. (Fliese)* плита *f,* плитка *f; 3. (Schallplatte)* пластинка *f; eine andere ~ auflegen (fig)* менять пластинку *(fig),* менять тему; *4. (Tortenplatte)* GAST (плоское) блюдо *n* для торта
Plattenspieler *m* проигрыватель *m*
Plattform *f* платформа *f*
Plattfuß *m 1. (fam: Reifenpanne)* шина *f,* спустившая воздух; *2.* MED плоская стопа *f*
Platz *m 1. (Stelle)* место *n; Nehmen Sie bitte ~!* Садитесь, пожалуйста! *einen ~ an der Sonne haben (fig)* завоевать место под солнцем *(fig); fehl am ~ sein* быть неуместным; *~ behalten* оставаться сидеть; *die Gegner auf die Plätze verweisen* оставить позади противников (соперников) *2. (Spielfeld)* SPORT площадка *f,* поле *n; 3. (zum Exerzieren)* MIL плац *m; 4. (öffentlicher ~)* площадь *f*
Platzangst *f* агорафобия *f,* боязнь *f* открытых пространств
Plätzchen *n 1. (kleiner Platz)* местечко *n; 2. (Gebäck)* печенье *n*
platzen *v 1.* лопаться, трескаться; *2. (fig:*

scheitern) срыва́ться, прова́ливаться; *eine Sache ~ lassen* срыва́ть како́е-л де́ло
platzieren *v* размеща́ть, ста́вить
Platzierung *f* размеще́ние *n*
Platzkarte *f* плацка́рта *f*
Platzwunde *f MED* рва́ная ра́на *f*
plaudern *v* разгова́ривать, бесе́довать, болта́ть
plausibel *adj* я́сный, поня́тный; *etw ~ machen* разъясня́ть что-л
pleite *adj* обанкро́тившийся, прогоре́вший; *~ sein* быть банкро́том, обанкро́титься *pf*, разори́ться *pf* (*von:* разоря́ться *impf*)
Pleite *f 1.* банкро́тство *n; ~ gehen* станови́ться банкро́том, разоря́ться; *2. (fig: Misserfolg)* неуда́ча *f; eine ~ erleben* терпе́ть неуда́чу
Plenarsaal *m* плена́рный зал *m*
Plenum *n* пле́нум *m*
Plexiglas *n* органи́ческое стекло́ *n*, оргстекло́ *n*, плексигла́с *m*
Plombe *f* пло́мба *f*
plombieren *v* пломби́ровать
plötzlich *adj 1.* внеза́пный, неожи́данный; *2. (Tod)* скоропости́жный; *adv 3.* вдруг, неожи́данно, внеза́пно; *Der Winter kam ~.* Зима́ наступи́ла неожи́данно.
plump *adj 1. (unförmig)* громо́здкий, масси́вный, бесфо́рменный; *2. (ungeschickt)* неуклю́жий, нело́вкий; *3. (grob: Benehmen)* гру́бый, беста́ктный
Plunder *m 1. (Gerümpel)* барахло́ *n*, хлам *m; 2. (~stück) GAST* бу́лочка *f* (пиро́жное *n*) из слоёного те́ста
plündern *v 1.* гра́бить, ограбля́ть; *2. (marodieren)* мародёрствовать *impf*
Plural *m GRAMM* мно́жественное число́ *n*
Pluralismus *POL m* плюрали́зм *m*
pluralistisch *adj* плюралисти́ческий
plus *adv 1. (Grad)* плюс, вы́ше нуля́; *2. MATH* плюс
Plus *n 1. (Überschuss)* при́быль *f*, изли́шество *n; 2. (fig: Vorteil)* плюс *m*, преиму́щество *n*
Plüsch *m* плюш *m*
Pluspunkt *m 1. (Wertungszahl) SPORT* очко́ *n; 2. (fig: Vorteil)* плюс *m*, преиму́щество *n*
Plutonium *n CHEM* плуто́ний *m*
Pneumatik *f TECH* пневма́тика *f*
pneumatisch *adj TECH* пневмати́ческий
Po *m (fam) ANAT* по́па *f*, зад *m*, за́дница *f*, мя́гкое ме́сто *n*
Pöbel *m* сброд *m*, чернь *f*, толпа́ *f*
pochen *v 1. (klopfen)* стуча́ть; *2. auf etw ~* наста́ивать на чём-л
Pocken *pl MED* о́спа *f*
Podest *n 1. (Podium)* помо́ст *m; 2. (Rednertribüne)* трибу́на *f*
Poesie *f* поэ́зия *f*
Poet(in) *m/f* поэ́т *m*, поэте́сса *f*
poetisch *adj* поэти́ческий
Pogrom *n* погро́м *m*
Pointe *f* соль *f (fig)*, изю́минка *f (fig)*, острота́ *f*
Pokal *m 1.* ку́бок *m; 2. (Trinkgefäß)* бока́л *m*
pokern *v* игра́ть в по́кер
Pol *m* по́люс *m; (fig) der ruhende ~* по́люс споко́йствия
Polarkreis *m GEO* поля́рный круг *m*
Polemik *f* поле́мика *f*
polemisch *adj* полеми́ческий
Polen *n GEO* По́льша *f*
Police *f* (страхово́й) по́лис *m*
polieren *v* полирова́ть
Politik *f* поли́тика *f*
Politiker(in) *m/f* поли́тик *m/f*
Politikverdrossenheit *f POL* уста́лость *f* от поли́тики
politisch *adj* полити́ческий
politisieren *v* рассужда́ть о поли́тике, политика́нствовать
Polizei *f* поли́ция *f; Verständigen Sie bitte sofort die ~.* Вы́зовите, пожа́луйста, неме́дленно поли́цию!
Polizeipräsidium *n* управле́ние *n* (прези́диум *m*) поли́ции *(в большо́м го́роде)*
Polizeirevier *n* полице́йский уча́сток *m*
Polizeistreife *f* полице́йский патру́ль *m*
Polizist(in) *m/f 1.* полице́йский *m*, же́нщина-полице́йский *f; 2. (in Russland auch)* милиционе́р *m*, же́нщина-милиционе́р *f*
Polster *n 1. (Möbel)* наби́вка *f*, оби́вка *f; 2. (weiche Unterlage)* подкла́дка *f; 3. (Fettablagerung)* жировы́е отложе́ния *n/pl*, жировы́е скла́дки *f/pl; 4. ECO ein finanzielles ~* фина́нсовые резе́рвы *m/pl*
Polygamie *f* полигами́я *f*, многобра́чие *n*, многожёнство *n*
polyglott *adj* многоязы́чный
Polyp *m MED, ZOOL* поли́п *m*
Pomade *f* пома́да *f*
Pommes frites *pl GAST* карто́фель *m* фри
pompös *adj* помпе́зный, пы́шный, роско́шный
Pony[1] *m (Frisur)* чёлка *f*

Pony[2] *ZOOL* пóни *m*
populär *adj* популя́рный
Popularität *f* популя́рность *f*
Pore *f ANAT* пóра
Pornografie *f* порногрáфия *f*
porös *adj* пóристый
Porree *m BOT* лук-порéй *m*
Portal *n* портáл *m*
Portemonnaie *n* кошелёк *m,* бумáжник *m; tief ins ~ greifen müssen (fig)* быть вы́нужденным раскошéлиться *(fig)*
Portier *m* вахтёр *m/f,* вахтёрша *f (fam),* швейцáр *m/f,* портьé *m/f*
Portion *f 1.* пóрция *f; 2. (Essen)* пóрция *f,* паёк *m,* рациóн *m*
Porto *n* почтóвые расхóды *m/pl,* почтóвый сбор *m*
portofrei *adj 1.* не облагáемый почтóвым сбóром, свобóдный от почтóвого сбóра; *adv 2.* без почтóвого сбóра
Portrait *n* портрéт *m*
portraitieren *v* писáть портрéт, портрети́ровать
Portugal *n GEO* Португáлия *f*
Portwein *m* портвéйн *m*
Porzellan *n* фарфóр *m*
Posaune *f MUS* тромбóн *m*
Pose *f* пóза *f*
Position *f* пози́ция *f*
positiv *adj* положи́тельный, позити́вный
Positur *f* пóза *f; sich in ~ setzen* станови́ться в пóзу
Post *f* пóчта *f*
Postamt *n* почтáмт *m,* почтóвое отделéние *n,* отделéние *n* свя́зи
Postanweisung *f* почтóвый перевóд *m,* перевóд *m* по пóчте
Postbote *m* почтальóн *m*
Posten *m 1. (Anstellung)* дóлжность *f,* пост *m,* мéсто *n; 2. (Wachposten)* часовóй *m;* пост *m; (fig) auf dem ~ sein* быть начекý (насторóже); *auf verlorenem ~ kämpfen* быть в безнадёжном положéнии, защищáть безнадёжное дéло; *3. (Warenmenge) ECO* пáртия *f* (товáра); *4. (Einzelziffer) FIN* пози́ция *f,* статья́ *f*
Postfach *n* абонéнтский я́щик *m*
Postkarte *f* (почтóвая) откры́тка *f*
postlagernd *adj 1.* храни́мый на отделéнии свя́зи до востребования; *adv 2.* до востребования
Postleitzahl *f* почтóвый и́ндéкс *m*
Postschalter *m* окнó *n* почтóвого отделéния, окóшко *n* на пóчте *(fam)*
Postscheck *m* почтóвый чек *m,* почтóво-перевóдный чек *m*
Postsparbuch *n* почтóво-сберегáтельная кни́жка *f*
Poststempel *m* почтóвый штамп *m*
postwendend *adv* с обрáтной пóчтой
potent *adj 1. (sexuell)* потéнтный, спосóбный к совокуплéнию; *2. (leistungsfähig)* работоспосóбный
Potenz *f* потéнция *f*
Potenzial *n* потенциáл *m*
potenziell *adj* потенциáльный
prächtig *adj* замечáтельный, прекрáсный, великолéпный, чудéсный, превосхóдный
prädestiniert *adj* предназнáченный для …
Prädikat *n 1. (Bewertung)* оцéнка *f,* отмéтка *f; 2. GRAMM* сказýемое *n,* предикáт *m*
prägen *v 1. (Münzen)* чекáнить (монéты); *2. (fig)* наклáдывать отпечáток, воздéйствовать
pragmatisch *adj* прагмати́ческий
prägnant *adj* чёткий, тóчный, вырази́тельный
Prägung *f 1. (von Münzen)* чекáнка *f* (монéт); *2. (fig)* наложéние *n* отпечáтка, воздéйствие *n*
prahlen *v* хвáстаться, хвали́ться
praktikabel *adj* практи́чный, полéзный, осуществи́мый; *technisch ~* техни́чески осуществи́мый
Praktikant(in) *m/f* практикáнт(ка) *m/f,* стажёр *m/f,* стажёрка *f (fam)*
Praktikum *n* прáктика *f,* стажирóвка *f*
praktisch *adj 1.* практи́ческий *adv 2.* практи́чески, факти́чески
praktizieren *v* практиковáть *impf*
Praline *f GAST* шоколáдная конфéта *f* с начи́нкой
Prämie *f* прéмия *f*
prämieren *v* преми́ровать *impf/pf,* награждáть
Pranke *f ZOOL* лáпа *f,* кóготь *m*
Präparat *n* препарáт *m*
präparieren *v ANAT* препари́ровать *impf/pf*
Präposition *f GRAMM* предлóг *m*
Prärie *f* прери́я *f*
Präsentation *f* презентáция *f*
präsentieren *v 1. (anbieten)* предлагáть; *2. (vorstellen)* представля́ть
Präsentierteller *m (fig) auf dem ~ sitzen* сидéть у всех на видý; *jdm etw auf dem ~ servieren* преподноси́ть комý-л что-л на блю́дечке

Präservativ *n* презервати́в *m,* гондо́н *m (fam)* (*auch:* гандо́н *m*)
Präsident(in) *m/f* президе́нт *m/f*
Präsidium *n 1. (Gebäude)* прези́диум *m; 2. (Vorsitz)* председа́тельство *n*
Praxis *f 1. (tatsächliche Anwendung)* практи́ческая реализа́ция *f,* примене́ние *n* на пра́ктике; *2. (Erfahrung)* пра́ктика *f,* о́пыт *m; 3. (Arztpraxis)* пра́ктика *m; 4. (Anwaltspraxis)* адвока́тское бюро́ *n*
präzise *adj* то́чный, чёткий; *(fig) ~ wie eine Schweizer Uhr* (сверх)то́чный
Präzision *f* то́чность *f*
Präzisionswaffe *f MIL* сверхто́чное (высокото́чное) ору́жие *n*
predigen *v 1. (fig)* наставля́ть, поуча́ть, пропове́довать *impf (fig); 2. REL* пропове́довать *impf,* чита́ть (произноси́ть) про́поведь
Predigt *f 1. (fig)* наставле́ние *n,* поуче́ние *n,* про́поведь *f (fig); 2. REL* про́поведь *f*
Preis *m 1. (Wertangabe)* цена́ *f; um keinen ~ (fig)* ни за каки́е де́ньги *(fig),* ни за что на све́те, ни в ко́ем слу́чае, ни за каки́е коври́жки *(fam); 2. (Auszeichnung)* приз *m,* пре́мия *f*
Preisausschreiben *n* ко́нкурс *m*
Preiselbeere *f BOT* брусни́ка *f*
preisen *v irr* восхваля́ть, превозноси́ть
preisgeben *v irr 1. (aufgeben)* оставля́ть (броса́ть, кида́ть) кого́-л на произво́л судьбы́, отка́зываться, отрека́ться; *2. (enthüllen)* разглаша́ть, выдава́ть (та́йну); *3. (aussetzen)* подверга́ть (опа́сности)
preisgekrönt *adj* награждённый, получи́вший пре́мию (приз)
preisgünstig *adj* досту́пный по цене́, недорого́й
Preiskrieg *m ECO* ценова́я война́ *f*
Preisliste *f* прайс-лист *m,* прейскура́нт *m*
Preisträger *m* лауреа́т *m,* призёр *m,* победи́тель *m*
preiswert *adj* досту́пный по цене́, недорого́й
Prellung *f MED* уши́б *m*
Premiere *f THEAT* премье́ра *f*
Premierminister(in) *m/f POL* премье́р-мини́стр *m/f*
Presse *f 1. (Zeitungswesen)* пре́сса *f,* печа́ть *f; 2. (Pressmaschine) TECH* пресс *m; 3. (Druckpresse) TECH* печа́тный стано́к *m*
Pressefreiheit *f* свобо́да *f* печа́ти
pressen *v 1. TECH* прессова́ть; *2. (herauspressen)* выжима́ть, выда́вливать; *3. (drücken)* жать, сжима́ть; *jdn in eine Zwangsjacke ~* надева́ть на кого́-л смири́тельную руба́шку
Prestige *n* прести́ж *m*
prickeln *v 1. (perlen)* пе́ниться, пузы́риться; *2. (fig: Glieder)* щипа́ть, пощи́пывать, щекота́ть; *Kalte Luft prickelt auf der Haut.* Холо́дный во́здух щи́плет ко́жу.
Priester(in) *m/f 1. REL* свяще́нник *m,* свяще́нница *f,* священнослужи́тель(ница) *m/f; 2. (heidnischer ~) REL* жрец *m,* жри́ца *f*
prima *adj* отли́чный, великоле́пный, замеча́тельный, чуде́сный
primär *adj 1. (ursprünglich)* перви́чный, первонача́льный; *adv 2. (hauptsächlich)* в пе́рвую о́чередь
primitiv *adj* примити́вный, просто́й, незамыслова́тый
Prinz(essin) *m/f* принц(е́сса) *m/f*
Prinzip *n* при́нцип *m; Das verstößt gegen meine ~ien.* Э́то противоре́чит мои́м при́нципам.
prinzipiell *adj 1.* принципиа́льный; *adv 2.* в основно́м
Priorität *f* приорите́т *m*
Prise *f 1. (Salz)* щепо́тка *f* (со́ли); *2. (Tabak)* поню́шка *f* (табака́)
Pritsche *f 1. (Bett)* на́ры *pl; 2. (LKW)* платфо́рма *f* (грузово́го автомоби́ля)
privat *adj* ча́стный, ли́чный; *adv 2.* в ча́стном поря́дке
Privateigentum *n* ча́стная со́бственность *f*
privatisieren *v ECO* приватизи́ровать *impf/pf*
Privatleben *n* ли́чная (ча́стная) жизнь *f*
Privileg *n* привиле́гия *f*
privilegiert *adj* привилегиро́ванный
pro *prep 1.* на; *~ Kopf* на ду́шу населе́ния; *adv 2. (für) ~ und contra* за и про́тив
Probe *f 1. (Versuch)* про́ба *f,* испыта́ние *n,* прове́рка *f,* тест *m,* о́пыт *m; jdn auf die ~ stellen (fig)* проверя́ть (испы́тывать) кого́-л, подверга́ть кого́-л испыта́нию (прове́рке); *2. (Muster)* образе́ц *m,* про́ба *f*
Probeexemplar *n* про́бный экземпля́р *m*
Probefahrt *f* про́бная пое́здка *f,* испыта́тельный пробе́г *m*
proben *v* репети́ровать
probeweise *adv* для про́бы, как про́ба
Probezeit *f* испыта́тельный срок *m*
probieren *v 1. (versuchen)* про́бовать, пыта́ться; *2. (kosten)* про́бовать, отве́дывать

Problem *n* пробле́ма *f; ein großes ~* больша́я пробле́ма; *Das ist sein ~.* Э́то его́ пробле́ма. *Kein ~!* Нет пробле́м!
problematisch *adj* проблемати́чный
problemlos *adj 1.* не явля́ющийся пробле́мой; *adv 2.* без пробле́м
Produkt *n* проду́кт *m,* проду́кция *f*
Produktion *f* произво́дство *n,* изготовле́ние *n*
Produktionsgüter *pl* ECO това́ры *m/pl* (изде́лия *n/pl*) произво́дственного назначе́ния, сырьё *n* и полуфабрика́ты *m/pl* *(для получе́ния основны́х средств произво́дства и потреби́тельских това́ров)*
produktiv *adj* продукти́вный, производи́тельный
Produktivität *f* ECO производи́тельность *f,* продукти́вность *f*
Produzent(in) *m/f 1.* производи́тель *m/f,* изготови́тель *m/f; 2.* CINE продю́сер *m/f*
produzieren *v* производи́ть, изгота́вливать (*auch:* изготовля́ть), выпуска́ть
professionell *adj* профессиона́льный
Professor(in) *m/f* профе́ссор *m/f*
Professur *f* профессу́ра *f,* (профе́ссорская) кафе́дра *f*
Profi *m* профессиона́л *m,* экспе́рт *m,* специали́ст *m*
Profil *n 1. (Seitenansicht)* про́филь *m; jdn/ etw im ~ betrachten* смотре́ть на кого́-л/ что-л в про́филь; *2.* TECH про́филь *m,* фасо́н *m; 3. (fig)* специ́фика *f; Die Sache gewinnt ihr eigenes ~.* Де́ло приобрета́ет свою́ специ́фику.
profilieren *v sich ~* отлича́ться (выделя́ться) каки́ми-л ка́чествами
Profit *m* вы́года *f,* при́быль *f,* бары́ш *m (fam)*
profitieren *v 1.* извлска́ть вы́году; *2. (finanziell)* нажива́ться; *3. (fig)* получа́ть по́льзу, выи́грывать
Proformarechnung *f* ECO счёт-профо́рма *m,* предвари́тельный счёт *m*
Prognose *f* прогно́з *m,* предсказа́ние *n,* предви́дение *n*
Programm *n* програ́мма *f*
programmgemäß *adj 1.* соотве́тствующий програ́мме; *adv 2.* по програ́мме, в соотве́тствии с програ́ммой
programmieren *v* программи́ровать
Programmierung *f* программи́рование *n*
progressiv *adj 1.* прогресси́вный; *2. (fortschrittlich)* прогресси́вный, передово́й
Projekt *n* прое́кт *m,* план *m*
Projektion *f 1.* прое́кция *f; 2. (Projizieren)* проекти́рование *n*
Proklamation *f* проклама́ция *f,* провозглаше́ние *n,* объявле́ние *n*
proklamieren *v* проклами́ровать *impf/pf,* провозглаша́ть, объявля́ть
Prokura *f* JUR проку́ра *f,* о́бщая (генера́льная) торго́вая дове́ренность *f*
Prokurist(in) *m/f* ECO прокури́ст *m/f,* дове́ренное лицо́ *n,* довере́нный *n* (...ная *f*) предприя́тия
Prolet *m (fam)* плебе́й *m,* вульга́рный челове́к *m*
Promenade *f 1. (Spaziergang)* прогу́лка *f; 2. (Spazierweg)* бульва́р *m,* ме́сто *n* для прогу́лок; *3.(Uferpromenade)* на́бережная *f*
Promille *n* проми́лле *f,* (одна́) ты́сячная часть *f* (до́ля *f*)
prominent *adj* знамени́тый, изве́стный, ви́дный; *~ sein* быть знамени́тым
Prominenz *f* знамени́тости *f/pl,* изве́стные (ви́дные, кру́пные) де́ятели *m/pl*
Promotion *f 1. (Doktorwürde)* присужде́ние *n* (защи́та *f*) учёной сте́пени до́ктора нау́к *(в Росси́и: кандида́та нау́к)* *2. (Verkaufsförderung)* продвиже́ние *n* това́ров, стимули́рование *n* объёма прода́ж
promovieren *v* защища́ть (получа́ть) учёную сте́пень до́ктора нау́к *(в Росси́и: кандида́та нау́к)*
prompt *adj 1.* неме́дленный; *adv 2.* неме́дленно, без заде́ржки
Pronomen *n* GRAMM местоиме́ние *n*
Propaganda *f* пропага́нда *f*
propagieren *v 1.* пропаганди́ровать *impf; 2. (Werbung treiben)* реклами́ровать *impf/pf*
Propeller *m* пропе́ллер *m,* возду́шный (гребно́й) винт *m*
Prophet *m* REL проро́к *m*
Prophezeiung *f* проро́чество *n,* предсказа́ние *n*
Proportion *f* пропо́рция *f,* соотноше́ние *n*
proportional *adj* пропорциона́льный, соразме́рный
Prosa *f* LIT про́за *f*
prosaisch *adj 1.* LIT прозаи́ческий; *2. (alltäglich)* прозаи́чный, бана́льный
Prospekt *m 1. (Werbung)* (рекла́мный) проспе́кт *m; 2. (große, breite Straße)* проспе́кт *m*
prost *interj ~!* ва́ше здоро́вье!

Prostitution *f* проститу́ция *f*
Protein *n BIO* бело́к *m*, протеи́н *m*
Protektionismus *m ECO* протекциони́зм *m*
Protest *m* проте́ст *m*
Protestant(in) *m/f REL* протеста́нт(ка) *m/f*
protestantisch *adj REL* протеста́нтский
protestieren *v* протестова́ть
Protestkundgebung *f* ми́тинг *m* (демонстра́ция *f*) проте́ста
Prothese *f MED* проте́з *m*
Protokoll *n* протоко́л *m*, акт *m*; *ein ~ aufnehmen* составля́ть протоко́л (акт)
protokollieren *v* протоколи́ровать *impf/pf*, вноси́ть (запи́сывать) в протоко́л
Prototyp *m* прототи́п *m*
protzig *adj* хвастли́вый, кичли́вый
Proviant *m* продово́льствие *n*, провиа́нт *m*
Provinz *f* прови́нция *f*
provinziell *adj* провинциа́льный
Provision *f* комиссио́нные *pl* (де́ньги *pl*), коми́ссия *f*, комиссио́нное вознагражде́ние *n*
provisorisch *adj 1.* вре́менный; *adv 2.* вре́менно, пока́, на вре́мя
Provokation *f* провока́ция *f*
provozieren *v* провоци́ровать *impf/pf*
provozierend *adj 1.* провокацио́нный; *adv 2.* провокацио́нным о́бразом
Prozedur *f* процеду́ра *f*
Prozent *n* проце́нт *m*
prozentual *adj 1.* проце́нтный; *adv 2.* в проце́нтном соотноше́нии
Prozess *m 1. (Vorgang)* проце́сс *m*, ход *m* разви́тия; *mit jdm kurzen ~ machen (fig)* бы́стро распра́виться (разде́латься) с кем-л; *2. JUR* суде́бный проце́сс *m*, суде́бное де́ло *n*, тя́жба *f*; *jdm den ~ machen* подава́ть в суд на кого́-л
Prozessbevollmächtigte(r) *f/m JUR* процессуа́льный представи́тель *m*, процессуа́льная представи́тельница *f*, уполномо́ченный *m* (…ная *f*) по веде́нию суде́бного проце́сса
prozessieren *v JUR* суди́ться, вести́ суде́бную тя́жбу (суде́бное де́ло)
Prozession *f* проце́ссия *f*, (торже́ственное) ше́ствие *n*
Prozesskosten *pl JUR* суде́бные изде́ржки *pl*
prüde *adj* чо́порный, жема́нный
prüfen *v 1. (kontrollieren)* проверя́ть, контроли́ровать; *2. (examinieren)* экзаменова́ть; *3. (testen) TECH* испы́тывать, тести́ровать *impf/pf; 4. (Antrag untersuchen)* рассма́тривать
Prüfer(in) *m/f 1. (Kontrolleur)* контролёр *m/f; 2. (im Examen)* экзамена́тор *m/f; 3. (Testperson) TECH* испыта́тель *m/f; 4. (Untersuchung von Anträgen)* экспе́рт *m/f*
Prüfling *m* экзамену́ющийся *m*, кандида́т *m*
Prüfung *f 1. (Kontrolle)* прове́рка *f*, контро́ль *m; 2. (Examen)* экза́мен *m*, испыта́ние *n; 3. (Test) TECH* испыта́ние *n*, тест *m; 4. (Antrag untersuchen)* эксперти́за *f*, рассмотре́ние *n* (де́ла)
Prüfungsausschuss *m* экзаменацио́нная коми́ссия *f*
Prügel *m 1. (Schläge)* побо́и *pl; eine Tracht ~ bekommen (fam)* получи́ть хоро́шую трёпку *(fam); 2. (Stock)* па́лка *f*
prügeln *v 1. jdn ~* бить (избива́ть) кого́-л, колоти́ть кого́-л *(fam); Man hat ihn zu Tode geprügelt.* Его́ изби́ли до́ смерти. *2. sich mit jdm ~* дра́ться с кем-л
prunkvoll *adj* роско́шный
Psalm *m REL* псало́м *m*
Pseudonym *n* псевдони́м *m*
Psyche *f* пси́хика *f*
Psychiater(in) *m/f* психиа́тр *m/f*
psychisch *adj* психи́ческий
Psychoanalyse *f* психоана́лиз *m*
Psychologie *f* психоло́гия *f*
psychologisch *adj* психологи́ческий
Psychopath(in) *m/f* психопа́т *m/f*, психопа́тка *f (fam)*
Psychopharmaka *pl* психотро́пные (психофармацевти́ческие) сре́дства *n/pl*
psychosomatisch *adj* психосомати́ческий
Psychotherapeut(in) *m/f* психотерапе́вт *m/f*
pubertär *adj* сво́йственный для пери́ода полово́го созрева́ния, пуберта́рный
Pubertät *f* пери́од *m* полово́го созрева́ния, пуберта́рный пери́од *m*, перехо́дный во́зраст *m (fam)*
Publikation *f* публика́ция *f*
Publikum *n* пу́блика *f*
Publikumserfolg *m* успе́х *m* у пу́блики
publizieren *v* публикова́ть
Pudding *m GAST* пу́динг *m; ~ in den Armen und Beinen haben (fig)* у кого́-л дря́блые му́скулы
Pudel *m ZOOL* пу́дель *m; wie ein begossener ~ dastehen (fig)* как мо́края ку́рица *(fig)*, присты́женный, смущённый
Puder *m* пу́дра *f*, присы́пка *f*

Puderzucker *m GAST* сáхарная пýдра *f*
Pullover *m* пулóвер *m,* свúтер *m,* джéмпер *m*
Puls *m* пульс *m; jdm den ~ fühlen* щýпать у когó-л пульс; *jdm den ~ fühlen (fig)* прощýпывать когó-л *(fig)*
pulsieren *v 1.* пульсúровать *impf/pf; 2. (fig)* бить ключóм, кипéть, бурлúть; *Das Leben in München pulsiert.* Жизнь в Мюнхене бьёт ключóм.
Pulsschlag *m* биéние *n* пýльса, пульсáция *f; Der ~ ist erhöht.* Пульс бьётся учащённо.
Pulver *n* пóрох *m; sein ~ verschossen haben (fig)* (преждеврéменно) исчерпáть свой срéдства (возмóжности, аргумéнты)
Pulverfass *n (fig)* порохoвáя бóчка *f (fig)*
pulverig *adj* порошкóвый, порошкообрáзный
Pulverkaffee *m GAST* раствoрúмый кóфе *m*
Pulverschnee *m* рыхлый (сухóй) снег *m*
pummelig *adj* пýхленький, тóлстенький
pumpen *v 1.* качáть, накáчивать; *2. (fig: leihen) sich von jdm etw ~* брать взаймы что-л у когó-л, занимáть; *3. (fig: verleihen) jdm etw ~* давáть комý-л что-л взаймы, одáлживать
Punkt *m 1. (Satzzeichen) LING* тóчка *f; 2. (Einzelheit, Angelegenheit)* пункт *m; (fig) den wunden ~ treffen* затрóнуть больнóе мéсто, задéть за живóе; *einen ~ machen* стáвить тóчку; *der springende ~* суть дéла, сáмое основнóе (глáвное); *etw auf den ~ bringen* подходúть к сýти чегó-л
Punktion *f MED* пýнкция *f,* прокóл *m*
pünktlich *adj 1.* пунктуáльный, тóчный; *~ wie die Maurer (fig)* быть сугýбо пунктуáльным, быть тóчным как часы; *adv 2.* вóвремя, рóвно, пунктуáльно; *Pünktlich um zwölf Uhr gehen wir zum Mittagessen.* Рóвно в двенáдцать часóв мы пойдём обéдать.
Pünktlichkeit *f* пунктуáльность *f,* тóчность *f*
Pupille *f ANAT* зрачóк *m*
Puppe *f 1. (Spielzeug)* кýкла *f; mit ~n spielen* игрáть в кýклы; *(fig) die ~n tanzen lassen* прáвить бáлом, заправлять; *2. (fam: Mädchen)* хорóшенькая дéвушка *f,* кýколка *f; 3. ZOOL* кýколка *f*
Puppenspieler(in) *m/f* кýкольник *m,* кýкольница *f,* актёр *m* (актрúса *f*) кýкольного теáтра
Puppenstube *f* игрýшечная кóмната *f* для кýкол
pur *adj 1.* чúстый; *~er Zufall* чúстая случáйность; *Wrr wollen den Wein ~ genießen.* Мы хотúм вы́пить чúстое винó. *2. (fig: rein)* чúстый, сýщий; *die ~e Wahrheit* чúстая (сýщая) прáвда; *adv 3. (fig: allein)* однн тóлько (лишь); *aus ~er Neugier* из однóго лишь любопы́тства
Püree *n GAST* пюрé *n*
puritanisch *adj* пуритáнский
Purzelbaum *m* кувырóк *m (fam); einen ~ schlagen* кувыркáться
purzeln *v* летéть кувыркóм, пáдать
Puste *f* дыхáние *n; Da geht mir die ~ aus.* У меня перехвáтывает дыхáние.
Putsch *m POL* путч *m*
Putz *m 1. (Zierputz)* отдéлка *f,* украшéние *n; 2. (Mörtel)* штукатýрка *f; auf den ~ hauen (fig)* быть необýзданно весёлым
putzen *v* чúстить, убирáть
Putzfrau *f* убóрщица *f*
putzig *adj* забáвный, смешнóй
Putzmittel *n* срéдство *n* для чúстки
Pyjama *m* пижáма *f*
Pyramide *f* пирамúда *f*

Q

Quacksalber *m (fam)* шарлата́н *m,* зна́харь *m*
Quadrat *n MATH* квадра́т *m; eine Zahl ins ~ erheben* возводи́ть како́е-л число́ в квадра́т; *im ~ springen (fig)* приходи́ть в у́жас от чего́-л, сходи́ть с ума́ *(fig)*
quadratisch *adj* квадра́тный
Quadratmeter *m* квадра́тный метр *m*
quaken *v 1. (Frosch)* ква́кать; *2. (Ente)* кря́кать
Qual *f* му́ка *f,* муче́ние *n,* терза́ние *n*
quälen *v* му́чить, терза́ть
Quälerei *f 1.* му́ка *f,* муче́ние *n,* терза́ние *n; 2. (fig: mühsame Arbeit)* муче́ние *n*
Quälgeist *m* мучи́тель *m,* зану́да *m/f (fam)*
Qualifikation *f* квалифика́ция *f*
qualifizieren *v 1. sich ~ für* приобрета́ть квалифика́цию (специа́льность) кого́-л; *2. SPORT sich ~ für* выполня́ть квалификацио́нную но́рму чего́-л, выходи́ть в (полуфина́л, фина́л)
Qualität *f* ка́чество *n*
qualitativ *adj 1.* ка́чественный; *adv 2.* ка́чественно, по ка́честву, в ка́чественном отноше́нии
Qualitätsbezeichnung *f* обозначе́ние *n* (поме́тка *f*) ка́чества
Qualle *f ZOOL* меду́за *f*
Qualm *m* чад *m,* (густо́й) дым *m*
qualmen *v (fam)* дыми́ть, чади́ть
Quantität *f* коли́чество *n*
quantitativ *adj 1.* коли́чественный; *adv 2.* по коли́честву, в коли́чественном отноше́нии
Quantum *n* коли́чество *n*
Quarantäne *f* каранти́н *m; jdn/etw unter ~ stellen* накла́дывать каранти́н на кого́-л/что-л
Quark *m GAST* тво́рог *m* (*auch:* творо́г *m*)
Quartal *n* кварта́л *m*
Quartett *n 1. MUS* кварте́т *m; 2. (Kartenspiel)* кварте́т *m (игра́ в ка́рты)*
Quartier *n* кварти́ра *f,* жильё *n*
quasseln *v (fam)* болта́ть, суда́чить *(fam)*
Quaste *f* кисть *f,* ки́сточка *f*
Quatsch *m (fam)* вздор *m,* чушь *f,* ерунда́ *f,* чепуха́ *f*
quatschen *v (fam)* болта́ть, трепа́ться
Quecksilber *n CHEM* ртуть *f*
Quelle *f 1.* родни́к *m,* ключ *m,* исто́чник *m; 2. (fig)* исто́чник *m; an der ~ sitzen (fig)* занима́ть положе́ние, позволя́ющее получа́ть что-л из пе́рвых рук
quellen *v irr 1. (hervor~)* бить ключо́м, ли́ться ручьём, пробива́ться; *2. (anschwellen)* разбуха́ть
Quellenangabe *f* указа́ние *n* (перво)исто́чника
quengeln *v (fam)* ныть *(fam)*
quer *adj 1.* попере́чный; *adv 2.* попере́к; *~ über die Straße gehen* пересека́ть у́лицу; *~ durch die Bank (fam)* без разбо́ра; *~ schießen (fig)* стави́ть па́лки в колёса *(fig),* меша́ть, саботи́ровать *impf/pf*
Quere *f* попере́чное направле́ние *n; (fig) jdm in die ~ kommen* станови́ться попере́к доро́ги (расстра́ивать пла́ны) кому́-л
querfeldein *adv* напрями́к *(fam),* че́рез по́ле, не по доро́ге
Querkopf *m (fam)* упряме́ц *m,* упря́мая голова́ *f,* стропти́вец *m*
Querschnitt *m* попере́чное сече́ние *n,* попере́чный разре́з *m*
Querschnittslähmung *f MED* попере́чный миели́т *m*
Querstraße *f* попере́чная у́лица *f*
Querulant(in) *m/f* смутья́н(ка) *m/f,* сутя́жник *m,* сутя́жница *f,* сутя́га *m/f (fam)*
Querverbindung *f 1. TECH* попере́чное сече́ние *n; 2. TEL* пряма́я связь *f; 3. (fig)* взаимосвя́зь *f*
quetschen *v 1. (drücken)* дави́ть, жать, выжима́ть; *2. (einklemmen)* прищемля́ть, прида́вливать
Quetschung *f MED* конту́зия *f,* уще́мление *n,* ушиб *m*
quicklebendig *adj (fam)* о́чень живо́й, по́лный жи́зни
quietschen *v* визжа́ть, пища́ть
quirlig *adj 1.* живо́й; *2. (Kind)* непосе́дливый (ребёнок)
quitt *adj ~ sein* быть с кем-л кви́ты, расквита́ться *pf* с кем-л; *Wir sind miteinander ~.* Мы с тобо́й кви́ты.
Quitte *f BOT* айва́ *f*
quittieren *v etw ~* распи́сываться в получе́нии чего́-л; *den Dienst ~ (fig)* увольня́ться со слу́жбы
Quittung *f* квита́нция *f*
Quiz *n* виктори́на *f*
Quote *f* кво́та *f*

R

Rabatt *m* ECO скидка *f* (с цены)
Rabe *m* ZOOL ворон *m*
rabiat *adj* свирепый, яростный, разъярённый
Rache *f* месть *f,* (от)мщение *n; an jdm ~ nehmen* мстить кому-л за кого-л/что-л; *~ ist süß.* Месть сладка.
Rachen *m 1.* ANAT глотка *f,* зев *m; 2. (Tier)* ANAT пасть *f; (fam) jdm den ~ stopfen* заткнуть кому-л пасть; *jdm etw in den ~ werfen* отдать кому-л что-л, чтобы удовлетворить его алчность; *den ~ nicht voll kriegen* быть ненасытным; *etw in den falschen ~ bekommen* обижаться из-за чего-л
rächen *v 1.* мстить; *2. etw rächt sich* за что-л приходится поплатиться
Rächer *m* мститель *m*
rachsüchtig *adj* мстительный
Rad *n 1.* колесо *n; 2. unter die Räder kommen* попасть под колёса (под поезд, под машину); *3. (fig) unter die Räder kommen* пропадать, погибать, оказаться сломленным жизнью; *das fünfte ~ am Wagen sein* быть пятым колесом в телеге *ein ~ abhaben* у кого-л не хватает винтика, у кого-л не все дома; *4. (Fahrrad)* велосипед *m; ~ fahren* ездить (кататься) на велосипеде;
Radar *m 1. (Gerät)* радар *m; 2. (Anlage, Station)* радиолокатор *m,* радиолокационная станция *f* (РЛС); *3. (Ortung)* радиолокация *f*
Radau *m* шум *m,* галдёж *m*
radebrechen *v* говорить на ломаном языке, коверкать язык
Radfahrer(in) *m/f 1.* велосипедист(ка) *m/f; 2. (fam: Schmeichler)* подхалим(ка) *m/f,* подлиза *m/f*
radieren *v 1.* стирать резинкой; *2. (Graphik)* TECH гравировать
Radiergummi *m* резинка *f,* ластик *m (fam)*
Radierung *f 1.* ART гравюра *f; 2. (Graphik)* TECH гравирование *n*
Radieschen *n* BOT редис *m,* редиска *f*
radikal *adj* радикальный
Radio *n 1.* радио *n; 2. (Empfänger)* радио *n,* радиоприёмник *m*
radioaktiv *adj* PHYS радиоактивный
Radioaktivität *f* PHYS радиоактивность *f*
Radius *m* радиус *m*
Radrennen *n* велогонки *f/pl*
Raffinerie *f 1. (für Erdöl)* нефтеперегонный завод *m; 2. (für Zucker)* сахарорафинадный завод *m*
raffiniert *adj 1. (schlau)* хитрый, хитроумный; *2. (verfeinert)* изысканный, утончённый, изощрённый; *3. (außergewöhnlich)* великолепный, тонкий, изощрённый
Rage *f* ярость *f,* злость *f; in ~ sein* быть вне себя от злости
ragen *v 1. (heraussteihen)* торчать; *2. (sich erheben)* возвышаться, выситься
Rahm *m* GAST сливки *pl; (fig) den ~ abschöpfen* снимать сливки (пенки)
rahmen *v (einrahmen)* вставлять в раму, обрамлять
Rahmen *m 1.* рама *f; Fenster~* оконная рама *f; Bilder~* картинная рама, рама для картин; *2. (fig)* рамки *f/pl; aus dem ~ fallen* выходить за рамки (за пределы) дозволенного, переступать рамки (границы) общепринятого; *nicht in den ~ passen* быть неуместным; *im ~ bleiben* не выходить из общепринятых рамок
Rakete *f* ракета *f*
rammen *v 1. (anfahren)* наезжать; *2. (eintreiben)* забивать ; *3.* MIL *(mit einem Rammbock stoßen)* таранить
Rampe *f 1. (Laderampe)* грузовая платформа *f; 2. (Bühnenrampe)* THEAT рампа *f; 3. (Auffahrt)* подъезд *m*
Rampenlicht *n* THEAT свет *m* рампы; *im ~ stehen* находиться (стоять) в центре внимания
ramponieren *v* повреждать, портить, приводить в негодность
Ramsch *m (Plunder)* хлам *m,* барахло *n*
Rand *m 1. (Kante)* край *m,* грань *f; 2. (Stadtrand)* окраина *f* (города); *3. (Waldrand)* опушка *f; 4. (Seitenrand, Hutrand)* поля *pl; 5. (Borte)* кайма *f; (fig) außer ~ und Band* как с цепи сорваться, расшалиться, разойтись; *mit jdm/etw zu ~e kommen* справляться с кем-л/чем-л; *am ~e erwähnen* упомянуть вскользь (попутно, мимоходом)
randalieren *v* хулиганить, дебоширить, буянить
Randgebiet *n 1.* окраина *f,* периферия *f; 2. (fig: Bereich)* пограничная (смежная) область *f*

Randgruppe *f* маргина́льная гру́ппа *f*
Rang *m 1. (Stand)* зва́ние *n,* ранг *m,* чин *m; jdm den ~ ablaufen* опережа́ть (затмева́ть) кого́-л; *2. (Wertstufe)* сте́пень *f,* разря́д *m,* катего́рия *f; 3.* THEAT я́рус *m*
rangieren *v 1. (Platz belegen)* занима́ть како́е-л ме́сто; *2. (Eisenbahn)* сортирова́ть ваго́ны
Rangordnung *f* иера́рхия *f*
ranken *v sich ~* ви́ться, обвива́ться
Ranzen *m 1.* ра́нец *m; 2. (fam: Bauch)* брю́хо *n,* пу́зо *n*
ranzig *adj* прого́рклый
rapid *adj* бы́стрый, стреми́тельный
rar *adj* ре́дкий, ре́дкостный, дефици́тный; *sich ~ machen* ре́дко появля́ться где-л, не пока́зываться на глаза́
Rarität *f* ре́дкость *f*
rasant *adj* бу́рный, стреми́тельный
rasch *adj* бы́стрый, ско́рый
rascheln *v* шелесте́ть, шурша́ть
rasen *v 1. (sich schnell bewegen)* мча́ться, нести́сь, гна́ться; *Das Auto raste gegen einen Zug.* Маши́на вре́залась в по́езд. *2. (wüten)* неистовствовать *impf,* бушева́ть
Rasen *m* BOT газо́н *m; jdn unter den ~ bringen (fig)* свести́ кого́-л в моги́лу
rasend *adj 1. (sehr schnell)* лихо́й, бе́шеный, головокружи́тельный; *2. (sehr stark)* неи́стовый, бу́йный, необыча́йно си́льный; *3. (wütend)* я́ростный, неи́стовый, безу́мный, бе́шеный
Rasierapparat *m 1.* безопа́сная бри́тва *f; 2. (elektrischer ~)* электробри́тва *f,* электри́ческая бри́тва *f*
rasieren *v 1.* брить, сбрива́ть; *2. sich ~* бри́ться
Rasiermesser *n* бри́тва *f*
Rasierschaum *m* мы́льная пе́на *f* для бритья́
Räson *f zur ~ kommen* станови́ться благоразу́мным (рассуди́тельным), образу́мливаться; *jdn zur ~ bringen* образу́мливать (урезо́нивать) кого́-л
Raspel *f 1. (Küchengerät)* GAST тёрка *f; 2.* TECH ра́шпиль *f*
Rasse *f 1. (Menschenrasse)* ра́са *f; 2. (Tierrasse)* поро́да *f*
rassig *adj 1.* поро́дистый; *2. (fig)* шика́рный, эффе́ктный
Rassismus *m* раси́зм *m*
Rassist(in) *m/f* раси́ст(ка) *m/f*
Rast *f 1.* о́тдых *m,* передь́шка *f; 2. (Unterbrechung: Marsch, Wanderung)* прива́л *m*
rasten *v 1.* де́лать передь́шку, отдыха́ть; *2. (unterbrechen: Marsch, Wanderung)* де́лать прива́л
Rasthaus *n* гости́ница *f* (для автомобили́стов), моте́ль *m*
rastlos *adj 1. (pausenlos)* неутоми́мый, безостано́вочный; *2. (ruhelos)* беспоко́йный, не зна́ющий поко́я, трево́жный; *adv 3. (pausenlos)* неутоми́мо, без о́тдыха, без передь́шки
Rastplatz *m (an der Autobahn)* площа́дка *f* для о́тдыха (при автодоро́ге)
Rasur *f* бритьё *n*
Rat *m 1. (~schlag)* сове́т *m; mit sich zu ~e gehen* обду́мывать (проду́мывать) что-л; *jdn zu ~e ziehen* сове́товаться с кем-л; *jdm mit ~ und Tat zur Seite stehen* помога́ть кому́-л сло́вом и де́лом; *2. (Titel)* сове́тник *m; 3. (Institution, Kollegium)* сове́т *m*
Rate *f 1. (Teilzahlung)* ECO взнос *m,* до́ля *f; 2.* ECO темп *m (ро́ста)*
raten *v irr 1. (er~)* уга́дывать, отга́дывать, разга́дывать; *2. (empfehlen)* сове́товать, рекомендова́ть *impf/pf*
Ratenzahlung *f* ECO упла́та *f* в рассро́чку, платёж *m* отде́льными взно́сами
Rathaus *n* ра́туша *f*
ratifizieren *v* POL ратифици́ровать *impf/pf*
Ration *f* рацио́н *m,* паёк *m; die eiserne ~* неприкоснове́нный запа́с *m* (НЗ)
rational *adj* рациона́льный, разу́мный
rationalisieren *v* рационализи́ровать *impf/pf*
rationell *adj* рациона́льный, эконо́мный, целесообра́зный
rationieren *v 1.* устана́вливать но́рму вы́дачи чего́-л; *2. (Waren ~)* вводи́ть ка́рточную систе́му на прода́жу това́ров
ratlos *adj* беспо́мощный, расте́рянный, недоу́менный
ratsam *adj* целесообра́зный
Ratschlag *m* сове́т *m*
Rätsel *n* зага́дка *f; jdm ein ~ sein* быть для кого́-л зага́дкой; *jdm ein ~ aufgeben* содержа́ть в себе́ мно́го зага́дочного для кого́-л, быть зага́дочным для кого́-л; *in ~n sprechen* говори́ть зага́дками; *vor einem ~ stehen* теря́ться в дога́дках, ума́ не приложи́ть, недоумева́ть
rätselhaft *adj* зага́дочный, непоня́тный, таи́нственный, труднообъясни́мый; *Das ist ~.* Э́то зага́дочно.

rätseln *v* гадáть
Ratte *f* ZOOL крыса *f*
rau *adj 1. (nicht glatt)* шершáвый, шероховáтый, нерóвный; *2. (grob)* грýбый; *3. (~er Hals)* хрúплый, сúплый; *4. (fig: barsch)* рéзкий
Raub *m 1. (Diebstahl)* грабёж *m*, ограблéние *n*, разбóй *m*; *2. (Entführung)* похищéние *n*; *3. (Geraubtes)* наrрáбленное *n*, похúщенное *n*, добыча *f*
Raubbau *m 1.* хúщническое отношéние *n* к чемý-л; *2.* AGR, MIN хúщническая обрабóтка *f* (разрабóтка *f*)
rauben *v 1. (stehlen)* грáбить, ограблять; *2. (entführen)* похищáть
Räuber *m* разбóйник *m*, грабúтель *m*
Raubkopie *f* INFORM пирáтская кóпия *f*
Raubtier *n* ZOOL хúщник *m*
Rauch *m* дым *m*; *in ~ und Flammen aufgehen* сгорéть дотлá; *sich in ~ auflösen* улетýчиваться
rauchen *v 1. (Zigarette, Pfeife)* курúть; *Ich habe mir abgewöhnt zu ~.* Я перестáл курúть. *Rauchen verboten!* Не курúть! *2. (Rauch ausstoßen)* дымúть(ся)
Raucher(in) *m/f* курящий *m*, ...щая *f*, курúльщик *m*, курúльщица *f*
räuchern *v (Lebensmittel)* коптúть
Rauchverbot *n* запрещéние *n* курúть
Raufbold *m* драчýн *m*, буян *m*, задúра *m/f (fam)*, забияка *m/f (fam)*
Rauferei *f* дрáка *f*, потасóвка *f*
Raum *m 1. (Zimmer)* помещéние *n*, кóмната *f*; *2. (Platz)* мéсто *n*, пространство *n*; *3. (Gebiet)* рaйóн *m*, óбласть *f*, региóн *m*, мéстность *f*; *4. (fig) etw in den ~ stellen* выдвигáть что-л на обсуждéние; *im ~ stehen* находúться на обсуждéнии; *etw im ~ stehen lassen* оставлять какóй-л вопрóс нерешённым (необсуждённым)
räumen *v 1. (verlassen: Wohnung)* освобождáть, выезжáть; *2. (verlassen)* MIL уходúть, оставлять; *3. (evakuieren)* эвакуúровать *impf/pf*; *4. (entfernen)* устранять, убирáть; *5. (säubern)* чúстить, очищáть
Raumfähre *f* космúческий корáбль *m* многокрáтного (ис)пóльзования, космúческий летáтельный аппарáт *m* (КЛА) для челнóчных полётов
Raumfahrt *f 1. (Flug)* космúческий полёт *m*; *2. (Wissenschaft)* космонáвтика *f*
räumlich *adj 1.* пространственный; *2. (dreidimensional)* объёмный, трехмéрный; *adv 3. (den Raum betreffend)* в пространственном отношéнии
Räumlichkeiten *pl* помещéния *n/pl*
Raumpflegerin *f* убóрщица *f*
Raumschiff *n* космúческий корáбль *m*
Räumung *f 1. (Verlassen: Wohnung)* освобождéние *n*, переéзд *m*; *2. (zwangsweise ~)* выселéние *n*; *3. (Verlassen)* MIL ухóд *m*, вывод *m* (войск); *4. (Evakuierung)* эвакуáция *f*; *5. (Entfernung)* устранéние *n*; *6. (Säuberung)* чúстка *f*, очищéние *n*
Raupe *f 1.* ZOOL гýсеница *f*; *2.* TECH гýсеница *f*, гýсеничная лéнта *f*
Raureif *m* úней *m*, úзморозь *f*
Rausch *m 1. (Alkoholrausch)* опьянéние *n*, хмель *m*; *seinen ~ ausschlafen* выспáться пóсле опьянéния, протрезвúться; *2. (Begeisterungsrausch)* упоéние *n*, опьянéние *n (fig)*; *3. (Drogenrausch)* кайф *(fam)*
rauschen *v 1. (Blätter)* шелестéть, шуршáть; *2. (Bach)* журчáть
Rauschgift *n* наркóтик *m*, наркотúческое срéдство *n*
Rauschgifthandel *m* торгóвля *f* наркóтиками, наркобúзнес *m*
rauschgiftsüchtig *adj* пристрáстный к наркóтикам, завúсящий от наркóтиков
räuspern *v sich ~* откáшливаться, покáшливать
Razzia *f* (полицéйский) рейд *m*, облáва *f*
Reagenzglas *n* пробúрка *f*
reagieren *v* реагúровать
Reaktion *f* реáкция *f*
reaktionär *adj* POL реакциóнный, ультраконсерватúвный
Reaktor *m (Atomenergie)* TECH (ядерный) реáктор *m*
real *adj* реáльный
realisieren *v* реализовáть *impf/pf*, осуществлять
Realisierung *f* реализáция *f*, осуществлéние *n*
Realismus *m* реалúзм *m*
Realist(in) *m/f* реалúст *m/f*
realistisch *adj* реалистúческий, реалистúчный
Realität *f* реáльность *f*, действúтельность *f*; *Er muss die Dinge so sehen, wie sie in der ~ sind.* Он дóлжен вúдеть вéщи такúми, какúе онú и есть в действúтельности.
Rebe *f* BOT виногрáдная лозá *f*
Rebell(in) *m/f* мятéжник *m*, мятéжница *f*, бунтáрь *m*, бунтáрка *f*

rebellieren *v* бунтова́ть, поднима́ть мяте́ж
Rebellion *f* мяте́ж *m,* бунт *m*
rebellisch *adj* мяте́жный, бунта́рский
Rebhuhn *n* ZOOL се́рая куропа́тка *f*
Rechen *m* гра́бли *pl*
Rechenschaft *f* отчёт *m; ~ über etw ablegen* отчи́тываться пе́ред кем-л в чём-л; *~ verlangen* тре́бовать отчёта; *jdn zur ~ ziehen* привлека́ть кого́-л к отве́тственности (к отве́ту)
Recherche *f 1.* по́иск *m; 2. (Ermittlungen)* по́иски *m/pl,* ро́зыски *m/pl*
recherchieren *v 1.* производи́ть по́иск; *2. (ermitteln)* разы́скивать, рассле́довать
rechnen *v* счита́ть, вычисля́ть
Rechner *m 1. (Computer)* компью́тер *m; 2. (Rechenmaschine)* TECH электро́нная вычисли́тельная маши́на *f* (ЭВМ); *3. (Taschenrechner)* калькуля́тор *m*
Rechnung *f 1.* ECO счёт *m,* факту́ра *f; Die ~ bitte!* Счёт, пожа́луйста! *(fig) die ~ ohne den Wirt machen* просчита́ться, дать ма́ху; *mit jdm eine ~ begleichen* своди́ть счёты с кем-л; *einer Sache ~ tragen* принима́ть во внима́ние (учи́тывать) что-л, счита́ться с чем-л; *Diese ~ geht nicht auf!* Из э́того ничего́ не полу́чится! *2.* MATH вычисле́ние *n,* расчёт *m*
recht *adj 1. (passend)* подходя́щий; *Ist es ~ so?* Так подхо́дит? *2. (richtig)* пра́вильный, ве́рный; *3.* POL пра́вый; *4. (fig) alles, was ~ ist* ничего́ не ска́жешь; *jdm etw ~ machen* угоди́ть кому́-л чем-л
Recht *n 1.* пра́во *n; Es ist sein gutes ~.* На э́то он име́ет по́лное пра́во (все основа́ния). *~ sprechen* суди́ть, верши́ть правосу́дие; *seine ~e fordern* тре́бовать свои́х прав; *2. (Erlaubnis)* са́нкция *f,* разреше́ние *n; 3. ~ haben* быть пра́вым; *~ bekommen* оказа́ться пра́вым; *jdm ~ geben* признава́ть чью-л правоту́
rechte(r,s) *adj 1.* пра́вый, …вая, …вое; *2.* POL пра́вый, …вая, …вое; *3. (richtig)* пра́вилый, …ная, …ное; *auf der ~n Spur sein (fig)* быть на пра́вильном пути́
rechteckig *adj* прямоуго́льный
rechtfertigen *v* опра́вдывать
Rechtfertigung *f* опра́вдание *n*
rechthaberisch *adj* несгово́рчивый, неусту́пчивый, упря́мый; *~ sein* быть несгово́рчивым
rechtlich *adj 1.* JUR правово́й, юриди́ческий; *adv 2.* JUR по пра́ву, юриди́чески
rechtmäßig *adj 1.* зако́нный, легити́мный; *adv 2.* по зако́ну
rechts *adv* спра́ва, с пра́вой стороны́; *nach ~* напра́во; *weder ~ noch links schauen* не смотре́ть ни напра́во, ни нале́во
Rechtsanwalt *m* JUR адвока́т *m*
rechtschaffen *adj 1.* че́стный, поря́дочный; *2. (fam: gehörig)* настоя́щий, си́льный; *adv 3. (fam: gehörig)* по-настоя́щему, здо́рово, ужа́сно
Rechtschreibreform *f* орфографи́ческая рефо́рма *f,* рефо́рма *f* правописа́ния (орфогра́фии)
Rechtschreibung *f* орфогра́фия *f,* правописа́ние *n*
Rechtsextremist(in) *m/f* POL пра́вый радика́л *m,* пра́вая радика́лка *f,* праворадика́л(ка) *m/f,* пра́вый экстреми́ст *m,* пра́вая экскреми́стка *f*
Rechtshänder(in) *m/f* правша́ *m/f*
rechtskräftig *adj* JUR име́ющий зако́нную си́лу; *adv 2.* в зако́нном поря́дке
Rechtsmittel *n* JUR сре́дство *n* обжа́лования
Rechtsprechung *f* JUR правосу́дие *n*
Rechtsstaat *m* правово́е госуда́рство *n*
Rechtsweg *m* JUR суде́бный поря́док *m* рассмотре́ния де́ла
rechtswidrig *adj* JUR противопра́вный, противозако́нный
rechtwinklig *adj* прямоуго́льный
rechtzeitig *adj 1.* своевре́менный, заблаговре́менный; *adv 2.* во́время, своевре́менно, заблаговре́менно
recken *v sich ~* потя́гиваться
Recycling *n* рецикли́рование *n,* повто́рное испо́льзование *n* материа́лов
Redakteur(in) *m/f* реда́ктор *m/f*
Redaktion *f* реда́кция *f*
Rede *f* речь *f,* выступле́ние *n,* обраще́ние *n; jdm ~ und Antwort stehen* держа́ть отве́т пе́ред кем-л; *jdm in die ~ fallen* перебива́ть (прерыва́ть) кого́-л; *jdn zur ~ stellen* тре́бовать от кого́-л объясне́ний; *Davon kann keine ~ sein!* Об э́том и ре́чи быть не мо́жет!
reden *v* говори́ть, разгова́ривать; *mit sich ~ lassen* быть сгово́рчивым; *von sich ~ machen* обраща́ть на себя́ внима́ние, дава́ть пи́щу для разгово́ров о себе́; *~ wie ein Buch* говори́ть как по-пи́саному
Redensart *f* оборо́т *m* ре́чи, выраже́ние *n*
Redewendung *f* оборо́т *m* ре́чи, выраже́ние *n*

redlich *adj 1. (anständig)* поря́дочный, прили́чный; *2. (ehrlich)* че́стный, добросо́вестный; *adv 3. (viel)* прили́чно; *4. (sehr)* основа́тельно, здо́рово *(fam)*
Redlichkeit *f 1. (Anständigkeit)* поря́дочность *f; 2. (Ehrlichkeit)* че́стность *f,* добросо́вестность *f*
Redner(in) *m/f 1. (Vortragende(r))* докла́дчик *m,* докла́дчица *f,* выступа́ющий *m,* …щая *f; 2. (begabte(r) ~)* ора́тор *m/f*
Rednerpult *n* ка́федра *f*
reduzieren *v* сокраща́ть, снижа́ть, уменьша́ть
Reederei *f* судохо́дная компа́ния *f*
reell *adj 1. (durchführbar)* реа́льный, осуществи́мый; *Ist das ~?* Э́то осуществи́мо? *2. MATH eine ~e Zahl* веще́ственное число́
Referat *n 1.* докла́д *m,* рефера́т *m; 2. (Abteilung)* отде́л *m*
Referendar(in) *m/f JUR* референда́рий *m/f (стажёр в Герма́нии, жела́ющий заня́ть до́лжность на госуда́рственной слу́жбе)*
Referendum *n POL* рефере́ндум *m*
Referent(in) *m/f 1.* рефере́нт *m/f; 2. (im Parlament)* экспе́рт *m/f; 3. (Vortragende(r))* докла́дчик *m,* докла́дчица *f,* выступа́ющий *m,* …щая *f*
Referenz *f* рекоменда́ция *f*
reflektieren *v 1. (zurückstrahlen)* отража́ть; *2. (nachdenken)* размышля́ть
Reflex *m 1. (Physologie) MED* рефле́кс *m, 2. (Widerschein)* отраже́ние *n*
Reform *f* рефо́рма *f*
Reformation *f HIST, REL* Реформа́ция *f*
Reformhaus *n* магази́н *m* диети́ческих проду́ктов и лека́рственных трав
reformieren *v* реформи́ровать *impf/pf*
Regal *n* по́лка *f,* этаже́рка *f,* стелла́ж *m*
rege *adj* де́ятельный, акти́вный, живо́й, оживлённый
Regel *f 1.* пра́вило *n; nach allen ~n der Kunst (fig)* основа́тельно, как полага́ется; *2. (Menstruation)* менструа́ция *f,* ме́сячные *pl*
regelmäßig *adj 1. (regulär)* регуля́рный; *2. (der Form nach) MATH* пра́вильный
regeln *v 1. TECH, POL* регули́ровать; *2. (Problem, Angelegenheit)* ула́живать
regelrecht *adj (fam)* настоя́щий; *(fig) Das war ein ~es Kunststück.* Э́то был настоя́щий кульби́т.
Regelung *f 1. (Konflikt)* урегули́рование *n,* ула́живание *n* (конфли́кта); *2. TECH* регули́рование *n,* регулиро́вка *f (fam),* настро́йка *f*
regen *v 1. (sich bewegen) sich ~* шевели́ться; *2. (fig: sich melden) sich ~* дава́ть о себе́ знать, заявля́ть о себе́
Regen *m* дождь *m; (fig) jdn im ~ stehen lassen* оставля́ть кого́-л в беде́, броса́ть кого́-л на произво́л судьбы́; *vom ~ in die Traufe kommen* (попада́ть) из огня́ да в по́лымя
Regenbogen *m* ра́дуга *f*
Regenbogenpresse *f* бульва́рная (жёлтая) пре́сса *f*
Regenmantel *m* плащ *m,* дождеви́к *m,* макинто́ш *m*
Regenschirm *m* зонт *m,* зо́нтик *m*
Regenwald *m* вла́жный тропи́ческий лес *m*
Regenzeit *f* сезо́н *m* дожде́й, дождли́вое вре́мя *f* го́да
Regie *f CINE* постано́вка *f*
regieren *v 1. (Kanzler) POL* пра́вить *impf,* быть у вла́сти; *2. (Monarch) POL* пра́вить *impf,* госпо́дствовать *impf,* ца́рствовать *impf*
Regierung *f POL* прави́тельство *n*
Regierungssprecher *m POL* спи́кер *m* (представитель *m*) прави́тельства
Regime *n POL* режи́м *m*
Regiment *n MIL* полк *m; das ~ führen* пра́вить, верхово́дить, хозя́йничать *(fam)*
Region *f* регио́н *m,* край *m*
regional *adj* региона́льный
Regisseur(in) *m/f CINE* режиссёр *m/f*
Register *n 1. (Rolle) ECO* рее́стр *m; 2. (Verzeichnis)* указа́тель *m,* спи́сок *m; 3. MUS* реги́стр *m*
registrieren *v 1.* регистри́ровать; *2. (feststellen, zur Kenntnis nehmen)* замеча́ть, отмеча́ть
Regler *m TECH* регуля́тор *m*
regnen *v* идёт дождь *(kein Infinitiv im Russischen); Es regnet in Strömen. (Es regnet wie aus Kübeln.)* Дождь льёт как из ведра́.
Regress *m JUR* регре́сс *m*
regulär *adj* регуля́рный
Regulierung *f* регули́рование *n,* нала́живание *n*
Regung *f 1. (Bewegung)* движе́ние *n; 2. (Gefühlsregung)* поры́в *m,* побужде́ние *n,* чу́вство *n*
regungslos *adj* неподви́жный
Reh *n ZOOL* косу́ля *f*

Rehabilitation *f* реабилитáция *f*
rehabilitieren *v* реабилити́ровать *impf/pf*, восстанáвливать
Rehrücken *m* GAST спи́нка *f* (спиннáя часть *f*) косýли
reiben *v irr 1.* терéть; *2. (zerkleinern)* растирáть
Reibung *f* трéние *n*
reich *adj* богáтый
Reich *n* импéрия *f*
reichen *v 1. (geben)* подавáть, протя́гивать; *2. (aus~)* хватáть, быть достáточным; *Ich weiß nicht, ob das Geld reicht.* Я не знáю, хвáтит ли дéнег. *Mir reicht es!* С меня́ хвáтит! *3. (sich erstrecken)* простирáться, тянýться
reichlich *adj 1.* оби́льный; *adv 2. (genügend)* вдóволь, в избы́тке; *3. (sehr)* весьмá, óчень
Reichtum *m* богáтство *n*
Reichweite *f 1.* дáльность *f* (рáдиус *m*) дéйствия; *2. (Erreichbarkeit)* досягáемость *f*
reif *adj* зрéлый; *für etw ~ sein (fig)* назрéло (настýпило) врéмя для чегó-л
Reife *f 1. (von Obst)* спéлость *f*, зрéлость *f*; *2. (fig)* зрéлость *f*
reifen *v 1. (von Obst)* поспевáть, спеть, созревáть, зреть; *2. (fig)* зреть, созревáть
Reifen *m (Auto)* ши́на *f (автомоби́ля)*
Reifenpanne *f* прокóл *m* ши́ны
reiflich *adj* основáтельный, взвéшенный; *nach ~er Überlegung* по зрéлом размышлéнии
Reihe *f 1. (von Dingen)* ряд *m*; *eine ~ Häuser* ряд домóв; *2. (Schlange von Wartenden)* óчередь *f*; *(fig) etw auf die ~ bringen* добúться чегó-л; *jdn aus der ~ bringen* сбить когó-л с тóлку; *außer der ~* вне óчереди; *der ~ nach* по óчереди; *an die ~ kommen* настаёт (прихóдит) чья-л óчередь; *3. (von Menschen)* ряд *m*, шерéнга *f*; *(fig) in Reih und Glied stehen* стоя́ть в строю́ (стрóем); *aus der ~ tanzen* нарушáть óбщий поря́док; *4. (Serie)* сéрия *f*
Reihenfolge *f* послéдовательность *f*, очерёдность *f*
Reim *m* LIT ри́фма *f*; *sich keinen ~ auf etw machen (fig)* что-л не уклáдывается в головé у когó-л *(fig)*
rein[1] *adj 1. (sauber)* чи́стый, опря́тный, незагрязнённый; *mit jdm ins Reine kommen (fig)* улáживать с кем-л что-л, договáриваться с кем-л о чём-л; *etw ins Reine schreiben* перепи́сывать что-л нáчисто (нáбело); *2. (unverfälscht)* настоя́щий, чи́стый; *aus ~er Wolle* из чи́стой (настоя́щей) шéрсти; *3. (klar)* прозрáчный, чи́стый; *adv 4. (völlig)* совсéм, совершéнно
rein[2] *(siehe „herein", „hinein")* см *„herein", „hinein"*
reinigen *v* чи́стить, очищáть
Reinigung *f 1. (Reinigen)* чи́стка *f*, очи́стка *f*, очищéние *n*; *2. (chemische Reinigung)* химчи́стка *f*; *3. (Saubermachen, Räumen)* убóрка *f*
Reinigungsmittel *n 1.* срéдство *n* для чи́стки; *2. (Waschmittel)* мóющее срéдство *n*, детергéнт *m*
reinlich *adj* чи́стый, опря́тный, чистоплóтный
Reis *m* BOT рис *m*
Reise *f* поéздка *f*, путешéствие *n*; *seine letzte ~ antreten (fig)* отправля́ться в послéдний путь *(fig)*
Reisebüro *n* бюрó *n* путешéствий, тури́стское бюрó *n*
Reiseführer *m (Buch)* путеводи́тель *m*
Reiseführer(in) *m/f (Person)* гид *m/f*, экскурсовóд *m/f*
reisen *v 1. ~ nach* éхать/éздить (в); *2. (weite Reisen machen)* путешéствовать *impf*
Reisende(r) *f/m 1.* путешéственник *m*, путешéственница *f*; *2. (Fahr- bzw Fluggast)* пассажи́р *m/f*
Reisepass *m* заграни́чный пáспорт *m*
Reiseroute *f* маршрýт *m* поéздки (путешéствия)
reißen *v irr 1. (zer~)* рвать, разрывáть, раздирáть; *2. (ziehen)* дёргать, рвать, трепáть
Reißverschluss *m* мóлния *f*
Reißzwecke *f* канцеля́рская кнóпка *f*
reiten *v irr* éхать/éздить верхóм, скакáть
Reiter(in) *m/f* всáдник *m*, всáдница *f*, наéздник *m*, наéздница *f*
Reiz *m 1. (~ung)* раздражéние *n*; *2. (Anreiz)* сти́мул *m*, побуди́тельные моти́вы *m/pl*; *3. (Anmut)* прéлесть *f*, очаровáние *n*, привлекáтельность *f*
reizbar *adj* раздражи́тельный
reizen *v 1. (irritieren)* раздражáть; *2. (erregen)* возбуждáть; *3. (herausfordern)* вызывáть; *4. (necken)* дразни́ть
reizend *adj* прелéстный, очаровáтельный, привлекáтельный
reizlos *adj* лишённый прéлести, непривлекáтельный

reizvoll *adj* преле́стный, очарова́тельный, привлека́тельный
Reklamation *f* реклама́ция *f*
Reklame *f* рекла́ма *f*
reklamieren *v* заявля́ть (предъявля́ть) реклама́цию на что-л
rekonstruieren *v* реконструи́ровать *impf/pf,* восстана́вливать
Rekord *m* реко́рд *m*
Rekrut *m MIL* призывни́к *m,* новобра́нец *m*
Rektor(in) *m/f 1. (Schule)* дире́ктор *m/f; 2. (Hochschule)* ре́ктор *m/f*
relativ *adj* относи́тельный *adv 2.* относи́тельно, сравни́тельно
Relief *n ART* релье́ф *m*
religiös *adj* религио́зный
Religion *f* рели́гия *f,* вероиспове́дание *n*
Religionsfreiheit *f* свобо́да *f* вероиспове́дания
Renaissance *f HIST* Возрожде́ние *n*
Rendezvous *n* свида́ние *n*
Rennbahn *f 1. (Pferderennbahn)* ипподро́м *m; 2. (Autorennbahn)* автодро́м *m; 3. (Radrennbahn)* велодро́м *m*
rennen *v irr* бежа́ть/бе́гать, мча́ться
Rennen *n (Laufen)* бега́ *m/pl,* го́нки *f/pl; das ~ machen* выходи́ть победи́телем
Rennfahrer(in) *m/f* го́нщик *m,* го́нщица *f*
Rennrad *n* го́ночный велосипе́д *m*
Rennwagen *m* го́ночный автомоби́ль *m*
renommiert *adj* авторите́тный, изве́стный
renovieren *v* ремонти́ровать
Renovierung *f* ремо́нт *m*
rentabel *adj* рента́бельный, дохо́дный
Rentabilität *f ECO* рента́бельность *f,* дохо́дность *f*
Rente *f* пе́нсия *f*
Rentenversicherung *f* пенсио́нное страхова́ние *n*
rentieren *v sich ~* быть выго́дным
Rentner(in) *m/f* пенсио́нер(ка) *m/f*
Reparatur *f* ремо́нт *m,* почи́нка *f*
Reparaturwerkstatt *f* ремо́нтная мастерска́я *f*
reparieren *v* ремонти́ровать
Reportage *f* репорта́ж *m*
Reporter(in) *m/f* репортёр *m/f,* корреспонде́нт *m/f*
repräsentieren *v* представля́ть
Reproduktion *f* репроду́кция *f,* воспроизво́дство *n*
Republik *f* респу́блика *f*
Requisiten *pl* реквизи́ты *m/pl*
Reserve *f 1. (Rücklage)* резе́рв *m,* запа́с *m; stille ~n* неприкоснове́нные запа́сы (НЗ); *2. (Zurückhaltung)* сде́ржанность *f; jdn aus der ~ locken (fig)* расшеве́ливать кого́-л
Reservereifen *m (eines Kfz)* запасна́я ши́на *f*
reservieren *v* брони́ровать *impf/pf,* резерви́ровать *impf/pf,* зака́зывать
Resignation *f* равноду́шие *n,* безро́потное смире́ние *n,* разочаро́ванность *f*
resignieren *v* смиря́ться, покоря́ться обстоя́тельствам, разочаро́вываться
resolut *adj* реши́тельный, энерги́чный
Respekt *m* уваже́ние *n,* почте́ние *n*
respektieren *v* уважа́ть, с уваже́нием относи́ться к кому́-л/чему́-л, почита́ть
respektlos *adj* неуважи́тельный, непочти́тельный
respektvoll *adj* уважи́тельный, почти́тельный
Rest *m* оста́ток *m,* оста́вшаяся (остальна́я) часть *f; der ~ der Welt* остальна́я часть ми́ра
Restaurant *n* рестора́н *m*
restaurieren *v* реставри́ровать *impf/pf*
restlich *adj 1. (übrig geblieben)* остаю́щийся, оста́точный; *2. (übrig)* оста́льно́й
restlos *adj 1. (völlig)* по́лный, соверше́нный; *adv 2.* по́лностью, всеце́ло
Resultat *n* результа́т *m*
resultieren *v* явля́ться сле́дствием, сле́довать, вытека́ть, получа́ться
Retorte *f* рето́рта *f*
Retrospektive *f* ретроспекти́ва *f*
retten *v* спаса́ть, выруча́ть; *Bist du noch zu ~?* Ты в своём уме́?
Retter(in) *m/f 1.* спаси́тель(ница) *m/f; 2. (beim Rettungsdienst)* спаса́тель(ница) *m/f*
Rettung *f 1.* спасе́ние *n; 2. (Bergung)* спаса́ние *n*
Rettungsboot *n* спаса́тельная ло́дка *f* (шлю́пка *f*)
Rettungswagen *m* маши́на *f* ско́рой по́мощи, ско́рая по́мощь *f (fam)*
Reue *f* покая́ние *n,* раска́яние *n*
reumütig *adj 1.* ка́ющийся, раска́ивающийся; *adv 2.* с раска́янием
Revanche *f* рева́нш *m,* возмо́жность *f* отыгра́ться
revanchieren *v 1. sich ~ für (sich rächen)* брать рева́нш (мстить) за что-л; *2. (erwidern) sich ~* отблагодари́ть *pf* (*von:* благодари́ть *impf*)

Revier *n 1. (Gebiet)* уча́сток *m,* зо́на *f; 2. (Polizeirevier)* полице́йский уча́сток *m,* полице́йское отделе́ние *n*
Revision *f 1.* реви́зия *f,* прове́рка *f,* просмо́тр *m; 2. (Rechtsmittel) JUR* обжа́лование *n,* кассацио́нная жа́лоба *f*
Revolution *f* револю́ция *f*
revolutionär *adj* революцио́нный
Revolver *m* револьве́р *m*
Revue *f etw ~ passieren lassen* перебира́ть что-л в уме́
Rezept *n GAST, MED* реце́пт *m*
rezeptpflichtig *adj* отпуска́емый то́лько по реце́пту
Rezession *f ECO* реце́ссия *f,* спад *m*
Rhein *m GEO* Рейн *m*
Rhesusfaktor *m MED* ре́зус-фа́ктор *m*
Rheuma *n MED* ревма́тизм *m*
Rhythmus *m* ритм *m*
richten *v 1. (in Ordnung bringen)* приводи́ть в поря́док; *2. (reparieren)* ремонти́ровать, чини́ть; *3. (urteilen)* суди́ть; *4. (senden an)* направля́ть (посыла́ть) кому́-л; *5. sich ~ an* обраща́ться к кому́-л
Richter(in) *m/f JUR* судья́ *m/f*
richtig *adj 1. (nicht falsch)* пра́вильный, ве́рный; *2. (passend)* подходя́щий; *3. (echt)* настоя́щий, по́длинный; *Er ist ein ~er Freund.* Он настоя́щий друг. *4. (fig) nicht ganz ~ sein* быть не в своём уме́; *adv 5. (wirklich)* действи́тельно, в са́мом де́ле; *6. (sehr)* о́чень, по-настоя́щему; *Es war ~ laut.* Бы́ло о́чень гро́мко. *7. ~ stellen* уточня́ть
Richtigkeit *f 1.* пра́вильность *f,* ве́рность *f; 2. (Echtheit)* по́длинность *f; seine ~ haben* быть как поло́жено
Richtung *f* направле́ние *n*
Richtwert *m* контро́льная ци́фра *f,* ориенти́ровочное значе́ние *n*
riechen *v irr 1. an etw ~* ню́хать (обню́хивать) что-л, приню́хиваться к чему́-л; *2. jdn nicht ~ können (fam)* не выноси́ть (переноси́ть) кого́-л *(fam); 3. ~ nach* име́ть како́й-л за́пах, от кого́-л па́хнет чем-л
Riegel *m* задви́жка *f,* засо́в *m,* запо́р *m; etw einen ~ vorschieben (fig)* препя́тствовать (меша́ть) чему́-л
Riemen *m 1. (Gurt)* реме́нь *m; 2. (Gürtel)* по́яс *m; (fig) sich am ~ reißen* брать себя́ в ру́ки; *sich in die ~ legen* энерги́чно бра́ться за како́е-л де́ло, налега́ть, нажима́ть; *den ~ enger schnallen* затяну́ть поту́же по́яс
Riese *m* велика́н *m,* гига́нт *m,* коло́сс *m*
rieseln *v 1. (Wasser)* струи́ться, течь *impf; 2. (Sand)* сы́паться
riesengroß *adj* огро́мный, грома́дный, гига́нтский
riesig *adj 1.* огро́мный, грома́дный, гига́нтский; *adv 2. (sehr)* о́чень си́льно, чрезме́рно, ужа́сно *(fam)*
Riff *n* риф *m*
rigoros *adj* категори́чный, непрекло́нный
Rille *f 1.* кана́вка *f; 2. (Tonträger) MUS* доро́жка *f*
Rind *n ZOOL* коро́ва *f,* бык *m,* во́л *m,* кру́пный рога́тый скот *m*
Rinde *f 1. (Kruste)* ко́рка *f,* ко́рочка *f; 2. BOT* кора́ *f*
Rinderwahnsinn *m MED* коро́вье бе́шенство *n*
Rindfleisch *n GAST* говя́дина *f*
Ring *m 1. (Schmuck)* кольцо́ *n,* пе́рстень *m; 2. (Kreis)* круг *m; 3. (Straßenring)* кольцева́я у́лица *f*
ringen *v irr 1. SPORT* боро́ться; *2. (fig)* боро́ться
ringsherum *adv* вокру́г, круго́м
Rinne *f 1. (Dachrinne)* водосто́чный жёлоб *m; 2. (Furche)* борозда́ *f; 3. (Bewässerung)* кана́ва *f*
rinnen *v irr* струи́ться, течь *impf*
Rinnsal *n* ручеёк *m*
Rinnstein *m* сто́чная кана́ва *f*
Rippe *f 1. ANAT* ребро́ *n; sich etw nicht aus den ~n schneiden können (fam)* не знать отку́да взять что-л; *2. GAST* спинно-рёберная часть *f* ту́ши
Risiko *n* риск *m*
riskant *adj* риско́ванный, опа́сный
riskieren *v* рискова́ть
Riss *m 1. (Spalt)* тре́щина *f,* щель *f; 2. (Kratzer)* цара́пина *f; 3. (fig: Beziehungen)* разла́д *m,* разры́в *m,* тре́щина *f (fig)*
rissig *adj 1.* потре́скавшийся, растре́скавшийся; *2. (Papier)* рва́ный
Ritt *m* верхова́я езда́ *f*
Ritter *m 1.* ры́царь *m; 2. (in russischen Märchen)* ви́тязь *m*
ritterlich *adj 1.* ры́царский; *adv 2.* по-ры́царски, как ры́царь
Ritual *n* ритуа́л *m,* обря́д *m*
Ritze *f 1. (Spalt)* щель *f; 2. (Kratzer)* цара́пина *f*
Rivale *m* сопе́рник *m*
Rivalin *f* сопе́рница *f*
Rivalität *f* сопе́рничество *n*

Robbe *f* ZOOL тюле́нь *m*
Robe *f 1. (Abendrobe)* вече́рнее пла́тье *n; 2. (Amtsrobe)* то́га *f,* ма́нтия *f*
Roboter *m* ро́бот *m*
robust *adj 1. (gesund)* здоро́вый, кре́пкий; *2.* TECH про́чный, масси́вный
Rock *m* ю́бка *f*
rodeln *v* SPORT занима́ться са́нным спо́ртом, ката́ться на са́нках
Roggen *m* BOT рожь *f*
roh *adj 1. (nicht gekocht)* сыро́й; *2. (nicht bearbeitet)* сыро́й, необрабо́танный; *3. (fig)* гру́бый
Rohr *n 1. (Leitung)* труба́ *f; 2. (Schilfrohr)* BOT тростни́к *m*
Röhre *f 1. (Rohr)* труба́ *f; 2. (Backröhre)* духо́вка *f; 3. (Elektronenröhre)* TECH электро́нная ла́мпа *f*
Rohstoff *m* сырьё *n*
Rolle *f 1.* TECH ро́лик *m,* ва́лик *m,* мото́к *m,* кату́шка *f; 2. (Papier)* руло́н *m; von der ~ sein (fam)* спры́гнуть с кату́шек *(fam); 3.* THEAT роль *f; (fig) aus der ~ fallen* позволя́ть себе́ неуме́стные выска́зывания; *sich in jds ~ hineinversetzen* предста́вить себя́ на ме́сте друго́го, войти́ в чьё-л положе́ние
rollen *v* кати́ть/ката́ть; *(fig) ins Rollen kommen* приходи́ть в движе́ние, дви́гаться (тро́гаться) с ме́ста; *etw ins Rollen bringen* дава́ть чему́-л ход, дви́гать что-л с ме́ста
Roller *m 1. (Motorroller)* моторо́ллер *m; 2. (Kinderroller)* самока́т *m*
Rollladen *m* жалюзи́ *pl*
Rollschuh *m* SPORT ро́ликовый конёк *m* (ро́ликовые коньки́ *m/pl*)
Rollstuhl *m* инвали́дная коля́ска *f,* кре́слока́талка *f*
Rollstuhlfahrer(in) *m/f* инвали́д *m/f* на коля́ске
Rolltreppe *f* эскала́тор *m*
Roman *m* рома́н *m*
romanisch *adj* ART рома́нский
Romantik *f 1.* рома́нтика *f; 2.* LIT романти́зм *m*
romantisch *adj* романти́ческий, романти́чный
Romanze *f* рома́нс *m*
römisch *adj* ри́мский
röntgen *v* MED де́лать рентге́н
Röntgenstrahlen *pl* MED рентге́новы (рентге́новские) лучи́ *m/pl*
rosa *adj* ро́зовый
Rose *f* BOT ро́за *f; (fig) nicht auf ~n gebettet sein* кому́-л живётся несла́дко
Rosenkranz *m* REL чётки *pl*
rosig *adj 1.* ро́зовый; *2. (fig)* ро́зовый, ра́дужный
Rosine *f* изю́минка *f; (fig) ~n im Kopf haben* бре́дить чем-л, носи́ться с грандио́зными пла́нами; *sich die größten ~n herauspicken* снима́ть сли́вки, урыва́ть себе́ лу́чшие куски́
Rosmarin *m* BOT розмари́н *m*
Ross *n* конь *m; von seinem hohen ~ herunterkommen (fig)* переста́ть зазнава́ться
Rost[1] *m (Bratrost)* решётка *f*
Rost[2] *m* CHEM ржа́вчина *f*
rosten *v* ржаве́ть; *nicht ~d* нержаве́ющий
rösten *v* поджа́ривать, обжа́ривать
rostfrei *adj* нержаве́ющий
rostig *adj* ржа́вый
rot *adj 1.* кра́сный; *der ~e Faden (fig)* кра́сная нить *(fig); 2. (Wangen)* румя́ный
Röte *f 1.* краснота́ *f; 2. (auf den Wangen)* румя́нец *m*
Röteln *f* MED красну́ха *f*
rotieren *v 1.* TECH враща́ться, де́лать враща́тельное (ротацио́нное) движе́ние; *2. (fam)* выходи́ть из себя́
Rotwein *m* кра́сное вино́ *n*
Roulade *f* GAST руле́т *m*
Route *f* маршру́т *m*
Routine *f* сноро́вка *f,* на́вык *m,* о́пыт *m*
routiniert *adj* опы́тный, быва́лый
Rübe *f 1. (rot)* BOT свёкла *f; 2. (weiß)* BOT брю́ква *f,* ре́па *f; (fam) eins auf die ~ bekommen* получи́ть по башке́
Rubel *m* рубль *m; Der ~ rollt.* Де́нежки звеня́т (иду́т, плыву́т).
Rubrik *f* ру́брика *f,* разде́л *m*
ruckartig *adj 1.* ре́зкий, поры́вистый; *adv 2.* ре́зко, поры́висто, толчка́ми, рывка́ми
Rückblende *f 1.* ретроспекти́ва *f; 2. (im Kino)* коро́ткий обра́тный кадр *m,* коро́ткая ретроспекти́вная сце́на *f*
rückblickend *adj* ретроспекти́вный
rücken *v 1. (etw bewegen)* дви́гать, передвига́ть; *2. (sich bewegen)* дви́гаться, передвига́ться
Rücken *m* ANAT спина́ *f; (fig) mit dem ~ zur Wand stehen* быть припёртым к стене́; *sich den ~ frei halten* обеспе́чить себе́ свобо́ду де́йствий; *jdm den ~ stärken* подба́дривать кого́-л, поднима́ть чей-л дух; *jdm den ~ kehren*

отвора́чиваться от кого́-л; *hinter jds ~* за чьей-л спино́й
Rückenschmerzen *pl MED* боль *f* в спине́ (поясни́це)
rückerstatten *v* возмеща́ть, возвраща́ть, плати́ть обра́тно (наза́д)
rückfällig *adj 1. JUR* рециди́вный, повто́рный; *2. MED* возвра́тный, рецидиви́рующий
Rückfahrkarte *f* обра́тный биле́т *m*
Rückfahrt *f* обра́тный путь *m* (прое́зд *m*)
Rückfall *m MED* рециди́в *m*
Rückgabe *f* возвра́т *m,* возвраще́ние *n*
Rückgang *m* сокраще́ние *n,* сниже́ние *n,* уменьше́ние *n*
rückgängig *adj 1.* обра́тный, возвра́тный; *2. ~ machen* отменя́ть, аннули́ровать *impf/pf*
Rückgrat *n ANAT* позвоно́чник *m,* позвоно́чный столб *m,* спинно́й хребе́т *m; ~ haben (fig)* име́ть твёрдый хара́ктер
Rückhalt *m* подде́ржка *f,* опо́ра *f*
rückhaltlos *adj 1.* открове́нный, безогово́рочный; *adv 2.* открове́нно, без стесне́ний, напрями́к *(fam)*
Rückkehr *f* возвраще́ние *n,* возвра́т *m*
rückläufig *adj* сокраща́ющийся, снижа́ющийся
Rücklicht *n* за́дний свет *m*
Rücknahme *f 1.* приня́тие *n* (взя́тие *n*) обра́тно; *2. (Leergut)* приём *m* (та́ры); *3. JUR* отме́на *f*
Rucksack *m* рюкза́к *m*
Rückschlag *m (ungünstige Wendung)* неуспе́х *m,* неуда́ча *f,* прова́л *m,* пораже́ние *n*
Rückseite *f 1.* обра́тная (оборо́тная) сторона́ *f; 2. (Gebäude)* за́дняя сторона́ *f*
Rücksicht *f* уваже́ние *n,* внима́ние *n,* такти́чность *f,* внима́тельное отноше́ние *n* к кому́-л/чему́-л; *ohne ~ auf Verluste* чего́ бы то ни сто́ило, любо́й цено́й; *auf jdn ~ nehmen* счита́ться с кем-л
rücksichtslos *adj* бесцеремо́нный, беспардо́нный
rücksichtsvoll *adj* такти́чный, внима́тельный, предупреди́тельный
Rücksitz *m (im Auto)* за́днее сиде́нье *n*
Rücksprache *f* консульта́ция *f,* перегово́ры *pl,* разгово́р *m; mit jdm ~ halten* переговори́ть с кем-л что-л, поговори́ть с кем-л о чём-л
Rückstand *m 1. (Rest, Abfallprodukt)* оста́ток *m; 2. (Schulden)* долг *m,* задо́лженность *f; 3. (Zurückbleiben)* отстава́ние *n*
rückständig *adj 1. (Zahlung)* неупла́ченный, просро́ченный; *2. (fig: überholt)* отста́лый
Rücktritt *m 1. (Amtsniederlegung)* отста́вка *f,* ухо́д *m* (с до́лжности); *2. (beim Fahrrad)* то́рмоз *m* обра́тного де́йствия
rückwärts *adv* наза́д, обра́тно, в обра́тном направле́нии
rückwirkend *1. adj JUR* име́ющий обра́тную си́лу; *adv 2.* обра́тным число́м
Rückzahlung *f* возвра́т *m* (возвраще́ние *n*) де́нег, обра́тная вы́плата *f*
Rückzug *m* отступле́ние *n,* отхо́д *m*
Rudel *n 1. (Wölfe)* стая́ *f; 2. (Tiere)* ста́до *n; 3. (Menschen)* толпа́ *f,* ку́ча *f (fam)*
Ruder *n 1. (Boot: Riemen)* весло́ *n; 2. (Steuerruder)* руль *m; ans ~ kommen (fig)* приходи́ть к вла́сти, брать в свои́ ру́ки бразды́ правле́ния; *am ~ sein (fig)* быть (находи́ться) у вла́сти
Ruderboot *n* ло́дка *f* на вёслах, гребна́я шлю́пка *f*
rudern *v* грести́, идти́ (плыть) на вёслах
Ruf *m 1. (Ausruf)* крик *m,* во́зглас *m; 2. (Ansehen)* репута́ция *f,* прести́ж *m; 3. (Aufforderung)* призы́в *m,* обраще́ние *n*
rufen *v irr jdn ~* звать кого́-л; *wie gekommen* прийти́ о́чень кста́ти
Rufname *m* и́мя *n*
Rufnummer *f* телефо́нный но́мер *m*
Rüge *f* вы́говор *m,* порица́ние *n*
rügen *v* де́лать вы́говор, порица́ть
Ruhe *f 1. (Stille)* поко́й *m,* споко́йствие *n,* зати́шье *n; (fig) die ~ vor dem Sturm* зати́шье пе́ред бу́рей; *die ~ selbst sein* быть сами́м споко́йствием, быть воплоще́нием (олицетворе́нием) споко́йствия; *jdn aus der ~ bringen* беспоко́ить кого́-л; *~ geben* призыва́ть кого́-л успоко́иться; *seine ~ haben wollen* жела́ть поко́я (споко́йствия); *in aller ~* в споко́йной обстано́вке; *2. (Ausruhen)* о́тдых *m,* поко́й *m; (Bewegungslosigkeit)* неподви́жность *f; 3.(Frieden)* мир *m,* тишина́ *f,* поко́й *m; Lass mich in ~!* Оста́вь меня́ в поко́е! *4. jdn zur letzten ~ geleiten* провожа́ть кого́-л в после́дний путь; *5. sich zur ~ setzen* уходи́ть на пе́нсию
ruhen *v 1. (aus~)* отдыха́ть; *2. (stillstehen)* быть неподви́жным, стоя́ть, безде́йствовать; *3. (lasten)* поко́иться
Ruhestand *m* отста́вка *f,* пе́нсия *f*

Ruhestätte *f* моги́ла *f,* ме́сто *n* погребе́ния
Ruhetag *m* выходно́й (нерабо́чий) день *m,* день *m* о́тдыха
ruhig *adj 1. (still)* споко́йный, ти́хий; *2. (bewegungslos)* неподви́жный; *3. (friedvoll)* ми́рный, споко́йный; *adv 4. (getrost)* споко́йно, вполне́
Ruhm *m* сла́ва *f*
rühmen *v* хвали́ть, прославля́ть
ruhmreich *adj* сла́вный, до́блестный
Rührei *n* GAST яи́чница-болту́нья *f*
rühren *v 1. (bewegen)* дви́гать, шевели́ть; *sich kaum ~ können* не быть в состоя́нии сдела́ть движе́ние; *2. (um~)* меша́ть, переме́шивать; *3. (fig: ergreifen)* тро́гать, растро́гать *pf*
rührend *adj* тро́гательный, умили́тельный; *Das ist ~ von dir.* Это ми́ло с твое́й стороны́.
rührig *adj* акти́вный, энерги́чный, предприи́мчивый
rührselig *adj* сентимента́льный
Rührung *f* растро́ганность *f,* умиле́ние *n*
Ruin *m 1.*ECO разоре́ние *n,* банкро́тство *n,* крах *m; 2. (Untergang)* ги́бель *f; 3. (Katastrophe)* катастро́фа *f*
Ruine *f* разва́лина *f,* руи́на *f*
ruinieren *v 1.* ECO разоря́ть; *2. (zugrunde richten)* губи́ть, разруша́ть
rülpsen *v* рыга́ть, отры́гивать
Rumäne *m* румы́н *m*
Rumänien *n* GEO Румы́ния *f*
rumänisch *adj* румы́нский
Rummel *m 1. (Lärm)* шум *m,* гам *m,* сумато́ха *f; 2. (Jahrmarkt)* я́рмарка *f,*
rumoren *v* шуме́ть
Rumpf *m 1. (Schiffsrumpf)* ко́рпус *m; 2. (Flugzeugrumpf)* фюзеля́ж *m; 3.* ANAT ту́ловище *n,* торс *m*
rund *adj 1.* кру́глый; *adv 2. (circa)* приблизи́тельно, приме́рно, о́коло; *3. (~ um)* вокру́г
Runde *f 1. (Wettkampf: Leichtathletik)* SPORT круг *m; 2. (Wettkampf: Kampfsportarten)* SPORT ра́унд *m; 3. (Wettkampf: Schach)* SPORT тур *m; 4. (Gesellschaft)* о́бщество *n,* компа́ния *f; 5. (fig) die ~ machen* распространя́ться, разноси́ться; *eine ~ schmeißen* поста́вить всем по кру́жке (по рю́мке и т. д.), угоща́ть всю компа́нию; *über die ~n bringen* доводи́ть что-л до конца́; *über die ~n kommen* справля́ться (управля́ться) с чем-л
Rundfahrt *f* обзо́рная экску́рсия *f,* (авто́бусная) экскурсио́нная пое́здка *f*
Rundfunk *m 1. (Übertragung)* радиовеща́ние *m; 2. (Anstalt)* радиовеща́тельная компа́ния *f,* радиокомпа́ния *f*
Rundfunkgerät *m* (радио)приёмник *m*
Rundgang *m 1.* обхо́д *m; 2.* ARCH галере́я *f,* прохо́д *m; 3.* MIL патру́ль *m,* дозо́р *m*
rundherum *adv* вокру́г, круго́м
rundlich *adj* по́лненький, то́лстенький, пу́хленький
Rundschreiben *n* циркуля́рное письмо́ *n,* циркуля́р *m*
runzelig *adj* морщи́нистый, смо́рщенный
runzeln *v* мо́рщить, нахму́ривать
rüpelhaft *adj* гру́бый, ха́мский, невоспи́танный
ruppig *adj 1. (rüpelhaft)* гру́бый, ха́мский, невоспи́танный; *2. (zerlumpt)* облёзлый
Ruß *m* са́жа *f,* ко́поть *f*
Russe *m 1. (Nationalität)* ру́сский *m; 2. (Staatsangehörigkeit)* россия́нин *m*
Rüssel *m 1. (Elefant)* ZOOL хо́бот *m; 2. (Schwein)* ZOOL ры́ло *n*
Russin *f 1. (Nationalität)* ру́сская *f; 2. (Staatsangehörigkeit)* россия́нка *f*
russisch *adj 1.* ру́сский; *2. (die Russische Föderation betreffend)* росси́йский
Russland *n 1.* GEO Росси́я *f; 2.* HIST Русь *f; das heilige ~* Русь свята́я
rüstig *adj* бо́дрый, кре́пкий, здоро́вый
rustikal *adj* дереве́нский
Rüstung *f 1. (Ritterrüstung)* доспе́хи *m/pl,* ла́ты *pl; 2. (Bewaffnung)* MIL вооруже́ние *n*
Rute *f 1. (Zweig)* прут *m,* ро́зга *f; 2. (Angelrute)* у́дочка *f,* уди́лище *n*
Rutschbahn *f* де́тская го́рка *f,* го́рка *f* для ката́ния
rutschen *v* скользи́ть
rutschig *adj* ско́льзкий, скли́зкий
rütteln *v* трясти́, встря́хивать, расша́тывать

S

Saal *m* зал *m*
Saat *f 1. (Aussaat)* посе́в(ы) *m(/pl); 2. (Saatgut)* семена́ *n/pl*
Sabotage *f* сабота́ж *m*
sabotieren *v* саботи́ровать *impf/pf*
Sachanlagen *pl* ECO материа́льные акти́вы *m/pl*
Sachbearbeiter(in) *m/f* ECO секрета́рь-рефере́нт *m/f,* исполни́тель(ница) *m/f,* делопроизводи́тель(ница) *m/f*
Sachbeschädigung *f* поврежде́ние *n* иму́щества
Sachbuch *n* (нау́чно-популя́рная) кни́га *f*
sachdienlich *adj* приго́дный, соотве́тствующий, целесообра́зный
Sache *f 1. (Gegenstand)* вещь *f,* предме́т *m; 2. (Angelegenheit)* де́ло *n,* вопро́с *m; zur ~ kommen* переходи́ть к де́лу; *nicht jedermanns ~ sein* что-л лю́бит не вся́кий; *sich seiner ~ sicher sein* быть уве́ренным в успе́хе своего́ де́ла; *bei der ~ sein* быть внима́тельным, не отвлека́ться; *nichts zur ~ tun* не име́ть отноше́ния к како́му-л де́лу; *3.* JUR де́ло *n*
sachgemäß *adj 1.* надлежа́щий, соотве́тствующий *2. adv* надлежа́щим о́бразом
sachkundig *adj* компете́нтный, све́дущий, зна́ющий де́ло
sachlich *adj 1.* делово́й; *2. (objektiv)* объекти́вный; *adv 3.* по-делово́му, по существу́
Sachlichkeit *f 1.* делови́тость *f; 2. (Objektivität)* объекти́вность *f*
Sachverhalt *m* положе́ние *n* веще́й, обстоя́тельства *n/pl* де́ла
Sachverständige(r) *f/m* экспе́рт *m/f*
Sack *m* мешо́к *m; (fig) jdn in den ~ stecken* заткну́ть кого́-л за по́яс; *etw im ~ haben* спра́виться с чем-л; *mit ~ und Pack* со все́ми пожи́тками, со всем ска́рбом
Sackgasse *f* тупи́к *m*
Sadist(in) *m/f* сади́ст(ка) *m/f*
säen *v* се́ять
Safari *f* сафа́ри *n*
Safe *m* сейф *m*
Saft *m 1. (Obstsaft)* сок *m; 2. (fig) ohne ~ und Kraft* быть бесцве́тным, без изю́минки
saftig *adj 1.* со́чный; *2. (fig)* со́чный, я́ркий; *3. (Witz)* пика́нтный
Sage *f* были́на *f,* сказа́ние *n,* леге́нда *f*
Säge *f* TECH пила́ *f*
sagen *v* говори́ть; *(fig) Er hat nicht das Geringste zu ~.* От него́ здесь соверше́нно ничего́ не зави́сит. *sage und schreibe* ни мно́го ни ма́ло; *sich nichts mehr zu ~ haben* кому́-то бо́льше не́чего сказа́ть друг дру́гу; *sich etw nicht zweimal ~ lassen* не заставля́ть себя́ упра́шивать; *etw zu ~ haben* по́льзоваться авторите́том; *sich von jdm nichts ~ lassen* никого́ не слу́шать; *Das ist nicht gesagt.* Э́то не то́чно.
sägen *v* пили́ть
sagenhaft *adj 1. (legendär)* легенда́рный; *2. (fig: fabelhaft)* ска́зочный, баснослóвный; *3. (fam: erstaunlich)* потряса́ющий, удиви́тельный
Sahne *f* GAST сли́вки *pl*
sahnig *adj* сли́вочный, жи́рный (о молоке́)
Saison *f* сезо́н *m*
Sakrament *n* REL та́инство *n*
Sakristei *f 1. (russisch orthodox)* REL ри́зница *f; 2. (katholisch)* REL сакри́стия *f*
Salat *m* сала́т *m; (fig) Da haben wir den ~!* Вот тебе́ (и) на! Ну и сюрпри́з!
Salatsoße *f* GAST со́ус *m* для сала́та
Salbe *f* мазь *m*
Salbei *m* BOT шалфе́й *m*
Saldo *m* ECO са́льдо *n,* оста́ток на счёте *m*
Salmonellen *pl* BIO сальмоне́ллы *f/pl*
salopp *adj 1. (ungezwungen)* непринуждённый, фамилья́рный; *2. (nachlässig)* небре́жный, неря́шливый
Salz *n* соль *f; (fig) jdm nicht das ~ in der Suppe gönnen* жале́ть да́же безде́лицы для кого́-л; *~ auf jds Wunden streuen* береди́ть чью-л ра́ну
salzen *v irr* соли́ть
salzig *adj* солёный
Salzstange *f 1. (Stäbchen)* GAST солёная па́лочка *f* (соло́мка *f*); *2. (Brötchen)* GAST дли́нная бу́лочка *f,* обсы́панная со́лью
Salzstreuer *m* соло́нка *f*
Salzwasser *n* солёная вода́ *f*
Samen *m 1. (Saat)* семена́ *n/pl; 2.* BIO се́мя *n,* заро́дыш *m; 3.* PHYSIOL спе́рма *f*
sammeln *v 1.* собира́ть; *2. (z.B. Briefmarken)* коллекциони́ровать *impf; 4. (fig) sich ~* собира́ться с мы́слями, сосредото́чиваться
Sammler(in) *m/f* коллекционе́р *m/f,* коллекционе́рка *f (fam)*

Sammlung *f 1.* колле́кция *f,* собра́ние *n; 2. (fig: Konzentration)* сосредото́ченность *f*
Samstag *m* суббо́та *f*
samstags *adv* по суббо́там
Samt *m* ба́рхат *m*
sämtlich *adj* все (без исключе́ния)
Sanatorium *n* санато́рий *m*
Sand *m* песо́к *m; (fig) wie ~ am Meer* как песку́ морско́го, несме́тное коли́чество; *auf ~ gebaut haben* постро́ить на песке́ (на ненадёжном основа́нии); *etw in den ~ setzen* провали́ть (запоро́ть) что-л
Sandale *f* санда́лия *f*
Sandbank *f* мель *f,* песча́ная о́тмель *f*
sandig *adj* песча́ный
Sandkasten *m* песо́чница *f*
Sandmännchen *n* песо́чный челове́чек *m (Ска́зочный персона́ж в неме́цкой телепереда́че, аналоги́чной росси́йской телепереда́че «Споко́йной но́чи, малыши́!» Песо́чный челове́чек насыпа́ет детям в глаза́ песо́к и погружа́ет их в сон.)*
Sandstrand *m* песча́ный пляж *m*
Sanduhr *f* песо́чные часы́ *pl*
Sandwich *n GAST* са́ндвич *m (auch:* сэ́ндвич *m)*
sanft *adj* мя́гкий, не́жный
sanftmütig *adj* кро́ткий; *Er ist ein ~er Mensch.* Он — кро́ткий челове́к.
Sänger(in) *m/f* певе́ц *m,* певи́ца *f*
sanieren *v 1. ARCH* ремонти́ровать, восстана́вливать, сани́ровать *impf/pf;* модернизи́ровать *impf/pf; 2. ECO* сани́ровать *impf/pf; 3. MED* сани́ровать *impf/pf;* оздоровля́ть
Sanierung *f 1. ARCH* ремо́нт *m,* восстановле́ние *n,* сана́ция *f,* модерниза́ция *f; 2. ECO* сана́ция *f; 3. MED* сана́ция *f,* оздоровле́ние *n*
Sanitäter(in) *m/f* санита́р(ка) *m/f*
Sanktion *f* са́нкция *f*
Sardelle *f ZOOL* анчо́ус *m,* хамса́ *f*
Sardine *f ZOOL* сарди́на *f, (fig) wie ~n in der Büchse* как се́льди в бо́чке
Sarg *m* гроб *m*
Sarkasmus *m* сарка́зм *m*
sarkastisch *adj* саркасти́ческий, саркасти́чный
Satan *m* сатана́ *m,* дья́вол *m*
Satellit *m* спу́тник *m*
Satellitenfunk *m TEL* спу́тниковое веща́ние *n*
Satellitenschüssel *f (Antenne) TEL* спу́тниковая анте́нна *f,* таре́лка *f (fam)*
Satin *m* сати́н *m*
Satire *f LIT* сати́ра *f*
satt *adj* сы́тый; *Ich bin ~.* Я сыт. *etw ~ haben (fam)* что-л надое́ло кому́-л
Sattel *m* седло́ *n; (fig) jdn aus dem ~ heben* выбива́ть (вышиба́ть) кого́-л из седла́; *fest im ~ sitzen* занима́ть про́чное положе́ние
satteln *v* седла́ть
sättigen *v 1.* корми́ть; *2. CHEM* насыща́ть
sättigend *adj 1. (Essen)* сы́тный; *2. CHEM, ECO* насы́щенный
Sättigung *f 1. (beim Essen)* чу́вство *n* сы́тости; *2. CHEM, ECO* насыще́ние *n,* насы́щенность *f*
Satz *m 1. GRAMM* предложе́ние *n; 2. (Druck)* набо́р *m; 3. (Menge)* набо́р *m,* компле́кт *m; 4. SPORT* па́ртия *f*
Satzung *f* уста́в *m*
Satzzeichen *n* знак *m* препина́ния
Sau *f 1. ZOOL* свинья́ *f; 2. (fig)* свинья́ *f,* неря́ха *m/f; (fig) die ~ rauslassen* дава́ть себе́ во́лю; *jdn zur ~ machen* разноси́ть кого́-л в пух и прах, не остави́ть на ком-л мо́крого ме́ста; *unter aller ~ sein* не лезть ни в каки́е воро́та, быть ни́же вся́кой кри́тики
sauber *adj 1.* чи́стый; *~ machen* чи́стить (убира́ть) что-л; *2. (Person)* чи́стый, опря́тный
Sauberkeit *f* чистота́ *f,* чистопло́тность *f*
Saudi-Arabien *n GEO* Сау́довская Ара́вия *f*
sauer *adj 1.* ки́слый; *jdm Saures geben (fig)* всы́пать кому́-л как сле́дует; *2. (fig: Person)* ки́слый, недово́льный, хму́рый
Sauerei *f (fam)* сви́нство *n (fam)*
Sauerkraut *n GAST* ки́слая (ква́шеная) капу́ста *f*
Sauerstoff *m CHEM* кислоро́д *m*
saufen *v irr 1. (Tier)* пить; *2. (fam)* пить, пья́нствовать
Säufer(in) *m/f* (го́рький) пья́ница *m/f*
saugen *v irr 1.* соса́ть; *2. (Staub ~)* пылесо́сить
Säugetier *n ZOOL* млекопита́ющее *n*
Säugling *m* грудно́й ребёнок *m*
Säule *f* коло́нна *f*
Saum *m* кайма́ *f,* подши́вка *f,* обши́вка *f,* подо́л *m*
säumig *adj 1.* опа́здывающий; *2. (langsam)* медли́тельный; *3. (faul)* ине́ртный, нера-ди́вый, лени́вый
Sauna *f* са́уна *f*
Säure *f CHEM* кислота́ *f*
Schabernack *m* шу́тка *f,* прока́за *f,* ка́верза *f*

schäbig *adj 1. (armselig)* убóгий, жáлкий; *2. (abgetragen)* понóшенный, потёртый; *3. (fig: mies)* пóдлый
Schablone *f* шаблóн *m,* трафарéт *m,* лекáло *n*
Schach *n* шáхматы *pl*
schachmatt *adj jdn ~ setzen* объявля́ть мат комý-л
Schacht *m* шáхта *f*
Schachtel *f* корóбка *f*
schade *adv* жаль, досáдно, прискóрбно; *Es ist ~, dass …* Жаль, что … *Schade!* Жаль!
Schädel *m* чéреп *m; (fig) sich den ~ einrennen* свернýть (сломáть) себé шéю на чём-л; *Ihm brummt der ~.* У негó трещи́т головá.
schaden *v* вреди́ть комý-л/чемý-л
Schaden *m* вред *m,* ущéрб *m,* убы́ток *m; zu ~ kommen* терпéть убы́ток, пострадáть
Schadenersatz *m* возмещéние *n* ущéрба (убы́тка)
schadenfroh *adj* злорáдный; *~ sein* злорáдствовать
schadhaft *adj* повреждённый, испóрченный
schädigen *v* вреди́ть, наноси́ть ущéрб
schädlich *adj* врéдный
Schädling *m* вреди́тель *m*
Schadstoff *m* врéдное веществó *n*
Schaf *n ZOOL* овцá *f; (fig) das schwarze ~ sein* быть бéлой ворóной
Schäfchen *n* овéчка *f; (fig) seine ~ ins Trockene bringen* устрáивать свои́ дели́шки
Schäfer *m* пастýх *m,* чабáн *m*
Schäferstündchen *n* любóвное свидáние *n*
schaffen[1] *v irr (schöpfen)* создавáть, твори́ть; *für etw wie ge~ sein* быть как-бýдто сóзданным для чегó-л
schaffen[2] *v 1. (fertig bringen)* успéть сдéлать что-л, спрáвиться с чем-л; *2. (arbeiten)* рабóтать, труди́ться; *sich an etw zu ~ machen* принимáться (брáться) за что-л; *Damit hat er nichts zu ~.* До э́того емý нет никакóго дéла.
Schaffner(in) *m/f* кондýктор *m/f,* проводни́к *m,* проводни́ца *f*
Schafskäse *m GAST* бры́нза *f*
Schafwolle *f* овéчья шерсть *f*
Schal *m* шарф *m,* шаль *f*
Schale *f 1. (Schüssel)* чáша *f,* блю́до *n; 2. (Umhüllung)* оболóчка *f; sich in ~ werfen (fig)* одéться с игóлочки *(fig),* наряжáться; *3. (Eierschale)* скорлупá *f*
schälen *v* чи́стить, снимáть кожурý (скорлупý)
Schalk *m* плут *m,* хитрéц *m,* прокáзник *m*
Schall *m* звук *m; ~ und Rauch sein (fig)* быть пусты́м звýком *(fig)*
schalldicht *adj* звуконепроницáемый
schalten *v 1. (ein-, ausschalten)* включáть, выключáть; *2. (Auto)* переключáть (передáчи); *3. (fig: begreifen)* соображáть
Schalter *m 1. (Vorrichtung)* выключáтель *m; 2. (Bankschalter)* окóшко *n* (в учреждéнии), кáсса *f*
Schalterhalle *f* кáссовый зал *m*
Schaltgetriebe *n TECH* корóбка *f* передáч (ступéнчатая)
Schalthebel *m (beim Auto)* рычáг *m* переключéния скоростéй (передáч)
Schaltjahr *n* високóсный год *m*
Scham *f* стыд *m,* срам *m; vor ~ im Erdboden versinken (fig)* провали́ться сквозь зéмлю от стыдá *(fig)*
schämen *v sich ~* стыди́ться
schamhaft *adj* стыдли́вый, застéнчивый
schamlos *adj* бессты́дный, потеря́вший вся́кий стыд; *sich ~ benehmen* вести́ себя́ бессты́дно (непристóйно)
Schande *f 1.* стыд *m,* позóр *m; Armut ist keine ~.* Бéдность — не порóк. *2. (Entehrung)* позóр *m,* бесчéстие *n*
Schandfleck *m* позóрное пятнó *n,* клеймó *n* позóра
schändlich *adj* посты́дный, позóрный, гнýсный
Schandtat *f* бесчéстный (гнýсный) постýпок *m; zu jeder ~ bereit sein* быть готóвым на всё
Schändung *f 1. (Entweihung)* осквернéние *n; 2. (Vergewaltigung)* изнаси́лование *n*
Schar *f 1.* толпá *f; 2. (Vogelschar)* стáя *f*
scharenweise *adv* тóлпами, стáями
scharf *adj 1. (Messer)* óстрый; *2. (Gewürz)* пикáнтный, óстрый
schärfen *v* точи́ть
Scharfschütze *m* снáйпер *m*
Scharfsinn *m* проницáтельность *f,* сообрази́тельность *f,* остроýмие *n*
scharfsinnig *adj* проницáтельный, остроýмный
Scharnier *n TECH* шарни́р *m*
Schaschlik *m GAST* шашлы́к *m*
Schatten *m* тень *f; (fig) nicht über seinen ~ springen können* вы́ше головы́ не пры́гнешь; *nur noch der ~ seiner selbst sein* от

кого́-л оста́лась то́лько тень (ко́жа и ко́сти); *einen ~ auf etw werfen* броса́ть на что-л тень; *in jds ~ stehen* быть в тени́ кого́-л; *sich vor seinem eigenem ~ fürchten* боя́ться со́бственной те́ни
Schattierung *f* отте́нок *m*
schattig *adj* тени́стый
Schatz *m 1. (Kostbarkeit)* сокро́вище *n; 2. (Kosewort)* ми́лый *m*, ...лая *f*, дорого́й *m*, ...гая *f*
Schatzbrief *m* ECO казначе́йский биле́т *m*
schätzen *v 1. (ungefähr berechnen)* оце́нивать, определя́ть (на глаз); *2. (annehmen)* предполага́ть; *3. (hoch achten)* цени́ть *impf*, уважа́ть *impf*
Schätzung *f 1. (ungefähre Berechnung)* оце́нка *f*, подсчёт *m*, калькуля́ция *f; 2. (Annahme)* предположе́ние *n; 3. (Hochachtung)* уваже́ние *n*
schätzungsweise *adv* приме́рно, приблизи́тельно
Schau *f* пока́з *m*, вы́ставка *f; (fig) jdm die ~ stehlen* затмева́ть кого́-л; *eine ~ abziehen* устра́ивать спекта́кль; *etw zur ~ stellen* выставля́ть что-л напока́з
schauderhaft *adj* жу́ткий, ужа́сный
schauen *v* смотре́ть, гляде́ть
Schauer *m 1. (Regen)* ли́вень *m; 2. (Frösteln)* озно́б *m*, дрожь *f; 3. (Schreck)* у́жас *m*
Schauergeschichte *f* стра́шная (жу́ткая) исто́рия *f*
Schaufel *f* лопа́та *f*
Schaufenster *n* витри́на *f*
Schaufensterbummel *m* прогу́лка *f* по го́роду с разгля́дыванием витри́н
Schaufensterpuppe *f* манеке́н *m*
Schaukel *f* каче́ли *pl*
schaukeln *v* кача́ть(ся), раска́чивать(ся)
Schaukelpferd *n* ло́шадь-кача́лка *f*
Schaukelstuhl *m* кре́сло-кача́лка *n*
Schaulustige(r) *f/m* зева́ка *m/f*, любопы́тный *m*, ...ная *f*
Schaum *m* пе́на *f*
Schaumbad *n* пе́нистая ванна *f*
schäumen *v* пе́ниться
schäumend *adj* пе́нистый, пе́нящийся
Schaumgummi *m* пенорези́на *f*
Schaumkrone *f 1. (Welle)* пе́нистый гре́бень *m* (волны́); *2. (Bier)* пе́на *f* (на пи́ве)
Schaumschläger *m (fig)* очковтира́тель *m (fig)*, пустоме́ля *m/f (fam)*
Schaumstoff *m* CHEM пороло́н *m*
Schaumwein *m* шипу́чее вино́ *n*, шампа́нское *n*
Schauplatz *m* ме́сто *n* де́йствия, аре́на *f*
schaurig *adj* жу́ткий
Schauspiel *n* спекта́кль *m*, зре́лище *n*
Schauspieler(in) *m/f* актёр *m*, актри́са *f*
Schauspielhaus *n* (драмати́ческий) теа́тр *m*
Schausteller(in) *m/f* владе́лец *m* аттракцио́на (балага́на), владе́лица *f* аттракцио́на (балага́на)
Scheck *m* чек *m*
Scheckbuch *n* че́ковая кни́жка *f*
Scheckkarte *f* че́ковая ка́рточка *f*
Scheibe *f 1.* диск *m*, круг *m; 2. (Wurstscheibe, Brotscheibe)* ло́мтик *m*, ломо́ть *m; sich von jdm eine ~ abschneiden können (fig)* у кого́-л есть чему́ поучи́ться; *3. (Fensterscheibe)* око́нное стекло́ *n*
Scheibenwischer *m (eines Autos)* стеклоочисти́тель *m*, дво́рник *m (fam)*
Scheich *m* шейх *m*
Scheide *f 1. (Messerscheide)* но́жны *pl; 2.* ANAT влага́лище *n*
scheiden *v irr 1.* разделя́ть, отделя́ть; *2. (eine Ehe bei Gericht ~ lassen)* разводи́ть (супру́гов), расторга́ть брак; *3. (sich ~ lassen)* разводи́ться, расторга́ть брак
Scheidung *f* разво́д *m*, расторже́ние *n* бра́ка
Schein *m 1. (Licht)* свет *m*, сия́ние *n; 2. (Banknote)* банкно́т(а) *m/f*, купю́ра *f; 3. (Bescheinigung)* спра́вка *f*, свиде́тельство *n*, удостовере́ние *n; 4. (fig: Aussehen)* вне́шний вид *m*, вне́шность *f; (fig) den ~ wahren* сохраня́ть ви́димость чего́-л; *Der ~ trügt.* Вне́шность обма́нчива. *zum ~* для ви́да
scheinbar *adj 1.* мни́мый, ка́жущийся; *adv 2.* по-ви́димому, ви́димо, ка́жется
Scheinehe *f* фикти́вный брак *m*
scheinen *v irr 1. (leuchten)* свети́ть, сия́ть *2. (fig: Anschein haben)* каза́ться, име́ть *impf* вид, производи́ть впечатле́ние
scheinheilig *adj* лицеме́рный, ха́нжеский
Scheinheiligkeit *f* лицеме́рие *n*, ха́нжество *n*
Scheinwerfer *m 1. (eines Autos)* фа́ра *f; 2.* CINE проже́ктор *m*
Scheiße *f (fam) 1.* дерьмо́ *n; 2. (sehr vulgär)* говно́ *n*
Scheitel *m 1.* MATH верши́на *f* (угла́); *2. (im Haar)* пробо́р *m; vom ~ bis zur Sohle* с головы́ до пят (ног)

scheitern *v* терпéть неудáчу (провáл), не удавáться
Schelm *m* шéльма *f/m,* мошéнник *m,* мошéнница *f,* плут *m,* плутóвка *f*
schelmisch *adj* лукáвый, плутовскóй, задóрный
schelten *v irr* бранúть, ругáть
Schema *n* схéма *f; nach ~ F* по шаблóну
schematisch *adj* схематúческий
Schemel *m* табурéт(ка) *m/f*
schemenhaft *adj* расплы́вчатый, нечёткий, прúзрачный
schenken *v* дарúть; *halb geschenkt sein* почтú дáром; *sich nichts ~* не позволя́ть себé ничегó
Schenkung *f JUR* дар *m,* дарéние *n*
Scherbe *f* черепóк *m,* облóмок *m,* оскóлок *m*
Scherbenhaufen *m* грýда (кýча) оскóлков (облóмков)
Schere *f* нóжницы *pl*
Schererei *f* возня́ *f,* неприя́тности *f/pl,* хлóпоты *pl*
Scherz *m* шýтка *f,* острóта *f*
scherzen *v* шутúть
scherzhaft *adj* шутлúвый
scheu *adj* рóбкий, боязлúвый
Scheu *f* рóбость *f,* боя́знь *f*
scheuen *v 1. (Pferd)* пугáться; *2. (meiden)* боя́ться, избегáть
Scheuerlappen *m* (половáя) тря́пка *f*
scheuern *v* терéть, вытирáть; *(fam) jdm eine ~* влепúть комý-л пощёчину
Scheuklappen *pl* шóры *pl,* наглáзники *m/pl* (для лошадéй)
Scheune *f 1.* сарáй *m; 2. (Speicher)* амбáр *m*
Scheusal *n 1.* чудóвище *n; 2. (fig)* úзверг *m*
scheußlich *adj* отвратúтельный, ужáсный, чудóвищный
Schicht *f 1.* слой *m; 2. (Klasse)* класс *m; 3. (Arbeitsschicht)* смéна *f*
Schichtwechsel *m* конéц *m* смéны, пересмéнка *f (fam)*
schick *adj* изя́щный, элегáнтный
schicken *v* посылáть, отправля́ть; *Würden Sie mir die Sachen ins Hotel ~?* Не моглú бы Вы отпрáвить моú вéщи в гостúницу?
schicklich *adj* прилúчный, пристóйный
Schicksal *n* судьбá *f,* ýчасть *f,* дóля *f; jdn seinem ~ überlassen* бросáть когó-л на произвóл судьбы́
schicksalhaft *adj* судьбонóсный
Schicksalsschlag *m* удáр *m* судьбы́
Schiebedach *n (eines Autos)* сдвижнáя кры́ша *f* (автомобúля), люк *m* (автомобúля)
schieben *v irr* двúгать, толкáть
Schiebetür *f* раздвижнáя дверь *f*
Schiebung *f 1. (Unredlichkeit)* обмáн *m,* нечéстный постýпок *m; 2. (Schiebergeschäft)* спекуля́ция *f,* махинáция *f; 3. (fig: „Vitamin B“)* блат *m,* протáлкивание *n*
Schiedsgericht *n JUR* третéйский суд *m,* арбитрáж *m*
Schiedsrichter(in) *m/f SPORT* арбúтр *m/f,* судья́ *m/f*
schief *adj 1.* косóй, кривóй, наклóнный; *jdn ~ ansehen* кóсо (недовéрчиво, недружелю́бно) смотрéть на когó-л; *2. ~ gehen (fig)* терпéть неудáчу (крах), не удавáться; *3. sich ~ lachen* покáтываться сó смеху
schielen *v* косúть, быть косоглáзым
Schiene *f 1. (Bahnschiene)* рельс *m; 2. MED* шúна *f*
Schienenverkehr *m* рéльсовый трáнспорт *m*
schießen *v irr 1. (Waffe)* стреля́ть; *2. (Ball)* бить, ударя́ть; *3. zum Schießen sein (fam)* быть óчень смешны́м, прóсто умóра *(fam)*
Schießerei *f* перестрéлка *f,* пальбá *f*
Schiff *n* корáбль *m,* сýдно *n; mit etw klar ~ (fig) machen* улáживать что-л
Schiffbau *m* судостроéние *n,* кораблестроéние *n*
Schiffbruch *m* кораблекрушéние *n; ~ mit etw erleiden (fig)* потерпéть крах (провáл) с чем-л
Schiffbrüchige(r) *f/m* потерпéвший *m* (…шая *f*) кораблекрушéние
Schifffahrt *f* судохóдство *n,* мореплáвание *n*
Schikane *f* издевáтельство *n,* придúрка *f,* кáверза *f; Das ist reine ~.* Э́то настоя́щее издевáтельство. *mit allen ~n (fam)* со всéми наворóтами *(fam)*
schikanieren *v* придирáться, издевáться, причиня́ть неприя́тности
Schild *n 1. (Schutzschild)* щит *m; etw im ~e führen (fig)* замышля́ть что-л; *2. (Türschild)* таблúчка *f; 3. (Straßenschild)* дорóжный указáтель *m*
schildern *v* опúсывать, изображáть
Schilderung *f* описáние *n,* изображéние *n,* характерúстика *f*
Schildkröte *f ZOOL* черепáха *f*
schillern *v* отливáть, переливáться (рáзными цветáми)

Schimmel *m 1.* BOT плéсень *f; 2. (Pferd)* ZOOL бéлая (сúвая) лóшадь *f*
schimmeln *v* плéсневеть, покрывáться плéсенью
Schimmer *m* сверкáние *n,* блеск *m; keinen ~ von etw haben (fam)* не имéть ни малéйшего представлéния о чём-л
schimpfen *v* ругáть; *über jdn ~* ругáть (поносúть) когó-л
Schimpfwort *n* брáнное слóво *n,* ругáтельство *n*
Schinderei *f* живодёрство *n,* издевáтельство *n; Das ist eine ~.* Э́то издевáтельство.
Schinken *m 1.* GAST ветчинá *f; 2. (~keule)* GAST óкорок *m*
Schippe *f* лопáта *f; jdn auf die ~ nehmen (fig)* разы́грывать когó-л, выставля́ть когó-л дурачкóм
Schirm *m* зонт *m*
Schirmherr(in) *m/f* покровúтель(ница) *m/f,* патрóн *m*
Schirmherrschaft *f* покровúтельство *n,* эгúда *f*
Schirmständer *m* подстáвка *f* для зóнтиков
Schlacht *f* бúтва *f,* сражéние *n; Wir haben eine ~ verloren, aber nicht den Krieg.* Мы проигрáли бúтву, но не войнý.
schlachten *v* рéзать, забивáть (скот)
Schlaf *m* сон *m; (fig) jdm den ~ rauben/jdn um den ~ bringen* лишúть когó-л сна, не давáть комý-л спать; *den ~ des Gerechten schlafen* спать сном прáведника; *etw im ~ können* умéть что-л с закры́тыми глазáми
Schlafanzug *m* пижáма *f*
Schläfe *f* ANAT висóк *m*
schlafen *v irr* спать; *wie ein Stein ~ (fig)* спать мёртвым сном *(fig)*
Schläfer *m* MIL спя́щий агéнт *m*
schlaff *adj* вя́лый, лишённый энéргии
schlaflos *adj* бессóнный; *eine ~e Nacht verbringen* провестú бессóнную ночь
Schlaflosigkeit *f* бессóница *f*
schläfrig *adj* сонлúвый, сóнный
Schlafsack *m* спáльный мешóк *m*
schlaftrunken *adj* зáспанный, сóнный
Schlafwagen *m* спáльный вагóн *m*
Schlafwandeln *n* лунатúзм *m,* сомнабулúзм *m*
Schlafzimmer *n* спáльня *f*
Schlag *m 1. (Hieb)* удáр *m; 2. (Pochen)* биéние *n; 3. (elektrischer ~)* удáр *m* тóком; *4. (fig: schwerer ~)* тяжёлый удáр *m; einen vernichtenden ~ gegen jdn führen* наносúть комý-л уничтожáющий удáр; *jdm einen ~ versetzen* наносúть комý-л удáр; *(fig) ~ auf ~* однó за другúм; *keinen ~ tun* не удáрить пáлец о пáлец; *auf einen ~* однúм мáхом, срáзу; *wie vom ~ getroffen* стоя́ть как грóмом поражённый, как óбухом по головé
Schlaganfall *m* MED инсýльт *m,* апоплексúя *f*
schlagartig *adj* внезáпный, мгновéнный, молниенóсный
Schlagbohrmaschine *f* TECH дрель *f* удáрного дéйствия
schlagen *v irr 1. (hauen)* бить когó-л; *2. (Uhr)* бить *(о часáх); 3. (fig: siegen)* побеждáть; *4. (Herz)* бúться *(о сéрдце)*
Schlägerei *f* дрáка *f,* потасóвка *f*
schlagfertig *adj* нахóдчивый, бóйкий (на язы́к); *~ sein* не лезть за слóвом в кармáн *(fam)*
Schlagfertigkeit *f* нахóдчивость *f,* мéткость *f,* бóйкость *f* (на язы́к)
schlagkräftig *adj (fig)* мéткий, убедúтельный
Schlagloch *n* вы́боина *f*
Schlagsahne *f* GAST сбúтые слúвки *pl*
Schlagseite *f 1.* NAUT крен *m; ~ haben* кренúться; *2. ~ haben (fig)* нетвёрдо держáться на ногáх
Schlagwort *n* лóзунг *m,* девúз *m*
Schlagzeile *f* крýпный заголóвок *m (в газéте); ~n machen* стать газéтной сенсáцией
Schlagzeug *n* MUS удáрный инструмéнт *m*
Schlamassel *m (fam)* неприя́тность *m,* бедá *f,* несчáстье *n*
Schlamm *m* грязь *f*
schlammig *adj 1.* гря́зный, вя́зкий; *2. (Gewässer)* úлистый, тúнистый
Schlamperei *f* небрéжность *f,* халáтность *f*
schlampig *adj* небрéжный, халáтный
Schlange *f 1.* ZOOL змея́ *f; 2. (Menschenschlange)* óчередь *f; ~ stehen* стоя́ть в óчереди
schlängeln *v sich ~* извивáться
schlank *adj* стрóйный
schlapp *adj* вя́лый, лишённый энéргии
Schlappe *f (fam)* прóмах *m,* неудáча *f*
schlappmachen *v (fam)* выбивáться из сил, выдыхáться *(fam)*
Schlaraffenland *n* скáзочная странá *f,*

странá *f* с молóчными рéками и кисéльными берегáми
schlau *adj* хи́трый; *zu ~ sein* быть сли́шком хи́трым; *(fig) aus jdm nicht ~ werden* не понимáть когó-л; *sich ~ machen* разузнавáть что-л
Schlauberger *m (fam)* хитрéц *m,* хитрю́га *m/f (fam)*
Schlauch *m* шланг *m; auf dem ~ stehen (fam)* не понимáть чегó-л
Schlauchboot *n* надувнáя лóдка *f*
Schläue *f* хи́трость *f*
Schlaufe *f* петля́ *f*
Schlawiner *m (fam)* плут *m,* пройдóха *m/f,* озорни́к *m*
schlecht *adj* плохóй, сквéрный, дурнóй; *Mir wird ~.* Мне плóхо. *Er staunte nicht ~.* Он немáло удиви́лся. *Ich kann ~ nein sagen.* Я не могý откaзáться. *~ gehen* не лáдиться; *jdn ~ machen* черни́ть (поноси́ть) когó-л, плóхо отзывáться о ком-л
Schleckerei *f* лáкомство *n*
schleichen *v* ir *1. (sich unbemerkt fortbewegen)* крáсться, подкрáдываться *2. (langsam fortschreiten)* ползти́, пóлзать
schleichend *adj 1. (unbemerkt)* крáдущийся (*auch:* крадýщийся); *2. (langsam)* ползýчий, мéдленный
Schleichwerbung *f* скры́тая (завуали́рованная) реклáма *f*
schleierhaft *adj* тумáнный, нея́сный
Schleife *f* бант *m,* петля́ *f*
schleifen[1] *v irr (schärfen)* точи́ть, заостря́ть
schleifen[2] *v (schleppen)* тащи́ть/таскáть, волочи́ть
schleimig *adj 1.* сли́зистый; *2. (fig)* льсти́вый, заи́скивающий
schlemmen *v* пировáть, кути́ть
schlendern *v* брести́/броди́ть, слоня́ться, шатáться *(fam)*
Schlendrian *m* рути́на *f,* волоки́та *f,* кóсность *f*
schleppen *v 1. (schwer tragen)* тащи́ть/таскáть; *2. (ab~)* букси́ровать, брать на букси́р
schleppend *adj 1. (Gang)* волочáщийся, тяжёлый; *2. (langwierig)* затяжнóй, мéдленный, вя́лый
Schlepptau *n* букси́рный трос (канáт) *m; jdn ins ~ nehmen* брать когó-л на букси́р
schleudern *v 1. (Wäsche)* отжимáть; *2. (mit dem Auto)* заноси́ть; *3. (werfen)* бросáть, швыря́ть
Schleuderpreis *m ECO* брóсовая (дéмпинговая) ценá *f*
schleunigst *adv* немéдленно, как мóжно скорéе
schlicht *adj* скрóмный, простóй
schlichten *v 1. (beilegen)* улáживать, разрешáть; *2. (glätten) TECH* подвергáть чистовóй обрабóтке
schließen *v irr 1. (zumachen)* закрывáть; *2. (Vertrag)* заключáть; *3. (beenden)* окáнчивать, завершáть; *4. (folgern)* дéлать вы́вод
Schließfach *n* сейф *m,* ячéйка *f* (в кáмере хранéния)
schließlich *adv* в концé концóв, в конéчном итóге, наконéц
schlimm *adj* плохóй, сквéрный
schlimmstenfalls *adv* в хýдшем (крáйнем) слýчае, на худóй конéц
Schlinge *f* петля́ *f; (fig) jdm die ~ um den Hals legen* надевáть (наки́дывать) комý-л пéтлю на шéю, устрáивать западню́ комý-л
Schlips *m* гáлстук *m; (fig) jdm auf den ~ treten* оскорбля́ть когó-л, задéть когó-л за живóе
Schlitten *m* сáни *pl*
Schlittenfahrt *f* ездá *f* (катáние *n*) на саня́х
Schlittschuh *m* конёк *m*
Schlittschuhlaufen *n* катáние *n* на конькáх
Schlitz *m 1.* щель *f,* разрéз *m,* прорéз *m,* прóрезь *f; 2. (Hosenschlitz)* шири́нка *f*
Schloss *n 1. (Verschluss)* замóк *m; hinter ~ und Riegel* за решёткой (под арéстом); *2. (Gebäude)* дворéц *m,* зáмок *m*
Schlosser *m* слéсарь *m*
Schlot *m* дымовáя трубá *f*
schlottern *v 1. (zittern)* трясти́сь, дрожáть; *2. (zu große Kleidung)* болтáться, висéть
Schlucht *f* ущéлье *n*
schluchzen *v* всхли́пывать, плáкать навзры́д, рыдáть
Schluckauf *m* икóта *f*
schlucken *v* глотáть
Schlucker *m ein armer ~ (fam)* бедня́га *m/f,* бедолáга *m/f*
Schluckimpfung *f MED* перорáльная вакцинáция *f*
schlummern *v* дремáть
schlüpfen *v 1. (anziehen)* бы́стро одевáть что-л; *2. ZOOL* вылупля́ться

Schlüpfer *m (Damenunterhosen)* да́мские тру́сики *pl*
Schlupfwinkel *m* убе́жище *n*, укры́тие *n*
schlürfen *v* гро́мко хлеба́ть, ча́вкать
Schluss *m* коне́ц *m*, оконча́ние *n*, заверше́ние *n*
Schlüssel *m* ключ *m*
Schlüsselbund *m* свя́зка *f* ключе́й
schlussfolgern *v ~ aus* де́лать вы́вод (заключе́ние) из чего́-л, заключа́ть что-л из чего́-л
Schlussfolgerung *f* вы́вод *m*, заключе́ние *n*
schlüssig *adj* логи́чный, убеди́тельный
Schlussstrich *m* черта́ *f* под чем-л; *einen ~ ziehen* подводи́ть черту́ под чем-л
Schlussverkauf *m ECO* сезо́нная распрода́жа *f*
schmächtig *adj* f то́щий, худо́й, хи́лый
schmackhaft *adj* вку́сный, ла́комый; *jdm etw ~ machen (fig)* де́лать что-л привлека́тельным для кого́-л
schmal *adj* у́зкий, то́нкий
schmälern *v* сокраща́ть, уменьша́ть
schmarotzen *v (fam)* быть прихлеба́телем (нахле́бником), паразити́ровать *impf*, дармое́дничать *impf (fam)*
Schmarotzer *m (fam)* прихлеба́тель *m*, нахле́бник *m*, дармое́д *m*
schmatzen *v* ча́вкать, чмо́кать
schmecken *v 1. ~ nach* име́ть вкус чего́-л; *2. gut ~* быть вку́сным
Schmeichelei *f* лесть *f*, уго́дливость *f*
schmeichelhaft *adj* ле́стный
schmeicheln *v* льстить
Schmeichler(in) *m/f* льстец *m*, льсти́ца *f*
schmelzen *v irr 1.* та́ять; *2. (fig)* та́ять, убыва́ть, уменьша́ться
Schmerz *m* боль *f*, *Geben Sie mir bitte etw gegen die ~en.* Да́йте мне, пожа́луйста, что́-нибудь от бо́ли.
schmerzempfindlich *adj* чувстви́тельный к бо́ли
schmerzen *v* боле́ть
Schmerzensgeld *n* де́нежное возмеще́ние *n* (…ная компенса́ция *f*) за причинённые теле́сные поврежде́ния
schmerzfrei *adj* безболе́зненный
schmerzhaft *adj* боле́зненный
schmerzlich *adj* мучи́тельный, (при)ско́рбный, оби́дный
schmerzlindernd *adj* болеутоля́ющий
Schmetterling *m ZOOL* ба́бочка *f*
Schmied *m* кузне́ц *m*
Schmiede *f* ку́зница *f*
schmieden *v* кова́ть
schmiegsam *adj 1.* ги́бкий, эласти́чный; *2. (Charakter)* ги́бкий, пода́тливый
Schmiere *f 1. (Salbe)* мазь *f*, сма́зка *f*; *2. (Schmutz)* грязь *f*; *3. ~ stehen (fam)* стоя́ть на стрёме *(fam)*
schmieren *v 1. (bestreichen)* нама́зывать; *2. (einfetten)* сма́зывать; *3. (fam: bestechen)* подкупа́ть, дава́ть взя́тку, дава́ть на ла́пу *(fam)*; *4. (kritzeln)* мара́ть, писа́ть неаккура́тно (гря́зно); *5. jdm eine ~ (fam)* вма́зать кому́-л *(fam)*
schmierig *adj 1. (fettig)* гря́зный, заса́ленный; *2. (fig: Geschäft)* тёмный, подозри́тельный
Schminke *f* грим *m*, косме́тика *f*
schminken *v* подкра́шивать, гримирова́ть
Schmöker *m* бульва́рный рома́н *m*, чти́во *n (fam)*
schmökern *v* чита́ть взахлёб (запо́ем), глота́ть кни́ги
Schmuck *m* украше́ния *n/pl*, драгоце́нности *f/pl*
schmücken *v* украша́ть, наряжа́ть
schmuggeln *v* занима́ться контраба́ндой
schmunzeln *v* ухмыля́ться, усмеха́ться, улыба́ться
schmusen *v* ласка́ться к кому́-л, не́жничать с кем-л
Schmutz *m 1. (Dreck)* грязь *f*; *2. (Kehricht)* му́сор *m*, сор *m*
Schmutzfink *m (fam)* неря́ха *m/f*, грязну́ля *m/f*
schmutzig *adj* гря́зный, нечи́стый
Schnabel *m 1.* клюв *m*; *2. (fam: Mund)* рот *m*; *(fam) den ~ halten* держа́ть язы́к за зуба́ми; *reden, wie einem der ~ gewachsen ist* говори́ть, как бог на́ душу поло́жит; *sich den ~ verbrennen* сболтну́в ли́шнее, навле́чь на себя́ неприя́тности
schnappen *v 1. (zu~)* захло́пываться, защёлкиваться; *2. (greifen)* хвата́ть, схва́тывать; *3. (erwischen)* пойма́ть *pf* (*von:* лови́ть *impf*); *4. (nach Luft ~)* тяжело́ дыша́ть, задыха́ться
Schnaps *m* шнапс *m (неме́цкая во́дка f)*
schnarchen *v* храпе́ть
schnaufen *v* пыхте́ть, тяжело́ дыша́ть
Schnauze *f 1. (Tiere)* мо́рда *f*, ры́ло *n*; *2. (fam)* мо́рда *f*, ха́ря *f*; *(fam) die ~ voll haben* быть сы́тым по го́рло; *die ~ halten* заткну́ться; *eine große ~ haben* хва́статься, быть больши́м хвастуно́м (горлодёром)

schnäuzen *v sich ~* сморкáться
Schnauzer *m 1. (fam: Bart)* усы́ *m/pl; 2. (Hund)* ZOOL жесткошёрстный пи́нчер *m*
Schnecke *f* ZOOL ули́тка *f*
Schnee *m* снег *m; ~ von gestern (fig)* давнó прошéдшее и никогó неинтересýющее дéло
Schneeball *m* снéжный ком *m,* снежóк *m*
Schneeflocke *f* снежи́нка *f*
Schneemann *m* снегови́к *m,* снéжная бáба *f*
schneiden *v irr 1.* рéзать; *2. (fig: Kurve)* срезáть (поворóт); *3. (fig) jdn ~* игнори́ровать *impf/pf* когó-л
Schneider(in) портнóй *m,* портни́ха *f; aus dem ~ sein (fig)* вы́йти из трýдного положéния
schneien *v* идёт снег
schnell *adj* бы́стрый, скóрый
Schnelligkeit *f* быстротá *f,* скóрость *f*
Schnellimbiss *m* буфéт *m,* закýсочная *f*
schnellstens *adv* как мóжно скорéе
Schnellstraße *f* скоростнáя автомагистрáль *f*
Schnellzug *m* скóрый пóезд *m,* экспрéсс *m*
schnippisch *adj* дéрзкий, задíристый, вызывáющий
Schnitt *m 1.* разрéз *m,* прóрезь *f; 2. (Schnittfläche)* TECH сечéние *n,* разрéз *m; 3. (Wunde)* порéз *m,* рéзаная рáна *f; 4. (Haare)* стри́жка *f; 3. (Kleid)* фасóн *m,* покрóй *m*
schnittig *adj* элегáнтный, краси́вого фасóна
Schnittlauch *m* BOT лук-рéзанец *m*
Schnitzel *n 1. (Papierschnitzel)* обрéзок *m* (бýмаги); *2.* GAST шни́цель *m*
schnitzen *v* рéзать (по дéреву, по слонóвой кóсти), вырезáть (из дéрева, из слонóвой кóсти)
Schnorchel *m* дыхáтельная трýбка *f (для ныря́ния)*
schnüffeln *v 1. (schnuppern)* ню́хать, обню́хивать; *2. (fig)* шпиóнить, выню́хивать
Schnüffler(in) *m/f* шпиóн(ка) *m/f,* сы́щик *m/f,* шпик *m/f*
Schnulze *f 1.* сентиментáльщина *f (fam); 2. (Lied)* сентиментáльная пéсня *f; 3. (Film)* сентиментáльный фильм *m*
Schnupfen *m* нáсморк *m*
schnuppern *v* ню́хать, обню́хивать
Schnur *f* верёвка *f,* бечёвка *f*
Schnürchen *n (fig) wie am ~ gehen* идти́ как по мáслу, без сучкá без задóринки
schnüren *v* перевя́зывать, шнуровáть
Schnurrbart *m* усы́ *m/pl*
schnurren *v* мурлы́кать
Schock *m* шок *m*
schockieren *v* шоки́ровать *impf/pf*
Schöffe *m* JUR шéффен *m (судéбный заседáтель в Гермáнии]*
Schokolade *f 1. Tafel ~* пли́тка *f* шоколáда; *2. heiße ~* горя́чий шоколáд *m*
Scholle *f 1. (Erdscholle)* глы́ба *f,* пласт *m* земли́; *2. (Eisscholle)* льди́на *f; 3.* ZOOL кáмбала *f* морскáя
schon *adv* ужé; *heute ~* ужé сегóдня; *Ich komme ~!* Я ужé идý!
schön *adj* краси́вый, прекрáсный; *Danke ~!* Большóе спаси́бо!
schonen *v 1. jdn ~* щади́ть когó-л; *2. etw ~* берéчь что-л; *3. sich ~* берéчь себя́
Schönfärberei *f* приукрáшивание *n* действи́тельности
Schönheit *f* красотá *f*
Schonkost *f* щадя́щая диéта *f,* щадя́щее питáние *n*
schonungslos *adj* беспощáдный, безжáлостный
schöpfen[1] *v 1. (Flüssigkeit)* чéрпать (*auch:* черпáть); *2. (Mut)* набирáться (мýжества); *3. Atem ~* переводи́ть дух
schöpfen[2] *v irr* создавáть, твори́ть
Schöpfer(in) *m/f* создáтель(ница) *m/f,* творéц *m*
schöpferisch *adj* твóрческий, созидáтельный
Schöpflöffel *m* полóвник *m*
Schöpfung *f 1.* созидáние *n,* сотворéние *n; 2. (Werk)* произведéние *n,* творéние *n*
Schornstein *m* дымовáя трубá *f*
Schornsteinfeger *m* трубочи́ст *m*
Schoß *m 1.* колéни *n/pl; 2. (Mutterleib)* чрéво *n; 3. (Erde)* нéдра *pl; 4. (fig) im ~e der Natur* на лóне прирóды; *in den ~ fallen* доставáться без трудá
Schotte *m* шотлáндец *m*
Schottin *f* шотлáндка *f*
Schottland *n* GEO Шотлáндия *f*
schräg *adj 1.* косóй; *adv 2.* вкось, нáискось
Schräge *f* наклóн *m,* покáтость *f*
Schramme *f* шрам *m,* рубéц *m*
Schrank *m* шкаф *m*
Schranke *f* барьéр *m,* огрáда *f,* прегрáда *f; (fig) jdn in seine ~n verweisen* постáвить когó-л на мéсто

Schraube *f 1.* винт *m*, болт *m; (fig) die ~ überdrehen* перегибáть пáлку; *eine ~ ohne Ende* чемý-л нет концá; *Bei dir ist doch eine ~ locker!* Да ты спя́тил! *2. (Schiffsschraube)* гребнóй винт *m*

schrauben *v* зави́нчивать, соединя́ть болтáми

Schraubenzieher *m* отвёртка *f*

Schreck *m* испýг *m*, ýжас *m*, страх *m; einen ~en einjagen* нагоня́ть стрáху, пугáть когó-л; *Ach du ~!* О ýжас! Бóже мой!

schreckensbleich *adj* блéдный от стрáха (ýжаса)

Schreckensbotschaft *f* ужáсная весть *f*

schreckhaft *adj* пугли́вый

schrecklich *adj* ужáсный, стрáшный

Schrei *m* крик *m; 1. (fig: Mode) der letzte ~* послéдний крик *m* (мóды); *2. (fig)* TECH *der letzte ~* послéднее слóво *n* (тéхники)

schreiben *v irr* писáть; *ein paar Zeilen ~* написáть пáру строк

schreibfaul *adj* не лю́бящий писáть

Schreibkraft *f* машини́стка *f*, ремингтони́ст(ка) *m/f*

Schreibmaschine *f* пи́шущая маши́нка *f*

Schreibtisch *m* пи́сьменный стол *m*

Schreibwaren *pl* канцеля́рские товáры *m/pl*, канцтовáры *m/pl*

schreien *v irr* кричáть, орáть

Schreiner *m* столя́р *m*

Schrift *f 1. (Schriftart)* шрифт *m; Großschrift* крýпный шрифт *m; 2. (einer Person)* пóчерк; *3. (Aufsatz)* сочинéние *n*, труд *m*

Schriftführer(in) *m/f* делопроизводи́тель (ница) *m/f*

schriftlich *adj* пи́сьменный

Schriftsteller(in) *m/f* писáтель(ница) *m/f*

Schriftstück *n* докумéнт *m*, официáльная бумáга *f*

Schriftverkehr *m* корреспондéнция *f*, перепи́ска *f*

schrill *adj* рéзкий, пронзи́тельный

Schritt *m 1. (Gangart)* шаг *m; (fig) mit jdm ~ halten* идти́ в нóгу с кем-л, поспевáть за кем-л; *einen ~ zu weit gehen* перегибáть пáлку; *~ für ~* шаг за шáгом; *den ersten ~ tun* дéлать пéрвый шаг; *2. (fig)* шаг *m*, постýпок *m*

Schritttempo *n* движéние *n* со скóростью пешехóда

schrittweise *adv* шаг за шáгом, постепéнно

schroff *adj 1. (Felsen)* крутóй, обры́вистый; *2. (fig: kurz angebunden)* рéзкий

Schrott *m* металлолóм *m*, скрап *m*

schrubben *v* дрáить, чи́стить (швáброй, щёткой)

schrumpfen *v 1. (eingehen)* сжимáться, стя́гиваться; *2. (fig: vermindern)* сокращáться, уменьшáться

Schub *m 1.* толчóк *m*, сдвиг *m; 2. (~kraft)* PHYS тя́га *f*, си́ла *f*

Schubkarre *f* тáчка *f*

schüchtern *adj* застéнчивый, рóбкий

Schüchternheit *f* застéнчивость *f*, рóбость *f*

Schuft *m* подлéц *m*, негодя́й *m*

schuften *v* надрывáться, вкáлывать *(fam)*, пахáть *(fam)*

Schuh *m 1.* тýфля *f; 2. (Halbschuh)* боти́нок *m*, башмáк *m; 3. (~e)* óбувь *f; (fig) sich die ~e nach etw ablaufen* сби́ться с ног в пóисках чегó-л; *Umgekehrt wird ein ~ draus!* Как раз наоборóт! *Da zieht es einem ja die ~e aus!* Вот так нáглость!

Schuhband *n* шнурóк *m*

Schuhcreme *f* крем *m* для óбуви

Schuhgeschäft *n* обувнóй магази́н *m*

Schuhgröße *f* размéр *m* óбуви

Schuhmacher *m* сапóжник *m*

Schulanfang *m* начáло *n* учéбного гóда

Schulanfänger(in) *m/f* первоклáссник *m*, первоклáссница *f*

Schulbank *f* пáрта *f*, шкóльная скамья́ *f; die ~ drücken (fam)* протирáть штаны́ на шкóльной скамьé *(fam)*

Schulbildung *f* шкóльное образовáние *n*

schuld *adj ~ sein* быть винóватым в чём-л

Schuld *f 1. (Geldschuld)* ECO дéнежный долг *m; 2. ~en pl* ECO долги́ *m/pl*, задóлженность *f; 3. (Verpflichtung)* долг *m; tief in jds ~ stehen* быть в большóм долгý пéред кем-л; *4.* JUR винá *f; ~ haben* быть винóвным

schuldbewusst *adj* сознаю́щий свою́ винý

schulden *v jdm etw ~* ктó-л дóлжен что-л комý-л

schuldenfrei *adj* свобóдный от долгóв

Schuldfrage *f* JUR вопрóс *m* винóвности

Schuldgefühl *n* чýвство *n* вины́

schuldig *adj 1. (Geld)* ECO задолжáвший дéньги; *2.* JUR винóвный

schuldlos *adj 1.* неви́нный, невинóвный; *adv 2.* неви́нно, без вины́

Schuldner(in) *m/f* ECO должни́к *m*, должни́ца *f*
Schuldschein *m* ECO долгово́е обяза́тельство *n*
Schule *f* шко́ла *f; die ~ schwänzen (fam)* прогу́ливать шко́лу; *~ machen* служи́ть приме́ром
Schüler(in) *m/f* учени́к *m*, учени́ца *f*
Schüleraustausch *m* обме́н *m* шко́льников
Schülerausweis *m* учени́ческий биле́т *m*
Schulferien *pl* шко́льные кани́кулы *pl*
schulfrei *adj* свобо́дный от шко́льных заня́тий
Schulfreund(in) *m/f* шко́льный друг *m*, шко́льная подру́га *f*
Schuljahr *n* учёбный год *m*
schulpflichtig *adj* обя́занный посеща́ть шко́лу
schulreif *adj* доста́точно ра́звитый для посеще́ния шко́лы
Schulstunde *f* уро́к *m*
Schulter *f* ANAT плечо́ *n; (fig) etw auf die leichte ~ nehmen* относи́ться к чему́-л легкомы́сленно; *etw auf seine ~n nehmen* взять что-л на себя́
Schulung *f* обуче́ние *n*, квалифика́ция *f*
Schulzeugnis *n* та́бель *m* шко́льника, аттеста́т *m*
Schund *m 1.* дрянь *f*, хлам *m; 2.* LIT чти́во *n*
Schuppe *f 1. (pl: Haarschuppen)* пе́рхоть *f; Es fiel ihm wie ~n von den Augen. (fig)* У него́ сло́вно пелена́ с глаз упа́ла. *(fig) 2. (Fischschuppe)* ZOOL чешуя́ *f*
Schuppen *m (Gebäude)* сара́й *m*
Schurke *m* негодя́й *m*, мерза́вец *m*
Schurkenland *n (auch: Schurkenstaat)* POL страна́-изго́й *f*
Schürze *f* фа́ртук *m*, пере́дник *m*
Schürzenjäger *m* ба́бник *m*, волоки́та *m*
Schuss *m* вы́стрел *m; (fig) Der ~ ging nach hinten los.* Де́ло вы́шло бо́ком. *weitab vom ~* далеко́ от каки́х-л собы́тий (вне опа́сности); *ein ~ in den Ofen sein* промахну́ться, ошиби́ться; *ein ~ ins Schwarze* попада́ние в цель, то́чный уда́р; *etw in ~ bringen* приводи́ть что-л в поря́док; *einen ~ haben* быть не совсе́м норма́льным
Schüssel *f* ми́ска *f*, блю́до *n*
schusselig *adj* рассе́янный, нело́вкий
Schusslinie *f 1.* ли́ния *f* огня́ (стрельбы́); *2. (fig)* ого́нь *m* кри́тики
Schusswaffe *f* огнестре́льное ору́жие *n*
Schuster *m* сапо́жник *m; (fig) ~ bleib bei deinen Leisten.* Всяк сверчо́к зна́й сво́й шесто́к. *auf ~s Rappen* на свои́х двои́х
Schutt *m* му́сор *m*, хлам *m*
Schüttelfrost *m* MED озно́б *m*
schütteln *v* трясти́, зноби́ть
schütten *v* сы́пать
Schutz *m* защи́та *f; jdn in ~ nehmen* заступа́ться за кого́-л
Schutzblech *n* защи́тный козырёк *m*, предохрани́тельный щито́к *m*
schützen *v* защища́ть, охраня́ть, бере́чь
Schutzengel *m* а́нгел-храни́тель *m*
Schutzimpfung *f* MED предохрани́тельная приви́вка *f*
Schützling *m* подопе́чный *m*, опека́емый *m*, протеже́ *m/f*
schutzlos *adj* беззащи́тный
Schutzpatron *m* REL свято́й-засту́пник *m*
schwach *adj 1.* сла́бый; *2. (Licht)* ту́склый
Schwäche *f* сла́бость *f; momentane ~* внеза́пная сла́бость
Schwächeanfall *m* MED при́ступ *m* сла́бости
schwächlich *adj* сла́бый, хи́лый, боле́зненный
Schwächling *m* сла́бый (хи́лый, слабово́льный) челове́к *m*
Schwachsinn *m* слабоу́мие *n*
Schwachstelle *f* сла́бое ме́сто *n*
Schwager *m 1. (Bruder des Ehemannes)* де́верь *m; 2. (Bruder der Ehefrau)* шу́рин *m; 3. (Mann der Schwester)* зять *m*
Schwägerin *f 1. (Schwester des Ehemannes)* золо́вка *f; 2. (Schwester der Ehefrau)* своя́ченица *f; 3. (Ehefrau des Bruders)* неве́стка *f*
Schwalbe *f* ZOOL ла́сточка *f*
Schwamm *m* гу́бка *f; (fam) ~ drüber!* Забу́дем об э́том! Оста́вим э́то!
Schwan *m* ZOOL ле́бедь *m; Mein lieber ~!* Вот э́то да! Ну и ну!
schwanger *adj* бере́менная
Schwangerschaft *f* бере́менность *f*
schwanken *v 1. (taumeln)* шата́ться, кача́ться; *2. (abweichen)* колеба́ться, изменя́ться; *3. (fig: zaudern)* колеба́ться, быть в нереши́тельности
Schwankung *f 1.* колеба́ние *n; 2. (Abweichung)* переме́на *f*, измене́ние *n*
Schwanz *m 1.* хвост *m; (fig), mit dem ~ wedeln* виля́ть хвосто́м; *den ~ einziehen* поджима́ть хвост; *2. (Haarfrisur)* (ко́нский) хвост *m*

schwänzen *v (fam)* прогу́ливать
Schwarm *m 1. (Menschenschwarm)* толпа́ *f; 2. (fig)* увлече́ние *n,* страсть *f*
schwärmen *v 1. (fig: träumen)* мечта́ть; *2. (fig: bewundern)* быть в восто́рге
schwarz *adj* чёрный; *~ auf weiß* чёрным по бе́лому; *(fig) sich ~ ärgern* стра́шно серди́ться; *ins Schwarze treffen* попа́сть в са́мую то́чку; *Du kannst warten, bis du ~ wirst!* Ты мо́жешь ждать, пока́ не посине́ешь!
Schwarzarbeit *f* нелега́льная (незако́нная) рабо́та *f*
Schwarze(r) *f/m* негр *m,* негри-тя́нка *f*
Schwarzmarkt *m* чёрный ры́нок *m; etw auf den ~ bringen* продава́ть (сбыва́ть) что-л на чёрном ры́нке
schwatzen *v* болта́ть, трепа́ться *(fam); ständig ~* постоя́нно болта́ть
schweben *v 1.* пари́ть *impf; 2. (fig)* вита́ть *impf*
Schwede *f* швед *m*
Schweden *n GEO* Шве́ция *f*
Schwedin *f* шве́дка *f*
Schwefel *m CHEM* се́ра *f*
Schwefelwasserstoff *m CHEM* сероводоро́д *m*
schweigen *v irr* молча́ть; *(fig) ganz zu ~ von* не говоря́ уже́ о; *~ wie ein Grab* молча́ть как моги́ла
Schweigen *n* молча́ние *n; (fig) jdn zum ~ bringen* заста́вить кого́-л замолча́ть, *sich in ~ hüllen* отма́лчиваться
Schweigepflicht *f* запреще́ние *n* разглаше́ния конфиденциа́льной информа́ции, обя́занность *f* сохране́ния та́йны *(для представи́телей определённых профе́ссий)*
schweigsam *adj* молчали́вый, неразгово́рчивый
Schweigsamkeit *f* молчали́вость *f,* неразгово́рчивость *f*
Schwein *n 1. ZOOL* свинья́ *f; kein ~ (fam)* никто́; *2. (~efleisch)* свини́на *f; 3. (fig: Glück)* сча́стье *n,* уда́ча *f*
Schweinerei *f* сви́нство *n*
Schweiß *m* пот *m; (fig) im ~e meines Angesichts* в по́те лица́
schweißen *v TECH* сва́ривать
Schweiz *f GEO* Швейца́рия *f*
Schweizer(in) *m/f* швейца́рец *m,* швейца́рка *f*
schweizerisch *adj* швейца́рский
Schwelle *f 1. (Eisenbahnschwelle)* шпа́ла *f; 2. (Türschwelle)* поро́г *m*
Schwellenland *n ECO* индустриализи́рующаяся страна́ *f,* страна́ *f* с перехо́дной эконо́микой
schwenken *v 1. (schwingen)* маха́ть, разма́хивать; *2. (herumdrehen)* повора́чивать
schwer *adj 1.* тяжёлый, масси́вный, гру́зный; *2. (schwierig)* сло́жный, тру́дный; *Er tut sich ~.* Ему́ тру́дно. *~ von Begriff sein* ту́го соobража́ть; *sich etw ~ machen* осложня́ть что-л; *~ verdaulich* трудноперева́риваемый, *3. (mühsam)* тя́гостный, тя́жкий; *4. (ernst)* серьёзный; *~ wiegend* ве́ский; *5. ein ~er Junge (fam)* банди́т *m,* уголо́вник *m; ~ erziehbar* трудновоспиту́емый; *6. ~ krank* тяжелобольно́й
Schwerarbeit *f* тяжёлая рабо́та *f*
Schwere *f (fig)* весо́мость *f,* зна́чимость *f*
schwerelos *adj* невесо́мый
Schwerelosigkeit *f* невесо́мость *f*
schwerhörig *adj MED* глухо́й
Schwerindustrie *f* тяжёлая промы́шленность *f*
Schwerkraft *f PHYS* си́ла *f* тя́жести
Schwermut *f* меланхо́лия *f,* уны́ние *n,* хандра́ *f*
schwermütig *adj* меланхоли́чный, уны́лый
Schwerpunkt *m* центр *m* тя́жести
Schwert *n* меч *m*
Schwerverbrecher *m* престу́пник *m,* соверши́вший тя́жкое преступле́ние
Schwerverletzte(r) *f/m* тяжелора́неный *m,* ...ная *f*
Schwester *f 1.* сестра́ *f; 2. (Krankenschwester)* медици́нская сестра́ *f,* медсестра́ *f*
Schwiegereltern *pl* роди́тели *pl* жены́ и́ли му́жа
Schwiegermutter *f 1. (Mutter der Ehefrau)* тёща *f; 2. (Mutter des Ehemannes)* свекро́вь *f*
Schwiegersohn *m* зять *m*
Schwiegertochter *f* неве́стка *f,* сноха́ *f*
Schwiegervater *m 1. (Vater der Ehefrau)* тесть *m; 2. (Vater des Ehemannes)* свёкр *m*
schwierig *adj* тру́дный, затрудни́тельный
Schwierigkeit *f* тру́дность *f,* пробле́ма *f*
Schwimmbad *n* бассе́йн *m*
schwimmen *v irr* плыть/пла́вать
Schwimmen *n SPORT* пла́вание *n*
Schwimmweste *f* спаса́тельный жиле́т *m*
Schwindel *m 1. (Lüge)* ложь *f,* обма́н *m,*

враньё *n (fam); 2.* MED головокружéние *n; (fig) ~ erregend* головокружи́тельный
schwindelfrei *adj* не подвéрженный головокружéнию
schwindeln *v 1.* кружи́ться *(о головé); 2. (lügen)* лгать, обмáнывать, врать *(fam)*
schwindlig *adj jdm ist ~* у когó-л кружи́тся головá
Schwingung *f 1.* PHYS колебáние *n; 2. (Vibration)* вибрáция *f*
Schwips *m (fam)* лёгкое опьянéние *n*
schwitzen *v* потéть; *am ganzen Körper ~* обливáться пóтом
schwören *v irr* кля́сться; *bei Gott ~* кля́сться Бóгом
schwul *adj (fam)* гомосексуáльный, голубóй *(fam)*
schwül *adj* дýшный, знóйный; *Es ist ~.* Дýшно.
Schwung *m 1.* взмах *m,* размáх *m; 2. (fig: Tatkraft)* подъём *m,* поры́в *m,* воодушевлéние *n; (fig) etw in ~ bringen* вноси́ть во что-л живýю струю́; *in ~ kommen* получáть размáх, чýвствовать себя́ в удáре; *in ~ sein* находи́ться в состоя́нии подъёма, быть в удáре
schwungvoll *adj 1. (mitreißend)* захвáтывающий, воодушевлённый; *2. (energisch)* энерги́чный; *3. (Schrift)* размáшистый
Schwur *m* кля́тва *f*
sechs *num* шесть
sechste(r,s) *adj* шестóй, …тая, …тое
sechzehn *num* шестнáдцать
sechzig *num* шестьдеся́т
See *m 1.* óзеро *n; f 2. (Meer)* мóре *n; in ~ stechen* уходи́ть в мóре; *zur ~ fahren* быть морякóм
Seefahrt *f 1.* мореплáвание *n; 2. (Seereise)* морскóе путешéствие *n*
seekrank *adj* страдáющий морскóй болéзнью
Seele *f* душá *f; (fig) ein Herz und eine ~ sein* жить душá в дýшу; *sich die ~ aus dem Leib reden* из кóжи лезть вон *(о говоря́щем); jdm auf der ~ brennen* что-л терзáет когó-л; *jdm aus der ~ sprechen* выскáзывать чью-л сокровéнную мысль; *eine ~ von einem Menschen sein* быть добрéйшим человéком; *aus tiefster ~* от всей души́; *mit ganzer ~* со всей душóй
seelenruhig *adj* совершéнно спокóйный
seelisch *adj* душéвный
Seelsorge *f* REL забóта *f* (свящéнника) о душéвном покóе когó-л
Seelsorger *m* REL свящéнник *m,* духóвный настáвник *m,* пáстырь *m,* духовни́к *m*
Seemann *m* моря́к *m*
Seenot *f* бéдствие *n* на мóре
Seezunge *f* ZOOL, GAST морскóй язы́к *m*
Segel *n* пáрус *m; mit vollen ~n* на всех парусáх
Segelboot *n* пáрусная лóдка *f*
Segelflugzeug *n* плáнёр *m*
segeln *v* плыть/плáвать (идти́) под парусáми
Segen *m 1. (Glück)* счáстье *n; 2.* REL благословéние *n; seinen ~ zu etw geben (fig)* давáть своё соглáсие на что-л
Segment *n* сегмéнт *m*
segnen *v* благословля́ть
sehen *v irr 1.*смотрéть, глядéть; *Wir werden es ~.* Посмóтрим. *2. (bemerken)* замечáть; *3. (wahrnehmen)* ви́деть; *etw nicht mehr ~ können* бóльше не быть в состоя́нии ви́деть что-л; *4. (fig: ~ lassen) Er kann sich ruhig ~ lassen.* На негó любо-дóрого смотрéть. *Lass ~!* Покажи́-ка! *(fam)*
sehenswert *adj* достопримечáтельный
Sehenswürdigkeit *f* достопримечáтельность *f*
Sehne *f* ANAT сухожи́лие *n*
sehnen *v sich ~ nach* тосковáть по комý-л/ чемý-л
Sehnsucht *f* тоскá *f*
sehr *adv* óчень, весьмá
seicht *adj 1. (nicht tief)* мéлкий, неглубóкий; *2. (fig: Unterhaltung)* плóский, повéрхностный, банáльный, пóшлый
Seide *f* шёлк *m*
Seife *f* мы́ло *n*
Seifenoper *f* CINE мы́льная óпера *f*
Seil *n* канáт *m,* трос *m; wie ein Tanz auf dem ~ (fig)* игрáть с огнём *(fig)*
Seilbahn *f* канáтная дорóга *f*
Seiltänzer *m* канатохóдец *m,* эквилибри́ст *m*
sein *v irr 1. (Eigenschaft)* быть *impf; Ich bin Russin.* Я — рýсская. *Ich bin zwanzig Jahre alt.* Мне — двáдцать лет. *wie dem auch sei* как бы то ни́ было; *es sei denn, dass…* рáзве (тóлько) что … *mir ist, als ob …* мне кáжется, что …; *Mir ist nicht danach.* Мне не хóчется. *Sei doch nicht so!* Ну не будь же таки́м! *2. (Zustand)* быть *impf,* находи́ться *impf; Ich bin seit einer Woche in Moskau.* Я ужé недéлю нахожýсь в Москвé. *Er war*

nicht da. Его́ здесь не́ было. *in Betrieb ~* быть в эксплуата́ции
sein(e) его́, её; *Ist das ~ Heft?* Э́то его́ тетра́дь?
seinetwegen *adv* ра́ди него́, из-за него́
seit *prep 1.* с, уже́; *~ zwei Jahren* уже́ два го́да; *konj 2.* с тех пор как; *Seit er krank ist, raucht er nicht mehr.* С тех пор как он боле́ет, он бо́льше не ку́рит.
seitdem *adv* с тех пор, с того́ вре́мени
Seite *f 1.* сторона́ *f,* бок *m,* бокова́я часть *f; (fig) etw auf der ~ haben* име́ть сбереже́ния; *jdm nicht von der ~ weichen* не отходи́ть от кого́-л; *auf jds ~ stehen* быть на стороне́ кого́-л; *sich von seiner besten ~ zeigen* пока́зывать себя́ с лу́чшей стороны́; *jdm zur ~ stehen* помога́ть кому́-л, подде́рживать кого́-л; *2. (Buchseite)* страни́ца *f; 3. (fig: Aspekt)* аспе́кт *m,* сторона́ *f*
seitenlang *adj* состоя́щий из не́скольких страни́ц, на не́скольких страни́цах
seitens *prep* со стороны́
Seitenscheitel *m* косо́й пробо́р *m; Mit ~ bitte!* С косы́м пробо́ром, пожа́луйста!
Seitensprung *m (fig)* супру́жеская изме́на *f*
Seitenstraße *f* бокова́я у́лица *f,* переу́лок *m*
seitenverkehrt *adj* зерка́льный
seitlich *adj 1.* боково́й; *adv 2.* сбо́ку
Sekretär *m (Schreibtisch)* секрете́р *m*
Sekretär(in) *m/f (Person)* секрета́рь *m/f*
Sekretariat *n* секретариа́т *m*
Sekt *m* шипу́чее вино́ *n,* шампа́нское *n*
Sekte *f REL* се́кта *f*
Sektor *m* се́ктор *m*
sekundär *adj* втори́чный, второсте́пе́нный
Sekunde *f* секу́нда *f*
selbst *pron* сам *m,* сама́ *f,* само́ *n,* са́ми *pl*
Selbstachtung *f* самоуваже́ние *n*
Selbstbedienung *f* самообслу́живание *n*
Selbstbefriedigung *f* онани́зм *m*
Selbstbetrug *m* самообма́н *m*
selbstbewusst *adj* уве́ренный в себе́
Selbstbewusstsein *n 1.* уве́ренность *f* в себе́; *2. (Bewußtsein)* самосозна́ние *n*
Selbsterkenntnis *f* самопозна́ние *n*
selbstgefällig *adj* самодово́льный, самонаде́янный
Selbstgespräch *n* моноло́г *m,* разгово́р *m* с сами́м собо́й
selbstherrlich *adj* самовла́стный, самодержа́вный
selbstklebend *adj* самокле́ящийся
Selbstlob *n* самовосхвале́ние *n*
selbstlos *adj* бескоры́стный, самоотве́рженный
Selbstmord *m* самоуби́йство *n*
selbstredend *adj 1.* говоря́щий сам за себя́; *adj 2.* коне́чно, само́ собо́й разуме́ется
selbstsicher *adj* уве́ренный в себе́
Selbstsicherheit *f* уве́ренность *f* в себе́
selbstständig *adj* самостоя́тельный, незави́симый; *Er macht sich ~.* Он открыва́ет своё де́ло.
Selbstständigkeit *f* самостоя́тельность *f*
Selbstsucht *f* эгои́зм *m,* себялю́бие *n*
selbstsüchtig *adj* эгонсти́чный
selbstvergessen *adj* самозабве́нный
selbstverständlich *adj 1.* само́ собо́й разуме́ющийся, есте́ственный; *adv 2.* коне́чно, само́ собо́й разуме́ется; *Das ist doch ~.* Э́то ведь само́ собо́й разуме́ется.
Selbstverständlichkeit *f* не́что *n* само́ собо́й разуме́ющееся
Selbstvertrauen *n* уве́ренность *f* в себе́ (в свои́х си́лах)
Selbstverwaltung *f POL* самоуправле́ние *n*
selig *adj 1. (glücklich)* счастли́вый, ра́достный; *2. REL* блаже́нный; *~ sprechen* причисля́ть к ли́ку блаже́нных
Seligkeit *f 1. (Glück)* вы́сшее сча́стье *n,* блаже́нство *n; 2. REL* блаже́нство *n*
Sellerie *m BOT* сельдере́й *m*
selten *adj* ре́дкий, ре́дкостный
Seltenheit *f* ре́дкость *f,* рарите́т *m*
seltsam *adj* стра́нный, своеобра́зный
seltsamerweise *adv* стра́нно, стра́нным о́бразом
Semester *n* семе́стр *m*
Seminar *n 1.* семина́р *m; 2. (Fakultät)* факульте́т *m; Germanistisches ~ der Universität Heidelberg* факульте́т германи́стики Гейдельбе́ргского университе́та
Semmel *f* бу́лочка
Senat *m POL* сена́т *m*
Senator *m POL* сена́тор *m*
senden *v irr 1. (Brief)* посыла́ть, отправля́ть; *2. (Rundfunk)* передава́ть, веща́ть, трансли́ровать *impf/pf*
Sender *m (Rundfunk)* радиоста́нция *f*
Sendung *f 1. (Versandsendung)* посы́лка *f;*

2. (Rundfunksendung) передача *f; auf ~ sein* быть в эфире
Senf *m* горчица *f; seinen ~ dazugeben (fig)* вставлять своё словцо, вмешиваться во что-л
senil *adj* старческий, дряхлый
Senior(in) *m/f 1.* пожилой человек *m; 2. (Rentner(in))* пенсионер(ка) *m/f*
senken *v 1.* опускать, наклонять; *2. (Kopf)* поникать, склонять; *3. (verringern)* понижать
senkrecht *adj* вертикальный
Sensation *f* сенсация *f*
sensationell *adj* сенсационный
sensibel *adj 1. (empfindlich)* чувствительный; *2. (empfänglich)* впечатлительный
Sensibilität *f 1. (Empfindlichkeit)* чувствительность *f; 2. (Empfänglichkeit)* впечатлительность *f*
Sensor *m* TECH датчик *m*
sentimental *adj* сентиментальный
Sentimentalität *f* сентиментальность *f*
separat *adj* отдельный, сепаратный
Separatismus *m* POL сепаратизм *m*
September *m* сентябрь *m*
Sequenz *f* последовательность *f,* очерёдность *f*
Serie *f 1. (Anzahl)* серия *f,* ряд *m; 2. (Reihenfolge)* последовательность *f,* очерёдность *f; 3. (Fernsehserie)* сериал *m*
serienmäßig *adj* серийный
seriös *adj* серьёзный, солидный
Serpentine *f* серпентин *m,* извилистая дорога *f* (в горах)
Serum *n* BIO сыворотка *f*
Server *m* INFORM сервер *m*
Service *n 1. (Geschirr)* сервиз *m; 2. (Kundendienst)* сервис *m,* техническое обслуживание *n*
servieren *v* сервировать *impf/pf,* накрывать на стол, подавать к столу
Serviette *f* салфетка *f*
Sessel *m* кресло *n*
Sessellift *m* кресельный канатный подъёмник *m*
setzen *v 1.* садить; *das Kind auf den Stuhl ~* посадить ребёнка на стул; *2. sich ~ auf* садиться на что-л; *3. (Text)* набирать; *4. (Pflanzen)* сажать
Setzer *m* наборщик *m*
Setzerei *f* наборная *f,* наборный цех *m*
Seuche *f* MED эпидемия *f*
seufzen *v* вздыхать
Seufzer *m* вздох *m*
Sex *m* секс *m*
Sexualerziehung *f* половое воспитание *n*
Sexualität *f* сексуальность *f*
Sexualverbrechen *n* половое преступление *n*
sexuell *adj* сексуальный, половой
sezieren *v* MED вскрывать труп, проводить аутопсию
Shampoo *n* шампунь *m*
Shorts *pl* шорты *pl*
Show *f* шоу *n*
sich *pron 1. (Dativ)* себе, *Er erzählte von ~.* Он рассказал о себе. *2. (Akkusativ)* себя; *3. (einander)* друг друга
sicher *adj 1. (zweifellos)* надёжный, верный, достоверный; *2. (gefahrlos)* безопасный; *3. (überzeugt)* уверенный
Sicherheit *f 1. (Gewissheit)* уверенность *f; 2. (Schutz)* безопасность *f; in ~ bringen* доставлять в безопасное место; *sich in ~ wiegen* считать себя в безопасности; *3. (Gewähr)* гарантия *f*
Sicherheitsglas *n* безопасное стекло *n*
Sicherheitsgurt *m (beim Auto)* ремень *m* безопасности
sicherheitshalber *adv 1. (vorsichtshalber)* на всякий случай, для верности, во избежание риска; *2. (zwecks Gefahrlosigkeit)* ради (в целях) безопасности
Sicherheitsmaßnahmen *f/pl* меры *f/pl* предосторожности
Sicherheitsnadel *f* безопасная (английская) булавка *f*
sicherlich *adv 1. (wahrscheinlich)* наверно; *2. (ganz bestimmt)* непременно, обязательно, определённо
sichern *v* обеспечивать, гарантировать *impf/pf*
sicherstellen *v 1. (vor Gefahr sichern)* обеспечивать сохранность, обезопасить *pf; 2. (beschlagnahmen)* конфисковать *impf/pf,* изымать
Sicherung *f 1. (Sichern)* обеспечение *n,* гарантия *f; 2. (Riegel)* задвижка *f,* засов *m; 3. (Schmelzsicherung)* TECH предохранитель *m; Die ~ ist durchgebrannt.* Перегорел предохранитель. *Bei ihm ist die ~ durchgebrannt. (fig)* У него перегорели пробки. *(fig)*
Sicht *f 1. (Sichtverhältnisse)* видимость *f,* вид *m; 2. (Standpunkt)* точка *f* зрения; *3. (Aussicht)* перспектива *f, auf lange ~* в

долгосро́чной перспекти́ве, с расчётом на далёкое бу́дущее
sichtbar *adj* ви́димый, я́вный
Sichtverhältnisse *pl* ви́димость *f*
Sichtvermerk *m* ви́за *f*
Sichtweite *f* да́льность *f* ви́димости
sickern *v* сочи́ться, проса́чиваться
sie *pron 1. (weiblich Singular)* она́; *2. (Plural)* они́
Sie *pron (Höflichkeitsform für Singular und Plural)* Вы
Sieb *n* си́то *n*, решето́ *n*
sieben[1] *num* семь
sieben[2] *v* просе́ивать через си́то (решето́)
siebte(r,s) *adj* седьмо́й, ...ма́я, ...мо́е
siebzehn *num* семна́дцать
siebzehnte(r,s) *adj* семна́дцатый, ...тая, ...тое
siebzig *num* се́мьдесят
siebzigste(r,s) *adj* семидеся́тый, ...тая, ...тое
sieden *v 1.* кипе́ть; *2. (zum Sieden bringen)* кипяти́ть
Siedepunkt *m* температу́ра *f* кипе́ния
Siedler(in) *m/f* поселе́нец *m*, поселе́нка *f*
Siedlung *f* посёлок *m*, поселе́ние *n*
Sieg *m* побе́да *f*
Siegel *n* печа́ть *f*
Siegelring *m* пе́рстень *m* с печа́ткой
Siegelwachs *m* воск *m* для печа́ти
siegen *v* побежда́ть, оде́рживать побе́ду
Sieger(in) *m/f* победи́тель(ница) *m/f*
siegessicher *adj* уве́ренный (убеждённый) в побе́де
siegreich *adj* победоно́сный
siezen *v* обраща́ться к кому́-л на «вы»
Signal *n* сигна́л *m*
signalisieren *v* сигнализи́ровать *impf/pf*
signieren *v* подпи́сывать, ста́вить по́дпись
Silbe *f* слог *m*
Silber *n* серебро́ *n*
Silberhochzeit *f* сере́бряная сва́дьба *f*
silbern *adj* сере́бряный
Silhouette *f* силуэ́т *m*
Silvester *n* новогóдний ве́чер *m*, кану́н *m* Но́вого го́да
simpel *adj 1. (einfach)* просто́й; *2. (einfältig)* простова́тый, глупова́тый
Sims *n* карни́з *m*
Simulant(in) *m/f* симуля́нт(ка) *m/f*
simulieren *v* симули́ровать *impf/pf*
simultan *adj* синхро́нный
Sinfonie *f MUS* симфо́ния *f*
singen *v irr* петь
Singen *n* пе́ние *n*
Singular *m GRAMM* еди́нственное число́ *n*
Singvogel *m ZOOL* пе́вчая пти́ца *f*
sinken *v irr 1.* па́дать, понижа́ться; *2. (Preise)* па́дать; *3. (Schiff)* тону́ть; *4. (fig)* (мора́льно) опуска́ться
Sinn *m 1. (Empfinden)* ощуще́ние *n*, чу́вство *n; (fig) der sechste ~* шесто́е чу́вство; *seine fünf ~e nicht beisammen haben* быть не в своём уме́; *jdm nicht aus dem ~ gehen* не выходи́ть кому́-л из головы́; *jdm in den ~ kommen* приходи́ть кому́-л на ум; *nicht im ~ des Erfinders sein* не быть предназна́ченным для чего́-л; *wie von ~en* потеря́ть го́лову; *Danach steht mir nicht der ~.* Э́того мне не хо́чется. *2. (Empfänglichkeit)* скло́нность *f*, понима́ние *n; 3. (Bedeutung)* значе́ние *n*, смысл *m; der ~ des Lebens* смысл жи́зни
Sinnbild *n* си́мвол *m*
sinnbildlich *adj* символи́ческий
Sinnesorgan *n* о́рган *m* чувств
Sinnestäuschung *f* обма́н *m* чувств
sinngemäß *adj 1.* смыслово́й; *adv 2.* по смы́слу
sinnieren *v* разду́мывать *impf*
sinnlich *adj* чу́вственный
Sinnlichkeit *f* чу́вственность *f*
sinnlos *adj* бессмы́сленный, бесполе́зный
Sinnlosigkeit *f* бессмы́сленность *f*, бесполе́зность *f*
sinnvoll *adj 1. (vernünftig)* разу́мный, толко́вый, рациона́льный; *2. (zweckmäßig)* целесообра́зный
Sintflut *f REL* всеми́рный пото́п *m*
Siphon *m* сифо́н *m*
Sippe *f* род *m*, клан *m*
Sirene *f* сире́на *f*
Sirup *m* сиро́п *m*
Sitte *f 1. (Brauch)* обы́чай *m*, тради́ция *f; 2. (Sittlichkeit)* мане́ры *f/pl*, поведе́ние *n*
sittenwidrig *adj* безнра́вственный, амора́льный; *~ sein* быть безнра́вственным
Sittlichkeitsverbrecher *m* лицо́ *n*, соверши́вшее полово́е (сексуа́льное) преступле́ние
sittsam *adj 1. (anständig)* благовоспи́танный, прили́чный; *2. (zurückhaltend)* скро́мный
Situation *f* ситуа́ция *f*
situiert *adj* находя́щийся в определённом материа́льном положе́нии; *gut ~ sein* быть состоя́тельным
Sitz *m 1. (Platz)* ме́сто *n*, сиде́нье *n;*

2. *(Wohnsitz)* мéсто *n* жи́тельства; *3. (Firmensitz)* ECO мéсто *n* нахождéния, юриди́ческий áдрес *m* (фи́рмы)
sitzen *v irr 1.* сидéть; *(fam) einen ~ haben* быть под мýхой; *2. (Schule) ~ bleiben* оставáться на вторóй год (в шкóле)
Sitzplatz *m* мéсто *n* для сидéния, сидя́чее мéсто *n*
Sitzung *f* заседáние *n*
Skala *f* шкалá *f*
Skalpell *n* MED скáльпель *m*
Skandal *m* скандáл *m; ein großer ~* большóй скандáл; *~ machen* устрáивать скандáл
skandalös *adj* скандáльный
Skandinavien *n* GEO Скандинáвия *f,* Скандинáвский полуóстров *m*
Skelett *n* ANAT скелéт *m*
Skepsis *f* скéпсис *m,* скептици́зм *m,* сомнéния *n/pl*
skeptisch *adj* скепти́ческий, скепти́чный
Ski *m* лы́жа *f; ~ fahren* ходи́ть (катáться) на лы́жах
Skianzug *m* лы́жный костю́м *m*
Skifahrer(in) *m/f* лы́жник *m,* лы́жница *f*
Skigebiet *n* лы́жный райóн *m*
Skilift *m* лы́жный подъёмник *m*
Skirennen *n* лы́жный кросс *m,* соревновáние *n* по лы́жным гóнкам
Skischuh *m* лы́жный боти́нок *m*
Skizze *f* набрóсок *m,* эски́з *m*
Sklave *m* раб *m*
Sklaverei *f* рáбство *n*
Skonto *n/m* ECO скóнто *n,* ски́дка *f* за платёж (уплáту) нали́чными
Skorpion *m* скорпиóн *m*
Skrupel *m* сомнéния *n/pl,* угрызéния *n/pl* сóвести
skrupellos *adj 1.* беззастéнчивый, бессóвестный; *adv 2.* без зазрéния сóвести
Skulptur *f* ART скульптýра *f*
skurril *adj* стрáнный, причýдливый, гротéскный
Slalom *m* SPORT слáлом *m*
Smaragd *m* MIN изумрýд *m*
Smog *m* смог *m*
Smoking *m* смóкинг *m*
Snowboard *m* SPORT снóуборд *m*
so *pron 1.* такóй *m,* …кáя *f,* …кóе *n,* …ки́е *pl; konj 2.* так что, слéдовательно; *adv 3.* так, таки́м óбразом; *Mir ist es ~, als ob …* Мне так кáжется, что … *Na ~ was!* Вот как! *nicht ~ ganz* не совсéм так; *~ genannt* так назывáемый; *4. ~ viel* стóлько, так мнóго; *Sie haben ~ viel getrunken, dass sie am nächsten Tag Kopfschmerzen hatten.* Они́ стóлько вы́пили, что на слéдующий день у них болéла головá. *5. ~ weit* наскóлько, в извéстной мéре, в óбщем и цéлом
sobald *konj* как (лишь) тóлько, едвá
Socke *f* носóк *m; (fam) sich auf die ~n machen* отправля́ться (трóгаться) в путь, уходи́ть; *von den ~n sein* обалдéть, ошалéть
Sodbrennen *n* MED изжóга *f*
soeben *adv* тóлько что; *Er hat ~ den Brief abgeschickt.* Он тóлько что отпрáвил письмó.
Sofa *n* софá *f,* дивáн *m*
sofern *konj 1.* поскóльку; *2. (falls)* éсли
sofort *adv* срáзу (же), сейчáс (же), тóтчас (же), немéдленно
sofortig *adj* немéдленный
Software *f* INFORM прогрáммное обеспéчение *n* (ПО)
Sog *m 1.* всáсывающая си́ла *f;* подсáсывание *f; 2. (Wasserwirbel)* водоворóт *m; 3. (fig: Wirbel)* водоворóт *m*
sogar *adv* дáже
Sohle *f (Schuhsohle)* подóшва *f; (fig) auf leisen ~n* вести́ себя́ скрóмно (ти́хо, бесшýмно); *eine kesse ~ aufs Parkett legen* ли́хо танцевáть; *sich an jds ~n heften* слéдовать за кем-л по пятáм
Sohn *m* сын *m; (fig) wie der Vater so der ~* я́блоко от я́блони далекó не пáдает; *der verlorene ~* блýдный сын *m*
solange *konj* (до тех пор) покá, в то врéмя как
Solarenergie *f* TECH сóлнечная энéргия *f*
solche *pron* такóй *m,* …кáя *f,* …кóе *n,* …ки́е *pl,* подóбный *m,* …ная *f,* …ное *n,* …ные *pl*
Soldat(in) *m/f* солдáт *m,* жéнщина-солдáт *f*
solidarisch *adj* солидáрный; *sich mit jdm ~ erklären* заявля́ть о своéй солидáрности с кем-л
Solidarität *f* солидáрность *f*
Solidaritätszuschlag *m* взнос *m* солидáрности (в Фонд германского еди́нства)
solide *adj* соли́дный, надёжный
sollen *v irr (Pflicht)* быть дóлжным (обя́занным), слéдовать *impf,* нýжно, нáдо; *Du sollst deinen Nächsten lieben, wie dich selbst.* Люби́ бли́жнего своегó, как самогó себя́. *Du solltest nicht rauchen.* Тебé не слéдует кури́ть.
somit *konj* таки́м óбразом, так
Sommer *m* лéто *n; Eine Schwalbe macht*

noch keinen ~. Однá лáсточка не дéлает весны́.
Sommerferien *pl* лéтние канúкулы *pl*
sommerlich *adj* лéтний
Sommersprosse *f* веснýшка *f*
Sommerzeit *f* лéтнее врéмя *n*
Sonate *f MUS* сонáта *f*
Sonde *f TECH* зонд *m*
Sonderangebot *n* предложéние *n* товáров по снúженным цéнам, специáльное предложéние *n*
sonderbar *adj* стрáнный, своеобрáзный
Sonderfall *m* осóбый слýчай *m*
Sonderling *m* чудáк *m*
sondern *konj* а, но; *Der Zug fährt nicht heute, ~ morgen.* Пóезд отправля́ется не сегóдня, а зáвтра.
Sonnabend *m* суббóта *f*
Sonne *f* сóлнце *n*
sonnen *v sich ~* загорáть
Sonnenaufgang *m* восхóд *m* сóлнца
Sonnenblume *f BOT* подсóлнух *m*
Sonnenbrand *m* сóлнечный ожóг *f*
Sonnenbrille *f* солнцезащúтные очкú *pl*, тёмные очкú *pl* от сóлнца
Sonnenenergie *f TECH* сóлнечная энéргия *f*
sonnenklar *adj (fig)* я́сный как день, совершéнно очевúдный; *Das ist ~.* Э́то совершéнно очевúдно.
Sonnenkollektor *m TECH* гелиоколлéктор *m*
Sonnenschein *m* сóлнечный свет *m*
Sonnenschirm *m* зóнтик *m* от сóлнца
Sonnenstich *m MED* сóлнечный удáр *m*
Sonnenuhr *f* сóлнечные часы́ *pl*
Sonnenuntergang *m* захóд *m* сóлнца, закáт *m*
sonnig *adj 1.* сóлнечный, освещённый сóлнцем; *2. (fig)* рáдостный, лучезáрный, сóлнечный
Sonntag *m* воскресéнье *n*
sonst *adv* инáче, а то, не то, в протúвном слýчае
sonstig *adj* прóчий
sooft *konj* всякий раз, когдá (как)
Sorge *f 1. (Kummer)* забóта *f*, беспокóйство *n*, хлóпоты *pl*; *seine ~n vertreiben (fig)* отвлекáться от забóт, развéиваться; *2. (Pflege)* забóта *f*, внимáние *n*
sorgen *v 1. sich ~ um jdn* беспокóиться о ком-л; *2. ~ für jdn* забóтиться о ком-л; *3. ~ für etw* забóтиться о чём-л, создавáть предпосы́лки для чегó-л
sorgenvoll *adj* озабóченный, пóлный забóт
Sorgerecht *n JUR* прáво *n* родúтельской опéки, родúтельские правá *n/pl*
Sorgfalt *f* тщáтельность *f*
sorgfältig *adj* тщáтельный
sorglos *adj* беззабóтный, беспéчный
Sorglosigkeit *f* беззабóтность *f*, беспéчность *f*
sorgsam *adj* забóтливый
Sorte *f* сорт *m*
Sorten *pl FIN* инострáнная валюта *f* (в фóрме налúчных дéнег)
Sortenkurs *m FIN* курс *m* обмéна инострáнной валюты (в фóрме налúчных дéнег)
sortieren *v* сортировáть
Sortiment *n* ассортимéнт *m*
sosehr *konj* как бы ни
Soße *f GAST* подлúвка *f*, сóус *m*
Souvenir *n* сувенúр *m*
souverän *adj* суверéнный
Souveränität *f POL* суверенитéт *f*
soweit *konj 1.* наскóлько; *adv 2.* в извéстной мере, в óбщем, в цéлом
sowie *konj* а тáкже, (рáвно) как и
sowieso *adv* всё равнó, так úли инáче
Sowjetunion *f HIST* Совéтский Сою́з *m*
sowohl *konj ~ als auch* и… и…, как…, так и…, не тóлько…, но и…; *Es ist kalt, ~ in Moskau als auch in Sankt Petersburg.* Холóдная погóда стоúт не тóлько в Москвé, но и в Санкт-Петербýрге.
sozial *adj* социáльный
Sozialabgaben *pl* отчислéния *n/pl* предпринимáтеля в фонд социáльного страховáния
Sozialamt *n* вéдомство *n* социáльного обеспéчения
Sozialarbeiter *m* социальный рабóтник *m*
Sozialdemokratie *f POL* социáл-демокрáтия *f*
Sozialhilfe *f* социáльная пóмощь *f*
Sozialismus *m POL* социалúзм *m*
Sozialist(in) *m/f POL* социалúст(ка) *m/f*
sozialkritisch *adj* социáльно-критúческий
Sozialpolitik *f POL* социáльная полúтика *f*
Sozialprodukt *n ECO* национáльный продýкт *m*
Sozialstaat *m POL* социáльное госудáрство *n*
Sozialversicherung *f* социáльное страховáние *n*
Soziologie *f* социолóгия *f*

Sozius *m 1. ECO* компаньóн *m,* (со)учáстник *m,* партнёр *m; 2. (auf einem Motorrad)* пассажи́р *m* на зáднем седлé мотоци́кла
sozusagen *adv* так сказáть
Spalt *m* щель *f*
Spalte *m 1. (Gletscherspalte)* трéщина *f,* рассéлина *f; 2. (Zeitungsspalte)* столбéц *m,* колóнка *f,* полосá *f*
spalten *v irr 1. (auseinander brechen)* колóть, рассекáть, дели́ть; *2. (fig: teilen)* разделя́ть; *3. PHYS* расщепля́ть
Spaltung *f 1. (Auseinanderbrechen)* раскáлывание *n,* делéние *n; 2. (fig: Teilung)* раздéл *m,* раскóл *m; 3. PHYS* расщеплéние *n*
Spange *f 1. (Haarspange)* закóлка *f; 2. (Schließe)* застёжка *f*
Spanien *n GEO* Испáния *f*
Spanier(in) *m/f* испáнец *m,* испáнка *f*
spanisch *adj* испáнский; *Das kommt mir ~ vor.* Э́то кáжется мне стрáнным.
Spanisch *n* испáнский язы́к *m*
Spanne *f 1. (Zeitraum)* промежýток *m* (отрéзок *m*) врéмени; *2. (Unterschied)* рáзница *f; 3. (Preisspanne) ECO* диапазóн *m* цен
spannen *v* натя́гивать
spannend *adj* захвáтывающий, увлекáтельный
Spannung *f 1. (fig: Aufmerksamkeit)* напряжéние *n,* напряжённое внимáние *n; 2. (fig: Beziehungen)* напряжённость *n;* напряжённые (натя́нутые) отношéния *n/pl; 3. TECH* напряжéние *n; Wie hoch ist die elektrische ~ hier?* Какóе здесь электри́ческое напряжéние?
Spannweite *f 1.* размáх *m; 2. TECH* пролёт *m*
Sparbuch *n* сберегáтельная кни́жка *f*
sparen *v* копи́ть, эконóмить
Spargel *m BOT* спáржа *f*
Sparkasse *f* сберегáтельная кáсса *f,* сберкáсса *f*
spärlich *adj* скýдный, бéдный
Sparmaßnahme *f* мероприя́тия *n/pl* в цéлях эконóмии, мéры по эконóмии *f/pl*
sparsam *adj* эконóмный
Sparsamkeit *f* эконóмность *f,* бережли́вость *f*
spartanisch *adj* спартáнский
Sparte *f 1.* óбласть *f,* óтрасль *f; 2. (in der Zeitung)* рýбрика *f*
Sparvertrag *m* договóр *m* о сберегáтельных вклáдах
Spaß *m 1. (Witz)* шýтка *f; ~ verstehen* понимáть шýтки; *2. (Vergnügen)* удовóльствие *n; ein teuerer ~ sein* быть дороги́м удовóльствием; *sich einen ~ daraus machen* получáть удовóльствие от чегó-л; *seinen ~ mit jdm treiben* подшýчивать над кем-л; *Da hört aber der ~ auf!* Тепéрь ужé не до шýток!
spaßen *v* шути́ть; *Damit ist nicht zu ~!* С э́тим шути́ть нельзя́!
spaßeshalber *adv* в шýтку, рáди шýтки
spaßig *adj* забáвный, смешнóй
Spaßvogel *m* шутни́к *m,* весельчáк *m*
spät *adj* пóздний, запоздáлый
Spaten *m* лопáта *f*
später *adv* позднée, пóзже
spätestens *adv* сáмое пóзднее, не позднée (пóзже), чем
Spätschicht *f* вечéрняя (ночнáя) смéна *f*
Spatz *m ZOOL* воробéй *m; essen wie ein ~* есть как ворóбушек *(óчень мáло)*
spazieren *v* гуля́ть, прогýливаться; *~ gehen* отправля́ться на прогýлку, гуля́ть
Spazierfahrt *f* поéздка *f,* катáние *n,* прогýлка *f (на автомоби́ле)*
Spaziergang *m* прогýлка *f; einen ~ machen* совершáть прогýлку
Speck *m GAST* сáло *n; sich fühlen wie die Made im ~ (fig)* катáться как сыр в мáсле *(fig)*
Spediteur *m* экспеди́тор *m,* трáнспортный отправи́тель *m*
Speer *m* копьё *n*
Speichel *m* слюнá *f*
Speicher *m 1. (Lager)* амбáр *m,* склад *m; 2. (Dachboden)* чердáк *m; 3. INFORM* пáмять *f,* запоминáющее устрóйство *n* (ЗУ)
speichern *v 1. (einlagern)* храни́ть; *2. INFORM* запи́сывать (вводи́ть) в пáмять
speien *v irr 1. (spucken)* плевáть; *2. (erbrechen)* рвать
Speise *f* пи́ща *f,* едá *f,* кýшанье *n*
Speisekammer *f* кладовáя *f*
Speisekarte *f* меню́ *n*
speisen *v 1. (essen)* есть, кýшать; *2. (verpflegen)* питáть, корми́ть, снабжáть
Speisesaal *m* столóвая *f*
Speisewagen *m* вагóн-ресторáн *m*
spektakulär *adj* сенсациóнный, нашумéвший
Spektrum *n (fig)* спектр *m*
Spekulant(in) *m/f FIN* спекуля́нт(ка) *m/f*
Spekulation *f* спекуля́ция *f*

spekulieren *v 1.* FIN спекули́ровать; *2. (fig: mit etw rechnen)* расчи́тывать на что-л
spendabel *adj* ще́дрый
Spende *f* поже́ртвование *n,* взнос *m* на благотвори́тельные це́ли, дар *m*
spenden *v* же́ртвовать, дари́ть
spendieren *v 1.* угоща́ть чем-л, приглаша́ть на что-л; *2. (wohltätig)* же́ртвовать, дари́ть
Sperma *n* BIO спе́рма *f*
Sperrbezirk *m* запре́тная зо́на *f*
Sperre *f 1. (Vorrichtung)* барье́р *m,* загражде́ние *n; 2. (Verbot)* запре́т *m; 3. (Embargo)* POL эмба́рго *n*
sperren *v 1.(abriegeln)* закрыва́ть, загражда́ть; *2. (verbieten)* запреща́ть; *3. (Konto)* ECO блоки́ровать *impf/pf,* замора́живать
Sperrgebiet *n* запре́тная зо́на *f*
Sperrgut *n* громо́здкий груз *m*
sperrig *adj* громо́здкий
Sperrkonto *n* ECO блоки́рованный счёт *m*
Sperrmüll *m* крупногабори́тный му́сор *m*
Sperrstunde *f* коменда́нтский час *m*
Spesen *pl* накладны́е расхо́ды *m/pl,* изде́ржки *f/pl*
spezial *adj* специа́льный, осо́бый
Spezialeinheit *f* MIL спецна́з *m,* отря́д *m* (подразделе́ние *n)* специа́льного назначе́ния
spezialisieren *v sich ~* специализи́роваться *impf/pf* на чём-л (в како́й-л о́бласти)
Spezialisierung *f* специализа́ция *f*
Spezialist(in) *m/f* специали́ст(ка) *m/f*
Spezialität *f 1. (Fachgebiet)* (у́зкая) специа́льность *f; 2. (Hobby)* люби́мое заня́тие *n,* увлече́ние *n; 3. (Gericht)* GAST фи́рменное блю́до *n*
speziell *adj* специа́льный, осо́бенный
spezifisch *adj* специфи́ческий, специфи́чный
Sphäre *f 1.* ASTR сфе́ра *f,* небе́сное простра́нство *n; 2. (fig: Bereich)* сфе́ра *f,* о́бласть *f,* по́ле *n* де́ятельности
spicken *v 1. (abschreiben)* спи́сывать; *2.* GAST шпигова́ть
Spiegel *m* зе́ркало *n; (fig) jdm den ~ vorhalten* пока́зывать кому́-л его́ настоя́щее лицо́
Spiegelbild *n* зерка́льное отраже́ние *n*
Spiegelei *n* GAST яи́чница-глazу́нья *f*
spiegeln *v sich ~* отража́ться
Spiegelung *f* отраже́ние *n*
Spiel *n 1.* игра́ *f; (fig) ein ~ mit dem Feuer* игра́ с огнём; *mit jdm leichtes ~ haben* легко́ справля́ться с кем-л; *das ~ zu weit treiben* перегиба́ть па́лку, заходи́ть сли́шком далеко́; *etw aufs ~ setzen* ста́вить что-л на ка́рту, рискова́ть чем-л; *auf dem ~ stehen* быть поста́вленным на ка́рту; *jdn aus dem ~ lassen* оставля́ть кого́-л в стороне́; *jdn ins ~ bringen* втя́гивать (впу́тывать) кого́-л во что-л; *mit im ~ sein* быть заме́шанным во что-л; *2.* SPORT игра́ *f,* па́ртия *f,* соревнова́ние *n; Wie steht das ~?* Како́й счёт?
Spielbank *f* казино́ *n*
Spieldose *f* музыка́льная шкату́лка *f*
spielen *v* игра́ть
Spieler *m* игро́к *m*
Spielfeld *n* SPORT по́ле *n,* корт *m*
Spielfilm *m* CINE худо́жественный фильм *m*
Spielplatz *m* де́тская площа́дка *f*
Spielraum *m 1. (fig)* просто́р *m,* возмо́жности *f/pl,* свобо́да *f* де́йствий; *2.* TECH зазо́р *m*
Spielregeln *pl* пра́вила *n/pl* игры́
Spielverderber(in) *m/f* некомпане́йский челове́к *m,* челове́к *m,* меша́ющий о́бщему весе́лью, зану́да *m/f (fam)*
Spielzeug *n* игру́шка *f*
Spieß *m 1.(Speer)* пи́ка *f,* копьё *n; (fig) den ~ umdrehen* отплати́ть тем же, обраща́ть ору́жие проти́вника про́тив него́ самого́; *2. (Bratspieß)* ве́ртел *m,* шампу́р *m*
spießig *adj* обыва́тельский, меща́нский
Spinat *m* BOT шпина́т *m*
Spinne *f* ZOOL пау́к *m*
spinnen *v irr 1.*прясть; *2.(fig)* бре́дить *impf,* быть не в своём уме́
Spinnennetz *n* паути́на *f*
Spion(in) *m/f* шпио́н(ка) *m/f*
Spionage *f* шпиона́ж *m*
spionieren *v* шпио́нить, занима́ться шпиона́жем
Spirale *f* спира́ль *f*
Spirituosen *pl* спиртны́е напи́тки *m/pl,* ликёро-во́дочные изде́лия *n/pl*
Spiritus *m* CHEM спирт *m*
spitz *adj 1.* о́стрый, заострённый; *2. (fig)* о́стрый, ко́лкий, язви́тельный
Spitzbube *m 1. (Gauner)* жу́лик *m,* моше́нник *m; 2. (Schelm)* озорни́к *m,* плут *m*
Spitze *f 1.*остриё *n,* ко́нчик *m; etw auf die ~ treiben (fig)* доводи́ть что-л до кра́йности; *2. (Bergspitze)* верши́на *f,* пик *m; 3. (Stoff)* кру́жева *n/pl; 4. (fig)* главе́нствующее

положéние *n,* пéрвое мéсто *n,* пéрвенство *n; an der ~ liegen* идтú вперéдú, лидúровать *impf; an der ~ einer Delegation* во главé делегáции, возглавля́ть делегáцию; *die ~ des Eisbergs* вершúна (верхýшка) áйсберга

Spitzel *m* шпик *m,* шпиóн *m*

spitzen *v* точúть, заостря́ть

Spitzengeschwindigkeit *f* максимáльная (наивы́сшая) скóрость *f*

Spitzenleistung *f 1.* выдающееся достижéние *n; 2.* SPORT рекóрд *m; 3.* TECH максимáльная мóщность *f*

Spitzenlohn *m* максимáльная зáработная плáта *f*

Spitzenposition *f* руководя́щий пост *m,* высóкое положéние *n*

Spitzenreiter *m* лúдер *m*

Spitzer *m* точúлка *f*

spitzfindig *adj* изощрённый, хитроýмный

Spitzname *m* прóзвище *n,* клúчка *f*

Splitter *m 1. (Holzsplitter)* щéпка *f; 2. (Glassplitter)* оскóлок *m*

splittern *v* расщепля́ться, раскáлываться, разлетáться вдрéбезги

splitternackt *adj* совершéнно гóлый, в чём мать родилá

sponsern *v* финансúровать *impf/pf,* спонсúровать *impf/pf*

Sponsor *m* спóнсор *m*

spontan *adj* спонтáнный, стихúйный, самопроизвóльный

Spontaneität *f* спонтáнность *f,* стихúйность *f,* самопроизвóльность *f*

sporadisch *adj* спорадúческий, единúчный

Sport *m* спорт *m; Welchen ~ treiben Sie?* Какúм вúдом спóрта Вы занимáетесь?

Sportartikel *m* спортúвные товáры *m/pl*

Sportgeist *m* спортúвный дух *m*

Sportler(in) *m/f* спортсмéн(ка) *m/f*

sportlich *adj* спортúвный

Sportplatz *m* спортúвная площáдка *f*

Sportreporter *m* спортúвный корреспондéнт *m*

Sportveranstaltung *v* спортúвное меропрúятие *n*

Sportverein *m* спортúвное óбщество *n*

Spott *m* насмéшка *f,* ирóния *f,* издевáтельство *n*

spottbillig *adj 1.* óчень дешёвый; *adv 2.* óчень дёшево, за бесцéнок, по дешёвке *(fam)*

spotten *v ~ über* насмехáться (глумúться, издевáться) над кем-л

spöttisch *adj* насмéшливый, издевáтельский

Sprache *f 1.* язы́к *m,* речь *f; (fig) die ~ auf etw bringen* заводúть речь о чём л; *mit der ~ herausrücken* признавáться в чём-л; *zur ~ kommen* начинáть обсуждáть что-л; *die gleiche ~ sprechen* хорошó понимáть друг дрýга; *eine deutliche ~ sprechen* вы́сказываться откровéнно; *Raus mit der ~!* Да говорú(те) же! Выклáдывай(те)! *Da verschlug es ihm die ~.* У негó отня́лся язы́к. Он не мог вы́молвить ни слóва. *2. (Fachsprache)* профессионáльный язы́к *m*

Sprachenschule *f* шкóла *f* инострáнных языкóв

Sprachfehler *m 1.* LING дефéкт *m* рéчи; *2.* GRAMM языковáя ошибка *f*

sprachgewandt *adj* красноречúвый, обладáющий дáром рéчи

Sprachkenntnisse *pl* знáние *n* языкá (языкóв)

sprachlos *adj (fig)* онемéвший, лишúвшийся дáра рéчи

Spray *n* аэрозóль *f*

Sprechanlage *f* переговóрное устрóйство *n*

sprechen *v irr* говорúть, разговáривать *impf; Sprechen Sie bitte etw langsamer!* Говорúте, пожáлуйста, немнóго мéдленнее! *~ Sie Russisch?* Вы говорúте по-рýсски? *für sich selbst ~* говорúть за себя́; *auf jdn nicht gut zu ~ sein* быть настрóенным прóтив когó-л, быть плохóго мнéния о ком-л; *Wir ~ uns noch!* Мы ещё поговорúм!

Sprecher *m 1. (Ansager)* дúктор *m; 2. (Redner)* доклáдчик *m,* выступáющий *m; 3. (Wortführer)* орáтор *m*

Sprechstunde *f* приёмные часы́ *m/pl,* врéмя *n* приёма

Sprechstundenhilfe *f* помóщник *m* (помóщница *f*) врачá

Sprechzimmer *n 1.* приёмная *f; 2. (beim Arzt)* врачéбный кабинéт *m*

sprengen *v* взрывáть, подрывáть

Sprengkörper *m* подрывнáя шáшка *f*

Sprengstoff *m* взры́вчатое веществó *n,* взрывчáтка *f (fam)*

Sprengstoffattentat *n* покушéние *n* с применéнием взры́вчатого веществá

Sprengung *f* взрыв *m,* подры́в *m*

Sprichwort *n* посло́вица *f*
sprichwörtlich *adj 1.* воше́дший в погово́рку; *2. (allgemein bekannt)* общеизве́стный
Springbrunnen *m* фонта́н *m*
springen *v irr 1.(hüpfen)* пры́гать, скака́ть; *2. (fig: bersten)* ло́паться, тре́скаться
Springseil *n* скака́лка *f*
Spritze *f 1.* шприц *m; 2.* MED уко́л *m,* инъе́кция *f*
spritzen *v 1.* опры́скивать, разбры́згивать, бры́згать; *2.* MED впры́скивать
Spritztour *f* непродолжи́тельная пое́здка *f* (прогу́лка *f,* экску́рсия *f*)
spröde *adj 1. (Material)* хру́пкий, ло́мкий *2. (fig: abweisend)* чо́порный, непристу́пный
Sprössling *m (fig)* о́тпрыск *m*
Spruch *m 1. (Wahlspruch)* ло́зунг *m,* деви́з *m; 2.* JUR пригово́р *m,* реше́ние *n; 3. große Sprüche klopfen (fam)* говори́ть пусты́е фра́зы
sprudeln *v* бить ключо́м, бурли́ть, клокота́ть
sprühen *v 1. (Funken ~)* мета́ть (и́скры); *2. (spritzen)* разбры́згиваться; *3. (fig)* искри́ться, блесте́ть, сверка́ть
Sprühregen *m* ме́лкий (морося́щий) дождь *m*
Sprung *m 1. (Bewegung)* прыжо́к *m; ein ~ ins kalte Wasser sein* на ура́, экспро́мтом; *auf dem ~ sein* торопи́ться, собира́ться (намерева́ться) сде́лать что-л; *nur auf einen ~* на одну́ мину́тку; *keine großen Sprünge machen können* не позволя́ть себе́ больши́х затра́т; *jdm auf die Sprünge helfen* помо́чь кому́-л вы́йти из затрудни́тельного положе́ния; *2. (fig: Riss)* тре́щина *f; (fig) einen ~ in der Schüssel haben* у кого́-л не все до́ма, у кого́-л не хвата́ет ви́нтика
Sprungfeder *f* пружи́на *f*
sprunghaft *adj 1.* скачкообра́зный; *2. (unausgeglichen)* неуравнове́шенный; *3. (nicht folgerichtig)* непосле́довательный, непостоя́нный
Sprungschanze *f* SPORT трампли́н *m*
Sprungtuch *n* спаса́тельное полотно́ *n*
Spucke *f* слюна́ *f; Da bleibt einem ja die ~ weg! (fam)* Про́сто нет слов! Э́то сногсшиба́тельно!
spucken *v* плева́ть
Spuk *m* привиде́ние *n,* при́зрак *m*
spuken *v (poltern)* явля́ться, броди́ть *(о при́зраке); Es spukt im Hause.* В до́ме во́дятся привиде́ния.
Spülbecken *n* ку́хонная ра́ковина *f,* мо́йка *f*
Spule *f 1.* кату́шка *f; 2. (Bobine)* TECH боби́на *f; 3. (Induktionsspule)* TECH кату́шка *f*
spülen *v* полоска́ть, промыва́ть
Spülmaschine *f* посудомо́ечная маши́на *f*
Spülmittel *n 1. (Geschirr)* сре́дство *n* для мытья́ посу́ды; *2. (Wäsche)* сре́дство *n* для полоска́ния белья́
Spülung *f 1. (Toilettenspülung)* смывно́е устро́йство *n; 2.* MED промыва́ние *n*
Spur *f 1. (Abdruck)* след *m,* отпеча́ток *m; (fig) eine heiße ~* горя́чий след; *jdm auf die ~ kommen* напада́ть на чей-л след, высле́живать кого́-л; *jdm auf der ~ bleiben* продолжа́ть следи́ть за кем-л; *in jds ~en treten* идти́ по чьим-л стопа́м; *nicht die ~* ничего́ подо́бного; *2. (Fahrspur)* ряд *m,* полоса *f (в доро́жном движе́нии); 3. (fig: kleine Menge)* при́знак *m,* след *m (fig),* ка́пля *f (fig); Er hat keine ~ Humor.* У него́ нет ни ка́пли ю́мора.
spürbar *adj* ощути́мый, чувстви́тельный
spüren *v* чу́вствовать, ощуща́ть
Spurenelemente *pl* BIO микроэлеме́нты *m/pl*
spurlos *adj* бессле́дный, незаме́тный; *Er ist ~ verschwunden.* Его́ и след просты́л. *(fig)*
Spürsinn *m* чутьё *n,* интуи́ция *f,* нюх *m (fig)*
Staat *m* госуда́рство *n*
staatenlos *adj* не име́ющий гражда́нства
staatlich *adj* госуда́рственный, казённый
Staatsakt *m* POL официа́льная (торже́ственная) церемо́ния *f* (на вы́сшем у́ровне)
Staatsangehörigkeit *f* гражда́нство *n*
Staatsanwalt *m* JUR прокуро́р *m*
Staatsbeamte(r) *f/m* госуда́рственный слу́жащий *m,* госуда́рственная слу́жащая *f*
Staatsbesuch *m* официа́льный визи́т *m* главы́ госуда́рства
Staatsbürger(in) *m/f* граждани́н *m,* гражда́нка *f*
Staatsdienst *m* госуда́рственная слу́жба *f*
Staatsduma *f (Unterhaus des russischen Parlaments)* POL Госуда́рственная Ду́ма *f*
Staatseigentum *n* госуда́рственная со́бственность *f*
Staatsgewalt *f* госуда́рственная власть *f*

Staatshaushalt *m* госуда́рственный бюдже́т *m*
Staatsmann *m* госуда́рственный (полити́ческий) де́ятель *m,* госуда́рственник *m*
Staatsoberhaupt *n* глава́ *m/f* госуда́рства
Staatssekretär *m 1.* госуда́рственный секрета́рь *m; 2.(Amt in Deutschland)* статс-секрета́рь *m*
Staatsstreich *m* госуда́рственный переворо́т *m*
Stab *m 1.(Stock)* па́лка *f; 2.(fig: Führungsstab)* штаб *m*
Stabhochsprung *m SPORT* прыжо́к *m* с шесто́м
stabil *adj 1.(robust)* стаби́льный, усто́йчивый, кре́пкий; *2.(konstant)* постоя́нный, сто́йкий, стаби́льный
stabilisieren *v* стабилизи́ровать *impf/pf*
Stabilität *f* стаби́льность *f,* усто́йчивость *f*
Stachel *m 1. BOT* колю́чка *f,* шип *m; 2. ZOOL* жа́ло *n*
Stacheldraht *m* колю́чая про́волока *f*
stachelig *adj 1.(kratzig)* колю́чий; *2.(fig)* язви́тельный
Stadion *n* стадио́н *m*
Stadium *n* ста́дия *f*
Stadt *f* го́род *m*
Stadtbummel *m* прогу́лка *f* по го́роду
städtisch *adj* городско́й
Stadtmauer *f* городска́я стена́ *f*
Stadtplan *m* план *m* го́рода
Stadtrand *m* городска́я окра́ина *f*
Stadtrat *m 1.(Organ) POL* городско́й сове́т *m,* муниципалите́т *m; 2.(Amtsperson)* член *m* городско́го сове́та (муниципалите́та)
Stadtverwaltung *f* муниципалите́т *m,* городско́е управле́ние *n*
Stadtviertel *n* securities кварта́л *m*
Staffelei *f* мольбе́рт *m*
Staffelung *f 1.* расположе́ние *n* усту́пами; *2.(fig)* дифференциа́ция *f*
Stagnation *f ECO* засто́й *m,* стагна́ция *f*
stagnieren *v ECO* находи́ться *impf* в состоя́нии засто́я (стагна́ции)
Stahl *m* сталь *f*
Stahlindustrie *f* сталелите́йная промы́шленность *f*
Stahlwolle *f* металли́ческая гу́бка *f* для чи́стки металлических или деревя́нных пове́рхностей *(напр., посу́ды)*
Stall *m 1.(für Tiere allgemein)* хлев *m; 2.(für Rinder)* коро́вник *m; 3.(für Pferde)* коню́шня *f; 4.(für Hühner)* куря́тник *m; 5.(für Schweine)* свина́рник *m; 6.(fig)* свина́рник *m,* коню́шня *f,* хлев *m*
Stamm *m 1.(Baumstamm)* ствол *m; 2.(Volksstamm)* пле́мя *f,* род *m*
Stammaktie *f ECO* обыкнове́нная а́кция *f*
Stammbaum *m* родосло́вная *f,* родосло́вное (генеалоги́ческое) дре́во *n*
stammen *v* происходи́ть, быть ро́дом
Stammgast *m* завсегда́тай *m*
Stammhalter *m* продолжа́тель ро́да *m*
stämmig *adj* корена́стый, пло́тно сло́женный
Stammkapital *n ECO* уста́вный капита́л *m (у о́бществ с ограни́ченной отве́тственностью в Герма́нии)*
Stammkunde *m* постоя́нный клие́нт *m* (покупа́тель *m*)
Stand *m 1.(Stehen)* положе́ние *n* сто́я; *2. SPORT* сто́йка *f; 3.(Messestand)* стенд *m; 4.(Situation)* положе́ние *n,* состоя́ние *n; (fig) bei jdm einen guten ~ haben* быть у кого́-л на хоро́шем счету́; *5.(Niveau)* у́ровень *m; 6.(Spielstand)* счёт *m* (в игре́)
Standard *m* станда́рд *m,* но́рма *f*
Standbild *n* ста́туя *f*
Ständchen *n 1.* пе́ние *n* в честь кого́-л; *2.(Operette) MUS* серена́да *f*
Ständer *m* сто́йка *f,* подста́вка *f*
Standesamt *n* отде́л *m* (бюро́ *n*) за́писи а́ктов гражда́нского состоя́ния, загс *m*
Standesbeamte(r) *f/m* слу́жащий *m* (...щая *f*) отде́ла загс
standesgemäß *adj* соотве́тствующий социа́льному (обще́ственному) положе́нию
standhaft *adj* сто́йкий
Standhaftigkeit *f* сто́йкость *f*
standhalten *v* сто́йко держа́ться *impf,* уде́рживаться, усто́ять *pf*
ständig *adj* постоя́нный, непреры́вный
Standlicht *n (beim Auto)* стоя́ночный свет
Standort *m* ме́сто *n* расположе́ния, место *n* нахожде́ния, размеще́ние *n* (произво́дства)
Standpunkt *m (fig)* то́чка *f* зре́ния
Standspur *f* полоса́ *f* для вы́нужденной остано́вки тра́нспортных средств (на автомагистра́ли)
Standuhr *f* стоя́чие часы́ *pl*
Stange *f* жердь *f,* па́лка *f,* шест *m; (fig) jdn bei ~ halten* подде́рживать в ком-л интере́с к чему́-л; *bei der ~ bleiben* проявля́ть вы́держку до конца́, не сдава́ться; *von der ~* гото́вый, сши́тый

не по заказу *(об одежде); eine ~ Geld* куча *f* (уйма *f*) денег
Stängel *m BOT* стебель *m*
stanzen *v* штамповать
Stapel *m 1. (Haufen)* штабель *m,* стопка *f,* кипа *f,* куча *f; 2. NAUT* стапель *m; vom ~ laufen* сходить на воду
stapeln *v* укладывать в штабеля
Star[1] *m MED f* катаракта *f,* помутнение *n* хрусталика глаза
Star[2] *m ZOOL* скворец *m*
Star[3] *m (Filmstar)* звезда *f*
stark *adj* сильный; *das ~e Geschlecht* сильный пол
Stärke *f 1.* сила *f; 2. (Wäschestärke)* крахмал *m; 3. (Speisestärke)* крахмал *m; 4. Konzentration GAST* крепость *f,* концентрация *f*
stärken *v 1.* укреплять; *2. (Wäsche)* крахмалить
Stärkung *f 1. (Festigung)* укрепление *n; 2. (Erfrischung)* подкрепление *n,* освежение *n*
starr *adj 1.* неподвижный; *2. (fig)* упрямый, твёрдый, закостенелый
starren *v* смотреть в упор, уставиться *pf* (*von:* уставляться *impf*), таращиться *(fam)*
starrköpfig *adj* упрямый
Starrsinn *m* упрямство *n*
Start *m 1. (Flugzeug)* взлёт *m; 2. (fig)* старт *m,* начало *n; 3. SPORT f* старт *m*
starten *v 1. (abreisen)* отправляться в путь, уезжать; *2. (Auto)* заводить; *3. (Rakete)* запускать; *4. (aktivieren)* стартовать *impf/pf*
Station *f 1. (Haltestelle)* остановка *f,* станция *f; ~ machen (fig)* делать остановку, останавливаться; *2. (Abteilung)* отделение *n*
Statistik *f* статистика *f*
statistisch *adj* статистический
statt *prep* вместо, взамен
Stätte *f* место *n*
stattfinden *v* иметь *impf* место, состояться *pf; Wann findet die Hochzeit von Irina statt?* Когда состоится свадьба Ирины?
stattlich *adj 1. (ansehnlich)* статный, видный, импозантный; *2. (zahlreich)* значительный, приличный
Statue *f* статуя *f*
Statur *f* телосложение *n,* комплекция *f*
Status *m* положение *n,* статус *m*
Statussymbol *n* символ *m* статуса
Statut *n* устав *m*
Stau *m* затор *m* (пробка *f*) в уличном движении
Staub *m* пыль *f; (fig) ~ aufwirbeln* поднимать большую шумиху, наделать много шума; *sich aus dem ~ machen* незаметно улизнуть *pf,* смываться *(fam)*
Staubsauger *m* пылесос *m*
Staudamm *m* плотина *f*
staunen *v* удивляться, изумляться
Staunen *n* удивление *n,* изумление *n*
Steak *n GAST* стейк *m,* антрекот *m,* натуральный бифштекс *m,* кусок *m* жаркого
stechen *v irr* колоть, прокалывать; *in die Augen ~ (fig)* бросаться в глаза
Stechuhr *f* контрольные часы *pl*
Steckbrief *m* объявление *n* о розыске преступника
Steckdose *f* штепсельная розетка *f*
stecken *v 1. (hinein~)* всовывать, вставлять, втыкать; *jdm etw ~ (fig)* высказать кому-л своё мнение; *2. (an~)* заражать; *3. ~ bleiben* застревать
Steckenpferd *n (fig)* конёк *m,* любимое занятие *n*
Stecker *m* штепсель *m*
Stecknadel *f* булавка *f; eine ~ im Heuhaufen suchen (fig)* искать иголку в стоге сена *(fig)*
Stegreif *m (fig)* экспромпт *m; aus dem ~* экспромтом
stehen *v irr (aufrecht ~)* стоять; *~ bleiben* останавливаться
stehlen *v irr* красть, воровать
steif *adj 1.* жёсткий, твёрдый; *2. (fig)* натянутый, чопорный
steigen *v 1. (hinaufsteigen)* подниматься, взбираться, залазить; *2. (fig)* повышаться, возрастать, расти
steigend *adj (fig)* повышающийся, возрастающий, растущий
steigern *v 1. (sich ~)* повышаться, увеличиваться; *2. (erhöhen)* повышать, увеличивать; *3. GRAMM* изменять по степеням сравнения; *4. (er~)* покупать на аукционе
Steigerung *f 1. (Erhöhung)* повышение *n,* усиление *n; 2. GRAMM* образование *n* степеней сравнения
Steigung *f* подъём *m*
steil *adj* крутой, обрывистый
Steilküste *f* крутой (обрывистый) берег *m*
Stein *m* камень *m; (fig) der ~ des Anstoßes* камень преткновения; *den ~ ins Rollen bringen* дать ход делу, сдвинуть

де́ло с мёртвой то́чки; *bei jdm einen ~ im Brett haben* быть у кого́-л на хоро́шем счету́; *keinen ~ auf dem anderen lassen* не оста́вить ка́мня на ка́мне; *den ersten ~ auf jdn werfen* бро́сить пе́рвый ка́мень в кого́-л, пе́рвым осуди́ть кого́-л; *jdm ~e in den Weg legen* ста́вить кому́-л па́лки в колёса; *Da fällt mir ein ~ vom Herzen!* У меня́ то́чно гора́ с плеч свали́лась!

Steinbruch *m* каменоло́мня *f*

steinig *adj* камени́стый

Steinmetz *m* каменотёс *m*

Steinschlag *m 1.* камнепа́д *m; 2. (Schotter)* щёбень *m*

Steinzeit *f HIST* ка́менный век *m*

Stelle *f 1. (Ort)* ме́сто *n,* пункт *m; (fig) auf der ~ treten* топта́ться на ме́сте; *2. (Anstellung)* до́лжность *f,* рабо́та *f; 3. (Dienststelle)* инста́нция *f,* учрежде́ние *n*

stellen *v* ста́вить, помеща́ть; *auf sich gestellt sein* расчи́тывать то́лько на себя́

Stellenangebot *n* объявле́ние *n* (предложе́ние *n*) вака́нтного рабо́чего ме́ста

Stellenausschreibung *f* ко́нкурс *m* на замеще́ние вака́нтной до́лжности

Stellengesuch *n* объявле́ние *n* о по́иске рабо́ты

Stellenwert *m* зна́чимость *f,* значе́ние *n*

Stellung *f 1. (Haltung)* по́за *f; zu etw ~ nehmen* выска́зывать своё мне́ние о чём-л; *die ~ halten* уде́рживать пози́цию; *2. (Anstellung)* до́лжность *f*

Stellungnahme *f* выска́зывание *n* своего́ мне́ния о чём-л

stellvertretend *adj* замеща́ющий, вре́менно исполня́ющий обя́занности

Stellvertreter(in) *m/f* замести́тель(ница) *m/f*

Stempel *m* печа́ть *f,* штамп *m,* клеймо́ *n; (fig) einer Sache seinen ~ aufdrücken* накла́дывать сво́й отпеча́ток на что-л; *den ~ von jdm tragen* носи́ть печа́ть кого́-л

Stempelkissen *n* ште́мпельная поду́шка *f*

stempeln *v 1.* ста́вить печа́ть; *2. ~ gehen (fam)* быть безрабо́тным

Stenografie *f (Kurzschrift)* стеногра́фия *f*

Stenotypistin *f* машини́стка-стеногра́фистка *f*

Steppe *f GEO* степь *f*

Sterbefall *m* сме́ртный (смерте́льный) слу́чай *m*

sterben *v irr 1.* умира́ть; *2. (verrecken)* до́хнуть, подыха́ть; *(fig) wie die Fliegen ~* до́хнуть как му́хи; *für jdn gestorben sein* не существова́ть бо́льше для кого́-л

Sterbesakramente *pl REL* после́днее прича́стие *n,* собо́рование *n; jdn mit den ~n versehen* собо́ровать кого́-л

Sterbeurkunde *f* свиде́тельство *n* о сме́рти

sterblich *adj* сме́ртный

Stereoanlage *f* стереофони́ческая устано́вка *f,* стереоустано́вка *f,* музыка́льный центр *m*

stereotyp *adj* стереотипи́чный

steril *adj* стери́льный

sterilisieren *v* стерилизова́ть *impf/pf*

Stern *m* звезда́ *f,* свети́ло *n; (fig) ~e sehen* у кого́-л из глаз посы́пались и́скры; *für jdn die ~e vom Himmel holen* достава́ть для кого́-л звёзды с не́ба; *nach den ~en greifen* жела́ть невозмо́жного, стреми́ться к наивы́сшему; *in den ~en geschrieben stehen* что-л пи́сано ви́лами по воде́, что-л изве́стно одному́ бо́гу; *unter einem denkbar guten ~* под счастли́вой звездо́й

Sternbild *n* созве́здие *n*

sternenklar *adj* звёздный

Sternschnuppe *f* па́дающая звезда́ *f*

Sternwarte *f* обсервато́рия *f*

stets *adv* всегда́, постоя́нно

Steuer *f 1. (Abgabe) ECO* нало́г *m; 2. (zum Lenken)* руль *m,* штурва́л *m*

Steueraufkommen *n* нало́говые поступле́ния *n/pl*

Steuerberater *m* нало́говый консульта́нт *m*

steuerbord *adv* на пра́вом борту́, с пра́вого бо́рта, по пра́вому бо́рту

Steuererklärung *f* нало́говая деклара́ция *f*

Steuerermäßigung *f* нало́говая льго́та *f*

steuerfrei *adj* не облага́емый нало́гом

Steuerhinterziehung *f* уклоне́ние *n* от упла́ты нало́гов

steuerlich *adj* нало́говый

Steuermann *m* шту́рман *m,* рулево́й *m*

steuern *v 1. (Schiff) NAUT* управля́ть *impf,* вести́; *~ nach* идти́ ку́рсом на; *2. (regulieren)* управля́ть *impf,* регули́ровать; *3. (Auto)* управля́ть *impf,* води́ть; *4. (Flugzeug)* управля́ть *impf,* проводи́ть

Steuerung *f* управле́ние *n,* регули́рование *n*

Steuerzahler(in) *m/f* налогоплате́льщик *m,* налогоплате́льщица *f*

Steward(ess) *m/f* стюарде́сса *f,* стюа́рд *m,* бортпроводни́к *m,* бортпроводни́ца *f*

Stich *m 1. (Wespenstich)* уку́с *m* (осы́); *2. (Nähstich)* стежо́к *m; 3. (Messerstich)* уко́л *m,* уда́р *m* (ножо́м); *4.* ART гравю́ра *f; 5. (fam) einen ~ haben* быть с заско́ком, ма́лость рехну́ться
sticheln *v (fig)* язви́ть, говори́ть ко́лкости
stichhaltig *adj* обосно́ванный
Stichprobe *f* вы́борочный контро́ль *m*
Stichtag *m* срок *m* выполне́ния чего́-л
Stichwahl *f* POL перебалотиро́вка *f,* дополни́тельные вы́боры *pl*
Stichwort *n* ключево́е сло́во *n,* пункт *m,* кра́ткие те́зисы *m/pl*
sticken *v* вышива́ть
stickig *adj* ду́шный, за́тхлый
Stickstoff *m* CHEM азо́т *m*
Stiefel *m* сапо́г *m; (fig) jdm die ~ lecken* лиза́ть кому́-л пя́тки, пресмыка́ться пере́д кем-л; *Das sind zwei paar ~.* Э́то две ра́зные ве́щи.
Stiefmutter *f* ма́чеха *f*
Stiefvater *m* о́тчим *m*
Stiel *m 1.* па́лочка *f,* па́лка *f; 2. (Werkzeug)* рукоя́тка *f,* ру́чка *f; 3.* BOT сте́бель *m*
Stier *m* ZOOL бык *m; (fig) den ~ bei den Hörnern packen* брать быка́ за рога́
Stierkampf *m* бой *m* быко́в, корри́да *f*
Stift[1] *m 1. (Nagel ohne Kopf)* TECH па́лец *m,* штырь *m,* штифт *m; 2. (Bleistift)* каранда́ш *m*
Stift[2] *n* монасты́рь *m*
stiften *v 1. (schenken)* дари́ть, же́ртвовать; *2. (gründen)* учрежда́ть, осно́вывать; *3. (fig: verursachen)* твори́ть, учиня́ть
Stifter *m 1. (Gründer)* основа́тель *m,* учреди́тель *m; 2. (Spender)* лицо́ *n,* прино-ся́щее поже́ртвование; *3. (Täter)* зачи́нщик *m,* вино́вник *m*
Stiftung *f 1. (Schenkung)* поже́ртвование *n; 2. (Einrichtung)* фонд *m*
Stil *m* стиль *m*
still *adj 1. (geräuschlos)* ти́хий, бесшу́мный; *2. (friedlich)* сми́рный; *3. (ruhig)* споко́йный, неподви́жный
Stille *f 1. (Geräuschlosigkeit)* тишина́ *f,* безмо́лвие *n,* молча́ние *n; 2. (Frieden)* поко́й *m; 3. (Ruhe)* споко́йствие *n,* тишина́ *f*
stillen *v 1. (Kind)* корми́ть ребёнка (гру́дью); *2. (Bedürfnis)* удовлетворя́ть
stilllegen *v 1.* приостана́вливать, закрыва́ть; *2.* ECO свёртывать, консерви́ровать, закрыва́ть
stillschweigend *adj 1.* молчали́вый; *adv 2.* ти́хо, втихомо́лку *(fam)*
Stillstand *m 1.* состоя́ние *n* поко́я; *2. (Produktion)* ECO просто́й *m; 3. (Stagnation)* ECO засто́й *m*
stilvoll *adj 1.* сти́льный; *adv 2.* сти́льно, со вку́сом
Stimmbruch *m* ло́мка *f* го́лоса
Stimme *f* го́лос *m*
stimmen *v 1. (wahr sein)* быть ве́рным, соотве́тствовать *impf* и́стине; *Mit der Rechnung scheint etw nicht zu ~.* Ка́жется со счётом что-то не в поря́дке. *2. (Instrument)* настра́ивать
Stimmenmehrheit *f* большинство́ *n* голосо́в
Stimmenthaltung *f* воздержа́ние *n* от голосова́ния
Stimmrecht *n* POL пра́во *n* го́лоса
Stimmung *f* настрое́ние *n*
stinken *v irr* ду́рно па́хнуть *impf,* воня́ть *impf (fam)*
Stipendium *n* стипе́ндия *f*
Stirn *f* ANAT f лоб *m; (fig) jdm die ~ bieten* дава́ть отпо́р кому́-л; *sich an die ~ fassen* ди́ву дава́ться; *jdm auf der ~ geschrieben stehen* у кого́-л на лбу напи́сано
Stock *m 1. (Stab)* па́лка *f; am ~ gehen* ходи́ть, опира́ясь на па́лку; *über ~ und Stein* сломя́ (очертя́) го́лову; *2. (Etage)* эта́ж *m*
stockend *adj 1.* остана́вливающийся; *2. (beim Sprechen)* запина́ющийся
Stockwerk *n* эта́ж *m*
Stoff *m 1. (Textil)* ткань *f; 2. (Materie)* мате́рия *f,* субста́нция *f; 3. (fam: Rauschgift)* нарко́тик *m*
Stoffwechsel *m* BIO обме́н *m* веще́ств
stöhnen *v* стона́ть
stolpern *v* спотыка́ться
stolz *adj 1.* го́рдый; *2. (hochmütig)* высоко-ме́рный, спеси́вый
Stolz *m 1.* го́рдость *f; den ~ beugen;* сломи́ть го́рдость; *keinen ~ besitzen* не име́ть го́рдости; *2. (Hochmut)* высокоме́рие *n,* спесь *f*
stopfen *v 1. (füllen)* набива́ть; *2. (flicken)* што́пать, чини́ть
stoppen *v 1. (anhalten)* остана́вливать; *2. (messen)* засека́ть
Stoppuhr *f* секундоме́р *m*
Stöpsel *m 1. (Verschluss)* про́бка *m,* загл́ушка *f; 2. (elektrischer Stecker)* ште́псель *m*
Storch *m* ZOOL а́ист *f*
stören *v* меша́ть, беспоко́ить, наруша́ть
störend *adj* меша́ющий, беспоко́ящий

Störenfried *m* наруши́тель *m* (возмути́тель *m)* споко́йствия
Störfaktor *m* меша́ющий фа́ктор *m*
stornieren *v (Auftrag)* аннули́ровать *impf/pf,* сторни́ровать *impf/pf,* отменя́ть
Storno *m* аннули́рование *n,* сто́рно *n,* отме́на *f*
störrisch *adj* упря́мый, стропти́вый
Störung *f 1.* беспоко́йство *n; 2. (Behinderung)* наруше́ние *n; 3.* TECH поме́ха *f*
Stoß *m* толчо́к *m,* уда́р *m*
Stoßdämpfer *m* TECH амортиза́тор *m*
stoßen *v irr* толка́ть, ударя́ть
stoßfest *adj* ударопро́чный
Stoßstange *f (beim Auto)* ба́мпер *m*
stottern *v* заика́ться
Strafanstalt *f* JUR ме́сто *n* лише́ния свобо́ды, ме́сто *n* заключе́ния
strafbar *adj* JUR наказу́емый
Strafe *f 1. (Bestrafung)* наказа́ние *n,* ка́ра *f; 2. (Geldstrafe)* штраф *m,* пе́ня *f; 3.* JUR наказа́ние *n,* взыска́ние *n*
strafen *v 1.* нака́зывать, кара́ть; *2. (Geldstrafe verhängen)* штрафова́ть
Straferlass *m* амни́стия *f,* освобожде́ние *n* от наказа́ния, поми́лование *n*
straff *adj 1. (gespannt)* туго́й, натя́нутый; *2. (streng)* стро́гий
Strafgefangene(r) *f/m* заключённый *m,* …ная *f,* зек *m (fam)*
Strafgesetzbuch *n* JUR уголо́вный ко́декс *m*
sträflich *adj 1. (strafbar)* наказу́емый; *2. (fig: unverzeihlich)* непрости́тельный, непозволи́тельный
Strafprozess *m* JUR уголо́вный проце́сс *m*
Strafrecht *n* JUR уголо́вное пра́во *n*
Strafstoß *m 1.* SPORT пена́льти *m/n; 2. (Fußball)* одиннадцатиметро́вый штрафно́й уда́р *m*
Straftat *f* JUR преступле́ние *n*
Strahl *m 1. (Sonnenstrahl)* луч *m; 2. (Wasserstrahl)* струя́ *f*
strahlen *v* сия́ть, излуча́ть *impf*
Strahlenbelastung *f* до́за *f* облуче́ния
Strahlung *f* PHYS излуче́ние *n,* ради́ция *f*
Strand *m* пляж *m*
Strang *m* верёвка *f,* кана́т *m; (fig) am gleichen ~ ziehen* быть в одно́й упря́жке, де́лать о́бщее де́ло; *über die Stränge schlagen* хвата́ть за край, зарыва́ться, переходи́ть грани́цы; *wenn alle Stränge reißen* на худо́й коне́ц, в са́мом кра́йнем слу́чае
Strapaze *f* мыта́рство *n,* тру́дности *f/pl,* тя́готы *f/pl,* напряже́ние *n*
strapazieren *v 1.* утомля́ть, чрезме́рно напряга́ть; *2. (Sache)* трепа́ть, не щади́ть
strapazierfähig *adj* про́чный, но́ский
Straße *f* доро́га *f,* у́лица *f,* путь *m; Ist das die ~ nach Smolensk?* Э́то доро́га на Смоле́нск? *(fig) jdn auf die ~ werfen* вы́ставить кого́-л на у́лицу; *(fig) auf der ~ landen* оказа́ться на у́лице, оста́ться без рабо́ты; *auf die ~ gehen* выходи́ть на пане́ль
Straßenbahn *f* трамва́й *m*
Straßenbau *m* доро́жное строи́тельство *n*
Straßengraben *m* доро́жный кюве́т *m,* придоро́жная кана́ва *f*
Straßenhändler *m* у́личный торго́вец *m*
Straßenverkehr *m* доро́жное (у́личное) движе́ние *f*
Straßenverkehrsordnung *f* пра́вила *n/pl* у́личного движе́ния
Strategie *f* страте́гия *f*
sträuben *v 1. (Haare) sich ~* еро́шиться, топо́рщиться; *2. (fig) sich ~* проти́виться чему́-л
Strauch *m* куст *m,* кустáрник *m*
Strauß¹ *m* BOT буке́т *m*
Strauß² *m* ZOOL стра́ус *m*
Streber(in) *m/f 1.* карьери́ст(ка) *m/f; 2. (beim Lernen)* зубри́ла *m/f (fam)*
strebsam *adj* усе́рдный, стара́тельный, целеустремлённый
Strecke *f 1. (Abschnitt)* уча́сток *m; 2. (Entfernung)* расстоя́ние *n; 3. jdn zur ~ bringen (fam)* убива́ть (прика́нчивать) кого́-л
strecken *v* вытя́гивать, растя́гивать
Streich *m 1.* шу́тка *f,* вы́ходка *f; jdm einen ~ spielen* сыгра́ть с кем-л шу́тку; *2. (Schlag)* уда́р *m; auf einen ~* одни́м уда́ром
streichen *v irr 1. (berühren)* гла́дить; *2. (auf~)* нама́зывать; *3. (an~)* кра́сить; *4. (durch~)* зачёркивать; *5. (annullieren)* аннули́ровать *impf/pf*
Streichholz *n* спи́чка *f*
Streichmusik *f* стру́нная му́зыка *f*
Streife *f (Polizei)* патру́ль *m*
Streifen *m 1. (Band)* ле́нта *f; 2. (Linie)* полоса́ *f*
Streifenwagen *m* патру́льная полице́йская маши́на *f*
Streifzug *m 1.* экску́рсия *f; ein ~ in die Geschichte* экску́рс в исто́рию; *2.* MIL рейд *m,* внеза́пный налёт *m*
Streik *m* забасто́вка *f,* ста́чка *f*
streiken *v* бастова́ть

Streit *m* спор *m,* ссóра *f*
streitbar *adj* непримири́мый, вои́нствующий
streiten *v irr 1.* спóрить; *2. (sich mit jdm anlegen)* ссóриться с кем-л
Streitfrage *f* спóрный вопрóс *m*
Streitgespräch *n* дискýссия *f,* ди́спут *m,* спор *m*
streitsüchtig *adj* любящий спóрить, сварли́вый
Streitwert *m JUR* исковáя стóимость *f*
streng *adj* стрóгий, сурóвый
Stress *m* стресс *m*
streuen *v 1.* посыпáть, рассыпáть, разбрáсывать; *2. (verteilen)* распределя́ть; *3. PHYS* рассéивать, дисперси́ровать *impf/pf*
Streuung *f 1.* посы́пка *f; 2. (Verteilung)* распределéние *n; 2. PHYS* рассéивание *n,* дисперсия *f*
Strich *m 1.* чертá *f,* ли́ния *f; (fig) einen ~ unter etw ziehen* подводи́ть чертý под чем-л; *jdm gegen den ~ gehen* что-л комý-л не по нутрý; *nach ~ und Faden* основáтельно, по всем прáвилам; *2. (Pinselstrich)* штрих *m; 3. (Prostitution)* панéль *f (fam)*
Strichpunkt *m* тóчка *f* с запятóй
Strick *m* верёвка *f,* бечёвка *f; (fig) wenn alle ~e reißen* на худóй конéц, в крáйнем слýчае; *jdm aus etwas einen ~ drehen* лови́ть когó-л на чём-л, рыть я́му комý-л
stricken *v* вязáть (на спи́цах)
strikt *adj* тóчный, неукосни́тельный
strittig *adj* спóрный
Stroh *n* солóма *f; ~ im Kopf haben (fig)* быть глýпым как прóбка *(fam)*
Strohhalm *m* солóминка *f; (fig) sich an einen ~ klammern* хватáться за солóминку
Strohmann *m (fig)* подстáвное лицó *n,* марионéтка *f*
Strom *m 1. (Fluss)* рекá *f; 2. elektrischer ~* электри́ческий ток *m; 3. (Strömung)* потóк *m,* течéние *n; (fig) mit dem ~ schwimmen* плы́ть по течéнию
strömen *v* течь *impf,* ли́ться *impf*
Stromkreis *m* электри́ческая цепь *f*
stromlinienförmig *adj* обтекáемый
Strömung *f* течéние *n,* потóк *m*
Stromverbrauch *m* потреблéние *n* электри́ческой энéргии
Stromzähler *m* электри́ческий счётчик *m*
Strophe *f* строфá *f*
Struktur *f* структýра *f*
strukturell *adj* структýрный
strukturieren *v 1.* создавáть структýру; *2. TECH, INFORM* структури́ровать *impf/pf*
Strukturkrise *f* структýрный кри́зис *m*
Strukturwandel *m POL, ECO* структýрная перестрóйка *f*
Strumpf *m* чулóк *m*
Strumpfhose *f* колгóтки *pl*
Stube *f* кóмната *f*
Stück *n 1. (Teil)* часть *f,* отрéзок *m; (fig) Können Sie mich ein ~ mitnehmen?* Вы меня́ не подвезёте (не подки́нете)? *große ~e auf jdn halten* быть óчень высóкого мнéния о ком-л; *2. (Teilstück)* кусóк *m; 3. THEAT* пьéса *f*
stückweise *adv* поштýчно, кускáми
Stückzahl *f* коли́чество *n* экземпля́ров (штук)
Student(in) *m/f* студéнт(ка) *m/f*
Studie *f* исслéдование *n*
Studienplatz *m* мéсто *n* в вы́сшем учéбном заведéнии
Studienrat *m* штýдиенрат *m (звáние учи́теля стáрших клáссов в вы́сших шкóлах Гермáнии)*
studieren *v 1.* учи́ться (в вýзе); *2. (systematisch erlernen)* изучáть
Studio *n* стýдия *f*
Studium *n 1.* учёба *f* (в вýзе); *2. (systematisches Erlernen)* изучéние *n*
Stufe *f 1. (Treppenstufe)* ступéнька *f; 2. (Rangstufe)* ступéнь *f; 3. (Phase)* фáза *f,* стáдия *f*
stufenweise *adv* постепéнно, послéдовательно
Stuhl *m* стул *m; (fig) fast vom ~ fallen* чуть в óбморок не упáсть, быть поражённым; *jdm nicht vom ~ reißen* не впечатля́ть когó-л; *zwischen zwei Stühlen sitzen* оказáться мéжду двух стýльев
Stuhlgang *m MED* стул *m*
stumm *adj* немóй
stümperhaft *adj* халтýрный, неумéлый, негóдный
stumpf *adj 1. (nicht scharf)* тупóй; *2. (fig: glanzlos)* блéклый; *3. (fig: teilnahmslos)* безразли́чный, апати́чный
Stunde *f 1.* час *m; (fig) die ~ der Wahrheit* час *m* и́стины; *Seine letzte ~ hat geschlagen.* Проби́л егó послéдний час. *2. (Schulstunde)* урóк *m*
stunden *v ECO* отсрóчивать, пролонги́ровать *impf/pf*
Stundenkilometer *m* киломéтров *m/pl* в час

stundenlang *adj 1.* длящийся часами; *2. (fig)* бесконечный; *adv 3.* (целыми) часами
Stundenlohn *m* почасовая оплата *f* труда
Stundenplan *m* расписание *n* уроков
stündlich *adj* ежечасный
stur *adj* упрямый
Sturm *m* буря *f,* шторм *m,* ураган *m*
Sturmflut *f* штормовой прилив *m*
stürmisch *adj 1. (Wetter)* бурный, штормовой; *2. (fig)* бурный
Sturz *m 1.* падение *n; 2. (Absetzung)* свержение *n*
stürzen *v 1. (fallen)* падать, сваливаться; *2. (hinabwerfen)* сбрасывать, опрокидывать; *3. (absetzen)* свергать
Sturzhelm *m* защитный шлем *m,* каска *f*
Stütze *f 1.* опора *f,* стойка *f; 2. (fig: Unterstützung)* поддержка *f*
stützen *v 1. (halten)* подпирать, поддерживать; *2. (fig: unter~)* поддерживать
stutzig *adj* настороженный
Subjekt *n 1.* субъект *m; 2.* (*GRAMM*) подлежащее *n*
subjektiv субъективный
Substantiv *n GRAMM* имя *n* существительное
Substanz *f 1. CHEM, PHYS, TECH* вещество *n; 2. PHIL* субстанция *f*
Subvention *f ECO* субсидия *f*
Suche *f* поиск *m*
suchen *v* искать; *Trost suchen* искать утешения; *die Stecknadel im Heuhaufen ~ (fig)* искать иголку в стоге сена *(fig)*
Sucht *f MED* зависимость *f (непреодолимое патологическое влечение)*
süchtig *adj MED* одержимый болезненной страстью к чему-л
Südafrika *n GEO* Южная Африка *f*
Südamerika *n GEO* Южная Америка *f*
Süden *m* юг *m*
südlich *adj 1.* южный; *adv 2.* к югу, южнее, на юг
Südpol *m GEO* Южный полюс *m*
Sühne *f* искупление *n*
Summe *f* сумма *f*
summen *v 1.* жужжать; *2. (singen)* напевать (песню)
summieren *v* складывать, суммировать *impf/pf*
Sumpf *m* болото *n*
Sünde *f* грех *m*
Sündenbock *m* козёл *m* отпущения
Sünder *m* грешник *m*
sündigen *v* грешить
Superlativ *m GRAMM* превосходная степень *f* имени прилагательного
Supermarkt *m* супермаркет *m*
Suppe *f GAST* суп *m; (fig) jdm die ~ versalzen* насолить кому-л; *sich eine schöne ~ einbrocken* заварить кашу; *Du musst die ~ auslöffeln, die du dir eingebrockt hast.* Тебе придётся расхлёбывать кашу, которую ты сам заварил.
Suppenlöffel *m* столовая ложка *f*
surfen *v 1. SPORT* заниматься серфингом; *2. (fig) ~ im Internet* плавать в Интернете
süß *adj 1. (Geschmack)* сладкий; *2. (niedlich)* милый, очаровательный
Süßigkeiten *f/pl* сладости *f/pl*
süßsauer *adj* кисло-сладкий
Süßspeise *f GAST* сладкое *n,* сладкое блюдо *n*
Süßwasser *n* пресная вода *f*
Symbol *n* символ *m*
symbolisch *adj 1.* символический; *2. (symbolhaft, mit Signalwirkung)* знаковый
symmetrisch *adj* симметричный
Sympathie *f* симпатия *f*
Sympathisant(in) *m/f* симпатизирующий *m,* …щая *f,* сочувствующий *m,* …щая *f*
sympathisch *adj* симпатичный
Symptom *n* симптом *m*
synchron *adj* синхронный
System *n* система *f*
systematisch *adj* систематический
Szene *f 1. CINE* сцена *f; 2. (Streit)* сцена *f,* скандал *m*

T

Tabak *m* таба́к *m*
Tabakwaren *pl* таба́чные изде́лия *n/pl*
tabellarisch *adj* табли́чный, предста́вленный в ви́де табли́цы
Tabelle *f* табли́ца *f*
Tabernakel *m* REL ларе́ц *m* для хране́ния свято́го прича́стия *(в католи́ческой це́ркви)*
Tablett *n* подно́с *m*
Tablette *f* MED табле́тка *f*
Tabu *n* табу́ *n*, запрещённая те́ма *f*
Tachometer *m (beim Auto)* спидо́метр *m*
Tadel *m* порица́ние *n*, вы́говор *m*
tadellos *adj* безупре́чный, безукори́зненный
tadeln *v* порица́ть *impf*, осужда́ть
Tafel *f 1. (Schultafel)* доска́ *f; 2. (Schalttafel)* плита́ *f*, пане́ль *f*, щит *m*, табло́ *n; 3. (gedeckter Tisch)* (обе́денный) стол *m; 4. (Schokoladentafel)* пли́тка *f* (шокола́да)
tafeln *v* сиде́ть за пра́здничным столо́м, пирова́ть *impf (fam)*
Täfelung *f 1. (Erzeugnis)* деревя́нная пане́ль *f; 2. (Handlung)* обши́вание *n* (деревя́нными) пане́лями
Taft *m* тафта́ *f*
Tag *m* день *m; Morgen ist auch noch ein ~.* Что не сде́лано сего́дня, мо́жно сде́лать за́втра. *Guten ~!* До́брый день! Здра́вствуй(те)! *~ und Nacht* днём и но́чью, кру́глые су́тки; *(fig) etw an den ~ legen* обнару́живать (проявля́ть) что-л; *an den ~ kommen* обнару́живаться, выявля́ться, станови́ться изве́стным; *unter ~e* рабо́тать под землёй (в ша́хте); *in den ~ hineinleben* жить как придётся, жить сего́дняшним днём (бесце́льно); *den lieben langen ~* весь (це́лый) день, весь день напролёт
Tagebuch *n* дневни́к *m*
tagelang *adv* (це́лыми) днями, в тече́ние мно́гих дней
tagen *v 1. (hell werden)* света́ть *impf*, рассвета́ть; *2. (eine Sitzung abhalten)* заседа́ть *impf*
Tagesanbruch *m* рассве́т *m*, наступле́ние *n* дня
Tageslicht *n* дневно́й свет *m; (fig) das ~ scheuen* боя́ться разоблаче́ний; *ans ~ kommen* обнару́живаться, станови́ться изве́стным
Tagesmenü *n* GAST дежу́рное меню́ *n*
Tagesordnung *f* пове́стка *f* дня; *zur ~ übergehen* переходи́ть к пове́стке дня
Tageszeitung *f* ежедне́вная газе́та *f*
tageweise *adv* по дням, за ка́ждый де́нь
täglich *adj 1.* ежедне́вный; *2. (alltäglich)* повседне́вный; *adv 3.* ка́ждый день, ежедне́вно
tagsüber *adv* днём, в тече́ние дня
Tagung *f* се́ссия *f*, заседа́ние *n*
Taille *f* та́лия *f*
Takt *m 1. (Feingefühl)* такт *m*, чу́вство *n* та́кта; *2.* MUS такт *m*, ритм *m; den ~ angeben* отбива́ть такт; *aus dem ~ kommen* сбива́ться с та́кта; *(fig) jdn aus dem ~ bringen* сбива́ть кого́-л с то́лку
Taktik *f* та́ктика *f*
taktisch *adj* такти́ческий
taktlos *adj* беста́ктный, нетакти́чный
Taktlosigkeit *f* беста́ктность *f*, нетакти́чность *f*
taktvoll *adj* такти́чный, делика́тный
Tal *n* доли́на *f*
Talar *m* REL ря́са *f*
Talent *n* тала́нт *m*, дарова́ние *n*
talentiert *adj* тала́нтливый, одарённый
Talfahrt *f* ECO ре́зкий спад *m* (эконо́мики)
Taliban *m (Afghanistan)* MIL тали́б *m*
Talisman *m* талисма́н *m*
Talkshow *f* ток-шо́у *m*
Talsohle *f 1.* дно *n* доли́ны; *2. (fig)* ECO ни́жняя то́чка *f* спа́да конъюнкту́ры
Tampon *m* тампо́н *m*
Tank *m* бак *m*, цисте́рна *f*, ёмкость *f*
tanken *v 1.* заправля́ться (то́пливом); *2. (fam: sich betrinken)* пить, нака́чиваться *(fam)*
Tanker *m* та́нкер *m*, (нефте)наливно́е су́дно *n*
Tankstelle *f* автозапра́вочная ста́нция *f*, запра́вка *f (fam); Wo ist die nächste ~?* Где нахо́дится ближа́йшая запра́вка?
Tankwart *m* запра́вщик *m*, рабо́тник *m*, обслу́живающий бензоколо́нку
Tanne *f* BOT ель *f*, пи́хта *f*
Tannenzapfen *m* BOT ело́вая (пи́хтовая) ши́шка *f*
Tante *f* тётя *f; Die ~ da. (fam)* Вот э́та тётка. *(fam)*
Tanz *m* та́нец *m*, пляс *m*, пля́ска *f*

tanzen *v* танцева́ть, пляса́ть; *Wollen wir ~?* Потанцу́ем?
Tänzer(in) *m/f* танцо́вщик *m*, танцо́вщица *f*, танцо́р *m*, танцо́рка *f*
Tanzfläche *f* танцплоща́дка *f*
Tapete *f* обо́и *m/pl; die ~n wechseln (fig)* меня́ть привы́чное окруже́ние (обстано́вку)
tapezieren *v* окле́ивать обо́ями
tapfer *adj* хра́брый, сме́лый, отва́жный, му́жественный
Tapferkeit *f* хра́брость *f*, сме́лость *f*, отва́га *f*, му́жество *n*
Tarif *m* тари́ф *m*
Tariflohn *m* за́работная пла́та *f* согла́сно тари́фному соглаше́нию
Tarifvertrag *m* догово́р *m* о тари́фных ста́вках *(заключа́ется в Герма́нии ме́жду предпринима́телями и профсою́зами)*
tarnen *v 1.* маскирова́ть, камуфли́ровать; *2. (fig: verschleiern)* скрыва́ть
Tarnkappenbomber *m MIL* самолёт-неви́димка *m*
Tarnung *f* маскиро́вка *f*, камуфля́ж *m*
Tasche *f 1. (Handtasche)* су́мка *f*; *2. (Aktentasche)* портфе́ль *m; 3. (Kleidung)* карма́н *m; (fig) jdn in die ~ stecken* заткну́ть кого́-л за по́яс; *jdm auf der ~ liegen* жить за чей-л счёт, находи́ться на чьём-л иждиве́нии; *tief in die ~ greifen müssen* быть вы́нужденным раскоше́литься; *etw aus eigener ~ bezahlen* уплати́ть что-л из со́бственного карма́на; *jdm Geld aus der ~ ziehen* тяну́ть де́ньги с кого́-л; *etw in die eigene ~ stecken* присво́ить себе́ что-л
Taschenbuch *n* кни́га *f* в мя́гком переплёте
Taschendieb *m* карма́нный вор *m*, карма́нник *m*
Taschengeld *n* карма́нные де́ньги *pl*
Taschenlampe *f* карма́нный фона́рь *m*
Taschenrechner *m* микрокалькуля́тор *m*
Taschentuch *n* носово́й плато́к *m*
Tasse *f* ча́шка *f; (fam) nicht alle ~n im Schrank haben* у кого́-л не хвата́ет ви́нтика
Tastatur *f* клавиату́ра *f*
Tastaturlayout *n (PC)* раскла́дка *f* клавиату́ры (компью́тера)
Taste *f* кла́виша *f*, кно́пка *f*
tasten *v nach etw ~* нащу́пывать что-л, иска́ть что-л о́щупью (на о́щупь)
Tastenzwang *m INFORM* f вы́нужденное по́льзование *n* клавиату́рой ввиду́ невозмо́жности проведе́ния опера́ции мы́шью
Tat *f 1. (Handlung)* посту́пок *m*, де́йствие *n; Zwischen Worten und ~en besteht ein großer Unterschied.* Ме́жду сло́вом и де́лом больша́я ра́зница. *2. (Straftat) JUR* преступле́ние *n*, наказу́емое дея́ние *n*
Tatbestand *m* соста́в *m* преступле́ния
tatenlos *adj* безде́ятельный
Täter(in) *m/f* престу́пник *m*, престу́пница *f*, лицо́ *n*, соверши́вшее преступле́ние
tätig *adj* акти́вный, де́ятельный
Tätigkeit *f* де́ятельность *f*, рабо́та *f*, род *m* заня́тий
Tatkraft *f* акти́вность *f*, эне́ргия *f*
tatkräftig *adj* энерги́чный, акти́вный, де́ятельный
Tätlichkeit *f* наси́льственное де́йствие *n*
Tatort *m* ме́сто *n* соверше́ния преступле́ния (дея́ния), ме́сто *n* происше́ствия
tätowieren *v* тату́ировать *impf/pf*
Tätowierung *f* татуиро́вка *f*, нако́лка *f*
Tattoo *n (fam)* тату́ *n (fam)*, татуиро́вка *f*, нако́лка *f*
Tatsache *f* факт *m; (fig) jdn vor vollendete ~n stellen* ста́вить кого́-л пе́ред сверши́вшимся фа́ктом; *vollendete ~ schaffen* устана́вливать свои́ поря́дки
tatsächlich *adj 1.* факти́ческий, действи́тельный; *adv 2.* факти́чески, в са́мом де́ле
Tatwaffe *f JUR* ору́дие *n* преступле́ния
Tatze *f ZOOL* ла́па *f*
Tau[1] *m* роса́ *f*
Tau[2] *n* кана́т *m*, трос *m*
taub *adj* глухо́й
Taube *f ZOOL* го́лубь *m*
Taubheit *f MED* глухота́ *f*
taubstumm *adj* глухонемо́й
tauchen *v 1. (unter Wasser gehen)* ныря́ть, погружа́ться, окуна́ться; *2. (jdn/etw eintauchen)* погружа́ть (окуна́ть) кого́-л/что-л
Taucher(in) *m/f 1. (Schwimmer)* ныря́льщик *m*, ныря́льщица *f; 2. (mit Tauchgerät) SPORT* аквалангист(ка) *m/f; 3. (Berufstaucher)* водола́з *m*, водола́зка *f (fam)*, подво́дник *m*
Tauchmaske *f SPORT* ма́ска *f* для подво́дного пла́вания
tauen *v* та́ять
Taufbecken *n REL* купе́ль *f*
Taufe *f 1. REL* креще́ние *n; 2. (Einweihung)* освяще́ние *n; etw aus der ~ heben (fig)* создава́ть (осно́вывать) что-л
taufen *v REL* крести́ть
Taufpate *m REL* крёстный оте́ц *m*

Taufschein *m* REL свиде́тельство *n* о креще́нии
taugen *v* годи́ться, бы́ть (при)го́дным
Taugenichts *m* безде́льник *m,* шалопа́й *m (fam)*
tauglich *adj* (при)го́дный
taumeln *v* шата́ться, неуве́ренно ступа́ть, пло́хо держа́ться *impf* на нога́х
Tausch *m* обме́н *m,* ме́на *f*
tauschen *v 1. etw gegen etw ~* меня́ть (обме́нивать) что-л на что-л; *2. mit jdm ~* меня́ться (обме́ниваться) с кем-л; *Können wir bitte die Plätze ~?* Дава́йте поменя́емся места́ми?
täuschen *v 1. jdn ~* вводи́ть в заблужде́ние (обма́нывать) кого́-л; *2. sich ~* заблужда́ться, ошиба́ться, обма́нываться
Täuschung *f* заблужде́ние *n,* оши́бка *f,* обма́н *m*
tausend *num* ты́сяча
tausendste(r,s) *adj* ты́сячный, ...ная, ное; *zum tausendsten Male (fig)* ты́сяча раз *(fig),* неоднокра́тно
Tauwetter *n* о́ттепель *f*
Taxi *n* такси́ *n; Wo bekomme ich ein ~?* Где мо́жно взять такси́?
Taxistand *m* стоя́нка *f* такси́
Teamarbeit *f* коллекти́вная рабо́та *f*
Technik *f* те́хника *f*
Techniker(in) *m/f* те́хник *m/f*
technisch *adj 1.* техни́ческий; *adv 2.* техни́чески, с техни́ческой то́чки зре́ния
Technokratie *f* технокра́тия *f*
Technologie *f* техноло́гия *f*
technologisch *adj* технологи́ческий
Teddybär *m* ми́шка *m (игру́шка)*
Tee *m* чай *m*
Teekanne *f* ча́йник *m*
Teelöffel *m* ча́йная ло́жка *f*
Teenager *m* подро́сток *m (в во́зросте от 13 до 19 лет)*
Teer *m 1.* смола́ *f;* дёготь *m; 2. (Asphaltteer)* гудро́н *m*
teeren *v 1.* смоли́ть; *2. (asphaltieren)* гудрони́ровать *impf/pf*
Teich *m* пруд *m; über den großen ~ fahren (fig)* эмигри́ровать за океа́н (в Аме́рику)
Teig *m* те́сто *n*
Teigwaren *pl* макаро́нные изде́лия *n/pl*
Teil *m* часть *f,* до́ля *f; seinen ~ kriegen* получа́ть свою́ до́лю; *(fig) sich seinen ~ denken* составля́ть своё со́бственное мне́ние; *für meinen ~* что каса́ется меня́; *seinen ~ weghaben* кре́пко достава́ться, получа́ть по заслу́гам
teilbar *adj* дели́мый
Teilbetrag *m* части́чная су́мма *f*
teilen *v 1. (trennen)* дели́ть, разделя́ть; *2. (fig: etw mit jdm gemeinsam haben)* разделя́ть (ра́дость, го́ре и т. д.) *(fig)*
teilhaben *v 1.* уча́ствовать *impf,* принима́ть уча́стие; *2. (Teilhaber sein)* ECO быть уча́стником (па́йщиком)
Teilhaber(in) *m/f* ECO уча́стник *m,* па́йщик *m*
Teilnahme *f* уча́стие *n*
teilnahmslos *adj* безуча́стный, равноду́шный, индиффере́нтный
teilnehmen *v* уча́ствовать *impf,* принима́ть уча́стие
Teilnehmer *m* TEL абоне́нт *m*
Teilnehmer(in) *m/f* уча́стник *m,* уча́стница *f*
Teilung *f* деле́ние *n,* разделе́ние *n*
teilweise *adv* части́чно, отча́сти
Teilzahlung *f* части́чный платёж *m* (взнос *m*)
Teilzeitbeschäftigung *f* рабо́та *f* с непо́лным рабо́чим днём
Teint *m* цвет *m* лица́
Telearbeit *f* телерабо́та *f (рабо́та, выполня́емая на компью́тере вне о́фиса)*
Telefax *n* телефа́кс *m*
Telefon *n* телефо́н *m*
Telefonanruf *m* телефо́нный звоно́к *m,* звоно́к *m* по телефо́ну
Telefonbuch *n* телефо́нная кни́га *f*
Telefongespräch *n* телефо́нный разгово́р *m,* разгово́р *m* по телефо́ну
telefonieren *v* звони́ть (говори́ть) по телефо́ну; *Kann ich bitte bei Ihnen ~?* Мо́жно мне от Вас позвони́ть?
telefonisch *adj 1.* телефо́нный; *adv 2.* по телефо́ну
Telefonkonferenz *f* TEL телефо́нная конфере́нция *f*
Telefonnummer *f* но́мер *m* телефо́на
Telefonzelle *f* телефо́нная бу́дка *f*
telegrafieren *v* телеграфи́ровать *impf/pf*
Telegramm *n* телегра́мма *f*
Telekolleg *n* ле́кции *f/pl* по телеви́дению
Telekommunikation *f* TEL телекоммуника́ция *f,* связь *f*
Teleskop *n* телеско́п *m*
Telex *n* те́лекс *m*
Teller *m 1. (flach)* ме́лкая таре́лка *f; 2. (tief)* глубо́кая таре́лка *f; 3. (Dessertteller)* десе́ртная таре́лка *f*

Tempel *m* храм *m*
Temperament *n* темпера́мент *m*
temperamentvoll *adj* темпера́ментный
Temperatur *f* температу́ра *f*
Template *n INFORM* темпле́т *m*
Tempo *n* темп *m,* ско́рость *f; ~ machen* ускоря́ть темп; *~, ~!* Дава́й, дава́й! Скоре́й, скоре́й!
Tempolimit *n* ограниче́ние *n* ско́рости
Tendenz *f* тенде́нция *f*
tendenziös *adj* тенденцио́зный
tendieren *v 1.* име́ть *impf* тенде́нцию; *2. (neigen)* склоня́ться
Tennis *n SPORT* те́ннис *m*
Tennisschläger *m SPORT* те́ннисная раке́тка *f*
Tenor *m MUS* тено́р *m*
Tentakel *n ZOOL* щу́пальце *n* (у насеко́мых)
Teppich *m* ковёр *m; (fig) etw unter den ~ kehren* скрыва́ть что-л; *auf dem ~ bleiben* сохраня́ть здра́вый смысл, не вита́ть в облака́х
Teppichboden *m* ковро́вое покры́тие *n,* ковроли́н *m*
Termin *m 1. (Datum)* да́та *f; 2. (Frist)* срок *m; 3. (Arzt)* вре́мя *n* приёма; *4. (Verabredung)* встре́ча *f; 5. (Verhandlung) JUR* слу́шание *n* де́ла, (суде́бное) заседа́ние *n*
Terminal *n* термина́л *m*
termingerecht *adj 1.* вы́полненный в срок, своевре́менный; *adv 2.* в срок
Terminkalender *m* би́знес-календа́рь *m*
Terminologie *f* терминоло́гия *f*
Terpentin *n 1. (Bio)* живи́ца *f,* терпенти́н *m; 2. (Chem)* скипида́р *m*
Terrasse *f* терра́са *f*
Terrine *f* су́пник *m,* су́пница *f*
Territorium *n* террито́рия *f*
Terror *m* терро́р *m*
Terrorismus *m* террори́зм *m*
Terrorist(in) *m/f* террори́ст(ка) *m/f*
Test *m* тест *m,* испыта́ние *n*
Testament *n* завеща́ние *n; sein ~ machen können (fig)* быть гото́вым ко всему́ ху́дшему
testamentarisch *adj 1.* завеща́тельный, назна́ченный по завеща́нию; *adv 2.* по завеща́нию
testen *v* испы́тывать, проводи́ть испыта́ние, тести́ровать *impf/pf*
Testfahrer *m* води́тель-испыта́тель *m,* го́нщик-испыта́тель *m*
Testpilot *m* лётчик-испыта́тель *m*
Teststrecke *f 1. (Autos)* испыта́тельный трек *m; 2. (Bahn)* уча́сток *m* для испыта́ний
Tetanus *m MED* столбня́к *m*
Tetanusimpfung *f MED* профилакти́ческая приви́вка *f* про́тив столбняка́
teuer *adj* дорого́й; *(fig) Das wird dich ~ zu stehen kommen!* Ты за э́то до́рого попла́тишься! Э́то тебе́ да́ром не пройдёт!
Teuerungsrate *f* темп *m* ро́ста цен
Teufel *m* чёрт *m,* дья́вол *m,* бес *m; (fig) Wenn man vom ~ spricht, so kommt er.* Лёгок на поми́не. *Scher dich zum ~!* Пошёл к чёрту! *den ~ an die Wand malen* наклика́ть беду́; *sich den ~ um etw scheren* плева́ть (чиха́ть) на что-л; *in ~s Küche kommen* попа́сть в а́дское (черто́вское) положе́ние; *auf ~ komm raus* во всю мочь, на всю кату́шку; *jdn zum ~ schicken* посла́ть кого́-л к чёрту; *Da ist der ~ los.* Там твори́тся чёрт зна́ет что! *Pfui ~!* Тьфу, чёрт!
teuflisch *adj* черто́вский, дья́вольский
Text *m* текст *m*
Textilien *pl* тексти́льные изде́лия *n/pl,* тексти́льные това́ры *m/pl*
Textilindustrie *f* тексти́льная промы́шленность *f*
Textmarker *m INFORM* тексма́ркер *m*
Textvorlage *f* текстово́й оригина́л *m*
Thailand *n GEO* Таила́нд *m*
Theater *n 1. (Schauspielhaus)* теа́тр *m; 2. (fig: Aufregung)* сканда́л *m,* сце́на *f,* коме́дия *f; ~ spielen (fig)* игра́ть (лома́ть) коме́дию *(fig)*
Theaterbesucher(in) *m/f* театра́льный зри́тель *m,* театра́льная зри́тельница *f*
Theaterkasse *f* театра́льная ка́сса *f*
Theaterstück *n* пье́са *f*
theatralisch *adj 1.* театра́льный; *2 (fig)* театра́льный, неесте́ственный
Theke *f 1. (Lokal)* сто́йка *f; 2. (Laden)* прила́вок *m*
Thema *n* те́ма *f*
Thematik *f* тема́тика *f*
Theologe *m* тео́лог *m,* богосло́в *m*
Theologie *f* теоло́гия *f,* богосло́вие *n*
Theologin *f* же́нщина-тео́лог *f,* же́нщина-богосло́в *f*
theoretisch *adj* теорети́ческий
Theorie *f* тео́рия *f*
Therapeut(in) *m/f* ле́чащий врач *m/f,* терапе́вт *m/f*
Therapie *f* терапи́я *f*
Thermalbad *n 1. (Kurort)* куро́рт *m* с

терма́льными исто́чниками; *2. (Bad)* горя́чая лече́бная ва́нна *f*
Thermometer *n* термо́метр *m*
Thermostat *m* термоста́т *m*
These *f* те́зис *m,* положе́ние *n*
Thrombose *f MED* тромбо́з *m*
Thron *m* престо́л *m,* трон *m; (fig) von seinem ~ herabsteigen* поуба́вить спесь; *jdn vom ~ stoßen* све́ргнуть кого́-л с престо́ла; *Sein ~ wackelt gewaltig.* Его́ положе́ние ста́ло о́чень неусто́йчивым.
Thronfolger *m* престолонасле́дник *m*
Thunfisch *m ZOOL* туне́ц *m*
Thymian *m BOT* тимья́н *m*
Tick *m 1. MED* тик; *2. (Schrulle)* при́дурь *f,* заско́к *m (fam),* каპри́з *m,* причу́да *f*
ticken *v (Uhr)* ти́кать; *(fam) nicht mehr ganz richtig ~* быть с заско́ком
tief *adj 1. (Abgrund)* глубо́кий; *~er Schnee* глубо́кий снег; *2.(Temperatur, Ton, Stimme)* ни́зкий; *3. ~ schürfend* основа́тельный, хорошо́ проду́манный
Tiefe *f 1. (Meer)* глубина́ *f; 2. (Abgrund)* бе́здна *f,* про́пасть *f*
Tiefflug *m* бре́ющий полёт *m*
Tiefgarage *f* подзе́мный гара́ж *m*
Tiefkühlfach *n* морози́льная ка́мера *f;* морози́лка *f (fam)*
Tiefkühlkost *f* быстрозаморо́женные проду́кты *m/pl* пита́ния
Tiefpunkt *m* ни́зшая то́чка *f*
Tier *n* живо́тное *n,* зверь *m; (fam) ein hohes ~ sein* быть большо́й ши́шкой
Tierarzt *m* ветерина́р *m,* ветерина́рный врач *m*
Tiergarten *m* зоопа́рк *m*
Tierheim *n 1.* прию́т *m* для живо́тных; *2. (für Hunde)* заведе́ние *n* для содержа́ния бездо́мных соба́к
Tierkreiszeichen *n* знак *m* зодиа́ка
Tierquälerei *f* жесто́кое обраще́ние *n* с живо́тными
Tierversuch *m* о́пыт *m* на живо́тном
Tierzuchtbetrieb *m* племенно́е хозя́йство *n*
Tilde *f* ти́льда *f*
Tiger *m ZOOL* тигр *m*
tilgen *v ECO* погаша́ть, плати́ть
Tilgung *f ECO* погаше́ние *n,* упла́та *f*
Tinte *f* черни́ла *pl; in der ~ sitzen (fig)* сиде́ть на мели́ *(fig)*
Tintenfisch *m ZOOL* карака́тица *f*
tippen *v 1. (Maschine schreiben)* печа́тать (на пи́шущей маши́нке); *2. (berühren)* слегка́ каса́ться па́льцами; *3. (vermuten)* предполага́ть, допуска́ть; *4. (wetten)* ста́вить на определённый но́мер *(при игре́ в лотере́ю)*
Tippfehler *m* опеча́тка *f*
Tisch *m* стол *m; am runden ~* за кру́глым столо́м; *(fig) jdn über den ~ ziehen* на́гло обма́нывать кого́-л; *bei ~* за столо́м
Tischdecke *f* ска́терть *f*
Tischler *m* столя́р *m*
Tischtennis *n SPORT* насто́льный те́ннис *m*
Titel *m 1. (Überschrift)* загла́вие *n,* назва́ние *n; 2. (akademischer ~, Standesbezeichnung)* зва́ние *n,* ти́тул *m*
Titelbild *n* фронтиспи́с *m*
Titelseite *f* пе́рвая (ти́тульная) страни́ца *f*
Toast *m 1. (Brot)* тост *m,* поджа́ренный кусо́к *m* хле́ба; *2. (Trinkspruch)* тост *m; einen ~ auf jdn ausbringen* произноси́ть (провозглаша́ть) тост за кого́-л
Toaster *m* то́стер *m*
toben *v 1. (tollen)* шуме́ть, резви́ться, беси́ться; *2. (stürmen)* бушева́ть, неистовствовать *impf; 3. (wütend sein)* бесно-ва́ться *impf*
Tochter *f* дочь *f*
Tochtergesellschaft *f ECO* доче́рнее о́бщество *n,* доче́рняя компа́ния *f*
Tod *m* смерть *f,* конч́ина *f; (fig) tausend ~e sterben* умира́ть ты́сячью смертя́ми (ты́сячу раз); *jdn auf den ~ nicht leiden können* до́ смерти (смерте́льно) ненави́деть кого́-л; *mit dem ~e ringen* боро́ться со сме́ртью; *zu ~e kommen* умере́ть
todernst *adj* чрезвыча́йно серьёзный
Todesangst *f* смерте́льный страх *m*
Todesanzeige *f* объявле́ние *n* о сме́рти кого́-л
Todesfall *m* смерте́льный слу́чай *m*
Todeskampf *m* аго́ния *f*
Todesstrafe *f JUR* сме́ртная казнь *f*
Todesursache *f* причи́на *f* сме́рти
todkrank *adj* смерте́льно больно́й
tödlich *adj* смерте́льный; *Er hat ihn ~ verletzt.* Он ра́нил его́ смерте́льно.
Todsünde *f REL* сме́ртный грех *m*
Toilette *f* туале́т *m,* убо́рная *f*
Toilettenartikel *pl* туале́тные принадле́жности *f/pl*
Toilettenpapier *n* туале́тная бума́га *f*
toi, toi, toi *interj (Erfolg wünschen)* Ни пу́ха, ни пера́!
tolerant *adj* терпи́мый
Toleranz *f* терпи́мость *f*

tolerieren *v* терпе́ть, допуска́ть
toll *adj 1. (verrückt)* бе́шеный, сумасше́дший, безу́мный; *2. (fam: super)* отли́чный, кла́ссный *(fam); adv 3. (fig: verrückt)* безу́мно, ди́ко; *4. (fam: super)* кла́ссно *(fam)*
tollen *v* шуме́ть, резви́ться, беси́ться
tollkühn *adj* безрассу́дно отва́жный, отча́янный
tollpatschig *adj* неуклю́жий
Tollwut *f* MED бе́шенство *n*
Tollwutgefahr *f* опа́сность *f* зарази́ться бе́шенством
Tölpel *m (fam)* болва́н *m,* бе́столочь *m/f,* ро́хля *m/f*
Tomate *f* BOT помидо́р *m*
Tomatensoße *f* GAST тома́тный со́ус *m*
Tombola *f* вещева́я лотере́я *f*
Tomografie *f* MED томогра́фия *f*
Ton[1] *m 1. (Laut)* звук *m; (fig) jdn in den höchsten Tönen loben* расхва́ливать кого́-л на все лады́; *2. (Umgangston)* тон *m,* поведе́ние *n; (fig) einen anderen ~ anschlagen* заговори́ть други́м то́ном, ре́зко поменя́ть тон; *sich im ~ vergreifen* забыва́ться, говори́ть неподоба́ющим то́ном; *3.* MUS тон *m; den ~ angeben* задава́ть тон
Ton[2] *m (Lehm)* гли́на *f*
tonangebend *adj* задаю́щий тон
Tonart *f* тона́льность *f; eine andere ~ anschlagen (fig)* заговори́ть други́м то́ном, ре́зко поменя́ть тон
Tonband *n* магнитофо́нная плёнка *f*
Tonbandgerät *n* магнитофо́н *m*
tönen *v 1. (klingen)* звуча́ть, издава́ть звук; *2. (färben)* кра́сить что-л в како́й-л цвет; *3. (über etw lange sprechen)* до́лго распростра́няться о чём-л
Tonfall *m* интона́ция *f,* мело́дия *f (fig)*
Tonne *f 1. (Maßeinheit)* то́нна *f; 2. (Gefäß)* бо́чка *f*
Tonträger *m* MUS звуконоси́тель *m*
Tönung *f* отте́нок *m,* окра́ска *f*
Topf *m 1.* горшо́к *m; 2. (Kochtopf)* кастрю́ля *f; (fig) alles in einen ~ werfen* вали́ть всё в одну́ ку́чу; *wie ~ und Deckel zusammenpassen* подходи́ть друг к дру́гу, как два сапога́ па́ра
Töpferhandwerk *n* гонча́рное ремесло́ *n*
Tor *n 1. (Tür)* воро́та *pl; 2.* SPORT воро́та *pl; 3. (Treffer)* SPORT гол *m,* заби́тый мяч *m*
Torf *m* торф *m*
Torheit *f* глу́пость *f,* сумасбро́дство *n,* безу́мие *n*
töricht *adj* безрассу́дный, глу́пый
torkeln *v* шата́ться, пло́хо держа́ться *impf* на нога́х
torpedieren *v (fig)* срыва́ть, взрыва́ть *(fig)*
Torte *f* GAST торт *m*
Tortur *f* пы́тка *f,* муче́ние *n*
Torwart *m* SPORT врата́рь *m*
tosen *v* бушева́ть, реве́ть, шуме́ть
tot *adj* мёртвый, неживо́й, безжи́зненный; *mehr ~ als lebendig sein (fig)* ни жив ни мёртв *(fig)*
total *adj 1.* тота́льный, всео́бщий, всеобъе́млющий, по́лный; *adv 2.* совсе́м, соверше́нно, по́лностью
totalitär *adj* тоталита́рный
Totalschaden *m* по́лное поврежде́ние *n*
Tote *m/f* поко́йник *m,* поко́йница *f,* мертве́ц *m,* уме́рший *m,* ...шая *f*
töten *v* убива́ть
Totenbett *n* сме́ртное ло́же *n*
Totenkopf *m* че́реп *m*
Totenmesse *f* REL панихи́да *f*
Totenschein *m* свиде́тельство *n* о сме́рти
Totensonntag *m* REL помина́льное воскресе́нье *n*
Totenstille *f* мёртвая тишина́ *f*
Totenwache *f* почётный карау́л *m (у гро́ба)*
Totschlag *m* JUR уби́йство *n (без отягча́ющих обстоя́тельств)*
Toupet *n* пари́к *m*
Tour *f 1.* круи́з *m,* пое́здка *f,* путеше́ствие *n; (fig) jdn auf ~en bringen* расшевели́ть (встряхну́ть) кого́-л; *eine krumme ~* нече́стный путь *m* (спо́соб *m*); *in einer ~* непреры́вно, без у́молку; *2. (fig)* приёмы *m/pl,* зама́шки *f/pl (fam),* шту́чки *f/pl (fam)*
Tourismus *m* тури́зм *m*
Tourist(in) *m/f* тури́ст(ка) *m/f*
Touristenklasse *f* тури́стский класс *m*
Tournee *f* турне́ *n*
Trab *m* рысь *f; (fig) jdn auf ~ bringen* подгоня́ть (подстёгивать) кого́-л; *auf ~ sein* быть в спе́шке; *jdn auf ~ halten* не дава́ть переды́шки кому́-л
Trabantenstadt *f* го́род-спу́тник *m*
Trabrennen *n* SPORT рыси́стые бега́ *m/pl*
Tracht *f* национа́льный костю́м *m*
trachten *v 1. nach etw ~* стреми́ться к чему́-л, добива́ться чего́-л; *2. ~ etw zu tun* стара́ться сде́лать что-л
Trachtenumzug *m* пара́д *m* (ше́ствие *n*) в национа́льных костю́мах
trächtig *adj (Tiere)* ZOOL бере́менная
Tradition *f* тради́ция *f*

traditionell *adj* традицио́нный
Tragbahre *f* носи́лки *pl*
tragbar *adj 1. (Apparat)* портати́вный, переносно́й; *2. (Mode)* мо́дный, практи́чный; *3. (fig)* прие́млемый
träge *adj 1.* лени́вый, вя́лый, медли́тельный; *2.* PHYS ине́ртный, инерцио́нный
tragen *v irr 1.* нести́/носи́ть; *2. (fig: ertragen)* переноси́ть, терпе́ть
Träger *m 1. (Person)* носи́льщик *m; 2. (Stütze)* ба́лка *f,* брус *m,* опо́ра *f; 3. (an Kleidung)* брете́лька *f*
Trägerflugzeug *n* MIL авиано́сный самолёт *m,* самолёт-ракетоно́сец *m*
Tragfläche *f* несу́щая пове́рхность *f*
Tragflächenboot *n* су́дно *n* на подво́дных кры́льях
Trägheit *f 1.* вя́лость *f,* ле́ность *f,* медли́тельность *f; 2.* PHYS ине́рция *f*
Tragik *f* траги́зм *m*
tragisch *adj* траги́чный, траги́ческий
Tragödie *f* траге́дия *f*
Tragweite *f 1. (Bedeutung)* значе́ние *n; 2. (von Waffe)* MIL дальнобо́йность *f*
Trainer(in) *m/f* тре́нер *m/f*
trainieren *v 1. (jdn ~)* тренирова́ть; *2. (sich üben)* тренирова́ться
Training *n* трениро́вка *f*
Trainingsanzug *m* спорти́вный (трениро́вочный) костю́м *m*
traktieren *v 1. (behandeln)* обраща́ться с кем-л как-л; *2. (plagen, quälen)* му́чить; *3. (mit etw bewirten)* угоща́ть, по́тчевать
Traktor *m* AGR тра́ктор *m*
trällern *v* (ве́село) напева́ть *impf*
trampeln *v* то́пать (нога́ми)
trampen *v* путеше́ствовать *impf* автосто́пом
Tramper(in) *m/f* путеше́ствующий *m* (…щая *f*) автосто́пом
Tran *m* ры́бий жир *m*
Trance *f* транс *m*
tranchieren *v* разреза́ть
Träne *f* слеза́ *f,* слези́нка *f; die ~n trocknen* осуша́ть слёзы
tränen *v* слези́ться
tränken *v 1. (Tiere)* пои́ть; *2. (imprägnieren)* пропи́тывать
Transaktion *f* сде́лка *f,* опера́ция *f,* транса́кция *f* (*auch:* транза́кция *f*)
Transfer *m* трансфе́рт *m,* перево́д *m,* перечисле́ние *n*
Transformator *m* TECH трансформа́тор *m*
Transfusion *f* MED перелива́ние *n* (кро́ви)
Transistorradio *n* транзи́сторный приёмник *m*
Transit *m* транзи́т *m*
Transitverkehr *m* транзи́тное сообще́ние *n*
transparent *adj* прозра́чный, просве́чивающийся
Transparent *n* транспара́нт *m*
Transparenz *f 1.* прозра́чность *f; 2. (Offenheit)* гла́сность *f,* откры́тость *f*
Transplantation *f* MED транспланта́ция *f,* переса́дка *f*
Transport *m* перево́зка *f,* прово́з *m,* транспортиро́вка *f*
transportfähig *adj* перевози́мый, приго́дный для перево́зки
transportieren *v* перевози́ть, транспорти́ровать *impf/pf*
Transportkosten *pl* тра́нспортные расхо́ды *pl*
Transportmittel *n* тра́нспортное сре́дство *n*
Transportunternehmen *n* тра́нспортное предприя́тие *n*
Transrapid *m* трансрапи́д *m (скоростна́я тра́нспортная систе́ма на магни́тном подве́се)*
Transsexuelle(r) *f/m* транссексуа́л(ка) *m/f*
Trapez *n* трапе́ция *f*
Tratsch *m (fam)* болтовня́ *f,* спле́тни *f/pl*
tratschen *v (fam)* болта́ть, спле́тничать
Traualtar *m* алта́рь *m*
Traube *f* BOT виногра́д *m*
Traubenzucker *m* глюко́за *f,* виногра́дный са́хар *m*
trauen *v 1. (verheiraten)* венча́ть, сочета́ться *impf/pf* бра́ком; *2. (ver~)* ве́рить, доверя́ть; *3. sich ~ zu* осме́ливаться на что-л, рискова́ть чем-л, реша́ться на что-л
Trauer *f* тра́ур *m,* скорбь *f,* печа́ль *f*
Trauerfall *m* тра́урный слу́чай *m*
trauern *v* печа́литься, скорбе́ть *impf,* горева́ть
Traum *m (Traumerlebnis)* сон *m,* сновиде́ние *n; (Wunschtraum)* мечта́ *f,* грёза *f; Träume zerstören* разбива́ть мечты́; *nicht mal im ~* да́же и не ду́мать о чём-л; *Der ~ ist aus!* Коне́ц мечте́!
Trauma *n* MED тра́вма *f*
träumen *v 1. (wünschen) ~ von* мечта́ть (гре́зить *impf*) о чём-л; *2. (im Schlaf) ~ von* сни́ться, ви́деть сон; *Ich habe von ihm geträumt.* Я ви́дел его́ во сне. *sich etw nicht ~ lassen* да́же и не мечта́ть о чём-л
Träumer(in) *m/f* мечта́тель(ница) *m/f*

traumhaft *adj (fig)* ска́зочный, упои́тельный
traurig *adj* печа́льный, гру́стный
Traurigkeit *f* печа́ль *f,* грусть *f*
Trauring *m* обруча́льное кольцо́ *n*
Trauschein *m* свиде́тельство *n* о бра́ке
Trauung *f 1. (kirchlich)* венча́ние *n; 2. (standesamtlich)* бракосочета́ние *n*
Trauzeuge *m* свиде́тель *m* а́кта бракосочета́ния
treffen *v 1.* попада́ть; *2. (begegnen)* встреча́ть; *3. (fig: be~)* каса́ться, относи́ться
treffend *adj* ме́ткий, то́чный
Treffer *m 1.* попада́ние *n; 2. (fig)* уда́ча *f; 3. (Lotto)* вы́игрыш *m; 4. (Sport)* гол *m,* то́чный уда́р *m*
Treffpunkt *m* ме́сто *m* встре́чи
treiben *v 1. (antreiben)* гнать, подгоня́ть; *2. (fig: ausüben)* занима́ться; *Sport ~* занима́ться спо́ртом; *3. etw zu weit ~* заходи́ть сли́шком далеко́; *4.* BOT пуска́ть; *Die Blume treibt Knospen.* Цвето́к пуска́ет по́чки.
Treiber *m* INFORM дра́йвер *m,* проши́вка *f (fam)*
Treibhaus *n* тепли́ца *f*
Treibhauseffekt *m* парнико́вый эффе́кт *m*
Treibgas *n* CHEM пропелле́нт *m*
Treibjagd *f* обла́вная охо́та *f*
Treibstoff *m* горю́чее *n,* то́пливо *n*
Trend *m* тенде́нция *f,* гла́вное направле́ние *n* разви́тия
trennen *v* разделя́ть, отделя́ть, разъединя́ть
Trennung *f 1.* разделе́ние *n,* отделе́ние *n; 2. (Scheidung)* растороже́ние *n* бра́ка; *3. (Getrenntsein)* разлу́ка *f,* расстава́ние *n*
Treppe *f* ле́стница *f; die ~ hinauffallen (fig)* неожи́данно получи́ть повыше́ние по слу́жбе
Treppengeländer *n* пери́ла *pl* ле́стницы
Treppenhaus *n* ле́стничная кле́тка *f*
Tresor *m* сейф *m,* несгора́емый шкаф *m*
Tretboot *n* во́дный велосипе́д *m*
treten *v 1. (gehen)* ступа́ть, наступа́ть, переступа́ть, шага́ть; *in die Fußstapfen von jdm ~ (fig)* идти́ по чьим-л стопа́м *(fig); 2. (Fußtritt geben)* пина́ть, уда́рить кого́-л ного́й
treu *adj* ве́рный, пре́данный, надёжный
Treue *f* ве́рность *f,* пре́данность *f*
Treuhandgesellschaft *f 1.* ECO тра́стовая компа́ния *f,* о́бщество *n* довери́тельных опера́ций, фидуциа́рное о́бщество *n; 2. (in Ostdeutschland nach der Wiedervereinigung)* HIST, POL Попечи́тельский сове́т *f (в восточной Герма́нии по́сле воссоедине́ния)*
treuherzig *adj* чистосерде́чный, прямоду́шный, и́скренний
treulos *adj* неве́рный, вероло́мный
Tribüne *f* трибу́на *f*
Trichter *m* воро́нка *f; (fig) auf den richtigen ~ kommen* улови́ть (уразуме́ть) что-л; *jdn auf den richtigen ~ bringen* научи́ть (надоу́мить) кого́-л
Trick *m* трюк *m,* уло́вка *f; ~ siebzehn (fam)* секре́т фи́рмы *(fam)*
Trickfilm *m* CINE мультипликацио́нный фи́льм *m,* мультфи́льм *m*
Trieb *m 1.* скло́нность *f,* стремле́ние *n,* инсти́нкт *m; 2. (innerer) ~)* поры́в *m,* побужде́ние *n,* и́мпульс *m; 3.* BOT побе́г *m,* ростo̍к *m*
triebhaft *adj* инстинкти́вный
Triebkraft *f* дви́жущая си́ла *f*
triefen *v* ка́пать, те́чь *impf,* струи́ться
triftig *adj* убеди́тельный, основа́тельный
Trikot *n* трико́ *n,* футбо́лка *f,* ма́йка *f*
Trillerpfeife *f* сигна́льный свисто́к *m*
trinkbar *adj* го́дный для питья́
trinken *v irr* пить, выпива́ть; *einen ~* вы́пить рю́мочку
Trinkgeld *n* чаевы́е *pl*
Trinkspruch *m* тост *m; Auf dein Wohl!* За твоё здоро́вье!
Trinkwasser *n* питьева́я вода́ *f*
trippeln *v* семени́ть *impf/pf*
Tristesse *f* печа́ль *f,* грусть *f,* пода́вленность *f*
Tritt *m 1.* шаг *m; 2. (Fußtritt)* пино́к *m,* уда́р *m* ного́й
Trittbrett *n* подно́жка *f,* ступе́нька *f*
Triumph *m* триу́мф *m*
triumphal *adj* триумфа́льный
triumphieren *v* торжествова́ть *impf*
Trivialliteratur *f* тривиа́льная литерату́ра *f*
trocken *adj 1. (nicht nass)* сухо́й; *(fig) auf dem Trockenen sitzen (ohne Geld bleiben)* сиде́ть на мели́, быть без де́нег; *2. (dürr)* сухо́й, вы́сохший; *3. (herb)* сухо́й, те́рпкий; *ein ~er Wein* сухо́е (те́рпкое) вино́
Trockenfutter *n* сухо́й корм *m*
Trockenheit *f 1.* су́хость *f; 2. (Dürre)* за́суха *f*
trockenlegen *v 1. (Land)* осуша́ть; *2. (Säugling)* пелена́ть
trocknen *v* суши́ть

Trödel *m* барахло́ *n,* старьё *n*
Trödelmarkt *m* барахо́лка *f,* толку́чка *f*
trödeln *v (fam: langsam sein)* копа́ться (вози́ться) с чем-л
Trödler(in) *m/f* старьёвщик *m,* старьёвщица *f*
Trog *m* коры́то *n*
Trommel *f MUS* бараба́н *m*
Trommelfell *n ANAT* бараба́нная перепо́нка *f*
Trompete *f MUS* труба́ *f*
Tropen *pl GEO* тро́пики *pl*
Tropf *m 1. (Dummkopf)* простя́к *m (fam),* простофи́ля *m (fam); 2. MED am ~ hängen* лежа́ть с ка́пельницей
tropfen *v* ка́пать
Tropfen *m* ка́пля *f; (fig) ein ~ auf dem heißen Stein sein* быть ка́плей в мо́ре
Trophäe *f* трофе́й *m*
tropisch *adj* тропи́ческий
Trost *m* утеше́ние *n; (fam) nicht ganz bei ~ sein* быть не в своём уме́
trösten *v* утеша́ть
tröstlich *adj* утеши́тельный
trostlos *adj 1. (untröstlich)* безуте́шный; *2. (freudlos)* безотра́дный; *3. (fig: hoffnungslos)* безнадёжный
Trostlosigkeit *f 1. (Freudlosigkeit)* безотра́дность *f; 2. (fig: Hoffnungslosigkeit)* безнадёжность *f*
Trott *m (fig)* рути́на *f,* обы́денщина *f*
Trottel *m (fam)* дура́к *m,* глупе́ц *m,* простофи́ля *m fam)*
Trottoir *n* тротуа́р *m*
trotz *prep* несмотря́ на, вопреки́
Trotz *m* упря́мство *n,* своенра́вие *n,* упо́рство *n*
trotzdem *konj* несмотря́ на то, что …, хотя́, *adv* всё же, всё-таки
trotzen *v 1. (starrsinnig sein)* упря́миться, упо́рствовать *impf; 2. (sich widersetzen)* сопротивля́ться *impf,* проти́виться; *3. (schmollen)* ду́ться, серди́ться
trotzig *adj* упря́мый, своенра́вный, своево́льный
Trotzkopf *m* упря́мец *m*
trüb *adj 1. (undurchsichtig)* му́тный; *2. (matt)* ту́склый; *3. (regnerisch)* па́смурный, хму́рый
Trubel *m* сумато́ха *f,* переполо́х *m,* волне́ние *n*
trüben *v 1. (Flüssigkeit)* мути́ть; *2. (fig: Stimmung)* омрача́ть
Trübsal *f* печа́ль *f,* уны́ние *n,* скорбь *f; (fig) ~ blasen* хандри́ть, ныть, предава́ться уны́нию
trübselig *adj* уны́лый, печа́льный, гру́стный, мра́чный
Trübsinn *m* уны́ние *n,* хандра́ *f,* меланхо́лия *f*
trübsinnig *adj* уны́лый, меланхоли́чный, мра́чный, печа́льный
Trüffel *m BOT* трю́фель *m*
Trugbild *n* при́зрак *m,* мира́ж *m,* грёза *f,* иллю́зия *f*
trügen *v irr* обма́нывать, вводи́ть в заблужде́ние
trügerisch *adj* обма́нчивый
Trugschluss *m* ло́жное заключе́ние *n,* ло́жный вы́вод *m*
Truhe *f* сунду́к *m*
Trümmer *pl* обло́мки *m/pl,* разва́лины *f/pl; in ~ sinken* преврати́ться в разва́лины; *in ~n liegen* лежа́ть в разва́линах
Trumpf *m (fig)* ко́зырь *m; (fig) einen ~ ausspielen* пуска́ть в ход са́мый си́льный ко́зырь; *die Trümpfe aus der Hand geben* упуска́ть шанс
Trunkenheit *f* опьяне́ние *n,* пья́нство *n; Er wurde wegen ~ von der Polizei angehalten.* Он был остано́влен поли́цией за вожде́ние маши́ны в пья́ном ви́де.
Trunksucht *f MED* алкоголи́зм *m*
Truppe *f 1. MIL* во́инская ча́сть *f,* войска́ *n/pl; von der schnellen ~ sein* бы́стро управля́ться с чем-л; *2. THEAT* тру́ппа *f*
Truthahn *m ZOOL* индю́к *m*
tschüss *interj* пока́
T-Shirt *n* футбо́лка *f*
Tube *f* тю́бик *m; (fam) auf die ~ drücken* поднажа́ть, поднале́чь, нажима́ть на все педа́ли
Tuch *n 1. (Lappen)* тря́пка *f; Er wirkt wie ein rotes ~ auf ihn.* Он де́йствует на него́ как кра́сная тря́пка на быка́. *2. (Stoff)* сукно́ *n; 3. (Halstuch)* плато́к *m,* косы́нка *f*
tüchtig *adj 1. (fleißig)* приле́жный, де́льный, хоро́ший; *2. (beträchtlich)* изря́дный, прили́чный, поря́дочный; *adv 3. (fam: sehr)* о́чень, мно́го, здо́рово
Tüchtigkeit *f 1. (Fleiß)* приле́жность *f,* де́льность *f; 2. (Fähigkeit)* спосо́бность *f*
Tücke *f* кова́рство *n*
tückisch *adj* кова́рный, зло́бный
Tugend *f* доброде́тель *f*
tugendhaft *adj* доброде́тельный
Tugendhaftigkeit *f* доброде́тели *f/pl*
Tüll *m* тюль *m*

Tulpe *f* BOT тюльпа́н *m*
Tumor *m* MED о́пухоль *f*
Tümpel *m 1. (Teich)* небольшо́й пруд *m; 2. (Lache)* лу́жа *f*
Tumult *m 1. (Getümmel)* сумато́ха *f,* столпотворе́ние *n; 2. (Unruhen)* POL волне́ния *n/pl;* беспоря́дки *m/pl*
tun *v irr* де́лать, соверша́ть, выполня́ть; *Er hat mit dem Mord zu ~.* Он заме́шан в уби́йство. *es mit jdm zu tun bekommen* име́ть де́ло с кем-л; *mit jdn nichts mehr zu tun haben wollen* не хоте́ть име́ть ничего́ о́бщего с кем-л; *Tu, was du nicht lassen kannst!* Де́лай, что хо́чешь! Де́лай, е́сли не мо́жешь ина́че! *Damit ist es noch nicht getan!* Одного́ э́того ещё не доста́точно!
Tun *n* посту́пки *m/pl,* де́йствия *n/pl,* поведе́ние *n*
Tunke *f* GAST со́ус *m,* подли́вка *f*
tunken *v* мака́ть, обма́кивать
Tunnel *m* тонне́ль *m,* тунне́ль *m*
Tupfen *m* кра́пинка *f,* пятно́ *n,* горо́шек *m (fig)* (на тка́ни)
tupfen *v 1. (vorsichtig auftragen)* наноси́ть что-л лёгким прикоснове́нием, сма́зывать *(напр., ра́ну); 2. (leicht berühren)* притра́гиваться, слегка́ каса́ться
Tür *f* дверь *f; (fam) jdm die ~ vor der Nase zuschlagen* захло́пнуть дверь пе́ред чьим-л но́сом; *jdn vor die ~ setzen,* вы́ставить кого́-л за дверь; *(fig) offene ~en einrennen* встреча́ть одобре́ние (подде́ржку) с чьей-л стороны́; *jdm eine ~ öffnen* открыва́ть кому́-л дверь куда́-л, предоставля́ть кому́-л возмо́жности (для разви́тия спосо́бностей)
Turbine *f* турби́на *f*
turbulent *adj* бу́рный, бу́йный
Türglocke *f* дверно́й звоно́к *m*
Türke *m* ту́рок *m*
Türkei *f* GEO Ту́рция *f*
Türkin *f* турча́нка *f*
türkis *adj* бирюзо́вый
türkisch *adj 1.* туре́цкий *adv 2.* по-туре́цки
Türklinke *f* дверна́я ру́чка *f*
Turm *m 1.* ба́шня *f; 2. (Kirchturm)* колоко́льня *f*
türmen *v 1. (schichten)* громозди́ть; *2. (fig: ausreißen)* убега́ть, удира́ть *(fam)*
turnen *v* SPORT занима́ться гимна́стикой (физкульту́рой), выполня́ть гимнасти́ческие упражне́ния
Turnen *n* SPORT спорти́вная гимна́стика *f*
Turner(in) *m/f* SPORT гимна́ст(ка) *m/f*
Turnier *n* SPORT турни́р *m,* соревнова́ния *n/pl,* состяза́ния *n/pl*
Turnschuh *m 1.* SPORT кроссо́вки *f/pl,* ке́ды *m/pl; 2. (Gymnastik)* SPORT гимнасти́ческие та́почки *m/pl*
Türöffner *m* устро́йство *n* для автомати́ческого открыва́ния две́ри (двере́й)
Türschloss *n* дверно́й замо́к *m*
Türschlüssel *m* ключ *m* от две́ри (двере́й)
turteln *v* воркова́ть
Tusche *f* тушь *f*
tuscheln *v* шепта́ться, шушу́каться *(fam)*
Tüte *f 1.* паке́т *m,* кулёк *m; 2. (Eistüte)* ва́фельный рожо́к *m; 3. (Tragtüte)* паке́т *m*
tuten *v* труби́ть, дуде́ть
Tutor *m* наста́вник *m* (воспита́тель *m,* кура́тор *m)* молоды́х люде́й *(о ста́рших студе́нтах)*
Typ *m 1.* тип; *2.* TECH образе́ц *m; 3. (fam)* тип *m,* субъе́кт *m*
Type *f (Druckbuchstabe)* ли́тера *f*
typisch *adj* типи́чный, типово́й
Typologie *f* типоло́гия *f*
Tyrann *m* тира́н *m,* де́спот *m*
tyrannisch *adj* тирани́ческий, деспоти́ческий
tyrannisieren *v* тира́нить *impf*

U

U-Bahn *f* метро́ *n,* метрополите́н *m*
übel *adj 1.* плохо́й, дурно́й, скве́рный, проти́вный; *eine üble Geschichte* скве́рная исто́рия; *2. wohl oder ~* во́лей-нево́лей, хо́чешь не хо́чешь; *~ gelaunt sein* быть не в ду́хе, быть в дурно́м настрое́нии; *~ nehmen* обижа́ться; *~ riechend* злово́нный, ду́рно па́хнущий
Übel *n* зло *n; (fig) das kleinere ~* ме́ньшее зло; *ein notwendiges ~* неизбе́жное зло; *zu allem ~* ко всему́ про́чему, в доверше́ние всего́, сверх того́
Übelkeit *f* тошнота́ *f*
Übeltäter(in) *m/f* злоде́й(ка) *m/f,* злоумы́шленник *m,* злоумы́шленница *f*
üben *v* упражня́ть(ся), тренирова́ть(ся)
über *prep 1. (örtlich: oberhalb)* над; *Über dem Auto kreiste ein Hubschrauber.* Над маши́ной кружи́лся вертолёт. *2. (örtlich: durch)* че́рез; *nach Wladiwostok ~ Nowosibirsk* во Владивосто́к че́рез Новоси-би́рск; *~ Hamburg fahren* прое́здом че́рез Га́мбург; *(fig) ~ jdn etw bekommen* получи́ть что-л че́рез кого́-л; *3. (örtlich: längs)* по; *~ die Autobahn* по автостра́де; *4. (zeitlich: mehr als)* бо́лее, свы́ше; *~ zwei Stunden* бо́лее двух часо́в; *5. (zeitlich: in, zu)* на; *~ Ostern* на Па́сху; *6. (fig: wegen)* от, из-за; *sich ~ etw freuen* ра́доваться чему́-л; *7. (fig: von)* о; *Wir reden ~ Weltpolitik.* Мы говори́м о мирово́й поли́тике. *8. ~ und ~* весь, сплошь; *~ und ~ durchnäßt* промо́кший на́сквозь; *9. (fig) Das geht mir ~ alles.* Э́то для меня́ ва́жнее (доро́же) всего́.
überall *adv* везде́, (по)всю́ду
Überangebot *n* (значи́тельное) превыше́ние *n* предложе́ния над спро́сом, избы́точное предложе́ние *n*
überanstrengen *v 1.* переутомля́ть, перенапряга́ть; *2. sich ~* переутомля́ться, перенапряга́ться
überarbeiten *v 1. etw ~* переде́лывать (перераба́тывать) что-л; *2. sich ~* пере-утомля́ться
Überarbeitung *f 1. (nochmalige Bearbeitung)* переде́лка *f,* перерабо́тка *f; 2. (Überanstrengung)* переутомле́ние *n*
überaus *adv* весьма́, в вы́сшей сте́пени, кра́йне
überbeanspruchen *v 1. (überanstrengen)* перенапряга́ть; *2. (fig: zu hohe Ansprüche stellen)* предъявля́ть непоме́рные тре́бования
überbewerten *v* переоце́нивать
überbieten *v irr 1. (Preis)* предлага́ть бо́лее высо́кую це́ну; *2. (Leistung)* превосходи́ть, превыша́ть, перевыполня́ть
Überbleibsel *n 1. (Rest)* оста́ток *m; 2. (fig: Relikt)* пережи́ток *m,* оста́тки *m/pl*
Überblick *m 1. (Aussicht)* вид *m,* панора́ма *f; 2. (Zusammenfassung)* резюме́ *n; 3. (fig)* о́бщее представле́ние *n,* обзо́р *m,* обоз-ре́ние *n*
überblicken *v 1.* оки́дывать взо́ром (взгля́дом), обозрева́ть; *2. (fig: Lage)* ориенти́роваться, обозрева́ть
überbringen *v* передава́ть; *Ich werde ihr deine Glückwünsche ~.* Я переда́м ей твои́ поздравле́ния.
überbrücken *v 1. (fig: bewältigen)* прео-долева́ть (тру́дности); *2. (fig: Zeit ~)* корота́ть (вре́мя)
Überbrückung *f 1. (fig: einer Notlage)* преодоле́ние *n* (тру́дностей); *2. (fig: von Zeit)* корота́ние *n* (вре́мени)
Überdachung *f 1.* ARCH *(Dach)* кры́ша *f,* кро́вля *f; 2.* ARCH *(über Balkonen)* наве́с *m*
überdenken *v irr* обду́мывать, проду́-мывать
überdies *adv* кро́ме (сверх) того́, прито́м
Überdosis *f* сли́шком больша́я до́за *f,* сверхдо́за *f,* передозиро́вка *f*
Überdruck *m* TECH избы́точное дав-ле́ние *n*
Überdruss *m* ску́ка *f,* пресыще́ние *n*
überdrüssig *adj* надое́вший, опосты́левший; *einer Sache ~ sein* кому́-л надое́ло что-л
überdurchschnittlich *adj 1.* незауря́д-ный, необыкнове́нный; *adv 2.* вы́ше сре́днего
Übereifer *m* чрезме́рное усе́рдие *n* (рве́ние *n*)
übereignen *v 1.* передава́ть в со́бст-венность; *2. (bei Geschäft)* ECO, JUR пере-дава́ть пра́во со́бственности
übereinander *adv* друг над дру́гом; *~ legen* класть друг на дру́га
übereinkommen *v* догова́риваться, при-ходи́ть к соглаше́нию

Übereinkunft *f* договорённость *f,* соглашéние *n*
übereinstimmen *v 1. (einig sein)* быть соглáсным; *2. (gleich sein)* совпадáть, соотвéтствовать *impf*
Übereinstimmung *f 1. (Einigkeit)* соглáсие *n,* единоглáсие *n,* единодýшие *n; 2.(Gleichheit)* совпадéние *n,* соотвéтствие *n*
überempfindlich *adj* слúшком чувствúтельный, сверхчувствúтельный
Überempfindlichkeit *f* сверхчувствúтельность *f*
überfahren *v irr 1. (hin~)* перевозúть, переправля́ть; *2. (im Verkehr) jdn ~* задавúть *pf* когó-л; *eine Ampel bei Rot ~* проезжáть на крáсный свет
Überfahrt *f* переправа *f,* переéзд *m*
Überfall *m* нападéние *n,* налёт *m; Hände hoch! Dies ist ein ~!* Рýки вверх! Нападéние!
überfallen *v irr* нападáть, совершáть налёт
überfällig *adj 1. (zu spät)* запоздáвший; *2. (abgelaufen)* просрóченный; *3. (längst fällig)* давнó назрéвший
überfliegen *v irr 1.* перелетáть что-л, пролетáть над чем-л; *2. (fig)* бéгло просмáтривать что-л
überflügeln *v (fig)* превосходúть, опережáть, перегоня́ть
Überfluss *m* изобúлие *n,* избы́ток *m,* излúшек *m; im ~ leben* жить в изобúлии, катáться как сыр в мáсле *(fig); zu allem ~* ко всемý прóчему, в довершéние всегó, сверх тогó
überflüssig *adj* (из)лúшний, ненýжный
Überflutung *f* наводнéние *n*
überfordern *v* предъявля́ть чрезмéрные трéбования к комý-л
überfragt *adj ~ sein* затрудня́ться отвéтить
überführen *v 1. (transportieren)* перевозúть, переправля́ть; *2. (Schuld nachweisen)* изобличáть, уличáть
Überführung *f 1. (Transport)* перевóзка *f,* перевóз *m; 2. (Schuldnachweis)* изобличéние *n*
überfüllt *adj* перепóлненный, запóлненный до откáза, биткóм набúтый *(fam)*
Übergabe *f* передáча *f*
Übergang *m 1.* перехóд *m; 2. (fig: ~szeit)* перехóдный перúод *m*
übergeben *v irr 1. etw ~* передавáть что-л; *2. sich ~* когó-л рвёт (тошнúт), блевáть *(fam)*
übergeordnet *adj* вышестоя́щий
Übergewicht *n 1.* лúшний (избы́точный) вес *m; 2. (fig)* перевéс *m*
überglücklich *adj* óчень счастлúвый
Übergriff *m 1. (unberechtigte Einmischung)* вторжéние *n,* вмешáтельство *n; 2. (Amtsanmaßung)* превышéние *n* влáсти (полномóчий)
überhand *v ~ nehmen* брать верх
überhäufen *v* завáливать
überhaupt *adv 1.* вообщé; *~ nicht* вообщé (совсéм) не; *2. (im Allgemeinen)* в óбщем
überheblich *adj* надмéнный, высокомéрный, занóсчивый
Überheblichkeit *f* надмéнность *f,* высокомéрие *n,* занóсчивость *f*
überhöht *adj 1.* повы́шенный, чрезмéрно высóкий; *2. (Preise)* завы́шенный
überholen *v 1. (vorbeifahren)* обгоня́ть; *Überholen verboten!* Обгóн запрещён! *2. (überprüfen)* проверя́ть, контролúровать
überholt *adj* устарéвший, устарéлый
Überholverbot *n* запрещéние *n* обгóна
überkochen *v 1. (beim Kochen)* убегáть; *2. (fig)* вскипáть, быть вспы́льчивым, кипятúться
Überlagerung *f 1. (zeitliche ~)* совпадéние *n* по врéмени; *2.* GEOL наслоéние *n*
Überlänge *f* длинá *f* бóльше обы́чной, длинá *f* вы́ше нóрмы
überlassen *v irr 1.* предоставля́ть; *2. (verkaufen)* продавáть, уступáть; *3. (anvertrauen)* передавáть, доверя́ть
Überlastung *f* перегрýзка *f*
Überlauf *m* перелúв *m,* слив *m*
überlaufen *v 1. (Gefäß)* переливáться (чéрез край), переполня́ться; *2. (fig: zum Gegner)* перебегáть, переходúть (на стóрону протúвника); *adj 3. (überfüllt)* перепóлненный, запóлненный до откáза, биткóм набúтый *(fam)*
Überläufer(in) *m/f* перебéжчик *m,* перебéжчица *f*
überleben *v 1. (am Leben bleiben)* оставáться в живы́х, выживáть; *2. (aushalten)* переносúть, испы́тывать
Überlebende(r) *m/f* остáвшийся *m* (… шаяся *f*) в живы́х, вы́живший *m,* …шая *f*
überlegen *v 1. sich etw ~* обдýмывать (продýмывать) что-л, мы́сленно взвéшивать что-л; *adj 2. jdm ~ sein* превосходúть когó-л
Überlegenheit *f* превосхóдство *n*

Überlegung *f* размышле́ние *n,* рассужде́ние *n,* соображе́ние *n*

überliefern *v 1.(der Nachwelt ~)* передава́ть (завеща́ть) что-л пото́мству; *Das wurde von Generation zu Generation überliefert.* Э́то передава́лось из поколе́ния в поколе́ние. *2. (in Chroniken ~)* свиде́тельствовать (в ле́тописях); *3. (dem Gericht ~) JUR* предава́ть (суду́)

Überlieferung *f* преда́ние *n*

überlisten *v* перехитри́ть *pf,* обхитри́ть *pf,* провести́ *pf (fam)*

Übermacht *f* превосхо́дство *n,* переве́с *m,* заси́лье *n*

übermächtig *adj 1. (zahlenmäßig überlegen) MIL* превосходя́щий, могу́щественный; *2. (unüberwindbar)* не(пре)одоли́мый

übermäßig *adj 1.* чрезме́рный, непоме́рный; *adv 2.* чрезме́рно, непоме́рно, сли́шком, сверх ме́ры, чересчу́р *(fam)*

übermenschlich *adj* сверхчелове́ческий, нечелове́ческий

übermitteln *v (überbringen)* передава́ть

Übermittlung *f* переда́ча *f*

übermorgen *adv* послеза́втра

übermüdet *adj* переутомлённый

Übermüdung *f* переутомле́ние *n,* изнеможе́ние *n*

Übermut *m 1.* озорство́ *n,* ре́звость *f,* ша́лость *f; 2. (Anmaßung)* надме́нность *f,* высокоме́рие *n,* зано́счивость *f*

übermütig *adj 1.* озорно́й, ре́звый, шаловли́вый; *2. (arrogant, anmaßend)* надме́нный, высокоме́рный, зано́счивый

übernachten *v* ночева́ть, остава́ться с ночёвкой (на ночле́г)

übernächtigt *adj* бле́дный (утомлённый) от бессо́нной но́чи

Übernachtung *f* ночёвка *f,* ночле́г *m*

Übernahme *f 1. (Entgegennehmen)* приём *m,* приня́тие *n; 2. (Amtsübernahme)* вступле́ние *n* в до́лжность

übernatürlich *adj* сверхъесте́ственный

übernehmen *v 1. (entgegennehmen)* принима́ть, брать, получа́ть; *2.(Amt)* вступа́ть в до́лжность; *3. sich ~* брать на себя́ сли́шком мно́го, надрыва́ться

überparteilich *adj* надпарти́йный

Überproduktion *f* перепроизво́дство *n,* сверхпроизво́дство *n*

überprüfen *v 1. (kontrollieren)* проверя́ть, контроли́ровать; *2. (durchsehen)* пересма́тривать

überqueren *v* пересека́ть

überragen *v 1. (hervorragen)* выдава́ться, выступа́ть (вперёд); *2. (emporragen: Berg)* возвыша́ться; *3. (fig)* превосходи́ть

überragend *adj (ausgezeichnet)* превосхо́дный, выдаю́щийся

überraschen *v 1. (verblüffen)* поража́ть, удивля́ть; *2. (ertappen)* застига́ть (застава́ть) врасплóх

überraschend *adj 1. (verblüffend)* порази́тельный, удиви́тельный; *2. (unerwartet)* неожи́данный, внеза́пный

überrascht *adj* поражённый, удивлённый; *sehr ~ sein* быть о́чень удивлённым, что-л для кого́-л больша́я неожи́данность

Überraschung *f* неожи́данность *f,* внеза́пность *f,* сюрпри́з *m; Wir haben ihm mit dem Fest eine ~ bereitet.* Устро́ив пра́здник, мы преподнесли́ ему́ сюрпри́з.

überreden *v* угова́ривать, убежда́ть

überreichen *v* передава́ть, вруча́ть, преподноси́ть

Überrest *m 1.* оста́ток *m; 2. (fig)* пережи́ток *m,* оста́тки *m/pl*

überrumpeln *v* застава́ть враспло́х, ошеломля́ть, поража́ть, ошара́шивать *(fam)*

überrunden *v SPORT* обгоня́ть, обходи́ть

übersättigt *adj 1. (Person)* пресы́щенный; *2. CHEM* пересы́щенный

Übersättigung *f 1. (Person)* пресыще́ние *n; 2. CHEM* пересыще́ние *n*

überschatten *v (fig)* омрача́ть, затмева́ть, броса́ть тень на что-л

überschätzen *v* переоце́нивать

überschaubar *adj 1.* обозри́мый; *2. (anschaulich)* нагля́дный, я́сный

überschauen *v (fig)* ориенти́роваться, обозрева́ть, представля́ть себе́ что-л

Überschlag *m ECO* ориентиро́вочный (приблизи́тельный) расчёт *m,* ориентиро́вочная сме́та *f*

überschlagen *v irr 1. (Kosten)* приблизи́тельно подсчи́тывать, прики́дывать *(fam); 2. (Auto) sich ~* переверну́ться *pf; (von:* перевёртываться *impf) 3. die Beine ~* положи́ть *pf (von:* класть *impf)* но́гу на́ ногу

überschneiden *v irr 1. (sich kreuzen) sich ~* пересека́ться; *2. (fig: zusammentreffen) sich ~* совпада́ть

Überschneidung *f 1. (Kreuzung)* пересече́ние *n; 2. (fig: Zusammentreffen)* совпаде́ние *n*

überschreiben *v irr 1. (betiteln)* озагла́вливать, надпи́сывать; *2.* INFORM перепи́сывать, перезапи́сывать (да́нные); *3.* JUR перепи́сывать (иму́щество)
überschreiten *v 1. (überqueren)* переходи́ть, переступа́ть, переша́гивать; *2. (fig: übertreten)* наруша́ть, переступа́ть, не соблюда́ть
Überschrift *f* загла́вие *n,* на́дпись *f,* заголо́вок *m*
Überschuss *m 1. (Überfluss)* избы́ток *m,* изли́шек *m; 2. (Reingewinn)* ECO чи́стая при́быль *f*
überschüssig *adj* (из)ли́шний, избы́точный
Überschwang *m* изоби́лие *n,* избы́ток *m; im ~ der Freude* в поры́ве ра́дости
überschwänglich *adj* бу́рный, восто́рженный, безме́рный
überschwemmen *v 1.* залива́ть, затопля́ть; *2. (fig)* наводня́ть
Überschwemmung *f 1.* затопле́ние *n,* пото́п *m,* наводне́ние *n; 2. (fig)* наводне́ние *n*
Übersee *f* заокеа́нские стра́ны *f/pl,* Аме́рика *f; in ~* за океа́ном, в Аме́рике
übersehen *v 1. (überschauen)* оки́дывать взо́ром (взгля́дом), обозрева́ть; *2. (nicht sehen)* упуска́ть из ви́ду, не замеча́ть, недогляде́ть *pf; 3. (absichtlich)* смотре́ть сквозь па́льцы; *etw absichtlich ~* закрыва́ть глаза́ на что-л
übersenden *v* пересыла́ть, направля́ть
übersetzen *v 1. (Gewässer)* переправля́ть, перевози́ть; *2. (Sprache)* переводи́ть; *Würden Sie mir das ins Russische ~?* Не могли́ бы Вы перевести́ мне э́то на ру́сский язы́к?
Übersetzer(in) *m/f* (пи́сьменный) перево́дчик *m,* (пи́сьменная) перево́дчица *f*
Übersetzung *f 1. (Sprache)* (пи́сьменный) перево́д *m; 2.* TECH переда́ча *f*
Übersicht *f 1. (Zusammenfassung)* резюме́ *n; 2. (fig)* о́бщее представле́ние *n,* обзо́р *m,* обозре́ние *n*
übersichtlich *adj 1.* обозри́мый; *2. (anschaulich)* нагля́дный, я́сный
übersiedeln *v* переселя́ться, переезжа́ть
Übersiedelung *f* переселе́ние *n,* перее́зд *m*
überspannt *adj 1. (fig: Situation)* натя́нутый, напряжённый; *2. (fig: Forderungen)* чрезме́рный, завы́шенный; *3. (fig: Person)* эксцентри́чный, экстравага́нтный, сумасбро́дный
überspielen *v 1. (Musik ~)* перепи́сывать (му́зыку); *2. (fig)* скрыва́ть
überspringen *v irr 1.* перепры́гивать, переска́кивать; *2. (fig)* переходи́ть (переска́кивать) с одного́ на друго́е, пропуска́ть
überstehen *v irr (fig)* выноси́ть, выде́рживать, преодолева́ть, переноси́ть
überstimmen *v* побежда́ть большинство́м голосо́в
Überstunde *f* сверхуро́чный час *m*
überstürzen *v 1. (übereilen)* поступа́ть (де́йствовать) опроме́тчиво, сли́шком торопи́ться; *2. (fig) sich ~* бы́стро сменя́ть друг дру́га; *Die Ereignisse ~ sich.* Собы́тия развива́ются о́чень бы́стро.
Überteuerung *f* завыше́ние *n* цен
übertragbar *adj 1. (anwendbar)* переноси́мый на, примени́мый к; *2. (Papiere)* ECO передава́емый, оборо́тный; *3. (ansteckend)* MED зара́зный; *4. (übersetzbar)* переводи́мый
übertragen *v irr 1. (Auftrag)* поруча́ть, передава́ть; *2. (Rundfunk)* передава́ть, трансли́ровать *impf/pf; 3. (Papiere)* ECO передава́ть, уступа́ть; *4. (anstecken)* MED заража́ть, переноси́ть (боле́знь); *5. (übersetzen)* переводи́ть
Übertragung *f 1.* перенесе́ние *n,* перено́с *m; 2. (im Rundfunk)* переда́ча *f,* трансля́ция *f; 3.* ECO переда́ча *f,* усту́пка *f; 4.* MED зараже́ние *n; 5. (Übersetzung)* перево́д *m*
übertreffen *v* превосходи́ть
übertreiben *v* преувели́чивать, утри́ровать *impf/pf*
Übertreibung *f* преувеличе́ние *n*
übertreten *v 1.* пересека́ть, переходи́ть, переступа́ть; *2. (fig: verletzen)* наруша́ть, не соблюда́ть, переступа́ть *(fig)*
Übertretung *f* наруше́ние *n,* несоблюде́ние *n*
übertrieben *adj* преувели́ченный, утри́рованный
Übertritt *m (fig)* перехо́д *m*
übervorteilen *v* обма́нывать, обсчи́тывать
überwachen *v* наблюда́ть, следи́ть, контроли́ровать
Überwachung *f* наблюде́ние *n,* надзо́р *m,* контро́ль *m*
überwältigen *v* одолева́ть, овладева́ть
überwältigend *adj 1. (Erlebnis)* потряса́ющий; *2. (Mehrheit, Menge)* подавля́ющий

überweisen *v irr 1. (Patient)* направля́ть (пацие́нта); *2.* ECO, FIN переводи́ть, перечисля́ть (де́ньги)
Überweisung *f 1. (eines Patienten)* направле́ние *n; 2.* ECO, FIN (де́нежный) перево́д *m,* перечисле́ние *n*
überwiegen *v irr* преоблада́ть *impf,* превали́ровать *impf*
überwiegend *adj 1.* преоблада́ющий, подавля́ющий; *adv 2.* преиму́щественно
überwinden *v irr 1.* одолева́ть, преодолева́ть, справля́ться; *2. sich ~* поборо́ть *pf* себя́, переси́ливать (превозмога́ть) себя́
Überwindung *f 1.* преодоле́ние *n; 2. (Selbstüberwindung)* уси́лие *n* над сами́м собо́й
überwintern *v* зимова́ть
überwuchern *v* разраста́ться
Überzahl *f* чи́сленное превосхо́дство *n*
überzeugen *v* убежда́ть, переубежда́ть
überzeugend *adj* убеди́тельный
Überzeugung *f* убежде́ние *n*
Überzeugungskraft *f* убеди́тельность *f,* си́ла *f* убежде́ния
überziehen *v 1.* покрыва́ть (то́нким сло́ем), обтя́гивать; *2. (anziehen)* надева́ть, натя́гивать; *3. (Konto)* ECO превыша́ть лими́т су́ммы на счёте и́ли разме́р креди́та
üblich *adj 1. (gewohnt)* обы́чный, обыкнове́нный; *2. (gebräuchlich)* (обще)при́нятый
üblicherweise *adv* обы́чно, как пра́вило
übrig *adj 1.* остально́й, оста́вшийся; *für jdn etw ~ haben* пита́ть симпа́тию к кому́-л; *im ~en* ме́жду про́чим, впро́чем; *v 2. ~ bleiben* остава́ться; *3. ~ lassen* оставля́ть
übrigens *adv* ме́жду про́чим, впро́чем
Übung *f* упражне́ние *n,* трениро́вка *f*
Übungsplatz *m* MIL уче́бный плац *m,* полиго́н *m*
Ufer *n* бе́рег *m,* побере́жье *n*
Uferböschung *f* берегово́й скат *m* (отко́с *m*)
uferlos *adj 1. (Weiten)* безбре́жный; *2. (fig)* бесконе́чный; *ins Uferlose gehen* не име́ть конца́
Uhr *f* часы́ *pl*
Uhrmacher *m* часовщи́к *m*
Uhrzeiger *m* часова́я стре́лка *f*
Uhrzeit *f* вре́мя *f*
Uhu *m* ZOOL фи́лин *m*
Ulk *m* потéха *f,* заба́ва *f*
ulkig *adj* потéшный, заба́вный, смешно́й
Ultimatum *n* ультима́тум *m*
Ultraschall *m* ультразву́к *m*
ultraviolett *adj* ультрафиоле́товый
um *prep 1. (örtlich)* вокру́г; *~ das Haus* вокру́г до́ма; *~ sich greifen* распространя́ться, разраста́ться; *2. (zeitlich)* в, о́коло, под; *~ neun Uhr* в де́вять часо́в; *~ Ostern* под Па́сху; *3. Es steht schlecht ~ ihn.* Его́ дела́ пло́хи. *Es geht ~s Geld.* Де́ло идёт о деньга́х. *4. ~ 10 Euro teurer* на 10 е́вро доро́же; *konj 5.*(для того́) что́бы; *Ich bin gekommen, ~ dich zu sehen.* Я пришёл, что́бы уви́деть тебя́. *adv 6. (ungefähr)* о́коло, приблизи́тельно
umändern *v* переде́лывать, изменя́ть
umarmen *v* обнима́ть
Umarmung *f* объя́тие *n*
umbenennen *v irr* переимено́вывать
umblättern *v* перели́стывать, перевора́чивать
umbringen *v irr* убива́ть, губи́ть
umbuchen *v 1. (Konto)* переноси́ть (перечисля́ть) с одного́ счёта на друго́й; *2. (Reservierung)* изменя́ть зака́з (бро́ню)
Umbuchung *f 1. (vom Konto)* перенесе́ние *n* (перечисле́ние *n*) с одно́го счёта на друго́й; *2. (Reservierung)* измене́ние *n* зака́за (бро́ни)
umdenken *v irr* изменя́ть (свои́) взгля́ды, перестра́иваться
umdisponieren *v* изменя́ть (свои́) пла́ны
umdrehen *v* повора́чивать, перевёртывать
Umdrehung *f* оборо́т *m*
umfallen *v irr* па́дать, вали́ться *(fam)*
Umfang *m 1.* охва́т *m,* объём *m,* разме́р *m; 2.* MATH пери́метр *m,* окру́жность *f; 3. (fig: Ausmaß)* разме́р *m,* масшта́б *m*
umfangreich *adj* обши́рный, объёмистый
umfassen *v (enthalten)* охва́тывать, заключа́ть (содержа́ть) в себе́
umfassend *adj* обши́рный, всеобъе́млющий, широ́кий
Umfeld *n* окруже́ние *n,* окружа́ющая (социа́льная) среда́ *f*
Umfrage *f* опро́с *m; Meinungsumfrage* опро́с обще́ственного мне́ния
Umgang *m 1. (Kommunikation)* обще́ние *n; 2. (Verhalten)* обраще́ние *n; 3. (Beziehungen)* отноше́ния *n/pl,* свя́зи *f/pl*
umgänglich *adj* общи́тельный, обходи́тельный
Umgangsformen *pl* мане́ры *f/pl*
Umgangssprache *f* разгово́рная (обихо́дная) речь *f*

umgarnen *v (fig)* опу́тывать, зама́нивать в се́ти
umgeben *v irr* окружа́ть
Umgebung *f 1. (einer Stadt)* окре́стность *f; 2. (eines Menschen)* окружа́ющие *pl,* окруже́ние *n,* среда́ *f; in seiner ~* в своём кругу́, среди́ свои́х
umgehen *v irr 1. (im Umlauf sein)* ходи́ть, циркули́ровать *impf; 2. (behandeln)* обраща́ться, обходи́ться; *3. (vermeiden)* избега́ть, обходи́ть
umgehend *adj* неме́дленный, сро́чный
umgekehrt *adj 1. (verkehrt)* обра́тный; *2. (entgegengesetzt)* противополо́жный; *adv 3. (entgegengesetzt)* наоборо́т, напро́тив
umgucken *v* огля́дываться, осма́триваться; *Du wirst dich noch ~! (fam)* Ты ещё пожале́ешь об э́том!
Umhang *m* наки́дка *f,* плащ *m*
umhängen *v irr 1. (woanders aufhängen)* переве́шивать (на друго́е ме́сто); *2. (anziehen) sich etw ~* наки́дывать на себя́ что-л
umher *adv* круго́м, вокру́г
umherirren *v* брести́/броди́ть, блужда́ть, слоня́ться *(fam),* шата́ться *(fam)*
umherreisen *v* путеше́ствовать, объезжа́ть весь
umherschlendern *v* разгу́ливать, шата́ться *(fam)*
umhören *v sich ~* расспра́шивать, (раз)узнава́ть
Umhüllung *f 1. (Schutzhülle)* оболо́чка *f; 2. (Verpackung)* упако́вка *f,* обёртка *f*
umkämpft *adj 1. MIL eine hart ~e Stadt* го́род, за кото́рый шли (иду́т) ожесточённые бои́; *2. (fig: begehrt)* по́льзующийся больши́м спро́сом, жела́нный
Umkehr *f (Rückkehr)* возвраще́ние *n,* поворот *m* (в обра́тную сто́рону)
umkehren *v* возвраща́ться, повора́чивать наза́д
umkippen *v 1.* опроки́дывать, перевора́чивать; *2. (Gewässer)* наруша́ть экобала́нс (водоёмов); *3. (fig: ohnmächtig werden)* па́дать в о́бморок, теря́ть созна́ние; *4. (fig: Meinung ändern)* изменя́ть свои́ убежде́ния (взгля́ды)
Umkleidekabine *f* каби́на *f* для переодева́ния, раздева́лка *f (fam)*
umkleiden *v* переодева́ть
umknicken *v 1. (Papier)* сгиба́ть; *2. (Fuß)* подверну́ть *pf* но́гу (*von:* подвёртывать *impf*)
umkommen *v irr* погиба́ть, ги́бнуть
Umkreis *m 1. (Umgebung)* окре́стность *f,* окру́га *f; 2. MATH* опи́санная окру́жность *f*
umkreisen *v 1. (kreisen)* кружи́ться, лета́ть вокру́г, враща́ться; *2. (einkreisen)* обводи́ть кружко́м
umkrempeln *v 1. (Ärmel)* засу́чивать, завора́чивать (рукава́); *2. (fig: ändern)* переде́лывать
umladen *v irr* перегружа́ть
Umlauf *m* обраще́ние *n,* оборо́т *m,* циркуля́ция *f; im ~* в обраще́нии (в оборо́те); *etw in ~ bringen* пуска́ть что-л в обраще́ние (в оборо́т); *in ~ kommen* поступа́ть в обраще́ние (в оборо́т)
Umlaut *m* умла́ут *m* (*auch:* умля́ут *m*)
umleiten *v (Verkehr)* изменя́ть направле́ние тра́нспортного движе́ния
Umleitung *f* объе́зд *m,* вре́менное измене́ние *n* направле́ния тра́нспортного движе́ния
Umorganisierung *f* реорганиза́ция *f*
Umrahmung *f* обрамле́ние *n*
umrechnen *v (Währung)* пересчи́тывать, производи́ть пере(ра)счёт (валю́ты);
Umrechnung *f (Währung)* пере(ра)счёт *m,* перево́д *m*
Umrechnungskurs *m* перерасчётный курс *m* (валю́ты)
umreißen *v irr 1. (niederreißen)* вали́ть, опроки́дывать; *2. (fig: kurz schildern)* кра́тко поясня́ть, обрисо́вывать
Umriss *m* ко́нтур *m,* очерта́ние *n*
umrühren *v* меша́ть, переме́шивать
umrüsten *v 1. MIL* перевооружа́ть; *2. TECH* переоснаща́ть, переобору́довать *impf/pf*
ums *(= um das) (siehe „um")* см *„um"*
umsatteln *v 1.* переседла́ть *pf (von:* седла́ть *impf); 2. (Beruf)* меня́ть профе́ссию, переу́чиваться; *3. (Studium)* переходи́ть на друго́й факульте́т
Umsatz *m ECO* (товаро)оборо́т *m*
Umsatzsteuer *f ECO* нало́г *m* с оборо́та
umschalten *v 1. TECH* переключа́ть; *2. (fig)* переключа́ться
umschichten *v* перераспределя́ть, перегруппиро́вывать
Umschlag *m 1. (Schutzhülle)* обёртка *f,* обло́жка *f; 2. (Briefumschlag)* конве́рт *m; 3. (Umladung)* перегру́зка *f,* перева́лка *f; 5. MED* компре́сс *m*
umschlagen *v irr 1. (umblättern)* перели́стывать, перевора́чивать; *2. (umladen)*

перегружáть; *3. (fig: wechseln)* рéзко менятьcя
umschmeißen *v irr (fam)* опрокидывать
umschreiben *v irr 1. (ändern)* перепи́сывать, передéлывать; *2. (anders ausdrücken)* переска́зывать другими словáми, перефрази́ровать *impf/pf; 3.* JUR перепи́сывать (правá)
Umschuldung *f* ECO реструктуризáция *f* долгóв
umschulen *v* переобучáть, переквалифици́ровать *impf/pf*
Umschulung *f* переобучéние *n*, переквалификáция *f*
umschwärmen *v (fig)* увивáться óколо когó-л, ухáживать за кем-л, обожáть когó-л
Umschweife *pl ohne ~* без обинякóв, прямо
Umschwung *m (fig)* перелóм *m*, поворóт *m*
umsehen *v irr sich ~* оглядываться, осмáтриваться, озирáться
umsetzen *v 1.* пересаживать; *sich ~* пересáживаться; *2. (umwandeln)* превращáть, преобразóвывать; *3. (verkaufen)* сбывáть, реализовáть *impf/pf* (*auch:* реализóвывать *impf*)
Umsicht *f* осмотри́тельность *f*, осторóжность *f*
umsichtig *adj* осмотри́тельный, осторóжный
umsonst *adv 1. (unentgeltlich)* бесплáтно, безвозмéздно, дáром; *2. (vergeblich)* напрáсно, тщéтно, зря, дáром
Umstände *pl 1.* обстоятельства *n/pl; unter keinen ~n* ни при каки́х обстоятельствах; *2. (fig: Mühe)* хлóпоты *pl; keine ~ machen* не доставлять хлопóт; *3. (fig: Schwangerschaft) andere ~* в интерéсном положéнии *(fig)*
umständlich *adj 1. (mühevoll)* хлóпотный, канитéльный *(fam); 2. (schwerfällig)* неповорóтливый, неуклюжий, медли́тельный
umsteigen *v irr 1.* пересáживаться; *Müssen wir ~?* Нам нáдо пересáживаться? *2. (fig: umsatteln)* переходи́ть на что-л другóе
umstellen *v 1. (Möbel)* переставлять; *2. (umorganisieren)* перестрáивать (переводи́ть) на что-л; *3. (anpassen)* приспосáбливать
Umstellung *f 1. (Umorganisierung)* реорганизáция *f*, перестрóйка *f; 2. (Anpassung)* приспосáбливание *n*
umstimmen *v (fig) jdn ~* переубеждáть когó-л
umstoßen *v irr 1.* опроки́дывать; *2. (fig)* отменять, аннули́ровать *impf/pf*, опроки́дывать *(fig)*
umstritten *adj* спóрный, оспáриваемый
Umstrukturierung *f* реструктуризáция *f*
Umsturz *m* переворóт *m*
Umtausch *m* обмéн *m*
umtauschen *v* обмéнивать, менять
Umtrunk *m* круговáя чáша *f* (чáрка *f*)
umwandeln *v* преобразóвывать, превращáть
umwechseln *v* обмéнивать, размéнивать
Umweg *m* окрýжный (окóльный) путь *m*, крюк *m (fam)*
Umwelt *f* окружáющая средá *f*
Umweltgift *n* экотоксикáнт *m*
umweltfreundlich *adj* экологи́чный, не нанося́щий ущéрба (вредá) окружáющей средé
Umweltschutz *m* охрáна *f* окружáющей среды́
Umweltschützer *m* природоохрáнник *m*, экоактиви́ст *m*
Umweltsünder *m* загрязни́тель *m* окружáющей среды́
Umweltverschmutzung *f* загрязнéние *n* окружáющей среды́
Umweltverträglichkeit *f* экологи́чность *f*
umwerben *v irr 1. (flirten)* ухáживать за кем-л; *2. (Kunden ~)* привлекáть (клиéнтов)
umwickeln *v* обмáтывать, обёртывать
umzäunen *v* огорáживать, обноси́ть забóром (и́згородью)
Umzäunung *f* ográда *f*, забóр *m*, и́згородь *f*
umziehen *v irr 1. (umkleiden)* переодевáть; *sich ~* переодевáться; *2. (Wohnung wechseln)* переезжáть, переселяться
umzingeln *v* окружáть
Umzug *m 1. (Wohnungswechsel)* переéзд *m; 2. (Festzug)* шéствие *n*, процéссия *f; 3. (Demonstration)* демонстрáция *f*
unabänderlich *adj* неизмéнный
unabdingbar *adj* обязáтельный, непремéнный
unabhängig *adj* незави́симый
Unabhängigkeit *f* незави́симость *f*
unabkömmlich *adj* незамени́мый
unabsehbar *adj 1. (nicht vorhersehbar)* непредви́димый; *2. (unübersehbar)* необозри́мый

unabsichtlich *adj* неумы́шленный, не(пред)наме́ренный, неча́янный
unabwendbar *adj* неотврати́мый, немину́емый, неизбе́жный
unachtsam *adj 1. (unaufmerksam)* невнима́тельный; *2. (unvorsichtig)* неосторо́жный
Unachtsamkeit *f 1. (Unaufmerksamkeit)* невнима́тельность *f,* невнима́ние *n; 2. (Unvorsichtigkeit)* неосторо́жность *f*
unanfechtbar *adj* неоспори́мый, бесспо́рный, неопровержи́мый
unangebracht *adj* неуме́стный
unangemeldet *adj 1. (unerwartet: Gast)* нежда́нный; *2. (polizeilich nicht gemeldet)* непропи́санный, незарегистри́рованный; *3. (nicht eingetragen: Teilnehmer)* не запи́санный
unangemessen *adj 1. (unmäßig)* непоме́рный; *2. (unangebracht)* неуме́стный; *3. (nicht entsprechend)* не соотве́тствующий
unangenehm *adj* неприя́тный; *die ~e Aufgabe haben, jdm etw mitzuteilen* стоя́ть пе́ред неприя́тной зада́чей сообщи́ть кому́-л что-л
unannehmbar *adj* неприе́млемый
Unannehmlichkeit *f* неприя́тность *f*
unansehnlich *adj* невзра́чный, непривлека́тельный с ви́ду
unanständig *adj* неприли́чный, непристо́йный
unantastbar *adj* неприкоснове́нный
unappetitlich *adj* неаппети́тный
Unart *f* дурна́я привы́чка *f* (мане́ра *f*), невоспи́танность *f*
unartig *adj* непослу́шный, невоспи́танный, шаловли́вый, озорно́й
unaufdringlich *adj* ненавя́зчивый, споко́йный, скро́мный
unauffällig *adj* незаме́тный, небро́ский
unaufgefordert *adj 1.* доброво́льный; *adv 2.* доброво́льно, по со́бственной инициати́ве
unaufhaltsam *adj* неудержи́мый, безу́держный
unaufhörlich *adj* беспреры́вный, безостано́вочный, несконча́емый
unaufmerksam *adj* невнима́тельный
Unaufmerksamkeit *f* невнима́тельность *f,* невнима́ние *n*
Unaufrichtigkeit *f* нei̇́скренность *f*
unaufschiebbar *adj* неотло́жный, безотлага́тельный
unausgeglichen *adj 1. (Charakter)* неуравнове́шенный; *2. (Bilanz)* ECO несбаланси́рованный
Unausgeglichenheit *f 1. (Charakter)* неуравнове́шенность *f; 2. (Bilanz)* ECO несбаланси́рованность *f*
unausstehlich *adj* невыноси́мый, нестерпи́мый, несно́сный
unbändig *adj* неудержи́мый, неукроти́мый, необу́зданный
unbarmherzig *adj* беспоща́дный, безжа́лостный, немилосе́рдный, жесто́кий
Unbarmherzigkeit *f* беспоща́дность *f,* безжа́лостность *f,* немилосе́рдие *n* (немилосе́рдность *f*), жесто́кость *f*
unbeabsichtigt *adj* неумы́шленный, не(пред)наме́ренный, неча́янный; *adv 2.* без у́мысла
unbeachtet *adj* незаме́ченный, не при́нятый во внима́ние
unbedacht *adj* необду́манный, опроме́тчивый
unbedenklich *adj 1.* не вызыва́ющий опасе́ний (сомне́ний); *adv 2.* не заду́мываясь, без колеба́ний
unbedeutend *adj* незначи́тельный, нева́жный, несуще́ственый, второстепе́нный; *eine ~e Person sein* быть нева́жным челове́ком
unbedingt *adj 1.* безусло́вный, безогово́рочный; *adv 2.*обяза́тельно, непреме́нно
unbefangen *adj 1. (unvoreingenommen)* непредвзя́тый, беспристра́стный; *2. (ungezwungen)* непринуждённый, есте́ственный
Unbefangenheit *f 1. (Unvoreingenommenheit)* непредвзя́тость *f,* беспристра́стность *f; 2. (Ungezwungenheit)* непринуждённость *f,* есте́ственность *f*
unbefriedigend *adj* неудовлетвори́тельный
unbefriedigt *adj* неудовлетворённый
unbefristet *adj* бессро́чный
unbefugt *adj 1. (unberechtigt)* несанкциони́рованный; *2. (unrechtmäßig)* неправомо́чный, неправоме́рный
Unbefugte(r) *m/f* посторо́нний *m,* …няя *f*
unbegabt *adj* претала́нтливый, безда́рный
unbegreiflich *adj* непоня́тный, непостижи́мый; *Das ist mir ~.* Мне э́то непоня́тно.
unbegrenzt *adj* неограни́ченный, безграни́чный
unbegründet *adj* необосно́ванный

unbehaglich *adj 1. (unangenehm)* непри́ятный, нело́вкий; *2. (ungemütlich)* неую́тный, неудо́бный
unbeherrscht *adj* несде́ржанный
unbeholfen *adj* неуклю́жий, неповоро́тливый, нело́вкий
unbekannt *adj* незнако́мый, неизве́стный
unbekümmert *adj* беззабо́тный, беспе́чный
unbelehrbar *adj* неисправи́мый
unbeliebt *adj* нелюби́мый, непопуля́рный
Unbeliebtheit *f* нелюбо́вь *f,* непопуля́рность *f*
unbemerkt *adj 1.* незаме́ченный; *adv 2.* незаме́тно
unbequem *adj* неудо́бный
unberechenbar *adj* непредсказу́емый
unbescheiden *adj* нескро́мный, де́рзкий
unbeschränkt *adj* неограни́ченный
unbeschreiblich *adj* неопису́емый, невырази́мый, неслы́ханный; *eine ~e Tat* неслы́ханный посту́пок
unbeschwert *adj* беззабо́тный, беспе́чный
unbesonnen *adj* безрассу́дный, необду́манный, опроме́тчивый
unbesorgt *adj 1.* беззабо́тный, беспе́чный; *2. ~ sein* не беспоко́иться; *adv 3. (ruhig)* споко́йно
unbeständig *adj 1. (veränderlich)* изме́нчивый, переме́нчивый; *2. (wankelmütig)* нереши́тельный, непостоя́нный
unbestechlich *adj* неподку́пный
unbestimmt *adj* неопределённый
unbeteiligt *adj 1. (teilnahmslos)* безуча́стный, равноду́шный; *2. ~ an* быть непричастным к чему́-л, не уча́ствовать в чём-л
unbeugsam *adj* непреклóнный, несгиба́емый
unbeweglich *adj 1.* неподви́жный; *2. (Vermögen)* ECO, JUR недви́жимый
unbewohnt *adj 1. (Haus, Wohnung)* нежило́й; *2. (Ort, Insel)* необита́емый, незаселённый
unbewusst *adj 1. (unwillkürlich)* непроизво́льный, бессозна́тельный, инстинкти́вный; *2. (unbeabsichtigt)* не(пред)наме́ренный, неосо́знанный; *3.* PSYCH *(unterbewusst)* подсозна́тельный
unbrauchbar *adj* не(при)го́дный, неподходя́щий
unbürokratisch *adj* небюрократи́ческий
und *konj 1.* и; *Deutschland ~ Russland* Герма́ния и Росси́я; *2. (adversativ)* а; *Männer und Frauen arbeiten, und die Kinder gehen in die Schule.* Мужчи́ны и же́нщины рабо́тают, а де́ти хо́дят в шко́лу.
undankbar *adj* неблагода́рный
undenkbar *adj* немы́слимый, невообрази́мый
undeutlich *adj* нея́сный, неотчётливый, нечёткий
undicht *adj* неплóтный, негермети́чный
Unding *n* вздор *m,* бессмы́слица *f*
undiszipliniert *adj* недисциплини́рованный
undurchdringlich *adj 1. (unwegsam, unbefahrbar)* непроходи́мый; *2. (dicht)* непроница́емый
undurchlässig *adj* непроница́емый, гермети́чный
undurchsichtig *adj 1.* непрозра́чный, му́тный, непрогля́дный; *2. (fig)* тёмный, нея́сный, сму́тный
Unebenheit *f* неро́вность *f*
unecht *adj 1.* ненастоя́щий; *2. (gefälscht)* подде́льный, фальши́вый
unehelich *adj* внебра́чный; *~es Kind* внебра́чный (незаконнорождённый) ребёнок
unehrlich *adj* нече́стный, неи́скренний
uneigennützig *adj* бескоры́стный
uneingeschränkt *adj* неограни́ченный
uneinig *adj 1. ~ sein* расходи́ться во мне́ниях; *2. (zerstritten)* рассо́рившийся
Uneinigkeit *f 1. (Diskrepanz)* расхожде́ние *n* в чём-л; *2. (Zerwürfnis)* разла́д *m,* ссо́ра *f*
unempfindlich *adj* нечувстви́тельный
unendlich *adj* бесконе́чный, безграни́чный, беспреде́льный, несконча́емый
Unendlichkeit *f 1.* MATH бесконе́чность *f; 2.* безграни́чность *f,* беспреде́льность *f,* бесконе́чность *f,* несконча́емость *f*
unentbehrlich *adj* (кра́йне) необходи́мый, незамени́мый
unentgeltlich *adj* беспла́тный, безвозме́здный
unentschieden *adj 1. (ungelöst)* нерешённый; *2. (unentschlossen)* нереши́тельный; *adv 3.* SPORT вничью́
unentschlossen *adj* нереши́тельный
unentwegt *adj 1. (unerschütterlich)* непоколеби́мый, непреклóнный; *adv 2. (pausenlos)* непреры́вно, не перестава́я
unerbittlich *adj* неумоли́мый, безжа́лостный, непримири́мый
unerfahren *adj* нео́пытный

unerfreulich *adj* неприя́тный, неутеши́тельный
unerhört *adj 1. (ungehört)* неуслы́шанный; *2. (fig: unglaublich)* неслы́ханный
unerklärlich *adj* необъясни́мый
unerlaubt *adj* неразрешённый, недозво́ленный
unermesslich *adj* необъя́тный, грома́дный, огро́мный
unerschrocken *adj* бесстра́шный
unerschütterlich *adj 1. (Person)* непоколеби́мый, невозмути́мый, сто́йкий; *2. (Glaube)* незы́блемый
unerschwinglich *adj* недосту́пный (по цене́); *~ sein* быть сли́шком (чрезме́рно) дороги́м
unerträglich *adj* невыноси́мый, несно́сный
unerwartet *adj* неожи́данный, внеза́пный
unerwünscht *adj* нежела́тельный
unfähig *adj* неспосо́бный
Unfähigkeit *f* неспосо́бность *f*
unfair *adj* некорре́ктный, нече́стный; *~es Spiel* некорре́ктная (гру́бая) игра́
Unfall *m 1.* несча́стный слу́чай *m,* ава́рия *f; 2. (Verkehrsunfall)* доро́жно-тра́нспортное происше́ствие *n* (ДТП), ава́рия *f (fam)*
Unfallstation *f* пункт *m* (ста́нция *f*) ско́рой по́мощи
unfassbar *adj* непостижи́мый, невообрази́мый
unfolgsam *adj* непослу́шный
unfreiwillig *adj 1.* недоброво́льный, вы́нужденный; *2. (unwillkürlich)* непроизво́льный, нево́льный
unfreundlich *adj* неприве́тливый, недружелю́бный
unfruchtbar *adj 1. (Boden)* неплодоро́дный; *2. (Lebewesen)* беспло́дный
Unfug *m 1. (Unsinn)* вздор *m,* ерунда́ *f,* чушь *f,* чепуха́ *f; 2. (ungehöriges Benehmen)* безобра́зие *n,* хулига́нство *n,* бесчи́нство *n*
Ungarn *n* GEO Ве́нгрия *f*
ungeachtet несмотря́ на, невзира́я на
ungebildet *adj* необразо́ванный
ungedeckt *adj 1.* непокры́тый, незакры́тый; *2. (ungeschützt)* незащищённый
Ungeduld *f* нетерпе́ние *n*
ungeduldig *adj* нетерпели́вый
ungeeignet *adj* неприго́дный
ungefähr *adv* приблизи́тельно, приме́рно, о́коло
ungefährlich *adj* неопа́сный, безопа́сный
ungehalten *adj* раздражённый, рассе́рженный, недово́льный
Ungeheuer *n* чудо́вище *n*
Ungehorsam *m* непослу́шность *f,* непослуша́ние *n,* неповинове́ние *n*
ungeklärt *adj 1. (unklar)* невы́ясненный; *2. (nicht gereinigt)* неочи́щенный
ungelegen *adj 1.* неподходя́щий, неудо́бный; *adv 2.* не во́время, некста́ти
ungelernt *adj* необу́ченный, неквалифици́рованный
ungemein *adj 1.* необыча́йный, необыкнове́нный; *adv 2.* чрезвыча́йно, в вы́сшей сте́пени
ungemütlich *adj* неую́тный
ungenau *adj* нето́чный
Ungenauigkeit *f* нето́чность *f*
ungenießbar *adj 1. (nicht essbar)* несъедо́бный; *2. (fig: unerträglich)* несно́сный
ungenügend *adj 1. (nicht ausreichend)* недоста́точный; *2. (unbefriedigend)* неудовлетвори́тельный
ungepflegt *adj* неухо́женный, неря́шливый, неопря́тный
ungerade *adj* нечётный
ungerecht *adj* несправедли́вый
ungerechtfertigt *adj* неопра́вданный
Ungerechtigkeit *f* несправедли́вость *f*
ungern *adv* неохо́тно
ungeschickt *adj* неуклю́жий, неповоро́тливый, нело́вкий, неуме́лый
ungeschoren *adj jdn ~ davonkommen lassen (fam)* дать кому́-л вы́крутиться (вы́вернуться) *(fam)*
ungeschrieben *adj ein ~es Gesetz sein* непи́саный зако́н
ungesetzlich *adj* незако́нный
ungestört *adj 1.* споко́йный, ненару́шенный; *2.* TEL, TECH неискажённый
ungestüm *adj* бу́рный, стреми́тельный, нейстовый
ungesund *adj 1. (nicht gesund)* нездоро́вый, боле́зненный; *2. (schädlich)* вре́дный
ungewiss *adj* неопределённый, неизве́стный
Ungewissheit *f* неопределённость *f,* неизве́стность *f*
ungewöhnlich *adj* необыкнове́нный, необыча́йный, необы́чный
ungewohnt *adj* непривы́чный
Ungeziefer *n* ZOOL вре́дные насеко́мые *n/pl,* парази́ты *m/pl*

ungezogen *adj* невоспи́танный, неве́жливый, гру́бый
ungezwungen *adj (fig)* непринуждённый, есте́ственный
unglaublich *adj* невероя́тный, неимове́рный; *Das ist ~!* Это невероя́тно!
unglaubwürdig *adj* неправдоподо́бный, неубеди́тельный, маловероя́тный
Unglaubwürdigkeit *f* неправдоподо́бие *n,* неубеди́тельность *f*
ungleichmäßig *adj* неравноме́рный
Unglück *n 1.* несча́стье *n,* го́ре *n,* беда́ *f; (fig) jdn ins ~ stürzen* навлека́ть беду́ на кого́-л, *ins ~ rennen* обрека́ть себя́ на ги́бель; *zu allem ~* в доверше́ние всего́ (всех бед); *2. (Pech)* неуда́ча *f,* невезе́ние *n; 3. (Unfall)* несча́стный слу́чай *m,* ава́рия *f*
unglücklich *adj 1. (nicht glücklich)* несча́стный, злополу́чный; *2. (kein Glück haben)* неуда́чный, неуда́чливый, невезу́чий *(fam)*
unglücklicherweise *adv* к несча́стью
Ungnade *f* неми́лость *f,* опа́ла *f; bei jdn in ~ fallen* впасть в неми́лость у кого́-л, быть в опа́ле у кого́-л
ungültig *adj* недействи́тельный
Ungunst *f* нерасположе́ние *n,* неблагоскло́нность *f; zu jds ~en* не в чью-л по́льзу, не в по́льзу кого́-л
ungünstig *adj* неблагоприя́тный, невы́годный
unhandlich *adj* неудо́бный, непракти́чный
Unheil *n* беда́, несча́стье *n*
unheilbar *adj* неизлечи́мый; *eine ~e Krankheit* неизлечи́мая боле́знь; *Er ist ~ krank.* У него́ неизлечи́мая боле́знь.
unheilvoll *adj* роково́й, злове́щий
unheimlich *adj 1.* жу́ткий, стра́шный; *adv 2. (fam: sehr)* мно́го, ужа́сно *(fam),* стра́шно *(fam)*
unhöflich *adj* неве́жливый, неучти́вый
Unhöflichkeit *f* неве́жливость *f,* неучти́вость *f*
unhygienisch *adj* негигиени́ческий, негигиени́чный
Uniform *f 1.* фо́рменная оде́жда *f,* фо́рма *f,* мунди́р *m; 2.* MIL мунди́р *m,* обмундирова́ние *n*
Union *f* союз *m; die Europäische ~* Европе́йский Сою́з (ЕС)
universal *adj* универса́льный
Universität *f* университе́т *m*
Universitätsklinik *f* университе́тская кли́ника *f,* кли́ника *f* при университе́те
Universum *n* вселе́нная *f*
unkenntlich *adj* неузнава́емый
Unkenntlichkeit *f* неузнава́емость *f*
Unkenntnis *f* незна́ние *n,* неве́дение *n,* неосведомлённость *f*
unklar *adj 1. (trübe)* му́тный; *2. (unverständlich)* нея́сный, непоня́тный; *3. (nebulös)* тума́нный
Unklarheit *f* нея́сность *f*
unkompliziert *adj* несло́жный
Unkosten *pl* расхо́ды *pl,* затра́ты *pl,* изде́ржки *pl; sich in ~ stürzen* изря́дно потра́титься
Unkraut *n* со́рная трава́ *f,* бурья́н *m,* сорня́к *m; (fig) ~ vergeht nicht* кому́-л ничего́ не сдела́ется
Unkrautvertilgung *f* уничтоже́ние *n* сорняко́в
unkündbar *adj 1. (Stellung)* не подлежа́щий увольне́нию, постоя́нный; *2. (Vertrag)* нерасторжи́мый
unlängst *adv* неда́вно
unlauter *adj* недобросо́вестный, нече́стный
unleserlich *adj* неразбо́рчивый
unlogisch *adj* нелоги́чный
unlösbar *adj 1. (Knoten)* нераспу́тывающийся; *2.* CHEM, PHYS нераствори́мый, нерастворя́ющийся; *3. (Konflikt)* неразреши́мый
unmäßig *adj* неуме́ренный, непоме́рный
Unmensch *m* и́зверг *m; kein ~ sein* быть челове́ком, у кого́-л се́рдце не ка́мень
unmenschlich *adj 1. (brutal)* зве́рский, ва́рварский, бесчелове́чный; *2. (übernatürlich)* нечелове́ческий, сверхчелове́ческий
unmerklich *adj* незаме́тный, неулови́мый, неощути́мый
unmissverständlich *adj* недвусмы́сленный
unmittelbar *adj* непосре́дственный
unmodern *adj* несовреме́нный, устаре́вший, немо́дный
unmöglich *adj* невозмо́жный
unmoralisch *adj* безнра́вственный, амора́льный
unmündig *adj* несовершенноле́тний
unnachgiebig *adj (fig)* неусту́пчивый, упря́мый
unnachsichtig *adj 1.* нетерпи́мый, не зна́ющий снисхожде́ния; *adv 2.* без снисхожде́ния

unnötig *adj 1.* нену́жный, (из)ли́шний; *adv 2.* напра́сно, изли́шне
unnützerweise *adv* напра́сно, зря, да́ром
unordentlich *adj* беспоря́дочный, неря́шливый
Unordnung *f* беспоря́док *m*, барда́к *m (fam)*
unparteiisch *adj* беспристра́стный
unpassend *adj* неподходя́щий
unpersönlich *adj 1. (fig: kühl)* сде́ржанный, холо́дный; *2. (ohne Eigenart)* безли́кий, безли́чный
unpraktisch *adj* непракти́чный
unpünktlich *adj 1.* опа́здывающий, опозда́вший; *2. (Person)* непунктуа́льный; *adv 2.* с опозда́нием
unrecht *adj 1.(ungerecht)* несправедли́вый; *2. (nicht richtig)* непра́вильный
Unrecht *n* несправедли́вость *f; jdm ein ~ antun* поступа́ть с кем-л несправедли́во *jdm ~ geben* счита́ть кого́-л непра́вым
unrechtmäßig *adj 1.* незако́нный; *adv 2.* незако́нным о́бразом
unregelmäßig *adj* нерегуля́рный, беспоря́дочный
Unregelmäßigkeit *f* нерегуля́рность *f*, беспоря́дочность *f*
unreif *adj 1. (Person)* незре́лый, нера́звитый; *2. (Obst)* неспе́лый, незре́лый, несозре́вший
Unruhe *f 1.* POL беспоря́дки *m/pl*, волне́ния *n/pl; 2. (Störung)* беспоко́йство *n; 3. (Besorgnis)* озабо́ченность *f*, трево́га *f*
unruhig *adj 1. (ruhelos)* неспоко́йный, беспоко́йный; *2. (besorgt)* озабо́ченный, взволно́ванный, встрево́женный
uns *pron 1. (Dativ)* нам; *2. (Instrumental)* (с) на́ми; *unter ~* ме́жду на́ми
unsachgemäß *adj 1.* непра́вильный, ненадлежа́щий; *adv 2.* непра́вильно, ненадлежа́щим о́бразом
unsachlich *adj 1.* не относя́щийся к де́лу, неделово́й; *~ sein* быть неделовы́м, отвлека́ться от де́ла (от те́мы); *adv 2.* не поделово́му
unschädlich *adj* безвре́дный; *jdn ~ machen* устрани́ть кого́-л; *etw ~ machen* обезвре́дить что-л
unscheinbar *adj* неприме́тный
unschlüssig *adj* нереши́тельный
Unschuld *f 1.(Schuldlosigkeit)* неви́нность *f; 2.* JUR невино́вность *f; 3. (Keuschheit)* неви́нность *f*
unschuldig *adj 1. (schuldlos)* неви́нный, невинова́тый; *2.* JUR невино́вный, непови́нный
unselbstständig *adj* несамостоя́тельный
unsere(r,s) *pron* наш *m*, на́ша *f*, на́ше *n*, на́ши *pl*
unsicher *adj 1. (ungewiss)* неуве́ренный, неопределённый; *2. (gefährlich)* опа́сный, небезопа́сный; *(fig) einen Ort ~ machen* отме́титься во всех кабака́х; развлека́ться где то́лько мо́жно; *3. (zweifelhaft)* ненадёжный, сомни́тельный
unsichtbar *adj* неви́димый; *sich ~ machen (fig)* скрыва́ться, пря́таться
Unsinn *m* вздор *m*, чепуха́ *f*, ерунда́ *f*
Unsitte *f* дурна́я привы́чка *f*
unsolide *adj* несоли́дный, несерьёзный
unsterblich *adj 1.* бессме́ртный; *adv 2. (fig: sehr)* о́чень, безу́мно *(fam)*
Unsterblichkeit *f* бессме́ртие *n*, бессме́ртность *f*
Unstimmigkeit *f 1. (Meinungsverschiedenheit)* разногла́сие *n; 2. (Widerspruch)* противоре́чия *n/pl; 3. (Unrichtigkeit)* оши́бочность *f*
unstreitig *adj* бесспо́рный, неоспори́мый
unsympathisch *adj* несимпати́чный; *jdm ~ sein* не нра́виться кому́-л
Untat *f* зве́рское преступле́ние *n (fam)*, злодея́ние *n*
untätig *adj 1. (tatenlos)* безде́ятельный; *2.(müßig)* пра́здный; *adv 3.(tatenlos)* ничего́ не предпринима́я; *~ zuschauen* не вме́шиваясь, следи́ть за чем-л
untauglich *adj 1.* не(при)го́дный; *2.* MIL него́дный (к вое́нной слу́жбе)
unten *adv* внизу́, сни́зу
unter *prep 1. (unterhalb)* под; *~ dem Tisch* под столо́м; *2. (zwischen)* ме́жду, среди́; *Er befindet sich ~ Frauen.* Он нахо́дится среди́ же́нщин. *~ uns* ме́жду на́ми; *Das bleibt ~ uns.* Э́то оста́нется ме́жду на́ми. *3. (weniger als)* ни́же; *~ dem Durchschnitt* ни́же сре́днего; *4. ~ der Telefonnummer …* по телефо́нному но́меру; *… ~ großer Anstrengung* прилага́я больши́е уси́лия
unterbesetzt *adj* име́ющий (вака́нтные) свобо́дные места́, не по́лностью укомплекто́ванный
unterbewerten *v* недооце́нивать
Unterbewusstsein *n* подсозна́ние *n*
unterbinden *v irr (fig)* пресека́ть
unterbrechen *v irr* прерыва́ть
unterbreiten *v 1. (einreichen)* подава́ть;

2. (darlegen) излагáть; *3. einen Vorschlag ~* вносúть предложéние
unterbringen *v irr* размещáть
Unterdruck *m TECH* разрежéние *n,* вáкуум *m,* давлéние *n* нúже атмосфéрного
unterdrücken *v 1. (etw ~)* подавлять что-л; *2. jdn ~* угнетáть (подавлять) когó-л
Unterdrückung *f 1. (Aufstand)* подавлéние *n; 2. (Volk)* угнетéние *n,* гнёт *m; 3. (Zurückhaltung)* сдéржанность *f*
untere(r,s) *adj* нúжний, ...няя, ...нее
untereinander *adv* мéжду собóй, друг с другóм
Unterernährung *f* недоедáние *n,* истощéние *n*
Unterfangen *n* предприятие *n,* начинáние *n*
Unterführung *f 1. (Verkehr)* путепровóд *m* под дорогóй, тоннéль *m* (*auch:* туннéль *m*); *2. (für Fußgänger)* подзéмный пешехóдный перехóд *m,* пешехóдный тоннéль *m*
Untergang *m 1. (Zusammenbruch)* крах *m,* распáд *m; 2. (Sinken)* крушéние *n* (сýдна); *3. (Niedergang)* падéние *n,* гúбель *f; 4. (der Sonne, des Mondes)* закáт *m* (сóлнца), захóд *m* (луны́)
Untergebene(r) *m/f* подчинённый *m,* ...ная *f*
untergehen *v irr 1. (zusammenbrechen)* распадáться, развáливаться; *2. (im Wasser versinken)* тонýть, идтú ко дну; *3. (zugrunde gehen)* гúбнуть, погибáть; *4. (Sonne, Mond)* закáтываться *(о сóлнце),* заходúть *(о лунé)*
Untergeschoss *n* цóкольный этáж *m*
Untergewicht *n 1.* недовéс *m,* недостáча *f* в вéсе; *2. MED* вес *m* нúже нóрмы, недостáточная мáсса *f* тéла
untergliedern *v* подразделять
Untergrund *m 1. (Fundament)* фундáмент *m,* основáние *n; 2. POL* подпóлье *n; Der Widerstand operiert vom ~ aus.* Движéние сопротивлéния провóдит свои операции из подпóлья.
Untergrundbewegung *f* подпóлье *n*
unterhalb *prep* под, нúже
Unterhalt *m* содержáние *n*
unterhalten *v irr 1. (versorgen)* содержáть; *2. sich ~ (vergnügen)* развлекáться; *3. sich ~ (plaudern)* разговáривать, бесéдовать
unterhaltend *adj (anregend)* занимáтельный, развлекáтельный, интерéсный
Unterhaltung *f 1. (Versorgung)* содержáние *n; 2. (Vergnügen)* развлечéние *n,* забáва *f; 3. (Gespräch)* бесéда *f,* разговóр *m*
Unterhaltungsmusik *f* лёгкая мýзыка *f*
Unterhose *f 1. (Männerunterhose: lang)* кальсóны *pl; 2. (Männerunterhose: kurz)* мужскúе трусы́ *pl; 3. (Frauenunterhose)* (жéнские) трýсики *pl*
unterkommen *v irr 1. (Unterkunft finden)* устрáиваться, находúть приют (пристáнище); *2. (Stellung finden)* устрáиваться рабóтать, получáть рабóчее мéсто
Unterkunft *f* жильё *n,* приют *m*
Unterlage *f 1. (zum Unterlegen)* подклáдка *f,* подстúлка *f; 2. (Grundlage)* основáние *n,* бáза *f; 3. (Dokument)* доку́мéнт *m*
Unterlass *m ohne ~* непреры́вно, беспреры́вно, безостанóвочно
unterlassen *v irr* не дéлать, не выполнять
unterliegen *v irr 1.* подлежáть; *2. (besiegt werden)* терпéть (нестú) поражéние, быть побеждённым
untermauern *v (fig)* обоснóвывать, подкреплять
untermengen *v* смéшивать, перемéшивать
Untermiete *f* поднаём *m*
Untermieter *m* поднанимáтель *m,* субарендáтор *m*
untermischen *v* смéшивать, перемéшивать
unternehmen *v irr* предпринимáть
Unternehmen *n 1. (Firma)* предприятие *n,* фúрма *f; 2. (Vorhaben)* предприятие *n,* (запланúрованное) дéло *n* (áкция *f*)
Unternehmer(in) *m/f* предпринимáтель(ница) *m/f*
unternehmungslustig *adj* предприúмчивый
unterordnen *v 1.* подчинять; *2. sich ~* подчиняться
Unterredung *f* разговóр *m,* бесéда *f*
Unterricht *m 1. (Tätigkeit)* преподавáние *n,* обучéние *n; 2. (Unterrichtsstunde)* урóк *m,* занятие *n*
unterrichten *v 1. (lehren)* преподавáть, обучáть, учúть; *2. (informieren)* информúровать *impf/pf,* осведомлять
Unterrichtsstunde *f* урóк *m,* занятие *n*
Unterrock *m* нúжняя юбка *f,* комбинáция *f*
untersagen *v* запрещáть
unterschätzen *v* недооцéнивать
unterscheiden *v irr* различáть, отличáть
Unterschenkel *m* гóлень *f*
Unterschied *m* рáзница *f,* различие *n; im ~ zu* в отлúчие от; *ein ~ wie Tag und Nacht* как нéбо и земля́

unterschiedlich *adj 1.* различный, разный; *adv 2.* по-разному
unterschlagen *v irr* присваивать
Unterschlagung *f* присвоение *n*
Unterschlupf *m* убежище *n,* приют *m*
unterschreiben *v irr* подписывать(ся)
Unterschrift *f* подпись *f*
unterste(r,s) *adj* нижний, …няя, …нее
Unterstellung *f 1. (fälschliche Behauptung)* ложное обвинение *n,* подтасовка *f* чего-л; *2. (Unterordnung)* подчинение *n*
unterstreichen *v irr* подчёркивать
unterstützen *v* поддерживать, помогать
Unterstützung *m* поддержка *f,* помощь *f*
untersuchen *v 1.* исследовать *impf/pf; 2.* JUR расследовать *impf/pf,* производить следствие; *3. (Patient)* MED осматривать, обследовать *impf/pf; Wir müssen den Urin ~.* Мы должны сделать анализ мочи.
Untersuchung *f 1.* исследование *n; 2.* JUR расследование *n,* следствие *n; 3.* MED осмотр *m,* обследование *n*
Untersuchungsergebnis *n* результат *m* исследования (следствия, обследования и т. д.)
Untersuchungshaft *f* JUR предварительное заключение *n*
Untertasse *f* блюдце *n*
untertauchen *v 1. (eintauchen)* погружать(ся), окунать(ся); *2. (fig: verschwinden)* исчезать, скрываться
Unterteil *n* нижняя часть *f*
unterteilen *v* подразделять, делить
Unterteilung *f* подразделение *n,* деление *n*
Untertitel *m 1.* подзаголовок *m; 2.* CINE субтитр *m*
untertreiben *f* преуменьшать
Untertreibung *f* преуменьшение *n*
untervermieten *v* сдавать в поднаём
Unterwäsche *f* нижнее бельё *n*
unterwegs *adv* в (по) пути, по дороге
unterweisen *v irr* давать указания, инструктировать *impf/pf*
Unterwelt *f* дно *n* общества, преступный мир *m*
unterwürfig *adj* раболепный
unterzeichnen *v* подписывать
untragbar *adj* неприемлемый, нетерпимый, невыносимый
untreu *adj* неверный
Untreue *f* неверность *f,* измена *f*
untröstlich *adj* неутешный, безутешный
Untugend *f* порок *m,* дурная привычка *f*
unüberlegt *adj* необдуманный
unübersichtlich *adj 1. (ohne Sicht)* непросматриваемый; *2. (verworren)* запутанный, неясный
unumgänglich *adj* неизбежный, неминуемый
unumwunden *adj 1.* откровенный, прямой; *adv 2.* прямо, без обиняков
ununterbrochen *adj* непрерывный, беспрерывный, безостановочный, беспрестанный
unveränderlich *adj* неизменный, неизменяемый
unverantwortlich *adj* безответственный
unverbesserlich *adj* неисправимый
unverbindlich *adj 1. (nicht bindend)* не имеющий обязательной силы; *adv 2.* без обязательства; *adj 3. (nicht unbedingt)* необязательный, ни к чему не обязывающий
unvereinbar *adj* несовместимый
Unvereinbarkeit *f* несовместимость *f*
Unverfrorenheit *f* наглость *f,* дерзость *f*
unvergesslich *adj* незабываемый, незабвенный
unverheiratet *adj 1. (Mann)* неженатый, холостой; *2. (Frau)* незамужняя
unverhofft *adj 1.* неожиданный, непредвиденный; *adv 2. ganz ~* совершенно (совсем) неожиданно
unverkäuflich *adj* непродажный, не (предназначенный) для продажи
unverkennbar *adj* очевидный, явный, несомненный
unvermeidlich *adj* неизбежный, неминуемый
unvermittelt *adj* неожиданный, внезапный
unvermutet *adj* неожиданный, непредвиденный, внезапный
Unvernunft *f* безрассудство *n*
unvernünftig *adj* безрассудный, неразумный
unverschämt *adj* наглый, бесстыдный, бесстыжий
Unverschämtheit *f* наглость *f,* бесстыдство *n*
unversehrt *adj* целый, невредимый, неповреждённый
unversöhnlich *adj* непримиримый
unverständlich *adj* непонятный
unverwüstlich *adj 1. (Stoff)* прочный; *2. (Gesundheit)* железный *(fam),* несокрушимый *(fig)*
unverzeihlich *adj* непростительный
unverzüglich *adj 1.* немедленный; неот-

ло́жный, безотлага́тельный; *adv* 2. неме́дленно, то́тчас (же), сра́зу (же)
unvollkommen *adj 1. (nicht perfekt)* несоверше́нный; *2. (unvollständig)* непо́лный; *adv 3. (unvollständig)* не по́лностью, не совсе́м
unvollständig *adj 1.* непо́лный; *adv 2.* не по́лностью, не совсе́м
unvorbereitet *adj 1.* неподгото́вленный; *adv 2.* без подгото́вки
unvorhergesehen *adj* непредви́денный
unvorsichtig *adj* неосторо́жный, неосмотри́тельный
unvorstellbar *adj* невообрази́мый
unvorteilhaft *adj* невы́годный
unwahr *adj* неве́рный, ло́жный, лжи́вый
Unwahrheit *f* непра́вда *f,* ложь *f*
unwahrscheinlich *adj 1.* невероя́тный, неправдоподо́бный; *adv 2.* невероя́тно, неправдоподо́бно
unweigerlich *adj* неизбе́жный
Unwesen *n sein ~ treiben* бесчи́нствовать
Unwetter *n* непого́да *f,* бу́ря *f,* шторм *m*
unwichtig *adj* нева́жный, несуще́ственный, незначи́тельный
unwiderruflich *adj 1.* оконча́тельный, неотменя́емый; *2. (Akkreditiv)* ECO безотзы́вный; *adv 3.* оконча́тельно, навсегда́, безвозвра́тно
unwiderstehlich *adj 1. (bezaubernd)* неотрази́мый; *2. (Drang)* непреодоли́мый
unwillig *adj* негоду́ющий, недово́льный
unwillkürlich *adj* непроизво́льный, нево́льный
unwirksam *adj 1.* JUR недействи́тельный; *2. (ohne Wirkung)* неде́йственный, неэффекти́вный
unwissend *adj 1.* не зна́ющий, не све́дущий; *2. (ignorant)* неве́жественный; *3. (nicht informiert)* неосведомлённый
Unwissenheit *f 1.* незна́ние *n; 2. (Ignoranz)* неве́жество *n; 3. (mangelnde Informiertheit)* неосведомлённость *f*
unwohl *adv jdm ist ~* кому-л нездоро́вится, кому́-л не по себе́
unwürdig *adj* недосто́йный
unzählig *adj* бесчи́сленный, несме́тный, несчётный
unzerbrechlich *adj* небью́щийся
unzertrennlich *adj* неразлу́чный
Unzucht *f* развра́т *m,* распу́тство *n*
unzufrieden *adj* недово́льный
unzugänglich *adj 1.* недосту́пный; *2. (fig: verschlossen)* непристу́пный
unzulänglich *adj* недоста́точный
unzulässig *adj* недопусти́мый, непозволи́тельный
unzumutbar *adj* неприе́млемый
unzurechnungsfähig *adj* невменя́емый
unzuverlässig *adj 1.* ненадёжный; *2.* POL неблагонадёжный; *3. (Quelle)* недостове́рный (исто́чник)
unzweckmäßig *adj* нецелесообра́зный
üppig *adj* пы́шный, роско́шный, оби́льный
Urahnen *pl* пре́дки *m/pl*
uralt *adj* дре́вний, о́чень ста́рый
Uran *m* CHEM ура́н *m*
Uraufführung *f* THEAT пе́рвая постано́вка *f,* пе́рвое представле́ние *n,* премье́ра *f*
Ureinwohner(in) *m/f* коренно́й жи́тель *m,* коренна́я жи́тельница *f*
Urenkel *m* пра́внук *m*
Urgroßeltern *pl* пра́дед *m* и праба́бушка *f,* прароди́тели *pl*
Urheber *m* а́втор *m*
Urin *m* моча́ *f*
Urknall *m* ASTR Большо́й взрыв *m*
Urkunde *f* докуме́нт *m,* гра́мота *f,* удостовере́ние *n*
urkundlich *adj* документа́льный
Urlaub *m* о́тпуск *m*
Urlauber(in) *m/f* отпускни́к *m,* отпускни́ца *f*
Urlaubsort *m* ме́сто *n* о́тдыха
Urlaubszeit *f* вре́мя *f* о́тпуска
Urne *f* у́рна *f*
Urologe *m* MED уро́лог *m*
Ursache *f* причи́на *f,* основа́ние *n*
Ursprung *m* происхожде́ние *n*
ursprünglich *adj* первонача́льный, перви́чный, изнача́льный
Urteil *n 1. (Meinung)* мне́ние *n,* сужде́ние *n; 2. (Zivilrecht)* JUR реше́ние *n; 3. (Strafrecht)* JUR пригово́р *m*
urteilen *v 1.* суди́ть, отзыва́ться; *2.* JUR суди́ть
Urteilsvermögen *n* рассу́док *m,* спосо́бность *f* к рассужде́нию, у́мственные спосо́бности *f/pl*
Urwald *m* GEO де́вственый лес *m*
Utensilien *pl* принадле́жности *f/pl*

V

vagabundieren *v* бродя́жничать *impf*
vage *adj* нея́сный, неопределённый, сму́тный
Vagina *f* ANAT влага́лище *n*
Vakuum *n* ва́куум *m*
Valuta *f* ECO валю́та *f*
Vampir *m* вампи́р *m*
Vandalismus *m* вандали́зм *m*
vandalismussicher *adj* защищённый от вандали́зма
Vanille *f* BOT вани́ль *f*
variabel *adj* переме́нный, меня́ющийся, вариа́бельный
Variante *f* вариа́нт *m*
variieren *v* варьи́ровать *impf*, изменя́ть
Vase *f* ва́за *f*
Vater *m* оте́ц *m; (fig) ~ Staat* родно́е госуда́рство *n*; *der himmlische ~* оте́ц небе́сный; *zu seinen Vätern heimgehen* отправля́ться к праотца́м
Vaterland *n* оте́чество *n,* отчи́зна *f*
väterlich *adj 1.* отцо́вский, оте́ческий; *adv 2.* по-отцо́вски, по-оте́чески
Vaterunser *n* REL «О́тче *m* наш» *(моли́тва)*
Vatikan *m* Ватика́н *m*
Vegetarier(in) *m/f* вегетариа́нец *m,* вегетариа́нка *f*
vegetarisch *adj* вегетариа́нский
Vegetation *f* расти́тельность *f*
vehement *adj* реши́тельный, ре́зкий, си́льный; *etw ~ verteidigen* реши́тельно отста́ивать что-л
Veilchen *n 1.* BOT фиа́лка; *2. (fam: blaues Auge)* синя́к *m* под гла́зом, финга́л *m (fam)*
Vene *f* ANAT ве́на *f*
Ventil *n* TECH кла́пан *m,* ве́нтиль *m*
Ventilator *m* вентиля́тор *m*
verabreden *v* догова́риваться, обусло́вливать
Verabredung *f 1. (Abmachung)* договорённость *f,* угово́р *m (fam); 2. (Treffen)* встре́ча *f,* свида́ние *n*
verabscheuen *v* испы́тывать (чу́вствовать, пита́ть) отвраще́ние к кому́-л/чему́-л, ненави́деть кого́-л/что-л
verabschieden *v 1.* провожа́ть; *2. (sich ~)* проща́ться, расстава́ться; *3. (Gesetz)* принима́ть, утвержда́ть (зако́н)
Verabschiedung *f 1.* про́воды *pl,* проща́ние *n,* расстава́ние *n; 2. (Gesetz)* приня́тие *n,* утвержде́ние *n* (зако́на)
verachten *v* презира́ть, пренебрега́ть; *nicht zu ~ sein (fam)* чем-л не сле́дует пренебрега́ть
verächtlich *adj* презри́тельный, пренебрежи́тельный
Verachtung *f* презре́ние *n,* пренебреже́ние *n; jdn mit ~ strafen (fig)* отпла́чивать кому́-л презре́нием *(fig)*
verallgemeinern *v* обобща́ть
Verallgemeinerung *f* обобще́ние *n*
veraltet *adj* устаре́вший, устаре́лый
Veranda *f* вера́нда *f*
veränderlich *adj* переме́нный, изме́нчивый
verändern *v* (из)меня́ть
Veränderung *f* переме́на *f,* измене́ние *n*
verängstigt *adj* запу́ганный
Veranlagung *f 1. (Fähigkeiten)* зада́тки *pl,* спосо́бности *f/pl; 2. (Disposition)* предрасполо́женность *f; 3. (von Steuern)* налогообложе́ние *n*
veranlassen *v 1. (anregen)* побужда́ть; *2. (anordnen)* распоряжа́ться; *3. (verursachen)* быть причи́ной (по́водом), вызыва́ть, повле́чь *pf* за собо́й (*von:* влечь *impf*)
Veranlassung *f 1. (Anregung)* побужде́ние *n; 2. (Anordnung)* распоряже́ние *n; 3. (Grund)* причи́на *f,* по́вод *m,* основа́ние *n*
veranschaulichen *v* нагля́дно пока́зывать, демонстри́ровать *impf/pf,* иллюстри́ровать *impf/pf*
veranschlagen *v* оце́нивать, составля́ть сме́ту, рассчи́тывать
veranstalten *v* проводи́ть, устра́ивать, организова́ть *impf/pf* (*auch:* организо́вывать *impf*)
Veranstalter(in) *m/f* организа́тор *m/f,* устро́итель(ница) *m/f*
Veranstaltung *f* мероприя́тие *n*
verantworten *v* отвеча́ть, нести́ отве́тственность
verantwortlich *adj* отве́тственный
Verantwortung *f* отве́тственность *f; jdn für etw zur ~ ziehen* привлека́ть к отве́тственности кого́-л за что-л
verantwortungslos *adj* безотве́тственный
verantwortungsvoll *adj 1.* отве́тственный,

по́лностью сознаю́щий свою́ отве́тственность; *adv 2.* с отве́тственностью
verarbeiten *v 1. (bearbeiten) etw ~* обраба́тывать (перераба́тывать) что-л; *2. (fig: geistig ~)* осмы́сливать; *3. (Daten)* INFORM обраба́тывать (да́нные)
Verarbeitung *f 1. (Bearbeitung)* обрабо́тка *f,* перерабо́тка *f; 2. (von Daten)* INFORM обрабо́тка *f* (да́нных)
verärgern *v* серди́ть, злить, раздоса́довать *pf*
verärgert *adj* рассе́рженный, разозли́вшийся, раздоса́дованный
verarzten *v* ока́зывать пе́рвую медици́нскую по́мощь, лечи́ть на ско́рую ру́ку
verausgaben *v 1. sich finanziell ~* расхо́доваться, тра́титься; *2. sich körperlich ~* тра́тить мно́го сил, обесси́левать, выкла́дываться *(fam)*
veräußern *v 1.* ECO продава́ть, реализова́ть *impf/pf* (*auch:* реализо́вывать *impf*); *2.* JUR отчужда́ть (како́е-л пра́во)
Verb *n* GRAMM глаго́л *m*
verbal *adj 1. (mündlich)* у́стный, слове́сный; *2.* GRAMM, LING верба́льный, глаго́льный
Verband *m 1. (Vereinigung)* ассоциа́ция *f,* объедине́ние *n,* сою́з *m; 2.* MED повя́зка *f,* перевя́зка *f*
verbannen *v 1. (in einen Strafort)* ссыла́ть; *2. (aus einem Land)* высыла́ть, изгоня́ть
Verbannung *f 1. (in einen Strafort)* ссы́лка *f; 2. (aus einem Land)* вы́сылка *f,* изгна́ние *n*
verbeißen *v irr sich in etw ~ (fam)* вцепля́ться во что-л *(fam),* быть одержи́мым чем-л
verbergen *v irr* скрыва́ть, ута́ивать
verbessern *v 1.* улучша́ть, соверше́нствовать; *2. (korrigieren)* исправля́ть, поправля́ть
Verbesserung *f 1.* улучше́ние *n,* усоверше́нствование *n; 2. (Korrektur)* исправле́ние *n,* попра́вка *f*
verbeugen *v sich ~* кла́няться
Verbeugung *f* покло́н *m*
verbiegen *v irr* гнуть, сгиба́ть, искривля́ть
verbieten *v irr* запреща́ть, воспреща́ть
verbinden *v irr 1. (zusammenfügen)* свя́зывать, соединя́ть, скрепля́ть; *2.* MED перевя́зывать, бинтова́ть; *3. (~ mit)* TEL соединя́ть; *Verbinden Sie mich bitte mit der Polizei!* Соедини́те меня́, пожа́луйста, с поли́цией!
verbindlich *adj 1. (verpflichtend)* обяза́тельный, обя́зывающий; *2. (höflich)* любе́зный, услу́жливый
Verbindlichkeit *f 1. (Verpflichtung)* обяза́тельство *n; 2. (Höflichkeit)* любе́зность *f,* услу́жливость *f*
Verbindung *f 1. (Zusammenfügung)* связь *f,* соедине́ние *n,* скрепле́ние *n; 2. (Verkehrsverbindung)* сообще́ние *n; 3. (Beziehung)* отноше́ния *n/pl,* связь *f,* конта́кт *m; sich mit jdm in ~ setzen* свя́зываться с кем-л; *4.* TEL соедине́ние *n*
verbissen *adj (fig)* упо́рный, закорене́лый, ожесточённый
verbittert *adj (fig)* озло́бленный, ожесточённый
Verbitterung *f* озло́бленность *f,* ожесточённость *f*
verblassen *v* бледне́ть, блёкнуть, выцвета́ть
verbleit *adj 1.* содержа́щий свине́ц, освинцо́ванный; *2. (Benzin)* этили́рованный
verblendet *adj* ослеплённый
verblüffend *adj* порази́тельный, потряса́ющий, ошеломля́ющий, удиви́тельный
Verblüffung *f* удивле́ние *n,* озада́ченность *f*
verblühen *v* отцвета́ть, увяда́ть
verbluten *v* MED истека́ть кро́вью, умира́ть от поте́ри кро́ви
verbohrt *adj (fig)* упря́мый, твердоло́бый *(fig)*
verborgen *adj* скры́тый, неви́димый
Verborgenheit *f* скры́тость *f*
Verbot *n* запре́т *m,* запреще́ние *f*
verboten *adj* запре́тный, запрещённый; *Das sieht einfach ~ aus! (fig)* Э́то вы́глядит про́сто ужа́сно!
Verbrauch *m* потребле́ние *n*
verbrauchen *v* потребля́ть
Verbraucher(in) *m/f* потреби́тель (ница) *m/f*
Verbrauchsgüter *pl* ECO потреби́тельские това́ры *m/pl*
Verbraucherpreis *m* ECO прода́жная цена́ *f*
Verbraucherschutz *m* защи́та *f* прав потреби́телей
verbrechen *v irr* соверша́ть преступле́ние, провини́ться *pf*
Verbrechen *n* преступле́ние *n*
Verbrecher(in) *m/f* престу́пник *m,* престу́пница *f*

verbrecherisch *adj* престу́пный
verbreiten *v 1. (ausdehnen, ausstreuen)* распространя́ть, се́ять *(fig); 2. (Krankheit)* распространя́ться; *3. (Nachricht)* распространя́ться, разноси́ться; *4. (Geruch)* издава́ть, источа́ть
verbreitern *v* расширя́ть
Verbreiterung *f* расшире́ние *n*
Verbreitung *f* распростране́ние *f; ~ finden* получа́ть распростране́ние
verbrennen *v irr 1. (durch Feuer zerstören)* жечь, сжига́ть; *2. (durch Feuer zerstört werden)* сгора́ть
Verbrennung *f 1. (Müllverbrennung)* сжига́ние *n* (му́сора); *2. (Einäscherung)* крема́ция *f; 3. MED* ожо́г *m; 4. (beim Motor) TECH* сгора́ние *n*
Verbrennungsmotor *m (beim Auto)* дви́гатель *m* вну́треннего сгора́ния
verbringen *v irr* проводи́ть
verbrühen *v sich ~* обва́риваться, ошпа́риться *pf* (*von:* шпа́риться *impf*)
verbuchen *v ECO* проводи́ть по счета́м бухга́лтерского учёта
Verbund *m* объедине́ние *n,* сою́з *m*
verbünden *v sich ~* объединя́ться, заключа́ть сою́з
Verbundenheit *f* те́сная связь *f,* приве́рженность *f*
Verbündete(r) *m/f* сою́зник *m,* сою́зница *f*
Verbundglas *n* стеклопаке́т *m,* многосло́йное безопа́сное стекло́ *n*
verbürgen *v sich ~* руча́ться
verbüßen *v* отбыва́ть, нести́ (наказа́ние)
Verdacht *m* подозре́ние *n; über jeden ~ erhaben sein* быть вне вся́ких подозре́ний; *auf ~* на вся́кий слу́чай; *~ schöpfen* начина́ть подозрева́ть, заподо́зривать
verdächtig *adj* подозри́тельный
Verdächtige(r) *m/f* подозрева́емый *m,* …мая *f*
verdächtigen *v* подозрева́ть *impf*
Verdächtigung *f* подозре́ние *n*
verdammen *v 1. (verfluchen)* проклина́ть; *2. (verurteilen)* обрека́ть
verdammungswürdig *adj* проклятый, заслу́живающий прокля́тия
verdampfen *v* испаря́ться
verdanken *v jdm etw ~* быть обя́занным кому́-л чем-л
verdauen *v* перева́ривать, усва́ивать
verdaulich *adj* удобовари́мый, усва́имаемый
Verdauung *f* пищеваре́ние *n*
Verdauungsstörung *f MED* расстро́йство *n* пищеваре́ния
Verdeck *n 1. (beim Auto)* верх *m* (автомоби́ля); *2. (eines Schiffes)* (ве́рхняя) па́луба *f*
verdecken *v 1. (zudecken)* закрыва́ть; *2. (verbergen)* скрыва́ть
verderben *v irr 1. (zerstören)* по́ртить, губи́ть; *es sich mit jdm ~* по́ртить отноше́ния с кем-л; *2. (schlecht werden)* по́ртиться, гнить; *3. (fig: schlecht beeinflussen)* развраща́ть, растлева́ть, по́ртить
verderblich *adj 1. (Person)* развра́тный, развращённый; *2. (Sache: leicht verderbend)* скоропо́ртящийся; *Obst ist leicht ~.* О́вощи по́ртятся бы́стро. *3. (schädlich)* па́губный, ги́бельный, губи́тельный
verdeutlichen *v* поясня́ть, разъясня́ть, пока́зывать (на приме́ре)
verdichten *v 1. TECH* уплотня́ть, сжима́ть; *2. (fig: sich häufen)* учаща́ться, уси́ливаться, расти́ *(fig)*
verdienen *v 1. (Geld)* зараба́тывать; *2. (Lob)* заслу́живать; *es nicht anders ~* не заслу́живать лу́чшего
Verdienst *m 1. (Lohn)* за́работок *m; 2. (besondere Leistung)* заслу́га *f*
verdoppeln *v* удва́ивать, увели́чивать вдво́е
Verdoppelung *f* удва́ивание *n,* удвое́ние *n*
verdorben *adj 1. (ungenießbar)* испо́рченный, испо́ртившийся; *2. (fig)* развра́тный, развращённый
verdrängen *v* вытесня́ть, оттесня́ть
Verdrängung *f* вытесне́ние *n*
verdrehen *v 1. (verrenken)* свора́чивать, вы́вихнуть *pf*; *2. (fig: entstellen)* искажа́ть, извраща́ть; *3. (Augen ~)* зака́тывать глаза́
verdreifachen *v* утра́ивать, увели́чивать втро́е
verdrießlich *adj* брюзгли́вый, угрю́мый, недово́льный, раздоса́дованный
Verdrossenheit *f* дурно́е настрое́ние *n*
Verdruss *m* доса́да *f,* огорче́ние *n*
verdunkeln *v 1. (abdunkeln)* затемня́ть; *2. (fig: verschleiern)* скрыва́ть
Verdunkelung *f 1. (Abdunkeln)* затемне́ние *n; 2. (fig: Verschleierung) JUR* сокры́тие *n*
verdünnen *v 1.* разбавля́ть, разводи́ть; *2. (Luft ~)* разрежа́ть
verdunsten *v* испаря́ться, улету́чиваться
verdursten *v* умира́ть от жа́жды

verdutzt *adj* озада́ченный, ошара́шенный *(fig)*
veredeln *v* облагора́живать
verehren *v 1.* уважа́ть, почита́ть *impf; 2. (umwerben)* уха́живать
Verehrer *m 1.* почита́тель *m,* покло́нник *m; 2. (Liebhaber)* покло́нник *m,* ухажёр *m (fam)*
Verehrung *f* уваже́ние *n,* почита́ние *n*
vereidigen *v jdn ~* приводи́ть кого́-л к прися́ге
Vereidigung *f* приведе́ние *n* к прися́ге, принесе́ние *n* прися́ги
Verein *m* о́бщество *n,* объедине́ние *n*
vereinbaren *v (verabreden)* догова́риваться, усло́вливаться (*auch:* усла́вливаться)
Vereinbarkeit *f* совмести́мость *f*
Vereinbarung *f* договорённость *f,* угово́р *m (fam)*
vereinbarungsgemäß *adv* по (согла́сно) договорённости
vereinen *v 1.* объединя́ть; *2. sich ~* объединя́ться
vereinfachen *v* упроща́ть
vereinheitlichen *v* унифици́ровать *impf/pf*
vereinigen *v* соединя́ть, объединя́ть
Vereinigte Staaten *pl GEO* Соединённые Шта́ты *m/pl* (Аме́рики)
Vereinigung *f 1.* соедине́ние *n,* объедине́ние *n; 2. POL* объедине́ние *n,* сою́з *m*
vereinnahmen *v* собира́ть; *jdn für sich ~ (fig)* по́лностью завладе́ть *pf* чьим-л внима́нием
vereinsamen *v* станови́ться одино́ким
Vereinte Nationen *pl* Организа́ция *f* Объединённых На́ций (ООН)
vereinzelt *adj 1.* едини́чный, отде́льный; *adv 2. (in Einzelfällen)* в отде́льных (едини́чных) слу́чаях; *3. (an einzelnen Stellen)* места́ми; *4. (von Zeit zu Zeit)* времена́ми, поро́й
vereiteln *v* срыва́ть, расстра́ивать
vereitert *adj MED* загнои́вшийся, гноя́щийся
verenden *v* издыха́ть, подыха́ть
verengen *v* су́живать
Verengung *f* суже́ние *n*
vererben *v 1. (Güter)* оставля́ть в насле́дство, передава́ть по насле́дству; *2. BIO* передава́ться по насле́дству
vererblich *adj 1. (Güter)* получа́емый по насле́дству; *2. BIO* передаю́щийся по насле́дству
Vererbung *f 1. (von Gütern)* перехо́д *m* по насле́дству; *2. BIO* переда́ча *f* по насле́дству
verewigen *v* увекове́чивать, обессме́ртить *pf*
verfahren *v irr 1. (vorgehen)* поступа́ть, де́йствовать; *2. sich ~* сбива́ться с пути́
Verfahren *n 1. (Vorgehen)* о́браз *m* де́йствий; *2. (Methode)* ме́тод *m,* спо́соб *m; 3. JUR* проце́сс *m,* судопроизво́дство *n*
Verfahrensweise *f* о́браз *m* де́йствий, поря́док *m*
Verfall *m 1. (eines Gebäudes)* постепе́нное разруше́ние *n* (зда́ния); *2. (Fristablauf)* истече́ние *n* сро́ка; *3. (Untergang)* паде́ние *n,* ги́бель *f*
verfallen *v irr 1. (Gebäude)* постепе́нно разруша́ться, приходи́ть в упа́док; *2. (ungültig werden)* истека́ть, теря́ть си́лу; *3. (hörig werden)* быть во вла́сти чего́-л, станови́ться одержи́мым
Verfallsdatum *n* да́та *f* (наступле́ния) сро́ка, срок *m*
verfälschen *v* подде́лывать, фальсифици́ровать *impf/pf*
Verfälschung *f* подде́лка *f,* фальсифика́ция *f*
verfänglich *adj 1. (Frage)* ка́верзный; *2. (Lage)* щекотли́вый, риско́ванный
verfassen *v* составля́ть, сочиня́ть
Verfasser(in) *m/f* а́втор *m/f*
Verfassung *f 1. (Stimmung)* настрое́ние *n,* расположе́ние *n* ду́ха; *Ich bin nicht in der ~, um auf diese Party zu gehen.* У меня́ нет настрое́ния идти́ на э́ту вечери́нку. *2. (Zustand)* состоя́ние *n; 3. (Grundgesetz) POL* конститу́ция *f*
Verfassungsgericht *n* Конституцио́нный суд *m*
Verfassungsschutz *m* Ве́домство *n* по охра́не конститу́ции
verfassungswidrig *adj* противоре́чащий конститу́ции, антиконституцио́нный
verfaulen *v* гнить, сгнива́ть
verfechten *v irr* отста́ивать что-л, боро́ться *impf* за что-л
Verfechter(in) *m/f* защи́тник *m,* защи́тница *f,* побо́рник *m,* побо́рница *f*
verfehlen *v 1. (nicht treffen)* не попада́ть, прома́хиваться; *2. (nicht erreichen)* не достига́ть
Verfehlung *f* просту́пок *m,* про́мах *m*

verfeindet *adj 1. (zerstritten)* поссо́рившийся; *2. (befehdet)* вражду́ющий
verfeinern *v* улучша́ть, утонча́ть, соверше́нствовать
Verfeinerung *f* улучше́ние *n,* соверше́нствование *n*
Verflechtung *f* сплете́ние *n,* переплете́ние *n*
verfliegen *v irr 1. (Zeit)* лете́ть, пролета́ть, проходи́ть; *2. (Duft)* улету́чиваться
Verflossene(r) *m/f* бы́вший (пре́жний) любо́вник *m,* …шая (…няя) любо́вница *f,* ста́рая любо́вь *f*
verfluchen *v* проклина́ть; *Ich verfluche den Tag, an dem ich dich kennen gelernt habe.* Я проклина́ю день знако́мства с тобо́й.
verfolgen *v* пресле́довать *impf; Dieser Mann verfolgt mich seit einer Stunde.* Э́тот мужчи́на пресле́дует меня́ уже́ це́лый час.
Verfolgte(r) *m/f* пресле́дуемый *m,* …мая *f,* гони́мый *m,*…мая *f*
Verfolgung *f* пресле́дование *n,* гоне́ния *n/pl*
verformen *v* деформи́ровать *impf/pf*
Verformung *f* деформа́ция *f*
verfrachten *v* грузи́ть, отправля́ть
verfrüht *adj* преждевре́менный
verfügbar *adj* име́ющийся в распоряже́нии, нали́чный
Verfügbarkeit *f* возмо́жность *f* располага́ть, нали́чие *n*
verfügen *v 1. (anordnen)* постановля́ть, предпи́сывать; *2. (über)* распоряжа́ться, располага́ть *impf; Über wie viel Zeit verfüge ich?* Ско́лько у меня́ вре́мени?
Verfügung *f 1.* JUR распоряже́ние *n,* постановле́ние *n,* реше́ние *n* (суда́); *2. sich zur ~ stellen* предоставля́ть себя́ в распоряже́ние; *etw zur ~ haben* име́ть что-л в (своём) распоряже́нии
verführen *v 1.* соблазня́ть, обольща́ть, искуша́ть; *2. (sexuell)* совраща́ть
verführerisch *adj* созблазни́тельный, обольсти́тельный
Verführung *f 1.* собла́зн *m,* обольще́ние *n,* искуше́ние *n; 2. (sexuell)* совраще́ние *n*
Vergabe *f 1.* разда́ча *f; 2. (Auftrag)* переда́ча *f; 3. (Preis)* присужде́ние *n*
vergammeln *v 1.* приходи́ть в упа́док; *2. (Person)* опуска́ться
vergangen *adj* про́шлый, проше́дший; *~es Jahr* в про́шлом (проше́дшем) году́
Vergangenheit *f 1.* про́шлое *n,* было́е *n; hin ist hin* что бы́ло, то бы́ло; *2.* GRAMM проше́дшее вре́мя *n*
vergänglich *adj* преходя́щий, бре́нный
Vergänglichkeit *f* бре́нность *f*
Vergaser *m (beim Auto)* карбюра́тор *m*
vergeben *v irr 1. (verzeihen)* проща́ть; *2. (Auftrag)* дава́ть, размеща́ть (зака́з)
vergeblich *adj* напра́сный, тще́тный; *etw ~ tun* де́лать что-л напра́сно
Vergebung *f (Verzeihung)* проще́ние *n*
vergegenwärtigen *v sich ~* представля́ть себе́ кого́-л/что-л, удостоверя́ться в чём-л
vergehen *v irr 1. (Zeit)* проходи́ть, протека́ть; *2. (Schmerz)* утиха́ть, проходи́ть *3. sich ~ an jdm* наси́ловать кого́-л, соверша́ть наси́лие над кем-л
Vergehen *n* JUR просту́пок *m*
vergelten *v irr* отпла́чивать, воздава́ть; *(fig) Gott möge es Ihnen ~!* Да возда́ст Вам бог! *Gleiches mit Gleichem ~* плати́ть той же моне́той
Vergeltung *f* распла́та *f,* возме́здие *n*
vergessen *v irr* забыва́ть; *Das vergesse ich dir nie!* Э́того я тебе́ никогда́ не забу́ду!
Vergessenheit *f* забве́ние *n; in ~ geraten* уходи́ть в забве́ние *(fig)*
vergesslich *adj* забы́вчивый; *Du bist ~, wenn es dir passt.* Ты забы́вчив, когда́ тебе́ удо́бно.
Vergesslichkeit *f* забы́вчивость *f*
vergeuden *v* тра́тить по́пусту, прома́тывать *(fam)*
vergewaltigen *v* наси́ловать, соверша́ть наси́лие
Vergewaltigung *f* изнаси́лование *n*
vergewissern *v sich ~* удостоверя́ться, убежда́ться
vergießen *v irr 1.* пролива́ть; *2. (gießen)* TECH отлива́ть
vergiften *v* отравля́ть
Vergiftung *f* MED отравле́ние *n*
vergittern *v* обноси́ть решёткой
verglasen *v* остекля́ть, застекля́ть
Vergleich *m 1.* сравне́ние *n,* сопоставле́ние *n; 2.* JUR мирова́я сде́лка *f,* компроми́сс *m*
vergleichbar *adj* сравни́мый, сопостави́мый
vergleichen *v irr* сра́внивать, сопоставля́ть
Vergleichsjahr *n* год *m* сравне́ния
vergleichsweise *adv* в ка́честве сравне́ния, сравни́тельно
verglühen *v* догора́ть, потуха́ть, га́снуть

Vergnügen *n* удово́льствие *n,* заба́ва *f; jdn um sein ~ bringen* не дава́ть кому́-л повесели́ться; *Viel ~!* Жела́ю хорошо́ повесели́ться. *ein teueres ~* дорого́е удово́льствие
vergnügen *v sich ~* весели́ться, развлека́ться
vergnügt *adj* весёлый, ра́достный
Vergnügungspark *m* парк *m* аттракцио́нов, ме́сто *n* наро́дных гуля́ний
Vergnügungssucht *f* жа́жда *f* развлече́ний
vergolden *v* золоти́ть, покрыва́ть позоло́той
vergöttern *v* обоготворя́ть, обожа́ть *impf*
vergraben *v irr* зака́пывать, зарыва́ть
vergriffen *adj* распро́данный
vergrößern *v* увели́чивать
Vergrößerung *f* увеличе́ние *n*
Vergrößerungsglas *n* увеличи́тельное стекло́ *n,* лу́па *f*
Vergünstigung *f* льго́та *f*
vergüten *v 1. (entgelten)* опла́чивать, вознагражда́ть; *2. (entschädigen)* возмеща́ть
Vergütung *f 1. (Entgelt)* опла́та *f,* вознагражде́ние *n; 2. (Entschädigung)* возмеще́ние *n*
verhaften *v* аресто́вывать, брать под аре́ст (стра́жу)
Verhaftung *f* аре́ст *m*
verhalten *v 1. sich ~* вести́ (держа́ть *impf*) себя́; *adj 2.* сде́ржанный
Verhalten *n* поведе́ние *n*
Verhaltensforschung *f* этоло́гия *f (изуче́ние поведе́ния живо́тных)*
Verhaltensmuster *n PSYCH* поведе́нческая моде́ль *f*
Verhältnis *n 1. (Proportion)* соотноше́ние *n,* пропо́рция *f; 2. (Beziehung)* отноше́ния *n/pl,* связь *f; 3. (Umstand)* обстано́вка *f,* положе́ние *n,* обстоя́тельства *n/pl; über seine ~se leben* жить не по сре́дствам
verhältnismäßig *adv* относи́тельно, сравни́тельно
Verhältniswahlrecht *n POL* пропорциона́льное избира́тельное пра́во *n*
verhandeln *v* вести́ перегово́ры
Verhandlung *f 1.* перегово́ры *pl; 2. JUR* суде́бное заседа́ние *n* (слу́шание *n*)
Verhandlungspartner *pl* партнёры *m/pl* по перегово́рам
verhängen *v 1. (verhüllen)* заве́шивать; *2. (fig: Strafe) JUR* назнача́ть, пригова́ривать
Verhängnis *n* зла́я у́часть *f,* фата́льность *f*
verhängnisvoll *adj* фата́льный, рокаво́й
verharmlosen *v* преуменьша́ть, умаля́ть
Verharmlosung *f* преуменьше́ние *n,* умале́ние *n*
verharren *v* остава́ться, пребыва́ть
verhaspeln *v (fam) sich ~* запу́тываться
verhasst *adj* ненави́стный, презре́нный
verhätscheln *v* ба́ловать, изне́живать
verheerend *adj* разруши́тельный, па́губный, опустоши́тельный
Verheerung *f* разруше́ние *n,* опустоше́ние *n*
verhehlen *v* скрыва́ть, ута́ивать
verheilen *v* зажива́ть
verheimlichen *v* скрыва́ть, ута́ивать
Verheimlichung *f* сокры́тие *n,* ута́йка *f*
verheiratet *adj 1. (Mann)* жена́тый; *2. (Frau)* заму́жняя
verheißen *v irr* сули́ть *impf,* предвеща́ть *impf,* обеща́ть
Verheißung *f* предвеща́ние *n*
verheißungsvoll *adj* многообеща́ющий
verherrlichen *v* прославля́ть
Verherrlichung *f* прославле́ние *n*
verhexen *v* заколдо́вывать; *Das ist ja wie verhext.* Э́то кака́я-то чертовщи́на!
verhindern *v 1. (hindern)* препя́тствовать, меша́ть; *2. (vermeiden)* предотвраща́ть, предупрежда́ть
verhindert *adj* лишённый возмо́жности
Verhinderung *f 1. (Hindernis)* препя́тствие *n; 2. (Vermeidung)* предотвраще́ние *n,* предупрежде́ние *n*
verhöhnen *v* издева́ться, глуми́ться, насмеха́ться *impf*
Verhör *n JUR* допро́с *m; jdn ins ~ nehmen* подверга́ть кого́-л допро́су
verhören *v 1. sich ~* ослы́шаться *pf; 2. JUR* допра́шивать кого́-л
verhüllen *v 1.* заку́тывать, обвола́кивать, покрыва́ть; *2. (fig)* вуали́ровать
verhungern *v* умира́ть от го́лода
verhüten *v* предотвраща́ть, предупрежда́ть
Verhütung *f* предотвраще́ние *n,* предупрежде́ние *n*
Verhütungsmittel *n MED* противозача́точное (контрацепти́вное) сре́дство *n*
verirren *v sich ~* заблужда́ться
Verirrung *f* заблужде́ние *n*
verjagen *v* прогоня́ть, изгоня́ть

Verjährung *f JUR* да́вность *f*
verkabeln *v* прокла́дывать ка́бель (провода́), соединя́ть ка́белем (провода́ми)
Verkabelung *f TEL* соедине́ние *n* ка́белем (провода́ми)
verkalken *v MED, TECH* обызвествля́ться
Verkalkung *f 1. MED* склеро́з *m,* обызвествле́ние *n; 2. TECH* обызвествле́ние *n*
Verkauf *m* прода́жа *f,* реализа́ция *f*
verkaufen *v* продава́ть, реализова́ть *impf/pf* (*auch:* реализо́вывать)
Verkäufer(in) *m/f* продаве́ц *m,* продавщи́ца *f*
verkäuflich *adj* продаю́щийся
Verkaufsberater *m ECO* продаве́ц-консульта́нт *m*
Verkaufsleiter(in) *m/f* нача́льник *m/f* отде́ла сбы́та
Verkaufspreis *m* прода́жная (отпускна́я) цена́ *f*
Verkehr *m 1. (Straßenverkehr)* доро́жное (у́личное) движе́ние *n; 2. (Verkehrsverbindung)* сообще́ние *n; 3. (Umgang)* обще́ние *n; 4. (Umlauf)* обраще́ние *n; jdn aus dem ~ ziehen (fam)* убира́ть кого́-л *(fam); 5. (Geschlechtsverkehr)* полово́е сноше́ние *n*
Verkehrsader *f (fig)* тра́нспортная арте́рия *f (fig)*
Verkehrsampel *f* сфетофо́р *m*
Verkehrsbüro *n* спра́вочное бюро́ *n* по обслу́живанию тури́стов
Verkehrschaos *n* хао́с *m* в тра́нспортном движе́нии
Verkehrsdelikt *n* наруше́ние *n* пра́вил доро́жного движе́ния
Verkehrsflugzeug *n* пассажи́рский самолёт *m*
Verkehrsinsel *f* острово́к *m* безопа́сности
Verkehrsleitsystem *n* систе́ма *f* управле́ния (доро́жным) тра́нспортом
Verkehrsministerium *n 1. (in Deutschland) POL* Министе́рство *n* тра́нспорта; *2. (in Russland) POL* Министе́рство *n* путе́й сообще́ния
Verkehrsmittel *pl* тра́нспортные сре́дства *n/pl*
Verkehrspolizei *f* доро́жная поли́ция *f*
Verkehrspolizist *m* (полице́йский-)регулиро́вщик *m*
Verkehrsregel *f* пра́вило *n* доро́жного движе́ния
Verkehrsteilnehmer(in) *m/f* уча́стник *m* (уча́стница *f*) доро́жного движе́ния
Verkehrsunfall *m* доро́жно-тра́нспортное происше́ствие *n* (ДТП), ава́рия *f*
Verkehrszeichen *n* доро́жный знак *m*
verkehrt *adj 1. ~ herum* обра́тный, перевёрнутый; *2. (falsch)* непра́вильный, превра́тный
verkennen *v irr* не осознава́ть, недооце́нивать
verklagen *v JUR* подава́ть жа́лобу (в суд) на кого́-л
verklappen *v* сбра́сывать отхо́ды в мо́ре
verkleben *v 1. (zukleben)* закле́ивать; *2. (haften)* скле́иваться, ли́пнуть
verkleiden *v 1. (maskieren)* маскирова́ть, переодева́ть; *2. (überziehen)* покрыва́ть, наноси́ть покры́тие
Verkleidung *f 1. (Maskierung)* маскиро́вка *f; 2. (Überzug) TECH* покры́тие *n*
verkleinern *v* уменьша́ть, умаля́ть
Verkleinerung *f* уменьше́ние *n,* умале́ние *n*
verklemmt *adj 1.* зажа́тый, защемлённый; *2. (fig)* ско́ванный, закомплексо́ванный
verknacksen *v (Gelenk)* вы́вихнуть *pf (von:* выви́хивать *impf)* себе́ что-л
verknallen *v (fam) sich ~* влюбля́ться, втю́риваться *(fam)*
Verknappung *f* коли́чественное уменьше́ние *n,* дефици́тность *f*
verkneifen *v irr sich etw ~* возде́рживаться (отка́зываться) от чего́-л
verknittern *v* мять, ко́мкать
verknoten *v* завя́зывать узло́м, свя́зывать
verknüpfen *v 1. (verknoten)* завя́зывать узло́м, свя́зывать; *2. (fig)* соединя́ть, объединя́ть, свя́зывать
Verknüpfung *f (fig)* связь *f,* объедине́ние *n,* соедине́ние *n*
verkohlen *v 1.* обу́гливаться; *2. (fig)* дура́чить, обма́нывать, води́ть за нос
verkommen *v irr 1.* приходи́ть в упа́док (в запусте́ние); *2. (Person)* опуска́ться, деградй́ровать *impf/pf*
Verkommenheit *f 1.* запу́щенность *f; 2. (Person)* мора́льное разложе́ние *n,* деграда́ция *f*
verkorksen *v (fam)* испо́ртить *pf* (*von:* по́ртить *impf*)
verkörpern *v* олицетворя́ть, воплоща́ть, представля́ть собо́й
Verkörperung *f* олицетворе́ние *n,* воплоще́ние *n*
verkraften *v* выде́рживать, оси́ливать

verkrampfen *v 1. sich ~* су́дорожно сжи́маться; *2. (fig) sich ~* станови́ться ско́ванным
verkriechen *v irr sich ~* пря́таться, забива́ться (в у́гол)
verkrüppelt *adj MED* искале́ченный, изуве́ченный
Verkrüppelung *f MED* искале́чивание *n,* уве́чья *n/pl*
verkümmern *v* ча́хнуть, хире́ть
verkünden *v* провозглаша́ть, возвеща́ть, объявля́ть
Verkündigung *f 1.* провозглаше́ние *n,* возвеще́ние *n,* объявле́ние *n; 2. REL* Благове́щение *n*
verkuppeln *v (fig)* своди́ть, сва́тать
verkürzen *v* сокраща́ть, укора́чивать
Verkürzung *f* укора́чивание *n,* сокраще́ние *n*
verladen *v irr* грузи́ть, отгружа́ть
Verladeplatz *m* ме́сто *n* отгру́зки
Verladung *f* отгру́зка *f*
Verlag *m* изда́тельство *n*
verlagern *v* перемеща́ть
Verlagswesen *n* изда́тельское де́ло *n*
verlangen *v* тре́бовать, (насто́йчиво) проси́ть
Verlangen *n* (си́льное) жела́ние *n,* тре́бование *n*
verlängern *v 1.* удлиня́ть; *2. (zeitlich)* продлева́ть; *3. (verdünnen)* разбавля́ть
Verlängerung *f 1.* удлине́ние *n; 2. (zeitlich)* продле́ние *n*
Verlängerungskabel *n* удлини́тель *m*
verlangsamen *v* замедля́ть
Verlangsamung *f* замедле́ние *n*
Verlass *m Auf ihn ist kein ~.* На него́ нельзя́ положи́ться.
verlassen *v irr 1.* покида́ть, уходи́ть, броса́ть *(fig); adj 2.* поки́нутый, бро́шенный *(fig)*
verlässlich *adj 1.* надёжный; *2. (Quelle)* достове́рный
Verlässlichkeit *f 1.* надёжность *f; 2. (Quelle)* достове́рность *f*
Verlauf *m 1. (Ablauf)* тече́ние *n,* протека́ние *n,* ход *m; im ~* в тече́ние; *2. (Entwicklung)* разви́тие *n; einen guten ~ nehmen* принима́ть благоприя́тный (положи́тельный) оборо́т
verlaufen *v irr 1. (ablaufen)* проходи́ть, про(ис)тека́ть *impf; 2. (sich entwickeln)* развива́ться; *3. sich ~* заблуди́ться *pf (von:* заблужда́ться *impf)*
Verlautbarung *f* сообще́ние *n,* объявле́ние *n,* деклара́ция *f*
verlauten *v* сообща́ться, быть сообщённым
verleben *v* проводи́ть, пережива́ть (како́е-л вре́мя)
verlebt *adj (fig)* одряхле́вший, отжи́вший
verlegen *v 1. (Wohnsitz)* переезжа́ть, переселя́ться; *2. (Buch)* издава́ть; *3. (Termin)* откла́дывать, переноси́ть; *4. (verlieren)* засо́вывать; *5. (Kabel) TECH* прокла́дывать; *adj 6.* смущённый; *um etw nie ~ sein* никогда́ не затрудня́ться с чем-л
Verlegenheit *f 1. (Befangenheit)* смуще́ние *n,* смущённость *f; 2. (unangenehme Lage)* затрудни́тельное положе́ние *n*
Verleger(in) *m/f* изда́тель *m/f*
Verlegung *f 1. (des Wohnsitzes)* перее́зд *m; 2. (eines Buches)* изда́ние *n; 3. (eines Termins)* перенесе́ние *n; 4. (von Kabeln) TECH* прокла́дка *f* (ка́белей)
Verleih *m 1.* прока́т *m; 2. (Einrichtung)* бюро́ *n* (пункт *m,* ателье́ *n*) прока́та
verleihen *v irr 1. (borgen)* дава́ть (отдава́ть) напрока́т; *2. (vermieten)* сдава́ть в аре́нду; *3. (Preis)* присужда́ть, присва́ивать, удоста́ивать
Verleihung *f (Preisverleihung)* присужде́ние *n,* присвое́ние *n; die Oscar ~* присужде́ние пре́мии «О́скар»
verleiten *v* подстрека́ть, соблазня́ть, подбива́ть *(fam)*
verlernen *v* разу́чиваться, забыва́ть
verletzbar *adj* рани́мый, уязви́мый
Verletzbarkeit *f* рани́мость *f,* уязви́мость *f*
verletzen *v 1. (verwunden)* ра́нить *impf/pf,* травми́ровать *impf/pf; 2. (fig: kränken)* обижа́ть, оскорбля́ть, задева́ть *(fam); 3. (fig: übertreten)* наруша́ть
Verletzung *f 1. (Wunde)* ра́на *f,* тра́вма *f; 2. (fig: Kränkung)* оскорбле́ние *n; 3. (fig: Übertretung)* наруше́ние *n*
verleugnen *v 1.* отка́зываться (отрека́ться) от кого́-л/чего́-л, отрица́ть что-л; *2. (Abwesenheit vortäuschen) sich ~ lassen* кто-л притворя́ется, бу́дто его́ нет
verleumden *v* клевета́ть
Verleumdung *f* клевета́ *f*
verlieben *v sich ~* влюбля́ться
verliebt *adj* влюблённый
Verliebte(r) *m/f* влюблённый *m,* …ная *f*
verlieren *v irr 1.* теря́ть, утра́чивать, лиша́ться; *Wir haben unsere Dokumente verloren.* Мы потеря́ли свои́ докуме́нты.

die Orientierung ~ терять ориентацию; *nichts zu ~ haben* кому-л нечего терять; *2. (Krieg ~)* проигрывать (войну)
Verlierer(in) *m/f* проигравший *m,* …шая *f*
verloben *v sich ~* помолвиться *pf,* обручаться
Verlobte(r) *m/f* помолвленный *m,* …ная *f,* жених *m,* невеста *f*
Verlobung *f* помолвка *f*
verlocken *v* соблазнять, заманивать
verlockend *adj* соблазнительный, заманчивый
Verlockung *f* соблазн *m,* заманчивость *f*
Verlogenheit *f* лживость *f*
verlosen *v* разыгрывать (в лотерее), определять жребием
Verlosung *f* розыгрыш *m* (в лотерее), жеребьёвка *f*
Verlust *m* потеря *f,* утрата *f,* проигрыш *m*
vermachen *v* завещать *impf/pf*
Vermächtnis *n* завещание *n*
Vermählung *f* бракосочетание *n*
vermarkten *v* сбывать, продавать, реализовать *impf/pf* (*auch:* реализовывать *impf*)
vermehren *v 1.* умножать, увеличивать; *2. (fortpflanzen)* размножать
Vermehrung *f 1.* умножение *n,* увеличение *n; 2. (Fortpflanzung)* размножение *n*
vermeidbar *adj* предотвратимый
vermeiden *v irr* предотвращать, предупреждать
Vermeidung *f* предотвращение *n,* предупреждение *n*
vermeintlich *adj* предполагаемый, мнимый
vermengen *v* мешать, смешивать
Vermerk *m* отметка *f,* заметка *f,* запись *f*
vermerken *v* отмечать, делать заметки, записывать
vermessen *v irr 1.* измерять, обмерять; *adj 2.* дерзкий, заносчивый
Vermessenheit *f* дерзость *f,* заносчивость *f*
Vermessung *f* измерение *n,* обмер *m*
vermieten *v* сдавать внаём
Vermieter(in) *m/f* сдающий *m* (…щая *f*) внаём, хозяин *m,* хозяйка *f,* наймодатель(ница) *m/f*
Vermietung *f* сдача *f* внаём
vermindern *v* снижать, уменьшать, сокращать
Verminderung *f* снижение *n,* уменьшение *n,* сокращение *n*
vermischen *v 1.* мешать, смешивать; *2. (verwechseln)* путать
vermissen *v* замечать отсутствие кого-л/чего-л, кому-л чего-л недостаёт (не хватает), скучать по ком-л/чём-л
vermitteln *v 1.* посредничать *impf; 2. (übermitteln)* передавать; *3. (verhelfen)* способствовать, содействовать
Vermittler(in) *m/f* посредник *m/f*
Vermittlung *f 1. (Vermitteln)* посредничество *n; 2. (Telefonvermittlung)* коммутация *f,* установление *n* телефонной связи; *3. (Stellenvermittlung)* посредническое кадровое агентство *n*
Vermittlungsstelle *f TEL* (автоматическая) телефонная станция *f* (АТС)
vermodern *v* тлеть, трухляветь, гнить
vermögen *v* быть в состоянии, быть способным
Vermögen *n 1. (Können)* умение *n,* способности *f/pl; 2. (Besitz)* состояние *n,* имущество *n*
vermögend *adj* состоятельный, зажиточный
Vermögensbildung *f* образование *n* имущества (собственности)
Vermögenssteuer *f* налог *m* на имущество, имущественный налог *m*
Vermögensverhältnisse *n/pl* имущественное (материальное) положение *n*
vermuten *v* предполагать, подозревать *impf,* догадываться
vermutlich *adj 1.* предположительный, предполагаемый; *adv 2.* предположительно, вероятно, наверно
Vermutung *f* предположение *n,* догадка *f*
vernachlässigen *v 1. (nicht beachten)* пренебрегать кем-л/чем-л; *2. (ohne Pflege lassen)* запускать что-л
Vernachlässigung *f* пренебрежение *n*
vernageln *v 1.* заколачивать гвоздями; *2. wie vernagelt sein (fig)* ничего не соображать
vernarben *v MED* зарубцовываться, заживать
vernehmbar *adj* слышный, слышимый, внятный
vernehmen *v irr 1. (hören)* слышать; *2. (verhören) JUR* допрашивать
Vernehmen *n dem ~ nach* как стало известно, по слухам, как говорят
Vernehmung *f JUR* допрос *m*
vernehmungsfähig *adj JUR* (по состоянию здоровья) годный для допроса

Vernehmungsprotokoll *n* JUR протокóл *m* допрóса
verneigen *v sich ~* клáняться
Verneigung *f* поклóн *m*
verneinen *v 1. (Nein sagen)* отвечáть на что-л отрицáтельно; *2. (ablehnen)* отрицáть *impf*
Verneinung *f 1. (Neinsagen)* отрицáтельный отвéт *m; 2. (Ablehnung)* отрицáние *n*
vernetzen *v* INFORM объединя́ть в еди́ную сеть
vernichten *v* уничтожáть, истребля́ть
vernichtend *adj 1.(Kritik)* уничтожáющий; *2. (Niederlage)* сокруши́тельный
Vernichtung *f* уничтожéние *n,* истреблéние *n*
verniedlichen *v* преуменьшáть, скрáшивать *(fig)*
Vernunft *f* рассýдок *m,* рáзум *m,* благоразýмие *n; zur ~ kommen* образýмиться, одýмываться
vernünftig *adj* разýмный, благоразýмный
vernünftigerweise *adv* разýмно, благоразýмно
veröden *v 1. (Landschaft)* пустéть; *2. (Venen)* MED запустевáть, облитери́роваться *impf/pf*
veröffentlichen *v* публиковáть, опубликóвывать
Veröffentlichung *f* публикáция *f*
verordnen *v 1. (bestimmen)* постановля́ть, распоряжáться; *2. (Arznei ~)* MED прописывать; *3. (Diät ~)* MED предпи́сывать
Verordnung *f 1. (Bestimmung)* постановлéние *n,* распоряжéние *n; 2.* MED предписáние *n*
verpachten *v* сдавáть в арéнду
Verpächter(in) *m/f* арендодáтель(ница) *m/f*
verpacken *v* паковáть, упакóвывать
Verpackung *f* упакóвка *f*
verpassen *v 1.(versäumen)* опáздывать, не успевáть, упускáть; *Ich habe den Zug verpasst.* Я опоздáл на пóезд. *2.(fam: geben)* давáть пó уху; *(fam) jdm eine ~* врéзать *pf,* трéснуть *pf,* заéхать *pf* пó уху
verpfänden *v* заклáдывать (имýщество), сдавáть что-л в залóг
verpflanzen *v 1.* AGR пересáживать; *2.* MED пересáживать, трансплантировать *impf/pf*
verpflegen *v 1.* корми́ть, обеспéчивать питáнием; *2. (die Bevölkerung ~)* снабжáть продовóльствием
Verpflegung *f 1.*питáние *n; 2.(Bevölkerung)* снабжéние *n* продовóльствием
verpflichten *v* обя́зывать
verpflichtend *adj* обязáтельный, обя́зывающий
Verpflichtung *f 1.* обязáтельство *n; 2. (Pflicht)* обя́занность *f*
verpfuschen *v (fam)* пóртить
verplappern *v (fam) sich ~* пробáлтываться
verplempern *v (fam)* трáтить впустýю, транжи́рить *(fam)*
verpönt *adj* предосуди́тельный, отвергáемый
verprügeln *v* избивáть, колоти́ть
Verputz *m* штукатýрка *f*
verputzen *v 1. (Mauer)* штукатýрить; *2. (fam: essen)* уплетáть *(fam),* упи́сывать *(fam)*
Verrat *m* предáтельство *n,* измéна *f*
verraten *v irr* предавáть, изменя́ть; *jdn ~* предавáть когó-л; *~ und verkauft sein* быть забы́тым и забрóшенным, быть брóшенным в бедé
Verräter(in) *m/f* предáтель(ница) *m/f,* измéнник *m,* измéнница *f; ein ~ sein* быть предáтелем (измéнником)
verräterisch *adj* предáтельский, измéннический
verrechnen *v 1.* рассчи́тывать, производи́ть расчёт; *2. sich ~* просчи́тываться, обсчи́тываться
Verrechnungsscheck *m* расчётный чек *m*
verreisen *v* уезжáть, быть в отъéзде
verrenken *v* вы́вихнуть *pf (von:* выви́хивать *impf)*
Verrenkung *f* вы́вих *m*
verrichten *v* выполня́ть (обя́занности)
verriegeln *v* запирáть
verringern *v* уменьшáть, снижáть, сокращáть
Verringerung *f* уменьшéние *n,* снижéние *n,* сокращéние *n*
verrosten *v* ржавéть, подвергáться коррóзии
verrucht *adj* гнýсный, проклятый
verrückt *adj 1.* сумасшéдший, ненормáльный; *sich ~ benehmen* вести́ себя́ как ненормáльный; *~ sein* сойти́ с умá; *wie ~* как сумасшéдший; *auf etw ~ sein* быть помéшанным на чём-л; *~ spielen* беси́ться; *adv 2.* безýмно

Verruf *m* дискредита́ция *f; in ~ kommen* приобрета́ть дурну́ю сла́ву (репута́цию); *jdn in ~ bringen* поро́чить (позо́рить) кого́-л
verrufen *adj* по́льзующийся дурно́й сла́вой (репута́цией)
Vers *m* стих *m,* строка́ *f,* строфа́ *f; ~e schmieden* плести́ ри́фмы, кропа́ть стишки́
versagen *v 1. (verweigern)* отка́зывать; *2. (scheitern)* не справля́ться с чем-л, ока́зываться несостоя́тельным, дава́ть про́мах *(fam); 3. (verzichten)* отка́зываться, обходи́ться без чего́-л
Versagen *n 1. (Misserfolg)* неуда́ча *f,* прова́л *m; 2. (Fehler)* оши́бка *f,* отка́з *m,* про́мах *m (fam)*
Versager(in) *m/f (Person)* неуда́чник *m,* неуда́чница *f*
versammeln *v* собира́ть
Versammlung *f* собра́ние *n*
Versand *m* отправле́ние *n,* отпра́вка *f,* отсы́лка *f*
Versandhaus *n* посы́лочная торго́вая фи́рма *f,* предприя́тие *n* посылто́рга
versäumen *v 1. (unterlassen)* упуска́ть, пропуска́ть, теря́ть *(fig); Du hast nichts versäumt.* Ты ничего́ не пропусти́л. *2. (zu spät kommen)* опа́здывать
Versäumnis *n 1. (Unterlassung)* про́пуск *m,* упуще́ние *n; 2. (Verspätung)* опозда́ние *n*
verschaffen *v* достава́ть, добыва́ть, приобрета́ть
verschandeln *v* уро́довать, обезобра́живать
Verschandelung *f* уро́дование *n,* обезобра́живание *n*
verschärfen *v 1. (Lage)* обостря́ть, наканя́ть *(fig); 2. (Gesetze)* ужесточа́ть
Verschärfung *f 1. (Lage)* обостре́ние *n; 2. (Gesetze)* ужесточе́ние *n*
verschätzen *v sich ~* ошиба́ться при оце́нке
verschenken *v* дари́ть, отдава́ть да́ром
verscheuchen *v* спу́гивать, отгоня́ть
verschicken *v* отсыла́ть, отправля́ть
verschieben *v irr 1. (verrücken)* передвига́ть, сдвига́ть; *2. (aufschieben)* переноси́ть, откла́дывать, отсро́чивать
verschieden *adj* ра́зный, разли́чный
Verschiedenheit *f* разли́чие *n,* ра́зница *f*
verschiedentlich *adj 1.* неоднокра́тный, нере́дкий; *adv 2.* не́сколько раз, неоднокра́тно, нере́дко
verschiffen *v 1. (transportieren)* отправля́ть морски́м путём; *2. (laden)* отгружа́ть на су́дно
verschlafen *v irr 1.* просыпа́ть; *Sie hat ~.* Она́ проспала́. *2. (fig: versäumen)* просыпа́ть, пропуска́ть, не замеча́ть; *adj 3.* за́спанный, со́нный
Verschlag *m* чула́н *m,* отгоро́женное ме́сто *n*
Verschlagenheit *f* лукавство́ *n,* хи́трость *f*
verschlampen *v (fam) 1. (verlieren)* засо́вывать что-л куда́-л, теря́ть что-л; *2. (verwahrlosen)* приходи́ть в запусте́ние (упа́док)
verschlechtern *v* ухудша́ть; *Die Lage verschlechtert sich immer mehr.* Ситуа́ция ухудша́ется всё бо́льше и бо́льше.
Verschlechterung *f* ухудше́ние *n*
verschleiern *v (fig)* вуали́ровать, скрыва́ть
Verschleiß *m* изно́с *m*
verschleißen *v* изна́шиваться
verschließen *v irr 1. (abschließen)* закрыва́ть (запира́ть) на ключ (на замо́к); *2. (zumachen)* закрыва́ть, заде́лывать, затыка́ть
Verschleißfestigkeit *f TECH* износосто́йкость *f*
verschlimmern *v 1. etw ~* ухудша́ть; *2. sich ~* ухудша́ться
Verschlimmerung *f* ухудше́ние *n*
verschlossen *adj (fig)* за́мкнутый
verschlucken *v 1. (etw ~)* глота́ть, прогла́тывать; *2. sich ~* захлёбываться, поперхну́ться *pf*
Verschluss *m 1. (Schließvorrichtung)* запо́р *m,* замо́к *m; 2. (Flasche)* кры́шка *f; 3. (Kleidung)* застёжка *f*
verschlüsseln *v* коди́ровать, шифрова́ть
verschmähen *v* пренебрега́ть, отверга́ть
verschmelzen *v (fig)* слива́ться
verschmitzt *adv* лука́во, хи́тро
verschmutzen *v* загрязня́ть
Verschmutzung *f* загрязне́ние *n*
verschollen *adj* пропа́вший (бе́з вести), исче́знувший
verschonen *v 1.* щади́ть, не тро́гать; *2. (nicht behelligen)* избавля́ть
verschönern *v 1.* украша́ть, де́лать краси́вым; *2. (fig)* приукра́шивать
Verschönerung *f 1.* украше́ние *n; 2. (fig)* приукра́шивание *n*
Verschonung *f* поща́да *f*
verschreiben *v irr 1. (verordnen)* прописывать; *2. (Fehler machen) sich ~*

допускáть опи́ску(и), описáться *pf (von:* опи́сываться *impf) 3. (fig: widmen) sich ~* посвящáть себя́ чему́-л
verschrotten *v* пускáть на лом, превращáть в лом
verschüchtert *adj* запу́ганный
verschulden *v 1. (verursachen)* быть вино́вником чегó-л; *2.ECO* sich ~ увязáть в долгáх, влезáть в долги́ *(fam)*
Verschuldung *f ECO* задóлженность *f*
verschütten *v 1. (Flüssigkeit)* проливáть; *2. (Pulver, Sand)* просыпáть
verschwägert *adj* состоя́ть (находи́ться) в свойствé
verschweigen *v irr* умáлчивать, скрывáть
verschwenden *v* трáтить впусту́ю, расточáть, транжи́рить *(fam); Geld ~* просáживать (промáтывать) дéньги *(fam)*
Verschwender(in) *m/f* расточи́тель(ница) *m/f,* мот *m (fam),* мотóвка *f (fam)*
verschwenderisch *adj* расточи́тельный
Verschwendung *f* расточи́тельство *n*
verschwiegen *adj* молчали́вый, скры́тный
Verschwiegenheit *f* молчали́вость *f,* скры́тность *f*
verschwinden *v irr* исчезáть, скрывáться
verschwommen *adj* расплы́вчатый, неопределённый, нея́сный
verschwören *v irr sich ~* составля́ть зáговор
Verschwörer(in) *m/f* заговóрщик *m,* заговóрщица *f*
Verschwörung *f* зáговор *m*
Versehen *n* недоразумéние *n,* недосмóтр *m,* оши́бка *f*
versehentlich *adv* по недоразумéнию, по недосмóтру, нечáянно, по оши́бке
versenden *v 1. (schicken)* отправля́ть, отсылáть; *2. (Güter verladen)* отгружáть
Versendung *f 1. (Auslieferung)* отправлéние *n,* отпрáвка *f,* отсы́лка *f; 2. (Verladung)* отгру́зка *f*
versenken *v 1. (Schiff)* топи́ть (су́дно); *2. (fig: sich ~ in etw)* погружáться во что-л
Versenkung *f 1. (eines Schiffes)* затоплéние *n,* потоплéние *n* (су́дна); *2.(fig: ~ in etw)* погружéние *n; in der ~ verschwinden (fig)* бесслéдно исчезáть
versessen *adj* одержи́мый чем-л, пáдкий до чегó-л, помéшанный на чём-л
versetzen *v 1.(Beamter) ~ nach* переводи́ть на какóе-л другóе рабóчее мéсто; *2. (Schüler)* переводи́ть в слéдующий класс; *3. (verpfänden)* заклáдывать в ломбáрде, отдавáть в залóг; *4. (fig) jdn ~* заставля́ть напрáсно ждать себя́ (в услóвленном мéсте встрéчи)
Versetzung *f 1. (Beamtenversetzung)* перевóд *m* на другóе рабóчее мéсто; *2. (Schülerversetzung)* перевóд *m* в слéдующий класс; *3. (Verpfändung)* сдáча *f* чегó-л в залóг
verseuchen *v* поражáть, заражáть, отравля́ть
Verseuchung *f* поражéние *n,* заражéние *n,* отравлéние *n*
versichern *v 1. (beteuern)* заверя́ть, уверя́ть; *2.(Versicherung schließen)* страховáть
Versicherung *f 1. (Beteuerung)* заверéние *n; 2. (~sabschluss)* страховáние *n*
Versicherungsagent *m* страховóй агéнт *m*
Versicherungsfall *m* страховóй слу́чай *m*
Versicherungsnehmer(in) *m/f* страховáтель (ница) *m/f*
Versicherungspolice *f* страховóй пóлис *m*
Versicherungsschutz *m* страховáя защи́та *f*
versickern *v* впи́тываться, всáсываться, просáчиваться
versiegeln *v 1. (mit Siegellack)* запечáтывать; *2. (fig: behördlich verschließen)* опечáтывать
versiert *adj* óпытный
versinken *v irr 1.* тону́ть, утопáть; *2. (Schiff)* тону́ть, идти́ ко дну; *3. (fig)* погружáться во что-л, предавáться чему́-л; *in Gedanken ~* погружáться в размышлéния
Version *f* вéрсия *f*
versöhnen *v 1. (Gegner)* мири́ть, примиря́ть; *2. (sich ~ mit)* мири́ться (примиря́ться) с кем-л; *3. (besänftigen)* усмиря́ть, унимáть
versöhnlich *adj* примири́тельный, миролюби́вый
Versöhnung *f* примирéние *n,* умиротворéние *n*
versorgen *v 1. (unterhalten)* обеспéчивать, содержáть *impf,* корми́ть; *2. (beschaffen)* обеспéчивать, снабжáть; *3. (pflegen)* ухáживать, присмáтривать
Versorgung *f 1. (Unterhalt)* обеспéчение *n,* содержáние *n; 2. (Beschaffung)* обеспéчение *n,* снабжéние *n; 3. (Pflege)* ухóд *m*
verspäten *v sich ~* опáздывать, запáздывать

Verspätung *f* опозда́ние *n; Hat die Maschine ~?* Самолёт опа́здывает?
versperren *v 1.* закрыва́ть, перекрыва́ть, прегражда́ть; *2. (Aussicht)* загора́живать, заслоня́ть; *3. jdm den Weg ~* загора́живать
verspotten *v* высме́ивать, насмеха́ться, издева́ться *impf*
Verspottung *f* насме́шка *f,* издёвка *f*
versprechen *v 1. (sein Wort geben)* обеща́ть; *2. sich ~* огова́риваться
Versprechen *n* обеща́ние *n*
Versprechung *f* обеща́ние *n*
Verstaatlichung *f POL* национализа́ция *f,* огосударствле́ние *n*
Verstand *m* ум *m,* ра́зум *m,* рассу́док *m; (fig) Das geht über meinen ~!* Э́то вы́ше моего́ понима́ния! *jdm den ~ rauben* своди́ть кого́-л с ума́
verständig *adj* разу́мный, понима́ющий, смышлёный
verständigen *v 1. (benachrichtigen)* извеща́ть, уведомля́ть; *2. (sprachlich) sich ~* объясня́ться; *sich mit Händen und Füßen ~* объясня́ться жéстами
Verständigung *f 1. (Benachrichtigung)* извеще́ние *n,* уведомле́ние *n; 2. (Kommunikation)* обще́ние *n*
verständlich *adj* поня́тный, я́сный
Verständnis *n* понима́ние *n*
verständnislos *adj 1.* непонима́ющий, бестолко́вый; *adv 2.* непонима́юще, не понима́я, недоумева́я
verständnisvoll *adj 1.* понима́ющий; *adv 2.* с понима́нием
verstärken *v 1.* укрепля́ть; *2. (fig)* уси́ливать, увели́чивать
Verstärker *m TECH* усили́тель *m*
Verstärkung *f* усиле́ние *n,* укрепле́ние *n*
verstauchen *v* растяну́ть *pf (von:* растя́гивать *impf)* свя́зки
Verstauchung *f MED* растяже́ние *n,* тра́вма *f* суста́ва с растяже́нием (разры́вом) свя́зок
verstauen *v* укла́дывать, пло́тно размеща́ть
Versteck *n* укры́тие *n,* убе́жище *n,* тайни́к *m; ~ spielen* игра́ть в пря́тки
verstecken *v* пря́тать, упря́тывать; *(fig) sich neben jdm ~ müssen* не годи́ться кому́-л в подмётки; *sich vor jdm nicht zu ~ brauchen* быть не ху́же кого́-л
Versteckspiel *n* игра́ *f* в пря́тки, пря́тки *pl*
verstehen *v irr* понима́ть; *jdm etw zu ~ geben* дава́ть поня́ть кому́-л что-л
versteigern *v* продава́ть с аукцио́на, продава́ть с молотка́ *(fam)*
Versteigerung *f* аукцио́н *m,* торги́ *m/pl*
versteinert *adj 1.* окамене́лый, окамене́вший; *2. (fig)* остолбене́лый
verstellbar *adj* регули́руемый, смеща́емый, подви́жный
verstellen *v 1.* переставля́ть, передвига́ть; *2. (regulieren)* регули́ровать; *3. (fig) sich ~* притворя́ться
versteuern *v 1. (Steuerzahler)* плати́ть нало́ги; *2. (Staat)* взима́ть *impf* нало́ги
verstimmt *adj 1. MUS* расстро́енный; *2. (fig)* расстро́енный; *adv 3. (fig)* не в ду́хе, в плохо́м настрое́нии
verstohlen *adv* укра́дкой, тайко́м, исподтишка́ *(fam)*
verstopft *adj (Abfluss)* засорённый, заби́вшийся *(сток)*
Verstopfung *f 1. (Verkehr)* про́бка *f (fig),* зато́р *m (fig); 2. MED* запо́р *m; 3. (Blutgefäße) MED* закупо́рка *f* вен
Verstorbene(r) *f/m* поко́йник *m,* поко́йница *f,* уме́рший *m,* ...шая *f*
verstört *adj* расте́рянный, смущённый
Verstoß *m* наруше́ние *n*
verstoßen *v 1. (verjagen)* изгоня́ть, отверга́ть, исключа́ть; *2. (zuwiderhandeln)* наруша́ть
verstreuen *v* рассыпа́ть, разбра́сывать
verstümmeln *v* изуве́чивать
Verstümmelung *f* искале́чение *n,* уве́чье *n*
Versuch *m 1.* попы́тка *n; Beim nächsten ~ klappt es bestimmt.* В сле́дующий раз наверняка́ полу́чится. *2. (Experiment)* о́пыт *m,* экспериме́нт *m*
versuchen *v 1.* пыта́ться, про́бовать; *2. (kosten)* про́бовать, отве́дывать
versuchsweise *adv* в ви́де о́пыта, эксперимента́льным путём
Versuchung *f* искуше́ние *n,* собла́зн *m; einer ~ nicht widerstehen können* не усто-я́ть пе́ред собла́зном
Versündigung *f* прегреше́ние *n,* грех *m,* прови́нность *f*
versunken *adj 1.* погружённый, уто-ну́вший; *2. (fig)* заду́мавшийся, погружённый в свои́ мы́сли
vertagen *v* откла́дывать, переноси́ть
vertauschen *v 1. (auswechseln)* сменя́ть; *2. (verwechseln)* перепу́тывать
verteidigen *v 1. (im Krieg)* защища́ть, обороня́ть; *2. (Meinung)* защища́ть, отста́ивать

Verteidiger(in) *m/f* JUR защи́тник *m*, защи́тница *f*, адвока́т *m/f*
Verteidigung *f* защи́та *f*, оборо́на *f*
verteilen *v 1. (austeilen)* раздава́ть; *2. (aufteilen)* распределя́ть
Verteiler *m 1. (beim Auto)* распредели́тель *m; 2. (von Zeitschriften)* разно́счик *m* (газе́т, журна́лов)
Verteilung *f 1. (Austeilen)* разда́ча *f*; *2. (Verteilen)* распределе́ние *n*
Verteuerung *f* удорожа́ние *n*, подорожа́ние *n*
vertiefen *v* углубля́ть
vertikal *adj* вертика́льный
vertilgen *v 1. (vernichten)* истребля́ть, уничтожа́ть; *2. (fig: essen)* поглоща́ть (пи́щу)
Vertrag *m 1.* ECO догово́р *m*, контра́кт *m; 2.* POL догово́р *m*, пакт *m*
vertragen *v irr 1. etw ~* переноси́ть, выноси́ть; *2. sich ~* ла́дить (ужива́ться) с кем-л
vertraglich *adj 1.* догово́рный, контра́ктный; *adv 2.* согла́сно догово́ру (контра́кту)
verträglich *adj 1. (umgänglich)* ужи́вчивый, ми́рный; *2. (bekömmlich)* усва́иваемый
Verträglichkeit *f 1. (Umgänglichkeit)* ужи́вчивость *f; 2. (Bekömmlichkeit)* усва́иваемость *f*
Vertragsabschluss *m* ECO заключе́ние *n* догово́ра
Vertragsbruch *m* JUR наруше́ние *n* догово́ра
Vertragsgegenstand *m* ECO предме́т *m* догово́ра
Vertragspartner *m* ECO догова́ривающаяся сторона́ *f*, контраге́нт *m*
vertrauen *v 1.* доверя́ть, ве́рить; *2. (anvertrauen)* доверя́ться
Vertrauen *n* дове́рие *n; ~ erweckend* внуша́ющий (вызыва́ющий) дове́рие
Vertrauensfrage *f* POL вопро́с *m* о дове́рии
vertrauensvoll *adj* испо́лненный дове́рия, дове́рчивый
vertrauenswürdig *adj* досто́йный дове́рия
vertraulich *adj* конфиденциа́льный
Vertraulichkeit *f* конфиденциа́льность *f*
verträumt *adj 1.* мечта́тельный; *2. (Dorf, Stadt)* со́нный
vertraut *adj 1. (bekannt)* знако́мый; *2. (intim)* инти́мный, бли́зкий
Vertrautheit *f 1. (Kenntnis)* основа́тельное зна́ние *n; 2. (Intimität)* инти́мность *f*, бли́зость *f*
vertreiben *v 1. (verjagen)* прогоня́ть; *2. (Zeit)* корота́ть, проводи́ть (вре́мя); *3. (verkaufen)* ECO сбыва́ть, продава́ть, реализова́ть *impf/pf* (*auch:* реализо́вывать *impf*)
vertretbar *adj* прие́млемый, допусти́мый
vertreten *v 1. (repräsentieren)* представля́ть; *2. (ersetzen)* замеща́ть, заменя́ть; *3. (verantworten)* JUR отвеча́ть
Vertreter(in) *m/f 1. (Stellvertreter(in))* замести́тель(ница) *m/f; 2. (Verfechter(in))* побо́рник *m*, побо́рница *f*, защи́тник *m*, защи́тница *f; 3. (Repräsentant(in))* представи́тель(ница) *m/f*
Vertretung *f 1. (Repräsentanz)* представи́тельство *n; 2. (Stellvertretung)* замеще́ние *n*, замести́тельство *n; 3. (Vertreten)* представи́тельство *n* (интере́сов)
Vertrieb *m* ECO прода́жа *f*, сбыт *m*, реализа́ция *f*
Vertriebsgesellschaft *f* ECO сбытово́е о́бщество *n*
vertrösten *v 1.* утеша́ть, успока́ивать; *2. (Hoffnung machen)* обнадёживать
vertuschen *v* скрыва́ть, замина́ть
verübeln *v* обижа́ться
verüben *v* соверша́ть (преступле́ние, покуше́ние); *Die Terroristen haben ein Attentat auf den Minister verübt.* Терро́ристы соверши́ли покуше́ние на мини́стра.
verunglücken *v* потерпе́ть *pf* (*von:* терпе́ть *impf*) ава́рию, попа́сть *pf* (*von:* попада́ть *impf*) в ава́рию (в катастро́фу), поги́бнуть *pf* (*von:* погиба́ть *impf*), пострада́ть *pf* (*von:* страда́ть *impf*) *(в результа́те несча́стного слу́чая)*
Verunglückte(r) *m/f* пострада́вший *m*, ...шая *f*
verunreinigen *v* загрязня́ть
Verunreinigung *f* загрязне́ние *n*
verunsichern *v* вселя́ть неуве́ренность
Verunsicherung *f* неуве́ренность *f*
verunstalten *v* уро́довать, обезобра́живать
veruntreuen *v* растра́чивать, присва́ивать *(чужи́е де́ньги)*
Veruntreuung *f* растра́та *f*, присвое́ние *n (чужи́х де́нег)*
verursachen *v* причиня́ть, вызыва́ть
Verursacher(in) *m/f* вино́вник *m*, вино́вница *f*

verurteilen *v 1.* осуждáть; *2. (verdammen)* обрекáть; *zum Scheitern ~* обрекáть на провáл
Verurteilte(r) *m/f JUR* осуждённый *m, …*ная *f*
Verurteilung *f* осуждéние *n,* пригово́р *m*
vervielfältigen *v* размножáть
Vervielfältigung *f* размножéние *n*
vervollkommnen *v* совершéнствовать
vervollständigen *f 1. (auffüllen)* пополня́ть, *2. (vollständig machen)* укомплекто́вывать
verwahren *v* храни́ть
verwahrlost *adj* запу́щенный, забро́шенный
Verwahrung *f* хранéние *n; etw in ~ nehmen* брать (принимáть) что-л на хранéние
verwalten *v* управля́ть *impf*
Verwalter(in) *m/f* управля́ющий *m, …*щая *f*
Verwaltung *f* управлéние *n*
Verwaltungsrat *m 1. ECO* правлéние *n; 2. (EU)* администрати́вный совéт *m*
verwandeln *v* превращáть, преобразо́вывать
Verwandlung *f 1.* превращéние *n,* преобразовáние *n; 2. (der Hostie) REL* преображéние *n; 3. ZOOL* метаморфо́за *f*
verwandt *adj* ро́дственный (бли́зкий) с кем-л/чем-л
Verwandte(r) *f/m* ро́дственник *m,* ро́дственница *f,* бли́зкий *m, …*кая *f*
Verwandtschaft *f 1. (Familie)* родство́ *n,* родня́ *f (fam); 2. (Ähnlichkeit)* схо́дство *n,* схо́жесть *f*
verwanzen *v MIL* устанáвливать подслу́шивающие устро́йства
verwarnen *v* предупреждáть
Verwarnung *f* предупреждéние *n*
verwechseln *v* перепу́тывать, смéшивать
Verwechslung *f* пу́таница *f,* смешéние *n*
verwegen *adj* безрассу́дно смéлый, отчáянный, отвáжный, удало́й, лихо́й
verwehren *v jdm etw ~* не разрешáть (не позволя́ть, запрещáть) кому́-л что-л
verweigern *v* откáзывать, отклоня́ть
Verweigerung *f* откáз *m,* отклонéние *n*
Verweis *m 1. (Rüge)* вы́говор *m,* порицáние *n,* замечáние *n; 2. (Hinweis)* ссы́лка *f,* отсы́лка *f*
verweisen *v 1. ~ auf* укáзывать на что-л/кого́-л; *2. ~ an* отсылáть к кому́-л/чему́-л; *3. (des Landes ~)* высылáть, выдворя́ть; *4. jdn ~* дéлать вы́говор, порицáть
verwelken *v* увядáть, вя́нуть

verwendbar *adj* го́дный к употреблéнию, примени́мый
verwenden *v* испо́льзовать *impf/pf,* употребля́ть, применя́ть
Verwendung *f* (ис)по́льзование *n,* употреблéние *n,* применéние *n; für etw ~ finden* находи́ть применéние для чегó-л
Verwendungszweck *m* назначéние *n*
verwerflich *adj* предосуди́тельный, зазо́рный
verwerten *v 1. (benutzen)* испо́льзовать *impf/pf,* употребля́ть, применя́ть; *2. (wieder~)* утилизи́ровать *impf/pf; 3. (auswerten)* анализи́ровать *impf/pf,* оцéнивать
Verwertung *f 1. (Benutzung)* испо́льзованование *n,* употреблéние *n,* при-менéние *n; 2. (Wiederverwertung)* утилизáция *f; 3. (Auswertung)* анáлиз *m,* оцéнка *f*
verwickeln *v (fig)* запу́тывать, впу́тывать
Verwicklung *f (fig)* осложнéние *n*
verwirklichen *v* осуществля́ть, реализовáть *impf/pf (auch:* реализо́вывать *impf)*
Verwirklichung *f* осуществлéние *n,* реализáция *f*
verwirren *v 1. (durcheinander bringen)* пу́тать; *2. (Gedanken verwirren)* сбивáть с то́лку; *3. (aus der Fassung bringen)* приводи́ть в замешáтельство
verwirrt *adj 1. (in Gedanken verwirrt)* сби́тый с то́лку; *2. (perplex)* растéрянный
Verwirrung *f 1. (Wirrwarr)* пу́таница *f,* беспоря́док *m; 2. (Verwirrtsein)* растéрянность *f; 3. (Konfusion)* замешáтельство *n*
verwitwet *adj* овдовéвший
verwöhnen *v* бáловать, изнéживать
verworren *adj* запу́танный, неясный
verwundbar *adj* рани́мый, уязви́мый
verwunderlich *adj* стрáнный, удиви́тельный
Verwunderung *f* удивлéние *n,* изумлéние *n*
Verwundung *f* ранéние *n*
verwüsten *v* опустошáть, разоря́ть, разрушáть
Verwüstung *f* опустошéние *n,* разорéние *n,* разрушéние *n*
verzagen *v* отчáиваться, унывáть, удручáться
verzählen *v sich ~* обсчи́тываться
verzaubern *v 1.* заколдо́вывать, околдо́вывать; *2. (fig)* очаро́вывать, заворáживать
Verzehr *m* потреблéние *n* (пи́щи)

verzehren *v 1. (essen)* есть, съеда́ть; *2. (aufbrauchen)* потребля́ть; *3. (fig) sich ~* изводи́ться, изводи́ть себя́
verzeichnen *v 1. (festhalten)* запи́сывать; *2. (feststellen)* отмеча́ть, констати́ровать *impf/pf*; *3. (aufweisen) Erfolg ~* име́ть успе́х
Verzeichnis *n* пе́речень *m,* спи́сок *m*
verzeihen *v irr* проща́ть, извиня́ть
verzeihlich *adj* прости́тельный, извини́тельный
Verzeihung *f 1.* проще́ние *n,* извине́ние *n; Ich bitte Sie um ~.* Прошу́ проще́ния (извине́ния)! *interj 2. ~!* Прости́те! Извини́те!
Verzicht *m* отка́з *m,* отрече́ние *n*
verzichten *v* отка́зываться, отрека́ться
verzieren *v* украша́ть
Verzierung *f* украше́ние *n,* декора́ция *f*
verzinsen *v ECO* начисля́ть проце́нты
Verzinsung *f ECO* начисле́ние *n* проце́нтов
verzögern *v* заде́рживать, замедля́ть, затя́гивать
Verzögerung *f* заде́ржка *f,* замедле́ние *n,* затя́гивание *n*
verzollen *v* плати́ть по́шлину; *Haben Sie etw zu ~?* У Вас есть това́ры, облага́емые по́шлиной?
Verzug *m 1.* промедле́ние *n,* заде́ржка *f; 2.(Zahlungsverzug)* просро́чка *f; mit etw in ~ geraten* просро́чивать что-л; *mit etw in ~ sein* отстава́ть с чем-л, находи́ться в просро́чке с чем-л; *Es ist Gefahr im ~.* Промедле́ние чрева́то опа́сностью.
verzweifeln *v* отча́иваться, приходи́ть в отча́яние
verzweifelt *adj* отча́явшийся, по́лный отча́яния
Verzweiflung *f* отча́яние *n*
verzwickt *adj* сло́жный, запу́танный
Vetter *m* двою́родный брат *m*
Vetternwirtschaft *f* кумовство́ *n*
Vibration *f* вибра́ция *f*
Videofilm *m* видеофи́льм *m,* ви́дик *m (fam)*
Videokassette *f* видеокассе́та *f*
Videorekorder *m* видеомагнитофо́н *m*
Vieh *n* скот *m*
viel *adv 1.* мно́го; *adj 2. ~ sagend* многозначи́тельный; *3. ~ versprechend* многообеща́ющий
viel(e(s)) *pron 1. (insgesamt)* мно́го; *2. (aus unbestimmter Menge)* мно́гое, мно́гие *pl; adv 3. (Komparativ)* намно́го, гора́здо
vielfach *adj 1.* многокра́тный; *adv 2.* мно́го раз, неоднокра́тно, многокра́тно; *3. (reichlich)* с лихво́й, стори́цею
Vielfalt *f* многообра́зие *n,* разнообра́зие *n*
vielfältig *adj* многообра́зный, разнообра́зный, разносторо́нний
vielleicht *adv 1.* мо́жет быть, возмо́жно, пожа́луй; *2. (ungefähr)* о́коло, приме́рно, приблизи́тельно
vielmals *adv 1. (vielfach)* мно́го раз, неоднокра́тно, многокра́тно; *2. (sehr)* о́чень
vielseitig *adj* многосторо́нний, разносторо́нний, разнообра́зный
Vielzahl *f* мно́жество *n,* ма́сса *f,* большо́е коли́чество *n*
vier *num* четы́ре; *(fam) alle ~e von sich strecken* вытя́гивать но́ги, зава́ливаться спать *(fam); auf allen ~en* на четвере́ньках
viereckig *adj* четырёхуго́льный
vierte(r,s) *adj* четвёртый, …тая, …тое
Viertel *n 1. (Stadtteil)* кварта́л *m,* райо́н *m* (го́рода); *2. (als Teil)* че́тверть *f; 3. MATH* одна́ четвёртая *f*
vierteljährlich *adj 1.* (по)кварта́льный, трёхмесячный; *adv 2.* ка́ждый кварта́л, ка́ждые три ме́сяца
Viertelstunde *f* че́тверть *f* (ча́са)
vierzehn *num* четы́рнадцать
vierzig *num* со́рок
violett *adj* фиоле́товый
Violine *f MUS* скри́пка *f*
Virus *n MED* ви́рус *m*
Vision *f* виде́ние *n,* представле́ние *n,* мечта́ *f*
Visite *f* визи́т *m*
Visitenkarte *f* визи́тная ка́рточка *f*
Visum *n* ви́за *f*
vital *adj* живо́й, по́лный жи́зненных сил
Vitamin *n* витами́н *m*
Vizepräsident *m* ви́це-президе́нт *m*
Vogel *m ZOOL* пти́ца *f; den ~ abschießen (fig)* превзойти́ всех, поби́ть все реко́рды; *(fam) einen ~ haben* быть с приве́том (с заско́ком); *jdm den ~ zeigen* покрути́ть па́льцем у виска́, пока́зывая, что у кого́-л не все до́ма
Vogelscheuche *f* чу́чело *n,* пу́гало *n*
Vokabel *f* (иностра́нное) сло́во *n,* вока́була *f*
Vokabular *n* слова́рный запа́с *m,* запа́с *m* слов
Vokal *m* гла́сный *m*
Volk *n* наро́д *m*
Völkerkunde *f* этногра́фия *f*

Völkerrecht *n* междунаро́дное пра́во *n*
Volksabstimmung *f POL* рефере́ндум *m,* всенаро́дное голосова́ние *n*
Volkseinkommen *n* национа́льный дохо́д *m*
Volkshochschule *f* (наро́дная) шко́ла *f* вече́рних общеобразова́тельных ку́рсов
Volksrepublik *f* Наро́дная Респу́блика *f*
volkstümlich *adj* наро́дный
Volkswirtschaft *f* наро́дное хозя́йство *n*
voll *adj 1.* по́лный; *(fig) jdn nicht für ~ nehmen* не принима́ть всерьёз кого́-л; *aus dem Vollen schöpfen* име́ть всего́ в изоби́лии; *Voll tanken bitte!* Пожа́луйста, запра́вьте бензоба́к по́лностью! *adv 2.* по́лностью, целико́м; *(fam) sich ~ laufen lassen* напи́ться (вдрызг) пья́ным; *sich den Bauch ~ schlagen* наби́ть себе́ пу́зо
Vollbart *m* (окла́дистая) борода́ *f*
Vollbeschäftigung *f ECO* по́лная за́нятость *f*
vollbringen *v irr* соверша́ть, выполня́ть
vollenden *v* заверша́ть, зака́нчивать
Vollendung *f* заверше́ние *n,* оконча́ние *n*
völlig *adj 1.* по́лный, соверше́нный, абсолю́тный; *adv 2.* по́лностью, соверше́нно, абсолю́тно
volljährig *adj* совершенноле́тний
Volljährigkeit *f* совершенноле́тие *n*
vollkommen *adj 1. (perfekt)* соверше́нный, идеа́льный; *2. (völlig)* по́лный, соверше́нный, абсолю́тный; *adv 3.* по́лностью, соверше́нно, абсолю́тно
Vollkommenheit *f* соверше́нство *n*
Vollmacht *f 1. (Befugnis)* полномо́чие *n; 2. (Urkunde)* дове́ренность *f*
Vollmilch *f GAST* це́льное молоко́ *n*
Vollmond *m* полнолу́ние *n*
vollständig *adj 1.* по́лный, соверше́нный, абсолю́тный; *adv 2.* по́лностью, соверше́нно, абсолю́тно
Vollständigkeit *f* полнота́ *f*
vollstrecken *v JUR* приводи́ть в исполне́ние
Vollstreckung *f JUR* приведе́ние *n* в исполне́ние
Vollversammlung *f 1.* пле́нум *m,* плена́рное заседа́ние *n,* о́бщее собра́ние *n; 2. (UNO)* Генера́льная Ассамбле́я *f* (ООН)
Vollwertkost *f GAST* полноце́нная пи́ща *f*
vollzählig *adj 1.* по́лный, компле́ктный; *adv 2.* в по́лном соста́ве, по́лностью
vollziehen *v irr 1.* исполня́ть, соверша́ть, осуществля́ть; *2. JUR* приводи́ть в исполне́ние
Volontariat *n* волонтариа́т *m (разнови́дность стажиро́вки)*
Volt *n* вольт *m* (В)
Volumen *n* объём *m*
vom *(= von dem) (siehe „von")* см *„von"*
von *prep 1. (örtlich)* от, из, с; *zwei Meter vom Haus entfernt* два ме́тра от до́ма; *2. (zeitlich)* от, с; *~ diesem Tag an* с э́того дня; *~ jeher* с да́вних пор, и́здавна; *3. (Herkunft)* от, из; *ein Geschenk ~ ihm* пода́рок от него́; *4. (über)* о, об; *Wir redeten vom Wetter.* Мы говори́ли о пого́де. *5. ~ mir aus* Пожа́луйста! Как хоти́те!
vor *prep 1.(örtlich)* пе́ред; *~ dem Haus* пе́ред до́мом; *2. (zeitlich)* пе́ред, до; *~ den Mahlzeiten* до приёма пи́щи; *etw ~ sich haben* собира́ться (намерева́ться) сде́лать что-л; *3. (kausal)* от, с; *Er erblasste ~ Angst.* Он побледне́л от стра́ха. *~ Freude* от ра́дости; *4. ~ allen Dingen* пре́жде всего́
vorab *adv* снача́ла, пре́жде всего́
Vorabend *m 1. (Abend vor einem bestimmten Tag)* ве́чер *m* накану́не; *2. (fig: vorausgehender Zeitabschnitt)* ка́нун *m,* преддве́рие *n; am ~* накану́не, в ка́нун, в преддве́рии
Vorahnung *f* предчу́вствие *n*
vorangehen *v irr 1.* идти́ впереди́, идти́ во главе́; *2. (fig)* предше́ствовать *impf*
vorankommen *v irr* продвига́ться
voraus *adv 1. (örtlich)* вперёд, впереди́; *2. (zeitlich)* зара́нее, вперёд
vorausgehen *v irr 1.* идти́ вперёд; *2. (fig)* предше́ствовать *impf*
voraussagen *v* предска́зывать, предрека́ть, прогнози́ровать *impf/pf*
voraussehen *v irr* предви́деть *impf*
voraussetzen *v* име́ть усло́вием, предполага́ть; *vorausgesetzt, dass* при усло́вии, что
Voraussetzung *f* предпосы́лка *f,* усло́вие *n*
Voraussicht *f* предви́дение *n; aller ~ nach* по всей ви́димости
voraussichtlich *adj 1.* предположи́тельный, предполага́емый, вероя́тный; *adv 2.* предположи́тельно, вероя́тно, по-ви́димому
Vorauszahlung *f* предвари́тельная опла́та *f,* предопла́та *f,* ава́нсовый платёж *m,* ава́нс *m*
Vorbedacht *m* у́мысел *m,* преднаме́ренность *f; mit ~* умы́шленно, с у́мыслом

Vorbehalt *m 1. (Bedingung)* огово́рка *f,* усло́вие *n; 2. (Einwand)* возраже́ние *n*
vorbehalten *v irr* огова́ривать что-л, оставля́ть за собо́й пра́во на что-л; *jdm ~ bleiben* что-л предназнача́ется для кого́-л, что-л явля́ется (преиму́щественным) пра́вом кого́-л
vorbehaltlich *prep* при усло́вии, с усло́вием; *~ Fälle höherer Gewalt* при усло́вии обстоя́тельств непреодоли́мой си́лы, при усло́вии форс-мажо́рных обстоя́тельств
vorbei *adv 1. (örtlich)* ми́мо; *2. (zeitlich) ~ gehen* минова́ть *impf/pf,* пройти́ *pf* (*von:* проходи́ть *impf*); *Die guten Zeiten sind ~.* Хоро́шие времена́ прошли́. *Vorbei ist ~.* Что бы́ло, то бы́ло.
vorbeifahren *v irr* проезжа́ть ми́мо кого́-л/ чего́-л
vorbeigehen *v irr 1. (entlanggehen)* проходи́ть ми́мо кого́-л/чего́-л; *Er ist einfach an mir vorbeigegangen, ohne mich zu grüßen.* Он прошёл ми́мо меня́, не поздоро́вавшись со мной. *2. (vergehen)* минова́ть *impf/ pf,* проходи́ть
vorbeikommen *v irr 1. (vorbeigehen) ~ an* проходи́ть ми́мо кого́-л/чего́-л; *2. (jdn besuchen) ~ bei* заходи́ть (загля́дывать, забега́ть) куда́-л/к кому́-л
vorbelastet *adj (fig)* зара́нее обременённый, обя́занный
vorbereiten *v* гото́вить, подгота́вливать, пригота́вливать
Vorbereitung *f* подгото́вка *f,* приготовле́ние *n*
vorbestellen *v* зара́нее (предвари́тельно) зака́зывать
Vorbestellung *f* предвари́тельный зака́з *m*
vorbestraft *adj JUR* име́ющий суди́мость
Vorbestrafte(r) *f/m JUR* ра́нее суди́мый *m* (…мая *f*)
vorbeugen *v 1.* предупрежда́ть, предотвраща́ть; *2. sich ~* наклоня́ться (нагиба́ться) вперёд
vorbeugend *adj 1.* предупреди́тельный, превенти́вный; *2. MED* профилакти́ческий
Vorbeugung *f 1.* предупрежде́ние *n,* предотвраще́ние *n; 2. MED* профила́ктика *f*
Vorbild *n* приме́р *m,* образе́ц *m*
vorbildlich *adj* приме́рный, образцо́вый
Vorbote *m* предве́стник *m,* провозве́стник *m*
vorbringen *v irr* приводи́ть, выдвига́ть
vordere(r,s) *adj 1.* пере́дний, …няя, …нее; *2. MIL, SPORT* передово́й, …ва́я, …во́е
Vorderfront *f* фаса́д *m*
Vordergrund *m* пере́дний план *m; etw in den ~ stellen* выдвига́ть что-л на пере́дний план
vordergründig *adj (fig)* пове́рхностный, лежа́щий на пове́рхности
Vorderseite *f* лицева́я (пере́дняя) сторона́ *f*
Vorderteil *n* пере́дняя часть *f*
vordrängen *v 1. (in einer Menschenmenge) sich ~* пробира́ться (проти́скиваться) вперёд, лезть вперёд без о́череди; *2. (fig: beim Reden) sich ~* выска́кивать вперёд *(fam),* быть вы́скочкой *(fam)*
vordringen *v irr* проника́ть
vordringlich *adj 1.* первоочередно́й, са́мый ва́жный (актуа́льный); *adv 2.* в пе́рвую о́чередь, в са́мом спе́шном поря́дке
Vordruck *m* бланк *m,* формуля́р *m,* фо́рма *f*
voreilig *adj* опроме́тчивый, поспе́шный, необду́манный
voreingenommen *adj 1.* предвзя́тый, предубеждённый, пристра́стный; *adv 2.* предвзя́то, с пристра́стием; *~ sein* быть предвзя́тым
Voreingenommenheit *f* предвзя́тость *f,* предубежде́ние *n,* пристра́стие *n*
vorenthalten *v irr (verweigern)* отка́зывать, лиша́ть
Vorentscheidung *f 1. (Vorgriff)* предреше́ние *n; 2. SPORT* полуфина́л *m*
vorerst *adv* пока́
Vorfahr(e) *m* пре́док *m*
Vorfahrt *f* пра́во *n* преиму́щественного прое́зда; *~ beachten!* Уступи́те доро́гу!
Vorfahrtstraße *f* гла́вная доро́га *f* (у́лица *f*)
Vorfall *m* слу́чай *m,* инциде́нт *m,* ка́зус *m*
Vorfeld *n* подготови́тельная ста́дия; *im ~* накану́не, в кану́н, в преддве́рии
vorfinden *v irr* обнару́живать
Vorfreude *f* предвкуше́ние *n* ра́дости
vorführen *v 1.* пока́зывать, демонстри́ровать *impf/pf; 2. (Angeklagten)* приводи́ть (обвиня́емого в суд)
Vorführung *f 1.* пока́з *m,* демонстра́ция *f; 2. (eines Angeklagten)* приво́д *m*
Vorgang *m 1. (Geschehen)* проце́сс *m,* ход *m; 2. (Ereignis)* происше́ствие *n,* собы́тие *n; 3. (Akte)* де́ло *n*
Vorgänger(in) *m/f* предше́ственник *m,* предше́ственница *f*
vorgeben *v irr 1.* определя́ть, устана́в-

ливать (нóрмы); *2.(fig)* лóжно утверждáть (заявля́ть)
vorgehen *v irr 1.(handeln)* дéйствовать, поступáть; *2.(vorausgehen)* идти́ (выходи́ть) вперёд; *3.(wichtiger sein)* быть бóлее вáжным, превосходи́ть по значéнию; *4.(Uhr)* спеши́ть, идти́ вперёд
Vorgehen *n* дéйствия *n/pl,* постýпки *m/pl*
Vorgesetzte(r) *f/m* начáльник *m/f,* начáльница *f (fam)*
vorgestern *adv* позавчерá
vorgreifen *v irr 1.* опережáть; *2.* предрешáть, предвосхищáть; *einer Sache ~* предвосхищáть (предваря́ть) что-л
vorhaben *v irr* собирáться, намеревáться *impf,* плани́ровать; *Haben Sie für heute Abend schon etwas vor?* У Вас ужé есть какие-нибýдь плáны на сегóдняшний вéчер?
Vorhaben *n* намéрение *n,* зáмысел *m,* плáны *m/pl*
vorhalten *v irr (fig)* упрекáть, стáвить в упрёк
vorhanden *adj* имéющийся, нали́чный
Vorhang *m 1.* занавéска *f,* гарди́ны *f/pl,* штóры *f/pl; 2.THEAT* зáнавес *m; der Eiserne ~* Желéзный зáнавес
vorher *adv* прéжде, рáньше
vorhergehend *adj* предыдýщий, предшéствующий
vorherig *adj* прéжний, предыдýщий
Vorherrschaft *f* преобладáние *n,* госпóдство *n,* превосхóдство *n*
vorherrschen *v* преобладáть *impf,* госпóдствовать *impf*
Vorhersage *f* прогнóз *m,* предсказáние *n*
vorhersagen *v* прогнози́ровать *impf/pf,* предскáзывать, предрекáть
vorhersehbar *adj* предви́димый
vorhin *adv* тóлько что, недáвно
vorig *adj 1.(vergangen)* прóшлый; *2.(vorhergegangen)* прéжний, предыдýщий
Vorjahr *n* прóшлый (предыдýщий, минýвший, истéкший) год *m*
Vorkämpfer(in) *m/f 1.* передовóй борéц *m,* побóрник *m,* побóрница *f; 2.(fig)* основополóжник *m*
Vorkehrung *f* мéра *f* предосторóжности, превенти́вная мéра *f; ~en treffen* принимáть мéры предосторóжности
Vorkenntnisse *pl* начáльные знáния *n/pl*
vorkommen *v irr 1.(erscheinen)* встречáться; *Dieses Wort kommt häufig im Russischen vor.* Э́то слóво чáсто встречáется в рýсском языкé. *2.(scheinen)* казáться; *Das kommt mir Spanisch vor. (fig)* Э́то кáжется мне стрáнным. *3.(geschehen)* происходи́ть, случáться; *4.(vorhanden sein)* имéться *impf,* води́ться *impf*
Vorkommen *n 1.(Vorhandensein)* нали́чие *n; 2.(Lagestätte)* месторождéние *n,* зáлежи *f/pl*
Vorkommnis *n* слýчай *m,* происшéствие *n,* инцидéнт *m*
Vorkriegszeit *f* довоéнное врéмя *f*
vorladen *v irr JUR* вызывáть
Vorladung *f JUR* вы́зов *m,* повéстка *f* о я́вке
Vorlage *f 1.(Vorlegen)* представлéние *n,* подáча *f (документов); 2.(Muster)* образéц *m; 3.(Entwurf)* проéкт *m; 4.(eines Gesetzes)* законопроéкт *m*
Vorläufer(in) *m/f* предшéственник *m,* предшéственница *f*
vorläufig *adj 1.(vorübergehend)* врéменный; *2.(nicht endgültig)* предвари́тельный; *adv 3.(fürs Erste)* покá (что)
vorlaut *adj* дéрзкий, нáглый, развя́зный
vorlesen *v irr etw jdm ~* читáть вслух
Vorlesung *f* лéкция *f*
vorletzte(r,s) *adj* предпослéдний, …няя, …нее
vorlieb *adv ~ nehmen mit* довóльствоваться
Vorliebe *f* предпочтéние *n,* пристрáстие *n,* наклóнности *f/pl*
vorliegend *adj* дáнный, настоя́щий
vormachen *v 1.* покáзывать (комý-л, как дéлать что-л); *2.(fig: vorspiegeln)* обмáнывать, дурáчить, морóчить
Vormachtstellung *f* госпóдствующее положéние *n*
vormerken *v* запи́сывать, отмечáть
Vormittag *m* пéрвая полови́на *f* дня, ýтро *n,* дообéденное врéмя *f; am ~* в пéрвой полови́не дня
vormittags *adv* в пéрвой полови́не дня, до обéда
Vormund *m* опекýн *m*
Vormundschaft *f* опéка *f,* опекýнство *n*
vorn(e) *adv* впереди́, спéреди; *von vorn bis hinten* от начáла до концá, пóлностью; *von ~ (von neuem)* сначáла, снóва
Vorname *m* и́мя *n*
vornehm *adj* благорóдный, возвы́шенный, почтéнный
vornehmen *v irr 1.(tun)* предпринимáть, проводи́ть, производи́ть; *2.(planen) sich*

etw ~ намереваться *impf* (собираться) сделать *pf* что-л; *3. (sich beschäftigen mit) sich etw* ~ браться (приниматься) за что-л, приступать к чему-л; *4. sich jdn* ~ браться (приниматься) за кого-л
Vorort *m* пригород *m,* предместье *n*
Vorrang *m* преимущество *n,* приоритет *m*
vorrangig *adj 1.* преимуществвенный, приоритетный, первостепенный; *adv 2.* преимущественно, главным образом
Vorrat *m* запасы *m/pl,* резервы *m/pl*
vorrätig *adj* ECO имеющийся в запасе, запасный, припасённый *(fam)*
Vorratskammer *f* кладовая *f,* чулан *m*
Vorrecht *n* привилегия *f*
Vorrichtung *f* приспособление *n,* устройство *n*
Vorruhestand *m* преждевременный уход *m* на пенсию
Vorsaison *f* время *f* до начала сезона
Vorsatz *m 1.* намерение *n; 2.* JUR умысел *m*
vorsätzlich *adj 1.* намеренный; *2.* JUR умышленный, преднамеренный
Vorschau *f 1.* программа *f* (обзор *m*) передач; *2. (Filmvorschau im Studio)* предварительный просмотр *m* (кинофильма)
Vorschlag *m* предложение *n*
vorschlagen *v irr* предлагать
vorschreiben *v irr (fig)* предписывать
Vorschrift *f* предписание *n,* инструкция *f,* правила *n/pl*
vorschriftsmäßig *adj* предписанный, соответствующий предписанию (инструкции, правилам)
Vorschule *f* подготовительные классы *m/pl* (для дошкольников)
Vorschuss *m* аванс *m,* задаток *m*
vorsehen *v irr 1.* предусматривать; *2. sich* ~ остерегаться, быть осторожным
Vorsehung *f* REL провидение *n*
Vorsicht *f* осторожность *f,* предусмотрительность *f,* осмотрительность *f; ~!* Осторожно!
vorsichtig *adj* осторожный, предусмотрительный, осмотрительный; *~ gehen* осторожно идти (ступать)
Vorsichtigkeit *f* осторожность *f,* предусмотрительность *f,* осмотрительность *f*
vorsichtshalber *adv 1.* в целях предосторожности; *adv 2. (fam)* на всякий случай
Vorsichtsmaßnahme *f* мера *f* предосторожности
Vorsitz *m* председательство *n*
Vorsitzende(r) *f/m* председатель *m/f,* председательница *f (fam)*
Vorsorge *f 1.* предусмотрительность *f,* заблаговременная подготовка *f; 2.* MED профилактика *f*
vorsorgen *v* заблаговременно заботиться о чём-л
vorsorglich *adj 1.* предусмотрительный, заботливый; *adv 2.* в целях предусмотрительности
Vorspeise *f* GAST закуска *f*
vorspiegeln *v* сообщать ложные факты, обманывать, дурачить, морочить
Vorspiegelung обман *m,* очковтирательство *n; ~ falscher Tatsachen* подтасовка (ложных) фактов
Vorsprung *m 1. (Fels, Haus)* выступ *m; 2. (fig)* преимущество *n,* превосходство *n*
Vorstadt *f* пригород *m,* предместье *n*
Vorstand *m* ECO правление *n*
Vorstandsmitglied *n* ECO член *m* правления
vorstehen *v irr 1. (vorspringen)* выступать, выдаваться вперёд; *2. (leiten)* возглавлять, заведовать *impf*
vorstellen *v 1. jdn* ~ представлять кому-л кого-л/что-л; *2. sich* ~ представляться; *3. (fig) sich etw* ~ представлять себе что-л
Vorstellung *f 1. (Bekanntmachen)* представление *n,* знакомство *n; 2. (Gedanke)* представление *n,* воображение *n,* идея *f; 3.* THEAT представление *n,* постановка *f,* спектакль *m; Wie lange dauert die ~?* Как долго будет длиться представление?
Vorstoß *m (fig)* продвижение *n,* проникновение *n*
Vorstrafe *f* JUR судимость *f*
Vortag *m* предыдущий (предшествующий) день *m*
vortäuschen *v* притворяться, симулировать *impf/pf,* имитировать, прикидываться *(fam); Thomas täuscht Wissen vor.* Томас прикидывается знающим.
Vortäuschung *f* притворство *n,* симуляция *f,* подтасовка *f*
Vorteil *m* преимущество *n,* польза *f,* выгода *f*
vorteilhaft *adj* выгодный, приносящий пользу
Vortrag *m* доклад *m,* лекция *f,* выступление *n*
vortragen *v irr (fig)* докладывать, выступать

vortrefflich *adj* превосхóдный, великолéпный, замечáтельный, отли́чный
vortreten *v irr* выходи́ть вперёд, выступáть
Vortritt *m 1.* прáво *n* проходи́ть пéрвым; *jdm den ~ lassen* пропускáть когó-л вперёд; *2. (fig)* преимýщество *n*
vorüber *adv 1. (örtlich)* ми́мо; *2. (zeitlich) ~ sein* минoвáть *impf/pf,* пройти́ *pf* (*von:* проходи́ть *impf*)
vorübergehen *v irr 1. (örtlich)* проходи́ть ми́мо; *2. (zeitlich)* миновáть *impf/pf,* проходи́ть
vorübergehend *adj 1.* врéменный, преходя́щий; *adv 2.* врéменно, на врéмя
Vorurteil *n* предрассýдок *m,* предубеждéние *n; ohne ~e* без предрассýдков
Vorverkauf *m* предвари́тельная продáжа *f* (билéтов)
Vorwahl *f TEL* код *m* (междугорóдной телефóнной свя́зи); *Wie ist die ~nummer von Moskau?* Какóй код у гóрода Москвы́?
Vorwand *m* предлóг *m,* отговóрка *f*
Vorwarnung *f* предвари́тельное предостережéние *n* (предупреждéние *n,* оповещéние *n*)
vorwärts *adv* вперёд
Vorwärtsgang *m (beim Auto)* передáча *f* перéднего хóда
vorwärtskommen *v irr* преуспевáть, продвигáться
vorwegnehmen *v irr* предвосхищáть
vorweisen *v irr* предъявля́ть, представля́ть
vorwerfen *v irr (fig) jdm etw ~* упрекáть (обвиня́ть) когó-л в чём-л
vorwiegend *adj 1.* преимýщественный; *adv 2.* преимýщественно, глáвным óбразом
Vorwort *n* предислóвие *n*
Vorwurf *m* упрёк *m,* укóр *m; jdm einen ~ machen* стáвить комý-л что-л в упрёк
vorwurfsvoll *adj 1.* укори́зненный, пóлный упрёка; *adv 2.* с упрёком
Vorzeichen *n 1. (fig: Omen)* предзнаменовáние *n,* предвéстник *m; 2. MATH* знак *m*
vorzeigen *v* покáзывать, предъявля́ть
vorzeitig *adj 1.* досрóчный, преждеврéменный; *adv 2.* рáньше врéмени
vorziehen *v irr 1.* вытя́гивать, вытáскивать; *2. (fig)* предпочитáть
Vorzimmer *n 1.* перéдняя *f,* прихóжая *f; 2. (Büro, Praxis)* приёмная *f*
Vorzug *m 1. (Vorteil, gute Eigenschaft)* преимýщество *n,* достóинство *n,* плюс *m; 2. (Vorrang)* предпочтéние *n; jdm/etw den ~ geben* отдавáть предпочтéние комý-л/ чемý-л
vorzüglich *adj 1.* превосхóдный, великолéпный, отмéнный, замечáтельный, отли́чный; *Das Essen hat ~ geschmeckt.* Едá былá отмéнной. *adv 2.* преимýщественно, глáвным óбразом, прéжде всегó
vorzugsweise *adv* преимýщественно, предпочти́тельно
vulgär *adj* вульгáрный
Vulkan *m GEO* вулкáн *m; wie ein Tanz auf dem ~ (fig)* пир во врéмя чумы́ *(fig)*
Vulkanausbruch *m* извержéние *n* вулкáна

W

Waage *f 1.* весы́ *pl; 2. (Sternzeichen)* весы́ *pl*
waagrecht *adj 1.*горизонта́льный; *adv 2.*по горизонта́ли
Waagschale *f* ча́ша *f* весо́в
wach *adj 1. (nicht schlafend)* бо́дрствующий; *2. (fig: lebendig)* бо́дрый, живо́й, де́ятельный
Wache *f* карау́л *m,* охра́на *f; ~ stehen* стоя́ть на ва́хте (на посту́)
wachen *v 1. (nicht schlafen)* бо́дрствовать *impf,* не спать; *2. (be~)* охраня́ть *impf; 3. (Wache halten)* стоя́ть на стра́же
wachhalten *v irr 1. (fig: nicht vergessen)* храни́ть па́мять о ком-л/чём-л; *2. (fig: Interesse ~)* сохраня́ть, подде́рживать (интере́с)
Wachmann *m 1.* сто́рож *m; 2. (Pförtner)* вахтёр *m*
Wacholderbeere *f BOT* я́года *f* можжеве́льника, можжеве́льник *m*
Wachs *n 1.* воск *m; 2. (Bohnerwachs)* масти́ка *f*
wachsam *adj* бди́тельный, внима́тельный
Wachsamkeit *f* бди́тельность *f*
wachsen[1] *v irr 1.* расти́, произраста́ть; *2. (zunehmen)* расти́, возраста́ть, увели́чиваться
wachsen[2] *v (polieren)* натира́ть во́ском, вощи́ть
wachsend *adj* расту́щий, возраста́ющий, увели́чивающийся
Wachstum *n* рост *m*
Wächter(in) *m/f 1.(Schutzmann)* сто́рож *m,* сторожи́ха *f (fam),* охра́нник *m,* охра́нница *f; 2. (Museumswächter(in))* смотри́тель(ница) *m/f* музе́я
wackelig *adj* ша́ткий, неусто́йчивый, шата́ющийся
wackeln *v* шата́ться, кача́ться
Wade *f ANAT* икра́ *f* (ноги́)
Waffe *f* ору́жие *n,* вооруже́ние *n; die ~n strecken* скла́дывать (слага́ть) ору́жие
Waffel *f GAST* ва́фля *f*
Waffengewalt *f* си́ла *f* ору́жия
Waffenschein *m* разреше́ние *n* на пра́во ноше́ния ору́жия
Waffenstillstand *m* переми́рие *n*
wagemutig *adj* отва́жный, сме́лый, де́рзкий
wagen *v 1. (sich trauen)* отва́живаться, осме́ливаться; *2. (riskieren)* рискова́ть
Wagen *m 1. (Auto)* автомоби́ль *m,* маши́на *f (fam); 2. (Kinderwagen)* (де́тская) коля́ска *f; 3.* теле́га *f,* пово́зка *f; sich nicht vor jds ~ spannen lassen (fig)* не позволя́ть распоряжа́ться собо́й
Waggon *m* ваго́н *m*
waghalsig *adj* отча́янный, риско́ванный
Wagnis *n* риск *m,* риско́ванное предприя́тие *n*
Wahl *f 1. (Auswahl)* вы́бор *m; 2. erste ~* пе́рвый сорт *m; 3. POL* вы́боры *pl*
wählbar *adj* име́ющий пра́во быть и́збранным, избира́емый
wahlberechtigt *adj* име́ющий пра́во го́лоса
Wahlbeteiligung *f POL* уча́стие *n* в вы́борах
wählen *v 1. (auswählen)* выбира́ть; *2. (Telefon) eine Nummer ~* набира́ть (но́мер); *3. POL* избира́ть, выбира́ть, голосова́ть за (про́тив) кого́-л/чего́-л
Wähler(in) *m/f POL* избира́тель(ница) *m/f*
Wahlergebnis *n POL* результа́ты *m/pl* вы́боров
wählerisch *adj* разбо́рчивый, привере́дливый, прихотли́вый
Wahlkampf *m POL* предвы́борная борьба́ *f*
Wahlkreis *m POL* избира́тельный о́круг *m*
Wahllokal *n POL* избира́тельный пункт *m* (уча́сток *m)*
wahllos *adv* без разбо́ра, беспоря́дочно, вперемё́жку *(fam)*
Wahlrecht *n POL* избира́тельное пра́во *n*
Wahlspruch *m* деви́з *m,* ло́зунг *m*
wahlweise *adv* на вы́бор, по вы́бору
Wahnsinn *m 1.* безу́мие *n,* сумасше́ствие *n,* помеша́тельство *n; 2.* безрассу́дство *n*
wahnsinnig *adj 1.* безу́мный, обезу́мевший, сумасше́дший; *adv 2. (fam: sehr)* безу́мно *(fig),* стра́шно *(fig),* ди́ко *(fig)*
wahr *adj* и́стинный, правди́вый, настоя́щий; *(fig) sein ~es Gesicht zeigen* пока́зывать своё и́стинное лицо́; *Das darf doch nicht ~ sein!* Э́того не мо́жет быть! Э́то невероя́тно !
wahren *v 1. (schützen)* бере́чь, охраня́ть *impf; 2. (bewahren)* храни́ть

während *prep 1.* во врéмя, в течéние; ~ *des Semesters* в течéние семéстра; *Während ich arbeite, trinke ich gerne Kaffee.* Во врéмя рабóты я люблю́ пить кóфе; *konj 2.* в то врéмя как, покá

wahrhaben *v etw nicht ~ wollen* не допускáть возмóжности чегó-л, не желáть признáть чегó-л

Wahrheit *f* прáвда *f,* и́стина *f; (fig) unverblümt die ~ sagen* говори́ть комý-л всю прáвду в глазá; *die Stunde der ~* час и́стины; *in ~* на сáмом дéле, в действи́тельности

wahrheitsgetreu *adj* правди́вый, достовéрный, соотвéтствующий действи́тельности

wahrnehmen *v 1.* воспринимáть, ощущáть, чýвствовать, замечáть; *2. (nutzen)* испóльзовать *impf/pf*

Wahrnehmung *f* восприя́тие *n* , ощущéние *n,* наблюдéние *n*

wahrsagen *v* предскáзывать (бýдущее), гадáть

Wahrsager(in) *m/f* предсказáтель(ница) *m/f,* гадáлка *f*

wahrscheinlich *adj 1.* вероя́тный, правдоподóбный; *adv 2.* вероя́тно, навéрно

Wahrscheinlichkeit *f* вероя́тность *f,* правдоподóбность *f*

Wahrung *f 1. (Beachtung)* соблюдéние *n; 2. (Erhaltung)* сохранéние *n*

Währung *f* валю́та *f*

Währungsunion *f* Валю́тный сою́з *m*

Wahrzeichen *n* примéта *f,* при́знак *m,* си́мвол *m,* визи́тная кáрточка *f (fig)*

Waise *f* сиротá *m/f*

Waisenhaus *n* дом *m* для сирóт, дéтский дом *m,* детдóм *m (fam)*

Wal *m ZOOL* кит *m*

Wald *m* лес *m; den ~ vor lauter Bäumen nicht sehen (fig)* за дерéвьями не ви́деть лéса *(fig)*

Waldrevier *n* лесоучáсток *m*

Waldsterben *n* ги́бель *f* лéса

Wall *m* вал *m,* нáсыпь *f*

wallend *adj (Gewänder, Haare)* ниспадáющий вóлнами

Wallfahrer(in) *m/f REL* палóмник *m,* палóмница *f*

Wallfahrt *f REL* палóмничество *n*

Walnuss *f BOT* грéцкий орéх *m*

Walross *n ZOOL* морж *m*

Walze *f 1. (Dampfwalze) TECH* катóк *m; 2. (Blechwalze) TECH* вал *m,* вáлик *m*

wälzen *v 1. (rollen)* кати́ть/катáть, перекáтывать; *2. (fig: nachschlagen)* копáться *(fam),* ры́ться *(fam)* (в кни́гах); *3. sich ~* ворóчаться, валя́ться

Walzer *m MUS* вальс *m*

Wand *f* стенá *f; (fig) gegen die ~ reden* говори́ть впустýю; *jdn an die ~ spielen* оттесня́ть когó-л на зáдний план; *die eigenen vier Wände* свои́ четы́ре стены́, свой дом

Wandel *m* перемéна *f,* изменéние *f*

wandeln *v 1. (ändern)* изменя́ть; *2. (sich ändern)* изменя́ться; *3. (gehen)* идти́/ходи́ть, брести́/броди́ть

Wanderer *m* человéк *m,* совершáющий похóд, тури́ст, путешéствующий пешкóм, путешéственник *m*

wandern *v 1.* совершáть похóд (пéшую прогýлку), путешéствовать пешкóм; *2.* броди́ть, кочевáть, стрáнствовать

Wanderung *f* пéшая прогýлка *f,* тури́стский похóд *m,* турпохóд *m*

Wandlung *f* . перемéна *f,* изменéние *n,* преобразовáние *n*

Wange *f ANAT* щекá *f*

wankelmütig *adj* нереши́тельный, колéблющийся

wanken *v 1. (taumeln)* шатáться, качáться; *2. (fig: unsicher sein)* колебáться; *jdn ins Wanken bringen (fig)* застáви́ть когó-л заколебáться

wann *adv* когдá; *Wann?* Когдá? *Bis ~?* До каки́х пор?

Wanne *f* вáнна *f*

Wanze *f 1. ZOOL* клоп *m; 2. (fig) MIL* «жук» *m (fam),* подслýшивающее устрóйство *n*

Wappen *n* герб *m*

wappnen *v (fig) sich ~* готóвиться, вооружáться *(fig)*

Ware *f* товáр *m*

Warenhaus *n* универсáльный магази́н *m,* универмáг *m*

Warenzeichen *n* товáрный знак *m*

warm *adj* тёплый, горя́чий; ~ *halten* греть, сохраня́ть в теплé; *mit jdm ~ werden (fig)* сближáться с кем-л

Wärme *f 1.* теплó *n; 2. PHYS* теплотá *f*

Wärmedämmung *f* теплоизоля́ция *f*

wärmen *v* греть , нагревáть, согревáть

Wärmflasche *f* грéлка *f*

warmherzig *adj* добросердéчный

warnen *v* предостерегáть, предупреждáть

Warnsignal *n* предупреди́тельный сигнáл *m*

Warnstreik *m* предупреди́тельная забасто́вка *f*
Warnung *f* предостереже́ние *n*, предупрежде́ние *n*
Warte *f von meiner ~ aus* с моёй то́чки зре́ния
warten *v 1. ~ auf* ждать, дожида́ться; *2. (in Stand halten)* TECH содержа́ть *impf* в испра́вности, уха́живать *impf* (следи́ть *impf*) за чем-л
Wärter(in) *m/f 1. (Pförtner)* вахтёр *m; 2. (Museumswächter)* смотри́тель(ница) *m/f; 3. (Gefängniswächter)* надзира́тель(ница) *m/f*, тюре́мщик *m (fam)*
Wartesaal *m* зал *m* ожида́ния
Wartezeit *f* вре́мя *n* ожида́ния
Wartezimmer *n* приёмная *f*
Wartung *f* TECH техни́ческое обслу́живание *n*, техобслу́живание *n*
warum *adv* Почему́? Отчего́?
Warze *f* MED 1.борода́вка *f; 2. (Brustwarze)* сосо́к *m* (груди́)
was *pron 1. (interr, rel)* что; *Was ist los?* В чём де́ло?
Waschbecken *n* умыва́льник *m*, умыва́льная ра́ковина *f*
Wäsche *f 1.* бельё *n; dumm aus der ~ schauen (fam)* име́ть глу́пый (растéрянный) вид; *2. (Unterwäsche)* (ни́жнее) бельё *n; 3. (Waschen)* сти́рка *f*
waschecht *adj 1.* не линя́ющий (не садя́щийся) при сти́рке, сто́йкий к сти́рке; *2. (fig)* настоя́щий, по́длинный
Wäscheklammer *f* (бельева́я) прище́пка *f*
waschen *v irr 1.* мыть , умыва́ть; *2. sich ~* мы́ться , умыва́ться; *3. (Wäsche ~)* стира́ть
Wäscherei *f* пра́чечная *f*
Wäschetrockner *m 1. (Elektrogerät)* маши́на *f* для су́шки белья́; *2. (Gestell)* суши́лка *f* для белья́
Waschmaschine *f* стира́льная маши́на *f*
Waschmittel *n* мо́ющее сре́дство *n*, стира́льный порошо́к *m*
Wasser *n* вода́ *f; (fig) ins ~ fallen* не получа́ться, прова́ливаться; *jdm das ~ nicht reichen können* не годи́ться в подмётки кому́-л
wasserdicht *adj 1. (wasserundurchlässig)* водонепроница́емый, непромока́емый; *2. (wasserbeständig)* водосто́йкий
Wasserfall *m 1.*водопа́д *m; 2.(stufenförmig)* каска́д *m*
Wasserhahn *m* водопрово́дный кран *m*
Wassermelone *f* BOT арбу́з *m*
Wasserski *m* SPORT во́дные лы́жи *f/pl*
Wasserstoff *m* CHEM водоро́д *m*
Wasserwerk *n* водопрово́дная (насо́сная) ста́нция *f*
Watt[1] *n (~enmeer)* ва́тты *pl (береговáя полосá Сéверного мóря, затопля́емая во врéмя при́лива)*
Watt[2] *n* PHYS ватт *m* (Вт)
Watte *f* MED ва́та *f*
Wattebausch *m 1.* клочо́к *m* ва́ты; *2.* MED ва́тный тампо́н *m*
Wattestäbchen *n* ва́тный тампо́нчик *m*
weben *v 1.* ткать; *2. (ein Spinnengewebe ~)* плести́
Weberei *f 1. (Betrieb)* тка́цкая фа́брика *f; 2. (Herstellung)* тка́чество *n*, тка́цкое произво́дство *n*
Webmaster *m* INFORM сетево́й ма́стер *m*
Web-Seite *f* INFORM Web-страни́ца *f*, страни́ца *f* Web
Wechsel *m 1. (Änderung)* переме́на *f*, измене́ние *n; 2.(Geldwechsel)* ECO обме́н *m* (де́нег); *3. (Zahlungsmittel)* ECO ве́ксель *m*
Wechselgeld *n 1. (herausgegebenes)* сда́ча *f; 2. (Kleingeld)* ме́лочь *f*
wechselhaft *adj* изме́нчивый
Wechseljahre *f* MED климактери́ческий пери́од *m*, кли́макс *m*
Wechselkurs *m* FIN обме́нный (валю́тный) курс *m*
wechseln *v* меня́ть, сменя́ть, заменя́ть
Wechselwirkung *f* взаимоде́йствие *n*
Weckdienst *m* слу́жба *f* побу́дки *(вид телефóнной услýги)*
wecken *v 1. (aufwecken)* буди́ть; *2. (hervorrufen)* буди́ть, пробужда́ть, вызыва́ть
Wecker *m* буди́льник *m; (fam) jdm auf den ~ fallen* де́йствовать на не́рвы кому́-л, раздража́ть кого́-л
weder *konj ~ … noch* ни …, ни …
weg *adv* прочь , вон; *(fig) hin und ~ sein* быть в восто́рге
Weg *m 1.* доро́га *f*, путь *m; sich auf den ~ machen* отправля́ться в путь; *(fig) aus dem ~ gehen* избега́ть кого́-л/чего-л; *den ~ des geringsten Widerstandes gehen* идти́ по пути́ наиме́ньшего сопротивле́ния; *eigene ~e gehen* идти́ свое́й доро́гой; *jdm den ~ ebnen* расчища́ть доро́гу кому́-л; *jdn aus dem ~ räumen* убира́ть кого́-л с доро́ги; *jdm etw mit auf den ~ geben* дава́ть кому́-л сове́ты; *etw in die ~e leiten* подгота́вливать (устра́ивать) что-л; *2. (Straße)* доро́га *f*,

тра́сса *f; 3. (fig: Art und Weise)* спо́соб *m,* сре́дство *n*
Wegbereiter *m* основополо́жник *m,* первопрохо́дец *m,* нова́тор *m*
wegbleiben *v irr* отсу́тствовать *impf,* не приходи́ть, не явля́ться
wegbringen *v irr* уноси́ть, увози́ть, уводи́ть , устраня́ть
wegen *prep* из-за, ра́ди, всле́дствие, благодаря́; *Wegen des schlechten Wetters konnten wir nicht fliegen.* Из-за плохо́й пого́ды мы не могли́ вы́лететь.
Wegfahrsperre *f (Auto)* противоуго́нное устро́йство *n*
wegfallen *v irr 1.* отпада́ть; *2. (ungültig werden)* отменя́ться, упраздня́ться
weggehen *v irr* уходи́ть
weglassen *v irr (auslassen)* опуска́ть, пропуска́ть
weglaufen *v irr* убега́ть, сбега́ть
wegnehmen *v irr* отбира́ть, отнима́ть
wegräumen *v* убира́ть
wegschicken *v 1. (fortschicken)* отсыла́ть прочь; *2. (verschicken)* отсыла́ть, отправля́ть, посыла́ть
Wegweiser *m 1. (Tafel)* доро́жный указа́тель *m,* путево́й знак *m ; 2. (Buch)* путеводи́тель *m*
wegwerfen *v irr* выбра́сывать
Wegwerfspritze *f MED* шприц *m* однора́зового испо́льзования
weh *adj 1.* больно́й, боле́зненный; *adv 2.* бо́льно; *3. (kränkend)* жаль, оби́дно; *interj 4.* Увы́! Ах!
wehen *v 1.* дуть, ве́ять; *2. (flattern)* развева́ться
Wehen *pl MED* (пред)родовы́е схва́тки *f/pl*
wehleidig *adj* жа́лобный, жа́лостливый, плакси́вый
Wehleidigkeit *f* плакси́вость *f,* жа́лобность *f*
Wehmut *f* грусть *f,* тоска́ *f,* хандра́ *f*
wehmütig *adj* гру́стный, уны́лый, печа́льный
Wehrdienst *m MIL* вое́нная слу́жба *f*
Wehrdienstverweigerer *m MIL* отка́зник *m,* уклони́ст *m (fam)*
wehren *v sich ~* обороня́ться *impf,* защища́ться, сопротивля́ться *impf*
wehrlos *adj* беззащи́тный
Wehrpflicht *f MIL* во́инская обя́занность *f,* во́инская пови́нность *f*
Weib *n* ба́ба *f (fam)*
weiblich *adj* же́нский
weich *adj 1.* мя́гкий; *2. (fig)* мя́гкий, кро́ткий, не́жный
Weiche[1] *f* мя́гкость *f*
Weiche[2] *f TECH* стре́лка *f; die ~n für etw stellen (fig)* намеча́ть курс чего́-л, определя́ть направле́ние (разви́тие) чего́-л
weichen *v irr 1.* уступа́ть доро́гу, отступа́ть, отходи́ть
weichherzig *adj* мягкосерде́чный
Weichspüler *m* сре́дство *n* для прида́ния мя́гкости тексти́льным изде́лиям, полоска́тель *m (fam)*
Weide *f 1. (Baum) BOT* и́ва *f,* ве́рба *f; 2. (Wiese) BOT* вы́гон *m,* па́стбище *n*
weigern *v sich ~* отка́зываться (сде́лать что-л)
Weigerung *f* отка́з *m*
weihen *v 1. REL* освяща́ть; *2. (zu jdm ~) REL* посвяща́ть (кого́-л в сан)
Weiher *m* пруд *m*
Weihnachten *n* Рождество́ *n; Frohe ~!* С Рождество́м Христо́вым!
weihnachtlich *adj* рожде́ственский
Weihnachtsabend *m* рожде́ственский соче́льник *m*
Weihnachtsbaum *m* рожде́ственская ёлка *f*
Weihnachtsmann *m* Дед Моро́з *m*
Weihrauch *m REL* ла́дан *m*
Weihwasser *n REL* свята́я вода́ *f*
weil *konj* потому́ что, так как
Weile *f* не́которое вре́мя *f*
Wein *m 1.* вино́ *m; jdm reinen ~ einschenken (fig)* говори́ть кому́-л пра́вду; *2. BOT* виногра́д *m*
Weinberg *m* виногра́дник *m*
Weinbrand *m* конья́к *m*
weinen *v* пла́кать
Weingut *n* виноде́льческое хозя́йство *n*
Weinlese *f* сбор *m* виногра́да
Weintraube *f BOT* виногра́дная кисть *f,* виногра́д *m*
weise *adj* му́дрый
Weise *f (Art und ~)* о́браз *m,* спо́соб *m,* мане́ра *f; in keiner ~* нико́им о́бразом, ника́к
Weise(r) *m/f* мудре́ц *m,* же́нщина-мудре́ц *f*
Weisheit *f* му́дрость *f; mit seiner ~ am Ende sein (fig)* не знать, что де́лать да́льше
weiß *adj* бе́лый
Weißbier *n* све́тлое (пшени́чное) пи́во *n*
Weißbrot *n GAST* бе́лый хлеб *m*
Weißwein *m* бе́лое вино́ *m*

Weisung *f* указа́ние *n,* предписа́ние *n,* распоряже́ние *n*
weit *adj 1.(breit)* широ́кий; *2.(lang)* до́лгий; *3. (fern)* далёкий, да́льний; *(fig) das Weite suchen* бро́ситься бежа́ть, иска́ть спасе́ния в бе́гстве; *adv 4.~ entfernt* далеко́, вдали́; *~ verbreitet* широко́ распространённый, *(fig) ~ und breit* везде́ и всю́ду, вокру́г; *zu ~ gehen* заходи́ть сли́шком далеко́; *~ reichend* далеко́ иду́щий, обши́рный
weitaus *adv* намно́го, гора́здо
Weitblick *m 1.* далёкий вид *m,* обзо́р *m; 2. (Weitsicht)* дальнови́дность *f*
Weite *f 1.(Breite)* ширина́ *f; 2.(Länge)* даль *f; 3. (Entfernung)* расстоя́ние *n; 4. (Ausdehnung)* просто́р *m*
weiter *adj 1. (fortdauernd)* продолжа́ющийся; *2. (zusätzlich)* дополни́тельный, дальне́йший; *3. (Komparativ von weit)* да́льше; *adv 4. (außerdem)* да́льше, да́лее
weiterarbeiten *v* рабо́тать да́льше, продолжа́ть рабо́тать (рабо́ту)
Weiterbildung *f* повыше́ние *n* квалифика́ции
weiterführen *v* продолжа́ть вести́ что-л, вести́ что-л да́льше
weitergeben *v irr ~ an* передава́ть кому́-л что-л
weitergehen *v irr 1.* идти́ да́льше, не остана́вливаться; *2. (dauern)* продолжа́ться
weiterleiten *v* передава́ть, направля́ть
weitermachen *v* продолжа́ть
weitgehend *adj 1.* значи́тельный, далеко́ иду́щий; *adv* в значи́тельной ме́ре, наско́лько возмо́жно
weitläufig *adj 1. (weiträumig)* обши́рный, простра́нный; *2. (fig: ausführlich)* подро́бный; *3. (entfernter Verwandte)* да́льний
weitsichtig *adj 1. MED* дальнозо́ркий; *2. (fig)* дальнови́дный, прозорли́вый
Weizen *m BOT* пшени́ца *f*
welch *pron (ausrufend)* како́й, что за; *Welch ein Vergnügen!* Како́е удово́льствие !
welche(r,s) *pron 1. (rel)* кото́рый *m,* …рая *f,* …рое *n,* …рые *pl; 2. (interr)* како́й *m,* …кая *f,* …кое *n,* …кие *pl,* что за; *Welches Buch gefällt dir besser?* Кака́я кни́га тебе́ бо́льше нра́вится ?
welken *v 1. (Pflanzen)* вя́нуть, увяда́ть; *2. (Haut, Person)* дря́бнуть, станови́ться дря́блым
Welle *f 1.* волна́ *f; 2. fig* мо́да *f,* волна́ *f*
Wellenlänge *f 1. PHYS* длина́ *f* волны́; *2. (fig) auf der gleichen ~ sein* ду́мать одина́ково, быть единомы́шленниками
Wellensittich *m ZOOL* волни́стый попуга́йчик *m*
Welpe *m ZOOL 1. (Hund)* щено́к *m; 2. (Wolf)* волчо́нок *m; 3. (Fuchs)* лисёнок *m*
Welt *f* мир *m,* свет *m,* земно́й шар *m; die ganze ~* весь мир; *(fig) nicht die ~ kosten* обойти́сь не сли́шком до́рого; *nicht die ~ sein* не бог весть что; *etw in die ~ setzen* пуска́ть (распуска́ть) что́-л; *mit sich und der ~ zufrieden sein* быть вполне́ и всем дово́льным
Weltall *n* ко́смос *m,* вселе́нная *f*
Weltbank *f ECO* Всеми́рный банк *m*
weltbekannt *adj* всеми́рно изве́стный, изве́стный во всём ми́ре
weltbewegend *adj* волну́ющий (люде́й во всём ми́ре), потряса́ющий
Weltenbummler *m* челове́к *m,* разъезжа́ющий *m* по всему́ све́ту
weltfremd *adj* ото́рванный, (далёкий) от жи́зни (от действи́тельности), не от ми́ра сего́ *(fam)*
Welthandel *m ECO* мирова́я торго́вля *f*
Weltkrieg *m HIST* мирова́я война́ *f*
weltlich *adj 1.* земно́й; *2. (nicht kirchlich)* све́тский, мирско́й
Weltmacht *f* сверхдержа́ва *f,* мирова́я (вели́кая) держа́ва *f*
Weltmeisterschaft *f SPORT* чемпиона́т *m* ми́ра
Weltraumstation *f* косми́ческая ста́нция *f*
Weltreise *f* кругосве́тное путеше́ствие *n*
Weltrekord *m SPORT* мирово́й реко́рд *m*
Weltsprache *f* междунаро́дный язы́к *m*
Weltuntergang *m* коне́ц *m* све́та, светопреставле́ние *n*
weltweit *adj 1.* всеми́рный , мирово́й; *adv 2.* во всём ми́ре
Weltwirtschaft *f ECO* мирова́я эконо́мика *f*
wem *pron (interr, rel)* кому́; *Zu ~?* К кому́?
wen *pron (interr, rel)* кого́; *Wen frage ich?* Кого́ я спра́шиваю?
Wende *f 1.* поворо́т *m; 2. (fig)* переме́на *f,* перело́мный эта́п *m*
Wendeltreppe *f* винтова́я ле́стница *f*
wenden *v irr 1.* перевора́чивать, повора́чивать, вывора́чивать; *2.(Fahrzeug)* развора́чивать; *3. sich ~* повора́чиваться, обора́чиваться, развора́чиваться; *sich an jdn ~* обраща́ться к кому́-л

wendig *adj 1. (Fahrzeug)* манёвренный; *2. (flink)* ло́вкий, расторо́пный
wenig *adj 1.* немно́гое; *adv 2.* ма́ло, немно́го, немно́гое
wenige *adj/pron* немно́гие
weniger *adv* ме́ньше, ме́нее
Wenigkeit *f* ме́лочь *f,* пустя́к *m; (fig) meine ~* моя́ скро́мная осо́ба *f,* ваш поко́рный слуга́ *m*
wenigstens *adv* по кра́йней (ме́ньшей) ме́ре, хотя́ бы
wenn *konj 1. (konditional)* е́сли; *2. (zeitlich)* когда́
wer *pron* кто
Werbeagentur *f* рекла́мное аге́нство *n*
Werbebanner *n ECO* рекла́мный ба́ннер *m*
Werbefernsehen *n* переда́ча *f* (трансляция *f*) рекла́мы по телеви́дению
werben *v 1. (jdn gewinnen für etw)* вербова́ть, привлека́ть; *2. (für etw ~)* агити́ровать, реклами́ровать *impf/pf*
Werbung *f 1.* рекла́ма *f; 2. (Rekrutieren)* вербо́вка *f,* привлече́ние *n*
Werdegang *m 1.* проце́сс *m* разви́тия (становле́ния); *2. (bei Personen)* путь *m* разви́тия
werden *v irr 1. (Futur)* быть; *Er wird in der Freizeit viel lesen.* На досу́ге он бу́дет мно́го чита́ть; *2. (etwas werden)* станови́ться, быть; *Er wird Arzt wie sein Vater.* Он бу́дет (ста́нет) врачо́м, как и его оте́ц . *3. (Passiv)* быть; *Das Haus wurde vor drei Jahren gebaut.* Дом был постро́ен три го́да наза́д. (Дом постро́или три го́да наза́д.)
werfen *v irr* броса́ть, кида́ть; *mit Geld um sich ~ (fig)* сори́ть деньга́ми *(fig)*
Werft *f* верфь *f*
Werk *n 1. (Fabrik)* фа́брика *f,* заво́д *m; 2. (Kunstwerk)* произведе́ние *n* (иску́сства, литерату́ры)
Werkstatt *f* мастерска́я *f*
Werkstoff *m* материа́л *m*
Werkstück *n* обраба́тываемая дета́ль *f,* загото́вка *f*
Werktag *m* рабо́чий день *m*
werktags *adv* в рабо́чие дни, в бу́дни
Werkzeug *n* инструме́нт *m,* ору́дие *n*
Werkzeugkasten *m* я́щик *m* для инструме́нтов
Werkzeugmaschine *f* стано́к *m*
wert *adj 1.* це́нный; *2. (würdig)* досто́йный; *3. (lieb)* дорого́й
Wert *m 1. (Preis, Wert)* цена́ *f,* сто́имость *f; 2. (Bedeutung)* значе́ние *n,* це́нность *f*
werten *v* цени́ть *impf,* оце́нивать
Wertgegenstand *m* це́нность *f,* це́нный предме́т *m*
wertlos *adj 1.* не име́ющий це́нности; *2. (Geld)* обесце́ненный; *3. (unnötig)* нену́жный, бесполе́зный
Wertpapier *n FIN* це́нная бума́га *f*
Wertschätzung *f* уваже́ние *n*
Wertung *f 1. (Einschätzung)* оце́нка *f; 2. (Wertbestimmung)* определе́ние *n* сто́имости
wertvoll *adj 1.* це́нный, драгоце́нный; *2. (unschätzbar)* бесце́нный
Wesen *n 1. (Lebewesen)* существо́ *n; 2. (Grundlegendes)* суть *f,* су́щность *f; 3. (Charakter)* хара́ктер *m,* нату́ра *f*
wesentlich *adj* суще́ственный, значи́тельный, ва́жный
weshalb *adv 1.* почему́, отчего́, заче́м; *konj 2.* почему́
Wespe *f ZOOL* оса́ *f*
wessen *pron (rel, nterr)* чей *m,* чья *f,* чьё *n,* чьи *pl; Wessen Haus ist das?* Чей э́то дом ?
Weste *f* жиле́т(ка) *m/ f; (fig) eine weiße ~ haben* име́ть незапя́тнанную репута́цию
Westen *m* за́пад *m*
Westeuropa *n GEO* За́падная Евро́па *f*
westlich *adj 1.* за́падный; *adv 2.* к за́паду, за́паднее
Wettbewerb *m 1.* ко́нкурс *m; 2. SPORT* соревнова́ние *n,* состяза́ние *n; 3. ECO* конкуре́нция *f*
wettbewerbsfähig *adj ECO* конкуренто-спосо́бный
Wette *f* пари́ *n*
wetteifern *v* состяза́ться *impf,* соревнова́ться *impf*
wetten *v* держа́ть *impf* пари́, поспо́рить *pf; Wetten, dass…* Спо́рим, что…
Wetter *n* пого́да *f; schlechtes/gutes ~* плоха́я/хоро́шая пого́да; *Wie wird das ~?* Кака́я бу́дет пого́да ?
Wetterbericht *m* метеорологи́ческая сво́дка *f,* сво́дка *f* пого́ды
wetterbeständig *adj* погодосто́йкий, атмосферосто́йкий
Wettervorhersage *f* прогно́з *m* пого́ды
Wettkampf *m SPORT* соревнова́ние *n,* состяза́ние *n*
Wettkämpfer(in) *m/f SPORT* уча́стник *m* (уча́стница *f*) соревнова́ний
wettmachen *v 1. (Verlust)* восполня́ть (уро́н); *2. (Fehler)* исправля́ть (оши́бку)
Wettrüsten *n POL* го́нка *f* вооруже́ний

Wettstreit *m 1.* SPORT состяза́ние *n,* соревнова́ние *n; 2. (Streit)* спор *m*
wichtig *adj* ва́жный
Wichtigkeit *f* ва́жность *f,* зна́чимость *f*
Wichtigtuer(in) *m/f* тщесла́вный челове́к *m,* вообража́ла *m/f (fam)*
wickeln *v 1. (ein~)* завора́чивать; *2. (aufspulen)* нама́тывать; *3. (Baby)* пелена́ть (ребёнка)
wider *prep* про́тив, вопреки́
widerfahren *v irr* случа́ться, происходи́ть
widerlegen *v* опроверга́ть, дока́зывать несостоя́тельность
widerlich *adj* проти́вный, отврати́тельный
widerrechtlich *adj* незако́нный, противозако́нный, противопра́вный
Widerrede *f* возраже́ние *n*
widerrufen *v irr 1. (zurücknehmen)* отменя́ть; *2. (dementieren)* опроверга́ть
Widersacher(in) *m/f* проти́вник *m,* проти́вница *f,* сопе́рник *m,* сопе́рница *f*
widersetzen *v sich ~* сопротивля́ться *impf,* не подчиня́ться
widerspenstig *adj* упря́мый, строптй́вый
widerspiegeln *v* отража́ть
widersprechen *v irr* возража́ть, противоре́чить *impf*
Widerspruch *m 1. (Gegensatz)* противоре́чие *n; 2. (Widerrede)* возраже́ние *n; keinen ~ dulden* не терпе́ть возраже́ний
widersprüchlich *adj* противоречи́вый
widerspruchslos *adj 1.* беспрекосло́вный; *adv 2.* без возраже́ний, беспрекосло́вно
Widerstand *m* сопротивле́ние *n,* противоде́йствие *n; jdm ~ leisten* ока́зывать сопротивле́ние кому́-л
widerstandsfähig *adj* сто́йкий, выно́сливый
widerstehen *v irr* противостоя́ть *impf,* устоя́ть *pf,* возде́рживаться
widerwärtig *adj* проти́вный, отврати́тельный, ме́рзкий
Widerwille *m* отвраще́ние *n,* антипа́тия *f*
widerwillig *adj 1.* отврати́тельный; *adv 2. (mit Abneigung)* с отвраще́нием; *3. (mit Unlust)* неохо́тно, с неохо́той, про́тив во́ли;
widmen *v 1.* посвяща́ть; *2. sich einer Sache ~* посвяща́ть себя́ (отдава́ться) како́му-л де́лу
Widmung *f* посвяще́ние *n*
wie *adv 1. (interr)* как; *Wie geht es Ihnen?* Как у Вас дела́? *Wie bitte?* Прости́те, что Вы сказа́ли? *konj 2. (Vergleich)* как; *Er denkt genauso ~ du.* Он ду́мает та́к же, как и ты.
wieder *adv* опя́ть, сно́ва, вновь; *~beleben* MED реаними́ровать *impf/pf,* возвраща́ть к жи́зни; *~erkennen* узнава́ть; *Er ist nicht mehr wieder zu erkennen.* Его́ не узна́ть. *~finden* находи́ть, обрета́ть; *~ gutmachen* возмеща́ть, компенси́ровать *impf/pf; ~sehen* вновь ви́деть, встреча́ть
Wiederaufbau *m* восстановле́ние *n*
Wiederbelebung *f 1.* оживле́ние *n; 2.* MED реанима́ция *f,* оживле́ние *n*
wiedererlangen *v* вновь обрета́ть
Wiedergabe *f 1. (Gesang)* ART исполне́ние *n; 2. (Textwiedergabe)* переда́ча *f* содержа́ния; *3. (Ton)* воспроизведе́ние *n*
wiedergeben *v irr 1. (zurückgeben)* возвраща́ть; *2. (Gesang)* ART исполня́ть; *3. (Text)* передава́ть содержа́ние
Wiedergutmachung *f 1. (Erstattung)* возмеще́ние *n,* компенса́ция *f; 2. (Sühne)* искупле́ние *n*
wiederherstellen *v* восстана́вливать
wiederholen *v* повторя́ть
Wiederholung *f* повторе́ние *n*
Wiederhören *n (am Telefon) Auf ~!* До свида́ния! *(при проща́нии по телефо́ну)*
wiederkommen *v irr* возвраща́ться, приходи́ть ещё раз
Wiedersehen *n* свида́ние *n,* встре́ча *f; Auf ~!* До свида́ния!
Wiedervereinigung *f* POL воссоедине́ние *n; die Deutsche ~* воссоедине́ние Герма́нии
Wiederverwertung *f* втори́чное испо́льзование *n,* утилиза́ция *f*
Wiederwahl *f* POL переизбра́ние *n*
Wiege *f* колыбе́ль *f,* лю́лька *f; Das ist ihm schon in die ~ gelegt worden. (fig)* Э́то у него́ уже́ от рожде́ния.
wiegen[1] *v 1. (Gewicht haben)* ве́сить *impf; 2. (Gewicht feststellen)* взве́шивать
wiegen[2] *v (schaukeln)* кача́ть , баю́кать
Wien *n* GEO Ве́на *f*
Wiese *f* луг *m,* лужа́йка *f*
wieso *adv* почему́; *Wieso denn?* Э́то почему́ же?
Wieviel *adv* сколько, как много
wild *adj 1.* ди́кий; *~e Tiere* ди́кие зве́ри; *(fig) halb so ~* не стра́шно, не беда́; *2. (fig: wütend)* я́ростный, бе́шеный
Wild *n* ZOOL дичь *f*
Wildleder *n* за́мша *f*
Wildnis *f* ди́кая (глуха́я) ме́стность *f*
Wille *m* во́ля *f; mit eisernem ~n (fig)* с желе́зной во́лей *(fig)*

willenlos *adj* безво́льный
willensschwach *adj* слабово́льный
willkommen *adj* жела́нный, прия́тный
Willkür *f* произво́л *m*
willkürlich *adj 1.* произво́льный; *2. (eigenmächtig)* самово́льный
Wimper *f* ресни́ца *f; ohne mit der ~ zu zucken (fig)* и гла́зом не моргну́в *(fig)*
Wind *m* ве́тер *m; Der ~ hat sich gelegt.* Ве́тер улёгся. *(fig) ~ von etw bekommen* прове́дать (проню́хать) что-л; *in den ~ reden* броса́ть слова́ на ве́тер; *viel ~ machen* поднима́ть шум(и́ху); *Er weiß, woher der ~ weht.* Он зна́ет, отку́да ве́тер ду́ет .
Windel *f* пелёнка *f,* подгу́зник *m,* па́мперс *m*
windig *adj* ве́тренный
Windjacke *f* ветро́вка *f*
Windkraftwerk *n TECH* ветряна́я электроста́нция *f*
Windmühle *f* ветряна́я ме́льница *f*
Windpark *m TECH (Komplex aus mehreren Windkraftwerken)* ветропа́рк *m*
Windpocken *pl MED* ве́тряная о́спа *f,* ветря́нка *f (fam)*
Windstärke *f* си́ла *f* ве́тра
Windstille *f* безве́трие *n,* зати́шье *n,* штиль *m*
Wink *m 1. (Zeichen)* знак *m*; *2. (mit dem Kopf)* киво́к *m* (голово́й); *3. (fig)* намёк *m*
Winkel *m 1. (fig: Plätzchen)* уголо́к *m,* укро́мное месте́чко *n; 2. MATH* у́гол *m*
winken *v 1. (Zeichen geben)* подава́ть знак; *2. (mit der Hand)* маха́ть
Winter *m* зима́ *f*
winterlich *adj 1.* зи́мний; *adv 2.* по-зи́мнему
Winterschlaf *m ZOOL* зи́мняя спя́чка *f*
Wintersport *m* зи́мние ви́ды *m/pl* спо́рта
Winzer(in) *m/f* виногра́дарь *m/f,* виноде́л *m/f*
winzig *adj* кро́хотный, кро́шечный
wir *pron* мы
Wirbel *m 1. ANAT* позвоно́к *m; 2. (Luftwirbel)* вихрь *m; 3. (Strudel)* водоворо́т *m; 4. (fig: Aufregung)* шум *m,* сумато́ха *f*
Wirbelsäule *f ANAT* позвоно́чник *m*
wirken *v 1. (tätig sein)* рабо́тать; *2. (wirksam sein)* де́йствовать, ока́зывать де́йствие; *3. (Eindruck erwecken)* производи́ть впечатле́ние
wirklich *adj 1.* действи́тельный, настоя́щий, реа́льный; *adv 2.* действи́тельно, в са́мом де́ле
Wirklichkeit *f* действи́тельность *f*
wirksam *adj 1. (effektiv)* де́йственный, эффекти́вный ; *2. (gültig)* де́йствующий
Wirksamkeit *f 1. (Effiktivität)* де́йственность *f,* эффекти́вность *f; 2. (Tätigkeit)* де́ятельность *f*
Wirkung *f* де́йствие *n,* эффе́кт *m*
wirkungslos *adj 1.* неэффекти́вный; *2. (ergebnislos)* безрезульта́тный; *3. (erfolglos)* безуспе́шный
wirkungsvoll *adj 1.* эффекти́вный; *2. (eindrucksvoll)* эффе́ктный
Wirsing *m BOT* саво́йская капу́ста *f*
Wirt(in) *m/f* хозя́ин *m,* хозя́йка *f*
Wirtschaft *f 1. (Restaurant)* рестора́н *m; 2. ECO* эконо́мика *f,* хозя́йство *n*
wirtschaftlich *adj 1.* экономи́ческий, хозя́йственный; *2. (sparsam)* эконо́мный, бережли́вый
Wirtschaftlichkeit *f 1.* экономи́чность *f,* хозя́йственность *f; 2. (Rentabilität)* рента́бельность *f,* дохо́дность *f; 3. (Sparsamkeit)* эконо́мность *f,* бережли́вость *f*
Wirtschaftsingenieur *m ECO, TECH* инжене́р-экономи́ст *m*
Wirtschaftskrise *f ECO* экономи́ческий кри́зис *m*
Wirtschaftsprüfer *m ECO, FIN*ауди́тор *m*
Wirtshaus *n* рестора́н *m*
wischen *v* тере́ть, вытира́ть, протира́ть
wispern *v* шепта́ть, шушу́каться *(fam)*
wissbegierig *adj* любозна́тельный
wissen *v irr* знать; *von jdm nichts ~ wollen* и слы́шать не хоте́ть о ком-л
Wissen *n 1.* зна́ние *n; 2. (Kenntnisse)* зна́ния *pl*
Wissenschaft *f* нау́ка *f*
Wissenschaftler(in) *m/f* учёный *m/f*
wissenschaftlich *adj* нау́чный
wissenswert *adj* достойный изуче́ния
wissentlich *adj* созна́тельный, умы́шленный
wittern *v 1. (Tier)* чу́ять; *2. (fig: ahnen)* предчу́вствовать *impf,* чу́ять *(fam)*
Witterung *f 1. (Wetter)* пого́да *f; 2. (Wittern)* чутьё *n,* нюх *m*
Witwe *f* вдова́ *f*
Witwenrente *f* вдо́вья пе́нсия *f*
Witwer *m* вдове́ц *m*
Witz *m 1. (Geschichte)* анекдо́т *m; 2. (Scherz)* шу́тка *f; Mach keine ~e!* Шу́тки в сто́рону ! *3. (Klugheit)* жи́вость *f* ума́, остроу́мие *f*
witzig *adj* смешно́й, заба́вный
wo *adv 1. (interr)* где; *2. (rel)* где, кото́рый
woanders *adv* в друго́м ме́сте , где-л ещё

Woche *f* неде́ля *f*
Wochenblatt *n* еженеде́льник *m*
Wochenende *n* выходны́е (дни) *m/pl*
wochenlang *adj 1.* длящийся (це́лыми) неде́лями; *adv 2.* (це́лыми) неде́лями
Wochenmarkt *m* еженеде́льный база́р *m* (ры́нок) *m*
Wochentag *m* рабо́чий (бу́дничный) день *m (любо́й день неде́ли кро́ме воскресе́нья)*
wochentags *adv* в бу́дни, в рабо́чие дни
wöchentlich *adj* еженеде́льный
wodurch *adv* из-за чего́, в результа́те (вследствие) чего́, благодаря́ чему́
wofür *adv* для чего́, за что, вме́сто чего́
Woge *f (Welle)* волна́ *f*
wogegen *konj 1.* в то вре́мя как, а; *adv, pron 2.* про́тив чего́
woher *pron* отку́да
wohin *pron* куда́
wohl *adv 1. (gut)* хорошо́; *~tuend* прия́тный, благотво́рный; *~wollend* доброжела́тельный, благосклонный; *2. (wahrscheinlich)* вероя́тно, пожа́луй; *Er wird ~ schon angekommen sein.* Он, пожа́луй, уже́ прие́хал. *3.(sicher)* несомне́нно
Wohl *n* бла́го *n,* добро́ *n*
Wohlbefinden *n 1.* хоро́шее самочу́вствие *n,* благополу́чие *n; 2. (Gesundheit)* здоро́вье *n*
wohlerzogen *adj* хорошо́ воспи́танный
Wohlfahrt *f (Wohltätigkeit)* благотвори́тельность *f*
Wohlgefallen *n* удовлетворе́ние *n,* удово́льствие *n*
wohlgemerkt *adv* заме́ть(те)
wohlgesinnt *adj* добро́желательный
wohlhabend *adj* состоя́тельный, зажи́точный
wohlig *adj 1.* прия́тный; *adv 2.* прия́тно, отра́дно
wohlschmeckend *adj* вку́сный, прия́тный на вкус
Wohlstand *m* благососто́яние *n,* зажи́точность *f*
Wohltat *f* благоде́яние *n,* добро́ *n*
Wohltäter(in) *m/f* благоде́тель(ница) *m/f,* благотвори́тель(ница) *m/f*
Wohltätigkeitsveranstaltung *f* благотвори́тельное мероприя́тие *n*
Wohlwollen *n* доброжела́тельность *f,* благоскло́нность *f*
wohnen *v* жить, прожива́ть, обита́ть *impf*
Wohngemeinschaft *f* гру́ппа *f* совме́стно прожива́ющих, гру́ппа *f* жи́льцов в одно́й ква́ртире
wohnhaft *adj ~ in* прожива́ющий в (по а́дресу)
wohnlich *adj* ую́тный, комфорта́бельный
Wohnmobil *n* жило́й автомоби́ль *m,* «дом *m* на колёсах» *(fam)*
Wohnort *m* ме́сто *n* жи́тельства
Wohnung *f* кварти́ра *f*
Wohnviertel *n* жило́й кварта́л *m*
Wohnwagen *m* жило́й автоприце́п *m*
Wohnzimmer *n* гости́ная *f,* зал *m (fam)*
Wolf *m* ZOOL волк *m; (fig) ein ~ im Schafspelz* волк в ове́чьей шку́ре
Wolke *f* о́блако *n,* ту́ча *f; (fig) aus allen ~n fallen* быть огоро́шенным; *über allen ~ schweben* вита́ть в облака́х
Wolkenkratzer *m* небоскрёб *m*
wolkenlos *adj* безо́блачный
wolkig *adj* о́блачный
Wolle *f* шерсть *f; sich in die ~ kriegen (fam)* сцепи́ться друг с дру́гом *(fam)*
wollen *v irr 1. (wünschen)* хоте́ть, жела́ть; *Wie du willst.* Как хо́чешь. *Ich will für dich nur das Beste.* Я жела́ю тебе́ то́лько добра́. *2. (verlangen)* хоте́ть, тре́бовать; *Ich will den Chef sprechen.* Я хочу́ поговори́ть с нача́льником. *3. (vorgeben)* утвержда́ть; *Sie will es gehört haben.* Она утвержда́ет, что слы́шала э́то.
womit *pron* (с) чем
wonach *pron* о чём, что, в соотве́тствии с чем
woran *adv 1.*на чём, на что, к чему; *pron 2.*о чём, в чём, над чем
worauf *adv, pron 1.* на чём, на что; *konj 2.* по́сле чего́, вслед за чем
woraus *adv, pron* отку́да, из чего́
worin *adv, pron* ку́да, в чём , где
World Wide Web *n* INFORM Всеми́рная сеть *f,* «Всеми́рная паути́на» *f (fam)*
Wort *n* сло́во *n; (fig) das letzte ~ haben* име́ть за собо́й после́днее сло́во; *im wahrsten Sinne des ~es* в по́лном смы́сле э́того сло́ва; *das ~ ergreifen* брать сло́во; *jdm das ~ erteilen* предоста́влять кому́-л сло́во; *jdm das ~ entziehen* лиша́ть кого́-л сло́ва; *jdm das ~ verbieten* запреща́ть кому́-л говори́ть; *für jdn ein gutes ~ einlegen* замо́лвить за кого́-л слове́чко, вы́ступать в защи́ту кого́-л; *jdm das ~ im Munde umdrehen* искажа́ть чьи-л слова́; *kein ~ über etw verlieren* не произноси́ть ни сло́ва о чём-л; *jdm ins ~ fallen* перебива́ть

(прерывáть) когó-л; *sich zu ~ melden* просúть слóва
Wörterbuch *m* словáрь *m*
Wortführer(in) *m/f 1.* выразúтель(ница) *m/f* (чьих-л взглядов, мнéний); *2. (im Gespräch)* говорящий *m, …щая f*
wortgewandt *adj* красноречúвый
wortkarg *adj* неразговóрчивый, немногослóвный
Wortlaut *m* дословный (тóчный) текст *m*
wörtlich *adj 1.* дослóвный, буквáльный; *adv 2. (wortwörtlich)* слóво в слóво
wortlos *adj 1.* бессловéсный; *adv 2.* без едúного слóва, не говоря ни слóва, мóлча
Wortschatz *m* словáрный запáс *m,* запáс *m* слов
Wortwechsel *m* спор *m,* дúспут *m*
worüber *adv 1.* над чем, повéрх чего; *pron 2.* о чём
worum *adv 1.* вокрýг чегó; *pron 2.* о чём
worunter *adv 1.* под чем, пóдо что, средú чегó; *pron 2. (rel)* под чем, к котóрому *m/n,* к …рой *f,* к …рым *pl*
wovon *adv 1.* от (из) чегó; *pron 2.* о чём , о котóром *m/n,* о …рой *f,* о …рых *pl*
wovor *adv 1.* пéред чем; *pron 2.* от чегó
wozu *adv 1.* к чемý; *pron 2. (interr)* зачéм, к чемý, для чегó; *3. (rel)* к чемý, для чегó
Wrack *n* облóмки *m/pl*
Wucher *m* ростовщúчество *n*
wuchern *v 1.* бýйно разрастáться, сúльно растú; *2. (fig)* занимáться ростовщúчеством
Wuchs *m 1. (Wachsen)* рост *m,* возрастáние *n; 2. (Körperbau)* рост *m,* фигýра *f*
Wucht *f* сúла *f,* мощь *m*
wühlen *v 1. (graben)* рыть; *2. (fam: suchen)* копáться *(fam),* рыться *(fam)*
wund *adj 1. (aufgerieben)* натёртый до крóви; *2. (verwundet)* рáненый, подстрéленный; *3. (fig)* рáненый, уязвúмый
Wunde *f* рáна *f*
Wunder *n* чýдо *n; Er blieb wie durch ein ~ am Leben.* Он чýдом остáлся в живыx. *sein blaues ~ erleben (fam)* узнáть, где рáки зимýют *(fam)*
wunderbar *adj* чудéсный, удивúтельный, поразúтельный
wunderlich *adj* стрáнный, причýдливый, дикóвинный, чудаковáтый
wundern *v sich ~ über* удивляться чемý-л
wundervoll *adj* чудéсный
Wunsch *m 1.* желáние *n,* пожелáние *n; 2. (Glückwunsch)* поздравлéние *n*
Wunschbild *n* видéние *n,* фантóм *m,* идеáл *m*
wünschen *v* желáть; *Was ~ Sie?* Что Вам угóдно?
Würde *f 1.* достóинство *n; 2. (Titel)* звáние *n*
würdig *adj 1. (würdevoll)* достóйный; *2. (ehrwürdig)* почтéнный; *3. (feierlich)* торжéственный
würdigen *v 1.* ценúть *impf,* оцéнивать; *2. (auszeichnen)* удостáивать
Würfel *m 1.* кýбик *m; 2. MATH* куб *m*
würgen *v* душúть, давúть
Wurm *m ZOOL* червь *m,* червяк *m*
Wurst *f GAST* колбасá *f; Das ist mir ~. (fam)* Мне на это наплевáть. *(fam)*
Würze *f* прянность *f,* припрáва *f*
Wurzel *f* кóрень *m*
wurzeln *v 1.* пускáть кóрни, укореняться; *2. (fig)* коренúться *impf*
würzen *v* приправлять
würzig *adj* пряный, пикáнтный
wüst *adj 1. (öde)* пустынный; *2. (ausschweifend)* беспýтный, распýтный; *3. (abstoßend)* урóдливый, безобрáзный, стрáшный
Wüste *f* пустыня *f*
Wüstling *m* разврáтник *m,* распýтник *m*
Wut *f* ярость *f,* злóба *f,* злость *f,* бéшенство *n*
wüten *v* бушевáть, бýйствовать *impf,* неистовствовать *impf,* свирéпствовать *impf*

X

x-Achse *f MATH* ось *f* абсци́сс
X-Beine *pl* икс-обра́зные (кривы́е) но́ги *f/pl*
x-beliebig *adj* любо́й
Xenon *m CHEM* ксено́н *m*
Xenophobie *f* ксенофо́бия *f*
x-fach *adj 1.* многокра́тный; *adv 2.* многокра́тно, мно́го раз, неопределённое коли́чество раз
x-mal *adv* многокра́тно, мно́го раз, неопределённое коли́чество раз; *Ich habe es dir ~ gesagt.* Я тебе́ э́то говори́л мно́го раз.
X-Strahlen *pl PHYS* х-лучи́ *m/pl,* рентге́новы лучи́ *m/pl*

Y

y-Achse *f MATH* ось *f* ордина́т
Yacht *f* я́хта *f*
Yen *m (Geldeinheit in Japan) FIN* йе́на *f (япо́нская де́нежная едини́ца)*
Yeti *m (Schneemensch)* йе́ти *m (сне́жный челове́к)*
Yoga *n* йо́га *f*
Yogi(n) *m/f* йог *m/f*
Ypsilon *n 1.* и́псилон *m (лати́нская бу́ква); 2. MATH* и́грек *m*
Yuppie *m* я́ппи *m,* йа́ппи *m (сти́льно одева́ющийся молодо́й челове́к с о́чень дохо́дной профе́ссией)*

Z

Zacke *f* зубе́ц *m,* зуб *m*
zaghaft *adj* ро́бкий, несме́лый, нереши́тельный
zäh *adj 1.* вя́зкий, тягу́чий, густо́й; *2. (Fleisch)* жёсткий; *3. (hartnäckig)* упо́рный; *4. (ausdauernd)* выно́сливый
zähflüssig *adj* вя́зкий, тягу́чий, густо́й
Zahl *f 1.* число́ *n; 2. (Ziffer)* ци́фра *f; 3. (Anzahl)* число́ *n,* коли́чество *n; (fig) rote ~en schreiben* нести́ убы́тки, рабо́тать убы́точно; *schwarze ~en schreiben* рабо́тать при́быльно
zahlbar *adj* подлежа́щий упла́те
zahlen *v* плати́ть; *Ich möchte ~!* Счёт, пожа́луйста! *Ich zahle alles zusammen.* Я плачу́ за всё .
zählen *v* счита́ть
Zähler *m 1. MATH* числи́тель *m; 2. TECH* счётчик *m*
zahlreich *adj 1.* многочи́сленный; *adv 2.* в большо́м коли́честве
Zahlung *f* платёж *m*
zahlungsfähig *adj ECO* платёжеспосо́бный
Zahlungsmoral *f ECO* платёжная дисципли́на *f*
zahlungsunfähig *adj ECO* неплатёжеспосо́бный
Zahlungsunfähigkeit *f ECO* неплатёжеспосо́бность *f,* несостоя́тельность *f*
zahm *adj 1. (Tier)* ручно́й; *2. (Mensch)* поко́рный, послу́шный
zähmen *v 1. (Tier)* прируча́ть, укроща́ть; *2. (Gefühle)* обу́здывать, сде́рживать
Zahn *m 1. ANAT* зуб *m; (fig) jdm auf den ~ fühlen* прощу́пывать кого́-л, пыта́ться вы́ведать у кого́-л что́-л; *einen ~ zulegen* поддава́ть жа́ру; *die Zähne zusammenbeißen* овладева́ть собо́й, брать себя́ в ру́ки; *sich an jdm die Zähne ausbeißen* обла́мывать себе́ зу́бы об кого́-л; *2. (Backenzahn) ANAT* коренно́й зуб *m*
Zahnarzt *m* зубно́й врач *m,* стомато́лог *m*
Zahnbürste *f* зубна́я щётка *f*
Zahnfüllung *f MED* пло́мба *f*
Zahnpasta *f* зубна́я па́ста *f*
Zahnrad *n TECH* зубча́тое колесо́ *n,* шестерня́ *f*
Zahnschmerzen *pl* зубна́я боль *f*
Zahnstocher *m* зубочи́стка *f*
Zander *m ZOOL* суда́к *m*
Zange *f* щипцы́ *pl,* клещи́ *pl; jdn in die ~ nehmen (fig)* брать кого́-л за жа́бры *(fam)*

Zank *m* ссо́ра *f,* брань *f,* перебра́нка *f*
zanken *v* ссо́риться, брани́ться
zapfen *v* цеди́ть, налива́ть (ви́но, пи́во из бо́чки)
Zapfsäule *f* бензоколо́нка *f*
zappeln *v* дёргаться, бара́хтаться, верте́ться; *jdn ~ lassen* заставля́ть кого́-л ждать, томи́ть кого́-л ожида́нием
zart *adj 1.* не́жный, ла́сковый; *2. (feingliedrig)* хру́пкий; *3. (taktvoll)* такти́чный, делика́тный
zärtlich *adj* не́жный, ла́сковый
Zärtlichkeit *f* не́жность *f*
Zauber *m 1. (Magie)* волшебство́ *n,* колдовство́ *n; 2. (fig: Reiz)* ча́ры *pl,* обая́ние *n,* очарова́ние *n,* пре́лесть *f*
Zauberer *m 1. (gut)* волше́бник *m; 2. (böse)* колду́н *m,* чароде́й *m; 3. (Trickkünstler)* маг *m,* фо́кусник *m*
zauberhaft *adj (fig)* обая́тельный, очаро-ва́тельный
zaubern *v 1.* колдова́ть; *2. (Tricks zeigen)* пока́зывать фо́кусы
zaudern *v* ме́длить *impf,* колеба́ться, не реша́ться
Zaum *m* узда́ *f,* узде́чка *f; (fig) jdn im ~ halten* держа́ть кого́-л в узде́
Zaun *m* забо́р *m,* огра́да *f,* и́згородь *f*
Zaunpfahl *m* забо́рный столб *m; ein Wink mit dem ~ (fig)* то́нкий намёк *(fig)*
Zebra *n ZOOL* зе́бра *f*
Zebrastreifen *m* пешехо́дный перехо́д *m,* зе́бра *f (fam)*
Zeche *f 1.* счёт *m; (fig) die ~ bezahlen müssen* поплати́ться (отдува́ться) за чужи́е грехи́; *die ~ prellen* улизну́ть, не уплати́в счёт; *2. (im Bergbau)* рудни́к *m,* ша́хта *m*
Zecke *f ZOOL* клещ *m*
Zeder *m BOT* кедр *m*
Zehe *f* па́лец *m* (стопы́)
zehn *num* де́сять
Zehnkampf *m SPORT* десятибо́рье *n*
zehnte(r,s) *adj* деся́тый, …тая, …тое
Zeichen *n* знак *m; (fig) ein ~ setzen* подава́ть приме́р; *die ~ der Zeit* знаме́ния вре́мени
zeichnen *v 1.* рисова́ть, черти́ть *; 2. (markieren)* ме́тить, отмеча́ть; *3. (unterschreiben)* подпи́сывать; *4. (fig)* рисова́ть, изобража́ть
Zeichnung *f* рису́нок *m,* изображе́ние *n*
Zeigefinger *m ANAT* указа́тельный па́лец *m*
zeigen *v* пока́зывать
Zeiger *m (einer Uhr)* стре́лка *f*
Zeile *f* строка́ *f; zwischen den ~n lesen (fig)* чита́ть ме́жду строк *(fig)*
Zeilenumbruch *m* перево́д *m* строки́
Zeit *f 1.* вре́мя *n; jdm ~ lassen* не торопи́ть кого́-л; *sich für etw ~ nehmen* находи́ть вре́мя для чего́-л; *(fig) Das hat ~.* Э́то не к спе́ху. *Es ist allerhöchste ~.* Уже́ давно́ пора́. *die ~ totschlagen* убива́ть вре́мя; *sich mit etw die ~ vertreiben* корота́ть (проводи́ть) вре́мя за чем-л; *mit der ~ gehen* шага́ть в но́гу со вре́менем; *2. (Epoche)* вре́мя *n,* пери́од *m,* эпо́ха *f; 3. (Uhrzeit)* вре́мя *n*
Zeitalter *n* эпо́ха *f,* век *m,* э́ра *f; (fig) das goldene ~* золото́й век
Zeitarbeit *f* вре́менная рабо́та *f (че́рез посре́дническое ка́дровое аге́нтство)*
zeitgemäß *adj* совреме́нный, отвеча́ющий ду́ху вре́мени
Zeitgenosse *m* совреме́нник *m*
zeitgenössisch *adj* совреме́нный
zeitig *adj 1.* своевре́менный, ра́нний; *adv 2.* зара́нее
zeitlich *adj 1.* временно́й; *adv 2.* по вре́мени; *das Zeitliche segnen (fig)* покида́ть бре́нный мир *(fig)*
zeitlos *adj 1. (ewig)* ве́чный; *2. (klassisch)* лишённый отпеча́тка вре́мени, не подве́рженный влия́нию мо́ды
Zeitlupe *f CINE* заме́дленный пока́з *m* движе́ний *(в результа́те уско́ренной киносъёмки)*
Zeitmarke *f INFORM* временна́я разме́тка *f*
Zeitpunkt *m* моме́нт *m,* вре́мя *n*
Zeitraum *m* пери́од *m* вре́мени
Zeitschrift *f* журна́л *m*
Zeitsoldat *m MIL* военнослу́жащий *m,* проходя́щий слу́жбу по контра́кту (досло́вно: «солда́т на вре́мя»), контра́ктник *m (fam)*
Zeitung *f* газе́та *f*
Zeitvertreib *m* времяпрепровожде́ние *n*
zeitweilig *adj* вре́менный
Zelle *f 1. (Gefängniszelle)* ка́мера *f; 2. BIO* кле́тка *f*
Zellularfunk *m TEL* со́товая радиосвя́зь *f*
Zelt *n 1. (Campingzelt)* пала́тка *f; die ~e irgendwo aufschlagen* разбива́ть где-л па-ла́тки; *(fig) seine ~e abbrechen* снима́ться с ме́ста, отправля́ться в пу́ть; *2. (Zirkuszelt)* шатёр *m*
zelten *v* жить в пала́тке
Zeltplatz *m* ке́мпинг *m*

Zement *m* цеме́нт *m*
zementieren *v* цементи́ровать *impf/pf*
zensieren *v 1. (benoten)* ста́вить оце́нки; *2. POL* подверга́ть цензу́ре
Zensur *f 1. (Note)* оце́нка *f,* отме́тка *f; 2. POL* цензу́ра *f*
Zentimeter *m* сантиме́тр *m*
Zentner *m* полуце́нтнер *m* (полце́нтнера)
zentral *adj* центра́льный
Zentralbank *f ECO* Центра́льный банк *m*
Zentrale *f* центр *m,* местопребыва́ние *n* це́нтра руково́дства (па́ртии, учрежде́ния, фи́рмы)
Zentralheizung *f* центра́льное отопле́ние *n*
Zentralverriegelung *f (Auto)* центра́льный замо́к *m*
Zentralverwaltungswirtschaft *f ECO* централизо́ванно управля́емое хозя́йство *n (о пла́новой эконо́мике)*
zentrieren *v* центри́ровать *impf/pf*
Zentrum *n* центр *m*
zerbersten *v* ло́паться, раска́лываться, тре́скаться
zerbrechen *v irr 1.* лома́ть; *2. (Glas)* бить, разбива́ть; *3. (fig)* лома́ть, разбива́ть
zerbrechlich *adj 1.* ло́мкий; *2. (Glas)* бью́щийся; *3. (fig)* хру́пкий
zerdrücken *v* разда́вливать, размина́ть
Zeremonie *f* церемо́ния *f*
Zerfall *m* распа́д *m,* разва́л *m*
zerfallen *v irr* распада́ться, разва́ливаться
zergehen *v irr* растворя́ться, расходи́ться, та́ять; *im Munde ~ lassen* дава́ть чему́-л растая́ть во рту
zerkleinern *v* измельча́ть, дроби́ть, раздробля́ть
zerknirscht *adj* пода́вленный
zerknittern *v* мять, ко́мкать
zerlegen *v 1.* разбира́ть; *2. CHEM* разлага́ть; *3. GAST* разреза́ть на куски́, разде́лывать
zermürbend *adj* изма́тывающий, изнуря́ющий
zerreißen *v irr* разрыва́ть, раздира́ть
zerren *v 1.* дёргать; *2. (ziehen)* тяну́ть, тащи́ть/таска́ть
zerrinnen *v irr 1.* растека́ться, расплыва́ться; *2. (Schnee)* та́ять
Zerrissenheit *f* разобщённость *f,* раздво́енность *f,* разъединённость *f*
Zerrung *f MED* растяже́ние *n*
zerschellen *v* разбива́ться
zerschlagen *v 1. (Glas)* разбива́ть; *2. (vernichten)* громи́ть, уничтожа́ть; *3. (Pläne) sich ~* расстра́иваться *(fig); adj 4. (fig: erschöpft)* разби́тый *(fig)*
zerschmettert *adj (fig)* разби́тый, уби́тый *(fig)*
zerspringen *v* ло́паться, тре́скаться, раска́лываться
zerstören *v 1.* разруша́ть; *2. (verwüsten)* разоря́ть, опустоша́ть; *3. (fig)* разбива́ть, расстра́ивать
Zerstörer *m (Kriegsschiff) MIL* эска́дренный миноно́сец *m,* эсми́нец *m*
Zerstörung *f 1.* разруше́ние *n; 2. (Verwüstung)* разоре́ние *n,* опустоше́ние *n*
zerstreuen *v 1.* разбра́сывать, рассе́ивать, рассыпа́ть; *2. (fig)* развлека́ть, рассе́ивать *(fig)*
zerstreut *adj 1.* разбро́санный, рассе́янный, рассы́панный; *2. (fig)* рассе́янный *(fig)*
Zerstreuung *f 1.* рассе́ивание *n,* рассыпа́ние *n; 2. (fig: Zerstreutheit)* рассе́янность *f*
Zertifikat *m* сертифика́т *m*
Zertifizierung *f (von Waren)* сертифика́ция *f*
zertrampeln *v* растаптывать
Zerwürfnis *n* ссо́ра *f,* разла́д *m,* размо́лвка *f*
Zettel *m* запи́ска *f,* листо́к *m*
Zeug *n* ве́щи *f/pl,* принадле́жности *f/pl; sich ins ~ legen (fig)* бра́ться за де́ло, засучи́в рукава́
Zeuge *m* свиде́тель *m*
zeugen *v 1. (aussagen)* дава́ть показа́ния, свиде́тельствовать; *2. (Nachwuchs)* производи́ть на свет, зача́ть *pf*
Zeugenaussage *f JUR* свиде́тельские показа́ния *n/pl*
Zeugnis *n 1. (Schulzeugnis)* аттеста́т *m,* та́бель *m; 2. ~ ablegen* дава́ть показа́ния о чём-л *; 3. (Bescheinigung)* свиде́тельство *n,* удостовере́ние *n*
Zeugung *f* зача́тие *n*
Zicke *f (fam)* ду́ра *f,* ду́рочка *f*
Ziege *f ZOOL* коза́ *f*
Ziegel *m 1. (Backstein)* кирпи́ч *m; 2. (Dachziegel)* черепи́ца *f*
ziehen *v irr* тяну́ть, тащи́ть/таска́ть
Ziehung *f* ро́зыгрыш *m,* тира́ж *m*
Ziel *n 1.* цель *f; (fig) über das ~ hinausschießen* перестара́ться *pf,* перегиба́ть па́лку; *2. SPORT* фи́ниш *m*
zielbewusst *adj* целеустремлённый
zielen *v* це́литься, ме́тить

ziellos *adj* бесце́льный
Zielscheibe *f* мише́нь *f*
zielstrebig *adj* целеустремлённый
ziemlich *adj 1.* поря́дочный, изря́дный; *adv 2.* дово́льно, доста́точно
Zierde *f* украше́ние *n*
zieren *v sich ~* жема́ниться, церемо́ниться, лома́ться *(fam)*
zierlich *adj 1.* изя́щный, изы́сканный; *2. (anmutig)* грацио́зный
Zierlichkeit *f 1.* изя́щество *n,* изы́сканность *f; 2. (Anmut)* грацио́зность *f*
Ziffer *f* ци́фра *f*
Zifferblatt *n* циферблáт *m*
Zigarette *f* сигаре́та *f*
Zigarettenpackung *f (Schachtel)* па́чка *f* сигаре́т
Zigarre *f* сига́ра *f*
Zigeuner(in) *m/f* цыга́н(ка) *m/f*
Zimmer *n 1.* ко́мната *f; 2. (Hotel)* но́мер *m; 3. (Krankenhaus)* пала́та *f*
Zimmermädchen *n* го́рничная *f*
Zimmermann *m* пло́тник *m*
zimmern *v* пло́тничать, мастери́ть
zimperlich *adj 1. (prüde)* чо́порный, жема́нный; *2. (übertrieben empfindlich)* изне́женный, (сли́шком) чувстви́тельный
Zimt *m* кори́ца *f*
Zink *m CHEM* цинк *m*
Zinn *m CHEM* о́лово *n*
Zinsen *pl ECO* проце́нты *m/pl*
zinslos *adj ECO* беспроце́нтный
Zinssatz *m ECO* проце́нтная ста́вка *f*
Zirkel *m* ци́ркуль *m*
Zirkus *m* цирк *m*
zischen *v 1.* ши́кать; *2. (Schlange)* шипе́ть
Zisterne *f* цисте́рна *f*
Zitat *n* цита́та *f*
zitieren *v 1.* цити́ровать; *2. (herbeirufen)* вызыва́ть
Zitrone *f* лимо́н *m; (fig) jdn ausquetschen wie eine ~* выжима́ть кого́-л как лимо́н, вы́трясти ду́шу из кого́-л
Zitrusfrüchte *pl* ци́трусовые *pl*
zitterig *adj* дрожа́щий, трясу́щийся
zittern *v* дрожа́ть, трясти́сь; *um jdn ~* боя́ться за кого́-л; *~ wie Espenlaub (fig)* дрожа́ть как оси́новый лист *(fig)*
zivil *adj* гражда́нский, шта́тский
Zivilcourage *f* гражда́нское му́жество *n*
Zivildienst *m* альтернати́вная слу́жба *f*
Zivilgesetzgebung *f JUR* гражда́нский ко́декс *m* (ГК)
Zivilisation *f* цивилиза́ция *f*
zivilisiert *adj* цивилизо́ванный
Zivilrecht *n JUR* гражда́нское пра́во *n*
Zobel *m ZOOL* со́боль *m*
zocken *v* игра́ть в аза́ртные и́гры
Zocker *m* аза́ртный игро́к *m*
zögern *v* ме́длить, колеба́ться, не реша́ться
zögernd *adj* коле́блющийся, нереши́тельный
Zölibat *n REL* целиба́т *m,* безбра́чие *n*
Zoll[1] *m 1. (Behörde)* тамо́жня *f,* тамо́женное управле́ние *n; 2. (Gebühr)* тамо́женная по́шлина *f*
Zoll[2] *m (Maßeinheit)* дюйм *m*
Zollabfertigung *f* тамо́женный досмо́тр *m* (контро́ль *m*)
Zollbeamte(r) *f/m* тамо́женный слу́жащий *m,* тамо́женная слу́жащая *f,* тамо́женник *m*
Zollerklärung *f* тамо́женная деклара́ция *f*
zollfrei *adj* беспо́шлинный, не облага́емый по́шлиной
Zollkontrolle *f* тамо́женный досмо́тр *m* (контро́ль *m*)
zollpflichtig *adj* облага́емый по́шлиной
Zollstock *m* складна́я лине́йка *f*
Zone *f* зо́на *f*
Zoo *m* зоопа́рк *m*
Zoologie *f* зооло́гия *f*
Zopf *m* коса́ *f*
Zorn *m* гнев *m,* я́рость *f*
zornig *adj* гне́вный, злой
zottig *adj* лохма́тый, косма́тый
zu *prep 1. (Zielsetzung)* для, на, к; *zum Geburtstag* ко дню рожде́ния; *~ Tisch* к столу́; *~r Beruhigung* для успокое́ния; *~m Glück* к сча́стью; *~r Belohnung* в награ́ду; *2. (zeitlich)* в, на; *~ Weihnachten* на Рождество́; *~ Beginn* в нача́ле; *adv 3. (verschlossen)* закры́то; *Mach die Tür ~!* Закро́й дверь! *4. (übermäßig)* сли́шком, чересчу́р *(fam); ~ teuer* сли́шком дорого́й; *~ viel* сли́шком мно́го; *~ wenig* сли́шком ма́ло
Zubehör *n* принадле́жности *f/pl,* аксессуа́ры *m/pl*
zubereiten *v* гото́вить, приготовля́ть (пи́щу)
Zubereitung *f* приготовле́ние *n* (пи́щи)
zubilligen *v* дава́ть согла́сие (разре-ше́ние)
zubinden *v irr 1.* завя́зывать; *2. (Schuhe)* шнурова́ть
Zubrot *n* при́работок *m,* побо́чный дохо́д *m*

Zucchini *pl BOT* цукки́ни *pl* (разнови́дность зелёных кабачко́в)
Zucht *f 1. (Tierzucht)* разведе́ние *n; 2. (Pflanzenzucht)* выра́щивание *n; 3. (Disziplin)* стро́гая дисципли́на *f,* повинове́ние *n*
züchten *v 1. (Tiere)* разводи́ть; *2. (Pflanzen)* выра́щивать
Züchter *m 1.* селекционе́р *m/f; 2. (Tierzüchter)* животново́д *m/f; 3. (Pflanzenzüchter)* растениево́д *m/f,* садово́д *m/f*
Zuchthaus *n* ка́торжная тюрьма́ *f*
zucken *v* вздра́гивать, подёргиваться
Zuckerbäckerstil *m ARCH* стиль *m* классици́зма
Zucker *m* са́хар *m*
Zuckerkrankheit *f MED* са́харный диабе́т *m*
zuckern *v* подсла́щивать, посыпа́ть са́харом
Zudecke *f* (пухово́е) одея́ло *n*
zudecken *v* укрыва́ть, прикрыва́ть, накрыва́ть
zudem *adv* сверх того́, к тому́ же, кро́ме того́
zudrehen *v* закру́чивать, завёртывать, зави́нчивать
zudringlich *adj* назо́йливый, навя́зчивый
zueinander *adv* друг к дру́гу
zuerkennen *v irr jdm etw ~* присужда́ть кому́-л что-л
zuerst *adv* снача́ла, пре́жде всего́, сперва́ *(fam)*
Zufahrt *f 1. (Eingang)* подъе́зд *m,* подъездно́й путь *m, 2. (Durchgang)* возмо́жность *f* прое́зда
Zufahrtstraße *f* подъездно́й пу́ть *m*
Zufall *m* случа́йность *f,* слу́чай *m*
zufällig *adj* случа́йный
Zuflucht *f* убе́жище *n,* прибе́жище *n*
Zufluss *m* прито́к *m*
zufrieden *adj* дово́льный, удовлетворённый; *sich ~ geben mit* дово́льствоваться чем-л
Zufriedenheit *f* удолетворённость *f,* дово́льство *n*
zufrieren *v irr* замерза́ть, покрыва́ться льдо́м
zufügen *v 1. (Schaden)* причиня́ть (уще́рб); *2.* прибавля́ть, прилага́ть
Zufuhr *f 1.* подво́з *m,* заво́з *m; 2. TECH* пода́ча *f,* пита́ние *n*
Zug *m 1. (Eisenbahn)* по́езд *m; (fig) zum ~ kommen* получа́ть возмо́жность де́йствовать; *Dieser ~ ist abgefahren. (fig)* Тут уже́ ничего́ не изме́нишь. *2. (Umzug)* проце́ссия *f,* ше́ствие *n; 3. (Luftzug)* сквозня́к *m; 4. (Wesenszug)* черта́ *f; etw in vollen Zügen genießen* наслажда́ться чем-л в по́лной ме́ре
Zugabe *f 1.* прида́ча *f,* (беспла́тное) приложе́ние *n; 2. (Konzertzugabe)* выступле́ние *n* на бис; *3. (beim Essen)* доба́вка *f*
Zugabteil *n* купе́ *n*
Zugang *m 1. (Eingang)* вход *m; 2. (Zutritt)* до́ступ *m; 3. (Warenzugang) ECO* поступле́ние *n* (това́ров)
zugänglich *adj 1. (erreichbar)* досту́пный; *2. (verfügbar)* откры́тый; *3. (fig)* поня́тный
Zugangsberechtigung *f INFORM* санкциони́рование *n* до́ступа
zugeben *v irr (einräumen)* признава́ть, сознава́ться
zugegen *v ~ sein bei* прису́тствовать *impf* где-л
zugehörig *adj* принадлежа́щий, относя́щийся
Zugehörigkeit *f* принадле́жность *f*
Zügel *m* по́вод *m,* узда́ *f; (fig) die ~ fest in der Hand haben* кре́пко держа́ть пово́дья в руке́; *die ~ straffer ziehen* принима́ть бо́лее стро́гие ме́ры
zügellos *adj (fig)* необу́зданный, разну́зданный
zügeln *v (fig)* обу́здывать, сде́рживать
Zugeständnis *n* усту́пка *f*
zugestehen *v irr (zugeben)* признава́ть, сознава́ться
Zugführer *m* машини́ст *m,* води́тель *m* по́езда
zugig *adj* продува́емый сквозняко́м
zügig *adj* бы́стрый, стреми́тельный
zugleich *adv* одновре́ме́нно, в то же вре́мя, вме́сте с тем
zugrunde *adv 1. ~ gehen* ги́бнуть, погиба́ть, разруша́ться; *2. ~ legen* положи́ть *pf* в осно́ву (*von:* класть *impf*); *3. ~ liegen* лежа́ть в осно́ве; *4. ~ richten* разруша́ть, губи́ть
Zugunglück *n* железнодоро́жная катастро́фа *f*
zugunsten *prep ~* в по́льзу кого́-л/чего́-л
Zugverbindung *f* железнодоро́жное сообще́ние *n,* железнодоро́жная связь *f*
Zugzwang *m 1. (Schach)* цу́гцванг *m; 2. (fig) unter ~ stehen* быть вы́нужденным приня́ть сро́чное реше́ние

zuhalten *v irr* держáть закры́тым, закрывáть
Zuhälter *m* сутенёр *m*
Zuhause *n* дом *m,* домáшний очáг *m*
zuhören *v* слýшать , прислýшиваться
Zuhörer(in) *m/f* слýшатель *m/f,* слýшательница *f (fam)*
zuklappen *v* захлóпнуть *pf (von:* захлóпывать *impf)*
zuknöpfen *v* застёгивать (на пýговицы)
zukorken *v* закупóривать
Zukunft *f* бýдущее *n*
zukünftig *adj 1.* бýдущий; *adv 2.* в бýдущем, впредь
Zukunftsforschung *f* футуролóгия *f*
Zulage *f* добáвка *f,* прибáвка *f,* надбáвка *f*
zulassen *v irr 1. (geschlossen lassen)* оставля́ть закры́тым; *2. (gestatten)* разрешáть, допускáть; *3. (zur Prüfung)* допускáть; *4. TECH* допускáть к эксплуатáции
zulässig *adj* допусти́мый
Zulässigkeit *f* допусти́мость *f*
Zulassung *f 1.* дóпуск *m,* приём *m; 2. TECH* дóпуск *m* к эксплуатáции
Zuleitung *f* подвóд *m,* подáча *f*
zuletzt *adv 1. (nach allem)* напослéдок, под конéц; *2. (schließlich)* в концé концóв, наконéц; *3. (das letzte Mal)* в послéдний раз
zuliebe *adv* рáди; *Dir ~.* Рáди тебя́.
Zulieferung *f* постáвка *f* (промежýточной продýкции)
zum *(= zu dem) (siehe „zu“)* см *„zu“*
zumachen *v* закрывáть
zumal *adv 1.* осóбенно, в осóбенности; *konj 2.* тем бóлее что
zumeist *adv* чáще всегó, в большинствé слýчаев
zumindest *adv* по мéньшей мéре
zumutbar *adj* допусти́мый, приéмлемый
zumuten *v jdm etw ~* считáть когó-л спосóбным к чемý-л, трéбовать от когó-л чегó-л непоси́льного
Zumutung *f 1.* несправедли́вое трéбование *n; 2. (rücksichtsloses Benehmen)* нáглость *f,* безобрáзие *n*
zunächst *adv 1. (zuerst)* сначáла, прéжде всегó; *2. (vorerst)* покá
Zunahme *f* прирóст *m,* повышéние *n,* увеличéние *n*
Zuname *m* фами́лия *f*
zünden *v* зажигáть, воспламеня́ть
Zündholz *n* спи́чка *f*
Zündkerze *f (beim Auto)* свечá *f* зажигáния
Zündschlüssel *m (eines Autos)* ключ *m* зажигáния
Zündung *f (beim Auto)* зажигáние *n*
zunehmen *v irr 1.* увеличи́ваться, возрастáть, повышáться; *2. (an Gewicht)* полнéть, прибавля́ть в вéсе
Zuneigung *f* симпáтия *f,* расположéние *n*
Zunge *f ANAT* язы́к *m; (fig) Es liegt mir auf der ~.* Э́то вéртится у меня́ на языкé . *die ~ im Zaum halten* держáть язы́к за зубáми; *sich auf die ~ beißen* прикуси́ть язы́к; *auf der ~ brennen* язы́к чéшется
zunichte *adv ~ machen* разрушáть, уничтожáть
zunutze *adv sich etw ~ machen* пóльзоваться чем-л в своѝх интерéсах, извлекáть из чегó-л пóльзу
zuordnen *v* относи́ть
zupfen *v* дёргать, теребѝть
zur *(= zu der) (siehe „zu“)* см *„zu“*
zurechtfinden *v irr sich ~* ориенти́роваться
zurechtmachen *v* готóвить, приготовля́ть, приводи́ть в поря́док
zurechtweisen *v irr* дéлать вы́говор комý-л, стáвить на мéсто когó-л *(fig)*
zürnen *v* серди́ться, зли́ться
zurück *adv* назáд, обрáтно; *Ich bin zum Abendessen wieder ~.* К ýжину я вернýсь.
zurückbezahlen *v* возвращáть (уплáчивать) долг
zurückbilden *v sich ~ 1. MED* опадáть, рассáсываться, исчезáть; *2. BIO* подвергáться обрáтному разви́тию
zurückbringen *v irr* приноси́ть назáд (обрáтно), возвращáть
zurückdrängen *v* оттесня́ть
zurückerhalten *v irr* получáть назáд (обрáтно)
zurückerstatten *v* возвращáть (долг), возмещáть (издéржки)
zurückfahren *v irr* возвращáться
zurückführen *v 1.* отводи́ть назáд (обрáтно); *2. (fig: erklären mit) ~ auf* объясня́ть чем-л
zurückgeben *v irr* возвращáть, отдавáть назáд (обрáтно)
zurückgeblieben *adj* отстáлый
zurückgehen *v irr 1.* отходи́ть назáд, отступáть, идти́ обрáтно; *2. (sinken)* пáдать, снижáться; *3. (fig) ~ auf* происходи́ть от чегó-л, восходи́ть к чемý-л
zurückgezogen *adj* уединённый

zurückhalten *v irr 1. (etw)* сде́рживать, заде́рживать, уде́рживать; *2. sich ~* возде́рживаться, сде́рживаться
zurückhaltend *adj* сде́ржанный, ненавя́зчивый
Zurückhaltung *f 1.* сде́ржанность *f,* ненавя́зчивость *f; 2.* MED воздержа́ние *n;*
zurückkommen *v irr* возвраща́ться; *Um noch einmal zu der Frage zurückzukommen* ... Возвраща́ясь ещё раз к да́нному вопро́су ...
zurücklassen *v irr* оставля́ть
zurücklegen *v 1.* класть обра́тно; *2. (sparen)* копи́ть, откла́дывать (де́ньги); *3. (reservieren)* резерви́ровать *impf/pf,* откла́дывать
zurücknehmen *v irr 1.* брать обра́тно; *2. (widerrufen)* отменя́ть, отка́зываться
zurücksenden *v* отсыла́ть обра́тно
zurückstecken *v (fig)* поступа́ться свои́ми интере́сами, уступа́ть
zurücktreten *v irr 1.* отходи́ть наза́д, отступа́ть; *2. (Rücktritt erklären)* уходи́ть в отста́вку; *3. (fig: Vertrag)* расторга́ть догово́р
zurückweisen *v irr* отклоня́ть, отверга́ть, не принима́ть
zurückzahlen *v* возвраща́ть (упла́чивать) долг
Zurückzahlung *f* возвраще́ние *n* до́лга
zurückziehen *v irr 1.* тяну́ть наза́д; *2.* JUR брать обра́тно (жа́лобу); *3. sich ~* уходи́ть, удаля́ться, уединя́ться
zurufen *v irr jdm ~* крича́ть что-л кому́-л
zurzeit *adv* в настоя́щее вре́мя, в да́нный моме́нт
Zusage *f* согла́сие *n,* положи́тельный отве́т
zusagen *v 1. (zustimmen)* соглаша́ться, дава́ть согла́сие; *2. (fig: gefallen)* нра́виться, быть по вку́су
zusammen *adv 1. (gemeinsam)* вме́сте, сообща́; *2. (insgesamt)* в ито́ге
Zusammenarbeit *f* сотру́дничество *n,* совме́стная рабо́та *f*
zusammenarbeiten *v* сотру́дничать, рабо́тать вме́сте
Zusammenbau *m* монта́ж *m,* сбо́рка *f*
zusammenbauen *v* монти́ровать, собира́ть
zusammenbrechen *v irr 1.* ру́шиться, обру́шиваться, разва́ливаться; *2.* упа́сть *pf* без сил, упа́сть *pf* в о́бморок, обесси́леть *pf*
Zusammenbruch *m 1.* круше́ние *n,* разва́л *m,* крах *m; 2. (Ohnmacht)* MED о́бморок *m,* поте́ря *f* сил
zusammenfallen *v irr 1. (einstürzen)* обру́шиваться , обва́ливаться; *2. (fig: zeitlich)* совпада́ть
zusammenfassen *v 1.* объединя́ть, соединя́ть; *2. (kurz darlegen)* обобща́ть, резюми́ровать *impf/pf,* подводи́ть ито́ги
zusammenfassend *adv* обобща́я, подыто́живая
Zusammenfassung *f 1. (fig: Vereinigung)* объедине́ние *n; 2. (kurze ~)* обобще́ние *n,* резюме́ *n,* подведе́ние *n* ито́гов
zusammenfügen *v* соединя́ть, свя́зывать
zusammengehören *v 1. (Personen)* принадлежа́ть друг дру́гу; *2. (Dinge)* составля́ть еди́ное це́лое
zusammengesetzt *adj* сло́жный, составно́й
Zusammenhalt *m 1. (Verbundenheit)* те́сная связь *f,* сплочённость *f; 2.* TECH, PHYS свя́зность *f,* сцепле́ние *n*
zusammenhalten *v irr (fig: einander beistehen)* держа́ться *impf* вме́сте, стоя́ть друг за дру́га
Zusammenhang *m (fig)* связь *f,* взаимосвя́зь *f; Zusammenhänge herstellen* устана́вливать (взаимо)свя́зи
zusammenhängen *v irr (fig)* бы́ть свя́занным с чем-л
zusammenhangslos *adj* бессвя́зный
zusammenklappbar *adj* складно́й
Zusammenkunft *f 1. (Versammlung)* собра́ние *n; 2. (Treffen)* встре́ча *f*
zusammenlegen *v 1. (vereinigen)* объединя́ть, слива́ть; *2. (falten)* скла́дывать
zusammennehmen *v irr (fig) sich ~* собира́ться с си́лами, брать себя́ в ру́ки
zusammenpassen *v* подходи́ть друг к дру́гу, гармони́ровать *impf; gut ~* хорошо́ сочета́ться *impf/pf*
zusammenschließen *v irr sich ~* объединя́ться, спла́чиваться
Zusammenschluss *m 1. (Geschlossenheit)* сплоче́ние *n; 2. (von Firmen)* слия́ние *n,* объедине́ние *n*
Zusammensetzung *f* соста́в *m,* структу́ра *f*
Zusammenstoß *m* столкнове́ние *n*
zusammenstoßen *v irr* ста́лкиваться
zusammentreffen *v irr* встреча́ться
Zusammentreffen *n* встре́ча *f*
zusammenzählen *v* подсчи́тывать, сумми́ровать *impf/pf*

zusammenziehen *v irr 1.* затя́гивать, стя́гивать; *2. (zusammenzählen)* подсчи́тывать, сумми́ровать *impf/pf; 3. (zusammen mit jdm leben/wohnen)* съезжа́ться (поселя́ться) вме́сте с кем-л
Zusatz *m 1.* добавле́ние *n,* доба́вка *f,* дополне́ние *n; 2.* *CHEM* при́месь *f*
zusätzlich *adj* дополни́тельный, доба́вочный
zuschauen *v 1.* смотре́ть, гляде́ть; *2. (beobachten)* наблюда́ть, следи́ть
Zuschauer(in) *m/f* зри́тель *m/f,* зри́тельница *f (fam); die ~* зри́тели *pl,* пу́блика *f*
zuschicken *v* посыла́ть, присыла́ть, высыла́ть
Zuschlag *m 1. (zum Lohn)* надба́вка *f; 2. (Preisaufschlag)* наце́нка *f,* допла́та *f*
zuschlagpflichtig *adj* подлежа́щий допла́те
zuschließen *v irr* закрыва́ть (запира́ть) на ключ
Zuschrift *f* письмо́ *n,* о́тклик *m*
Zuschuss *m 1. (Subvention)* субси́дия *f,* дота́ция *f; 2. (soziale Unterstützung)* посо́бие *n*
zusehen *v irr 1.* смотре́ть, гляде́ть; *2. (beobachten)* наблюда́ть, следи́ть
zusehends *adv* заме́тно, на глаза́х
zusichern *v* заверя́ть, гаранти́ровать *impf/pf*
zusperren *v (Tür)* запира́ть
Zuspruch *m 1. (Trost)* утеше́ние *n,* сочу́вствие *n; 2. (Anerkennung)* одобре́ние *n,* похвала́ *f,* подде́ржка *f*
Zustand *m* состоя́ние *n,* положе́ние *n; Zustände kriegen (fam)* приходи́ть в бе́шенство, сходи́ть с ума́
Zustandekommen *n 1.* осуществле́ние *n; 2. (Vertrag)* заключе́ние *n*
zuständig *adj* компете́нтный, уполномо́ченный, соотве́тствующий
Zuständigkeit *f* компете́нтность *f,* компете́нция *f,* полномо́чие *n*
zustellen *v 1. (versperren)* заставля́ть, загора́живать; *2. (liefern)* доставля́ть, вруча́ть
Zustellung *f* доста́вка *f*
zustimmen *v* соглаша́ться, одобря́ть
Zustimmung *f* согла́сие *n,* одобре́ние *n Schweigen wird als ~ gedeutet.* Молча́ние — знак согла́сия .
zustoßen *v irr (fig: geschehen)* случа́ться
Zutaten *pl* ингредие́нты *m/pl*
Zuteilung *f* распределе́ние *n,* вы́дача *f*
zutrauen *v jdm etw ~* счита́ть кого́-л спосо́бным на что-л, ожида́ть *impf* от кого́-л чего́-л
Zutrauen *n ~ zu* дове́рие *n* к кому́-л/ чему́-л
zutraulich *adj 1. (Mensch)* дове́рчивый; *2. (Tier)* ручно́й
zutreffen *v irr* быть пра́вильным, соотве́тствовать *impf* действи́тельности
Zutritt *m* до́ступ *m,* вход *m*
zuverlässig *adj 1.* надёжный; *2. (Nachricht)* достове́рный
Zuverlässigkeit *f 1.* надёжность *f; 2. (Nachricht)* достове́рность *f*
Zuversicht *f* уве́ренность *f,* глубо́кое убежде́ние *n*
zuversichtlich *adj 1.* уве́ренный; *2. (erwartungsvoll)* обнадёживающий
zuvor *adv* ра́ньше, пре́жде
zuvorkommen *v irr jdm ~* опережа́ть кого́-л
zuvorkommend *adj* предупреди́тельный, внима́тельный, обходи́тельный
Zuwachs *m 1. (fam: Baby)* прибавле́ние *n* (попо́лнение *n*) семе́йства; *2.* *ECO* приро́ст *m*
Zuwachsrate *f* *ECO* темп *m* приро́ста
zuweilen *adv* иногда́, времена́ми, поро́й
zuweisen *v irr 1. (zur Verfügung stellen)* предоставля́ть; *2. (einweisen)* направля́ть; *3. (ernennen)* назнача́ть
Zuweisung *f 1. (Bereitstellung)* предоставле́ние *n; 2. (Einweisung)* направле́ние *n; 3. (Ernennung)* назначе́ние *n*
zuwenden *v irr 1. (richten)* обраща́ть; *2. (Beachtung schenken)* уделя́ть (внима́ние); *3. (zukommen lassen)* предоставля́ть
Zuwendung *f 1. (Geld)* посо́бие *n,* де́нежная по́мощь *f; 2. (Aufmerksamkeit)* внима́ние *n*
zuwider *adv 1.* проти́вно; *prep 2.* про́тив, вопреки́, наперекор
zuzüglich *prep* плюс, с прибавле́нием; *100 Euro ~ 16 % MwSt.* 100 е́вро плюс 16 % НДС
Zwang *m* принужде́ние *n,* давле́ние *n,* нажи́м *m; unter ~* под давле́нием
zwanglos *adj* непринуждённый, свобо́дный
Zwangslage *f* стеснённое (затрудни́тельное) положе́ние *n*

zwangsläufig *adj* неизбе́жный
Zwangsmaßnahme *f* принуди́тельная ме́ра *f*
Zwangsvorstellung *f PSYCH* навя́зчивое представле́ние *n*
zwanzig *num* два́дцать
zwanzigste(r,s) *adj* двадца́тый, ...тая, ...тое
zwar *konj* хотя́ (и), пра́вда; *und ~* а и́менно
Zweck *m* цель *m,* смысл *m; Der ~ heiligt die Mittel.* Цель опра́вдывает сре́дства.
zweckentfremdet *adj* испо́льзуемый не по назначе́нию
zwecklos *adj 1. (nutzlos)* бесполе́зный, бессмы́сленный; *2. (ohne Absicht)* бесце́льный
zweckmäßig *adj* практи́чный , целесообра́зный
zwecks *prep* в це́лях, с це́лью
zwei *num* два *m/n,* две *f*
zweideutig *adj* двусмы́сленный
zweifach *adj 1.* двойно́й, двукра́тный; *adv 2.* в два ра́за, вдво́е, вдвойне́
Zweifel *m* сомне́ние *n; die eigenen ~ beseitigen* рассе́ять свои́ со́бственные сомне́ния
zweifelhaft *adj* сомни́тельный, подозри́тельный
zweifellos *adj* несомне́нный
zweifeln *v* сомнева́ться
Zweig *m 1. BOT* ветвь *f,* ве́тка *f; 2. (fig)* ветвь *f; auf keinen grünen ~ kommen (fig)* не име́ть успе́ха
Zweigstelle *f* отделе́ние *n,* филиа́л *m*
Zweikampf *m 1.* поеди́нок *m,* дуэ́ль *f; 2. SPORT* двоебо́рье *n*
zweimal *adv 1.* два ра́за, два́жды; *2. (beim Vergleich)* в два ра́за
Zweisitzer *m (Auto)* двухме́стный автомоби́ль *m*
zweisprachig *adj* двуязы́чный
zweispurig *adj 1. (Fahrbahn)* двухпу́тный; *2. (Eisenbahn)* двухколе́йный
zweite(r,s) *adj* второ́й, ...ра́я, ...ро́е
zweitrangig *adj* второстепе́нный
Zwerg *m 1. (Mensch)* ка́рлик *m; 2. (Märchenfigur)* гном *m*
Zwetschge *f BOT* сли́ва *f*
zwicken *v 1. jdn ~* щипа́ть кого́-л; *2. (Kleidung)* жать, ре́зать *(о те́сной оде́жде)*
Zwickmühle *f (fig)* переплёт *m,* переде́лка *f; in eine ~ geraten (fig)* попада́ть в переплёт (в переде́лку) *(fig)*
Zwieback *m* суха́рь *m*
Zwiebel *f 1. BOT, GAST* лук *m; 2. (Wurzel-art) BOT* лу́ковица *f*
Zwiegespräch *n* диало́г *m*
Zwielicht *n 1.* двойно́й свет *m; 2. (Dämmerung)* су́мерки *pl; 3. (fig)* нея́сность *f*
zwielichtig *adj (fig)* нея́сный, сомни́тельный, подозри́тельный
Zwiespalt *m 1. (Uneinigkeit)* раздо́р *m,* разла́д *m; 2. (innere Zerrissenheit)* раздво́енность *f,* противоречи́вость *f*
zwiespältig *adj 1. (innerlich zerrisen)* раздво́енный; *2. (widersprüchlich)* противоречи́вый
Zwietracht *f* раздо́р *m,* разла́д *m*
Zwilling *m 1.* близне́ц *m; eineiige ~e* однояйцо́вые близнецы́ *m/pl; 2. (Sternzeichen)* близнецы́ *pl*
zwingen *v irr* заставля́ть, принужда́ть
zwingend *adj* обяза́тельный, необходи́мый, неотло́жный
zwinkern *v* мига́ть, морга́ть
Zwirn *m* ни́тки *f/pl*
zwischen *prep* ме́жду, среди́
Zwischenbemerkung *f* ре́плика *f*
zwischendurch *adv 1. (zeitlich: nebenbei)* ме́жду де́лом; *2. (zeitlich: hin und wieder)* вре́мя от вре́мени; *3. (örtlich)* че́рез са́мую середи́ну
Zwischenfall *m* слу́чай *m,* инциде́нт *m,* происше́ствие *n*
Zwischenlager *n (für Atommüll)* вре́менное храни́лище *n* (я́дерных отхо́дов)
Zwischenlandung *f* промежу́точная поса́дка *f*
Zwischenraum *m* промежу́ток *m,* расстоя́ние *n*
Zwischenspeicher *m INFORM* бу́фер *m*
zwischenspeichern *v INFORM* кэши́ровать *impf/pf*
zwischenstaatlich *adj* межгосуда́рственный
Zwischenzeit *f* промежу́ток *m* вре́мени, интерва́л *m*
Zwist *m* ссо́ра *f,* раздо́р *m*
zwitschern *v* щебета́ть, чири́кать
Zwitter *m* гермафроди́т *m*
zwölf *num* двена́дцать
zwölfte(r,s) *adj* двена́дцатый, ...тая, ...тое
Zyklus *m* цикл *m*
Zylinder *m* цили́ндр *m*
zynisch *adj* цини́ческий, цини́чный
Zypresse *f BOT* кипари́с *m*
Zyste *f MED* киста́ *f*

Russisches Alphabet

Russisch		Deutsch	
А	а	A	a
Б	б	B	b
В	в	W	w
Г	г	G	g
Д	д	D	d
Е	е	Je	je, e
Ё	ё	Jo	jo, o
Ж	ж	Sh	sh
З	з	S	s (stimmhaft)
И	и	I	i
Й	й	J	j, i
К	к	K	k
Л	л	L	l
М	м	M	m
Н	н	N	n
О	о	O	o
П	п	P	p
Р	р	R	r
С	с	S	ss, s (stimmlos)
Т	т	T	t
У	у	U	u
Ф	ф	F	f
Х	х	Ch	ch
Ц	ц	Z	z
Ч	ч	Tsch	tsch
Ш	ш	Sch	sch
Щ	щ	Schtsch	schtsch
	ъ (hartes Zeichen)		
	ы		y
	ь (weiches Zeichen)		
Э	э	E	e
Ю	ю	Ju	ju
Я	я	Ja	ja

Russische Grammatik

Das Substantiv

Das Geschlecht der Substantive

Im Russischen gibt es wie im Deutschen drei Geschlechter: maskulin (männlich, *m*), feminin (weiblich, *f*) und neutral (sächlich, *n*). Es gibt keinen Artikel. Das grammatische Geschlecht eines Substantivs erkennt man an der **Endung des Nominativ Singular**.

Männlich sind alle Substantive mit Stammauslaut **auf einen harten oder einen weichen Konsonanten** (*студент*, *учитель*, *музей*) sowie einige auf **-а (-я) endende Substantive**, die männliche Personen bezeichnen (*папа*, *дядя*, *Саша*, *Петя*).

Weiblich sind alle übrigen Substantive auf **-а** (**-я**) (*сестра*, *песня*).

Sächlich sind alle Substantive auf **-о** und **-е**, wenn sie keine männlichen Personen bezeichnen (*окно*, *море*), sowie 10 Substantive auf **-мя** (unter anderem *имя* – der Name, *время* – die Zeit).

Die **auf einen Konsonant plus ь** endenden Substantive sind teils maskulin, teils feminin (*день*, *m* – der Tag, *тетрадь*, *f* – das Heft). Unter anderem sind viele Substantive auf **-тель** und **-арь** maskulin, alle auf **-ость**, **-есть** sind feminin.

Die Zahl der Substantive

Die meisten Substantive können im **Singular** und im **Plural** stehen.

Männliche und weibliche Substantive bekommen im Plural die Endung **-ы**, **-и**, sächliche Substantive die Endung **-а**, **-я**. Die Endung **-ы** haben die männlichen Substantive mit Stammauslaut auf einen harten Konsonanten (*студент* – *студенты*) sowie die weiblichen Substantive auf **-а** (*газета* – *газеты*). Die Endung **-и** haben die männlichen und weiblichen Substantive mit Stammauslaut auf einen weichen Konsonanten (*музей* – *музеи*, *портфель* – *портфели*, *тетрадь* – *тетради*) sowie die weiblichen Substantive auf **-я** (*тётя* – *тёти*).

Die Substantive mit Stammauslaut auf **г**, **к**, **х**, **ж**, **ш**, **щ**, haben im Plural die Endung **-и** (*врач* – *врачи*, *нож* – *ножи*, *книга* – *книги*).

Eine Reihe männlicher Substantive bildet den Nominativ Plural auf **-а**, **-я** (immer betont): *дом* – *домá*, *город* – *городá*, *учитель* – *учителя́*.

Die Deklination der Substantive

Russische Substantive werden dekliniert. Außer den im Deutschen üblichen Deklinationsfällen (Nominativ, Genitiv, Dativ und Akkusativ) gibt es im Russischen noch zwei weitere Fälle: den **Instrumental**, der auf die Fragen *womit? wodurch?* **ohne** und auf die Fragen *wo? mit wem?* **mit** einer Präposition steht, und den **Präpositiv**, der auf die Fragen *wo? worauf? worüber?* immer **mit** einer Präposition steht.

Die russischen Substantive werden nach den Endungen der Fälle im Singular in **drei Deklinationstypen** eingeteilt:

I. Deklination	**endungslose Maskulina** auf harten oder weichen Konsonant (**-й**, **-ь**) und	журнал учитель, музей слово
	Neutra auf **-о**, **-е**, **-ё**	море
II. Deklination	**Feminina** (und **Maskulina**, die Personen bezeichnen) auf **-а**, **-я**	газета песня папа, дядя
III. Deklination	**Feminina** auf **-ь**	дверь, ночь

Die Deklination der männlichen Substantive mit hartem und weichem Stammauslaut, der sächlichen Substantive auf -о, -е und der weiblichen Substantive auf -а, -я (I. und II. Deklination im Singular und im Plural)

Fall	**Singular**			**Plural**	
	männlich	**sächlich**	**weiblich**		
Nom.	—	**-о, -е**	**-а, -я**	**-ы, -и**	**-а, -я**
(Кто́?	студе́нт	окно́	сестра́	студе́нты	о́кна
Что́?)	слова́рь	по́ле	пе́сня	сёстры	поля́
				словари́	
				пе́сни	
Gen.	**-а, -я**		**-ы, -и**	**-ов, -ей**	—
(Кого́?					
Чего́?)	студе́нта	окна́	сестры́	студе́нтов	о́кон
	словаря́	по́ля	пе́сни	словаре́й	сестёр
				поле́й	пе́сен
Dat.	**-у, -ю**		**-е**	**-ам, -ям**	
(Кому́?	студе́нту	окну́	сестре́	студе́нтам	словаря́м
Чему́?)	словарю́	по́лю	пе́сне	о́кнам	поля́м
				сёстрам	пе́сням
Akk.	Wie **Gen.**	**-о, -е**	**-у, -ю**	Wie **Gen.**	
(Кого́?	oder **Nom.**[1]			oder **Nom.**[1]	
Что́?)	студе́нта	окно́	сестру́	студе́нтов	
	слова́рь	по́ле	пе́сню	словари́	
Instr.	**-ом, -ем**		**-ой, -ей**	**-ами, -ями**	
(Кем?	студе́нтом	окно́м	сестро́й	студе́нтами	словаря́ми
Чем?)	словарём	по́лем	пе́сней	о́кнами	поля́ми
				сёстрами	пе́снями
Präp.	**-е**		**-е**	**-ах, -ях**	
(О ком?	о студе́нте	об окне́	о сестре́	о студе́нтах	о словаря́х
О чём?)	о словаре́	о по́ле	о пе́сне	об о́кнах	о поля́х
				о сёстрах	о пе́снях

[1] Bei **belebten Maskulina** ist **der Akkusativ Singular** gleich dem **Genitiv Singular**. Bei **unbelebten Maskulina** ist **der Akkusativ Singular** gleich dem **Nominativ Singular**. Im **Plural** ist der **Akkusativ aller belebten Substantive** gleich dem **Genitiv**. Der **Akkusativ Plural aller unbelebten Substantive** ist gleich dem **Nominativ Plural**.

Die Deklination der weiblichen Substantive auf -ь (III. Deklination)

Fall	**Singular**	**Plural**
Nom.	тетра́дь	тетра́д**и**
Gen.	тетра́д**и**	тетра́д**ей**
Dat.	тетра́д**и**	тетра́д**ям**
Akk.	тетра́дь	тетра́д**и**
Instr.	тетра́д**ью**	тетра́д**ями**
Präp.	о тетра́д**и**	о тетра́д**ях**

Die Deklination der männlichen, weiblichen und sächlichen Substantive auf -ий, -ия, -ие im Singular

Fall	**männlich**	**sächlich**	**weiblich**
Nom.	санато́рий	зда́ние	ле́кция
Gen.	санато́рия	зда́ния	ле́кции
Dat.	санато́рию	зда́нию	ле́кци**и**
Akk.	санато́рий	зда́ние	ле́кцию
Instr.	санато́рием	зда́нием	ле́кцией
Präp.	о санато́ри**и**	о зда́ни**и**	о ле́кци**и**

Die Substantive auf **-ий**, **-ие**, **-ия** weisen im Präpositiv, abweichend von den anderen Substantiven, die Endung **-и** auf (*о Васили**и**, о собрани**и**, о лекци**и***).
Die weiblichen Substantive auf **-ия** haben im Unterschied zu den anderen Feminina im Dativ die Endung **-и** (*к лаборатори**и***).

Zu den **undeklinierbaren Substantiven** zählen unter anderem Fremdwörter, die auf einen Vokal auslauten, z. B. *бюро*, *радио*, *кофе*, *хобби*, *жюри*, *резюме*, *интервью*, und geographische Namen auf **-у**, **-и**, **-е**, **-о**, z. B. *Баку*, *Сочи*, *Тбилиси.*

Die Pronomen

Die Personalpronomen

			Singular			**Plural**		
	1. Pers.	**2. Pers.**		**3. Pers.**		**1. Pers.**	**2. Pers.**	**3. Pers.**
			männlich	**sächlich**	**weiblich**			
Nom.	я	ты	он	оно	она	мы	вы	они́
Gen.	меня́	тебя́	его́	его́	её	нас	вас	их
Dat.	мне	тебе́	ему́	ему́	ей	нам	вам	им
Akk.	меня́	тебя́	его́	его́	её	нас	вас	их
Instr.	мной	тобо́й	им	им	ей	на́ми	ва́ми	и́ми
Präp.	(обо) мне́	(о) тебе́	(о) нём	(о) нём	(о) ней	(о) нас	(о) вас	(о) них

Nach Präpositionen steht **н-** vor den Pronomen der **3. Person** (*у него, к ней, с ними)*. Die Höflichkeitsform „Sie" lautet wie die 2. Person Plural. In Briefen wird das Pronomen **Вы** groß geschrieben (*Я **Вам** уже писал, что* … Ich schrieb **Ihnen** bereits, dass …).

Die Possessivpronomen

	Singular	**Plural**
1. Pers.	мой (*mein*)	наш (*unser*)
2. Pers.	твой (*dein*)	ваш (*euer*)
3. Pers.	его́ (*sein*) её (*ihr*)	их (*ihr*)
reflexiv	свой	свой

Die Deklination der Possessivpronomen

	Singular				Plural
	männlich		sächlich	weiblich	
Nom.	мой		моё	моя́	мои́
Gen.		моего́		мое́й	мои́х
Dat.		моему́		мое́й	мои́м
Akk.	*		моё	мою́	*
Instr.		мои́м		мое́й	мои́ми
Präp.		(о)моём		(о)мое́й	(о)мои́х
Nom.	наш		на́ше	на́ша	на́ши
Gen.		на́шего		на́шей	на́ших
Dat.		на́шему		на́шей	на́шим
Akk.	*		на́ше	на́шу	*
Instr.		на́шим		на́шей	на́шими
Präp.		(о)на́шем		(о)на́шей	(о)на́ших

*= belebt: Akkusativ = Genitiv/unbelebt: Akkusativ = Nominativ

1. Die Possessivpronomen der 3. Person **его**, **её**, **их** werden nicht dekliniert. (*Я видел* ***его*** *дачу.* ***Его*** *дача мне очень понравилась.*)

2. Das reflexive Possessivpronomen in Form von **свой**, **своя**, **своё**, **свои** steht für alle drei Personen im Singular und im Plural, wenn es sich auf das Subjekt desselben Satzes zurückbezieht. (*Он читает* ***свою*** *книгу*. Er liest sein [eigenes] Buch.)

Das Verb

Infinitiv und Konjugation

Der Infinitiv der Verben lautet auf **-ть** (*чита**ть** – lesen*), **-ти** (*нес**ти** – tragen*) oder **-чь** (*мо**чь** – können*) aus. Im Russischen gibt es drei Zeitformen: das Präsens, das Präteritum und das Futur.

Das Präsens

Man unterscheidet nach dem Kennvokal in den Endungen die **e-Konjugation** und die **и-Konjugation**.

Die e-Konjugation (I. Konjugation)

Die Personalendungen der Verben der **e-Konjugation** können unbetont (mit Vokal **e**) oder betont (mit Vokal **ë**) sein.

	machen	gehen	sich beschäftigen
я	де́ла**ю**	ид**у́**	занима́**ю**сь
ты	де́ла**ешь**	ид**ёшь**	занима́**ешь**ся
он, она, оно	де́ла**ет**	ид**ёт**	занима́**ет**ся
мы	де́ла**ем**	ид**ём**	занима́**ем**ся
вы	де́ла**ете**	ид**ёте**	занима́**ете**сь
они	де́ла**ют**	ид**у́т**	занима́**ют**ся

Die и-Konjugation (II. Konjugation)
Verben der **и-Konjugation** kann man am Vokal **и** in den Personalendungen erkennen.

	sprechen	liegen	sich befinden
я	говор**ю́**	леж**у́**	нахож**у́**сь
ты	говор**и́шь**	леж**и́шь**	нахо́д**ишь**ся
он, она, оно	говор**и́т**	леж**и́т**	нахо́д**ит**ся
мы	говор**и́м**	леж**и́м**	нахо́д**им**ся
вы	говор**и́те**	леж**и́те**	нахо́д**ите**сь
они	говор**я́т**	леж**а́т**	нахо́д**ят**ся

Der Konsonantenwechsel im Präsens
Bei einigen Verben tritt bei der Konjugation im Präsens folgender **Wechsel der Stammkonsonanten** auf:

г, д, з → ж	**к → ч**	**т → ч, щ**	**с, х → ш**	**ск, ст → щ**	**б → бл, п → пл, в → вл**
бу**д**и́ть	пла́**к**ать	пла**т**и́ть	пи**с**а́ть	и**ск**а́ть	лю**б**и́ть
(wecken)	(weinen)	(zahlen)	(schreiben)	(suchen)	(lieben)
я бу**ж**у́	я пла́**ч**у	я пла**ч**у́	я пи**ш**у́	я и**щ**у́	я лю**бл**ю́
ты бу́**д**ишь	ты пла́**ч**ешь	ты пла́**т**ишь	ты пи́**ш**ешь	ты и́**щ**ешь	ты лю́**б**ишь
они бу́**д**ят	они пла́**ч**ут	они пла́**т**ят	они пи́**ш**ут	они и́**щ**ут	они лю́**б**ят

Der Konsonantenwechsel betrifft bei Verben der **и**-Konjugation nur die **1. Person Singular** des Präsens, bei Verben der **е**-Konjugation das **gesamte Präsens**.

Das Futur
Im Russischen gibt es **zwei** Futurformen: das **zusammengesetzte** und das **einfache** Futur. Das **zusammengesetzte Futur** wird mit den **Futurformen** von **быть** und dem Infinitiv **unvollendeter** Verben gebildet:

я	бу́ду		ich werde	
ты	бу́дешь	чита́ть	du wirst	lesen
он, она	бу́дет	писа́ть	er, sie wird	schreiben
мы	бу́дем	покупа́ть	wir werden	kaufen
вы	бу́дете		ihr werdet	
они	бу́дут		sie werden	

Das **einfache Futur** wird von **vollendeten** Verben gebildet. Die Personalendungen stimmen mit denen des Präsens der unvollendeten Verben überein.

я	прочита́ю, напишу́, куплю́	ich werde	
ты	прочита́ешь, напи́шешь, ку́пишь	du wirst	lesen
он, она	прочита́ет, напи́шет, ку́пит	er, sie wird	schreiben
мы	прочита́ем, напи́шем, ку́пим	wir werden	kaufen
вы	прочита́ете, напи́шете, ку́пите	ihr werdet	
они	прочита́ют, напи́шут, ку́пят	sie werden	

Das Präteritum

Das Präteritum der meisten Verben wird durch das Anfügen von **-л** (*maskulin*), **-ла** (*feminin*), **-ло** (*neutral*) und **-ли** (*Plural*) an den Infinitivstamm gebildet. Die Präteritumformen verändern sich nicht je nach Person, sondern sie werden an Zahl und Geschlecht angeglichen.

Infinitiv	**männlich**	**sächlich**	**weiblich**	**Plural**
	я, ты, он	**оно**	**я, ты, она**	**мы, вы, они**
читá-ть (lesen)	читá**л**	читá**ло**	читá**ла**	читá**ли**
ви́де-ть (sehen)	ви́де**л**	ви́де**ло**	ви́де**ла**	ви́де**ли**

Einige Verben weisen bei der Bildung des Präteritums Besonderheiten auf, z. B. *идти* (gehen) – *шёл, шла, шло, шли*; *мочь* (können) – *мог, могла, могло, могли*; *расти* (wachsen) – *рос, росла, росло, росли.*

Die Verbalaspekte

Eine grundlegende Besonderheit des russischen Verbs besteht darin, dass es über zwei Aspektformen verfügt: den **unvollendeten Aspekt** (*читать* – lesen, *делать* – machen, *решать* – lösen) und den **vollendeten Aspekt** (*прочитать* – lesen, *сделать* – machen, *решить* – lösen). Die beiden Aspektformen haben ein und dieselbe lexikalische Bedeutung und unterscheiden sich je nach der Betrachtungsweise der Handlung.

1. Der **unvollendete Aspekt** wird zur Bezeichnung eines **Prozesses**, einer **andauernden Handlung** gebraucht. Auf diese Betrachtung der Handlung weisen oft Adverbialbestimmungen der Zeit hin (*долго* – lange, *всё время* – die ganze Zeit usw.)

Он долго писал письмо.	Er schrieb lange an dem Brief.
Я буду весь вечер читать роман.	Ich werde den ganzen Abend den Roman lesen.

Die Verben des **unvollendeten Aspekts** werden auch zur Wiedergabe **einer sich wiederholenden**, **regelmäßigen Handlung** gebraucht, oft mit Wörtern wie *часто* – oft, *регулярно* – regelmäßig, *каждый день* – jeden Tag.

Он часто звонит своим родителям.	Er ruft oft seine Eltern an.
Иногда я получаю от него письма.	Manchmal bekomme ich Briefe von ihm.

Schließlich werden die **unvollendeten Verben** zur **Feststellung der Tatsache**, dass die Handlung stattfand (bzw. stattfinden wird), verwendet, unabhängig davon, ob sie regelmäßig, von langer oder kurzer Dauer, abgeschlossen oder nicht abgeschlossen war (sein wird).

– Что ты вчера дéлал?	– Was hast du gestern gemacht?
– Читал, смотрел телевизор.	– Ich habe gelesen und ferngesehen.

2. Der **vollendete Aspekt** wird zum Ausdruck einer **abgeschlossenen Handlung** gebraucht, die zu einem Ergebnis geführt hat (führen wird).

Наконец, он написал письмо.	Endlich hat er den Brief fertig geschrieben.

Die Verben des **vollendeten Aspekts** werden auch zur Wiedergabe **einer einmaligen, konkreten Handlung** verwendet.

В этот день он не позвонил родителям.	An diesem Tag hat er seine Eltern nicht angerufen.
Вчера я не получил письма.	Gestern habe ich keinen Brief bekommen.

Die Aspektpaare

unvollendetes Verb	**vollendetes Verb**	
ви́деть	уви́деть	sehen, (er)blicken
встава́ть	встать	aufstehen
говори́ть	сказа́ть	sprechen, sagen
гото́вить	пригото́вить	kochen, zubereiten
дава́ть	дать	geben
де́лать	сде́лать	machen, tun
есть	съесть	essen, fressen
отвеча́ть	отве́тить	antworten
открыва́ть	откры́ть	öffnen
писа́ть	написа́ть	schreiben
получа́ть	получи́ть	erhalten, bekommen
помога́ть	помо́чь	helfen
приглаша́ть	пригласи́ть	einladen
приходи́ть	прийти́	kommen
рисова́ть	нарисова́ть	zeichnen
смотре́ть	посмотре́ть	(an)sehen, (zu)sehen
собира́ть	собра́ть	sammeln
спра́шивать	спроси́ть	fragen
стро́ить	постро́ить	bauen
фотографи́ровать	сфотографи́ровать	fotografieren
чита́ть	прочита́ть	lesen

Die Verneinung

Zur Verneinung wird die Partikel **не** dem Verb vorangestellt: *я не вижу* – ich sehe nicht, *я не буду работать* – ich werde nicht arbeiten, *я не учил(а)* – ich habe nicht gelernt.

Der Konjunktiv

Zur Bildung des Konjunktivs wird der Präteritumform des Verbs die Partikel **бы** hinzugefügt: *я хотел(а) бы* – ich möchte, *я бы этого не сказал(а)* – das würde ich nicht sagen, *мы пошли бы* – wir würden gehen.

Die reflexiven Verben

Reflexive Verben werden durch Anfügen von **-ся** (nach Konsonant) oder **-сь** (nach Vokal) an die Endungen gebildet: *я моюсь* – ich wasche mich, *ты моешься* – du wäschst dich.

Die Verben der Fortbewegung

Im Russischen gibt es eine Gruppe von Verben, die ein und dieselbe Art der Fortbewegung in unterschiedlicher Weise bezeichnen. Sie treten paarweise und

entweder mit oder ohne Vorsilbe auf. Die Verben der Fortbewegung ohne Vorsilbe sind immer unvollendet.
Man unterscheidet die Verben der **zielgerichteten Bewegung** (Gruppe *идти*) und die Verben der **nicht zielgerichteten Bewegung** (Gruppe *ходить*).

Verben der **zielgerichteten Bewegung**	Verben der **nicht zielgerichteten Bewegung**	
идти́ (иду́, идёшь, иду́т; шёл, шла, шли)	**ходи́ть** (хожу́, хо́дишь, хо́дят)	gehen
е́хать (е́ду, е́дешь, е́дут)	**е́здить** (е́зжу, е́здишь, е́здят)	fahren
бежа́ть (бегу́, бежи́шь, бегу́т)	**бе́гать** (бе́гаю, бе́гаешь, бе́гают)	laufen, rennen
лете́ть (лечу́, лети́шь, летя́т)	**лета́ть** (лета́ю, лета́ешь, лета́ют)	fliegen
плыть (плыву́, плывёшь, плыву́т)	**пла́вать** (пла́ваю, пла́ваешь, пла́вают)	schwimmen
нести́ (несу́, несёшь, несу́т; нёс, несла́, несли́)	**носи́ть** (ношу́, но́сишь, но́сят)	tragen
везти́ (везу́, везёшь, везу́т; вёз, везла́, везли́)	**вози́ть** (вожу́, во́зишь, во́зят)	fahren (*jdn.*), transportieren
вести́ (веду́, ведёшь, веду́т; вёл, вела́, вели́)	**води́ть** (вожу́, во́дишь, во́дят)	führen
брести́ (бреду́, бредёшь, бреду́т; брёл, брела́, брели́)	**броди́ть** (брожу́, бро́дишь, бро́дят)	langsam gehen, schlendern
гнать (гоню́, го́нишь, го́нят)	**гоня́ть** (гоня́ю, гоня́ешь, гоня́ют)	treiben, jagen
лезть (ле́зу, ле́зешь, ле́зут; лез, ле́зла, ле́зли)	**ла́зить** (ла́жу, ла́зишь, ла́зят)	klettern
ползти́ (ползу́, ползёшь, ползу́т; полз, ползла́, ползли́)	**по́лзать** (по́лзаю, по́лзаешь, по́лзают)	kriechen
тащи́ть (тащу́, та́щишь, та́щат)	**таска́ть** (таска́ю, таска́ешь, таска́ют)	schleppen
кати́ть (качу́, ка́тишь, ка́тят)	**ката́ть** (ката́ю, ката́ешь, ката́ют)	rollen

1. Die Verben der **zielgerichteten Bewegung** bezeichnen eine Bewegung, die in eine bestimmte Richtung verläuft:

Студенты идут в университет.	Die Studenten gehen in die Universität.
Дети бегут сюда.	Die Kinder laufen hierher.

2. Die Verben der **nicht zielgerichteten Bewegung** bezeichnen eine Bewegung, die nicht in eine, sondern in verschiedene Richtungen verläuft (kreuz und quer):

Брат ходит по комнате.	Der Bruder geht im Zimmer auf und ab.
Дети целый день бегают во дворе.	Die Kinder laufen den ganzen Tag im Hof herum.

3. Die Verben der **nicht zielgerichteten Bewegung** bezeichnen auch eine Bewegung, die wiederholt und hin und zurück erfolgt:

Я каждый день хожу пешком на работу.	Ich gehe jeden Tag zu Fuß zur Arbeit. (*hin und zurück*)
Мы часто ездим к бабушке.	Wir fahren oft zu Oma.

4. Die Verben der **nicht zielgerichteten Bewegung** werden **im Präteritum** auch dann verwendet, wenn eine einmalige Bewegung hin und zurück bezeichnet werden soll:

Вчера мы ходили на выставку (= были на выставке).	Gestern sind wir in die Ausstellung gegangen (= waren wir in der Ausstellung).

5. Die Verben der **nicht zielgerichteten Bewegung** werden auch dann verwendet, wenn eine allgemeine Fähigkeit zur Bewegung bezeichnet werden soll:

Ребёнок уже ходит.	Das Kind kann schon laufen.

Die Bildung des Imperativs

Infinitiv	Präsensstamm	Endungen des Imperativs	Imperativformen der 2. Pers. Sg.	Imperativformen der 2. Pers. Pl.
чита́ть	чита́-ю		чита́й!	чита́йте!
нарисова́ть	нарису́-ю	**-й**	нарису́й!	нарису́йте!
говори́ть	говор-ю́		говори́!	говори́те!
смотре́ть	смотр-ю́	**-и**	смотри́!	смотри́те!
отве́тить	отве́ч-у		отве́ть!	отве́тьте!
наде́ть	наде́н-у	**-ь**	наде́нь!	наде́ньте!

Das Adjektiv

Das Adjektiv bezieht sich auf ein **Substantiv**, mit dem es in **Geschlecht**, **Zahl** und **Fall** übereinstimmt (*нов**ый** дом, нов**ая** школа, нов**ое** здание* – das neue Haus, die neue Schule, das neue Gebäude). Im Singular gibt es drei Geschlechter, im Plural haben die Adjektive eine gemeinsame Endung. Bei der Deklination werden die Adjektive nach dem **harten** (*старый дом, молодой инженер)* und dem **weichen** Stammauslaut (*летний день, вчерашняя газета*) unterschieden:

Die Deklination der Adjektive im Singular und im Plural

Fall	Singular männlich	Singular sächlich	Singular weiblich	Plural
Nom.	**-ый**, **-ой**, **-ий**	**-ое**, **-ее**	**-ая**, **-яя**	**-ые**, **-ие**
	но́в**ый**	но́в**ое**	но́в**ая**	но́в**ые**
	больш**о́й**	больш**о́е**	больш**а́я**	больш**и́е**
	хоро́ш**ий**	хоро́ш**ее**	хоро́ш**ая**	хоро́ш**ие**
	после́дн**ий**	после́дн**ее**	после́дн**яя**	после́дн**ие**
Gen.	**-ого**, **-его**	**-ого**, **-его**	**-ой**, **-ей**	**-ых**, **-их**
	но́в**ого**		но́в**ой**	но́в**ых**
	больш**о́го**		больш**о́й**	больш**и́х**
	хоро́ш**его**		хоро́ш**ей**	хоро́ш**их**
	после́дн**его**		после́дн**ей**	после́дн**их**

Dat.	**-ому**, **-ему** но́в**ому** больш**о́му** хоро́ш**ему** после́дн**ему**	**-ой**, **-ей** но́в**ой** больш**о́й** хоро́ш**ей** после́дн**ей**	**-ым**, **-им** но́в**ым** больш**и́м** хоро́ш**им** после́дн**им**
Akk.	wie **Nom.** oder **Gen.**[1] wie **Nom.**	**-ую**, **-юю** но́в**ую** больш**у́ю** хоро́ш**ую** после́дн**юю**	wie **Nom.** oder **Gen.**[1]
Instr.	**-ым**, **-им** но́в**ым** больш**и́м** хоро́ш**им** после́дн**им**	**-ой**, **-ей** но́в**ой** больш**о́й** хоро́ш**ей** после́дн**ей**	**-ыми**, **-ими** но́в**ыми** больш**и́ми** хоро́ш**ими** после́дн**ими**
Präp.	**-ом**, **-ем** о но́в**ом** о больш**о́м** о хоро́ш**ем** о после́дн**ем**	**-ой**, **-ей** о но́в**ой** о больш**о́й** о хоро́ш**ей** о после́дн**ей**	**-ых**, **-их** о но́в**ых** о больш**и́х** о хоро́ш**их** о после́дн**их**

[1] Bezieht sich das Adjektiv auf ein **belebtes** Substantiv, so ist der **maskuline Akkusativ Singular** und der **Akkusativ Plural aller drei Geschlechter** dem **Genitiv** gleich. Bezieht sich das Adjektiv auf ein **unbelebtes** Substantiv, so ist der **maskuline Akkusativ Singular** und der **Akkusativ Plural aller drei Geschlechter** dem **Nominativ** gleich. Beachte: Die männlichen Adjektive auf **-ой** (*больш***о́й**, *молод***о́й**) sind immer endbetont.

Männliche Adjektive haben nach **г**, **к**, **х**, **ж**, **ш**, **ч**, **щ** bei Stammbetonung die Endung **-ий** (*ти́хий*, *ма́ленький*, *горя́чий*, *лу́чший*), bei Endbetonung die Endung **-ой** (*плохо́й*, *большо́й*). Bei den sächlichen Adjektiven schreibt man nach **г**, **к**, **х** unabhängig von der Betonung die Endung **-ое** (*ти́хое*, *ма́ленькое*, *плохо́е*), nach **ж**, **ш**, **ч**, **щ** wird bei Stammbetonung **-ее** geschrieben (*горя́чее*, *лу́чшее*), bei Endbetonung **-ое** (*большо́е*).

Bei weiblichen Adjektiven wird nach **г**, **к**, **х**, **ж**, **ш**, **ч**, **щ** unabhängig von der Betonung **-ая** geschrieben (*ти́хая*, *ма́ленькая*, *горя́чая*, *лу́чшая*, *плоха́я*, *больша́я*).

Die Steigerungsformen der Adjektive

Der **Komparativ** wird gebildet durch Anfügen von **-ее** (**-ей**) an den Stamm oder durch das Setzen von **более** (mehr) vor die Positivform: краси́вый – краси́вее (schöner). Der **Superlativ** wird gebildet durch Anfügen von **-ейший** (**-ейшая**, **-ейшее**) oder **-айший (-айшая**, **-айшее)** an den Stamm oder durch das Setzen von **са́мый** (höchst, äußerst, aller) vor die Positivform: краси́вейший (-ая, -ее), са́мый краси́вый (са́мая краси́вая, са́мое краси́вое). Unregelmäßig gesteigert werden unter anderem: хоро́ший – **лу́чше** (besser), плохо́й – **ху́же** (schlechter, schlimmer), дорого́й – **доро́же** (teurer), молодо́й – **моло́же** (jünger), высо́кий – **вы́ше** (höher), дешёвый – **деше́вле** (billiger), ма́ленький – **ме́ньше** (kleiner).

Das Adverb

Die von den Adjektiven abgeleiteten Adverbien enden meist auf **-o** (seltener auf **-e**) und **-и** (mit der vorgestellten Partikel **по-**): хоро́ший – хорошо́ (gut), ру́сский – по-ру́сски (russisch).
Von Substantiven abgeleitete Adverbien haben meist die Form des Instrumental Singular: у́тро – у́тром (morgens), день – днём (tagsüber).

Die Uhrzeitangabe

Die Frage nach der Uhrzeit lautet **Кото́рый час?** (Wie viel Uhr ist es? Wie spät ist es?)

Сейчас час.	Es ist ein Uhr.
Сейчас четыре час**а**.	Es ist vier Uhr.
Сейчас пять час**ов**.	Es ist fünf Uhr.
Двадцать часов одн**а** минут**а**.	Es ist 20.01 Uhr.
Двадцать часов три минут**ы**.	Es ist 20.03 Uhr.
Двадцать часов пять минут.	Es ist 20.05 Uhr.
Сейчас без четверти восемь.	Es ist drei viertel acht/viertel vor acht.
Сейчас половина восьмого.	Es ist halb acht.
Сейчас четверть восьмого.	Es ist viertel acht/viertel nach sieben.

Auf die Frage nach der Uhrzeit mit dem Fragepronomen **когда́?** (wann?) steht **в** (um) mit dem **Akkusativ**:

В час мы обедаем.	Um ein Uhr essen wir zu Mittag.
В шесть часов мы встаём.	Um sechs Uhr stehen wir auf.
В ноль часов одн**у** минут**у**.	Um 0.01 Uhr.

Die Zahlwörter

Die Grundzahlwörter

1 оди́н, одна́, одно́	21 два́дцать оди́н usw.
2 два (*m/n*), две (*f*)	30 три́дцать
3 три	40 со́рок
4 четы́ре	50 пятьдеся́т
5 пять	60 шестьдеся́т
6 шесть	70 се́мьдесят
7 семь	80 во́семьдесят
8 во́семь	90 девяно́сто
9 де́вять	100 сто
10 де́сять	101 сто оди́н usw.
11 оди́ннадцать	200 две́сти
12 двена́дцать	300 три́ста
13 трина́дцать	400 четы́реста
14 четы́рнадцать	500 пятьсо́т
15 пятна́дцать	600 шестьсо́т usw.
16 шестна́дцать	1000 ты́сяча
17 семна́дцать	1001 ты́сяча оди́н (одна́, одно́)
18 восемна́дцать	1002 ты́сяча два, ты́сяча две
19 девятна́дцать	1 000 000 оди́н миллио́н
20 два́дцать	1 000 000 000 оди́н миллиа́рд

Die Ordnungszahlwörter

1. пéрвый
2. вторóй
3. трéтий
4. четвёртый
5. пя́тый
6. шестóй
7. седьмóй
8. восьмóй
9. девя́тый
10. деся́тый
11. оди́ннадцатый
12. двенáдцатый
13. тринáдцатый
14. четы́рнадцатый
15. пятнáдцатый
16. шестнáдцатый
17. семнáдцатый
18. восемнáдцатый
19. девятнáдцатый
20. двадцáтый
21. двáдцать пéрвый
22. двáдцать вторóй usw.
30. тридцáтый
40. сороковóй
50. пятидеся́тый
60. шестидеся́тый
70. семидеся́тый
80. восьмидеся́тый
90. девянóстый
100. сóтый
200. двухсóтый
1000. ты́сячный

Die gebräuchlichsten vollendeten Verben

Infinitiv und Futurkonjugation	Imperativ	Präteritum	unvollendet	
взять (возьму́, возьмёшь, возьму́т)	возьми́	взял	брать	nehmen
встать (встáну, встáнешь, встáнут)	встань	встал	вставáть	aufstehen
встрéтиться (встрéчусь, встрéтишься, встрéтятся)	встрéться	встрéтился	встречáться	sich treffen
дать (дам, дашь, даст, дади́м, дади́те, даду́т)	дай	дал	давáть	geben
забы́ть (забу́ду, забу́дешь, забу́дут)	забу́дь	забы́л	забывáть	vergessen
закры́ть (закрóю, закрóешь, закрóют)	закрóй	закры́л	закрывáть	schließen, zumachen
купи́ть (куплю́, ку́пишь, ку́пят)	купи́	купи́л	покупáть	kaufen
начáть (начну́, начнёшь, начну́т)	начни́	нáчал	начинáть	anfangen
отвéтить (отвéчу, отвéтишь, отвéтят)	отвéть	отвéтил	отвечáть	antworten
отдохну́ть (отдохну, отдохнёшь, отдохну́т)	отдохни́	отдохну́л	отдыхáть	sich erholen
откры́ть (открóю, открóешь, открóют)	открóй	откры́л	открывáть	öffnen
передáть (передáм, передáшь, передаду́т)	передáй	передáл	передавáть	übergeben
показáть (покажу́, покáжешь, покáжут)	покажи́	показáл	покáзывать	zeigen

получи́ть (получу́, полу́чишь, полу́чат)	получи́	получи́л	получа́ть	bekommen
помо́чь (помогу́, помо́жешь, помо́гут)	помоги́	помо́г, -ла́	помога́ть	helfen
пригласи́ть (приглашу́, пригласи́шь, приглася́т)	пригласи́	пригласи́л	приглаша́ть	einladen
провести́ (проведу́, проведёшь, проведу́т)	проведи́	провёл, -а́	проводи́ть	verbringen
прода́ть (прода́м, прода́шь, продаду́т)	прода́й	прода́л	продава́ть	verkaufen
рассказа́ть (расскажу́, расска́жешь, расска́жут)	расскажи́	рассказа́л	расска́зывать	erzählen
сказа́ть (скажу́, ска́жешь, ска́жут)	скажи́	сказа́л	говори́ть	sagen
собра́ть (соберу́, соберёшь, соберу́т)	собери́	собра́л	собира́ть	sammeln
спроси́ть (спрошу́, спро́сишь, спро́сят)	спроси́	спроси́л	спра́шивать	fragen
убра́ть (уберу́, уберёшь, уберу́т)	убери́	убра́л	убира́ть	weg-, zusammenräumen
удиви́ться (удивлю́сь, удиви́шься, удивя́тся)	*ungebr.*	удиви́лся	удивля́ться	sich wundern
узна́ть (узна́ю, узна́ешь, узна́ют)	узна́й	узна́л	узнава́ть	erkennen, erfahren
упа́сть (упаду́, упадёшь, упаду́т)	упади́	упа́л	па́дать	fallen

Грамматика немецкого языка

Артикль

Все существительные в немецком языке употребляются с определенным или неопределенным артиклем. Артикль указывает на род, число и падеж существительного. Во множественном числе неопределенного артикля нет. Определенный артикль во множественном числе для всех родов одинаков.

	определенный артикль	**неопределенный артикль**
мужской род	**der** Student	**ein** Student
средний род	**das** Haus	**ein** Haus
женский род	**die** Gruppe	**eine** Gruppe
множ. число	**die** Studenten	–

Склонение определенного и неопределенного артикля

	единств. ч.						**множ. ч.**
	м. р.		**с. р.**		**ж. р.**		
Nom.	d**er**	ein	d**as**	ein	d**ie**	ein**e**	d**ie**
Gen.	d**es**	ein**es**	d**es**	ein**es**	d**er**	ein**er**	d**er**
Dat.	d**em**	ein**em**	d**em**	ein**em**	d**er**	ein**er**	d**en**
Akk.	d**en**	ein**en**	d**as**	ein	d**ie**	ein**e**	d**ie**

Имя существительное

Род имён существительных

В немецком языке существуют три грамматических рода: мужской (*das Maskulinum*), женский (*das Femininum*) и средний (*das Neutrum*).

Определение рода по суффиксам имён существительных

м. р.		**с. р.**		**ж. р.**	
-er	der Fahrer	**-chen**	das Mädchen	**-in**	die Laborantin
-ler	der Sportler	**-lein**	das Tischlein	**-ung**	die Übung
-ling	der Lehrling	**-(s)tel**	das Fünftel	**-heit**	die Freiheit
-ent	der Student	**-tum**	das Eigentum	**-keit**	die Möglichkeit
-ant	der Laborant	**-nis**	das Gedächtnis	**-schaft**	die Landschaft
-ist	der Publizist	**-(i)um**	das Studium	**-ei**	die Malerei
-et	der Poet	**-ett**	das Kabinett	**-ie**	die Chemie
-ot	der Pilot	**-ment**	das Dokument	**-(t)ät**	die Universität
-at	der Kandidat	**-ma**	das Drama	**-(t)ion**	die Demonstration
-soph	der Philosoph	**-o**	das Kino	**-ur**	die Kultur
-nom	der Astronom	**ge- +**	das Gebirge	**-ik**	die Physik
-graf	der Fotograf	**(-e)**	das Gemälde	**-age**	die Reportage
-eur	der Ingenieur			**-ade**	die Fassade
-ier	der Pionier			**-anz**	die Ambulanz
-ar	der Jubilar			**-enz**	die Existenz
-är	der Sekretär			**-e**	die Liebe
-or	der Doktor				

Образование множественного числа существительных

способ образования	**м. р.**	**с. р.**	**ж. р.**
1. без окончания	der Lehrer die Lehrer	das Fenster die Fenster	
2. без окончания + умлаут	der Apfel die Äpfel		die Mutter die Mütter
3. окончание **-e**	der Berg die Berge	das Haar die Haare	
4. окончание **-e** + умлаут	der Raum die Räume		die Bank die Bänke
5. окончания **-n**, **-en**, **-nen**	der Biologe die Biologen, der Polizist die Polizisten	das Interesse die Interessen, das Studium die Studien	die Insel die Inseln, die Schülerin die Schülerinnen
6. окончание **-er**; окончание **-er** + умлаут	der Schi die Schier, der Mann die Männer	das Bild dic Bildcr, das Tuch die Tücher	
7. окончание **-s**	der Park die Parks	das Kino die Kinos	die Kamera die Kameras

Склонение имён существительных

В немецком языке существует четыре падежа:

Nominativ (именительный)	**wer? was?** кто? что?
Genitiv (родительный)	**wessen?** чей?
Dativ (дательный)	**wem?** кому?
Akkusativ (винительный)	**wen? was?** кого? что?

При склонении существительного изменяется форма артикля. По форме артикля, а также по окончаниям в некоторых падежах и определяется падеж существительного.

Единственное число

В единственном числе различают **сильное**, **слабое** и **женское** склонение.

	сильное скл.		**слабое скл.**	**женское скл.**
Nom.	der Text	das Buch	der Student	die Frau
Gen.	des Text**es**	des Buch**es**	des Student**en**	der Frau
Dat.	dem Text	dem Buch	dem Student**en**	der Frau
Akk.	den Text	das Buch	den Student**en**	die Frau

К **сильному** склонению относятся:

а) все существительные среднего рода, кроме существительного *das Herz* (сердце);

б) большинство существительных мужского рода.

Признак сильного склонения – окончание **-s** в родительном падеже.

К **слабому** склонению относятся имена существительные мужского рода, в основном, одушевленные, а именно:
а) оканчивающиеся на **-е** (*der Russe*, *der Junge*, *der Löwe*);
б) некоторые существительные, утратившие **-е** (*der Herr*, *der Mensch*, *der Held*, *der Bär*, *der Barbar*, *der Narr*, *der Christ*, *der Prinz*, *der Fürst*, *der Graf*);
в) иностранные слова с ударными суффиксами: **-ent**, **-ant**, **-et**, **-at**, **-ot**, **-ist**, **-nom**, **-soph**, **-graf**, **-log(e)** (*der Student*, *der Laborant*, *der Poet*, *der Soldat*, *der Patriot*, *der Optimist*, *der Agronom*, *der Philosoph*, *der Geograph*, *der Philologe*).
Признак слабого склонения – окончание **-(e)n** во всех падежах, кроме именительного. К **женскому** склонению относятся все существительные женского рода. Признак женского склонения – отсутствие окончаний.
Кроме трех основных типов склонения имеется еще **смешанный** тип склонения, к которому относятся следующие существительные мужского рода: *der Buchstabe*, *der Funke*, *der Gedanke*, *der Glaube*, *der Wille*, *der Name*, *der Samen*, *der Frieden*, *der Schaden* и существительное среднего рода *das Herz*. Признак склонения смешанной группы – окончание **-(e)ns** в генитиве и окончания **-(e)n** в дативе и аккузативе:

Смешанное склонение

Nom.	der Name	das Herz
Gen.	des Nam**ens**	des Herz**ens**
Dat.	dem Nam**en**	dem Herz**en**
Akk.	den Nam**en**	das Herz

Множественное число
Во множественном числе все существительные склоняются одинаково:

Nom.	die Tage	die Bücher	die Frauen	die Autos
Gen.	der Tage	der Bücher	der Frauen	der Autos
Dat.	den Tage**n**	den Bücher**n**	den Frauen	den Autos
Akk.	die Tage	die Bücher	die Frauen	die Autos

Личные местоимения

	единств. ч.		множ.ч.	
1 л.	**ich**	я	**wir**	мы
2 л.	**du**	ты	**ihr**	вы
3 л.	**er/sie/es**	он/она/оно	**sie/Sie**	они/Вы

Форма вежливого обращения **Вы** совпадает с третьим лицом множественного числа *Sie*.

Склонение личных местоимений

		единств. ч.				множ. ч.			
	1 л.	**2 л.**		**3 л.**		**1 л.**	**2 л.**		**3 л.**
Nom.	**ich**	**du**	**er**	**sie**	**es**	**wir**	**ihr**	**sie**	**Sie**
Gen.	meiner	deiner	seiner	ihrer	seiner	unser	euer	ihrer	Ihrer
Dat.	**mir**	**dir**	**ihm**	**ihr**	**ihm**	**uns**	**euch**	**ihnen**	**Ihnen**
Akk.	**mich**	**dich**	**ihn**	**sie**	**es**	**uns**	**euch**	**sie**	**Sie**

Родительный падеж личных местоимений в современном языке используется очень редко.

Притяжательные местоимения

ich	**mein**	(мой)	wir	**unser**	(наш)
du	**dein**	(твой)	ihr	**euer**	(ваш)
er	**sein**	(его)	sie	**ihr**	(их)
sie	**ihr**	(её)	Sie	**Ihr**	(Ваш)
es	**sein**	(его)			

Склонение притяжательных местоимений

	единств. ч.			**множ. ч.**
	м. р.	**с. р.**	**ж. р.**	
Nom.	mein, unser Vater	mein, unser Haus	mein**e**, unser**e** Mutter	mein**e**, unser**e** Bücher
Gen.	mein**es**, unser**es** Vaters	mein**es**, unser**es** Hauses	mein**er**, unser**er** Mutter	mein**er**, unser**er** Bücher
Dat.	mein**em**, unse**rem** Vater	mein**em**, unse**rem** Haus	mein**er**, unser**er** Mutter	mein**en**, unser**en** Büchern
Akk.	mein**en**, unser**en** Vater	mein, unser Haus	mein**e**, unser**e** Mutter	mein**e**, unser**e** Bücher

Глагол

Все немецкие глаголы разделяются по способу спряжения и по образованию основных форм на **слабые**, **сильные** и **смешанные** (особая группа).

Спряжение глаголов в настоящем времени (Präsens)

Слабые глаголы

Большинство глаголов в немецком языке – слабые. При их спряжении в настоящем времени к основе глагола добавляются личные окончания.

			fragen (спрашивать)	**antworten** (отвечать)	**grüßen** (здороваться)
ich	(я)	**-e**	frag**e**	antwort**e**	grüß**e**
du	(ты)	**-st**	frag**st**	antwort**est**	grüß**t**
er/sie/es	(он/она/оно)	**-t**	frag**t**	antwort**et**	grüß**t**
wir	(мы)	**-en**	frag**en**	antwort**en**	grüß**en**
ihr	(вы)	**-t**	frag**t**	antwort**et**	grüß**t**
sie/Sie	(они/Вы)	**-en**	frag**en**	antwort**en**	grüß**en**

Сильные глаголы

Сильные глаголы во 2-м и 3-м лице единственного числа изменяют корневую гласную:

– **a, au, o** получают умлаут (напр., *fahren*, *laufen*, *halten*),

– гласный **e** переходит в **i** или **ie** (*geben*, *lesen*).

			geben (давать)	**fahren** (ехать)	**laufen** (бежать)	**lesen** (читать)	**halten** (держать)
ich	(я)	**-e**	geb**e**	fahr**e**	lauf**e**	les**e**	halt**e**
du	(ты)	**(e/i, e/ie, a/ä) -st**	g**i**b**st**	f**ä**hr**st**	l**ä**uf**st**	l**ie**s**t**	h**ä**lt**st**
er/sie/es	(он/она/оно)	**(e/i, e/ie, a/ä) -t**	g**i**b**t**	f**ä**hr**t**	l**ä**uf**t**	l**ie**s**t**	h**ä**lt
wir	(мы)	**-en**	geb**en**	fahr**en**	lauf**en**	les**en**	halt**en**
ihr	(вы)	**-(e)t**	geb**t**	fahr**t**	lauf**t**	les**t**	halt**et**
sie/Sie	(они/Вы)	**-en**	geb**en**	fahr**en**	lauf**en**	les**en**	halt**en**

Вспомогательные глаголы
Вспомогательные глаголы **sein** (быть), **haben** (иметь), **werden** (становиться) имеют особенности в спряжении:

		sein	**haben**	**werden**
ich	(я)	bin	habe	werde
du	(ты)	bist	hast	wirst
er/sie/es	(он/она/оно)	ist	hat	wird
wir	(мы)	sind	haben	werden
ihr	(вы)	seid	habt	werdet
sie/Sie	(они/Вы)	sind	haben	werden

Модальные глаголы и глагол „wissen“ (знать)

		können	**dürfen**	**müssen**	**sollen**	**wollen**	**mögen**	**wissen**
ich	**-**	k**a**nn	d**a**rf	m**u**ss	soll	w**i**ll	m**a**g/möchte	w**ei**ß
du	**-st**	k**a**nn**st**	d**a**rf**st**	m**u**ss**t**	soll**st**	w**i**ll**st**	m**a**g**st**/möchte**st**	w**ei**ß**t**
er/sie/es	**-**	k**a**nn	d**a**rf	m**u**ss	soll	w**i**ll	m**a**g/möchte	w**ei**ß
wir	**-en**	**können**	**dürfen**	**müssen**	soll**en**	**wollen**	**mögen**/möcht**en**	**wissen**
ihr	**-t**	**könnt**	**dürft**	**müsst**	soll**t**	**wollt**	**mögt**/möcht**et**	wiss**t**
sie/Sie	**-en**	**können**	**dürfen**	**müssen**	soll**en**	**wollen**	**mögen**/möcht**en**	**wissen**

Прошедшее время
Для обозначения действия в прошедшем времени используются **претерит**, **перфект** и **плюсквамперфект**.

Спряжение глаголов в претерите (Präteritum)
В 1-м и 3-м лице единственного числа в претерите глаголы не имеют личных окончаний.

		слабые	сильные	модальные	вспомогательные		
		(machen)	(nehmen)	(können)	(haben)	(sein)	(werden)
ich	**-**	machte	nahm	konnte	hatte	war	wurde
du	**-st**	machte-**st**	nahm-**st**	konnte-**st**	hatte-**st**	war-**st**	wurde-**st**
er/sie/es	**-**	machte	nahm	konnte	hatte	war	wurde
wir	**-(e)n**	machte-**n**	nahm-**en**	konnte-**n**	hatte-**n**	war-**en**	wurde-**n**
ihr	**-t**	machte-**t**	nahm-**t**	konnte-**t**	hatte-**t**	war-**t**	wurde-**t**
sie/Sie	**-(e)n**	machte-**n**	nahm-**en**	konnte-**n**	hatte-**n**	war-**en**	wurde-**n**

Особая группа глаголов (смешанные глаголы)

инфинитив	**претерит**	**партицип II**	
kennen	kannte	gekannt	(знать)
nennen	nannte	genannt	(называть)
brennen	brannte	gebrannt	(гореть)
wenden	wandte	gewandt	(обращаться)
wenden	wendete	gewendet	(поворачивать)
senden	sandte	gesandt	(посылать)
senden	sendete	gesendet	(передавать по радио)
denken	dachte	gedacht	(думать)

Спряжение глаголов в перфекте (Perfekt) и в плюсквамперфекте (Plusquamperfekt)

перфект	ich **habe** gearbeitet	ich **bin** gekommen
(перфект = haben/sein	du **hast** gearbeitet	du **bist** gekommen
[презенс] + партицип II)	er **hat** gearbeitet	er **ist** gekommen
	wir **haben** gearbeitet	wir **sind** gekommen
	ihr **habt** gearbeitet	ihr **seid** gekommen
	sie **haben** gearbeitet	sie **sind** gekommen
плюсквамперфект	ich **hatte** gearbeitet	ich **war** gekommen
(плюсквамперфект =	du **hattest** gearbeitet	du **warst** gekommen
haben/sein [претерит] +	er **hatte** gearbeitet	er **war** gekommen
партицип II)	wir **hatten** gearbeitet	wir **waren** gekommen
	ihr **hattet** gearbeitet	ihr **wart** gekommen
	sie **hatten** gearbeitet	sie **waren** gekommen

Будущее время (Futur)
(футур I = werden [презенс] + инфинитив); футур II = werden [презенс] + инфинитив II)

Спряжение глаголов в футуре I и футуре II

футур I		**футур II**	
ich **werde** arbeiten	wir **werden** arbeiten	ich **werde** gearbeitet haben	wir **werden** gearbeitet haben
du **wirst** arbeiten	ihr **werdet** arbeiten	du **wirst** gearbeitet haben	ihr **werdet** gearbeitet haben
er **wird** arbeiten	sie **werden** arbeiten	er **wird** gearbeitet haben	sie **werden** gearbeitet haben

Сослагательное наклонение (Konjunktiv)

Konjunktiv I

	слабые	**сильные**		**вспомогательные**		**модальные**
ich	sag-e	geb-e	hab-e	sei	werd-e	könn-e
du	sag-e-st	geb-e-st	hab-e-st	sei-st	werd-e-st	könn-e-st
er	sag-e	geb-e	hab-e	sei	werd-e	könn-e
wir	sag-e-n	geb-e-n	hab-e-n	sei-e-n	werd-e-n	könn-e-n
ihr	sag-e-t	geb-e-t	hab-e-t	sei-e-t	werd-e-t	könn-e-t
sie	sag-e-n	geb-e-n	hab-e-n	sei-e-n	werd-e-n	könn-e-n

Konjunktiv II

	слабые	**сильные**		**модальные**		**вспомогательные**		
ich	machte	k**ä**m**e**	ging**e**	k**ö**nnte	m**ö**chte	h**ä**tte	w**ä**r**e**	w**ü**rde
du	machtest	k**ä**m**est**	ging**est**	k**ö**nntest	m**ö**chtest	h**ä**ttest	w**ä**r**est**	w**ü**rdest
er/sie/es	machte	k**ä**m**e**	ging**e**	k**ö**nnte	m**ö**chte	h**ä**tte	w**ä**r**e**	w**ü**rde
wir	machten	k**ä**m**en**	ging**en**	k**ö**nnten	m**ö**chten	h**ä**tten	w**ä**r**en**	w**ü**rden
ihr	machtet	k**ä**m**et**	ging**et**	k**ö**nntet	m**ö**chtet	h**ä**ttet	w**ä**r**et**	w**ü**rdet
sie/Sie	machten	k**ä**m**en**	ging**en**	k**ö**nnten	m**ö**chten	h**ä**tten	w**ä**r**en**	w**ü**rden

Повелительное наклонение (Imperativ)

	2 л. единств. ч.	**2 л. множ. ч.**	**вежлив. форма**
слабые глаголы	**Zeig(e)** mir das Buch! Покажи мне книгу! **Pass** mal **auf**! Послушай! **Erhol dich**! Отдохни!	**Zeigt** mir das Buch! Покажите мне книгу! **Passt** mal **auf**! Послушайте! **Erholt euch**! Отдохните!	**Zeigen Sie** mir bitte das Buch! Покажите мне, пожалуйста, книгу! **Passen** Sie **auf**! Послушайте! **Erholen Sie sich**! Отдохните!
сильные глаголы	**Lauf(e)** nicht so schnell! Не беги так быстро! **Sprich** deutsch! Говори по-немецки!	**Lauft** nicht so schnell! Не бегите так быстро! **Sprecht** deutsch! Говорите по-немецки!	**Laufen Sie** nicht so schnell! Не бегите так быстро! **Sprechen Sie** deutsch! Говорите по-немецки!
sein	**Sei** so nett! Будь так добр!	**Seid** so nett! Будьте так добры!	**Seien Sie** so nett! Будьте так добры!

пояснения

Императив 2 л. единств. ч. образуется из основы глагола и факультативного суффикса **-e**. После **-t**, **-d**, **-tm**, **-ffn**, **-chn**, **-el**, **-ig** суррикс **-e** обязателен: Antwort**et**! – Отвечайте!

Во 2 л. единств. ч. у сильных глаголов с корневой гласной **a**, **o**, **au** умлаут не добавляется. Корневая гласная **e** у сильных глаголов меняется на **i(e)**, суффикс **-e** не добавляется.

Страдательный залог (Passiv)

(пассив = werden + партицип II)

Präsens:	Der Roman **wird gelesen**.	Роман читается.
Präteritum:	Der Roman **wurde gelesen**.	Роман читался (читали).
Perfekt:	Der Roman **ist gelesen worden**.	Роман был прочитан (читали).
Plusquamperfekt:	Der Roman **war gelesen worden**.	Роман был прочитан (читали).
Futur I:	Der Roman **wird gelesen werden**.	Роман будет читаться (будут читать).

Числительные

Количественные числительные (Kardinalzahlen)

0	null	21	einundzwanzig
1	eins	30	dreißig
2	zwei	40	vierzig
3	drei	50	fünfzig
4	vier	60	sechzig
5	fünf	70	siebzig
6	sechs	80	achtzig
7	sieben	90	neunzig
8	acht	100	(ein)hundert
9	neun	101	(ein)hunderteins
10	zehn	200	zweihundert
11	elf	300	dreihundert
12	zwölf	1000	(ein)tausend
13	dreizehn	1001	(ein)tausendeins
14	vierzehn	2000	zweitausend
15	fünfzehn	3000	dreitausend
16	sechzehn	1 000 000	eine Million
17	siebzehn	2 000 000	zwei Millionen
18	achtzehn	1 000 000 000	eine Milliarde
19	neunzehn	2 000 000 000	zwei Milliarden
20	zwanzig		

Порядковые числительные (Ordinalzahlen)

Порядковые числительные образуются от количественных при помощи суффикса **-te** (1-19) и суффикса **-ste** (от 20 и выше). Существительное с порядковым числительным употребляется с **определенным артиклем**. После порядковых числительных, написанных цифрами, ставится точка:

der 2. Tag	der zwei**te** Tag
das 10. Buch	das zehn**te** Buch
der 21. November	der einundzwanzig**ste** November

Особым образом образуются следующие порядковые числительные: der 1. (erste), der 3. (dritte), der 8. (achte).

Обозначение времени

Который час?	Wie viel Uhr ist es? Wie spät ist es?
Ответ:	

	официальный стиль	**разговорный стиль**
1.00 Uhr	Es ist ein Uhr.	Es ist eins.
8.00 Uhr	Es ist acht Uhr.	Es ist acht Uhr (morgens).
12.00 Uhr	Es ist zwölf Uhr.	Es ist zwölf Uhr (mittags).
14.00 Uhr	Es ist vierzehn Uhr.	Es ist zwei (Uhr) (nachmittags).
19.00 Uhr	Es ist neunzehn Uhr.	Es ist sieben Uhr (abends).
24.00 Uhr	Es ist vierundzwanzig Uhr.	Es ist Mitternacht.
8.05 Uhr	Es ist acht Uhr fünf.	Es ist fünf (Minuten) **nach** acht.
8.50 Uhr	Es ist acht Uhr fünfzig.	Es ist zehn **vor** neun.
8.30 Uhr	Es ist acht Uhr dreißig.	Es ist **halb** neun.
8.25 Uhr	Es ist acht Uhr fünfundzwanzig.	Es ist fünf **vor** halb neun.
8.15 Uhr	Es ist acht Uhr fünfzehn.	Es ist **viertel** neun/viertel **nach** acht.
8.45 Uhr	Es ist acht Uhr fünfundvierzig.	Es ist **drei viertel** neun/viertel **vor** neun.

Алфавитный список наиболее употребительных сильных и неправильных глаголов

Infinitiv	**Präteritum**	**Partizip II**	**Русское соответствие**
backen	backte/buk	gebacken	печь
befehlen	befahl	befohlen	приказывать
beginnen	begann	begonnen	начинать
beißen	biss	gebissen	кусать
bergen	barg	geborgen	прятать
biegen	bog	gebogen	сгибать
bieten	bot	geboten	предлагать
binden	band	gebunden	связывать, завязывать
bitten	bat	gebeten	просить
bleiben	blieb	geblieben	оставаться
braten	briet	gebraten	жарить
brechen	brach	gebrochen	ломать
brennen	brannte	gebrannt	гореть
bringen	brachte	gebracht	приносить
denken	dachte	gedacht	думать
empfangen	empfing	empfangen	принимать, встречать
empfehlen	empfahl	empfohlen	рекомендовать
erschrecken	erschrak	erschrocken	испугаться
essen	aß	gegessen	есть
fahren	fuhr	gefahren	ехать
fallen	fiel	gefallen	падать
finden	fand	gefunden	находить
fliegen	flog	geflogen	летать
fliehen	floh	geflohen	убегать
fließen	floss	geflossen	течь

frieren	fror	gefroren	мерзнуть
gebären	gebar	geboren	рождать
geben	gab	gegeben	давать
gehen	ging	gegangen	идти
gelingen	gelang	gelungen	удаваться
gelten	galt	gegolten	иметь силу, стоить
genießen	genoss	genossen	наслаждаться
geschehen	geschah	geschehen	происходить
gewinnen	gewann	gewonnen	побеждать
gleichen	glich	geglichen	быть похожим
greifen	griff	gegriffen	хватать
haben	hatte	gehabt	иметь
halten	hielt	gehalten	держать
hängen	hing	gehangen	висеть
heben	hob	gehoben	поднимать
heißen	hieß	geheißen	звать, называться
helfen	half	geholfen	помогать
kennen	kannte	gekannt	знать
klingen	klang	geklungen	звучать
kommen	kam	gekommen	приходить
laden	lud	geladen	грузить, заряжать
lassen	ließ	gelassen	велеть; оставлять
laufen	lief	gelaufen	бегать
leihen	lieh	geliehen	давать/брать взаймы
lesen	las	gelesen	читать
liegen	lag	gelegen	лежать
lügen	log	gelogen	лгать
meiden	mied	gemieden	избегать
messen	maß	gemessen	мерить
nennen	nannte	genannt	называть
pfeifen	pfiff	gepfiffen	свистеть
raten	riet	geraten	советовать
reiben	rieb	gerieben	тереть
reißen	riss	gerissen	рвать
riechen	roch	gerochen	нюхать; пахнуть
ringen	rang	gerungen	бороться
rufen	rief	gerufen	кричать, звать
saugen	sog	gesogen	сосать
schaffen	schuf	geschaffen	создавать, творить
scheiden	schied	geschieden	разделять
scheinen	schien	geschienen	светить, казаться
schieben	schob	geschoben	двигать, толкать
schießen	schoss	geschossen	стрелять
schlafen	schlief	geschlafen	спать
schlagen	schlug	geschlagen	бить
schließen	schloss	geschlossen	закрывать
schmeißen	schmiss	geschmissen	швырять
schneiden	schnitt	geschnitten	резать
schreiben	schrieb	geschrieben	писать
schreien	schrie	geschrien	кричать
schreiten	schritt	geschritten	шагать

schweigen	schwieg	geschwiegen	молчать
schwimmen	schwamm	geschwommen	плавать
sehen	sah	gesehen	видеть, смотреть
sein	war	gewesen	быть
senden	sandte	gesandt	посылать
senden	sendete	gesendet	передавать по радио
singen	sang	gesungen	петь
sinken	sank	gesunken	опускаться, погружаться
sitzen	saß	gesessen	сидеть
sprechen	sprach	gesprochen	говорить
springen	sprang	gesprungen	прыгать
stechen	stach	gestochen	колоть
stehen	stand	gestanden	стоять
steigen	stieg	gestiegen	подниматься
sterben	starb	gestorben	умирать
stoßen	stieß	gestoßen	толкать
streiten	stritt	gestritten	спорить
tragen	trug	getragen	носить
treffen	traf	getroffen	встречать
treiben	trieb	getrieben	гнать
treten	trat	getreten	ступать
trinken	trank	getrunken	пить
tun	tat	getan	делать
überwinden	überwand	überwunden	преодолевать
verderben	verdarb	verdorben	портить
vergessen	vergaß	vergessen	забывать
verlieren	verlor	verloren	терять
verzeihen	verzieh	verziehen	извинять
wachsen	wuchs	gewachsen	расти
waschen	wusch	gewaschen	мыть, стирать
weisen	wies	gewiesen	указывать
wenden	wandte	gewandt	обращаться
wenden	wendete	gewendet	поворачивать
werben	warb	geworben	вербовать, рекламировать
werden	wurde	geworden	становиться
werfen	warf	geworfen	бросать
wiegen	wog	gewogen	взвешивать, весить
wissen	wusste	gewusst	знать
ziehen	zog	gezogen	тащить, тянуть
zwingen	zwang	gezwungen	вынуждать

Wichtige Abkürzungen

€	*éвро*	Euro, €
№	*нóмер*	Nummer, Nr.
а/я	*абонéнтский я́щик*	Postfach
АО	*акционéрное óбщество*	Aktiengesellschaft, AG
АЭС	*áтомная электростáнция*	Atomkraftwerk, AKW
в.	*век*	Jahrhundert, Jh.
В/О	*внешнеторгóвое объединéние*	Außenhandelsvereinigung
вуз	*вы́сшее учéбное заведéние*	Hochschule
г-жа	*госпожá*	Frau, Fr.
ГИБДД	*Госудáрственная инспéкция безопáсности дорóжного движéния*	Staatliche Inspektion für die Sicherheit des Straßenverkehrs
ГК РФ	*Граждáнский кóдекс Росси́йской Федерáции*	Zivilgesetzbuch der Russischen Föderation
г-н	*господи́н*	Herr, Hr.
ГОСТ	*госудáрственный общесою́зный стандáрт*	staatlicher Unionsstandard
до н. э.	*до нáшей э́ры*	vor unserer Zeitrechnung
д-р	*дóктор*	Doktor, Dr.
ЕС	*Европéйский Сою́з*	Europäische Union, EU
зам.	*замести́тель*	Stellvertreter
КПД/кпд	*коэффициéнт полéзного дéйствия*	Wirkungsgrad
КПРФ	*Коммунисти́ческая пáртия Росси́йской Федерáции*	Kommunistische Partei der Russischen Föderation, KPRF
л. с.	*лошади́ная си́ла*	Pferdestärke, PS
ЛДПР	*Либерáльно-демократи́ческая пáртия Росси́и*	Liberal-Demokratische Partei Russlands, LDPR
МВД	*Министéрство внýтренних дел*	Ministerium für innere Angelegenheiten
МИД	*Министéрство инострáнных дел*	Ministerium für auswärtige Angelegenheiten
н. э.	*нáшей э́ры*	unserer Zeitrechnung
НАТО	*Организáция Североатланти́ческого договóра*	Nordatlantikpakt-Organisation, NATO
НДС	*налóг на добáвленную стóимость*	Mehrwertsteuer, MwSt.
НИИ	*наýчно-исслéдовательский инститýт*	Forschungsinstitut
НЛО	*неопóзнанный летáтельный объéкт*	unbekanntes Flugobjekt, UFO
ОБСЭ	*Организáция по безопáсности и сотрýдничеству в Еврóпе*	Organisation für Sicherheit und Zusammenarbeit in Europa, OSZE
ООН	*Организáция Объединённых Нáций*	Organisation der Vereinten Nationen, UNO
ООО	*óбщество с ограни́ченной ответственностью*	Gesellschaft mit beschränkter Haftung, GmbH
пл.	*плóщадь*	Platz
ПТУ	*профессионáльно-техни́ческое учи́лище*	technische Berufsschule
РФ	*Росси́йская Федерáция*	Russische/Russländische Föderation, RF
с. г.	*сегó гóда*	dieses Jahres
СНГ	*Содрýжество незави́симых госудáрств*	Gemeinschaft Unabhängiger Staaten, GUS
СП	*совмéстное предприя́тие*	Gemeinschaftsunternehmen
СПС	*Сою́з прáвых сил*	Union rechter Kräfte, SPS
СССР	*Сою́з Совéтских Социалисти́ческих Респýблик*	Union der Sozialistischen Sowjetrepubliken, UdSSR
сч.	*счёт*	Konto, Kto.
США	*Соединённые Штáты Амéрики*	Vereinigte Staaten von Amerika, USA
ТПП	*Торгóво-промы́шленная палáта*	Industrie- und Handelskammer, IHK
УК РФ	*Уголóвный кодéкс Росси́йской Федерáции*	Strafgesetzbuch der Russischen Föderation
ул.	*ýлица*	Straße, Str.
ФСБ	*Федерáльная слýжба безопáсности*	Föderaler Sicherheitsdienst, FSB
ЧП	*чрезвычáйное происшéствие*	besonderes Vorkommnis, besonderer Vorfall
ЯБЛОКО	*Росси́йская демократи́ческая пáртия Я́БЛОКО*	Russische Demokratische Partei JABLOKO

Важные сокращения

Abs.	*Absender*	отправи́тель
AG	*Aktiengesellschaft*	акционе́рное о́бщество, АО
a. d.	*an der/an dem (Fluss)*	на *(в географи́ческих назва́ниях ти́па Фра́нкфурт-на-Ма́йне)*
AZUBI	*Auszubildender*	учени́к *(проходя́щий профподгото́вку)*
BLZ	*Bankleitzahl*	ба́нковский идентификацио́нный код, БИК
b. w.	*bitte wenden*	смотри́ на оборо́те! переверни́ страни́цу!
bzw.	*beziehungsweise*	и́ли (соотве́тственно)
ca.	*circa*	о́коло, приблизи́тельно
CDU	*Christlich-Demokratische Union*	Христиа́нско-демократи́ческий сою́з, ХДС
CSU	*Christlich-Soziale Union*	Христиа́нско-социа́льный сою́з, ХСС
Dipl-Ing.	*Diplom-Ingenieur*	дипломи́рованный инжене́р
Dipl-Kfm.	*Diplom-Kaufmann*	дипломи́рованный коммерса́нт
Dr.	*Doktor*	до́ктор, д-р
EDV	*Elektronische Datenverarbeitung*	электро́нная обрабо́тка да́нных
EU	*Europäische Union*	Европе́йский Сою́з, ЕС
€	*Euro*	е́вро, €
evtl.	*eventuell*	возмо́жный; при слу́чае
FDP	*Freie Demokratische Partei*	Свобо́дная демократи́ческая па́ртия, СвДП
Fr.	*Frau*	госпожа́, г-жа
Frl.	*Fräulein*	фре́йлейн, ба́рышня
geb.	*geboren*	роди́лся, родила́сь, род.
GmbH	*Gesellschaft mit beschränkter Haftung*	о́бщество с ограни́ченной отве́тственностью, ООО
Hbf.	*Hauptbahnhof*	гла́вный вокза́л
Hr.	*Herr*	господи́н, г-н
inkl.	*inklusive*	включа́я
Kfz	*Kraftfahrzeug*	автомоби́ль, авт.
KG	*Kommanditgesellschaft*	команди́тное това́рищество, това́рищество на ве́ре
Kripo	*Kriminalpolizei*	уголо́вная поли́ция
Kto.	*Konto*	счёт, сч.
LKW	*Lastkraftwagen*	грузово́й автомоби́ль
MEZ	*Mitteleuropäische Zeit*	среднеевропе́йское вре́мя
MwSt.	*Mehrwertsteuer*	нало́г на доба́вленную сто́имость, НДС
n. Chr.	*nach Christus*	от рождества́ Христо́ва
Nr.	*Nummer*	но́мер, №
PDS	*Partei des demokratischen Sozialismus*	Па́ртия демократи́ческого социали́зма, ПДС
Pkw	*Personenkraftwagen*	легково́й автомоби́ль
PLZ	*Postleitzahl*	почто́вый и́ндекс
PS	*Pferdestärke*	лошади́ная си́ла, л. с.
SPD	*Sozialdemokratische Partei Deutschlands*	Социа́л-демократи́ческая па́ртия Герма́нии, СДПГ
Str.	*Straße*	у́лица, ул.
TÜV	*Technischer Überwachungsverein*	Объедине́ние техни́ческого надзо́ра
u.	*und*	и
usw.	*und so weiter*	и так да́лее, и т. д.
v. Chr.	*vor Christus*	до рождества́ Христо́ва
vgl.	*vergleiche*	сравни́, ср.
z. B.	*zum Beispiel*	наприме́р, напр.
z. H.	*zu Händen*	внима́нию, ли́чно
z. T.	*zum Teil*	части́чно, ча́стью, отча́сти